Klaus Daniels GEBÄUDE**TECHNIK**

Klaus Daniels

GEBÄUDE**TECHNIK**

Ein Leitfaden für
Architekten
und Ingenieure

3.
überarbeitete Auflage

Oldenbourg Industrieverlag München

vdf Hochschulverlag AG an der ETH Zürich

Vorwort

Gebäude- oder haustechnische Anlagen bei den heutigen, oft komplexen Hochbauten nehmen einen wesentlichen Rahmen der Gesamtbaumaßnahme ein und garantieren bei richtigem Funktionieren eine uneingeschränkte Nutzung des Bauwerks. Gebäudetechnische Anlagen können je nach Ausbaugrad und Standard zwischen 25 % und 50 % der Gesamtbausumme ausmachen und sind somit ein nicht zu unterschätzender Faktor im Zuge einer Gesamtprojektentwicklung. Gebäudetechnische Anlagen haben in der Regel dienende Funktionen und sind somit integraler Bestandteil einer Baumaßnahme. Sie sollten sich jedoch bei ihrer Entwicklung am Bedarf und späteren Nutzen orientieren, wobei es wesentlich darauf ankommt, die beeinflussenden Parameter wie Fassade, Konstruktion usw. so zu konzipieren, daß der Aufwand an haustechnischen Einrichtungen so gering wie möglich bleibt.

Da der Mensch als Nutzer von Gebäuden sowie bestimmte Arbeitsprozesse die wesentliche Einflußgröße für gebäudetechnische Anlagen darstellen, wurde hierauf mit einem eigenen Kapitel entsprechend reagiert. Das Buch in seiner dritten Auflage wurde im Gegensatz zu den Vorgängern erheblich umgestaltet und mit einem völlig neuen Layout versehen, um es ansprechender und lesbarer zu machen. Das Buch „Gebäudetechnik" dient nicht nur als Lehrbuch für Studentinnen und Studenten der Fachrichtung Architektur und Bauingenieurwesen sowie des allgemeinen Maschinenbaus mit Schwerpunkt Gebäudetechnik, sondern ist als Nachschlagewerk für Personen, die in der Praxis stehen, so konzipiert, daß Dimensionierungen und erste Grobplanungen mit den enthaltenen Dimensionierungsangaben möglich sind. Zudem sind eine Vielzahl von Detaildarstellungen im baulich/gestalterischen Bereich enthalten, um die Arbeiten von Architekten/Architektinnen und Ingenieuren/innen zu unterstützen.

Das Buch gibt einen Überblick über alle wesentlichen gebäudetechnischen Anlagen zum heutigen Zeitpunkt, wobei äußerster Wert darauf gelegt wurde, selbst neueste Technologien aufzunehmen, die gerade erst am Anfang ihres Einsatzes stehen. Hierbei besonders beachtet wurde das Betreiben gebäudetechnischer Anlagen mit den Mitteln, die uns die Umwelt bietet (Sonne, Wind, Erdreich, Regen usw.). Auf Darstellungen einschlägiger Richtlinien und Normen wurde in diesem Buch verzichtet, da diese sich in den verschiedensten deutschsprachigen Ländern unterschiedlich schnell verändern und immer wieder angepaßt werden.

Verschiedene Mitarbeiter der HL-Technik AG haben einen wesentlichen Beitrag geliefert, und ihnen ist an dieser Stelle Dank zu sagen:

Frau Renate Sprenger (Aufzugs- und Förderanlagen)
Herr Manfred Woiwode (Sanitär- und Feuerlöschanlagen)
Herr Herbert Mudrack (Heizungstechnik/Isoliertechnik)
Herr Ulrich Werning und Herr Michael Schmidt (Beleuchtungstechnik)
Herr Hans-Joachim Kast (Kältetechnik)
Herr Dr. Andreas Colli (Gesamtredaktion und Mitwirkung bei der Gestaltung)

Darüber hinaus gilt mein Dank auch den diversesten Firmen, die durch ihr Bildmaterial und Sponsoring das Buch ermöglicht haben.

München/Zürich, Dezember 1999

K. Daniels

Inhalt

1.	Gebäudeperformance	11
2.	Mensch und Behaglichkeit	23
2.1	Thermische Behaglichkeit	26
2.2	Hygienische Behaglichkeit	30
2.3	Akustische Behaglichkeit	32
2.4	Visuelle Behaglichkeit	33
2.5	Elektromagnetische Verträglichkeit	33
2.6	Einfluß von Farben	35
2.7	SBS-Syndrom	38
3.	Integrierte Planungsansätze	41
4.	Heizungsanlagen	47
4.1	Wärmeleistungsbedarf	48
4.1.1	Transmissions-Wärmeleistungsbedarf	49
4.1.1.1	Wärmedurchgangskoeffizient k	49
4.1.2	Lüftungs-Wärmeleistungsbedarf	49
4.1.3	Räume gegen Erdreich	50
4.1.4	Gesamter Wärmeleistungsbedarf	50
4.1.5	Tatsächlicher Wärmeleistungsbedarf	52
4.2	Primärenergieträger	54
4.2.1	Feste Brennstoffe	55
4.2.2	Flüssige Brennstoffe	56
4.2.3	Gasförmige Brennstoffe	57
4.2.4	Solarenergie	57
4.2.5	Umweltverträglichkeit	57
4.3	Wärmeerzeugungsanlagen	59
4.3.1	Fernwärme	59
4.3.2	Eigenwärmeerzeugung	61
4.3.2.1	Einzelheizungen	61
4.3.2.2	Kesselanlagen (Verbrennung fester Brennstoffe)	61
4.3.2.3	Kesselanlagen (öl-, gasbefeuert)	63
4.3.2.4	Kesselanlagen (elektrisch betrieben)	66
4.3.3	Schornsteine	68
4.3.4	Öllagerung	71
4.3.5	Kollektoren	72
4.3.6	Brennstoffzellen	75
4.3.7	Wärmepumpen	77
4.3.8	Kraft-Wärme-Kopplung (KWK)	80
4.3.9	Holzschnitzelfeuerung	82
4.4	Wärmeenergieverteilung	83
4.4.1	Zweirohrsysteme	83
4.4.2	Einrohrsystem	84
4.4.3	Etagenheizung	84
4.4.4	Rohrleitungen	85
4.4.4.1	Materialien	85
4.4.4.2	Korrosion	85
4.4.4.3	Dimensionierung	86
4.4.5	Wärmedämmung	87
4.5	Heizkörper und Flächen (Arten der Raumheizungen)	90
4.5.1	Radiatorenheizung	91
4.5.1.1	Gußradiator	91
4.5.1.2	Stahlradiator	92
4.5.1.3	Aluminiumradiator	92
4.5.1.4	Kunststoffradiator	93
4.5.1.5	Röhrenradiator	93
4.5.1.6	Handtuchheizkörper	94
4.5.2	Flächenheizkörper	94
4.5.2.1	Strahlplatte	95
4.5.3	Rohrradiator	96
4.5.4	Konvektorheizung	96
4.5.5	Flächenheizung	98
4.5.5.1	Fußbodenheizung	99
4.5.5.2	Deckenheizung	102
4.5.5.3	Wandheizung	104
4.5.5.4	Fassadenheizung	105
4.5.6	Raumtemperaturregelung	106
4.6	Heizzentralen/Schächte/Horizontal-Installation	108
5.	Sanitär- und Feuerlöschanlagen	115
5.1	Kaltwasserversorgung Trinkwasser/Brauchwasser	117
5.1.1	Kaltwasser-Bedarf	117
5.1.2	Wassergewinnung	117
5.1.2.1	Quellwasser	118
5.1.2.2	Grundwasser	118
5.1.2.3.	Seewasser	119
5.1.2.4	Regenwasser als Betriebswasser (Zisterne)	119
5.1.2.5	Meerwasser	120
5.1.3	Kaltwasser-Verteilung	121
5.1.3.1	Verteilnetze im Außenraum	121
5.1.3.2	Hydranten	122
5.1.3.3	Hauszuleitung	122
5.1.3.4	Wasserzählung	123
5.1.3.5	Verteilbatterie	123
5.1.3.6	Werkstoffe/Dimensionierung	123
5.1.3.7	Druckerhöhungsanlagen	127
5.1.3.8	Verteilungs-Systeme	128
5.1.4	Wasseraufbereitung	128
5.2	Warmwasserversorgung	134
5.2.1	Warmwasserbedarf	134
5.5.2	Versorgungsarten	134
5.2.3	Brauchwarmwasser-Erzeugung	135
5.2.4	Brauchwarmwasser-Verteilung	137
5.2.5	Brauchwarmwasser-Abgabe	138
5.2.6	Dimensionierung	138
5.2.7	Isolierung von Brauchwarmwasser-Anlagen	138
5.3	Gasversorgung	139
5.3.1	Hauzuleitungen	143
5.3.2	Gasgeräte-Aufstellung	144
5.4	Gebäudeentwässerung	144
5.4.1	Begriffe und Definitionen	145
5.4.2	Anlagenmerkmale	149
5.4.3	Werkstoffe	149
5.4.4	Grundleitungen	150

5.4.5	Sammelleitungen	150		6.4	h, x-Diagramm	212
5.4.6	Falleitungen	151		6.5	**Komponenten der Lüftungs- und Klimatechnik**	**213**
5.4.7	Regenabwasserleitungen	151				
5.4.8	Abscheider	153		6.5.1	Luftfilter	213
5.4.9	Dimensionierung von Schmutzwasserleitungen	154		6.5.2	Wärmerückgewinnung	217
				6.5.3	Lufterhitzer und -kühler	219
5.4.10	Abwasser-Förderanlagen	156		6.5.4	Luftbefeuchter	221
5.5	**Grundstücksentwässerung**	**158**		6.5.5	Ventilatoren	224
5.5.1	Werkstoffe	159		6.5.6	Abscheider	226
5.5.2	Grundleitungen	159		6.5.7	Misch- und Verteilkammern	226
5.5.3	Anschlüsse an öffentliche Kanalisation	160		6.5.8	Volumenstrom- und Mischregler	227
5.5.4	Sickerleitungen	160		6.5.9	Luftdurchlässe	229
5.6	**Regenwassernutzung**	**162**		6.5.10	Klappen	235
5.6.1	Betriebswasser zu Spülzwecken	162		6.5.11	Klimageräte/Kühlgeräte/Induktionsgeräte	235
5.6.2	Betriebswasser zu Kühlzwecken	163		**6.6**	**Luftführung im Raum**	**238**
5.7	**Sanitäre Einrichtungen**	**165**		6.6.1	Luftführung bei Tangentialströmungen	239
5.7.1	Richtwerte der Raumausstattung	165		6.6.2	Luftführung von oben nach oben	240
5.7.2	Platzbedarf für Sanitär-Apparate	165		6.6.3	Luftführung von unten nach oben	241
5.7.3	Platzbedarf von Kücheneinrichtungen (Wohnungsbereich)	167		6.6.4	Luftführung von oben nach unten Turbulenzarme Verdrängungsströmung	242
5.7.4	Einrichtungen von Behindertenanlagen	169		**6.7**	**Lüftungs- und Klimasysteme (RLT-Anlagen)**	**244**
5.7.5	Objekte	170				
5.7.6	Armaturen	171		6.7.1	Klassifizierung	244
5.8	**Brandschutzanlagen / Feuerlöscheinrichtungen**	**172**		6.7.2	Nur-Luft-Systeme	247
				6.7.2.1	Ein-Kanal-Anlagen	247
5.8.1	Feuerlöscheinrichtungen (Hydranten)	172		6.7.2.2	Zwei-Kanal-Anlagen	250
5.8.2	Handfeuerlöscher	174		6.7.2.3	Nieder- und Hochgeschwindigkeitsanlagen	250
5.8.3	Sprinkleranlagen	175		6.7.3	Luft-Wasser-Systeme	250
5.8.4	CO_2-Feuerlöschanlagen (Kohlendioxyd-Feuerlöschanlagen)	177		6.7.3.1	Induktionsanlagen	252
				6.7.3.2	Fan-Coil-Anlagen	252
5.9	**Zentralen/Schächte/Horizontalinstallationen**	**178**		6.7.3.3	Kleinwärmepumpenanlagen	252
				6.8	**Stille Kühlsysteme**	**253**
6.	**Lüftungs- und Klimatechnik (RLT-Anlagen)**	**181**		6.8.1	Kühldecken	256
				6.8.2	Fallstromkühlung	258
				6.8.3	Bauteilkühlung	260
6.1	**Natürliche Lüftung (Freie Lüftung)**	**182**		**6.9**	**Zentralen /Schächte /Horizontalverteilungen**	**262**
6.1.1	Windanfall	182				
6.1.2	Lüftung durch Fensterelemente	184		6.9.1	Runde und eckige Kanäle	262
6.1.3	Lüftung mit Hilfe von Schächten	186		6.9.2	Schächte und Trassen	264
6.1.4	Lüftung über Hallen und Wintergärten	187		6.9.3	Zentralen	266
6.1.5	Auslegungsverfahren für natürliche Lüftungssysteme	190		**7.**	**Kälte- und Kühlsysteme**	**271**
6.2	**Kühllastberechnung**	**192**		**7.1**	**Leistungsbilanz (Kälteenergiebedarf)**	**273**
6.2.1	Innere Kühllast	192		7.1.1	Zeitliche Abhängigkeit von Verbrauchern	273
6.2.2	Äußere Kühllast	192		7.1.2	Zeitliche Abhängigkeit der Erzeugerleistung	274
6.2.3	Kühllast des Gebäudes	192		7.1.3	Summenkurven von Verbrauchern und Erzeugern	275
6.2.4	Thermische Raumbelastungen	192				
6.2.5	Wärmespeicherung im Gebäude	193		**7.2**	**Kälteerzeugung**	**275**
6.2.6	Außentemperaturen	193		7.2.1	Der Kälteerzeugungsprozeß	275
6.2.7	Sonnenstrahlung	194		7.2.1.1	Der Carnot'sche Kreisprozeß	275
6.2.8	Fassaden	195		7.2.1.2	Der Kreisprozeß der Kaltdampfmaschine	276
6.2.9	Berechnungsverfahren, Kurzverfahren	201		7.2.1.3	Der Kreisprozeß der Absorptionsmaschine	277
6.3	**Luftraten und Luftwechselzahlen**	**208**		7.2.1.4	Kältemittel	277
6.3.1	Luftraten	208		7.2.2	Kältemaschinen	281
6.3.2	Luftwechsel	208				

7.2.2.1	Kompressions-Kältemaschinen mit Spiralverdichter	282
7.2.2.2	Kompressions-Kältemaschinen mit Kolbenverdichter	283
7.2.2.3	Kompressions-Kältemaschinen mit Turboverdichtern	283
7.2.2.4	Kompressions-Kältemaschinen mit Schraubenverdichtern	284
7.2.2.5	Absorptions-Kältemaschinen	285
7.2.2.6	R718-Wasserkühler	286
7.2.3	Brunnenkühlung	287
7.2.4	Erdsonden (untiefe Geothermie)	287
7.2.5	Erdkälte (Thermolabyrinthe)	289
7.2.6	Kälteerzeugung durch Solarenergie	291
7.2.7	Kühlung durch sorptive Luftentfeuchtung	291
7.2.8	Sorptionsgestützte Klimatisierung	293
7.2.9	Sonstige Verfahren	295
7.3	**Wärmepumpengeräte**	**297**
7.3.1	Wärmepumpengeräte, Wasser-Wasser-Austausch	297
7.3.2	Wärmepumpengeräte, Wasser-Luft-Austausch	298
7.4	**Rückkühlsysteme**	**299**
7.4.1	Offene Rückkühlwerke	299
7.4.2	Geschlossene Rückkühlwerke	300
7.4.3	Rückkühlwerke für freie Kühlung	302
7.5	**Eisspeichersysteme**	**303**
7.5.1	Systemvarianten	303
7.5.2	Planungsgrundlagen	304
7.5.3	Betriebscharakteristika	305
7.6	**Kälteenergieverteilung**	**306**
7.6.1	Kaltwassernetze	306
7.6.2	Kühlwassernetze	308
7.6.3	Rohrleitungen/Isolierung	309
7.7	**Kältezentralen/Schächte/Horizontalverteilungen**	**313**
8.	**Starkstromanlagen**	**315**
8.1	**Elektrischer Energiebedarf (Leistungsbilanz)**	**316**
8.1.1	Motoren	316
8.1.2	Steckdosenverbraucher	317
8.1.3	Aufzugs- und Förderanlagen	317
8.1.4	Beleuchtungsanlagen	317
8.1.5	Küchengeräte	317
8.1.6	Leistungsbilanz und Gleichzeitigkeitsfaktor	317
8.2	**Allgemeines**	**320**
8.2.1	Elektrische Energieerzeugung	320
8.2.2	Elektrische Energieversorgung (EVU)	321
8.2.3	Stromtarife	322
8.2.4	Allgemeine Begriffe	322
8.3	**Netzeinspeisung**	**324**
8.3.1	Niederspannungseinspeisung	324
8.3.1.1	Hausanschluß	324
8.3.1.2	Hausanschlußraum	325
8.3.1.3	Meßeinrichtungen (Zähler)	326
8.3.2	Mittelspannungseinspeisung	327
8.3.2.1	Mittelspannungsschaltanlage	327
8.3.2.2	Transformatoren	328
8.4	**Energieverteilung**	**330**
8.4.1	Niederspannungs-Schaltanlage	330
8.4.2	Versorgungssysteme	332
8.4.2.1	Kabelsysteme	334
8.4.2.2	Schienensysteme	336
8.4.3	Vordimensionierung von elektrischen Leitungen bei Kleinobjekten	336
8.4.4	Unterverteilung	337
8.4.5	Installationsanlage	339
8.4.6	Bussystem (EIB)	344
8.5	**Geschoßinstallation**	**347**
8.5.1	Unterflur-Elektroinstallationen	347
8.5.2	Brüstungsinstallation	351
8.5.3	Installationssäulen mit Deckeninstallationen	352
8.5.4	Wandinstallationen	352
8.6	**Schutzmaßnahmen und Schutzarten**	**354**
8.7	**Installationsgeräte**	**357**
8.7.1	Schalter	357
8.7.2	Steckdosen/Anschlußdosen	357
8.8	**Anlagen für Sonderspannungen**	**358**
8.8.1	Motor-Generator-Sätze	358
8.8.2	Unterbrechungsfreie Stromversorgung (USV-Anlage)	359
8.9	**Eigenstromversorgung**	**360**
8.9.1	Netzersatzanlage	360
8.9.1.1	Notstromberechtigte Verbraucher	362
8.9.1.2	Auslegung der Netzersatzanlage	362
8.9.2	Blockheizkraftwerk-Anlage (BHKW-Anlage)	363
8.9.2.1	Auslegung der BHKW-Anlage	363
8.9.3	Batterieanlagen	366
8.9.4	Photovoltaik	368
8.10	**Blitzschutzanlagen**	**371**
8.11	**Elektrozentralen/Schächte/Verteilung**	**373**
9.	**Lichttechnik**	**377**
9.1	**Das menschliche Auge**	**378**
9.2	**Lichttechnische Gütekriterien**	**379**
9.2.1	Allgemeines	379
9.2.2	Begriffe – Formelzeichen – Dimensionen	380
9.2.3	Wahrnehmungsablauf	387
9.2.4	Beleuchtungsstärke – Leuchtdichte	388
9.2.5	Blendung	389
9.2.5.1	Direkt- und Reflexblendung	389
9.2.5.2	Blendung durch Tageslicht	390
9.2.5.3	Blendung bei Datensichtgeräten	390
9.2.6	Lichtfarbe – Farbtemperatur	391
9.2.7	Lichtspektrum – Farbwiedergabe	392
9.2.8	Lichtrichtung und Schattenwirkung	393
9.2.9	Sonstige lichttechnische Gütekriterien	395
9.3	**Theoretisches Leuchtdichtemodell**	**396**
9.3.1	Allgemeines	396
9.3.2	Oberflächenstruktur und Reflexionsgrad	396
9.3.3	Farbe	398

9.3.3.1	CIE-System	398
9.3.3.2	Munsell-System	398
9.3.4	Strahlungscharakteristik	398
9.3.5	Beispiel für die Ermittlung theoretischer Leuchtdichtemodelle eines Büroraumes	399
9.4	**Leuchtmittel (Lampen)**	**400**
9.4.1	Lampenübersicht	400
9.4.2	Lampenlichtausbeute	401
9.4.3	Lampen-Farbwidergabeeigenschaften	402
9.5	**Leuchten**	**404**
9.5.1	Leuchten für Glühlampen	404
9.5.2	Leuchten für Halogenglühlampen	405
9.5.3	Leuchten für Kompakt-Leuchtstofflampen	406
9.5.4	Leuchten für Leuchtstofflampen	407
9.5.5	Leuchten für Entladungslampen	410
9.5.6	Leuchten für Sicherheitsbeleuchtung	410
9.5.7	Leuchten und Luftauslässe	411
9.5.8	Lichtsysteme mit Kühldecken	414
9.6	**Wirtschaftlichkeitskriterien**	**415**
9.6.1	Berechnungsmethode	415
9.7	**Beleuchtungssysteme in der Anwendung**	**417**
9.7.1	Bürogebäude	417
9.7.1.1	Büroräume	417
9.7.1.2	Flure	419
9.7.1.3	Eingangshallen/Kassenhallen	419
9.7.1.4	Vortrags- und Besprechungsräume	421
9.7.2	Fabrikgebäude und Produktionsstätten	422
9.7.3	Hotels, Kongreßzentren u.ä.	422
9.7.4	Krankenhäuser	423
9.7.5	Sportstätten	423
9.7.6	Museen	424
9.7.7	Straßen und Plätze	424
9.7.8	Sonstiges	425
9.7.9	Notbeleuchtung	426
10.	**Tageslichttechnik**	**427**
10.1	**Tageslichttechnische Begriffe**	**428**
10.2	**Tageslicht in Gebäuden**	**431**
10.2.1	Gütekriterien	431
10.2.1.1	Allgemeines	431
10.2.1.2	Beleuchtungsstärke – Tageslichtquotient	431
10.2.1.3	Blendungsfreiheit	432
10.3	**Tageslichtöffnungen in Gebäuden**	**432**
10.3.1	Lage der Tageslichtöffnungen	432
10.3.2	Ausführungsformen von Oberlichtern	432
10.3.3	Sonnen- und Blendschutzmaßnahmen bei Oberlichtern	432
10.3.3.1	Reflexionsverglasung	432
10.3.3.2	Klarglasoberlicht mit äußerem, starren Sonnenschutz	433
10.3.3.3	Oberlicht mit beweglichem Sonnenschutz	433
10.3.3.4	Natürlicher Sonnenschutz durch Bepflanzung	434
10.3.3.5	Lichtstreuendes Glas	434
10.3.3.6	Prismatischer Sonnenschutz bei Oberlichtern	434
10.3.3.7	Isolierglas mit Spiegelprofilen	435
10.3.3.8	Spiegelsysteme in festen Oberlichtern	435
10.3.4	Sonnen- und Blendschutz bei seitlichen Fenstern	437
10.3.4.1	Allgemeines	437
10.3.4.2	Sonnen- und Blendschutz durch Fensterkombinationen mit reduziertem Lichtdurchgang	437
10.3.4.3	Äußerer, beweglicher Sonnenschutz (Außenjalousien)	437
10.3.4.4	Äußerer, beweglicher Sonnenschutz (Markisen)	438
10.3.4.5	Innerer, beweglicher Sonnenschutz mit Vertikal-Lamellenstores, Spezialtüchern oder Screens	439
10.3.4.6	Prismatischer Sonnenschutz	440
10.3.4.7	Oka-Solar-Lamellen	441
10.4	**Beispiel zur Ermittlung des Tageslichtquotienten**	**444**
11.	**Schwachstromanlagen**	**445**
11.1	Fernsprechanlagen	447
11.2	Datenleitungsnetz	447
11.3	Uhrenanlagen	448
11.4	Sprechanlagen	448
11.5	Personensuchanlagen	449
11.6	Antennenanlagen	449
11.7	Elektroakustische Anlagen	450
11.8	Einbruchmelde- und Überfallmeldeanlagen	451
11.9	Brandmeldeanlagen	452
11.10	Fernsehüberwachungsanlagen	453
11.11	Verkehrsanlagen	453
11.12	Zugangskontroll- und Gleitzeiterfassungsanlagen	454
11.13	Zentrale Leittechnik	455
12.	**Förderanlagen**	**459**
12.1	**Allgemeines**	**460**
12.2	**Personenaufzüge**	**460**
12.2.1	Bemessung von Personenaufzügen	460
12.2.2	Ermittlung der zu befördernden Personenzahlen	460
12.2.3	Begriffserläuterungen zur Förderleistungsberechnung	461
12.2.4	Empfohlene Verkehrswerte	461
12.2.5	Überschlägige Förderleistungsberechnung	461
12.2.6	Fassungsvermögen des Fahrkorbes	461
12.2.7	Betriebsgeschwindigkeit	462
12.2.8	Triebwerksraumgrößen, Über- und Unterfahrten	464
12.3	**Lastenaufzüge**	**464**
12.4	**Technische und bauliche Maßnahmen für Personen- und Lastenaufzüge**	**465**

12.4.1	Zuordnung	465
12.4.2	Antriebstechnik	465
12.4.3	Bauliche Maßnahmen	468
12.4.4	Fahrkörbe	470
12.4.5	Steuerung der Aufzüge	471
12.5	**Panoramaaufzüge**	**472**
12.6	**Vereinfachte Güter-, Behälter-, Unterflur- und Kleingüteraufzüge**	**473**
12.7	**Technische und bauliche Maßnahmen für Güter-, Behälter-, Unterflur- und Kleingüteraufzüge**	**474**
12.8	**Fahrtreppen und Fahrsteige**	**476**
12.8.1	Fahrtreppen	476
12.8.1.1	Anwendungsgebiet	476
12.8.1.2	Förderleistung von Fahrtreppenanlagen	477
12.8.1.3	Errichten von Fahrtreppenanlagen	478
12.8.2	Fahrsteige	479
12.8.2.1	Anwendungsgebiet	479
12.8.2.2	Förderleistungen von Fahrsteigen	479
12.8.2.3	Errichten von Fahrsteigen	479
12.9	**Behälterförderanlagen**	**480**
12.9.1	Bahngebundene Behälterförderanlagen	480
12.9.2	Selbstfahrende Behälterförderanlagen	481
12.10	**Fassadenbefahranlagen**	**482**
12.10.1	Schienenlose Systeme	482
12.10.2	Schienengebundene Fassadenaufzüge	483
12.10.3	Lastaufnahmemittel	483
	Bildnachweis	**486**
	Index	**488**
	Literaturverzeichnis	**494**
	Firmenprofile	**496**
	Inserentenverzeichnis	**512**
	Anzeigen	
	Impressum	

1. **Gebäudeperformance**

2. Mensch und Behaglichkeit

3. Integrierte Planungsansätze

4. Heizungsanlagen

5. Sanitär- und Feuerlöschanlagen

6. Lüftungs- und Klimatechnik

7. Kälte- und Kühlsysteme

8. Starkstromanlagen

9. Lichttechnik

10. Tageslichttechnik

11. Schwachstromanlagen

12. Förderanlagen

1.
Gebäudeperformance
Vom linearen zum vernetzten Planen

Kurz vor der Jahrtausendwende stehen wir im Beginn einer nachindustriellen Revolution, ausgelöst durch Einflußgrößen aus den Bereichen Arbeit, Kommunikation, High-tech-Entwicklungen und Umweltansprüche. Diese Einflußgrößen entfesseln einen weltweiten Wettstreit um Arbeit und Lohn, sie werden unsere Lebensgewohnheiten und Bedürfnisse radikal verändern.

Themen wie
– steigende Weltbevölkerung,
– Globalisierung der Wirtschaft,
– Wissenstransfer durch weltweite Vernetzung,
– größer werdendes Gefälle zwischen Arm und Reich,
– Entstehung neuer Wachstumsmärkte,
– noch annähernd ungebremste Umweltverschmutzung,
– ungebremste Ressourcenausbeutung
werden uns zunehmend zwingen, unser bisheriges Tun und Handeln zu überdenken, wollen wir noch eine „Überlebenschance" haben.

Globalisierung der Wirtschaft, Wissenstransfer durch weltweite Vernetzung, Umweltverschmutzung und Ressourcenausbeutung sind die Themen, die uns primär im Zusammenhang mit der Entwicklung von Gebäuden beschäftigen. Da unsere heimischen Märkte in Zukunft nicht mehr das an Aufgaben und Arbeit zur Verfügung stellen werden, was wir benötigen, um zu einer Vollbeschäftigung zu kommen, wird es gerade und insbesondere für die Architekten und Ingenieure der Industrieländer Zeit, nicht nur den Blick nach außen zu wenden, sondern intensiv darüber nachzudenken, mit welchen Leistungen und Leistungspaletten wir aufwarten können, um im internationalen oder globalen Markt unsere Aufgaben zu finden.

Zur Zeit läßt sich unschwer feststellen, daß unsere Branche – Architekten, Bauingenieure, Ingenieure für Gebäudetechnik usw. in Deutschland – im internationalen Geschäft nur noch „die zweite Geige spielt". Englische und amerikanische Kollegen machen uns bereits seit Jahren vor, wie man sich als „global player" im weltweiten Markt zu bewegen hat.

Wie durch internationale Volkswirtschaftler prophezeit wird, werden in Zukunft nur noch ca. 20 % aller Beschäftigten zu interessanten Arbeiten mit hohen Lohnzuwächsen kommen, während 80 % aller Beschäftigten, insbesondere im Bereich Produktion und Dienstleistungen, zu den Verlierern gehören.

Hochqualifizierte Konzeptentwickler, Koordinatoren, Systemanalytiker und Marketingexperten werden als Gewinner neben den Kapitalgebern am Ende auszumachen sein. Wissen ist dabei durch die weltweite Vernetzung international jederzeit verfügbar und zum entscheidenden Produktionsfaktor aufgerückt. Branchen, die auf Kopfarbeit setzen, werden den Ton angeben und sind nicht an bestimmte Standorte gebunden. Zukunftsbranchen kommen ohne Bodenschätze aus.

Umweltverschmutzung und Ressourcenausbeutung sind Problembereiche, die leider zur Zeit wieder eher in den Hintergrund treten. Gerade jedoch auf diesem Feld können wir Planer einen wesentlichen Eckpfeiler einer neuen Planungsstrategie entwickeln, mit dem wir verlorengegangenes Terrain zurückgewinnen können. Hierzu müssen sich ausreichend qualifizierte Personengruppen zusammenschließen, um ein Angebot zu entwickeln, das marktfähig (weltmarktfähig) ist und die in der Lage sind, den Standort Deutschland auch im Planungsbereich wieder zu dem zu machen, was früher unter „Made in Germany" weltweit verstanden wurde.

Umweltverschmutzung und Ressourcenausbeutung ist ein Thema, das sehr viele – insbesondere auch die Schwellenländer – angeht, da gerade diese Länder in hohem Maße von Fremdenergie und Fremdressourcen abhängig sind und gleichermaßen eine gesunde Umwelt benötigen wie wir.

Die Entwicklung der Gebäude und Gebäudetechnik ist seit vielen Jahren gekennzeichnet von linearem Denken und Planen. Einzelprodukte und Systeme wurden in der Vergangenheit und werden zum Teil auch heute noch zielgerichtet auf Einzelaspekte des Bauens abgestellt, obwohl dies eindeutig erkennbar der falsche Weg in die Zukunft ist.

Insofern ist es hohe Zeit, sich zurückzubesinnen auf das, was wir können bzw. in Zukunft können sollten, um mit unseren zum Teil hausgemachten Problemen endlich fertig zu werden.

– Sichern der Umwelt,
– Ressourcenschonung,
– Recycling- statt Wegwerfgebäude,
– Kompaktheit statt Auflösung,
– Nutzung des Umweltangebots,
– mobile Immobilien
sind die zukünftigen Themen, die uns zu beschäftigen haben und mit denen wir unter Umständen eine Chance haben, uns im Weltmarkt zu etablieren.

Integrale Planung – das neue Zauberwort – ist Herausforderung und Chance für Architekten und Ingenieure. Integrale Planung darf dabei jedoch nicht mißverstanden werden als etwas, was wir schon seit vielen Jahren tun sollten oder zum Teil auch tun, dergestalt, daß wir gebäudetechnische Anlagen mehr oder weniger gut in ein Architekturkonzept integrieren. Es geht hierbei um das tatsächliche, ganzheitliche Zusammenwirken verschiedener Disziplinen zur Findung eines tatsächlich optimalen Gesamtgebäudekonzeptes.

Ganzheitliche Planungskonzepte stellen Einzelaspekte zugunsten einer umfassenden Leistungsfähigkeit eines Gebäudes zurück oder nutzen diese in einem Gesamtkontext in richtiger Weise.

Je nach Anspruch an ein Gebäude kann die Wahrheit in Richtung Niedrigenergiehaus gehen, gleichermaßen richtig sein kann es auch, ein Gebäude mit einem hohen Standard an Informations- und Kommunikationsmitteln auszurüsten, um es einer bestimmten Nutzung zuzuführen. „Intelligent" sind deshalb beide Haustypen noch nicht, da sie einseitig bestimmte Ansprüche präferieren und in den Vordergrund stellen, u. U. sogar die gesamte Architektur danach ausrichten.

„Bauen mit Masse" kann von Fall zu Fall gleichermaßen richtig sein wie „Bauen ohne Gewicht" – die absolute Wahrheit ergibt sich erst aus der Aufgabenstellung, nicht unbedingt aus den Möglichkeiten, die uns die Produkte des Marktes geben.

Ganzheitliche Planungen bieten eine echte Chance, Materialkosten und insbesondere Betriebskosten einzusparen, da z. B. die Planung gebäudetechnischer Anlagen nicht erst mit dem Gebäude anfängt, sondern bereits mit dem Außenraum, d. h. einer günstigen Aufbereitung desselben, um das Mikroklima des gebäudenahen Außenraumes soweit zu verbessern, daß störende Einflußgrößen verringert werden. Bei der Gebäudeplanung selbst werden durch einzelne Bauteile wie Konstruktion, Gebäudehülle, Raumfolgen usw. nicht nur Ressourcen und Energie gespart, sondern möglicherweise eine Vielzahl von Ansprüchen gleichzeitig abgedeckt.

Richtig konzipierte Gebäude sind in der Regel solche, die langzeitig in unseren Breitengraden natürlich belüftbar sind, wodurch u. U. auf eine mechanische Belüftung oder Klimatisierung verzichtet werden kann. Unterstützende Kühlsysteme dienen gegebenenfalls bei Temperaturansprüchen im Sommerbetrieb lediglich der Spitzenkühlung und arbeiten auf Wasserbasis, um natürliche Ressourcen nutzen zu können, bauliche Aufwendungen zu verringern (Technikzentralen, Schächte, Deckenhohlräume) und Energieverbräuche zu eliminieren.

Gebäudetechnische Anlagen haben in der Regel dienende Funktionen, die darauf hinauslaufen, eine bessere Gebäudeperformance zu erreichen. Diese erhöhte Leistungsfähigkeit ist im weitesten Sinne gemeint, da die Funktion der Gebäudetechnik unter anderem darauf abzielt, eine hohe thermische, hygienische und akustische Behaglichkeit zu erreichen, die visuelle Behaglichkeit zu unterstützen und kein Sick-Building-Syndrom aufkommen zu lassen. Hierbei spielen auch Gesichtspunkte wie elektromagnetische Verträglichkeit, ökologische Baumaterialien, Oberflächenstrukturen und Farben eine zusätzliche Rolle.

Bauen mit dem Umweltangebot, d. h. unter Einbezug von Grün, Bauen mit dem Wind und der Sonne sowie dem Wasser sind besonders interessante Aspekte und können zu völlig neuen architektonischen Aussagen führen. Entsprechende Beispiele sind hinlänglich bekannt, wobei leider manche der Bauvorhaben in guten Ansätzen stecken bleiben, andere jedoch konsequent den ganzheitlichen Ansatz durchhalten. Ganzheitliche Planungsansätze sollten dazu führen, den Lebenszyklus eines Gebäudes deutlich zu verbessern – auch dadurch erreicht, daß zukünftige Immobilien mobiler werden, d. h. Gebäude umnutz- und wandelbar sind.

1. Schritt
Integrale Planungen laufen üblicherweise in Schritten ab, wobei der erste Schritt – die Festlegung der Ansprüche an das Gebäude (Programming) – der wesentlichste ist, soll ein Gebäude mit einem außerordentlich günstigen Kosten-Nutzenverhältnis entstehen.

2. Schritt
Der zweite Schritt der integralen Planung beginnt nicht erst dann, wenn in ein Gebäude Installationen möglichst kostengünstig und bauschonend eingebracht werden, sondern bereits zu dem Zeitpunkt, in dem das städtebauliche Konzept entwickelt wird.

Warum dies so ist, ergibt sich aus der Darstellung des ökologischen Kreises, in dem hier beispielhaft die Vernetzung ausgewiesen ist, die sich ergibt, wenn ein Gebäude gekühlt werden soll. Allein diese Aufgabenstellung zeigt eine Vielzahl von Abhängigkeiten, wobei Lösungsansätze im Außenraum und beim Baukörper zu finden sind. Die gebäudetechnische Anlage (hier mit Schwerpunkt gasmotorisch betriebene Kältemaschine) steht erst am Ende eines planerischen Entwicklungsprozesses **(Bild 1.1)**.

1. Gebäudeperformance

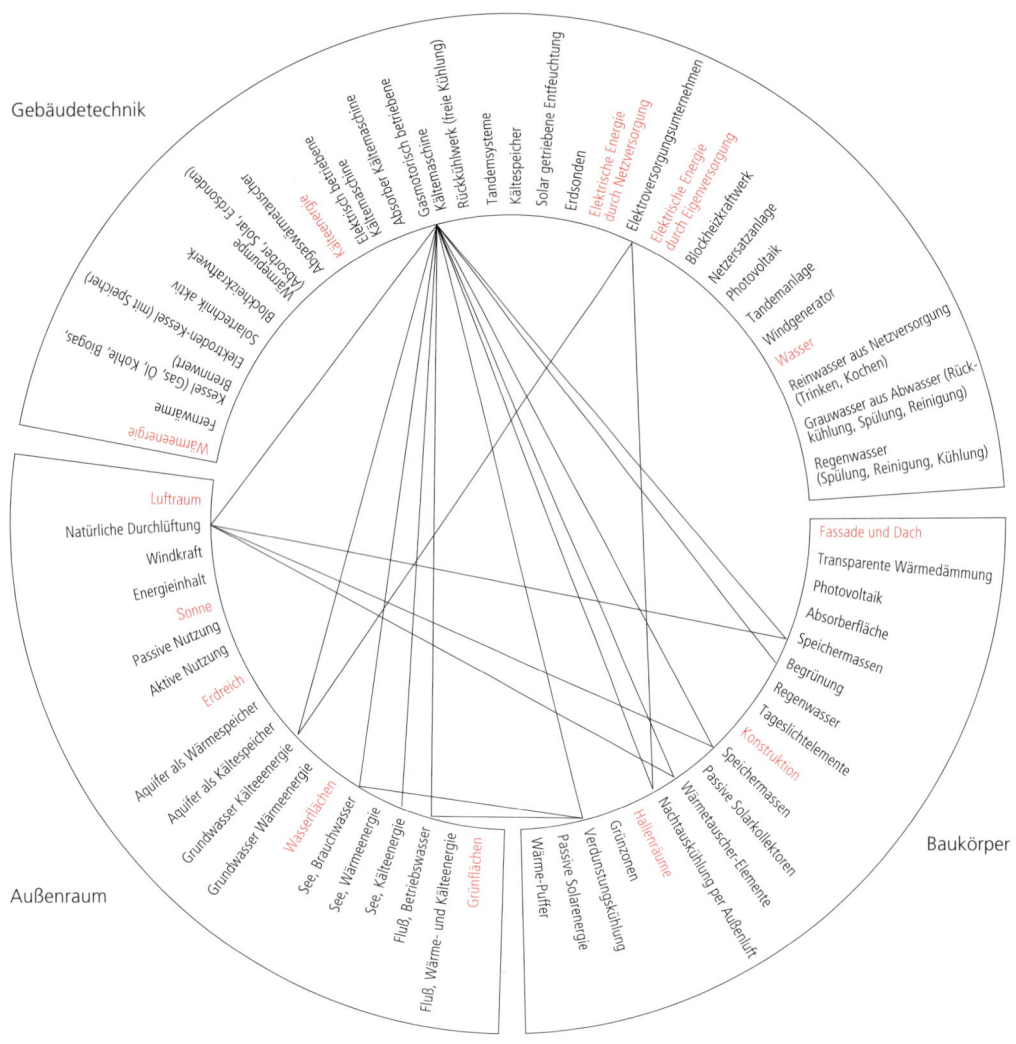

Bild 1.1
„Ökologischer Kreis" bei Gebäuden und Gebäudetechnik

Anhand des ökologischen Kreises können die Zusammenhänge zwischen Umwelt, Gebäude und Gebäudetechnik dargestellt werden, um sich so alle Einflüsse auf ein Gebäudekonzept bewußt zu machen. Es sind beispielhaft die angesprochenen Bereiche dargestellt, die für die Kühlung eines Gebäudes relevant sind.

Außenraum

Luftraum
Freier Luftraum
    Natürliche Durchlüftung
    Windkraft
    Energieinhalt
    Thermikturm

Sonne
    Solarenergie, Diffuse Strahlung
    Solarenergie, Direkte Strahlung
    Passive Nutzung
    Aktive Nutzung

Erdreich
Aquifer
    Wärmespeicher
    Kältespeicher
Grundwasser
    Kälteenergie
    Wärmeenergie

Wasserflächen
See
    Brauchwasser
    Wärmeenergie
    Kälteenergie
Fluß
    Betriebswasser
    Wärmeenergie
    Kälteenergie

Grünflächen
    Mikroklima
    Beschattung, Laubwechsel
    Staubbindung
    Ausblick
    Sauerstoffbildung

Gebäudetechnik

Wärmeenergie
    Fernwärme
    Kessel (Gas, Öl, Kohle, Biogas, Brennwert)
    Elektroden-Kessel (mit Speicher)
    Solartechnik aktiv
    Blockheizkraftwerk
    Wärmepumpe (Absorber, Solar, Erdsonden)
    Abgaswärmetauscher

Kälteenergie
    Elektrisch betriebene Kältemaschine
    Absorberkältemaschine
    Gasmotorisch betriebene Kältemaschine
    Rückkühlwerk (freie Kühlung)
    Tandemsysteme
    Kältespeicher
    Solar getriebene Entfeuchtung
    Erdsonden

Elektrische Energie
Netzversorgung
    Elektroversorgungsunternehmen
Energieversorgung
    Blockheizkraftwerk
    Netzersatzanlage
    Photovoltaik
    Tandemanlage
    Windgenerator

Wasser
Reinwasser
    Netzversorgung (Trinken, Kochen)
Grauwasser
    Abwasser (Rückkühlung, Spülung, Reinigung)
Regenwasser
    Spülung, Reinigung

Baukörper

Fassade und Dach
    Transparente Wärmedämmung
    Photovoltaik
    Absorberfläche
    Speichermassen
    Begrünung
    Regenwasser
    Tageslichtelemente

Konstruktion
    Speichermassen
    Passive Solarkollektoren
    Wärmetauscher-Elemente
    Nachtauskühlung per Außenluft

Hallenräume
    Grünzonen
    Verdunstungskühlung
    Passive Solarenergie
    Wärme-Puffer

Die Außenluft

Die Außenluft mit ihrer Strömung sowie mit ihrem Energiepotential ist ein wesentlicher Bestandteil zukünftiger, integraler Planungen und sollte dementsprechend eingesetzt werden. Grundsätzlich sollten Gebäude natürlich belüftbar sein, es sei denn, daß verschärfte hygienische Ansprüche dagegen sprechen. Entsprechende Konzeptionen, die seit Jahren zunehmend eingesetzt werden, werden von den Nutzern entsprechender Gebäude nicht nur akzeptiert, sondern gewollt, und Untersuchungen an den entsprechenden Gebäuden haben gezeigt, daß bei Wahlmöglichkeit zwischen natürlicher und mechanischer Belüftung die Nutzer zu lediglich einem Drittel der Betriebszeit auf mechanische Belüftung zurückgreifen (insbesondere im Winterbetrieb), ansonsten lieber bei teilweise geöffneten Fenstern arbeiten.

Geht man davon aus, daß die Umgebungsbedingungen eines Gebäudes nicht ideal sind und hohe Emissionen (Schall, Luftverschmutzung, Staub, starker Windanfall usw.) auf das Gebäude einwirken, so ist der Ansatz gleichwohl richtig, Gebäude so weit als möglich natürlich zu durchlüften. In Einzelfällen müssen Wege gesucht werden, Außenluft so an die Nutzflächen heranzuführen, daß sie von Emissionen gar nicht oder möglichst wenig beeinflußt werden. Um Gebäude natürlich belüften zu können, bieten sich je nach Gebäudeform und -höhe eine Vielzahl von Möglichkeiten an, wobei primär Unter- und Überdrucksituationen am Gebäude genutzt werden, häufig unterstützt durch thermischen Auftrieb, um eine entsprechende natürliche Belüftung herbeizuführen (**Bild 1.2**).

Das Erdreich

Um den Einsatz aktiver Kältesysteme zur Erzeugung von Kälteenergie bzw. den Einsatz von Anlagen zur Erzeugung von Wärmeenergie zu verringern, bietet sich neben der freien Kühlung die Nutzung von Erdkälte bzw. der Erdwärme an. Tiefe und untiefe geothermische Anlagen, Aquiferspeicher, Erdreich-Jahreszeiten-Pendelspeicher usw. werden dazu genutzt im Sommer Abwärme aus dem Gebäude in das Erdreich abzuführen bzw. diesem im Winter die Wärme wieder zuzuführen. Die Nutzung der Erdwärme wird zukünftig ein wesentlicher integraler Planungsbestandteil zwischen Bauingenieuren und Ingenieuren für Gebäudetechnik sein, da sich gerade bei großen Fundamenten und Pfahlgründungen entsprechende Systemtechniken in günstiger Weise einbringen lassen (**Bild 1.3**).

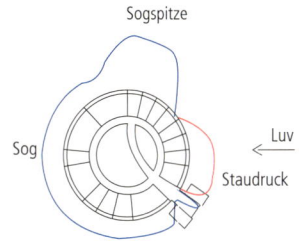
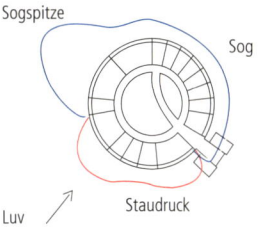
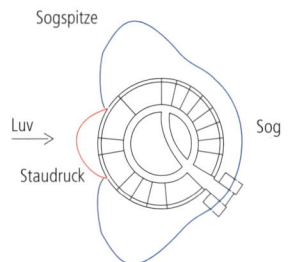

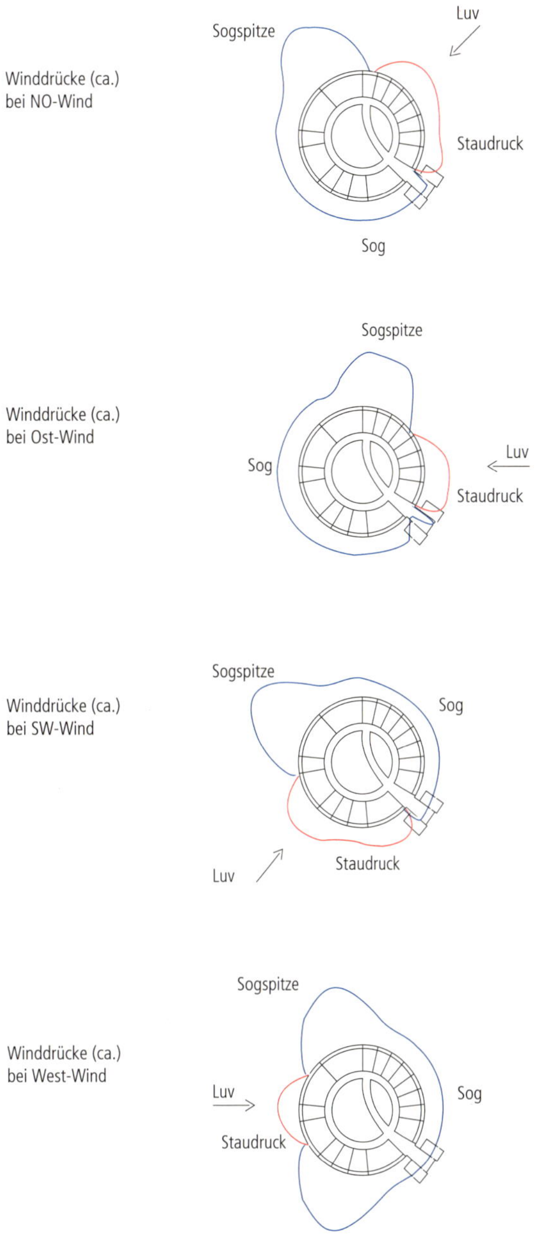

Bild 1.2
Druckverteilungen bei Ausströmung des Windes aus verschiedenen Richtungen

Bild 1.3
Schematische Darstellung geothermischer Nutzung

Regen- und Oberflächenwasser
Frischwasser ist eines unserer hochwertigsten Lebensmittel, für das es keinen äquivalenten Ersatz gibt. Die Wasserversorgungsunternehmen produzieren es mit erheblichem Aufwand und führen es unter sorgfältiger Beachtung hygienischer Vorsorge den Verbrauchern zu. Daß ein wesentlicher Teil dieses hochwertigen Lebensmittels im Wohn- und Arbeitsbereich der Toilettenspülung (ca. 33 %) zugeführt wird, macht man sich im allgemeinen nicht bewußt. Auch für die Gebäudereinigung, Autowäsche, Gartenbewässerung usw. werden erhebliche Trinkwassermengen verbraucht, ohne daß es hierfür eine Notwendigkeit gibt.

Einschlägige Untersuchungen zeigen, daß ca. 55 % des wertvollen Trinkwassers durch Regenwasser ersetzt werden können, wodurch sich erhebliche Einsparpotentiale ergeben. Betriebswasser, aufbereitet aus Regenwasser, kann zumindest für Toilettenspülung, Bewässerung von Garten- und Grünflächen, Gebäudereinigung und zum Wäsche waschen eingesetzt werden. Trinkwasser sollte in Zukunft primär nur zur Nahrungsaufnahme, dem Spülen von Geschirr und der Körperpflege dienen.

Beim Einsatz von Regenwasser sollte grundsätzlich nur das Regenwasser von Dächern genutzt werden, da dieses Gewähr dafür bietet, daß keine stark verunreinigten Stoffe in den Regenwasserkreislauf eingeleitet werden. Das Regenwasser wird vor der Nutzung als Betriebswasser vorgereinigt, UV-bestrahlt, nachgefiltert und dosiert.

Regenwasser dient jedoch nicht nur zur Abdeckung des Wasserverbrauchs für Reinigung und Spülen, sondern gegebenenfalls auch der Kühlung am Gebäude oder um das Gebäude herum. Die Einsatzmöglichkeiten können dabei sein:
– Verdunstungskühlung um ein Gebäude herum infolge der Wasseroberfläche eines angelegten Sees o. ä.,
– Verdunstungskühlung um ein Gebäude herum durch Ausbildung von Springbrunnen in einem See, Ausbildung von Wasserkaskaden o. ä.,
– Direkte Kühlung der Außenluft durch Verdunstung eines feinen versprühten Wassernebels,
– Direkte Bauteilkühlung (auf Glasflächen),
– Indirekte Bauteilkühlung infolge der Nutzung von Wässern nach Teilverdunstung usw. (Bild 1.4).

Außenbegrünungen
Außenbegrünungen in richtiger Form dienen dazu, den im Sommer der Sonne ausgesetzten Außenwandflächen eine natürliche Beschattung zu geben, so daß sich die im Schatten liegenden Oberflächen nicht mehr so stark aufheizen und die Kühllasten massiv reduziert werden. Außenbegrünungen sollten so gestaltet sein, daß sie im Herbst ihr Laub verlieren, um im Winter eine passive Solarenergienutzung zu ermöglichen. Immerbegrünte Flächen sind daher nur bedingt gefragt, da sie nur einen Teilnutzen mit sich bringen (Staubbindung, Sauerstoffproduktion).

Bäume, Sträucher und bodendeckendes Grün werden in der Regel von allen Gebäudenutzern als außerordentlich angenehm und positiv empfunden und dienen gleichzeitig der Verbesserung des Mikroklimas im gebäudenahen Außenraum – unbestreitbar wird eine bessere Gebäudeperformance erreicht (Bild 1.5).

Bild 1.4
Wassergekühlte Glasdachflächen einer Messehalle

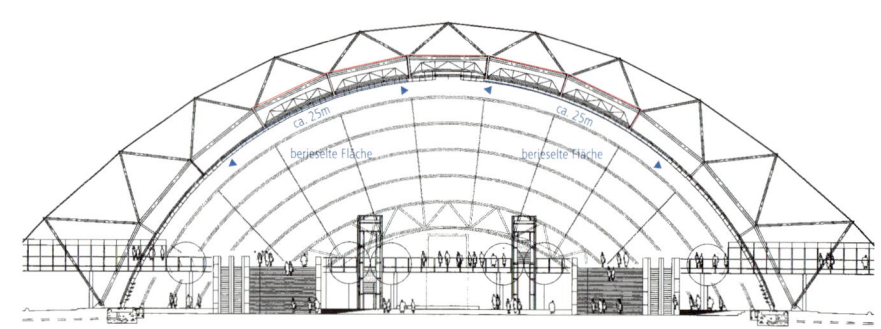

Bild 1.5
Gebäude im Grünraum

Bereits bei der Entwicklung städtebaulicher Konzeptionen ist es notwendig, weitere, wesentliche ökologische Aspekte einzubringen, um insbesondere die natürliche Durchlüftung und die Minimierung der Aufheizung des Stadtraumes zu erreichen. Gerade bei der wünschenswert höheren Verdichtung zukünftiger Stadträume zur Schonung der Landschaftsgebiete ist es von größter Bedeutung, daß die natürlichen Strömungen während des Tages und der Nacht beachtet werden und Baumaßnahmen nach Möglichkeit so gegliedert werden, daß die natürlichen Zirkulationen ungestört ablaufen können. Hierbei spielt nicht nur der Eintrag unbelasteter Luftströme in den Stadtraum eine Rolle, sondern gleichermaßen auch die nächtliche Auskühlung der Gebäudemassen. Von Fall zu Fall kann es auch sinnvoll sein, sich gegen unerwünschte Strömungen, z. B. im Winter, durch Grünbarrieren zu schützen. All dies ist im Rahmen entsprechender städtebaulicher Konzeptionen zu beachten und zu planen (Bild 1.6).

3. Schritt
Gebäudeform und -stellung

Wärmeverluste und Wärmegewinne von Gebäuden verändern sich automatisch mit ihren Ausrichtungen nach Nord-Süd bzw. Ost-West sowie mit ihren Oberflächen-Volumenverhältnissen.

Will man konsequent sowohl Investitions- als auch Betriebskosten gerade auch im gebäudetechnischen Bereich einsparen, so ist eine Betrachtung der Zusammenhänge nicht nur notwendig, sondern integraler Bestandteil einer ganzheitlichen Planung. Hier ist auch der Aspekt der Ausbildung von Fassaden und Fensterflächen bei verschiedenen Himmelsorientierungen mit einzubeziehen. Während sich bei Nord-, Ost- und Westfassaden der spezifische jährliche Wärmebedarf mit größer werdenden Fenstern nur unwesentlich ändert, fällt dieser bei südorientierten Fassaden um bis zu 30 % mit größer werdender Fensterfläche. Von Fall zu Fall ist festzustellen, ob die Wärmeschutzverordnung tatsächlich eine wirksame Anleitung zur Reduzierung von Wärmeverbräuchen ist oder ob nicht diese viel zu wenig differenziert auf die Gebäudenutzung eingeht und sich letztlich ein Überangebot an Wärmeenergie infolge zu guter Wärmedämmung einstellt (Überisolierung), das u. U. durch den Einsatz von Kälteenergie kompensiert werden muß. Die z. Zt. einschlägigen Wärmeschutzverordnungen sind der typische Fall des linearen und nicht vernetzten Denkens, da über den Ausgangspunkt Wärmeverbräuche für Wohnhäuser auch alle anderen Gebäudestrukturen – selbst die mit hohem inneren Wärmegewinn – über „einen Kamm geschoren" werden.

Natürliche Belüftung

Neben denkbaren positiven Aspekten bei der Minimierung des Wärmeverbrauchs durch die Gebäudestellung und -form ist hier insbesondere auch die natürliche Belüftbarkeit zu beachten.

Gebäude sollen prinzipiell so konzipiert werden, daß sie zu ausreichenden Differenzen der Druckbeiwerte und bei Fensteröffnung zu einer ausreichenden Durchströmung infolge der Druckgefälle führen.

Geradezu spannend wird die Zusammenarbeit in einem integralen Planungsteam zwischen Architekt und Aerophysiker, wenn es darum geht, Gebäudekuben und -oberflächen so auszubilden, daß sie zu einer idealen natürlichen Belüftung führen. Hierbei von besonderem Interesse sind extrem hohe Häuser bzw. extrem tiefe Gebäude, bei denen man in der Vergangenheit davon ausging, daß sie in keinem Fall natürlich belüftbar sind. In diesem Bereich öffnet sich das Feld bei hohen Häusern von einschaligen bis hin zu zweischaligen Fassaden mit verschiedensten Fassadenstrukturen (Kastenfenster-, Bandfenster-, Ganzglas-Fassaden usw. mit ringförmigen Druckverteilkanälen oder Schachtlösungen). Bei extrem tiefen Gebäuden wie z. B. großen Sport-, Messe- und zentralen Eingangshallen spielen insbesondere Dachstrukturen in gewölbten oder geneigten Formen insofern eine Rolle, als dadurch großflächige, natürliche Absaugungen und Zuströmungen von Außenluft erreicht werden können. Entsprechende Beispiele sind in jüngster Zeit entstanden – hier wurde „form follows function" in Architektur tatsächlich umgesetzt. Ein weites Feld tut sich bei entsprechenden Gebäuden auf, insbesondere auch solchen, die an lärmbelasteten Straßenräumen liegen und mit zweischaligen Fassaden gegebenenfalls unterstützt durch Thermiktürme auf die entsprechenden Emissionen durch Architektur reagieren (Bild 1.7).

Bild 1.6
Windströmungen im Stadtraum

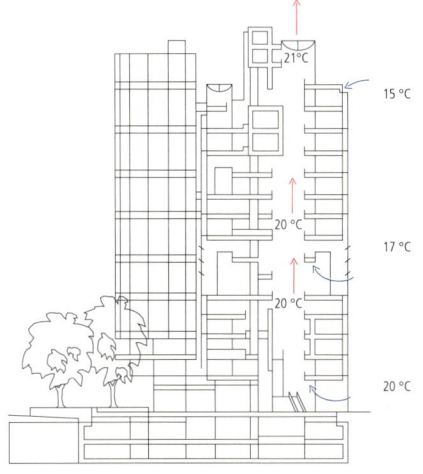

Winter- und Übergangszeit
Außentemperatur 15 °C

Bild 1.7
Thermikturmprinzip eines Bürogebäudes mit doppelschaliger Fassade und mehrgeschossiger Halle

4. Schritt
Gebäude und Gebäudestruktur

Bei der Entwicklung von Gebäuden sind nicht nur die Gebäudeform und die Gebäudestellung, sondern insbesondere auch die Gebäudestruktur, die Ausbildung der Fassaden und die Einbeziehung von solaren Pufferräumen (Hallen, Passagen usw.) ein weiterer wesentlicher Schritt in die richtige Richtung.

Speicherung durch Massen

Besteht bei Gebäuden die Notwendigkeit, Raumtemperaturen im Sommer auf möglichst natürliche Weise zu verringern, so bietet sich das Speichern von Wärmeenergie in Betonmassen an. Hierdurch werden Kühllasten bis zu mehr als 30 % reduziert bzw. Temperaturen um bis zu mehr als 5 K gegenüber leichtspeichernden Gebäuden verringert.

Durch das richtige Zusammenspiel zwischen Architekt, Bauklimatiker, Tragwerksplaner und Gebäudetechniker kann durch den sinnvollen Einsatz und die sinnvolle Darstellung notwendiger Gebäudemassen ein speicherndes Gesamtkonzept entwickelt werden, das zu weniger technischen Investitions- und Betriebskosten führt. Gleichzeitig kann die Raumqualität sowohl subjektiv als auch objektiv verbessert werden, da nicht nur die Raumtemperaturen sondern auch die empfundenen Temperaturen in einem besseren Verhältnis stehen. „Bauen mit Masse" kann von Fall zu Fall außerordentlich vorteilhaft sein und zu Gebäudekonzeptionen führen, die mit einem Technik-Minimum auskommen. Entsprechende Beispiele sind in den letzten 25 Jahren entstanden und haben das Vorhergesagte bestätigt (Bild 1.8).

„Bauen ohne Gewicht" kann von Fall zu Fall von gleicher Bedeutung sein, insbesondere dann, wenn nicht ortsgebundene Baumaterialien zum Einsatz kommen können. Hier kann bei leichten Konstruktionen und hochwertigen Wärmedämmungen u. U. gleiches oder ähnliches erreicht werden, wobei nunmehr jedoch der Schutz gegen äußeren Wärmegewinn von erheblicher Bedeutung wird.

Fassaden auf dem Weg zur polyvalenten Wand

Die Ansprüche an Fassaden wurden in der Vergangenheit und werden zum Teil noch heute ausschließlich durch den Architekten definiert.

Fassaden sollten in intelligenter Weise so konzipiert werden, daß sie allen Ansprüchen der späteren Nutzer genügen und gleichzeitig das Umweltangebot in möglichst direkter Form dem Nutzer darbieten, so dieses im Einklang mit dem Nutzungsanspruch steht. Fassaden sind nicht nur der räumliche Abschluß zwischen einem Innen- und Außenraum, sondern haben eine Vielzahl unterschiedlichster Funktionen zu erfüllen. Die wesentlichsten Faktoren sind dabei

– Einblick und Ausblick,
– Tageslichteinfall,
– natürliche Belüftung,
– optimaler Wärmeschutz,
– optimaler Sonnenschutz,
– angenehme Oberflächentemperaturen,
– ausreichender Blendschutz.

Fassaden sind ein wesentlicher Bestandteil hinsichtlich der thermischen Behaglichkeit in einem Gebäude, der Lufthygiene und der visuellen Behaglichkeit. Sie sollten sich ähnlich wie die Haut eines Menschen verhalten und sensibel auf Außen- und Innenzustände reagieren.

Zur Planung von Fassaden gehört ein hohes Maß an Kreativität und Innovation aller an der Planung Beteiligten, da Fassaden in der Regel durch einen Architekten in sowohl ökologischer als auch ökonomischer Hinsicht nicht allein gelöst werden können. Aerophysiker, Bauklimatiker, Bauphysiker und Gestalter sind letztendlich gefragt, hier in engem Zusammenspiel zu wirklich optimalen Lösungen zu kommen.

Hochinnovative Fassaden mit Kosten um 4.000 DM/m^2 sind nicht ökonomisch und überschreiten bei weitem das erlaubte Maß. Bei derartig hohen Investitionskosten machen Fassaden kostenbezogen auf den Quadratmeter dahinter liegender Büroflächen mehr als den doppelten Preis für die gesamte Gebäudetechnik pro m^2 Nutzfläche aus. Entsprechende Beispiele zwar gekonnter Architektur, jedoch mißlungener Ökonomie können nicht befriedigen. Derartige Lösungen gefährden nicht nur die Akzeptanz durch Bauherrn sondern auch das Fortbestehen entsprechender Planungsbüros bis hin zu ganzen Industriebetrieben (Bild 1.9 und Bild 1.10).

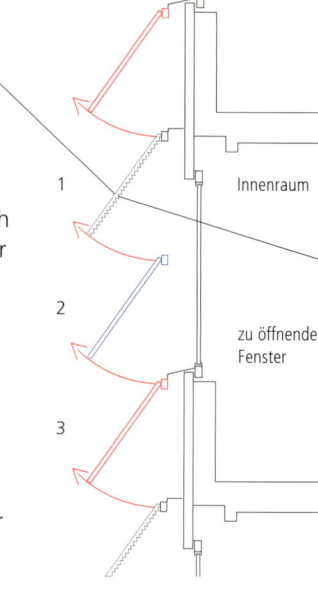

1 Oberes Band:
 Lichtleitsystem mit Prismen, computergesteuert, rechtwinklig zur Sonnenhöhe nachgeführt

2 Mittleres Band:
 Lüftungsflügel, individuell bedienbar

3 Unteres Band:
 Brüstungssolarkollektor, temperaturabhängig, computergesteuert

Bild 1.10
Prinzipbild einer hochflexiblen Fassadenstruktur

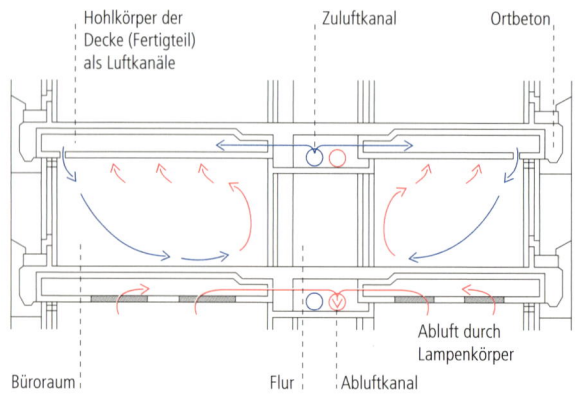

Bild 1.8
Prinzipbild eines schwerspeichernden Gebäudes mit nächtlicher Auskühlung durch Außenluftströme

Bild 1.9
Übersichts- und Ablaufplan möglicher aktiver/passiver Maßnahmen zur Lastanpassung

Q Wärmemenge
T_R Raumtemperatur
T_A Außentemperatur

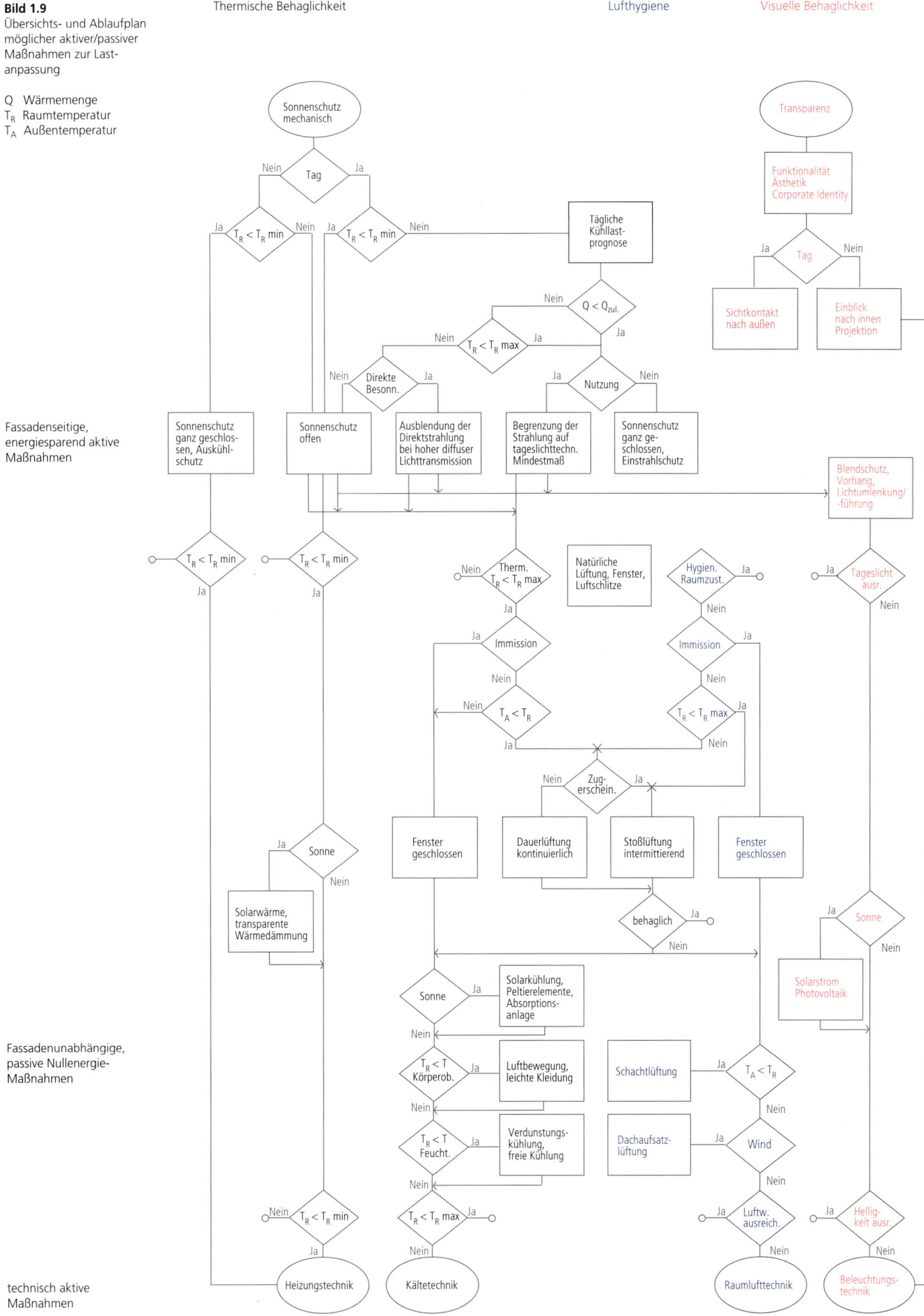

Bild 1.11
Beispiel einer Hallenstruktur und Konstruktion eines leichten, ressourcensparenden Daches

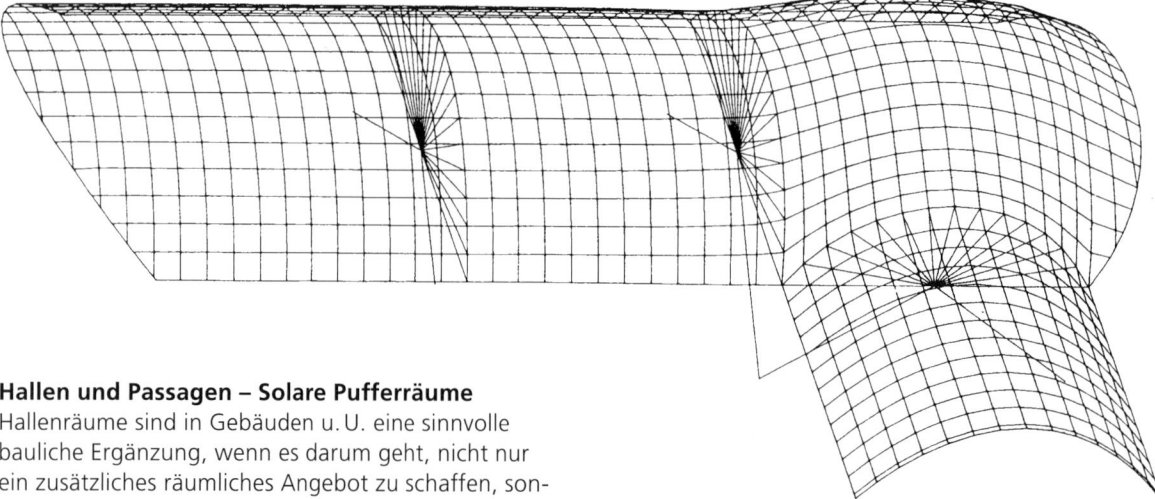

Hallen und Passagen – Solare Pufferräume

Hallenräume sind in Gebäuden u. U. eine sinnvolle bauliche Ergänzung, wenn es darum geht, nicht nur ein zusätzliches räumliches Angebot zu schaffen, sondern Energieverbräuche zu minimieren. Sie führen in der Regel dazu, daß der Wärmebedarf der Räume, die an Hallen angrenzen, halbiert wird, Kühllasten reduziert werden, jedoch gleichzeitig der Lichteinfall zurückgeht. Ganzheitliche Bilanzen der Verbräuche zeigen jedoch in der Regel, daß entsprechende glasgedeckte Räume zu einem positiven Ergebnis führen. Eine bessere Gebäudeperformance wird durch begrünte oder teilbegrünte Hallenräume in der Regel erreicht, u. U. ergänzt durch Wasserflächen, die zu einer minimalen Verdunstungskühlung führen.

Hallen sollten dabei grundsätzlich nach dem Nutzeranspruch konzipiert werden, wobei nach Möglichkeit auf mechanische Belüftung und Kühlung verzichtet werden soll, gleichzeitig innere Fassadenflächen so leicht ausgebildet werden, daß die Investitionskosten entsprechender Dachstrukturen zu keinen höheren Gesamtkosten führen. Netzartige Dachstrukturen (Bauen ohne Gewicht) können in der Regel diese Ansprüche einhalten, setzen jedoch voraus, daß entsprechende Architekten und Bauingenieure in enger Zusammenarbeit zu ganzheitlich ökonomischen Lösungen kommen **(Bild 1.11)**.

5. Schritt
Nachdem alle Möglichkeiten des Außenraums und des Gebäudekörpers selbst sinnvoll in die Planung integriert wurden, beginnt der Einsatz der Gebäudetechnik als ergänzendes Element zur Schaffung behaglicher Wohn- und Lebensräume. Aktive Technikkonzepte sollten so verstanden werden, daß sie lediglich der Unterstützung in den Bereichen dienen, in denen passive Gebäudekonzepte nicht mehr zu den gewünschten Zielen führen, z.B. unbehaglich hohe Raumtemperaturen, mangelhafte Abfuhr von Schad- und Geruchsstoffen, ungünstige Oberflächentemperaturen usw.

Gebäudetechnische Anlagen sind als integraler Bestandteil eines Architekturkonzeptes zu verstehen, wobei bei diesem selbst wiederum eine Vielzahl innovativer Ansätze möglich sind, um Energieverbräuche und Emissionen soweit als möglich zu reduzieren. Bekannt sind heute im allgemeinen Verbundsysteme, Totalenergiesysteme usw., gegebenenfalls ergänzt durch aktive Maßnahmen zur Nutzung der Umweltenergie wie Sonne, Wind, Regenwasser, Erdwärme.

Kraftwärmekopplung, Wärmepumpensysteme, Speichertechniken, Brennwertanlagen und ähnliches gehören bereits heute ebenso wie aktive Bauteilkühlung zum allgemeinen Sprachgebrauch der Architekten.

Ganzheitliche Planungskonzepte sind ein absolutes Muß für die Zukunft, auch wenn wir im lokalen Bereich nur einen geringen Beitrag zur Lösung der auf uns zukommenden globalen Probleme leisten können. Das in einigen Ländern Europas geschärfte Umweltbewußtsein und Bewußtsein, Ressourcen zu schonen, hat trotz der geringen Energie- und Betriebskosten dazu geführt, daß in Europa die richtigen Ansätze bestehen und Impulse von hier ausgehen.

Ein Vergleich der Energieverbräuche pro Kopf zwischen Nordamerika und Westeuropa weist aus, daß der Energieverbrauch pro Kopf in den USA annähernd doppelt so hoch ist. Hier haben einige Länder noch einen erheblichen Nachholbedarf. Dieses gilt jedoch nicht nur für die USA, sondern auch für einige Länder Europas sowie insbesondere mehr oder weniger alle Schwellenländer, die bereits jetzt schon infolge massiver Umweltverschmutzungen und mangelnder Infrastrukturen an Grenzen stoßen, die sie noch vor einigen Jahren nicht erkannt haben.

In jeder Form richtig ausgebildete Gebäude aufgrund ganzheitlicher Planungsansätze haben Vorbildfunktion für Entwicklungs- und Schwellenländer und könnten bei richtiger Vermarktungsstrategie auch ein Exportthema werden.

Ganzheitliche Planungsmethoden setzen voraus, daß mit einem größeren Ideenreichtum und größeren Innovationen Planungskonzepte und Planungen durchgeführt werden, die letztendlich auch zu Gebäuden führen, die sich in einem angespannten Markt durchsetzen.

Integrierte Planungskonzepte erfordern nicht nur von den Architekten, sondern auch und insbesondere von den Ingenieuren ein Umdenken weg vom Liniendenken hin zu ganzheitlichem Denken, wobei für alle im Beruf stehenden notwendigerweise Nachschulungen, Literatur und sonstiges Handwerkszeug vonnöten werden, um sich entsprechend schulen und einbringen zu können.

Der Aufwand ganzheitlicher Planungsprozesse ist selbstverständlich ein deutlich höherer, verbunden mit diversen Sonderleistungen im Bereich Bauklimatik und Aerophysik, als bei Planungsprozessen mit linearen Denkstrukturen. Dieser höhere Planungsaufwand wird heute in der Regel aufgrund des angespannten Marktes kaum honoriert.

1. Gebäudeperformance

2. Mensch und Behaglichkeit

3. Integrierte Planungsansätze

4. Heizungsanlagen

5. Sanitär- und Feuerlöschanlagen

6. Lüftungs- und Klimatechnik

7. Kälte- und Kühlsysteme

8. Starkstromanlagen

9. Lichttechnik

10. Tageslichttechnik

11. Schwachstromanlagen

12. Förderanlagen

2. Mensch und Behaglichkeit

Der Mensch entwickelt durch langsame Verbrennung von Eiweiß, Fett und Kohlehydraten unter Zuhilfenahme des eingeatmeten Luftsauerstoffs Wärme („Grundumsatz"), die er nach außen abgeben muß, um die Körperinnentemperatur annähernd konstant zu halten.

Die Wärmeabgabe erfolgt dabei auf mehrfache Art und Weise:
– durch Konvektion und Leitung,
– durch Wärmestrahlung,
– durch Verdunstung,
– durch Atmung,
– durch Ausscheidungen.

Bei völliger Ruhe im Behaglichkeitszustand beträgt die Mindestwärmeabgabe im Körper ca. 80 W. Mit steigendem Aktivitätsgrad oder steigenden Umgebungstemperaturen verändert sich die Wärmeabgabe, wie **Bild 2.1** zeigt. Dabei stellen sich Haut- und Oberflächentemperaturen in Abhängigkeit von der Umgebungstemperatur gemäß **Bild 2.2** ein.

Tabelle 2.1 zeigt zudem die Gesamtwärmeabgabe des Menschen bei unterschiedlicher Tätigkeit (Metabolicrate), **Tabelle 2.2** führt neben der fühlbaren Wärme (trockene Wärme) die Wasserdampfabgabe (latente Wärme) in W bzw. g/h an.

Wie **Tabelle 2.2** zeigt, nimmt bei geringen Lufttemperaturen die fühlbare Wärme anfänglich gering ab, während die latente Wärme (Wasserdampfabgabe) konstant bleibt. Oberhalb 20 °C Raumtemperatur fällt die fühlbare Wärme etwas stärker ab, gleichzeitig steigt die latente Wärme deutlich an, was damit zusammenhängt, daß sich mit steigenden Raumtemperaturen der menschliche Körper zunehmend feucht entwärmt, um über Verdunstung an der Hautoberfläche noch ausreichend die aus dem Inneren des Körpers gelieferte Wärmeenergie abführen zu können. Die Wärmeabgabe der fühlbaren Wärme (trockene Wärme) erfolgt zu annähernd 50 % über Konvektion und zu 50 % durch Strahlung.

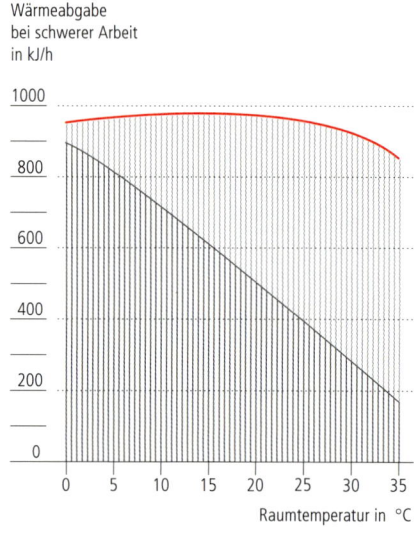
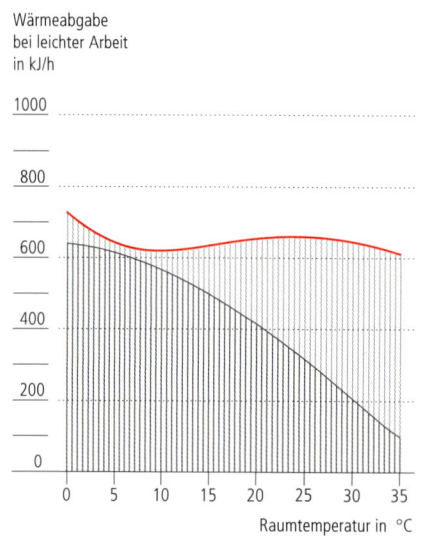
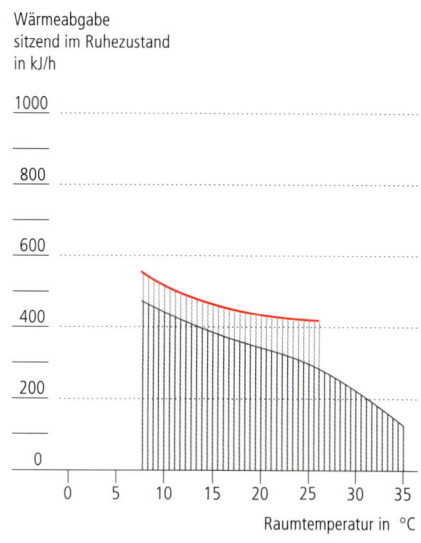

Bild 2.1
Wärmeabgabe (feuchte und trockene) des Menschen in Abhängigkeit von der Raumlufttemperatur bei verschiedenen Tätigkeiten 1 kJ/h = 0,278 W

- feuchte Wärmeabgabe $\dot{Q}_f$
- trockene Wärmeabgabe $\dot{Q}_{tr}$
- gesamte Wärmeabgabe $\dot{Q}_{ges.}$

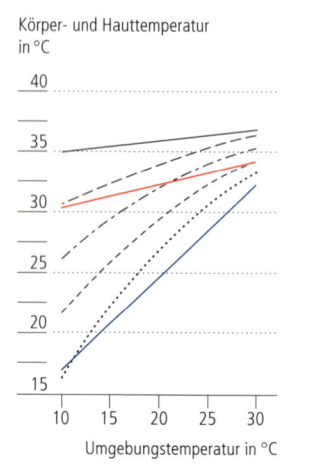

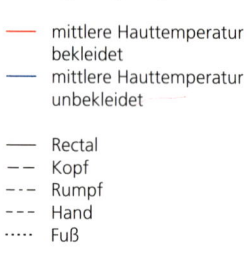

Bild 2.2
Haut- und Oberflächentemperatur des ruhenden Menschen in Abhängigkeit von der Umgebungstemperatur

- mittlere Hauttemperatur bekleidet
- mittlere Hauttemperatur unbekleidet
- Rectal
- Kopf
- Rumpf
- Hand
- Fuß

Behagliche Räume führen in der Regel zu einer optimalen Leistungsbereitschaft der sich darin aufhaltenden Personen. Ergonomen haben hierüber eine Vielzahl von Untersuchungen angestellt und Leistungskurven wie **Bild 2.3** in Abhängigkeit von der Effektivtemperatur ermittelt. Diese vereinfachte Darstellung setzt eine mittlere Luftgeschwindigkeit von 0,15 m/s und eine mittlere Feuchte von 50 % r.F. voraus. Wie **Bild 2.3** zeigt, liegt das Optimum der Leistung in einem engen Temperaturbereich. Dieser kann sich, je nach baulicher Ausbildung und Art der Belüftung des Raumes entsprechend einstellen – **Bild 2.4** zeigt verschiedene Ausbauvarianten mit ihren sich max. einstellenden Raumtemperaturen im Sommer. **Bild 2.5** zeigt ergänzend experimentelle Ergebnisse zu Raumtemperaturen und Leistungsverhalten (nach D. P. Wyon).

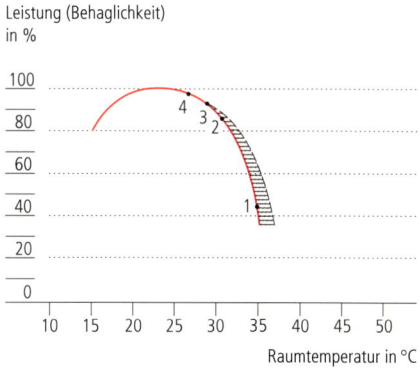

Bild 2.3
Leistungsverhalten (Maßstab des „Klimakomforts") bei verschiedenen lufttechnischen Varianten/ Temperaturzuständen

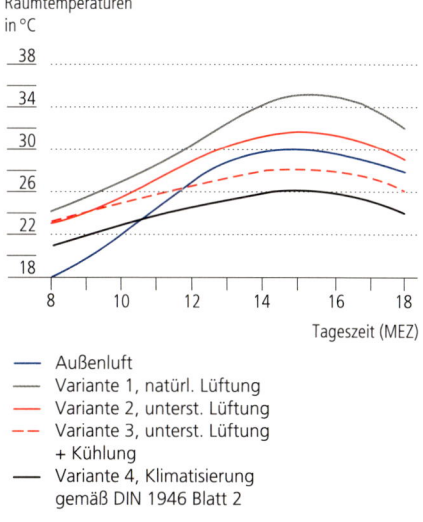

Bild 2.4
Maximale Raumtemperaturen bei verschiedenen Lüftungs- und Kühlvarianten in allgemeinen Bürobereichen

Tätigkeit	Aktivitätsgrad DIN 1946 T.2	Metabolic Rate = Wärmeabgabe		
		W/m²	met	≈ W
ruhend		46	0,8	80
sitzend, entspannt	I	58	1,0	100
stehend, entspannt		70	1,2	125
sitzend, leichte Tätigkeit (Büro, Wohnung, Schule, Labor)		70	1,2	125
stehend, leichte Tätigkeit (Zeichenbrett-Tätigkeit) (Shopping, Labor, leichte Industrie)	II	81 93	1,4 1,6	145 170
mäßig körperliche Tätigkeit (Haus-, Maschinen-Arbeit)	III	116	2,0	200
schwere körperliche Tätigkeit (schwere Maschinenarbeit)	IV	165	2,8	300

Tab. 2.1
Gesamtwärmeabgabe des Menschen bei verschiedenen Tätigkeiten (nach ISO 7730, 1 met = 58 W/m²)

Lufttemperatur °C	Fühlbare Wärme W	Latente Wärme W	Gesamtwärmeabgabe W	Wasserdampfabgabe g/h
10	136	21	157	30
12	126	21	147	30
14	115	21	136	30
16	106	21	127	30
18	98	23	121	33
20	92	27	119	38
22	85	33	118	47
24	77	41	118	58
26	69	49	118	70
28	58	59	117	85
30	47	69	116	98
32	33	81	114	116

Tab. 2.2
Wärmeabgabe und Wasserdampfabgabe des Menschen (normal bekleideter, sitzender Mann bei leichter Beschäftigung und ruhiger Luft; Luftfeuchte 30 bis 70 %).

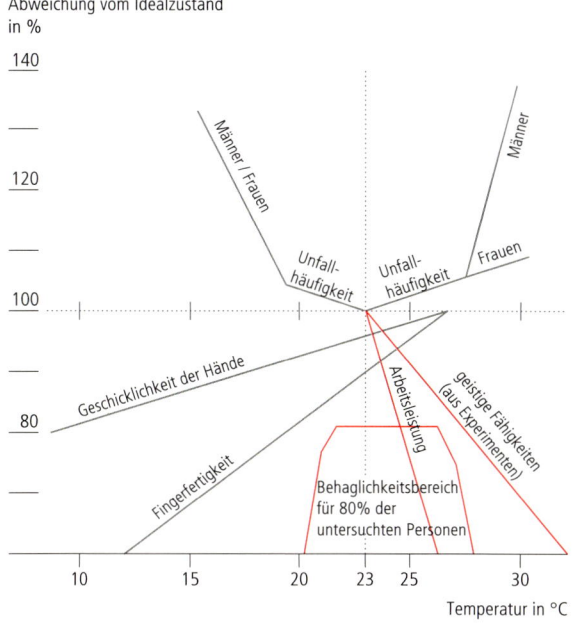

Bild 2.5
Experimentelle Ergebnisse zu Raumtemperaturen und Behaglichkeit (nach D. P. Wyon)

2.1 Thermische Behaglichkeit

Die thermische Behaglichkeit drückt Behaglichkeitsbereiche aus, innerhalb derer sich der Mensch am wohlsten fühlt. In diesem Bereich ist das thermische Gleichgewicht des Körpers bei verschiedenen physikalischen Umwelteinflüssen gegeben.

Da eine große Anzahl verschiedenartiger Faktoren Einfluß nehmen, können strenge Grenzen der Behaglichkeit nicht angegeben werden. Vielmehr das Wechselspiel sich beeinflussender Faktoren macht einen behaglichen Zustand aus oder auch nicht. Hierzu gehören u. a.:
– Geschlecht
– Gesundheitszustand
– Nahrungsaufnahme
– Alter
– Jahreszeit
– Art der Arbeit.

Weitere Einflußgrößen, die z. T. durch die bauliche Ausbildung sowie Belüftung und Temperierung des Raumes bestimmt werden, sind nachfolgend dargestellt:
– Raumlufttemperatur
– Umgebungstemperaturen
– Luftfeuchte
– Luftbewegung
– Bekleidung.

Die Raumlufttemperatur soll sich idealerweise im Bereich zwischen 20 – 24 °C bewegen, wobei hier bereits die entsprechende Bekleidung in Abhängigkeit von den Außentemperaturen berücksichtigt ist. Raumtemperaturen von 24 °C im Sommer bedeuten jedoch hohe Investitionen zur Kühlung von Räumen, so daß die obere Grenztemperatur eher bei 27 – 28 °C gezogen wird unter gleichzeitiger Inkaufnahme gering abfallender Leistungen. Wie **Bild 2.6** zeigt, steigen die Raumtemperaturen ab ca. 26 °C Außentemperatur.

Neben der Raumtemperatur spielt die mittlere Temperatur der umgebenden Flächen (einschl. Heizflächen) über die mittlere Strahlungstemperatur eine nicht unwesentliche Rolle, da sich der Körper mittels Strahlung entwärmt.

Die mittlere Strahlungstemperatur t_R errechnet sich aus:

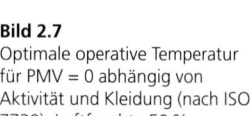

$$t_R = \frac{\sum_n (A \cdot t)_n}{\sum_n A}$$

A = Oberfläche
t = Oberflächentemperatur
t_R = Strahlungstemperatur
n = Anzahl der verschiedenen Flächen.

A bezeichnet die einzelnen Flächen, (Wände, Heizkörper, Fenster usw.), t die dazugehörigen Temperaturen.

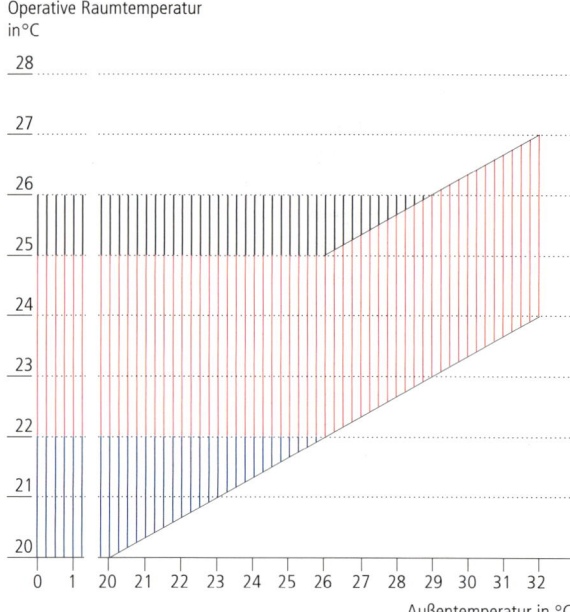

Bild 2.6
Bereiche operativer Raumtemperaturen (empfundene Raumtemperaturen), nach DIN 1946 Teil 2
Voraussetzungen: Aktivitätsstufen I und II, leichte bis mittlere Bekleidung

||| Bei kurzzeitigen zusätzlichen Kühllasten zulässig
||| empfohlener Bereich
||| z.B. bei Quellüftung zulässig

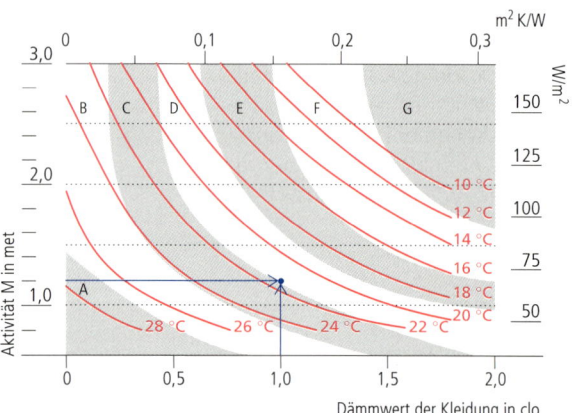

Bild 2.7
Optimale operative Temperatur für PMV = 0 abhängig von Aktivität und Kleidung (nach ISO 7730), Luftfeuchte 50 %.

— PMV = 0,0 d.h. 5% unzufrieden
▓ PMV = ± 0,5 d.h. 10% unzufrieden
(PMV – predicted mean vote)

A ± 1,0 K   E ± 3,0 K
B ± 1,5 K   F ± 4,0 K
C ± 2,0 K   G ± 5,0 K
D ± 2,5 K

Sinkt z. B. die mittlere Wandtemperatur um 1 K, so ist dies beim ruhenden Menschen gleichwertig mit einer Absenkung der Lufttemperatur um 1 K. Luft- und Wandtemperaturen haben somit auf die Entwärmung des menschlichen Körpers einen gleichgroßen Einfluß. In Bezug auf die thermische Behaglichkeit wird somit nicht nur von Raumlufttemperaturen sondern gleichermaßen von mittleren Strahlungstemperaturen gesprochen, die gemeinsam eine optimale „operative" Temperatur bilden sollen. Anstatt des Ausdrucks „operative Temperaturen" wurde bisher der Begriff der „empfundenen Temperatur" eingeführt, der jedoch keine Temperaturabsenkungen durch Zugluft erfaßt. **Bild 2.7** zeigt optimale operative Temperaturen (empfundene) in Abhängigkeit der Aktivität und des Isolationswertes der Kleidung (PMV = 7 Punkte-Bewertung des Empfindens, Skala von –3 bis +3).

Wie **Bild 2.7** zeigt, wird nunmehr auch neben der Aktivität die Bekleidung berücksichtigt, wobei der Isolationswert entsprechender Bekleidungen der **Tabelle 2.3** entnommen werden kann.

Eine weitere Hilfsgröße bei der Beurteilung einer entsprechenden thermischen Behaglichkeit zeigt **Bild 2.8**, das Behaglichkeitsfeld nach Grandjean.

Die Darstellung weist aus, daß nur ein sehr kleines Feld von Umgebungs- und Raumtemperaturen zu behaglichen Zuständen führt. Gerade im Fensterbereich sind erhebliche Aufwendungen zu betreiben, um entsprechend günstige Oberflächentemperaturen zu erzielen, wie **Bild 2.9** ausweist.

Bekleidung	Isolationswert I_{cl} $\frac{m^2 \cdot K}{W}$	clo
Unbekleidet	0	0
Shorts	0,016	0,1
Tropenbekleidung offenes, kurzes Oberhemd, kurze Hose, leichte Socken, Sandalen	0,047 – 0,062	0,3 – 0,4
Leichte Sommerkleidung offenes, kurzes Oberhemd, lange leichte Hose, leichte Socken, Schuhe	0,078	0,5
Leichte Arbeitsbekleidung kurze Unterhose, offenes Arbeitshemd oder leichte Jacke, Arbeitshose, Wollsocken, Schuhe	0,093	0,6
Overall (Baumwolle) Oberhemd, kurze Unterwäsche, Socken, Schuhe	0,124	0,8
Leichte Außensportkleidung kurzes Unterzeug, Trainingsjacke, -hose, Socken, Turnschuhe	0,140	0,9
Regenschutzkleidung, zweiteiliger Anzug (Polyurethan) Oberhemd, kurze Unterwäsche, Socken, Schuhe	0,140	0,9
Feste Arbeitskleidung lange Unterwäsche, einteiliger Arbeitsanzug, Socken, feste Schuhe	0,155	1,0
Leichter Straßenanzug kurze Unterwäsche, geschlossenes Oberhemd, leichte Jacke, lange Hose, Socken, Schuhe	0,155	1,0
Schmelzeranzug (flammhemmende Ausrüstung) Oberhemd, kurze Unterwäsche, Socken, Schuhe	0,155	1,0
Freizeitkleidung kurze Unterwäsche, Oberhemd, Pullover, feste Jacke und Hose, Socken, Schuhe	0,186	1,2
Schmelzeranzug und Hitzeschutzmantel Oberhemd, kurze Unterwäsche, Socken, Schuhe	0,217	1,4
Leichter Straßenanzug mit leichtem Mantel	0,233	1,5
Fester Straßenanzug lange Unterwäsche, geschlossenes langes Oberhemd, feste Jacke und Hose, Weste aus Tuch oder Wolle, Wollsocken, Schuhe	0,233	1,5
Kleidung für naßkaltes Wetter lange Unterwäsche, geschlossenes langes Oberhemd, feste Jacke und Hose, Pullover, Wollmantel, Wollsocken, feste Schuhe	0,233 – 0,310	1,5 – 2,0
Polarkleidung	ab 0,465	ab 3,0

Tab. 2.3
Isolationswerte von ausgewählten Bekleidungen im trockenen Zustand

*) Kennwert für den Isolationswert der Bekleidung in „clothing-Einheiten" [1 clo = 0,155 (m² ·K)/W].

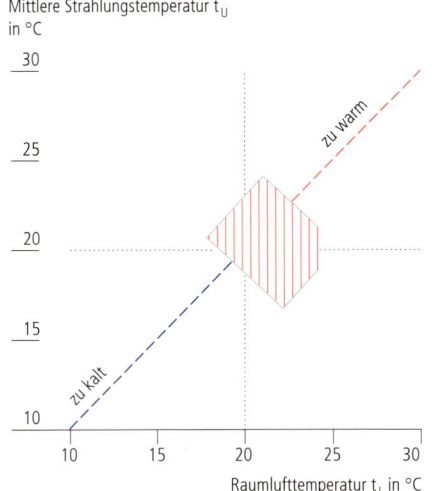

Bild 2.8
Behaglichkeitsfeld im t_U/t_L-Diagramm nach Grandjean

t_U = mittlere Strahlungstemperatur
t_L = Raumlufttemperatur
‖‖‖ behaglich

Grundlage: Luftgeschwindigkeit 0 bis 0,2 m/s, relative Feuchte 30 bis 70 %.

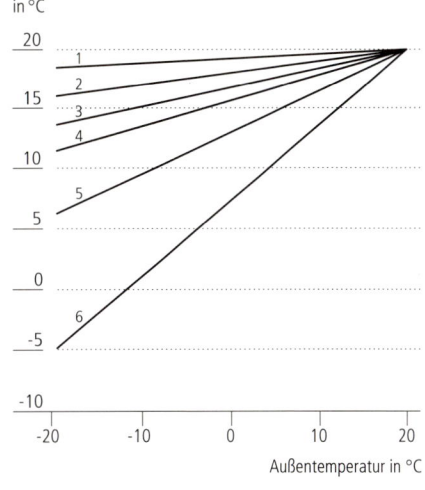

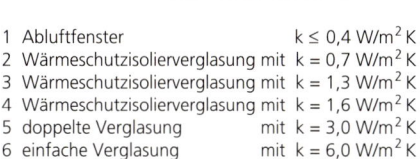

Bild 2.9
Innere Oberflächentemperatur von Abluft-, Normalfenstern und Wärmeschutzisolierverglasung – Raumtemperatur 20 °C

1 Abluftfenster $k \leq 0,4$ W/m²K
2 Wärmeschutzisolierverglasung mit $k = 0,7$ W/m²K
3 Wärmeschutzisolierverglasung mit $k = 1,3$ W/m²K
4 Wärmeschutzisolierverglasung mit $k = 1,6$ W/m²K
5 doppelte Verglasung mit $k = 3,0$ W/m²K
6 einfache Verglasung mit $k = 6,0$ W/m²K

Maßgebend für die thermische Behaglichkeit ist, soweit Temperatureinflüsse infrage kommen, das Mittel aus Lufttemperatur und mittlerer Temperatur aller Umgebungsflächen. Je weniger diese beiden Temperaturen voneinander abweichen und je mehr sie sich dem Mittelwert von 20 – 24 °C nähern, desto gleichmäßiger ist die Entwärmung des Menschen. Der max. Unterschied sollte nicht mehr als 3 K zwischen Raumlufttemperatur und Umgebungstemperaturen betragen. Weiterhin sollten keine zu großen Unterschiede bei den Temperaturen der einzelnen Umgebungsflächen bestehen, um eine gleichmäßige Entwärmung des Körpers zu erreichen. Dies gilt insbesondere bei Einsatz von kühlenden Decken, wärmenden Decken oder wärmenden Wänden.

Die Luftfeuchte – hier insbesondere gemeint relative Luftfeuchte – übt einen weiteren Einfluß auf die Behaglichkeit aus, da die Stärke der Verdunstung im wesentlichen vom Dampfdruckunterschied des Wassers an der Hautoberfläche und des Wasserdampfs in der Luft abhängt. Bei normalen Raumtemperaturen um 20 °C spielt die Wärmeabgabe durch Verdunstung nur eine geringe Rolle und hat somit auch nur einen kleinen Einfluß. Auch bei höheren Temperaturen besitzt der Mensch kein Gefühl für die Feuchte der Luft, so daß das Behaglichkeitsfeld für das Wertepaar Raumtemperatur und relative Feuchte relativ groß bemessen ist (**Bild 2.10**).

Bei Feuchten unter 35 % treten, wie die Erfahrungen zeigen, erhöhte Staubbildungen auf, die u. U. die Atmungsorgane reizen. Relative Feuchten unter 45 % führen leicht zu elektrischen Aufladungen insbesondere von Kunststoffteilen, so daß hier u. U. entsprechende Störungen durch Entladungen eintreten können. Hohe relative Feuchten können leicht zu Schimmelbildungen führen, wenn Taupunkttemperaturen infolge von zu hohen Feuchten unterschritten werden (Bau- und Materialschäden).

Hohe Raumtemperaturen mit hohen Raumluftfeuchten führen in der Regel dazu, daß die Hautverdunstung stark ansteigt, um den Körper zu entwärmen. So hat sich in Versuchen gezeigt, daß bei einer absoluten Feuchte von mehr als 12 g Wassergehalt pro kg Luft ein Schwülezustand eintritt, der als unbehaglich empfunden wird. Generell kann gesagt werden, daß die relative Feuchte im Raum mit höher werdenden Lufttemperaturen fallen sollte, um angenehme Raumzustände zu erreichen. Gleichermaßen sollte bei starker körperlicher Tätigkeit die relative Feuchte geringer sein als bei sitzenden Tätigkeiten.

Bild 2.10
Behaglichkeitsfeld für das Wertepaar Raumlufttemperatur t_L – relative Raumluftfeuchte φ (nach Leusden und Freymark)

Die Luftgeschwindigkeiten im Raum üben einen erheblichen Einfluß auf die Behaglichkeit aus, wobei hier generell festgestellt werden kann, daß mit steigenden Raumtemperaturen steigende Luftgeschwindigkeiten als noch behaglich empfunden werden bzw. umgekehrt. Wie **Bild 2.11** zeigt, ist der Prozentsatz der Zufriedenen bzw. Unzufriedenen erst im Bereich unter 0,1 m/s sehr gering, was sowohl bei der richtigen Art der natürlichen Belüftung von Räumen als auch der mechanischen Belüftung zu berücksichtigen ist. Hierbei ist zu beachten, daß Luftbewegungen im Raum sowohl in natürlicher als auch in mechanischer Form nicht konstant sind, sondern der Turbulenzgrad der Geschwindigkeit einen erheblichen Einfluß auf das Komfortgefühl des Menschen hat. Da sowohl bei mechanischen Lüftungsanlagen wie auch insbesondere bei natürlicher Lüftung Druckschwankungen entstehen, verändern sich auch Luftgeschwindigkeiten kurzzeitig bis zum Vierfachen des angestrebten Durchschnittswertes. Die nach DIN 1946 angegebenen Luftgeschwindigkeiten in Abhängigkeit von der Lufttemperatur oder operativen Temperatur ist in der Regel deutlich zu hoch und führt zu entsprechender Unzufriedenheit. Gerade bei sitzender Tätigkeit und leichter Bekleidung wirken sich zu hohe Luftgeschwindigkeiten unangenehm aus und führen in der Regel zu einer zu starken Entwärmung. Bei starken Aktivitäten und warmer Kleidung sind sowohl niedrigere Raumtemperaturen als auch höhere Luftgeschwindigkeiten noch zulässig. In Räumen, in denen im wesentlichen sitzend gearbeitet wird, sollten die Luftgeschwindigkeiten 0,1 m/s kaum übersteigen, wobei hier vorausgesetzt wird, daß der Isolationswert der Kleidung 0,5 clo und die Gesamtwärmeabgabe des Menschen 1,0 met beträgt.

Die richtige Bekleidung hat auf die Behaglichkeit einen sehr wesentlichen Einfluß, da man sich durch entsprechende Bekleidung sehr schnell gegen zu niedrige oder zu hohe Temperaturen schützen kann. Der Isolationswert einer Kleidung ist in **Tabelle 2.3** ausgewiesen, wobei der clothing factor (m^2K/W) um so größer wird, je dichter und wärmer eine Bekleidung ist.

Abschließend ist in **Bild 2.12** in einem h, x-Diagramm die empfohlene Komfortzone dargestellt, die sich in einem Raum einstellen sollte oder eingestellt werden sollte, um eine hohe Leistungsbereitschaft zu erzeugen. Zu den hier angegebenen Temperatur- und Feuchtewerten sind die entsprechenden Empfehlungen hinsichtlich Luftgeschwindigkeit und Oberflächentemperaturen zu berücksichtigen.

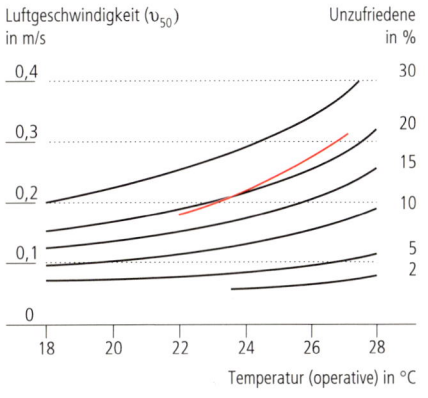

Bild 2.11
Prozentsatz der Unzufriedenen (PD), abhängig von der Raumluftgeschwindigkeit und Lufttemperatur, nach Fanger

0,8 clo, 1 met,
Turbulenzgrad Tu = 40%

$$Tu = \frac{v_{84} - v_{50}}{v_{50}} = 40\%$$

— DIN 1946

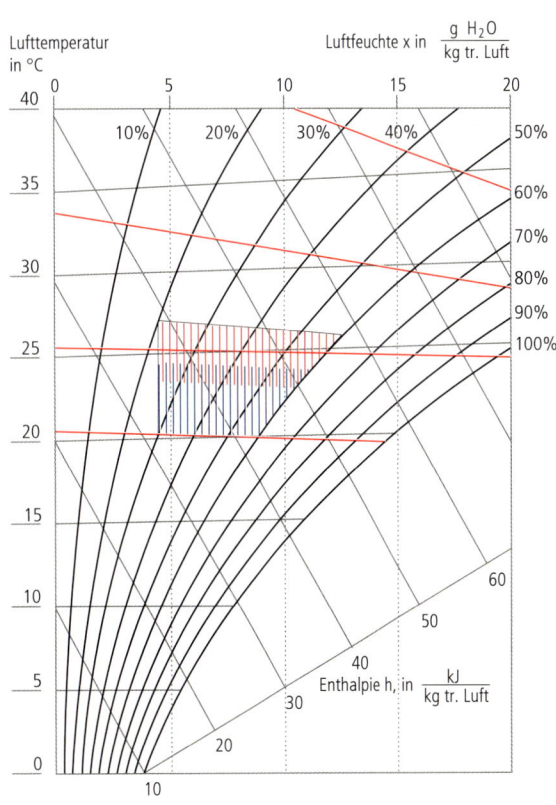

Bild 2.12
Neue Komfort-Tafel mit Linien „effektiver Temperatur" nach ASHRAE.

||||| Sommer
||||| Winter
— effektive Temperatur

2.2
Hygienische Behaglichkeit

Der Begriff der hygienischen Behaglichkeit ist nicht in DIN-Normen etc. verankert und beschreibt die Luftqualität bzw. den Einfluß verschiedener Faktoren auf die Behaglichkeit des Raums.

In der Regel sind in gut gereinigten Wohn- und Arbeitsräumen die Einflüsse durch Staub auf das Wohlbefinden relativ gering, wobei sich lediglich bei sehr trockener Luft im Winter der Staubgehalt insofern bemerkbar macht, daß es zu Gerüchen infolge von Verschwelung des Staubes an Heizkörpern mit hohen Temperaturen kommen kann. Diese Verschwelung des Staubes wird als unangenehm empfunden und steigt, je staubiger oder schlechter gereinigt entsprechende Räume sind.

Deutliche Beeinträchtigungen können in Produktionsstätten auftreten, in denen Feinstaub in hohen Konzentrationen anfällt (z.B. Schleifereien, Putzereien, Zementfabriken usw.), so daß spezielle Absaugungen dafür sorgen müssen, den Staubgehalt so gering als möglich zu halten (Gewerbehygiene/Schutzmaßnahmen).

In Aufenthaltsräumen entstehen neben den Ausdünstungen der Menschen auch solche durch Möbel, Teppiche, Tapeten, Farbanstriche und Baustoffe sowie durch Verbrennungs- und Heizvorgänge, Reinigungsarbeiten, Eindringen von ungereinigter Außenluft insbesondere in Industriegebieten und verkehrsreichen Straßen sowie infolge von Speisenzubereitung usw.

In der **Tabelle 2.4**, maximale Arbeitsplatz-Konzentration (MAK-Werte-Liste), sind für eine Vielzahl luftverunreinigender Stoffe die Obergrenzen aufgezeigt, die es zu beachten gilt, um Gesundheitsgefährdungen zu vermeiden.

Tab. 2.4
MAK-Werte 1997 (Maximale Arbeitsplatz-Konzentration gesundheitsschädlicher Stoffe, Auswahl) (nach TRg S900 1997)

*) krebserregend, besondere Maßnahmen notwendig, damit Exposition so gering wie möglich wird.
**) nach TRG S519

Umrechnung für 1 ppm (parts per million):

$1 \text{ cm}^3/\text{m}^3 \triangleq \frac{\text{Molare Masse}}{\text{Molvolumen}} \text{ mg/m}^3$

Stoff	Formel	MAK ppm	mg/m³
Aceton	$CH_3 \cdot CO \cdot CH_3$	500	1.200
Ameisensäure	HCOOH	5	9
Ammoniak	NH_3	50	35
Arsenwasserstoff	AsH_3	0,05	0,2
Asbestfeinstaub *) **)			15.000 Fasern/m³
Benzol *)	C_6H_6	1 – 2,5	3,2 – 8
Blei	Pb		0,1
Brom	Br_2	0,1	0,7
Bromwasserstoff	HBr	5	17
Butan	C_4H_{10}	1.000	2.350
Cadmiumoxid (krebsverdächtig)	CdO		0,015 – 0,03
Calciumoxid	CaO		5
Chlor	Cl_2	0,5	1,5
Chlorbenzol	$C_6H_5 \cdot Cl$	10	46
Chlordioxid	ClO_2	0,1	0,3
Chlormenthan	$CH_3 \cdot Cl$	50	105
Chloroform *) (Trichlormethan)	$CHCl_3$	10	50
Chlorwasserstoff	HCl	5	7
Cyanwasserstoff	HCN	10	11
DDT	$C_6H_4Cl_2CH \cdot CCl_3$		1
Dichlordifluormethan (R-12)	CF_2Cl_2	1.000	5.000
Dichlormethan (krebsverdächtig)	CH_2Cl_2	100	360
Dichlorfluormethan (R-21)	$CHFCl_2$	10	43
1,2-Dichlor-1,1,2,2-tetrafluoräthan (R-114)	$CF_2Cl \cdot CF_2Cl$	1.000	7.000
Diethylether	$C_2H_5 \cdot O \cdot C_2H_5$	400	1200
Eisenoxid (Feinstaub)	Fe_2O_3; FeO		6
Essigsäure	$CH_3 \cdot COOH$	10	25
Ethanol	$C_2H_5 \cdot OH$	1.000	1.900
Fluor	F_2	0,1	0,2
Fluorwasserstoff	HF	3	2
Formaldehyd (krebsverdächtig)	HCHO	0,5	0,6
Hexan	C_6H_{14}	50	180
Hydrazin *)	$NH_2 \cdot NH_2$	0,1	0,13
Jod	J_2	0,1	1
Kohlendioxid	CO_2	5.000	9.000
Kohlenmonoxid	CO	30	33
Kupfer (Rauch)	Cu		0,1
Kupfer (Staub)	Cu		1
Magnesiumoxid (Rauch)	MgO		6
Methanol	$CH_3 \cdot OH$	200	260
Naphthalin	$C_{10}H_8$	10	50
Nikotin		0,07	0,5
Nitrobenzol	$C_6H_5(NO_2)$	1	5
Nitroglyzerin	$C_3H_5(ONO_2)_3$	0,05	0,5
Ozon	O_3	0,1	0,2
Phenol	$C_6H_5 \cdot OH$	5	19
Phosgen	$COCl_2$	0,1	0,4
Phosphor (gelb)			0,1
Phosphorpentachlorid	PCl_5		1
Phosphorwasserstoff	PH_3	0,1	0,15
Propan	C_3H_8	1.000	1.800
Quarz			0,15
Quecksilber	Hg	0,01	0,1
Salpetersäure	HNO_3	2	5
Schwefeldioxid	SO_2	2	5
Schwefelkohlenstoff	CS_2	10	30
Schwefelsäure	H_2SO_4		1
Schwefelwasserstoff	H_2S	10	15
Selenwasserstoff	H_2Se	0,05	0,2
Stickstoffdioxid	NO_2	5	9
Styrol	$C_6H_5 \cdot CH=CH_2$	20	85
Terpentinöl		100	560
Tetrachlorkohlenstoff	CCl_4	10	65
Toluol	$C_6H_5 \cdot CH_3$	50	190
Trichlorfluormethan (R-11)	$CFCl_3$	1.000	5.600
Vanadium (V_2O_5-Staub)			0,05
Wasserstoffperoxid	H_2O_2	1	1,4
Zinkoxid (Rauch)	ZnO		5

Ein nicht zu unterschätzender Faktor im Bürobereich ist Tabakrauch, wobei eine Abschätzung der tatsächlichen Belastung des Nichtrauchers, der sich in verrauchten Räumen aufhält, sehr stark von der Konzentration des Tabakrauchs abhängt. Dabei ist in der Regel die Konzentration von Tabakrauch nicht überall im Raum gleich, insbesondere wenn der Raum infolge thermischer Ströme (Belüftung von unten nach oben) durchlüftet wird. Nach statistischen Erhebungen werden in Bürobereichen durchschnittlich 1,5 Zigaretten pro Stunde geraucht, wobei die durchschnittliche Raucherzahl 40 % beträgt. Hieraus läßt sich ableiten, daß zur Vermeidung von Reizwirkungen 100 m³ Außenluft pro gerauchter Zigarette notwendig wird, um Beeinträchtigungen zu vermeiden (entspricht einer Mindestaußenluftrate von 60 m³/h Person). Aus diesem Grunde wird empfohlen, bei gemischt genutzten Räumen (Raucher/Nichtraucher) mindestens 55 – 60 m³/h und in großräumigen Flächen mindestens 75 m³/h pro Person an Außenluft zuzuführen. Hierdurch werden nicht nur der Tabakrauch, sondern Formaldehyd von Inneneinrichtungen und Isoliermaterialien, Stickoxide (Heizen oder Kochen) und Lösungsmitteldämpfe ausreichend abgeführt.

Kohlensäuremaßstab

Der Kohlensäuremaßstab (nach Pettenkofer) gibt die Zunahme an ausgeatmetem CO_2 an und wäre an sich ohne wesentliche Bedeutung, wenn nicht der Kohlensäuregehalt ein Maß für die Verschlechterung der Raumluft durch Geruchsstoffe und Ausdünstungen bildete, wovon hier insbesondere kleine und stark besetzte Räume betroffen sind.

Steigt der CO_2-Gehalt über 0,1 % an, so spricht man bereits von schlechter Luft (0,1 % = 1.000 ppm). Schädliche Auswirkungen des CO_2 treten bei Gehalten von mehr als 0,25 % auf. Bei stark besetzten und schlecht gelüfteten Räumen kann, wie **Bild 2.13** zeigt, dieser CO_2-Gehalt bereits nach relativ kurzer Zeit eintreten und es ist eine Durchlüftung mit möglichst hohem Luftwechsel (Luftaustausch pro Stunde) durchzuführen.

Bei einem vierfachen Dauerluftwechsel pendelt sich der CO_2-Gehalt bei 0,14 % ein, was subjektiv zwar als Luftverschlechterung empfunden wird, objektiv noch zu keiner echten Beeinträchtigung führt. **Bild 2.14** zeigt die Außenluftrate/Person bei verschiedenen zulässigen CO_2-Konzentrationen und verschiedenen Wärmeabgaben infolge einer Tätigkeit. In diesem Diagramm ist zudem der Grenzwert (3) (MAK-Wert) beschrieben, der zuvor als die max. Arbeitsplatzkonzentration gesundheitsschädlicher Stoffe ausgewiesen wurde, die in keinem Fall überschritten werden darf.

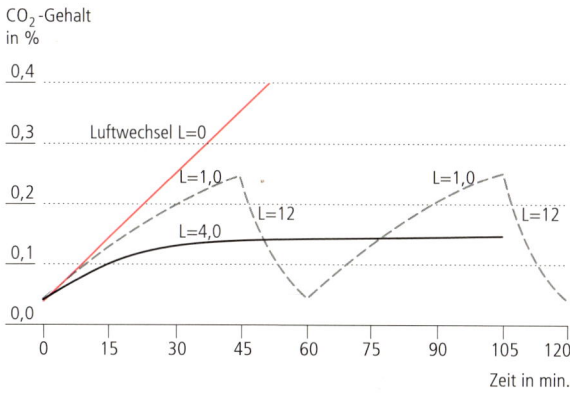

Bild 2.13
CO_2-Gehalt in Klassenräumen bei unterschiedlichem Luftwechsel

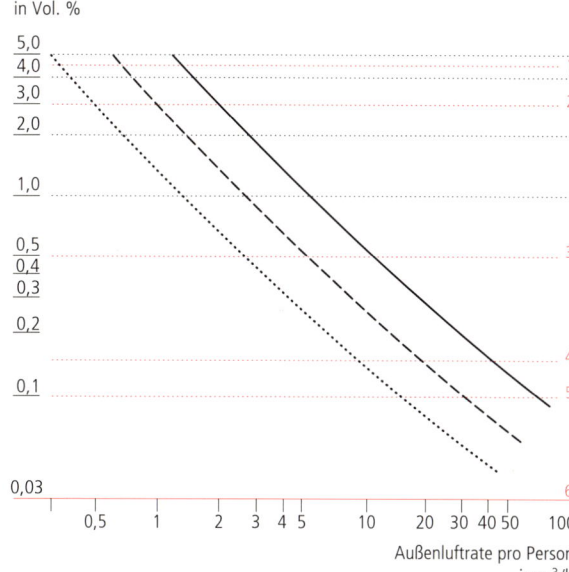

— schwere Arbeit, 400 W Wärmeabgabe
– – leichte Arbeit, 200 W Wärmeabgabe
..... sitzende Arbeit, 100 W Wärmeabgabe

1 ausgeatmete Luft
2 Schutzräume
3 MAK-Wert für Industrie
4 Maximum für Büros
5 Pettenkofer-Wert
6 Außenluft

Bild 2.14
Außenluftrate pro Person bei verschiedenen zulässigen CO_2-Konzentrationen (nach Reinders)

2.3
Akustische Behaglichkeit

Der hier gewählte Begriff der akustischen Behaglichkeit taucht weder in technischen Regelwerken, Normen oder Arbeitsplatzrichtlinien auf. Dies liegt darin begründet, daß dieser Begriff mehr umfaßt als eine physikalische Größe, derer wir uns üblicherweise bedienen, wenn es um die Darstellung naturwissenschaftlicher Zusammenhänge geht. Wenn der Begriff der akustischen Behaglichkeit schwer zu umreißen ist, kann man zumindest die akustische Unbehaglichkeit in einigen Fällen ziemlich genau definieren. Akustisch unbehaglich sind tief fliegende Flugzeuge, extrem laute Popveranstaltungen usw. Die zuvor genannten Beispiele werden deshalb als unangenehm empfunden (außer von Kids), da sie mit einem außerordentlich hohen Schallpegel verbunden sind. Allerdings genauso akustisch unbehaglich sind schalltote bzw. total reflektierende Räume. In der Regel befinden wir uns in Räumen, die weder das eine noch das andere Extrem darstellen, also in Räumen, die unter Umständen akustisch behaglich sein können. Zur Angabe bestimmungsfähiger Größen einige Anmerkungen im physikalischen Sinne:

Schall
Schall stellt mechanische Schwingungen und Wellen eines Mediums dar (in unserem Fall Luft). Tritt der Schall innerhalb eines Frequenzbereiches von 16 Hz bis 16 kHz auf, so sprechen wir von Hörschall (Bereich des menschlichen Hörens).
Schall, der auf uns einwirkt, kann als Trittschall beim Begehen z. B. von Böden entstehen und wird teilweise als Luftschall abgestrahlt.

Töne
Töne sind reine Sinusschwingungen bestimmter Stärke und Frequenz, wobei im Gegensatz hierzu Geräusche entstehen oder etwas als Geräusch empfunden wird, wenn es sich um ungeordnete und unperiodische Schwingungen handelt.

Lautstärke
Die Lautstärke in einem Raum ist der Empfindungsgrad für Töne in der Frequenz. Das empfundene Geräusch wird in der Regel in Schalldruckpegeln ausgedrückt, d. h. der durch Schallschwingungen hervorgerufene Wechseldruck.

Schalldruck
Der Schalldruck ist ein Maß für die Lautstärke.

Schalleistung
Die Schalleistung ist eine Größenordnung der Schallenergie und stellt das Produkt aus Schalldruck, der Schallgeschwindigkeit und der Querschnittsfläche senkrecht zur Schwingungsrichtung dar.

Der Schalldruckpegel, der zur Bewertung von Räumen herangezogen wird, ist der Schallpegel (logarithmisches Verhältnis aus Schalldruck und Schalleistung), bei welchem die in Beziehung gebrachten Größen Schalldrücke sind. Als Bezugsschalldruck aller Bewertungen wurde der kleinste Schalldruck festgelegt, den das menschliche Ohr bei einer Frequenz von 1.000 Hertz wahrnehmen kann. Dieser Schalldruckpegel beträgt $2 \cdot 10^{-4}$ mikrobar. Für einzelne Raumkategorien werden bewertete Schalldruckpegel angegeben, die sich üblicherweise von ca. 25 dB(A) bis etwa 65 dB(A), bewegen. Schalldruckpegel von 25 dB(A) wie sie in Studios, Konzertsälen, Theatern und Opernhäusern gefordert werden, sind absolut ruhige Räume.

Räume für sitzende Tätigkeiten, wie z. B. Büros, Besprechungsräume o. ä., sollen Schalldruckpegel um 35 dB(A) besitzen (abhängig von Raumgröße und Personenvielzahl). Industriehallen können diese Werte bei weitem überschreiten. Hier sind u. U. körpernahe Schutzmaßnahmen durchzuführen (Kopfhörer, Ohrenstöpsel o. ä.) Nach Messungen von Akustikexperten muß nachdenklich stimmen, daß sich infolge der Verkehrszunahme die Lärmbelästigung alle zehn Jahre verdoppelt. Das sensitivste unserer Organe wird einer Dauerbelastung ausgesetzt, die unter Umständen nicht ohne schwerwiegende Auswirkungen auf das Ohr bleibt, und sogar den Gesamtorganismus in Mitleidenschaft zieht. Die Folgen sind bekannte, streßbedingte Krankheitsbilder (vegetative Reizungen, Konzentrationsstörungen, Schlafstörungen usw.).
Tabelle 2.5 zeigt Richtwerte für den Schalldruckpegel und die Nachhallzeit in Räumen.

Raumart	Schalldruckpegel dB (A)	Nachhallzeit s
Wohn-/Schlafräume	35/30	0,5
Krankenhaus: Bettenzimmer, tags/nachts	35/30	1
Untersuchungsräume, Hallen, Korridore	40	2
OP-Räume	40	3
Auditorien: Rundfunkstudio/Fernsehstudio	15/25	1/1,5
Theater/Opernhaus	30/25	1/1,5
Konzertsaal	25	2
Kino, Hörsaal, Lesesaal	35	1
Kirche	35	3
Büros: Besprechungsraum	35	1
Kleiner Büroraum	40	0,5
Großraumbüro	45	0,5
Gaststätten	40 – 55	1
Museen	40	1,5
Lesesaal/Klassenraum	35/40	1
Turnhallen/Schwimmbäder	45/50	1,5/2

Tab. 2.5
Richtwerte für den Schalldruckpegel und die Nachhallzeit in Räumen

2.4
Visuelle Behaglichkeit

Visuelle Behaglichkeit entsteht dann, wenn der Wahrnehmungsvorgang im menschlichen Gehirn ungestört ablaufen kann. Falsche Leuchtdichteverteilungen im Raum, Blendungen, unrichtige Farbwiedergaben, nicht angepaßte Raumgestaltung usw. schränken den Wahrnehmungsablauf ein. Bei ungestörtem Wahrnehmungsablauf werden dagegen die Grundempfindungen des Auges wie Sehleistung, Wahrnehmungsgeschwindigkeit und Unterschiedsempfindlichkeit optimiert. Ein Maximum der Arbeitsfähigkeit ist dann erreicht, wenn bei Arbeitsabläufen – ausgehend von den Leuchtdichteverhältnissen am Arbeitsplatz (Infeldleuchtdichte) – die Leuchtdichteverhältnisse in der Umgebung des Arbeitsguts (Umfeldleuchtdichte) richtig angepaßt werden. Bei Arbeitsplätzen mit hoher Sehaufgabe, wie z. B. Arbeiten an PC's soll die Unterschiedsempfindlichkeit als Kriterium für einen stabilen Wahrnehmungsbereich herangezogen werden.

Die visuelle Behaglichkeit hängt auch davon ab, ob eine ausreichende Beleuchtungsstärke im Bereich der Sehaufgabe besteht und ob Blendungserscheinungen wie Direktblendungen, Indirektblendungen oder Blendungen durch Tageslicht vermieden werden. Weitere Kriterien sind die Lichtfarben und Farbtemperaturen von Lichtsystemen, die Räume beleuchten. Zudem sollen beleuchtete Räume ausreichende Schattenwirkungen besitzen, um die Plastizität an Körpern und Gegenständen zu verstärken. Ein letztes, wesentliches Merkmal der visuellen Behaglichkeit ist der Sichtkontakt zur Außenwelt, gegebenenfalls auch der Einblick von außen nach innen. Im Bereich Lichttechnik wird nochmals detailliert auf diese Thematik eingegangen.

2.5
Elektromagnetische Verträglichkeit

Die Elektromagnetische Verträglichkeit ist durch eine Europanorm für die Funktionstüchtigkeit von elektrischen Geräten und elektrischen Systemen definiert, wobei eine Konformitätserklärung (CE-Zeichen) europaweit geeignete Geräte ausweist. Die elektromagnetische Verträglichkeit definiert zum einen das Maß der Störung, das ein Gerät selbst abgeben darf. Weiterhin wird definiert, welche Störungen durch andere Geräte oder durch Umwelteinflüsse das jeweilige Gerät ohne Funktionseinschränkung vertragen muß. Hierdurch soll sichergestellt werden, daß sich mehrere Geräte nicht gegenseitig stören oder ihre Funktionen beeinträchtigen, was selbstverständlich beim Einsatz von umfassenden Datenverarbeitungssystemen von hoher Wichtigkeit ist.

Im Gegensatz zur elektromagnetischen Verträglichkeit spricht man in Bezug auf Menschen und Tiere von der elektromagnetischen Umweltverträglichkeit. Es geht dabei um mögliche gesundheitliche Störungen, die durch elektrische, magnetische oder elektromagnetische Felder entstehen können (Elektrosmog). Ein grundsätzliches Problem zur Bewertung hierbei ist, daß noch keine gesicherten wissenschaftlichen Erkenntnisse darüber bestehen, inwieweit Menschen durch Elektrosmog beeinflußt werden. Es läßt sich jedoch nachweisen, daß Feldeinwirkungen auf Menschen in hohen Dosen in jedem Fall schädigend sind. Dabei wird zur Zeit noch darüber diskutiert, wie groß oder klein entsprechende gesundheitliche Beeinträchtigungen durch entsprechende Felder sein können. Im Zusammenhang mit Stromversorgung, Datenverarbeitungsanlagen, Verkabelungen usw. werden drei unterschiedliche Feldarten beschrieben.

Elektrische Felder
Elektrische Felder haben ihre Ursache in der angelegten Spannung (Volt/m). Sie haben eine Quelle und eine Senke und können mit einfachen Mitteln abgeschirmt werden (Abschirmung durch Pflanzen, Metallstreifen o.ä.).

Magnetische Felder
Magnetische Felder bauen sich dann auf, wenn Strom durch eine Leitung fließt (Ampère/m). Im Gegensatz zu den elektrischen Feldern haben magnetische Felder keine Quelle oder Senke, sondern sind in sich geschlossen und somit nicht abschirmbar. Abschirmungen führen lediglich zu Feldverzerrungen oder zum Abbau des Feldes. Diese Maßnahmen sind nur mit sehr aufwendigen technischen Maßnahmen zu realisieren (z. B. Abdeckung durch dicke Metallplatten aus Weicheisen).

Elektromagnetische Felder
Elektromagnetische Felder werden durch das Abstrahlen von elektromagnetischen Wellen erzeugt. Beispiel hierfür sind Rundfunkempfang, Fernsehempfang über Antennen, Funktechnik, Handys. Inwieweit elektromagnetische Felder zu gesundheitlichen

Beeinträchtigungen führen oder nicht, konnte ebenfalls bisher nicht eindeutig belegt werden, jedoch existieren Empfehlungen, nur maximal eine halbe Stunde pro Tag mit einem Handy zu telefonieren. Handys arbeiten im Mikrowellenbereich, wobei die Sendeleistung mit ca. 2 W unmittelbar am Kopf des Menschen abgestrahlt wird. Schnurlose Telefone haben einen ähnlichen Effekt wie Handys, jedoch sind die Sendeleistungen wesentlich geringer und somit im Zweifelsfall ungefährlicher. Lediglich im Bereich abgestrahlter elektromagnetischer Wellen beim Betreiben von Sendestationen liegen Langzeiterfahrungen vor. Hier kann man aufgrund statistischer Untersuchungen nachweisen, daß Schädigungen dann eintreten, wenn Personen über längere Zeit den elektromagnetischen Wellen ausgesetzt werden bzw. wenn die Wellen hohe Stärken erreichen.

Im Bereich der elektrischen und magnetischen Felder, die immer dann auftreten wenn elektrische Energie übertragen wird, sind nach derzeitigem Kenntnisstand die elektrischen Felder als relativ problemlos anzusehen, ausgenommen in unmittelbarer Nähe einer Hochspannungsleitung. Magnetische und elektromagnetische Felder in Gebäuden sind jedoch ein ernstzunehmendes Thema und treten dort auf, wo hohe elektrische Leistungen übertragen werden (Transformatorenstationen, Niederspannungshauptverteilungen, Stromschienen, elektrische Hauptversorgungstrassen). Hierbei ist jedoch wesentlich, wie lange eine Person diesen Feldern ausgesetzt ist. Wird z. B. ein Arbeitsplatz in unmittelbarer Nähe magnetischer Felder angeordnet, so gilt dies heute als bedenklich. Entsprechende Grenzwerte hierfür werden von einschlägigen Ämtern für die jeweiligen Länder ausgegeben.

Grenzwerte
Biologische Wirkungen niederfrequenter elektrischer und magnetischer Felder werden vorrangig danach bewertet, wie groß die Dichte der erzeugten inneren Körperströme durch eine bestimmte Fläche ist. Von Natur aus existieren bereits Körperströme. In vielen Organen des menschlichen Körpers sind Körperstromdichten von etwa 1 mA/m^2 festzustellen. In Herz und Gehirn treten teilweise bis zu 10 mA/m^2 auf. Akute Gesundheitsgefahren durch elektrische und magnetische Felder sind dann auszuschließen, wenn die felderzeugte Körperstromdichte auf Dauer nicht größer als 2 mA/m^2 ist. Dieser Wert liegt im Bereich der natürlichen Körperstromdichten. Gewährleistet wird dieser Wert bei
– elektrischen Feldstärken unterhalb von 5 kV/m
– magnetischen Flußdichten unterhalb von 100 mT bei 50 Hertz.

Die genannten Grenzwerte werden allgemein empfohlen, gelten in der Regel für Haushalte und stützen sich auf Empfehlungen internationaler Untersuchungen. Die nachfolgende Übersicht **(Tabelle 2.6)** zeigt im Vergleich dazu vom Bundesamt für Strahlenschutz gemessene Werte für verschiedene Geräte.

Bei magnetischen Feldstärken wird die Einheit Tesla benutzt, wobei im Haushaltsbereich entsprechende Feldstärken im Mikrotesla-Bereich liegen, wie sie in der Tabelle entsprechend ausgewiesen sind.

Repräsentative Werte magnetischer Flußdichten von Haushaltsgeräten in untschiedlichen Abständen gemessen in Mikrotesla (μT) Gebrauchsabstände hervorgehoben

	3 cm		30 cm		1 m	
Haarfön	**6 -**	**2000**	0,01 -	7		
Trockenrasierer	**15 -**	**1500**	0,08 -	9	0,01 -	0,3
Dosenöffner	1000 -	2000	**3,50 -**	**30**	0,07 -	1
Bohrmaschine	400 -	800	**2 -**	**3,5**	0,08 -	0,2
Staubsauger	200 -	800	**2 -**	**20**	0,13 -	2
Mixer	60 -	700	**0,60 -**	**10**	0,02 -	0,2
Gasentladungslampe	40 -	400	**0,50 -**	**2**	0,02 -	0,25
Mikrowellengerät	73 -	200	**4 -**	**8**	0,25 -	0,6
Lötkolben		105		0,3		< 0,01
Radio (tragbar)	16 -	56		1		< 0,01
Küchenherd	1 -	50	**0,15 -**	**0,5**	0,01 -	0,04
Waschmaschine	0,8 -	50	**0,15 -**	**3**	0,01 -	0,15
Bügeleisen	8 -	30	**0,12 -**	**0,3**	0,01 -	0,03
Geschirrspüler	3,5 -	20	**0,60 -**	**3**	0,07 -	0,3
Tauchsieder 1 kW		12		**0,1**		< 0,01
Toaster	7 -	18	**0,06 -**	**0,7**		< 0,01
Monitor (Farbe)	5,6 -	10	**0,45 -**	**1**	< 0,01 -	0,03
Wäschetrockner	0,3 -	8	**0,08 -**	**0,3**	0,02 -	0,06
Wasserkochtopf 1 kW		5,4		**0,08**		< 0,01
Computer	0,5 -	3		**< 0,01**		
Kühlschrank	0,5 -	1,7	**0,01 -**	**0,25**		< 0,01
Uhr (Netzbetrieb)		300		2,25		**< 0,01**
Diaprojektor		240		4,5		**0,15**
Heizofen	10 -	180	0,15 -	5	**0,01 -**	**0,25**
Kleintrafo	135 -	150	0,60 -	1,05		**0,24**
Fernsehgerät	2,5 -	50	0,04 -	2	**0,01 -**	**0,15**
Videorecorder		1,5		< 0,01		

elektrische Feldstärken in Gebäuden in V/m; gemessen in 30 cm Abstand vom Gerät

Grenzwert der Strahlenschutzkommission für die allgemeine Bevölkerung	5000
Boiler	260
Stereoempfänger	180
Bügeleisen	120
Kühlschrank	120
Handmixer	100
Toaster	80
Haarfön	80
Verdampfer	80
Farbfernseher	60
Kaffeemaschine	60
Staubsauger	50
Uhr (elektrisch)	30
Von außen in das Haus wirkende Felder bei Gebäudeüberspannung	20
Elektrischer Kochherd	8
Glühlampe	5

Tab. 2.6
max. zulässige Feldstärken/ magnetische Flußdichten

2.6
Einfluß von Farben

(Dr. Leonhard Oberascher,
Öko-Psychologe,
Salzburg)

Außer Zweifel steht, daß Farbe als grundlegendes Gestaltungselement starken Einfluß auf Eindruck und Verhaltenswirkung der architektonischen Umwelt hat und so wesentlich zum psychischen und physischen Wohlbefinden der Raumnutzer beiträgt.

Farbe erfahren wir als fundamentale Qualität unserer visuellen Wahrnehmung. Die Oberflächenfarben – meist wahrgenommen als inhärente Objektqualität – sind die sichtbare 'Haut' der Umwelt. Aus der optischen Oberflächenanmutung (Gesamtbild von Textur und Farbe) erschließt das Auge Zustand, Materialeigenschaften und Gebrauchswert eines Objektes (z. B. signalisiert eine gelb-rote Frucht Reife und – zumeist auch – Eßbarkeit).

Farbe und Formen zusammen bestimmen die Gestalt (im Sinne der Gestaltpsychologie) eines Objektes. Farbe ist daher nicht – wie häufig angenommen, ein oberflächliches Mittel zur Farbgebung – sondern, wie dies der Begriff „Gestalt" impliziert, ein grundlegendes Mittel zur „Gestaltgebung". Gestaltgebung ist immer gleichzeitig auch Bedeutungsgebung. Die Farbgebung beeinflußt deshalb nicht nur die optische Erscheinung eines Objektes sondern auch dessen Bedeutung, Wirkung und Verwendungsmöglichkeiten.

Die Gestaltungsaufgabe besteht im wesentlichen darin, die möglichen Farbfunktionen mit den intendierten Objektfunktionen in Einklang zu bringen (bzw. in eine definierte Beziehung zu setzen). Hierbei kann Farbe folgende Funktionen erfüllen:
– indikative Funktion
– symbolische Funktion
– ästhetische Funktion.

In ihrer indikativen Funktion klärt die Farbe (im Zusammenwirken mit der Oberflächentextur) Aufforderungscharakter, Nutzwert und Funktionen eines Objektes, indem sie Auskunft gibt über dessen visuelle Wertigkeit (z. B. Signalwirkung), Zustand (z. B. heiß oder kalt), materielle Eigenschaften (z. B. Holz, Stein, Metall usw.), Zweckdienlichkeit und funktionale Strukturen. Hierbei verweist Farbe (überwiegend) auf reelle Qualitäten und Funktionen eines Objektes.

In ihrer symbolischen Funktion vermittelt die Farbe imaginäre Objektqualitäten. Sie verweist auf immaterielle Werte (z. B. kann das Rot eines Sportwagens Schnelligkeit und Kraft vermitteln) oder kann auch willkürlich-symbolische Bedeutung annehmen (z. B. kann dasselbe Rot in einem anderen Zusammenhang für Sozialismus, Postdienst oder Eros-Center stehen).

In ihrer ästhetischen Funktion dient Farbe vorwiegend als Element zur Dekoration und formalen Komposition. Da ästhetisches Verhalten weitgehend zweckfrei ist, erfolgt die Bewertung der Farben in diesem Zusammenhang nicht so sehr in Hinblick auf ihre funktionelle Nutzung sondern ihre Anmutungs- und Ausdruckswirkung! Entscheidend ist hierbei insbesondere die formal-ästhetische Beziehung zwischen den Farben (Farbkontrast, -harmonie, Feldgröße und Verteilung).

Für das Verhältnis zwischen Farbwirkung und Wohlbefinden sind alle drei o. g. Farbfunktionen von Bedeutung. Deren Stellenwert wird nicht nur bestimmt von der vorgegebenen Raumfunktion, sondern auch maßgeblich von den relevanten Bedürfnissen und Präferenzen der Raumnutzer/Bewohner. Umweltpsychologische Studien weisen allerdings darauf hin, daß diese nur selten mit den Vorstellungen der Architekten/Gestalter übereinstimmen.

So bevorzugt z. B. der konservativ eingestellte Raumnutzer ein in braun und beige gehaltenes Ambiente, nicht deshalb, weil diese Farben per se schön sind oder die Komposition in formal-ästhetischer Hinsicht ausgewogen ist, sondern weil ihm diese Farben seinen traditionellen Wertvorstellungen entsprechend „Behaglichkeit", „Beständigkeit" und „Erdverbundenheit" vermitteln.

Der Einfluß farbgestalterischer Maßnahmen auf psychisches und physisches Wohlbefinden läßt sich nicht auf einfache farbpsychologische Rezepte reduzieren, sondern kann nur im Rahmen des Gesamtsystems „Mensch – soziale Bindungen – räumlich-materielle Umwelt" sinnvoll beurteilt werden. Zu beachten sind dabei:
– kulturelle Faktoren (unterschiedliche Farbkulturen),
– milieuspezifische Faktoren (gruppenspezifische Farbpräferenzen und -bedeutungen),
– individuelle Dispositionen und Präferenzen (persönlicher Bezug zur Farbe),
– Funktion und Bedeutung des Raumes (Verhältnis zu Farbfunktion und -bedeutung),
– Farb-Form-Bezug (Einfluß auf Gestaltwirkung),
– Farb-Material-Bezug (Einfluß auf Materialanmutung),
– Umfeldvorgaben (Bezug der Farbe zur Landschaft, städtebauliches Umfeld, historischer und stilistischer Bezug),
– Farbe und physisches Wohlbefinden.

Häufig anzutreffen ist die Meinung, daß Farbe eine unmittelbare physische Auswirkung auf den menschlichen Organismus hat. Im folgenden soll auf zwei konkrete Fragen eingegangen werden:

Die Farbe-Erregungs-Hypothese
Beeinflußt (Raum-)Farbe den allgemeinen physiologischen Zustand von Menschen? Haben warme Farben (Rot, Orange, Gelb) eine aktivierende, kalte (Blau, Türkis, Grün) dagegen eine beruhigende Wirkung? Erregen uns intensive (starkbunte) Farben stärker als schwachbunte?

Küller und Mikelides weisen darauf hin, daß die Ergebnisse der in den letzen 50 Jahren durchgeführten Studien darüber kaum schlüssig sind, da vorwiegend nur die Wirkung von farbigem Licht oder isolierten Farbflächen untersucht wurde, nicht aber die von realen Räumen.

Die physiologische Wirkung der gesamten visuellen Umwelt untersuchte erstmals Küller (1976, 1986) anhand von zwei Räumen mit unterschiedlichem visuellen Komplexitätsgrad. Der eine Raum war in verschiedenen Farben und Musterungen gestaltet (hoher visueller Komplexitätsgrad), der andere war einheitlich grau gehalten (niedriger visueller Komplexitätsgrad). Bei den Versuchspersonen, die sich jeweils drei Stunden lang in beiden Räumen aufhielten, wurden u. a. EEG (Elektroenzephalogramm) und Herzschlag gemessen. Die Ergebnisse zeigten, daß die Farben und Musterungen des ersten Raumes die Hirnaktivität deutlich stimulierten, d. h. einen physiologisch nachweisbaren Erregungszustand hervorriefen, gleichzeitig jedoch eine Verringerung der Herzfrequenz bewirkten, was eine kompensatorische autonom-nervöse Reaktion auf (visuelle) Überstimulation vermuten läßt. Gestützt wird dieser Befund von den verbalen Mitteilungen der Vesuchspersonen über eine Reizüberforderung im ersten Raum. Erst nach bis zu drei Stunden hat sich das Gefühl angemessener Kontrolle eingestellt.

Mikelides (1989) verglich die Wirkung von zwei in Rot bzw. Blau einheitlich gestrichenen Räumen. Die Annahme, Rot sei kortikal stärker aktivierend als Blau, wurde durch Hirnstrommessungen bestätigt. Nach Küller und Mikelides rechtfertigt die deutliche Wirkung auf Herzfrequenz und Hirnströme den Schluß, daß Farbigkeit und Komplexität des visuellen Umfeldes einen viel stärkeren Einfluß auf Menschen ausüben, als bis dahin angenommen. Daraus ergibt sich u. a. die Ansicht, Farbgestaltung einzusetzen, um kleinere Regelungen des allgemeinen Erregungszustandes von Personen zu erzielen (Küller, 1991). Allerdings wird es nicht möglich und auch nicht wünschenswert sein, Farbe zur Kompensation langweiliger und monotoner Aufgaben zu verwenden. Statt dessen dürfte ein solcher Einsatz von Farbe den Organismus zusätzlich unter Streß setzen, wie die paradoxe Herzfrequenz-Reaktion zeigt.

Zusammenfassend läßt sich feststellen, daß intensive (starkbunte) Farben, unabhängig vom Farbton, sowie hohe visuelle Komplexität (z. B. durch ausgeprägte Farbkontraste) generell physiologisch anregend wirken, während schwachbunte (wie Grau) eine gegensätzliche Wirkung haben. Vergleicht man die Wirkung von unterschiedlichen Farbtönen gleicher Intensität (Buntanteil), zeigt sich, daß Rot stärker aktiviert als Blau.

Die Farbton-Wärme-Hypothese
Allgemein werden Farbtöne zwischen Gelb und Rot mit „Wärme" assoziiert, zwischen Blau und Grün mit „Kälte". Kann daraus geschlossen werden, daß die Farben eines Raumes unser klimatisches Wohlbefinden beeinflussen? Müssen wir z. B. einen roten Raum weniger stark beheizen als einen blauen, um uns darin wohlzufühlen?

Küller und Mikelides stellen fest, daß ein allgemeiner Zusammenhang zwischen Raumfarben und klimaschem Wohlbefinden durch experimentelle Untersuchungen nicht bestätigt werden konnte. Nach Mikelides (1989) entsprechen die Temperatureinschätzungen sowohl im roten als auch im blauen Raum weitgehend der realen Temperatur.

Die Vorstellungen von warmen und kalten Farben scheinen zwar unsere Bewertung von Innenräumen zu beeinflussen, haben aber keinen Einfluß auf das tatsächliche klimatische Wohlbefinden. Wohl aber vermögen die den Raumfarben assoziierten Eigenschaften unser psychisches Wohlbefinden zu beeinflussen. So ist es z. B. plausibel, daß wir optisch „kalte" Räume eher abweisend und unfreundlich empfinden, „warme" dagegen behaglich und freundlich.

Farbe und psychisches Wohlbefinden
Neben kollektiven und individuellen Farbbedeutungszuschreibungen und der daraus resultierenden psychologischen Raumwirkung sind eine Reihe weiterer Faktoren für den Zusammenhang von Farbe und psychologischem Wohlbefinden von Bedeutung:

Farbe als Ordnungs- und Orientierungshilfe
Generell ermöglicht Farbe eine bessere „Lesbarkeit" der visuellen Umwelt, indem sie ihr eine sichtbare Struktur „aufprägt". Gleichfarbige Flächen faßt das Auge zusammen, verschiedenartige nimmt es differenziert wahr, ausgeprägte Kontraste (Helligkeits-,

Buntton-, Buntanteil) bewirken Trennung, Hervorhebung oder Isolation, farbliche Verwandtschaft (Buntton-, Buntanteil, Nuance-, Schwarz- und Weißanteil) bewirken Zusammengehörigkeit, Einbindung oder Unterordnung. Als raumgliederndes Element dient Farbe wesentlich zur Übersichtlichkeit, Sicherheit, Orientierung und Ordnung sowie Darstellung bestimmter Raumfunktionen und Handlungsabläufe. Visuelle Übersichtlichkeit, Ordnung und Verständlichkeit fördern das Gefühl räumlicher Kontrolle und tragen so wesentlich zum Wohlbefinden bei.

Farbe als territoriale Markierung und Statussymbol
Durch farbliche Kennzeichnung lassen sich „territoriale" Ansprüche, hierarchische Strukturen und Status visualisieren. Ein Verzicht auf solche Symbole scheint sich eher negativ (Verunsicherung) auszuwirken.

Farbe als Identifikationshilfe
Als auffällige Identifikationskonstante des Corporate Design vermag Farbe wesentlich zur Schaffung einer „visuellen" Identität beizutragen. Ihr hoher Wiedererkennungseffekt bewirkt Vertrautheit und steigert das Wohlbefinden.

Farbe als Lebensstilmerkmal
Haus- und Einrichtungsfarben sind – neben Kleidungs- und Fahrzeugfarben – Merkmal und Ausdrucksmittel des persönlichen Lebensstiles. Im Zusammenwirken mit Material- und Oberflächeneigenschaften vermittelt Farbe gesellschaftsspezifisch festgelegte Wertvorstellungen (z. B. ein elaboriertes, teures oder geschmackloses, billiges Aussehen). Positive Auswirkungen auf das psychologische Wohlbefinden der Raumnutzer sind dann naheliegend, wenn die Farbgebung mit den persönlichen Wertvorstellungen und ästhetischen Präferenzen übereinstimmt und innerhalb der Akzeptanzgrenzen gruppenspezifischer Wert- und Stilorientierungen liegt.

Farbe als Ausdruck von Trendorientierung
Abwechslung und Veränderung sind ein menschliches Grundbedürfnis. Trendfarben sind das Ergebnis eines kollektiven Farbwechselwunsches. Sie sind zeichenhafter Ausdruck der „vorherrschenden Geschmacksorientierung" und dienen in erster Linie dazu, Zugehörigkeit zu demonstrieren bezüglich einer (meistens in den Medien) idealisierten Bezugsgruppe, die den „Zeitgeist" repräsentiert. Der Wandel kollektiver Farbpräferenzen (Farbzyklen) macht deutlich, daß das Verhältnis zwischen Farbe und psychischem Wohlbefinden kein statisches Thema, sondern im zeitlichen und (sub)kulturellen Kontext zu bewerten ist.

Allgemeine Empfehlungen für die Farbgestaltung können nur bedingt ausgesprochen werden.

Grundsätzlich sollte darauf geachtet werden, daß die durch die Farbgestaltung vermittelten Raum- oder Objektfunktionen die intendierten Raum- oder Objektfunktionen unterstützen bzw. diesen zumindest nicht widersprechen (sind z. B. Orientierung und Sicherheit ein wichtiges Anliegen, muß gegebenenfalls die ästhetische Funktion der Farbe zugunsten der indikativen vernachlässigt werden). Im Hinblick auf die physiologische Wirkung der Farbe sollte die Farbwahl auf die in den Räumen ausgeführten Aktivitäten sowie die Konstitution der Raumnutzer abgestimmt werden. (Die Verwendung ausgeprägter Farbkontraste und stark aktivierender Farbtöne wirkt sich in einem OP-Saal vermutlich kontraproduktiv auf das Wohlbefinden der Raumnutzer aus. Ebensowenig dürfte dies streßgeplagten Personen zuträglich sein.) Darüber hinaus sollten kultur-, gruppenspezifische und individuelle Präferenzen bei der Farbwahl soweit wie möglich berücksichtigt werden.

Einen weiteren Ansatzpunkt für die Formulierung allgemeiner Farbgestaltungsempfehlungen bieten Konzepte zur Erklärung ästhetischer Umweltpräferenzen, die im Rahmen der Umweltpsychologie entwickelt werden. Kaplan & Kaplan z. B. postulieren ein evolutionstheoretisch angenommenes Bedürfnis nach Sinn und Ordnung. Das Bedürfnis nach Vertrautem und der Wunsch nach Neuem ergänzen einander. Die Bevorzugung einer bestimmten Umweltsituation hängt ab von den Dimensionen:
- Kohärenz (Ausmaß kognitiver Organisation einer Szene),
- Lesbarkeit (Ausmaß kategorialer Distinktheit der vorkommenden Elemente),
- Komplexität (Anzahl und Variabilität der vorkommenden Elemente),
- Rätselhaftigkeit (Ausmaß, in dem die Szene dem Betrachter die Aufdeckung weiterführender Informationen verspricht).

Daraus abgeleitet läßt sich folgende allgemeine Empfehlung formulieren: Eine an den menschlichen Bedürfnissen orientierte Farbgestaltung sollte sich grundsätzlich um ein ausgewogenes Verhältnis zwischen Anregung und Beruhigung, Ordnung und Variabilität, Verwandtschaft und Kontrast bemühen. Dabei sollte die Farbe einerseits zusammenfassen, ordnen und erklären, andererseits genügend Abwechslung bieten, um zur aktiven Auseinandersetzung mit der architektonischen Umwelt anzuregen.

2.7
SBS-Syndrom

Gebäude sollen nicht krankmachen, sondern vielmehr thermischen und hygienischen Ansprüchen genügen, die den Nutzern einen angenehmen Aufenthaltsbereich bieten. In der Vergangenheit konnte festgestellt werden, daß es eine Vielzahl von Gebäuden gibt, die diesem Anspruch in keiner Weise genügen konnten. So gilt es in Zukunft darauf hinzuarbeiten, nicht nur ökologisch einwandfreie Materialien einzusetzen, sondern auch prinzipielle Mängel im Bereich der Belüftung und Belichtung von Häusern zu vermeiden.

Hinsichtlich der Definierung des Sick-Building-Syndroms (SBS), ausgehend von der Begriffsbestimmung nach Dr. med. P. Kröling, lassen sich verschiedene SBS-Beschwerden und ihre möglichen Ursachen feststellen. Hierzu gehören die in **Tabelle 2.7** aufgeführten Einzelerscheinungen und ihre möglichen Ursachen.

Als wesentliche Erscheinungen beim Sick-Building-Syndrom lassen sich verschiedene Verursacher ausmachen, die zu entsprechenden Störungen und Beschwerden führen. Diese sind:
– zu hohe Luftgeschwindigkeiten oder turbulente Luftführungen im Raum,
– Beschwerden durch mikrobielle Allergene und mikrobielle Zellgifte,
– Störungen im Bereich der Thermoregulation infolge zu niedriger oder zu hoher Temperaturen (mangelndes Reizklima),
– Störungen durch niederfrequenten Schall (< 100 Hz),
– Geruchsentwicklungen aus mangelhaft gewarteten Befeuchtungseinrichtungen und Filteranlagen.

Um den einzelnen Beschwerden entgegenzuwirken, ist es notwendig, für eine zugfreie Zuluftzuführung in den Räumen zu sorgen, insbesondere die Zuluftgeschwindigkeiten im Aufenthaltsbereich so stark zu drosseln, daß sie nicht als störend empfunden werden (< 0,12 m/s).

Mikrobielle Allergene und Zellgifte können insoweit ausgeschaltet werden, als Befeuchtungseinrichtungen und Filteranlagen ständig gewartet werden bzw. endständige Filter eingesetzt werden, die in der Lage sind, eine Reihe von Schadstoffen auszufiltern.

Die Benutzbarkeit von Gebäuden sollte auch prinzipiell ohne raumlufttechnische Anlagen möglich sein, so daß öffenbare Fenster eine absolute Notwendigkeit darstellen. Gleichermaßen sollten fensterlose Räume, die dem ständigen Aufenthalt von Personen dienen, weitestgehend vermieden werden. Der Fensterflächenanteil sollte bei Fassaden mindestens 50 % betragen, was voraussetzt, daß ein ausreichend guter Sonnenschutz und große Speichermassen mithelfen, eine Überhitzung von Räumen zu vermeiden. Dabei ist darauf zu achten, daß die Temperaturen in einem behaglichen Bereich liegen (individuelle Temperaturregelung des einzelnen Raumes und Abschaltmöglichkeit bei Fensterlüftung).

SBS-Beschwerden	Mögliche Ursachen
Zugerscheinungen Erkältungsneigung mangelhafte Luftführung	zu hohe Strömungsgeschwindigkeit zu starke Turbulenz Zuluft-Temperatur zu niedrig rheumatische Beschwerden
Schleimhautreizungen der oberen Luftwege und Augen, Lufttrockenheitsgefühl	mikrobielle Allergene (aus Klimaanlage) Hausstaub; Milben (u.a. Teppichboden)
Fieber Atembeschwerden Gliederschmerzen Müdigkeit	mikrobielle Zellgifte (Endotoxine, Cytotoxine) aus Befeuchterwasser, Filtern und Zuluftelementen
Müdigkeit Konzentrationsstörungen Benommenheit Kopfschmerzen	Störungen der Thermoregulation: - Temperaturen > 23 Grad - unphysiol. Tagesgang der Temp. - Anhebung der rel. Feuchte - fehlende Fensterlüftung
	niederfrequenter Schall (< 100 HZ) Allergene, Endotoxine, Cytotoxine
	Insuffizienz von: - Sonnenschutz (fehlend/innen) - Fensterflächen (zu groß) - Speichermasse (zu klein) - RLT-Leistung/Wartung
mangelhafte Luftqualität	Geruch aus Klimaanlage: - technisch (Material, Filter) - mikrobiologisch eff. Luftwechsel unzureichend

Tab. 2.7
SBS-Beschwerden
(nach Dr. med. P. Kröling)

2.7 SBS-Syndrom

Eine Befeuchtung in Räumen sollte nur dann erwogen werden, wenn die relative Feuchte unter 35 % absinkt, wobei die Befeuchtung gegebenenfalls auch durch Grünpflanzen unterstützt werden kann.

Die **Tabelle 2.8** von Dr. P. Kröling zeigt neben den SBS-Symptomen im zuvor beschriebenen Bereich die Begleitsymptome, Ursachen, Herkunft und Wege zur Vermeidung des SBS-Syndroms.

SBS-Symptome	Begleitsymptome	Ursachen	Herkunft	Vermeidung
infektiös: Legionella-Pneumonie	Pontiac-Fever (grippeähnlich)	Legionella-Bakterien	keimreiches Aerosol im Luftstrom (z.B. Kühlung)	hygienische Bedingungen endständige Filter
allergisch: Augenjucken/-tränen verstopfte Nase Bronchialbeschwerden Trockenheitsgefühl	Müdigkeit Kopfschmerzen Konzentrationsstörungen Leistungsminderung	mikrobielle Allergene - div. Schimmelpilze - div. sonstige Keime - Milben/-produkte - organische Stäube	Luftbefeuchtung - Befeuchterwasser - feuchte Systemteile Filter - mangelhafte Filterung - Durchwachsen der Filter	keimarme Befeuchtung (Ozon/UV/Silberionen) - regelm.Reinigung regenerierbare Filter Elektro-Filter endständige Filter
toxisch-allergisch: Monday-fever Humidifier-fever starke Müdigkeit (fatigue-Syndrom)	grippeähnliche Symptome Atembeschwerden Husten allergische Alveolitis Spätfolge: Lungenfibrose (Befeuchterlunge) Leistungsminderung	Bestandteile div. Keime: - Zellwände: Endotoxine - Zellinhalt: Cytotoxine Mycotoxine	verkeimtes Befeuchterwasser	keimarme Befeuchtung (Ozon/UV/Silberionen) - regelm.Reinigung regenerierbare Filter Elektro-Filter endständige Filter
toxisch: Müdigkeit Kopfschmerzen Konzentrationsstörung	allergieähnliche Symptome Leistungsminderung	ext. Schadstoffquellen: - CO, NO_x, SO_2, VOC intern.Schadstoffquellen: - Mobiliar, Teppiche	Außenluft Gebäude	schadstoffeliminierende Filter (außen/endständig) Vermeidung der Quellen verbesserte Lüftung
olfaktorisch: unangenehme Gerüche „Sauerstoffmangel" Frischluftbedürfnis Atembeklemmung	Klima-Unzufriedenheit Leistungsminderung? Wunsch nach Fensteröffnung	geruchsbelastete Zuluft: - Verkehr, Garagen Geruch aus RLT-Anlage: - Luftbefeuchtung - Filter, Systemteile	Außenluft RLT-Anlage	geruchseliminierende Filter (außen/endständig) Geruchsvermeidung geruchseliminierende Filter (endständig)

Tab. 2.8
SBS-Symptome, Begleitsymptome und ihre Vermeidung (nach Dr. P. Kröling)

1. Gebäudeperformance

2. Mensch und Behaglichkeit

3. Integrierte Planungsansätze

4. Heizungsanlagen

5. Sanitär- und Feuerlöschanlagen

6. Lüftungs- und Klimatechnik

7. Kälte- und Kühlsysteme

8. Starkstromanlagen

9. Lichttechnik

10. Tageslichttechnik

11. Schwachstromanlagen

12. Förderanlagen

3. Integrierte Planungsansätze

Integriertes Bauen ist nichts Neues. Ein Rückblick auf alte Baukulturen in egal welchem Erdteil oder Klimazonen zeigt, daß frühe Bauformen ein Höchstmaß an Integration von z.B. thermischen und lüftungstechnischen Anforderungen beinhalteten, soweit dies mit den damaligen technischen Möglichkeiten umsetzbar war. Erst in diesem Jahrhundert, und dabei vornehmlich in der zweiten Hälfte, lösten sich Bauherrenwünsche, architektonische Ausdrucksweise und Gebäudetechnik voneinander und versuchten jede für sich ihr eigenes Optimum zu erreichen. Aufgrund der technischen Möglichkeiten, konnten bauliche Defizite bzw. übersteigerte Nutzeransprüche fast immer überwunden werden. Somit entstanden zwar letztendlich funktionierende Gebäude, die jedoch nur mit hohem Energie- und Wartungsaufwand lebensfähig waren. Die Energiekrisen, aber vor allem das gesteigerte ökologische Bewußtsein in Deutschland und Europa führen dazu, daß Architekten und Ingenieure zwangsläufig wieder näher zusammenrücken und durchgängige, sich ergänzende Technikkonzepte entwickeln. Auch rücken viele Bauherrn von Maximalforderungen hinsichtlich ihrer Komfortansprüche ab und geben so den Planern größere Freiräume für ihre Entwicklungstätigkeit. In **Bild 3.1** sind die Abhängigkeiten zwischen Bauherrn, Architekt und gebäudetechnischem Planer vor dem Hintergrund dargestellt, was im Bereich Gebäudetechnik an Einsparungen möglich ist.

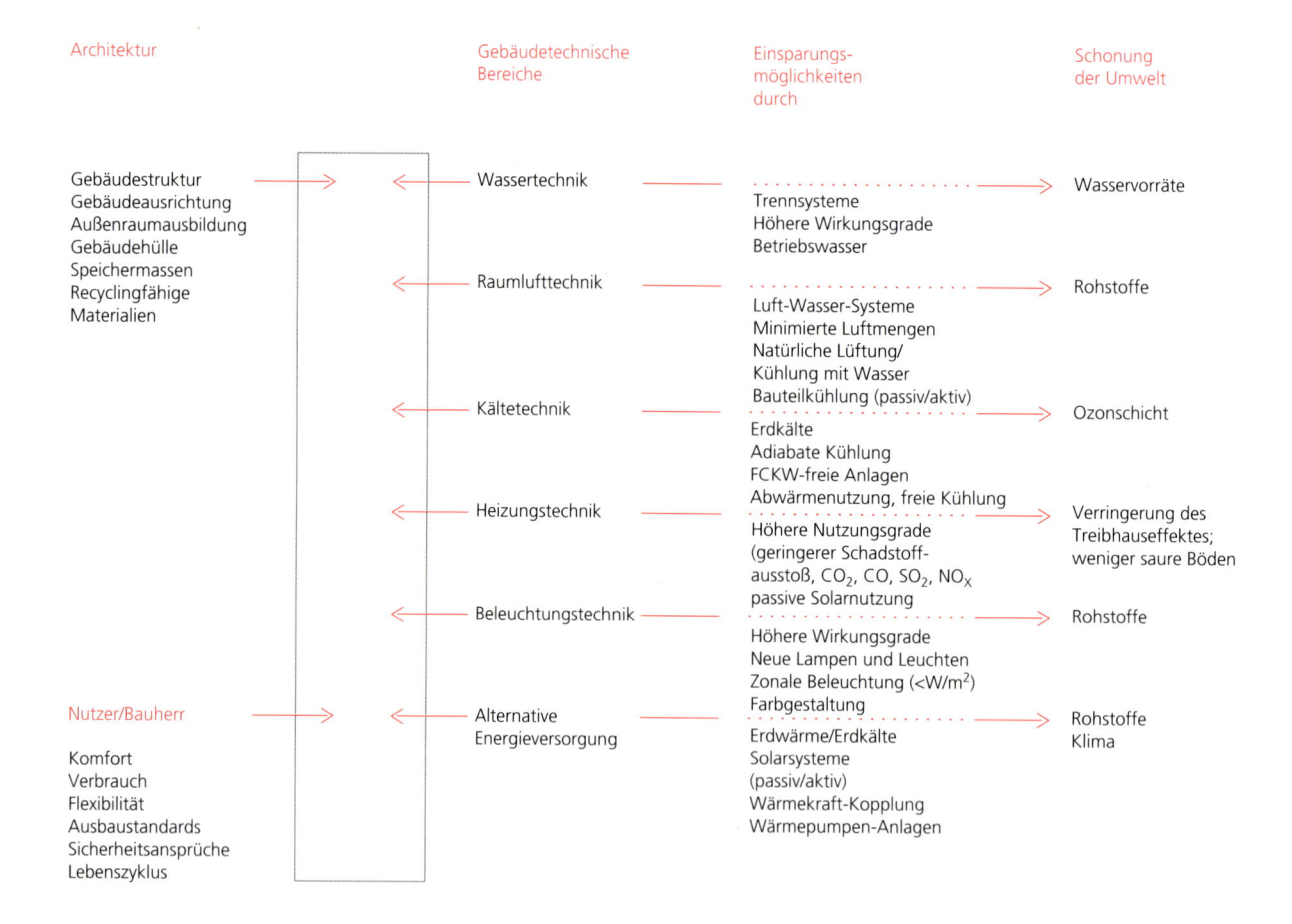

Architektur	Gebäudetechnische Bereiche	Einsparungsmöglichkeiten durch	Schonung der Umwelt
Gebäudestruktur Gebäudeausrichtung Außenraumausbildung Gebäudehülle Speichermassen Recyclingfähige Materialien	Wassertechnik	Trennsysteme Höhere Wirkungsgrade Betriebswasser	Wasservorräte
	Raumlufttechnik	Luft-Wasser-Systeme Minimierte Luftmengen Natürliche Lüftung/ Kühlung mit Wasser Bauteilkühlung (passiv/aktiv)	Rohstoffe
	Kältetechnik	Erdkälte Adiabate Kühlung FCKW-freie Anlagen Abwärmenutzung, freie Kühlung	Ozonschicht
	Heizungstechnik	Höhere Nutzungsgrade (geringerer Schadstoffausstoß, CO_2, CO, SO_2, NO_X passive Solarnutzung	Verringerung des Treibhauseffektes; weniger saure Böden
	Beleuchtungstechnik	Höhere Wirkungsgrade Neue Lampen und Leuchten Zonale Beleuchtung ($<W/m^2$) Farbgestaltung	Rohstoffe
Nutzer/Bauherr Komfort Verbrauch Flexibilität Ausbaustandards Sicherheitsansprüche Lebenszyklus	Alternative Energieversorgung	Erdwärme/Erdkälte Solarsysteme (passiv/aktiv) Wärmekraft-Kopplung Wärmepumpen-Anlagen	Rohstoffe Klima

Bild 3.1
Architektur – Technik – Umwelt

3. Integrierte Planungsansätze

Der Architekt hat sich mit den Randbedingungen des Gebäudeumfeldes sowie den städtebaulichen Ansprüchen auseinanderzusetzen und muß nach Lösungen suchen, die nicht von vornherein zu einem vermehrten Technikaufwand führen. Denkt man z. B. an viele innerstädtische Standorte mit hohen Lärmbelastungen, so wurden früher generell Gebäude mit geschlossenen Fassaden und klimatisierten Räumen technisch gelöst. Demgegenüber werden heute verstärkt Doppelfassaden mit dahinterliegenden, natürlich belüfteten Räumen konzipiert, wie in **Bild 3.2** dargestellt. Aufgrund einer durchgängig geschlossenen tiefen Doppelfassadenkonstruktion konnten bei diesem Konzept die Büros gänzlich vom Straßenlärm abgeschirmt und trotzdem natürlich belüftet werden. **Bild 3.3** stellt dies im Detail dar. In diesem Beispiel wurde versucht, mittels Fassadentechnik die gebäudetechnischen Aufwendungen zu reduzieren.

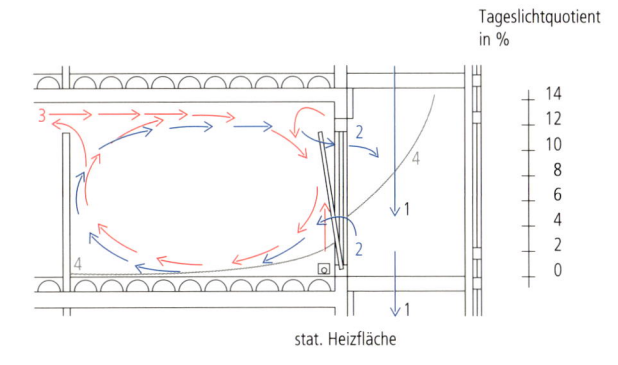

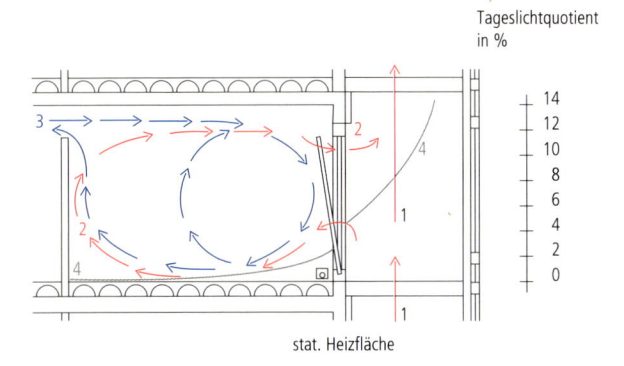

Belüftung eines Büroraumes im Winter/kühle Übergangszeit (Außentemperatur –10 °C bis ca. +10 °C)

1 Primär-Außenluftströmung (ca. +12 °C bis +15 °C)
2 Sekundär-Außenluftströmung
3 Mechanische Belüftung (Warmluftströmung bei geschlossenen Fenstern)
4 Tageslicht-Quotienten-Verlauf

Belüftung eines Büroraumes im Sommer/warme Übergangszeit (Außentemperatur +22 °C bis ca. +30 °C)

1 Primär-Außenluftströmung (ca. +26 °C bis +30 °C)
2 Sekundär-Außenluftströmung
3 Mechanische Belüftung (Kühlluftströmung bei geschlossenen Fenstern)
4 Tageslicht-Quotienten-Verlauf

Bild 3.3
Detailschnitt einer Doppelfassade

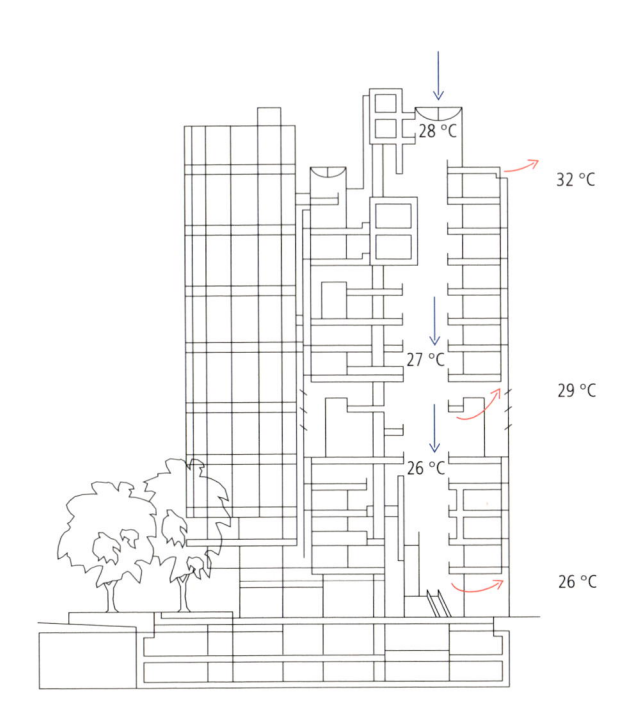

Sommer
Außentemperatur 27 °C

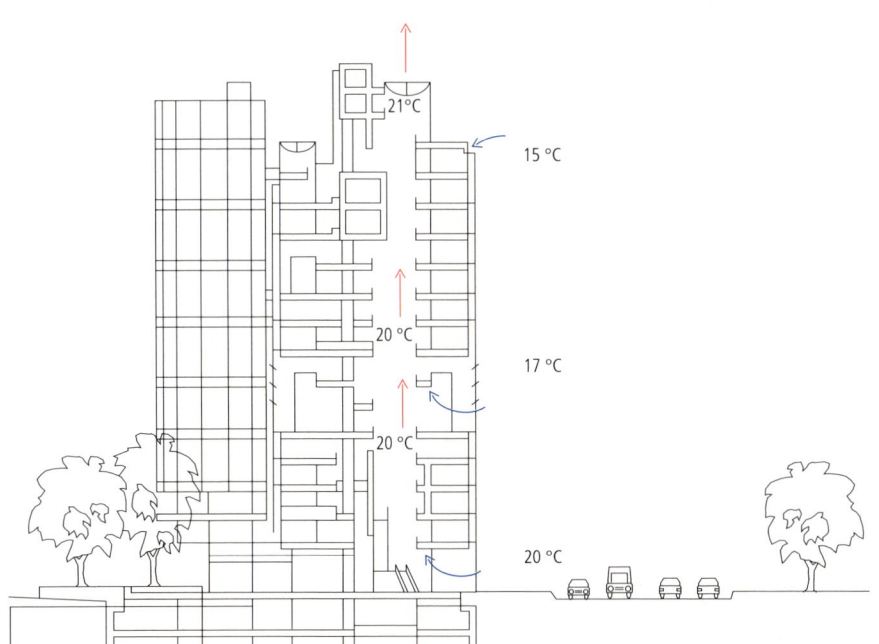

Winter- und Übergangszeit
Außentemperatur 15 °C

Bild 3.2
Funktion einer Doppelfassade

Integrierte Planungsmethoden können noch weiter führen. Der zur Verfügung stehende Fassadenhohlraum bietet z. B. die Möglichkeit, die gesamte Nachrichtenverkabelung unterzubringen, die ohne Beeinträchtigung des Nutzers problemlos nach- bzw. uminstalliert werden kann. Da der Zwischenraum witterungsgeschützt ist, stellen die Kabeldurchführungen kein Problem dar.

Weitere Chancen für die integrierte Planung lassen sich z. B. auch mit Windkanalversuchen erarbeiten. Zum einen dienen die Versuche dazu, die Möglichkeiten einer natürlichen Lüftung von komplexen Gebäudeformen genau zu untersuchen und zu optimieren. Auf dieser Basis kann eine geplante und sinnvolle natürliche Lüftung von Räumen tatsächlich gewährleistet werden. Räume nach althergebrachter Weise entlang einer Fassade anzuordnen und diese mit willkürlichen Öffnungen zu versehen, ermöglicht zwar den direkten Luftaustausch zwischen Raum und Außenluft bei geöffnetem Fenster, bedeutet jedoch noch lange nicht, daß eine zugfreie, raumerfüllende Strömung bewirkt werden kann, die gleichzeitig einen angenehmen Aufenthalt in diesen Räumen ermöglicht. Zum anderen können im Windkanal differenzierte Fassadenuntersuchungen stattfinden, um durch geeignete Zusatzkonstruktionen z. B. den Wärmeaustausch an der Oberfläche durch eine Reduzierung der Maximalgeschwindigkeiten der Außenluft zu reduzieren. Ein im Windkanal optimiertes Gebäude kann somit zum einen hinsichtlich der Wärmeverluste verbessert werden, zum anderen kann durch eine intelligente Anordnung von Öffnungen ein sinnvoller Luftaustausch gewährleistet werden. Beides reduziert sowohl den Energieverbrauch als auch die notwendigen technischen Installationen.

Bild 3.4 zeigt skizzenhaft die Druckverteilung verschiedenen Gebäudestrukturen.

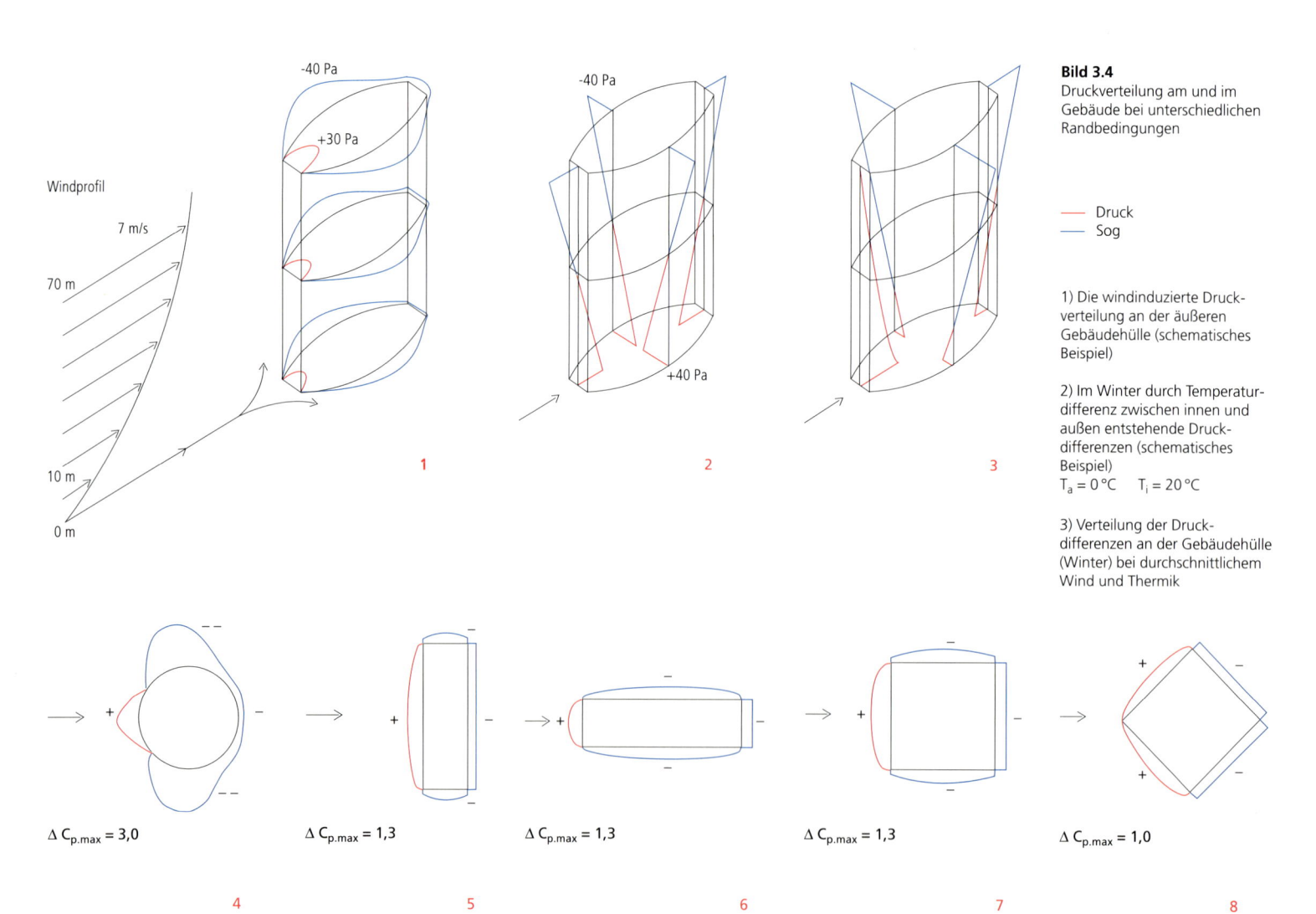

Bild 3.4
Druckverteilung am und im Gebäude bei unterschiedlichen Randbedingungen

— Druck
— Sog

1) Die windinduzierte Druckverteilung an der äußeren Gebäudehülle (schematisches Beispiel)

2) Im Winter durch Temperaturdifferenz zwischen innen und außen entstehende Druckdifferenzen (schematisches Beispiel)
$T_a = 0\,°C$ $T_i = 20\,°C$

3) Verteilung der Druckdifferenzen an der Gebäudehülle (Winter) bei durchschnittlichem Wind und Thermik

3. Integrierte Planungsansätze

Eine weitere Möglichkeit zur Verbesserung der Gebäudeperformance durch das gesamte Planerteam erfolgt in der Regel durch detaillierte, gesamtenergetische Simulationen des zu planenden Hauses. Hier hinein fallen sowohl Simulationen hinsichtlich des Temperaturverhaltens und der Tageslichtnutzung als auch des Luftaustausches. In **Bild 3.5** ist der nicht realisierte Entwurf eines Bürogebäudes dargestellt. Bei diesem Entwurf stand zur Diskussion, entweder ein konventionelles Gebäude in einer Blockrandbebauung mit einem Diagonalflügel zu bauen, oder das gesamte Gebäude unter eine Glashülle zu stellen, somit die den Straßenräumen zugewandten Seiten mit einer doppelschaligen Fassade und den Hofbereich mit einer 5 geschossigen Glashalle zu schließen. Dabei sollte die Halle im Sommer und in der Übergangszeit natürlich durchlüftet und im Winter weitestgehend geschlossen werden, um solare Wärmegewinne zur Beheizung des Gebäudes zu nutzen. In **Bild 3.6.1/2** sind beide zu untersuchenden Varianten im Schnitt dargestellt. Um zu einer für den Bauherrn schlüssigen Aussage zu kommen, ist es unumgänglich, das Gebäude gesamtheitlich zu simulieren, um die vielen Einzelaspekte der unterschiedlichen Konstruktionsweisen zu vergleichen und eine Entscheidungshilfe auf Kosten-Nutzen-Basis herbeizuführen.

In **Bild 3.7** sind Simulationsergebnisse im Vergleich dargestellt. Die ermittelten Betriebskosteneinsparungen können dem Mehraufwand für Fassade und Dach gegenübergestellt und in eine abschließende Wertung eingebracht werden. Derartige Ergebnisse können nur in einem integrierten Planungsprozeß erarbeitet werden und geben allen Beteiligten die Chance, neue Wege zur Verbesserung von Gebäuden zu entwickeln.

Bild 3.5
Modell Badenwerke in Karlsruhe
(Architekten: Auer + Weber, München)

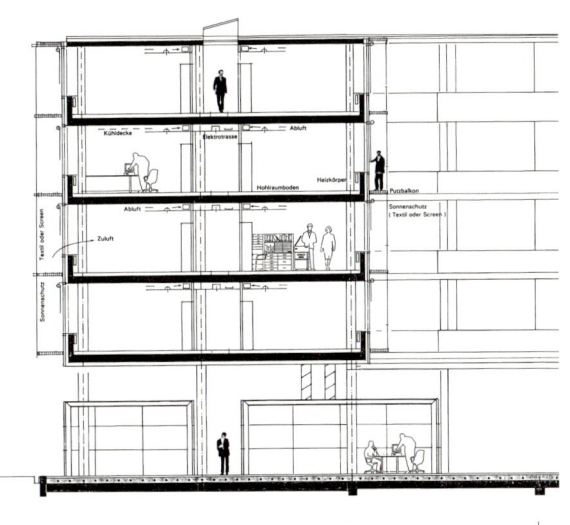

Bild 3.6.1
Gebäudeschnitt mit Standardfassade, Innenhof offen/ Variante 1

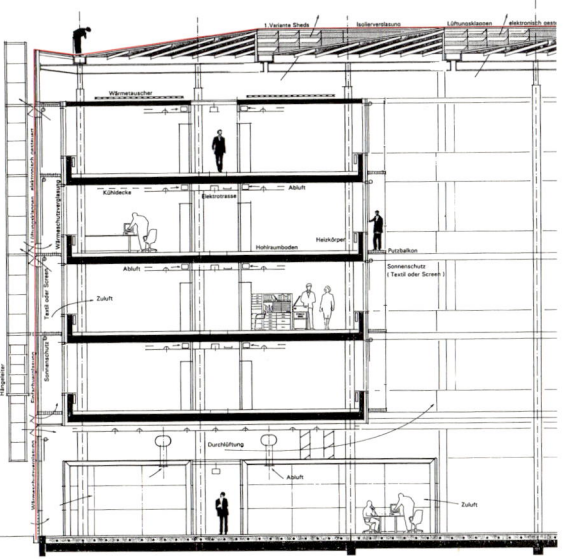

Bild 3.6.2
Gebäudeschnitt mit Doppelfassade und Glasdach/ Variante 2

3. Integrierte Planungsansätze

Bild 3.7
Kostenvergleich der Gebäudetechnik für Standardgebäude (1) mit Ganzglaskörper (2)

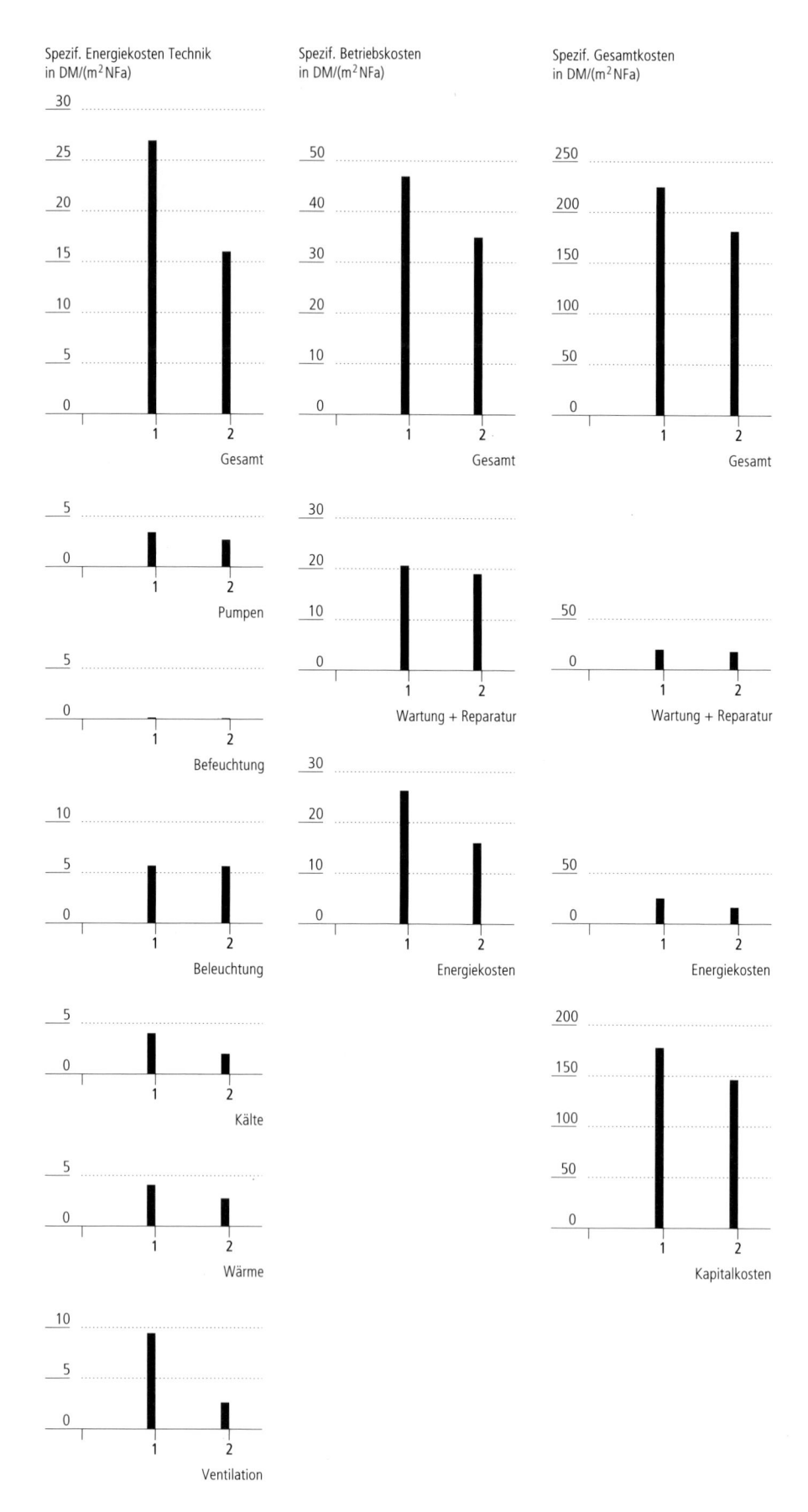

Spezif. Energiekosten Technik in DM/(m²NFa) — Gesamt, Pumpen, Befeuchtung, Beleuchtung, Kälte, Wärme, Ventilation

Spezif. Betriebskosten in DM/(m²NFa) — Gesamt, Wartung + Reparatur, Energiekosten

Spezif. Gesamtkosten in DM/(m²NFa) — Gesamt, Wartung + Reparatur, Energiekosten, Kapitalkosten

46

Kostensenkung als Managementaufgabe ...
Wir übernehmen die Verantwortung

Die GA-tec Gebäude- und Anlagentechnik GmbH, mit mehr als 20 Niederlassungen in der Bundesrepublik, ist bereits seit langen Jahren auf dem Gebiet der Gebäudetechnik und des Gebäudemanagements etabliert. Die Philosophie unseres Unternehmens spiegelt sich in einem modular aufgebauten Gesamtkonzept wider, das sich individuell und in Stufen, den Bedürfnissen unserer Kunden anpaßt. So übertragen uns namhafte Unternehmen aus allen Industriebereichen, des Hotel- und Freizeitgewerbes oder beispielsweise der Banken- und Versicherungsbranche, die Verantwortung für ihre Gebäude und ihre technischen Anlagen auf allen Dienstleistungsebenen.

... sprechen Sie mit uns.

Hauptverwaltung

GA-tec Gebäude- und
Anlagentechnik GmbH
Im Breitspiel 7
69126 Heidelberg
Telefon 0 62 21 / 94-11
Telefax 0 62 21 / 94-20 01
E-Mail info@ga-tec.de
Internet www.ga-tec.de

Hauptniederlassung München
Karl-Schmid-Straße 13
81829 München
Telefon 0 89 / 42 00 98-0
Telefax 0 89 / 42 00 98-10

Hauptniederlassung Stuttgart
Robert-Mayer-Straße 10
73660 Urbach
Telefon 0 71 81 / 80 1-0
Telefax 0 71 81 / 80 1-3 92

Hauptniederlassung Frankfurt
Schmidtstraße 43
60326 Frankfurt am Main
Telefon 0 69 / 97 38 03-0
Telefax 0 69 / 97 38 03-30

Hauptniederlassung Essen
Frielingsdorfweg 17
45239 Essen
Telefon 02 01 / 84 09-0
Telefax 02 01 / 84 09-1 51

Hauptniederlassung Hamburg
Fangdieckstraße 68
22547 Hamburg
Telefon 0 40 / 5 47 16-0
Telefax 0 40 / 5 47 16-1 00

Hauptniederlassung Berlin
Lankwitzer Straße 23-25
12107 Berlin
Telefon 0 30 / 7 61 81-0
Telefax 0 30 / 7 61 81-1 33

Unternehmen der
GAH Gruppe

Gebäudeausrüstung

- Elektrotechnik
  (Stark- und Schwachstrom)
- Luft- und Klimatechnik
- Heizungstechnik
- Feuerlöschtechnik
- Gebäudeautomation

Gebäudemanagement

- Technisches Gebäudemanagement
- Kaufmännisches Gebäudemanagement
- Infrastrukturelles Gebäudemanagement
- Flächen-Management
- Energie-Controlling

Lebenszyklus einer Liegenschaft

Planung — Nutzung — Nutzung — Nutzung

Vorplanung — Erstellung — Nutzungsänderung — Sanierung, Modernisierung — Abriß

Kompetenzen der GA-tec

GA-tec
GEBÄUDE- UND
ANLAGENTECHNIK GMBH

GAH

1. Gebäudeperformance

2. Mensch und Behaglichkeit

3. Integrierte Planungsansätze

4. Heizungsanlagen

5. Sanitär- und Feuerlöschanlagen

6. Lüftungs- und Klimatechnik

7. Kälte- und Kühlsysteme

8. Starkstromanlagen

9. Lichttechnik

10. Tageslichttechnik

11. Schwachstromanlagen

12. Förderanlagen

4. Heizungsanlagen

4.1 Wärmeleistungsbedarf

(mit Herbert Mudrack, Hamburg)

Zur Berechnung des Wärmeleistungsbedarfs allgemeiner Raumbereiche dienen einschlägige Richtlinien und vorgegebene Berechnungsverfahren (z. B. Deutschland DIN 4701/Schweiz SIA 384/2).

Der Gesamtwärmeleistungsbedarf Q_N (Norm-Heizlast) setzt sich zusammen aus:
- Transmissionswärmeleistungsbedarf Q_T
  = Wärmeverluste über Umschließungsflächen
- Lüftungswärmeleistungsbedarf Q_L
  = Erwärmung eindringender Außenluft.

Grundlagen für die Berechnung des Wärmeleistungsbedarfs sind:
- Norm-Innentemperaturen
- Norm-Außentemperaturen
- gewählte Raumtemperaturen für verschiedene Raumarten (Dachräume, Kellerräume, Räume gegen Erdreich usw.).

Gemäß den einschlägigen Richtlinien werden die Norm-Innentemperaturen empfohlen, und es gilt hierbei die empfundene Temperatur (operative Temperatur), die sowohl die Lufttemperatur wie auch die mittlere Temperatur der umgebenden Flächen berücksichtigt.

Tabelle 4.1 zeigt einen Ausschnitt empfohlener Raumtemperaturen, die üblicherweise in die Berechnung eingesetzt werden.

Die Wahl der Norm-Außentemperatur ergibt sich aus den einschlägigen Vorschriften und Richtlinien, wobei die Norm-Außentemperaturen je nach Standort und Höhe stark schwanken (ca. −8 bis −26 °C). Bei den Norm-Außentemperaturen werden in der Regel niedrigste Zweitages-Mittelwerte zugrundegelegt, die innerhalb von 20 Jahren zehnmal erreicht werden.

Über die zuvor genannten Temperaturen hinaus erfolgt gegebenenfalls die Wahl von Raumtemperaturen für verschiedene Raumarten (z. B. Dachräume, Räume gegen Erdreich, Raumtemperaturen in Glashallen usw.)

Aufgrund dessen, daß in der Regel extreme Kälteperioden nur sehr kurzzeitig auftreten, werden bei der Wahl der Außentemperaturen Korrekturen vorgenommen, die die Speicherfähigkeit des Gebäudes berücksichtigen. Durch die Speicherfähigkeit von Gebäuden machen sich extrem niedrige Außentemperaturen nicht sofort bemerkbar, d. h. der Einfluß auf den Wärmebedarf ist gedämpft. Insofern werden die Norm-Außentemperaturen je nach Speicherfähigkeit verringert (angehoben) (0 bis 4 K).

Selbst gut isolierte Außenwände verlieren in kalten Jahreszeiten die gewünschte innere Oberflächentemperatur, so daß eine Verringerung der Empfindungstemperatur und damit der Behaglichkeit entsteht. Hier wird in der Regel ein entsprechender Ausgleich beim Wärmedurchgangskoeffizienten vorgenommen.

Gleichermaßen korrigiert wird der Wärmeverlust durch Fenster aufgrund der diffusen Wärmezustrahlung durch die Fenster. Eine entsprechende Korrektur erfolgt wiederum über den Wärmedurchgangskoeffizienten des Fensters. Die direkte Sonneneinstrahlung wird in der Berechnung des Wärmeleistungsbedarfs nicht direkt berücksichtigt, verringert jedoch den Jahresenergieverbrauch, d. h. es stellt sich ein günstigerer Wert ein als rechnerisch ermittelt.

Tab. 4.1
Norm-Innentemperaturen für beheizte Räume

Raumart	Temperatur °C
Wohnhäuser:	
Wohn- und Schlafräume, Küchen, Aborte	20
Bäder	24
Flure, geheizte Nebenräume	15
Treppenräume	10
Verwaltungsgebäude:	
alle Räume außer Aborte und Nebenräume	20
Nebenräume	15
Geschäftshäuser:	
Verkaufsräume, Läden	20
Lebensmittelverkauf, allgemeine Lager	18
Wurstlager, Fleischwaren	15
Hotels:	
Hotelzimmer, Hotelhallen, Festsäle, Sizungszimmer	20
Unterrichtsgebäude:	
Allgemeine Räume, Turnhallen, Gymnastikräume	20
Lehrküchen	18
Theater, Konzerträume	20
Kirchen (allgemein)	15
Krankenhäuser (siehe auch DIN 1946 Teil 4):	
OP-Räume, Frühgeborene	25
Sonstige Räume	22
Werkstatträume:	
mindestens	15
bei sitzender Tätigkeit	20
Kasernen	20
Schwimmbäder:	
Hallen	28
Duschen	24
Umkleideräume	22
Museen, Galerien, Flughäfen	20

4.1.1 Transmissions-Wärmeleistungsbedarf

Der Transmissions-Wärmeleistungsbedarf (Norm-Transmissions-Heizlast) errechnet sich nach der Formel

$$\dot{Q}_T = k \cdot A \, (\vartheta_i - \vartheta_a) = \frac{A \, (\vartheta_i - \vartheta_a)}{R_k} \quad [W]$$

A = Fläche des Bauteils im m²
k = Wärmedurchgangszahl in W/m²K

$\frac{1}{k} = R_k$ = Wärmedurchgangswiderstand in m²K/W

ϑ_i = Temperatur innen in °C
ϑ_a = Temperatur außen in °C.

4.1.1.1 Wärmedurchgangskoeffizient k

Der Wärmedurchgangskoeffizient k bzw. der Wärmedurchgangswiderstand 1/k errechnet sich nach der Gleichung

$$\frac{1}{k} = \frac{1}{\alpha_i} + \frac{1}{\alpha_a} \Sigma \frac{d}{\lambda} \quad \text{oder} \quad R_k = R_i + R_a + \Sigma R_\lambda$$

α_i = innerer Wärmeübergangskoeffizient
α_a = äußerer Wärmeübergangskoeffizient
d = Schichtdicke
λ = Wärmeleitfähigkeit
k = Wärmedurchgangskoeffizient
R_k = Wärmedurchgangswiderstand = 1/k
R_λ = Wärmeleitwiderstand = d/λ.

In den einschlägigen Normen werden nicht mehr die Wärmedurchgangskoeffizienten k verschiedener Bauteile angegeben, sondern es muß für jede Schicht eines Bauteils der Wärmeleitwiderstand R_λ aus der Wärmeleitfähigkeit ermittelt werden. Die Summe der Wärmeleitwiderstände der einzelnen Schichten ergibt zusammen mit den Wärmeübergangswiderständen

$$R_i = \frac{1}{\alpha_i} \quad \text{und} \quad R_a = \frac{1}{\alpha_a}$$

den gesamten Wärmedurchgangswiderstand

$R_k = \frac{1}{k}$ des Bauteils.

Der Norm-Wärmedurchgangskoeffizient ist dann
$k_n = k + \Delta k_A + \Delta k_S$
(Δk_A berücksichtigt die Verringerung der Empfindungstemperatur, Δk_S dient dem teilweisen Ausgleich des Wärmegewinns durch diffuse Sonneneinstrahlung).

Die Werte für die Wärmeleitfähigkeit λ sind den einschlägigen Baustoffangaben und Richtlinien zu entnehmen.

4.1.2 Lüftungs-Wärmeleistungsbedarf

Der Lüftungs-Wärmeleistungsbedarf $\dot{Q}_L$ (Norm-Lüftungsheizlast) ermittelt sich nach der folgenden Formel:

$$\dot{Q}_L = \dot{V} \cdot \rho \, c (\vartheta_i - \vartheta_a) \quad [W]$$

$\dot{V}$ = Luftvolumenstrom m³/s
c = spez. Wärme der Luft in J/kg K
ρ = Dichte der Luft kg/m³.

Durch Fugen in Fenstern und Türen dringt während des Winters ein Teil der Außenluft ein, der entweder die Raumtemperatur senkt oder aber durch die Heizungsanlage kompensiert werden muß. Die dabei einfallenden Luftströme in das Gebäude sind abhängig von Undichtigkeiten, Lage der Räume, Gegend und Windanfall. Der stündliche Luftdurchgang bei Fenstern läßt sich mit der nachfolgenden Formel ermitteln:

$$\dot{V} = \Sigma(a \cdot l) \sqrt[3]{\Delta p^2} \quad [m^3/h]$$

$\dot{V}$ = Volumenstrom im m³/h
Δp = Druckunterschied in Pa
a = Durchlässigkeitsfaktor in m³/mh Pa$^{2/3}$
l = Fugenlänge in m.

Der Wärmeleistungsbedarf ist

$$\dot{Q}_{FL} = \dot{V} \cdot c \cdot \rho \cdot (\vartheta_i - \vartheta_a) \quad [W]$$

$$= \Sigma(a \cdot l) \sqrt[3]{\Delta p^2} \cdot c \cdot \rho (\vartheta_i - \vartheta_a).$$

Bild 4.1 zeigt den Luftdurchgang durch Fenster- und Türfugen je m Fugenlänge bei verschiedenen Druckdifferenzen und Fugendurchlässigkeiten (a).

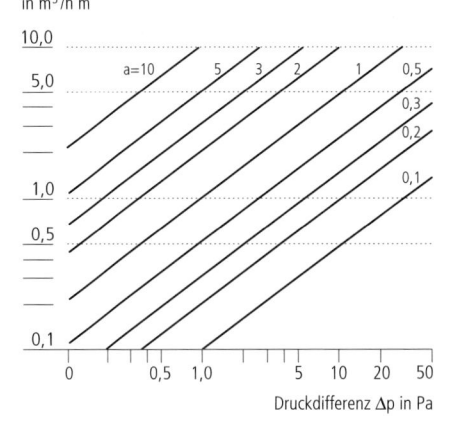

Bild 4.1
Luftdurchgang durch Fenster- und Türfugen je m Fugenlänge.

4.1.3 Räume gegen Erdreich

Räume, die gegen das Erdreich angrenzen, besitzen einen Wärmeverlust zum Teil über das Erdreich an die Außenluft, zum Teil über das Erdreich an das tiefer liegende Grundwasser oder direkt gegen das Grundwasser. Entsprechende Räume haben einen Wärmeverlust, der sich nach der nachfolgenden Formel errechnet:

$$\dot{Q}_T = A_{ges} \frac{(\vartheta_i - \vartheta_{AL})}{R_{AL}} + \frac{(\vartheta_i - \vartheta_{GW})}{R_{GW}} \quad [W]$$

ϑ_{AL} = mittlere Außentemperatur
  $\approx 0...-5\,°C \approx (\vartheta_a + 15\,K)$
$R_{AL} = R_i + R_{\lambda A} + R_{\lambda B} + R_a$ = äquivalenter Wärmedurchgangswiderstand Raum-Außenluft
$R_{\lambda A}$ = äquivalenter Wärmeleitwiderstand des Erdreichs (**Bild 4.2**)
$R_{\lambda B}$ = Wärmeleitwiderstand des Bauteils
$R_{GW} = R_i + R_{\lambda B} + R_{\lambda E}$ = äquivalenter Wärmedurchgangswiderstand Raum-Grundwasser
$R_{\lambda E} = T/\lambda_E$ = Wärmeleitwiderstand des Erdreichs zum Grundwasser
T = Tiefe des Grundwassers
λ_E = Wärmeleitkoeffizient des Erdreichs $\approx 1{,}2$ W/mK
ϑ_{GW} = Grundwassertemperatur = 10 °C.

Bild 4.3 zeigt eine typische Darstellung, wie sie üblicherweise bei der Berechnung des Wärmeleistungsbedarfs aufgeführt wird. Neben Raumnummern werden die gewählten Raumtemperaturen angegeben. Zu dem Beispiel in **Bild 4.3** ist in **Tabelle 4.2** beispielhaft die Berechnung des Wärmeleistungsbedarfs eines Wohnraumes dargestellt. Es handelt sich dabei um den unteren, rechten Eckraum (Raum 401) des aufgeführten Grundrisses.

4.1.4 Gesamter Wärmeleistungsbedarf

Um einen ersten überschlägigen max. Wärmeleistungsbedarf abzuschätzen, bedient man sich eines mittleren Wärmedurchgangskoeffizienten k_m und dem Verhältnis von Oberfläche des Gebäudes zu Raumvolumen (**Bild 4.4**). Der mittlere Wärmedurchgangskoeffizient umfaßt den durchschnittlichen Wert aller Wärmedurchgangskoeffizienten des Gebäudes. Somit errechnet sich der Wärmebedarf überschlägig mit:

$$\dot{Q}_n = \{k_m \cdot \frac{A}{V} + 0{,}34n\} \cdot V \cdot \Delta\vartheta \quad [W]$$

k_m = mittlerer Wärmedurchgangskoeffizient in W/m²K
A = gesamte Umfassungsfläche in m²
V = gesamtes Gebäudevolumen in m³
n = stündlicher Luftwechsel = 0,5 bis 1,0 in h⁻¹
$\Delta\vartheta = (\vartheta_i - \vartheta_a)$ = Temperaturdifferenz in K.

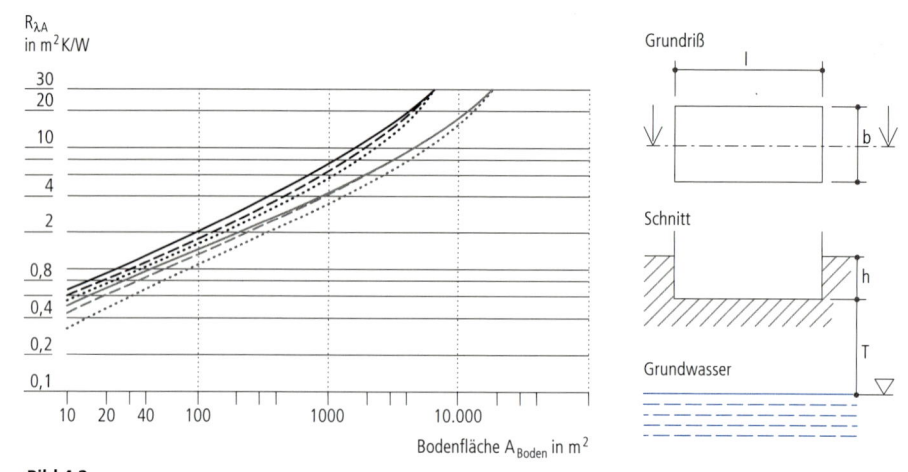

Bild 4.2
Äquivalenter Wärmeleitwiderstand R_A bei an das Erdreich angrenzenden Bauteilen (nach DIN 4701 – Teil 2)
$A_{Boden} = l \cdot b$

l/b	T=2m	T≥10m
1	——	——
2	– –	– –
5	·····	·····

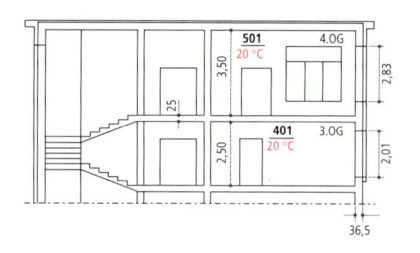

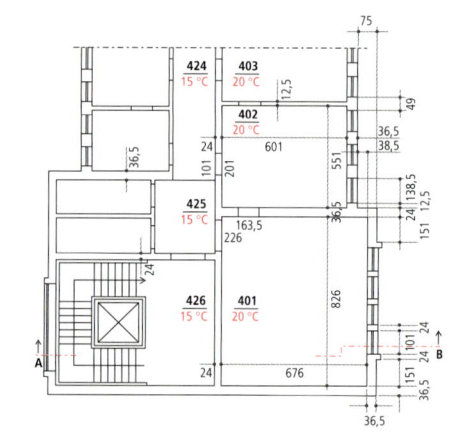

Bild 4.3
Lage und Abmessungen der Räume zum Berechnungsbeispiel nach DIN 4701

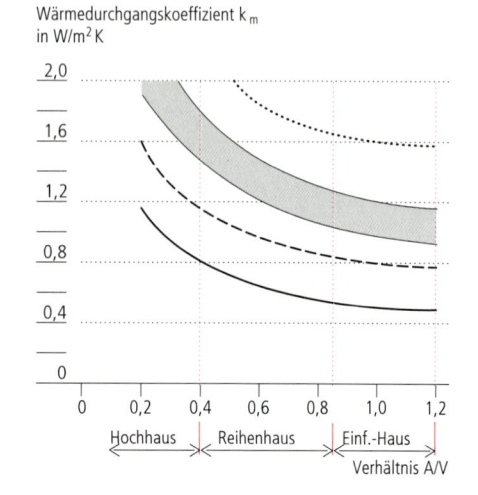

Bild 4.4
Wärmedurchgangskoeffizient in Abhängigkeit vom A/V-Wert

— Wärmeschutz sehr hoch
– – Wärmeschutz erhöht
▨ Gebäude bis 1976
····· alte Gebäude

4.1 Wärmeleistungsbedarf

Weiterhin kann über den spezifischen Wärmeleistungsbedarf in Abhängigkeit von Ausführungsart und Gebäudegröße z. B. gemäß Empfehlungen der SIA 180/1 (**Bild 4.5**) der Wärmebedarf ermittelt werden, wobei die unteren Werte im Diagramm anzustreben sind.

In **Bild 4.6** ist der maximal zugelassene jährliche Heizwärmebedarf für Gebäude in der Bundesrepublik Deutschland ausgewiesen, über den wiederum auf den maximalen Wärmeleistungsbedarf rückgeschlossen werden kann, wenn man ca. 1.700 Heiz-Vollaststunden voraussetzt.

Es ist davon auszugehen, daß sich der spezifische Wärmeleistungsbedarf (gemäß SIA 180/1) und der maximal zugelassene jährliche Heizwärmebedarf innerhalb der nächsten 2 – 3 Jahre um ca. 30 % senken wird, d. h. hier entsprechende Auflagen der Behörden gemacht werden. Dies läuft darauf hinaus, daß sich die mittleren Wärmedurchgangskoeffizienten (k-Zahl) von Gebäuden im Bereich um 0,5 bis 0,8 W/m²K einpendeln werden. Die Wärmeschutzverordnungen schränken somit massiv die Wärmeverluste ein, was bei Gebäuden mit hohen inneren Wärmelasten zu Nachteilen führen kann, da diese unter Umständen zu Überheizung neigen.

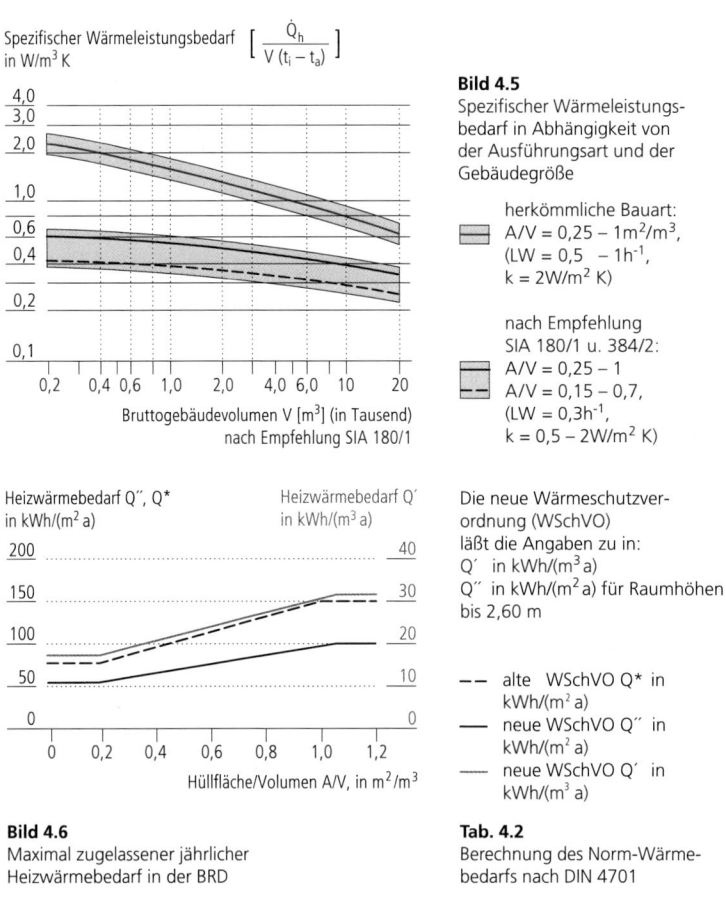

Bild 4.5
Spezifischer Wärmeleistungsbedarf in Abhängigkeit von der Ausführungsart und der Gebäudegröße

herkömmliche Bauart:
A/V = 0,25 – 1 m²/m³,
(LW = 0,5 – 1 h⁻¹,
k = 2W/m² K)

nach Empfehlung SIA 180/1 u. 384/2:
A/V = 0,25 – 1
A/V = 0,15 – 0,7,
(LW = 0,3h⁻¹,
k = 0,5 – 2W/m² K)

Bild 4.6
Maximal zugelassener jährlicher Heizwärmebedarf in der BRD

Die neue Wärmeschutzverordnung (WSchVO) läßt die Angaben zu in:
Q' in kWh/(m³ a)
Q'' in kWh/(m² a) für Raumhöhen bis 2,60 m

– – alte WSchVO Q^* in kWh/(m² a)
— neue WSchVO Q'' in kWh/(m² a)
— neue WSchVO Q' in kWh/(m³ a)

Tab. 4.2
Berechnung des Norm-Wärmebedarfs nach DIN 4701

Bauvorhaben: Beispiel						Raumnummer: 401						Raumbezeichnung: Wohnraum				

Norm-Innentemperatur: ϑ_i = 20 °C
Norm-Außentemperatur: ϑ_a = –14 °C
Raumvolumen: V_R = 140 m³
Gesamt-Raumumschließungsfläche: A_{ges} = 187 m³
Temperatur der nachströmenden Umgebungsluft: ϑ_U = –14 °C
Abluftüberschuß: $\Delta\dot{V}$ = m³/s

Hauskenngröße: $H = 0,72 \frac{W \cdot h \cdot Pa^{2/3}}{m^3 \cdot K}$
Anzahl der Innentüren: n_1 = 2
Höhe über Erdboden: z = 10 m
Höhenkorrekturfaktor (angeströmt): ε_A = 1,0
Höhenkorrekturfaktor (nicht angeströmt): ε_N = 0

1	2	3	4	5	6	7	8	9	10	11	12	13	14	15	16	17
			Flächenberechnung					Transmissions-Wärmebedarf					Luftdurchlässigkeit			
Kurzbezeichnung	Himmelsrichtung	Anzahl	Breite	Höhe bzw. Länge	Fläche	Fläche abziehen? (–)	in Rechnung gestellte Fläche	Norm-Wärmedurchgangs-Koeffizient	Temperaturdifferenz	Transmissions-Wärmebedarf des Bauteils	Anzahl waagerechter Fugen	Anzahl senkrechter Fugen	Fugenlänge	Fugendurchlaßkoeffizient	Durchlässigkeit des Bauteils	an- oder nicht angeströmt (A/N)
–	–	n	b	h	A	–	A'	k_N	$\Delta\vartheta$	$\dot{Q}_T$	n_w	n_s	l	a	$\Sigma (a \cdot l)$	
–	–	–	m	m	m²	–	m²	$\frac{W}{m^2 \cdot K}$	K	W	–	–	m	$\frac{m^3}{m \cdot h \cdot Pa^{2/3}}$	$\frac{m^3}{h \cdot Pa^{2/3}}$	–
AF	SO	4	1,01	2,01	2,0		8,1	2,2	34	606	8	8	24,1	0,6	14,5	A
AW	SO	1	8,26	2,75	22,7	AF	14,6	1,33	34	660						
AW	SO	1	0,38	2,75	1,0		1,0	1,33	34	45						
AW	SW	1	6,76	2,75	18,6		18,6	1,33	34	841						
IT		1	1,63	2,0	3,3		3,3	2,00	5	33						
IW		1	8,26	2,75	22,7	IT	19,4	1,59	5	154						
										2339						

angeströmte Durchlässigkeiten: $\Sigma (a \cdot l)_A = 14,5 \frac{m^3}{h \cdot Pa^{2/3}}$
nicht angeströmte Durchlässigkeiten: $\Sigma (a \cdot l)_N = - \frac{m^3}{h \cdot Pa^{2/3}}$
Raumkennzahl: r = 0,9
Lüftungswärmebedarf durch Fugen-Lüftung: $\dot{Q}_{LFI} = \varepsilon_A \cdot 14,5 \cdot H \cdot r \cdot 34 = 320$ W
Lüftungswärmebedarf durch RLT-Anlagen: $\dot{Q}_{RLT} = $ W

Mindest-Lüftungswärmebedarf: $\dot{Q}_{Lmin}$ = 320 W
Norm-Lüftungswärmebedarf: $\dot{Q}_L$ = 809 W
Norm-Transmissions-Wärmebedarf: $\dot{Q}_T$ = 2339 W
Kritischer-Wert: D = 0,37 $\frac{W}{m^2 \cdot K}$
anteiliger Lüftungswärmebedarf: $\dot{Q}_L / \dot{Q}_T$ = 0,35
Norm-Wärmebedarf: $\dot{Q}_N$ = 3148

4.1.5 Tatsächlicher Wärmeleistungsbedarf

Der tatsächliche Wärmeleistungsbedarf wird sich aufgrund der verschärfenden Wärmeschutzverordnungen in die zukünftigen Wärmebedarfsberechnungen einfügen, d.h. äußere und innere Wärmegewinne durch direkte oder durch diffuse Sonneneinstrahlung, durch Personen und Beleuchtung sowie durch Maschinen und Geräte werden zu berücksichtigen sein. Beispielhaft soll nachfolgend dargestellt werden, wie sich der jährliche Heizwärmebedarf reduzieren läßt, der z.B. ein Maximum von 60 kWh/a nicht überschreiten soll. Die nachfolgenden Beispiele in **Bild 4.7** bis **4.9** deuten beispielhaft verschiedene Gebäudetypen mit ihrer tatsächlichen Wärmebilanz infolge einer architektonischen Ausbildung zur bewußten Gewinnung von Wärmeenergie im Winterbetrieb und Vermeidung von Überheizungen in der Übergangszeit bzw. im Sommer an.

Bild 4.7 zeigt ein typisches Schulgebäude mit seinen speziellen Anforderungen und den dargestellten Projektierungsansätzen zur Verringerung der Wärmebilanz über das Jahr.

Bei diesem Schulgebäude wird ein solarer Gewinn mittels einer zweischaligen Fassade im Winter erzielt, der die Gesamt-Wärmeenergiebilanz für das Jahr drastisch reduziert (Reduzierung des Jahres-Wärmeenergiebedarfs auf etwa 50 %).

Bild 4.8 zeigt beispielhaft einen Ausschnitt einer Fassade für ein Bürogebäude mit wiederum seinen typischen Anforderungen, Benutzungszeiten und Projektierungsgrundsätzen. Bei diesem Bürogebäude wird der Heizwärmebedarf durch eine zweischalige Fassade erheblich reduziert, die dann hinterlüftet werden muß, wenn ein Heizwärmebedarf im Gebäude nicht mehr vorhanden ist bzw. die im Gebäude freiwerdenden inneren Wärmemengen durch Personen, Beleuchtung und Maschinen sowie die äußeren Wärmegewinne die Wärmeverluste des Gebäudes decken.

Bei einem Beispiel eines Wohngebäudes (Mehrfamilienhauses) wird ein solarer Wärmegewinn durch vorgelagerte Wintergartensituationen vor Wohnräumen erreicht. **Bild 4.9** zeigt ausschnittweise und skizzenhaft die Nutzung der entsprechenden Raumeinheiten.

In allen Beispielen führt das gemeinsame Entwurfsmerkmal einer Zweischaligkeit nach Süden oder Westen orientierter Räume zur Reduzierung der Wärmeverluste und Erzielung von Wärmegewinnen im Winter. Bei derartigen Entwurfskonzepten ist jedoch darauf zu achten, daß sich die zusätzlichen Investitionskosten im Fassadenbereich innerhalb von 8 – 10 Jahren über Energiekosteneinsparungen infolge verbesserter Wärmedämmung und passiver Solarnutzung amortisieren.

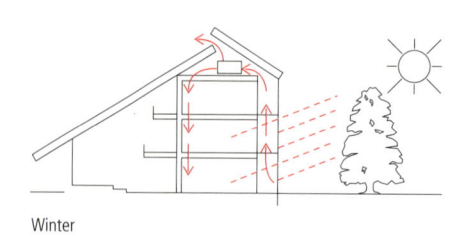

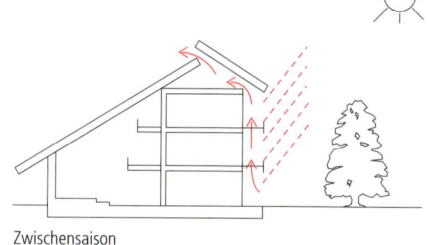

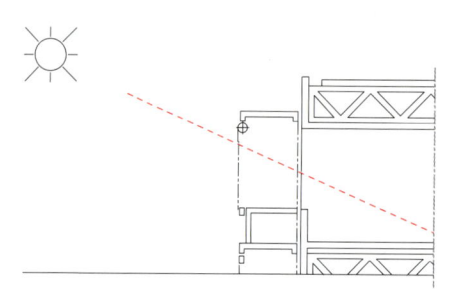

Winter

Zwischensaison

– optimale Tageslicht- und Sonnenenergienutzung
– Abwärmenutzung durch Wärmepumpe

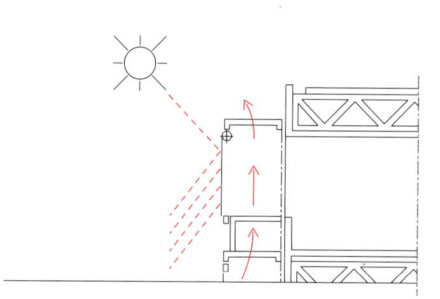

– vorgesetzter Sonnenschutz mit kontrolliertem Lichteinfall
– keine Überhitzung durch „Weglüften" der Wärme

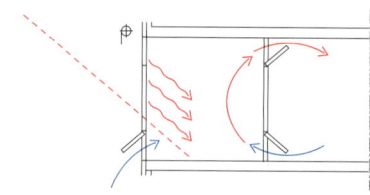

Winter
– Sonneneinfall in die Veranda
– Speicherung und Verteilung der Wärme in den Wohnungen

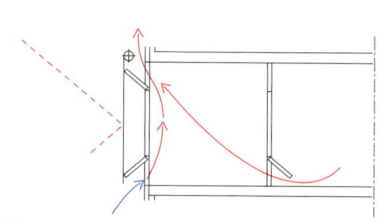

Sommer
– vorgesetzte Stoffstore
– natürliche Belüftung mittels Lüftungsklappen

Bild 4.7 (oben)
Beispiel der Projektierungsansätze für ein Schulgebäude

Bild 4.8 (Mitte)
Beispiel eines Verwaltungsgebäudes mit zweischaliger Fassade

Bild 4.9 (unten)
Beispiel eines Wohngebäudes mit vorgelagertem Wintergarten

Tabelle zu Bild 4.7

Tageslichtbedarf
Abwärme von Menschen, Licht und Elektrogeräten
unterschiedliche Benutzungszeiten (Tag-Nacht, Ferien)

	Schulzimmer	Erschließung	Turnhalle
Beleuchtungsstärke:	300 – 500 lux	>100 lux	300 lux
Raumtemperatur:	21 – 26 °C	≈ 18 °C	16 – 22 °C
Lufterneuerung, -wechsel:	>25m³/h/Pers.	1h⁻¹	2h⁻¹

Projektierungsgrundsätze:
– gute Sicht nach außen und Tageslichtnutzung;
– Sonnen- und Blendschutz vorsehen;
– Sonneneinstrahlung vor allem am Morgen und in der Zwischensaison nutzen;
– Speichermasse im Innenraum klein halten, um eine kürzere Aufheizzeit der Schulräume zu erreichen;
– gute thermische Isolation;
– Heizung richtig dimensionieren (Abwärme berücksichtigen)

4.1 Wärmeleistungsbedarf

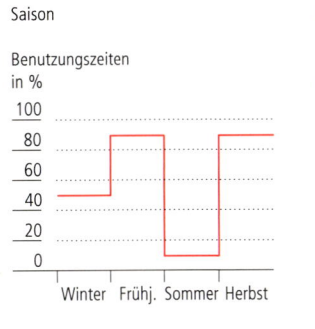

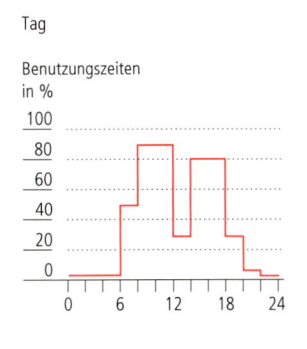

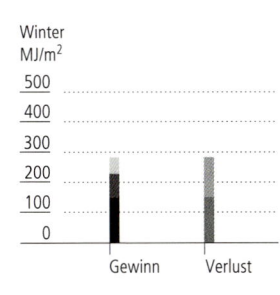

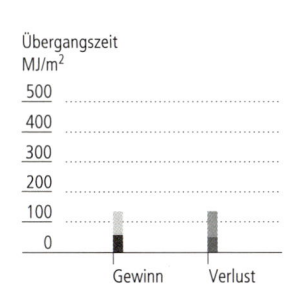

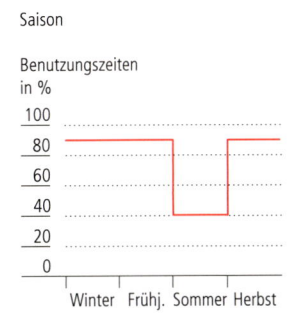

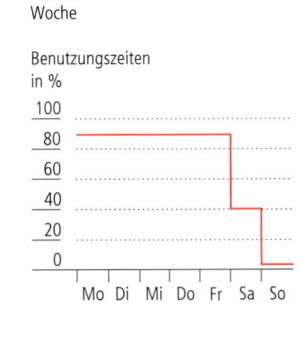

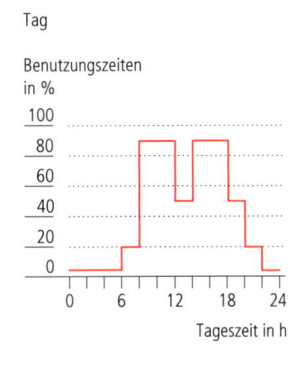

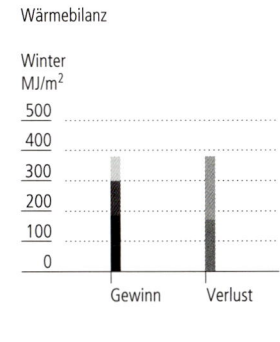

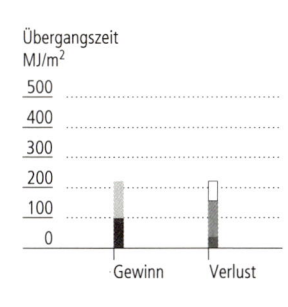

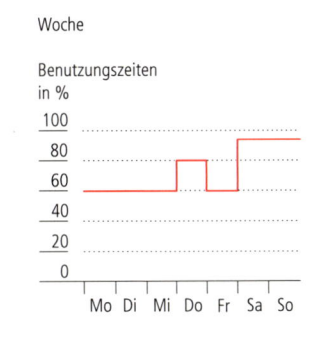

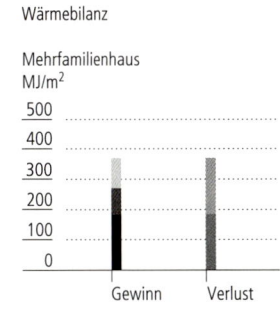

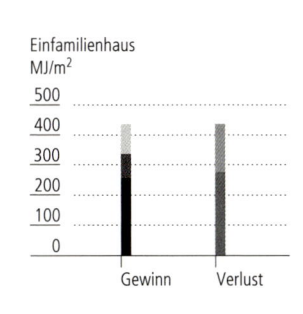

Tabelle zu Bild 4.8

Große interne Lasten (Personen, Beleuchtung, Computer)
Tageslichtbedarf (sehr gute Lichtqualität)
Überschußwärme im Sommer (Klimatisierung)

	Büro	Erschließung	Archiv
Beleuchtungsstärke:	400 – 1.000 lux	100 lux	100 lux
Raumtemperatur:	21 – 26 °C	18 – 26 °C	≈ 19 °C
Lufterneuerung, -wechsel:	>25m³/h/Pers.	≈ 1h⁻¹	0,3h⁻¹

– Gefahr der Überhitzung im Sommer vermeiden;
– guten äußeren Sonnen- und Blendschutz vorsehen;
– Kühlung vor allem durch natürliche Belüftung und z.T. durch eine Klimaanlage erreichen;
– gute natürliche Beleuchtung anstreben;
– der Wechselwirkung von internen Lasten, Sonnenenergiegewinnen, Heizung und Klimaanlage ist bei der Wärmebilanz große Beachtung zu schenken;
– große getönte Glasflächen vermeiden;
– Gebäudemasse aktivieren;
– große Flexibilität einplanen, um Nutzungsveränderungen Rechnung zu tragen;

Tabelle zu Bild 4.9

Große Transmissions- und Lüftungswärmeverluste
Günstige Gebäudeform bei Mehrfamilienhaus
Die Sonnenenergie kann einen Großteil der Heizung übernehmen

	Wohnzimmer	Schlafzimmer	Bad/WC
Beleuchtungsstärke:	100 – 500 lux	100 – 500 lux	≈ 250 lux
Raumtemperatur:	19 – 26 °C	14 – 24 °C	≈ 22 °C
Lufterneuerung, -wechsel:	≈ 0,4h⁻¹	≈ 0,4h⁻¹	0,3 – 2h⁻¹

– kompakte Gebäudeformen und geschlossene Bauweisen anstreben;
– gute Wärmedämmung vorsehen;
– Sonnenverlauf beachten;
– sinnvolle Raumanordnung;
– große Glasflächen im Süden vorsehen und weniger Öffnungen im Norden;
– generell ein thermisch träges Gebäude realisieren (mit schweren Materialien), um die Sonnenenergie zu speichern und eine natürliche Temperaturregulierung zu erreichen.

■ Heizungsenergie
■ Abwärme von Menschen, Elektroenergie
■ Transmission
■ Lüftung
■ Solarenergie
□ Klimaanlage

Der Wärmeenergiebedarf von Gebäuden bei Standardnutzungen sollte in Zukunft nicht mehr betragen als:

Ein- und Zweifamilienhäuser
ca. 78 kWh/m²a
ca. (280 MJ/m²a);

Mehrfamilienhäuser, Altersheime, Hotels u.ä. Bauten
ca. 70 kWh/m²a
ca. (259 MJ/m²a);

Verwaltungsgebäude, Schulen, Läden, Museen, Bibliotheken usw.
ca. 60 kWh/m²a
ca. (220 MJ/m²a);

Industriebauten, Lagergebäude, Warenverteilzentrum, Sporthallen, Werkstätten, Bahnhöfe usw. max.
ca. 66 kWh/m²a
ca. (240 MJ/m²a);

Gebäude mit hohen Nutzungsansprüchen wie Forschungszentren und Labors, Hörsäle, Warenhäuser, Restaurants, Krankenhäuser, Bäder, Theater, Radio- und Fernsehstudios sowie Bauten mit besonderen Kriterien max.
ca. 90 kWh/m²a
ca. (330 MJ/m²a).

4.2 Primärenergieträger

Zur Zeit wird die meiste Energie durch die Verbrennung von fossilen Brennstoffen erzeugt, von denen Kohle, Erdöl und Erdgas die wichtigsten sind. Sie decken derzeit immer noch annähernd 90 % des Weltenergieverbrauchs, wobei Kernenergie zunehmend eine größere Bedeutung gewinnt.

Alternativenergien (erneuerbare Energien) aus Sonne, Wind, Wasser und Regenwasser und Biomasse tragen nur zu einem geringen Teil zur Gesamtenergieversorgung bei, wobei zu hoffen ist, daß dieser Anteil deutlich größer wird. **Bild 4.10** zeigt die Deckung des Weltenergiebedarfs von 1900 bis heute und hochgerechnet bis 2060. Der Schwerpunkt der eingesetzten Energieträger wird sich von Kohle, Erdöl und Erdgas weg, hin zu den regenerativen Energieträgern verschieben. Insbesondere Wind- und Sonnenenergie sowie Geoenergie und Biomasse werden zunehmend an Bedeutung gewinnen.

Primärenergieträger bieten sich in verschiedenen Formen an. Hierzu gehören
– feste Brennstoffe
– flüssige Brennstoffe
– gasförmige Brennstoffe
– Solarenergie
– Windkraft.

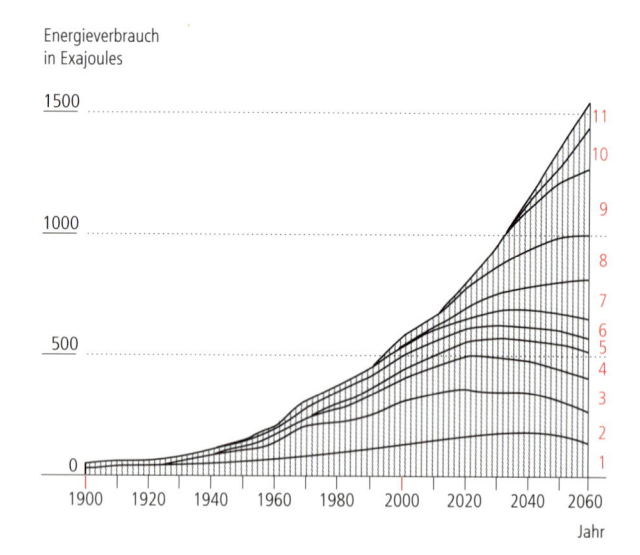

Bild 4.10
Deckung des Weltenergiebedarfs 1900 bis 2060.
exa=10^{18}
1 Exajoule=34,12 Mio t SKE
(aus Energie & Management, Jahresmagazin, 12/99)

1 Kohle
2 Erdöl
3 Erdgas
4 Kernkraft
5 traditionelle Biomasse
6 Wasserkraft
7 Windenergie
8 neue Biomasse
9 Solarenergie
10 Geo-/ozeanische Energie
11 noch offen

4.2.1 Feste Brennstoffe

Je nach Art der Gewinnung unterteilt man feste Brennstoffe in natürliche Brennstoffe und veredelte Brennstoffe.

Zu den **natürlichen Brennstoffen** gehören Steinkohle, Braunkohle, Torf, Holz, Stroh. Kohle und Torf wurden durch die Umbildung und Zersetzung von abgestorbenen Pflanzen älterer Erdperioden bei hohem Druck unter Abschluß von Luft gebildet.

Steinkohle ist dabei der älteste, natürliche geologische Brennstoff und sie wird praktisch auf der gesamten Erde in verschiedensten Tiefen gefunden.

Braunkohle ist wesentlich jüngeren Datums und besitzt zum Teil noch holzartige Einschlüsse. Der Wassergehalt von Braunkohle beträgt etwa 45 bis 60 %; sie wird in der Regel im Tagebau gefördert. Braunkohle besitzt einen geringen Heizwert; sie über lange Strecken zu transportieren, ist nicht lohnend.

Torf ist infolge der Zersetzung von Pflanzen und Wasser entstanden und daher stark wasserhaltig und wird ebenfalls im Tagebau durch Stechen (Sumpfgebiete) gewonnen, wobei vor Verbrennung eine Trocknung erforderlich ist.

Holz als Brennstoff fällt in Europa vornehmlich bei der Forstbewirtschaftung und bei Sägewerken an und wird in der Regel in gehäkselter Form verbrannt (Häkselgut, Sägemehl).

Zu den **veredelten Brennstoffen** gehören Briketts aus Steinkohle oder Braunkohle sowie Koks oder Holzkohle. Briketts werden aus zerkleinerten und getrockneten Stein- und Braunkohlen durch Pressung in Brikettiermaschinen gewonnen und in verschiedenen Formen geliefert.

Koks wird bei der Entgasung von Steinkohle, Braunkohle oder Kohlemischungen bei etwa 1200 °C in speziellen Öfen hergestellt (Austreibung gasförmiger Bestandteile bei Erhitzung unter Luftabschluß).

Holzkohle entsteht bei der Verkohlung von Holz unter Luftabschluß in Meilern oder speziellen Öfen.
In **Tabelle 4.3** sind die mittleren Zusammensetzungen und Eigenschaften fester Brennstoffe dargestellt.

Von wesentlicher Bedeutung für den Einsatz fester Brennstoffe ist der Gewichtsanteil verschiedener Substanzen wie Kohlenstoff, Wasserstoff usw. und der untere Heizwert. Für die detaillierte Auswertung von Verbrennungsanlagen sind die notwendigen theoretischen Luftmengen, Abgasmengen, der Ascheanfall sowie die Brennstoffmenge von Wichtigkeit. In bezug auf die Umweltverträglichkeit von Festbrennstoff-Anlagen sind insbesondere die Luftreinhalte-Verordnungen der Länder zu beachten. Hier werden die Emissionen von Feuerungsanlagen begrenzt. Im wesentlichen werden begrenzt:
– Staubauslaß
– Kohlenmonoxid (CO)
– Schwefeloxid (SO_X)
– Halogenwasserstoffe (HCl, HF, etc.).

Tab. 4.3
Mittlere Zusammensetzung und Eigenschaften fester Brennstoffe

Brennstoffe	Kohlenstoff	Wasserstoff	Sauerstoff	Stickstoff	Schwefel	Wasser	Asche	Unterer Heizwert	Theoret. Luftmenge	Theoret. trockene Abgasmenge	Wasserdampf	Theoret. feuchte Abgasmenge	Max. Kohlendioxidgehalt der Abgase
					**) bezogen auf Rohbrennstoff								
	c	h	o	n	s	w	a	H_u	L_{min}	V_{atr}	V_{H_2O}	V_{af}	$CO_{2\,max}$
	Gew.-%	Gew.-%	Gew.-%	Gew.-%	Gew.-%	Gew.-%	Gew.-%	kJ/kg	m_n^3/kg	m_n^3/kg	m_n^3/kg	m_n^3/kg	%
Kohlenstoff (rein)	100	–	–	–	–	–	–	33.820	8,9	8,9	–	8,9	21,0
Steinkohle (Ruhr)													
Gasflammkohle	77	5	8	1	1	3	5	30.100	7,9	7,7	0,6	8,3	18,5
Gaskohle	80	5	5	1	1	3	5	31.400	8,3	8,0	0,6	8,6	18,5
Fettkohle	81	5	4	1	1	3	5	31.800	8,4	8,1	0,6	8,7	18,5
Eßkohle	82	4	4	1	1	3	5	31.800	8,3	8,0	0,5	8,5	18,8
Magerkohle	84	4	2	1	1	3	5	31.400	8,5	8,2	0,5	8,7	18,8
Anthrazit	85	3	2	1	1	3	5	31.400	8,3	8,1	0,4	8,5	19,3
Koks (Hochofen)	83	0,5	0,5	1	1	5	9	28.900	7,7	7,5	0,1	7,6	20,5
Pechkohle (Oberbayern)	58	4,3	10	1,2	5,5	10	11	22.930	3,0	2,95	0,6	3,55	18,2
Braunkohle (Rhld.) *)													
roh	30	3	10	1	1	50	5	9.630	3,1	3,0	0,9	3,9	17,2
Briketts	55	5	18	1	1	15	5	19.250	5,6	5,4	0,7	6,1	17,2
Torf, lufttrocken *)	38	4	26	1	1	25	5	13.800	3,6	3,5	0,7	4,2	19,8
Holz, lufttrocken *)	42	5	37	–	–	15	1	14.600	3,8	3,8	0,7	4,5	20,4

*) Zusammensetzung von Braunkohle, Torf und Holz schwankt in sehr weiten Grenzen, besonders der Wassergehalt.

**) Umrechnung der Zusammensetzung bezogen auf den Reinbrennstoff nach Multiplikation mit 100/(100-w-a).

4.2.2 Flüssige Brennstoffe

Die flüssigen Brennstoffe umfassen:
- Mineralöle als Destillationsprodukte des Erdöls
- Teeröle als Schwelungs- und Destillationsprodukt von Kohlen
- synthetische Öle aus der Kohleverflüssigung
- sonstige flüssige Brennstoffe aus zum Beispiel Pflanzen (Kartoffeln, Raps usw.)

Die Mineralöle sind vor vielen Millionen Jahren im Sedimentgestein aus tierischen und pflanzlichen Rückständen bei hohen Temperaturen unter teilweiser Mitwirkung von Bakterien entstanden. Die Förderung der Mineralöle erfolgt durch Ölbohrungen als Rohöl in der bekannten Form. Chemisch ist Erdöl ein Gemisch aus verschiedenen Kohlenwasserstoffen (Paraffine/Olefine/Aromate usw.) Die Aufbereitung erfolgt durch fraktionierte Destillation (Zerlegung in verschiedene hochsiedende Bestandteile) und Raffination in Leicht-, Mittel- und Schweröle sowie ferner durch Cracken (Aufspaltung größerer Wasserstoffmoleküle in kleinere durch Erhitzen unter Druck).

Leichtöl, insbesondere Benzin mit einem Siedepunkt von 50 bis 200 °C besteht hauptsächlich aus Paraffin-Kohlenwasserstoffen.

Im Bereich der Mittelöle unterscheidet man Petroleum (Siedepunkt 200 bis 250 °C) und Gasöl (Siedepunkt 200 bis 350 °C), das früher zur Ölgaserzeugung verwendet und jetzt im wesentlichen als Dieseltreibstoff bekannt ist. Zu dieser Gruppe gehört auch Heizöl EL (extra leicht).

Schweröl (Siedepunkt über 350 °C) wird in der Regel als Schmieröl und als Heizöl zur Feuerung in Kraftwerken sowie als Treibstoff für Schwerölmaschinen verwendet.

Teeröle spielen als Primär-Energieträger für Heizung faktisch keine Rolle und sind ein Destillationsprodukt der Teere. Teere wiederum entstehen bei der Destillation (Verkokung) und Schwelung der Brennstoffe. Teere werden durch Destillation, Cracken und Hydrierung weiter verarbeitet zu Leicht-, Mittel- und Schwerölen (Benzin, Dieselöl, Heizöl).

Synthetische Öle aus Stein- und Braunkohlen sowie Erdölrückständen spielen zur Zeit noch keine Rolle bei der Beheizung in konventionellen Heizkesseln, können jedoch an Bedeutung gewinnen. Erzeugung zum Beispiel durch Verflüssigung von Kohlen in Hochtemperatur-Reaktoren.

Heizöle sind in der Regel Destillationsprodukte des Erdöls. Aus Rücksicht auf die Verschiedenartigkeit von Ölbrennern müssen Heizöle aus Schieferöl, Steinöl und Braunkohlenteeröl gesondert bezeichnet werden. Als Primärenergieträger spielt hauptsächlich extra leichtes Heizöl (Heizöl EL) eine wesentliche Rolle und im Industriebereich das schwere Heizöl (Heizöl S), während leichtes und mittleres Heizöl kaum noch verwendet wird.

Bei der Verbrennung von Heizöl entsteht fast ausschließlich Kohlendioxid und Wasser. In **Tabelle 4.4** sind die Mindestanforderungen an Heizöl dargestellt, wobei hier wieder von besonderem Interesse der Schwefelgehalt, der Wassergehalt, der untere Heizwert und der Ascheanteil sind.

		Heizöl EL	Heizöl L *)	Heizöl M *)	Heizöl S	Prüfung nach
Dichte bei 15 °C höchstens	max. g/ml	0,860	1,10	1,20	ist anzugeben	DIN 51757
Flammpunkt im geschlossenen Tiegel	über °C	55	55	65	80	DIN 51755 DIN 51758 DIN EN 57
Kinematische Viskosität höchstens	mm²/s (cSt)	bei 20 °C 6 (≈ 1,5 E)	bei 20 °C 17 (≈ 2,5 E)	bei 50 °C 75 (≈ 10 E)	bei 100 °C 50 (≈ 7 E) bei 130 °C 20 (≈ 3 E)	DIN 51366 DIN 51550 DIN 51562
Pourpoint (Stockpunkt)	max. °C	– 6	–	(≈ 45)	40 **)	ISO 3016
Koksrückstand nach Conradson	Gew.-%	max. 0,1	2	12	15	DIN 51551
Schwefelgehalt höchst. Gew.-% Mineralöle		0,2	–	1	2,8	DIN 51400 T. 1, 2, 3 und 6
Braunkohlenteeröle	max. %	–	2,0	2,0	–	
Steinkohlenteeröle	max. %	–	0,8	0,9	–	DIN EN 41
Wassergehalt, nicht absetzbar, höchstens	Gew.-%	0,05	0,3	0,5	0,5	ISO 3733
Gehalt an Sediment	höchstens Gew.-%	0,05	0,1	0,25	0,5	ISO 3735
Salzfreiheit bei Steinkohlenteer-Heizölen	°C	–	ist anzugeben	ist anzugeben	–	DIN 51603
Heizwert H_u	mindest. kJ/kg	42.000	37.700	37.700	39.500	DIN 51900
Asche (Oxidasche)	höchstens Gew.-%	0,01	0,04	0,15	0,15	DIN EN 7

Tab. 4.4
Mindestanforderungen an Heizöl nach DIN 51603 Teil 1 (12.81) und Teil 2 (10.76)
(1 kWh = 3600 kJ)

*) Hergestellt aus Braunkohlen und Steinkohlen, aber auch aus Mineralölen.

**) Wenn > 40 °C, vom Lieferer anzugeben.

4.2.3 Gasförmige Brennstoffe

Die zur Verfügung stehenden technischen Heiz- oder Brenngase sind in ihren Eigenschaften sehr unterschiedlich, und meist sind die Heizgase ein Gemisch von brennbaren und unbrennbaren Gasen, wobei die brennbaren Bestandteile vorwiegend Kohlenwasserstoffe, Wasserstoff und in geringem Maße Kohlenoxid sind. Die Heizgase sind entweder Naturgase (Erdgas oder Erdölgas) oder technisch hergestellte Gase, zum Beispiel Kokereigas, Gichtgas, Generatorgas usw.

Die Heizgase können nach ihrem oberen Heizwert (H_o) unterschieden werden in

Schwachgase $H_o < 2,5$ kWh/m^3_n
Mittelgase $H_o = 2,4 - 4,0$ kWh/m^3_n
Starkgase $H_o = 4,0 - 6,0$ kWh/m^3_n
Reichgase $H_o > 6,0$ kWh/m^3_n.

Als Primärenergieträger spielen heute die Erdgase die wesentliche Rolle. Unter Erdgas versteht man alle gasförmigen, meist verunreinigten Kohlenwasserstoff-Verbindungen, die aus der Erde gewonnen werden und brennbar sind. Sie sind von Natur aus geruchlos und enthalten eine Vielzahl von Beimengungen.

Erdgasfelder sind gemeinsam mit Erdöl und Kohle aus einfachen Organismen, die sich abgelagert und unter dem Einfluß hoher Drücke und Temperaturen umgewandelt haben, entstanden. Die Ansammlung von Erdgas erfolgte in porösen Gesteinsformationen, die durch tektonische Einflüsse gebildet und nach oben durch gasdichte Schichten abgedeckt sind. Die Zusammensetzung des Erdgases ist je nach Fördergebiet sehr unterschiedlich, so daß vor Verwendung eine Aufbereitung erforderlich ist, um unerwünschte Bestandteile wie Schwefelwasserstoff, Wasser und anderes zu entfernen. Diese Aufbereitung erfolgt in der Regel an der Förderquelle, wobei besonders ungünstige Anteile die schwefelhaltigen Verbindungen sind, da durch deren Verbrennung das schädliche Schwefeldioxid (SO_2) entsteht.

Die **Tabellen 4.5 / 4.6** zeigen wieder die wesentlichen technischen Kenndaten entsprechender Brenngase.

4.2.4 Solarenergie

Die Sonne strahlt jährlich 180×10^{12} t SKE (Steinkohleeinheiten) auf die Erde, was ca. 15.000 mal mehr ist als der gesamte weltweite Energieverbrauch. Die jährliche Strahlungssumme liegt z. B. in der BRD bei ca. $1.000 \, kWh/m^2 a$, in sonnigen Ländern ca. 2 – 3 mal höher. Dem steht ein Verbrauch von nur 0,15 $kWh/m^2 a$ bezogen auf die gesamte Erdoberfläche gegenüber.
Sonnenenergie wird in sonnenreichen Ländern der Erde schon seit undenkbaren Zeiten zu Heiz- und seit neuestem auch zu Koch- und Kühlzwecken eingesetzt. Die Nutzung der Sonnenenergie ist somit nicht neu, neu jedoch ist, daß sich selbst Länder mit bescheidenen Sonnenscheindauern unter nicht unerheblichem Aufwand die Sonnenenergie zunutze machen, um zumindest einen Teil der heute üblicherweise eingesetzten Energiequellen zu ersetzen. Sonnenenergie wird für Mittel- und Nordeuropa auf eine lange Zeit hin nur eine Zusatzenergie darstellen, die nur einen Teil der notwendigen Heizenergie deckt. Dies liegt daran, daß in den nördlichen Breitengraden das jährliche Angebot an Sonnenenergie zu gering ist und zudem das höchste Solarangebot dann besteht, wenn kein wesentlicher Heizbedarf vorhanden ist. Hinzu kommt, daß in Mittel- und Nordeuropa infolge zu geringer Sonnenscheindauern die Investitionskosten zur Zeit in einem ungünstigen Verhältnis zu den eingesparten Energiekosten stehen, da etwa 70 % der Strahlung auf den Zeitraum April bis September fallen. In Südeuropa sehen Amortisationsberechnungen solarer Anlagen aufgrund der Jahressumme der Sonneneinstrahlung deutlich besser aus (z. B. Marseille $1.860 \, kWh/m^2 a$, Zürich ca. $1.160 \, kWh/m^2 a$, Hamburg ca. $930 \, kWh/m^2 a$).

Gleichwohl ist es ein Gebot der Stunde, dem Einsatz der Sonnenenergie eine Chance zu geben, da auf lange Sicht durch den Einsatz von Solarenergie ein Teil unserer Energieprobleme zu lösen ist.

4.2.5 Umweltverträglichkeit

Der Umweltschutz umfaßt im wesentlichen die Bereiche:
– Luftreinhaltung
– Gewässerschutz bzw. Abwasserbehandlung
– Abfallentsorgung
– Lärmminderung.

Für den Bereich der Wärmeerzeugung für Heizzwecke ist in erster Linie die Luftreinhaltung von Interesse. Im Bereich der Wärme-/Kraftwirtschaft erlangen die restlichen Umweltschutzpunkte Gültigkeit. Die Emissionen im Bereich der Wärmeenergieerzeugung sind im wesentlichen der Ausstoß von Schadstoffen.

Die wichtigsten Emissionen sind:
– Schwefeldioxid (SO_2)
– Stickoxide, (NO, NO_X)
– Kohlenmonoxid (CO)
– Organische Verbindungen (Kohlenwasserstoffe)
– Schwermetalle, Fluor- und Chlorkohlenwasserstoffe
– In immer stärkerem Maße wird Kohlendioxid (CO_2) in Verbindung mit dem Treibhauseffekt als Schadstoff betrachtet
– Staub.

In **Tabelle 4.7** sind die spezifischen Emissionen für verschiedene Brennstoffe aufgeführt.

Nr.	Brenngas	Volumetrische Zusammensetzung Vol.-%							Brennwert	Heizwert	Dichteverhältnis	Wobbe-Index
		H_2	CO	CH_4	(C_3H_6) C_nH_m	sonstige Kohlenwasserstoffe	CO_2	N_2	H_o kJ/m_n^3	H_u kJ/m_n^3	d_v (Luft = 1)	W_o (H_o:$\sqrt{d_v}$)
1	Hochofengichtgas	2	30	–	–	–	8	60	4.080	3.975	0,99	4.100
2	Koksgeneratorgas	12	28	(<) 0,5	–	–	5	54,5	5.340	5.025	0,88	5.700
3	Steinkohlengeneratorgas	12	29	2	–	–	3	54	5.965	5.650	0,86	6.400
4	Braunkohlengeneratorgas	15	27	2	–	–	7	49	6.070	5.760	0,86	6.500
5	Mischgas (12 + 1)	19,3	22,2	8,4	0,6	–	6	43,7	9.125	8.370	0,80	10.200
6	Kokswassergas	50	40	(<) 0,5	–	–	5	4,5	11.510	10.460	0,55	15.500
7	Kohlenwassergas	50	35	5	–	–	5	5	12.770	11.615	0,53	17.550
8	Stadtgas (12 + 6)	51	18	19	2	–	4	6	18.000	16.120	0,46	26.540
9	Stadtgas (12 + 2)	44	12	22	2	–	4	16	18.000	16.120	0,51	25.200
10	Propan + Luft (17 O_2)	–	–	–	–	18	–	65	18.000	16.740	1,10	17.160
11	Ölkarburiertes Kohlenwassergas	37	28	15	5	–	8	7	18.840	17.370	0,64	23.550
12	Koksofengas (Ferngas)	55	6	25	2	–	2	10	19.670	17.370	0,39	31.500
13	Ölkarburiertes Kokswassergas	45	35	1	10	–	4	5	20.090	18.420	0,63	25.300
14	Steinkohlengas	52	8	28	2,5	–	2	10	20.930	18.840	0,41	32.700
15	Schwelgas (aus Steinkohle)	25	5	45	5	10	5	5	33.500	30.350	0,62	42.550
16	Erdgas L	–	–	82	–	3,0	1,0	14	35.200	31.800	0,64	44.000
17	Erdgas H	–	–	93	–	5,0	1,0	1,0	41.300	37.300	0,61	52.880
18	Methan	–	–	100	–	–	–	–	39.850	35.790	0,55	53.750
19	Ölgas	20	5	40	20	10	1	4	45.210	41.230	0,74	52.550
20	Propan C_3H_8	–	–	–	–	100	–	–	100.890	92.890	1,562	80.730
21	n-Butan C_4H_{10}	–	–	–	–	100	–	–	133.870	123.650	2,091	92.600

Tab. 4.5
Zusammensetzung, Dichte und Heizwert technischer Gase nach F. Schuster u.a.

Stoff	Zeichen	Molekulare Masse	Dichte	Gehalt an		Brennwert bzw. Heizwert				Theoretische Verbrennungsluftmenge		Abgasvolumen feucht		Trockenes Abgas	Feuchtes Abgas
			ρ kg/m_n^3	c Gew.-%	h Gew.-%	H_o kJ/kg	H_u kJ/kg	H_o kJ/m_n^3	H_u kJ/m_n^3	L_{min} m_n^3/kg	L_{min} m_n^3/kg	V_{af} m_n^3/kg	V_{af} m_n^3/kg	$CO_{2\,max}$ Vol.-%	H_2O Vol.-%
Azethylen	C_2H_2	26,04	1,17	92,5	7,5	49.910	48.220	58.470	56.490	10,2	11,9	10,6	12,4	17,5	8,1
Benzol	C_6H_6	78,1	3,73	92,2	7,8	42.270	40.580	157.970	151.650	10,2	35,7	10,6	37,2	17,5	8,1
Butan (n)	C_4H_{10}	58,1	2,71	83	17	49.500	45.715	134.060	123.810	11,4	30,9	12,4	33,4	14,1	15,0
Buthylen	C_4H_8	56,1	2,60	85	15	48.430	45.290	125.860	117.710	11,6	28,9	12,4	30,9	14,9	12,9
Ethan	C_2H_6	30,1	1,35	80	20	51.880	47.490	70.290	64.345	12,3	16,7	13,4	18,1	13,2	16,5
Ethylalkohol	C_2H_5OH	46,11	2,19	52	13	30.570	27.710	67.070	60.790	7,0	14,3	8,0	16,4	15,0	18,4
Ethylen	C_2H_4	28,05	1,26	85,7	14,3	50.280	47.150	63.410	59.460	11,3	14,3	12,1	15,3	15,1	13,1
Kohlenoxid	CO	28,01	1,25	42,9	0	10.100	10.100	12.630	12.630	1,91	2,38	2,88	34,7	0	
Methan	CH_4	16,04	0,72	75	25	55.500	50.010	39.820	35.880	13,3	9,52	14,6	10,5	11,7	19,0
Methanol	CH_3OH	32,04	1,52	37,5	12,5	23.840	21.090	36.200	32.030	5,0	7,15	6,0	8,6	15,1	23
Propan	C_3H_8	44,09	2,01	81,8	18,2	50.340	46.350	101.240	93.210	11,8	23,8	12,8	25,8	13,8	15,5
Propylen	C_3H_6	42,08	1,91	85,7	14,3	48.920	45.780	93.580	87.575	11,2	21,4	11,9	22,9	15,1	13,1
Tuluol	C_7H_8	92,11	4,87	91,2	8,8	42.850	40.940	208.890	199.570	10,4	42,8	10,9	44,8	17,1	8,9
Wasserstoff	H_2	2,016	0,090	0	100	141.800	119.970	12.745	10.780	26,4	2,38	32,0	2,88	0	34,7

Tab. 4.6
Verbrennung gas- und dampfförmiger Brennstoffe
(1 kWh = 3600 kJ)

Brenn- und Heizwerte bezogen auf 25 °C und 1,013 bar, die Volumen bezogen auf 0 °C und 1,013 bar (DIN 51850)

Tab. 4.7
Spezifische Emissionen von Brennstoffen (kg/MWh)

Brennstoff	Emissionen in kg/MWh					Heizwert
	SO_2	NO_x	CO	Staub	Org. Verb.	kWh/kg
Steinkohle	1,80	0,36	23,00	0,90	0,90	8,35
Braunkohle	0,83	0,05	25,00	1,26	0,54	5,3
Heizöl EL	0,47	0,18	0,18	0,00	0,04	11,9
Heizöl S	1,76	0,65	0,04	0,11	0,03	11,0
Gas	0,01	0,18	0,22	0,00	0,01	10,0

4.3 Wärmeerzeugungsanlagen

Die Wärmeerzeugung erfolgt in der Regel über Primärenergie in fester, flüssiger oder gasförmiger Form. Die Wärmeenergiebereitstellung kann jedoch auch durch Fernwärme oder elektrische Energie vorgenommen werden. Bild 4.11 gibt einen Überblick über die verschiedensten Formen der Wärmeerzeugung bzw. der Wärmeenergiebereitstellung.

4.3.1 Fernwärme

Fernwärmeanlagen können im wesentlichen in folgende Hauptgruppen unterteilt werden, die sich durch das Temperaturniveau der Wärmeträger unterscheiden:
– Warmwasser-Fernheizung (≤ 120 °C)
– Heißwasser-Fernheizung   (> 120 °C)
– Dampf-Fernheizung   (> 120 °C)
– kalte Fernwärme   (= 25 – 35 °C).

Die Hauptbauteile der Fernwärmeanlage sind:
– die Wärmeerzeugung in gas-, flüssig- oder festbrennstoffbeheizten Heizkesseln
– die Wärmeverteilung über Ferntrassen
– die Wärmeübergabestationen in den zu beheizenden Gebäuden.

Als Wärmeerzeuger dienen weiterhin auch kombinierte Heizkraftwerke, wo die Wärme nach der Stromerzeugung ausgekoppelt wird, und Müllverbrennungsanlagen (Kehrichtverbrennung). Bei der sogenannten kalten Fernwärme wird aus dem Kühlturmkreislauf des Kraftwerkes relativ kaltes Wasser (25 bis 35 °C) ausgekoppelt, über eine einzelne Rohrleitung zu dem Verbrauchsschwerpunkt geleitet und dient einer Wärmepumpe als Wärmequelle. Das entwärmte Kühlturmwasser wird danach in einen Fluß abgeleitet.

Die gelieferte Energie wurde früher vornehmlich an Dampf gebunden und in den letzten Jahren auf Heißwasseranlagen umgestellt oder entsprechend neu ausgebaut, da sich nicht unerhebliche Probleme bei der Kondensatrückführung ergaben. Fernwärmeanlagen werden heute in der Regel im Zwei- oder Dreileitersystem betrieben. Im Zweileitersystem wird mit einer nach der Außentemperatur geregelten, gleitenden Vorlauftemperatur die Wärme verteilt (Winter 130 °C / Sommer 70 °C). Im Dreileitersystem werden zwei verschiedene Temperaturbereiche angeboten, wobei ein Temperaturbereich konstant betrieben wird, um Hochtemperaturabnehmer während des gesamten Jahres versorgen zu können.

Bild 4.12 zeigt die Verlegung einer Fernwärmeleitung im Erdreich mit DN 900 für ein Stadtgebiet mit diversen Energieverbrauchern. Eine oberirdische Verlegung der Leitungen ist ebenfalls möglich.

Wärmeenergieerzeugung (Wärmebereitstellung)

Fernwärme – Dampf, Heißwasser, Warmwasser	Wärmetauscher	Kondensat (Dampfanlagen)
feste Brennstoffe – Holz, Kohle, Torf, Abfälle, Biomasse	Kesselanlage	Lagerung (Bunker) – Umweltbelastung
flüssige Brennstoffe – Heizöl (EL/L/M/S), Benzin, Benzol, Bio-Öle	Kesselanlage, BHKW-Anlagen, Umstellbrandkessel	Lagerung (Tanks)
gasförmige Brennstoffe – Erdgas (Stadtgas), Flüssiggas (Propan, Butan), methanhaltige Gase, Biogas	Kesselanlage, BHKW-Anlagen, Brennstoffzellen, Wärmepumpen	z.T. Lagerung (Tanks)
elektrische Energie	Speicherkessel, Speicherofen, Wärmepumpen	Speicherung
Geothermie – Erdwärme aus: Erdsonden, -kollektoren, Pfahlsonden. Grundwasser		Bohrungen, Regeneration des Untergrundes
Umweltenergie – Luft, Oberflächenwasser, Abwasser		
Solarenergie – Sonnenstrahlung	Flach-, Röhrenkollektoren, Absorbermatten, Parabolrinnen-Kollektoren	Speicherung, saisonale Abhängigkeit

Bild 4.11
Wärmeerzeugung (Wärmeenergiebereitstellung)

Bild 4.12
HEW-Fernleitung Wedel, KSM erdverlegt DN 900

Bild 4.13 zeigt den schematischen Aufbau und die Bilder 4.14 und 4.15 die Installation einer Fernwärme-Übergabestation, wie sie in der Regel im Gebäude aufgebaut wird. Die Fernwärme-Übergabe besteht aus Komponenten, die vornehmlich vom Energieversorger installiert werden, sowie zusätzlich aus der Wärmeaustauscheinheit im Raum in Form von Wärmeaustauschern. Während in der Vergangenheit im wesentlichen Rohrbündel-Wärmeaustauscher eingesetzt wurden, kommen heute vornehmlich Platten-Wärmeaustauscher zum Einsatz, da sie geringere Abmessungen und hohe Wirkungsgrade haben. Bild 4.16 zeigt einen Platten-Wärmeaustauscher in einer Heizzentrale, bei dem zwischen Rippenplatten Primär- und Sekundärmedium (Fernwärme / hauseigener Wasserkreislauf) so aneinander vorbeigeführt werden, daß zwischen den Platten ein Wärmeaustausch (nicht Wasseraustausch) entsteht und die Wärmeenergie der Fernwärme auf den hausinternen Wasserkreislauf übertragen wird. In Bild 4.17 ist nochmals der Aufbau und die Funktionsweise eines Platten-Wärmeaustauschers dargestellt.

Die Vorteile der Fernheizung sind:
– kein Brennstoffbezug;
– keine Brennstofflagerung;
– keine Reststoffentsorgung;
– Verwendbarkeit billiger Brennstoffe (wie Müll / Ballastkohle), wobei jedoch die Müllverbrennung aufgrund der sehr aufwendigen Rauchgasreinigung höhere Wärmepreise zur Folge haben müßte;
– größere Wirtschaftlichkeit in der Ausnutzung der Brennstoffe bei zentraler Wärmeerzeugung gegenüber einer Vielzahl dezentraler Feuerungsstellen;
– große Betriebssicherheit durch wechselweise Benutzung mehrerer Kessel;
– Raumersparnis infolge des Fortfalls eines Heizkellers und Brennstoffraums sowie Schornsteins beim Verbraucher;
– geringer Bedienungs- und Wartungsaufwand;
– Verringerung des Schadstoffausstoßes bei zentralen Heizwerken gegenüber Einzelfeuerungsstellen;
– im Kraftwerksbereich Kopplungsmöglichkeit von Strom und Wärme unter gleichzeitiger Verbesserung des thermodynamischen Prozesses und Nutzung der Abwärme sowie
– erhöhter Brandschutz für das beheizte Gebäude.

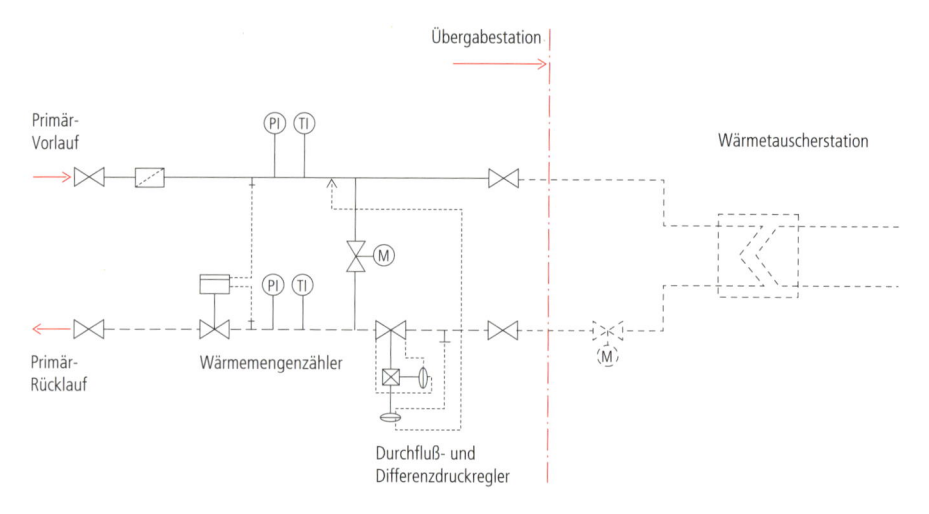

Bild 4.13
Fernwärme-Übergabestation, Schaltbild

Bild 4.14
Kleine Fernwärme-Kompaktstation, Typ Minidomo
(Bild Cetetherm)

Bild 4.15
Fernwärme-Kompaktstation Cetecom für Heizung und Warmwasser mit Speicherladesystem Cetesystem D
(Bild Cetetherm)

Bild 4.16
Plattenwärmetauscher in Heizzentrale

4.3.2 Eigenwärmeerzeugung

Wird in einem Gebäude die Primärenergie in Wärmeenergie umgewandelt, so spricht man von Eigenwärmeerzeugung. Die Eigenwärmeerzeugung kann in einzelnen Räumen oder zentral innerhalb eines Gebäudes stattfinden, woraus sich unterschiedlichste, technische Lösungen ergeben.

4.3.2.1 Einzelheizungen

Zu den Einzelheizungen innerhalb eines Raumes gehören:
- Kamine
- Offene Kamine oder Kaminöfen
- Kachelöfen
- Einzelöfen mit Kohle-, Holz-, Öl- oder Gasfeuerung
- Gasraumheizer
- Elektrische Heizgeräte (z. B. Heizlüfter)
- Elektrische Speicher-Heizöfen.

Alle vorher aufgeführten Einzelheizungen sind im wesentlichen bekannt und bedürfen in der Regel entweder eines Kaminanschlusses (Öl-, Gas-, Festbrennstoffheizung) oder eines Elektroanschlusses.

Bild 4.17
Geschraubter Plattenwärmetauscher (Werkbild Cetetherm) und die verschiedenen Verschaltungsmöglichkeiten

1 feststehende Stativplatte
2 Anschlußstutzen
3 untere Führungsstange
4 Plattenpaket
5 Stütze
6 Spannbolzen
7 bewegliche Druckplatte
8 obere Tragstange

Einfachschaltung

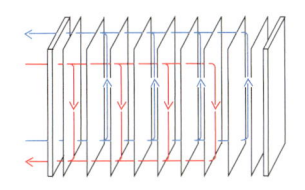

Mehrfachschaltung

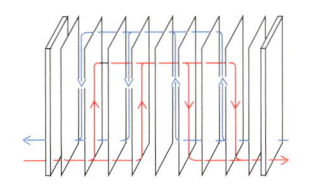

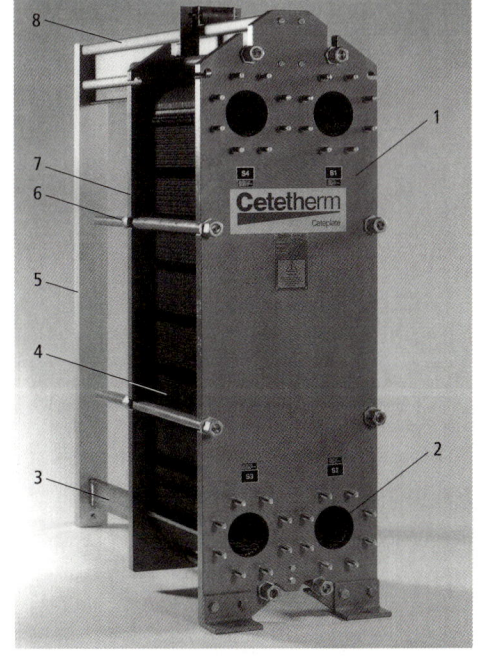

4.3.2.2 Kesselanlagen (feste Brennstoffe)

Heizkesselgröße

Die für die Wärmeerzeugung in einer Anlage zu erbringende stündliche Heizleistung errechnet sich aus der Summe der gleichzeitigen Bedarfsmenge der Verbraucher. Diese Bedarfsmengen sind:

$$\dot{Q}_k = \dot{Q}_{tr} + \dot{Q}_L + \dot{Q}_b + \dot{Q}_{kL} + \dot{Q}_s \; (+ \dot{Q}_{WWB}).$$

Hierin bedeuten:
$\dot{Q}_k$ = max. Heizleistung für den Wärmeerzeuger
$\dot{Q}_{tr}$ = Transmissions-Wärmebedarf
$\dot{Q}_L$ = Lüftungswärmebedarf
$\dot{Q}_{WWB}$ = Wärmebedarf für Brauchwasserbereitung (wird nur in besonderen Fällen hinzu addiert)
$\dot{Q}_{kL}$ = Wärmebedarf für Lüftungs- und Klimaanlagen
$\dot{Q}_b$ = Wärmebedarf infolge Betriebsverlusten
$\dot{Q}_s$ = Wärmebedarf sonstiger Wärmeverbraucher.

Die maximalen Bedarfsmengen je nach Wärmeverbraucher und Nutzung treten in der Regel zu unterschiedlichen Tageszeiten auf. Daher ist es im Sinne eines wirtschaftlichen Betriebes notwendig, die Leistungsspitzen zu ermitteln, die für die Bemessung der Kesselanlage ausschlaggebend sind. Zu berücksichtigen ist dabei der Tageswärme-Energieverlauf aller Einzelanlagen für Heizung, Lüftung, Klimatisierung, Warmwasserbereitung usw. Zusätzliche Leistungsreserven dürfen nicht installiert werden, da Kesselanlagen mit unnötig hoher Leistung sowohl Investitionen für Kessel, Feuerungs- und Abgasanlagen als auch höhere Betriebsbereitschaftsverluste verursachen, die sich ungünstig auf den Jahreswirkungsgrad der Kesselanlage auswirken.

Betriebsbereitschaftsverluste entstehen, wenn bei Kesselstillstand durch Zug des warmen Schornsteines ständig Luft durch den Kessel geführt wird und die Kesselheizfläche abkühlt. (Verminderung durch Überdruck-Feuerung bei großen Kesseln oder motorisch betriebene Abgas-Absperrklappen.)

Die Kesselanlage wird auf den benötigten maximalen Wärmebedarf ausgelegt, der aber nur an einigen Tagen im Jahr auftritt. Somit ist bei größeren Anlagen (>300 – 500 kW) eine Aufteilung der Gesamtleistung auf mehrere Heizkessel mit unterschiedlicher Wärmeleistung erforderlich, damit die optimale Anpassung an den jeweiligen Bedarf und damit ein wirtschaftlicher Betrieb erfolgt. Darüber hinaus ist für eine richtige Bemessung der Kesselanlage die genaue Kenntnis über den Jahres-Betriebswirkungsgrad von großer Bedeutung, da angestrebt werden soll, ihn dem optimalen Kesselwirkungsgrad anzugleichen.

4. Heizungsanlagen

Erhalten Gebäude Sammelheizungen oder werden eine Vielzahl von Wärmeverbrauchern von einer zentralen Stelle mit Wärmeenergie versorgt und wird diese im Haus von Primärenergie in Wärmeenergie umgewandelt, so werden Kesselanlagen notwendig. **Bild 4.18** zeigt eine Feuerungsanlage mit dem Primärenergieträger Kohle als Beispiel für feste Brennstoffe. Aus einem Kohlebunker wird über einen Schneckenantrieb dem Flammrohrkessel die Kohle zugeführt, die auf einem Rost verbrennt und Wärmeenergie freisetzt, die Wasser erwärmt. Der Wärmeübergang erfolgt durch Hohlkörper, auf deren Innenseite sich das Heizwasser befindet, während an der Außenseite die heissen Rauchgase entlangströmen. Bei der Bauart entsprechender Kessel kommt es im wesentlichen darauf an, mit einer großen Wärmeaustauschfläche einen hohen Wirkungsgrad zu erreichen. Die Rauchgase werden nach Verlassen des Kessels gereinigt und über einen Kamin abgeführt. Bei der Verbrennung fester Brennstoffe werden sowohl gußeiserne Gliederkessel als auch Stahlheizkessel eingesetzt.

Die **Bilder 4.19** und **4.20** zeigen kleinere Heizkessel, die für die Umstellung von festen Brennstoffen auf Öl oder Gas geeignet sind. Der Kessel in **Bild 4.19** wird als Zweikammerkessel bezeichnet.

Der Kessel in **Bild 4.20** besitzt zwei vollständig getrennte Brennkammern und weist somit einen höheren feuerungstechnischen Wirkungsgrad auf.

Wesentlich beim Einsatz fester Brennstoffe zur Wärmeenergieerzeugung ist, daß der gesamte Ablauf (sowohl der Brennstoffzufuhr als auch der Ascheabfuhr) vollautomatisch erfolgt, um mit einem gleichermaßen geringen Personaleinsatz wie bei öl- oder gasgefeuerten Anlagen auszukommen.

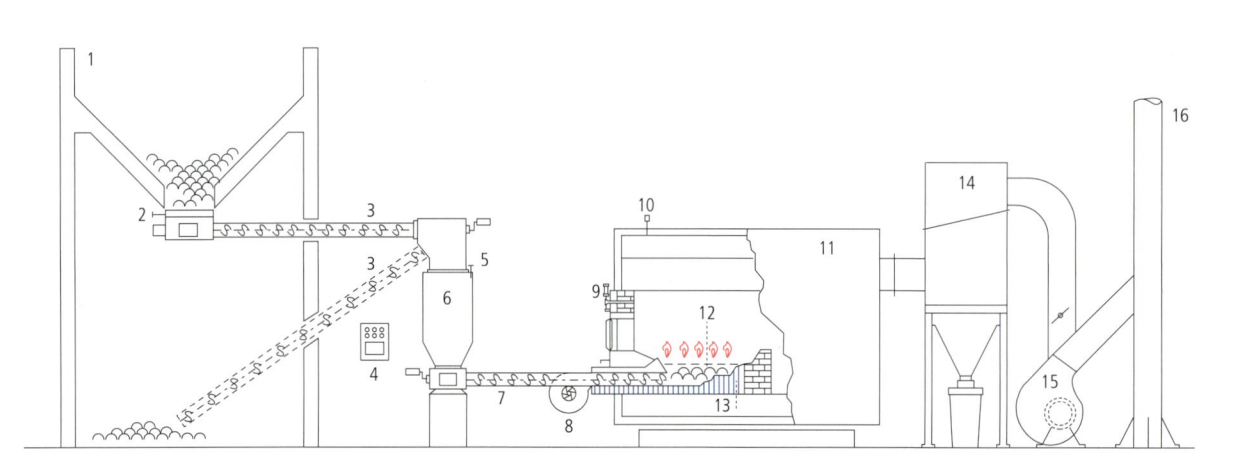

Bild 4.18
Feuerungsanlage für Kohle

1 Kohlebunker
2 Bunker-Absperrschieber
3 Zuführungsschnecke mit Antrieb und Alternative
4 Schaltschrank
5 Füllstandsanzeiger
6 Aufgabetrichter
7 Unterschubschnecke mit Antrieb
8 Unterwindventilator
9 Unterdruckregelung
10 Thermo- oder Pressostat
11 Flammrohrkessel
12 Feuermulde und Rost
13 Luftkasten
14 Rauchgasentstaubung
15 Saugzugventilator
16 Kamin

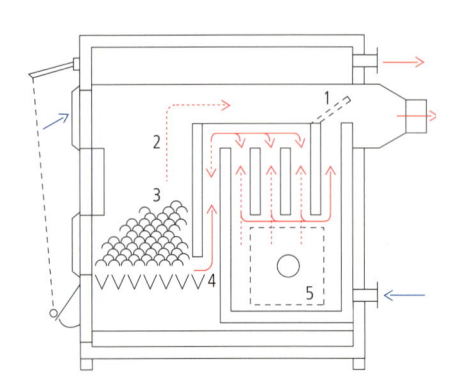

Bild 4.19
Stählerner Wechselbrandkessel mit zwei Brennkammern

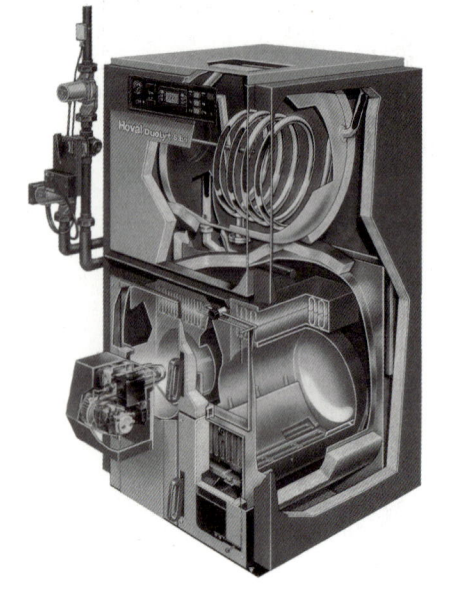

1 Umstellklappe
2 Abgas Öl
3 Koks
4 Abgas Koks
5 Ölbrennkammer

Bild 4.20
Doppelheizkessel aus Stahl mit zwei getrennten Brennkammern, Wassererwärmer aufgebaut (Hoval DuoLyt LN)

4.3.2.3 Kesselanlagen (öl-, gasbefeuert)

Bezogen auf den Heizwert des Brennstoffes (H_u) erreichen moderne Wärmeerzeuger, insbesondere Niedertemperatur-Wärmeerzeuger, bereits bei relativ kleiner Leistung Jahresnutzungsgrade um 91 – 93 %. Wärmeerzeuger größerer Leistung erzielen mit zweistufigen oder modulierenden Brennern 94 – 95 %. Somit kann die Energieausnutzung konventioneller Wärmeerzeuger kaum noch verbessert werden, zumal die Abgastemperaturen Mindestwerte nicht unterschreiten dürfen (z.B. gemäß DIN 4702).

In Bezug auf die emissionsarme Verbrennung von Gas bzw. Öl wurden in den letzten Jahren spezielle Brenner entwickelt, die in den **Bildern 4.21** und **4.22** dargestellt sind.

Der RotriX-Strahlungsbrenner **(Bild 4.21)** ist in der Lage, die Stickoxid-Emissionen (NO_X) auch bei Ölverbrennung drastisch zu reduzieren und ist Bestandteil von Tieftemperaturkesseln. Voraussetzung für die schadstoffarme Verbrennung ist eine homogene Vermischung von Brennstoff und Luft, was bei Heizöl im Gegensatz zu Gas nicht einfach zu bewerkstelligen ist, da Luft und Öl verschiedene Aggregatzustände besitzen. Aus diesem Grund muß das Heizöl zum Mischen mit Luft verdampft werden. Zudem muß zur Reduzierung der Stickoxide bei der Ölverbrennung eine Senkung des Sauerstoffanteils in der Reaktionszone erfolgen, was durch eine Abgasrückführung erreicht wird. Hierdurch kühlt sich die Flamme auf Temperaturen um 1.300 °C ab, und die thermische NO_X-Bildung wird fast vollständig unterdrückt.

Der in **Bild 4.22** gezeigte MatriX-Strahlungsbrenner für die Gas-Heiztechnik erreicht eine Reduzierung der Stickoxide dadurch, daß die Verbrennungstemperatur entscheidend gesenkt wird. Ein homogenes Gas-Luft-Gemisch wird durch zwei Drahtgewebe-Halbkugeln dosiert und gleichmäßig verteilt, bevor es ein fein maschiges Edelstahlgewebe erreicht (Halbkugel), in dem das Gas-Luft-Gemisch gezündet wird. Das Gas strömt langsam aus und verbrennt flammenlos. Die glühende Drahthalbkugel gibt einen wesentlichen Teil ihrer Wärme als Strahlung ab und kühlt so die Flamme deutlich unter 1.300 °C.

Neben der Verbesserung der Abgaswerte ist eine nennenswerte Erhöhung der Nutzungsgrade nur dann zu erreichen, wenn die Verdampfungsenthalpie des im Heizgas/Abgas enthaltenen Wasserdampfs, die bei konventionellen Wärmeerzeugern nutzlos über den Schornstein abgeleitet wird, durch Kondensation weitgehend genutzt wird und wenn durch noch stärkere Absenkung der Abgastemperatur auch der sensible Abgasverlust noch weiter reduziert wird.

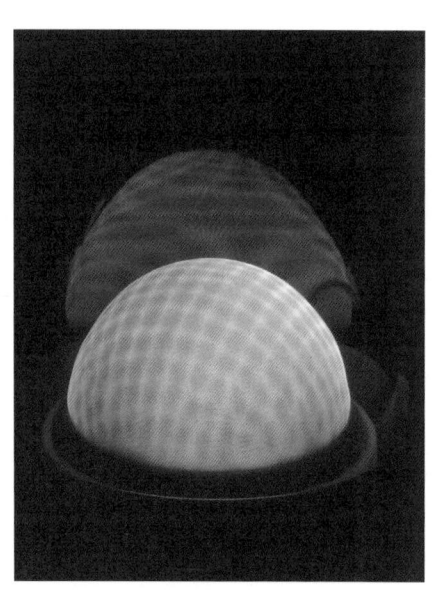

Diese Forderung wird mit Brennwertkesseln wie auch mit konventionellen Kesseln und nachgeschalteten Abgas-Wärmetauschern für Kondensation erreicht.

Die zur Zeit gängige Einteilung bzw. Unterscheidung der Heizkessel erfolgt:
– nach Größe
– Kleinkessel bis etwa 50 kW
– mittlere Kessel bis etwa 350 kW
– Großkessel ab etwa 350 kW.

– nach Bauart
– nach Feuerungsart
– nach Werkstoff.

In Abhängigkeit von der Bauart unterscheidet man:
– Gas- bzw. Öl-Spezialheizkessel
– Umstellbrandkessel
– Wechselbrandkessel
– Brennwertkessel.

Gas- oder Öl-Spezialheizkessel sind nur für die Brennstoffe Gas oder Öl geeignet und nicht auf andere Brennstoffarten umstellbar.

Umstellbrandkessel sind für Öl, Gas und feste Brennstoffe geeignet. Die Umstellung erfolgt von Hand durch Umbau der Feuerungseinrichtung.

Wechselbrandkessel (Zweistoffkessel) dienen der Verfeuerung von Öl/Gas und können ohne Umbau auf die Verfeuerung von festen Brennstoffen umgestellt werden.

Bild 4.21 (links)
Viessmann RotriX-EV-Ölbrenner

Seine Stickoxid- und Kohlenmonoxid-Emissionen unterschreiten alle bestehenden Emissionsgrenzwerte. Interne Heizgasrückführung in ausreichend hoher Menge sowie homogene Vormischung von Brennstoff und Verbrennungsluft bei gleichzeitiger Verdampfung des Heizöls ermöglichen die extrem stickoxidarme Öl-Verbrennung
Leistungsbereich von 18 - 27 kW
(Werkbild Viessmann)

Bild 4.22 (rechts)
MatriX-Strahlungsbrenner
Dem Ziel der „schadgasfreien Verbrennung" kommt Viessmann mit dem MatriX-Strahlungsbrenner näher. Er gilt als Meilenstein der Gas-Heiztechnik, vermeidet Schadstoff-Emissionen schon da, wo sie entstehen, nämlich direkt bei der Verbrennung
(Werkbild Viessmann)

Bild 4.23
Feuerung mit Brenner ohne
Gebläse

1 Gas
2 Gasarmatur
3 Hauptgasdüse
4 Erstluft (Primärluft)
5 Injektorrohr
6 Brennerrost
7 Brennerraum
8 Zweitluft (Sekundärluft)
9 Anschlußhöhe
10 Strömungssicherung

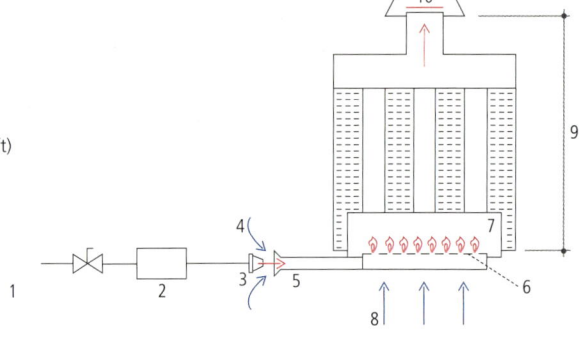

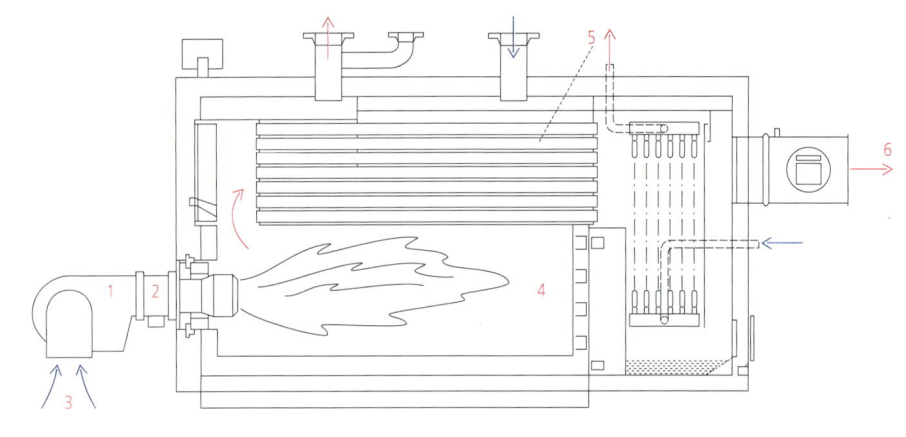

Bild 4.24
Feuerung mit Brenner und
Gebläse

1 Gebläse/Brenner
2 Gaszufuhr
3 Luft zur Verbrennung
4 Brennraum
5 Nachschaltheizfläche
6 Abgas

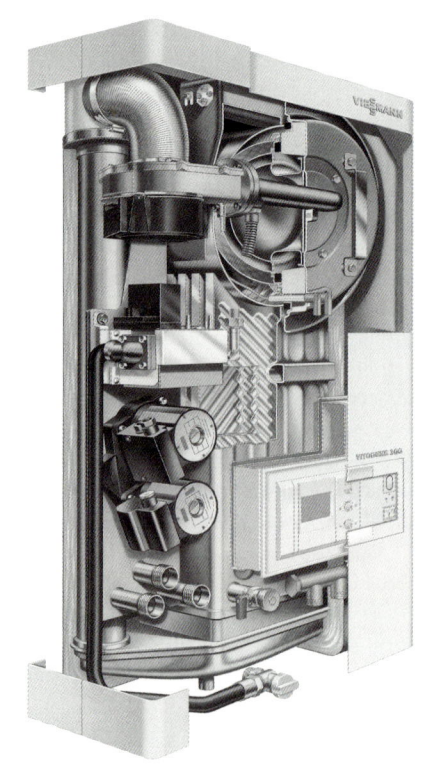

Bild 4.25
Vitodens 300 Gas-Brennwertkessel als Wandgerät mit modulierendem MatriX-Strahlungsbrenner 7 bis 24 kW
(Werkbild Viessmann)

4. Heizungsanlagen

Bezüglich der Feuerungsart wird unterschieden in:
– Gasfeuerung mit Gebläsebrenner
– Gasfeuerung ohne Gebläsebrenner
  (atmosphärische Brenner)
– Ölfeuerung mit Gebläsebrenner
– Ölfeuerung ohne Gebläsebrenner.

Bei Gasfeuerung mit Brennern ohne Gebläse
(Bild 4.23) wird der Heizkessel mit natürlichem Zug betrieben. Das bedeutet, daß die Verbrennungsluft nur durch den thermischen Auftrieb im Heizkessel (bis zur Strömungssicherung) angesaugt wird. Der Schornsteinzug wird aufgrund der eingebauten Strömungssicherung im Abgasrohr des Kessels nicht, oder nur gering, wirksam. Die Strömungssicherung unterbricht die starre Verbindung des Abgasrohres zwischen Kessel und Schornstein, wodurch der Einfluß von Stau, Rückstau oder zu starkem Auftrieb im Schornstein auf die Feuerung verhindert wird.

Bei der Befeuerung mit Gebläsebrenner (für Öl und Gas) **(Bild 4.24)** werden die zur Verbrennung benötigten Luftmengen durch ein im Brenner eingebautes Gebläse mechanisch zugeführt. Gleichzeitig wird bei Überdruckfeuerung für das Überwinden des heizgasseitigen Kesselwiderstandes ein Überdruck im Brennraum erzeugt. Hierdurch ergibt sich ein schornsteinunabhängiger Heizbetrieb, der sich auf optimale verbrennungstechnische Werte einregulieren läßt. Der Drucknullpunkt für das Gebläse liegt nunmehr im Abgasstutzen am Kesselende.

Vorteile bei Gasfeuerungen für Gebläsebrenner sind:
– höhere feuerungstechnische Wirkungsgrade,
– besserer Wärmeübergang an den Heizflächen sowie
– kompaktere Heizkessel-Konstruktion.

Aus diesen Vorteilen heraus werden heute in der Regel Kesselfeuerungen mit Gebläsebrennern eingesetzt.

Bild 4.25 zeigt einen Gas-Brennwertkessel als Wandgerät mit modulierendem Matrix-Strahlungsbrenner (Leistung 7 – 24 kW) für extrem schadstoffarme Verbrennung und energiesparendes Heizen.

Bild 4.26 zeigt eine Schnittzeichnung durch einen Tieftemperatur-Heizkessel. Die biferrale Heizfläche besteht aus einem Stahlzylinder und eingepaßten, radialgerippten Gußelementen und besitzt günstigste thermodynamische Eigenschaften. Die Innenschale aus Guß zu den Heizgasen hin nimmt eine höhere Temperatur an, als der vom Kesselwasser umgebene Stahlzylinder. So wird der Kondensation der Verbrennungsgase und der Schwitzwasserbildung entgegengewirkt, Korrosionsschäden können vermieden werden.

4.3 Wärmeerzeugungsanlagen

Ein Wärmeflußdiagramm einer Wärmeerzeugungsanlage in **Bild 4.27** läßt erkennen, daß der Großteil der erzeugten Wärmeenergie direkt als Nutzwärme verfügbar ist, während Anteile über den Schornstein und über die Kesseloberfläche verlorengehen.

Bild 4.28 zeigt eine beispielhafte Lösung einer Heizzentrale mit vier Großkesseln (Leistung je etwa 800 kW) und einem kleinen Kessel (Leistung etwa 110 kW), um sich dem ständigen Teillastbetrieb besser anpassen zu können.

Um die Abgasverluste und die Schadstoffemissionen einer Kesselanlage zu reduzieren, werden zunehmend gas- oder ölgefeuerte Heizkessel entweder als Brennwertkessel (Heizkessel mit internem Abgaswärmetauscher) oder solche mit nachgeschaltetem Katalysator und Wärmerückgewinnungsanlage eingesetzt.
Bild 4.29 zeigt den typischen Aufbau einer entsprechenden Kesselanlage mit Einbindung eines Katalysators und Abgaswärmetauschers in den Abgasstrom. Der Katalysator ist in seinem Aufbau detailliert dargestellt.

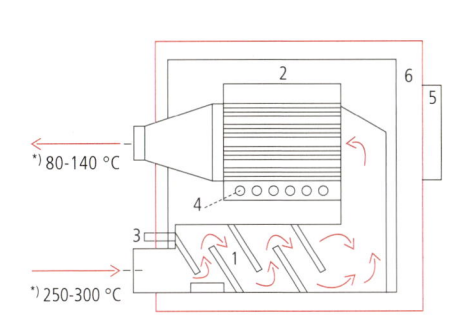

Bild 4.26
Schnitt durch den Vitola 200 Tieftemperatur-Öl/Gas-Heizkessel (Werkbild Viessmann)

Bild 4.27
Wärmeflußdiagramm einer Wärmeerzeugungsanlage

$\Delta t_H = t_{VL} - t_{RL}$
$\Delta t_K = t_{OK} - t_L$
$\Delta t_R \sim t_{AG} - t_L$

Nutzwärme
$\dot{Q} = \dot{G}_W \cdot C_W \cdot \Delta t_H$

Abgasverluste
$\dot{Q}_R = \dot{G}_R \cdot C_P \cdot \Delta t_R$

$\dot{Q}_{CO}$
$\dot{Q}_{RU}$

Wärmeverbraucher
Schornstein
Vorlauf
Rücklauf

Brennstoffwärme
$\dot{Q}_B = \dot{G}_B \cdot H_U$

Kessel
Brenner

Wärmeabgabe der Kesseloberfläche
$\dot{Q} = F \cdot k \cdot \Delta t_K$

Bild 4.28
Wärmeerzeugung mit Kesseln mit einer Leistung von je 720 bis 895 kW und mit einer Leistung von 105 bis 130 kW (Viessmann)

*) 80–140 °C
*) 250–300 °C

1 SO_2-Neutralisation
2 Kat-Element
3 NH_3-Injektion
4 Temperaturhochhaltung
5 Steuerung und Überwachung
6 Isolationsmantel
*) je nach Anlage und deren Auslegung
7 Kamin
8 Bypass (Revisionsbetrieb)
9 Wärmerückgewinnung
0 Katalysator
1 Gas-Öl-Brenner
2 Heizkessel
3 Abgase

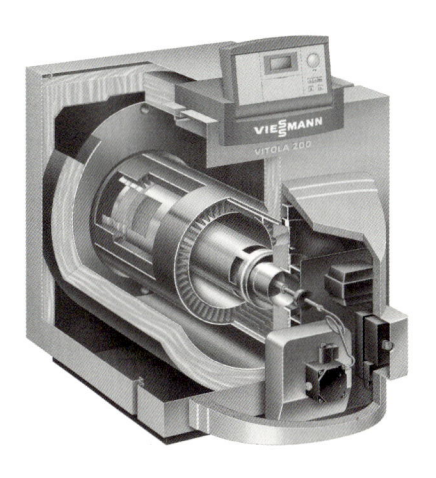

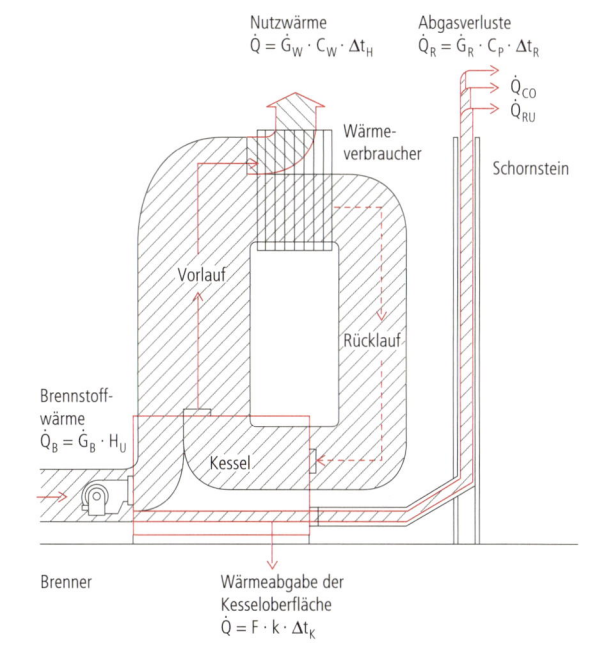

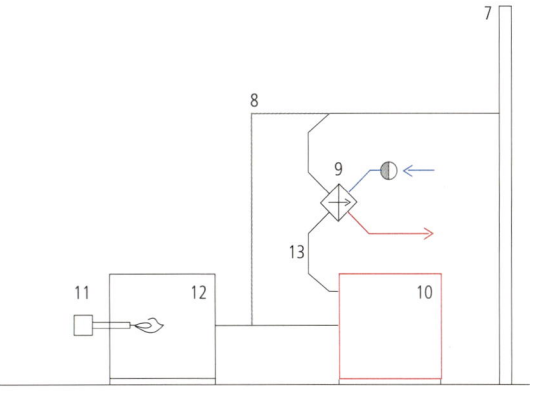

Bild 4.29
Kesselanlage mit Einbindung eines Katalysators und Abgaswärmetauschers in den Abgasstrom

Die Bilder **4.30** bis **4.32** zeigen eine „Familie von Brennwertgeräten" zur Warmwassererzeugung bzw. zu Heizzwecken.

Bild 4.30 zeigt neben der äußeren Erscheinung den Aufbau des Brennwertgerätes. **Bild 4.31** zeigt einen Brennwert-Gas-Wandkessel für gleitend abgesenkten Betrieb ohne festgelegte untere Temperatur (Keramik-Flächen-Brenner/Aluminium-Silizium-Wärmetauscher).

Bild 4.32 zeigt abschließend einen Brennwertkessel in Standausführung für Erdgas.

Da die Anwendung der Brennwerttechnik voraussetzt, daß der verwendete Brennstoff Wasserstoff enthält, ist Gas gegenüber Heizöl im Vorteil, da bei Erdgas die Wasserdaten zur Kondensation einen erzielbaren Energiegewinn von 11 % mit sich bringt, bei Heizöl dieser jedoch nur bei 6 % liegt. Dennoch gibt es Brennwertkessel und Abgas-/Wasser-Wärmetauscher für Kondensation auch für Heizöl. Die Taupunkttemperaturen der Abgase liegen bei Heizöl bei ca. 48 °C bzw. bei Erdgas bei ca. 58 °C. Aufgrund der um etwa 10 K höheren Taupunkttemperaturen erweist sich hier Gas ebenfalls für die Brennwerttechnik als vorrangiger Brennstoff. Die Heizwassersystem-Temperaturen liegen bei Brennwertanlagen bei max. 60/40 °C (Vorlauf-/Rücklauf-Temperatur), wobei die Temperaturen bis auf 40/30 °C ohne nennenswerte Nutzungseinbuße gesenkt werden können. Die Energieersparnis der Brennwerttechnik gegenüber konventionellen Gas-Spezialheizkesseln beträgt 15 – 20 %, gegenüber Niedertemperaturkesseln 8 – 15 %.

4.3.2.4 Kesselanlagen (elektrisch betrieben)

In Ländern oder Bereichen, in denen elektrische Energie günstig zu beziehen ist, können Kessel mit elektrischer Direktbeheizung vorwiegend als Speicherheizungen eingesetzt werden. Voraussetzung ist ein günstiger Nachtstromtarif bei dem über einen elektrobetriebenen Kessel während der Nacht Wärmespeicher aufgeladen werden, die während des Tages ihre Wärme wieder abgeben. Als Speichermedium werden in der Regel Wasser oder Feststoffe (zum Beispiel Magnesit) verwendet – weitere Speichermedien sind zur Zeit in der Entwicklung.

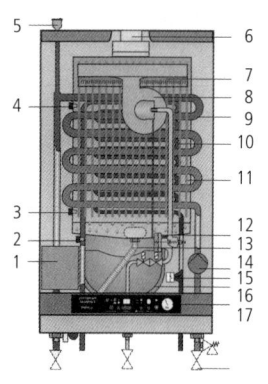

Bild 4.30
Brennwert-Gastherme (wandhängend) zur Heizung und Warmwassererzeugung, Leistungsbereich
6,5 – 18 kW für Heizung,
6,5 – 22,1 kW für Warmwasser
(Werkbild Brötje)

1 Elektronische Regelung
2 Warmwasser NTC
3 Rücklauf NTC
4 Vorlauf NTC
5 Schnellentlüfter
6 Anschluß Abgassystem
7 Modulierender, vormischender Metallnetz-Brenner
8 Drehzahlgeregeltes Gebläse
9 Wärmetauscherschlange für Heizung
10 Wärmetauscherschlange für Warmwasser
11 Al-Si-Wärmetauscher
12 Modulierendes Gasventil
13 Kondenswasserführung
14 Heizkreispumpe
15 Strömungsschalter Warmwasser
16 Ausdehnungsgefäß 12 l
17 Bedienfeld
18 Wartungshähne

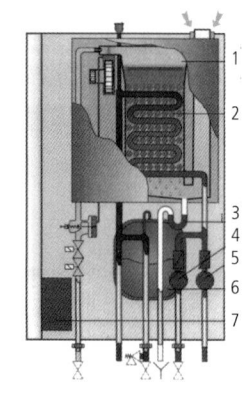

Bild 4.31
Gas-Wandkessel mit Brennwerttechnik zur Gebäudeheizung mit Warmwasserspeicher Leistungsbereich 6 – 35 kW
(Werkbild Brötje)

1 Modulierender, vormischender Keramikflächenbrenner
2 Al-Si- Wärmetauscher
3 Kondenswasser-Siphon
4 Heizkreispumpe
5 Ladepumpe
6 Ausdehnungsgefäß 12 l
7 Elektronische Regelung

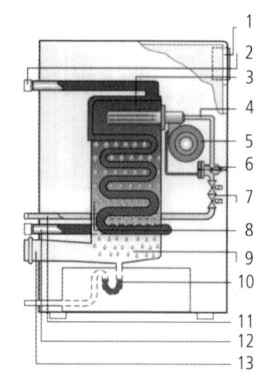

Bild 4.32
Gas-Brennwertkessel zur Gebäudeheizung Leistungsbereich 16 – 120 kW
(Werkbild Brötje)

1 Regel- und Steuereinrichtung
2 Kesselvorlauf
3 Modulierender Primixbrenner
4 Steuerleitung Gebläsedruck
5 Verbrennungs-Luftgebläse
6 Gasmengen-Regelventil
7 Doppelsitz-Gasventil
8 Al-Si- Wärmetauscher
9 Kondenswasser-Sammelschale
10 Kondenswasser-Siphon
11 Gasanschluß
12 Kesselrücklauf
13 Abgasstutzen

4.3 Wärmeerzeugungsanlagen

Die direkte Beheizung durch elektrische Energie erfolgt sowohl in kleineren als auch großen Anlagen, wobei das Wasser in auf den Tageswärmebedarf ausgelegten Heißwasser- oder Feststoffspeichern gespeichert wird. Die Aufladung erfolgt in der Regel automatisch in Abhängigkeit von der Außentemperatur und nur in der Niedrigtarifzeit. Das im Heizkreis umlaufende Wasser wird in einem Dreiwegemischventil je nach Außentemperatur mit Rücklaufwasser gemischt, um so die günstigste Heizwassertemperatur zu erreichen.

Bild 4.33 zeigt einen Magnesit-Zentralspeicher für Warmwasser-Heizungsanlagen, bei dem ein Speicherkern elektrisch aufgeladen wird. Zur Entladung gibt die über den Speicherkern umgewälzte Luft ihre Wärmeenergie über einen Luft-Wasser-Wärmeaustauscher an das umlaufende Heizungswasser ab.

Bei der indirekten Heizung mit elektrischer Energie, wie sie **Bild 4.34** zeigt, wird über einen speziellen Elektrodenkessel Heißwasser erzeugt, der seine Wärmeenergie an einen Speicher abgibt. Die Beheizung des Heißwasserspeichers erfolgt wiederum in der Regel während der Nacht (Niedertarifzeit) und die Entladung des Speichers während des Tages.

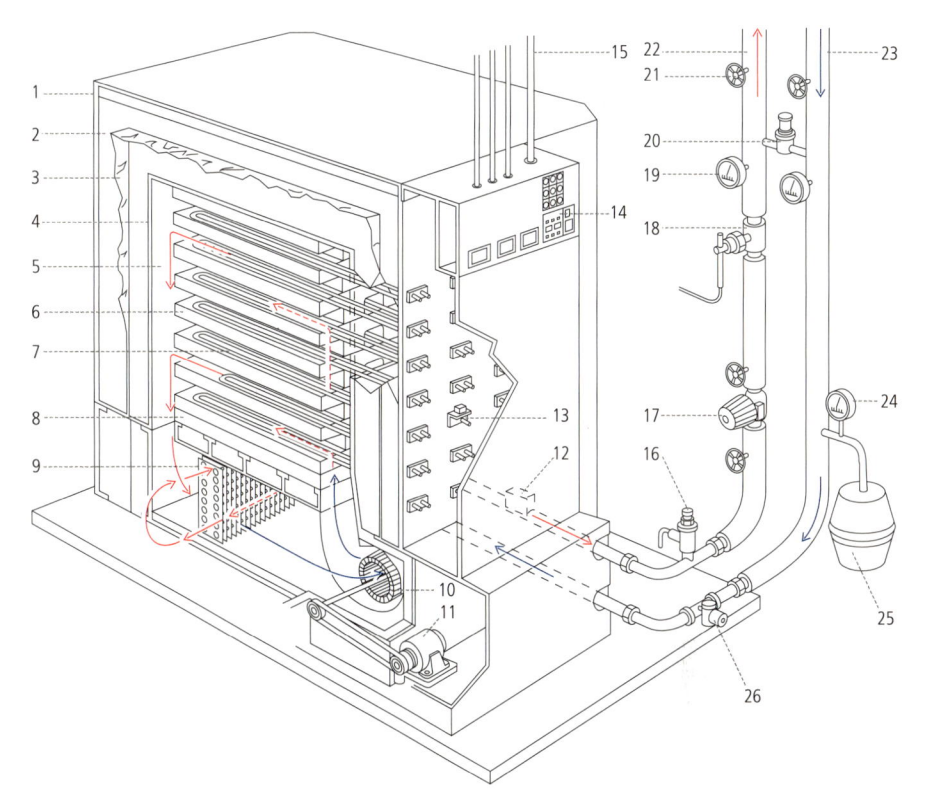

Bild 4.33
Keramik-Zentralspeicher für Warmwasser-Heizungsanlagen, Speichermaterial Magnesit

1 Gehäuse
2 Mineralwolle-Isolierung
3 Alu-Folie
4 Kernkasten
5 Luftkanal
6 Speicherkern
7 Heizelement
8 Hartisolation
9 Luft/Wasser-Wärmetauscher
10 Radialventilator
11 Ventilatormotor
12 Vorlauftemperaturfühler und -begrenzer
13 Kerntemperaturfühler und -begrenzer
14 Schaltschrank mit Regel- und Steuereinrichtungen
15 Elektrischer Anschluß
16 Sicherheitsventil
17 Umwälzpumpe
18 Strömungswächter
19 Thermometer
20 Bypass mit Überströmventil
21 Absperrventil
22 Vorlauf
23 Rücklauf
24 Manometer
25 Ausdehnungsgefäß
26 Füll- und Entleerhahn

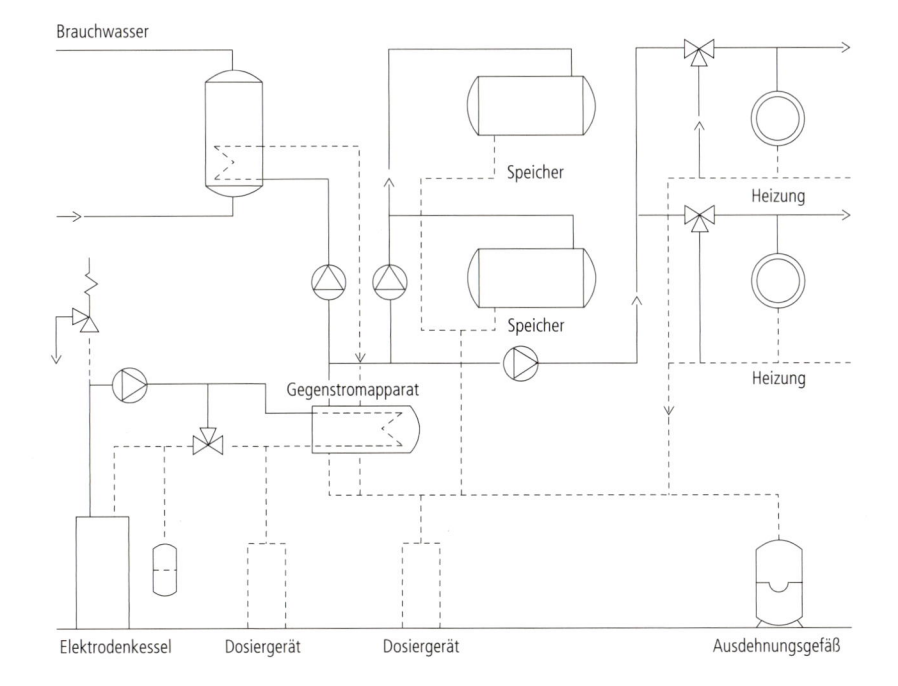

Bild 4.34
Rohrleitungsschema einer Heizanlage mit Elektrodenkessel und Wärmespeicher

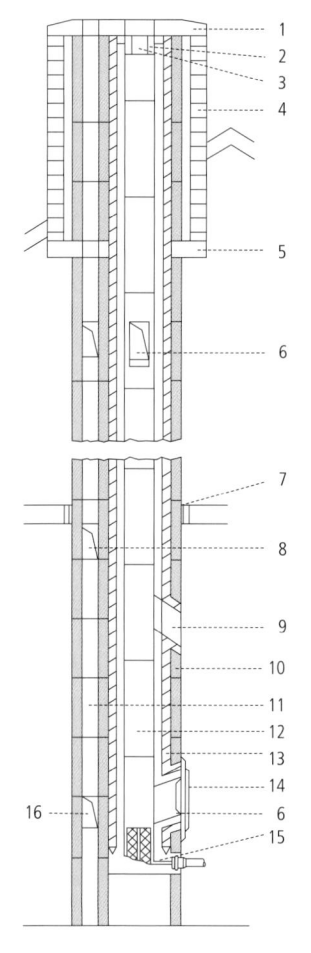

Bild 4.35
Dreischaliger Plewa „S+S"-Schornstein.
Die keramische Innenglasur ist spiegelglatt und säurefest (=S+S). Diese Schornsteinkonstruktion eignet sich auch für den Anschluß von Brennwertkesseln

1 Abdeckplatte aus Stahlbeton
2 Dehnfuge
3 Dehnfugenmanschette
4 Verkleidung – Schornsteinkopf
5 Kragplatte aus Stahlbeton
6 Futterrohr mit angeformtem Rechteckstutzen für den Einbau der Reinigungstür
7 Gleitfuge aus Mineralfaser
8 Abluftöffnung für Heizraumentlüftung
9 Futterrohr mit angeformtem Rundstutzen für den Feuerstättenanschluß
10 Mantelsteine aus Leichtbeton
11 Angeformter Abluftschacht im Mantelstein
12 Futterrohr keramisch glasiert
13 Dämmplatten aus Mineralfaser
14 Reinigungstür
15 Kondensatablaufschale
16 Kontrolltür für Abluftschacht

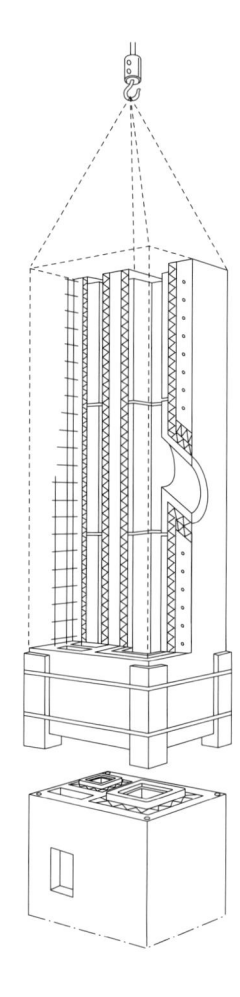

Bild 4.36
Fertigteilschornstein

4.3.3 Schornsteine

Schornsteine haben die Aufgabe, Abgase von Kesselanlagen einwandfrei abzuführen. Der dazu benötigte Zug wird aufgrund des Gewichtsunterschiedes der heißen Abgase im Schornstein und einer gleichhohen Kaltluftsäule erzeugt. Bei Feuerstätten mit natürlichem Schornsteinzug muß der Schornstein so viel Unterdruck im Brennraum des Heizkessels erzeugen, daß die zur Verbrennung erforderliche Luftmenge frei in den Verbrennungsraum nachströmen kann. Bei Feuerstätten mit Überdruckfeuerung müssen mit dem Schornsteinzug lediglich die Widerstände des Abgasrohres und die Eigenwiderstände des Schornsteins überwunden werden.

Bei Schornsteinen unterscheidet man verschiedene Ausführungsarten. Diese sind:
– mehrschalige Montageschornsteine
– Fertigteilschornsteine
– Luft-Abgas-Schornsteine
– feuchtigkeitsempfindliche Schornsteine
– freistehende Schornsteine
– Stahlschornsteine.

Bild 4.35 zeigt einen mehrschaligen Montageschornstein mit einem innen glasierten Futterrohr aus Schamotte, Mantelstein aus Leichtbeton und Wärmedämmung aus Mineralfaser-Dämmplatten. Montageschornsteine können schnell und fehlerfrei aufgebaut werden und zeichnen sich durch ein geringes Gewicht aus.

Bild 4.36 zeigt beispielhaft einen Fertigteilschornstein, der in seinem Aufbau dem des **Bildes 4.35** gleicht. Fertigteilschornsteine werden geschoßhoch geliefert und sind infolge ihrer Typisierung (Vorfertigung) sehr kostengünstig.

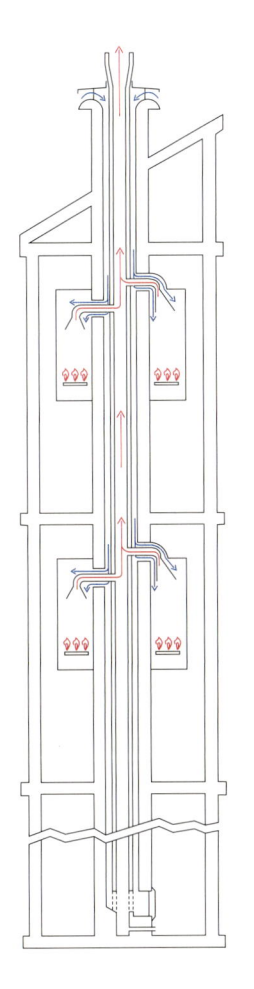

Bild 4.37
Luft-Abgas-Schornstein, dargestellt in Verbindung mit Gasableitung an die angeschlossenen Einzelöfen

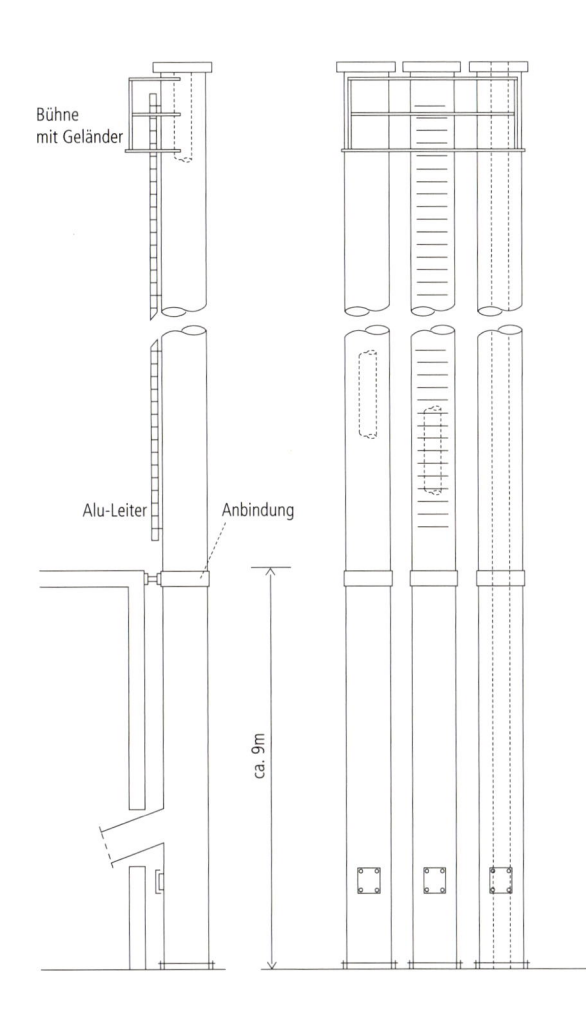

Bild 4.38
Schornsteinanlage – dreizügig freistehend

Bild 4.37 zeigt einen Luft-Abgas-Schornstein für Einzelfeuerstätten, der eine Doppelfunktion besitzt. Er leitet die Abgase der angeschlossenen Einzelöfen ab und führt diesen gleichzeitig die erforderliche Verbrennungsluft wieder zu. Beide Systeme liegen nebeneinander oder sind konzentrisch ineinanderliegend angeordnet. Aufgrund seiner Bauart löst der Luft-Abgas-Schornstein das Problem der ausreichenden Luftzufuhr bei fugendichten Fenstern und Türen in Wohnobjekten mit Einzelfeuerungen.

Feuchtigkeitsunempfindliche Schornsteine wurden entwickelt, um Niedertemperatur-Wärmeerzeuger und Brennwertkessel anschließen zu können, die Abgastemperaturen deutlich unter 100 °C besitzen und erhebliche Kondensatmengen ausscheiden, die infolge ihrer Agressivität einen herkömmlichen Kamin angreifen und zerstören würden. Bei den feuchtigkeitsunempfindlichen Schornsteinen wird um das abgasführende Innenrohr Luft nach oben geführt, die im Sockelbereich des Schornsteines zuströmt. Sie nimmt anfallende Feuchtigkeit auf und transportiert sie im Mündungsbereich ins Freie. Damit wird die Gefahr der Durchfeuchtung bei niederen Abgastemperaturen verhindert, wobei jedoch eine Innenglasur, wasserdicht und säurebeständig, für den Erhalt des Kamins sorgt.

Freistehende Schornsteine, wie **Bild 4.38** ausweist, bestehen aus einem oder mehreren abgasführenden Innenrohren, einer Wärmedämmschicht und einem äußeren Mantel aus Stahlbeton, Stahl oder Mauerwerk. Freistehende Schornsteinanlagen kommen in der Regel nur in Verbindung mit großen Heizzentralen zur Ausführung und müssen je nach Kesselleistung entsprechend der Luftreinhalteverordnung dimensioniert werden.

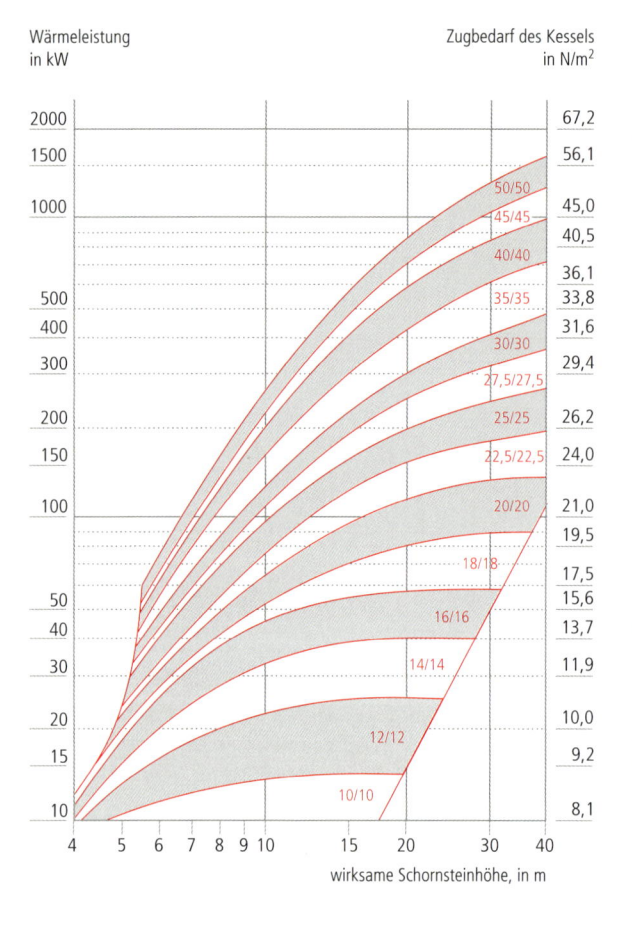

Bild 4.39.1 (links)
Diagramm für die Bemessung von Schornsteinquerschnitten, Ölbrenner ohne Gebläse

Kessel mit Zugbedarf
Heizöl EL
TW = 120 °C

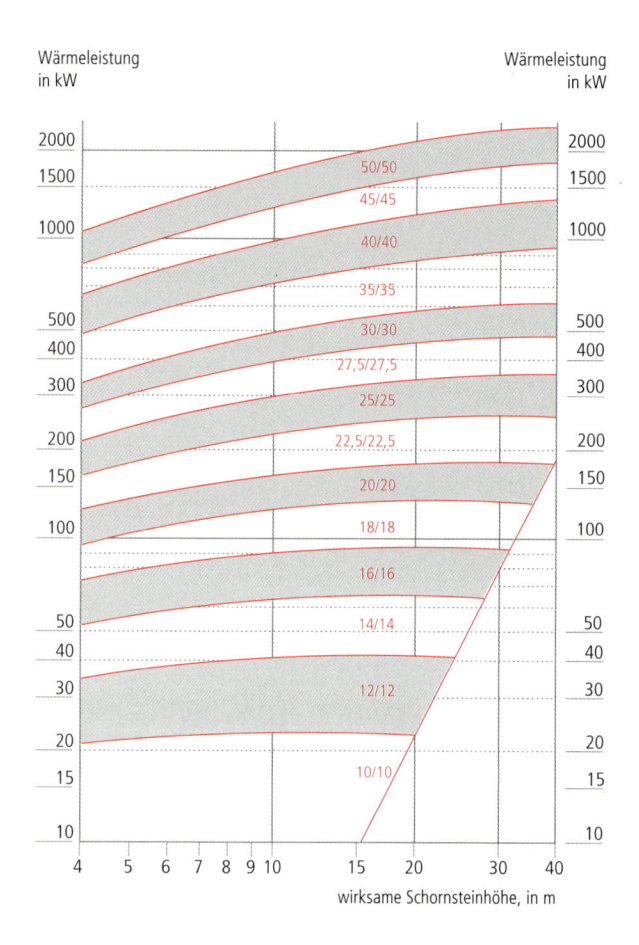

Bild 4.39.2 (rechts)
Diagramm für die Bemessung von Schornsteinquerschnitten, Ölbrenner mit Gebläse

Kessel ohne Zugbedarf (Überdruckfeuerung)
Heizöl EL
TW = 120 °C

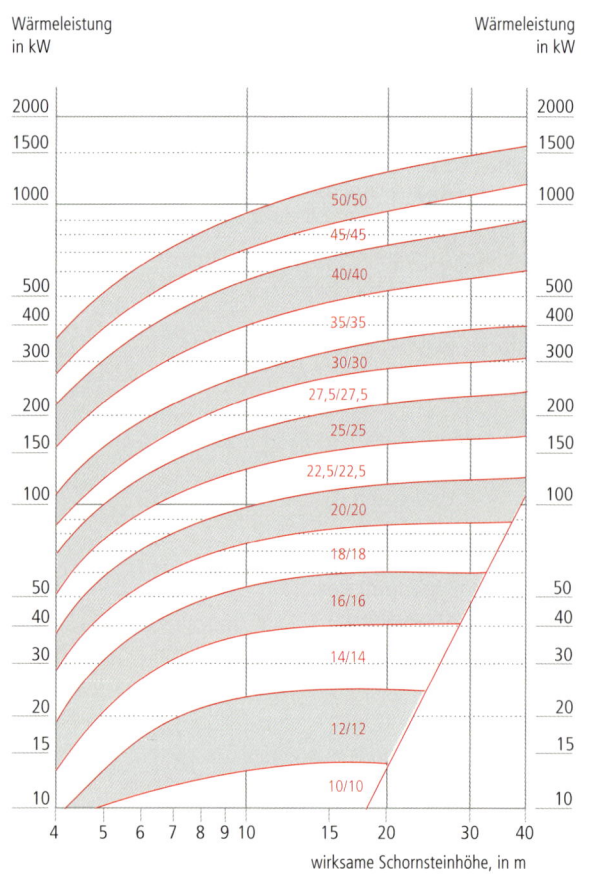

Bild 4.39.3
Diagramm für die Bemessung von Schornsteinquerschnitten, Gasbrenner

Kessel mit atmosphärischem Gasbrenner
Erdgas, Zugbedarf = 5 N/m²
TW = 80 °C

Teilweise werden Schornsteingutachten gefordert, über die in Abhängigkeit von der Schadstoffbelastung die Schornsteinhöhe bestimmt wird. Bei kleineren Anlagen können die Dimensionierungsunterlagen der Hersteller herangezogen werden. Beispielhaft sollen durch die Diagramme der Firma Plewa (Bild 4.39) die Bemessung von Schornsteinquerschnitten in Abhängigkeit der wirksamen Schornsteinhöhe, der Wärmeleistung und der Kesselkonstruktion gezeigt werden. Dabei sind die Ausgangswerte des Bildes zu beachten.

Die Einzeldiagramme zeigen die Bemessung von Schornstein-Querschnitten für Heizkessel, (erdgas- bzw. heizölgefeuert) und mit unterschiedlichem Zugbedarf:

An einem gemeinsamen Schornstein für Zentralheizungsanlagen dürfen je nach örtlichen Vorschriften bis max. 3 Feuerstätten für feste oder flüssige Brennstoffe mit Leistungen von je 20 kW und für gasförmige Brennstoffe von je 30 kW angeschlossen werden.

Die wirksame Schornsteinhöhe muß in jedem Fall mindestens 4 m betragen, wenn die oberste Feuerstätte mit Gas betrieben wird, ansonsten 4,5 m. Höhe über Dach: min. 0,4 m. Wird die vorgenannte Nennwärmeleistung je Feuerstätte überschritten, so ist jede einzelne Feuerstätte mit einem Einzelkamin auszurüsten.

Das gleiche gilt
- bei Gebäuden mit mehr als 5 Vollgeschossen
- bei Abgas-Feuerstätten mit offenem Feuerraum (z. B. Kamine)
- bei Gas-Feuerstätten, deren Abgastemperaturen mehr als 400 °C betragen.

In jedem Fall sind die einschlägigen Richtlinien der entsprechenden Behörden zu beachten.

4.3.4 Öllagerung

Die Lagerung von Heizöl in Öltanks hängt von der Verfügbarkeit des Heizöls sowie den Kosten von Tank und Öl sowie weiteren Faktoren ab. In der Regel soll ein Tank so ausgelegt werden, daß er das Heizöl einer ganzen Heizperiode aufnehmen kann, er wird jedoch dadurch groß und teuer. Der ungefähre Heizölverbrauch für eine volle Heizperiode für Wohnhäuser beträgt ohne Berücksichtigung der Brauchwassererwärmung:

Brennstoffverbrauch/a (Ba) ca.:

Ba = 15 bis 20 l/m² Nutzfläche a
(= 540 bis 720 MJ/m²a) in einem Mehrfamilienhaus
bzw.

Ba = 20 bis 30 l/m² Nutzfläche a
(= 720 bis 1080 MJ/m²a) für ein freistehendes Einfamilienhaus.

Genormte Öltanks sind in ihrer Größe der **Tabelle 4.8** zu entnehmen.

Öltanks können sowohl unter der Erde als auch auf der Oberfläche liegend/stehend oder als Batterietanks oder Kellertanks im Gebäude untergebracht werden.

Unterirdisch verlegte, zylindrische Tanks aus Stahl müssen doppelwandig ausgeführt werden und sind entsprechend genormt. Neben den unterirdischen Stahltanks gibt es auch Kunststoff-Tanks aus glasfaserverstärktem Polyester-Harz. Sie sind einwandig und benötigen keine Leck-Sicherungsgeräte. Weiterhin unterirdisch oder überirdisch verlegt werden können Kugeltanks aus glasfaserverstärktem Kunststoff (GFK) bis zu einem Inhalt von 12 m³.

Oberirdische Heizöltanks werden in folgenden Bauformen angeboten:
- Stählerne Tanks für kleine Anlagen zu Batterien zusammengestellt (Inhalt 1.000 – 2.000 l),
- Kunststofftanks bis 10.000 l, wiederum zu Batterietanks zusammenstellbar,
- stählerne Zylindertanks,
- Kellergeschweißte Tanks in verschiedensten geometrischen Bauformen, auch geeignet zum nachträglichen Einbringen in ein Gebäude.

Alle oberirdischen Tanks müssen in einer Ölauffangwanne bzw. in einer in einem als Auffangwanne dienenden Raum aufgestellt werden.

Die prinzipielle Darstellung der Ölversorgung und -lagerung für Kesselanlagen zeigen die **Bilder 4.40/4.41**.

Neben der Lagerung von Heizöl kann es von Fall zu Fall auch zu einer Lagerung von Flüssiggas kommen. Hier ist infolge der hohen Explosionsgefahr mit äußerster Vorsicht an die Planung zu gehen unter gleichzeitiger Einbeziehung aller notwendigen Sicherheitsbehörden. Für die Lagerung von Flüssiggas gelten besondere Bestimmungen, die unbedingt einzuhalten sind.

Inhalt m³	Außendurchmesser mm	Gesamtlänge mm
1	1.000	1.510
3	1.250	2.740
5	1.600	2.820
7	1.600	3.740
10	1.600	5.350
(13)	1.600	6.960
16	1.600	8.570
20	2.000	6.960
25	2.000	8.540
30	2.000	10.120
40	2.500	8.800
50	2.500	10.800
60	2.500	12.800
80	2.900	12.750
100	2.900	15.950

Tab. 4.8
Abmessungen von Öltanks nach DIN 6608 – Teil 1 (10.81)

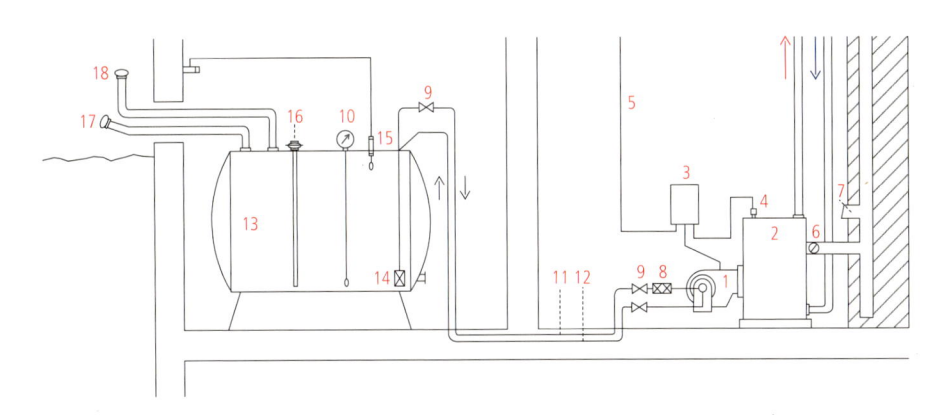

Bild 4.40
Oberirdische Öllagerung

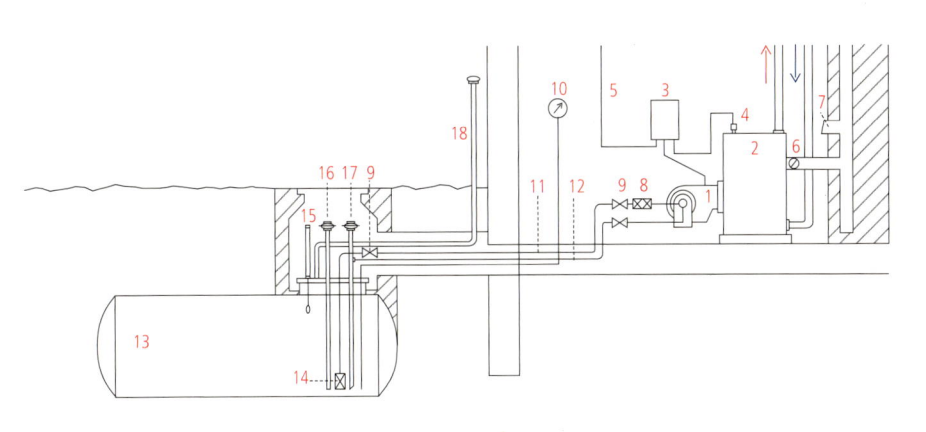

Bild 4.41
Unterirdische Öllagerung

1 Brenner
2 Kessel
3 Schaltschrank
4 Sicherheits- und Reguliertherrmostat
5 Anschluß Raumtemperaturregler
6 Drosselklappe
7 Zugregler
8 Filter
9 Schnellschlußventil
10 Ölstandsanzeiger
11 Öl-Vorlaufleitung
12 Öl-Rücklaufleitung
13 Heizöllagerbehälter
14 Saugventil (ca. 100 mm Abstand vom Behälterboden)
15 Grenzwertgeber
16 Peilstab
17 Fülleitung
18 Entlüftung nach DIN 4755 (2,5 m über Erdreich endend)

4.3.5 Kollektoren

Solarkollektoren zur Erzeugung von Wärmeenergie (Warmwasser/Heißwasser) werden in verschiedensten Formen angeboten. Hierbei unterscheidet man nach:
– Solarabsorber
– Flachplattenkollektoren
– Vakuum-Röhrenkollektoren
– brennlinienfokussierten Systemen.

Solarabsorber

Solarabsorber sind einfache Absorbermatten aus hochwertigem Kautschuk mit anvulkanisierten Verteiler- und Sammlerrohren, beständig gegen Reinigungen, temperaturbeständig von –50 °C bis +120 °C sowie dauerelastisch und kälteflexibel. Solarabsorber (Bild 4.42) lassen sich sowohl auf Dachflächen als auch auf dem Erdboden großflächig verlegen und können ohne weiteres Warmwassertemperaturen bis zu 50 °C erzeugen. Sie werden in der Regel vornehmlich für die Beheizung von Schwimmbädern genutzt (Bild 4.43); die Fläche der Absorbermatten sollte hier zwischen 50 – 80 % der zu beheizenden Wasseroberflächen liegen. Selbstverständlich könnten Solarabsorber auch der Erzeugung von Brauchwarmwasser dienen; in diesem Fall ist anstatt des üblichen Kreislaufsystems zwischen Absorbermatte und Schwimmbecken eine Systemlösung mit Speicher zu wählen.

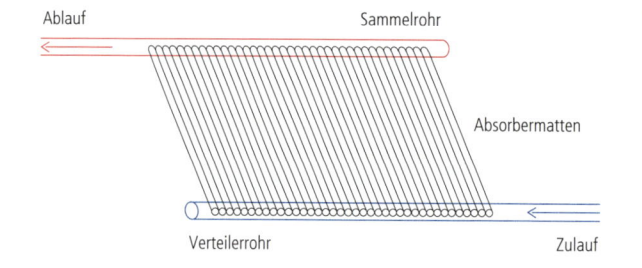

Bild 4.42
Aufbau eines Solarabsorbers

Bild 4.43
Solarabsorber für ein Schwimmbad, 300 m² Absorberfläche

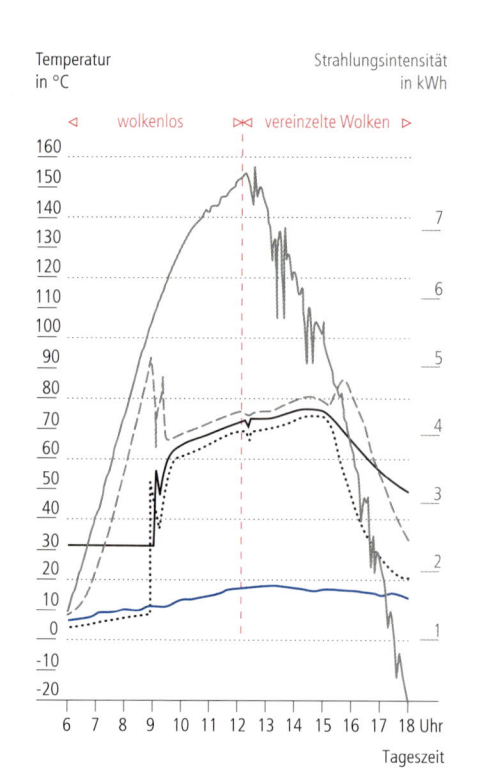

Bild 4.44
Daten über einen Tagesablauf einer Flachplattenkollektoranlage (Meßwerte Bell + Grossett)
— Strahlungsintensität
– – Oberflächentemperatur der Kollektoren
— Wassertemperatur (Austritt aus Kollektor)
··· Wassertemperatur (Eintritt in Kollektor)
— Außentemperatur

Flachplattenkollektoren

Bei thermischen Sonnenkollektoren wird die eingestrahlte Energie in Wärme umgewandelt und führt dabei zu einer Temperaturerhöhung des Strahlungsabsorbers. Die Höhe der Temperatur kann durch die abgeführte Wärmeleistung mit Hilfe eines flüssigen Wärmeträgers reguliert werden.

Die in Sonnenkollektoren auftretenden Verluste sind

– optische Verluste (Reflexionen),
– thermische Verluste (systembedingt).

Um solche Verluste möglichst gering zu halten, werden Sonnenkollektoren mit hoch lichtdurchlässigen Glasabdeckungen versehen (Lichttransmissionsgrad >92 %). Die die Solarstrahlung absorbierende Beschichtung eines Kollektors weist eine hohe Absorption bei niedriger Emission auf. Die Abdeckung eines Kollektors besteht in der Regel aus 4 mm dickem, vorgespanntem eisenarmen Sicherheits-Solarglas, das besonders reflexionsarm ist.

Die vom Kollektor gewonnene Wärmeenergie wird mittels Wasser zu einem Speicher transportiert. Das gesamte System muß frost- und korrosionssicher ausgebildet werden. Die Regelung der gesamten Anlage erfolgt über Temperaturdifferenz-Messungen. **Bild 4.44** stellt gemessene Temperaturen und Strahlungsintensitäten über einen Tagesverlauf einer Flachplattenkollektor-Anlage dar.

4.3 Wärmeerzeugungsanlagen

Die Zusammenhänge zwischen Strahlungsintensität und Kollektor-Temperatur sind gut erkennbar. **Bild 4.45.1** zeigt einen Vakuum-Flachkollektor, der infolge des Vakuums eine bessere Wärmedämmung gegen die Umgebung besitzt als Flachkollektoren ohne Vakuum.

Verbesserte Beschichtungen der Strahlungsabsorber (TiNOx) in den Kollektoren haben zu höheren Wirkungsgraden der Kollektoren geführt **(Bild 4.45.2)**.

Um einen möglichst guten Wirkungsgrad der Solaranlage zu erreichen, ist eine Ausrichtung der Kollektoren nach Süden erforderlich. Durch Abweichungen bedingte schlechtere Wirkungsgrade müssen unter Umständen durch größere Kollektorflächen ausgeglichen werden. Die Verringerung des maximalen Wirkungsgrades bei Abweichungen vom Azimutwinkel 180° ist aus **Bild 4.46** ersichtlich. Gleichermaßen ergibt sich, bezogen auf 50° nördliche Breite, die optimale Kollektorstellung mit einer Neigung von ca. 45° und die Verringerung des Kollektor-Wirkungsgrades bei anderen Neigungswinkeln.

Bild 4.45.1
Vakuum-Flachkollektor
(Thermosolar)

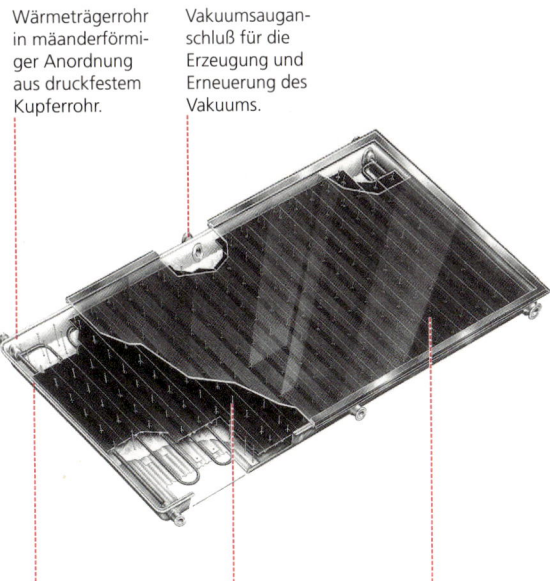

Wärmeträgerrohr in mäanderförmiger Anordnung aus druckfestem Kupferrohr.

Vakuumsauganschluß für die Erzeugung und Erneuerung des Vakuums.

Absorberflügel mit galvanischer, hochselektiver Spezialbeschichtung in Dünnschichttechnik für verlustarme Licht-Wärmeumwandlung mit schneller Wärmeübertragung auf das Wärmeträgerrohr.

Hochtemperaturbeständige, elastische Stützelemente für die Kraftübertragung des Atmosphärendruckes von der Glasscheibe auf den Membranboden des Gehäuses.

Reflexionsarmes, entspiegeltes, hochtransparentes Solarspezialglas aus thermisch vorgespanntem, gehärtetem Weißglas, nach ISO hagelschlaggeprüft.

Kollektorneigungswinkel

Azimutwinkel

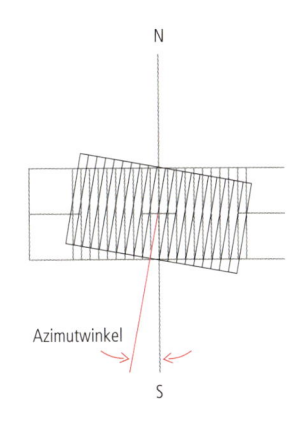

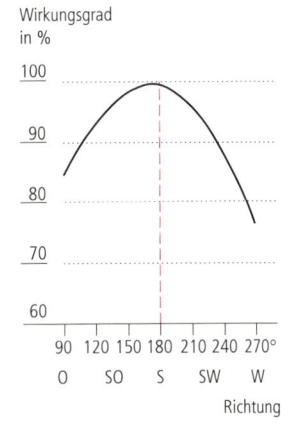

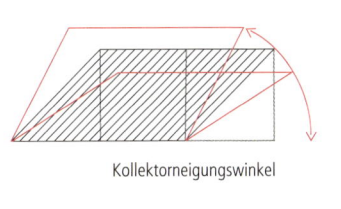

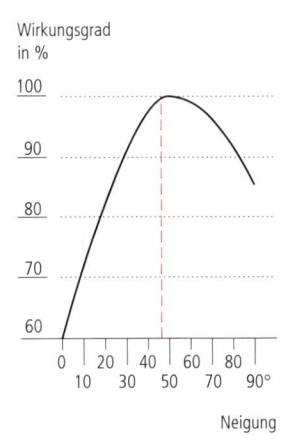

Bild 4.46
Korrekturfaktoren von Kollektoranlagen bei nicht optimaler Aufstellung

Nutzungszeitraum	anzustrebender Neigungswinkel
Jan. – Dez. (ganzjährig)	30 – 50°
April – Sept. (saisonbedingt)	25 – 45°
Mai – August (saisonbedingt)	20 – 40°
Sept. – April (Heizperiode)	50 – 70°

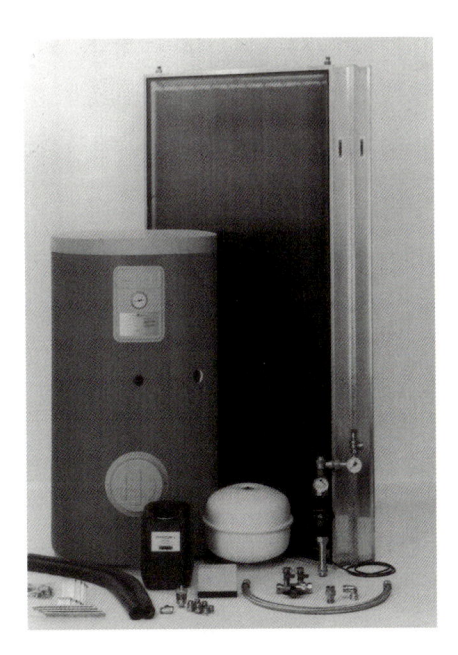

Bild 4.45.2
Montagefertige Solaranlage mit Hochleistungsflachkollektor (TiNOx-Beschichtung), (Reflex Solar-Unit)

Vakuum-Röhrenkollektoren

Die Vakuum-Röhrenkollektoren wandeln wie die Flachkollektoren eingestrahlte Sonnenenergie in Wärme um: Die Sonnenstrahlung durchdringt die evakuierte Glasröhre und trifft auf die in der Röhre befindliche Absorberfläche, wo sie in Wärme umgewandelt wird. Durch eine hochwertige, selektive Beschichtung der Absorberfläche und durch das Vakuum werden die Wärmeverluste an die Umgebung fast völlig unterbunden. Die auf der Absorberfläche gesammelte Wärmeenergie läßt sich auf ein Wärmerohr übertragen, das sich auf der Unterseite des Absorbers befindet. Durch die Wärmeübertragung verdampft die Flüssigkeit im Wärmerohr und gelangt als Dampf zum Kondensator. Im Kondensator wird die Wärmeenergie auf einen Wasserstrom übertragen, wodurch der Dampf kondensiert und im Wärmerohr zurückläuft, um erneut infolge der Wärmeeinstrahlung zu verdampfen. Die **Bilder 4.47** und **4.48** zeigen einen entsprechenden Vakuum-Röhrenkollektor und das Arbeitsprinzip. Hinsichtlich seiner Aufstellung (Azimutwinkel/Neigungswinkel) gilt das Gleiche wie für die Flachkollektoren.

Die Wirkungsgrade entsprechender Kollektoren ergeben sich aus **Bild 4.49**. Hier wird erkennbar, daß der Vakuum-Röhrenkollektor bei höheren Temperaturdifferenzen (mittlere Kollektortemperatur/Außenraum) zu deutlich besseren Wirkungsgraden kommt als die Flachplattenkollektoren.

Da Kollektoranlagen grundsätzlich Bestandteil eines bivalenten Wärmeversorgungssystems sind, ist von Fall zu Fall zu prüfen, ob sich ihr Einsatz rentiert, d.h. ob das Kosten-Nutzen-Verhältnis den Ansprüchen gerecht wird. Hierbei ist insbesondere zu prüfen, ob die im Sommer gewonnene Wärmeenergie auf ein so hohes Temperaturniveau gebracht werden kann, daß sie zur Versorgung von Absorptions-Kältemaschinen dienen kann.

Bild 4.47
Vakuum-Röhrenkollektoren auf dem Freiburger Solarhaus Heliotrop als Elemente der Architektur
(Werkbild Viessmann)

Bild 4.48
Arbeitsprinzip eines Vakuum-Röhrenkollektors

1 Wärmestrahlung
2 Glasröhre
3 Wärmerohr mit Füllung
4 Absorber
5 Kondensator
6 Wärmedämmung
7 Wärmeaustauscherrohr

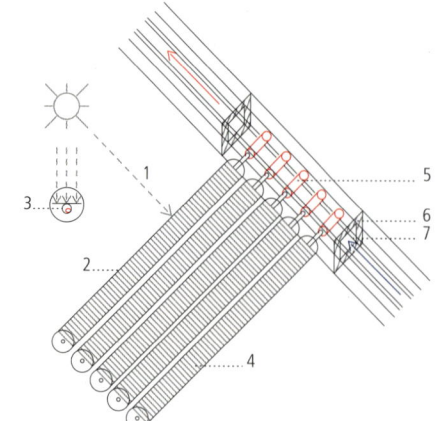

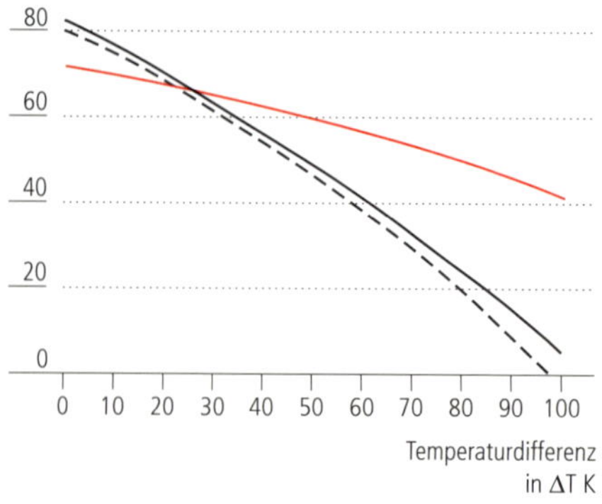

Bild 4.49
Wirkungsgrad von Flachkollektor/Vakuum-Flachkollektor und Vakuum-Röhrenkollektor im Vergleich

– – – Flachkollektor
——— Vakuum-Flachkollektor
——— Vakuum-Röhrenkollektor

ΔT = Temperaturdifferenz zwischen Umgebung und mittlerer Kollektortemperatur (Vorlauf/Rücklauf)

„Indoor"-Messung; bei 4 m/s Windgeschwindigkeit und 730 bzw. 750 W/m² Bestrahlungsstärke

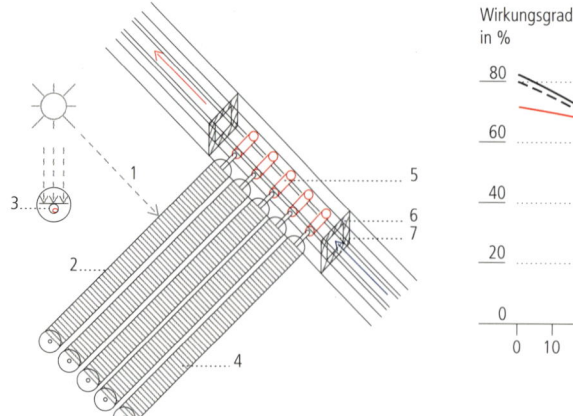

Bild 4.50 zeigt einen entsprechenden Anlagenaufbau, bei dem Solarenergie nicht nur Wärmeenergie zum Beheizen, sondern gleichzeitig auch Wärmeenergie zum Betreiben einer Kälteanlage liefert. Hierbei muß jedoch unter Umständen anstatt der zuvor aufgeführten Kollektoranlagen (Prinzip Flachplatten) ein linienfokussiertes System eingesetzt werden, um Vorlauftemperaturen von deutlich über 100 °C zu erreichen. Bei der dargestellten Systemlösung ist besonders vorteilhaft, daß zu Zeiten hoher Strahlungsintensität und in der Regel hoher Kühllasten gleichzeitig auch die notwendige Wärmeenergie für eine Absorptions-Kälteanlage zur Verfügung steht, somit mit geringen Energiekosten zu rechnen ist.

Bild 4.50
Mit Solarenergie betriebene Heizungs- und Kälteanlage

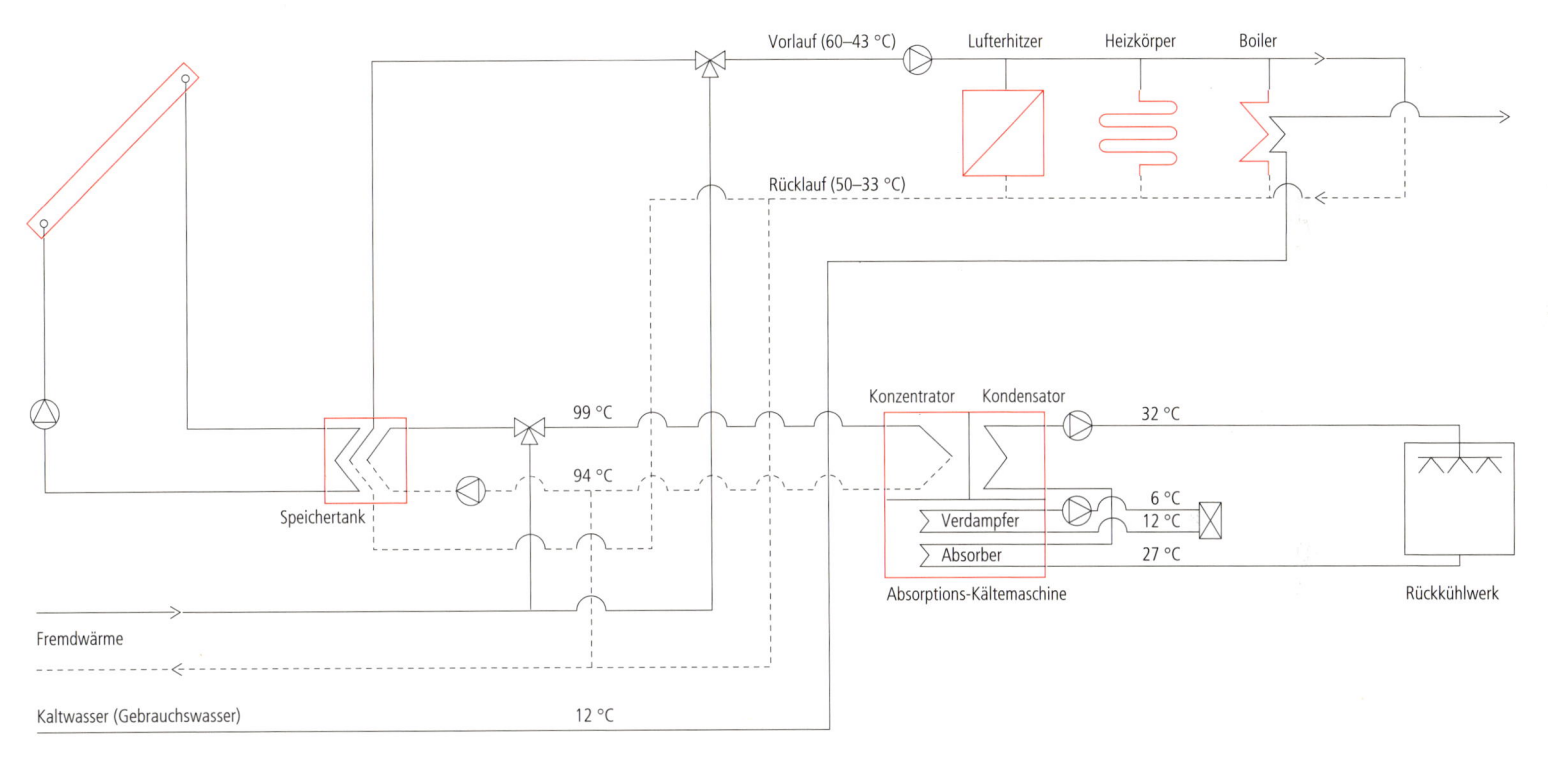

4.3.6 Brennstoffzellen

Eine neue zukunftsweisende Technologie zur Energieerzeugung ist die Brennstoffzelle. Im Bereich der Gebäudetechnik bietet sich die Hochtemperatur-Brennstoffzelle an, die Erdgas mit einem Wirkungsgrad von mehr als 50 % in elektrischen Strom umwandelt und dabei Abgase mit sehr hohen Temperaturen erzeugt, die zu Heizwecken genutzt werden können. Die Systeme, die zum Teil schon auf dem Markt erhältlich sind, zum Teil sich im Erprobungsstadium befinden, sind als Alternative zu Blockheizkraftwerk zu sehen. Im Gegensatz zu den üblichen motorischen Systemen werden keine Stickoxide freigesetzt, der Betrieb ist annähernd geräuschlos und die Gesamtwirkungsgrade liegen im Bereich der Systeme der Kraft-Wärme-Kopplung.

Das Funktionsprinzip der Brennstoffzelle ist die flammenlose Verbrennung von Erdgas oder Wasserstoff in einem Elektrolyten. Die Brennstoffzellen werden üblicherweise nach dem verwendeten Elektrolyten unterschieden. Sie werden gelegentlich auch nach der Betriebstemperatur eingeteilt (Hoch- und Niedertemperatur-Brennstoffzellen). Die für die Nutzung in der KWK geeigneten BSZ-Typen sind – die Phosphorsaure-Brennstoffzelle (PAFC), – die Karbonatschmelze-Brennstoffzelle (MCFC) sowie – die oxidkeramische Brennstoffzelle (SOFC). Die MCFC- und die SOFC-Brennstoffzelle sind Hochtemperaturbrennstoffzellen (600 °C bzw. 800 °C).

Die PAFC-Brennstoffzellen sind technisch am weitesten entwickelt, weisen aber den geringsten elektrischen Wirkungsgrad auf (elt. Systemwirkungsgrad 40 %). Brennstoffzellen diesen Typs sind am Markt verfügbar.

Die MCFC-Brennstoffzellen sind derzeit in einigen Demonstrationsanlagen in Betrieb, die jedoch mit Dichtigkeits- und Korrosionsproblemen kämpfen. Die SOFC-Brennstoffzellen befinden sich zur Zeit im Feldtest. Im Gegensatz zu den PAFC- und MCFC-BSZ, bei denen der flüssige Elektrolyt in einer Festkörpermatrix gehalten wird, ist bei den SOFC-Brennstoffzellen die Keramik der Elektrolyt. Eine Zelle besteht aus einem keramischen Elektrolyt (0,2 mm ionenleitendes Zirkonoxid) und darauf beidseitig aufgebrachten porösen Elektroden (0,03 mm) aus einer elektrisch leitenden, metallischen Keramik **(Bild 4.51.1)**. In der Kathode wird Sauerstoff der einströmenden Luft bei Temperaturen um 800 °C ionisiert, d.h. der Sauerstoff nimmt Elektronen auf. Die Sauerstoffionen diffundieren dann aufgrund des entstehenden Konzentrationsgefälles durch den Elektrolyten zur Anode. Dort reagiert der Sauerstoff mit dem Gemisch aus Erdgas (CH_4), Wasserstoff (H_2) und Kohlenmonoxid (CO) unter Bildung von CO_2 und Wasser bei Freisetzung von Wärme. Die überzähligen Elektronen aus dem Sauerstoffion werden dabei ebenfalls frei und fließen über einen externen Stromkreis wieder zur Kathode zurück. Die Gleichspannung, die zwischen den beiden Elektroden entsteht, liegt unter 1 V, so daß viele Zellen in Serie geschaltet werden müssen, um ausreichende Ausgangsspannungen zu erhalten. Dazu werden die Brennstoffzellen übereinander gestapelt. Durch eine optimierte Strömungsführung in einem Modul kann die freiwerdende Wärmeenergie gleichzeitig zur Vorerwärmung der Zuluft, zur Aufbereitung des Erdgases (Reformierung von Erdgas und Wasser zu CH_4, H_2 und CO), zu Heizzwecken und zur Nachverbrennung des unverbrauchten Erdgases genutzt werden **(Bild 4.51.2)**, wie es im Hexis-Konzept (Fa. Sulzer Innotec, Winterthur) verwirklicht worden ist. Den Gesamtaufbau einer solchen Anlage zeigt **Bild 4.52**. Die Kosten für diese Systeme liegen z.Zt. noch sehr hoch, so daß erst Großserien zu einem günstigen Kosten-Nutzen-Verhältnis führen werden. Gleichwohl handelt es sich hierbei um eine interessante Zukunftstechnologie.

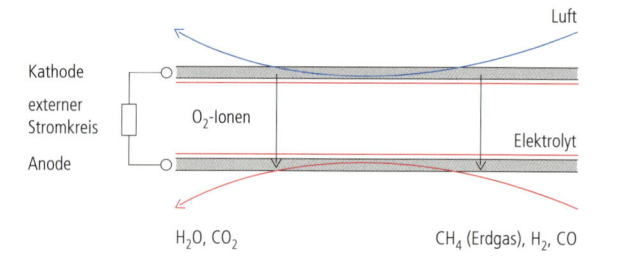

Bild 4.51.1
Das Prinzip der Brennstoffzeile

Sauerstoffionen aus der Luft wandern von der Kathode durch den Elektrolyten zur Anode und reagieren dort mit aufbereitetem Erdgas. Dabei entsteht elektrischer Strom und Wärme.

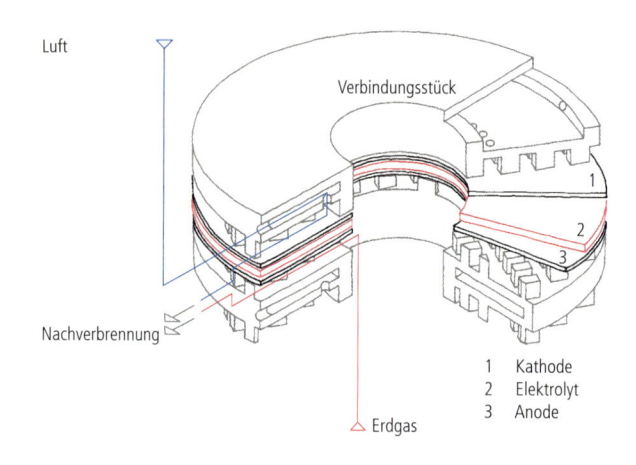

Bild 4.51.2
Schnitt durch einen Zellenstapel
Erst durch die Serienschaltung mehrerer Zellen entstehen Einheiten mit der geforderten Leistung im kW-Bereich.

1 Kathode
2 Elektrolyt
3 Anode

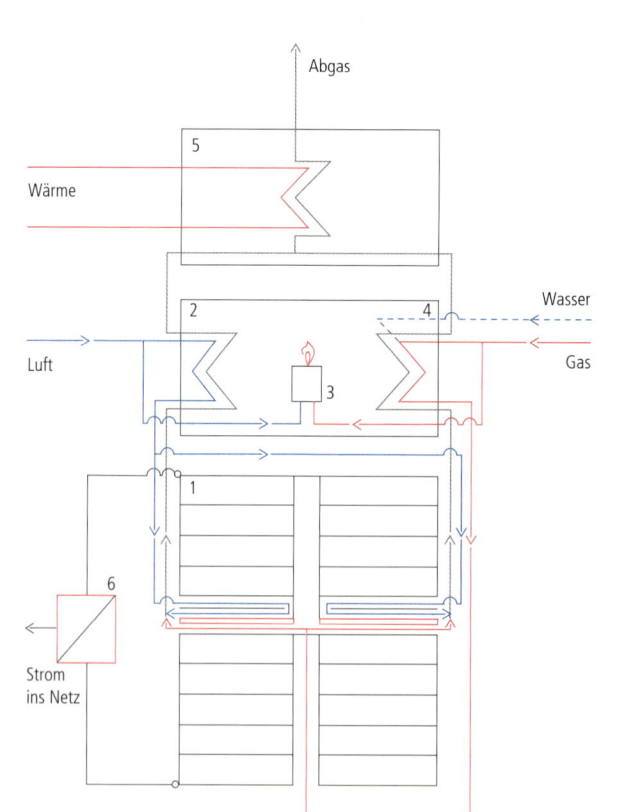

Bild 4.52
Aufbau einer Brennstoffzellenanlage

1 Brennstoffzellenstapel
2 Luftvorwärmer
3 Anfahr- und Zusatzbrenner
4 Erdgasaufbereitung
5 Abgaswärmetauscher
6 Regelung, Wechselrichter

4.3.7 Wärmepumpen

Wärmepumpen sind vom Aufbau her Kältemaschinen, die unter Aufwendung von Arbeit in einem Kreisprozeß Energie aus der Umgebung entziehen und sie dann auf ein höheres Temperaturniveau, das zu Heizzwecken nutzbar ist, bringen. Dabei ist die nutzbare Wärmemenge ein Vielfaches des Wärmeäquivalents der aufgewendeten Arbeit.

So beträgt z. B. bei elektrisch angetriebenen Wärmepumpen je kW Motorleistung die gelieferte Wärmeleistung das Drei- bis Vierfache (3 bis 4 kW Heizleistung). Die zur Verfügung stehende Wärmeenergie setzt sich damit aus zwei Teilen zusammen; der von der niederen zur höheren Temperatur „hochgepumpten" Energie und dem Wärmeäquivalent der dazu aufgewendeten Arbeit.

Wärmepumpen werden entweder primär zur Kälteerzeugung ausgelegt und liefern in diesem Rahmen anfallende Wärmeenergie oder aber werden primär zur Wärmeerzeugung dimensioniert. **Bild 4.53** zeigt das Prinzip-Schaltbild einer Gas-Motor-Wärmepumpe mit dem Gasmotor und seinen nachgeschalteten Kühlern (Motorkühler/Abgaswärmetauscher) sowie weiterhin den angeschlossenen Kältekreislauf mit Verdichter, Kondensator (zur Wärmeerzeugung) und Verdampfer zur Schöpfung von Umweltenergie (hier im gezeigten Beispiel Nutzung von Kühlwasser eines Kühlturms).

Als Wärmequellen bieten sich bei Wärmepumpenanlagen an:
– Grundwasser
– Erdreich
– Außenluft
– Abluftströme von Lüftungsanlagen
– Oberflächenwasser
– Abwasser

Bild 4.53 zeigt das aus dem Heiznetz zurückfließende Wasser, das durch einen Kondensator (der Wärmepumpe), anschließend durch einen Motorkühler und letztlich durch einen Abgas-Wärmetauscher geleitet wird, wodurch ein sehr hohes Temperaturniveau des Vorlaufwassers für das Heiznetz erreicht wird (ca. 95 °C).

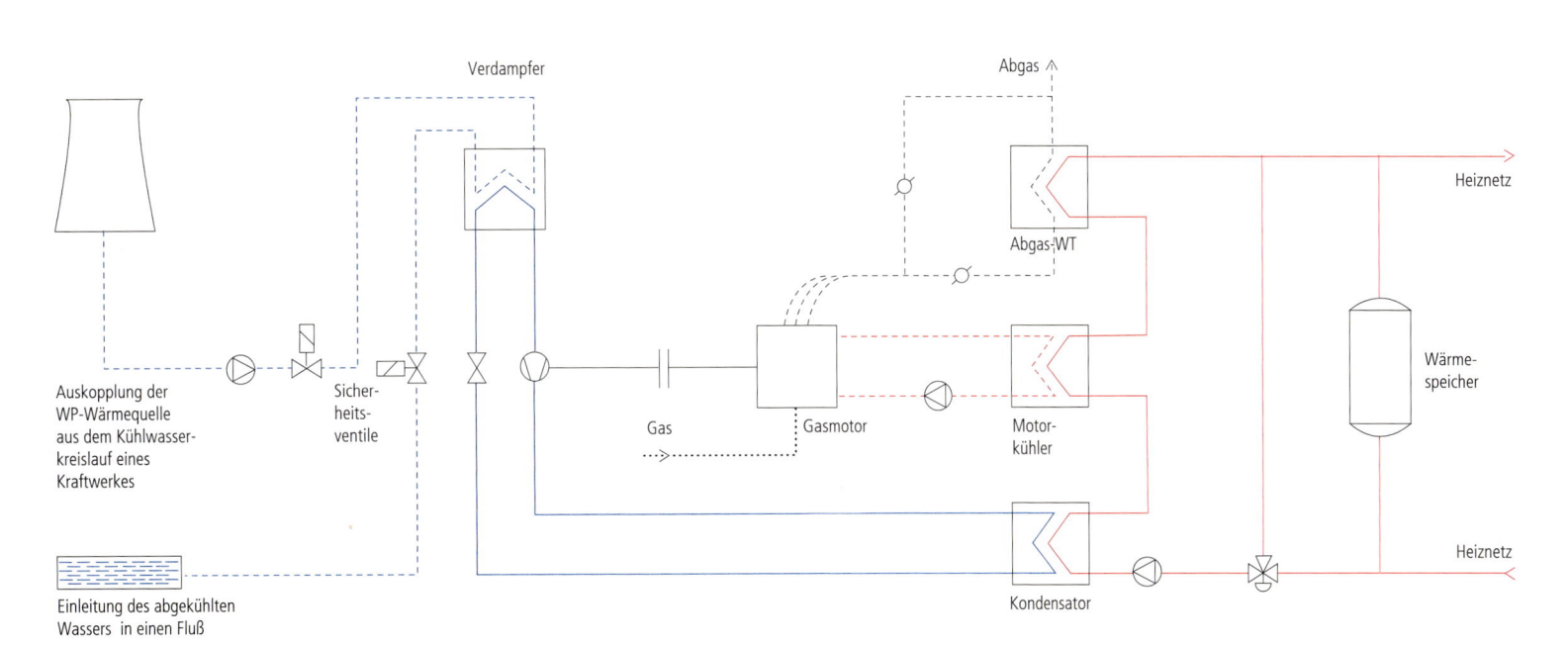

Bild 4.53
Prinzip-Schaltbild,
Gasmotor-Wärmepumpe

— Heizwasser-Kreislauf
— Kältemittel-Kreislauf
--- Kreislauf der Wärmequelle (Kühlturm)
..... Gas
--- Abgas
--- Kühlwasser-Kreislauf

Die abgegebene Wärmeenergie des Kondensators setzt sich zusammen aus der Motorleistung des Verdichters sowie der Wärmeleistung, die über den Verdampfer dem Kühlwasserkreislauf entzogen wird. Es handelt sich bei diesem System somit um ein Wasser-Wasser-System, da Wasser als Wärmequelle dient. Anders ist es bei der Anlage gemäß **Bild 4.54**, das eine Gaswärmepumpe in ihrem prinzipiellen Aufbau zur Versorgung von Häusern mit Wärmeenergie zeigt. Bei dieser Anlage dient als Wärmequelle Außenluft, die jedoch im Gegensatz zu der zuvor dargestellten Anlage lediglich bis zu einer Außentemperatur von ca. −5 °C betrieben werden kann, darüber hinaus wird die Wärmeenergie durch Heizkessel bereitgestellt.

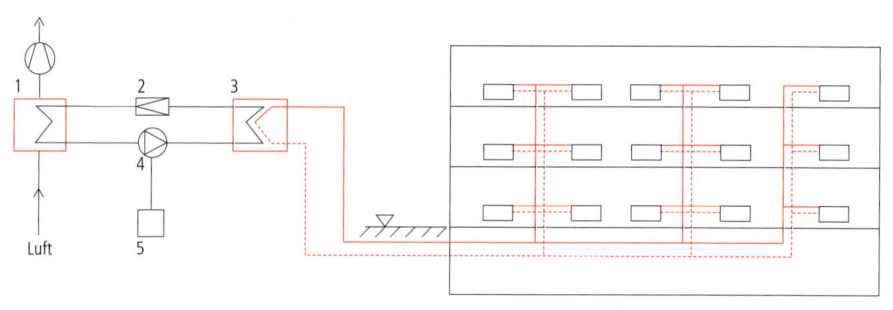

Eine andere bisher kaum genutzte Wärmequelle sind die warmen Abwässer in den Abwasserkanälen. Dem Abwasser wird über einen Wärmetauscher die Wärme entzogen und mit einer Wärmepumpe auf ein nutzbares Niveau gebracht. Der Wärmetauscher wird dabei in die Trockenlaufrinne integriert **(Bild 4.55.1)**

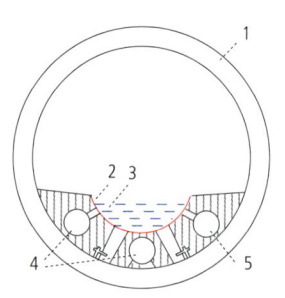

Bild 4.55.2 zeigt das Prinzipschema einer Grundwasser-Wärmepumpenanlage mit den Förder- und Schluckbrunnen, wobei Grundwasser eine ideale Wärmequelle ist, da es ständig mit annähernd gleicher Temperatur (ca. +12 °C) zur Verfügung steht. Infolge umweltschutztechnischer Maßnahmen wird jedoch heute nur noch in sehr eingeschränktem Maße die Erlaubnis zur Nutzung von Grundwasser gegeben, so daß der Einsatz der Wärmepumpenanlage in der gezeigten Form von Fall zu Fall zu klären ist und nur noch bedingt auftritt. Da bei dieser Anlage wiederum Wasser als Wärmequelle dient, spricht man hier ebenfalls von einer Wasser-Wasser-Wärmepumpenanlage.

Bild 4.54
Schema Gaswärmepumpe

1 Verdampfer
2 Expansionsventil
3 Verflüssiger
4 Verdichter
5 Gasmotor
═══ Heiznetz

Bild 4.55.1
Querschnitt eines Abwasserkanals mit Rabtherm-Wärmetauscher (Werkbild Studer + Partner)

1 Abwasserkanal
2 Wärmetauscher Halbschale
3 Abwasser
4 Vorlauf Zwischenmedium
5 Rücklauf Zwischenmedium

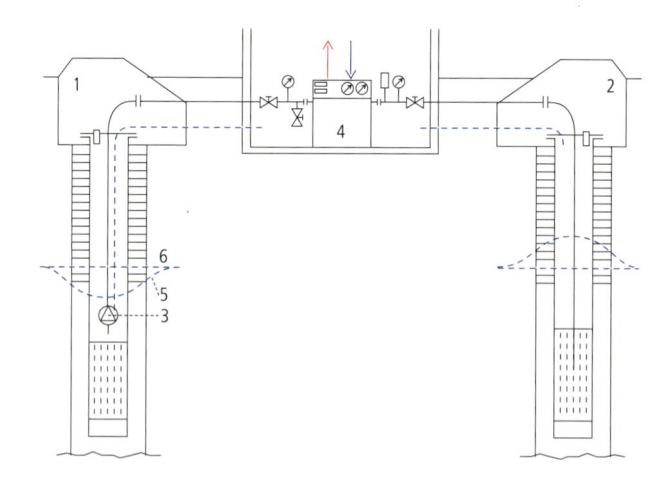

Bild 4.55.2
Prinzipschema einer Grundwasser-Wärmepumpenanlage mit Förderbrunnen, Schluckbrunnen, Unterwasserpumpe, Wasser/Wasser-Wärmepumpe

1 Förderbrunnen
2 Schluckbrunnen
3 Unterwasserpumpe
4 Wasser / Wasser-Wärmepumpe
5 Förderwasserspiegel
6 Ruhewasserspiegel

Bezeichnungssystematik der Wärmepumpen

X – Y – WP
(Quelle) (Senke)

Bild 4.56 zeigt ein Gebäude, bei dem das Erdreich als Wärmequelle für eine Wärmepumpenanlage dient. Dabei sind verschiedene Formen der Erdwärmenutzung, d.h. Einsatz der Erdreichkollektoren, möglich.

Eine andere Form des Einsatzes von Kollektoren (Wärmeabsorber) zeigt das **Bild 4.57**. Dieses Bild zeigt auf dem Dach verlegte Kunststoff-Rohrschlangen (Dach-Wärmeabsorber), die nicht nur aufgestrahlte Sonnenenergie, sondern auch die Energie der Umgebungsluft und des Regens aufnimmt. Wärmeabsorberflächen können neben der Aufstellung im Dachbereich auch in Form von Energiezäunen (vertikale Aufstellung im Gelände) oder Energiestapeln zum Einsatz kommen.

Bild 4.58 zeigt eine Gaswärmepumpe in einer Zentrale, die der Beheizung eines Gebäudes dient. Diese Gas-Heizzentrale ist in einen Heizverbund mit weiteren Wärmepumpenanlagen (gas- oder elektrisch betrieben) eingebunden und erzeugt je Maschine 800 kW Heizleistung. Gleichzeitig wird die Gas-Wärmepumpenanlage auch als Kältemaschine zur Versorgung einer Kältetrasse genutzt, so daß hier eine optimale Nutzung der Maschine erfolgt.

Bild 4.57
Dach-Wärmeabsorber

Bild 4.58
Wärmezentrale mit Gaswärmepumpen

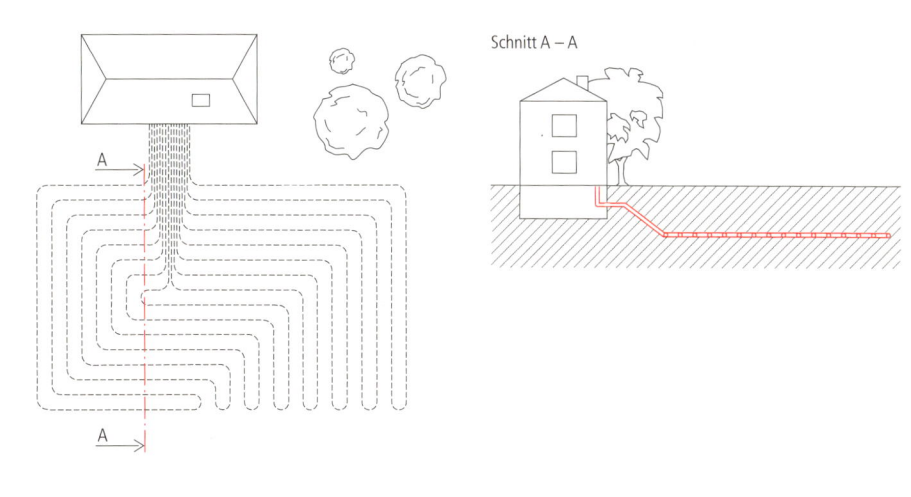

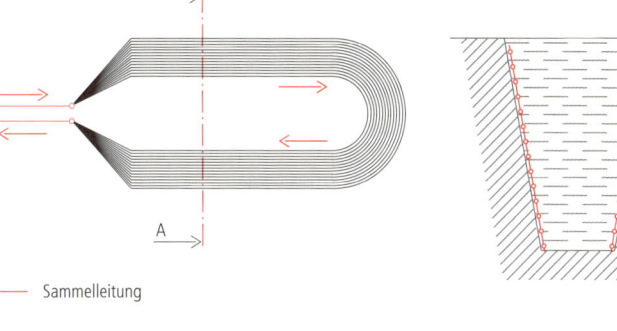

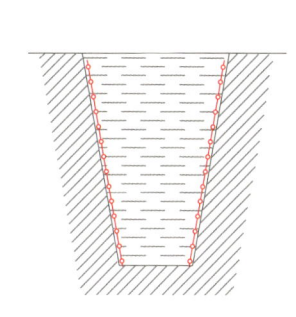

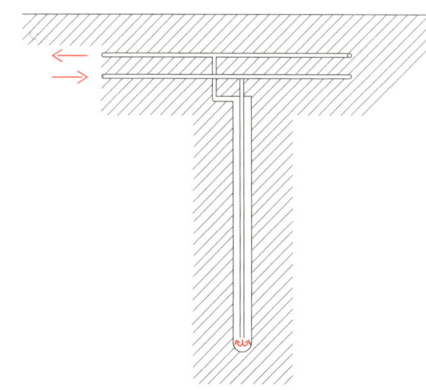

Bild 4.56
Beispiele für Erdreichkollektor, Grabenkollektor und vertikale Erdsonde

4.3.8 Kraft-Wärme-Kopplung (KWK)

Tabelle 4.9 zeigt eine Übersicht der verschiedenen Systemtechniken der Kraft-Wärme-Kopplung (KWK).

Die Kraft-Wärme-Kopplung wurde vor noch wenigen Jahren ausschließlich in Kraftwerken eingesetzt (Heizkraftwerke – HKW), bei denen als Antriebssystem verschiedenartig betriebene Turbinen zum Einsatz kamen. Wie der Name bereits sagt, wurden Heizkraftwerke hauptsächlich aufgebaut, um neben elektrischer Energie Wärmeenergie zu erzeugen und in ein Fernwärmenetz einzuspeisen.

Aufgrund der Energiekrisen in den siebziger und achtziger Jahren wurde das Monopol der Energieerzeuger dahingehend aufgehoben, daß auch Nutzern von Gebäuden gestattet wurde, eine eigene Form der Kraft-Wärme-Kopplung aufzubauen. Bei dieser Anlagenform handelt es sich um Blockheizkraftwerke (BHKW), die, wie der Vergleich gemäß **Tabelle 4.9** zeigt, sehr viel geringere Leistungen erzeugen und abgeben als die Heizkraftwerke. Dabei kam und kommt es darauf an, einen ausgeglichenen Energieverbund zu erreichen.

Blockheizkraftwerke (BHKW)

Die Blockheizkraftwerk-Anlagen sind im Prinzip Kleinkraftwerke mit Verbrennungsmotoren, die einen Generator zur Stromerzeugung betreiben und die Abwärme der Motoren aus Kühlwasser und Abgas zur Heizung ausnutzen. Bezogen auf den Brennstoffeinsatz erreichen sie eine Stromausbeute von etwa 30 bis 40 % sowie eine Wärmeausbeute von etwa 55 %, so daß sich ein Gesamt-Wirkungsgrad von 85 bis 95 % ergibt.

Bild 4.59 zeigt die drei BHKW-Module in der Wärmezentrale einer Pharmafabrik mit einer Wellenleistung von je 315 kW und einer Abwärmeleistung von je 520 kW. Die restliche, benötigte Wärmeenergie für die Versorgung der Produktions- und Laborbereiche sowie der Absorptionskältemaschinen und der Heizung wird per Gas- und Dampfkessel erzeugt. Die Entwärmung der Abgase erfolgt von ca. 430 °C auf 120 °C, so daß hier in etwa drei Viertel der in den Abgasen enthaltenen Wärmeenergien genutzt wird.

BHKW-Module sind teurer und in der Wartung aufwendiger als Heizkessel. Die Wirtschaftlichkeit von BHKW-Anlagen ist für den Einzelfall nachzuweisen. Tatsache ist, daß durch den Einsatz dieser Anlagen eine rationellere Energieverwendung gegenüber konventioneller Energieversorgung gegeben ist. Verbunden mit dem rationellen Energieeinsatz ist die Verminderung der Umweltbelastung durch den Schadstoffausstoß.

Systematik	Heizkraftwerke HKW			Blockheizkraftwerke BHKW		
	Heizkraftwerk mit Dampfturbinen	Heizkraftwerk mit Gasturbinen	Kombi-Heizkraftwerk	Blockheizkraftwerk „nach Maß"	Standard-Blockheizkraftwerk	Klein-Blockheizkraftwerk (TOTEM)
Antriebssystem	Damfturbinen	Gasturbinen	Gasturbinen und Dampfturbinen kombiniert	Gasmotor mit Dreiwegekatalysator	Gasmotor mit Dreiwegekatalysator	PKW-Gasmotor
Brennstoff	Kohle, Schweröl (Wirbelschichtfeuerung) Erdgas, Heizöl (konventioneller Dampfkessel)	Erdgas, Heizöl EL, vergaste Kohle (in Zukunft)	Erdgas, Heizöl EL, vergaste Kohle (in Zukunft)	Erdgas, Biogas (z.B. in Kläranlagen)	Erdgas, Biogas (z.B. in Kläranlagen)	Erdgas, Biogas (z.B. in Kläranlagen)
Haupsächlicher Einsatzbereich (Beispiele)	Fernwärmeverbund	Prozeßwärme für die Industrie, Spitäler (Dampf, Heißwasser)	Fernwärmeverbund	Nahwärmeverbund größere Einzelgebäude	Nahwärmeverbund größere Einzelgebäude	EFH-Siedlung Einzelgebäude
Leistungsbereich	ab 5 MW	ab 0,5 MW	ab 20 MW	50... 1'000 kW	150... 200 kW [2] [3]	15... 50 kW [3]
Stromkennzahl [1]	0,30... 0,60	0,40... 0,70	0,80... 1,20	0,45... 0,65	0,45... 0,65	0,35... 0,45
Wirkungsgrad	0,85	0,75... 0,85	0,75... 0,85	0,85... 1,00 [4]	0,85... 1,00 [4]	0,85... 1,00 [4]

Tab. 4.9
Kraft-Wärme-Kopplung (KWK)

[1] Stromkennzahl = Elektrizitätsproduktion/Wärmeproduktion
[2] Günstiger Leistungsbereich in Bezug auf Wirtschaftlichkeit und Einsatzpotential
[3] Zusammenschaltung mehrerer Einheiten für größere Leistungen möglich
[4] Mit entsprechendem Aufwand (Nutzung latenter Wärme mittels Abgaskondensation) sind theoretisch Wirkungsgrade knapp über 1,00 (bezogen auf den unteren Heizwert) möglich

4.3 Wärmeerzeugungsanlagen

BHKW-Systeme bieten sich insbesondere dann an, wenn in einem Gebäude oder Gebäudekomplex ein hoher, stetiger elektrischer Energieverbrauch besteht (z.B. Rechenzentrum/technische Anlagen, die im Dauerbetrieb arbeiten usw.) und wenn gleichzeitig die Wärmeenergie sinnvoll genutzt werden kann.

Bild 4.60 zeigt ein sehr großes BHKW-System, bestehend aus fünf Modulen. Wie sehr gut erkennbar ist, werden durch die gasgetriebenen Maschinen Generatoren zur Stromerzeugung betrieben und gleichzeitig die Wärmeenergie genutzt. Je nach kompletter Maschinenkonfiguration kann die Wärmeenergie im Sommer in Kälteenergie umgewandelt werden (über Absorptions-Kältemaschinen) oder dient ansonsten anderweitigen Wärmeverbrauchern.

Blockheizkraftwerk-Anlagen bieten sich insbesondere dann an, wenn die Anlage ein Notstromdiesel-Aggregat ersetzt, Wärme verkauft und gegebenenfalls Strom in das öffentliche Netz eingespeist werden kann. Hierbei variieren die Vergütungen regional jedoch sehr stark und sind abhängig von den Bedingungen der Energieversorger.

Kapitalkosten und Betriebskosten sowie Betriebsnebenkosten sind Fixkosten und damit abhängig von der jährlichen Betriebszeit der Anlage. Insofern ist es wichtig, daß die Laufzeiten entsprechender Anlagen möglichst groß sind, bzw. je geringer die Laufzeit um so höher sind die spezifischen Kosten der erzeugten Energie. **Bild 4.61** zeigt beispielhaft eine Jahresdauerlinie einer Wohnsiedlung. Die Jahresdauerlinie beschreibt den Gesamt-Wärmebedarf während des Jahres in Abhängigkeit von der Außentemperatur. Die in die Jahresdauerlinie eingetragenen BHKW-Module (M1/2/3) besitzen Laufzeiten von 8.000 bis 4.000 Stunden pro Jahr, woraus sich eine hohe Rentabilität ableiten läßt. Laufzeiten von entsprechenden BHKW-Modulen unter 4.000 Stunden müssen vermieden werden, da, wie bereits das Bild zeigt, die Energiekosten zu hoch werden.

Bild 4.59
Wärmezentrale: Blockheizkraftwerk BHKW, Salutas Pharma GmbH (Thermische Leistung ca. 3 x 520 kW) (Werkbild m+w Zander)

Bild 4.60
Maschinenhalle mit BHKW (Thermische Leistung ca. 7 MW)

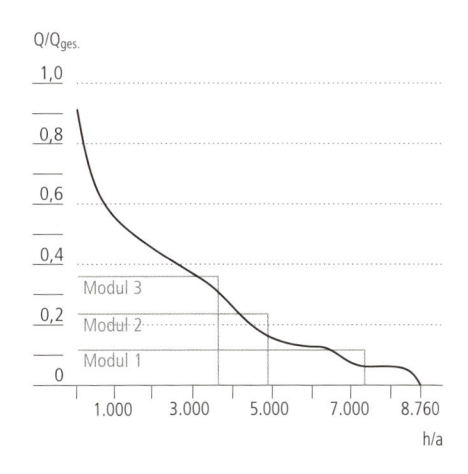

Bild 4.61
Jahresdauerlinie des Wärmebedarfs in einer Wohnsiedlung und Auswertung der Jahresdauerlinie für die BHKW-Dimensionierung

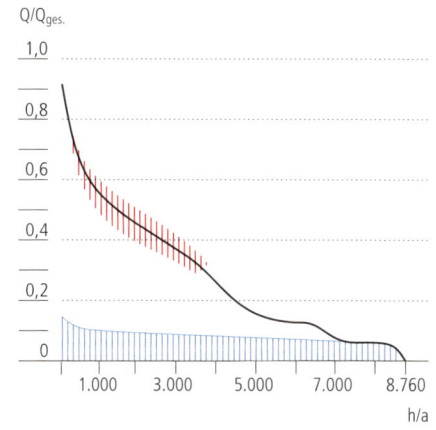

Wärmebedarf einer Wohnsiedlung

||||| Toleranzbereich durch Außentemperatur
||||| Warmwasser

4.3.9 Holzschnitzelfeuerung

Im Gegensatz zur Holzfeuerung in offenen Kaminen oder alten Holzverbrennungsöfen wird heute aus Gründen des Umweltschutzes Holz in Hackschnitzelform verbrannt, wodurch der zumindest bei Großanlagen notwendige Automatisierungsgrad erreicht wird. Um einen möglichst schadstoffarmen Verbrennungsbetrieb zu erreichen, kommt es wesentlich darauf an, daß hohe Temperaturen und lange Verweilzeiten der Gase in der Brennzone zu einer restlosen Verbrennung führen. Hierzu ist eine intensive Vermischung von Gasen und Brennluft notwendig. Bei modernen Schnitzelfeuerungsanlagen erfolgt daher eine Trennung von Vergasung, Verbrennung und Wärmenutzung, wie aus **Bild 4.62** ersichtlich ist.

Abgabe von Kohlenmonoxid und Kohlenwasserstoffen ist dann am geringsten, wenn die Feuchte des Holzes niedrig ist. Weiterhin muß der Temperaturanstieg möglichst schnell erfolgen, da ansonsten zu viele Schadstoffe entstehen. Problematisch bei der Holzverbrennung ist nicht die Verbrennung neuen Holzes, sondern vielmehr alter Hölzer, die häufig oberflächenbehandelt oder total imprägniert sind. Hier muß das Abgas unter Umständen über entsprechende Katalysatoren nachgereinigt werden.

Die Entwicklung schadstoffarmer Holzfeuerungsanlagen wird zur Zeit mit hohem Nachdruck betrieben (insbesondere an der ETH, Zürich), da Holz in unseren Breitengraden ein heimischer, nachwachsender Rohstoff von bedeutender Menge ist.

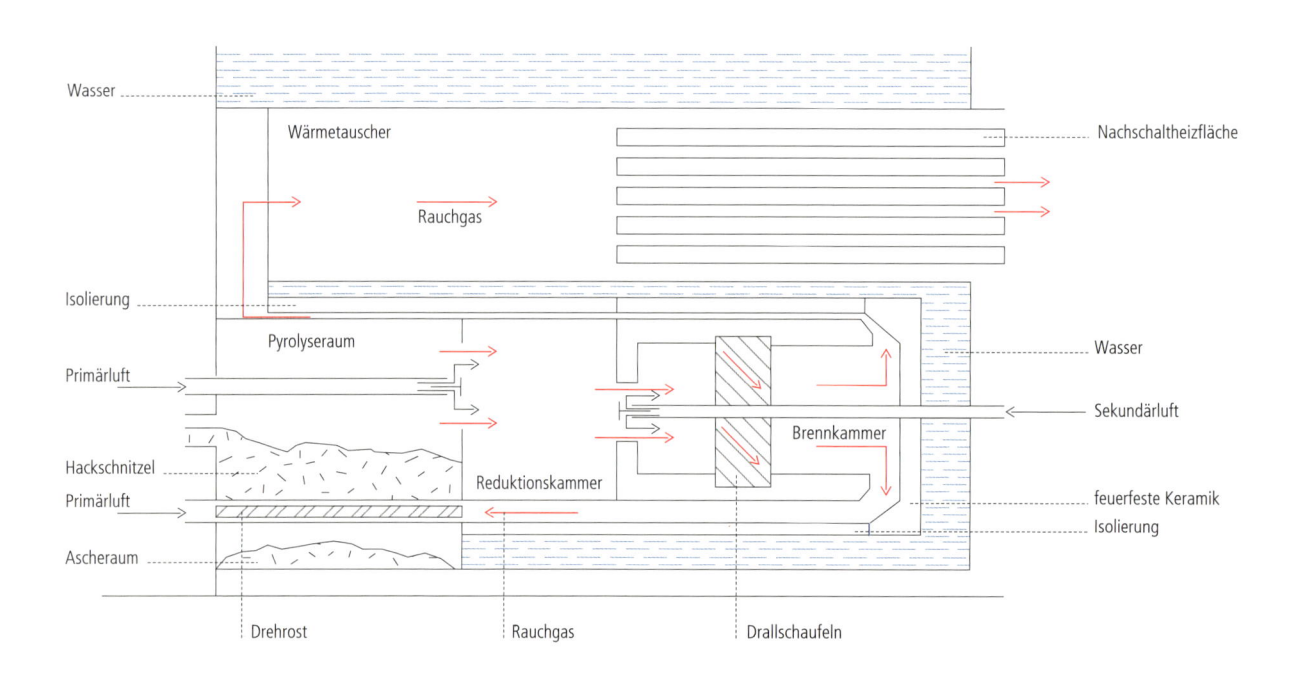

Bild 4.62
Prinzipschnitt durch Holzschnitzel-Feuerungs-Anlage

Die Holzschnitzel werden über eine Förderschnecke in den Pyrolyseraum eingeführt und dann über einen Drehrost langsam weiterbefördert. In der Reduktionskammer erfolgt eine Verminderung der Stickoxide durch Vorerhitzung. Die hierbei entstehenden Brenngase treten anschließend in eine Brennkammer ein, wo sie mit Luft intensiv durchmischt werden, um einen vollständigen Abbrand zu erreichen. Anschließend strömen die heißen Brenngase über die Wärmetauscher und Economiser und übertragen ihre Wärmeenergie auf den Warmwasser-Heizkreislauf. Die

4.4 Wärmeenergieverteilung

Bei der Wärmeenergieverteilung (Heizwärme) unterscheidet man folgende Systeme:
- Zweirohrsystem mit unterer Verteilung und senkrechten Steigesträngen,
- Zweirohrsystem mit oberer Verteilung und senkrechten Steigesträngen,
- Zweirohrsystem mit horizontaler Verteilung in den Geschossen,
- Einrohrsysteme,
- Etagenheizung.

4.4.1 Zweirohrsysteme

Zweirohrsystem mit unterer Verteilung
Beim Zweirohrsystem (Bild 4.63) wird jeder Heizkörper der Anlage über eine Vorlaufleitung mit Heizwasser von gleicher Temperatur versorgt; das abgekühlte Wasser wird über eine Rücklaufleitung zum Wärmeerzeuger zurückgeführt. Bei der unteren Verteilung werden die Hauptverteilleitungen, von denen die senkrechten Steigestränge abzweigen, meistens im Unter- oder Kellergeschoß verlegt.

In größeren Objekten besteht ein solches Verteilungssystem zusätzlich aus mehreren, nach Himmelsrichtungen oder Nutzungen unterteilten Gruppen, die einzeln geregelt werden können.

Zweirohrsystem mit oberer Verteilung
Die Wärmeverteilung erfolgt bei diesem System (Bild 4.64) wie beim Zweirohrsystem mit unterer Verteilung. Der Unterschied besteht lediglich darin, daß die Hauptverteilleitungen entweder im obersten oder im Dachgeschoß verlegt werden. Neben der Vorlauf- und Rücklaufleitung im Ober- oder Dachgeschoß wird die Rücklaufleitung im Untergeschoß oder in einem Bodenkanal des untersten zu beheizenden Geschosses angeordnet.

Das System wird dann eingesetzt, wenn die Wärmeerzeugungsanlage als Dachzentrale ausgeführt wird, oder bauliche Gründe eine untere Verteilung nicht zulassen.

Zweirohrsystem mit horizontaler Verteilung in Geschossen
Bei diesem System werden die Verteilleitungen entweder unterhalb der Geschoßdecke – im Hohlraumbereich der abgehängten Zwischendecke – oder in einem aufgeständerten Doppelboden verlegt und die darüber- oder dahinterliegenden Heizkörper direkt an die Verteilleitungen angeschlossen (Bild 4.65).

Das System findet in Gebäuden Anwendung, in denen keine senkrechten Steigestränge im Bereich der Fassadenkonstruktion geführt werden können und die senkrechte Verteilung auf wenige zentral angeordnete Steigestränge beschränkt bleiben muß.

In Gebäuden ohne Doppelböden oder abgehängte Decken ist der Einsatz dieses Systems nur dann möglich, wenn die Rohrleitungen sichtbar auf dem Rohboden verlegt und damit die Nachteile der im Estrich liegenden Rohrleitungen in Kauf genommen werden, oder die Leitungen auf der Außenwand hinter den Heizkörper verlegt werden.

Insbesondere bei Wohnbauten werden die Heizkörper auch ab einem zentralen Wohnungsverteiler über Bodenleitungen im Estrich (Unterlagsboden) angeschlossen.

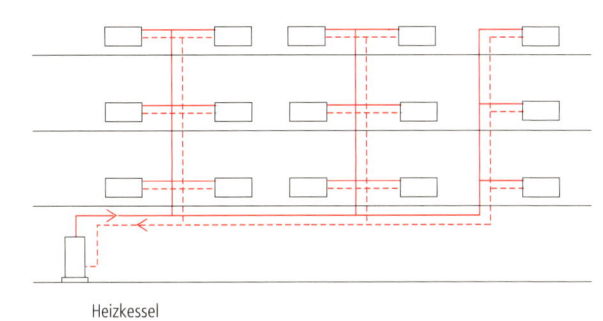

Bild 4.63
Zweirohrsystem mit unterer Verteilung und senkrechten Steigesträngen

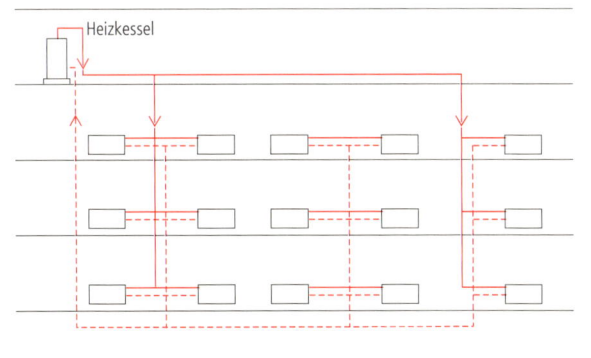

Bild 4.64
Zweirohrsystem mit oberer Verteilung und senkrechten Steigesträngen

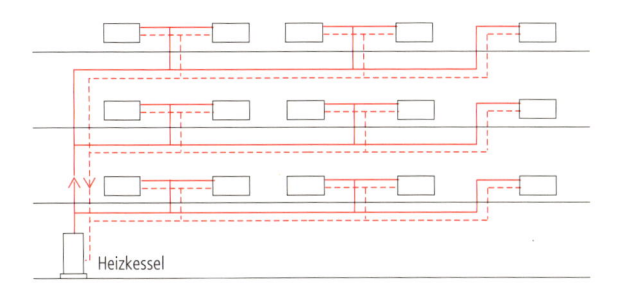

Bild 4.65
Zweirohrsystem mit horizontaler Verteilung in den Geschossen

4.4.2 Einrohrsystem

Beim Einrohrsystem erfolgt die Versorgung der Heizkörper mit Heizwasser nur über ein Rohr, das heißt sowohl Vorlauf- als auch Rücklaufwasser werden über eine gemeinsame Rohrleitung gefördert. Das hat zur Folge, daß die einzelnen Heizkörper mit Heizwasser versorgt werden, dessen Temperatur von Heizkörper zu Heizkörper durch das jeweils beigemischte kältere Rücklaufwasser abnimmt. Um die Leistung der Heizkörper anzupassen, ist entweder eine entsprechende Heizflächenvergrößerung notwendig, oder die über die Heizkörper fließende Wassermenge muß zur konstanten Beibehaltung der mittleren Heizflächentemperatur entsprechend vergrößert werden.

Bei großen Einrohrheizungsanlagen erfolgt die Hauptverteilung von der Heizzentrale aus. An dieses Verteilungssystem werden die Leitungen zu den Heizkörpern im Einrohrsystem angeschlossen.

Man unterscheidet horizontale und vertikale Einrohrsysteme, **Bild 4.66**. Beim horizontalen Einrohrsystem wird die von den senkrechten Steigeleitungen abzweigende Rohrleitung horizontal – meist unterhalb der Geschoßdecke oder im Doppelboden – verlegt. Daran werden nebeneinander im gleichen Geschoß liegende Heizflächen angeschlossen.

Beim vertikalen Einrohrsystem wird die Rohrleitung, abzweigend von den waagerechten Verteilleitungen im Keller- oder Dachgeschoß, vertikal in Schächte oder Schlitze verlegt. Daran werden übereinander in verschiedenen Geschossen liegende Heizflächen angeschlossen. Der Vorteil eines horizontalen Einrohrsystems gegenüber einem vertikalen liegt darin, daß eine geschoßweise Unterteilung der Heizgruppen in einzelne, separat meß- und regelbare Zonen möglich ist und damit der Gebäudenutzung sowohl im Verwaltungs- als auch im Wohnungsbau entsprochen werden kann.

4.4.3 Etagenheizung

Bei der Etagenheizung, **Bild 4.67**, die fast ausschließlich bei der Altbaumodernisierung Anwendung findet, wird je Etage bzw. Nutzungsbereich ein eigener Wärmeerzeuger (Gasspezialheizkessel bzw. Gas-Umlaufwasserheizer) vorgesehen. Die einzelnen Heizkörper werden entweder im Zweirohr- oder im Einrohrsystem mit Heizwasser versorgt.

Die Rohrleitungen sind dabei vorwiegend auf dem Rohfußboden oder hinter Spezialfußleisten auf der Wand verlegt. Bei der Verlegung auf dem Rohfußboden müssen wiederum die Nachteile im Estrich liegender Rohrleitungen in Kauf genommen werden.

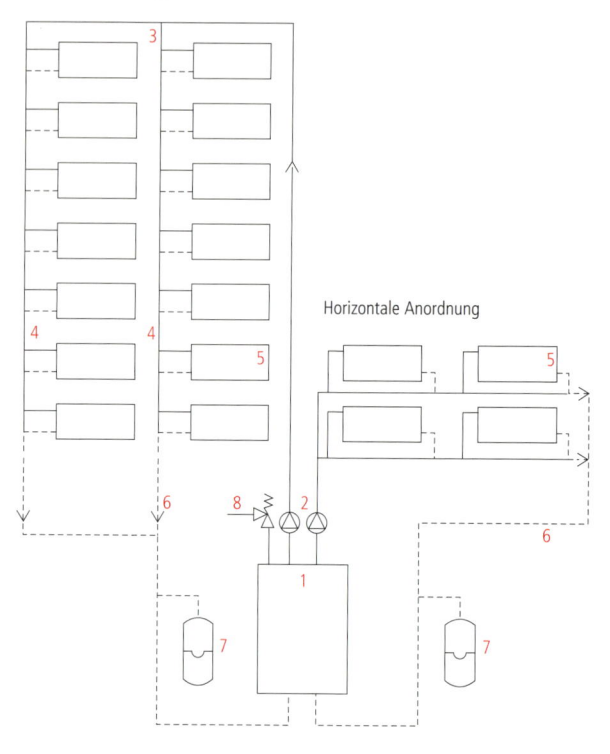

Bild 4.66
Die Einrohrheizungsanlage

1 Heizkessel
2 Umwälzpumpe
3 Verteilleitung in oder über dem obersten Geschoß
4 Fallstränge
5 Heizkörper mit handbetätigten oder thermostatischen Ventilen
6 Rücklaufsammelleitung
7 Druckausdehnungsgefäß
8 Sicherheitsventil

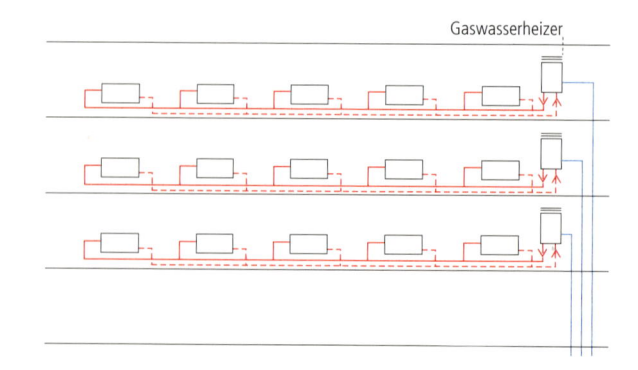

Bild 4.67
Etagenheizung

— Vorlauf
--- Rücklauf
— Gasleitungen

4.4.4 Rohrleitungen

4.4.4.1 Materialien

In der Hausinstallation werden vorwiegend folgende Materialien verwendet:
– schwarzes Stahlrohr
– verzinktes Stahlrohr
– Kupferrohr
– Kunststoffrohr
– Verbundrohr (Kunststoff/Metall).

Schwarzes Stahlrohr
Nahtloses oder geschweißtes schwarzes Stahlrohr wird fast ausschließlich im Bereich der Heizungsinstallation eingesetzt. Bei Einsatz schwarzen Stahlrohres ist der Wasserqualität besondere Beachtung zu schenken. Teilweise ist eine entsprechende Nachbehandlung des Wassers erforderlich.

Verzinktes Stahlrohr
Verzinktes Stahlrohr wird im Heizungsbau selten, in der Sanitärinstallation häufiger angewandt, da Zink die Eisenflächen mechanisch schützt. Darüber hinaus besitzt Zink die Eigenschaft, in Verbindung mit Bestandteilen des Wassers (Kalk) Schutzschichten zu bilden. Deren Qualität hängt jedoch von der jeweiligen Beschaffenheit sowie von der Temperatur und Fließgeschwindigkeit des Wassers ab. Grundsätzlich ist verzinktes Stahlrohr sowohl für kaltes als auch für warmes Wasser verwendbar, wobei jedoch darauf geachtet werden muß, daß die Grenztemperatur bei maximal 60 °C liegt. Bei Überschreitung dieser Temperatur steigt die Korrosionsgefahr. Außerdem läßt die Wirkung der Schutzschicht, die sich besonders gut bei Temperaturen unter 60 °C ausbildet, nach.

Schwarzes sowie verzinktes Stahlrohr soll immer den einschlägigen DIN-Normen entsprechen und als Qualitätsrohr gekennzeichnet sein.

Kupferrohr
Kupfer ist ein Werkstoff, der für Kalt- und Warmwasserrohrleitungen einsetzbar ist. Deshalb ist es sowohl in der Heizungs-, als auch in der Sanitärinstallation verwendbar. Die auch bei Kupferrohren entstehende Schutzschicht ist in der Qualität von der Wasserbeschaffenheit abhängig. Sie bildet sich besonders gut bei höheren Temperaturen.

Wenngleich auch Kupferrohr je nach Wasserbeschaffenheit nicht immer ganz problemlos einsetzbar ist, bleibt bei der Werkstoffwahl in der Sanitärinstallation kaum eine Alternative. Es sollte jedoch möglichst Kupferrohr von solchen Herstellern verwendet werden, die für das Kupfer einen Reinheitsgrad gewährleisten können, der den einschlägigen Vorschriften entspricht.

Kunststoffrohr
Kunststoffrohr wird wegen seiner Korrosionsbeständigkeit überall dort eingesetzt, wo Rohrleitungen aus Metall nicht verwendbar sind. Bei Kunststoffrohren ist jedoch darauf zu achten, daß ihr Einsatzbereich besonders hinsichtlich Temperatur und Druck begrenzt ist.

In Heizungsinstallationen führt die Sauerstoffdiffusion durch die Rohrwand zu dauerndem Anreichern des Heizungswassers mit Sauerstoff, was bei Heizkesseln, Heizkörpern etc. zu Korrosion führen kann. Die Diffusionsdurchlässigkeit der Kunststoffrohre ist zu beachten.

4.4.4.2 Korrosion

Unter Korrosion versteht man die durch chemische oder elektrische Vorgänge verursachte Zerstörung von Werkstoffen. Ursache der Korrosion sind in der Hauptsache die im Wasser gelösten Gase, Sauerstoff und Kohlendioxid. Auch die chemische Zusammensetzung sowie Temperatur, Fließgeschwindigkeit und Druck des Wassers sind von Bedeutung.

Weiterhin spielen elektrochemische Vorgänge (Elementbildung) eine große Rolle, die besonders bei der Verwendung verschiedener Metalle auftreten (Mischinstallation). Weiterer Schaden kann durch Steinbildung entstehen. Sie ist darauf zurückzuführen, daß sich bei der Erwärmung von Wasser ab ca. 50 °C die Karbonathärte auf den Wandungen der Rohrleitungen abscheidet. Das Ausmaß der Steinbildung hängt vom Salz- und Mineralgehalt des Wassers ab. Die Korrosion beginnt immer an der Metalloberfläche. Daher ist es für die richtige Werkstoffwahl grundsätzlich wichtig zu wissen, welche Reaktionen sich zwischen Wasserbestandteilen und Werkstoff abspielen und was eine Schutzschichtbildung fördert, hemmt oder ganz verhindert.

In der Hausinstallation sollen Trinkwasser und die damit in Berührung kommenden Werkstoffe nach DIN 2000 so aufeinander abgestimmt sein, daß Korrosionsschäden vermieden werden.

In Heizungsanlagen mit ihrem ständig umlaufenden Wasser tritt Korrosions- und Steinschaden an Stahlrohren selten auf, da der anfänglich im Wasser vorhandene Sauerstoff durch die Temperaturerhöhung ausgeschieden und durch Entlüften aus dem System entfernt wird. Wird die erneute Sauerstoffzufuhr durch eine entsprechende Systemwahl (z. B. geschlossenes Ausdehnungsgefäß) und den fachmännischen Bau der Anlage vermieden, so ist eine Korrosion nahezu ausgeschlossen. Darüber hinaus sollte Heizungswasser leicht alkalisch sein, um die im Wasser enthaltene Kohlensäure, die ebenfalls korrosionsfördernd ist, zu neutralisieren.

Ist wegen der Wasserqualität selbst durch entsprechende Werkstoffwahl eine Korrosionsgefahr nicht auszuschließen, so kann man eine Anzahl von Schutzeinrichtungen oder Wasseraufbereitungsanlagen installieren, die eine Entgasung, Entsäuerung und Enthärtung des Wassers sowie die Bildung von Schutzschichten bewirken.

Zur Festlegung geeigneter Maßnahmen ist auf jeden Fall eine vorhergehende Wasseranalyse notwendig.

4.4.4.3 Dimensionierung

Die Dimensionierung von Rohrleitungen erfolgt über ein Rohrreibungs-Diagramm, das in **Bild 4.68.1** dargestellt ist. Dieses Rohrreibungs-Diagramm nimmt die Parameter auf:
– Wärmeleistung (in kW) bei $\Delta T = 20$ K
– Druckverlust (Druckgefälle)
– Fließgeschwindigkeit
– Rohrdimension.

Beispielhaft eingetragen ist eine Wärmemenge von ca. 400 kW bei einem max. Druckgefälle von 100 Pa/m. Hieraus ergibt sich eine Rohrdimension DN 80 bei einer Fließgeschwindigkeit von ca. 0,92 m/s.

Über derartige Diagramme werden sämtliche Rohrleitungen dimensioniert, wobei sich die Wassermenge aus der Heizleistung und der Temperaturspreizung zwischen Vor- und Rücklauftemperatur ermittelt.

In großen Gebäuden mit weit verzweigten Rohrnetzen müssen die Druckverluste in den einzelnen Teilbereichen über Strangregulierventile abgeglichen werden, um die Versorgung der Verbraucher mit den erforderlichen Wassermengen sicherzustellen **(Bild 4.68.2)**.

Bild 4.68.1
Rohrreibungs-Diagramm für Stahlrohre

Pumpenwarmwasserheizung, Wassertemperatur 80 °C, Rauhigkeit $\varepsilon = 0,045$ mm, $\Delta T = 20$ K

Bei Wasser von 150 °C ist R um etwa 4 % kleiner, bei Wasser von 50 °C um etwa 4 % größer.

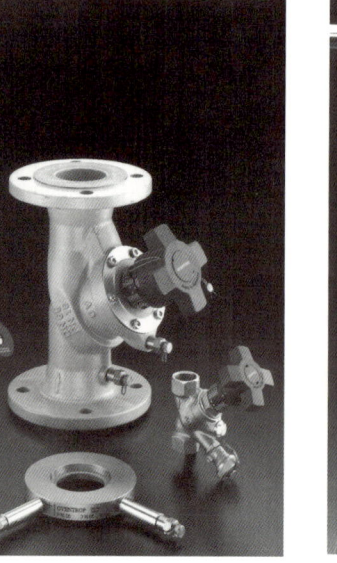

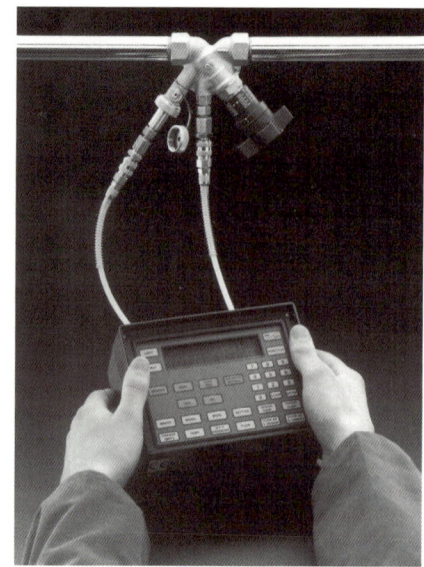

Bild 4.68.2
Strangregulierventile für Heizungs- und Kühlanlagen und Durchflußmeßcomputer zur präzisen Einregulierung der Massenströme
(System Oventrop)

Damit die Regeleinrichtungen der Heizungsanlage ordnungsgemäß arbeiten können, ist die Einhaltung des dafür erforderlichen Betriebsdruckes sicherzustellen. Dies wird über Ausdehnungsgefäße oder bei großen Rohrleitungsnetzen über pumpengesteuerte Druckhalteanlagen erreicht (Bild 4.68.3).

4.4.5 Wärmedämmung

Der Wärmedämmung ist heute ein sehr wesentlicher Stellenwert zuzuordnen, da sie mithilft, Energieverluste zu verringern, Maximal- oder Mindesttemperaturen zu bewahren, um störungsfreie Abläufe zu bewerkstelligen, Schutz bietet vor Verbrennungen an heißen Rohrleitungen und insbesondere Korrosionsschutz bei kalten Leitungen bietet, deren Oberflächentemperaturen unter den Taupunkttemperaturen der Umgebung liegen.

Dämmarbeiten an betriebstechnischen Anlagen müssen fachgerecht ausgeführt werden, wofür auch die entsprechenden Voraussetzungen zu erfüllen sind.

In Abhängigkeit von der Wärmeleitfähigkeit λ der Wärmedämmung ergeben sich für verschiedene Nennweiten von Rohrleitungen wirtschaftliche Dämmschichtdicken, die in Tabelle 4.10 dargestellt sind.

Um eine ausreichende Wärmedämmung fachgerecht ausführen zu können, müssen folgende Voraussetzungen erfüllt sein:
– Mindestabstände zwischen Objekten und anderen Bauteilen gemäß Bild 4.69;
– Bei Dämmungen mit geringer Druckbelastung (Mineralwollmaterialien mit Rohdichten < 75 kg/m³) und Betriebstemperaturen ab 250 °C sind Stützkonstruktionen für gerade Isolierstrecken sowie für Bögen und Einbauten erforderlich.

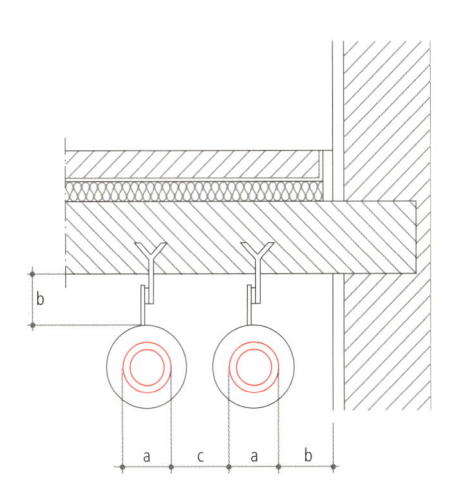

Bild 4.68.3
Pumpengesteuerte Druckhalteanlage für größere geschlossene Heizungsanlagen (Werkbild Reflex)

Wärmeleitfähigkeit λ der Wärmedämmung in W/(m·K)	Nennweite der Rohrleitung									
	10	15	20	25	32	40	50	65	80	≧100
	Dämmschichtdicken in mm									
0,035	20	20	20	30	30	40	50	65	80	100
0,040	25	25	25	40	40	50	65	80	100	125
0,045	35	35	35	50	45	60	80	100	125	155
0,050	45	45	40	60	55	80	100	120	150	190
0,055	60	55	50	75	70	90	120	150	185	230
0,060	70	65	60	90	80	110	140	180	225	280

Tab. 4.10
Wärmedämmung von Wärmeverteilungsanlagen

Wärmedämmung mit G+H ISOVER-Schalen
IS-HI, IS-HF oder IS-HA / WLG 035
Wärmedämmung mit G+H ISOVER-Lamellenmatten
ML 3 / WLG 040

Mindestabstand zu	Nennweite der Rohrleitung (a)		
	bis 32	40 – 50	65 – 100
Rohrleitungen (c)	80 / 100	120 / 160	220 / 280
Wand und Decke (b)	50 / 60	70 / 90	120 / 150

Bild 4.69
Empfehlung für Abstände bei der Verlegung von Rohrleitungen gemäß Heizungsanlagenverordnung

Dämmstoffe dürfen den Untergrund, auf den sie aufgebracht werden, nicht mehr als unvermeidlich angreifen. Stoffliche Eigenschaften der Mineralwolle sind demnach zu beachten (z. B. Sulfideinwirkung auf Stahl, Chlorideinwirkung auf Chromnickelstahl). Daher sind entsprechende sulfidfreie und chloridarme Stoffe zu wählen.

Bei Stillstandszeiten und längeren Außerbetriebszeiten, die die Gefahr mit sich bringen, daß die in den Rohrleitungen und Behältern befindlichen Flüssigkeiten einfrieren können, sind notwendigerweise Begleitheizungen, von außen aufgebracht, erforderlich. Dies gilt insbesondere, wenn die auftretenden Wärmeverluste durch die Dämmung allein nicht verhindert werden können.

Diffusionsdichte Isolierungen
Durch die Umkehrung des Temperaturgefälles an Kaltwasserleitungen kann der Transport von Wasserdampf aus der umgebenden, relativ warmen Luft nach innen zur kalten Luft an den Rohrleitungen erfolgen. Abhängig von Temperaturdifferenz und der relativen Luftfeuchte kann es zu Bildung von Kondensat kommen. Um dies zu verhindern und den diffusionsoffenen Dämmstoff vor Durchfeuchtung zu schützen, ist das Aufbringen einer Dampfsperre erforderlich. Die Art und Dicke der dampfsperrenden Stoffe richtet sich nach der Objekttemperatur, der Umgebungstemperatur und der relativen Feuchte sowie nach der dampfhemmenden Wirkung des gesamten Dämmsystems. Zur Isolierung geeignet sind unter den zuvor genannten Bedingungen Alufolien mit darunterliegenden Dämmstoffen oder Doppelmäntel mit zwischenliegenden Isolierungen.

Die Dampfsperre muß nach Verlegung der Dämmschicht diese dicht umschließen, wobei Stöße, Endstellen und Durchdringungen dampfdicht abzukleben sind.

Zusätzliche Ummantelungen
Ummantelungen von Isolierungen schützen Dämmstoffe gegen Beschädigung, Witterungseinflüsse und Angriffe durch Chemikalien. Bei Rohrleitungen und Kanälen im industriellen Anlagenbau werden Ummantelungen mit verzinkten oder kunststoffbeschichteten Blechen verwendet (Stahl-, Aluminium-, Platal- oder Austenische Bleche). Zu beachten ist, daß der Ummantelungsstoff das Brandverhalten der Dämmung nicht negativ beeinflussen kann. Zudem sollen Dämmstoffe nicht entzündbar sein und unter Brandeinwirkung keinen Rauch und keine toxischen Gase abgeben.

Entsprechend sind Dämmstoffe nach „nicht brennbar" (A1/A2), „schwer entflammbar" (G1), „normal entflammbar" (B2), „leicht entflammbar" (B3) klassifiziert.

Darüber hinaus wurden Feuer-Widerstandsklassen festgelegt und für Hochbauteile (F), Lüftungs- und Klimakanäle (L), für Rohrleitungen (R) und für Feuerschutztüren (T) eingeführt.

Schallschutz
Behälter, Rohrleitungen und Kanäle, die von Gasen, Dämpfen oder Flüssigkeiten durchströmt werden, können eine bedeutsame Geräuschquelle darstellen. Die Ursache kann zum einen in der hohen Strömungsgeschwindigkeit der transportierten Medien liegen, andererseits auch hervorgerufen werden durch Hindernisse innerhalb von Rohr- und Kanalsystemen, die zu entsprechenden Schallquellen werden. Insofern müssen unter Umständen Maßnahmen getroffen werden, die die Schallentstehung oder das Abstrahlverhalten unterdrücken. In vielen Fällen kann die erforderliche Dämmung mit einer schalltechnischen Verbesserung gekoppelt werden. Dämmstoffe mit erhöhter Druckfestigkeit führen in der Regel auch zu einer Verringerung von Geräuschen. Darüber hinaus können außen aufliegende oder zusätzlich angebrachte Ummantelungen (fugendicht) eine Verbesserung der Situation herbeiführen, wobei hier insbesondere entdröhnte Bleche in Verbundbauweise vor und hinter vorhandenen Schallbrücken erforderlich werden.

Für Rohrleitungen, Kanäle usw. sind an allen Durchtrittsstellen an Wänden und Decken entsprechende Körperschallentkopplungen vorzusehen, um nicht die Eigenschwingungen des Systems auf den Baukörper zu übertragen.

Abschließend zeigen die **Bilder 4.70** bis **4.72** Anhaltswerte für die richtige Auslegung von Isolierungen unter verschiedensten Betriebsbedingungen und Betriebsansprüchen.

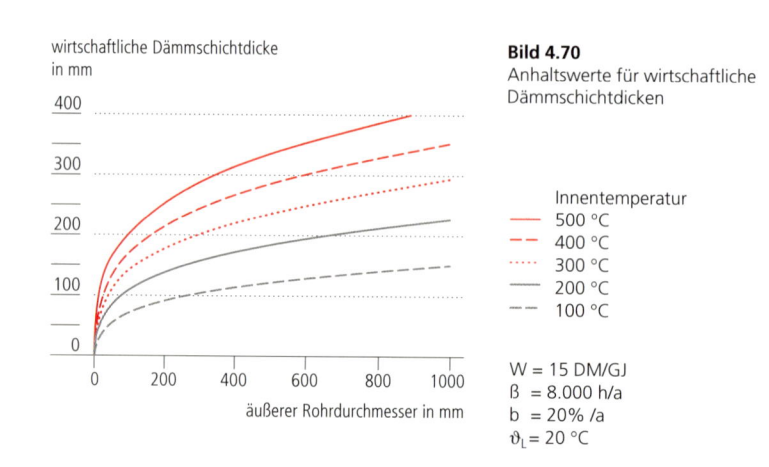

Bild 4.70
Anhaltswerte für wirtschaftliche Dämmschichtdicken

Innentemperatur
— 500 °C
-- 400 °C
··· 300 °C
— 200 °C
-- 100 °C

W = 15 DM/GJ
β = 8.000 h/a
b = 20% /a
ϑ_L = 20 °C

4.4 Wärmeenergieverteilung

Bild 4.71
Erforderliche Dämmschichtdicke in mm zur Tauwasserverhütung bei Polyurethan-Ortschaum hinter Aluminium-Blechmantel,

– bei 85 % relativer Luftfeuchte
– Umgebungstemperatur 20 °C

Berechnungsbasis:
Betriebswärmeleitfähigkeit für PUR-Ortschaum im Freien mit
– Rohrdichten von 45 kg/m³ bis 60 kg/m³ nach Q 138
– Wärmeübergangskoeffizient 5,0 W/(m² K)

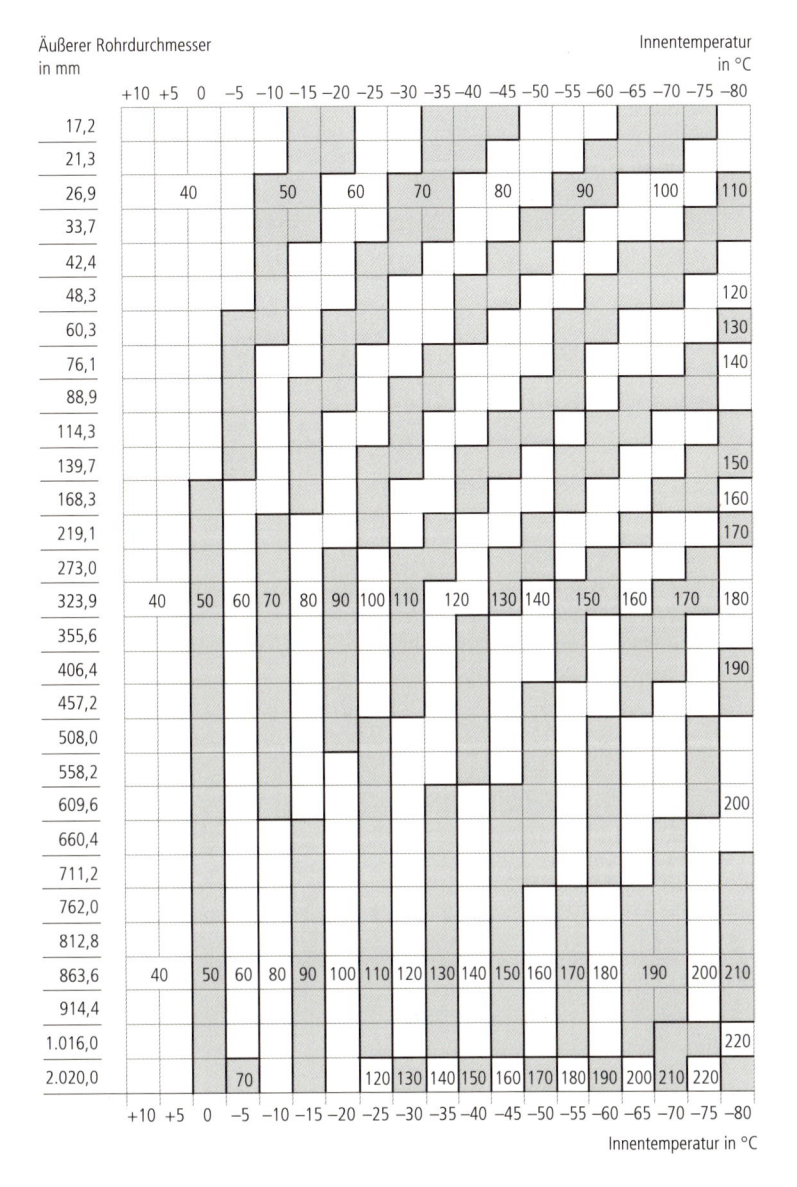

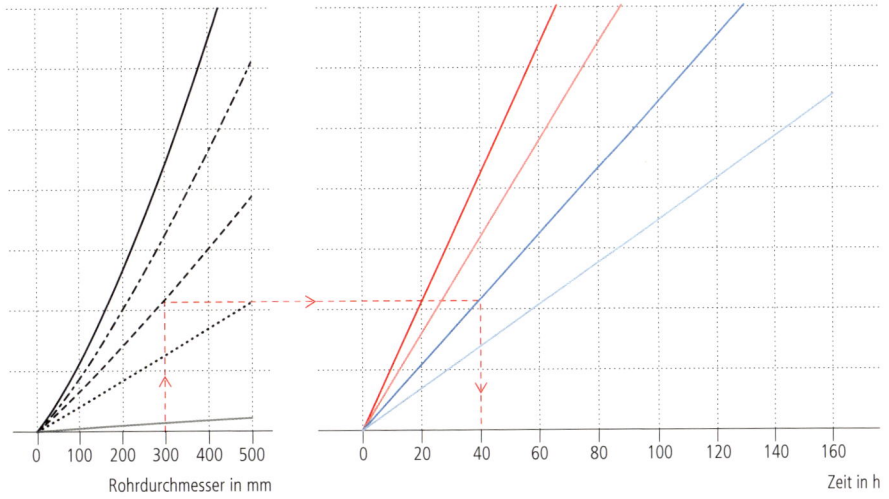

Bild 4.72
Stillstandszeit zum Vermeiden des Einfrierens von Kaltwasserleitungen (ohne Eisansatz)
Wassertemperatur: +5 °C;
Windanfall: 5 m/s;
Dämmung: ISOVER-Schalen oder PS-Hartschaum-Schalen

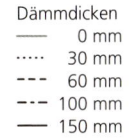

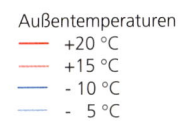

Dämmdicken
— 0 mm
····· 30 mm
--- 60 mm
-·- 100 mm
— 150 mm

Außentemperaturen
— +20 °C
— +15 °C
— -10 °C
— -5 °C

4.5
Heizkörper und -flächen

Arten der Raumheizungen
Die Heizkörper und Heizflächen unterscheiden sich durch verschiedene Bauarten (z. B. Radiatoren, Konvektoren, Flächen-, Decken-, Fußboden- und Wandheizungen) und das verwendete Material (z. B. Guß, Stahl, Kupfer, Aluminium, Kunststoff). Sie dienen der Aufrechterhaltung des thermischen Gleichgewichtes im Raum **(Bild 4.73)**.

Um die Wärmeleistung der Heizflächen verschiedener Hersteller vergleichen zu können, wurden die Meßmethoden und die Versuchsbedingungen international genormt. In Deutschland gelten DIN 4704, Blatt 2 und DIN EN 422/2.

Dadurch ist gewährleistet, daß die Heizflächen entsprechend dem Wärmebedarf richtig ausgelegt werden. Die Normwärmeleistung ist auf eine Temperaturspreizung zwischen Vor- und Rücklauf von 20 K und eine Übertemperatur von 60 K über der Raumtemperatur von 20 °C festgelegt. Eine Umrechnung auf andere Auslegungsbedingungen ist in DIN 4703, Teil 3 beschrieben.

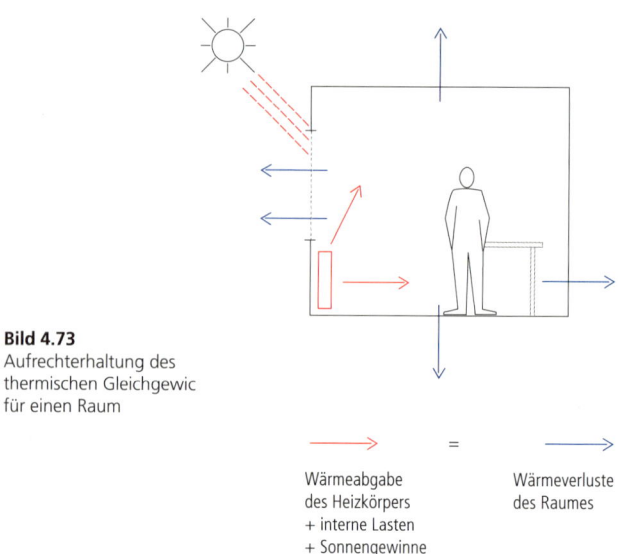

Bild 4.73
Aufrechterhaltung des thermischen Gleichgewic für einen Raum

Wärmeabgabe des Heizkörpers
+ interne Lasten
+ Sonnengewinne
=
Wärmeverluste des Raumes

(bei konstanter Raumtemperatur t_R)

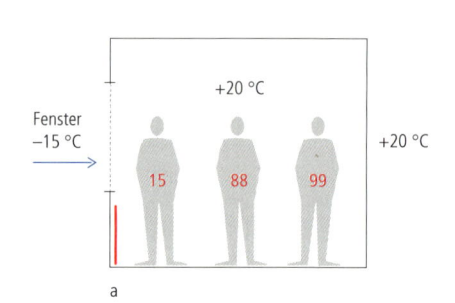

Bild 4.74
Darstellung der menschlichen Wärmeabgabe (in W) in Räumen mit Radiatoren (nach Kollmar)

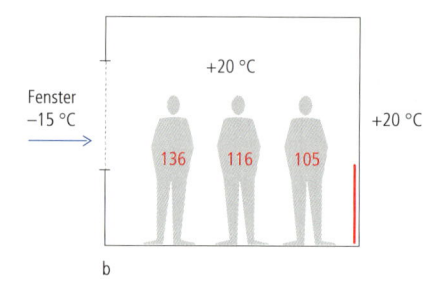

a Radiator unter dem Fenster
b Radiator an der seitlichen Innenwand

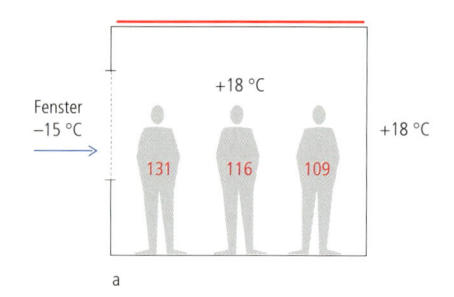

Bild 4.75
Darstellung der menschlichen Wärmeabgabe (in W) in Räumen mit Flächenheizungen (nach Kollmar)

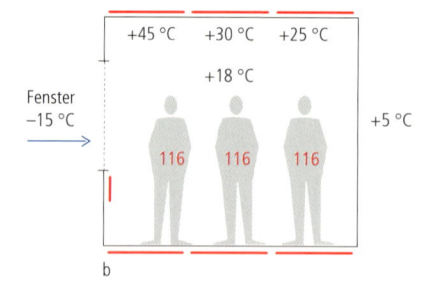

a Deckenheizung
b Decken- und Fußbodenheizung sowie Fensterheizfläche (Flächenheizung)

Je nach Lage der Heizkörper im Raum oder der Art der Beheizung ergibt sich eine unterschiedliche Wärmeabgabe der Personen. **Bild 4.74** weist aus, daß sich die menschliche Wärmeabgabe je nach Art des beheizten Raumes (Lage der Heizkörper) und dem Standort des Menschen im Raum verändert. Befindet sich der Heizkörper an der Innenwand und der Mensch dicht vor dem Fenster an der Außenwand, so wird die Wärmeabstrahlung nach außen immer ein Gefühl der Unbehaglichkeit verursachen („Strahlungszug"). Außerdem verursacht die am Fenster herabfallende Kaltluft Zugerscheinungen. Wird dagegen die Raumwärme durch Radiatoren unterhalb der gesamten Fensterfront geliefert, so wird der Einfluß der kalten Außenwand und Fensterfläche durch die Wärmestrahlung vom Heizkörper her kompensiert. Je nach Abstand vom Fenster verändert sich das Verhältnis von Zustrahlung und Abstrahlung. Die zugestrahlte Wärmeenergie kann unter Umständen auch zu groß sein und ebenfalls zu Unbehaglichkeiten führen. Dann wird der Mensch vom Heizkörper mehr abrücken. In beiden Fällen ist eine unsymmetrische thermische Belastung des Körpers vorhanden, die sich ungünstig auswirkt. Unterschiede von 20 bis 30 W/m² sind bereits deutlich spürbar, und eine unsymmetrische Entwärmung des Körpers, zum Beispiel des Kopfes um mehr als 40 W/m² bewirkt Unbehaglichkeit.

Zusätzliche Belastungen können durch besonders große Wärmestrahlungen erzielt werden, wie sie in **Bild 4.75** dargestellt sind. Wärmestrahlungen von mehr als 300 W/m² auf mehr als die Hälfte des Körpers (z. B. in Großküchen, vor Öfen usw.), erzwingen

Schutzvorrichtungen, die den Körper vor diesem Einfluß schützen. Das gleiche gilt auch bei Sonneneinstrahlung durch Fenster, wo sich Belastungen ohne Sonnenschutz von 350 bis 450 W/m² ohne weiteres ergeben können.

Gleichermaßen ungünstig wirken sich Fußbodenheizungen dann aus, wenn bei Daueraufenthalt eine Oberflächentemperatur von mehr als 27 °C erreicht wird. In nicht begangenen Randzonen können ohne weiteres Temperaturen von 35 °C angestrebt werden, um die Aufenthaltszonen zu entlasten. Andererseits sollen Fußbodentemperaturen nicht unter 17 bis 18 °C absinken, da hier wiederum der Mensch infolge der Anhäufung von Wärmepunkten im Knöchelbereich empfindlich reagiert.

Bei Deckenstrahlungsheizungen soll die Zustrahlung von Wärme auf den Kopf des Menschen bei 20 °C Raumlufttemperatur maximal 12 W/m² betragen, um eine Unbehaglichkeit zu vermeiden. Dabei ist zu beachten, daß, je niedriger der Raum, desto niedriger die Deckentemperatur sein muß.

Abschließend zeigt **Bild 4.76** die Temperaturschichtungen im Aufenthaltsbereich des Menschen bei verschiedenen Arten der Wärmezufuhr. Zum Vergleich ist die „ideale Heizung" angegeben.

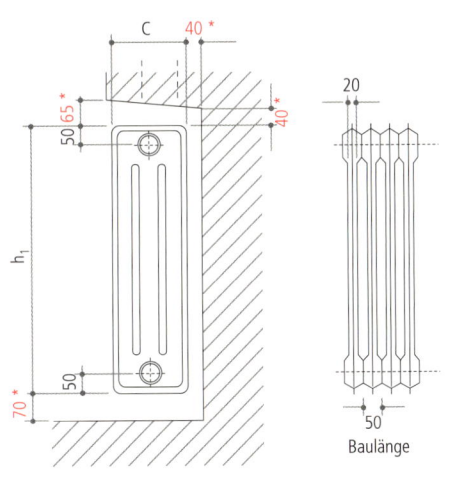

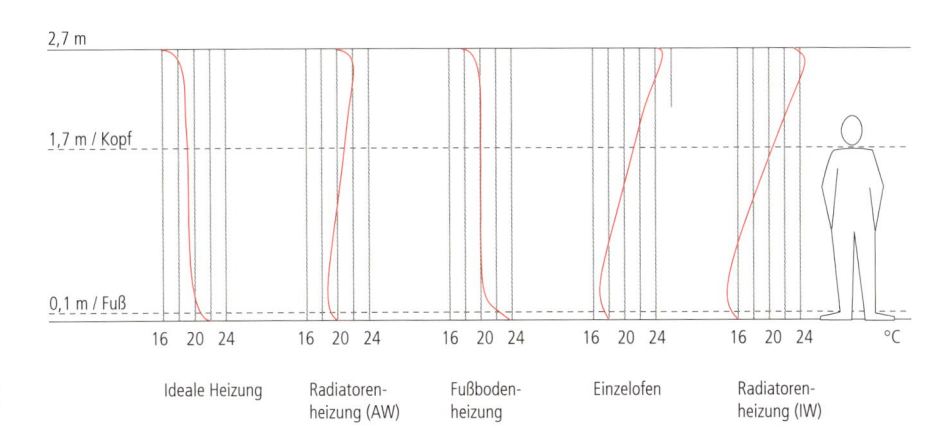

Bild 4.76
Temperaturschichtung im Aufenthaltsbereich des Menschen

AW Außenwandaufstellung der Radiatoren
IW Innenwandaufstellung der Radiatoren

4.5.1 Radiatorenheizung

Radiatoren, auch Gliederheizkörper genannt, sind die bisher in der Praxis am meisten verbreiteten Heizkörper. Sie werden aus Gußeisen, Stahl, Aluminium oder Kunststoff gefertigt. Der verhältnismäßig geringe Wasserinhalt macht sie bei der Einzelraumregelung zu einer schnell reagierenden Heizfläche, die besonders bei passiver Sonnennutzung angestrebt wird. Die Wärmeabgabe erfolgt je nach Fläche und Bautiefe zu 60 bis 70 % durch Konvektion und zu 30 bis 40 % durch Strahlung. Der Gliederheizkörper besteht aus einzelnen, wasserdurchflossenen oder dampfdurchströmten Gliedern, die je nach Material durch Nippel R 1" mit Rechts- und Linksgewinde zusammengebaut oder miteinander verschweißt werden. Aufgrund verschiedener Bauhöhen und -tiefen läßt sich der Radiator sowohl an die baulichen Gegebenheiten als auch an den Wärmebedarf eines Raumes sehr gut anpassen.

4.5.1.1 Gußradiator

Der Gußradiator **(Bild 4.77)** wird aus einzelnen Gliedern zusammengenippelt und erhält somit die gewünschte Länge.

Die Radiatoren können ab Werk fertig montiert bezogen werden. Maßgebend für die Blocklänge ist das Gewicht und die gewünschte Leistung. Der auf seine entsprechende Baulänge gebrachte Heizkörper erhält an den Enden je nach Anschluß- und Aufstellungsart Anschluß-, Blind- oder Lüftungsstopfen. Bei allen Gußradiatoren unterscheidet man zwischen Normal- und Hochdruckausführung.

- - - bei tiefen Heizkörpernischen sind Schlitze zu empfehlen
* Mindestabstände
h_1 Bauhöhe
C Bautiefe

Bild 4.77
Baumaße von Gußradiatoren nach DIN 4720

Neben den genormten Gußradiatoren liefern einige Hersteller Gußflachradiatoren mit Stirnflächen. Sie haben eine geringere Bautiefe als die Normalradiatoren und werden in verschiedenen Bauhöhen hergestellt. Durch ihre geringe Bautiefe sind sie vor allem für den nachträglichen Einbau mit eingeschränkten Stelltiefen geeignet. Abmessungen und andere technische Daten sind den Unterlagen der Hersteller zu entnehmen bzw. beispielhaft in **Tabellen 4.11** aufgeführt.

4.5.1.2 Stahlradiator

Der Stahlradiator ist im Vergleich zum Gußradiator leichter, billiger, bruchsicherer, kürzer und bei Schadensfällen schweißbar. Er hat den Nachteil höherer Korrosionsanfälligkeit. Daher wird er nur bei der Warmwasserheizung, die heute zumeist in geschlossener Ausführung erstellt wird, nicht aber bei Dampfheizungen verwendet. Das einzelne Glied wird aus zwei Halbschalen, die aus 1,25 mm dickem Radiatorblech gepreßt werden, zusammengeschweißt. Bis zu 20 Glieder werden wiederum an den Naben zu Blöcken verschweißt. Um die Blöcke miteinander zu verbinden, einzelne Glieder anzufügen oder die Anschluß-, Blind- und Lüftungsstopfen anzubringen, werden wie bei den Gußradiatoren Nippelverbindungen benötigt. Dazu werden in den Naben Muffen mit Rechts- und Linksgewinde R 1 1/4" angebracht. Diese Muffen haben in der Mitte Durchbrüche, damit die Wasserzirkulation und die Entlüftung gewährleistet sind.

Auch hier gibt es Ausführungen für Normal- und Hochdruckbetrieb. Bei der Hochdruckausführung werden aus Sicherheitsgründen Stabilisierungsbleche (Zuganker) in die obere und untere Nabe eingeschweißt **(Bild 4.78)**.

In DIN 4703 Teil 1 und DIN 18380 sind der Anwendungsbereich und die technischen Daten angegeben **(Tabellen 4.12.1/2)**.

Neben den genormten Stahlheizkörpern gibt es sogenannte „Schmalsäuler" mit einer Bautiefe von 70 bis 75 mm in verschiedenen Bauhöhen. Für den Verwendungszweck gilt das schon zuvor für die Gußflachradiatoren Gesagte.

4.5.1.3 Aluminiumradiator

Neben den Guß- und Stahlradiatoren gibt es Gliederradiatoren aus Aluminium. Sie werden durch Druck- und Strangpressen hergestellt. Da sie etwa doppelt so teuer wie Stahlradiatoren sind, haben sie trotz Formschönheit noch keinen großen Marktanteil. Auch ist bei aggressiven Wasserverhältnissen mit Korrosion zu rechnen (Gefahr bei Mischinstallationen mit Kupfer).

Baumaße der Heizkörper

Bauhöhe in mm	280	430	430	580	580	580	580	980	980	980
Bautiefe in mm	250	160	220	70	110	160	220	70	160	220

Norm-Wärmeleistung

je Glied in W	92	93	122	68	92	126	162	111	204	260

Tab. 4.11.1
Normwärmeleistung von Gußradiatoren nach DIN 4703 je Glied in W bei Warmwasser mit t_m = 80 °C und Raumlufttemperatur 20 °C nach DIN 4703 Teil 1

Ausführung	Kurzzeichen	Heizmittel	Zulässiger Betriebsüberdruck (bar)	Höchste Betriebstemperatur (°C)	Werksprüfüberdruck (bar)
Normalausführung	NW	Warmwasser	4 (statischer Druck plus Pumpendruck)	110	7
	ND	Dampf	2	133	7
Sonderausführung	SW	Warm- oder Heißwasser	6 (statischer Druck plus Pumpendruck)	140	12
	SD	Dampf	4	151	12

Tab. 4.11.2
Anwendungsbereich von Gußradiatoren nach DIN 4703

Baumaße der Heizkörper

Bauhöhe in mm	280	430	430	580	580	580	980	980
Bautiefe in mm	229	139	200	90	139	200	89	139

Norm-Wärmeleistung

je Glied in W	46	43	58	42	58	73	70	90

Tab. 4.12.1
Wärmeleistung des Stahlradiators Sanaplan (Baufa) je Glied in W bei Warmwasser mit t_m = 62,5 °C und Raumlufttemperatur 20 °C

Ausführung	Kurzzeichen	Heizmittel	Zulässiger Betriebsüberdruck (bar)	Höchste Betriebstemperatur (°C)	Werksprüfüberdruck (bar)
Normalausführung	N	Warmwasser	4 (statischer Druck plus Pumpendruck)	110	7
Sonderausführung	S	Warm- oder Heißwasser	6 (statischer Druck plus Pumpendruck)	140	10

Tab. 4.12.2
Anwendungsbereich von Stahlradiatoren nach DIN 4703

4.5.1.4 Kunststoffradiator

Heizkörper aus Kunststoff können nur mit einer maximalen Betriebstemperatur von 80 °C und einem maximalen Betriebsüberdruck von 2 bar betrieben werden. Weitere Nachteile sind sehr große Ausdehnung, Sauerstoffdiffusion, geringe mechanische Festigkeit und Brennbarkeit. Kunststoffheizkörper sind zudem teurer als Guß- oder Stahlradiatoren. Von Vorteil sind das geringe Gewicht und die damit verbundene leichte Montage.

4.5.1.5 Röhrenradiator

Stahlröhrenradiatoren werden wie Stahlheizkörper aus Einzelgliedern zu Blöcken verschweißt. Ein Glied wird aus zwei Kopfstücken, die aus zwei gepreßten und verschweißten Halbschalen bestehen, und den dazwischengeschweißten wasserführenden Präzisionsstahlrohren hergestellt. Die Rohre haben keine Kanten, die zu Verletzungen führen können. Aufgrund der Rohrform sind sie für Betriebsüberdrücke bis zu 10 bar einsetzbar. Da sie in verschiedenen Bauhöhen und -tiefen hergestellt werden, lassen sie sich sehr gut den baulichen Gegebenheiten anpassen. Stahlröhrenradiatoren können so auch für den Architekten zu einem Element der Raumgestaltung werden (Bilder 4.79/4.80). Weitere Abmessungen und andere technische Daten sind den Unterlagen der Hersteller zu entnehmen (z. B. Tab. 4.13).

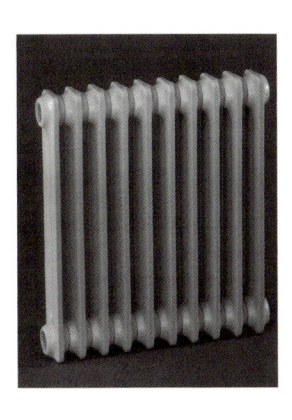

Bild 4.78
Stahlradiator Sanaplan (Baufa) und Baumaße von Stahlradiatoren nach DIN 4722

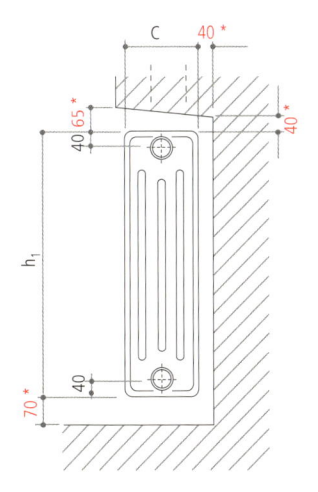

--- bei tiefen Heizkörpernischen sind Schlitze zu empfehlen
* Mindestabstände
h_1 Bauhöhe
C Bautiefe

Bild 4.79
Moderner Röhrenradiator Decor-S (Kermi)

Bild 4.80
Anwendungsbeispiel zur Innenraumgestaltung mit Röhrenradiator

Bauhöhe in mm	Norm-Wärmeleistung in W				
	2säulig, 65*	3säulig, 100*	4säulig, 140*	5säulig, 178*	6säulig, 215*
300	29	41	53	64	76
350	34	48	63	75	88
400	38	55	70	86	100
450	44	62	78	97	113
500	49	69	87	107	126
550	55	74	95	117	138
600	59	81	103	127	151
750	74	101	128	157	184
900	90	119	150	185	219
1000	98	131	166	203	241
1100	107	143	181	221	263
1200	116	156	197	240	280
1500	142	192	242	288	335
1800	167	228	287	343	399
2000	188	253	318	378	442
2500	233	316	395	465	541

* Bautiefe in mm

Tab. 4.13
Normwärmeleistung von Röhrenradiatoren je Glied in W bei Warmwasser mit t_m = 80 °C und Raumlufttemperatur 20 °C, Rohrdurchmesser 25 mm und Gliedbaulänge 45 mm nach DIN 4703 Teil 1

Bild 4.81
Handtuchheizkörper
(Credo-IR, Kermi)

Bild 4.82
Handtuchheizkörper
(classic, Brötje)

Bild 4.83
Handtuchheizkörper
(Credo-Techno, Kermi)

Bild 4.84
Moderne, flache Kompakt-
heizkörper machen Nischen
überflüssig und bieten auch bei
Niedertemperaturheizungen
hohe Wärmeleistungen
(Werkbild Kermi)

Bild 4.85
Typischer glattwandiger
Flachheizkörper
(Combiplan Elegance, Baufa)

4.5.1.6. Handtuchheizkörper

Immer häufiger werden in Naßzellen und Küchen Handtuchheizkörper eingebaut. Die vielen Formen und Farben bieten dem Architekten viele Gestaltungsmöglichkeiten. Mit Elektroheizeinsätzen kann der Heizkörper auch im Sommer temperiert werden, damit ganzjährig Tücher getrocknet werden können **(Bilder 4.81/4.82/4.83)**.

4.5.2 Flächenheizkörper

Eine weitere Art von Heizflächen stellen die Flachheizkörper (Platten) dar. Ihre Abmessungen sind nicht genormt, und daher gibt es je nach Hersteller verschiedenartige Formen, Bauhöhen und Bautiefen. Infolge ihrer Formenvielfalt und der geringen Bautiefe können sie zur Innengestaltung beitragen und frei vor der Wand aufgestellt werden. Ihre glatte oder profilierte Vorderfront gibt den größten Teil der Wärmeleistung durch Strahlung ab **(Bilder 4.84 und 4.85)**.

Die Anschlüsse für den Vor- und Rücklauf bzw. die Entlüftung bestehen aus aufgeschweißten Muffen mit entsprechend zu bestellenden Abmessungen. Zur Befestigung sind Laschen aus zu U-Formen gebogenem Flachstahl in einer der Größe entsprechenden Anzahl auf der Rückseite aufgeschweißt.

Andere Bauarten bestehen aus profilierten Blechen, die entweder auf eine flache Stahlplatte aufgeschweißt werden oder direkt miteinander verschweißt sind. Damit entstehen Kanäle, durch die das Heizwasser strömen kann. Oben und unten befindet sich ein Verteil- bzw. Sammelkanal, der an die Heizwasserversorgung angeschlossen wird **(Bilder 4.86/4.87)**.

Bezogen auf die Heizleistung sind die Flachheizkörper die billigsten Heizflächen. Außerdem haben sie einen geringen Wasserinhalt und somit eine gute Regelfähigkeit. Diese Heizflächen kann man auch hintereinander anordnen, wobei die Heizleistung aber um bis zu 40 % je Meter abnimmt, da von der zweiten Reihe an der Strahlungsanteil für die Wärmeabgabe nur noch eine geringe Rolle spielt und allein der Konvektionsanteil zur Wirkung kommt. Für die hintereinander angeordneten Plattenheizkörper gibt es profilierte Abdeckplatten, die den Heizkörper als eine Einheit erscheinen lassen. Die **Tabellen 4.14.1/2** geben beispielhaft die Wärmeleistungen an.

4.5.2.1 Strahlplatte

Um Großräume wie Fabriken und Lagerhallen zu beheizen, verwendet man Strahlplatten. Sie bestehen aus nebeneinanderliegenden Rohren, die durch Blechplatten miteinander verbunden sind. Die Blechplatten werden, um einen guten Wärmeübergang zu erhalten, mit den Rohren verschweißt oder verklemmt. Die Heizrohre können dabei über oder unter dem Blech liegen. Die Strahlplatten werden an den Wänden oder Decken, selbst bei Sheddächern, verwendet. Oberhalb der Strahlplatten wird eine Wärmedämmung aufgebracht. Die Strahlplatten werden zumeist von Heißwasser bis 180 °C durchströmt und in dem Bereich angeordnet, wo Menschen arbeiten, zum Beispiel in langer Reihe als sogenannte Bandstrahler.

Über Wärmeleistungen, die von anerkannten Instituten gemessen werden müssen, und Bauabmessungen geben die Herstellerunterlagen Auskunft.

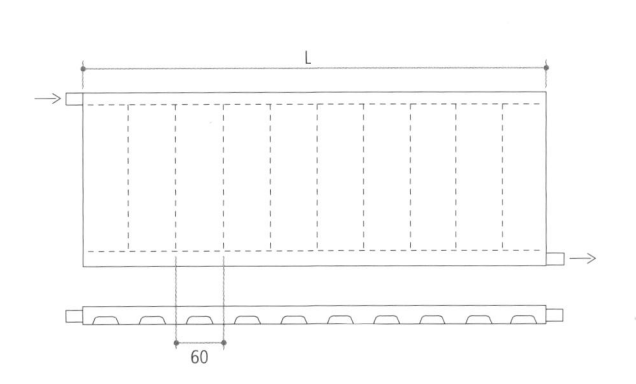

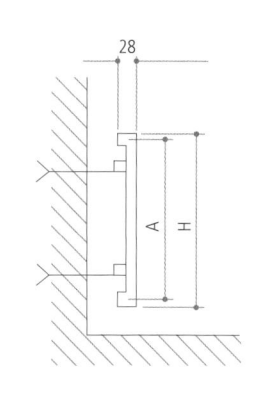

Bild 4.86
Flachheizkörper mit glatter Vorderfront und profilierter Rückseite

Baulänge L = Gliederzahl · 60 mm
Gesamthöhe H = A + 28 mm

Bild 4.87.1
Profilierter Plattenheizkörper (Modell Classic, Baufa), unverkleidet, unfallsicher

Bild 4.87.2
Profilierter Plattenheizkörper als Kompaktheizkörper (Modell DiaPlus, DiaNorm Wärme)

Tab. 4.14.1
Normwärmeleistung von glattwandigen Plattenheizkörpern je m Baulänge in W/m bei Warmwasser mit t_m = 80 °C und Raumlufttemperatur 20 °C, Plattendicke 25 ± 3 mm, einreihig nach DIN 4703, Teil 2

Bauhöhe in mm	200	300	400	500	600	700	800	900
Norm-Wärmeleistung in W/m	267	400	525	650	773	893	1010	1125

Tab. 4.14.2
Normwärmeleistung von vertikal profilierten Plattenheizkörpern je m Baulänge in W/m bei Warmwasser mit t_m = 80 °C und Raumlufttemperatur 20 °C, Plattendicke 18 ± 3 mm, Profilabwicklung mindestens 10 % größer als Plattenlänge, Profilhöhe ≥ Bauhöhe minus 100 mm, einreihig nach DIN 4703, Teil 2

Bauhöhe in mm	200	300	400	500	600	700	800	900	1000
Norm-Wärmeleistung in W/m	294	425	556	684	810	935	1058	1180	1300

4.5.3 Rohrradiator

Der Rohrradiator wird aus nahtlosem Stahlrohr gefertigt und besitzt ein Vorlaufrohr und einen Rücklaufsammler. Auf die senkrechten Rohre werden zur Erhöhung der Wärmeabgabe Rippen aufgeschweißt. Aufgrund seiner Konstruktion ist er für hohe Betriebsdrücke geeignet und kann deshalb für Hochhäuser, Heißwasseranlagen und zur direkten Einspeisung vom Fernheizwerk eingesetzt werden, siehe **Bild 4.88**.

Heizflächen aus glattem Stahlrohr in Registerform und Rippenrohre sind lieferbar, werden aber immer mehr durch die Vielzahl anderer Heizflächen verdrängt.

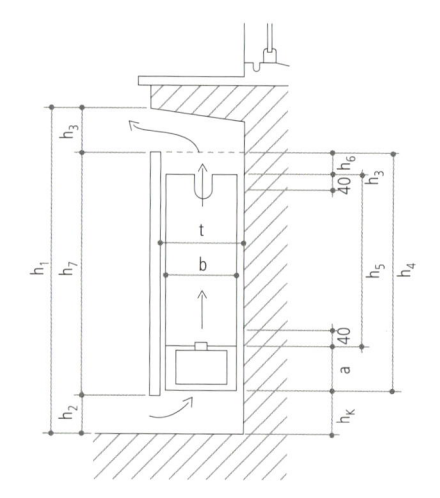

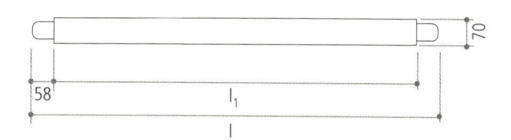

4.5.4 Konvektorheizung

Wie der Name schon andeutet, erfolgt die Wärmeabgabe fast nur durch Konvektion. Es gibt zwei Grundbauarten dieser Heizung. Bei der ersten besteht der Konvektor aus einem Kupferrohr, auf das Aluminiumlamellen aufgeklemmt sind, damit ein guter Wärmeübergang zwischen Rohr und Lamelle gewährleistet ist. Der Konvektor besteht in der zweiten Bauart aus ovalem Stahlrohr, auf das Stahllamellen aufgereiht sind. Um einen guten Kontakt zwischen Rohr und Lamelle zu erreichen, werden beide zusammen nach der Fertigung verzinkt. Wichtig ist, daß der Konvektor in einen Schacht eingebaut wird (**Bild 4.89**). Die Luft strömt von unten durch die Lamellen des Konvektors und wird erwärmt. Durch den Schacht wird eine Kaminwirkung erzeugt; die warme Luft steigt nach oben und tritt durch entsprechende Öffnungen aus. Die Wärmeleistung des Konvektors hängt von der Schachthöhe ab. Je höher der Schacht, um so größer die Wärmeleistung. Dies gilt bis zu einer Schachthöhe von einem Meter. Für den Einbau von Konvektoren gibt es eine Vielzahl von Möglichkeiten (**Bild 4.90**). Der Vorteil der Konvektoren liegt in den geringen Abmessungen und damit dem leichten Gewicht, weiterhin in ihrem geringen Wasserinhalt, der eine schnelle Reaktion des Konvektors auf die Heizwassermenge ermöglicht.

Von Nachteil ist die schlechte Reinigungsmöglichkeit wegen der eng stehenden Lamellen und der Verkleidung. Diese sollte daher leicht abnehmbar sein. Ein weiterer Nachteil ist der fehlende Strahlungsanteil und daß der Einsatz im Niedertemperaturbereich nicht möglich ist. Den Preisvorteil des Konvektors hebt die notwendige Verkleidung zum Teil wieder auf. Die Heizleistung ist in keiner Norm festgelegt und muß den Listen der Hersteller entnommen werden. Die Wärmeleistung des Konvektors kann sowohl durch Drosselung der Wassermenge als auch durch Drosselung der den Schacht durchströmenden Luft geregelt werden.

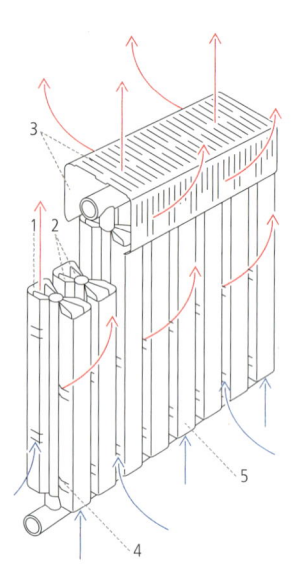

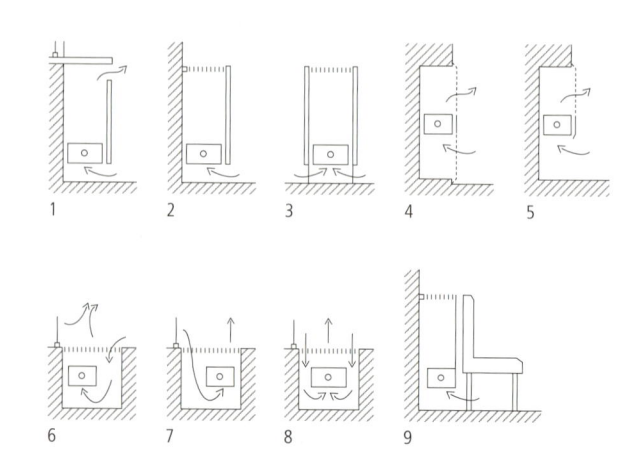

Bild 4.88
Rohrradiator (Gerhard & Rauh)

1 Mantel
2 Rippen
3 Warmluft-Öffnungen oben und seitlich
4 Luftein- und Auslaßschlitze
5 Lufteinlaß unten

Bild 4.89
Hauptabmessungen eines Konvektors und Einbau in eine Nische nach GEA

h_1 Nischenhöhe
h_2 Lufteinlaßhöhe
h_3 Luftauslaßhöhe
h_4 wirksame Schachthöhe
h_5 Höhe des Konvektorhalters
h_6 Blendenüberstand
h_7 Höhe der Vorderblende
h_K Konvektor-Montagehöhe
($h_K = h_2 + 10$ mm)
a Konvektorbauhöhe
b Konvektorbautiefe
t Konvektorhalter-Bautiefe = b + 4 mm

Bild 4.90
Verschiedene Einbaumöglichkeiten von Konvektoren nach GEA

1 unter Fenster
2 vor glatter Wand
3 freistehend
4 in Wand eingebaut
5 in Wand eingebaut
6 Unterflurkonvektor mit Raumluftansaugung
7 Unterflurkonvektor mit Kaltluftansaugung
8 Unterflurkonvektor mit beidseitiger Ansaugung
9 Konvektor hinter Bank

4.5 Heizkörper und -flächen

Bei gemischter Verwendung von Konvektoren und anderen Heizflächen ist zu beachten, daß der Konvektor bei niedrigeren Heizmitteltemperaturen schneller als die anderen Heizflächen in seiner Wärmeleistung sinkt. Deshalb sollten Konvektoren nach Möglichkeit einen eigenen Heizkreis erhalten.

Für die Verkleidung von Konvektoren eignen sich die verschiedensten Materialien (Hartfaserplatten, Holz, Blech u. ä.). Bei der Anbringung und Verkleidung ist darauf zu achten, daß der Konvektor vorn und hinten dicht anliegt, damit keine Falschluft an ihm vorbeistreichen kann.

Neben Konvektoren mit natürlicher Luftzirkulation gibt es Bauarten mit erzwungener Luftströmung. Diese wird entweder durch ein zentrales Luftverteilungsnetz und Ausblasen der Luft unter dem Konvektor oder aufgrund eines eigenen Ventilators je Konvektor erzeugt (Bild 4.91). Durch die höhere Anblasegeschwindigkeit des Konvektors erhöht sich seine Wärmeleistung.

Gebläsekonvektoren haben eine Luftleistung von etwa 200 bis 2.000 m³/h und eine Heizleistung bis zu 20 kW. Dadurch eignen sie sich für Räume mittlerer Größe wie Büros, Restaurants, Sitzungszimmer, Schulklassen und auch größere Wohnräume. Eine Spezialausführung ist der Gebläsekonvektor zum Einbau in den Fußbodenaufbau. Er arbeitet nur im Umluftbetrieb (Bild 4.92).

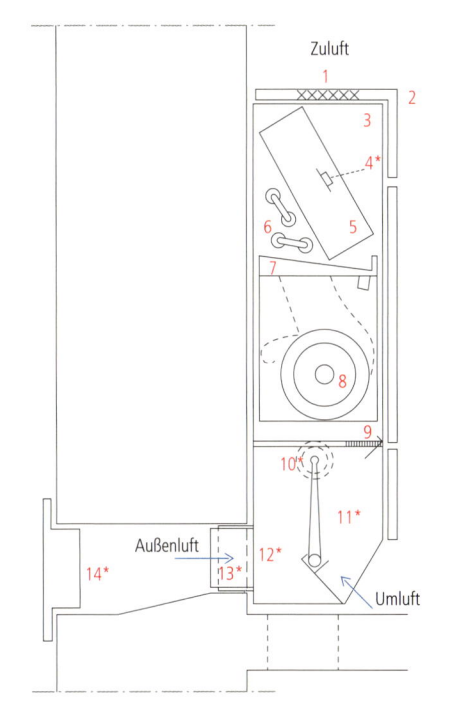

Bild 4.91
Querschnitt durch einen Gebläsekonvektor nach GEA

1 Luftaustrittsgitter
2 Gehäuse
3 Grundkonstruktion
4 Frostschutzthermostat *
5 Wärmeaustauscher
6 Elektrozusatzheizung
7 Schwitzwasserwanne
8 Gebläse
9 Filter
10 Stellmotor *
11 Mischluftklappe *
12 Außenluftansaugstutzen *
13 Mauerrahmen *
14 Wetterschutzgitter *

* nur bei Mischluftgeräten

Bild 4.92
Gebläsekonvektor zum Einbau in den Fußbodenaufbau (Emco)

1 Gitterrost
2 Endstück
3 Fußventil
4 Wanne
5 Konvektor
6 Lüftungskanal
7 Konvektorverbindungsbogen
8 Deckel
9 Motor
10 Lüftergehäuse
11 Endstück
12 Konvektorhalter
13 Regulierventil

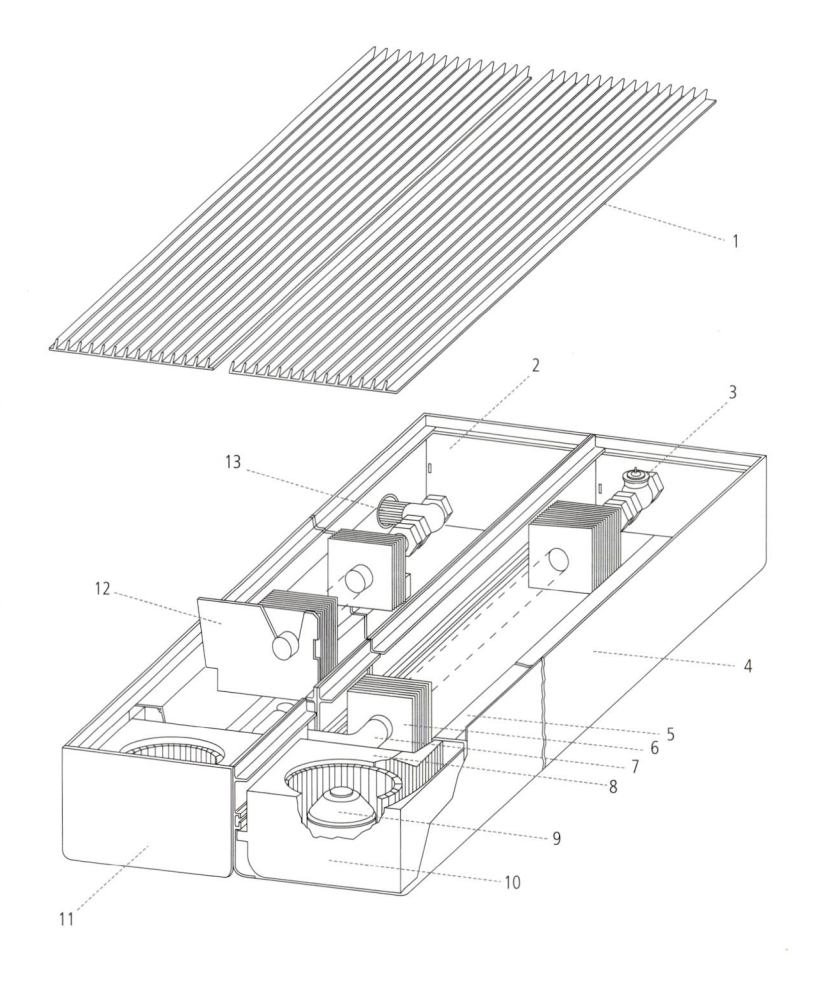

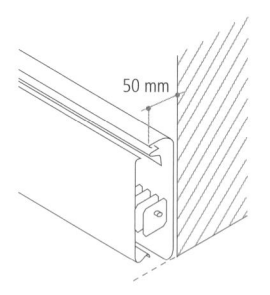

Eine weitere Sonderform des Konvektors ist der Sockelleistenheizkörper. Er besteht zumeist aus einem Kupferrohr mit Aluminiumlamellen und einer fertigen Stahlblechverkleidung. Bei manchen Fabrikaten ist die obere Ausströmöffnung zur Regulierung der Wärmeleistung verschließbar, **Bild 4.93**.

Wenn der Sockelleistenheizkörper die Gesamtlänge der Außenwände in einem Raum belegt, ist eine gute Wärmeverteilung gegeben, besonders, da er die kälteren Außenwände mit seiner aufsteigenden Warmluft bestreicht. Aufgrund der Anordnung des Kupferrohrs eignet sich dieser Heizkörper sehr gut für die Einrohrheizung, weil eine eigene Verteilung nicht mehr notwendig ist. Form, geringer Platzverbrauch, gute Regulierbarkeit und leichte Installation machen ihn auch für den nachträglichen Einbau bei einer Modernisierung interessant. Nachteile sind, daß er bei der Möbelaufstellung hinderlich ist und daß durch die Konvektion fast unvermeidbar eine Verschmutzung über dem Sockel entsteht (Staubablagerungen).

Bild 4.93
Sockelleistenheizkörper
(Evitherm)

Bild 4.94
Deckenstrahlungs- und
Bodenheizung (Flächenheizung)

1 Bodenheizung
2 Deckenheizung
3 Regelventile
4 Umwälzpumpe
5 Mischventil

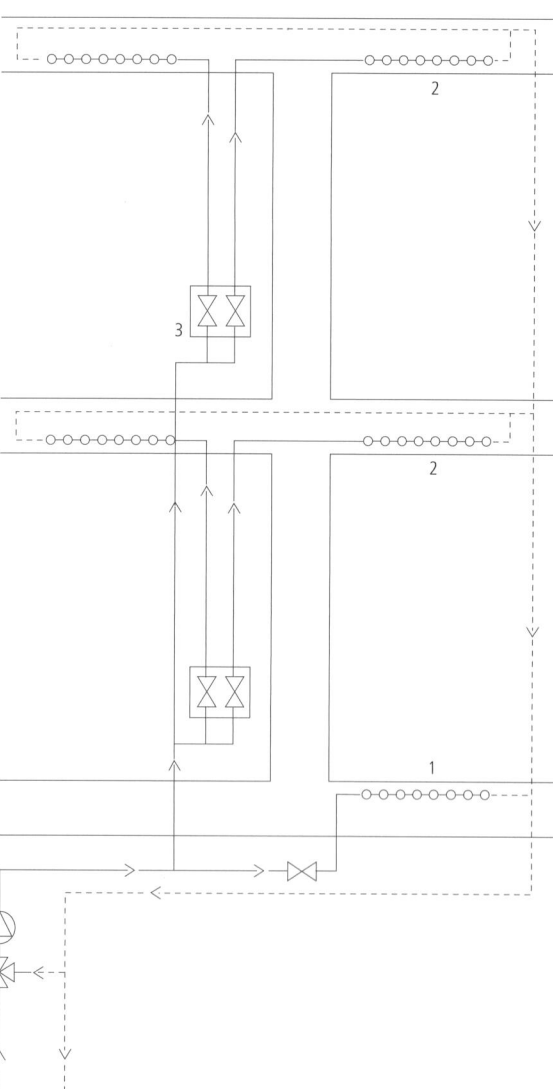

4.5.5 Flächenheizung

Während bei den bisher beschriebenen Heizflächen der zu deckende Wärmebedarf durch Heizkörper aufgebracht wird, werden bei der Flächenheizung die den Raum umschließenden Flächen erwärmt. Das geschieht durch Einbau oder Unterhängung von Heizrohren. Je nach Anordnung der Heizrohre spricht man von Decken-, Fußboden-, oder Wandheizung (**Bild 4.94**). Da der Strahlungsanteil gegenüber herkömmlichen Heizflächen überwiegt, findet man häufig die Bezeichnung Strahlungsheizung.

Die von der Fläche ausgehende Strahlung trifft auf die im Raum befindlichen Gegenstände und die anderen den Raum umschließenden Flächen. Diese werden dadurch aufgewärmt und geben ihre Wärme durch Konvektion und Strahlung wieder an den Raum ab.

Weil solche Flächenheizungen meistens mit Warmwasser bis zu einer maximalen Vorlauftemperatur von 50 °C beschickt werden, eignen sie sich insbesondere für den Betrieb von Wärmepumpen.

Für Flächenheizungen lassen sich folgende Vorzüge und Nachteile anführen:

Vorteile:
– keine örtlichen Heizflächen mit ihrem Platzbedarf und Unfallrisiko
– unsichtbare Heizflächen
– geringe Luftbewegung im Raum, keine Staubaufwirbelung und Keimverschleppung
– fast gleichmäßige Lufttemperatur im Raum
– eventuelle Kühlung im Sommer durch Beschickung mit Kaltwasser (Umschaltsystem).

Nachteile:
– erhöhte Kosten durch die Koordination am Bau
– größere Trägheit des Systems, besonders bei großen aufgeheizten Massen
– eingeschränkte Änderungsmöglichkeit der Wärmeleistung oder der Raumaufteilung
– schlechte Reparaturmöglichkeit
– sehr empfindlich gegen Lufteinfall und an kalten Außen- und Wandflächen, besonders bei Deckenheizung
– sorgfältige Montage und Bauüberwachung notwendig.

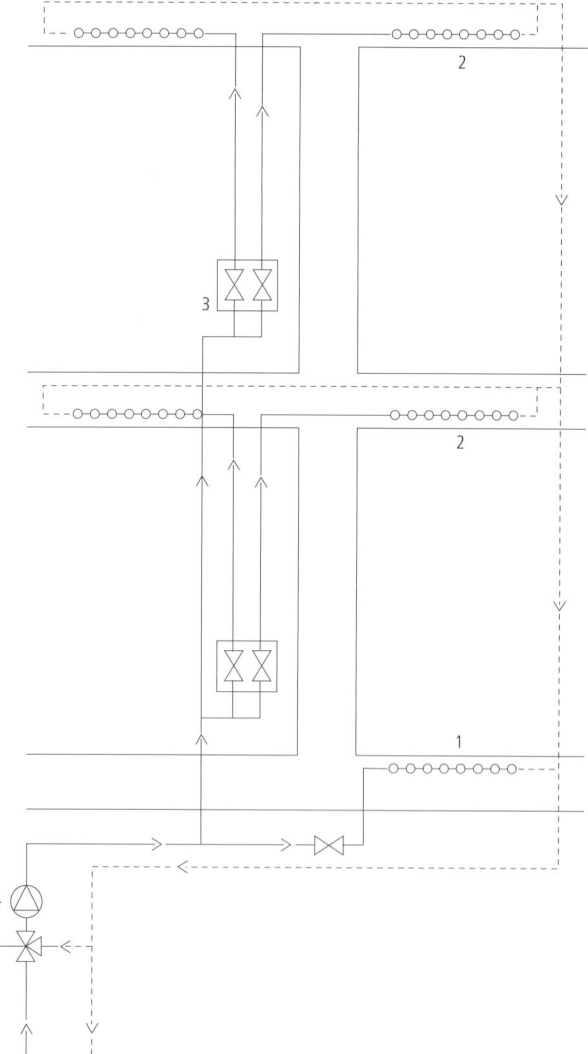

4.5.5.1 Fußbodenheizung

Die Fußbodenheizung besteht z. T. aus im Estrich oder Aufbeton verlegten Rohren, die von Warmwasser durchflossen sind. Der Boden gibt die Wärme teils durch Konvektion, teils durch Strahlung ab. Um eine unerwünschte Wärmeabgabe nach unten zu vermeiden, wird eine Dämmschicht unter den Heizrohren verlegt. Früher wurde besonders bei Wohnungstrenndecken eine auch nach unten gerichtete Wärmeabgabe angestrebt, so daß die Fußbodenheizung im Geschoß darunter wie eine Deckenheizung wirkt. Damit sollte ein noch gleichmäßigeres Temperaturprofil erreicht und die Behaglichkeit weiter erhöht werden. Nachteilig war jedoch die Abhängigkeit der Raumbeheizung von den Heizgewohnheiten der Nachbarn. Trotz des höheren Preises gegenüber konventionellen Heizflächen gewinnt die Fußbodenheizung bei Einfamilienhäusern einen stetig wachsenden Marktanteil.

Man unterscheidet bei der Fußbodenheizung zwischen der Trocken- und der Naßverlegung.

Bei der **Trockenverlegung** werden die Rohre in vorgefertigten Hartschaumplatten, die entsprechende Rillen oder Kanäle aufweisen, verlegt. Diese Hartschaumplatten dienen zumeist der Wärme- und Trittschalldämmung. Da die Rohre in den Hartschaumplatten von Luft umgeben sind, werden zur besseren Wärmeabgabe an den Estrich u. U. Aluminiumlamellen auf die Rohre aufgeklemmt. Über die Hartschaumplatten wird nach dem Abdrücken der Rohre eine Folie gelegt und dann der Estrich oder ein Fußboden in Trockenbauweise aufgebracht. Ein Vorzug dieser Verlegung ist, daß sich die Rohre frei ausdehnen können und es nicht zu Wärmespannungen und damit zur Rißbildung kommt **(Bild 4.95)**. Eine besondere Art dieser Fußbodenheizung ist die Kunststoffbodenheizung. Sie wird in Hohlräume verlegt und erhält Speziallamellen, die sich an die Konstruktionshöhe der Hohlräume anpassen lassen. Diese Fußbodenheizung kann an ein bestehendes Heizungsnetz mit einem Vorlauf von 90 °C und einer Temperaturspreizung von 20 K angeschlossen werden, weil sich die Kunststoffrohre frei ausdehnen können **(Bild 4.96)**. Somit ist auch eine Kombination mit anderen Heizflächen, vor allem Konvektoren, ohne eine separate Regelanlage möglich.

1 10 mm Parkett
2 16 mm Lastverteilungsplatte
3 PE-Folie
4 18 mm Blindboden
5 18 mm Schwingträger
6 Auffütterungsklotz
7 20 x 2 mm sauerstoffdichtes PE-Xc Heizrohr
8 35 mm Klippschiene
9 85 mm Wärmedämmung gegen Erdreich PUR (λ = 0,03 W/mK)
10 dauerelastische Federpads
11 ca. 10 mm Bauwerksabdichtung
12 Fundament/Betondecke

Bild 4.95
Fußbodenaufbau bei Fußbodenheizung in Trockenverlegung (System Purmo)

1 tragende Fußbodenkonstruktion
2 Trittschalldämmung (falls erforderlich)
3 Polystyrol-Verlegeelement
4 Wärmeleitblech
5 Fußbodenheizungsrohr
6 Wärmeverteilblech
7 Trockenestrich (hier: 2 Lagen Fermazell)
8 Bodenbelag

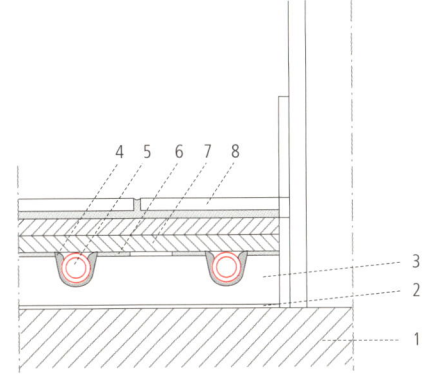

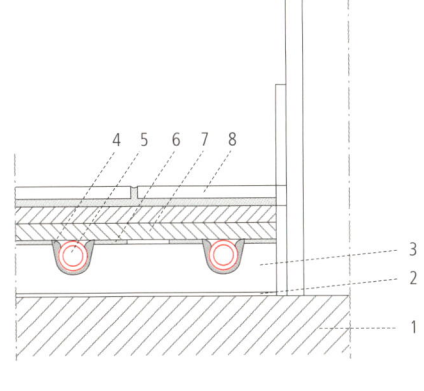

Bild 4.95.2
Anwendungsbeispiel einer Fußbodenheizung in Trockenverlegung (velta siccus, Velta)

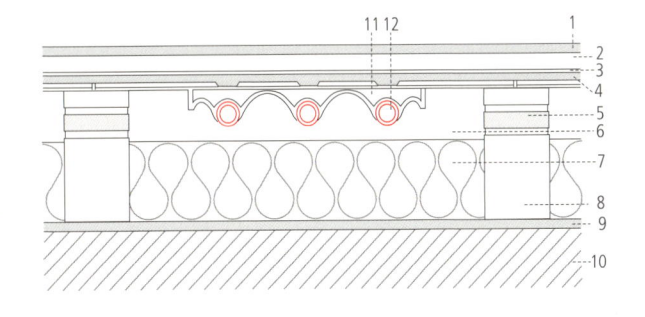

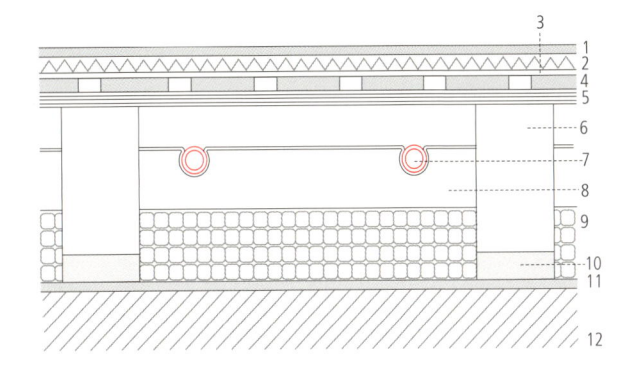

Bild 4.95.1
Anwendungsbeispiel einer Fußbodenheizung in Trockenverlegung (TS14-Fußbodenheizung, Purmo)

Bild 4.96.1
Fußbodenaufbau beim System Velta

1 PVC- oder Linoleum-Belag
2 Holzspanplatte
3 PE-Folie
4 Blindboden
5 Doppelschwingträger
6 Luftraum
7 Wärmedämmung
8 Auffütterungsklotz
9 Bauwerksabdichtung
10 Beton
11 velta Rohrhalter
12 velta plus Rohr PE-Xa 110

Bild 4.96.2
Fußbodenaufbau einer Sporthalle beim System Polytherm

Bei der Naßverlegung wird auf die Wärme- und Trittschalldämmung eine Folie verlegt. Darauf kommt eine Baustahlmatte oder ein entsprechender Trägerrost, an dem die Befestigungselemente angebracht werden.

Danach werden die Rohre verlegt und mit den Befestigungselementen verbunden, damit sie sich nicht verschieben können. Nach der Druck- und Dichtigkeitsprobe kann dann der Estrich eingebracht werden, und zwar so sorgfältig, daß die Rohre ohne Lufteinschlüsse überdeckt werden **(Bilder 4.97.1/2)**.

Da die Rohre und der Estrich verschiedene Ausdehnungskoeffizienten haben, erhält der Estrich verschiedene Zuschlagstoffe. Weil er insgesamt aufgeheizt wird, ist auf entsprechende Ausdehnungsmöglichkeit zu achten. Ferner sollte der Estrich mindestens vier Wochen austrocknen, ehe mit der Beheizung begonnen wird. Die erste Aufheizung sollte langsam erfolgen, damit zwischen Rohren und Estrich keine Ablösung erfolgt. Weiterhin ist sicherzustellen, daß die maximale Vorlauftemperatur von 55 bis 60 °C nicht überschritten wird, da es sonst zu Wärmespannungen und Rißbildung kommt.

Während bei früheren Ausführungen der Fußbodenheizung Stahl- und Kupferrohr verwendet wurde, werden heute in überwiegendem Maße Kunststoffrohre verlegt. In Naßräumen muß die Abdichtungsfolie oberhalb der Rohre verlegt werden, damit kein Wasser an die Rohre gelangt. Aus diesem Grund greift man in Schwimmbädern meistens auf die sehr viel teureren Kupferrohre zurück.

Man kann die Rohre in verschiedenen Formen verlegen. Die einfachste Art ist die schlangenförmige Verlegung, die aber den Nachteil einer ungleichmäßigen Bodentemperatur mit sich bringt. Um diesen Mangel auszugleichen, legt man Vor- und Rücklauf nebeneinander und erhält somit eine spiralförmige Verlegung. Auch eine Kombination der beiden Verlegungsarten ist möglich. Im Randbereich an Außenwänden und Fenstern wird der Rohrabstand von normalerweise 15 bis 30 cm verkleinert **(Bilder 4.98, 4.99)**.

Bei der Fußbodenheizung soll die Oberflächentemperatur im Aufenthaltsbereich aus physiologischen Gründen 24 °C nicht überschreiten. Im Randbereich sind Oberflächentemperaturen bis zu 29 °C zulässig, da man damit rechnen kann, daß sich dort niemand sehr lange aufhält. Im Bad, das mit nackten Füßen betreten wird, ist die Oberflächentemperatur mit 32 °C anzusetzen.

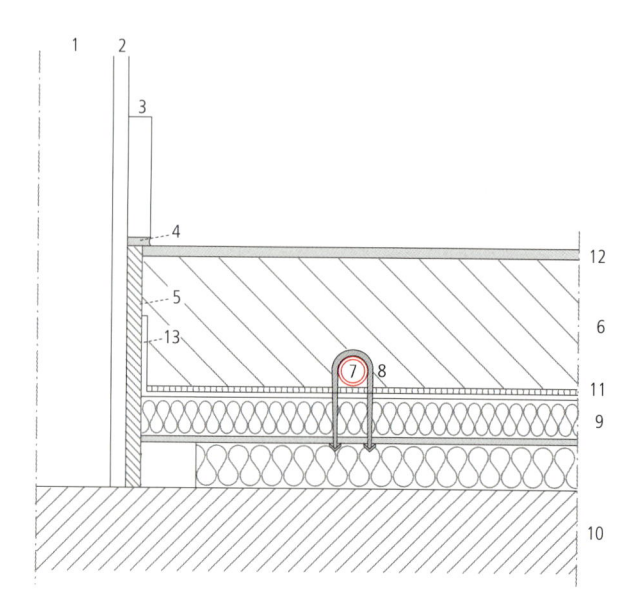

Bild 4.97.1
Fußbodenaufbau bei Fußbodenheizung in Naßverlegung

1 Wand
2 Putz
3 Sockelleiste
4 Elastische Fugenmasse
5 Randdämmstreifen
6 Estrich DIN 18560/18353
7 PE-Heizrohr
8 Rohrhalter Typ A
9 Wärmedämmung
10 Tragender Untergrund
11 Tragkonstruktion
12 Bodenbelag
13 PE-Folie

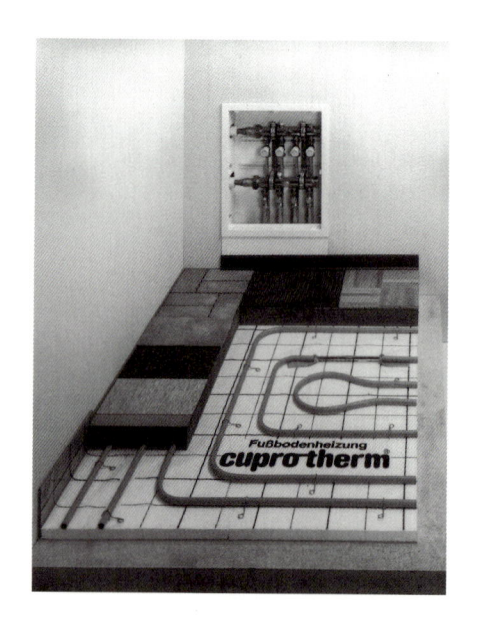

Bild 4.97.2
Fußbodenaufbau und Oberbelagsmöglichkeiten

4.5 Heizkörper und -flächen

Bild 4.98.2
Beispiel einer verlegten Fußbodenheizung mit dichterer Verlegung an der Außenwand
(Werkbild Velta)

Bild 4.98.1
Verschiedene Verlegungsarten einer Fußbodenheizung
(nach Velta)

Die Fußbodenheizung hat eine Wärmeleistung von etwa 80 W/m² bei 20 °C Raumtemperatur. Da in der Regel nur Häuser, die nach der neuen Wärmeschutzverordnung gebaut worden sind, einen spezifischen Wärmebedarf unter 80 W/m² erreichen, sind in manchen Fällen außer der Fußbodenheizung noch zusätzliche Heizflächen erforderlich. Das gilt insbesondere für Räume, in denen fest installierte Möbel und Einrichtungsgegenstände vorhanden sind (z. B. Küche und Bad).

Da bei der Fußbodenheizung der gesamte Estrich mit seiner Mindestdicke von 45 mm über der Oberkante des Heizrohres aufgeheizt wird, reagiert die Fußbodenheizung träge. Daher sollte eine witterungsabhängige Regelung anstelle einer Raumtemperaturregelung verwendet werden. Man kann überschlägig errechnen, daß die Auskühlzeit der Fußbodenheizung pro 1 K eine Stunde je cm Estrichdicke beträgt. Somit ist die reine Fußbodenheizung bei passiver Nutzung der Sonne wenig geeignet. Auch das Argument, daß die Fußbodenheizung einen Selbstregeleffekt hat, stimmt thermodynamisch erst dann, wenn die Raumtemperatur gleich der Oberflächentemperatur, die bei 26 °C liegt, oder größer als diese ist.

Bild 4.99
Beispiel einer verlegten Fußbodenheizung mit paralleler Verlegung von Vor- und Rücklauf, Großflächenheizung
(Werkbild Polytherm)

101

Um den Nachteil der Trägheit auszugleichen, kann man 40 bis 50 % des Wärmebedarfs als Fußbodenheizung zur Grundheizung auslegen und den Rest mit herkömmlichen Heizflächen decken. Diese Heizflächen haben aufgrund ihres geringen Wasserinhaltes und der kleinen erwärmten Massen ein schnelles Regelverhalten. Anfallende Wärme im Raum durch Sonne und Menschen wird durch Verringerung der Wärmezufuhr zum Heizkörper kompensiert. Ferner kann man damit auch Einflüsse von Möbeln ausgleichen, die die Wärmeleistung der Fußbodenheizung mindern. Bei einer solchen doppelten Heizflächenanordnung ist es möglich, die Fußbodenheizung konstant zu betreiben.

Eine Sonderform der Fußbodenheizung ist die Kombination von statischem Heizsystem mit Luftheizung. Die Systemlösung air conomy vereinigt die Anlagenform, um mit möglichst geringen Temperaturen arbeiten zu können. Die unterlegte Warmluftführung sorgt für eine äußerst behagliche Wärme inklusive sauberer, frischer Luft und führt kontinuierlich Schad- und Geruchstoffe ab. Der hohe Wohnkomfort bei dieser Systemlösung ist neben der gleichmäßigen Erwärmung des Raumes auch durch die ständige Erneuerung der Luft gegeben, so daß Luftbelastungen (Pollen, Stäube, Gerüche etc.) abgeführt werden. Zudem reagiert das System infolge der teilweisen Erwärmung der Luft sehr schnell und überwindet somit die Trägheit des reinen Fußbodenheizsystems. Die **Bilder 4.100.1/2** zeigen einen Schnitt und ein Funktionsschema der Systemlösung.

4.5.5.2 Deckenheizung

Die älteste Bauart der Deckenheizung ist die Crittall-Decke, so benannt nach ihrem Erfinder. Hierbei werden Stahlrohrschlangen, die aus nahtlosem oder spezialgewalztem Fretz-Moon-Rohr in der Dimension bis $3/4"$ bestehen, über die untere Bewehrung gelegt. Die Betonüberdeckung der Rohre sollte nach unten 1 bis 3 cm und nach oben 6 bis 7 cm dick sein **(Bild 4.101)**. Die Schlangen werden einzeln mit der Unterverteilung, die meistens im Flurbereich liegt, verbunden.

Nach einer Druck- und Dichtheitsprüfung kann die Oberbewehrung eingebracht und die Decke in einem Stück gegossen werden. Eine Verlegung auf die Unterbewehrung fördert die Wärmeleitung und somit eine gleichmäßige Temperaturverteilung innerhalb der Decke.

Da Beton und Eisen in dem Temperaturbereich bis 60 °C den etwa gleichen Ausdehnungskoeffizienten haben, kommt es nicht zu Spannungsrissen. Um die Rohre vor äußerer Korrosion zu schützen, sollten sie wie die Bewehrung ohne Lufteinschlüsse im Beton liegen. Auf die Rohdecke kommt später eine entsprechende Wärmedämmung, die eine Wärmeabgabe nach oben einschränkt. Da diese Decke eine gleichmäßige Temperaturverteilung hat, kann sie mit normalem Putz ohne Zusätze verputzt werden. Bei großen Decken müssen entsprechende Dehnungsfugen vorgesehen werden, und der Statiker muß die Deckentemperatur kennen, damit er entsprechende Vorsichtsmaßnahmen treffen kann. Stark bewehrte Decken können die auftretenden Wärmespannungen am besten absorbieren.

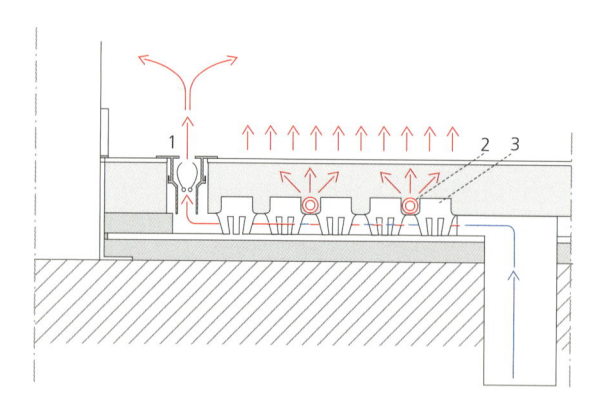

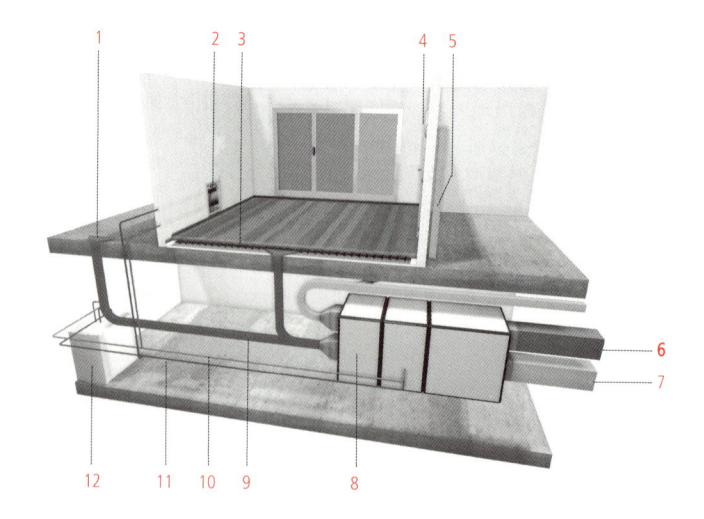

Bild 4.100.1
Schnitt durch den Fußbodenaufbau, System air conomy
(eht Siegmund)

1 Luftauslaß in Boden oder Wand
2 wasserführende Heizrohre
3 Distanzkegel

Bild 4.100.2
Funktionsschema
System air conomy®
(eht Siegmund)

1 Einblasmodul
2 Heizkreisverteiler
3 Air conomy® Hohlbodensystem
4 Abluft-Tellerventil
5 Abluft
6 Fortluft
7 Außenluft
8 Lüftungsgerät
9 Zuluft
10 Rücklauf
11 Vorlauf
12 Wärmepumpe, Ölheizung o.ä.

4.5 Heizkörper und -flächen

Die Rohre werden in Abständen von 15, 20 und 25 cm verlegt. Um die Wandoberflächen und Fensterflächen mit ihrem größeren Wärmeverlust abzudecken, werden die Rohrschlangen möglichst nahe an diese Flächen gelegt. Das erste Rohr soll aber nicht näher als 0,3 m an der Außenwand liegen, damit kein zu großer Wärmeverlust nach außen entsteht. Man sollte daher auch im Bereich des Auflagers eine Wärmedämmung in gleicher Dicke wie bei der Decke vorsehen. Außerdem verlegt man den Vorlauf in Außenwandnähe, so daß eine Abkühlung des Heizwassers zur Raummitte erfolgt.

Die Rohrregister sind raummäßig aufzuteilen, damit die einzelnen Räume entsprechend dem Benutzerverhalten einreguliert werden können.

Um die große Trägheit des Systems zu mindern, hat man versucht, die Masse zu verringern. Dabei sind die Decke mit eingegossenen Hohlsteinen und die untergehängte Heizdecke zu erwähnen.

Je nach Anwendungszweck sollen Deckenheizungen mehr oder weniger träge reagieren. Aus diesem Grunde wurde von der Firma Stramax eine Deckenheizung mit Lamellen entwickelt (Lamellenheizdecke).

Hierbei werden Aluminiumlamellen von 0,7 bis 1 mm Dicke mit Sicken über das Heizrohr gestülpt. Bei glatten Lamellen wird ein zusätzlicher Putzträger benötigt. Bei anderer Bauart sind die Lamellen so ausgebildet, daß sie gleichzeitig Putzträger sind. Der Putz muß eine vollflächige Verbindung mit der Aluminiumlamelle herstellen, damit eine gute Wärmeleitung gegeben ist (Bild 4.102).

Bei den Gipskassettendecken (Bild 4.103) sind die Aluminiumlamellen fest in die Gipsplatte eingegossen. Die Gipsplatten gibt es mit glatter oder gelochter Unterseite. Sie werden je nach Fabrikat von unten auf das Heizrohr geklemmt oder mittels eines Spezialprofils gleitend mit dem Rohr verbunden. Gipskartonplatten werden entweder an Drähten oder Spezialaufhängungen, wie sie von herkömmlichen abgehängten Decken bekannt sind, aufgehängt. Die Platten haben an den Seiten genügend Platz, um die Wärmeausdehnung aufzunehmen.

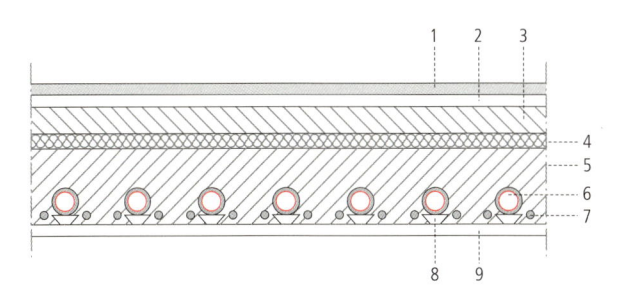

Bild 4.101
Deckenheizung mit einbetonierten Heizungsrohren (System Crittall)

1 Bodenbelag
2 Estrich
3 Bimsbeton
4 Trittschall- und Wärmedämmung
5 tragende Deckenkonstruktion
6 Deckenheizungsrohre
7 Bewehrung
8 Betonklötzchen als Abstandshalter
9 Putz

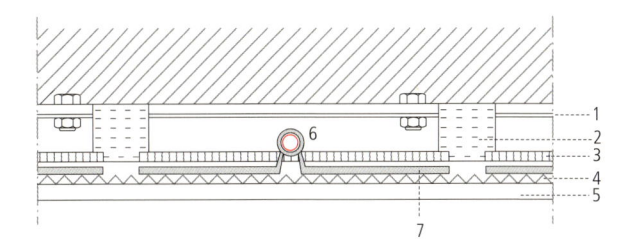

Bild 4.102
Deckenheizung mit Lamellenheizdecke (System Stramax)

1 Wärmedämmung mit Aluminiumfolie
2 Lattenrost
3 Tragekonstruktion für die Deckenheizungsrohre
4 Streckmetall
5 Putz
6 Deckenheizungsrohre
7 Lamelle

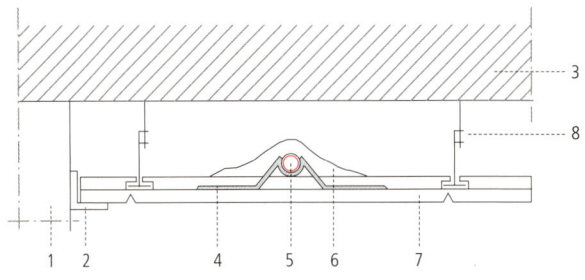

Bild 4.103
Deckenheizung mit Gipskassettendecke (System Destra)

1 Raumwand
2 Randleiste
3 tragende Deckenkonstruktion
4 Lamelle in der Gipskassette
5 Deckenheizungsrohr
6 Wärmedämmung
7 Gipskassette
8 Aufhängung

Bei der Zent-Frenger-Decke **(Bilder 4.104)** werden fertig lackierte Stahl- oder Aluminiumpaneelen mit einer Breite von 85 mm und in einer Dicke von 0,75 mm verwendet. An den je nach erforderlicher Heizleistung in einem Abstand von 300 oder 600 mm verlegten Rohren werden die Platten mit Stahlklammern befestigt. Eine Dämmung auf der Oberseite der Platte wirkt schallabsorbierend. Da kein Putz verwendet wird, kann die Decke mit der üblichen Warmwasserheizung 90/70 °C betrieben werden.

Während bei der Fußbodenheizung die Fußabkühlung eine wichtige Rolle spielt, ist es bei der Deckenheizung die Kopferwärmung, die die Oberflächentemperatur bestimmt. Als Richtwert zur Auslegung bei üblichen Raumgrößen und einer lichten Raumhöhe von 2,7 – 3,0 m kann eine mittlere Deckentemperatur von 35 °C angestrebt werden. Bei dieser Temperatur beträgt die Wärmeleistung ca. 140 W/m².

Die Deckenheizung hat sich aus preislichen und z. T. aus wärmephysiologischen Gründen wenig durchgesetzt. Wegen der geringen Luftbewegung, die sie im Raum verursacht, hat sie aber vielfache Anwendung in Krankenhäusern, Heilanstalten und Sanatorien gefunden. Hier steht die Hygiene im Vordergrund. Eine gleichmäßige Temperaturverteilung, die noch von einem Teil der vom Fußboden kommenden Wärme unterstützt wird, ist hier erwünscht.

4.5.5.3 Wandheizung

Wandflächenheizungen werden wie Fußbodenheizungen ausgeführt, entweder fest in das Mauerwerk eingebunden oder eingeputzt. Auf die Außenwand sollte eine genügend starke Wärmedämmung aufgebracht werden, damit der Wärmeverlust nach außen nicht zu groß wird **(Bild 4.105)**.

Da der Mensch auf seitliche Strahlung am wenigsten empfindlich reagiert, ist die Wandflächenheizung eigentlich die Idealheizung. Leider ist sie selten zu verwirklichen, weil im Raum kaum noch Stellflächen vorhanden sind. Wegen der geringen Empfindlichkeit des Menschen auf seitliche Strahlung kann man die Wandflächenheizung in der Oberflächentemperatur höher als die Deckenheizung auslegen.

Alle Flächenheizungen sollen witterungs- statt raumtemperaturabhängig geregelt werden. Bei größeren Gebäudekomplexen ist eine Regelungsaufteilung nach den Himmelsrichtungen notwendig.

Bild 4.104.1
Deckenheizung als Paneeldecke (System Zent-Frenger)

1 Lochband
2 Isoliermatte
3 Spannfeder
4 Registerrohr
5 Verteilerrohr
6 Kontaktschiene
7 Paneel
8 Zahnleiste
9 Bride
10 Splint mit U-Scheiben

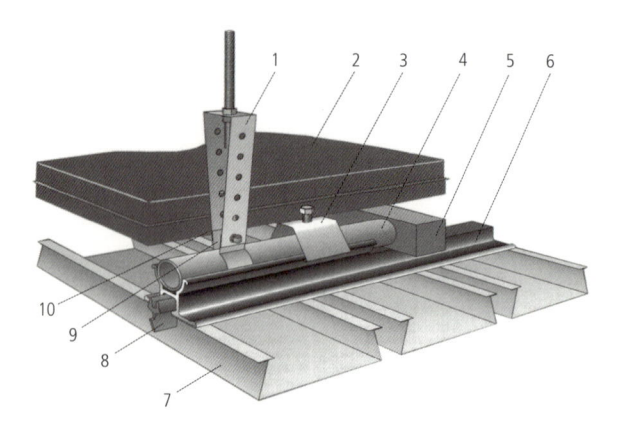

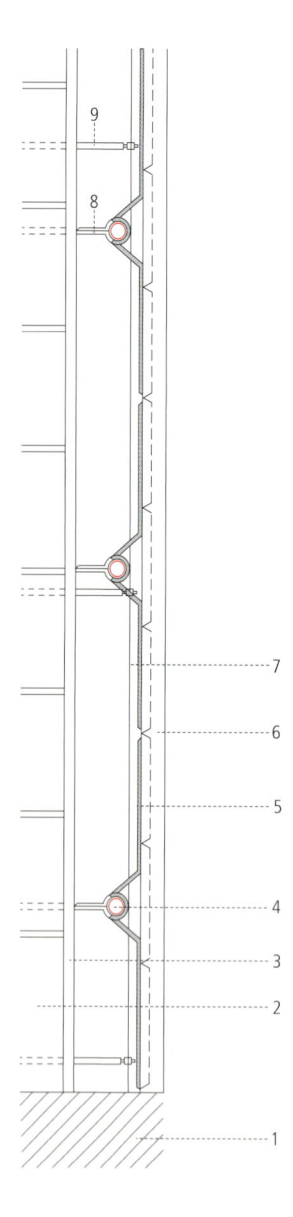

Bild 4.104.2
Deckenheizung als Paneeldecke (System Zent-Frenger)

Bild 4.105
Wandheizung mit Putzwand (System Deria)

1 Tragende Decke
2 Raumwand
3 Isolierung
4 Heizrohr
5 Lamellen
6 Streckmetallputzwand
7 Winkeleisen
8 Rohrhalter
9 Winkeleisenhalter

4.5.5.4 Fassadenheizung

Eine Sonderform der Flächenheizung ist die Fassadenheizung (**Bild 4.106**). Hierbei werden die statisch notwendigen, geschoßhohen Pfosten sowie die Querriegel eines Fassadenelementes, das nach innen gesetzt wird, mit Warmwasser von einer Temperatur bis zu max. 45 °C durchflossen. Die Fensterflächen mit Zweifachverglasung sind thermisch getrennt davorgesetzt. Die thermische Trennung soll auch den Wärmeverlust nach außen verringern. Durch die Pfosten und Querriegel wird die Scheibe angestrahlt und erhält eine Oberflächentemperatur zwischen 16 und 20 °C.

Diese Oberflächentemperatur vermittelt große Behaglichkeit und ermöglicht einen Aufenthalt im Fensterbereich, was besonders für die Nutzung von Büroräumen interessant ist, Korrosionsprobleme sind selten, da die Heizungsanlage im geschlossenen System betrieben wird (keine Mischinstallation).

Weitere Vorteile bietet diese Fassade für den Brandschutz. Da die Metallteile wasserdurchflossen sind, ist ein zusätzlicher Brandschutz nicht erforderlich. Der mittlere Riegel kann mit einem separat beheizten Konvektorrohr ausgerüstet werden.

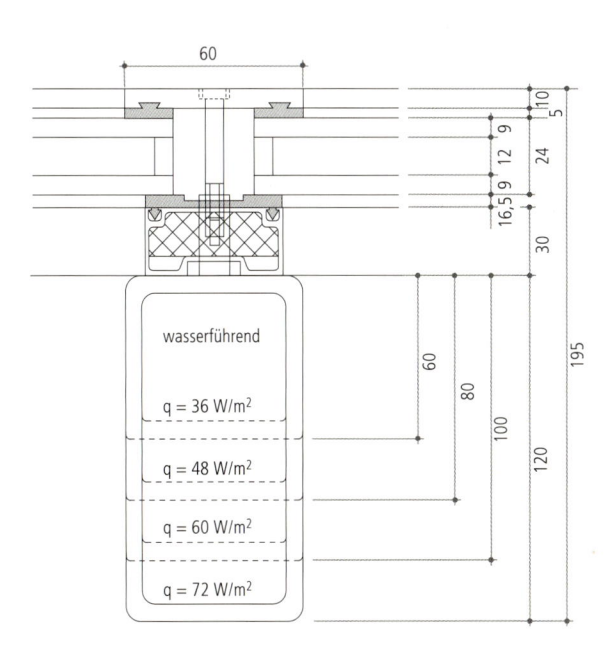

Bild 4.106.1
Fassadenelement und Querschnitt durch einen Fassadenpfosten nach Gartner

1 beheiztes Hohlprofil
2 Thermostatventil
3 Elektrokanal
4 Rücklauf
5 Vorlauf
6 Entlüftung
7 Kunststoffprofil

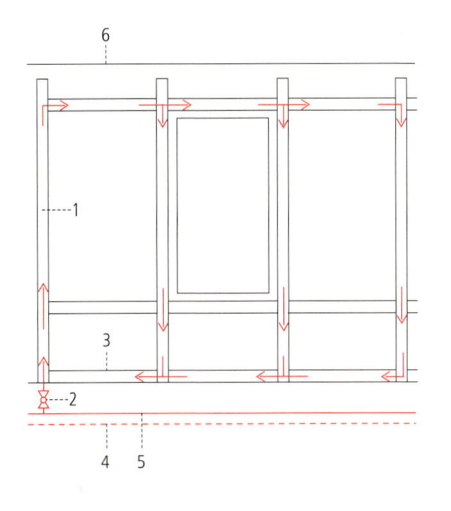

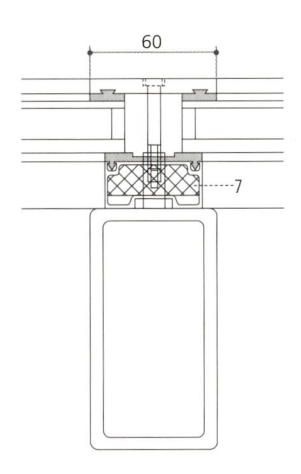

Bild 4.106.2
Detail einer Fassadenheizung

Wärmeleistung des Profils bei einer mittleren Heizwassertemperatur von 36 °C
q = 200 W/m² aktive Heizfläche

4.5.6 Raumtemperaturregelung

Heizungstechnische Anlagen sind mit Einrichtungen zur thermostatischen Einzelraumregelung auszustatten.

Bei den Thermostatventilen handelt es sich um feste, gas- oder flüssigkeitsgefüllte Temperaturfühler, die gegen einen Federdruck bei Temperaturanstieg den Heizwassermassenstrom drosseln oder bei Temperaturabfall wieder freigeben. Temperaturfühler sind nicht eichpflichtig. Sie tragen am Stellrad die Ziffern 1 bis 5. Dabei entspricht die Einstellung 3 einer Raumtemperatur von ungefähr 20 °C. Die **Bilder 107.1** zeigen verschiedene Bauformen von Thermostatventilen. Die Anordnung des Fühlers spielt bei der Wirksamkeit und Genauigkeit der Regelung eine entscheidende Rolle **(Bild 4.107.2)**.

Besser geeignet ist die elektrische Einzelraumregelung mit elektrothermischen **(Bild 4.107.3)** oder -motorischen Ventilen. Hierbei kann man eine Nachtabsenkung vorprogrammieren, von der einzelne Räume bei Bedarf ausgenommen werden können. Über einen Zentralschalter oder eine Aufschaltung auf ein Bussystem **(Bild 107.4)** lassen sich Absenkungen auch während des Tages individuell einschalten oder über eine Zeitschaltuhr fest vorprogrammieren. Durch diese Anlagenkonzeption läßt sich eine Energieeinsparung erzielen.

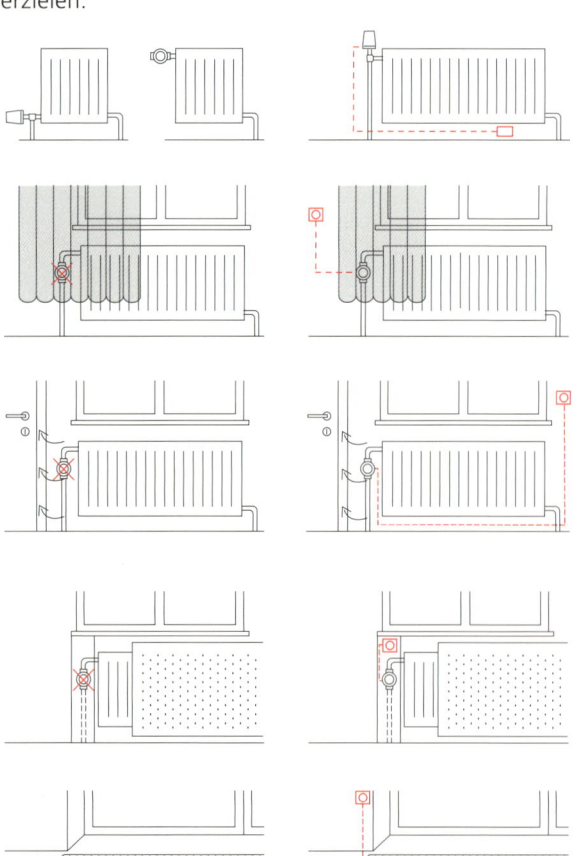

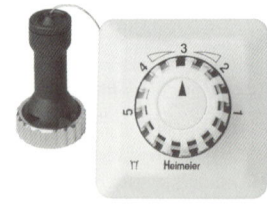

Bild 4.107.1
1 Schnittbild flüssigkeitsgesteuertes Thermostatventil (Werkbild Heimeier)
2 Thermostatkopf Ferneinsteller mit eingebautem Fühler (Thermostat-Kopf F, Heimeier)
3 Thermostatkopf in modernem Design (Thermostat-Kopf Uni C Colani, Oventrop)
4 Thermostatkopf mit Fernfühler (Thermostat-Kopf Uni L, Oventrop)

Bild 4.107.2
Richtige und falsche Anordnung von Thermostatventilen bei verschiedenen Einbausituationen (nach Danfoss)

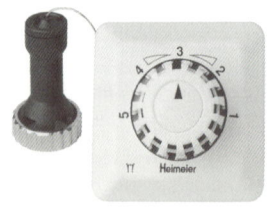

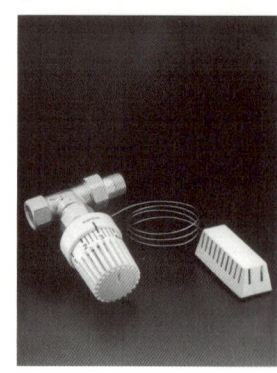

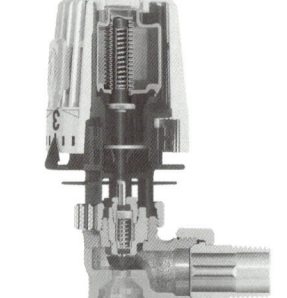

Bild 4.107.3
Elektrothermischer Stellantrieb für Heizungs-, Lüftungs- und Klimaanlagen (Typ EMO T, Heimeier)

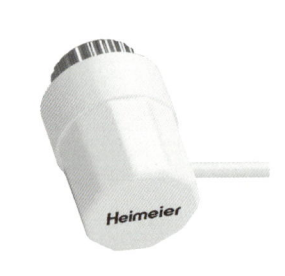

Bild 4.107.4
Elektromotorisches Heizkörperventil für den Direktanschluß an ein Bussystem (EIB) (System EIB, Oventrop)

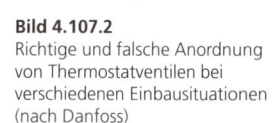

4.5 Heizkörper und -flächen

In der bisher bekannten Regelungstechnik ist inzwischen auch High Tech in die Heizungstechnik eingezogen. Über eine Infrarot-Regelungstechnik wird Wärme/Komfort/Energieeinsparen vorprogrammiert. Entsprechende Ventilheizkörper (IR) werden so angesteuert, daß sie ständig die richtige Raumtemperatur einstellen. Die Infrarot-Regelungstechnik besitzt ein programmierbares Sendegerät, eingebautes Empfangsgerät mit elektronischem Stellantrieb, der auf das Heizsystem wirkt. **Bildfolge 4.108** zeigt die einzelnen Komponenten der Gesamtsystemlösung.

Bedienführung durch Klartextdisplay: Das Vorgehen wird in der Anzeige erklärt

Bild 4.108
Die gesamte Anschluß- und Steuertechnik liegt elegant hinter einer Blende verdeckt. Da die Ventil-Regelung über einen Stellantrieb erfolgt, ist kein Blenden-Durchbruch für den Thermostatkopf erforderlich
(Kermi, Credo-Ventil IR)

Übersichtlich und einfach: Mit nur wenigen Aktionen werden die Befehle eingegeben

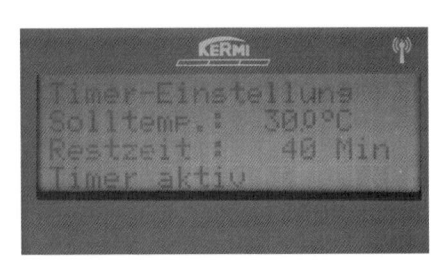

Alles auf einen Blick: Wochentag, Uhrzeit, Solltemperatur und Programmzeiten werden gemeinsam angezeigt

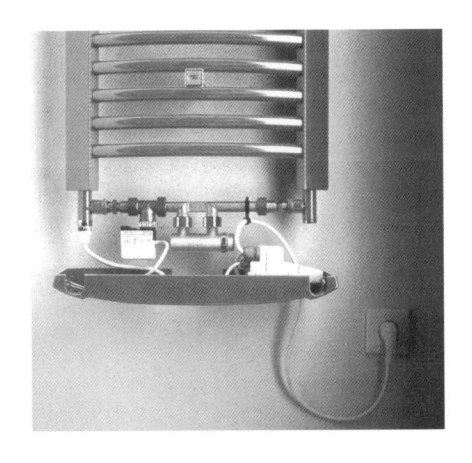

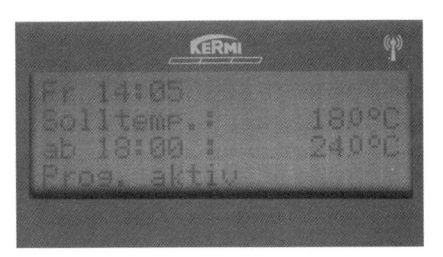

Einfacher geht´s nicht: Nach dem Einlegen der Batterien stellen sich Uhrzeit und Datum über Funkuhrenempfang automatisch ein.

4.6 Heizzentralen/Schächte/Horizontal-Installationen

Aufstellungsort
Der Aufstellungsort der Wärmeerzeuger sollte möglichst nahe bei den größten Wärmeverbrauchern liegen und für die Montage sowie für Reparaturarbeiten gut zugänglich sein. Für die Errichtung von Feuerungsanlagen und deren Aufstellungsort sowie den Betrieb sind grundsätzlich die gesetzlichen Vorschriften zu beachten. Es empfiehlt sich, bei anzeige- bzw. genehmigungspflichtigen Anlagen die Planung rechtzeitig mit den genehmigenden Behörden abzustimmen.

Als Standort für Heizzentralen im Gebäude bieten sich an:
– Heizzentrale im Kellergeschoß
– Heizzentrale auf dem Dach.

Gelegentlich bietet sich der Bau von Dachheizzentralen sowohl aus technischen als auch aus wirtschaftlichen Gründen an.

Die technischen Vorteile sind:
– kurze Schornsteine
– Heizkessel in Normalausführung (keine Hochdruckkessel)
– keine Be- und Entlüftungsschächte.

Die wirtschaftlichen Vorteile sind:
– Gewinn zusätzlicher Nutzflächen im Kellergeschoß
– geringe Heizraumbaukosten
– etwas höherer Kesselwirkungsgrad infolge geringerer Abgastemperatur.

Nachteile:
– zusätzliche Dachbelastung
– erhöhte Sicherheitsanforderungen gegen austretendes Öl und Gas
– erhöhte Schallschutzmaßnahmen.

Bei Heizräumen auf dem Dach ist zu beachten, daß der gesamte Fußboden in Wannenform wasserdicht ausgebildet werden muß und der Raum mit einer abgedichteten Türschwelle zu versehen ist. Öl- und Gaszuleitungen zu Dachzentralen sind nach den einschlägigen Bestimmungen zu verlegen. In Schächten oder Kanälen verlegte Brennstoffleitungen sind doppelwandig auszuführen und Kanäle und Schächte zu belüften.

Mit entsprechenden, schalldämmenden Aufstellungen und Maßnahmen ist sicherzustellen, daß die den Heizkessel (hierzu gehören auch Pumpen, Rohrleitungen usw.) umgebenden Räume keine unzumutbare Beschallung erfahren.

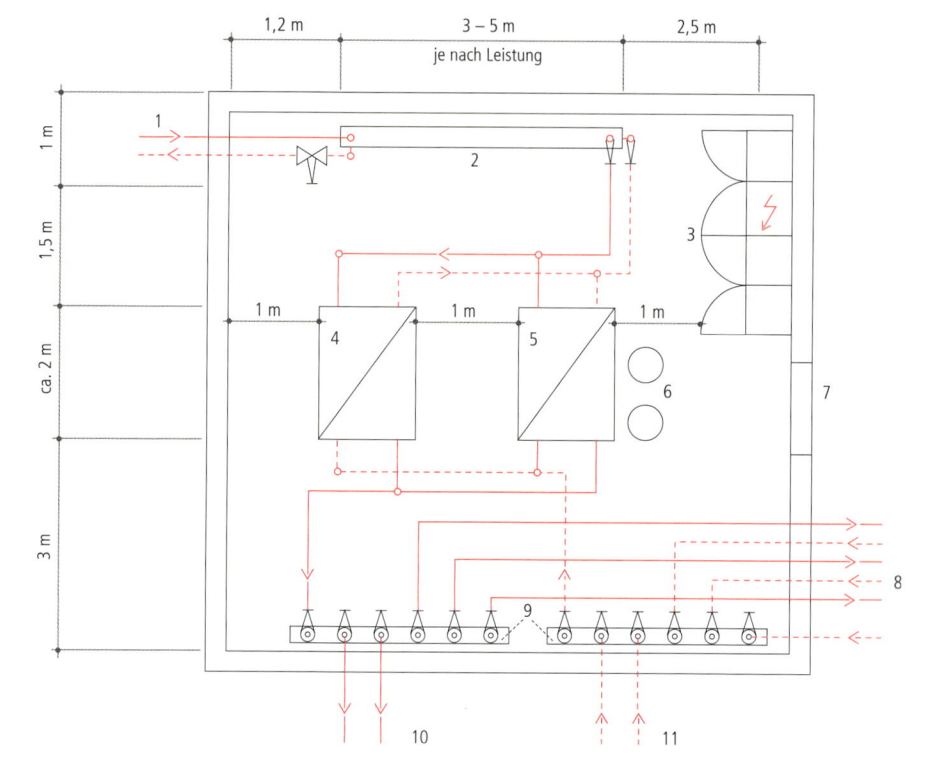

Bild 4.109
Große Fernwärme-Heizzentrale

1 Fernwärme-Hausanschlußleitungen
2 Meß- und Regelstation (Übergabestation)
3 Schaltschrank
4 Wärmetauscher 1
5 Wärmetauscher 2
6 Druckausdehnungsgefäße
7 Zugang
8 zu den einzelnen Verbrauchergruppen
9 Wärmeverteiler
10 Vorlauf
11 Rücklauf

Um einen Überblick über den Raumbedarf von Heizzentralen zu geben, sind nachfolgend einige typische Zentralen mit wesentlichen Maßangaben dargestellt. Hierbei wurden auch die Möglichkeiten der Einbringung (Montage/Demontage) berücksichtigt, da nach einer Betriebszeit von etwa 20 bis 25 Jahren damit zu rechnen ist, daß Kesselanlagen erneuert werden müssen. Das gleiche gilt (mit einem früheren Zeitraum) bereits für große Regeleinheiten, Pumpen und ähnliches.

Bild 4.109 zeigt eine Fernwärme-Heizzentrale mit Übergabestation, Gegenstromapparaten, Hauptverteilern und Hauptsammlern sowie Schalt- und Regeleinrichtungen.

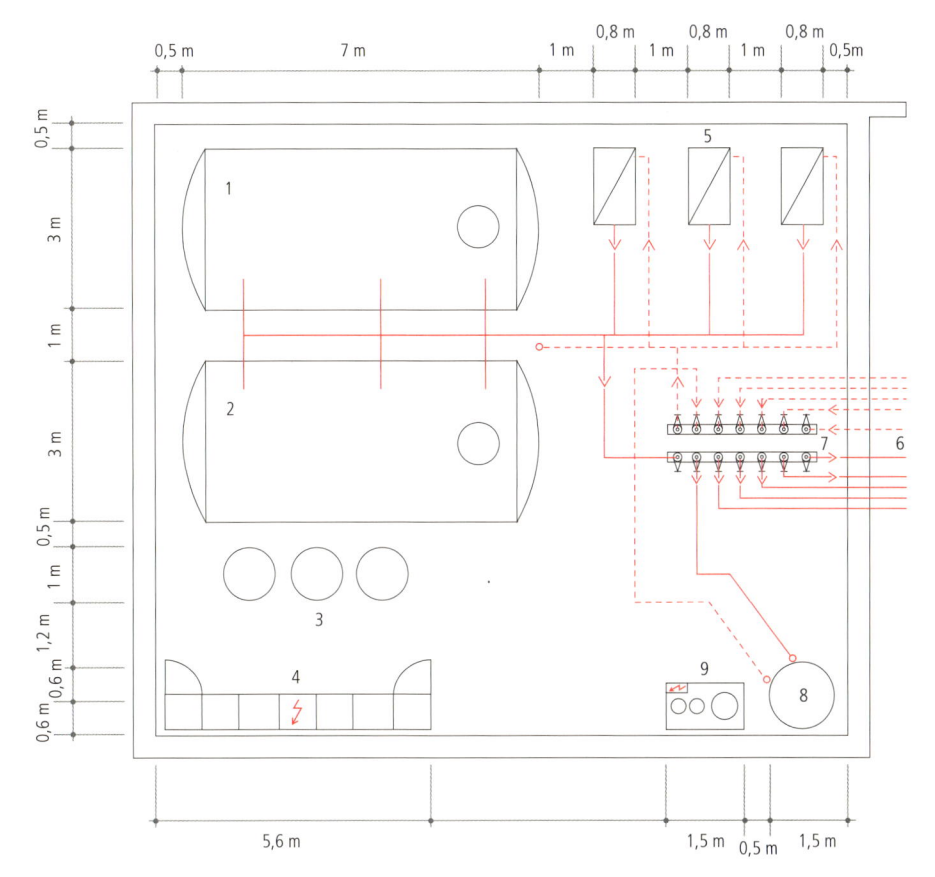

4.6 Heizzentralen/Schächte/Horizontal-Installationen

Bild 4.110 zeigt eine Heizzentrale mit Elektrokesseln und Wärmespeichern zur Beheizung eines großen Bauobjektes mit elektrischer Energie.

Bild 4.111 zeigt eine kleinere Heizzentrale, wie sie typisch für die Befeuerung mit Öl oder Gas für Ein- und Mehrfamilienhäuser ist.

Bild 4.110
Heizzentrale mit Wärmespeichern

1 Speicher 1
2 Speicher 2
3 Druckausdehnungsgefäße
4 Schaltschrank
5 Elektrokessel
6 zu den Verbrauchern
7 Wärmeverteiler
8 Warmwasserbereitung
9 Wasseraufbereitung

Bild 4.111
Kleine Öl/Gasheizzentrale

1 Schalttafel
2 Kessel mit Warmwasserbereitung
3 Brennstoffzufuhr
4 Heizraumabluft
5 Abgasschornstein
6 Heizraumzuluft

* je nach Wärmeerzeugertyp

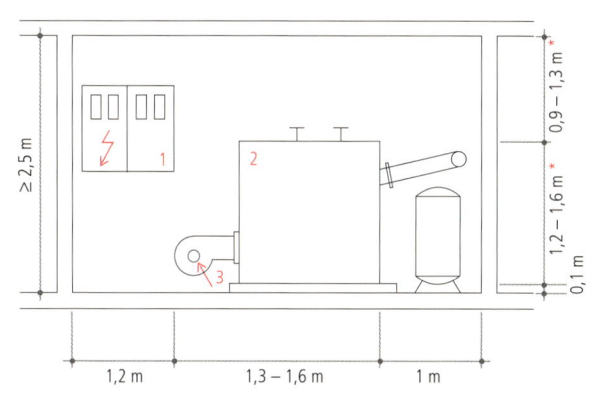

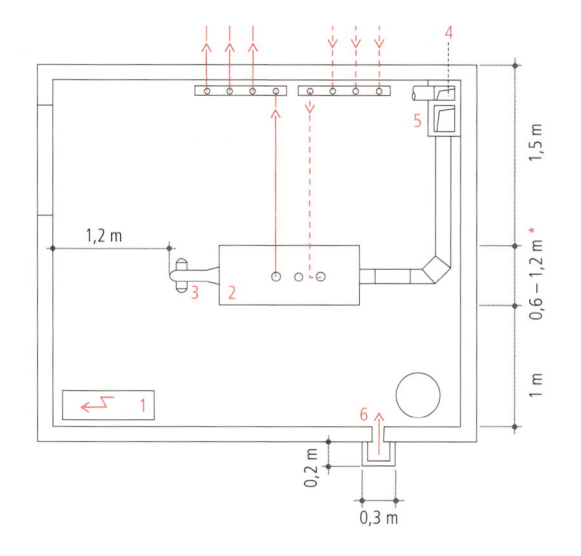

4. Heizungsanlagen

Bild 4.112.1/2 zeigt eine Zenrale bei Befeuerung durch Öl oder Gas für einen größeren Komplex, der von dieser Energiezentrale aus versorgt wird.

Bild 4.113 zeigt eine Dachheizzentrale für ein größeres Einkaufszentrum mit einer Gesamt-Heizleistung von etwa 12 MW, aufgeteilt auf sechs Gußheizkessel gleicher Größenordnung und Ölbefeuerung.

1 Ausdehnungsgefäße, Ø 1,20 m, h= 2,0 m
2 Kaltwasser (DN 150)
3 Turm (DN 125)
4 WWB (DN 80)
5 RLT Café 1 (DN 50)
6 RLT Café 1 (DN 50)
7 Statische Heizung Café 1 (DN 32)
8 Statische Heizung Café 2 (DN 32)
9 Rücklauf/Untersammler
10 Unterverteiler/Vorlauf
11 Rücklaufsammler
 – Küche DN 125
 – Turm (DN 125)
 – Bank DN 25
 – Gymnastik DN 25
 – Hauptrücklauf DN 200
 – Reserve DN 100
12 Vorlaufverteiler
 – Turm (DN 125)
 – Bank DN 25
 – Gymnastik DN 25
 – Hauptvorlauf DN 150
 – Küche DN 125
 – Hauptvorlauf DN 200
13 Wärmetauscher zur Druckstufentrennung
14 Schaltschrank (l = 7,20 m)
15 Ausdehnungsgefäße mit Druckluftkompressor, Ø 1,20 m, h = 2,0 m
16 Hauptsammler Kesselanlage
 – Vorlauf Kessel 1, DN 125
 – Vorlauf Kessel 2, DN 150
 – Vorlauf Kessel 3, DN 150
 – Reserve DN 150
17 Hauptsammler Kesselanlage
 – Rücklauf Kessel 1, DN 125
 – Rücklauf Kessel 2, DN 150
 – Rücklauf Kessel 3, DN 150
 – Reserve DN 150
18 Heizraumabluft über Dach, 1,0 x 0,4 [m]
19 Schornsteine (Ø 65 cm/30 cm)

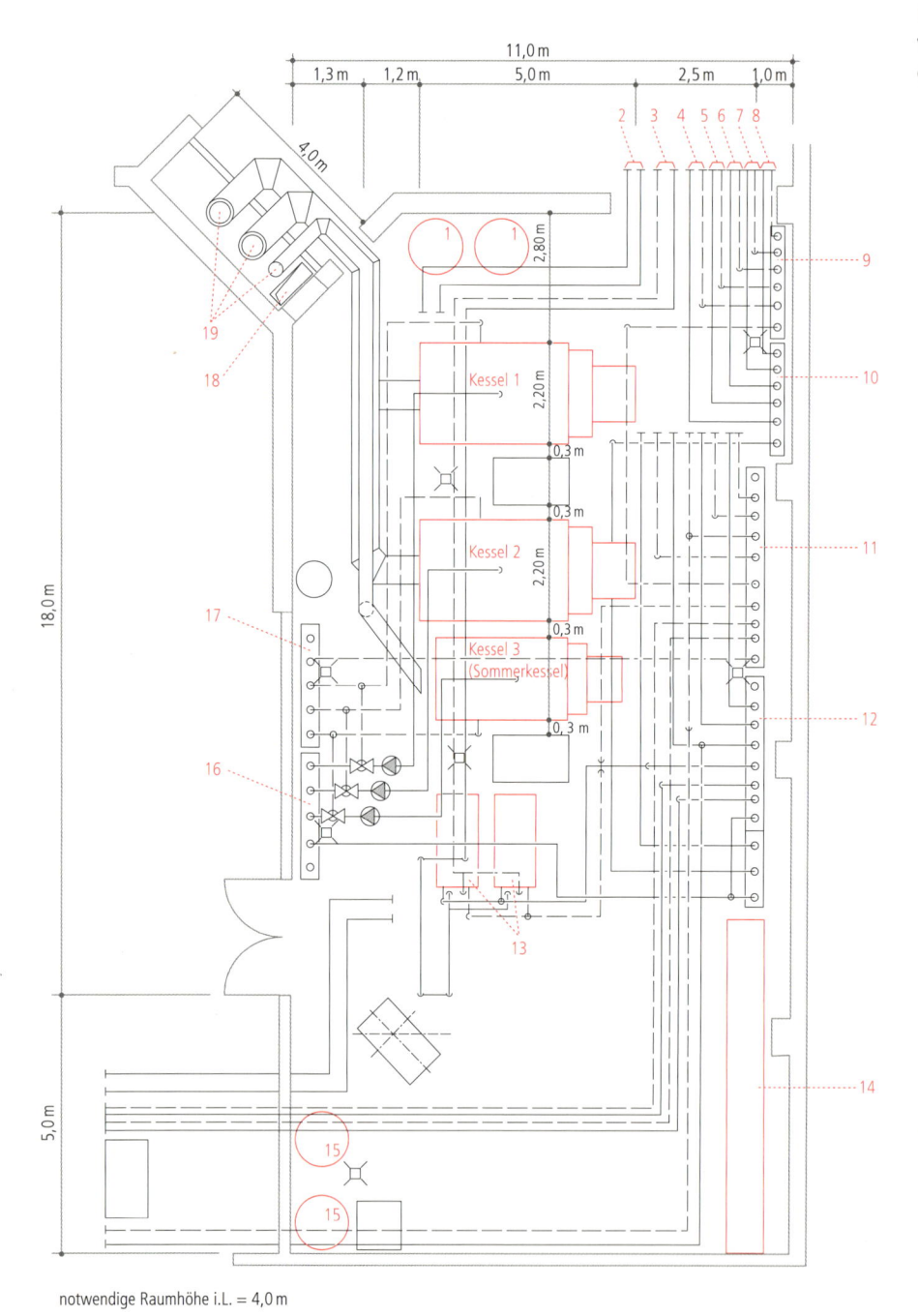

Bild 4.112.1
Große Öl- oder Gasheizzentrale mit Verteiler und Sammler

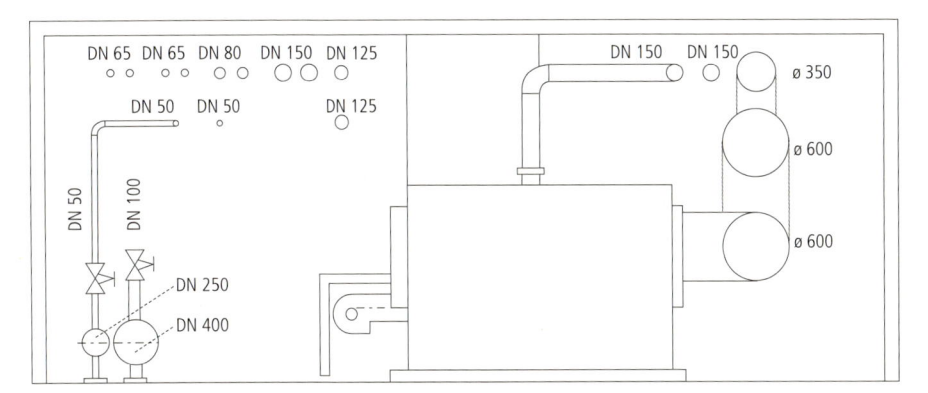

4.6 Heizzentralen/Schächte/Horizontal-Installationen

Bild 4.112.2
Große Öl- oder Gasheizzentrale mit Verteiler und Sammler

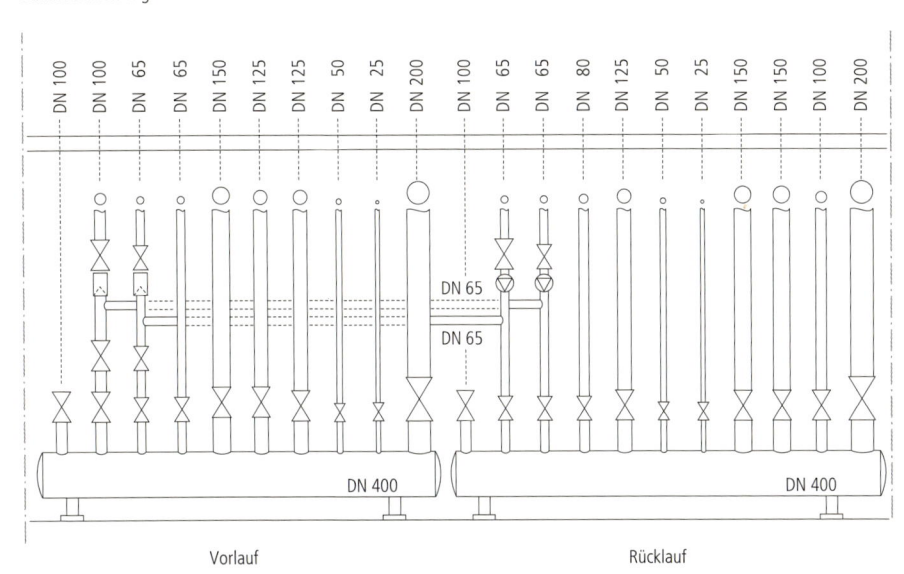

Bild 4.113
Ausführungsbeispiele einer hochliegenden Heizzentrale (Dachheizzentrale)
Anlage Holstein-Center, Itzehoe
Ersteller Firma Detlev Andres, Kiel

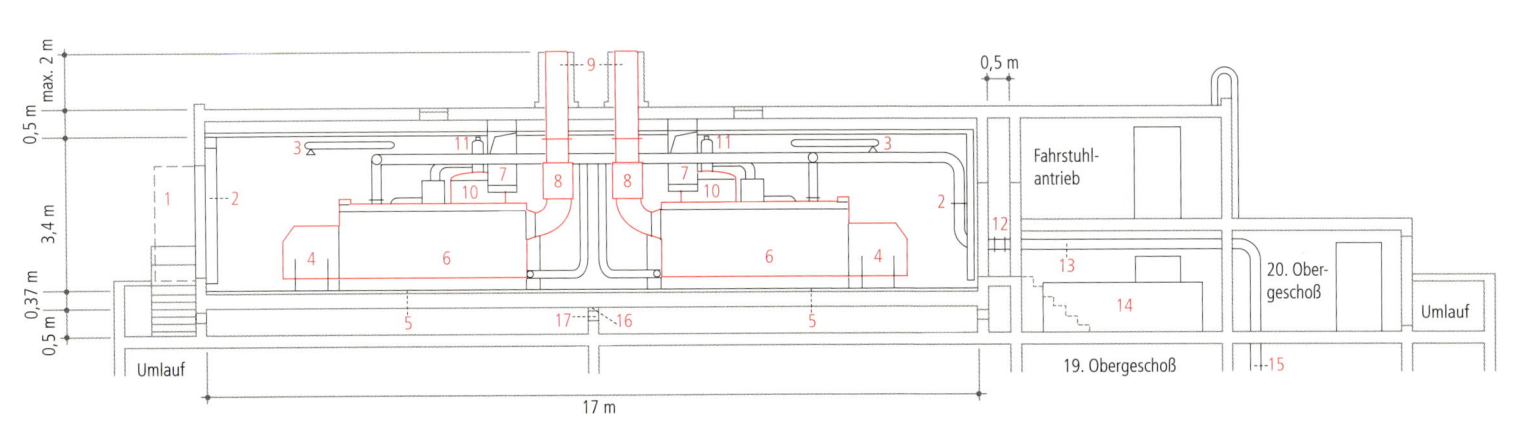

1 Notausgang
2 Zuluftkanäle
3 CO_2-Löschanlage
4 Zweistufige Ölbrenner mit Brennerschalldämpfhauben und Ölauffangschalen
5 Schallabsorbierende Kesselunterlagen
6 Heizkessel
7 Abluftkanäle mit eingebauten Schalldämpfern
8 Abgasschalldämpfer
9 Schornsteine (6 Stück)
10 Ausdehnungsgefäße (4 x 2.500 l)
11 Schalldämpfkompensatoren
12 Anschlußstück
13 Dehnungsausgleichsstrecke für Steigestränge
14 Heizöl-Tagesbehälter (5000 l)
15 Heizleitungen (ca. 70 m hoch)
16 Schalldämpfende Unterlage
17 Druckausgleichsbohrungen für Luftraum unter der Zentrale (Luftraum als Schalldämpfer)

4. Heizungsanlagen

Die nachfolgenden **Bilder 4.114, 4.115, 4.116** zeigen Einblicke in Heizzentralen mit großen Kesselanlagen, Verteilern und Heizumwälzpumpen, die mit einer Elektronik ausgerüstet sind, um sie über eine Infrarot-Fernbedienung bedienen und abfragen zu können.

Bild 4.114
Heizzentrale mit Kesselanlage

Bild 4.116
Frequenzumrichter-gesteuerte Heizungsumwälzpumpen mit Infrarot-Fernbedienung (Werkbild Grundfos)

Bild 4.115
Frequenzumrichter-gesteuerte Druckerhöhungsanlage für bedarfsgerechte Wasserverteilung (Werkbild Grundfos)

Tabelle 4.15 gibt anschließend den Flächenbedarf von Heizzentralen in Abhängigkeit der Heizleistung an.

Um die notwendigen Vertikalverbindungen zwischen Heizzentrale und zu versorgenden Geschossen herstellen zu können, werden Schächte notwendig. In diesen Schächten (wasserführende Schächte) können sowohl Kamine eingestellt werden als auch Vor- und Rücklaufleitungen. Bei großen Schächten sind diese in der Regel begehbar und mit Stahlrostbühnen ausgerüstet, um in den Schächten arbeiten zu können (Reparaturen/Nachinstallationen/Umrüstungen usw.). Als Schachtfläche für sämtliche Rohrleitungen und Kamine von Heizzentralen sind etwa 5 % dieser Zentralenflächen anzusetzen.

Die Horizontalverteilung von Heizleitungen hängt in hohem Maße von den Wärmemengen ab, wobei in den Grobverteilbereichen (obere/untere Verteilung) mit Installationshöhen zwischen 20 cm (Einfamilienhäuser) bis zu einem Meter (Großzentralen) zu rechnen ist. Innerhalb der Geschosse werden üblicherweise etwa 3 – 5 cm Installationshöhe notwendig, wobei hier die Horizontalinstallation entweder im Deckenbereich oder im Fußbodenbereich erfolgen kann. Die Heizkörperaufstellung selbst erfolgt je nach Bauart und Möglichkeit.

Kesselhäuser

Kesselleistung	Heizraum Grundfläche m^2	Höhe m	Pumpen- und Verteilerraum mit WW-Bereitung Grundfläche m^2	Raum für Ausdehnungsgefäße Grundfläche m^2	Höhe m
bis 25 kW	6				
25 – 45 kW	6 – 11				
45 – 70 kW	11 – 14	2,50			
75 – 95 kW	14 – 16			2,00	1,60
95 – 116 kW	16 – 18			2,00	1,60
bei Mehrkesselanlagen					
0,12 – 0,35 MW	24 – 30	3,00	10 – 12	4,00	2,00
0,35 – 0,95 MW	30 – 60	3,00	12 – 20	7,00	2,20
0,95 – 1,75 MW	60 – 75	3,50	20 – 37	9,00	2,50
1,75 – 5,80 MW	75 – 160	3,50	37 – 80	18,00	2,80
5,80 – 8,70 MW	160 – 200	4,00	80 – 110	20,00	3,80
über 8,70 MW	nach Möglichkeit besondere Heizhäuser oder Gebäudeteile planen				

Fernwärmeübergabe

Wärmeleistung	Übergabestation und Verteiler bei Fernwärmeanschluß mit				Unterstation		
	Dampf Grundfläche m^2	Heißwasser Grundfläche m^2	Dampf Höhe m	Heißwasser Höhe m	Grundfläche m^2	Dampf Höhe m	Heißwasser Höhe m
bis 0,12 MW	6	10	2,40	2,40	5	2,40	2,40
0,12 – 0,35 MW	6 – 12	10 – 15	2,40	2,40	5 – 8	2,40	2,40
0,35 – 0,95 MW	12 – 24	15 – 40	2,50	3,00	8 – 18	2,50	3,00
0,95 – 1,75 MW	24 – 36	40 – 58	2,80	3,50	18 – 32	2,80	3,50
1,75 – 5,80 MW	36 – 60	58 – 120	3,00	3,50			
5,80 – 11,60 MW	60 – 120	120 – 200	4,00	4,00			
11,60 – 17,40 MW	120 – 200	200 – 300	4,00	4,00			

Tab. 4.15
Abmessungen von Heizzentralen

Heizkörperaufstellung

Die Heizflächen werden meistens unter die Fenster gesetzt, da sie so den Kaltlufteinfall kompensieren und einen Aufenthalt im Fensterbereich ermöglichen. In Fachkreisen wird heute erwogen, bei einer Dreifachverglasung oder Wärmeschutz-Isolierverglasung die Heizflächen auch an den Innenwänden aufzustellen, weil sich damit eine kürzere und vereinfachte Form der Rohrleitungsführung ergibt. Außerdem ist es meist möglich, eine zentrale Wärmeverbrauchserfassung einzubauen.

Heizflächen werden auf Wandkonsolen und Halter, Füße oder Standkonsolen gesetzt.

Um die Montage zu erleichtern, gibt es heute vielfältige höhenverstellbare Konsol-Ausführungen, die für alle Bauhöhen verwendbar sind, auch dübelbare Befestigungen für konventionelle und Leichtbau-Konstruktionen **(Bilder 4.117.1/2)**. Bei Anordnung von Heizflächen in Nischen und vor raumhohen Fenstern ist die Wärmeschutzverordnung zu beachten. Bei Nischen ist eine Wärmedämmung vorzusehen, und zur Aufstellung vor raumhohen Fenstern sind spezielle Heizkörperausführungen zu verwenden.

Heizkörperverkleidung

Die Verkleidung von Heizflächen sollte vermieden werden. Wird aber eine Verkleidung unbedingt gewünscht, so muß sie, um den Heizkörper reinigen zu können, leicht abnehmbar sein und die freie Luftzirkulation so wenig wie möglich behindern. Um diese Anforderung zu erfüllen, sind in der Verkleidung oben und unten möglichst große Öffnungen über die ganze Heizfläche vorzusehen. Durch eine Verkleidung entsteht eine Minderleistung von 10 bis 30 % der genormten Wärmeleistung, je nach Ausführung der Verkleidung.

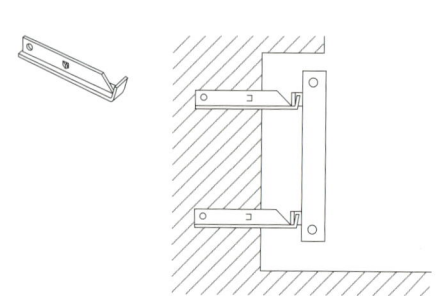

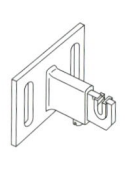

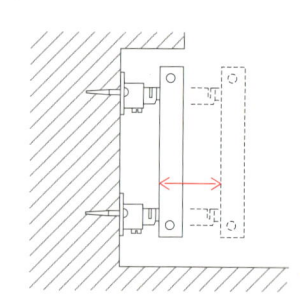

Bild 4.117.1
Halterungen für Flachheizkörper

1 und 2:
Flachkonsole und T-Konsole zum Einmauern
3 und 4:
Flach- und T-Konsole zum Dübeln

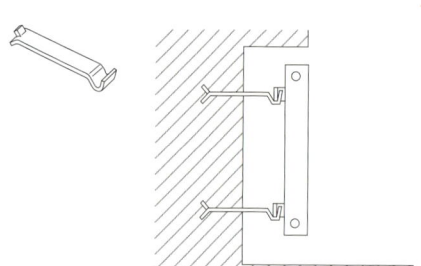

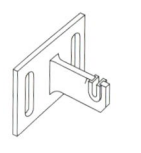

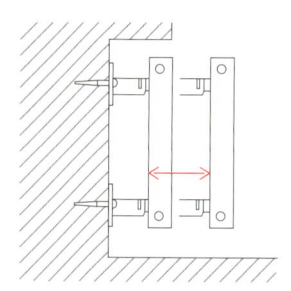

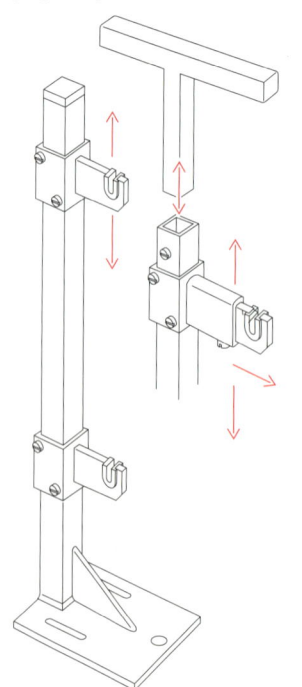

Bild 4.117.2
Universal verwendbare Standkonsole;

Links:
höhenverstellbar für jede Plattenhöhe
Rechts:
zusätzlich tiefenverstellbar und Fensterbankkonsole

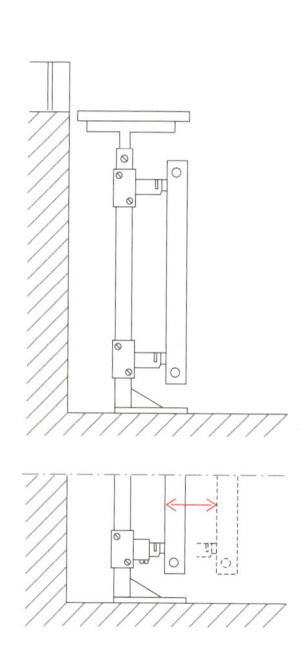

1. Gebäudeperformance

2. Mensch und Behaglichkeit

3. Integrierte Planungsansätze

4. Heizungsanlagen

5. Sanitär- und Feuerlöschanlagen

6. Lüftungs- und Klimatechnik

7. Kälte- und Kühlsysteme

8. Starkstromanlagen

9. Lichttechnik

10. Tageslichttechnik

11. Schwachstromanlagen

12. Förderanlagen

5.
Sanitär- und Feuerlöschanlagen

(mit Manfred Woiwode, Düsseldorf)

Die Sanitärtechnik ist ein Fachgebiet, das sich hauptsächlich mit dem Gebiet der Wasserver- und -entsorgung befaßt. Das lebenswichtige Element Wasser hat der Mensch seit alters her nicht nur als labendes Getränk geschätzt, sondern auch für die Gesundheitspflege und Körperhygiene zu nutzen verstanden. Doch in den letzten Jahren ist dieses Geschenk der Natur immer mehr zu einem Politikum ersten Ranges geworden. Zunehmende Wasserknappheit und Wasserverseuchung wachsen sich allmählich zu einem Alptraum für die Zukunft aus.

Um dieser bedrohlichen Entwicklung entgegenzuwirken, müssen naturwissenschaftliche Erkenntnisse, unterschiedliche Lebensgewohnheiten, verschiedene Bausysteme und eine optimale Wirtschaftlichkeit bei der Planung von sanitären Anlagen berücksichtigt werden.

Die Beziehung der Sanitärtechnik zur Bautechnik
Die Betrachtungen hierüber haben davon auszugehen, daß man sich die sanitären Anlagen als eine Konstruktion, als ein funktionell und konstruktiv zusammenhängendes Ganzes vorstellen muß.

Im Mittelpunkt stehen die Apparate, die verschiedenen Zwecken zu dienen haben. Diesen Apparaten sind die entsprechenden Betriebsstoffe zuzuführen und nach der Benützung wieder abzuleiten. Der Hauptbetriebsstoff ist das Wasser, das in der Planung der Leitungsführung die Rücksichtnahme auf einige physikalische Gesetze erfordert.

Die Sanitärapparate sind keine Möbelstücke, die man im Raum beliebig hin- und herschieben kann. Man muß sich immer bewußt sein, daß die Apparate mit zwei bis mehreren Leitungen verbunden sind, die jedes Deplacement mitzumachen haben.

Hygiene
Saubere Oberflächen von Apparaten, leichte Reinigungsmöglichkeit, keine Schmutzecken, geruchfreie Abführung menschlicher Exkremente, Verhinderung des Eintretens von Ungeziefer und Kanalgasen durch die Installationen in die Gebäude, keine Verschmutzung des Trinkwassers, entkeimtes Wasser in öffentlichen Bädern usw. sind heute eine klare Forderung, der die Sanitärtechnik nachzukommen hat.

Formgebung
Die Formgebung von Sanitärapparaten ist sehr wandelbar. Je nach Geschmack und Mode werden in neuerer Zeit wieder einfache, klare und bewußt zweckgebundene Formen bevorzugt.

Zweckmäßigkeit
Die zweckmäßigen Nutzungsformen, Ausbildungen und Anordnungen von sanitären Einrichtungen haben sich stets nach den menschlichen Bedürfnissen zu richten. Wenn manuelle durch automatisch-mechanische Funktionen ersetzt werden, gebührt den materiellen Überlegungen der Vorrang. Schließlich haben sich alle Funktionen der Zweckbestimmung der Sanitärtechnik unterzuordnen.

Betriebssicherheit
Die fahrlässige Gefährdung der Gesundheit und des Lebens von Menschen ist eine strafrechtliche Angelegenheit. Ihre Vermeidung steht im allgemeinen öffentlichen Interesse. Darum mußten Vorschriften über den Bau und Betrieb sanitärer Einrichtungen erlassen werden. Die Wasserwerke und Kanalämter sind Treuhänder, die diese Interessen zu vertreten haben. Die Konzessionspflicht für Installateure im Gas- und Wasserfach ist daher notwendig.

Die hauptsächlichen Gefahrenquellen sind:
- Wasserschäden infolge undichter Leitungen
- Explosionen von ungesicherten Warmwasserapparaten
- Gasexplosionen
- Betriebsstörungen bei Versagen der Anlagenteile
- Verstopfte Leitungen
- Infektionen durch verschmutztes Trinkwasser
- Verschleppung von Krankheiten aufgrund unhygienischer Einrichtungen.

Wirtschaftlichkeit
Minimaler Aufwand für Kapitaldienst und Betriebskosten bestimmt das Verhältnis von Gebrauchsdauer und Anschaffungspreis. Auswahl geeigneter Materialien für Apparate, Leitungen und Isolierungen sind die hauptsächlichsten Merkmale für die Errechnung der Wirtschaftlichkeit.

Schallschutz
Sanitäre Einrichtungen sollen zu jeder Tages- und Nachtzeit benützt werden können, ohne daß eine störende Geräuschbildung für den Benützer selbst oder für die Bewohner in anderen Räumen entsteht.

Montagetechnik
Unter diesen Gesichtspunkt fallen alle Bestrebungen für eine vereinfachte, saubere Montage, für Vereinheitlichungen, Normierungen, Rationalisierungen und Vorabfabrikation.

5.1 Kaltwasserversorgung

5.1.1 Kaltwasserbedarf

Mit Zunahme der sanitären Einrichtungen und der Komfortansprüche ist ein stetig steigender Wasserkonsum zu registrieren. Dieser setzt sich in Haushalten zusammen, wie in **Bild 5.1** dargestellt.

Wichtige Voraussetzung für die Berechnung von Wasserversorgungsanlagen ist die Ermittlung des Wasserbedarfs **(Tabelle 5.1)**.

Der Durchschnittsverbrauch an Wasser beträgt z. Zt.:
- 1-Zimmer-Wohnung ca. 80 m³/a
- 2-Zimmer-Wohnung ca. 100 m³/a
- 3-Zimmer-Wohnung ca. 120 m³/a
- 4-Zimmer-Wohnung ca. 160 m³/a
- 5-Zimmer-Wohnung ca. 200 m³/a.

5.1.2 Wassergewinnung

Aufgrund der Umweltverschmutzung und der gesteigerten Bedürfnisse wird die Wassergewinnung immer mehr zu einem Problem. Wenn früher das Quellwasser eine dominierende Rolle spielte und heute die Grundwasservorkommen schon beträchtlich angezapft sind, kommt der See- und der Flußwasserfassung eine immer größere Bedeutung zu.

Die Anforderungen an die Qualität des Trinkwassers sind z. B. in der Schweiz im eidgenössischen Lebensmittelgesetz enthalten. Es heißt dort: Trinkwasserversorgungen haben der Lebensmittelgesetzgebung, insbesondere der „Verordnung über die hygienisch-mikrobiologischen Anforderungen an Lebensmittel, Gebrauchs- und Verbrauchs-Gegenstände" sowie der „Verordnung über Fremd- und Inhaltsstoffe in Lebensmitteln" zu entsprechen. Dies gilt für Kalt- und Warmwasser.

Die Wasserversorgungswerke sind verpflichtet, diesen Anforderungen entsprechendes Wasser zu liefern. Ihre Verantwortung geht bis zum Wasserzähler oder beim Fehlen desselben bis zum Hauptabsperrventil in der Anschlußleitung.

Trinkwasser muß bezüglich Aussehen, Geruch und Geschmack sowie in chemischer Hinsicht den allgemeinen hygienischen und besonders den Anforderungen des Lebensmittelbuches entsprechen. Hieraus leiten sich die Trinkwasser-Bedingungen ab:

- kein Gehalt an krankheitsverursachenden Bakterien oder sonstigen schädlichen Stoffen
- klar, farb- und geruchlos
- geschmacklich einwandfrei
- mittlere Härte etwa 15 bis 20° fr.H.
- erfrischend, Temperatur ca. 7 – 12 °C.

Bild 5.1
Wasserverbrauch im Haushalt – heute.
In der Bundesrepublik beträgt der persönliche tägliche Wasserverbrauch ungefähr 140 Liter. Nur etwa 3 Liter werden zur lebensnotwendigen Flüssigkeitsaufnahme gebraucht. Den größten Teil verbrauchen wir zum Waschen und Reinigen und zum Abtransport unserer Fäkalien

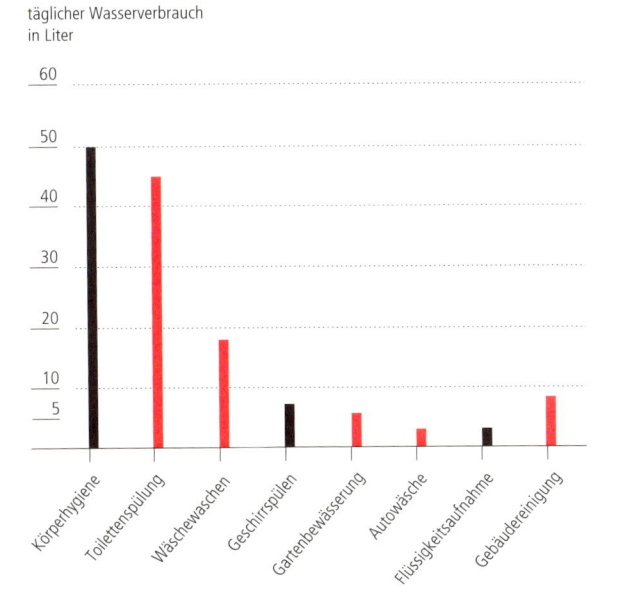

Tabelle 5.1
Richtwerte für den Wasserbedarf (kalt und warm)

Zweckbestimmung	Einheit Verbraucher	Zeit	Bedarf in Litern Min.	Mittel	Max.
Häusliche Zwecke:					
Trinken, Kochen, Reinigen	Person	Tag	60	90	130
Wäsche	Person	Tag	15	30	50
Baden, Duschen	Person	Tag	60	110	190
Klosettspülung	Person	Tag	40	50	60
Reinigung eines PW	PW		150	250	400
Wohnbauten:					
Einfache Verhältnisse	Bewohner	Tag	110	170	230
Mittlerer Komfort	Bewohner	Tag	170	225	330
Gehobener Komfort	Bewohner	Tag	275	440	660
Öffentliche Zwecke:					
Schulen	Schüler	Tag	10	12	15
Krankenhäuser	Patient	Tag	350	500	650
Badeanstalten	500 – 600 Bäder		500	550	600
Speiserestaurants	Gast	Tag	60	100	150
Kasernen	Mann	Tag	70	120	180
Markthallen	m²	Tag	4	5	6
Schlachthöfe	Großvieh St.		400	450	500
Schlachthöfe	Kleinvieh St.		300	350	400
Waschanstalten	kg Trockenwäsche		50	60	70
Grünanlagen	m² Fläche		1	1,5	2
Straßenbesprengung	m² Fläche		1	1,25	1,5
Autoreparaturwerkstatt	Beschäftigte	Tag	30	40	50
Bäcker	Beschäftigte	Tag	120	130	140
Coiffeur	Beschäftigte	Tag	160	170	180
Photoateliers	Beschäftigte	Tag	280	300	320
Verwaltungsgebäude	Beschäftigte	Tag	40	55	70
Kaufhäuser	Beschäftigte	Tag	60	70	80
Industrie:					
Brauereien (ohne Kühlung)	100 l Bier		600	700	800
Brauereien (mit Kühlung)	100 l Bier		1.400	1.700	2.000
Molkereien	100 l Milch		400	500	600
Papierfabriken	kg/Feinpapier		1.500	2.200	3.000
Gerbereien	Haut		1.000	1.500	2.000
Bergbau	t/Förderung		1.000	1.500	2.000
Roheisenerzeugung	t/Roheisen		7.000	10.000	13.000
Landwirtschaftliche Zwecke:					
Pferde	1 St.	Tag	60	70	80
Kühe	1 St.	Tag	60	65	70
Jungvieh	1 St.	Tag	40	45	50
Schweine	1 St.	Tag	15	20	25
Schafe, Ziegen	1 St.	Tag	5	6	7

Für die Gewinnung des Trinkwassers, dessen Speicherung und Verteilung, werden daher strenge Sicherheitsmaßnahmen gefordert, die in den Gesetzen und Normen der einzelnen Länder im einzelnen beschrieben werden.

Die Arten der Wassergewinnung sollen hier nur schematisch angedeutet werden, denn die umfassende Behandlung ist ein Fachgebiet für sich.

5.1.2.1 Quellwasser

Quellen sind auf natürlichem Wege an die Erdoberfläche austretendes Grundwasser und werden, wie im **Bild 5.2** dargestellt, erfaßt. Ihre Nutzbarmachung wird bestimmt durch die Ergiebigkeit, die Temperatur, die chemische und bakteriologische Beschaffenheit. Grundsätze für den Bau von Quellwasserfassungen sind:
– ausreichender Schutz des Wassers vor äußeren Verunreinigungen
– keine Beeinflussung der Temperatur des gefaßten
– Wassers durch die Außenluft (Außentemperatur)
– Vermeidung von Rückstau gegen die Wasserfassung.

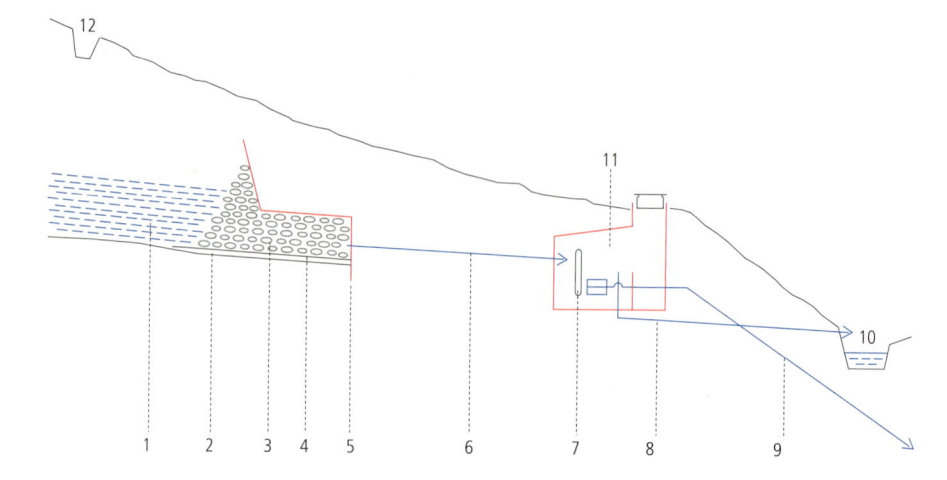

1 Quellwasserstrom
2 Verdichtete Unterlage
3 Stein- und Grobkiesschotter
4 Wasserdichte Abdeckung
5 Betonriegel
6 Quellwasserzuleitung
7 Tauchwand
8 Entleerung
9 Wasser zu Reservoir
10 Untere Hangentwässerung
11 Quellwasser-Brunnenstube
12 Obere Hangentwässerung

Bild 5.2
Prinzip einer Quellwasserfassung

Bild 5.3.1
Tauchmotorpumpe
Wilo Drain für die Haus- und
Grundstücksentwässerung
(Werkbild Wilo)

5.1.2.2 Grundwasser

Grundwasser ist unter der Erdoberfläche über undurchlässigen Schichten gespeichert, durch sandig-kiesiges Bodenmaterial versickertes, natürliches oder evtl. künstlich angereichertes Oberflächenwasser.

Hochwertiges Trinkwasser kann erwartet werden bei geringer Fließgeschwindigkeit des Grundwasserstromes (wenige m pro Tag), angemessener Distanz von der Versickerungsstelle und geeignetem Bodenmaterial.
Normalerweise sind bei richtiger Fassung Quell- und Grundwasser nicht mehr besonders zu behandeln, während die See- oder Flußwässer in jedem Fall aufbereitet werden müssen, das heißt sie müssen filtriert und entkeimt werden. **Bild 5.3** zeigt das Prinzip der Grundwasserfassung, **Bild 5.3.1** eine Tauchmotorpumpe.

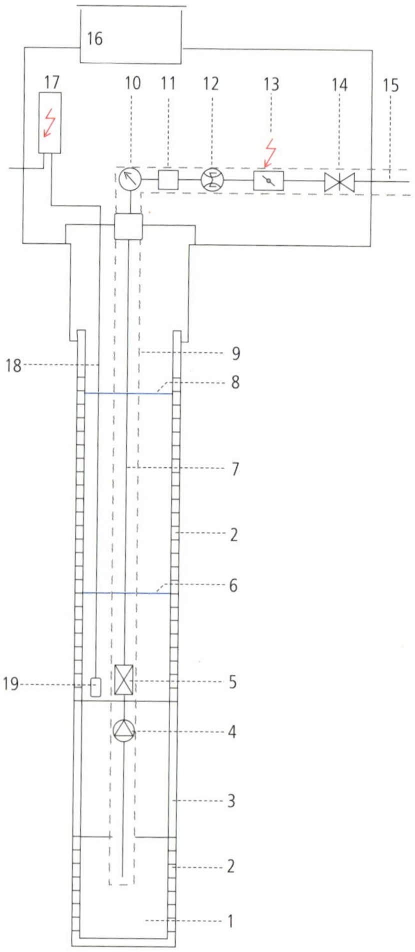

Bild 5.3
Prinzipschema einer
Grundwasserfassung

1 Schlammsack
2 Gelochtes Filterrohr
3 Ungelochtes Filterrohr
4 Unterwasser-Motorpumpe
5 Rückschlagventil
6 Minimaler Wasserspiegel
7 Steigleitung
8 Betriebs-Wasserspiegel
9 Rohrhalterung
10 Manometer
11 Stahlregler
12 Eventuell Wassermesser
13 Automatische Drosselklappe
14 Absperrschieber
15 Druckleitung
16 Einstiegschacht
17 Elektrisches Tableau
18 Elektrisches Kabel
19 Kontaktelektrode

5.1.2.3 Seewasser

In Wassermangelgebieten, z.B. dichtbesiedelten Wohn- und Industriezonen, wird die Nutzung von Seewasser unumgänglich. Bei sorgfältiger Bestimmung der Fassungsstelle (in ca. 30 m Tiefe) und zweckmäßiger Aufbereitung stehen unbeschränkte Mengen mit gleichmäßiger Temperatur und geringer Härte zur Verfügung **(Bild 5.4)**.

5.1.2.4 Regenwasser als Betriebswasser

Der Mittelwert der Regenintensität in Mitteleuropa beträgt ca. 0,03 l/s m²/a, die Jahres-Regenspende ca. 600 – 800 mm/m².

Daß ein wesentlicher Teil des hochwertigen Lebensmittels Trinkwasser im Wohnbereich der Toilettenspülung zugeführt wird (33 %), macht man sich in der Regel nicht bewußt. Auch für die Gebäudereinigung, Autowäsche, Gartenbewässerung werden erhebliche Trinkwassermengen verbraucht, ohne daß hierfür eine Notwendigkeit besteht. **Bild 5.5** zeigt den Wasserbedarf in privaten Haushalten sowie eine Darstellung der Bereiche, in denen Wasser mit Trinkwasserqualität benötigt wird bzw. Wasser mit Regenwasserqualität eingesetzt werden kann. Es ist leicht festzustellen, daß mehr als die Hälfte des wertvollen Trinkwassers durch Regenwasser ersetzt werden kann, tatsächlich dienen nur 3 % des Trinkwassers der Nahrungsaufbereitung und -aufnahme.

Da wir in Mitteleuropa in einer Zone mit ausreichendem Regenwasserangebot leben, kann man sich diese Ressource sinnvoll nutzbar machen.

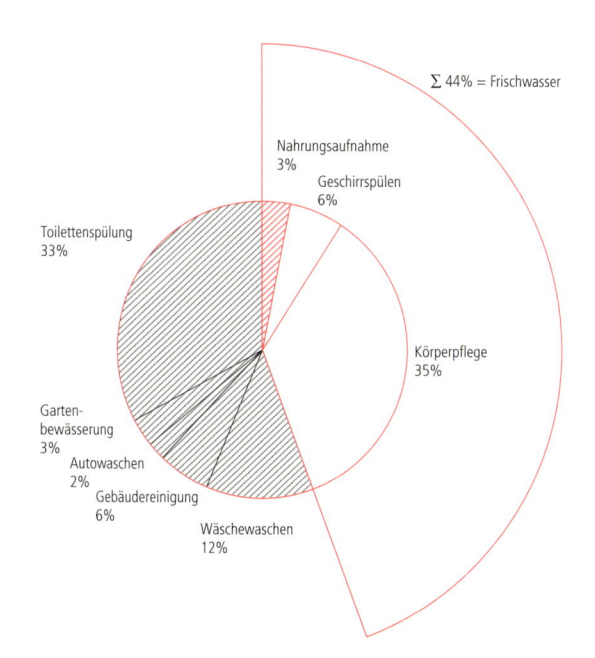

Bild 5.5
Wasserbedarf in privaten Haushalten:
56 % des Trinkwassers, das in privaten Haushalten verbraucht wird, könnte durch Grauwasser ersetzt werden

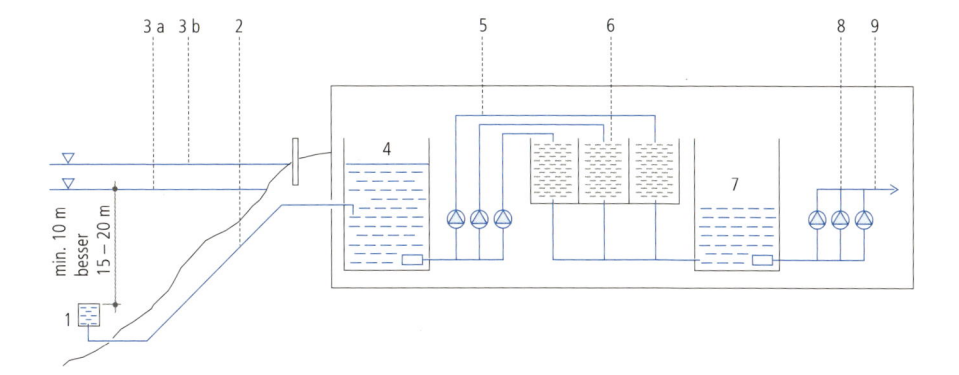

Bild 5.4
Schematische Skizze einer Seewasserfassung

1. Fassungsstelle mit Siebfilter
2. Saugleitung auf Seeboden, zugedeckt
3a. Wasserspiegel minimal
3b. Wasserspiegel maximal
4. Ausgleichbecken
5. Pumpenstation
6. Offene (oder geschlossene) Filter
7. Reinwasser-Reservoir
8. Pumpenstation
9. Verteilnetz

Beim Einsatz von Regenwasser als Betriebswasser sollte grundsätzlich nur das Regenwasser von Dächern genutzt werden, da dieses die Gewähr bietet, daß keine zu stark verunreinigenden Stoffe in den Regenwasserkreislauf eingeleitet werden. Eine verbessernde Wirkung haben hierbei begrünte Dächer, die in der Lage sind, Schwermetalle, Ruß und Stäube auszufiltern. Das Regenwasser wird in der Regel in einer Zisterne gesammelt, abgeschlämmt und mit UV-Licht bestrahlt, um anschließend in den eigentlichen Auffangbehälter zu gelangen (**Bild 5.6**).

Dieser Behälter bildet das eigentliche Wasserreservoir, aus dem die Regenwasserverbraucher gespeist werden. Vor Nutzung gelangt das Regenwasser anfänglich durch eine Filteranlage und wird anschließend auf die notwendige Härte dosiert. Aus der Zisterne gelangt das Wasser nach Filterung und Dosierung über Pumpen zu einem Verteiler, von wo es zu den einzelnen Verbrauchern weitergeleitet wird. Selbstverständlich darf Betriebswasser aus Regenwasser nicht in das Trinkwassersystem gelangen, um mögliche Verseuchungen zu vermeiden.

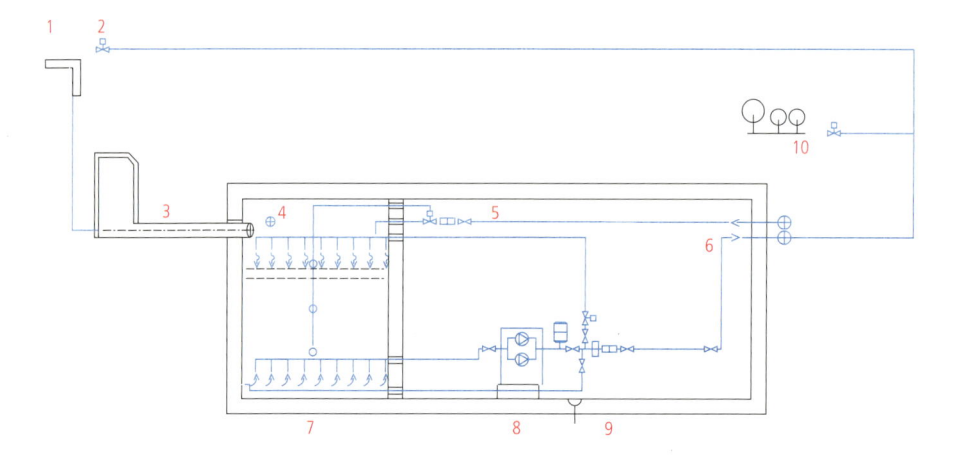

Bild 5.6
Verfahrensschema Regenwasseraufbereitung

1 Dach
2 Dachbewässerung
3 Regenwasser
4 Überlauf
5 Nachspeisung Trinkwasser oder Brunnenwasser
6 Grauwasser für Außenanlagen und Dachgarten
7 Auffangbehälter
8 Druckerhöhungsanlage
9 Filteranlage
10 Gartenbewässerung

5.1.2.5 Meerwasser

Die Meerwasserentsalzung ist zwar für hiesige Bereiche kein Thema, jedoch weltweit sehr wohl ein wesentliches Thema der Wassergewinnung. Die Wasseraufbereitung von Meerwasser erfolgt entweder durch Verdampfung oder durch Aufbereitung mittels Umkehrosmose.

Bei der Umkehrosmose wird Druck auf das salzhaltige Wasser ausgeübt, wodurch die Wassermoleküle durch eine halbdurchlässige Membrane hindurch diffundieren. Der Hauptanteil der gelösten Salze, organische Bestandteile, Bakterien und Schwebstoffe ist aufgrund seiner molekularen Größe nicht in der Lage, durch die feinporige Membrane zu gelangen. Das zurückbleibende Wasser reichert sich mit diesen Stoffen an und wird als Konzentrat abgeführt. Die Qualität des Reinwassers ist zum sofortigen Trinkgebrauch geeignet, auch wenn es nicht unbedingt die gleiche Qualität besitzt wie die uns üblicherweise zur Verfügung stehenden Trinkwässer. **Bild 5.7** zeigt die Arbeitsweise der Umkehrosmose zur Gewinnung von Trinkwasser aus Meerwasser.

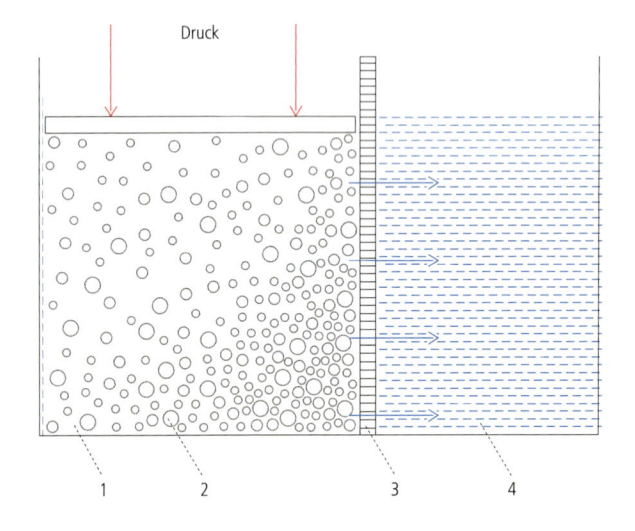

Bild 5.7
Prinzip der Umkehrosmose

1 salzhaltiges Wasser
2 gelöste Salze, organische Bestandteile, Bakterien und Schwebstoffe
3 Semipermeable (feinporige) Membran
4 Permeat/Reinwasser

5.1.3 Kaltwasserverteilung

Der Trinkwasserzufluß an den Entnahmestellen muß während des gesamten Tages über 24 Stunden gewährleistet sein. Dabei ist der Verbrauch großen Schwankungen unterworfen. Wasserreservoirs dienen daher dem Ausgleich dieser beiden Größen, wobei zusätzlich die notwendige Speicherung von Trinkwasser zu Löschzwecken erforderlich ist. Zur Versorgung der Gebäude mit natürlichem Druck sollte der niedrigste Wasserstand im Reservoir minimal 30 m über der höchstgelegenen Zapfstelle liegen **(Bild 5.8)**.

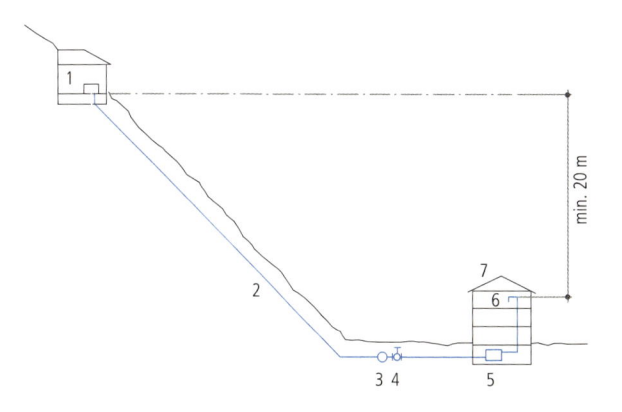

Bild 5.8
Prinzipschema Kaltwasser-Verteilanlage

1 Reservoir
2 Hauptzuleitung
3 Ring- oder Hauptverteilung
4 Abstellung der Hauptzuleitung
5 Verteilbatterie im Gebäude
6 Oberste Zapfstelle
7 Gebäude

5.1.3.1 Verteilnetze im Außenraum

Ab Reservoir zu den Gebäuden werden die Verteilnetze wegen der späteren Kontrolle, des Unterhalts und eventueller Erweiterungen stets im öffentlichen Grund (vorzugsweise Straßen) verlegt. Aus Gründen einer gleichmäßigen Druckverteilung und der Betriebssicherheit wird das Verteilernetz in sogenannten Ringen zusammengeschlossen **(Bild 5.9)**.

Infolge der Betätigung von Absperrschiebern bei einer Abzweigstelle wird bei defekten oder neuen Hausanschlüssen jeweils nur ein kleines Zwischenstück außer Betrieb gesetzt.

Verlegung der Verteilnetze
Je nach Region soll die Überdeckung der Anschlußleitung mindestens 1 bis 1,5 m betragen, um der Gefahr des Einfrierens zu begegnen. Dies ist insbesondere zu beachten, wenn die Anschlußleitung hinter oder entlang einer Stützmauer, eines tiefen Grabens oder eines Lichtschachtes führt. Im allgemeinen ist die Anschlußleitung in gewaschenem Sand oder Kies zu verlegen **(Bild 5.10)**. Beim Durchqueren von instabilem Gelände sind entsprechende Stützvorrichtungen zur Vermeidung von Leitungsdurchbiegungen einzubauen.

Das Verlegen von Wasser- und Abwasserleitungen im gleichen Graben sollte vermieden werden. Ist dies nicht zu umgehen, muß die Wasserleitung immer höher liegen als die Abwasserleitung. Die Leitungsbankette sind dabei so auszuführen, daß ein Einsturz oder eine Senkung nicht möglich ist.

Die Überdeckung von Trinkwasserleitungen ist erforderlich um:
– das Wasser im Rohr während warmer Sommerperioden vor unzulässiger Erwärmung zu schützen,
– das Wasser im Winter gegen Einfrieren zu schützen,
– das Rohr gegen mechanische Belastungen durch schweres Rollmaterial zu schützen.

Sind Leitungen für verschiedene Medien nebeneinander zu verlegen, so bietet sich der Stufengraben an.

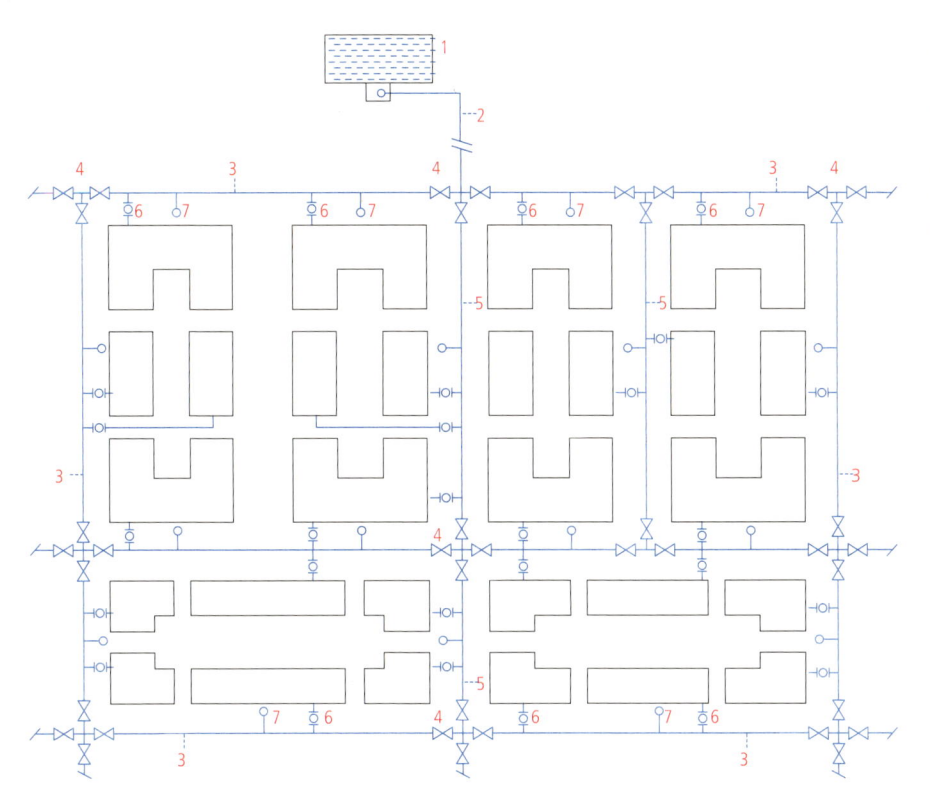

Bild 5.9
Prinzipschema Kaltwasser-Verteilanlage
(Grundriß-Ringleitungen)

1 Wasserreservoir
2 Hauptzuleitung
3 Ring- oder Hauptverteilleitung
4 Absperrschieber
5 Verbindungsleitungen
6 Hausanschlußleitungen
7 Hydranten

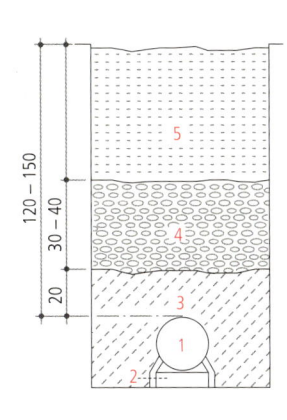

Bild 5.10
Prinzipschema Leitungsgraben

1 Rohr
2 Betonbankett
3 Sandfüllung
4 Loses Kies- und feines Erdmaterial
5 Normales Erdmaterial

5.1.3.2 Hydranten

Hydranten sind Zapfstellen im Verteilnetz für die Wasserentnahme bei Brandfällen, für Straßenreinigungen u.a.m. Hinsichtlich des Aufbaues der Konstruktion und Verwendung gilt:
– Überflurhydranten für ländliche Verhältnisse (rasch betriebsbereit, leicht auffindbar)
– Unterflurhydranten für städtische Verhältnisse (keine Verkehrsbehinderung)
– Hydrantenabstände etwa 60 bis 100 m
– Art und Standort des Hydranten nach behördlichen Auflagen festlegen.

5.1.3.3 Hauszuleitung

Hierfür ist normalerweise der Wasserversorger zuständig oder im besonderen Falle der damit betraute und konzessionierte Installateur der zuständigen Stadt/Gemeinde.

Art und Größe des Gebäudes, Anzahl der Zapfstellen bzw. der sanitären Apparate, besondere Angaben über spezielle Wasserverbraucher wie Schwimmbäder, Kühlwasseranlagen und sonstige Anlagen für gewerbliche Zwecke bestimmen die endgültige Dimensionierung. Die Wasserversorgung in ihrem grundsätzlichen Aufbau zeigt **Bild 5.11**.

Die minimalen Rohrweiten betragen dabei:
– Stahlrohr 1 1/4"
– Kupferrohre 35 mm (da)
– Kunststoffrohre 40 mm (da)

Die Wasserversorgungsgesellschaft kann für Anschlüsse von geringerer Bedeutung kleinere Rohrweiten festlegen.

Die Durchführung der Anschlußleitung durch die Außenmauer des Gebäudes muß so erfolgen, daß Setzungen nicht zu Leitungsschäden führen. Ein Beispiel zeigt **Bild 5.12**.

Im Gebäudeinnern muß die Hauszuleitung auf ihrer ganzen Länge bis zur Wasserzählvorrichtung offen geführt werden. Mit Zustimmung des Wasserwerkes kann sie allenfalls in einem jederzeit zugänglichen Kanal oder Leitungsschacht verlegt werden.

Bild 5.11
Anlageteile einer Wasserinstallation im Gebäude

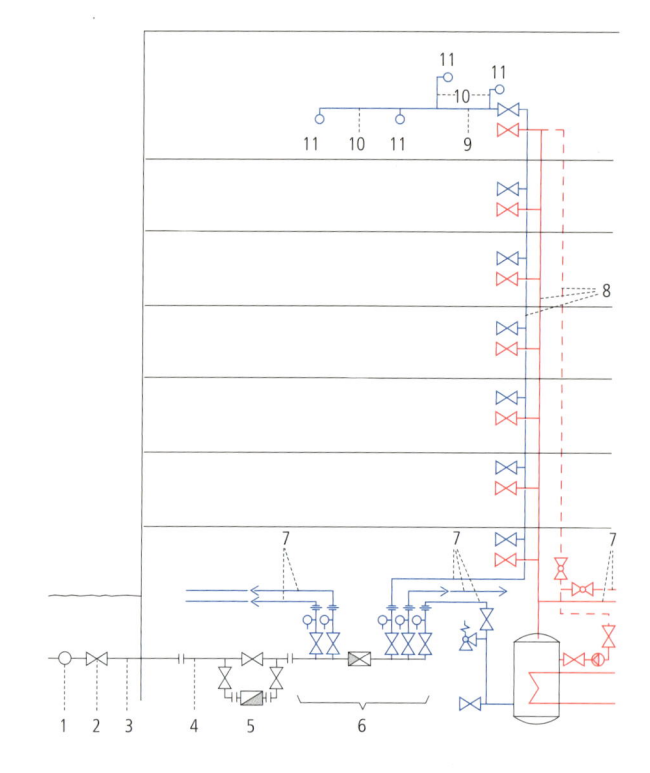

1 Versorgungsleitung
2 Gebäude-Absperrorgan
3 Gebäude-Anschlußleitung (extern)
4 Gebäude-Anschlußleitung (intern)
5 Wasserzähler-Vorrichtung
6 Kaltwasser-Verteilbatterie
7 Verteilungen horizontal
8 Steigleitungen und Warmwasser-Zirkulationsleitung
9 Zweigleitungen
10 Apparate-Anschlußleitungen
11 Entnahmestellen

Bild 5.12
Beispiel eines Hausanschlusses (Kunststoffanschluß)

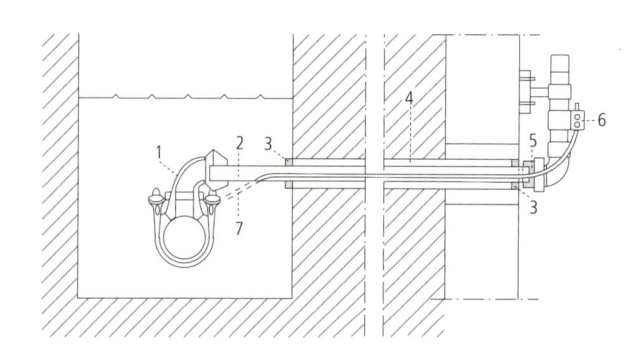

1 Anbohrschelle mit Absperrorgan
2 PE-Rohr
3 Dichtung PE/Schutzrohr
4 Schutzrohr je nach Baugrund
5 Übergang Stahl/PE
6 Kontaktschellen
7 Erdungs-T-Seil 50 mm², zwischen PE- und Schutzrohr verlegt

5.1.3.4 Wasserzählung

Für die Installation der Wasserzählvorrichtungen (Wasserzähler, Kalibrierhahn) ist das Wasserwerk zuständig. Dieses bestimmt Größe und Standort der Vorrichtung. Die Wasserzähler haben den Prüf- und Anforderungssätzen des SVGW (Schweiz), DVGW (Deutschland) oder ÖVGW (Österreich) zu entsprechen.

Der Wasserzähler ist an einem, für den Wasserversorger jederzeit zugänglichen, temperaturkonstanten, vor Frost, Wärme und anderen Einflüssen geschützten Ort vorzusehen. Bei der Standortwahl ist weiter darauf zu achten, daß die Ablesung und der periodische Austausch des Wasserzählers leicht möglich ist.

Je nach Verwendung der Installation (z.B. gewerbliche Betriebe oder größere Anzahl Wohnungen) empfiehlt es sich, eine Umgehung mit plombiertem Ventil vorzusehen, um bei Auswechslung des Wasserzählers die Wasserzufuhr nicht zu unterbrechen.

5.1.3.5 Verteilung

Die Verteilbatterie ist das Herzstück der Kaltwasser-Hausinstallation **(Bild 5.13)**.

Die Unterteilung der einzelnen Stränge erfolgt nach folgenden Gesichtspunkten:
– Druckverhältnisse
– Apparategruppen
– Betriebssicherheit
– Wirtschaftlichkeit.

5.1.3.6 Werkstoffe/Dimensionierung

Es dürfen nur Werkstoffe verwendet werden, die den Empfehlungen der Verbände der Gas- und Wasserfachleute der einzelnen Länder (SVGW, DVGW, ÖVGW) entsprechen.

Sie müssen in hygienischer Hinsicht unbedenklich sein und dürfen in keiner Weise einen nachteiligen Einfluß auf die Qualität des Wassers ausüben.

Damit die Qualität des später durchfließenden Wassers nicht beeinträchtigt wird, ist während der Lagerung, Montage, Dämmung, dem Anstrich usw. von Rohren und Installationen darauf zu achten, daß sie in keiner Weise verunreinigt werden. Kunststoffrohre, -rohrleitungsteile und -armaturen sind vor schädlichen Einflüssen (z.B. Wärme, UV-Strahlen etc.) zu schützen.

Bei der Auswahl von Art und Qualität der zu verwendenden Werkstoffe sind folgende Gesichtspunkte zu berücksichtigen:
– Art der Installation: erdverlegt oder im Gebäude
– Umgebungsbedingungen: Bodenverhältnisse, Verwendung der Räume, mechanische Belastungen, Betriebsdruck (in der Regel PN 10)
– Wassertemperatur und -zusammensetzung usw.

Je nach Werkstoffwahl, Verlegungsart, Umgebungsbedingungen sowie Wasserzusammensetzung wird es notwendig, die Rohre innen und außen zu schützen (Wärme, mechanische Einflüsse und Korrosion).

Erdverlegte Leitungen
Folgende Werkstoffe können verwendet werden:
– duktiler Guß
– Stahl
– hoch- und niedriglegierte Stähle
– Faserzement
– Kunststoff und andere zugelassene Werkstoffe.

Leitungen für Hausinstallationen
Hierfür eignen sich:
– duktiler Guß
– Stahl
– Kupfer
– Kupferlegierungen
– hoch- und niedriglegierte Stähle
– Kunststoff und andere zugelassene Werkstoffe.

Die Wasserleitungen, das heißt Rohre, Formstücke, Zubehörteile und Armaturen sind entsprechend ihren Werkstoffeigenschaften gegen äußere und innere Einflüsse wie zum Beispiel Korrosionen zu schützen.

Bei Neuinstallationen, speziell bei verzinkten Rohrleitungen, empfiehlt sich der Einbau von leicht auswechselbaren Kontrollstücken an geeigneter Stelle, um eine einfache Untersuchung des Zustandes der Leitungsinstallationen zu ermöglichen.

Bei Kondensatrisiko müssen die Rohrleitungsinstallationen entsprechend gedämmt werden. Verdeckt verlegte Leitungen benötigen im allgemeinen einen besonderen Korrosionsschutz, sofern die Möglichkeit der Feuchtigkeitseinwirkung besteht. Das Einlegen in oder der Kontakt mit korrosiv wirkenden Stoffen wie z.B. Gips ist nicht gestattet. Stahlrohre sind in der Regel durch Feuerverzinkung gegen innere Korrosion zu schützen. Die Rohrqualität und deren Verzinkung hat z.B. den Normen DIN 2440, 2441 und 2444 zu entsprechen. Für Rohre, Verbindungen und anderes Zubehör ist bei Installationen die gemischte Verwendung metallischer Werkstoffe zu vermeiden. In Fließrichtung

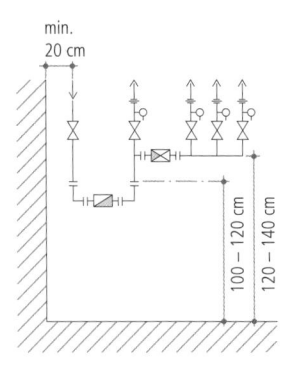

Bild 5.13
Sanitär-Verteilbatterie mit Wasserzähler (Direkt-Einbau)

des Wassers darf Kupfer nie vor Stahl zum Einsatz gelangen. Das Einschwemmen und die Ablagerung von Fremdpartikeln wie Sand, Rost usw. in die Leitungen sind zu verhindern. Kupferlegierungen wie Messing, Rotguß und dergleichen sowie auch rostbeständiger Stahl erfordern in Kalt- und Warmwasserinstallationen normalerweise keine besonderen Korrosionsschutzmaßnahmen. Bei abnehmender Gesamthärte infolge Wassernachbehandlung steigt in der Regel das Korrosionsrisiko und entsprechende Maßnahmen sind vorzusehen.

Für Rohrverbindungen dürfen nur zugelassene Systeme verwendet werden.

Im Innern von Gebäuden müssen lösbare Verbindungen wie z.B. Verschraubungen und Flanschen sowie Klemmverbindungen, auch diejenigen von Kunststoffrohrinstallations-Systemen erkennbar und zugänglich sein. Prinzipiell darf die mechanische Beständigkeit der Rohre durch die Art ihrer Verbindung nicht geschwächt werden. Sofern metallische Leitungen für Erdungszwecke Verwendung finden, ist zu beachten, daß die elektrische Leitfähigkeit, speziell bei Verbindungen, jederzeit gewährleistet bleibt (Überbrückung oder im Verbindungselement integriert).

Die in Sanitäranlagen eingesetzten Armaturen unterscheiden sich nach:
– Durchflußarmaturen
– Ausflußarmaturen
– Sicherheitsarmaturen.

Offene Apparate sind solche, deren Wasseroberfläche mit der Atmosphäre in direkter Verbindung steht, wie
– Kaltwasservorratsbehälter (Reservoir)
– Zwischenbehälter (z.B. Spülkasten)
– Warmwasserbehälter mit offenem Auslauf
– Schwimmbäder
– Brunnenbecken, Fischbassins.

Geschlossene Apparate sind solche, deren Wasservolumen unter Überdruck steht, wie für
– Wasserspeicherung
– Wasserförderung und Druckerhöhung
– Wassererwärmung
– Wassernachbehandlung.

Jeder Apparat ist mit einer Absperr- und Entleervorrichtung sowie einer Sicherheitsvorrichtung gegen einen möglichen Wasserrückfluß auszurüsten.

Dimensionierung

Grundlagen
Die Rohrweitenbestimmung erfolgt durch vereinfachte Methoden, welche die Druckbedingungen und die Art der Installationen berücksichtigen.

Druckbedingungen
Bei einem Ruhedruck unter 2 bar ist der rechnerische Nachweis zu erbringen, daß an jeder Entnahmestelle ein Fließdruck von mindestens 1 bar gewährleistet ist. Für den einwandfreien Betrieb von Spezialarmaturen oder -apparaten muß der Fließdruck allenfalls angepaßt werden.

Der Ruhedruck soll an den Entnahmestellen 5 bar nicht übersteigen. Bei höherem Netzdruck ist der Druck zu reduzieren. Ausnahmen für Spezialinstallationen können durch die Wasserversorgungsgesellschaft zugelassen werden. Der Ruhedruck an Garten- und Garagenauslaufventilen sowie Feuerlöschanschlüssen sollte 10 bar nicht übersteigen.

Im Hinblick auf eventuelle Netzdruckänderungen empfiehlt es sich anstelle des allenfalls nicht notwendigen Druckreduzierventils ein Paßstück einzubauen. Der maximal zulässige Druckverlust für die gesamte Installation nach dem Wasserzähler bzw. nach dem zentralen Druckreduzierventil beträgt gemäß SVGW 1,5 bar, nach DVGW ist er beliebig. In der Regel ist eine hausinterne Druckerhöhungseinrichtung notwendig, wenn der minimale Fließdruck nicht an jeder Entnahmestelle gewährleistet werden kann.

Berechnung des Rohrnetzes
Zur Dimensionierung des Trinkwasserrohrnetzes werden heute üblicherweise nach DIN die Massenströme herangezogen. Eine andere, einfache Methode zur Dimensionierung der Rohrleitungen ist die Belastungswertmethode, die im folgenden dargestellt wird.

Ein Belastungswert (BW) entspricht einem Volumenstrom von 0,1 l pro Sekunde. In der nachfolgenden **Tabelle 5.2** sind Armaturen und Apparate in Funktion des Verwendungszweckes und der Leistung aufgeführt.

Die Rohrweiten der einzelnen Teilstrecken und zwar sowohl für Kaltwasser- als auch für Warmwasserleitungen ergeben sich anhand der Belastungswerte und der Rohrwerkstoffe aus den **Tabellen 5.3.1** bis **5.3.3**.

Die Rohrweiten von Normalinstallationen werden mit Hilfe der Belastungswertmethode der **Tabellen 5.2/5.3** bestimmt. Ausgehend von der entferntesten Entnahmestelle sind die Belastungswerte der einzelnen Teilstrecken und daraus die Rohrweiten zu bestimmen. Sofern der Fließdruck von mindestens 1 bar an jeder Entnahmestelle oder der maximal zulässige Druckverlust von 1,5 bar für die gesamte Installation vom Druckreduzierventil bis zur entferntesten Entnahmestelle (Rohrlänge inkl. aller Einzelwiderstände wie Formstücke und Armaturen) nicht eingehalten werden kann, muß die Rohrweitenbestimmung rechnerisch nachgeprüft werden. Für jede Teilstrecke werden die Belastungswerte oder Ausflußvolumenströme gemäß **Tabelle 5.2** oder die effektiven Ausflußvolumenströme in l/s zusammengezählt.

Ein Gleichzeitigkeitsfaktor kann aufgrund von Erfahrungswerten oder nach Angaben der Anlagenbetreiber pro Teilstrecke festgelegt werden. Die Summe aller Belastungswerte pro Teilstrecke multipliziert mit dem Volumenstromwert pro Belastungswert und dem Gleichzeitigkeitsfaktor pro Teilstrecke ergibt den zu berücksichtigenden Spitzenvolumenstrom.

Kann nicht mit Belastungswerten gerechnet werden, so müssen die Teilvolumenströme pro Teilstrecke addiert und die Summe der Ausflußvolumenströme mit dem Gleichzeitigkeitsfaktor je Teilstrecke multipliziert werden.

Max. Anzahl BW	6	16	40	160	300	600	1600
DN (mm)	15	20	25	32	40	50	65
Gewinderohr (Zoll)	1/2	3/4	1	1 1/4	1 1/2	2	2 1/2
d_i (mm)	16	21,6	27,2	35,9	41,8	53	68,8

Tab. 5.3.1
Belastungswerte und Rohrweiten für verzinkte Stahlrohre DIN 2440/44

Max. Anzahl BW	2	5	10	16	40	160	300	600	1600
d_a (mm)	12*	15	18	22	28	35	42	54	76,1
d_i (mm)	10	13	16	20	25	32	39	50	72,1

* 1 BW: max. zulässige Rohrlänge 15 m
   2 BW: max. zulässige Rohrlänge 6 m

Tab. 5.3.2
Belastungswerte und Rohrweiten für Kupferrohre VSM 211 641

Max. Anzahl BW	4	8	16	40	160
d_a (mm)	16*	20	25	32	40
d_i (mm)	11,6	14,4	18	23,2	29

* 2 BW: max. zulässige Rohrlänge 15 m
   4 BW: max. zulässige Rohrlänge 6 m

Tab. 5.3.3
Belastungswerte und Rohrweiten für VPE-Rohre DIN 16893

Anschlußwerte der Armaturen und Apparate

Verwendungszweck	Ausflußvolumenstrom pro Anschluß		Anzahl Belastungswerte pro Anschluß
	l/s	l/min	BW
Handwaschbecken, Waschtische, Bidets, Waschrinnen, Spülkasten	0,1	6	1
Spültische, Ausgußbecken, Schulwandbecken, Coiffeurbrausen, Haushalt-Geschirrspülmaschinen, Gas-Durchflußwassererwärmer, Waschtröge	0,2	12	2
Duschbatterien mittlerer Leistung, Gas-Durchflußwassererwärmer	0,3	18	3
Große Spülbecken, Standausgüsse, Wandausgüsse, Badebatterien, Waschautomaten bis 6 kg, Gas-Durchflußwassererwärmer	0,4	24	4
Auslaufventile für Garten und Garage	0,5	30	5
Anschlüsse 3/4": – Spülbecken – Großraumwannen – Duschen	0,8	48	8

Heizungsventile sind bei der Rohrweitenbestimmung nicht zu berücksichtigen.

Tab. 5.2
Anschlußwerte der Armaturen und Apparate

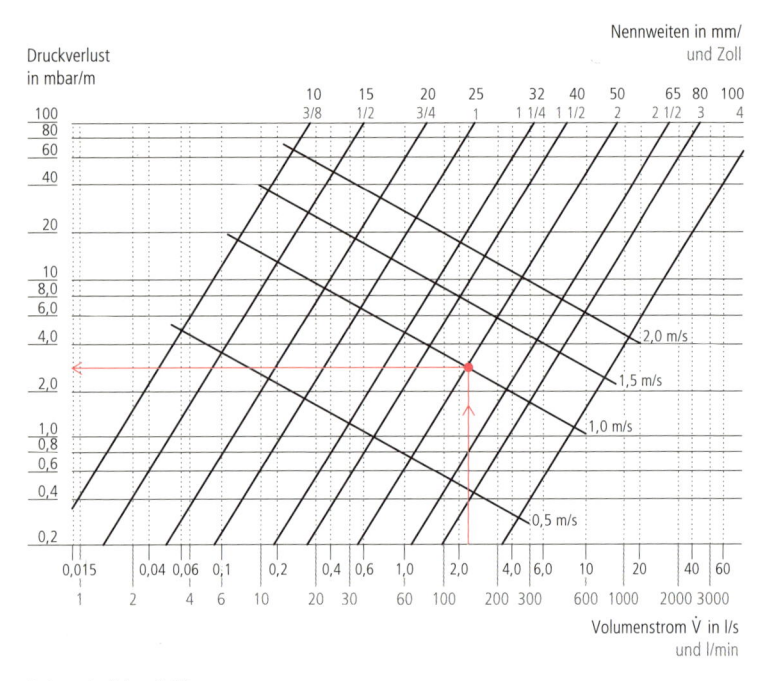

Die Rohrweitenbestimmung der Spezialinstallationen gliedert sich in eine Vorwahl der Rohrweiten und in eine Nachrechnung, das heißt genaues Ermitteln der Druckverluste. Die Vorwahl der Rohrweiten kann mit Hilfe der Druckverlustdiagramme (**Bilder 5.14.1 – 3**) vorgenommen werden unter der Annahme einer Fließgeschwindigkeit innerhalb der angegebenen Grenzen. In der Regel beginnt man auch hier an den entferntesten Entnahmestellen.

Bild 5.14.1
Druckverluste in verzinkten Stahlrohren

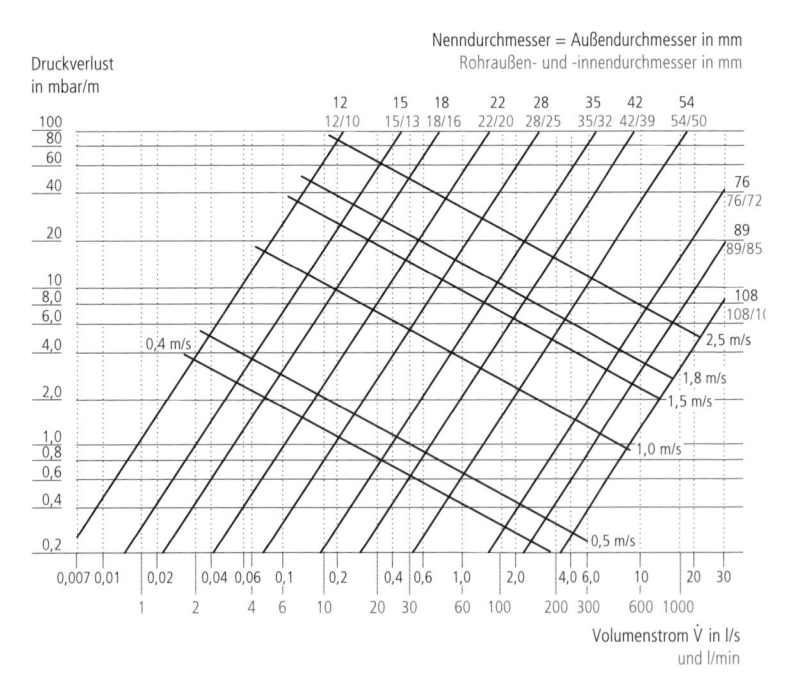

Rohrrauheit k = 0,15 mm
Bezugstemperatur 10 °C

Bild 5.14.2
Druckverluste in Kupferrohren

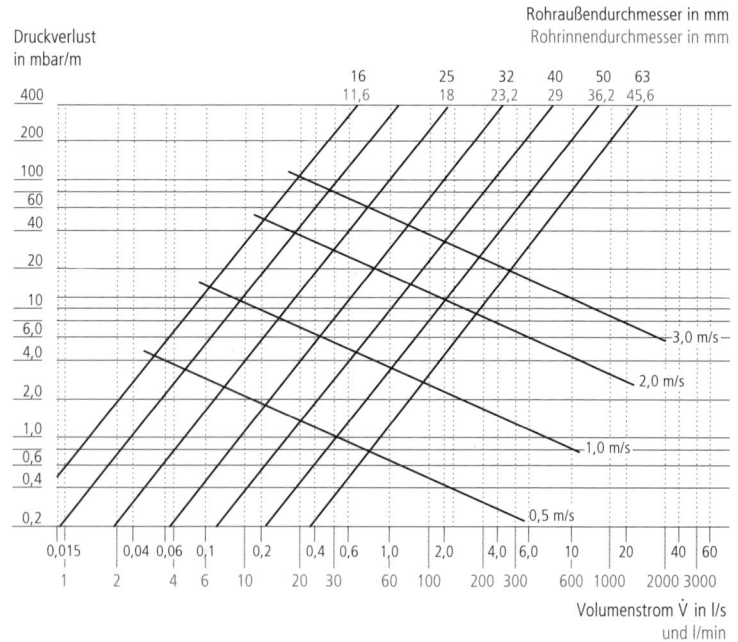

Rohrrauheit k = 0,0015 mm
Bezugstemperatur 10 °C

Bild 5.14.3
Druckverluste in VPE-Rohren

Rohrrauheit k = 0,007 mm
Bezugstemperatur 10 °C

Mit der Nachrechnung ist der rechnerische Nachweis zu erbringen, daß die „Druckbedingungen" erfüllt werden. In der Regel werden die Druckverluste für die längste Rohrleitung (nach dem Druckreduzierventil oder Wasserzähler) bis zur entferntesten Entnahmestelle bestimmt, indem die Druckverluste jeder einzelnen, in direkter Linie durchflossenen Teilstrecken zusammengezählt werden. **Bild 5.15** zeigt ein Beispiel einer Normalinstallation für ein Einfamilienhaus mit Angabe der Dimensionen und Belastungswerte (BW).

Schallschutzanforderungen

Als allgemeine Grundlage gelten Empfehlungen und Normen. Grundsätzlich ist zu beachten, daß keine Leitung mit der Baukonstruktion in unmittelbaren, schalleitenden Kontakt kommt, auch nicht über Rohrbefestigungen. Leitungen, welche flexible oder bewegliche Teile enthalten (Kompensatoren, elastische Rohrverbindungen), müssen gut abgestützt und fixiert sein, um die Übertragung von Vibrationen und „Schlägen" zu verhindern. Das Einbetonieren von Leitungen in massive Wand- und Deckenkonstruktionen ist grundsätzlich zu vermeiden. Wo das Verlegen von Leitungen in Decken aus zwingenden Gründen nicht umgangen werden kann, sind Leitungen in Deckenschlitzen oberhalb der Armierung anzuordnen, unter Beachtung von Sicherheitsmaßnahmen bezüglich Dehnung, Korrosions-, Wärme- und Schallschutz.

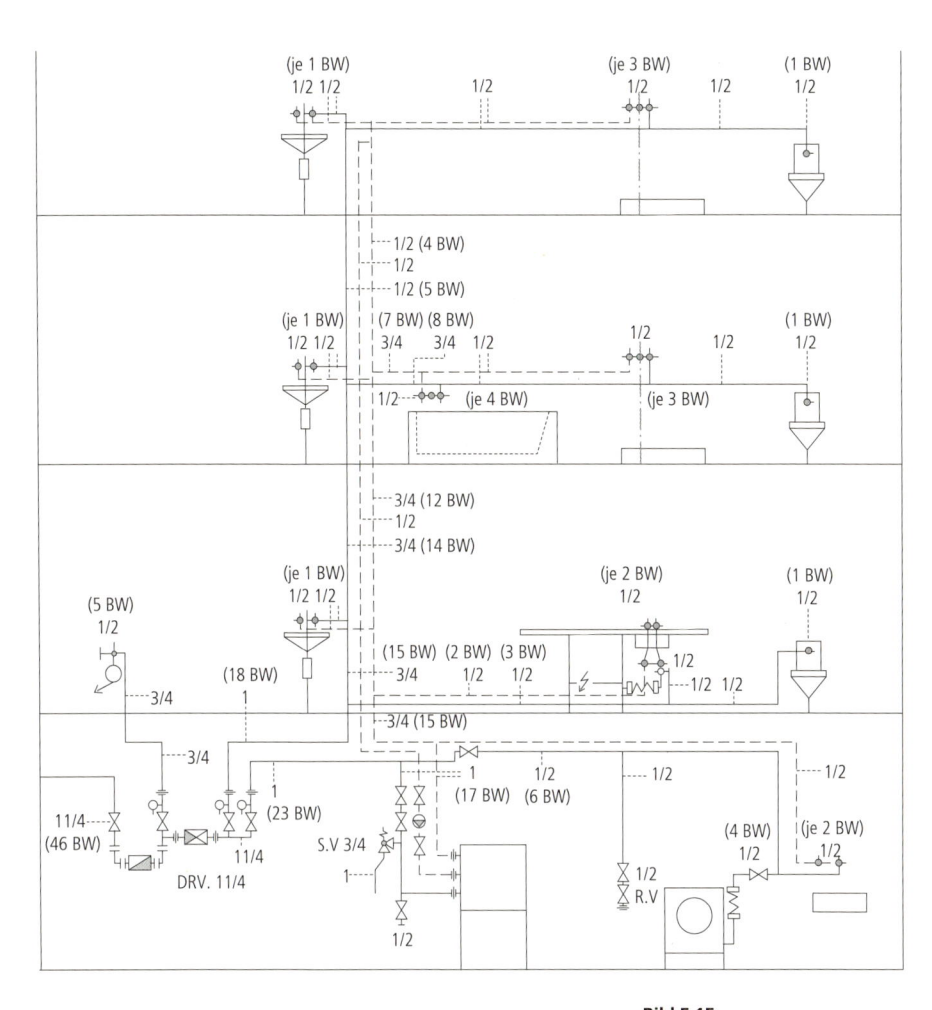

Bild 5.16
Druckerhöhungsanlage

Bild 5.15
Dimensionierungsbeispiel Norminstallation für Einfamilienhaus

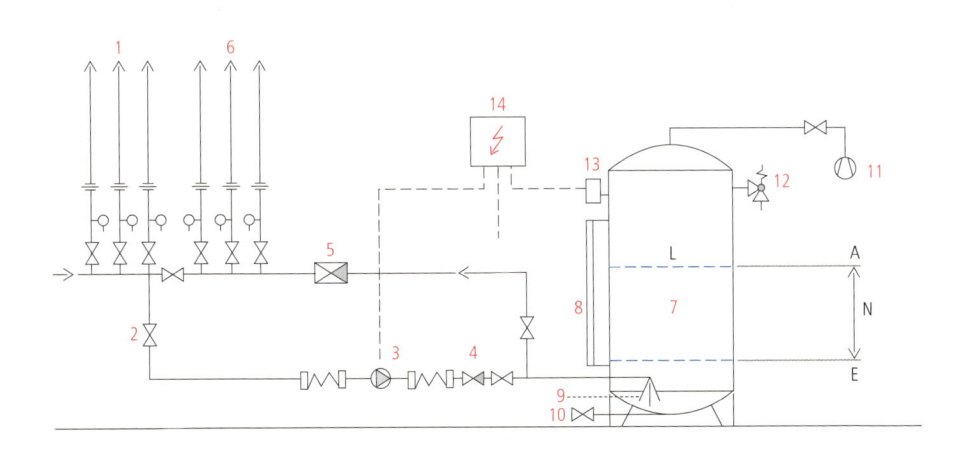

1 Netzdruckverteiler
2 Pumpenzuleitung
3 Druckerhöhungspumpe
4 Rückflußverhinderer
5 Druckreduzierventil für variablen Vordruck und konstanten Nachdruck
6 Hochdruckverteiler
7 Druckwindkessel
8 Wasserstandsrohr
9 Ein- und Auslauftrichter
10 Entleerung
11 Luftkompressor
12 Sicherheitsventil
13 Druckschalter
14 Elektrisches Tableau

A Ausschaltniveau
E Einschaltniveau
L Luftpolster
N Nutzvolumen

5.1.3.7 Druckerhöhungsanlagen

Druckerhöhungsanlagen dienen zur Wasserversorgung von Gebäuden (**Bild 5.16**), bei denen der Netzdruck ungenügend ist oder schwanken kann. Im weiteren sind Druckerhöhungsanlagen in solchen Fällen notwendig, wo eine direkte Verbindung mit dem Trinkwassernetz nicht zulässig ist (zum Beispiel Feuerschutzanlagen mit großem Wasserbedarf). Druckerhöhungsanlagen (**Bild 5.16.1**) bestehen aus einer Pumpengruppe mit zugehörigen Armaturen, einem geschlossenen Membrandruckbehälter, einer Steuerungsanlage für automatische Pumpensteuerung bzw. bei kleineren Anlagen aus einem geschlossenen Behälter (Druckwindkessel) sowie einem Luftkompressor zur Nachspeisung bzw. Erneuerung des im Behälter vorhandenen Luftkissens. Dieses steht unter einem vorbestimmten Druck, der von der automatischen Steuerung geregelt bzw. von der Pumpengruppe aufrechterhalten wird. Nach der Druckerhöhungsanlage muß ein

Druckreduzierventil mit konstantem Nachdruck eingebaut werden. In den Fällen, wo gleichmäßige Volumina über einen längeren Zeitraum benötigt werden (Bewässerungsanlagen) kann die Pumpe zur Druckerhöhung direkt in die Leitung eingebaut werden.

5.1.3.8 Verteilungssysteme

Statt der vielen Verteilstränge mit nur je einer Absperrung an der Verteilbatterie ist es besser, ganze Gebäudetrakte oder mehrere Wohnungsgruppen mit nur einem Verteilstrang zu versorgen, dafür aber einzelne kleinere Gruppenabsperrungen vorzusehen, z.B. Wohnungsabsperrventil. Die Darstellung in **Bild 5.17** zeigt eine Systemlösung auf. Der Maßstab für die Beurteilung der Betriebssicherheit richtet sich in erster Linie nach den Konsequenzen, die eine längere Unterbrechung in der Wasserversorgung zur Folge haben könnte. Die meisten Absperrungen sind im Zusammenhang mit Reparaturen von Armaturen vorzunehmen. Eine wirtschaftliche und praktische Lösung kann darin bestehen, die Gruppenventile (Wohnungsabsperrventile) durch Einzelabsperrventile bei jeder Entnahmestelle zu ersetzen.

Bild 5.16.1
Druckerhöhungsanlage Comfort-N-Wilo mit Naßläufer-Technologie (Werkbild Wilo)

Bild 5.17
Beispiel eines Verteilleitungssystems

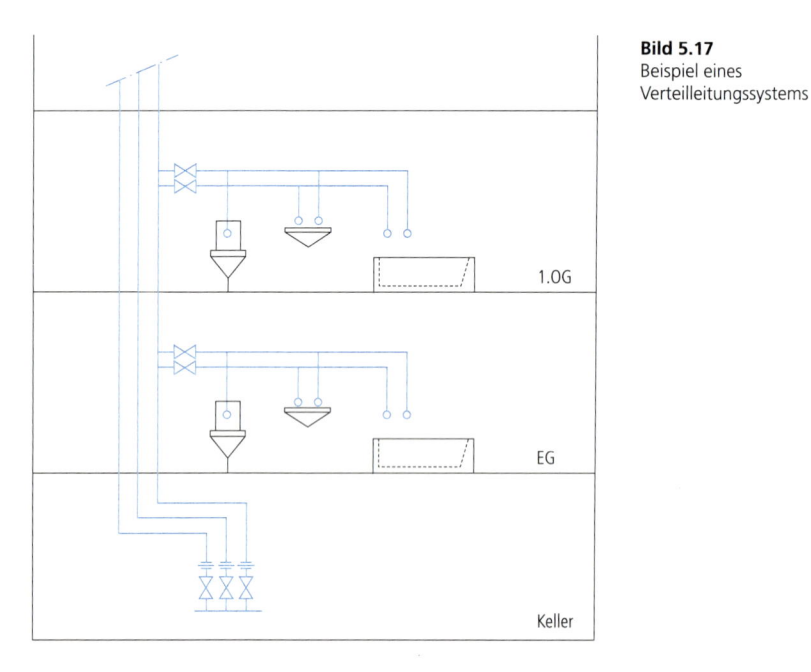

Verteilstränge für übereinanderliegende Wohnungen, absperrbar bei Verteilbatterie und pro Wohnung.

5.1.4 Wasseraufbereitung

Das von den Wasserwerken aufbereitete Wasser enthält Salze, Gase und Spuren organischer Stoffe. Die Wasserhärte wird durch gelöste Erdalkalien gebildet.

Als **Gesamthärte** wird die Summe aller Calcium- und Magnesiumverbindungen bezeichnet. Calcium und Magnesium sind überwiegend an Kohlensäure aber auch an Chlorid, Sulfat und Nitrat gebunden. Ausgedrückt in Milligramm pro Liter Wasser sind 10 mg $CaO/l = 1$ °dH (deutsche Härte) und 10 mg $CaCO_2/l = 1$ °fH (französische Härte). Die Karbonathärte (temporäre oder vorübergehende Härte) ist der an Kohlensäure gebundene Teil des Calciums und Magnesiums. Beim Kochen des Wassers kann Karbonathärte als weißer Niederschlag (Kalk) ausgefällt werden.

Die **Nichtkarbonathärte** (permanente oder bleibende Härte) ist der an Chlorid, Sulfat, Nitrat und Kieselsäure gebundene Anteil des Magnesiums und Calciums. Beim Kochen verbleiben Anteile im Wasser.

Der **Salzgehalt** des Wassers ist die Summe der Erdalkali- und Alkalisalze, die sich in Gesamt-Kationen und -Anionen aufteilt. Neben den Alkalisalzen, die beim Kationen- und Anionen-Austausch (Entsalzung) zu berücksichtigen sind, enthält das Wasser gelöste Erdalkalien (Härtebildner).

Die **Säurekapazität** ist die Menge einer Säure mit der Konzentration der Wasserstoffionen von 0,1 mol/m^3, die man 100 ml einer Wasserprobe zugeben muß, bis pH = 4,3 erreicht ist. Die Säurekapazität ist somit ein Maß für die Alkalität des Wassers, welche durch die Ca- und Mg-Hydrogen-Karbonate verursacht ist.

Die **Gesamthärte** des Wassers ist nur da von Bedeutung, wo das Wasser mit seifenartigen Stoffen in Berührung kommt, eingedampft oder verdunstet wird. Die Karbonathärte erlangt dann Bedeutung, wenn das Wasser erwärmt wird.

Chloride, Sulfate und Nitrate wirken korrosiv, wobei Nitrate in Konzentrationen gesundheitsschädlich sind.

Eine Grobeinstufung von Wasser nach Härtegraden ergibt sich wie folgt:

Gesamthärte mol/m^3	°fH	°dH	Bezeichnung
0 – 0,7	0 – 7	0 – 4,0	sehr weich
0,7 – 1,5	7 – 15	4,0 – 8,5	weich
1,5 – 2,2	15 – 22	8,5 – 12,5	mittelhart
2,2 – 3,2	22 – 32	12,5 – 18,0	ziemlich hart
3,2 – 4,2	32 – 42	18,0 – 23,5	hart
über 4,2	über 42	23,5	sehr hart

Um zu hartes Wasser für verschiedene Zwecke aufzubereiten, bedient man sich der nachfolgend aufgeführten Verfahren:

Dosierung (Impfung, Fällverfahren)
Dosieranlagen (Impfanlagen) werden hauptsächlich als Korrosionsschutz zur Verhinderung von Kaltausscheidungen und als Entkeimungsmittel eingesetzt. Eine entsprechende Anlage zeigt **Bild 5.18**. Beträgt die Gesamthärte des Wassers mehr als 3 – 3,5 mol/m^3, so ist der Einbau einer Enthärtungsanlage in die Zuleitung des Wassererwärmers empfehlenswert. Mittels Rohwasserbeimischung sollte das Wasser auf ca. 1,5 – 2 mol/m^3 (ca. 8,5 – 10 °dH) aufgemischt, d. h. verschnitten werden.

Enthärtung durch Ionenaustausch
Die Ca- und Mg-Ionen im Wasser werden durch Na-Ionen ersetzt, wobei zwar einerseits der Salzgehalt bestehen bleibt die Salze aber gelöst sind. Der hauptsächliche Anwendungsbereich der Enthärtung durch Ionenaustausch liegt bei Wäschereien, Kühltürmen mit zu hartem Wasser und im Bereich der Warmwasserversorgung. Die Regeneration erfolgt durch Kochsalz (NaCl), wobei das Abwasser unbehandelt in die Abwasseranlage abfließt.

Teilentsalzung durch Ionenaustausch
Bei der Teilentsalzung durch Ionenaustausch handelt es sich um eine Entkarbonisierung mit nachgeschalteter Enthärtung. Der Salzgehalt des Wassers wird um den Betrag der Karbonathärte herabgesetzt. Hauptsächliche Anwendungsbereiche sind Industriewässer, Kühltürme, Niederdruck-Dampfkessel und Luftwäscher. Die Regeneration erfolgt durch H-Austauscher mittels HCl (Salzsäure), wobei die Abwasserströme neutralisiert werden müssen (Na-Austauscher mittels NaCl).

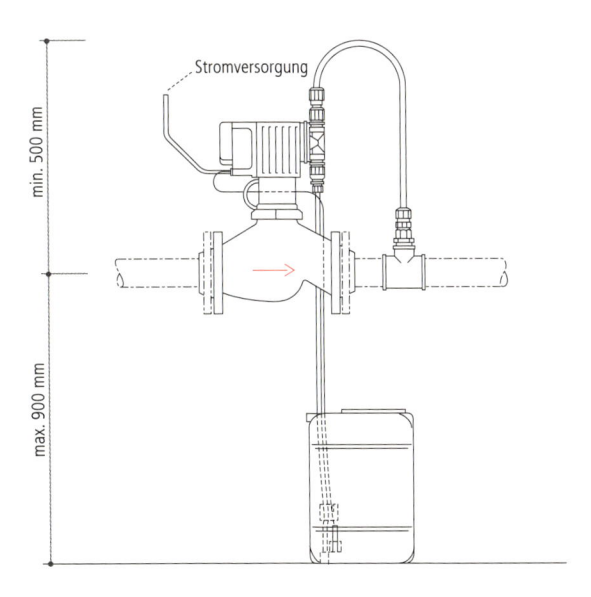

Bild 5.18 Impfanlage

Enthärtung (Basenaustauschverfahren)

Hierunter versteht man eine Enthärtung mit filterähnlichen Massen aus künstlich hergestelltem Permutit, das die Härtebildner an sich bindet. Die Masse muß von Zeit zu Zeit regeneriert werden, was mittels Kochsalz erfolgt. Nach der Regeneration werden die Härtebildner mit Wasser ausgespült. Der Grad der Enthärtung ist wählbar. Der Anwendungsbereich von Enthärtungsanlagen liegt bei Spülmaschinen für Großküchen, Befeuchtungsanlagen für Klimaanlagen, Wäschereien u. ä. **Bild 5.19** zeigt eine entsprechende Anlage in ihrem Aufbau.

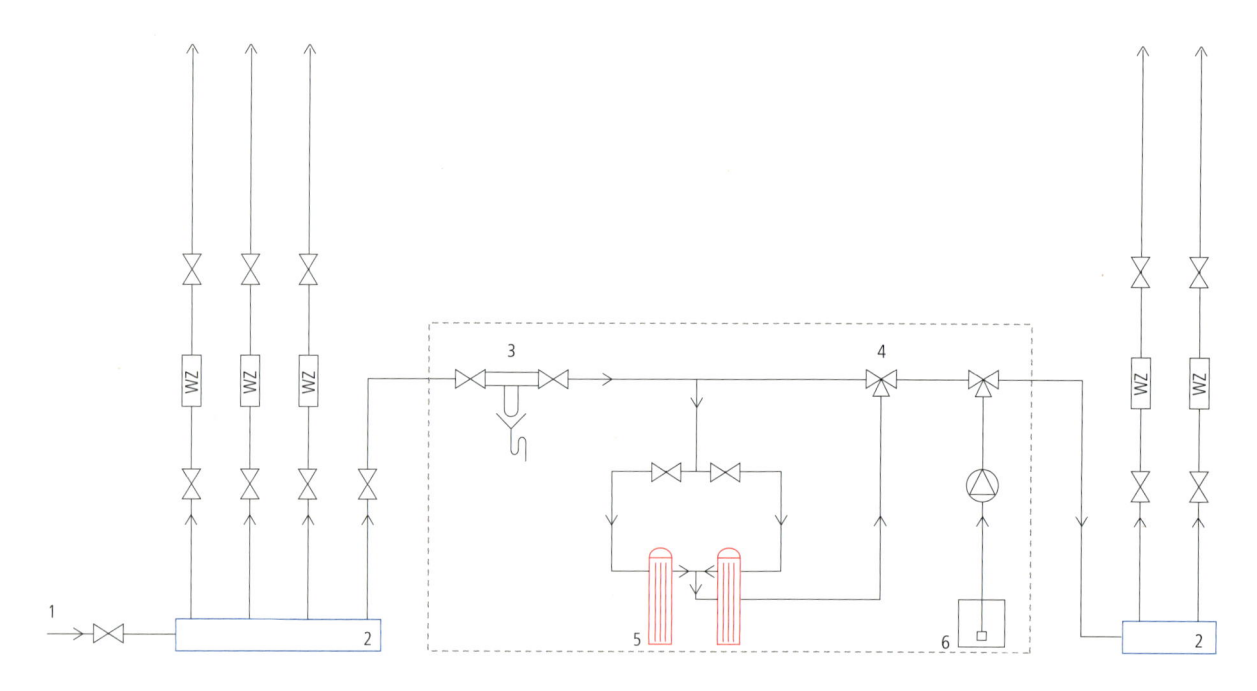

Bild 5.19
Enthärtungsanlage

1 Hausanschluß
2 Kaltwasserverteiler
3 Schutzfilter
4 Verschneidearmatur
5 Enthärtungsanlage
6 Dosieranlage

Zwei-Säulen-Vollentsalzung mit nachgeschaltetem Mischbett

Durch die Vollentsalzung entsteht praktisch reines, rückstandfreies Wasser, das u. a. notwendig wird in Labors, Hochdruckdampfkesseln und ähnlichen Geräten, bei denen es auf absolut rückstandsfreies Wasser ankommt. Die Regeneration einer Zwei-Säulen-Vollentsalzung erfolgt durch Kationen-Austauscher mit Salzsäure, Anionen-Austauscher mit Natronlauge oder Pufferfilter (Mischbild) mit Salzsäure oder Natronlauge. Sämtliche Abwässer müssen vor der Ableitung neutralisiert werden.

Umkehr- oder Gegenosmose

Die Wasserqualität bei der Umkehrosmose liegt zwischen derjenigen von teilentsalztem und derjenigen von vollentsalztem Wasser. Wird ein Mischbett nachgeschaltet, so entsteht Reinwasser. Die Vorbehandlung des Wassers (Enthärtung) muß unbedingt zuverlässig sein, da die sehr teuren Permeatoren ansonsten innerhalb kurzer Zeit Schaden erleiden und ausfallen. Gleiches gilt auch für einen Aktiv-Kohlefilter innerhalb des Systems bei chlorhaltigem Wasser. Die Anwendungsbereiche für Wasser, aufbereitet durch die Umkehrosmose, liegen in Labors und bei der Aufbereitung von Speisewasser für Dampfkessel. Das Konzentrat der gelösten Salze kann in die Kanalisation abgegeben werden.

Anwendungs-zweck	Verfahren der Wasser-nachbehandlung	Wassertypen 1	2	3	4
Haushalt- und analoge Zwecke	Gesamthärte °fH °dH mol/m³	< 15 < 8,4 < 1,5	15 – 25 8,4 – 14 1,5 – 2,5	25 – 35 14 – 19,5 2,5 – 3,5	> 35 > 19,5 > 3,5
Kaltwasser: Trinken/Kochen	Feinfilter	◐	◐	◐	◐
	Inhibieren: Korrosionshemmung Kalkhemmung	◐ ○	◔ ○	○ ◔	○ ◐
	Teilenthärten	○	○	○	◔
Reinigen Klosettspülungen		○	○	○	○
Warmwasser: Kochen/Geschirr-spülen/Körperpflege	Inhibieren: Korrosionshemmung Kalkhemmung	● ○	◐ ◐	◔ ◐	◔ ●
	Teilenthärten bis 12 –18 °fH 1,2 – 1,8 mmol/l	○	○	◔	◐
Wassererwärmer Warmwasserspeicher	Kathodischer Schutz Elektrolytischer Schutz	●	◐	◔	◔
Gewerbliche Zwecke					
Waschen (Textilien)	Teilenthärten auf 3 ° max. 5 °fH 0,3 – 0,5 mmol/l	○	◔	●	●
Großküchen	Teilenthärten auf 10 ° – 15 °fH 1 – 1,5 mmol/l	○	○	◐	●
Geschirrspülen	Enthärten 0 °fH 0 mmol/l Teilentsalzen	○	◔	●	●
Kaffeemaschinen	Teilenthärten 8 – 10 °fH 0,8 – 1,0 mmol/l	○	○	◐	●
Schwimmbäder siehe SIA 385	Teilenthärten Filtrieren/Desinfektion	○ ●	○ ●	◔ ●	◔ ●

○ keine Wassernachbehandlung

Tab. 5.4
Wassernachbehandlung für Sanitäranlagen, unverbindliche Richtwerte

○ keine Wassernachbehandlung
◔ eventuell Wassernach-behandlung
◐ Empfehlung zur Wassernach-behandlung
● Erfordernis zur Wassernach-behandlung
Besondere Anwendung von Fall zu Fall abklären

Entgasung

Die Entgasung des Wassers wird vorgenommen, um Sauerstoff und Kohlensäure zu entziehen. Bei nicht-thermischen Verfahren (Hydrazin) wird nur Sauerstoff, bei thermischen Entgasungen auch die Kohlensäure entzogen. Entgasung wird vorwiegend bei der Aufbereitung von Kesselspeisewasser und Aufbereitung von Wasser für Rückkühlwerke vorgenommen.

Zusammenfassend gibt die **Tabelle 5.4** einen Überblick über unter Umständen notwendige Nachbehandlungen für Sanitäranlagen. Die Härtegrade sind in °fH und in mol/m³ ausgewiesen (fH = französische/dH = deutsche Härte).

Zentrale Desinfektion

Die Desinfektionstechnik wird heute auf einem weiten Bereich in Krankenhäusern, Bädern, Reinigungsanlagen, Wäschereien, Lebensmittelindustrie, Getränkeindustrie und dergleichen angewendet. Sie dient einerseits der Gesunderhaltung des Menschen und im anderen Fall auch der hygienisch einwandfreien Herstellung von Lebensmitteln, die dadurch länger haltbar bzw. genießbar bleiben. Das Prinzip beruht auf einer automatischen Zumischung von Desinfektionsmitteln in ein separates Leitungsnetz, wofür die Industrie geeignete Zumischgeräte geschaffen hat. Nach DIN 1988 und DVGW, Arbeitsbl. W 503 oder den schweizerischen Richtlinien darf eine solche Anlage nur dann direkt an das Trinkwassernetz angeschlossen werden, wenn es sich um eine kleine Anlage – wie ein als wirkdruckgesteuertes Gerät mit 5 bis 15 l Inhalt für maximal 5 bis 20 Entnahmestellen – handelt. Desinfektionsanlagen werden über eine Sicherheitsschleife mit Rohrbelüfter und Rückflußverhinderer oder einen Rohrtrenner ans Trinkwassernetz angeschlossen.

Für die Versorgung mehrerer Räume befinden sich Dosierzentralen in Schrankbauweise auf dem Markt, die mit vorgeschriebener Systemtrennung geliefert werden können, das heißt, daß hier erst Wasser in einen offenen Behälter fließt und dann von einer Pumpe wieder ins Desinfektionsnetz gedrückt wird, wodurch die direkte Verbindung zum Trinkwassernetz sicher unterbrochen ist.

Großanlagen befinden sich meist in Gebäudekomplexen, die ohnehin eine zentrale Systemtrennung haben. Hier wird eine Dosierzentrale ohne Systemtrennung nach **Bild 5.20** eingesetzt.

Das Rohrnetz wird aus verzinktem Stahlrohr oder PVC-Rohr gebaut. In den Verwendungsbereichen werden Anschlüsse in Form von Zapfventilen (Bezeichnungsschilder erforderlich) oder feste Sprühdüsen mit Druckventilen hergestellt.

An die Zapfventile können Sprühlanzen mit Schlauch zur Raum- oder Objektdesinfektion angeschlossen werden oder auch Lösungen in Eimern abgefüllt werden. Die fest angebrachten Düsen dienen etwa der Fußpilzbekämpfung in Schwimmbädern, in Brauseanlagen und dergleichen sowie der Stiefeldesinfektion in Lebensmittelbetrieben.

Grundsätzlich sollten an Desinfektionsanlagen angeschlossen sein: OP-Räume einschließlich Vorbereitung, Prosekturen, Infektionsabteilungen, Fäkalräume sowie deren Spülapparate, Bäderabteilungen, WC-Räume, Bettenlager und Reinigung, Wäschereien u. a. in Krankenhäusern. Küchen und Stationsküchen erhalten getrennte Anlagen für geruchlose und unschädliche Desinfektionsmittel.

In Schwimmbädern und Badeanstalten werden Sprühstellen zur Fußpilzbekämpfung und zur Raum- und Objektdesinfektion benötigt.

In der Industrie, Lebensmittelindustrie, auf Schlachthöfen usw. ist von Fall zu Fall über den Einsatz einer Desinfektionsanlage zu entscheiden. In jedem Fall gehört jedoch bei entsprechenden Arbeitsstätten eine Einrichtung in den Personal-Sozialbereich und Zapfstellen zur Raum- und Objektdesinfektion.

Ionengehalt / pH-Wert
Chemisch reines Wasser ist durchaus nicht neutral, weil immer ein geringer Bruchteil von Wassermolekülen (H_2O) in elektrisch geladene H^+- und OH^--Teile, sogenannte Ionen, aufgespalten ist.

Überwiegen die H^+-Ionen, so wirkt das Wasser wie eine schwache Säure. Sind dagegen die OH^--Ionen in der Überzahl, reagiert das Wasser alkalisch, also wie eine schwache Lauge. Als Maß dient der ph-Wert, der die Wasserstoffionenkonzentration darstellt:

– chemisch reines Wasser   pH-Wert =7
– in saurem Wasser   pH-Wert <7
– in alkalischem Wasser   pH-Wert >7.

Die Angriffsfähigkeit auf Eisenmetalle erlischt erst bei einem ph-Wert von etwa 9,6, gemessen bei 23 °C.

Bild 5.20
Zentrale Desinfektionsanlage

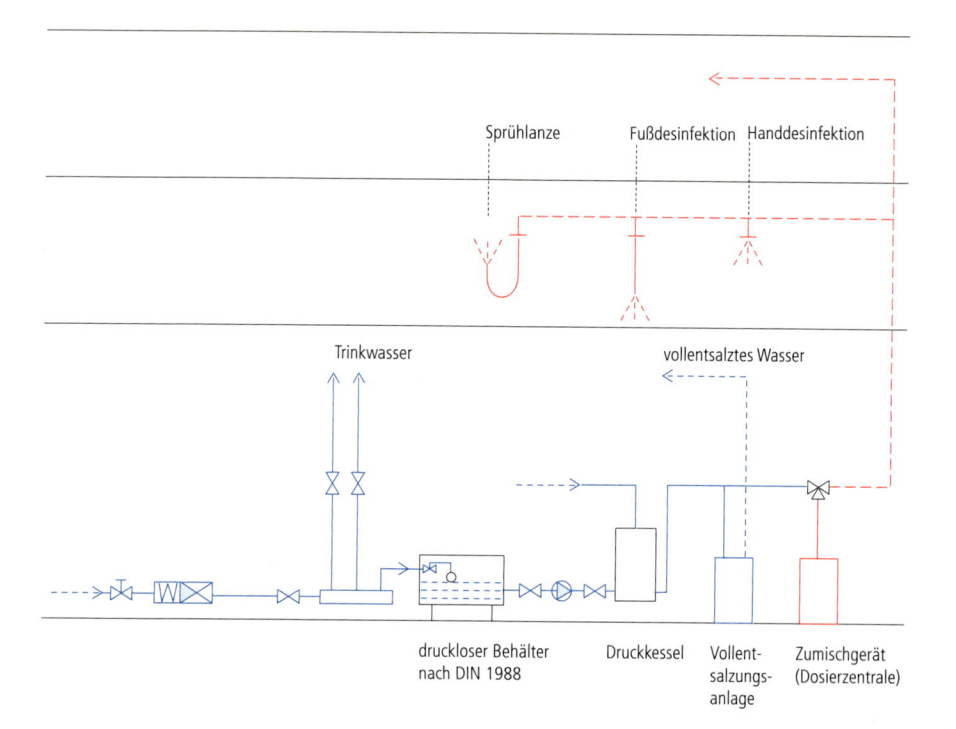

Tab. 5.5
Wasserbehandlungsverfahren

Anwendungsgebiet	Zweck	In Frage kommende Wasserbehandlungsverfahren		
Kaltwasser allgemeine Zwecke	Vermeidung mechanischer Verunreinigung	1.1	1.3	
	Korrosionsschutz Kalkschutz	2.1	2.4	
	Trinkwasserqualität	5.1	5.2	
Fabrikation	bestimmte, dem Fabrikationsverfahren entsprechende Wasserqualität	3.1	3.9	
Verdünnung der Bespülung von Produkten		4.1	4.2	
Warmwasser	Kalk- und Korrosionsschutz	2.1	2.4	3.7
Heizungs-Systeme 4 Anlage-Typen	Kalk- und Korrosionsschutz	2.2 3.8 4.2	2.4 3.9	3.4 4.1
Dampfkessel 4 Anlage-Typen	Kalk- und Korrosionsschutz	3.7 4.1	3.8 4.2	3.9
Klima-Anlagen	Kalkschutz Verbindung von Salzablagerungen in klimatisierten Räumen	2.1 4.1	3.8 4.2	3.9
Kühltürme	dto. plus Verhinderung von Mikroorganismenwachstum	2.5 4.2	3.8	3.9
Wäschereien	weiches Wasser	3.7		

1. **Filtrierung**
   Entfernung abscheid- und abfiltrierbarer Stoffe
   1.1 Absetzverfahren
   1.2 Schlammkontaktverfahren
   1.3 Quarzsandkiesfilter
   1.4 Kieselgurfilter usw.

2. **Impfung/Dosierung**
   Zugabe von Konditionierungs-Chemikalien als Schutz gegen kristalline Kalkablagerungen und Korrosionen
   2.1 Phosphate zur Stabilisierung der Karbonathärte
   2.2 Hydrazin zur Sauerstoffbindung
   2.3 Ätznatron zur Alkalisierung
   2.4 Natriumsilikat als Korrosionsschutz
   2.5 Anti-Algenmittel usw.

3. **Entfernung gelöster Stoffe**
   3.1 Entsäuerung
   3.2 Enteisung
   3.3 Entmanganisierung
   3.4 Teilenthärtung, Entkarbonatisierung
   3.5 Fäll-Enthärtung
   3.6 Ionenaustausch
   3.7 Enthärtung Basenaustauscher
   3.8 Teilentsalzung
   3.9 Vollentsalzung

4. **Entgasung**
   4.1 Entfernung des Sauerstoffs
   4.2 Entfernung der Kohlensäure

5. **Entkeimung**
   5.1 Chlorverfahren (diverse)
   5.2 Ozonverfahren
   5.3 UV-Bestrahlung
   5.4 Oligodynamische Verfahren (Katadyn) usw.

6. **Abwasserbehandlung**
   6.1 Entgiftung
   6.2 Neutralisation
   6.3 mechanische Klärung
   6.4 biologische Klärung
   6.5 Behandlung radioaktiver Abwasser.

Der pH-Wert ist überall dort wichtig, wo die sauren, basischen oder neutralen Eigenschaften von Flüssigkeiten zu überwachen und zu regeln sind. Dies ist der Fall bei Konzentraten und Lösungen der chemischen Industrie bei Bleich-, Farb- und Waschbädern, bei Galvanisierbädern, Filmbädern, in Zuckerlösungen, Brauwässern, Maischen, Würzen, in Kondensaten, Kesselspeisewässern, Abwässern, Trinkwässern, in der Medizin, Pharmazeutik usw.

Die Messung des pH-Wertes (H-Ionen-Konzentration) erfolgt durch:
– Meßelektroden für Dauermessungen
– Metallelektroden (Antimon, Wismut, Wolfram)
– Bezugselektroden
– Kalomel-Elektroden.

Je nach Anwendungsgebiet **(Tabelle 5.5)** bieten sich verschiedene Wasserbehandlungsverfahren an.

5.2 Warmwasserversorgung

5.2.1 Warmwasserbedarf

Die für die verschiedensten Zwecke benötigten Warmwassermengen sind außerordentlich stark schwankend. Bei Wohnungen hängt der Berdarf nicht nur von der Größe der Wohnung und der Anzahl der Personen, sondern auch vom Lebensstandard, Alter der Personen, Einbau von Warmwasserzählern, Beruf, Jahreszeiten und anderen Umständen ab. In Hotels ist der Warmwasserverbrauch abhängig von der Zahl der Wannen und Duschen sowie der Güteklasse. Luxushotels verbrauchen wesentlich mehr Warmwasser als einfache Hotels, wobei ein Spitzenverbrauch morgens und abends festzustellen ist. Ähnliches gilt auch in Fabriken, Sporthallen usw., wo erhebliche Warmwassermengen innerhalb kürzester Zeit benötigt werden. In den **Tabellen 5.6** sind Warmwasserbedarfswerte und Temperaturen für Gebäude sowie detailliert für Wohnungen angegeben.

Neben den hier dargestellten Daten gibt es vergleichbare Erfahrungswerte für Gaststätten und Hotels, Hallenbäder, Wasch- und Duschanlagen in Industriebetrieben usw.

5.2.2 Versorgungsarten

Bei den Versorgungsarten unterscheidet man grundsätzlich nach:
– Einzelversorgung
– Gruppenversorgung
– Zentralversorgung.

Bild 5.21 stellt ein zentrales Warmwasserversorgungssystem schematisch dar.
Die Hauptanlagenteile der Warmwasserversorgungsanlage sind dabei:
– Primärenergieversorgung
– Brauchwassererwärmung
– Warmwasserverteilung
– Warmwasserabgabe.
Bild 5.22 zeigt den Aufbau einer Warmwasserversorgung mit indirekter Beheizung.

Primärenergieversorgung
Verschiedene konventionelle und alternative Energiearten für die Warmwasserbereitung bieten sich an.

Konventionelle Primärenergieträger
Für die Warmwasserbereitung stehen uns zur Verfügung:
Heizöl, Kohle, elektrischer Strom, Stadtgas, Erdgas, Flüssiggas.

Bedarfsfall	Bedarf	Temperatur
Krankenhäuser	100 – 300 l/Tag, Bett	60 °C
Kasernen	30 – 50 l/Tag, Person	45 °C
Bürogebäude	10 – 40 l/Tag, Person	45 °C
Medizinische Bäder	200 – 400 l/Tag, Patient	45 °C
Kaufhäuser	10 – 40 l/Tag, Beschäftigte	45 °C
Schulen (bei 250 Tagen/a)		
ohne Duschanlagen	5 – 15 l/Tag, Schüler	45 °C
mit Duschanlagen	30 – 50 l/Tag, Schüler	45 °C
Sportanlage mit Duschanlage	50 – 70 l/Tag, Sportler	45 °C
Bäckereien	105 – 150 l/Tag, Beschäftigter	45 °C
	10 – 15 l/Tag, für Reinigung	45 °C
für Produktion	40 – 50 l/100 kg Mehl	70 °C
Friseure (einschl. Kunden)	150 – 200 l/Tag, Beschäftigter	45 °C
Brauereien einschl. Produktion	250 – 300 l/100 l Bier	60 °C
Wäschereien	250 – 300 l/100 kg Wäsche	75 °C
Molkereien	1 – 1,5 l/l Milch	75 °C
	i.M. 4.000 – 5.000 l/Tag	
Fleischereien		
ohne Produktion	150 – 200 l/Tag, Beschäftigter	45 °C
mit Produktion	400 – 500 l/Tag	

Tab. 5.6.1
Warmwasserbedarf und Temperaturen für gewerbliche Zwecke

Verbrauchsstelle	Einmalige Entnahme Liter	Temperatur t_w °C	Dauer Minuten
Auslaßventile:			
DN 10, halb geöffnet	5	40	1
voll geöffnet	10	40	1
DN 15, halb geöffnet	10	40	1
voll geöffnet	18	40	1
DN 20, halb geöffnet	25	40	1
voll geöffnet	45	40	1
Spültische:			
einteilig	30	55	5
zweiteilig	50	55	5
Waschbecken:			
Handwaschbecken	5	35	1,5
Waschbecken	10	35	2
Waschtisch, einteilig	15	40	3
Waschtisch, zweiteilig	25	40	3
Badewannen:			
klein (Größe 100)	100	40	15
mittel (Größe 160)	150	40	15
groß (Größe 180)	250	40	20
Dusche	50	40	6
Sitzbad	50	40	4
Bidet	25	40	8
Gesamtverbrauch (60 °C)			
einfache Ansprüche	10 – 20 l/Tag und Person		
höhere Ansprüche	20 – 40 l/Tag und Person		
höchste Ansprüche	40 – 80 l/Tag und Person		

Tab. 5.6.2
Warmwasserbedarf von Wohnungen

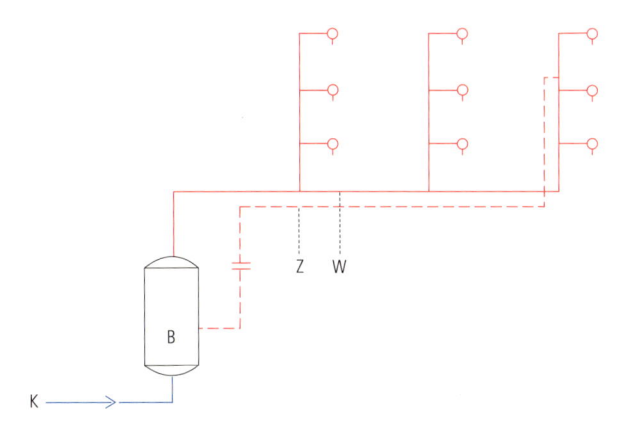

Bild 5.21

Warmwasser-Zentralversorgung mit direkt befeuertem Boiler

B Boiler
K Kaltwasser
W Warmwasser
Z Zirkulation

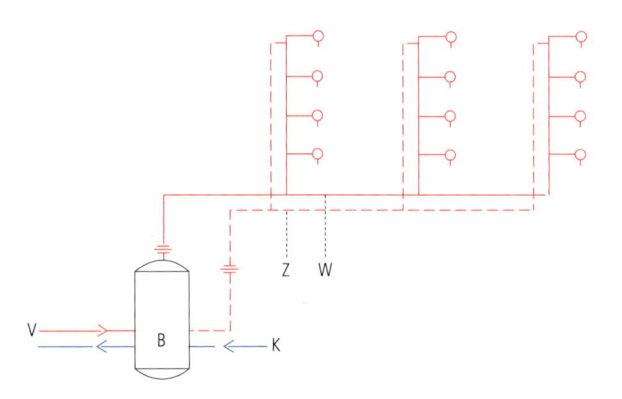

Bild 5.22
Warmwasser-Zentralversorgung mit indirekter Beheizung

V Wärmeversorgung
B Boiler
K Kaltwasser
W Warmwasser
Z Zirkulation

direkt mit Boiler   indirekt mit Speicher

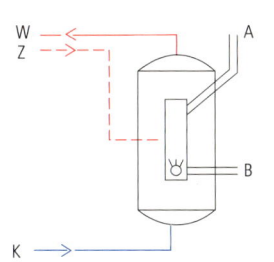

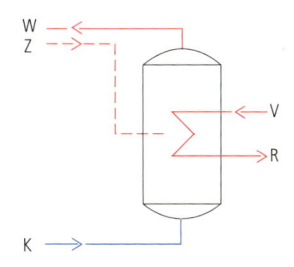

Bild 5.23
Warmwassererzeugung

K Kaltwasserleitung
R Rücklauf
V Vorlauf
W Warmwasserleitung
Z Zirkulationsleitung
A Abgase
B Brenner

Alternative Energieträger

Als Energiequellen werden in Verbindung mit neuen Technologien genutzt:
– Wasser
  Fluß-, See-, Grund-, Abwasser in Verbindung mit Wärmepumpen;
– Sonne
  Sonnenkollektoren, Energiedach, -fassade, -zaun z.T. in Verbindung mit Wärmepumpen;
– Erde
  Erdkollektoren mit Wärmepumpen;
– Luft
  Umgebungsluft, Abluft in Verbindung mit Wärmepumpen.

Aus wirtschaftlichen Gründen ist es oft ratsam, die Warmwassererzeugung von der Gebäudeheizung zu trennen, das heißt für den Sommerbetrieb eine eigene Wärmeerzeugungsanlage zu bilden, die das notwendige Warmwasser aufbereitet. Dabei ist beim wasserseitigen Teil zu beachten, daß bei Betriebsumstellungen von einem zum anderen Wassererwärmer keine Partien mit stagnierendem Wasser entstehen, da hierdurch die Wasserqualität in hygienischbakteriologischer Hinsicht in unzulässiger Weise verschlechtert würde. Aufgrund der Stagnation würde zudem die Wasserzusammensetzung infolge der Sauerstoffverarmung verändert, so daß mit Korrosion im Leitungssystem gerechnet werden muß.

5.2.3 Brauchwarmwasser-Erzeugung

Hinsichtlich der Betriebsweise wird unterschieden zwischen dem Boiler und dem Speicher.

Im Boiler wird das Wasser unmittelbar erwärmt, im Gegensatz zum Speicher, in dem das an anderer Stelle erwärmte Wasser gespeichert wird (**Bilder 5.23**).

Hygieneansprüche und mechanische Festigkeit der Werkstoffe sowie von eventuellen Beschichtungen, Temperaturbeständigkeit, Korrosionsbeständigkeit, Druckverhältnisse, Prüf-, Betriebsdruck (1,5-facher Netzdruck = mindestens 12 bar), Wärmeleistung, Temperaturregulierung, hydraulische und thermische Sicherheit und Ausrüstung sind die wesentlichen Kriterien bei der Bestimmung der Einrichtungen zur Brauchwassererzeugung.

Speicherformen

Bei den Speicherformen zur Warmwasserspeicherung und Erwärmung von Kaltwasser zu Warmwasser im Speicher ist anzustreben, daß der Speicher einen möglichst geringen Durchmesser besitzt und als stehender Speicher ausgeführt wird. Dabei soll das Verhältnis von Speicherdurchmesser zu Speicherhöhe 1:3 betragen. Dieses Verhältnis hat sich als günstig herausgestellt, da bei diesem Verhältnis ein kleiner Durchmesser zu geringen Zugspannungen infolge des Innendrucks und somit zu geringeren Blechdicken (geringere Herstellkosten) führt. Weiterhin werden die Wärmeverluste geringer (Oberfläche des Speichers im Verhältnis zum Volumen).

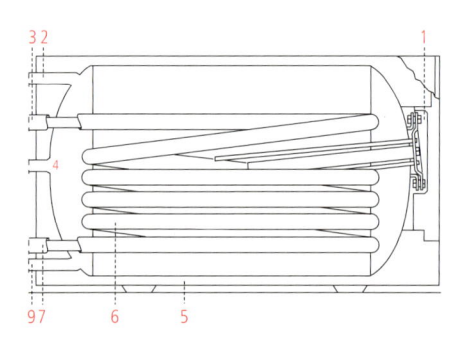

1 Handlochdeckel mit Magnesiumanode
2 Warmwasser
3 Wärmedämmung
4 Zirkulation
5 Heizungsvorlauf
6 Heizwendel
7 Heizungsrücklauf
8 Paßblech
9 Entleerung Kaltwasser

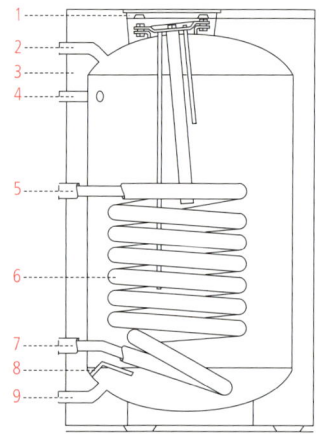

Bild 5.23.1
Aufbau von liegenden und stehenden Warmwasserspeicher-Systemen
System-Tiefspeicher EAS T
Standspeicher EAS 120 – 250
(Werkbilder Brötje)

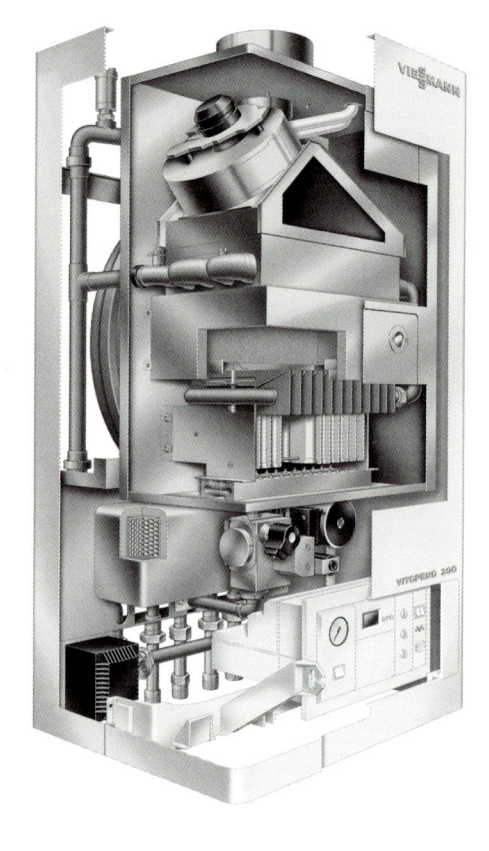

Bild 5.23.2
Vitopend 200
Gasumlaufwasserheizer und Gaskombiwasserheizer
10,5 – 24 kW
(Werkbild Viessmann)

Die **Bilder 5.24** zeigen die wesentlichen Anlagenteile einer Brauchwasser–Erwärmungsanlage mit Speicher. Hier wird davon ausgegangen, daß die Wärmezufuhr aus einer Kesselanlage erfolgt.

Speicher zur Brauchwassererwärmung können hintereinandergeschaltet werden und führen von Speicher zu Speicher zu einer entsprechenden Temperaturerhöhung (z. B. 10/40 °C und 40/60 °C) oder sie werden parallel geschaltet, was zu einer höheren Betriebssicherheit führt.

Werden keine Speicher eingesetzt, so erfolgt die Brauchwassererwärmung direkt über den Kessel einer Wärmeerzeugungsanlage (jedweder Feuerungsart) mit einem aufgesetzten Boiler im Kessel. Diese Form der Brauchwassererwärmung hat den großen Nachteil, daß im Sommerbetrieb, wenn keine Wärmeenergie zur Beheizung oder z. B. für verfahrenstechnische Prozesse benötigt wird, ein Betrieb erfolgen muß, der ausschließlich der Warmwassererzeugung gilt und mit hohen Betriebsverlusten befrachtet ist.

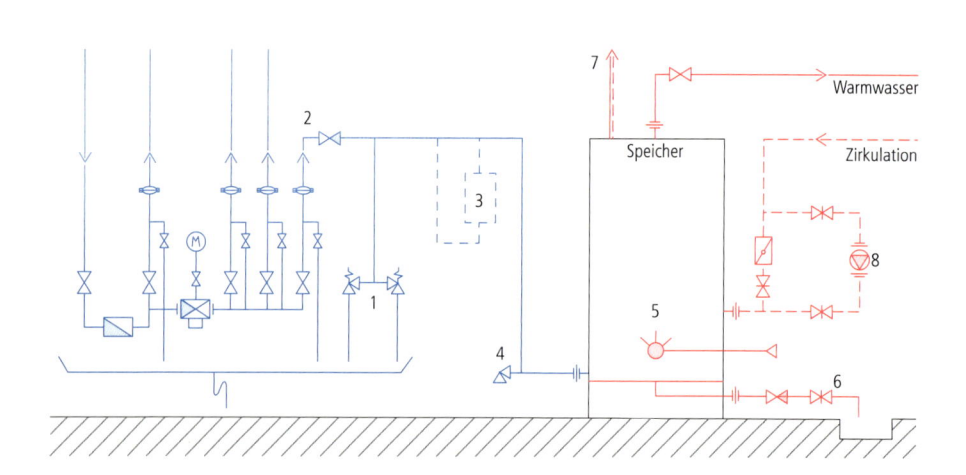

Bild 5.24
KW- und WW-Installationen, zentral mit WW-Speicher

1 Sicherheitsventil
2 Rückschlagventil
3 Druckgefäß (Zuleitungsinhalt muß 4 % vom Speicher sein)
4 Entleerung
5 Heizquelle
6 Entleerung mit Ventil und Schnellschlußschieber
7 Be- und Entlüftung
8 Zirkulationspumpe mit Zeituhr

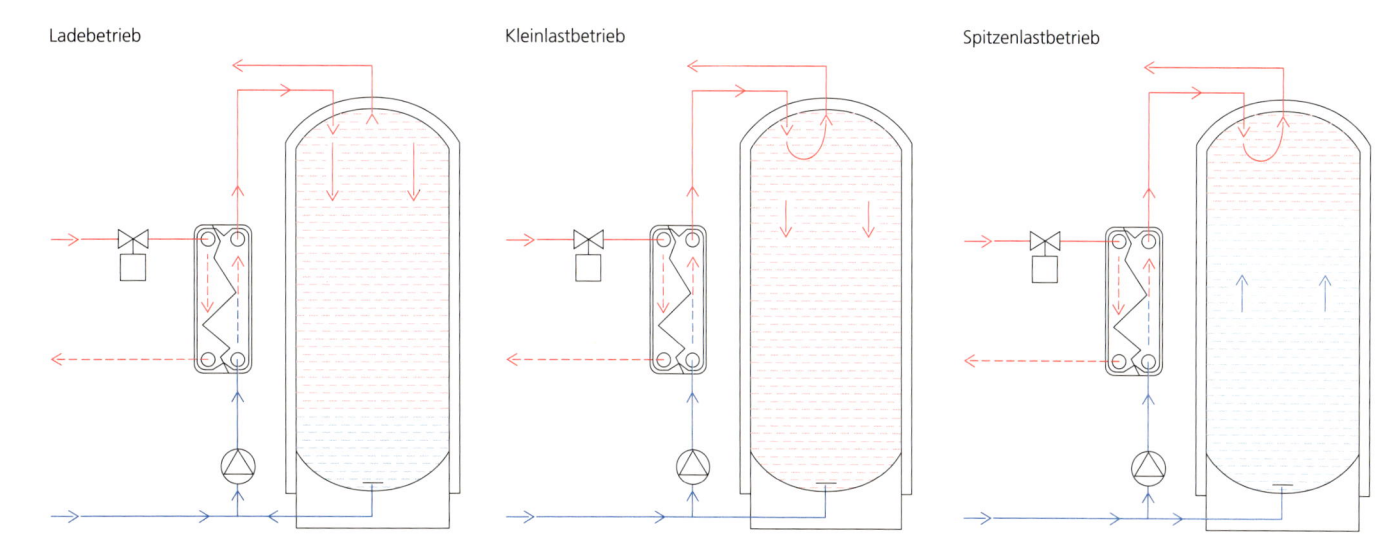

Bild 5.24.1
Lade- und Entladevorgang des
Trinkwasserspeicher-Ladesystems
Cetesystem D
(Werkbild cetetherm)

Bild 5.25
Warmwasser–Verteilsysteme

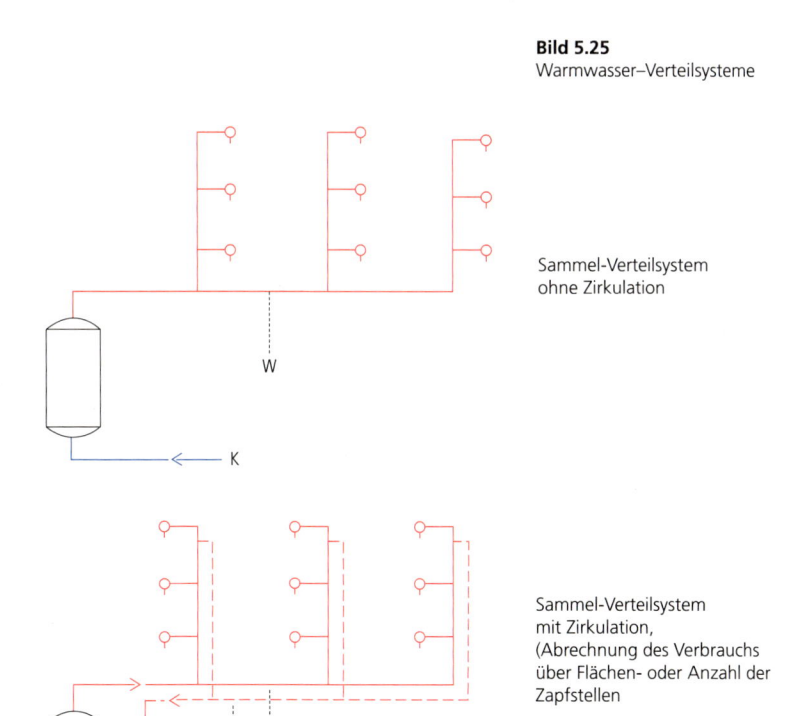

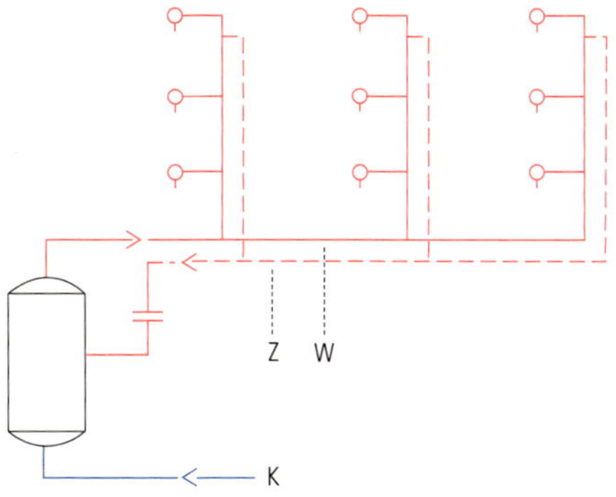

Sammel-Verteilsystem
ohne Zirkulation

Sammel-Verteilsystem
mit Zirkulation,
(Abrechnung des Verbrauchs
über Flächen- oder Anzahl der
Zapfstellen

5.2.4 Brauchwarmwasser-Verteilung

Da Brauchwarmwasser nicht ständig gezapft wird, entstehen sehr hohe Stillstandsverluste, die in den Verteilsystemen eine Größenordnung von 10 bis 30 % der eingesetzten Energie ausmachen können. Um diese immensen Verluste zu vermeiden, ist es wesentlich, auf folgende Kriterien zu achten:

– möglichst kurzes Verteilsystem
– konzentrierte Anordnung der Warmwasser-Entnahmestellen
– möglichst angepaßte Warmwassertemperaturen (maximal 60 °C)
– wirtschaftliche Isolierung der Warmwasserleitungen
– gegebenenfalls Unterbrechung der Zirkulation bei großen Pausen der Warmwasserentnahme (z.B. mehr als 4 Stunden).

Bild 5.25 zeigt verschiedene Arten von Warmwasser-Verteilsystemen bei unterschiedlichen Nutzungen. Brauchwarmwasser-Verteilsysteme ohne Zirkulation bieten sich dann an, wenn geringe Leitungslängen bestehen und wenn beim Zapfen von Brauchwarmwasser nicht sofort das nötige Warmwasser anstehen muß (z.B. Waschtisch 8 bis 12 s, Spültisch 5 bis 10 s, Dusche 15 bis 20 s, Badewanne 15 bis 20 s). Ein Brauchwarmwasser-Verteilsystem mit Zirkulation bietet sich dann an, wenn Warmwasser-Leitungslängen mit mehr als 30 m Leitungslänge bis zu den Zapfstellen bestehen und das Brauchwarmwasser zu jeder Zeit möglichst umgehend verfügbar sein soll. Die Zirkulationsleitung hat demgemäß die Aufgabe, ständig Brauchwarmwasser bis an die Zapfstelle heranzuführen und diese wieder erneut zur Wärmeerzeugungsanlage zurückzuführen, wenn das Brauchwarmwasser nicht abgenommen wird.

Bei Zirkulationssystemen darf (große Längenausdehnung der Rohrleitungssysteme) eine maximale Temperaturabnahme um 5 K (zwischen Vorlauf und Rücklauf) entstehen. Dies kann durch einen entsprechend schnellen Umlauf und die richtige Wahl der Isolierung erreicht werden.

Zirkulationsleitungen bei Pumpenzirkulation sollen nicht unter 15 mm (1/2") lichter Weite ausgeführt werden, wobei die Leitungen so zu verlegen sind, daß „Luftsäcke" vermieden werden. Da, wo sie nicht zu umgehen sind, müssen die Leitungen entweder über Zapfstellen entsprechend entlüftet werden oder aber an den höchsten Punkten der Zirkulationsleitung Entlüftungsventile eingesetzt werden.

5.2.5 Brauchwarmwasser-Abgabe

Die Abgabe von Brauchwarmwasser erfolgt über übliche Armaturen in Form von Einzelauslaufventilen oder Mischbatterien. Werden Mischbatterien eingesetzt, so bieten sich an:

– einfache Zweigriff-Misch-Batterie mit Ventilen (kalt/warm) und einem gemeinsamen Auslauf;
– mechanische Mischer mit Einhebel- oder Drehgriff;
– thermische Mischer mit thermostatisch gesteuerter, konstanter Mischtemperatur und offenem oder geschlossenem Ablauf.

5.2.6 Dimensionierung

Die Dimensionierung der Warmwasserleitungen erfolgt in gleicher Form wie bei den Kaltwasserleitungen, da annähernd gleiche Rohrmaterialien bei gleichen Fließgeschwindigkeiten und gleichen Wasserabgabewerten (l/s) bestehen.

5.2.7 Isolierung von Brauchwarmwasser-Anlagen

Die Isolierung von Warmwasserleitungen für Brauchwarmwasser sowie Zirkulationsleitungen unterliegen den gleichen Bedingungen wie bereits zu Heizungsanlagen erklärt. Insofern können die wirtschaftlichen Isolierdecken den entsprechenden Diagrammen und Angaben entnommen werden. Darüber hinaus sollen die Warmwasserspeicher in etwa folgende Isolierstärken enthalten:

Kleinbehältern bis 100 l =
Isolierdicke ca. 60 mm, 80 mm

Behälter 250 l, 1000 l =
Isolierdicke ca. 60 mm, 100 mm

Behälter 1000 l, 3000 l =
Isolierdicke ca. 100 mm, 150 mm

Behälter über 3000 l =
Isolierdicke mind. 150 mm

Örtliche Energiegesetze können sowohl für Leitungen als auch für Speicher erhöhte Isolierdicken als Minimum vorschreiben und sind demzufolge zu beachten.

Um sowohl Energiekosten als auch Investitionen zu sparen, sollen Zirkulationsleitungen mit Brauchwarmwasser-Leitungen (Rohr-an-Rohrsystem/RAR-System) zusammen verlegt werden, wie es **Bild 5.26** zeigt. Bei gut ausgeführten Rohr-an-Rohrsystemen ist eine Zirkulationspumpe, thermostatisch geregelt, lediglich über sehr geringe Zeiten in Betrieb und die Zirkulationsleitung kann kleiner dimensioniert werden als bei Einzelverlegung.

Anstatt des Zirkulationssystems kann auch ein temperaturabhängiges, selbstregelndes, elektrisches Heizband auf der Warmwasser-Verteilleitung verlegt werden, das fortwährend die Wärmeverluste der Verteilleitungen ausgleicht. Welche Systemlösung zu bevorzugen ist, ist von Fall zu Fall zu prüfen, da hier keine eindeutige Präferenz gegeben ist.

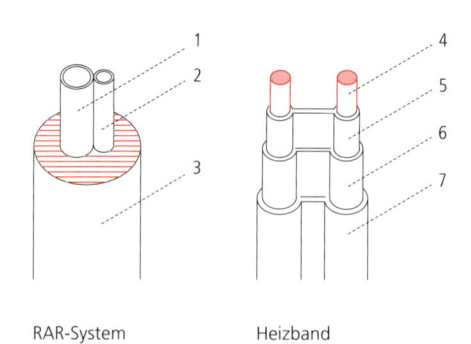

Bild 5.26
Begleitheizung für Rohrleitungen in Brauchwarmwasser-Systemen

RAR-System — Heizband

1 Warmwasserverteilung
2 Zirkulations-Rückleitung
3 Isolierung
4 stromführende Litze
5 selbstregelndes und halbleitendes Kunststoffband
6 elektrische Isolierung
7 Schutzhülle

5.3 Gasversorgung

Die Heizung mit Gas hat in den letzten Jahren mit steigendem Erdgasangebot erheblich an Bedeutung gewonnen. Gasheizgeräte finden Anwendung zur Beheizung von Wohnräumen, Büros, Läden, Schulen usw. Insbesondere nutzt man die Vorzüge der Gasraumheizung auch bei der Altbausanierung.

Die besonderen Vorteile der Gasheizung:
– bequeme Bedienung
– kurze Anheizzeit
– sauberer Betrieb
– ständige Betriebsbereitschaft
– keine Bevorratung
– leichte Ermittlung der Heizkosten
– geringe Luftverunreinigung.

Der Einsatz von Gas kann durch verschiedenste gebräuchliche Apparate wie Kühlschränke, Boiler, Waschautomaten, Herde und Durchlauferhitzer erfolgen.

Bild 5.27 zeigt anhand eines Beispiels verschiedene Gasverbraucher in einem Gebäude mit einigen Begriffserklärungen. Beim Umgang mit Gas ist jedoch mit äußerster Vorsicht vorzugehen, da es bei unsachgemäßer Anwendung von Gas oder unsachgemäßem Eingriff in gastechnische Anlagen immer wieder zu schweren Unfällen kommt. So muß eine Gasinstallation absolut gasdicht, widerstandsfähig und dauerhaft sein. Geräte und Apparate, die mit Gas betrieben werden, müssen so aufgestellt werden, daß keine Brand- und Explosionsgefahr besteht und jederzeit die vollständige Verbrennung des Gases gesichert ist. Die erforderliche Verbrennungsluftmenge muß ungehindert zutreten und das Verbrennungsgas gesichert abziehen können.

Für die ganzen Installationen dürfen nur Materialien verwendet werden, die geprüft und zugelassen sind. Hierzu gelten die einschlägigen Normen. Bei Neuinstallationen sollte darauf geachtet werden, daß die spätere Verwendung anderer Gasarten möglich ist. Jede Neuinstallation, Erweiterung oder Änderung der bestehenden gasversorgten Anlagen ist dem zuständigen Gaswerk mitzuteilen.

Gasleitungen werden im Erdboden aus schwarzem oder verzinktem, nahtlosem oder geschweißtem Rohr aus Stahl oder aus duktilem Gußeisenrohr verlegt. Kunststoffrohre sollten nur im Einverständnis mit dem Gaswerk und der zuständigen Feuerwehr verwendet werden, wobei ein spezieller Nachweis über die Beständigkeit gegenüber den in Frage kommenden Gasen, deren Konditionierungsmitteln und anderen Zusätzen zu erfolgen hat. Die Verlegung von Gas-

1–2 Hauszuleitung
2–3 Innenleitung vor dem Zähler (Steigleitung)
4–5 Innenleitung nach dem Zähler (Ausgangsleitung)
6 Apparate-Anschlußleitung
7 Abzweigleitung
8 Abgasrohr
9 Abgaskamin
10 Gasapparate

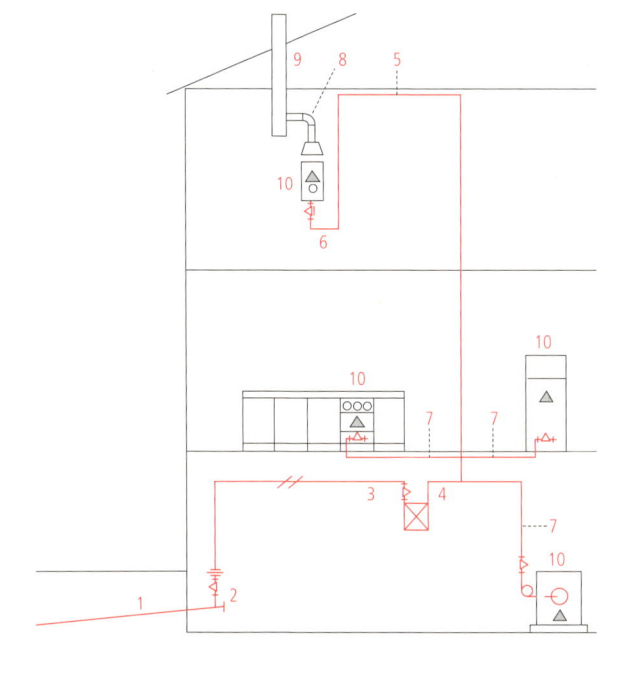

Bild 5.27
Prinzip einer Gasversorgung im Wohnhaus

rohren in Gebäuden erfolgt durch schwarze, nahtlose oder geschweißte Rohre aus Stahl (feuerverzinkt) oder aber aus nahtlosem oder geschweißtem Rohr aus Kupfer, Messing oder Aluminium. Die Verwendung von Blei- und Kunststoffrohren ist in Gebäuden grundsätzlich verboten. Anschlußschläuche an Gasgeräte dürfen nur in der zugelassenen Form verwendet werden. Rohrverbindungen dürfen Gasleitungen nicht unzulässig schwächen. Zur Ausführung kommen daher Schraub-, Klemm-, Schweiß-, Löt- und Flanschverbindungen sowie Schraubmuffenverbindungen (Stemm-Muffenverbindungen und Klebeverbindungen nur im Erdreich). Sämtliche Leitungen sind durch geeignete Maßnahmen gegen Korrosion zu schützen, erdbodenverlegte Leitungen müssen vollständig in eine Packung von Sand eingebettet und gegen Beschädigungen gesichert werden. Besteht bei Leitungen, die in Gebäuden verlegt sind, die Gefahr von Korrosion, so sind zum Schutz der Leitungen besondere Maßnahmen zu treffen (Schutzüberzüge, Feuerverzinkung, Anstriche, Isolation) oder aber die Leitungen müssen aus korrosionsfesten Materialien (Kupfer, Messing, Aluminium, rostfreier Stahl) bestehen. Werden Leitungen im Beton- oder Zementmauerwerk verlegt, so muß darauf geachtet werden, daß Zusätze zum Zement keine Korrosion auslösen können.

Die Dimensionierung der Leitungen erfolgt entweder durch Tabellen oder durch Berechnungen. Dabei kann im Normalfall, bezogen auf das Beispiel gemäß **Bild 5.27**, von folgenden Druckverlusten (Abnahme des Drucks bei strömendem Gas infolge Rohrwandreibung, Richtungs- und Querschnittsveränderungen) ausgegangen werden:

– Zuleitung A-B	5 mbar
– Innenleitung vor dem Zähler B-C	5 mbar
– Gaszähler C-D	5 mbar
– Innenleitungen nach dem Zähler D-E	5 mbar
– Druckverlust insgesamt:	20 mbar

Der Fließdruck vor Gasgeräten (Druck des strömenden Gases) soll betragen:

– bei Stadt- und Ferngas	60 mbar
– Erdgas	180 mbar
– Propan-Luft-Gemisch	60 mbar

Die vereinfachte Dimensionierung der Gasleitungen kann nach den **Tabellen 5.7/5.8** je nach Einsatz einer bestimmten Gasart, dem Anschlußwert (Belastungseinheit) und der Rohrmaterialart erfolgen.

Apparate	Stadtgas	Erdgas	Propan-Luft $H_{o,n} = 56{,}5$ MJ/m³	Propan-Luft $H_{o,n} = 27{,}2$ MJ/m³
	Anschlußwert m³/h bzw. Belastungseinheiten	Anschlußwert m³/h bzw. Belastungseinheiten	Anschlußwert m³/h bzw. Belastungseinheiten	Anschlußwert m³/h bzw. Belastungseinheiten
Kühlschränke *	0,04	0,02	0,03	
Boiler und andere Apparate	0,5	0,25	0,3	
Kleinwaschmaschine	1	0,5	0,6	
Haushalt-Waschautomat	2	1	1,2	
Haushalt-Wäschetrockner	2	1	1,2	
Haushaltherd	2,5	1,25	1,5	
Durchlauferhitzer:				
0,5 MJ/min; 8,7 kW	2,5	1,25	1,5	
1,4 MJ/min; 22,6 kW	7	3,5	4,3	
1,5 MJ/min; 24,4 kW	7,5	3,75	4,6	
1,7 MJ/min; 27,9 kW	8,5	4,25	5,2	

weitere Apparate entsprechend ihrem Anschlußwert

* Wenn gleichzeitig im selben Raum ein weiterer Gasapparat aufgestellt ist, muß der Kühlschrank bei der Dimensionierung nicht berücksichtigt werden

Tabelle 5.7
Anschlußwerte der gebräuchlichsten Apparate

Stadt- und Ferngas

Belastungsfall					1	2	3	4	5	6	7
Max. abgewickelte Leitungslänge in m					5	10	15	20	30	40	50
Stahlrohre		Kupferrohre		Maximal zulässige Belastungseinheiten							
Mittelschwere Gewinderohre VSM 11520	Dünnwandige Stahlrohre	VSM Bezeichnung mm	Lichte Weite mm								
Nennweite Zoll	Lichte Weite mm	Lichte Weite mm									
		7 x 1	5	0,2						
		8 x 1	6	0,25						
		10 x 1	8	0,4	0,1	0,1				
³/₈ "	12	12	*12 x 1	10	1	0,5	0,5	0,3	0,3	0,2	0,2
¹/₂ "	16	16	*14 x 1	12	2,5	2	1,5	1	0,8	0,6	0,5
³/₄ "	21	21	*17 x 1	15	6	5	4	3,5	2,5	2	1,5
1 "	27	27			15	12	10	9	7	6	5
1 ¹/₄ "	36	36			30	25	20	18	15	12	11
1 ¹/₂ "	42	42			60	50	40	36	30	26	24
2 "	53	53			120	100	80	75	60	52	48
2 ¹/₂ "	69	69			260	220	180	170	140	120	110
3 "	81	81			440	360	300	280	240	220	200
4 "	105	105			1000	850	680	650	500	460	420

* Für Apparateanschlüsse

Tabelle 5.8.1
Bemessungstabelle für Rohrleitungen bei Hausinstallationen, Stadt- und Ferngas

(Für Leitungen vor dem Zähler oder Leitungen nach dem Zähler) Fittings und andere Einzelwiderstände sowie wahrscheinliche Höchstlast sind berücksichtigt

Erdgas · Propan-Luft Ho, n = 56,5 MJ/m³

Tab. 5.8.2
Bemessungstabelle für Rohrleitungen bei Hausinstallationen, Erdgas, Propan-Luft

(Für Leitungen vor dem Zähler oder Leitungen nach dem Zähler) Fittings und andere Einzelwiderstände sowie wahrscheinliche Höchstlast sind berücksichtigt

Belastungsfall					1	2	3	4	5	6	7
Max. abgewickelte Leitungslänge in m					5	10	15	20	30	40	50
Stahlrohre			Kupferrohre		Maximal zulässige Belastungseinheiten						
Mittelschwere Gewinderohre VSM 11520		Dünnwandige Stahlrohre	VSM Bezeichnung mm	Lichte Weite mm							
Nennweite Zoll	Lichte Weite mm	Lichte Weite mm									
			7 x 1	5	0,15						
			8 x 1	6	0,2						
			10 x 1	8	0,35	0,08	0,08				
³/₈ "	12	12	*12 x 1	10	1,0	0,5	0,4	0,3	0,2		
¹/₂ "	16	16	*14 x 1	12	2,3	1,5	1,0	0,8	0,5	0,4	0,4
³/₄ "	21	21	*17 x 1	15	6,0	4,5	3,5	3,0	2,2	1,8	1,5
1 "	27	27			14	10	8,0	7,0	6,0	4,5	3,5
1 ¹/₄ "	36	36			38	28	22	20	18	15	14
1 ¹/₂ "	42	42			58	45	35	30	28	24	22
2 "	53	53			110	90	70	65	60	50	45
2 ¹/₂ "	69	69			250	200	160	150	130	120	100
3 "	81	81			400	340	260	250	200	180	160
4 "	105	105			850	750	600	550	450	380	360

* Für Apparateanschlüsse

Propan-Luft Ho, n = 27,2 MJ/m³

Tab. 5.8.3
Bemessungstabelle für Rohrleitungen bei Hausinstallationen, Propan-Luft

(Für Leitungen vor dem Zähler oder Leitungen nach dem Zähler) Fittings und andere Einzelwiderstände sowie wahrscheinliche Höchstlast sind berücksichtigt

Belastungsfall					1	2	3	4	5	6	7
Max. abgewickelte Leitungslänge in m					5	10	15	20	30	40	50
Stahlrohre			Kupferrohre		Maximal zulässige Belastungseinheiten						
Mittelschwere Gewinderohre VSM 11520		Dünnwandige Stahlrohre	VSM Bezeichnung mm	Lichte Weite mm							
Nennweite Zoll	Lichte Weite mm	Lichte Weite mm									
			7 x 1	5	0,12						
			8 x 1	6	0,16						
			10 x 1	8	0,26	0,06	0,06				
³/₈ "	12	12	*12 x 1	10	0,65	0,32	0,32	0,2	0,2	0,13	0,13
¹/₂ "	16	16	*14 x 1	12	1,6	1,3	1,0	0,65	0,5	0,38	0,32
³/₄ "	21	21	*17 x 1	15	3,8	3,2	2,6	2,3	1,6	1,3	1,0
1 "	27	27			10	8,0	6,5	5,8	4,5	3,8	3,2
1 ¹/₄ "	36	36			20	16	13	11,6	10	8,0	7,0
1 ¹/₂ "	42	42			40	32	26	23	20	17	15,5
2 "	53	53			80	65	52	49	40	34	31
2 ¹/₂ "	69	69			170	140	116	110	90	80	70
3 "	81	81			280	230	200	180	155	140	130
4 "	105	105			650	550	440	420	320	300	270

* Für Apparateanschlüsse

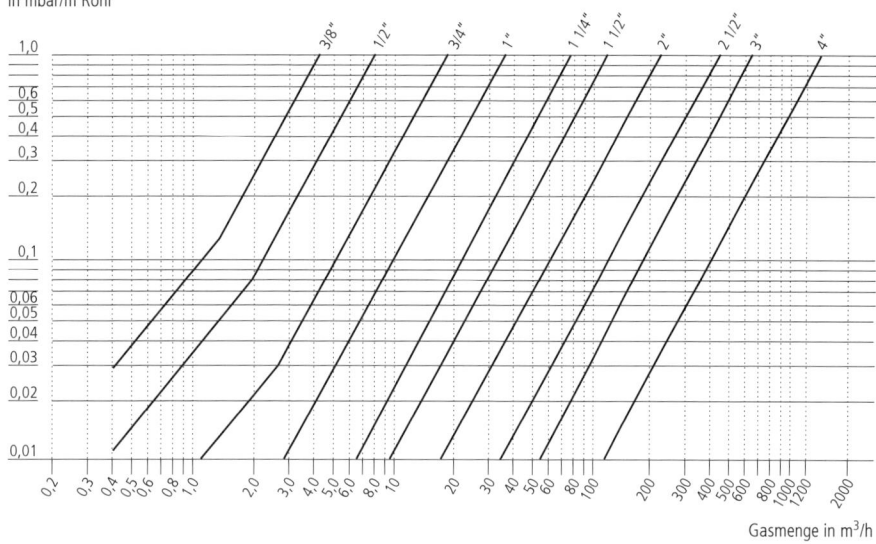

Zur genaueren Dimensionierung dienen die **Bilder 5.28 – 5.30**. **Bild 5.31** zeigt ein vereinfachtes Ausführungsbeispiel einer Gasinstallation auf Basis Erdgas mit der dazugehörigen vereinfachten Dimensionierung der Rohrleitungen.

Bild 5.28
Druckverlust, Stadtgas-Ferngas

Dichte: 0,5 (Luft=1)

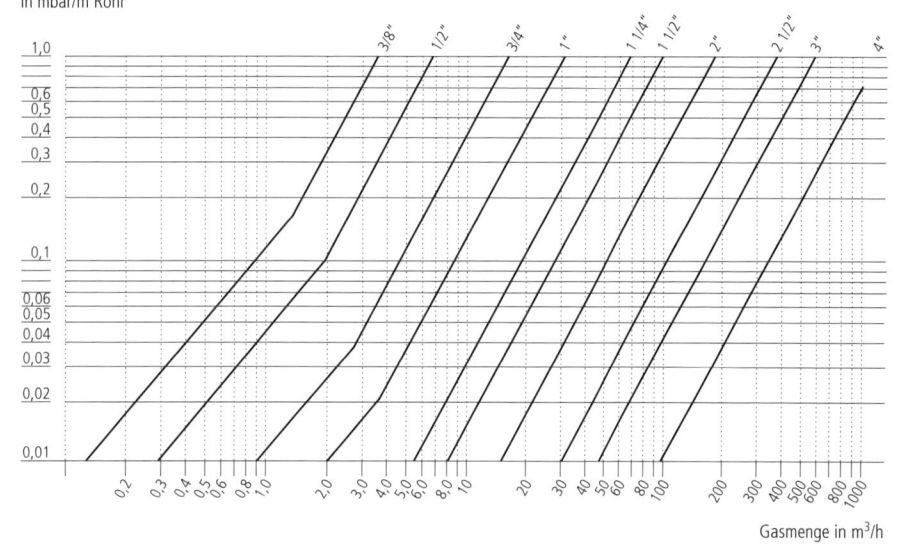

Bild 5.29
Druckverlust, Erdgas, Propan-Luft

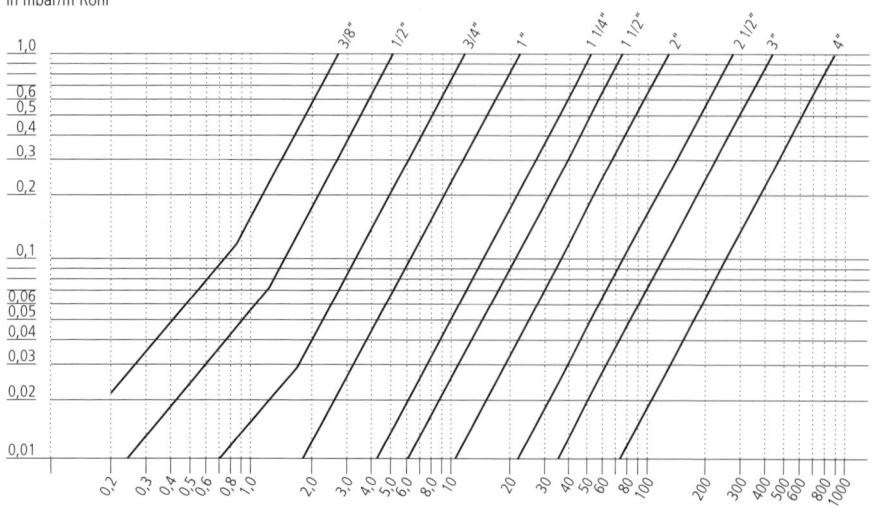

$H_{o,n}$ = 56,53 MJ/m^3 = 15,7 kWh/m^3

Bild 5.30
Druckverlust, Propan-Luft

$H_{o,n}$ = 27,21 MJ/m^3 = 7,56 kWh/m^3
Dichte: 1,14 (Luft = 1)

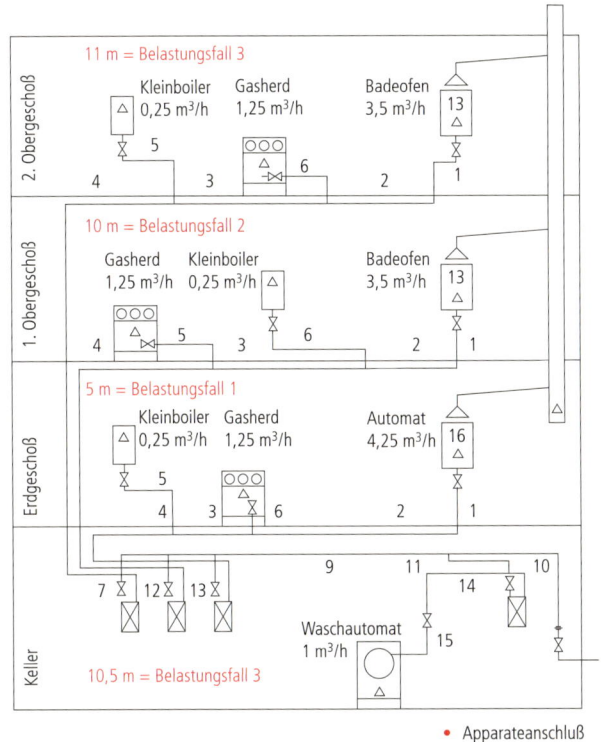

5.3.1 Hauszuleitungen

Die Hauszuleitung, das Leitungsstück von der Hauptleitung bis zum ersten Absperrorgan im Gebäude, soll so angelegt werden, daß sie gegen die Hauptleitung hin Gefälle aufweist und dorthin entwässert werden kann. Ist dies nicht möglich, so muß nach dem Hauptabsperrorgan ein Kondensatsammler frostsicher angeordnet werden (**Bild 5.32.1**).

Das Hauptabsperrorgan der Gasleitung ist unmittelbar nach Eintritt ins Gebäude in einem jederzeit zugänglichen Raum zu installieren, wobei die Zuleitung nicht unter 1 1/4" ausgeführt werden soll. Hauszuleitungen müssen grundsätzlich durch den Gasversorger oder autorisierte Firmen installiert werden. Nach dem Hauptabsperrorgan folgt der Gaszähler (Leitung nicht unter 3/4").

Die Leitungen innerhalb des Gebäudes (Innenleitungen) dienen der Verbindung vom Gaszähler zu den Verbrauchsstellen. Diese Leitungen sollen aus Stahl nicht unter 1/2" dimensioniert sein.

Druckreglerstationen innerhalb der Gasversorgung im Gebäude werden durch Gaswerke nur dann installiert, wenn große Druckunterschiede im Leitungsnetz zu erwarten sind. Druckreglerstationen erhalten zusätzliche Sicherheitseinrichtungen, die bei Versagen des Druckreglers die nachgeschalteten Gasversorgungsgeräte vor zu hohem Druck schützen.

Der oder die Gaszähler müssen in einem trockenen, frostsicheren Raum zur Aufstellung kommen und sind vor direkter Wärmestrahlung, korrodierenden Einflüssen sowie mechanischen Beschädigungen zu sichern. Weiterhin sind die entsprechenden Räume gut zu durchlüften. Somit schließt sich der Aufbau des Gaszählers in einem Heizraum aus. **Bild 5.32.2** zeigt beispielhaft den Einbau von Zählern mit den notwendigen Absperrorganen.

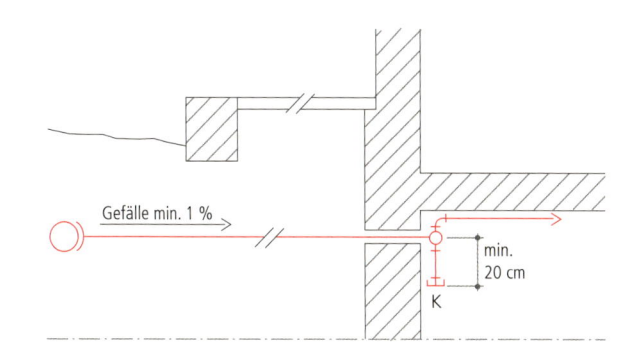

Bild 5.31
Ausführungsbeispiel Gasinstallationen mit Erdgas, vereinfachte Dimensionierung

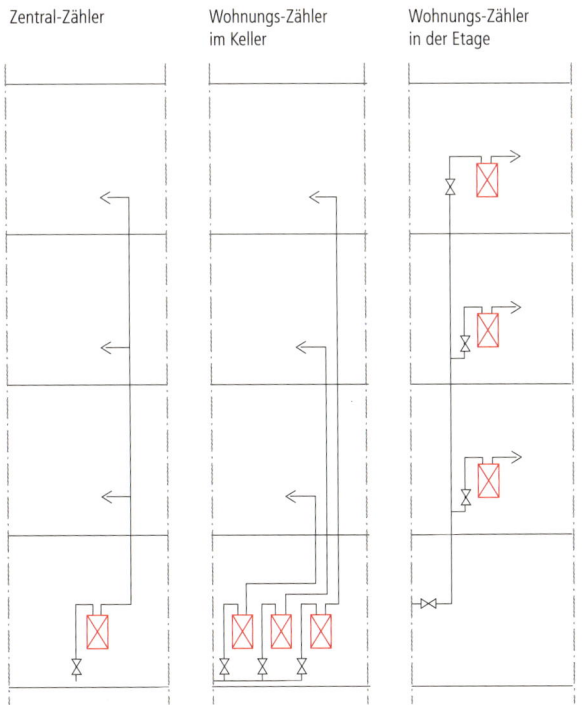

Bild 5.32.2
Zählerstandorte, Anordnungsbeispiele

Installation:
Vor jedem Gaszähler ist ein Absperrorgan einzubauen.

Bild 5.32.1
Gas-Hauszuleitungen mit Kondensatsammler

5.3.2 Gasgeräte/Aufstellung

Bei der Aufstellung von Gasgeräten ist zu beachten, daß die notwendige Verbrennungsluft ungehindert in den Raum und zum Gerät strömen kann. Der ungehinderte Abzug von Abgasen ist zu gewährleisten. Brennbare Materialien dürfen nicht in unmittelbarer Nähe gasgefeuerter Geräte eingesetzt werden. Gasgeräte für Propan-Luft-Gemische sollen nicht in Unterflurräumen aufgestellt werden, es sei denn, daß sie zusätzliche Sicherungen gegen das Ausströmen unverbrannten Gases erhalten und die entsprechenden Räume ausreichend durchlüftet sind.

Da zur Verbrennung von $1\,m^3$ Gas etwa
- $5\,m^3$ Luft bei Einsatz von Stadtgas
- $11\,m^3$ Luft bei Einsatz von Erdgas
- $8\,m^3$ Luft bei Einsatz von Propan-Luft-Gemischen

erforderlich sind, ergibt sich u. U. bereits eine ausreichende Durchlüftung des Raumes, wenn die Lüftungsöffnungen ins Freie oder in einen ausreichend belüfteten Nebenraum führen.

Bild 5.33 zeigt die Anordnung von Frischluftöffnungen in einem Bad mit einem gasbetriebenen Warmwasserboiler.

Neben den zuvor aufgeführten Gasverbrauchsgeräten werden im Außenraum und in großen Fabrikhallen Gas-Heizstrahler eingesetzt, die die Wärme im wesentlichen durch Strahlung abgeben. Zur Beheizung zusätzlich dienen können Konvektionsheizgeräte und gasbefeuerte Lufterhitzer (z. B. im Messehallenbau), deren Wärmeenergie durch Luftströmungen an den Raum übertragen werden (mechanische Lüftung).

Bild 5.33
Anordnung der Frischluftöffnungen

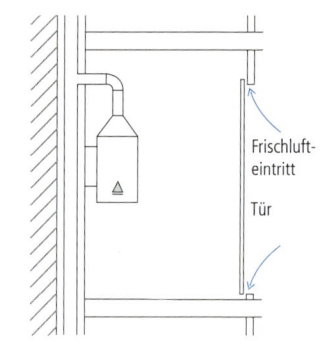

5.4 Gebäudeentwässerung

Die Gebäudeentwässerung erfolgt grundsätzlich nach vorgeschriebenen Regeln. Die Regeln gelten für Entwässerungsanlagen in Gebäuden sowie für Abwasserleitungen in Grundstücken bis zum Straßenkanal. Im Entwässerungssystem werden sämtliche Schmutzabwässer von Sanitärapparaten sowie Regenabwässer von Dächern etc. dem öffentlichen Kanal zugeführt, wobei die Selbstreinigung des Systems bei normaler Benutzung und richtiger Installation gewährleistet ist. Das Entwässerungssystem soll Sicherheit bieten gegen:

- Austritt von Kanalgasen
- Undichtheit von Wasser- und Gasleitungen
- Leersaugen von Geruchsverschlüssen
- Durchstoßen von Geruchsverschlüssen durch Überdruck in Leitungen
- Verstopfungen der Leitungen, insbesondere gegen den Rückstau des öffentlichen Kanalnetzes
- Benützung des Abwassersystems unter Normalbedingungen bei mechanischen und chemischen Belastungen.

Eine unmittelbare Verbindung zwischen Trinkwasser- und Abwasserleitungen ist grundsätzlich verboten. Für säurehaltige, alkalische oder giftige Stoffe oder Flüssigkeiten sowie Stoffe, die schädliche oder belästigende Ausdünstungen verbreiten, oder solche, die in Entwässerungseinrichtungen eingreifen, sind entsprechende, separate Installationen mit Behandlungsanlagen einzurichten, um derartige Abwässer zu neutralisieren (biologische, mechanische Anlagen in Industriebetrieben, usw.).

Regen- und Schmutzabwässer müssen grundsätzlich getrennt aus den Gebäuden abgeleitet werden und dürfen nur dann außerhalb des Gebäudes zusammengeführt werden, wenn im zu planenden Gebiet ein Mischsystem besteht (Mischung von Regen- und Schmutzwasser).

Eine Notwendigkeit der Vorbehandlung von Abwässern besteht nur dann, wenn die in der nachfolgenden **Tabelle 5.9** anfallenden Stoffe abgeführt werden müssen.

5.4.1 Begriffe und Definitionen

Abwasser

Reinabwasser
Wie Regenabwasser/Kühlabwasser/Hang- oder Grundwasser/gereinigte Abwässer/Sickerabwasser

Sickerabwasser
Regenabwasser, das in Sickerabwasser fließt

Schmutzabwasser
Häusliches Schmutzabwasser/stark belastete Regenabwässer/vorbehandelte Industrieabwässer

Industrieabwasser
Abwässer, die speziell behandelt sind, bevor sie dem Schmutzwassersystem zugeleitet werden

Schmutzabwasserwert (SW/AW)
Schmutzabwasserwert entspricht einem Schmutzabwasservolumenstrom von 1 Liter pro Sekunde

Hydraulische Belastbarkeit
Zulässiger Volumenstrom für ein Entwässerungssystem

Sanitärapparate
Wanne/Dusche/Waschtisch/Bidet/Klosett/Urinal/Ausguß/Waschrinne/Spültisch/Geschirrspülmaschine/Waschmaschine/Waschtrog usw.

Tab. 5.9
Vorbehandlung von Regen- und Schmutzwasser

Stoffe	Gegenmaßnahmen
Schwimmstoffe und/oder schwere Sinkstoffe in größeren Mengen	Sammler, Sandfänge, Filter- oder Siebanlagen, Rechen
Öle und Fette (eventuell in emulgierter Form) in größeren Mengen	Öl- und Fettabscheider (bei Bedarf mit weitergehender Reinigungswirkung)
Gifte	Entgiftung
Säuren und Alkalien Kondensat aus Heizungsanlagen	Neutralisierung
Krankheitserreger in gefährlichen Mengen	Desinfektion
Radioaktivität	Entaktivierung

Entwässerungsgegenstände

Spezielle Sanitärapparate
Gewerbliche Küchen- und Waschküchenapparate/Labor-Hydrotherapieapparate usw.

Bodenwassereinlauf (BE)
Einrichtung mit/ohne Geruchsverschluß zur Aufnahme und Ableitung von Bodenwasser

Regenwassereinlauf
Einrichtung mit/ohne Geruchsverschluß zur Aufnahme und Ableitung von Regenwasser

Überlauf
Vorrichtung gegen Überfließen

Geruchsverschluß
Vorrichtung gegen das Austreten entstehender Gase aus Abwasserleitungen/Kanälen/Einzelreinigungsanlagen

Schlammsammler
Behälter mit Geruchsverschluß zur Aufnahme anfallender Abwässer und Abscheidung von Sand, Kies, Schlemmstoffen usw.

Sandfang
Behälter ohne Geruchsverschluß zur Aufnahme anfallender Abwässer und Abscheidung von Schwerstoffen wie Sand, Kies usw.

Abscheider
Einrichtung mit Geruchsverschluß zur Abscheidung von Mineralöl, Benzin, Fett, Stärke aus Abwasser

Abwasserförderanlage
Einrichtungen wie Pumpen, Vakuum-Tankanlage usw.

Rückstausicherung
Einrichtung, die ein Rückfließen von Abwasser aus der Kanalisation in das Gebäude verhindert

Entwässerungssystem

Gebäudeentwässerung
Sämtliche Entwässerungssysteme innerhalb eines Gebäudes

Grundstücksentwässerung
Komplettes Entwässerungssystem innerhalb eines Grundstücks

Grundstücks-Anschlußleitung
Leitung vor der letzten Putzöffnung auf dem Grundstück bis zur Kanalisation

Grundleitung
Leitung unter Kellerboden oder im Erdreich zur Aufnahme von Abwasser

Sammelleitung
Liegende, frei verlegte Leitung zur Abwasseraufnahme aus Fall-, Zweig- und Anschlußleitungen

Falleitung
Vertikale Leitung, die durch ein oder mehrere Geschosse führt und über Dach gelüftet wird und das Abwasser einer Grund- oder Sammelleitung zuführt

Zweigleitung
Gemeinsame Leitung mehrerer Anschlußleitungen zur Fall, Sammel- oder Grundleitung

Anschlußleitung
Verbindungsleitung vom Entwässerungsgegenstand zur Grund- oder Falleitung (DIN 4045)

Pumpendruckleitung
Leitung, die das Abwasser über eine Pumpe einer Sammel- oder Grundleitung zuführt

Fallstrecke
Senkrechte Teilstrecke einer Anschluß- oder Zweigleitung, Länge max. 0,2 m

Sturzstrecke
Teilstrecke einer Anschluß- oder Zweigleitung mit mehr als 10 % oder mehr als 5,8 ° Gefälle und mehr als 0,2 m Höhe

Achsverschiebung
mit einem Formstück oder mit 2 Bögen bis 45 ° ausgeführte Achsverschiebung im senkrechten Teil einer Anschluß-, Zweig- oder Falleitung

Schleifung
Liegende Verbindung zweier Falleitungsteile bis max. 8 m Länge

Lüftungsleitung
Leitung, die nur der Luftzirkulation dient

Falleitungslüftung
Fortsetzung jeder Falleitung ohne Querschnittsveränderung vom obersten Einlauf über Dach

Nebenlüftung
Lüftungsleitung parallel zur Falleitung

Sammellüftung
Sammelleitung von zwei oder mehreren Falleitungs-, Neben-, Zweig- oder Anschlußlüftungen

Zweiglüftung
Lüftung einer Zweigleitung

Anschlußlüftung
Lüftung einer Anschlußleitung

Druckleitungslüftung
Lüftung ab höchstem Punkt der Pumpendruckleitung

Entlüftung
Lüftung einer Grund- oder Sammelleitung über Dach oder in eine Falleitung

Schachtlüftung
Lüftung eines Schachtes über Dach oder in eine Falleitung

Die aufgeführten Begriffe sind z. T. aus **Bild 5.34** zu erkennen. Die **Bilder 5.35/5.36** zeigen das Muster einer Kanalisationseingabe (Entwässerungsgesuch) für ein fiktives Wohngebäude.

5.4 Gebäudeentwässerung

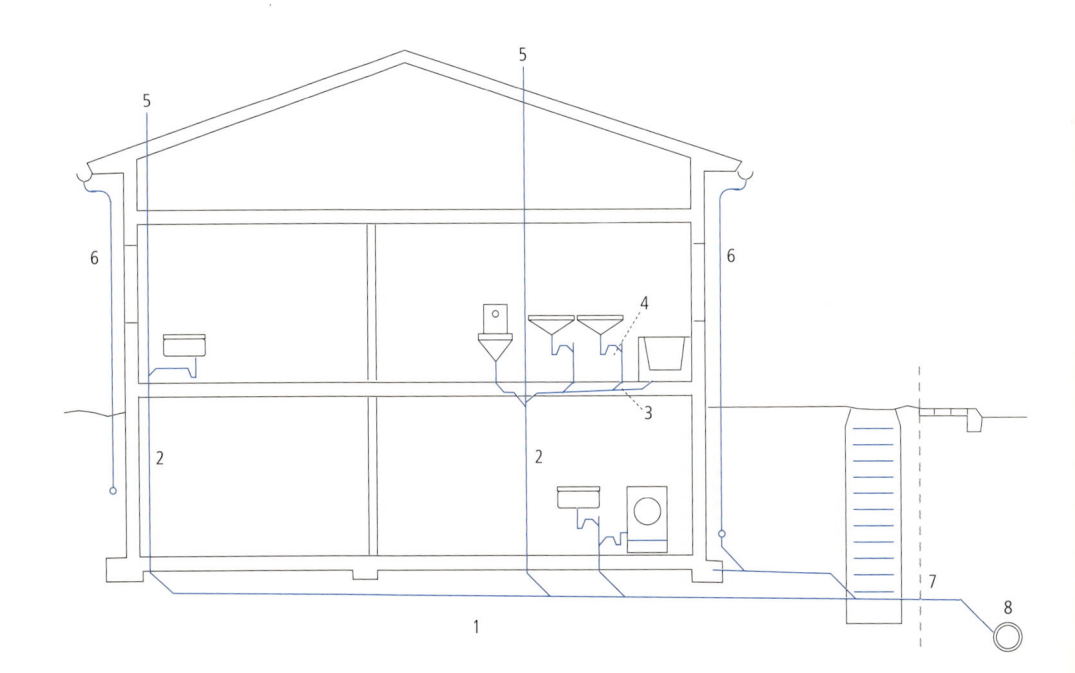

Bild 5.34
Einzelteile einer Entwässerungsanlage

1 Grundleitung
2 Fallstrang
3 Zweigleitung
4 Anschlußteilstrecke
5 Entlüftung
6 Regenwasser-Falleitung
7 Grundstück-Anschlußleitung
8 Öffentliche Kanalisation

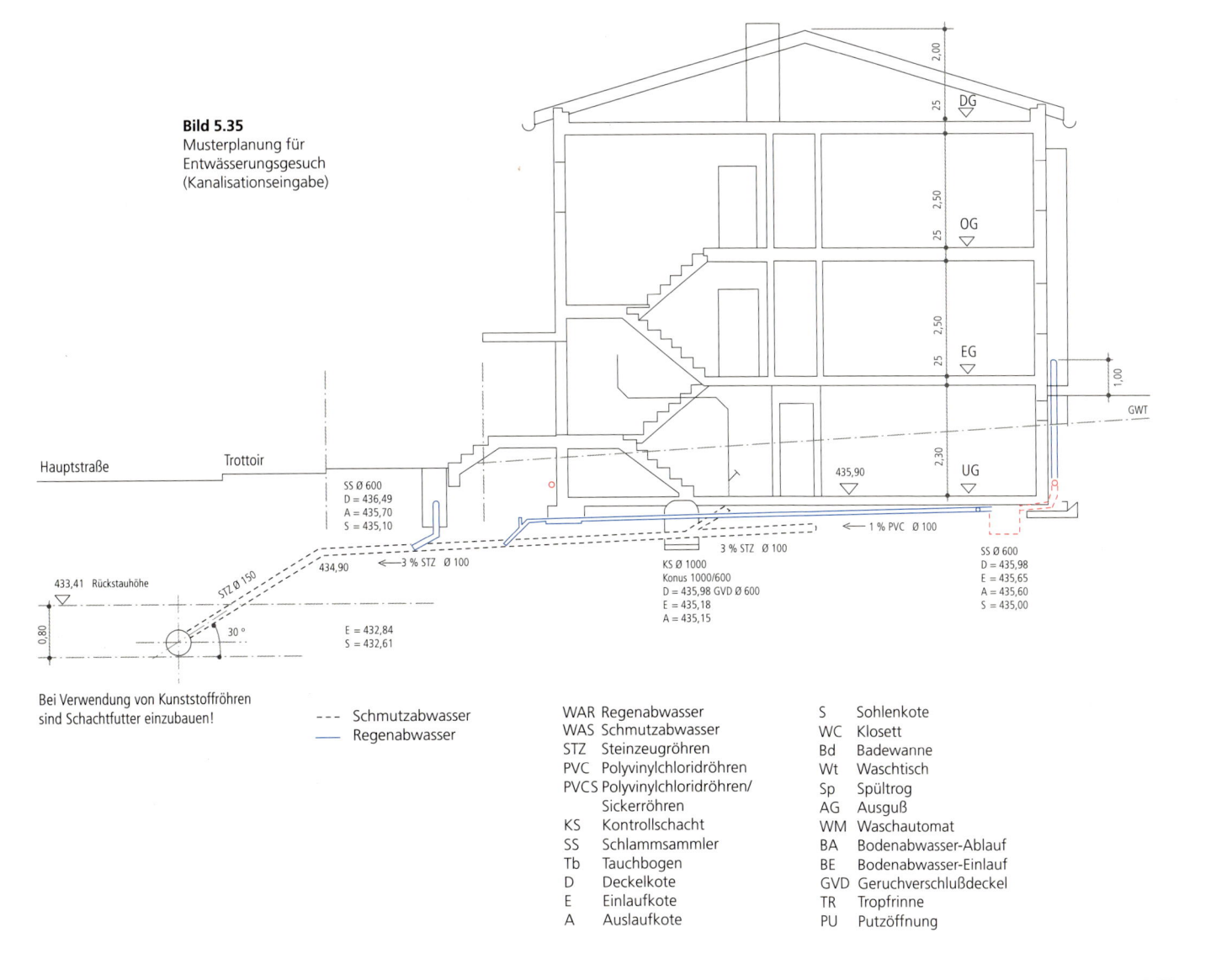

Bild 5.35
Musterplanung für Entwässerungsgesuch (Kanalisationseingabe)

Bei Verwendung von Kunststoffröhren sind Schachtfutter einzubauen!

--- Schmutzabwasser
— Regenabwasser

WAR	Regenabwasser	S	Sohlenkote
WAS	Schmutzabwasser	WC	Klosett
STZ	Steinzeugröhren	Bd	Badewanne
PVC	Polyvinylchloridröhren	Wt	Waschtisch
PVCS	Polyvinylchloridröhren/ Sickerröhren	Sp	Spültrog
		AG	Ausguß
KS	Kontrollschacht	WM	Waschautomat
SS	Schlammsammler	BA	Bodenabwasser-Ablauf
Tb	Tauchbogen	BE	Bodenabwasser-Einlauf
D	Deckelkote	GVD	Geruchverschlußdeckel
E	Einlaufkote	TR	Tropfrinne
A	Auslaufkote	PU	Putzöffnung

5. Sanitär- und Feuerlöscheinrichtungen

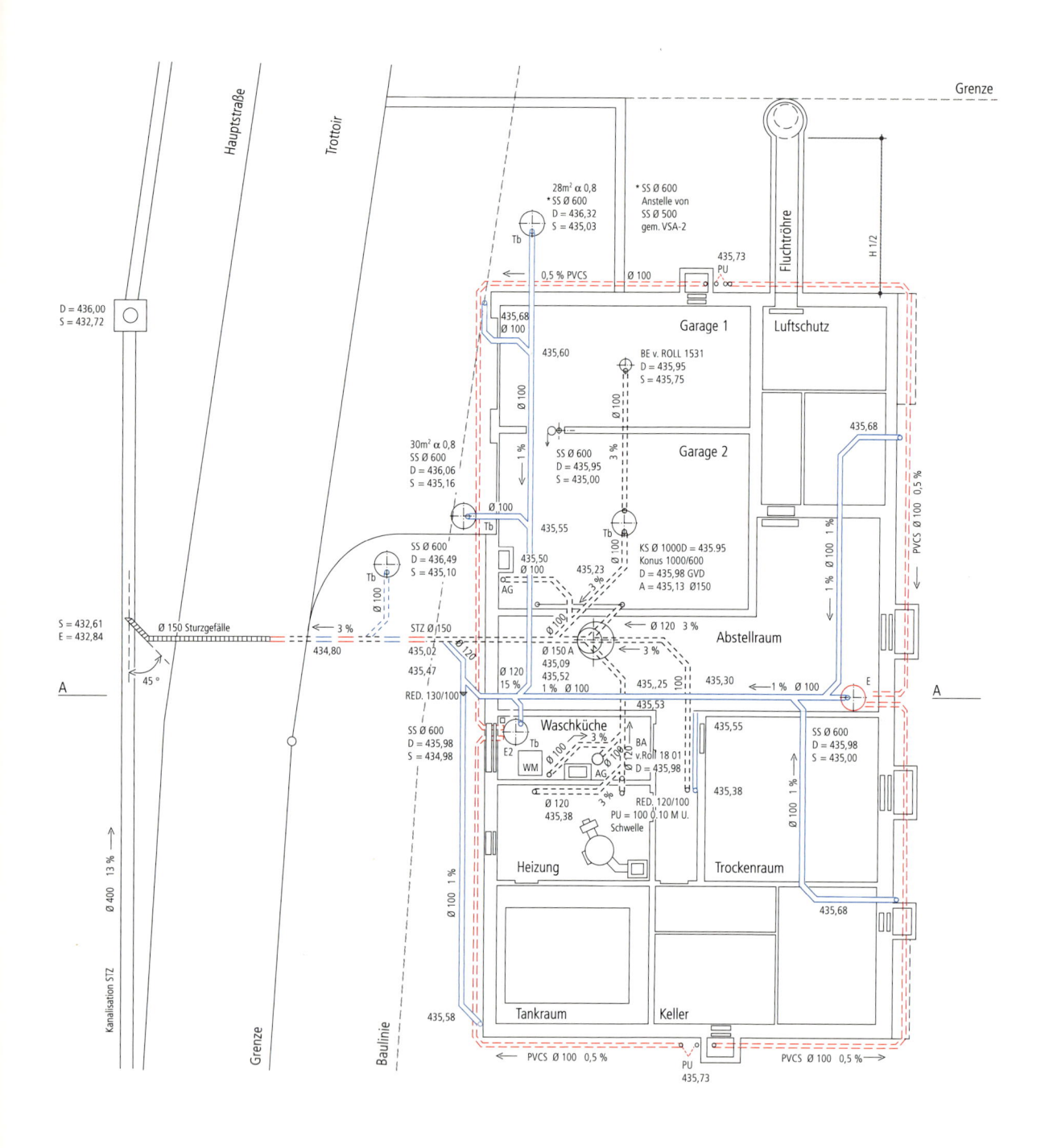

Bild 5.36
Musterplanung für
Entwässerungsgesuch
(Grundleitungen)

- - - Schmutzabwasser
——— Regenabwasser
——— Drainage

WAR	Regenabwasser
WAS	Schmutzabwasser
STZ	Steinzeugröhren
PVC	Polyvinylchloridröhren
PVCS	Polyvinylchloridröhren/ Sickerröhren
KS	Kontrollschacht
SS	Schlammsammler
Tb	Tauchbogen
D	Deckelkote
E	Einlaufkote
A	Auslaufkote
S	Sohlenkote
WC	Klosett
Bd	Badewanne
Wt	Waschtisch
Sp	Spültrog
AG	Ausguß
WM	Waschautomat
BA	Bodenabwasser-Ablauf
BE	Bodenabwasser-Einlauf
GVD	Geruchverschlußdeckel
TR	Tropfrinne
PU	Putzöffnung

5.4.2 Anlagenmerkmale

Die Entwässerungsanlage dient der Abfuhr von Schmutz- und Regenwässern. Sie muß dabei beständig gegen häusliche Abwässer und ausreichend dimensioniert sein, um die abzuleitenden Abwässer aufnehmen zu können. Dabei muß der Austritt von Abwässern und Gasen aus der Leitung genauso verhindert werden wie ein Rückstau aus der Hauptkanalisation in das Gebäude. Abwasserleitungen müssen gegen mechanische Einwirkungen aller Art, äußere Temperatureinflüsse und Korrosion geschützt werden. Grundsätzlich sind Entwässerungsanlagen zusammenzufassen und in Räume zu verlegen, wo kein erhöhter Schallschutz gefordert wird.

Lange, horizontale Anschlußleitungen (über 5 m) sollten vermieden werden, da sie funktionelle und bauliche Probleme nach sich ziehen. Horizontale Sammel- und Grundleitungen sind mit Gefälle zu verlegen, wobei das Gefälle zum selbständigen Abfluß der Abwässer mindestens 2 cm Gefälle je 1 m horizontale Rohrlänge betragen muß (1:50).

Chemisch belastete Abwässer sind einer separaten Vorbehandlung zuzuführen. Einer Vorbehandlung bedürfen Abwässer auch dann, wenn sie Schwimm- und schwere Sinkstoffe führen, Öle und Fette, starke Gifte, Säuren oder stark alkalisch reagierende Stoffe aufgenommen haben. Hierzu dienen die bereits angesprochenen Sandfänge, Filter, Siebanlagen, Öl-, Fett- und Stärkeabscheider usw. Bei Mitführung von Giften ist eine Entgiftung, bei Säuren eine Neutralisation einzusetzen. Abwässer, die strahlenbelastet sind, müssen in Abklingbehältern aufgefangen werden.

Die Dimensionierung von Entwässerungsleitungen erfolgt so, daß auch während des Abfließens von Wasser in diesen Leitungen Luft zirkulieren kann. Dabei darf in Richtung des Ablaufes keine Abwasserleitung im Querschnitt verringert werden.

Die Reinigung der Entwässerungsanlagen ist durch entsprechende Putzöffnungen zu gewährleisten, gleichermaßen der Anschluß an Grundleitungen. Sämtliche Entwässerungsgegenstände sind mit einem Geruchsverschluß zu versehen.

Bei Gefahr des Rückstaus aus öffentlichen Kanälen ist durch Maßnahmen wie Rückstauklappen, Pumpen etc. ein Überfluten entsprechender Räume zu verhindern. Dabei müssen alle über der Rückstauebene liegenden Entwässerungsgegenstände direkt mit natürlichem Gefälle entwässert werden können.

Die Ableitung von Regenwasser von Dächern, Balkonen und anderen Ausbauten ist durch Rinnen oder Fallrohre vorzunehmen. Dabei ist darauf zu achten, daß Beläge von beregneten Flächen nicht durch Kalk oder andere Ausscheidungen zu Verstopfungen der Regenabwasserleitungen führen.

Grundsätzlich sind Entwässerungsanlagen bewilligungspflichtig und dürfen nur mit typengeprüften Werkstoffen und Teilen ausgeführt werden.

5.4.3 Werkstoffe

Bei der Gebäudeentwässerung dürfen nur Werkstoffe und Fabrikate eingebaut werden, die die entsprechenden landeseigenen oder internationalen Normen erfüllen. Hinsichtlich der anerkannten Werkstoffe gelten die Kriterien, wie sie in **Tabelle 5.10** dargestellt sind.

Rohrverbindungen von Abwasserleitungen sind nach den anerkannten Regeln der Technik auszuführen. Das gleiche gilt für die Art von Geruchsverschlüssen, die durch das abfließende Wasser selbstreinigend sein sollen und in der Regel unmittelbar nach dem Auslaß aus dem Entwässerungsgegenstand eingebaut werden. Die Sperrwasserhöhe von Geruchsverschlüssen soll bei Klosetts etwa 50 mm und bei allen anderen Geruchsverschlüssen mindesten 70 mm betragen. Typische Geruchsverschlüsse sind im **Bild 5.37** dargestellt.

Geruchsverschlußformen

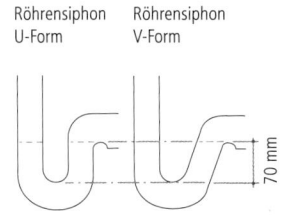

Röhrensiphon U-Form Röhrensiphon V-Form

Flanschsiphon Direktsiphon

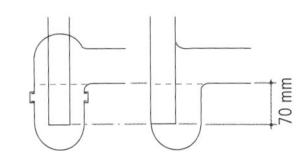

Bild 5.37
Siphonarten

Kriterien	Guß muffenlos	Stahl gew. Korrosionsschutz	Stahl plastifiziert	Asbestzement (Eternit)	Kunststoff PE	Kunststoff PVC	Steinzeugrohr
Korrosions-/Alterungsbeständigkeit:							
1 Säurebeständigkeit	◐	○	○	○	●	●	●
2 Laugenbeständigkeit	●	●	●	●	●	●	●
3 Lösungsmittel	◐	○	○	○	●	○	●
Mechanische Eigenschaften:							
4 Schlagfestigkeit	◐	●	●	◐	●	○	◐
5 Biegefestigkeit	○	●	●	○	●	◐	○
6 Temperaturbeständigkeit	●	●	●	◐	●	○	●
7 Ausdehnung	●	●	●	●	○	○	●
8 Schallschluckfähigkeit	◐	◐	◐	◐	○	○	●
9 Gewicht	○	◐	◐	◐	●	●	○
Montagetechnik:							
10 Flexibilität in der Anwendung der Formstücke bzw. der Konstruktionselemente	◐	●	●	◐	●	◐	○
11 Vorfabrikation	◐	●	●	◐	●	◐	○
12 Rationelle Montage	◐	●	●	◐	●	●	◐

● vorteilhaft
◐ genügend
○ nachteilig

Tabelle 5.10
Kriterien für die Bewertung der Materialien für Abwasserinstallationen

5.4.4 Grundleitungen

Grundleitungen sind die Abwasserleitungen, die unterhalb des Gebäudes und im Gelände annähernd horizontal verlegt sind und an die alle Falleitungen angeschlossen sind (siehe Bild 5.34).

Grundleitungen sind möglichst gradlinig und parallel zu Gebäudemauern zu verlegen. Bei Richtungsänderungen von Grundleitungen sind Formstücke bis maximal 45° zu verwenden, wobei Rohrverbindungen nicht als Richtungsänderungen eingesetzt werden dürfen. Im Gelände soll mindestens ein Kontrollschacht angeordnet werden, wobei bei langen Grundleitungen alle 40 m ein entsprechender Schacht zu setzen ist (Bild 5.38).

Bei Trennsystemen und der Ableitung unterschiedlicher Abwässer (Regen-/Schmutz-/Industrieabwässer) sind getrennte Kontrollschächte notwendig. Der Anschluß mehrerer Falleitungen ist durch typengeprüfte Formstücke (Bild 5.39) möglich, ohne daß spezielle Anschlußabstände zu beachten sind. Bei der Verlegung von Grundleitungen ist das Setzen des Erdreiches oder des Gebäudes zu beachten und Durchführungen von Grundleitungen durch Gebäudeelemente flexibel zu gestalten.

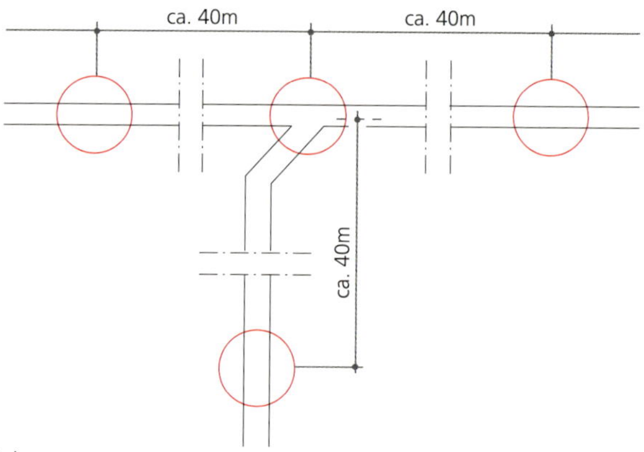

Bild 5.38.1
Plazierung von Kontrollschächten

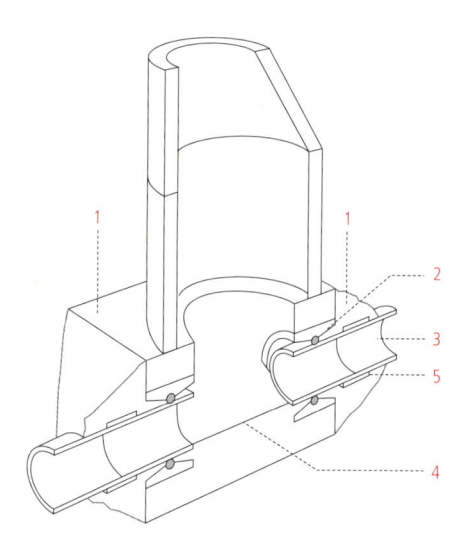

Bild 5.38.2
Kontrollschacht

1 Beton
2 Schachtfutter FZ
3 Anschlußstück
4 Bankett
5 Fixpunkt falls erforderlich

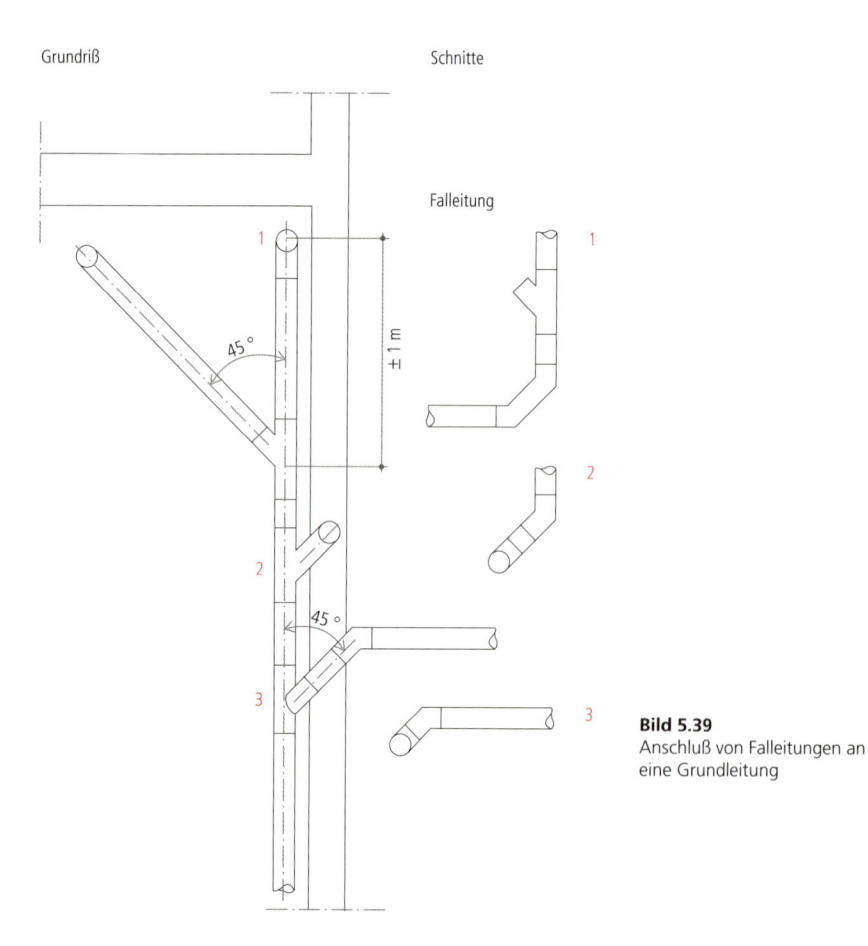

Bild 5.39
Anschluß von Falleitungen an eine Grundleitung

5.4.5 Sammelleitungen

Sammelleitungen sind möglichst gradlinig und parallel zu Gebäudemauern zu verlegen. Bei Sammelleitungen sind für Richtungsänderungen Formstücke bis 60° zu verwenden. Die Einführung von Fall-, Zweig- und Anschlußleitungen erfolgt durch ein Formstück mit einem Winkel bis 60°, das gleiche gilt für die Vereinigung zweier Sammelleitungen.

Um Sammelleitungen inspizieren und reinigen zu können, sind bei gerader Leitungsführung alle 40 m und bei mehreren Richtungsänderungen (insgesamt 180°) Putzöffnungen notwendig. Ansonsten gelten die gleichen Regeln wie bei Grundleitungen.

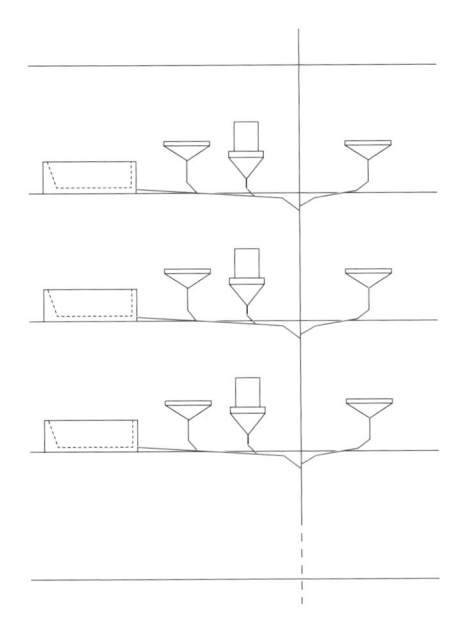

Bild 5.40
Varianten von Falleitungen mit Lüftungssystem
(und ihrer Dimensionierung)

Hauptlüftungssystem

höchstzulässige Anzahl				zulässige Belastung	Falleitung
SW		WC			
Total	Größter Einzel-SW	Total	pro Stockwerk	$\dot{V}_S$ (l/s)	Ø in mm
3 [1]	1,0	–	–	1,3	57/ 63
7	1,0	–	–	2,0	69/ 75
20	1,5	–	–	3,0	83/ 90
70	2,5	14	6	4,2	101/110
100	2,5	20	7	5,0	115/125
400	2,5	80	22	10,0	147/160

[1]) max. 2 Apparate à 1 SW

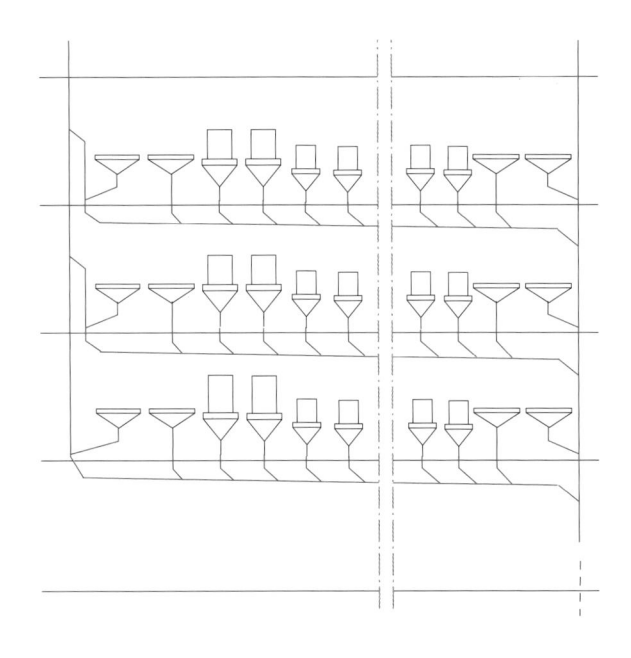

Schmutzwasser-Falleitung mit direktem und indirektem Nebenlüftungssystem

höchstzulässige Anzahl					
SW Total	WC Total	WC pro Stockwerk	$\dot{V}_S$ [1]) zulässig (l/s)	Falleitung Ø in mm	Nebenlüftung [2]) Ø in mm
64	–	–	4,2	83/ **90**	57/ **63**
150	30	6	5,9	101/**110**	83/ **90**
200	40	7	7,0	115/**125**	83/ **90**
800	160	22	14,0	147/**160**	101/**110**

[1]) $\dot{V}_S$ Zul.-Werte um 40% erhöht gegenüber Hauptlüftungssystem

[2]) Die Verbindung der Nebenlüftung mit der Falleitung kann in der Dimension 50/**56** ausgeführt werden

5.4.6 Falleitungen

Falleitungen dienen der Aufnahme von Abwässern, die in Geschossen gesammelt und nach unten abgeführt werden sollen. Sie sind möglichst geradlinig durch die Geschosse zu führen, um Schallschutzmaßnahmen infolge von Richtungsänderungen zu vermeiden. Falleitungen werden über Dach entlüftet und benötigen Putzöffnungen über dem Anschluß von Grundleitungen und Sammelleitungen. **Bild 5.40** zeigt die gebräuchlichsten Systemlösungen der Entlüftung von Falleitungen.

5.4.7 Regenabwasserleitungen

Das Ableiten von Regenabwasser (Dächer, Balkone, Loggien usw.) erfolgt über eine separate Entwässerungsanlage, die mit frostsicher angeordneten Geruchsverschlüssen zu versehen ist. Speier und Sicherheitsüberläufe dürfen verständlicherweise nicht in Bereichen von Gehwegen oder Straßenräumen angeordnet werden. Fallen im Bereich von Dachflächen große Schmutzmengen an, so sind Schlammsammler einzusetzen. Um Geruchsbelästigung zu vermeiden, werden Regenwasserfalleitungen mit Geruchsverschlüssen ausgebildet; dies gilt nicht bei Ableitungen direkt in Vorfluter oder bei Versickerung und bei begrünten Dächern.

Zur Dimensionierung von Dachwasser-Falleitungen ist der Anfall von Dachwasser (Regenwasseranfall) zu bestimmen. Die Regenwassermenge ergibt sich aus:

$$\dot{V}_r = A \cdot r \cdot \alpha \quad \left[\frac{m^2 \cdot l}{s \cdot m^2} = \frac{l}{s} \right]$$

Darin bedeuten:
A = beregnete Fläche (bei geneigten Dachflächen nur die projizierte Fläche)
r = Regenintensität (abhängig vom Standort – im Mittel = 0,03 l/s m^2)
α = Verzögerungsbeiwert

Die Dimensionierung der Dachwasser-Falleitung kann in erster Näherung nach der **Tabelle 5.11** erfolgen.

Die nachfolgenden **Bilder 5.41.1** bis **3** zeigen verschiedene Dachaufbauten mit Dacheinläufen für Flachdächer.

Regenabwasser-Falleitungen sind über Terrain aus beständigen Rohren zu erstellen, insbesondere dann, wenn sie an der Außenseite des Gebäudes an Regenrinnen anschließen. Hier muß von Fall zu Fall geprüft werden, ob eine Rohrbegleitheizung eingebracht werden muß, um das Einfrieren von Regenrohren im Winter zu vermeiden.

Bild 5.42 zeigt ergänzend einen Bodenwasserablauf, wie er auch auf Terrassen oder großen Balkonen eingesetzt werden kann.

1 Betondecke
2 Wärmedämmung
3 Dachhaut
4 Trenn- und Schutzlagen
5 Drainagerohre
6 Drainageschicht
7 Filtermatte
8 Erde
9 Kontrollschacht
10 Schwimmerventil für Bewässerung
11 Standrohr
12 Folienring
13 Pluvia-Regenwassereinlauf

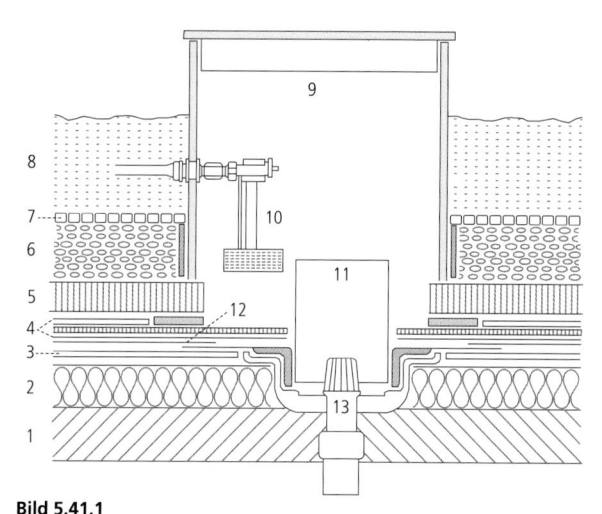

Bild 5.41.1
Dachablauf für begrüntes Dach

Bild 5.41.2
Dachaufbau Warmdach
(Massivbauweise)

1 Betonkonstruktion
2 Ausgleichsmörtel
3 Dampfsperre
4 Wärmedämmung
5 Gleitfolie
6 Wasserabdichtung (Dachhaut)
7 Kiesschüttung
8 Laubfang
9 Folienanschluß
10 Distanzstück
11 Einlaufsieb
12 Dachwassereinlauf

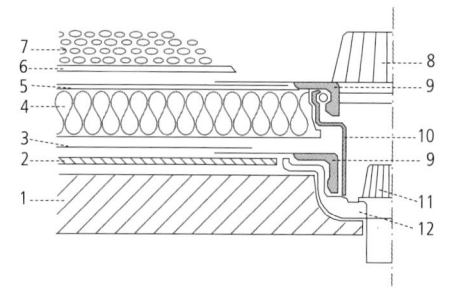

1 Trapezblech
2 Dampfsperre
3 Wärmedämmung
4 Gleitfolie
5 Wasserabdichtung (Dachhaut)
6 Kiesschüttung
7 Laubfang
8 Folienanschluß
9 Distanzstück
10 Einlaufsieb
11 Dachwassereinlauf
12 Verstärkungsblech

Bild 5.41.3
Dachaufbau Warmdach
(Leichtbauweise)

Beregnete Fläche A		Rohrdimension			
		83/**90**	101/**110**	115/**125**	148/**160**
	α	Zulässig beregnete Fläche m²			
Schräg- und Flachdächer, unabhängig vom Material der Dachhaut	1,0	153	296	430	873
Humusierte Flächen	0,3	–	998	1.433	2.911
V̇ in l/s bei 3% Gefälle		4,6	8,9	12,9	26,2

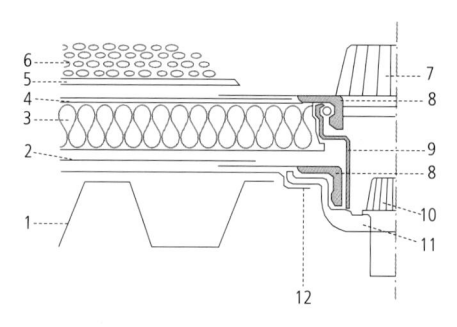

Bild 5.42
Bodenwasserabläufe

Anwendung mit Dichtung und Feuchtigkeitsisolierung

1 Isolierfolie
2 Massivdecke
3 Dämmschicht
4 Überzug
5 Bodenplatten
6 Feuchtigkeitsabdichtung
7 Steckmuffe
8 Rohrschelle
9 Seitlicher Einlaufstutzen
10 Tassenrand
11 Bodenwasserablauf
12 Rost und Rahmen

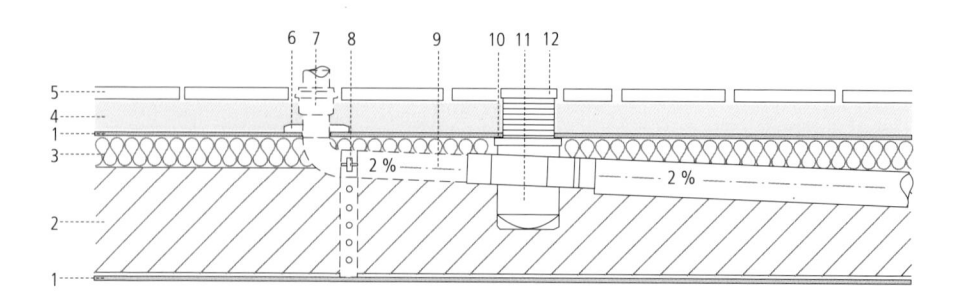

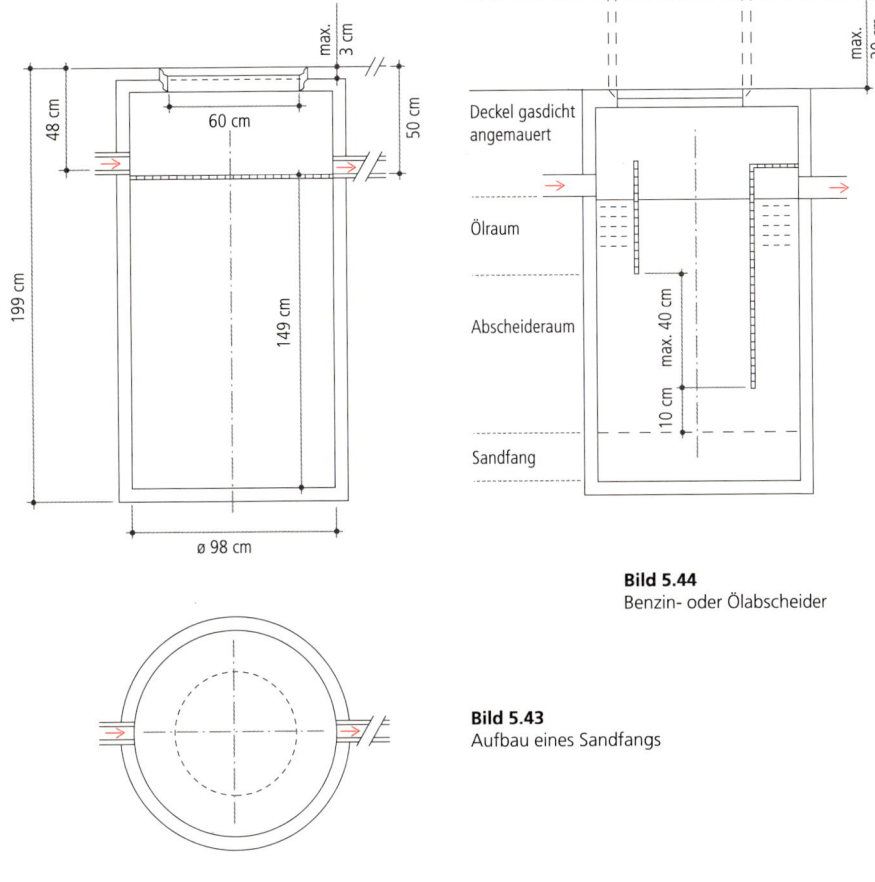

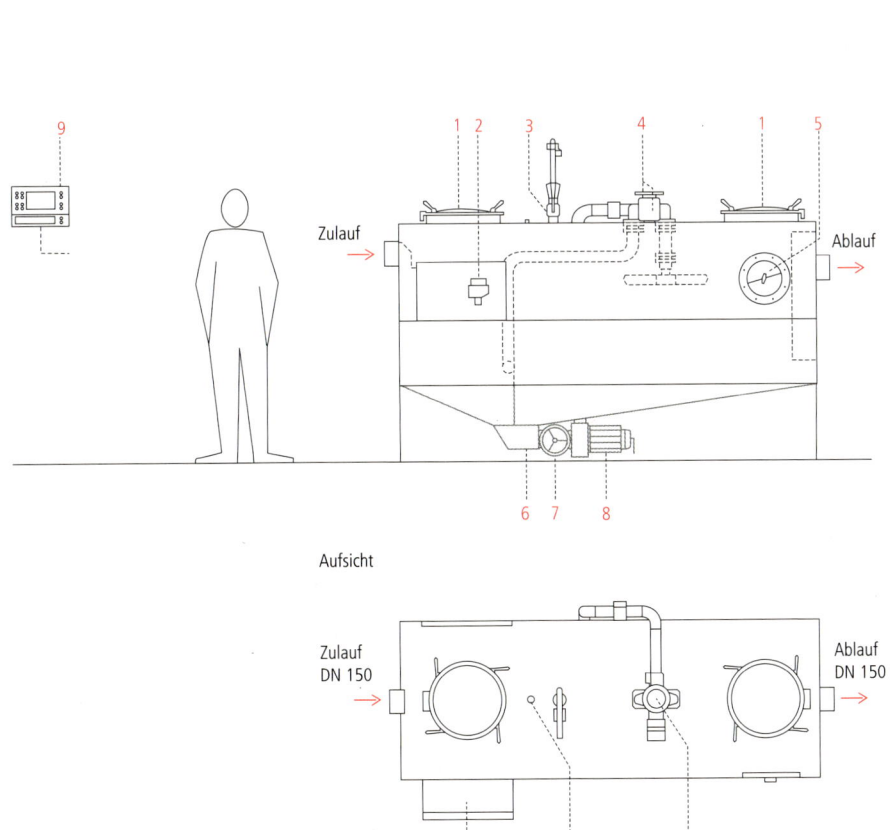

5.4.8 Abscheider

Zur Abscheidung von Schlamm, Sand, mineralischen oder organischen Fetten und Ölen sowie chemischen Zusätzen werden entsprechende Abscheider notwendig. **Bild 5.43** zeigt einen Sandfang zur Abscheidung von Feststoffen (Sand oder Schlamm). Dieser wird gegebenenfalls in Verbindung mit dem Einsatz von Benzin- oder Ölabscheidern in Fließrichtung vor demselben eingesetzt. Benzin- oder Ölabscheider **(Bild 5.44)** sind Behälter mit geschlossenem Deckel sowie tiefreichenden Tauchwänden am Ein- und Auslauf. Im Raum zwischen den Tauchwänden sammelt sich an der Oberfläche Öl oder Benzin, von wo es abgesaugt werden kann. Im unteren Bereich lagern sich Feststoffe ab, die wiederum entsprechend abgesaugt werden können. Benzin- und Ölabscheider werden grundsätzlich bei gewerblichen Garagen und Autowaschplätzen, Tankstellen und in Mineralölprodukte verarbeitenden Betrieben eingesetzt.

Fett- und Stärkeabscheider sind in Betrieben vorzusehen, in welchen organische Fette und Öle sowie Stärke in größeren Mengen anfallen (Lebensmittelproduktion, Großküchen usw.). Da infolge bakterieller Umsetzungen bei Fettabscheidern erhebliche Geruchsbelästigungen auftreten können, sind diese so zu entleeren, daß Abgase nicht in ein Gebäude eindringen können. Häusliche Abwässer dürfen dem Fettabscheider nicht zugeführt werden und sind daher nur nach dem Anfall der fettbeladenen Abwässer zu bemessen **(Bild 5.45)**.

Bild 5.44
Benzin- oder Ölabscheider

Bild 5.43
Aufbau eines Sandfangs

Bild 5.45
Fettabscheideranlage (Einbau in Kellergeschoß) für Großeinrichtungen, freistehend NG 7

1 Domdeckel
2 Netzanschluß
3 Fülleinheit
4 Verteilerhahn mit Stellantrieb
5 Schauglas
6 Grundablaß
7 Pumpenwartungsschieber
8 Pumpe
9 Fernbedienung
10 Programmsteuerung
11 Leermessung
12 Flanschanschluß für Entleerungsleitung DN 65, PN 10

In Fällen, in denen Schmutzabwässer nicht direkt abgeführt werden können und eine Zwischenlagerung notwendig wird, werden Klärgruben (**Bild 5.46**) eingesetzt. Diese haben verschiedene Setzkammern, in denen sich Feststoffe unterschiedlicher Konsistenz ablagern können.
Neutralisations- und Entgiftungsanlagen sind dann einzusetzen, wenn industrielle oder gewerbliche Abwässer Giftstoffe enthalten. Entsprechende Fachfirmen mit autorisiertem Personal konzipieren je nach Abwasseranfall und Giftgaskonzentration entsprechende Systemlösungen.

5.4.9 Dimensionierung von Schmutzabwasserleitungen

Schmutzabwasserleitungen werden unter Zuhilfenahme eines Schmutzabwasserwertes (SW/Abwasseranfall in l/s) dimensioniert. Liegt die Summe aller Schmutzabwasserwerte unter 60 SW, so erfolgt die Dimensionierung gemäß den nachfolgenden **Tabellen 5.12 – 5.13.3**.
Ergibt sich bei einem Gebäude ein summarischer Schmutzabwasserwert von mehr als 60, so errechnet sich die wahrscheinliche Höchstbelastung (gleichzeitiger maximaler Abwasseranfall) nach der Formel:

$$\dot{V}_{s\,max.} = 0{,}5\sqrt{\Sigma SW}\;[l/s]$$

Die Schmutzabwasserwerte der Abwasserfalleitungen sind grundsätzlich zu addieren. Mit jeder Teilsumme kann für jedes Teilstück aufgrund der Diagramme die maximal zu erwartende Belastung bestimmt werden.

Maßgebend für die Bemessung von Fall-, Sammel- und Grundleitungen ist die wahrscheinliche Höchstbelastung, die sich unter Berücksichtigung der Gleichzeitigkeit aus der Summe aller vor diesem Punkt angeschlossenen Gegenstände (SW) ermitteln läßt. Die zulässige Belastbarkeit der Falleitung ist je nach Belüftungssystem verschieden und entsprechend den **Tabellen 5.13.1/2** zu dimensionieren.
Bei Grund- und Sammelleitungen erfolgt die Ermittlung der Rohrdimensionen auf Grund der max. zu erwartenden Belastbarkeit $\dot{V}_{s\,max.}$.
Bei einer Grundleitung im Mischsystem wird die max. zu erwartende Belastung $\dot{V}_m$ aus der Summe von $\dot{V}_{s\,max.} + \dot{V}_r$ bestimmt.

$$\dot{V}_m = \dot{V}_{s\,max.} + \dot{V}_r$$

$\dot{V}_{s\,max.}$ = maximal gleichzeitig anfallende Schmutzwassermenge
$\dot{V}_r$ = anfallende Regenwassermenge.

Als weitere Hilfestellung bei der Dimensionierung von Fall-, Sammel- und Grundleitungen kann auch das **Diagramm 5.47** dienen.

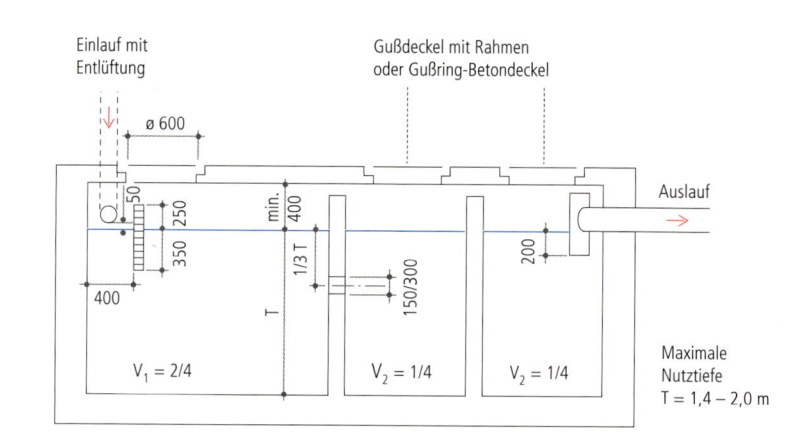

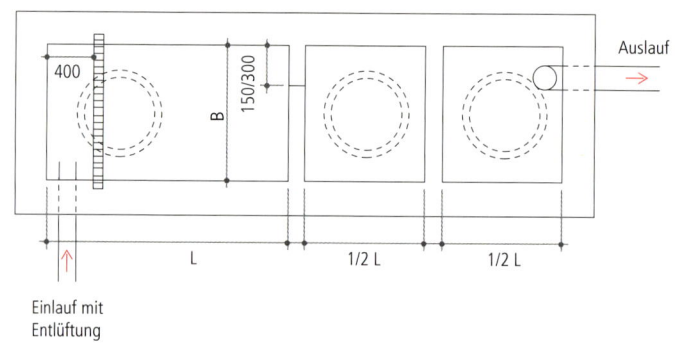

Bild 5.46
Klärgrube mit Faulräumen

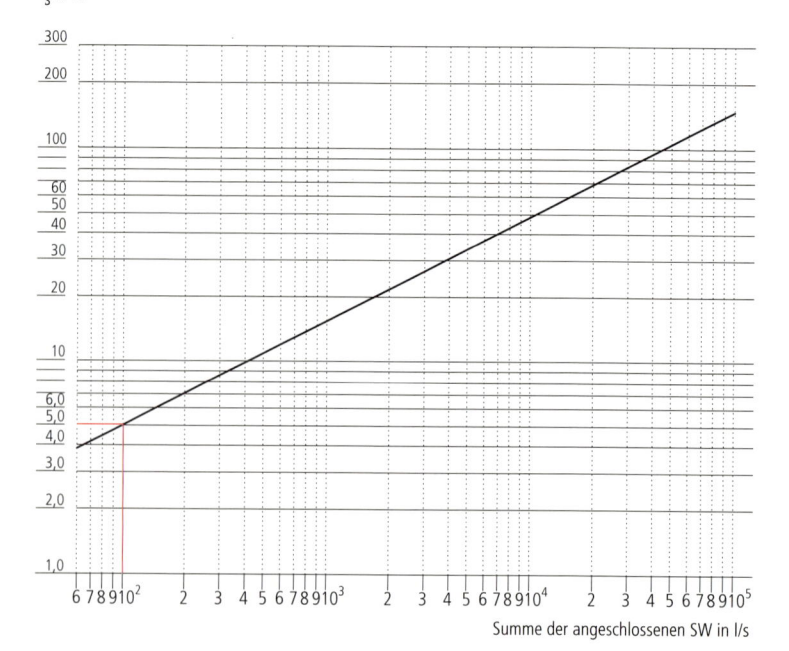

Beispiel
Gegeben:
20 Wohnungen á 5 SW = 100 SW

Gesucht:
wahrscheinliche Höchstbelastung
Lösung:
$\dot{V}_s = 0{,}5\sqrt{100}\;[l/s] = 5\;l/s$

Bild 5.47
Wahrscheinliche Höchstbelastung, Wohnungsbau

5.4 Gebäudeentwässerung

Entwässerungsgegenstand oder Art der Leitung	Anschlußwert AW_s/ SW	Nennweite der Einzelanschlußleitung DN
Handwaschbecken, Waschtisch, Sitzwaschbecken, Reihenwaschstand	0,5	40
Küchenablaufstelle (Spülbecken, Spültisch einfach und doppelt) einschließlich Geschirrspülmaschine bis zu 12 Maßgedecken, Ausguß, Haushalts-Waschmaschine bis zu 6 kg Trockenwäsche mit eigenem Geruchsverschluß	1	50
Waschmaschine für mehr als 6 – 12 kg Trockenwäsche	1,5 *)	70 *)
Gewerbliche Geschirrspülmaschine, Kühlmaschine	2 *)	100 *)
Urinal (Einzelbecken) **)	0,5	50
Bodenablauf DN 50	1	50
DN 70	1,5	70
DN 100	2	100
Klosett, Steckbeckenspülapparat	2,5	100
Duschwanne, Fußwaschbecken, Duschstand	1	50
Badewanne mit direktem Anschluß	1	50
Badewanne mit direktem Anschluß, über eine oberhalb des Fußbodens bis zu 1 m Länge verlegte Anschlußleitung, eingeführt in eine Leitung ≥ DN 70	1	40
Badewanne oder Duschwanne mit indirektem Anschluß (Badablauf), Anschlußleitung hinter dem Badablauf bis 2 m	1	50
Badewanne oder Duschwanne mit indirektem Anschluß (Badablauf), Anschlußleitung hinter dem Badablauf länger als 2 m	1	70
Verbindungsleitung zwischen Wannenablaufventil und Badablauf	–	≥ 40
Laborablaufstelle	1	50
Ablauf einer zahnärztlichen Behandlungseinrichtung nach DIN 13937 bzw. eines Amalgamabscheiders	0,5 *)	40 *)

*) Bei vorliegenden Werksangaben müssen der Bemessung die tatsächlichen Werte zugrunde gelegt werden

**) Reihenurinale siehe Tabelle 5.12.1

Tab. 5.12
Anschlußwerte von Entwässerungsgegenständen und Basiswerte für die Nennweite von Einzelanschlußleitungen

Anzahl der Urinale	Anschlußwert AW_s	Nennweite der Sammelanschlußleitung DN
bis 2	0,5	70
bis 4	1	70
bis 6	1,5	70
über 6	2	100

Tab. 5.12.1
Anschlußwerte von Reihenurinalen und Nennweiten zugehöriger Sammelanschlußleitungen

SW/AW		max. Klosettzahl		Nominelle lichte Weite	Belastung
Total	Größter Einzel SW	Total	pro Stockwerk	Falleitung	max. zulässige $\dot{V}_s$ (l/s)
3 *)	1,0	–	–	57	1,3
7	1,0	–	–	69	2,0
20	1,5	–	–	80	3,0
70	2,5	14	6	100	4,2
100	2,5	20	7	118	5,0
150	–	30	10	125	6,1
400	–	80	22	150	10,0

*) max. 2 Apparate à 1 SW

Tab. 5.13.1
Schmutzwasserfalleitung, Hauptlüftungssystem

SW/AW	max. Klosettzahl		Nominelle lichte Weite LW		Belastung
Total	Total	pro Stockwerk	Falleitung	Nebenlüftung [2]	max. zulässige $\dot{V}_s$ (l/s) [1]
64	–	–	80	57	4,2
150	30	6	100	80	5,9
200	40	7	118	80	7,0
300	60	10	125	80	8,5
800	160	20	150	100	14,0

[1] $\dot{V}_s$ zulässige Werte gegenüber Hauptlüftungssystem um 40% erhöht

[2] Die Verbindung mit der Falleitung kann mit der LW bemessen werden

Tab. 5.13.2
Schmutzwasserfalleitung, Nebenlüftungssystem direkt oder indirekt

$\dot{V}$ zulässig in l/s [1]

Gefälle in % [3]

1	1,5	2	3	4	5	LW in mm
2,8	3,4	4,0	4,9	5,6	6,3	80
5,0	6,2	7,2	8,9	10,2	11,5	100 [2]
8,0	9,8	11,3	13,9	16,0	17,9	118 [2]
9,2	11,3	13,1	16,0	18,6	20,8	125
15,0	18,4	21,3	26,1	30,2	33,8	150
27,0	33,1	38,1	47,0	54,3	60,8	187
32,3	39,7	45,8	56,2	64,9	72,6	200
58,4	71,7	82,8	101,6	117,3	131,2	250
94,7	116,2	134,2	164,6	190,1	212,6	300

[1] Für alle Rohwerkstoffe nach Prandtl-Colebrook:
Betriebsrauhigkeit $k = 1,0$ mm
Kinematische Viskosität $\nu = 1,31 \cdot 10$

[2] Minimale Rohrweite der Grundleitung LW = 100
bei Anschluß von Klosett LW = 118

[3] Normalgefälle und Minimalgefälle beachten
Mindest- Rohrweite der Grundleitung LW = 100
bei Anschluß von Falleitungen mit Klosett LW = 118

Tab. 5.13.3
Sammel- und Grundleitung

5.4.10 Abwasser-Förderanlagen

Entwässerungseinrichtungen nach **Bild 5.48**, die unter der Rückstauhöhe eines Straßenkanals liegen, müssen über eine Pumpenanlage an die Grundstücksentwässerung angeschlossen werden. Regenwasser, das über Rückstauhöhe anfällt, wird mit natürlichem Gefälle zur Grundstücksentwässerung abgeleitet. Fallen Regenabwässer unter der Rückstauhöhe an, so sind sie wie folgt abzuleiten (Prioritäten):

1. Vorfluter
2. Versickerung
3. Pumpenanlage

Die notwendige Pumpenanlage zur Förderung insbesondere der Schmutzwässer (auch Hebeanlage genannt) besteht aus:
– Pumpenschacht mit Zubehör
– Tauchpumpe mit Steuereinrichtung
– Pumpendruckleitung
– Lüftungsleitung.

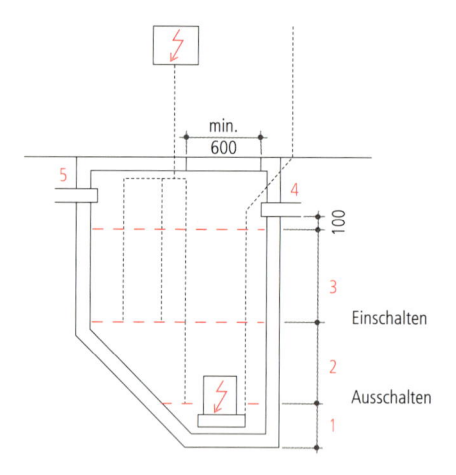

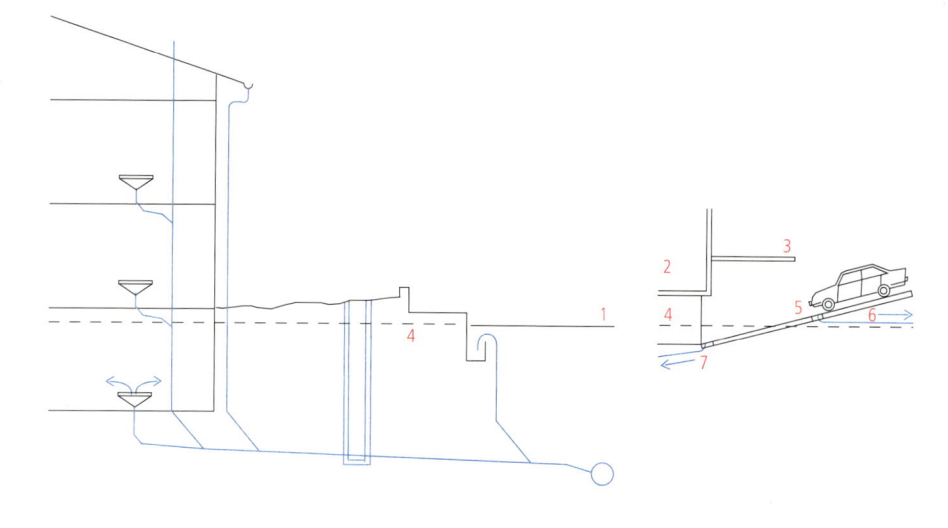

Bild 5.48
Entwässerung unter Rückstauhöhe

1 Straße
2 Gebäude
3 Überdachung (Empfehlung)
4 Rückstauhöhe
5 Rinne
6 Zur Grundstücksentwässerung
7 Zur Pumpe

Bild 5.49
Pumpenschacht zur Aufnahme einer Hebeanlage

1 Pumpensumpf
2 Nutzvolumen
3 Reservevolumen
4 Sohle, tiefster Einlauf
5 Lüftung (min. ø 100)

Die Hebeanlage muß zu Revisionszwecken jederzeit frei zugänglich sein. **Bild 5.49** zeigt einen entsprechenden Pumpenschacht mit Pumpensumpf, Nutzvolumen und Reservevolumen sowie eingesetzter Tauchpumpe und Einlauf. Pumpenschächte müssen gegen Abwasser beständig, gasdicht abgedeckt und mit einer Entlüftung (lichte Weite 100 mm) versehen werden. Der Einstieg in den Pumpenschacht soll mindestens 600 mm Durchmesser betragen. Kleine Pumpenschächte, ausschließlich für Schmutzabwässer ohne Fäkalien und ohne Küchenabwässer, können ohne Lüftungsleitung und Geruchsverschluß erstellt werden. Bei großen Schächten mit Einstieg und einer Schachttiefe über 1,5 m ist eine nichtrostende Leiter einzubauen. Alle Einläufe müssen dabei mindestens 0,05 m über dem maximalen Wasserstand frei in den Schacht einmünden (SEV-Vorschriften sind zu beachten). Der Einsatz der Tauchpumpe kann gemäß **Bildern 5.49/50** in unterschiedlicher Art und Weise erfolgen.

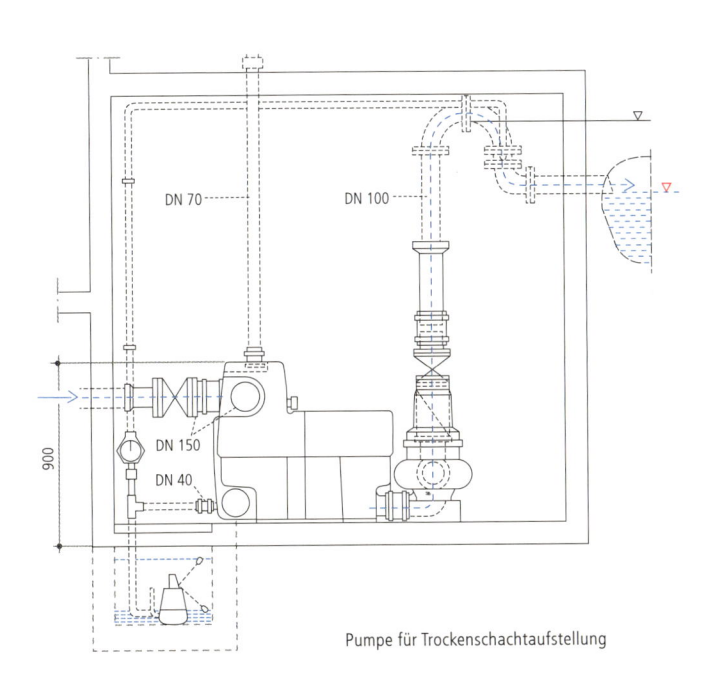

5.4 Gebäudeentwässerung

Pumpe für Trockenschachtaufstellung

Bild 5.50
Abwasserpumpen
Schnitt-Darstellungen

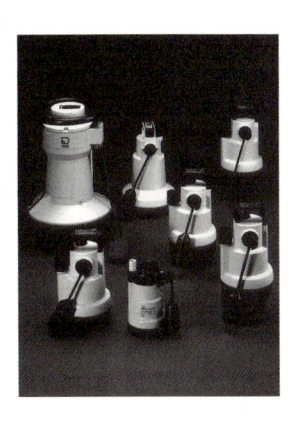

Bild 5.50.1
Schmutzwasserpumpen vom
Typ Ama-Drainer (Werkbild KSB)

1 Abwasserpumpe komplett
2 Druckleitung DN 100
3 Tauchbirnen für Schwimmersteuerung
4 Rückschlagklappe
5 Absperrschieber
6 Rohrbogen
7 Druckleitungsanschluß mit Flansch
8 Kabelrohr
9 Schaltanlage
10 Ablaßkette
11 Schachtabdeckung

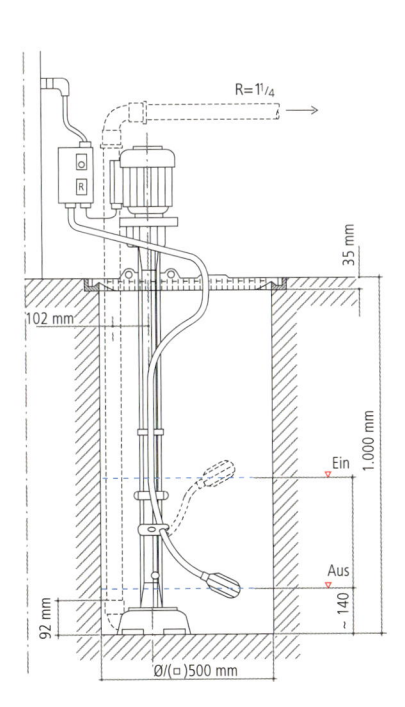

Bild 5.50.2
Zwillingshebeanlage Compacta
(Werkbild KSB)

Vertikale Eintauchpumpe

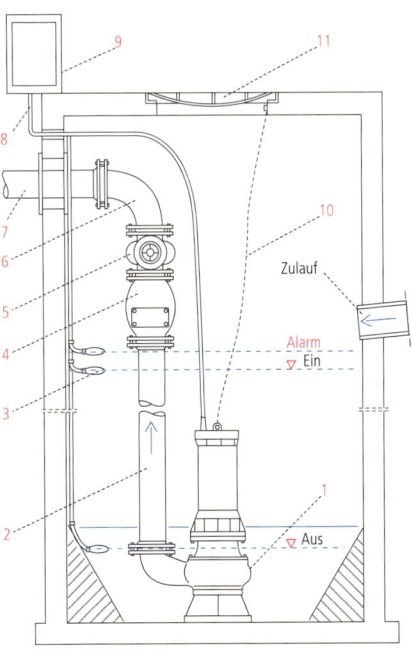

Tauchmotorpumpe

Die Druckleitung der Abwasserpumpe wird in der Regel mit der gleichen Rohrweite ausgeführt wie der Anschluß der Pumpe. Diese Leitung muß über den am tiefsten mit natürlichem Gefälle angeschlossenen Entwässerungspunkt geführt werden. An die Druckleitung selbst darf kein Entwässerungsgegenstand angeschlossen werden, und es ist darauf zu achten, daß Korrosionen und Vibrationsübertragungen vermieden werden. Die Bemessung der Pumpe erfolgt nach Volumenstromrichtwerten oder nach den Daten des **Diagramms 5.51**. Dabei betragen die minimalen Volumenströme wie folgt:

– minimaler Volumenstrom ohne Fäkalien = 2 l/s
– minimaler Volumenstrom mit Fäkalien = 5 l/s
– max. zulässiger Volumenstrom = 10 l/s

Der Volumenstrom der Hebeanlage ist mit der Höchstleistung gemäß **Bild 5.47** nicht identisch, da die Laufzeit der Hebeanlage größer ist, als die Dauer der Höchstbelastung mit Abwasser. Anfallendes Regen- und Kühlabwasser ist mit dem effektiven Volumenstromwert als Zuschlag zu berücksichtigen.

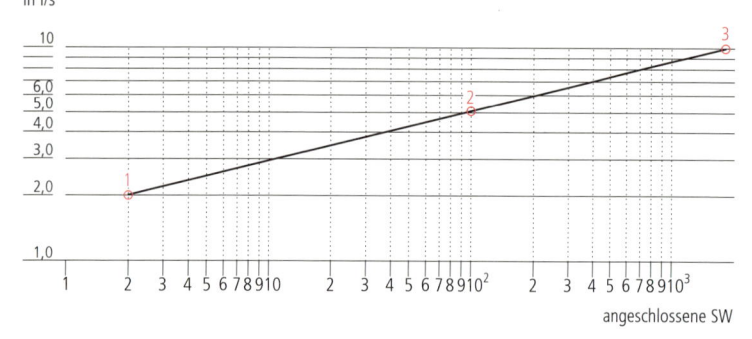

Bild 5.51
Auslegungsdiagramm für Hebeanlagen

5.5 Grundstücksentwässerung

Die Grundstücks-Entwässerungsanlage übernimmt sämtliche Abwässer vom Gebäude und leitet sie samt allen sonstigen auf dem Grundstück anfallenden Abwässern der öffentlichen Kanalisation zu. Zur Grundstücksentwässerung gehören somit sämtliche, auf einem privaten Grundstück im Erdbereich oder an der Kellerdecke verlegten Entwässerungsleitungen samt den zum Betrieb und Unterhalt notwendigen Bauelementen wie Hochsammler, Dachwassersammler, Schlammsammler, Kontrollschächte, Öl- und Fettabscheider sowie Einrichtungen zur Abwasservorbehandlung und gegebenenfalls Abwasserpumpenanlagen. Die private Grundstücksentwässerung endet beim Anschluß an die öffentliche Kanalisation und der Unterhalt obliegt dem Eigentümer des Grundstücks. Soweit als möglich soll jede Liegenschaft ohne Nutzung des Nachbargrundstücks selbständig entwässert werden. Wenn dies nicht möglich ist, müssen entsprechende Grunddienstbarkeiten geregelt und im Grundbuch eingetragen werden. **Bild 5.52** zeigt nochmals alle Arten der Ortsentwässerung bei einem Misch- oder Trennsystem. Die verschiedenen Abwasserarten können je nach Herkunft und Zusammensetzung einem Regenwasser- oder Schmutzwasserkanal zugeführt werden.

Tabelle 5.14 gibt einen Hinweis bei der Ableitung von Abwasserarten bei verschiedenen Abwassersystemen.

Bild 5.52
Arten der Ortsentwässerung

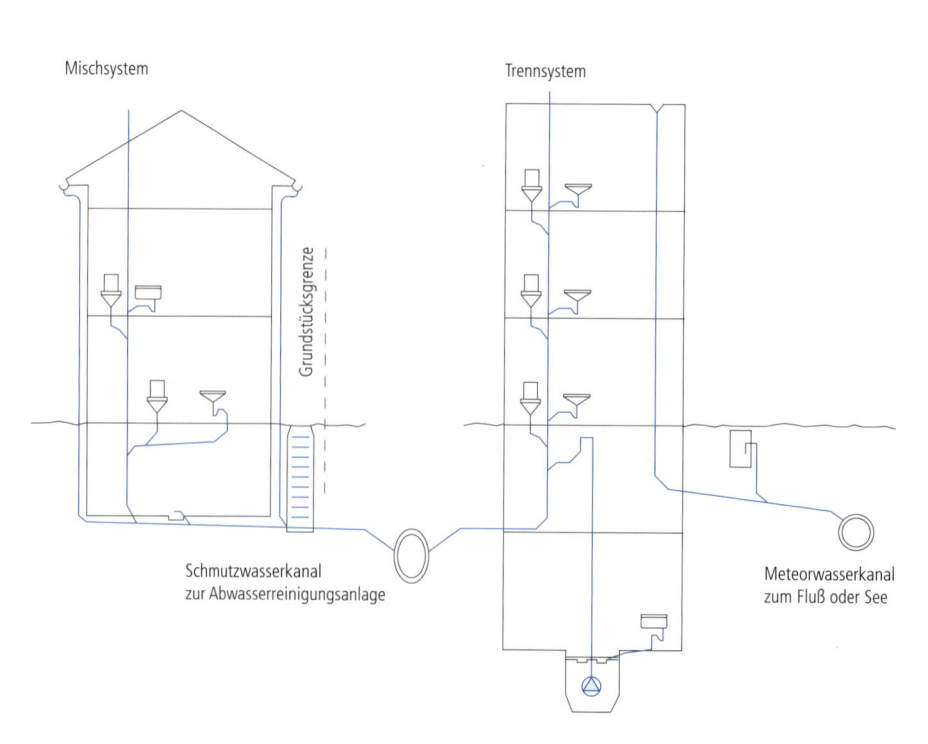

5.5 Grundstücksentwässerung

Tabelle 5.14 Ableitung von Abwasserarten bei verschiedenen Systemen

Art des Abwassers	Trennsystem		Misch-system	Reinwasser-kanal
	Regen-wasser-kanal	Schmutz-wasser-kanal		
Dachwasser [2]	X	O	X	O
Privatstraßenwasser	X	O	X	O
Platzwasser				
normal	X	O	X	O
spezielle Fälle	O	X	X	O
Brunnenwasser [2]	X	O	X[1]	X
Sickerwasser [2]	X	O	X[1]	X
Grund- und Quellwasser [3]	X[1]	O	O	X
Kühlwasser [2]	X	O	X[1]	X
Schmutzwasser	O	X	X	O
Gereinigtes Abwasser	X	O	O	O
Bäche	X	O	O	X

X Gestattet
O Nicht gestattet
1 Einleitung nur mit besonderer Bewilligung gestattet
2 Versickerung mit besonderer Bewilligung gestattet, eventuell vorgeschrieben
3 Die Ableitung bedarf einer behördlichen Bewilligung

Tabelle 5.15 Eignung der Rohmaterialien für verschiedene Abwässer

Verwendung	Rohrmaterial						
	Asbestzement	Normalbeton	Spezialbeton	Guß	PE-h	Hart-PVC	Steinzeug
Regenwasser [2]	X	X	X	X	X	X	X
Häusliches und gewerbliches Abwasser [3]	X	O	X	X	X	X	X
Zementaggressive Abwässer	O	O	O	O	X	X	X
Saurer Boden	X[1]	O	X[1]	X[1]	X	X	X
Druckleitungen	X	O	O	X[2]	X	O	O
Normales Sickerwasser	X	X	X	X	X	X	X
Stark kalkhaltiges Sickerwasser	O	O	O	X	X	O	O

X kann verwendet werden
O soll nicht verwendet werden
1 besondere Schutzmaßnahme erforderlich
2 duktiler Guß
3 sofern Bedingungen der „Verordnung über Abwasserleitungen" eingehalten sind

5.5.1 Werkstoffe

Als Werkstoffe bieten sich bei verschiedenen Verwendungszwecken die nachfolgend in der **Tabelle 5.15** aufgeführten Materialien an. Muffenverbindungen sind dabei nach den Werkvorschriften und den entsprechenden Materialien auszuführen und bei der Verlegung dürfen keine Spalten oder rauhen Innen-Rohrteile erkennbar sein, die den Abwasserstrom beeinträchtigen. Offene Leitungen sind zu vermeiden und alle Abwasserkanäle müssen absolut dicht sein, da feinste Wurzeln sehr schnell in die engsten und kleinsten Risse einwachsen und somit später zu Verstopfungen führen.

5.5.2 Grundleitungen

Grundleitungen sollen soweit wie möglich gradlinig geführt werden und sollen auf kürzestem Wege die öffentliche Kanalisation erreichen. Die Abwasserleitungen sind mit ausreichendem Gefälle zu verlegen, wobei die Verlegung gemäß den genehmigten Plänen zu erfolgen hat. Spätere Änderungen sind entsprechend in die Plangrundlagen der Abwasserleitungen einzumessen. Die günstigste Verlegung der Grundleitungen erfolgt auf einer Betonsohle, um Senkungen oder Brüche zu vermeiden. Insofern sind bei Mauerdurchführungen (Kellerbereiche) ins offene Gelände flexible Leitungsverbindungen vorzusehen.

Wie bei den Grundleitungen im Gebäude sollen ausreichende Reinigungsmöglichkeiten vorgesehen werden, insbesondere sind Kontrollschächte im Bereich von Schlammsammlern, Abscheidern usw. notwendig.

Bild 5.53 zeigt die Abwasserhydraulik einer liegenden Grundleitung. Das obere Diagramm zeigt, daß die Abwassermenge bei Teilfüllung (Q_t) einen anderen Verlauf nimmt als die Fließgeschwindigkeit im teilgefüllten Rohr (V_t), was mit der Füllung eines kreisrunden Querschnitts zusammenhängt.

Wie bereits bei den Grundleitungen der Gebäudeentwässerung erläutert, dürfen Richtungsänderungen um 90° bei entsprechenden Leitungen nur durch zwei Bögen je 45° gebildet werden und der Anschluß zweier liegender Leitungen darf jeweils versetzt lediglich unter 45° erfolgen.

Gleichermaßen sollen bei großen Sturzstrecken oder großen Höhenunterschieden anstelle von Steilgefällen 90°-Richtungswechsel unter Beachtung des vorher Gesagten vorgesehen werden (Auflösung von 90° in min. 2 x 45°).

5.5.3 Anschlüsse an öffentliche Kanalisation

Die Ausführung der Anschlüsse an das öffentliche Kanalsystem ist eine sehr wesentliche Voraussetzung bei der Erstellung der Gesamtentwässerung. Die Anschlußleitung an das öffentliche Kanalsystem hat gemäß **Bild 5.54** unter bestimmten Winkeln zu erfolgen, wobei große Anschlußleitungen in einen Kontrollschacht mit offener Durchlaufrinne mit der öffentlichen Kanalisation zusammengeführt werden.

Q_v = Vollfüllung
Q_t = Teilfüllung
h = Füllhöhe
V_v = Fließgeschwindigkeit volles Rohr
V_t = Teilfüllung
D = Lichter Rohrdurchmesser

$\frac{h}{D}$ = Füllverhältnis

	$\frac{h}{D}$
Schmutzwasser	Q_s = 0,5
Regenwasser	Q_r = 0,7
Mischwasser	Q_m = 0,7

Bild 5.53
Abwasserhydraulik, liegende Leitungen

Abflußgrößen bei Teilfüllung in Kreisprofilen, von liegenden Leitungen (nach Prandl-Colebrook) in %

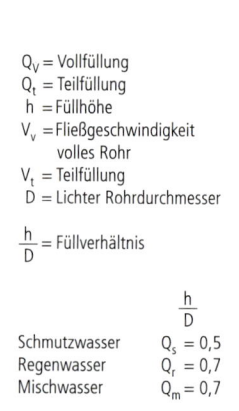

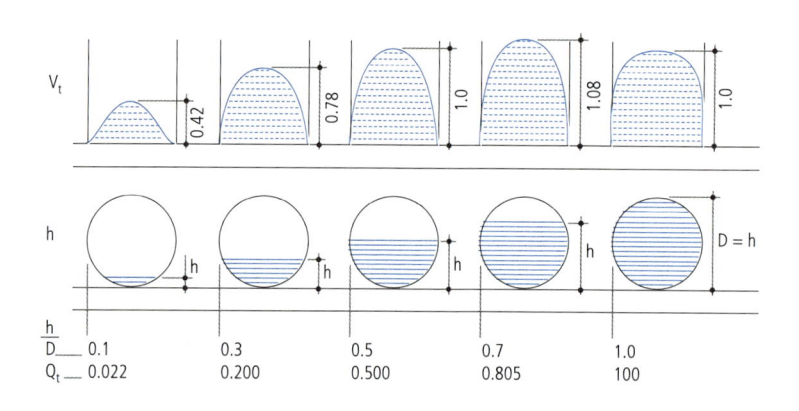

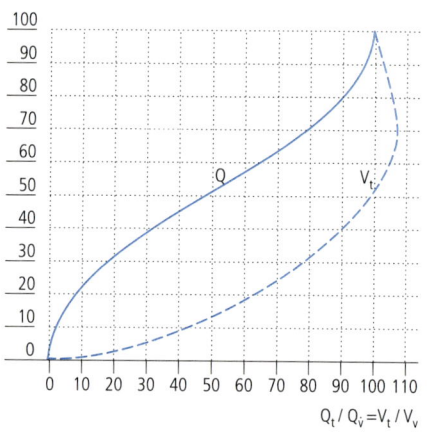

5.5.4 Sickerleitungen

Hang- und Grundwasser strömt unter der Erdoberfläche auf einer undurchlässigen Erdschicht oder innerhalb einer wasserführenden Bodenschicht und tritt teilweise als Rinnsal, Quelle oder kleiner Bach an der Erdoberfläche aus. Da es sich hier um klares, frisches Wasser handelt, wird es nur in Ausnahmefällen in die Kanalisation geleitet.

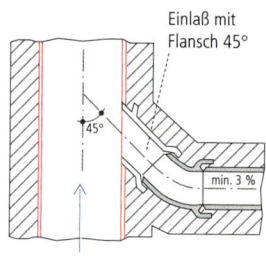

Sickerwasser, das nur bei Regenwetter in Erscheinung tritt, darf zum Schutz von Baufundamenten, Kellerwänden und -böden, Vorplätzen usw. durch Sickerleitungen gefaßt und in einem Sammler der Kanalisation zugeleitet werden. Sickerleitungen werden gemäß **Bild 5.55** verlegt, das heißt in ähnlicher Form wie Grundleitungen, wobei jedoch das Gefälle nur 0,5 % betragen muß. Da Sickerleitungen nur versickertes Regenwasser aufnehmen sollen, ist ein Rohrdurchmesser von 10 cm für sämtliche Sickerleitungen absolut ausreichend. Das oft kalkhaltige Sickerwasser soll möglichst langsam und wenig turbulent die Rohre durchfließen, um Ablagerungen zu vermeiden. Das Prinzip der Leitungsführung von Sickerwasser um ein Gebäude herum ist aus **Bild 5.56** zu entnehmen.

Bild 5.54
Anschluß an das öffentliche Kanalsystem

Bild 5.55
Detail Verlegung Sickerleitung

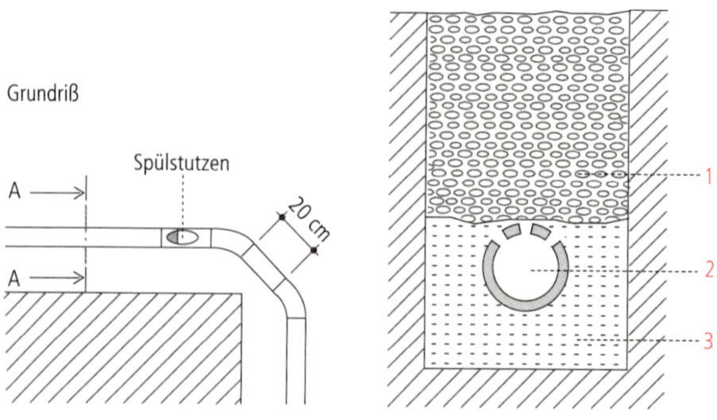

1 Filtermaterial
2 Sickerrohr
3 Rohrbettung

5.5 Grundstücksentwässerung

Sickerleitungen dürfen nicht mit der Hauskanalisation zusammengeschaltet werden, sondern sie sind über einen Sickersammler mit Schlammfang separat zu entwässern. Sickerwasserleitungen dürfen demnach weder Regenabwasser eines Gebäudes noch Grundwasser abführen.

In **Bild 5.57** ist neben der gesamten Entwässerung nochmals auch der Einbau einer Sickerleitung mit Sickersammler gut zu erkennen, der nach dem Sammler an die Grundstücksentwässerung angeschlossen ist.

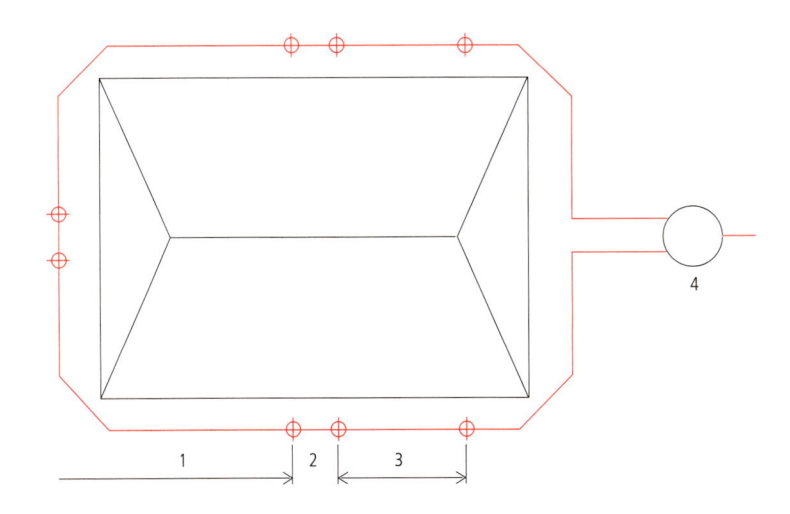

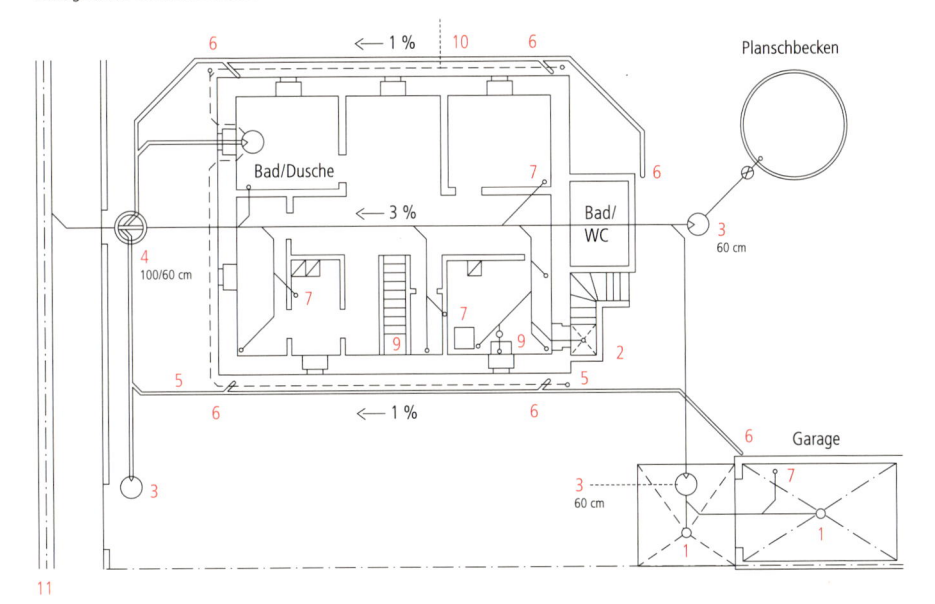

Bild 5.56
Prinzip Leitungsführung Sickerwasser

1 bis 20 m
2 kurzes Zwischenstück
3 nach 20 m / oder vor einem Richtungswechsel
4 Sammelschacht

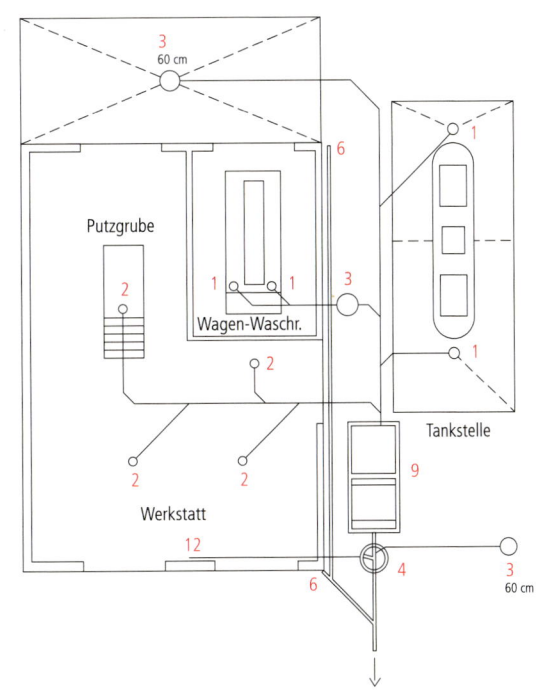

Bild 5.57
Entwässerungsschema

1 Bodenwassereinlauf
2 Bodenwasserablauf
3 Schlammsammler
4 Kontrollschacht
5 Putzöffnung
6 Dachwasser
7 Wandbecken
8 WC
9 Mineralölabscheider
10 Sickerleitung
11 Kanalisation
12 häusliches Abwasser

5.6 Regenwassernutzung

Wie bereits festgestellt wurde, ist Frischwasser im Grunde genommen deutlich zu teuer erkauft, um damit Toiletten zu spülen, Gärten zu bewässern, Autos zu waschen u.ä. Frischwasser sollte daher im wesentlichen dazu dienen, Nahrungsmittel aufzubereiten und die Dinge damit zu reinigen, die direkt mit der Nahrungsbereitung, Nahrungsaufnahme und Körperreinigung zu tun haben. Alle anderen Wasserverbräuche können ohne weiteres durch Betriebswasser aus Regenwasser bereitgestellt werden, zumal Regenwasser als sehr weiches Wasser positive Effekte mit sich bringt (z. B. Verringerung von Waschmitteln, Verringerung von Waschmittelzusätzen usw.) Bei der Nutzung von Regenwasser kann man unterscheiden in Betriebswasser zu Spülzwecken und Betriebswasser zu Kühlzwecken. Hier liegen zwei wesentliche Felder, die es zu bedienen gilt.

5.6.1 Betriebswasser zu Spülzwecken

Beim Einsatz von Regenwasser sollte grundsätzlich nur das Regenwasser von Dächern genutzt werden, da dieses Gewähr dafür bietet, daß keine stark verunreinigenden Stoffe in den Regenwasserkreislauf eingeleitet werden, die zu erheblichen Aufwendungen in der Reinigung und Aufbereitung führen. **Bild 5.58.1** zeigt ein prinzipielles Funktionsschema der Regenwassernutzung mit seinen Erfassungen, einer Zisterne sowie der nachfolgenden Regenwasseraufbereitung über Kiesfilter und Dosierung sowie Verteilung, **Bild 5.58.2** zeigt eine ausgeführte Anlage mit Filterschacht und Fertigteilspeicher. Inwieweit eine Aufbereitung des Regenwassers erforderlich ist, wird durch die geplante Nutzung des Regenwassers bestimmt. Die Erfahrung zeigt, daß auf eine Aufbereitung des Wasser meist verzichtet werden kann.

Bild 5.58.1
Funktionsschema Regenwassernutzung

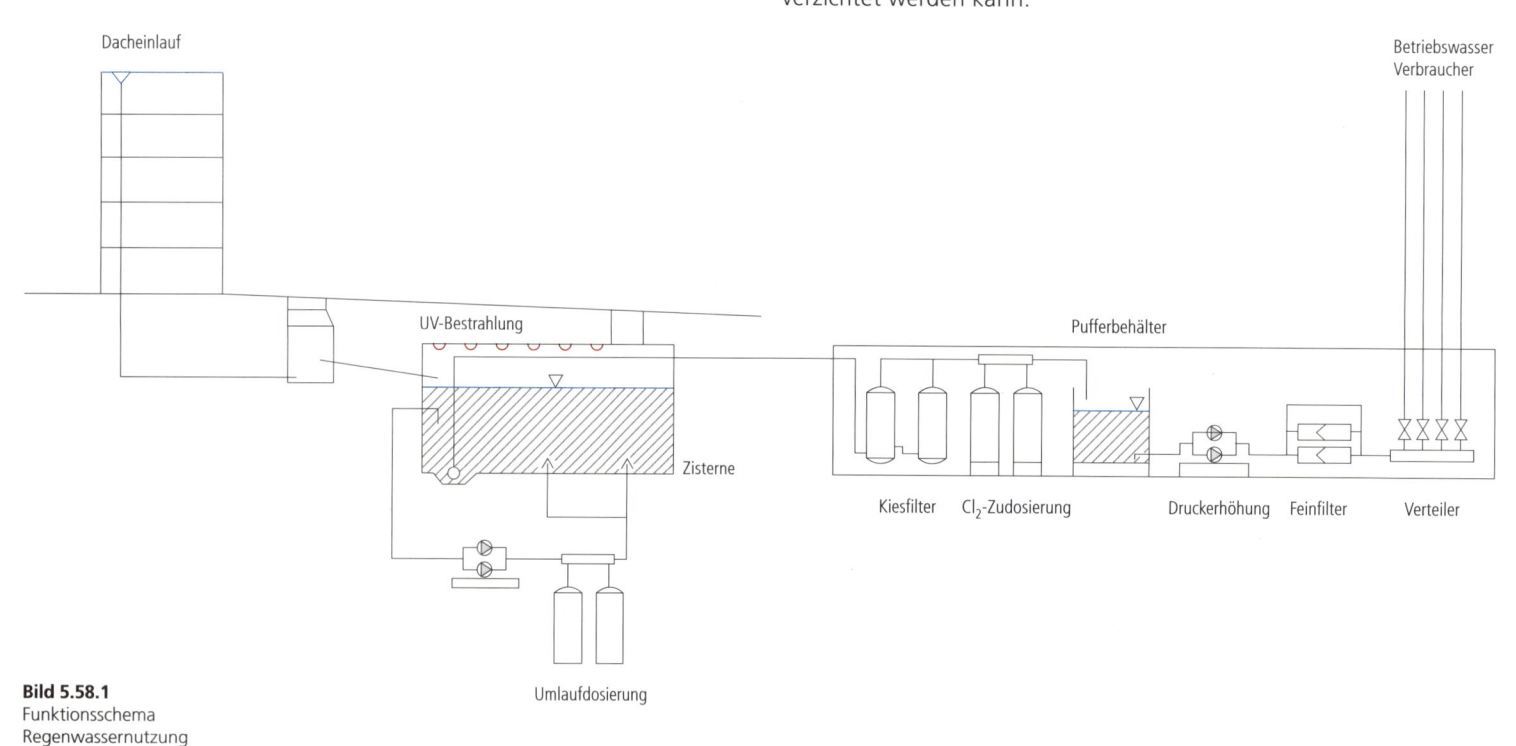

Bild 5.58.2
Filterschacht vor einem Rechteck-Fertigteilspeicher für das Bauvorhaben STEP in Potsdam (Werkbild Mallbeton)

Von Fall zu Fall ist zu prüfen, ob der erhöhte Investitionskostenaufwand durch die geringeren Wasserkosten zu rechtfertigen ist. Langfristig gesehen ist der Einsatz von Regenwasser in jedem Fall empfehlenswert, da er eine erhebliche Schonung unserer Umweltressourcen mit sich bringt. Wurde noch vor wenigen Jahren im wesentlichen die Regenwassernutzung in unseren Breitengraden als zu teuer abgelehnt, so zeigt sich heute bereits ein deutliches Umdenken auch und gerade unter dem Aspekt, daß Regenwasser nicht nur zur Deckung von Wasserverbräuchen für Reinigungen und Spülungen dient, sondern gegebenenfalls auch der Kühlung am Gebäude oder um Gebäude herum. Ansonsten erfolgt die Auslegung des Betriebswassersystems wie bereits bei der Wasserversorgung beschrieben, allerdings streng getrennt von diesem. Eine Nachspeisung mit Trinkwasser darf nur über einen freien Auslauf nach DIN 1988 Teil 4 erfolgen.

5.6.2 Betriebswasser zu Kühlzwecken

Zu Kühlzwecken am Gebäude oder um Gebäude herum bieten sich mehrere Möglichkeiten für den Einsatz von aufbereitetem Regenwasser an. Hierzu gehören:

– Verdunstungskühlung um ein Gebäude herum infolge einer Wasseroberfläche eines angelegten Sees oder ähnlichem;
– erhöhte Verdunstungskühlung um ein Gebäude herum durch Ausbildung von Springbrunnen in einem See, Ausbildung von Wasserkaskaden oder ähnlichem (direkte oder indirekte Nutzung);
– direkte Kühlung der Außenluft durch Verdunstung eines fein versprühten Wassernebels.

Bei allen zuvor aufgeführten Varianten ist darauf zu achten, daß die Kühlung durch Verdunstung einer bestimmten Wassermenge nicht zu zu hohen Verbräuchen führt und ein Überschreiten der Schwülegrenze eintritt.

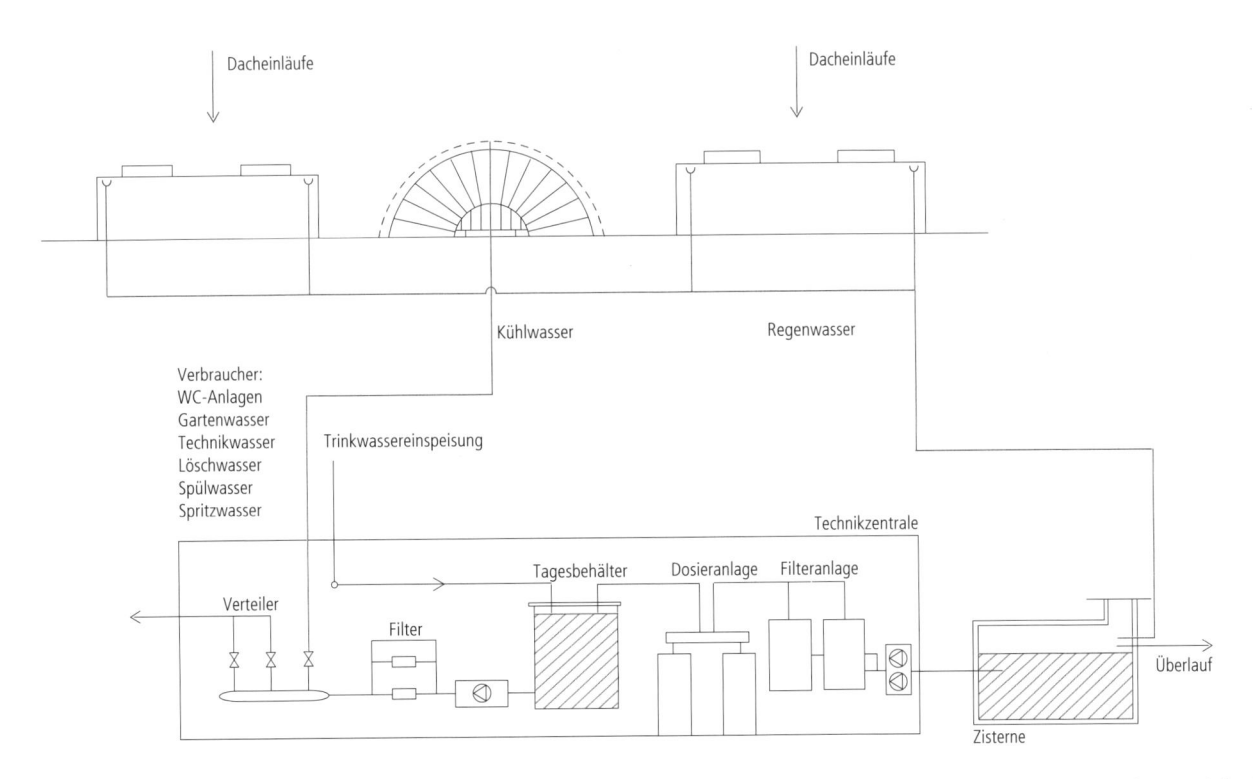

Bild 5.59
Funktionsschema Regenwassernutzung zur Reduzierung der Gebäudekühllast durch äußere Bauteilkühlung

Alternativ hierzu bietet sich die Regenwassernutzung zur direkten Bauteilkühlung an, wie sie im Funktionsschema (**Bild 5.59**) beispielhaft dargestellt ist. Das Schema weist die Regenwasserfassung über Dacheinläufe mit der Zisterne aus, die einmal mit einem Vorfluter (Überlauf) verbunden ist und weiterhin an einer Regenwasser-Aufbereitungszentrale anbindet, in der das Regenwasser gefiltert, dosiert und zwischengelagert wird. Bei Bedarf wird das Betriebswasser über zu kühlende Dachflächen (insbesondere Glasdächer) so verteilt, daß sich ein Wasserfilm bildet, der zunehmend verdunstet und somit die Flächen abkühlt.

5. Sanitär- und Feuerlöscheinrichtungen

Tabelle 5.16
Bedarfszahlen für Sanitärobjekte und Komfortstufen im Wohnungsbau

Angaben in Stück
X Variante

Personen	Badewanne	Dusche	Waschtisch	WC	Douche/WC 3000	Douche/WC 7000	Urinal	Spültisch	Geschirrspüler	Waschmaschine pro Wohnung	Wäschetrockner pro Wohnung
	Bd	Du	Wt	WC	WC	WC	Ur	Sp	GS	WM	TO
Wohnungsbau											
1–2	1		1	1	1			1			
3–4	1	1	1	2	1			1			
5–7	1	1	2	2	2			2	1		
Wohnungsbau mit erhöhten Ansprüchen											
1–2	1	1	1	1	X	1		1	1		
3–4	1	1	2	2	X	1		2	1		
5–7	1	1	3	2	1	1		2	1	1	1
Eigentumswohnungen, Eigenheim											
1–2	1	1	1	1	1	1	1	2	1	1	1
3–4	1	1	2	2	1	1	1	2	1	1	1
5–7	1	2	3	3			2	1	2	1	1	1

Tabelle 5.17
Bedarfszahlen für Sanitärobjekte in öffentlichen Bauten

Personen	WC ♂	WC ♀	Urinal ♂	Waschtisch ♂	Waschtisch ♀	Dusche ♂	Dusche ♀	Lehrer/Lehrerinnen ♂♀
Kulturelle Bauten								
10	1–2	1–2	1–2	2	1			
20	2	2	2	2	2			
25	2	3	2	2	3			
35	2	3	2	2	3			
50	2	3	2	2	3–4			
75	2	3–4	2–3	2	3–5			
100	2–3	5	3	2–3	5			
125	3	5–6	3–4	3	5–6			
150	3–4	6–7	4	3–4	6–8			
175	4	7–8	4–5	4	8–10			
200	4	8	5	4	10			
250	4–6	10	5	4	12			
Schulbau								
10	1–2	1–2	1–2	2	2			bis 3
20	2	3	2	2	3			1 WC
25	2	3–4	2	2	3–4			1Wt
35	2–3	4	2–3	2–3	4			
50	3	4–5	3	3	4–5	8	8	bis 10
75	3–4	5–6	3–4	3–4	5–6	8	8	2 WC
100	4	6–7	4	4	6–7	10	10	1Wt
125	4–5	7–8	4–5	4–5	7–8	10	10	
150	5	8–10	5	5	8–10	12	12	
175	5–6	9–10	5–6	5–6	9–12	12	12	
200	6	10	6	6	10–12	12	12	
Verwaltungsbau								
10	1–2	1–2	1–2	1–2	1–2			
20	2	2–3	2–3	2	2–3			
25	2–3	3–4	3	2–3	3–4			
35	3	4	3	3	4			
50	3–4	4–5	3–4	3–4	4–5			
75	4	5–6	4–5	4	5–6			
100	4–5	6	5–6	4–5	6			
125	5	6–7	6–7	5	6–7			
150	5–6	7–8	7–8	5–6	7–8			
175	6–8	8–10	8–10	6–8	8–10			
200	8	10	10	6–8	8–10			
250	8–10	10–12	10–12	8–10	10–12			

Personen	WC ♂	WC ♀	Urinal ♂	Waschtisch ♂	Waschtisch ♀	Dusche ♂	Dusche ♀	Fußwaschbecken ♂	Fußwaschbecken ♀
Sportbau									
10	1	1–2	1–2	2	1–2	1	1		
20	1–2	2–3	1–2	2	2–3	2	2		
25	2	3–4	2	2–3	2–3	2	2		
35	2	4	2–3	3–4	4–5	2	4		
50	2–3	4–5	3	4–5	6	4	6		
75	3	5–6	3–4	4–6	8	6	10		
100	3–4	6	4–5	6	10	10	12		
125	4	6–8	5–6	8–10	12	12	16		
150	4–6	8	6–8	10–12	14	16	18		
175	6–8	8–10	10–12	12–14	14–16	18	22		
200	8–10	10–12	12	15–16	16–18	25	25		
250	10–12	12–14	12–14	15–18	18	30	30		
Industriebau									
10	1–2	1–2	1–2	3–4	3–4	1	1		
20	2	2	2	5–6	5–6	2	2	1	1
25	2	2–3	2–3	6–7	6–8	2	2	1	1
35	2–3	4	3	7–8	9–10	3	3	2	2
50	3	4–5	3	10–12	10–12	4	3	3	3
75	3–4	5–6	3–4	15	15	5	4	4	4
100	4–5	6–7	4–5	20–24	20–24	6	5	5	5
125	5–6	7–8	5–6	25–30	25–30	7	5	6	6
150	6–7	8–10	6–7	30–35	30–35	8	6	7	7
175	7–8	9–12	7–8	35–40	35–40	9	6	8	8
200	8–10	9–12	8–10	40–45	40–45	10	6	9	9
250	10–12	10–14	10–12	50	50	10	8	10	10
Restaurant									
10	1	1–2	1–2	1–2	1–2				
20	1–2	1–2	1–2	1–2	1–2				
25	2	2	2–3	1–2	1–2				
35	2	2–3	2	1–2	2				
50	2	3	2–3	1–2	2–3				
75	2–3	3–4	3	2	3–4				
100	3	4	3–4	2	4				
125	3–4	4–5	4–5	2	4–5				
150	4	5	5–6	2–3	5				
175	4–5	5–6	6–7	3	5–6				
200	5–6	6–8	7–8	3–4	6–8				
250	5–8	7–10	8–10	4–5	7–10				

5.7
Sanitäre Einrichtungen

Die Sanitäreinrichtungen ergeben sich nach dem Raum- und einem Ausstattungsprogramm. Nachfolgend werden tabellarisch Daten und Planungsmittel dargestellt.

5.7.1 Richtwerte der Raumausstattung

Die Ausstattung von Sanitärräumen in verschiedensten Gebäuden sind in den nachfolgenden **Tabellen 5.16/17** ausgewiesen. Hierbei sind neben den Bedarfszahlen auch Komfortstufen berücksichtigt (Auszug aus GEBERIT, Handbuch für Sanitärplaner).

5.7.2 Platzbedarf für Sanitärapparate

Der Platzbedarf für Sanitärapparate sowie nowendige Achs- und Wandabstände von Sanitärapparaten sind in den **Tabellen 5.18/5.19** ausgewiesen.

		MD	MI	MK
Klosettanlage (Zweistück)	A	40	38	45
	B	65	60	75
	L	60	55	75
	T	130	110	150
Klosettanlage (UP)	A	40	38	45
	B	60	55	65
	L	60	55	75
	T	125	105	145
Waschtisch	A	60	50	65
	B	45	35	55
	L	75	60	90
	T	110	90	130
Bidet	A	40	35	45
	B	60	55	65
	L	65	60	75
	T	130	115	150
Badewanne	A	170	160	180
	B	75	70	80
	L	110	100	120
	T	130	120	150
Dusche	A	90	80	100
	B	90	80	100
	L	90	80	100
	T	150	130	170
Spültisch	A	40	35	45
	B	60	55	60
	L	60	55	60
	T	120	105	140
Geschirrspüler/Backofen	A	60	55	60
	B	60	60	65
	L	60	55	60
	T	170	160	180

Tabelle 5.18
Platzbedarf von Sanitärobjekten

A Apparate-Breite
B Apparate-Tiefe
L/T Bewegungsraum
M Abstand Wand – Apparatemitte
MD Maßdurchschnitt
MI Maßminimum
MK Maßkomfort

Klosettanlage	Masse	MD	MI	MK
	M	45	40	55
	L	90	80	110
	B	150	140	160

Klosettanlage und Waschbecken				
	M_1	45	40	50
	M_2	55	50	60
	M_3	110	100	120
	M_4	40	35	45
	L	100	90	110
	B	150	135	165

Klosettanlage und Waschtisch				
	M	45	40	55
	MM	60	55	75
	L	150	135	185
	B	150	140	160

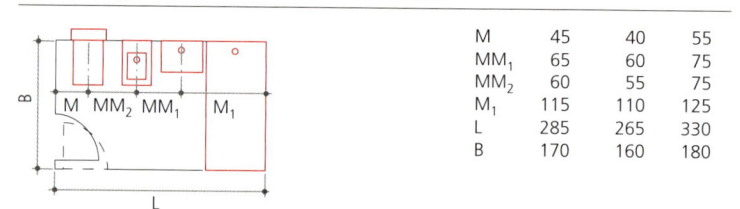

Dusche und Waschtisch				
	M	45	40	55
	M_1	135	120	150
	L	180	160	205
	B	160	150	170

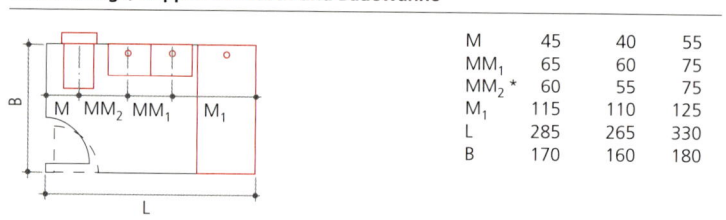

Badewanne und Waschtisch				
	M	45	40	55
	M_1	115	110	125
	L	160	150	180
	B	170	160	180

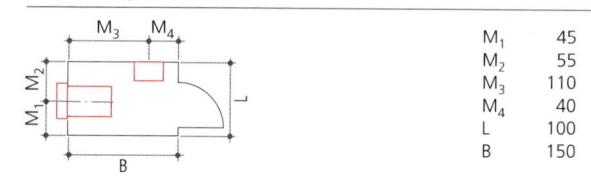

Klosettanlage, Waschtisch und Badewanne	Masse	MD	MI	MK
	M	45	40	55
	MM	60	55	75
	M_1	115	110	125
	L	220	205	255
	B	170	160	180

Klosettanlage, Waschtisch und Dusche				
	M	45	40	55
	MM	60	55	75
	M_1	135	120	150
	L	240	215	280
	B	160	150	170

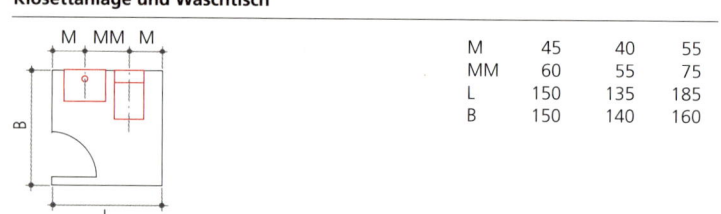

Klosettanlage, Bidet, Waschtisch und Badewanne				
	M	45	40	55
	MM_1	65	60	75
	MM_2	60	55	75
	M_1	115	110	125
	L	285	265	330
	B	170	160	180

Klosettanlage, Doppelwaschtisch und Badewanne				
	M	45	40	55
	MM_1	65	60	75
	MM_2 *	60	55	75
	M_1	115	110	125
	L	285	265	330
	B	170	160	180

* Bei Doppelwaschtisch vom Modell abhängig

B Raumbreite
L Raumlänge
M Abstand Wand – Apparatemitte
MD Maßdurchschnitt
MI Maßminimum
MK Maßkomfort
MM Mitte-Mitte Apparat

Tabelle 5.19
Achs- und Wandabstände von Sanitärobjekten

5.7.3 Platzbedarf von Kücheneinrichtungen (Wohnungsbereich)

Geht man von der Funktion der Küche mit ihren Bereichen aus, so kann man unterscheiden in:
– Spülbereich
– Arbeitsbereich
– Kochbereich
– Vorratsbereich
– Eßbereich

Heute werden im wesentlichen Küchen mit Schweizer- wie auch Europanorm im Wohnungsbereich eingesetzt. **Bild 5.60** zeigt typische Normabmessungen von Kücheneinrichtungen sowie notwendige Frontlängen bei verschiedenen Wohnungsgrößen. Zu beachten ist hierbei, daß die Schweizer Norm von einer Modulbreite eines Elements von 55 cm, die Europanorm jedoch von 60 cm ausgeht.

Neben den bisher beschriebenen Kriterien kann man Küchen auch unterteilen in:
– Längsfrontküche (einzeilig/zweizeilig)
– L-Formküche
– U-Formküche
– freigestaltete Küche.

Bild 5.61 zeigt die verschiedenen Formen der vorher angesprochenen Küchen. Hinsichtlich des Platzbedarfs zum Essen kann **Bild 5.62** als Planungshilfe herangezogen werden. Dieses Bild zeigt den Platzbedarf in Abhängigkeit der Anzahl der Essenteilnehmer sowie der Bestuhlung um einen Eßbereich herum.

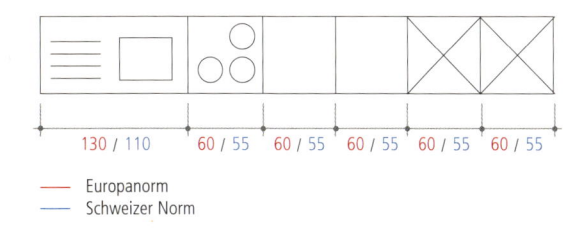

Norm-Frontlängen für Kücheneinrichtungen verschiedener Wohnungsgrößen

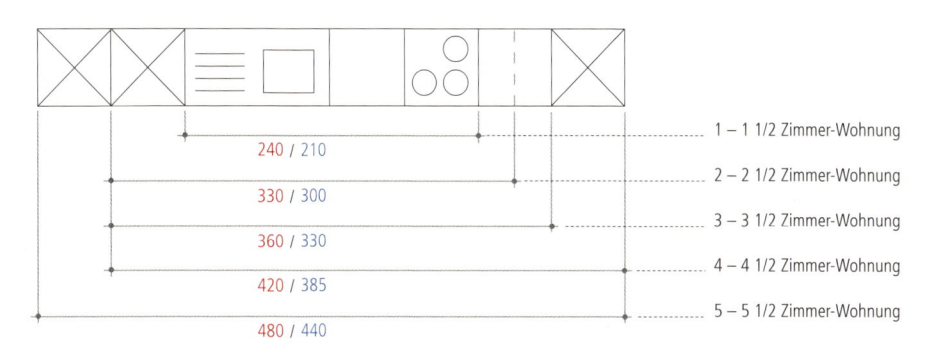

1 – 1 1/2 Zimmer-Wohnung
2 – 2 1/2 Zimmer-Wohnung
3 – 3 1/2 Zimmer-Wohnung
4 – 4 1/2 Zimmer-Wohnung
5 – 5 1/2 Zimmer-Wohnung

Bild 5.60
Aufbau einer Normküche (Funktionen: Spülen/ Arbeiten/ Kochen/ Bevorratung)

Eßplatz		Abmessungen in cm			
		L minimal	normal	B minimal	normal
Variante a	1 Person	150	160	70	80
Variante b	2 Personen (Rechteck)	210	240	70	80
Variante c	2 Personen (Quadrat)	150	160	150	160
Variante d	4 Personen	150	160	220	240
Variante e	6 Personen	210	240	240	270

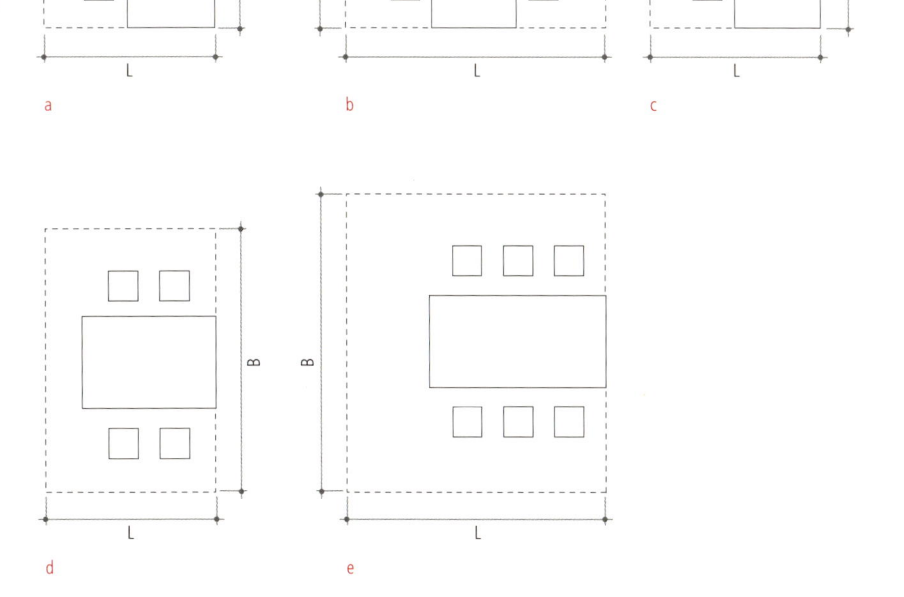

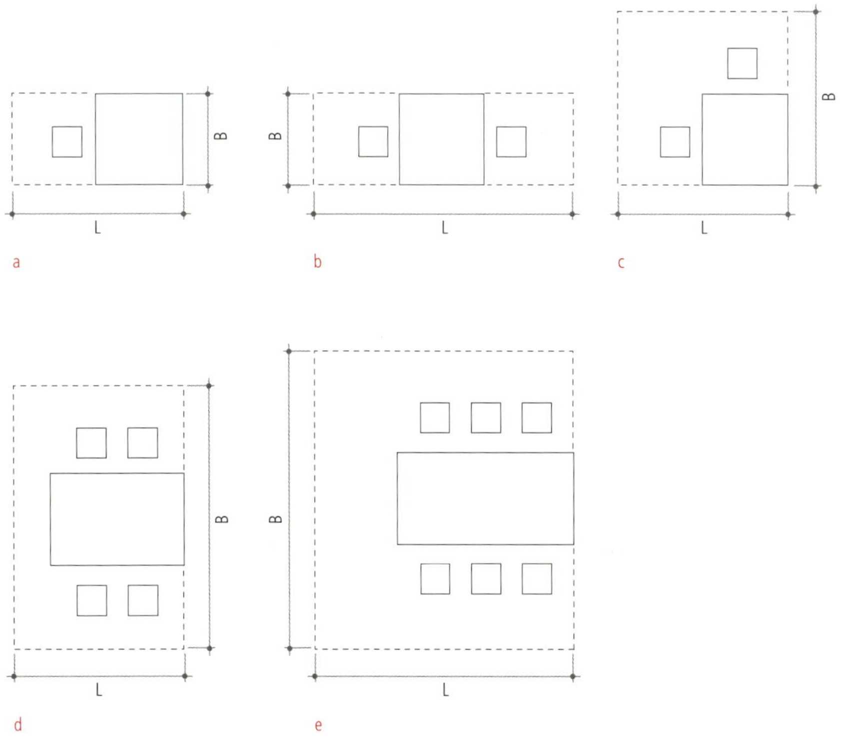

Bild 5.62
Maßskizze Eßbereich

5. Sanitär- und Feuerlöscheinrichtungen

Zweiteilige Längsfrontküchen

Variante a
2 x 4 1/2 Elemente

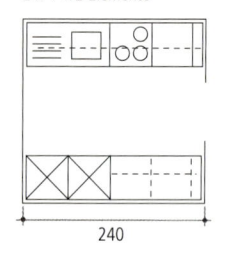

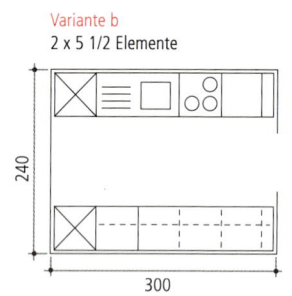

Variante b
2 x 5 1/2 Elemente

L-Form-Küche

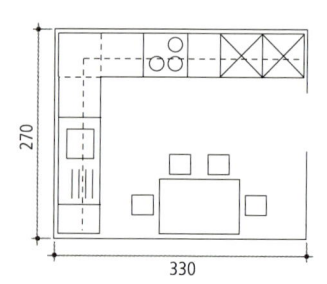

U-Form-Küchen, mit unterschiedlicher Plazierung des Kochherdes

Variante a

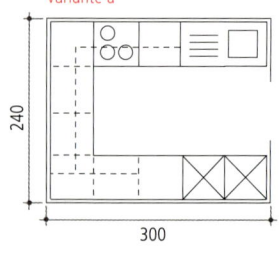

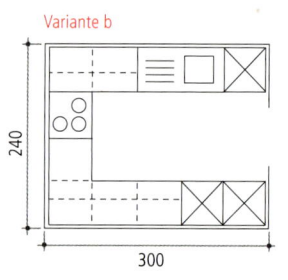

Variante b

Einzeilige Längsfrontküchen

Variante a
4 1/2 Elemente

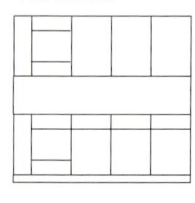

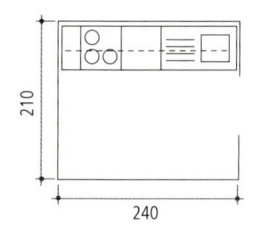

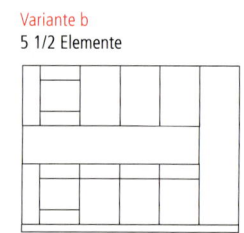

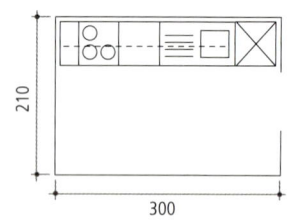

Variante b
5 1/2 Elemente

Variante c
6 1/2 Elemente

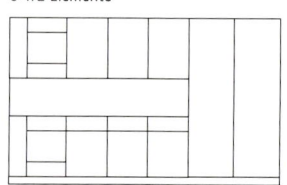

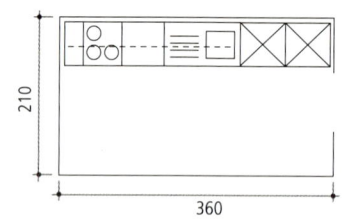

Bild 5.61
Verschiedene Ausbauformen von Kleinküchen

5.7.4 Einrichtungen für Behindertenanlagen

Behindertenanlagen sind unter den Gesichtspunkten der:
- leichten Pflege
- Spritzwasserfestigkeit
- benutzungsgerechten Anordnung (Rollstuhl) und
- Unabhängigkeit von fremder Hilfe zu planen.

Sanitärbereiche für Behinderte müssen so groß ausgebildet werden, daß sie von einem Rollstuhlfahrer benutzt werden können.

Badezimmer und Klosetträume sind grundsätzlich voneinander zu trennen, wobei entsprechende Haltevorrichtungen vorzusehen sind, um die Nutzung und Benutzung durch Behinderte zu erleichtern. Je nach Art der Behinderung sind bei WC-Gruppen „linke" oder „rechte" WC-Kabinen zu planen, das heißt, daß der Rollstuhl entweder links oder rechts vom WC zur Aufstellung kommt. **Bild 5.63** zeigt verschiedene Höhenangaben bei Rollstuhlfahrern sowie Reichweiten bei Frauen und Männern (Angaben aus: Leitfaden zur Vermeidung architektonischer Barrieren und Hindernisse Schweizerischer Invalidenverband).

Aus den in **Bild 5.63** gezeigten Erkenntnissen ergeben sich zum Teil die in **Bild 5.64** gezeigten Abmessungen bei WC- und Duschbereichen. Dabei ist zu beachten, daß keine Duschuntersätze verwendet werden dürfen, sondern ein Ablauf im Boden mit Gefälle von 2 bis 3 % vorzusehen ist, wobei darauf hinzuweisen ist, daß in der Regel Behinderte sitzend duschen.

Weiterhin ist zu beachten, daß beim Handwaschbecken oder Waschtisch die Zufahrt mit dem Rollstuhl ungehindert möglich sein muß, was damit erreicht werden kann, daß statt konventioneller Unterputzsyphons verwendet werden. Neben den gezeigten besonderen Einrichtungen erhalten behindertengerechte Küchen- und Samitäreinrichtungen spezielle Armaturen, die durch große Hebellängen leichter zu bedienen sind.

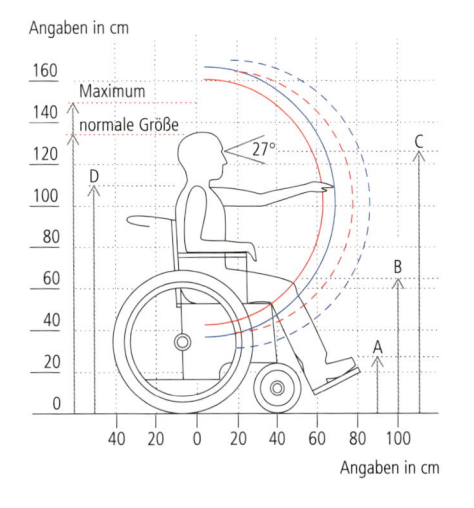

Bild 5.63
Reichweiten aus einem Normalrollstuhl

— Reichweite Frauen, aufrecht
--- Reichweite Frauen, bei vorwärts geneigtem Körper

— Reichweite Männer, aufrecht
--- Reichweite Männer, bei vorwärts geneigtem Körper

A Fußhöhe
B Kniehöhe
C Augenhöhe
D Schulterhöhe

Bild 5.64
Behindertengerechte WC- und Duschbereiche

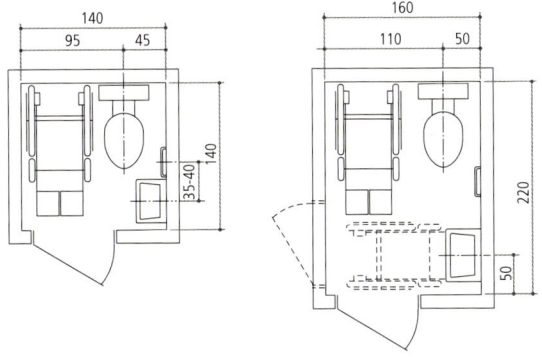

WC als minimale Lösung, nur seitliches Hinüberwechseln ist möglich. Waschbecken auf WC-Seite, gleichzeitiges Händewaschen möglich

Türen sind generell nach außen öffnend anzuschlagen!

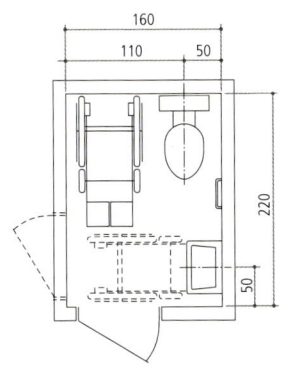

WC als Normalausführung

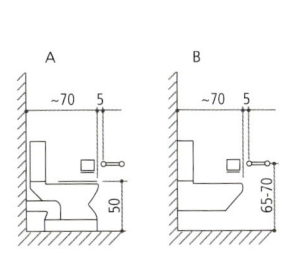

A Normalklosett, evtl mit Sockel
B Wandklosett mit sichtbarem Spülkasten – sehr geeignet!

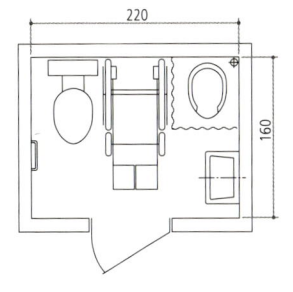

Dusche, minimale Lösung mit WC

Duschen sind für behinderte und alte Menschen sehr geeignet!

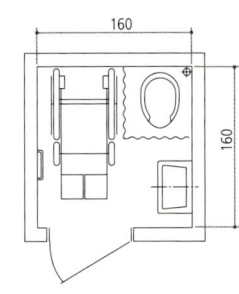

Dusche, minimale Lösung ohne WC

5.7.5 Objekte

Die Sanitäreinrichtungen (Objekte) unterliegen bei der Vielfalt des Angebots den gleichen Auswahlkriterien wie bereits beschrieben (Wirtschaftlichkeit, Beständigkeit, Haltbarkeit, Unterhaltung, Montage).

Als Werkstoffe für Sanitäreinrichtungen werden verwendet:
– Steinzeug
  (Tonware mit verglastem, dichtem Scherben)
– Steingut
  (Tonware mit nicht verglastem, weißen Scherben)
– Feuerton
  (feuerfeste Tone)
– Sanitärporzellan
– Stahl
  (mit allseitiger Emaillierung)
– Edelstahl
  (nicht rostender Stahl/Chromnickelstahl)
– Acrylglas
  (thermoplastischer Kunststoff)
– Kunststoffe
  (Hart-PVC oder glasfaserverstärkte Polyester).

Sanitärobjekte werden zur Zeit in annähernd allen Farben geliefert, wobei hinsichtlich der Farben folgende psychologische Wirkungen zu beachten sind:
– rot bis braun = warm, behaglich
  (im Extrem aufdringlich)
– blau bis grün = elegant und frisch
  (im Extrem kalt)
– Ton in Ton = dezent, ruhig.

Die Farben von Sanitärobjekten müssen selbstverständlich mit denen der Fliesen (Wandplatten) harmonieren und zeigen im Kontrast unter Umständen lebhaft vitale, erfrischende Wirkungen. Dabei zu beachten ist auch, daß dunkle Farben Räume optisch verkleinern und helle Farben das Gegenteil bewirken. Große Spiegelflächen erweitern optisch kleine Räume. Als Ergänzung zu den Sanitärobjekten werden in der Regel Ablageflächen, Seifenhalter oder Seifenspender, Handtuchhaken und Handtuchablagen (Handtuchspender), Desinfektionsmittelspender, Mundglashalter, Spiegelschränke u.ä. sinnvoll und notwendig. Der Umfang der Sanitärobjekte umfaßt, ausgenommen Sondereinrichtungen:

– Handwaschbecken
– Speibeckenanlagen
– Bidetanlagen
– Badewannen
– Brauseanlagen
– Fußbade- und Fußwaschanlagen
– Sitzbadewannen
– Kinderbadewannen
– Klosettanlagen
– Urinalanlagen
– Trinkbrunnenanlagen
– Spülbeckenanlagen
– Ausgußanlagen
– Waschanlagen (Reihenwaschsysteme).

Für einige der Sanitärobjekte sind nachfolgend in den **Bildern 5.65** entsprechende Beispiele aus der Vielzahl des Objektangebots ausgewählt.

Bild 5.65.1
Waschbecken

Bild 5.65.2
Speibecken

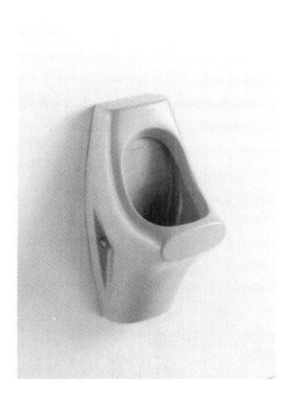

Bild 5.65.3
Urinal

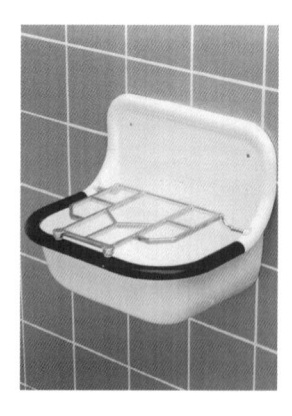

Bild 5.65.4
Ausguß

Bild 5.65.5
Reihenwaschanlage

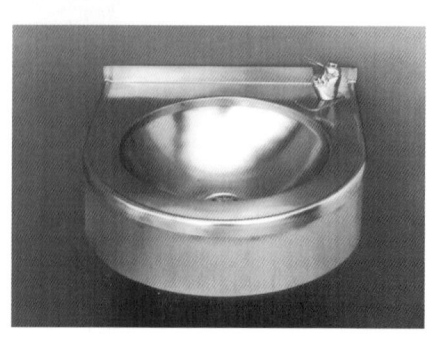

Bild 5.65.6
Trinkbrunnen

5.7.6 Armaturen

Sanitärarmaturen sind nach Anwendungsbereichen zu unterteilen. Sie umfassen:
– Wasserarmaturen
– Abwasserarmaturen
– Gas- und Abgasarmaturen.

Wasserarmaturen sind Rohrarmaturen und Entnahmearmaturen und dienen entweder der Benutzung und Wartung oder der Sicherung und Überwachung der Wasserversorgungsanlagen.

Entnahmearmaturen werden an den Endpunkten der Wasserrohrnetze eingesetzt und dienen der Wasserentnahme bei freiem Auslauf. Diese Entnahmearmaturen sind diejenigen, die optisch gut sichtbar sind und somit seitens der Architekten und Bauherrn von größerem Interesse sind als solche, die ausschließlich technischen Belangen dienen. Die **Bilder 5.66** zeigen verschiedene Entnahmearmaturen.

Bilder 5.66
Entnahmearmaturen

Bild 5.66.1
Grohe bietet in den Brause- und Wannenthermostaten aus der Linie „Taron" die neue Beschichtungstechnologie „Carbodur" an. Mit Hilfe eines „Plasma"-Verfahrens werden die bewährten Keramikscheiben mit einer hauchdünnen Schicht aus diamantartigem Kohlenstoff versehen. Resultate: Die Armatur läßt sich auch noch nach vielen Jahren so leichtgängig bedienen wie am ersten Tag; der Verschleiß der Dichtelemente fällt praktisch für die gesamte Lebensdauer der Armatur nicht mehr ins Gewicht (Werkbilder Grohe)

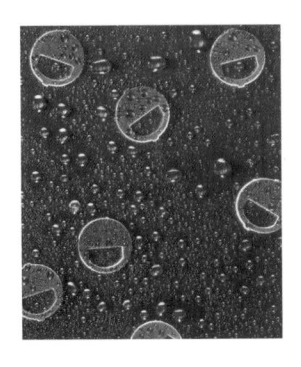

Carbodur-Keramikscheiben mit diamantartiger Beschichtung

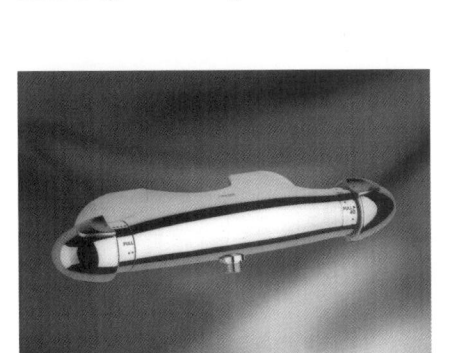

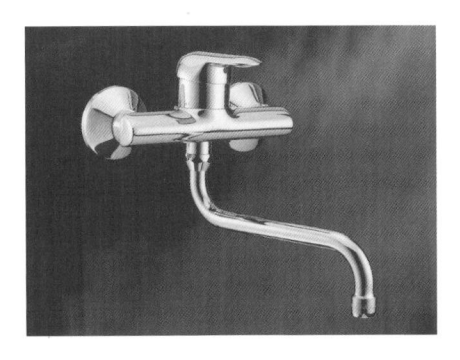

Bild 5.66.2
Spültisch-Wandbatterie mit schwenkbarem Auslauf
(Hansatwist, Hansa)

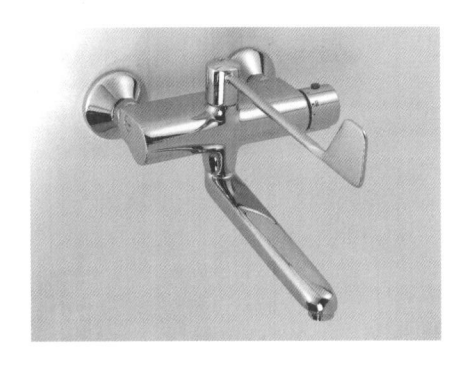

Bild 5.66.3
Thermostat-Batterie mit schwenkbarem Auslauf für die Wandmontage für Arztpraxen und Krankenhäuser
(Hansatempra, Hansa)

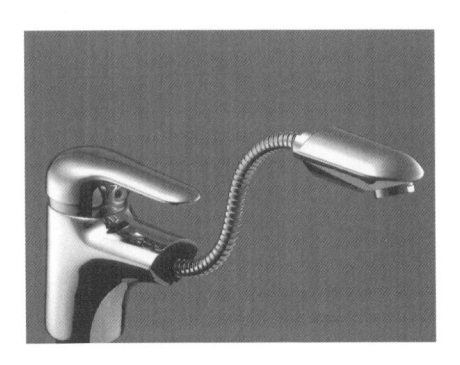

Bild 5.66.4
Einhandmischer für den Waschtisch mit ausziehbarem Auslauf
(Hansaronda, Hansa)

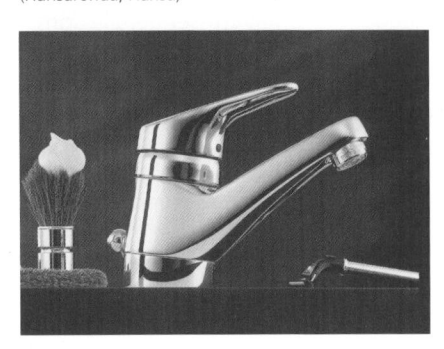

Bild 5.66.5
Einhandmischer mit schwenkbarem Auslauf
(Hansamix, Hansa)

Bild 5.66.6
Einhandmischer mit Umstellung für Wandeinbau
(Hansamix UP, Hansa)

Bild 5.66.8
Einhandmischer für den Waschtisch mit festem Auslauf
(Hansaronda, Hansa)

Bild 5.66.7
Wannen-Wandbatterie mit automatischer Rückstellung mit Brausegarnitur
(Hansalux mit Hansaduojet-S, Hansa)

5.8
Brandschutzanlagen/Feuerlöscheinrichtungen

Die Technik des Brandschutzes, vor allem mit Wasser als Löschmittel, ist ein wichtiges Thema im Rahmen der Sanitärtechnik. Brandschutzanlagen in Gebäuden sind keine üblicherweise nutzbaren Einrichtungen wie Klima-, Lift- oder WC-Anlagen. Sie sind vorbeugende Maßnahmen für den Brandfall, also für den Bauherrn nicht direkt brauchbare Investitionen. Aus diesen Gründen werden Aufwendungen für Brandschutzanlagen meistens infrage gestellt. Es gehört daher auch zur Aufgabe des Architekten, den Bauherren verständlich zu machen, daß sich die Mehrkosten für eine geeignete Brandschutzanlage im Hinblick auf die dadurch gewonnene Sicherheit lohnen. Darüber hinaus verringern entsprechende brandschutztechnische Einrichtungen die Versicherungskosten, unter Umständen auch zusätzliche bauliche Aufwendungen.

5.8.1 Feuerlöscheinrichtungen (Hydranten)

Gebäudekonstruktionen und Feuerlöscheinrichtungen müssen grundsätzlich den feuerpolizeilichen Bestimmungen entsprechen. Die baulichen Maßnahmen wie Unterteilung in Brandabschnitte, Verwendung von feuerbeständigen Baumaterialien, Anordnung der Türen und Treppen usw. berühren die Planung des Architekten. Feuerlöscheinrichtungen müssen in Büro- und Industriebauten, öffentlichen Gebäuden, Warenhäusern, Kinos, Theatern usw. vorgesehen werden, also überall, wo große Menschenansammlungen zu erwarten sind oder wo eine besondere Brandgefahr besteht. Hierzu dienen, nasse, nass-trockene und trockene Löschwasserleitungen, Regenwände, Flächenberegner, automatische Sprinkler und anderes der unmittelbaren Brandbekämpfung.

Der Einbau von Feuerlöscheinrichtungen ist durch die zuständigen Organe der Baubehörden bzw. der Feuerwehr zu be-stimmen (hieraus resultieren auch Rohrweitenbestimmungen/Wasserversorgungen usw.). Die erforderlichen Anschlußleitungen, Entnahmestellen usw. sollen so in die Wandinstallation des Gebäudes integriert werden, daß immer eine genügende Wassererneuerung bei Naßsystemen gewährleistet ist. Löschwasserleitungen und Armaturen müssen aus nichtbrennbaren Werkstoffen erstellt werden.

Folgende Feuerlöschsysteme kommen zum heutigen Zeitpunkt zum Einsatz:

Löschwasserleitungen (naß) mit Wandhydranten
Geeignet für die Benutzung durch die Feuerwehr und jedermann, der zur Bekämpfung eines Brandes zur Verfügung steht (insbesondere Entstehungsbrände).

Bei der Planung entsprechender Wandhydranten ist zu beachten:
– minimaler Fließdruck, am Schlauchanschlußventil 3 bar (min. 100 l/min)
– Minimaldurchmesser der Anschlußleitung DN 50
– Durchmesser der Steige- bzw. Verteilleitung DN 80
– Gleichzeitigkeitsfaktor 3 (min. 200 l/Min).

Bild 5.67 zeigt den Anschluß von Stockwerksleitungen und Wandhydranten über eine gemeinsame Steigeleitung sowie den gesamten Systemaufbau.

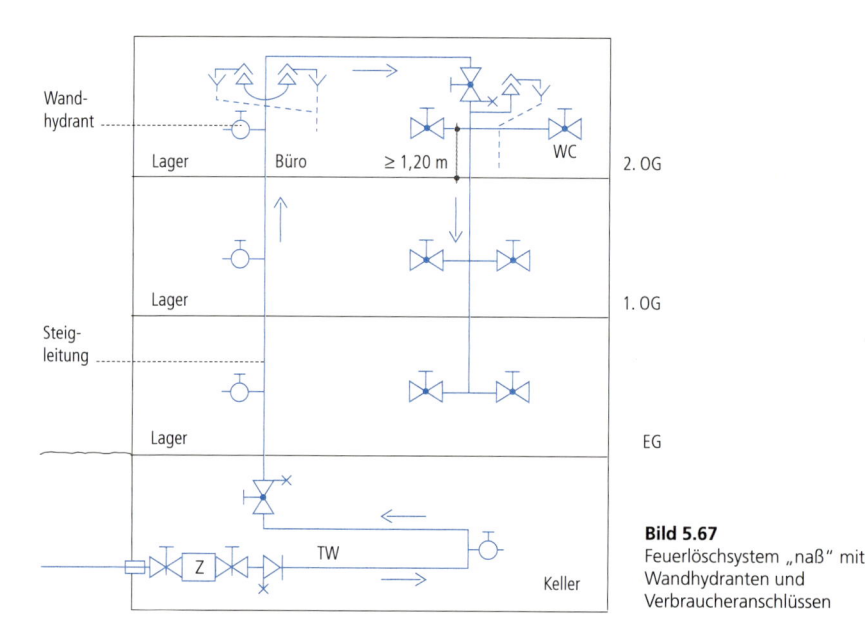

Bild 5.67
Feuerlöschsystem „naß" mit Wandhydranten und Verbraucheranschlüssen

Löschwasserleitungen (naß/trocken) mit Wandhydranten
Geeignet für die Benutzung durch die Feuerwehr und Jedermann zur Bekämpfung von Entstehungsbränden.

Durch Löschwasserleitungen naß/trocken soll erreicht werden, daß Löschwasser aus dem Trinkwasser-Rohrnetz ohne oder mit geringer Verzögerung zur Verfügung steht. Weiterhin soll erreicht werden, daß kein abgestandenes Wasser entsteht, das als Trinkwasser nicht geeignet ist. Da die Leitungen nur im Brandfall mit Wasser gefüllt, sonst aber trocken sind, kann Wasser in den Leitungen nicht einfrieren, eine frostfreie Verlegung der Steigeleitungen ist also nicht notwendig.

Bild 5.68 zeigt ein Feuerlöschsystem im systematischen Aufbau (naß/trocken) mit Ventilstationen.

Löschwasserleitungen (trocken) mit Wandhydranten

Geeignet für die Benutzung durch die Feuerwehr.

„Trockene" Löschwasserleitungen mit Wandhydranten sind nur für die Benutzung durch die Feuerwehr gedacht. Die „trockenen" Steigleitungen sind Löschwasserleitungen, in die das Löschwasser erst im Bedarfsfall durch die Feuerwehr eingespeist wird. Sie ermöglichen damit die Entnahme von Löschwasser ohne zeitraubendes Verlegen von Schlauchleitungen im Brandfall. Diese Steigleitungen dürfen keine unmittelbare Verbindung mit anderen Wasserleitungssystemen besitzen. Werden in einem Gebäude mehrere Steigleitungen eingebaut, so ist jede Steigeleitung getrennt zu führen und mit einer eigenen Einspeisung zu versehen.

Bild 5.69 zeigt einen Anschluß der Löschwasserleitung „trocken". Dieses System wird über Löschfahrzeuge und indirekt über Hydranten im Bereitfall versorgt, wobei die Entnahme in jedem Geschoß über Wandhydranten möglich ist.

Bild 5.68
Feuerlöschsystem „naß/trocken" mit Ventilstation

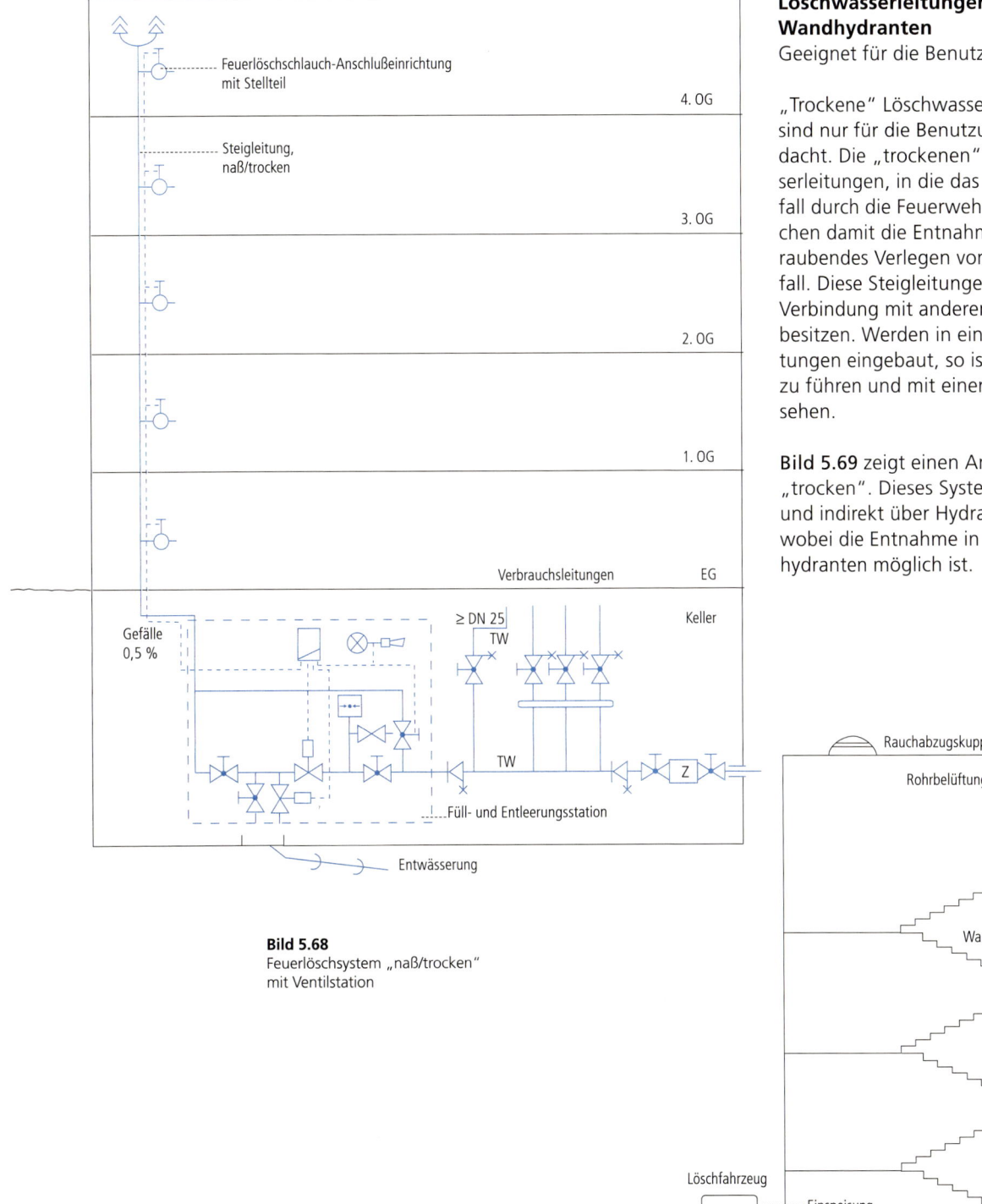

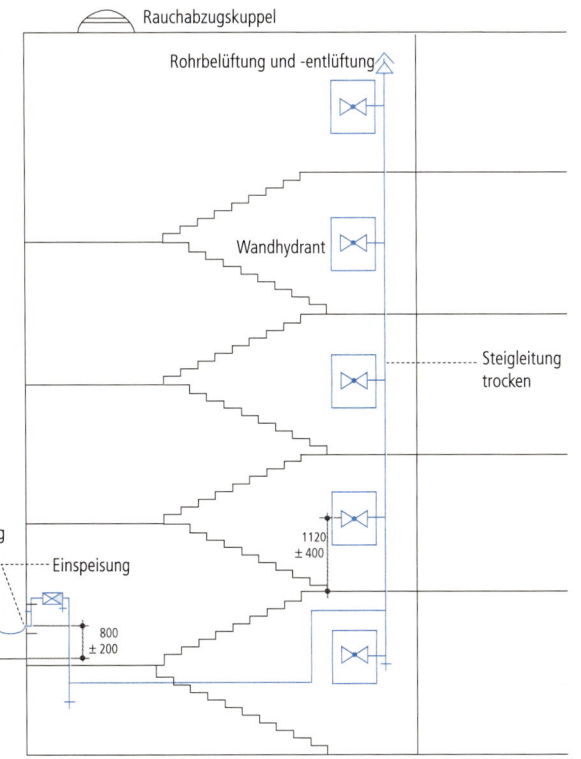

Bild 5.69
Feuerlöschsystem „trocken" mit Einspeisung

5.8.2 Handfeuerlöscher

Je nach Brandbelastung sind zweckentsprechende Handfeuerlöscher in Gebäuden vorzusehen, deren Anzahl, Art, Größe und Standort mit der örtlichen Feuerwehr abzuklären ist.

Es dürfen nur Handfeuerlöscher verwendet werden, die für die Brandklasse A,B,C,D (DIN EN2) geeignet und zugelassen sind. Hierzu gehören:
– Pulverlöscher mit Glutbrandpulver
– Pulverlöscher mit Metallbrandpulver
– Pulverlöscher mit Spezialpulver
– Kohlendioxidlöscher
– Wasserlöscher
– Schaumlöscher

Handfeuerlöscher und Wandhydranten werden häufig in einem gemeinsamen Kasten in den Treppenhäusern untergebracht. **Bild 5.70** zeigt entsprechende Kastengrößen mit Abmessungen.

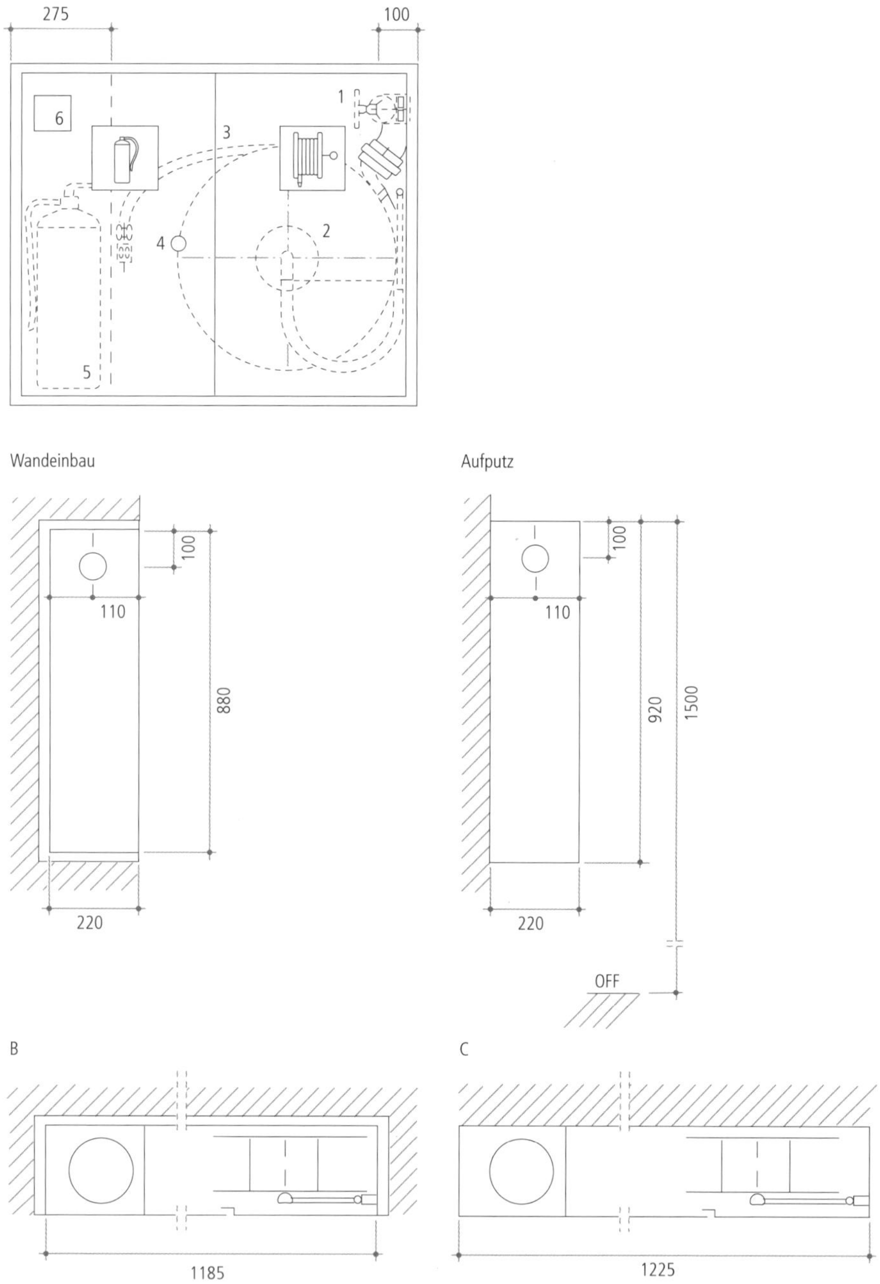

Bild 5.70
Wandhydrant

1 Schlauchanschlußventil
2 wasserführende Schlauchhaspel
3 formstabiler Druckschlauch
4 Stahlrohr
5 Pulverlöscher
6 Einbauvorrichtung für Handfeuermelder

Bild 5.71
Sprinklerleitung und Sprinkler
(Werkbild Krantz – TKT)

5.8.3 Sprinkleranlagen

Sprinkleranlagen sind die am weitesten verbreiteten, selbsttätig arbeitenden Wasserlöschanlagen. Sie arbeiten nach dem Prinzip, einen Brand bereits in der Entstehungsphase zu erkennen und gezielt zu bekämpfen. Die Sprinkler werden in ein an die Wasserversorgung angeschlossenes Rohrleitungsnetz eingeschraubt, das das zu schützende Gebäude oder Flächen desselben durchzieht. Im Brandfall öffnen durch die Brandhitze Schmelzlotsicherungen diejenigen Sprinkler, in deren Nähe das Feuer ausgebrochen ist. Sprinkler versprühen Löschwasser flächendeckend. Sprinkler, die vom Brandherd weiter entfernt sind, bleiben verschlossen. Aus einem geöffneten Sprinkler treten etwa 200 l Wasser pro Minute aus, so daß in 75 % aller Fälle das Feuer von maximal vier Sprinklern gleichzeitig gelöscht wird. Im Falle des Auslösens von Sprinklern werden durch den im Rohrleitungsnetz entstehenden Wasserfluß angeschlossene Alarmeinrichtungen ausgelöst, so daß Alarme automatisch an die zuständige Feuerwehr weitergeleitet werden.

Sprinkler werden nach strengen Richtlinien, z. B. des Verbandes der Sachversicherer (VdS/Bundesrepublik Deutschland), gebaut und geprüft, wobei die Erstellung ausschließlich konzessionierten Errichterfirmen vorbehalten ist.

Aufgrund der hohen Wirksamkeit, Zuverlässigkeit und der damit verbundenen Schadenminimierung im Brandfall wird durch Versicherer ein deutlich höherer Prämienrabatt eingeräumt als beim Einbau von anderen Brandschutzeinrichtungen (z. B. Brandmeldeanlagen, Rauchmeldeanlagen usw.).

Sprinkler sind Löschdüsen, die durch ein Dichtelement und eine Glasampulle verschlossen gehalten werden. Die Glasampulle ist mit einer Flüssigkeit gefüllt, die sich im Brandfall so stark ausdehnt, daß sie platzt. Diese Öffnungstemperatur des Sprinklers soll etwa 30 °C oberhalb der maximal zu erwartenden Raumtemperatur liegen, um Fehlauslösungen zu vermeiden. **Bild 5.71** zeigt einen entsprechenden Sprinklerkopf mit Prallplatte.

Die zulässigen Sprinklerabstände (Schutzfläche pro Sprinkler) werden an die vorhandene Brandgefahr angepaßt. Während in Bereichen mit geringer Brandlast zumindest alle 21 m^2 ein Sprinkler installiert werden muß, wird für Bereiche mit höherem Brandrisiko je max. 9 m^2 ein Sprinkler erforderlich.

Um die Sprinkler im Brandfall mit Löschwasser zu versorgen, werden an der Decke des geschützten Gebäudes Rohre installiert, in die die Sprinkler eingeschraubt sind. Die Nennweite der Rohrleitungen wird durch eine hydraulische Berechnung ermittelt (ähnlicher Berechnung Kaltwasserleitung).

Das Rohrnetz selbst ist in der Regel vollständig mit Wasser gefüllt und steht unter einem Betriebsdruck von ca. 10 bar (Naßanlage).

In Bereichen mit Frostgefahr werden anstatt gefüllter Sprinklerleitungen Trockenanlagen installiert, bei denen das Sprinklerrohr im Bereitschaftszustand mit Druckluft gefüllt ist. Solche Anlagenteile werden erst im Brandfall infolge des Druckabfalls durch geöffnete Sprinkler geflutet.

Die Art der Wasserversorgung wird von der Brandgefahrklasse des Gebäudes und der Objektgröße bestimmt. Bei großen Objekten sowie Anlagen mit höherer Brandgefahrenklasse muß neben dem Anschluß an die Trinkwasserleitung eine weitere „unerschöpfliche" Wasserquelle vorgesehen werden. Diese versorgt über Pumpen die Sprinkler aus einem Vorratsbehälter.

Anstatt des Vorratsbehälters (unerschöpfliche Wasserquelle) können aus Platzgründen auch Zwischenbehälter eingebaut werden, die im Brandfall automatisch nachgespeist werden. Notwendige Sprinklerpumpen und Ventilstationen **(Bild 5.72)** werden in einem separaten Raum untergebracht. Die Sprinklerpumpen werden entweder elektrisch oder über Dieselmotoren angetrieben, wobei bei sehr großen Sprinkleranlagen eine zweite, unabhängige Energiequelle zur Verfügung stehen muß (Pumpe mit E-Motor / Pumpe mit Dieselantrieb).

Bild 5.72
Ventilstation einer
Sprinkleranlage
(Werkbild Krantz – TKT)

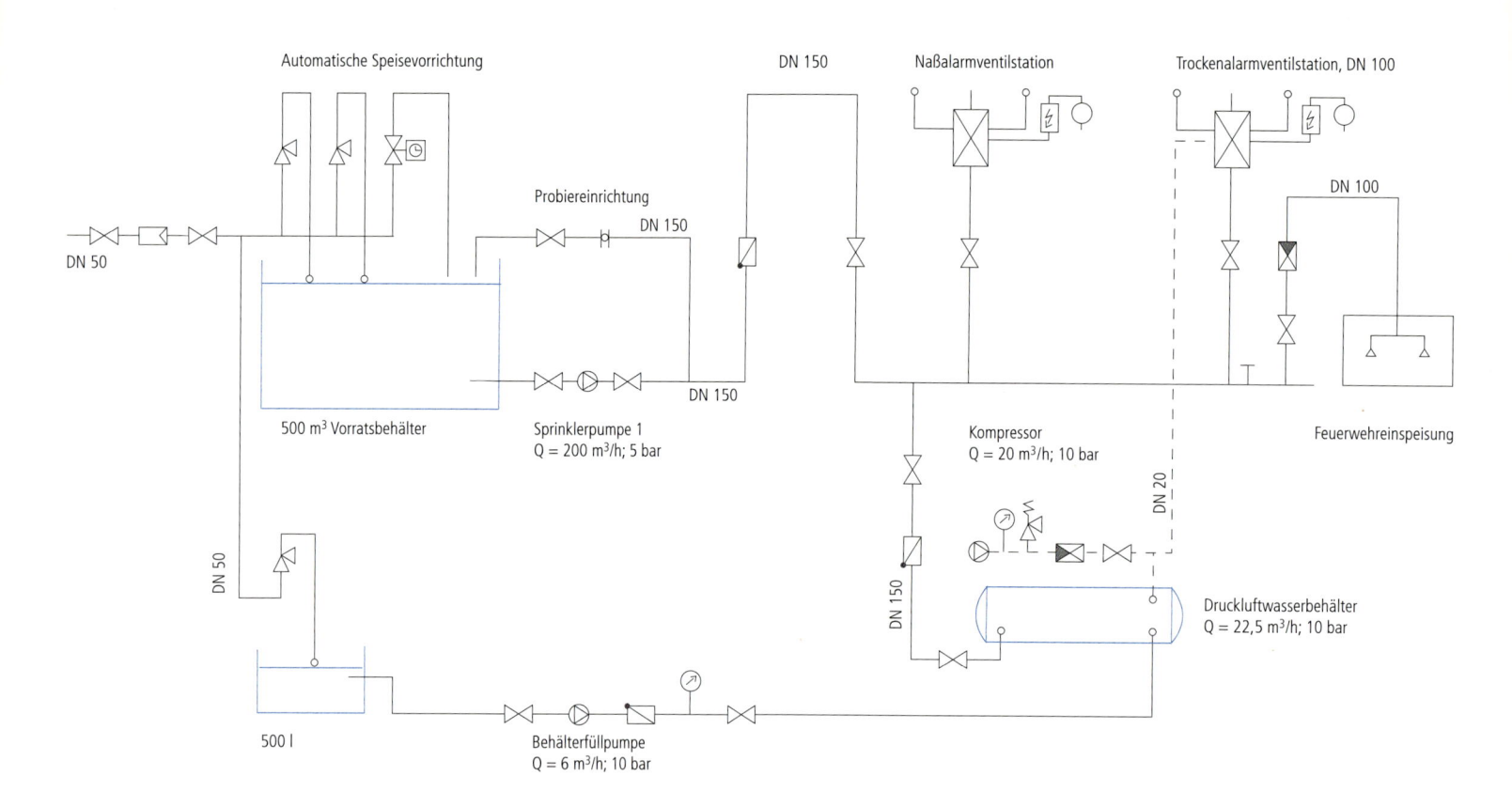

Sprühwasser-Löschanlagen

Sprühwasser-Löschanlagen oder Sprüh-Flutanlagen sind im wesentlichen aufgebaut wie eine Sprinkleranlage. In das Rohrnetz oberhalb des Schutzbereiches werden jedoch keine normalerweise geschlossenen Sprinkler eingebaut, sondern offene Löschdüsen. Das Rohrnetz enthält im Bereitschaftszustand kein Wasser, im Brandfall werden alle Düsen eines Löschbereichs gleichzeitig mit Wasser versorgt. Sprüh-Flutanlagen löschen somit nicht selektiv wie Sprinkleranlagen und werden daher nur dort eingesetzt, wo mit einer schnellen Brandausbreitung gerechnet werden muß.

Bild 5.73 zeigt den typischen Aufbau und das Funktionsschema einer Sprinkleranlage.

Bild 5.73
Funktionsschema einer Sprinkleranlage

- Hauptleitung, naß
- Druckluftleitung
- Absperrventil
- Schmutzfänger
- Rückschlagventil
- Rückschlagklappe
- Sicherheitsventil
- Manometer
- Schwimmerventil
- Meßblende
- Alarmventilstation

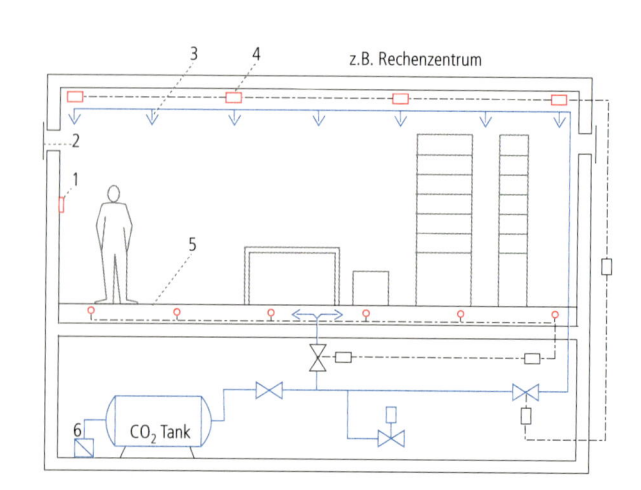

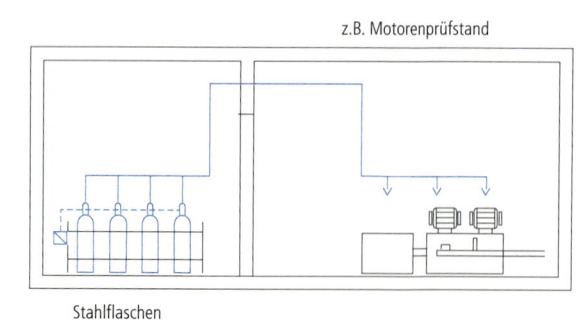

Bild 5.74
Löschanlagen mit CO_2 für Objekt- oder Raumschutz

1. Alarmeinrichtung
2. Schnellschlußklappen für Druckausgleich
3. Löschdüsen
4. Rauchmelder
5. Ionisationsmelder
6. Kühlaggregat

5.8.4 CO_2-Feuerlöschanlagen (Kohlendioxid-Feuerlöschanlagen)

Feuerlöschanlagen dieser Art werden dort eingesetzt, wo sich Brände mit Wasser nicht löschen lassen oder wo Wasser nicht einsetzbar ist, weil die Folgeschäden am Gebäude oder Einrichtungen zu groß würden. CO_2 ist ein farbloses Gas, ist sauber, hinterläßt keine Rückstände und ist nicht korrosiv und nicht elektrisch leitend. Die Löschwirkung beruht auf dem Ersticken des Feuers durch Abschirmung des Sauerstoffs vom Brandherd. Demgemäß wird die CO_2-Löschanlage eingesetzt in Farb-, Lackspritzräumen und Tauchanlagen, Farbmischräumen, an Trockenöfen, Lackierkabinen in Lackierereien, in elektrischen Anlagen bei Transformatoren, Generatoren, EDV-Anlagen (hier wird in erster Linie der Unterboden geschützt), Schaltanlagen, Rundfunk- und Fernsehanstalten, Fabrikationsräumen, Rotationsdruckereien, bei Prüfständen, Papiermaschinen, Folien- und Schaumstoffherstellung, Spinnereien, Raffinerien, in Lagern mit chemischen Produkten und/oder brennbaren Flüssigkeiten, Lagern für Pelze, feinmechanische Erzeugnisse, Räumen mit elektrischen Schaltelementen usw. Man unterscheidet bei den CO_2-Löschanlagen wie bei den Sprinkleranlagen zwischen Raumschutz und Objektschutz.

Raumschutz wird nur dann gewählt, wenn ganze Räume zu schützen sind. Zu beachten ist, daß in diesen Räumen alle Öffnungen und Türen im Brandfall automatisch schließen müssen.

Besonders in EDV-Räumen muß außer der Abschaltung der Lüftungsanlagen auch der Zuluftkanal im Doppelboden automatisch verschlossen werden. Gleichzeitig müssen bei dichten Räumen Überströmleitungen die Raumluft entweichen lassen (CO_2-Verdrängung).

Objektschutz kann gewählt werden, wenn nur eine Maschine oder dergleichen in einem Raum eine Brandquelle bilden kann oder wenn ein zusätzlicher gezielter Schutz besonders gefährdeter Einrichtungen oder Maschinenteile erreicht werden soll (Generatoren oder Trafos, Spinnereimaschinen, Folien- und Papiermaschinen, Motorprüfstände, Kabel in Doppelböden von EDV-Maschinensälen, Bandlager und dergleichen).

Die CO_2-Löschanlage besteht aus einer CO_2-Vorratsanlage, der Verteilstation, dem Rohrnetz und den Spezialdüsen. Die Bevorratung des Gases kann durch Stahlflaschenbatterien oder in Spezial-CO_2-Tiefkühlgroßbehältern erfolgen. Bei kleinen und mittleren Anlagen wird das flüssige CO_2 in 30 kg-Stahlflaschen bei Raumtemperatur (nicht über 45 °C) gelagert. Die wirtschaftliche Grenze zwischen Flaschen- und Tankbevorratung liegt bei etwa 3000 kg Lagermenge.

Bei Großanlagen verwendet man stark wärmegedämmte Tanks, in denen das flüssige CO_2 bei Temperaturen von −27 bis 20 °C gelagert wird. Die ständige Kühlung erfolgt durch Kleinkältemaschinen mit Direktverdampfern. In der Industrie ist es üblich, daß bei Großanlagen mit ausreichender Bemessung und Absicherung der notwendigen Löschmittelmenge auch CO_2 für andere Zwecke, z. B. Schutzgasschweißung und in der Getränkeindustrie, aus dem gleichen Behälter entnommen wird.

Die Löschmittelmengen errechnen sich in Abhängigkeit vom zu löschenden Brandstoff und der Größe der zu schützenden Räume oder Gegenstände nach der VdS-Richtlinie 2093.

Der Löschvorgang wird durch im Raum oder Schutzbereich angebrachte Rauchmelder ausgelöst, die bei Ansprechen gleichzeitig einen akustischen Alarm auslösen. Der Austritt des CO_2 aus den Löschdüsen erfolgt verzögert, damit Personen den Raum schnellstens verlassen können, da CO_2 zum Tode durch Ersticken führt.

CO_2-Löschanlagen werden von Fall zu Fall, anstatt von Rauchmeldern, von Ionisations- oder Thermomeldern ausgelöst, die schneller ansprechen. **Bild 5.74** zeigt den schematischen Aufbau von CO_2-Löschanlagen für Objekt- und Raumschutz.

Um den schwerwiegenden Nachteil der CO_2-Löschanlage (Erstickungsgefahr) bei Ausnutzung aller Vorteile auszuräumen, wurden in der Vergangenheit Halon-Feuerlöschanlagen entwickelt, die jedoch inzwischen wieder aufgrund der FCKW-Problematik verboten sind. Als Ersatz hierfür wurden inzwischen Löschgase wie Inergen und Argon eingesetzt. Inertgas-Feuerlöschanlagen eignen sich insbesondere dort, wo es auf einen schnellen Löscherfolg ankommt und Folgeschäden, verursacht durch Löschmittel, unbedingt verhindert werden müssen. Sie eignen sich deshalb besonders gut für den Schutz von Rechenzentren und anderen elektrischen und elektronischen Einrichtungen wie z. B. Meß- und Leitwarten, Telekommunikationszentralen, Datensicherungsräumen usw. Ein weiterer besonderer Vorteil für die Löschung elektronischer Anlagen besteht gegenüber CO_2-Löschanlagen darin, daß durch die gasförmige Löschmittelbereitstellung beim Ausströmvorgang keine Verdampfung eintritt und damit praktisch keine Abkühlung des Flutungsbereiches erfolgt. Der gefürchtete „Kälteschock" an empfindlichen Einrichtungen durch Trockeneisbildung stellt sich nicht ein.

Neben CO_2, Inergen und Argon werden auch noch Stickstoff oder Argonite als Löschgase eingesetzt.

5.9
Zentralen/Schächte/
Horizontalinstallationen

Sanitärzentralen zur Aufstellung von Warmwasserbereitungsanlagen, unter Umständen kleineren Wärmeerzeugungsanlagen, Kalt- und Warmwasserspeichern, Pumpengruppen, Schaltschränken usw. benötigen ohne Berücksichtigung spezieller Löschanlagen in etwa einen Flächenbedarf von 4 m^2 je 1.000 m^2 Nutzfläche des Objektes. Der prozentuale Flächenbedarf steigt dann erheblich an, wenn infolge spezieller Betriebseinrichtungen wie z. B. Großküchen, Fabrikationsstätten usw. ein überproportional großer Wasserbedarf besteht.

Der Umfang von Feuerlöscheinrichtungen mit Pumpenstationen, Ventilstationen, Druckwasserbehältern und unerschöpflichen Wasserquellen kann in einem gleichen Größenbereich liegen wie die Sanitärzentrale selbst, unter Umständen jedoch deutlich darüber hinausgehen. Hierbei ist insbesondere bei Sprinkleranlagen danach zu suchen, daß die unerschöpflichen Wasserquellen (10 bis 150 m^3 Wasser) an Orten zur Aufstellung kommen können, die ansonsten kaum zu nutzen sind (z.B. Abfahrtsspindel einer Tiefgarage). Die notwendigen Schachtflächen sind bei Sanitäranlagen nicht unbedingt nur eine Frage der Größe sondern vielmehr eine Frage der richtigen Anordnung und betragen in der Regel ca. 5 % der Technikzentralenfläche.

Ausschnitt aus einem Wohnungsgrundriß

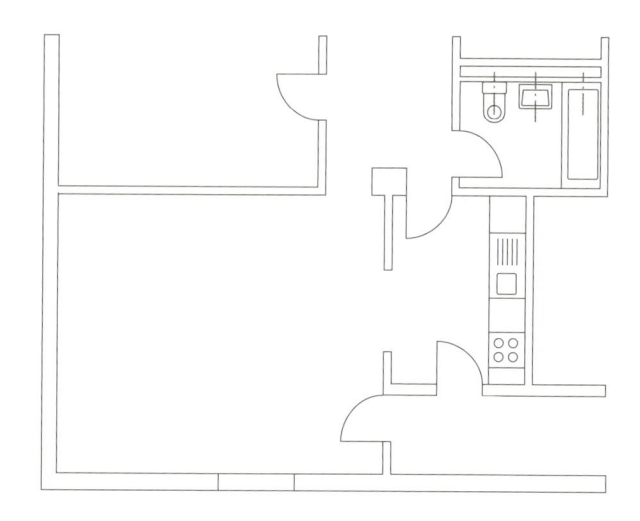

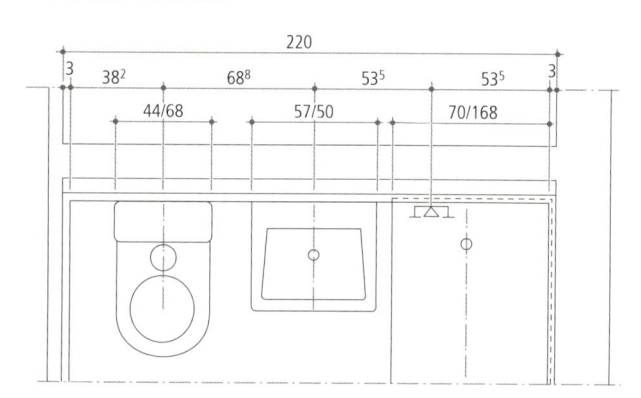

Bild 5.75.1
Bildhafte Darstellung des Planungsablaufes eines Badezimmers

Badezimmer-Detail, Stufe 1

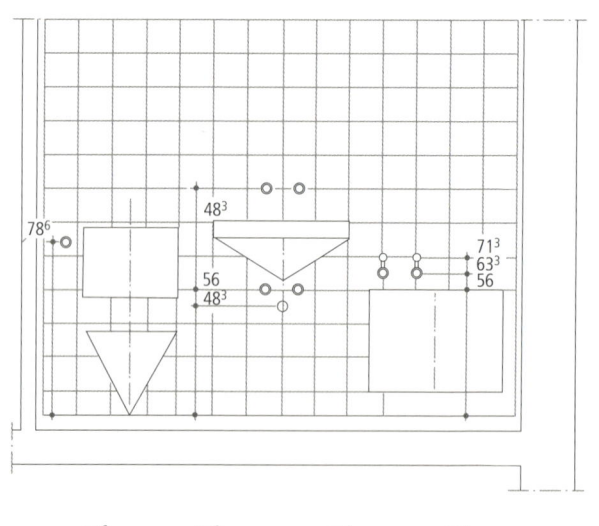

Bild 5.75.2
Details Badezimmer

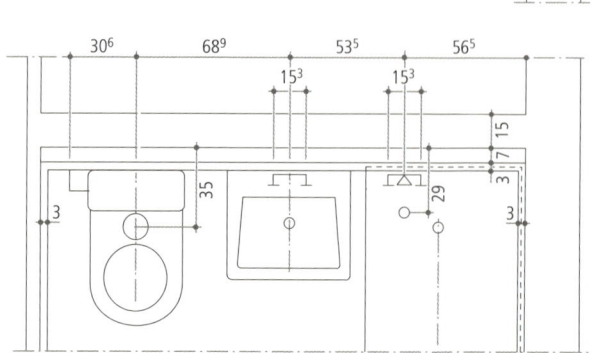

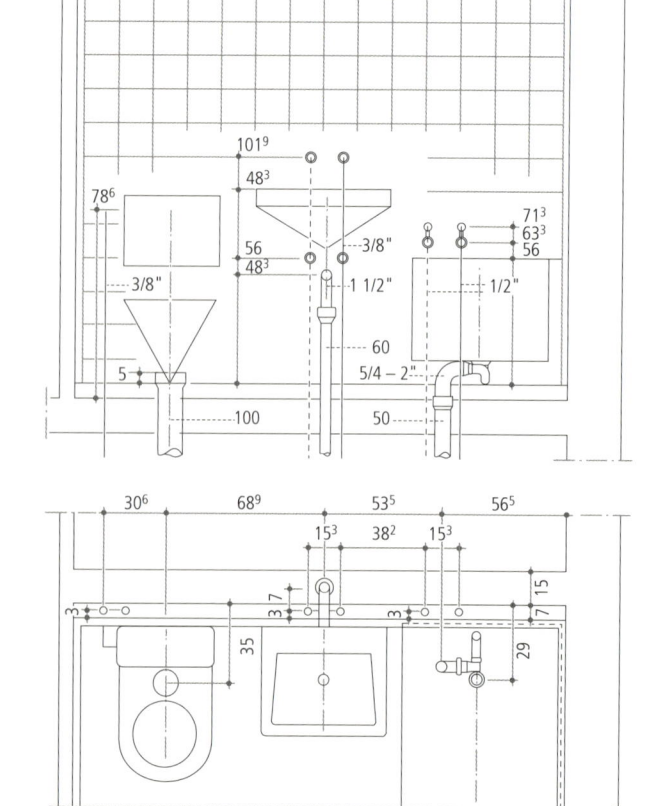

Die **Bilder 5.75.1/2** deuten das Problem an. Der Wohnungsgrundriß beinhaltet eine kleinere Naßzelle (Badezimmer) mit lediglich drei Objekten (WC, Waschbecken, Badewanne).

Die nebeneinander liegenden Objekte müssen ausreichend bedienerfreundlich angeordnet werden und müssen sich zudem einem Fliesenspiegel anpassen. Hieraus resultieren die nebeneinander liegenden Rohrabgänge für Warmwasser, Kaltwasser und Abwasser der verschiedenen Objekte. Aus dieser Situation heraus ergibt sich selbst bei diesem kleinen Objekt bereits eine Schachtbreite von 2,2 m bei einer notwendigen Tiefe von ca. 0,3 m. In diesem Schacht werden in der Regel nicht nur Vertikalleitungen verzogen, sondern gleichzeitig müssen sich Vertikal- mit Horizontalleitungen kreuzen können. Die so voreinander liegenden Leitungen, im wesentlichen isoliert, besitzen trotz kleinster Dimensionen unter Umständen einen Außendurchmesser von etwa 100 mm. Um die Isolierung einwandfrei aufbringen zu können, sind entsprechende Abstände zu wahren (siehe Kapitel über Isolierung). Obwohl bei der dargestellten Apparatekonfiguration lediglich das WC einen Durchmesser von 100 mm besitzt, tragen gleichwohl auch die kleineren Rohrdimensionen mit ihrer Isolierung zu ähnlichen Dimensionen bei.

Vorwandinstallationen ermöglichen hier eine optimierte Platzausnutzung **(Bild 5.75.3)** sowie eine einfache und schnelle Montage.

Bei Horizontalinstallationen von Wasser- und Abwasserleitungen sind insbesondere die Gefälleleitungen zu beachten, die, wie bereits dargestellt, je Meter um mindestens 2 cm fallen können müssen. Insofern können sich hier sehr schnell Probleme auftun, wenn es darum geht, längere Gefälleleitungen von Apparaten zu einem Schacht zu führen. Will man einen total flexiblen Grundriß mit unterschiedlichen Nutzungsansprüchen installieren, so empfiehlt es sich, einen Bodenaufbau von bis zu 30 cm zu errichten, in dem entsprechende Gefälleleitungen bis max. 30 – 35 m verzogen werden können. Dieser Anspruch ist noch ungewöhnlich und wird in der Regel nicht durchgesetzt, jedoch bei mobilen Immobilien mehr und mehr notwendig.

Bild 5.75.3
Vorwandinstallationssystem

Mit dem Vorwandinstallationssystem DAL-RAPID können Bäder sehr individuell geplant sowie schnell und fast ohne Schmutz für den Kunden umgesetzt werden

1. Gebäudeperformance
2. Mensch und Behaglichkeit
3. Integrierte Planungsansätze
4. Heizungsanlagen
5. Sanitär- und Feuerlöschanlagen
6. Lüftungs- und Klimatechnik
7. Kälte- und Kühlsysteme
8. Starkstromanlagen
9. Lichttechnik
10. Tageslichttechnik
11. Schwachstromanlagen
12. Förderanlagen

6. Lüftungs- und Klimatechnik (RLT-Anlagen)

6.1 Natürliche Lüftung (Freie Lüftung)

Will man ein Bauvorhaben ausschließlich natürlich oder im wesentlichen natürlich belüften, so ist zu beachten, daß der natürlichen Belüftung Grenzen gesetzt sind, wie zum Beispiel durch:

– maximale Raumtiefe
– Windanfall am Standort des Gebäudes
– Häufigkeit von Windstillen
– Emissionen
– Thermik im Raum

Insofern muß bei der freien Lüftung als erstes geklärt werden, mit welchen Häufigkeiten und welchen Windrichtungen am entsprechenden Standort zu rechnen ist, das heißt ob der Standort eine ausreichende, natürliche Lüftung jederzeit zuläßt. Darüber hinaus spielen bei der natürlichen Lüftung die Arten der Fenster sowie sonstige Arten der Öffnungsmöglichkeiten eine Rolle. Weiterhin ist die Frage zu klären, ob am entsprechenden Standort des Gebäudes die auftretenden Emissionen ein laufendes, natürliches Lüften zulassen, oder ob infolge von Staub, Geräuschen, Gerüchen etc. eine natürliche Lüftung eingeschränkt wird.

Ein besonders interessanter Aspekt bei der natürlichen Lüftung von Gebäuden tritt da auf, wo der Wunsch besteht, ein Haus bei übergroßen Raumtiefen natürlich zu lüften oder aber Gebäudeteile mit großen Glashäusern oder Wintergärten zu verbinden oder abzudecken. Hier lassen sich, wie die Praxis zeigt, interessante Lösungen aufbauen, die eine Vielzahl von konträren Einzelthemen gleichwohl verbinden.

6.1.1 Windanfall

Die Entstehung von Wind kann als allgemein bekannt vorausgesetzt werden, so daß bei der Standortbetrachtung im Vordergrund steht, wie häufig und wieviel Wind und aus welchen bevorzugten Windrichtungen dieser auf ein Gebäude einwirkt.

In Mitteleuropa bestehen in der Regel ausreichende Erkenntnisse über Windrichtungen und Windhäufigkeiten sowie Windgeschwindigkeiten aufgrund einer Vielzahl von Messungen entsprechender Meßstationen (Datensammlung gemäß DIN 4710). Die Unterschiede im täglichen Wechsel der Luftgeschwindigkeiten sind relativ gering und können bei Berechnungen (heizungstechnische Untersuchung) vernachlässigt werden. Demgegenüber zeigt die jahreszeitliche Statistik, daß die mittleren Windgeschwindigkeiten in Mitteleuropa im Winter größer sind als im Sommer und daß sie in Küstennähe sehr viel höhere Werte als im Binnenland annehmen.

Bild 6.1 zeigt mittlere, monatliche Windgeschwindigkeiten in verschiedenen Städten. Hierzu ist die Betrachtung der prozentualen jährlichen Windstillen interessant. **Bild 6.2** zeigt, daß die Windstillen nicht unbedingt mit den Regeln für küstennahe Gebiete bzw. Binnenland einhergehen, sondern daß hier offensichtlich primär die Lagen der Städte selbst eine nicht unwesentliche Rolle spielen. So zeigt Stuttgart mit einem Anteil von Windstillen in der Größenordnung von 10,4 % pro Jahr deshalb diese deutliche Ausprägung, da diese Stadt im wesentlichen in einem Talkessel liegt.

Weiterhin interessant ist, daß die mittlere Windstärke bei sehr hohen oder sehr niedrigen Temperaturen in der Regel geringer als bei mittleren Temperaturen ist, das heißt im Winter und im Hochsommer treten geringere Windgeschwindigkeiten auf als in der Übergangszeit **(Bild 6.3)**.

Bild 6.1
Mittlere monatliche Windgeschwindigkeit in verschiedenen Städten DIN 4710

..... Hamburg
– – München
— Stuttgart

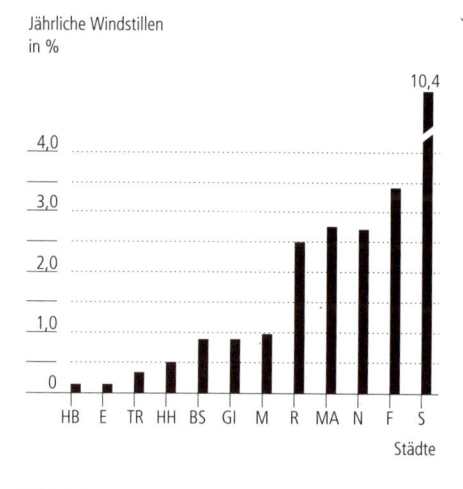

Bild 6.2
Jährliche Windstille in % für verschiedene Städte
(siehe Autokennzeichen)

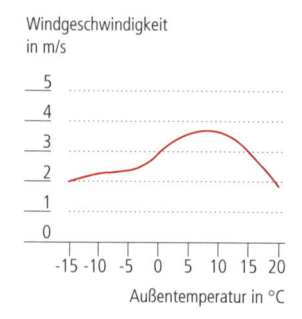

Bild 6.3
Mittlere Windgeschwindigkeit in Abhängigkeit der Außentemperatur in Hamburg

6.1 Natürliche Lüftung

Mittlere Windgeschwindigkeit in m/s

Windrichtungsverteilung in %

Essen   Hamburg   Frankfurt am Main   München

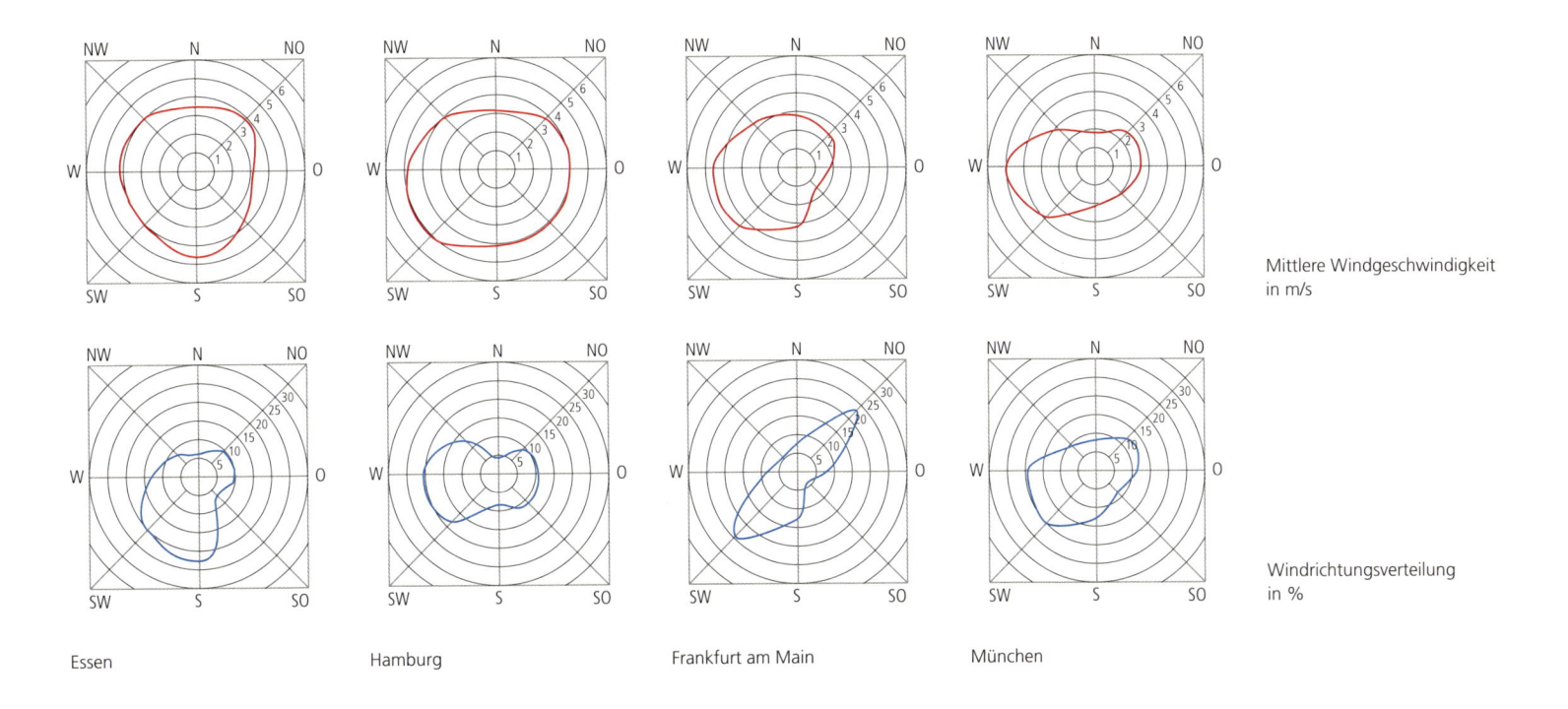

Bild 6.4
Windstatistiken für Essen, Hamburg, Frankfurt am Main, München

Die **Bilder 6.4.1** bis **6.4.6** zeigen sowohl Windgeschwindigkeiten als auch mittlere, jährliche Windrichtungen in ihrer Verteilung für verschiedene Standorte. Aus sämtlichen Standorten läßt sich ablesen, daß im wesentlichen für Mitteleuropa Winde aus Nordwest bis Südwest vorherrschend sind.

Trifft Wind auf ein Gebäude auf, so entsteht auf der dem Wind zugekehrten Seite des Gebäudes (Luvseite) ein Überdruck und auf der dem Wind abgekehrten Seite (Leeseite) ein Unterdruck. **Bild 6.5** weist auch aus, daß an den seitlichen Flächen, an denen der Wind vorbeiströmt, Unterdruckfelder entstehen. Diese Kenntnis ist bei der Planung von natürlich belüfteten Gebäuden wichtig und nimmt dann einen hohen Wert ein, wenn es darum geht, Gebäude mit übergroßen Tiefen natürlich zu durchlüften. Dabei entsteht die Frage, in welcher Form gegebenenfalls ein Unterdruck so erhöht werden kann, daß die Wirkungsweise der natürlichen Lüftung zusätzlich verstärkt wird.

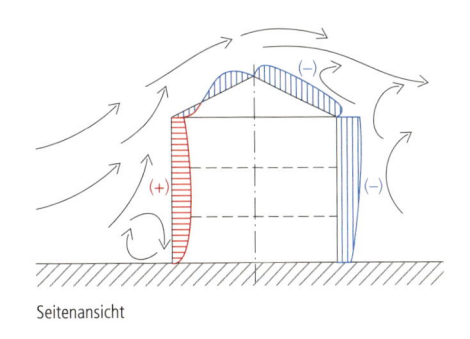

Seitenansicht

Bild 6.5
Windanfall auf ein Gebäude

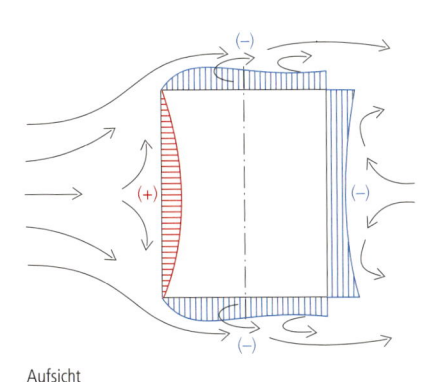

Aufsicht

6.1.2 Lüftung durch Fensterelemente

Grundsätzlich vorauszuschicken ist, daß als natürlich belüftbare Räume solche gelten, bei denen bei einseitiger Belüftungsmöglichkeit die maximale Raumtiefe 2,5 x lichte Raumhöhe und bei Durchlüftungsmöglichkeit (zweiseitige Lüftungsmöglichkeit) infolge sich gegenüberliegender öffenbarer Fensterelemente eine maximale Raumtiefe von 5 x lichte Raumhöhe nicht überschritten wird. Diese maximalen Raumtiefen werden bei natürlicher Lüftbarkeit in der Regel von genehmigenden Behörden anerkannt. Somit kann man die theoretisch freie Belüftbarkeit von Räumen durch entsprechende Vergrößerung der Raumhöhen ermöglichen.

Der Windeinfall und die Luftströmungen im Raum verändern sich einmal mit dem Verhältnis der Umgebungstemperaturen (Außentemperaturen zu Raumtemperaturen) und weiter in Abhängigkeit von der Außenluftgeschwindigkeit. **Bild 6.6** zeigt eine prinzipielle Darstellung der Luftströmungen bei freier Lüftung und den verschiedenen Parametern. Als Beispiel sollen auch die **Bilder 6.7.1** und **6.7.2** die Veränderungen der Raumluftgeschwindigkeiten bei unterschiedlichen Temperaturen und bei unterschiedlichen Staudrücken auf die Fassade darstellen. Mit größer werdender Temperaturdifferenz zeigt sich gemäß **Bild 6.7.1** eine bessere Raumdurchspülung, das gleiche gilt auch mit größer werdendem Druck auf die Fassade.

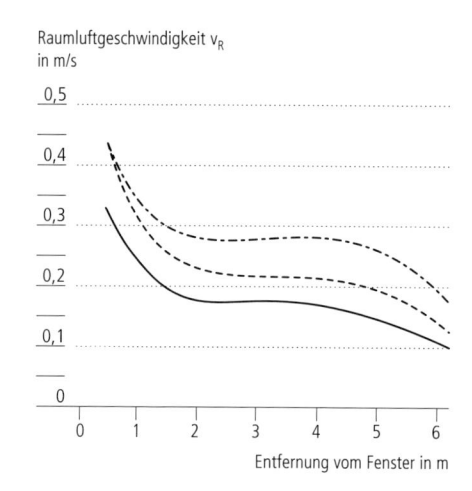

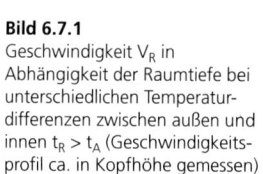

Bild 6.7.1
Geschwindigkeit V_R in Abhängigkeit der Raumtiefe bei unterschiedlichen Temperaturdifferenzen zwischen außen und innen $t_R > t_A$ (Geschwindigkeitsprofil ca. in Kopfhöhe gemessen)

--- P_{dyn} = 10 Pa; (≈ 4m/s); Δt = 3K
--- P_{dyn} = 10 Pa; (≈ 4m/s); Δt = 2K
— P_{dyn} = 10 Pa; (≈ 4m/s); Δt = 0K

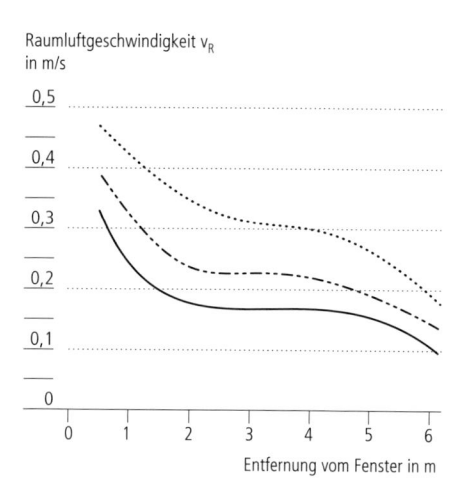

Bild 6.7.2
Geschwindigkeit V_R in Abhängigkeit der Raumtiefe bei unterschiedlichen Staudrücken (Geschwindigkeitsprofil ca. in Kopfhöhe gemessen)

..... P_{dyn} = 30 Pa; (≈ 7,2m/s); Δt = 0K
—·— P_{dyn} = 20 Pa; (≈ 6,0m/s); Δt = 0K
— P_{dyn} = 10 Pa; (≈ 4,0m/s); Δt = 0K

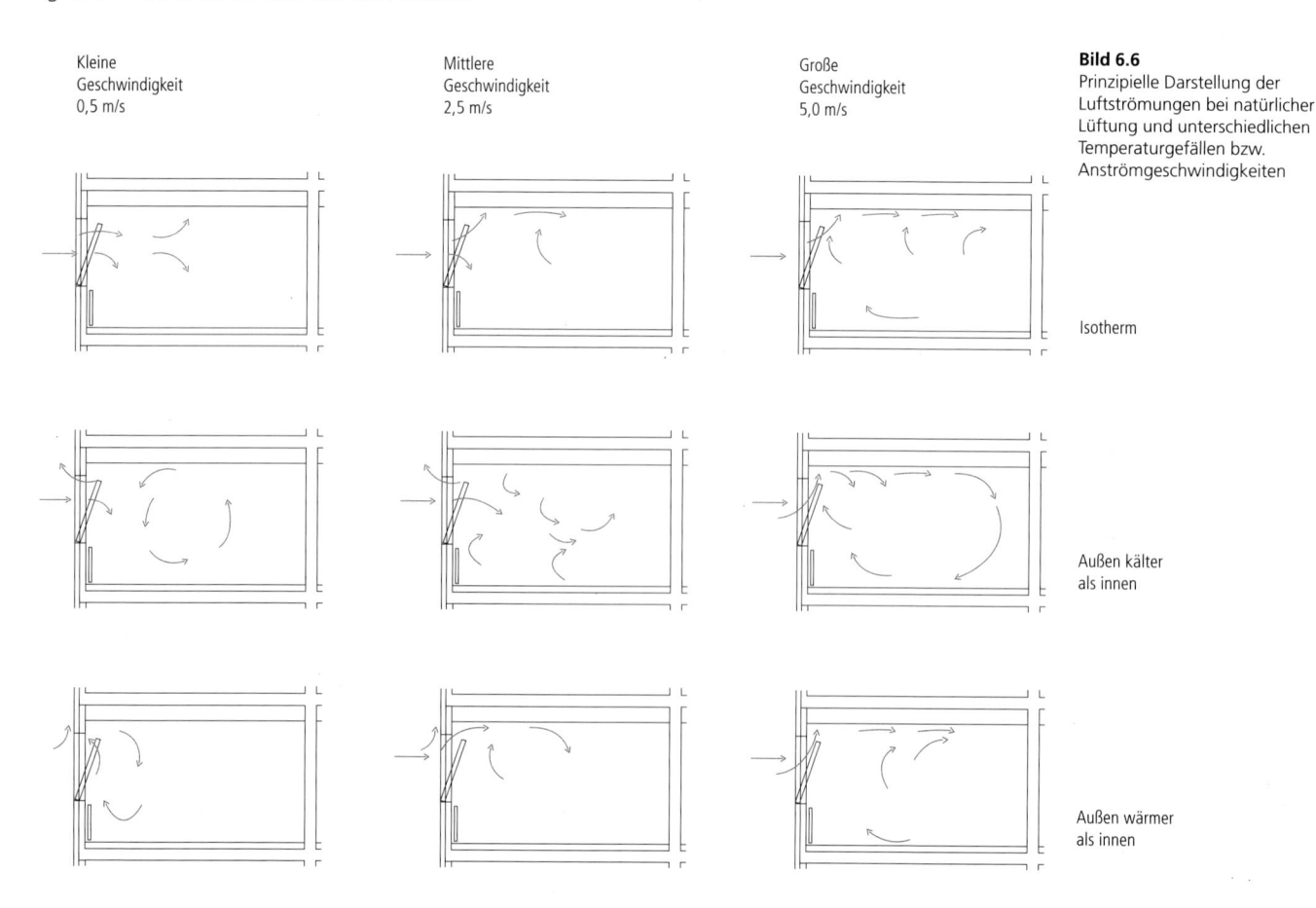

Bild 6.6
Prinzipielle Darstellung der Luftströmungen bei natürlicher Lüftung und unterschiedlichen Temperaturgefällen bzw. Anströmgeschwindigkeiten

Kleine Geschwindigkeit 0,5 m/s — Mittlere Geschwindigkeit 2,5 m/s — Große Geschwindigkeit 5,0 m/s

Isotherm

Außen kälter als innen

Außen wärmer als innen

Die Wirksamkeit von Fensteröffnungen für die freie Lüftung ist in der **Tabelle 6.1** dargestellt (gem. VDI 2719). Die Bezeichnung der Wirksamkeit von 1 bis 5 bedeutet:
1. Zu geringer Luftwechsel – zu geringe, hygienische Außenluftmengen in Räumen für Personen
2. Am Grenzbereich der hygienisch notwendigen Außenluftmengen
3. Luftwechsel in jeder Hinsicht akzeptabel
4. Hoher Luftaustausch mit starker Verminderung des CO_2-Gehaltes (muß unter Umständen durch Fensterschließung gedrosselt werden)
5. Sehr hoher Luftwechsel, geeignet auch für Räume mit großer Menschenansammlung bei kurzzeitiger Stoßlüftung.

Bild 6.8 zeigt abschließend für einen beispielhaften Modellraum den Luftwechsel als Funktion der Anströmrichtung, Anströmgeschwindigkeit und der geöffneten Fensterfläche. Da in der Regel bei ausreichender, natürlicher Lüftung ein Luftwechsel um das zwei- bis vierfache genügt, zeigt sich, daß bei hohen Windgeschwindigkeiten (z. B. 5 m/s) bereits minimale Fensteröffnungen ausreichen, um einen entsprechenden Luftwechsel zu erzielen. Das gezeigte Beispiel weist aus, daß bei einer Fensteröffnung von 50 % und einer Anströmgeschwindigkeit von 3 m/s aus Ost bzw. Nordwest Luftwechsel im Bereich von 4,5 bzw. 13,3 erzielt werden.

Tabelle 6.1
Wirksamkeit von Fensteröffnungsarten für die Lüftung

Fenster Öffnungsart	Öffnungsstellung	Wirksamkeit				
		1 keine bis gering LZ ***) 0,2 bis 0,8 h^{-1}	2 gering bis gerade ausreichend LZ ***) 0,8 bis 1,5 h^{-1}	3 mittlere LZ ***) 0,8 bis 4 h^{-1}	4 große LZ ***) 4 bis 9 h^{-1}	5 sehr große LZ ***) 9 bis 50 h^{-1}
Dreh- und Drehkipp	geschlossen	●				
	in Spaltstellung (Dreh) geöffnet *)		●			
	in Drehstellung geöffnet				●	
	in Drehstellung geöffnet mit gegenüberliegenden Öffnungen					●
Dreh-Kipp Kipp Klapp	geschlossen	●				
	in Spaltstellung (Kipp) geöffnet		●			
	in Kipp- (Klapp-) Stellung geöffnet			●		
	in Kipp- (Klapp-) Stellung geöffnet mit gegenüberliegenden Öffnungen				●	
Wende- Schwing	geschlossen	●				
	in Spaltstellung geöffnet			●		
	ganz geöffnet				●	
	ganz geöffnet mit gegenüberliegenden Öffnungen					●
Schiebe (vertikal oder horizontal)	geschlossen	●				
	in Spaltstellung geöffnet			●		
	ganz geöffnet				●	
	ganz geöffnet mit gegenüberliegenden Öffnungen					●
Lüftungsein- richtungen ohne Ventilator **)	geschlossen	●				
	geöffnet			●		
	geöffnet mit gegenüberliegenden Öffnungen				●	
Lüftungsein- richtungen mit Ventilator **)	geschlossen	●				
	Ventilator in Betrieb je nach Stufe			●	●	

*) Mit Zusatzbeschlagteilen werden sogenannte Spaltlüftungsstellungen von Fensterflügeln ermöglicht, die vielfach, besonders bei kühler Witterung, ausreichende Luftwechsel zustande kommen lassen. Folgende Systeme werden angeboten:
– Scheren zur Begrenzung der Öffnungsweiten
– Fensterbremse und Fensterfeststeller für Dreh- und Dreh-Kippfenster; hiermit läßt sich der Flügel in beliebiger Stellung feststellen
– Betätigungsgriffe und Getriebe mit Einstellrastereinrichtungen; hiermit sind verschiedene Kippstellungen einstellbar
– Zusatzbeschlagteile zur Einstellung von Spaltlüftungsstellungen bei gekippten Flügeln
– Spaltbegrenzer bei Schwingflügeln (auch abschließbar als Einbruchschutz)
– Spaltbegrenzer (auch abschließbar) für Schiebe- und Hebeschiebefenster
– Elektromotorische Betätigung von Kippflügeln (Regelung auch über Zeituhren, Wärmesensoren, Windmesser usw.)

**) Mit Lüftungseinrichtungen sind auch kombinierte Konstruktionen gemeint, die z.B. zur Schalldämmung, Wärmerückgewinnung, Regenschutz, Insektenschutz usw. geeignet sind. Die Anforderungen sind im einzelnen zu präzisieren.

***) LZ = Luftwechselzahl in h^{-1}

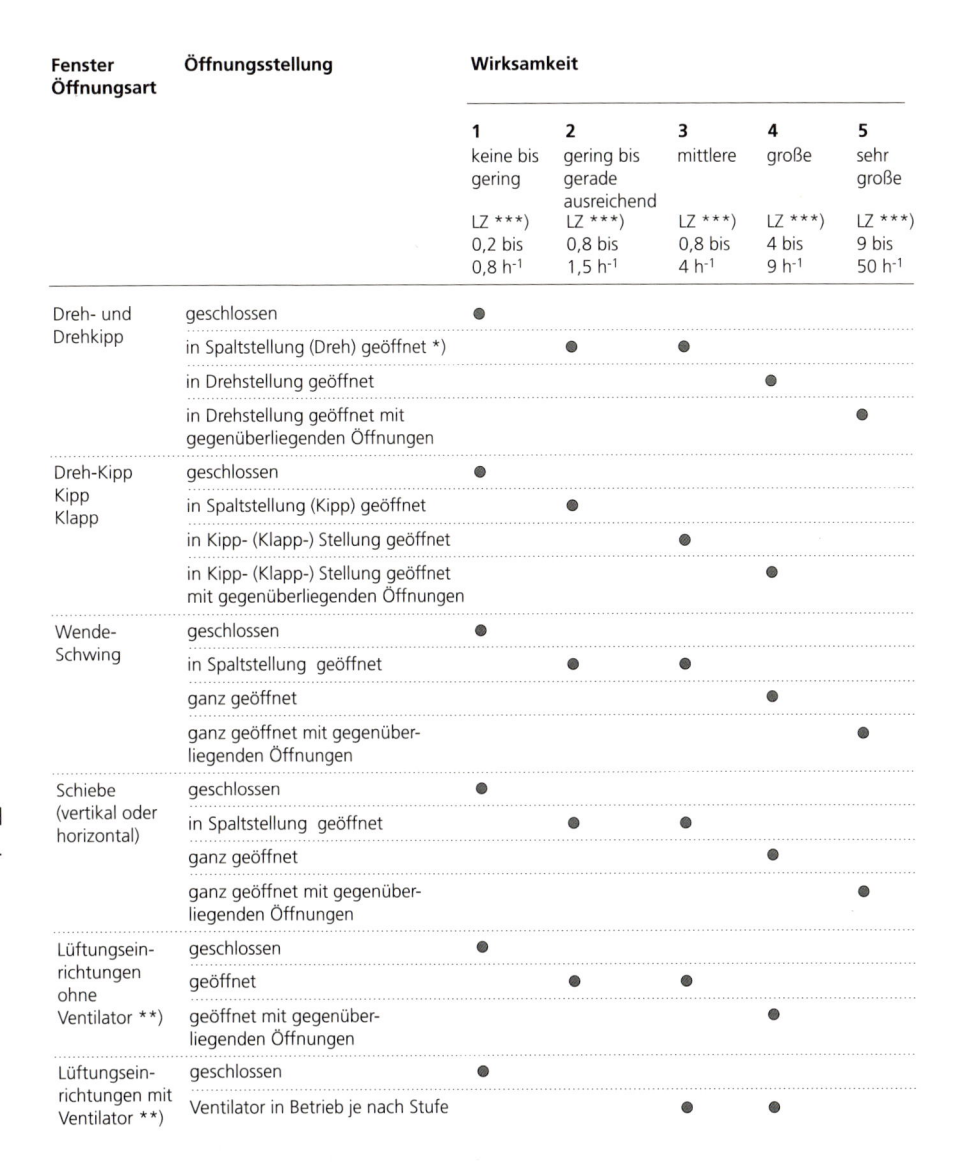

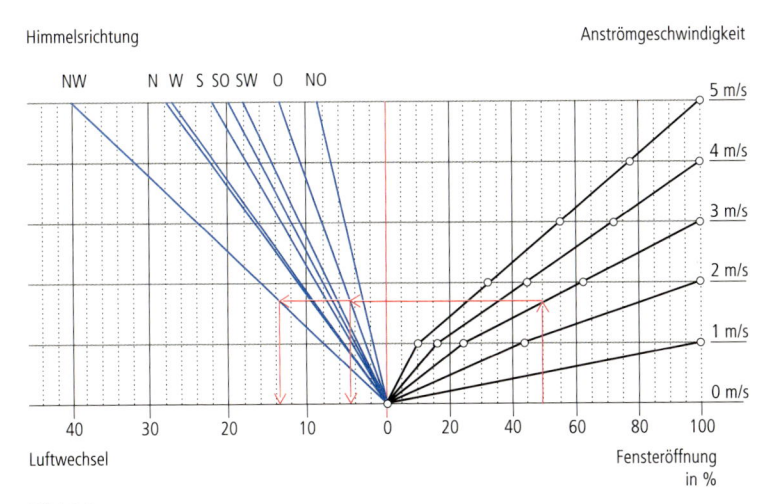

Bild 6.8
Luftwechsel als Funktion der Anströmrichtung, Geschwindigkeit und der geöffneten Fensterfläche

6.1.3 Lüftung mit Hilfe von Schächten

Will man sehr tiefe Gebäude oder Großraumlösungen weitestgehend natürlich lüften, so kann man einmal entsprechend die Fassade so ausbilden, daß sie eine hohe Außenluftzuströmung zuläßt (Fensterelemente) und weiterhin im Inneren des Gebäudes Schächte (Lichthöfe) einsetzen, die im Dachbereich infolge ihrer Gestaltung zu hohen Unterdrücken führen und somit einen Sogeffekt herbeiführen, der das Gebäude durchlüftet. Als Beispiel ist in **Bild 6.9.1** ein Geschoßgrundriß dargestellt, in **Bild 6.9.2** sind die natürlich lüftbaren Außenzonen und normalerweise nicht natürlich lüftbaren Innenzonen ausgewiesen. Um festzustellen, wie und in welcher Form das Gebäude aus verschiedenen Richtungen angeströmt wird und welche Druckbeiwerte sich im Fassadenbereich ergeben, sind Windkanalstudien sinnvoll, die zu den notwendigen Erkenntnissen führen.

Bild 6.10.1 zeigt das Massenmodell eines Gebäudes mit umgebender Verbauung, **Bild 6.10.2** ein Geschoßmodell zur Feststellung und Sichtbarmachung der Raumströmungen innerhalb eines Geschosses (Geschoßmodell aus Plexiglas).

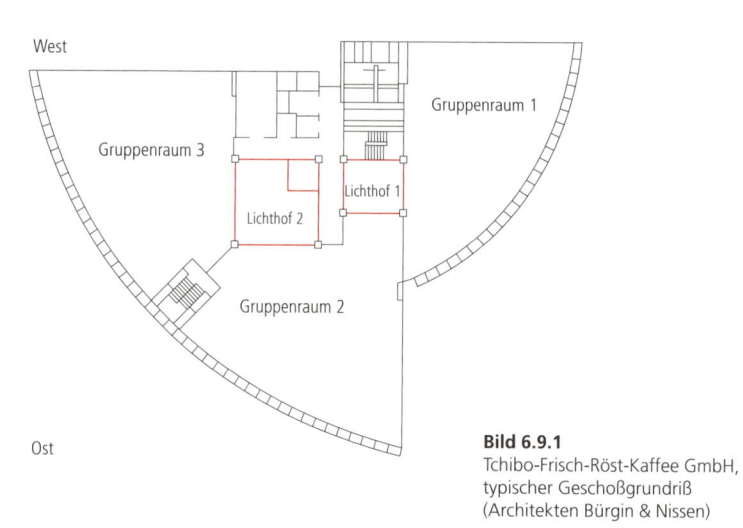

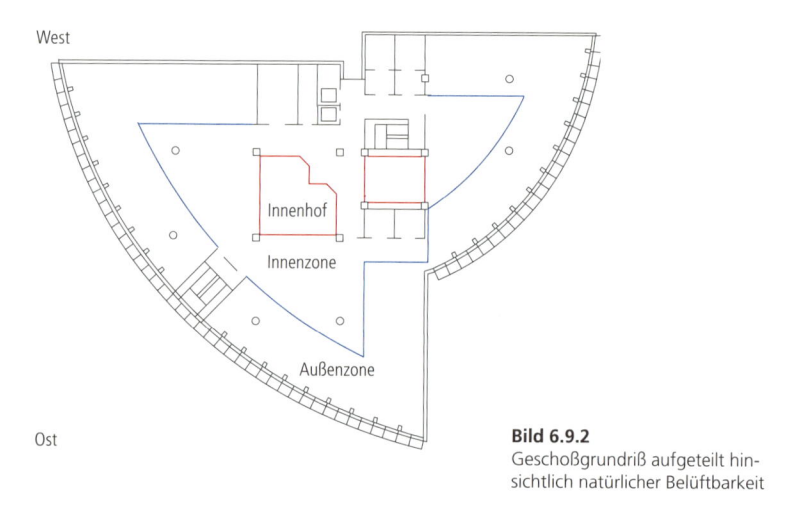

Bild 6.9.1
Tchibo-Frisch-Röst-Kaffee GmbH, typischer Geschoßgrundriß (Architekten Bürgin & Nissen)

Bild 6.9.2
Geschoßgrundriß aufgeteilt hinsichtlich natürlicher Belüftbarkeit

Bild 6.10.1
Massenmodell im Windkanal mit Umgebungsrauhigkeit

Bild 6.10.2
Großmodell eines Geschosses (M 1:10) im Strömungslabor

Bild 6.11 weist Dachaufbauten mit Fensterklappen auf, die je nach Windanströmung dazu beitragen, im Dachbereich und somit im Lichthof einen Unterdruck zu erzielen, was zur Folge hat, daß die großen Raumtiefen natürlich durchlüftet werden (Strömungsrichtung: Fenster – Außenzone – Innenzone – Lichthof – Dach).

Im Winter wird auch bei geringen Windgeschwindigkeiten der Innenraum dann natürlich durchlüftet, wenn sich ein ausreichend großer Temperaturunterschied zwischen innen und außen ergibt. Der erzielte Luftwechsel tritt jedoch nur dann auf, wenn die Aussenluft kälter ist als die Raumluft. Bei isothermen Verhältnissen (Temperaturgleichheit) ist bei Windstille (Calmen) keine Luftbewegung möglich.

6.1.4 Lüftung über Hallen und Wintergärten

Um das innerstädtische, räumliche Angebot um ein Gebäude herum zu verbessern, werden immer wieder Entwürfe entwickelt, die große Wintergärten oder glasgedeckte Passagen in die Baumaßnahme aufnehmen. **Bild 6.12.1** zeigt den Grundriß eines Gebäudes mit Wintergärten und eine etwa 150 m lange Glaspassage für ein Verwaltungsgebäude in Hamburg. **Bild 6.12.2** weist die Vorstellungen der Architekten hinsichtlich der Passage (interne Straße) aus. Wie gut erkennbar ist, ist die Passage mit ihrer Länge von 150 m glasüberdeckt und verbindet somit die jeweils außenliegenden Gebäudekomplexe. **Bild 6.13** zeigt einen Schnitt durch das Gebäude mit der Passage und angrenzenden Wintergärten sowie eine Ansicht gegen die Wintergärten.

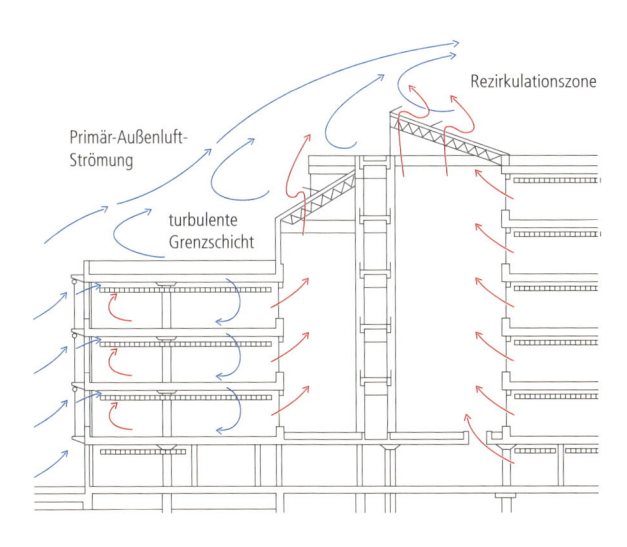

Bild 6.11
Gebäudequerschnitt mit dargestellten An- und Durchströmungsverhältnissen

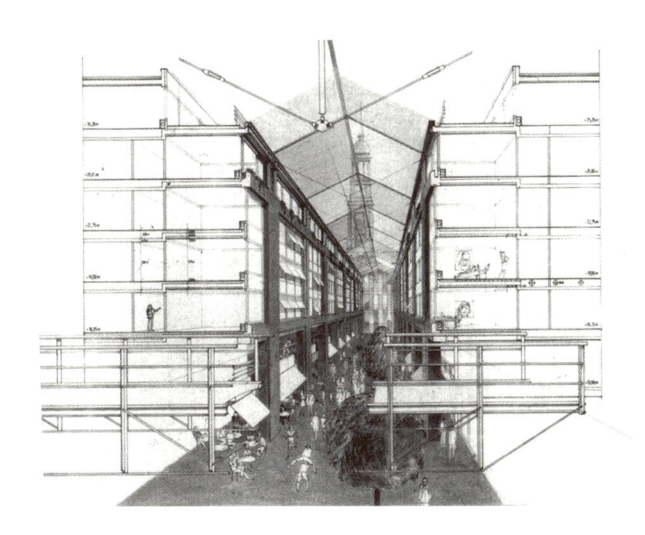

Bild 6.12.2
Isometrie der Verlagsstraße

Bild 6.12.1
Lageplan Gruner & Jahr AG
(Entwurf von Gerkan, Marg + Partner)

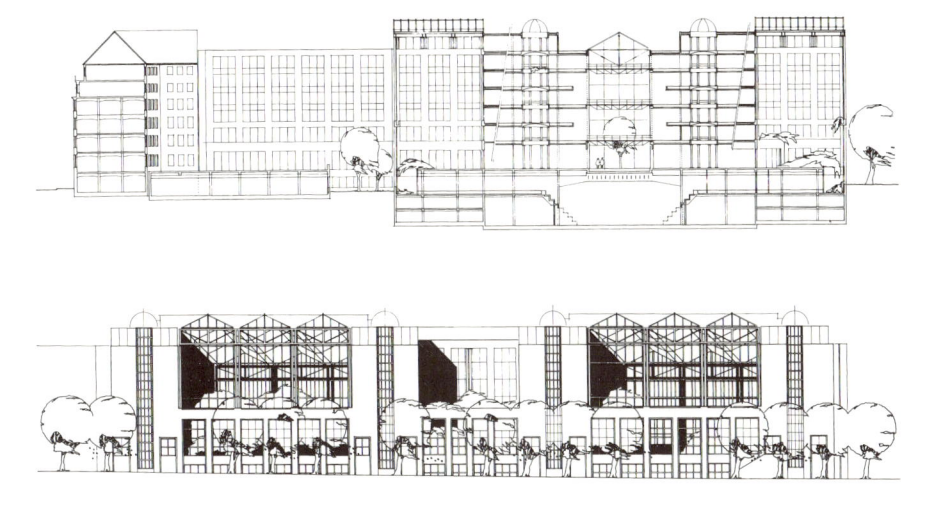

Bild 6.13
Schnitt und Ansicht des Gebäudes

In den **Bildern 6.14.1** bis **6.14.6** sind Aufnahmen und prinzipielle Darstellungen der Luftströmungen sowohl im Passagenraum als auch in den Wintergärten bei verschiedenen Windanströmungen aufgezeigt (sämtliche Rauchfotos bei 2,0 m/s). Wie einzelne Darstellungen ausweisen, sind die entsprechenden Passagen und Wintergartenräume sehr gut mit Rauch gefüllt (weist auf starke Durchströmung hin), gleichermaßen angrenzende Raumeinheiten, die über die Passage oder Wintergärten natürlich durchlüftet werden sollen.

Wie bereits festgestellt, eignet sich die natürliche Lüftung bei solchen Konzepten nicht immer und es ist zeitweise sinnvoll, die Wintergärten als „Wärmepuffer" (Winterbetrieb) zu nutzen. Je nach Begrünung entsprechender Wintergärten wird es im Sommerbetrieb nicht oder bedingt notwendig, die angrenzenden Nutzflächen (hier zum Beispiel Büros) unterstützend zu kühlen.

Bild 6.15 zeigt die gewünschte Form der Betriebsweise mit natürlicher Lüftung über die Passagenräume bzw. Wintergärten während verschiedener Jahreszeiten. Hierbei ist beachtenswert, daß die Übergangszeit 60 bis 65 % der gesamten Jahreszeit ausmacht, das heißt zumindest ein sehr hoher Zeitraum während des Jahres eine freie Lüftung der Nutzflächen zuläßt. Bezüglich der freien Lüftung großvolumiger Glashallen gibt es eine Vielzahl von Lösungen, die dem jeweiligen Objekt anzupassen sind und sich wiederum aus den

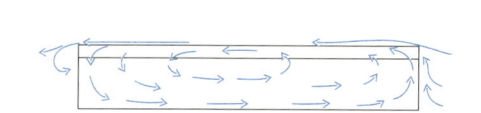

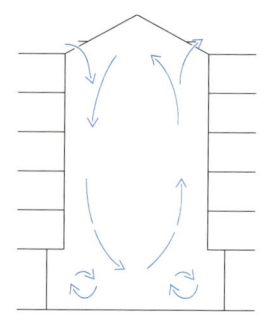

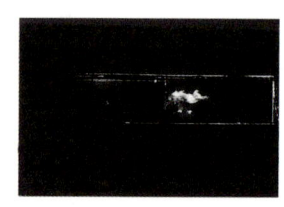

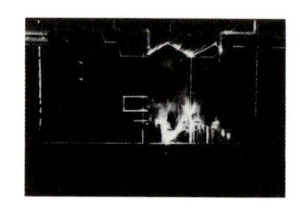

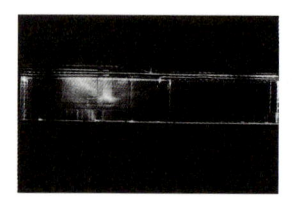

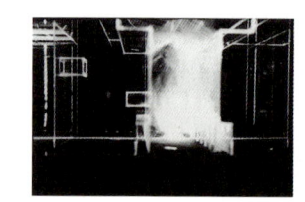

Bild 6.14.1
Windströmung parallel zur Passage – Längsschnitt

Bild 6.14.2
Windströmung parallel zur Passage – Querschnitt

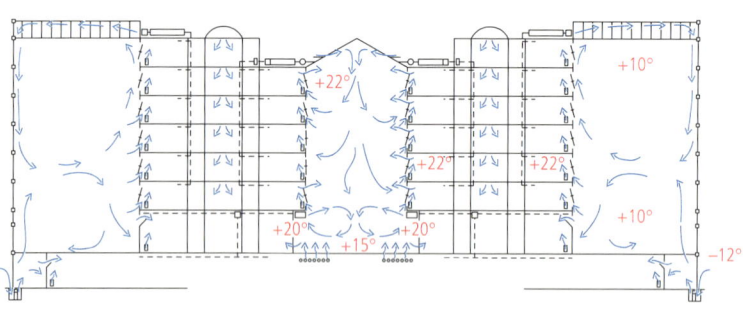

Winterbetrieb
Trüber Tag, mäßiger Wind

Angaben in °C

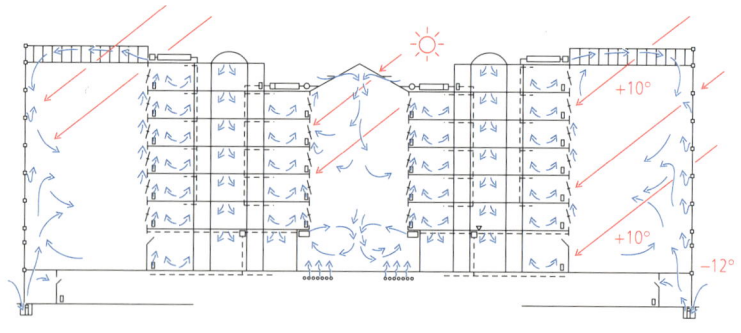

Winterbetrieb
Sonniger Tag, mäßiger Wind

Angaben in °C

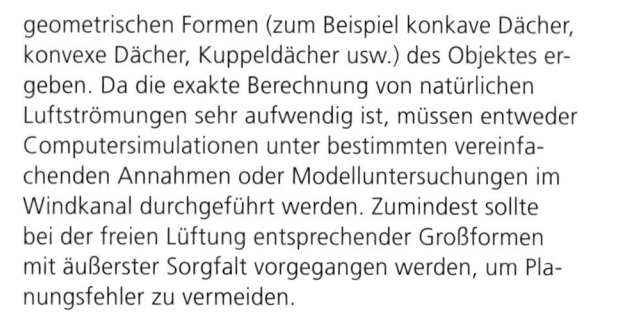

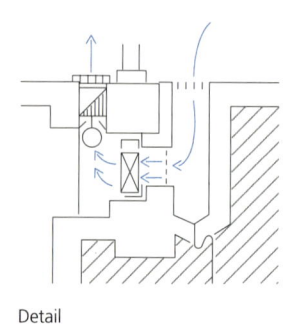

Bild 6.15.1
Darstellung prinzipieller Betriebszustände (Winter)

Detail

geometrischen Formen (zum Beispiel konkave Dächer, konvexe Dächer, Kuppeldächer usw.) des Objektes ergeben. Da die exakte Berechnung von natürlichen Luftströmungen sehr aufwendig ist, müssen entweder Computersimulationen unter bestimmten vereinfachenden Annahmen oder Modelluntersuchungen im Windkanal durchgeführt werden. Zumindest sollte bei der freien Lüftung entsprechender Großformen mit äußerster Sorgfalt vorgegangen werden, um Planungsfehler zu vermeiden.

6.1 Natürliche Lüftung

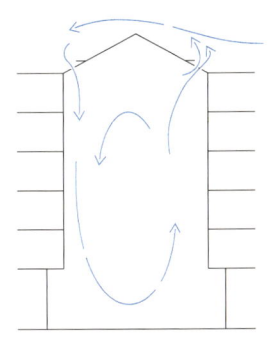

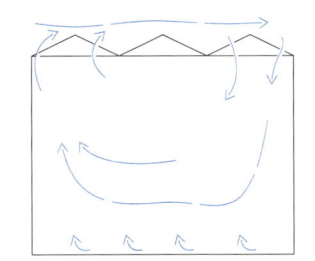

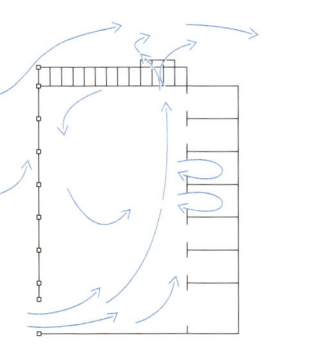

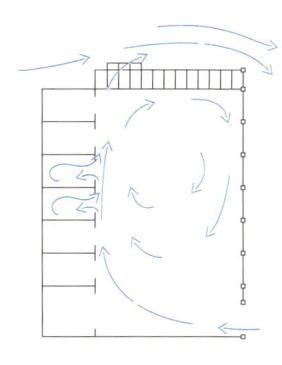

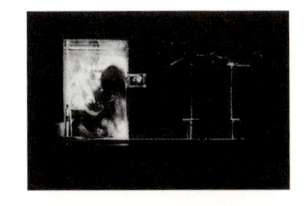

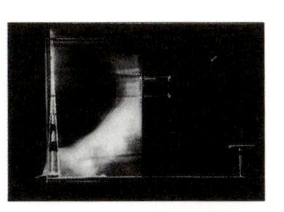

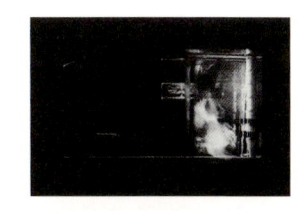

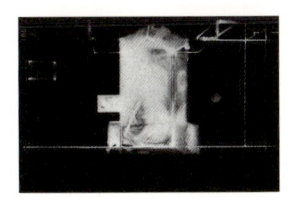

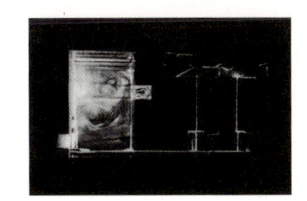

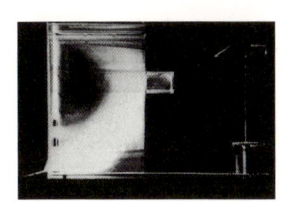

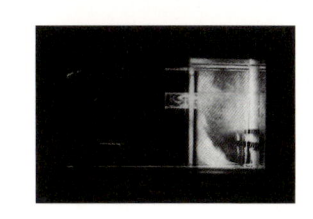

Bild 6.14.3
Windströmung quer zur
Passage – Querschnitt

Bild 6.14.4
Windströmung parallel zur
Wintergartenlängsachse –
Querschnitt

Bild 6.14.5
Windströmung quer zur
Wintergartenlängsachse –
Querschnitt – Luvseite

Bild 6.14.6
Windströmung quer zur
Wintergartenlängsachse

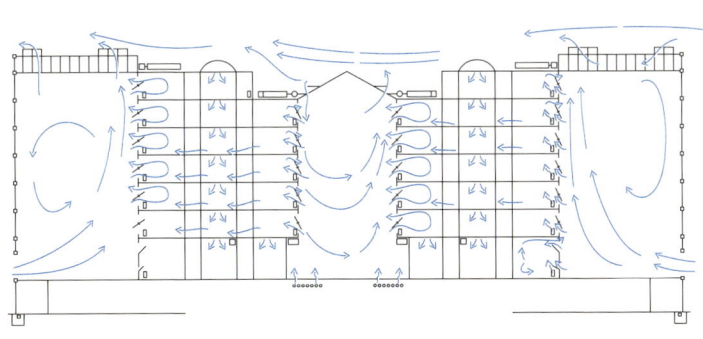

Übergangszeit
Sonniger/bewölkter Tag, mäßiger bis kräftiger Wind

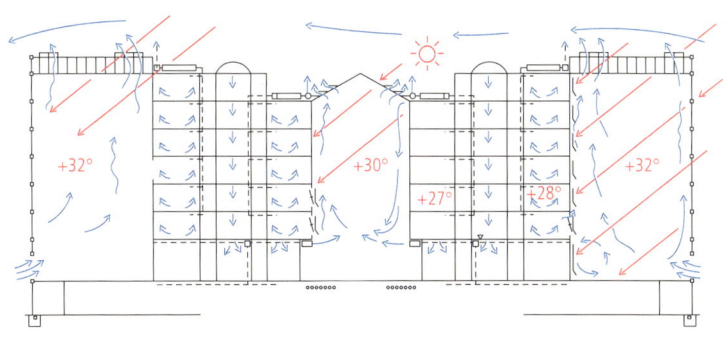

Sommerbetrieb
Sonniger Tag, geringer Wind

Angaben in °C

Bild 6.15.2
Darstellung prinzipieller
Betriebszustände
(Sommer/Übergangszeit)

6.1.5 Auslegungsverfahren für natürliche Lüftungssysteme

Im Gegensatz zu mechanisch belüfteten oder klimatisierten Räumen, in denen der Luftwechsel sowie die Zustandsgrößen der Raumluft über die Anlagenart festgelegt und regelbar sind, gestaltet sich die Planung natürlich zu lüftender Räumlichkeiten erheblich schwieriger.

Die Antriebsmechanismen des natürlichen Luftaustausches sind neben thermisch bedingten und höhenabhängigen Auftriebseffekten vor allem die oftmals stark zeitabhängigen, windinduzierten Druckdifferenzen an der Gebäudehülle. Jeder der genannten Einflüsse ist für sich allein betrachtet bereits äußerst komplex. In vielen Fällen erreichen thermische und aerodynamische Wirkungen die gleiche Größenordnung, so daß sie stets gemeinsam berücksichtigt werden müssen.

Wie **Bild 6.16** zeigt, spielen neben den physikalischen Einflüssen die Bauart des Gebäudes und die angewandte Fassadentechnik sowie die Dichtheit der verwendeten Bauelemente eine wesentliche Rolle.

Eine besondere Rolle spielt dabei die Art des verwendeten Fensters. Inwieweit Fenster durch Raumnutzer geöffnet werden und auf welche Art sie die Innenströmung im Raum und damit die Innendurchströmungen beeinflussen, hat entscheidenden Einfluß auf die Lüftungseffektivität.

Die Geruchs- und Schadstoffemissionen an der Gebäudehülle, die bei mangelnder Auslegung und Anordnung auch in der gebäudeeigenen Abluft-, Heizungs- oder Klimaanlage ihre Ursache haben können, sind ebenso ein weiterer Einflußfaktor wie die Emissionen im betrachteten Innenraum selbst.

Berechnungsmethoden

Raumspezifische Luftwechsel und der Transport von Abluft oder Schadgasen innerhalb eines Gebäudes lassen sich grundsätzlich über eine Bilanz der Luftmassenströme unter Berücksichtigung aller Öffnungen und Leckstellen rechnerisch ermitteln. Den verschiedenen, verfügbaren Computerprogrammen ist gemeinsam, daß das reale Gebäude durch ein Netzwerk modelliert wird.

Als Elemente dieses Netzwerks können als Strömungswiderstände (ähnlich elektrischen Widerständen, allerdings mit nichtlinearen Kennlinien) Türen, Fenster, Undichtigkeiten und Fugen sowie Rohrleitungen und passive raumlufttechnische Bauelemente verstanden werden. Das Analogon zu Spannungsquellen in elektrischen Netzwerken sind bei dieser Betrachtungsweise Ventilatoren, deren Einfluß im Falle von Mischlüftungssystemen mit berücksichtigt werden müssen (bei Ventilatoren bedeutet dies den Verlauf der Kennlinie).

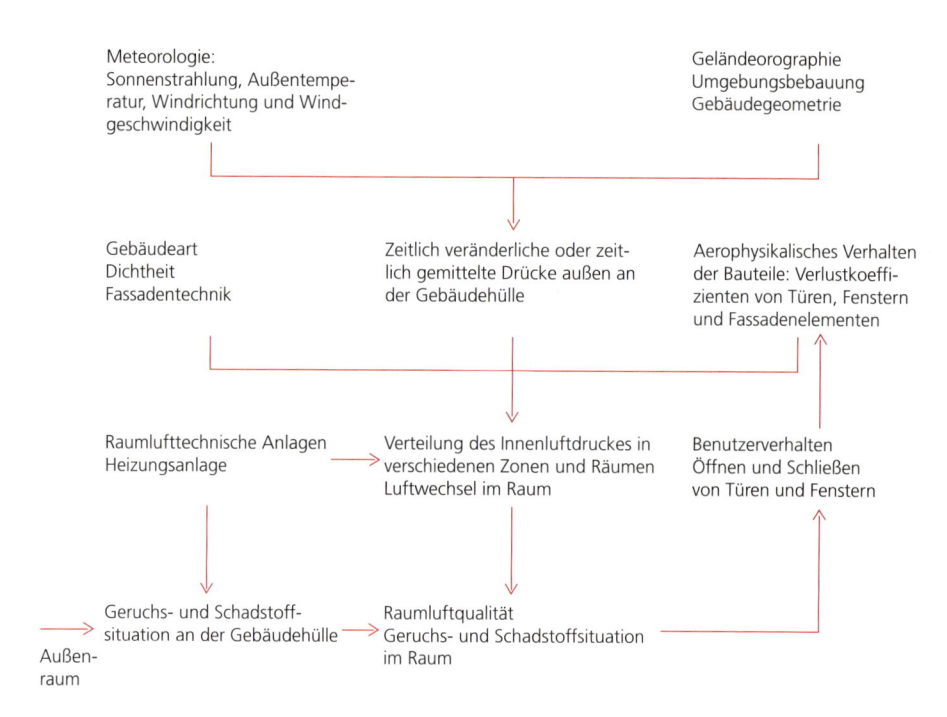

Bild 6.16
Einflußgrößen bei der Auslegung natürlicher Lüftungssysteme

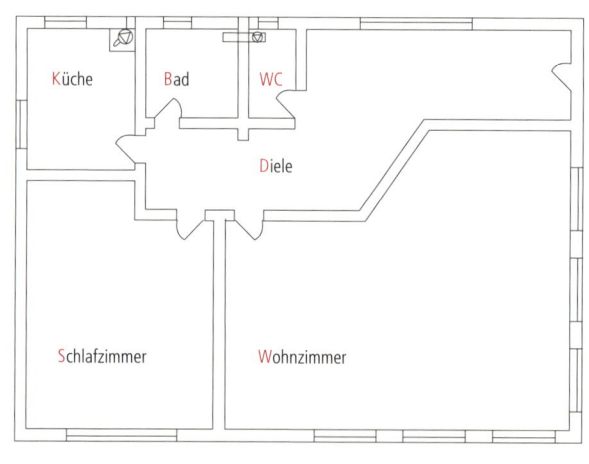

Bild 6.17
Strömungstechnisches Netzwerk zur Berechnung der Durchströmung einer natürlich gelüfteten Wohnung mit mechanischer Entlüftung von Küche, Bad und WC

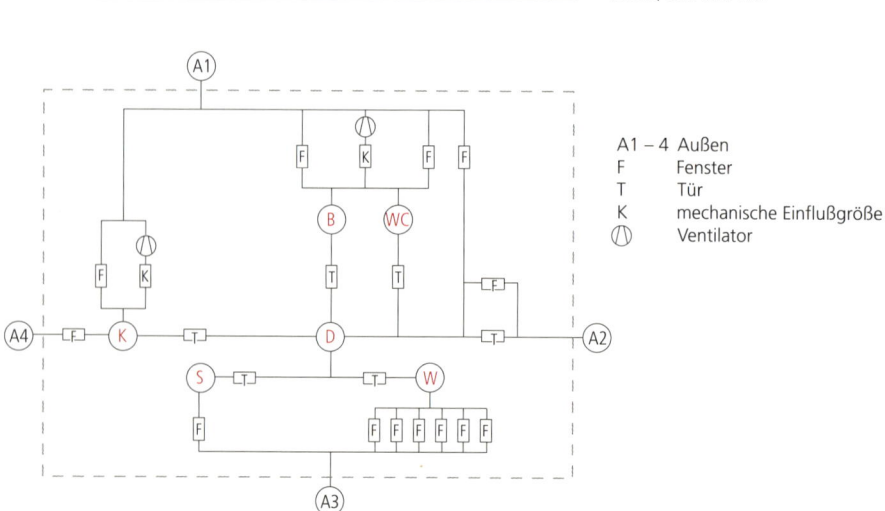

A1–4 Außen
F Fenster
T Tür
K mechanische Einflußgröße
Ⓥ Ventilator

cool wave® + Licht + Luft:

Der Maßstab
für integrierte Lösungen

Die Kombination des LTG-Kühlfächers cool wave®* mit den Funktionen Beleuchtung und Belüftung im Raum ermöglicht Lösungen, die bisher nicht realisierbar waren und für die Gestaltung von Decken zukunftsweisend sind.

Die integrierten LTG-Lösungen für

Licht

Luft

Kühlung

bewirken im Markt einen neuen Trend.

Deckenbündig mit integrierter Leuchte   Deckenbündig mit abgehängter Leuchte

Die wesentlichen Vorteile:

Die drei Funktionen in einem Gerät können individuell und mit wenig Platzbedarf auf die Erfordernisse am Arbeitsplatz abgestimmt werden. **Funktion**

Die drei Funktionen in einem Gerät sparen Planungs-, Material-, Montage- und Wartungskosten. **Kosten**

Die drei Funktionen in einem Gerät ermöglichen durch die minimalen Abmessungen größtmögliche Freiheit in der Deckengestaltung, bei neuen wie bei bestehenden Gebäuden. Revisionsöffnungen sind nicht erforderlich. Der LTG-Kühlfächer cool wave® ist mit Leuchten verschiedener Hersteller kombinierbar. **Design**

*Der LTG-Kühlfächer cool wave® ist ein kompaktes Deckengerät zur konvektiven Kühlung der Raumluft. Die Vorteile: ● in Funktion praktisch „nicht hörbar" ● Luftströmung „nicht spürbar" ● niedrige Betriebskosten

Gerne informieren wir Sie über mehr Details.

LTG Aktiengesellschaft
Grenzstraße 7, 70435 Stuttgart
Telefon (07 11) 82 01-1 80, Telefax (07 11) 82 01-7 20
Internet: http://www.LTG-AG.de, E-Mail: info@LTG-AG.de

Die Kombination von

Licht + Luft + Kühlung

und Zusatzsystemen wie Brandmeldung, Kommunikationsleitungen, Sensoren, Lautsprecher, Lichtstimmungen für die verschiedensten Tätigkeiten und Anwendungen etc. ist derzeit die modernste Lösung im Markt. Derartige multifunktionelle Systeme werden zunehmend von führenden Architekten und Planern eingesetzt.

Der Trend

Eine zukunftsweisende Lösung ist das multifunktionelle, freihängende System **ra** von **Artemide**. Wie das Licht, so sind auch Luft und Kühlung bedeutende Faktoren für höheres Wohlbefinden. Eine beispielhafte Lösung für die Kombination von Licht, Luft und Kühlung ist das LTG Luft-Wasser-Kühlsystem Typ VFP als integraler, praktisch unsichtbarer Bestandteil des **Artemide** System **ra.**

LTG arbeitet von Anfang an mit den führenden Leuchtenherstellern, Architekten, Licht- und Klimaplanern intensiv zusammen.

Integriertes LTG Luft-Wasser-Kühlsystem Typ VFP

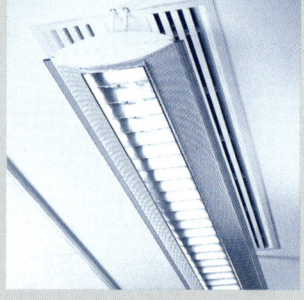

LTG bietet auch Systeme für Licht + Luft + Kühlung an, die in die Decke halb- oder deckenbündig eingebaut werden können.

Die wesentlichen Vorteile:

Die drei Funktionen in einem Gerät können individuell und mit wenig Platzbedarf auf die Erfordernisse am Arbeitsplatz abgestimmt werden.

Die drei Funktionen in einem Gerät sparen Planungs-, Material-, Montage- und Wartungskosten.

Die drei Funktionen in einem Gerät bieten größtmögliche Freiheit in der Deckengestaltung, bei neuen wie bei bestehenden Gebäuden.

Gerne informieren wir Sie über mehr Details.

LTG Aktiengesellschaft
Grenzstraße 7 · 70435 Stuttgart
Telefon (07 11) 82 01-1 80 · Telefax (0711) 82 01-7 20
Internet: http://www.LTG-AG.de · E-mail: info@LTG-AG.de

Vorausbestimmt wird in der Berechnung zunächst die Lage und der genaue Verlauf der Durchlässigkeitsfunktion, d. h. der Abhängigkeit des Massenstroms ($\dot{m}_i$) durch das betrachtete Bauteil von der momentan und lokal anliegenden Druckdifferenz (ΔP_i):

$$\dot{m}_i = f(\Delta P_i).$$

In **Bild 6.17** ist ein Wohnungsgrundriß seinem abstrahierten strömungstechnischen Netzwerkmodell gegenübergestellt. Küche, Bad und WC sind mechanisch entlüftet; im Netz sind die Ventilatoren als Spannungsquellen zu erkennen. In diesem Fall sind die äußeren Randbedingungen fassadenweise zusammengefaßt worden (A1 bis A4).

Ermittlung der äußeren Randbedingungen

Eine ganz entscheidende Grundlage zur Ermittlung brauchbarer Vorhersagen ist die richtige Vorgabe der äußeren Randbedingungen, d. h. es müssen sinnvolle Annahmen im Hinblick auf die Verteilung von Temperatur, Druck sowie Schadstoffkonzentrationen oder Abluftverdünnungsgrade an der Gebäudehülle getroffen werden.

Während die Temperaturverteilung durch Anwendung moderner thermischer Raumsimulationsverfahren mit Hilfe des Computers in Abhängigkeit von Lage und Gebäudestandort, Tages- und Jahreszeit sowie Bauart und angewandter Fassadentechnik hinreichend genau festgestellt werden kann, bedeutet die Ermittlung der äußeren Drücke oder Konzentration oft einen erheblichen Aufwand.

Ursache ist die Komplexität der gebäudenahen Strömungsverhältnisse. Neben der Gebäudegeometrie selbst spielen die Art der Umgebungsbebauung und die vom regionalen Gebäudestandort abhängigen statistischen Häufigkeitsverteilungen von Windrichtung und -geschwindigkeit eine große Rolle.

Eine genaue rechnerische Erfassung dieser Einflüsse auf die Umströmung des Gebäudes und damit die Vorhersage der zeitlich und räumlich schwankenden Druckverteilung an der Gebäudehülle ist derzeit mit wirtschaftlich vertretbarem Aufwand schwer realisierbar.

Physikalische Modellierung des Strömungsfeldes

In der Regel besteht im mitteleuropäischen Raum im Hinblick auf Ökonomie, Ökologie und Komfort sehr häufig der Wunsch, auf eine Vollklimatisierung zu verzichten. In Bezug auf den thermischen und hygienischen Komfort wird die Vorhersage der Strömungsverhältnisse in den Räumen, die es zu behandeln gilt, entscheidend sein, will man grundsätzliche Fehler vermeiden. Daher bedient man sich in diesen Fällen neben den rechnerischen Methoden experimenteller Methoden zur Bestimmung der strömungstechnischen Umgebungsbedingungen.

In atmosphärischen Grenzschicht-Windkanälen läßt sich z. B. maßstäblich die windbedingte natürliche Umströmung hinreichend exakt nachbilden.

Der windinduzierte Luftaustausch über große Gebäudeöffnungen z. B. an Atrien oder großen Hallen läßt sich dabei zum Teil direkt meßtechnisch ermitteln, was eine iterative Optimierung der Konfiguration der Gebäudeöffnungen im Hinblick auf Kosten und Nutzen ermöglicht.

Abbildung 6.18 zeigt schematisch den Aufbau eines typischen Windkanals für aerophysikalische Simulationen an Bauwerksmodellen.

Darüber hinaus stellen solche Versuche auch Datensätze bereit, die es erlauben, mittels intelligenter Regelsysteme die Gebäudetechnik zu jedem Zeitpunkt an die momentanen Windbedingungen optimal anzupassen.

Bild 6.18
Atmosphärischer Grenzschicht-Windkanal für die Durchführung aerophysikalischer Simulationen an Gebäudemodellen (schematisch, Längsschnitt, Tiefe ca. 3 m)

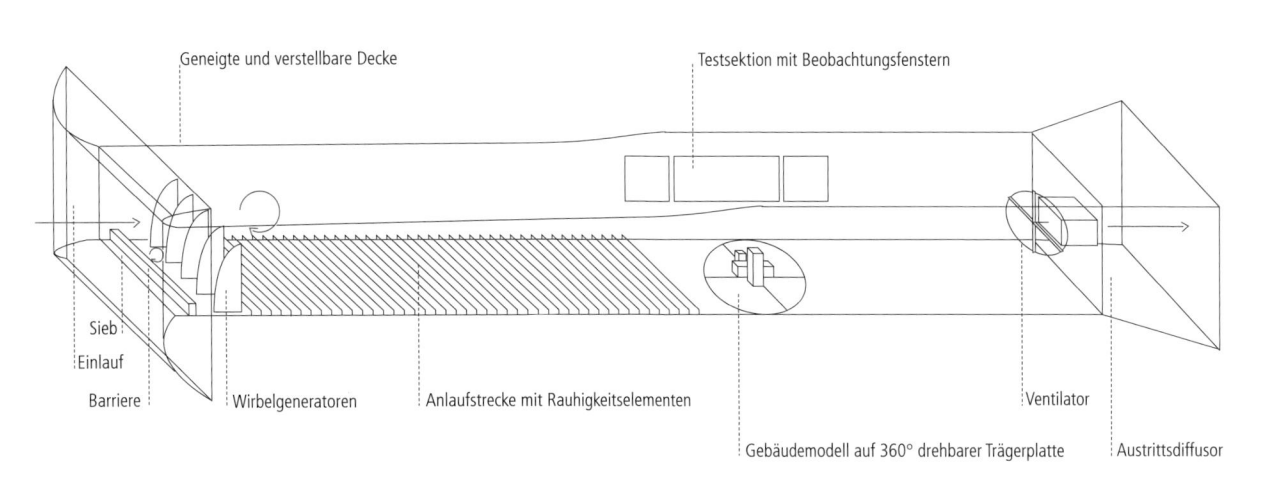

6.2 Kühllastberechnung

Die Kühllastberechnung ist analog zur Wärmebedarfsberechnung zu sehen **(siehe Kapitel 4)** und dient der Berechnung der in Räumen anfallenden Wärmeströme.

Zur Kühllastberechnung bedient man sich, wie bei der Wärmebedarfsberechnung, einschlägiger Richtlinien, hier beispielhaft der VDI-Kühllastregeln, VDI 2078.

Ebenfalls wie bei der Wärmebedarfsberechnung ermittelt man heute in der Regel die Kühllast per EDV, um zu schnelleren und genaueren Ergebnissen zu kommen. Für den Architekten wichtig ist die Erkenntnis der Zusammenhänge zwischen Gebäudeentwurf, Materialien und Wärmeumsätzen im Raum.

Bei gekühlten oder klimatisierten Gebäuden sind die Kühllasten (abzuführende Wärmeströme) in der Regel der Maßstab zur Bestimmung notwendiger Luftmengen oder Kühlleistungen zur Kühllastkompensation. Es ergeben sich bei allen Nur-Luft-Systemen die Grössen der lufttechnischen Anlagen mit Kühlung aus den anfallenden Wärmelasten, die zu kompensieren sind, um eine bestimmte Raumtemperatur einhalten zu können.

6.2.1 Innere Kühllast

Die innere Kühllast i setzt sich zusammen aus:

$\dot{Q}_P$ = Wärmezufuhr durch Personen
$\dot{Q}_E$ = Wärmezufuhr der Einrichtungen
$\dot{Q}_R$ = Wärmezufuhr aus Nachbarräumen.

Die Wärmezufuhr von Einrichtungen erfolgt durch:

$\dot{Q}_B$ = Beleuchtungswärme
$\dot{Q}_M$ = Maschinen- und Gerätewärme
$\dot{Q}_G$ = Wärmezufuhr durch Stoffdurchsatz
$\dot{Q}_C$ = Sonstige Wärmezufuhr.

Es ist somit $\dot{Q}_i = \dot{Q}_P + \dot{Q}_E + \dot{Q}_R$
mit $\dot{Q}_E = \dot{Q}_B + \dot{Q}_M + \dot{Q}_G + \dot{Q}_C$.

6.2.2 Äußere Kühllast

Die äußere Kühllast $\dot{Q}_A$ umfaßt alle von außen eintretenden Energien, soweit sie aus der Raumluft abgeführt werden müssen. Dabei unterscheidet man folgende Wärmestrommengen:

$\dot{Q}_W$ = Wärmezufuhr durch Wände (Dächer)
$\dot{Q}_F$ = Wärmezufuhr durch Fenster
$\dot{Q}_{FL}$ = Wärmezufuhr durch Fugenlüftung.

Somit ist: $\dot{Q}_A = \dot{Q}_W + \dot{Q}_F + \dot{Q}_{FL}$.

Beim Energiestrom durch die Fenster F wird unterschieden in Transmissionswärme T und Strahlungswärme S. Hieraus ergibt sich:
$\dot{Q}_F = \dot{Q}_T + \dot{Q}_S$.

Da sich die Kühllast eines Raumes KR aus äußeren und inneren Lasten ergibt, ist

$\dot{Q}_{KR} = \dot{Q}_i + \dot{Q}_A$.

6.2.3 Kühllast des Gebäudes

Die Zeiten für die Kühllastmaxima sind im allgemeinen unterschiedlich und die maximale Gebäudekühllast wird daher definiert als:

$\dot{Q}_{KG} = \max \Sigma \, \dot{Q}_{KR}$,

das heißt als Maximum aus der Summe aller gleichzeitigen Kühllasten (nicht als Summe der Kühllastmaxima). $\dot{Q}_{KG}$ bestimmt die im Gebäude benötigte maximale Kühlleistung bzw. bei Nur-Luft-Anlagen den Volumenstrom der Geräte für den Versorgungsbereich oder das Gebäude.

6.2.4 Thermische Belastungen

Die thermischen Raumbelastungen setzen sich zusammen aus konvektiven Belastungen und Strahlungsbelastungen. Konvektive Wärmebelastungen (WBK) sind Wärmen, die unmittelbar von der Raumluft aufgenommen werden und somit sofort zur Kühllast werden. Konvektive Wärmebelastungen wirken auch auf die Speichermassen der Raumumschließungsflächen, die je nach Speichervermögen und Wärmeübergang dämpfend einwirken und somit in der Lage sind, Raumtemperaturen zu reduzieren (1 – 4 K).

Strahlungsbelastungen (WBS) sind Lasten, die durch kurzwellige Lichtstrahlung oder langwellige Wärmestrahlung den Raum beeinflussen. Sie wirken nicht direkt auf die Raumlufttemperatur, da die Strahlung erst von absorbierenden Medien aufgenommen und in einen konvektiven Wärmestrom umgesetzt werden muß.

Eine sehr wesentliche Rolle bei der späteren Planung von Gebäuden spielt die Fähigkeit des Raumes, Wärmeenergie zu speichern. Hierdurch lassen sich unter Umständen Kühlanlagen ganz vermeiden oder erheblich in ihrer Größe reduzieren.

Bei den gesamten einschlägigen Regeln zur Berechnung der Kühllasten (Basis-Kühllast) gelten Raumtemperaturen von 22 °C (eingeschwungener Zustand). Weiterhin wird bei der Basiskühllast vorausgesetzt, daß eine raumlufttechnische Anlage 24 Stunden in Betrieb ist.

6.2.5 Wärmespeicherung im Gebäude

Wie bereits vorher festgestellt, spielt die Wärmespeicherung im Gebäude unter Umständen eine sehr wesentliche Rolle. Die Wärmespeicherung im Gebäude macht sich dann bemerkbar, wenn die Wärmebelastung entweder infolge von Strahlung entsteht oder wenn sich Raumtemperaturen verändern. In diesen Fällen werden mit einer zeitabhängigen Speicherfunktion die Belastungen so umgeformt, daß aus der Belastungszeitfunktion eine Kühllastzeitfunktion entsteht. Somit ist die Kühllast eine Speicherfunktion der Wärmebelastung. Die Wärmespeicherung wird bei der Berechnung der Kühllasten in verschiedenen Ansätzen berücksichtigt (Speicherfaktoren im Raum/Speicherfaktoren bei Außenwand). Der Raum als Einheit nimmt an den inneren Umfassungswänden Strahlungswärme auf, die durch Fenster (Sonnen- und Himmelsstrahlung), durch Beleuchtung, Personen, Maschinen (Wärmestrahlung) usw. auf ihn einwirken. Die Wärmestrahlung dringt je nach Wandaufbau und zeitlichem Verlauf der Strahlung mehr oder weniger tief in die Wände ein und führt dabei zu einer Erhöhung der Wandoberflächentemperaturen. Die Wände stehen dabei miteinander im Strahlungsaustausch. Je nach Raumluft- und Wandtemperatur kommt es zu einem konvektiven Wärmeübergang von der Wand an die Luft bzw. umgekehrt.

Bei veränderlichen Raumtemperaturen bedeutet ein Temperaturanstieg eine Kühllastminderung infolge Einspeicherung. Ein Absenken der Raumtemperatur bedeutet eine Kühllasterhöhung durch Entspeicherung. Das wesentliche Merkmal dieser Wärmeströme ist die Wärmerückströmung, das heißt konvektive Wärmeabgabe erfolgt auf der gleichen Seite der Wand wie die Wärmeaufnahme.

Die Ergebnisse der Wärmespeichervorgänge für fest vorgegebene Belastungsformen sind durch Tagesgänge der Kühllastfaktoren wiedergegeben, die den Kühllastverlauf in seiner Dämpfung und Zeitverzögerung beschreiben. Berücksichtigung finden diese Zusammenhänge durch die Multiplikation der Maximalwerte mit einem Speicherfaktor (siehe hierzu auch Kapitel 6.2.9).

6.2.6 Außentemperaturen

Die Außenwand als raumumschließende Fläche ist zusätzlichen Wärmeströmen ausgesetzt und besonders zu behandeln, obwohl die Kühllasten von außen durch Wände relativ klein sind. Bei Sonnenbestrahlung von Außenflächen stellen sich Außenoberflächentemperaturen ein, die erheblich über der Außenlufttemperatur liegen können.

Diese hohen Oberflächentemperaturen führen zu zusätzlichen Wärmeströmen, die einen zusätzlichen Kühllastanteil bewirken (abhängig von Wärmedurchgangskoeffizient, Speicherfähigkeit und Zeitverlauf der Strahlungsbelastung). Dieser Wärmedurchgang wird über eine äquivalente Temperaturdifferenz in Abhängigkeit von Dämpfung und Zeitverzögerung in der Berechnung erfaßt.

Hinsichtlich der richtigen Maximal-Auslegungstemperaturen wird nach Klimazonen unterschieden. Hiernach unterscheidet man:

Zone 1   Küstenklima, Maximaltemperatur +29 °C
Zone 1a Hangklima (Mittelgebirge)
Zone 2   Binnenklima I, Maximaltemperatur +31 °C
Zone 3   Binnenklima II, Maximaltemperatur +32 °C
Zone 4   Südwestdeutsches Flußtalklima,
         Maximaltemperatur +33 °C
Zone 5   Höhenklima.

Die **Bilder 6.19.1 – 2** zeigen Tagesgänge der Außenlufttemperatur in den Monaten Juli oder September für die verschiedenen aufgeführten Zonen.

— Zone 1
--- Zone 2
..... Zone 3
-·- Zone 4

Bild 6.19.1
Tagesgänge der Außenlufttemperatur im Juli

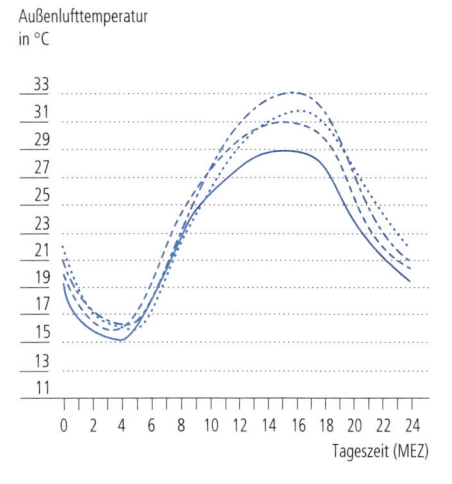

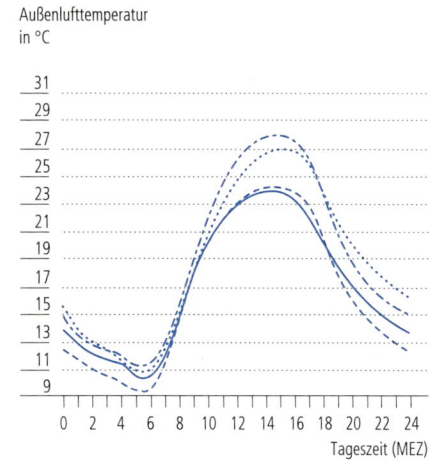

Bild 6.19.2
Tagesgänge der Außenlufttemperatur im September

6.2.7 Sonnenstrahlung

Auf eine senkrecht zur Sonnenstrahlung orientierte Fläche auf der äußeren Lufthülle der Erde wird eine Wärmestromdichte von etwa 1,39 kW/m² bei mittlerem Sonnenabstand eingestrahlt (Solarkonstante). Dieser Wert bewegt sich zwischen 1,35 und 1,44 kW/m², wobei sich die Gesamtstrahlung zusammensetzt aus Strahlen verschiedener Wellenlängen und verschiedener Intensitäten. Die Erdoberfläche selbst wird jedoch nur von einem Teil dieser Wärmemengen erreicht, da die Lufthülle die Strahlung schwächt. Schwächungen treten auf durch Streuung und Reflexion an Luftmolekülen, Staub- und Dunstteilchen und durch Absorption infolge von Ozon, CO_2, Wasserdampf sowie Staub und Dunst. Zur Kennzeichnung der Schwächung der Strahlungsintensität wurde der Trübungsfaktor T eingeführt. Der Trübungsfaktor ist in einer ungetrübten Atmosphäre = 1, beträgt im Mittel während des Jahres:

ca. 5,0 – Industriegebiete
ca. 3,5 – Großstädte
ca. 2,75 – ländliche Gegenden.

Der Tagesgang der direkten Sonnenstrahlung auf Wände verschiedener Richtungen (50° nördl. Breite) bei einem Trübungsfaktor von T = 4 (annähernd Großstadt-Trübung) zeigt gemäß **Bild 6.20.1** typische sinusförmige Verläufe. Demgegenüber zeigt **Bild 6.20.2** den Jahres- und Tagesgang der mittleren Globalstrahlung, das heißt Summe direkter und diffuser Strahlung sowie atmosphärischer Gegenstrahlung. In den Kühllastregeln werden Tagesgänge der Gesamtstrahlungen und die Diffusstrahlungen für die entsprechenden Auslegungsmonate und Zeiten während des Tages hinter einer klaren Zweifachverglasung angegeben. Dieses Verfahren führt zu der notwendigen Genauigkeit hinsichtlich der Berechnung der eingestrahlten Wärmeenergien in Räume und Gebäude.

Bei der Kühllastberechnung wird der Glasflächenanteil des Fensters (nicht Maueröffnungsanteil) und die Art des Sonnenschutzes berücksichtigt. Die in den Raum einfallende Sonnenenergie und Himmelsstrahlung ist dabei sehr wesentlich davon abhängig, welchen Energiedurchlaßgrad g die Fenster- und Sonnenschutzkombination erreicht bzw. welcher Durchlaßfaktor b für die Fenster- und Sonnenschutzkombination beschrieben wird. Bei den in den Kühllastregeln angegebenen b-Faktoren ist zu berücksichtigen, daß sich diese bereits auf eine Zweischeiben-Isolierverglasung beziehen.

Der Zusammenhang zwischen Energiedurchlaßgrad g und Durchlaßfaktor b für Sonnenstrahlung ergibt sich näherungsweise nach:

$$b = \frac{g}{0,8}$$

das heißt, die Durchlaßfaktoren b sind somit um 20 % größer als die Energiedurchlaßgrade g. Sinnvoll ist, die b-Werte der einschlägigen Glasindustrie aus Prospektmaterial zu entnehmen, da die Werte der VDI 2078 in der Regel zu überschlägig sind. Das gleiche gilt auch für Sonnenschutzvorrichtungen jedweder Art (außen oder innen).

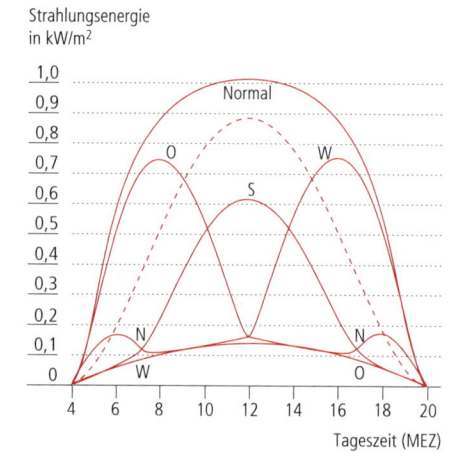

Bild 6.20.1
Gesamtstrahlung auf Wände verschiedener Richtung, im Juli auf 50° nördlicher Breite, beim Trübungsfaktor T = 4 (Großstadtatmosphäre) DIN 4710 (11.82)

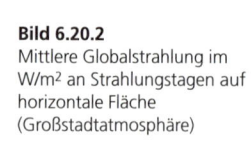

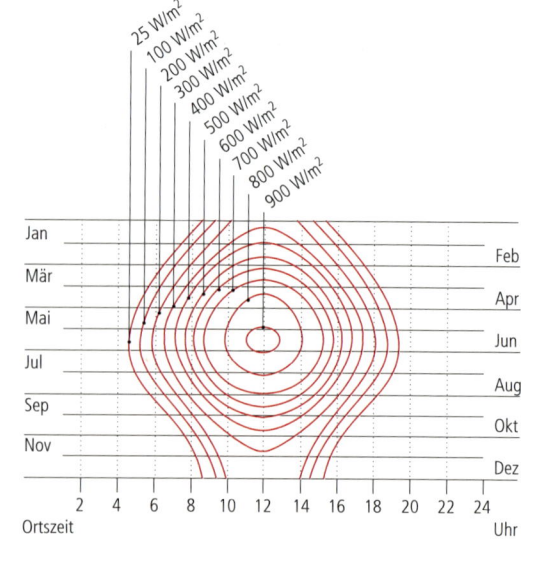

Bild 6.20.2
Mittlere Globalstrahlung im W/m² an Strahlungstagen auf horizontale Fläche (Großstadtatmosphäre)

6.2.8 Fassaden
(vom Wetterschutz zur polyvalenten Wand)

Technische Kenndaten – ein erster Maßstab
Setzt man sich mit Glasfassaden bei Gebäuden auseinander, so spielen eine Reihe von Faktoren, die den Lichteinfall, Wärmeeinfall, Wärmeaustritt und die Farbwiedergabequalitäten beeinflussen, eine grundsätzliche Rolle. Sowohl für den Klima- als auch für den Lichttechniker, der sich mit Fassaden intensiv auseinandersetzt, sind sie wesentliche Hinweise, mit denen sich bereits eine erste Beurteilung durchführen läßt. Diese wesentlichen Faktoren sind:

Lichtdurchlässigkeitsfaktor τ
Der Lichtdurchlässigkeitsfaktor t gibt an, wieviel Prozent des Tageslichtes von außen durch eine Scheibe hindurchtreten. Dabei erfolgt die Angabe der Lichtdurchlässigkeit im Bereich der Wellenlänge des sichtbaren Lichtes von 380 – 780 nm (Nanometer), bezogen auf die Hellempfindlichkeit des menschlichen Auges.

Energiedurchlaßfaktoren g-Wert/b-Faktor
Die Angabe der Gesamtenergiedurchlässigkeit g erfolgt im Bereich der Wellenlänge von 320 – 2500 nm. Sie ist die Summe aus der direkten Energiedurchlässigkeit und der Sekundärwärmeabgabe nach innen (Abstrahlung und Konvektion). Der mittlere Durchlaßfaktor b (shading coefficient) beschreibt den prozentualen Energiedurchgang einer Doppelscheibe (80 %). Somit ist der mittlere Durchlaßfaktor $b = g/0{,}80$. Früher war b auf eine Einfachscheibe (3 mm dick) bezogen und betrug $b = g/0{,}87$. Auf dieser Definition basieren heute noch viele Datensammlungen (Tabelle 6.2).

In Abhängigkeit des Sonnenhöhen- und -azimut-Winkels verändert sich der Strahlungsdurchgang von einem annähernd totalen (horizontale Einstrahlung auf vertikale Glasfläche, $g \simeq 0{,}9$) Durchgang bis hin zu einer annähernd totalen Reflexion (Totalreflexion, $g \simeq 0{,}2$) gemäß Bild 6.21.

Abminderungsfaktor z
Der Abminderungsfaktor z eines Sonnenschutzelementes (nach DIN 4108) erfaßt, wieviel Prozent der auftreffenden Strahlungsenergie durch das Sonnenschutzelement hindurchtreten und so zur Erwärmung des Innenraumes beitragen können.

Fabrikat	Außenwirkung	Lichtdurch-lässigkeit τ in %	Gesamtdurch-lässigkeit g in %	Durchlaß-faktor b	Bemerkungen
Normal Klarglas	normal durchsichtig				
einfach		90	83 – 87	1,00	
doppelt 6/12/6		84	78	0,89	
dreifach je 12 mm Luft		74	70	0,81	
Calorex	„neutral" erhöht spiegelnd				eingebrannte Metalloxidschicht
einfach IRO		58	62	0,72	
doppelt IRO		53	48	0,55	
IRA 1 einfach		42	50	0,57	
IRA 1 doppelt		38	42	0,48	
IRA 1 + IR 2, doppelt		33	29	0,34	
Parsol					massegefärbt, Werte hängen von der Dicke ab, 2. Scheibe Klarglas
Parsol bronze 6 + 6 mm		44	64	0,59	
Parsol grau 6 + 6 mm		47	47	0,56	
Parsol grün 6 + 6 mm		64	49	0,56	
Infrastop					aufgedampftes Gold oder Silber, mit oder ohne Interferenzschicht, nur Doppelscheibe, Innenscheibe klar
Auresin 66/44	blau spiegelnd	66	44	0,50	
Auresin 50/36		50	36	0,41	
Auresin 39/28		39	28	0,32	
Bronze 36/26	bronze	36	26	0,30	
Gold 40/26	wie heller Goldspiegel	40	26	0,30	
Gold 30/23	dunkler Goldton	30	23	0,26	
Silber 36/33		36	33	0,38	
Silber 22/22	silber	22	22	0,25	
Metallic		50	47	0,54	
Parelio	leicht bronzefarben				Metalloxidschicht auf Klarglas oder Parsol, 2. Scheibe Klarglas
Parelio 24 6 + 6 mm		57	56	0,59	
Parelio 50 6 + 6 mm		42	51	0,64	
Parelio 24 grün 6 + 6 mm		46	33	0,38	
Parelio 50 grün 6 + 6 mm		35	29	0,33	
Parelio 24 grau 6 + 6 mm		27	37	0,43	
Parelio 24 bronze 6 + 6 mm		30	36	0,41	
Thermolux normal		63	52	0,60	
Thermolux Isolierglas		53	46	0,52	

Tabelle 6.2
Daten von Sonnenschutzgläsern für annähernd senkrechten Strahlungseinfall ($b = g/0{,}87$)

Bild 6.21
Gesamtwärmedurchgang direkter Sonnenstrahlung durch eine Einfachscheibe (klar) in Abhängigkeit vom Einfallswinkel (Winkel zur senkrecht stehenden Scheibe)

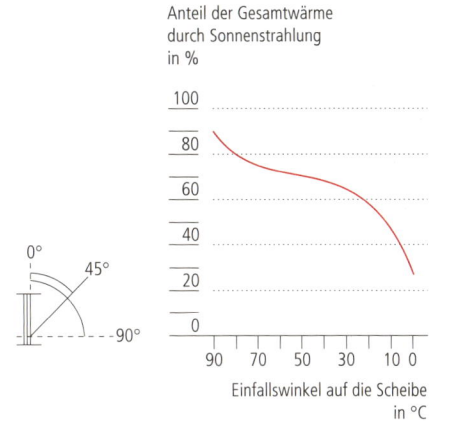

6. Lüftungs- und Klimatechnik

Bild 6.22
Strahlungsdurchlässigkeit von einfachem Fensterglas
A Bereich der Ultraviolett-Strahlung
B Sichtbares Licht
C Infrarot-Bereich (Wärmestrahlung)

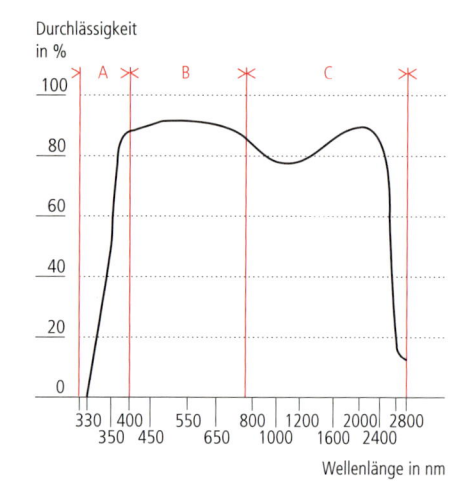

Bild 6.23
Taupunktdiagramm mit Beispiel

Aus dem Taupunktdiagramm läßt sich die Außentemperatur ermitteln, bei der eine Fensterscheibe auf der Raumseite beschlägt (=Taupunkt)

Eingezeichnetes Beispiel:
Scheibe iplus neutral
k = 1,3 W/m²K,
Raumtemperatur +22 °C,
relative Luftfeuchtigkeit 50 %

Ergebnis:
Erst bei -42,5 °C beschlägt die raumseitige Scheibe von iplus neutral

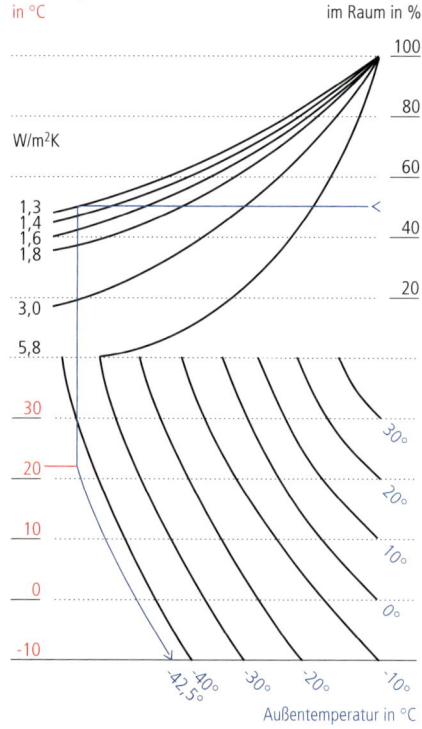

Bild 6.24.1
Gesamtenergiedurchlaßgrad von iplus neutral R und Aufteilung der einfallenden Energie („g-Wert" gemäß DIN 67507)

1 Lichtdurchlässigkeit 75 %
2 Sonnenenergie 100 %
3 Absorption mit sekundärer Wärmeabgabe nach außen q_a = 12 %
4 Absorption mit sekundärer Wärmeabgabe nach innen q_i = 16 %
5 Reflexion ρ = 26 %
6 Direkte Transmission τ_e = 46 %
7 Gesamtenergiedurchlaßgrad g = 62 %

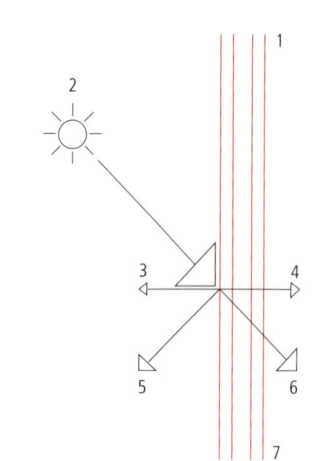

Sonstige Bewertungsgrößen

Sonstige Bewertungsgrößen bei Scheiben sind Angaben über:
– die Lichtreflexion nach außen (in Prozent)
– die allgemeinen Farbwiedergabewerte (Farbwiedergabe-Index R_a nach DIN 6169)
– UV-Durchlässigkeit im Wellenbereich von 280 – 380 nm (in Prozent)
– Selektivkennzahl S, die das Verhältnis von Lichtdurchlässigkeit zu Gesamtenergiedurchlässigkeit darstellt usw.

Die auf der vorherigen Seite stehende **Tabelle 6.2** gibt Daten von Sonnenschutzgläsern an (alte Definition); **Bild 6.22** zeigt zur Ergänzung die Strahlungsdurchlässigkeit von üblichem Fensterglas.

Bei großen Glasflächen und großen Temperaturdifferenzen besteht unter Umständen eine erhöhte Gefahr für die Bildung von Tauwasser und damit Korrosionsgefahr im Rahmenbereich. Weiterhin existiert bei großen Glaswänden in Räumen oder Hallen im Winter die Gefahr, daß infolge der Abkühlung der Raumluft an den Glasflächen nach unten gerichtete Kaltluftströmungen entstehen, die durch entgegengesetzt gerichtete Warmluftströme aufgefangen werden müssen. Eine andere Möglichkeit der Vermeidung von Kaltluftströmen ist, die innere Oberflächentemperatur so hoch anzuheben, daß eine Temperaturdifferenz zwischen Raumluft und innerer Glasoberfläche von 4 – 5 K nicht überschritten wird. Zur Vermeidung einer übermäßigen Abkühlung der inneren Oberfläche können somit Sprossenheizungen (Warmwasser/elektrisch) oder Warmluftströme eingesetzt werden.

Bild 6.23 zeigt ein Diagramm zur Bestimmung der Taupunkte auf Fensterscheiben in Abhängigkeit von der k-Zahl, der relativen Feuchte im Raum sowie Innen- und Außentemperatur. Dieses Diagramm ist ein wesentliches Werkzeug zur Vermeidung von Fehlern bei der Auslegung entsprechender Scheibenflächen.

Bild 6.24.1 zeigt die physikalischen Zusammenhänge bei der Ermittlung des Gesamtenergiedurchlaßfaktors g. **Bild 6.24.2** zeigt anhand einer Glasscheibe (Calorex A1) die typischen Verläufe von Transmission, Absorption sowie Reflexion und gibt so prozentual den Anteil des einfallenden Tageslichtes an, der in den Raum gelangt.

Auswirkungen des Sonnenschutzes auf das Raumtemperaturverhalten

Im folgenden werden die Auswirkungen des Gesamtenergiedurchlaßgrades eines Sonnenschutzes in Verbindung mit einer Wärmeschutzisolierverglasung auf die Kühllasten und die Temperaturen in einem Raum dargestellt. **Bild 6.25.1** zeigt einen leicht bis mittelschwer speichernden Raum (analog Variante 2 in **Bild 6.30**) mit verschiedenen Sonnenschutzarten, wobei für die einzelnen Varianten gilt:

Variante a Außenjalousie
Variante b geschlossenes Außenrollo (hochreflektierend)
Variante c ausgestellte Markise
Variante d innerer Sonnen- und Blendschutz.

Bild 6.25.2 zeigt für einen warmen Sommertag und eine Südorientierung des Raumes die zu erwartenden Raumtemperaturen bei mittlerer Speicherfähigkeit aufgrund der unterschiedlichen Gesamtenergiedurchlaßgrade. Wie die Darstellung ausweist, bestehen erhebliche Unterschiede zwischen dem günstigsten Sonnenschutz (kleinster Gesamtenergiedurchlaßgrad) und dem ungünstigsten (Innenvertisos oder Vorhänge). Die maximale Temperaturdifferenz zwischen günstigstem und ungünstigstem Sonnenschutz kann annähernd 10 K betragen, was in Bezug auf die thermische Behaglichkeit eines Raumes einen erheblichen Unterschied bedeutet. Zudem muß man sich bewußt machen, daß auf der Basis der „Momentaufnahme" (maximale Raumtemperaturen einer Schönwetterperiode) lufttechnische und kältetechnische Anlagen dimensioniert werden und sich hieraus dann mehr oder weniger hohe Investitionskosten im technischen Bereich ergeben.

Der Bereich Sonnenschutz – Kühllast – Temperaturverhalten im Raum ist ein Aspekt, der bei der Bestimmung und Auslegung von Sonnenschutzmaßnahmen zu beachten ist. Ein weiterer, gleichwichtiger Aspekt ist der Tageslichteinfall in die entsprechenden Räume.

Bild 6.24.2
Darstellung von Transmission, Absorption und Reflexion einer Scheibe (Calorex A1)

||| Reflexion
||| Absorption
|||| Transmission

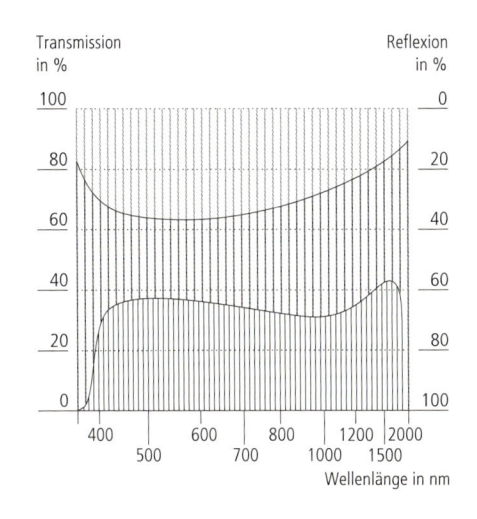

Bild 6.25.1
Sonnenschutz-Varianten

Orientierung	Süden
Raumabmessungen:	
Fußbodenfläche	21,00 m²
Personen	2
Raumhöhe	2,90 m
Beleuchtung	158 W
Deckenabhängung	0,15 m
Maschinen	315 W
Brüstungshöhe	0,70 m

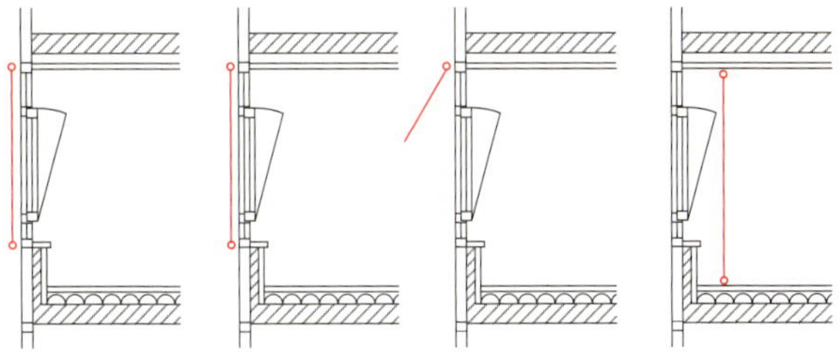

Variante	a	b	c	d
Fenster	k = 2,0 W/m²K g = 62 %	k = 2,0 W/m²K g = 62 %	k = 2,0 W/m²K g = 62 %	k = 2,0 W/m²K g = 62 %
Sonnenschutz	außen/g = 0,12	außen/g = 0,20	außen/g = 0,35	innen/g = 0,60

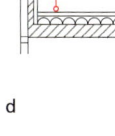

Bild 6.25.2
Raumtemperaturen nach 5-tägiger sommerlicher Schönwetterperiode; Wetterdaten nach Testreferenzjahr (TRY-Region 8)

— Außenluft
— Variante a (g = 0,12)
-- Variante b (g = 0,20)
--- Variante c (g = 0,35)
····· Variante d (g = 0,60)

Raumtemperaturen werden als operative (empfundene) Temperaturen (nach DIN 1946/Teil 2) angegeben, also unter Berücksichtigung der Bauteil-Oberflächentemperaturen

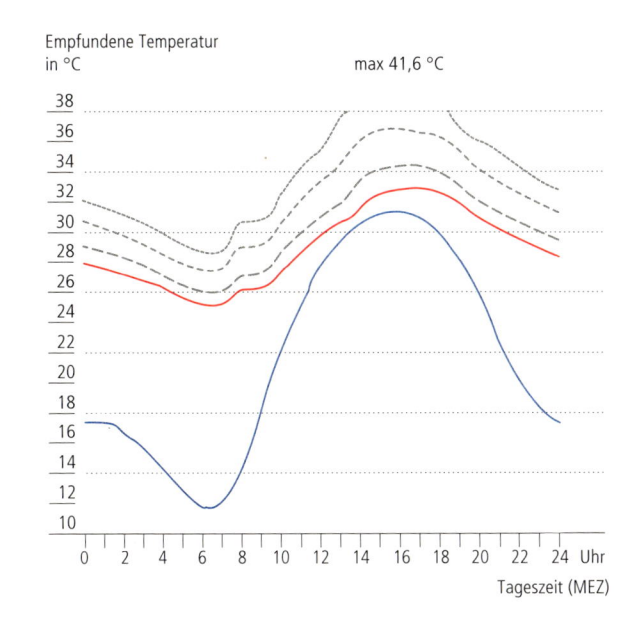

max 41,6 °C

6. Lüftungs- und Klimatechnik

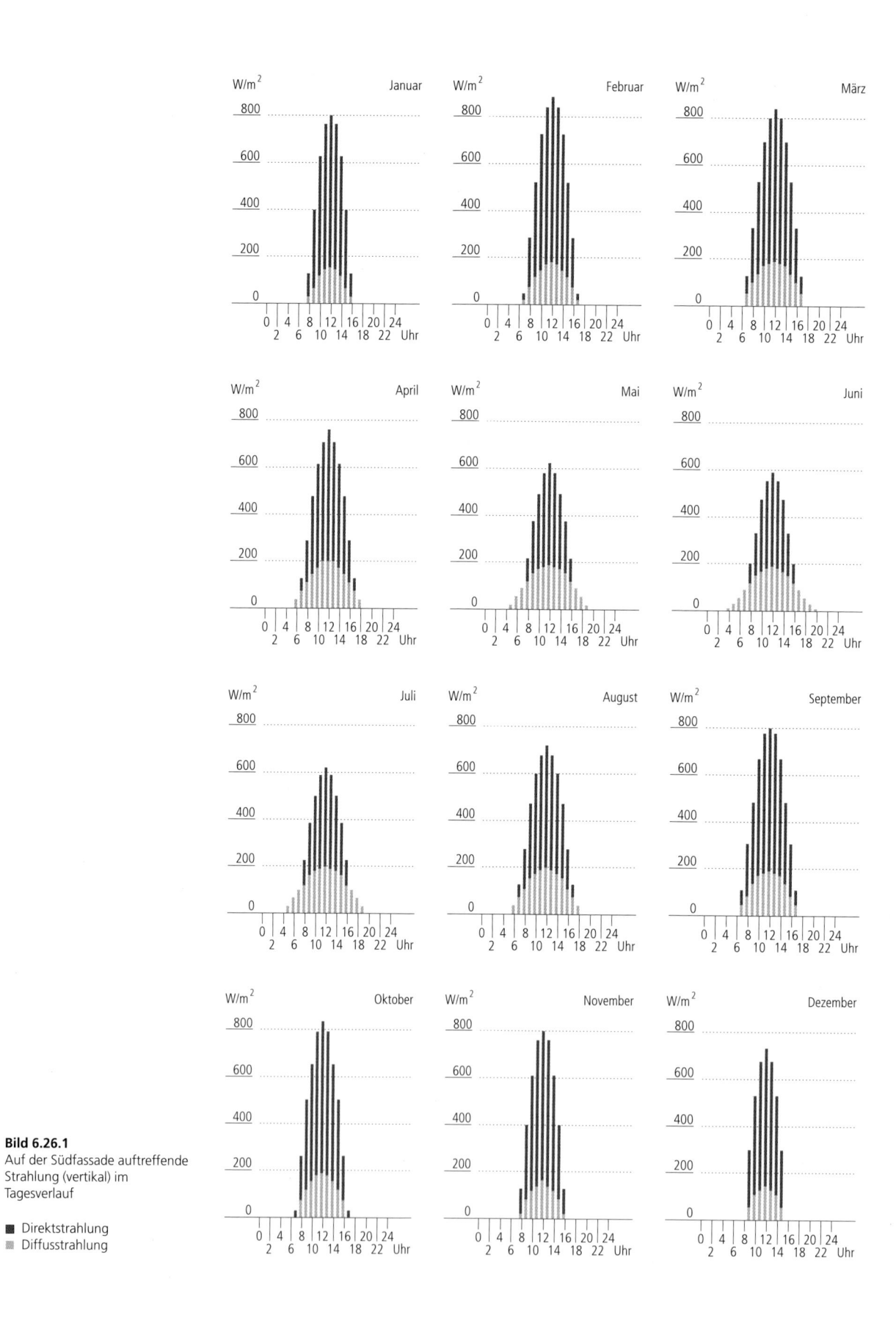

Bild 6.26.1
Auf der Südfassade auftreffende Strahlung (vertikal) im Tagesverlauf

■ Direktstrahlung
■ Diffusstrahlung

198

6.2 Kühllastberechnung

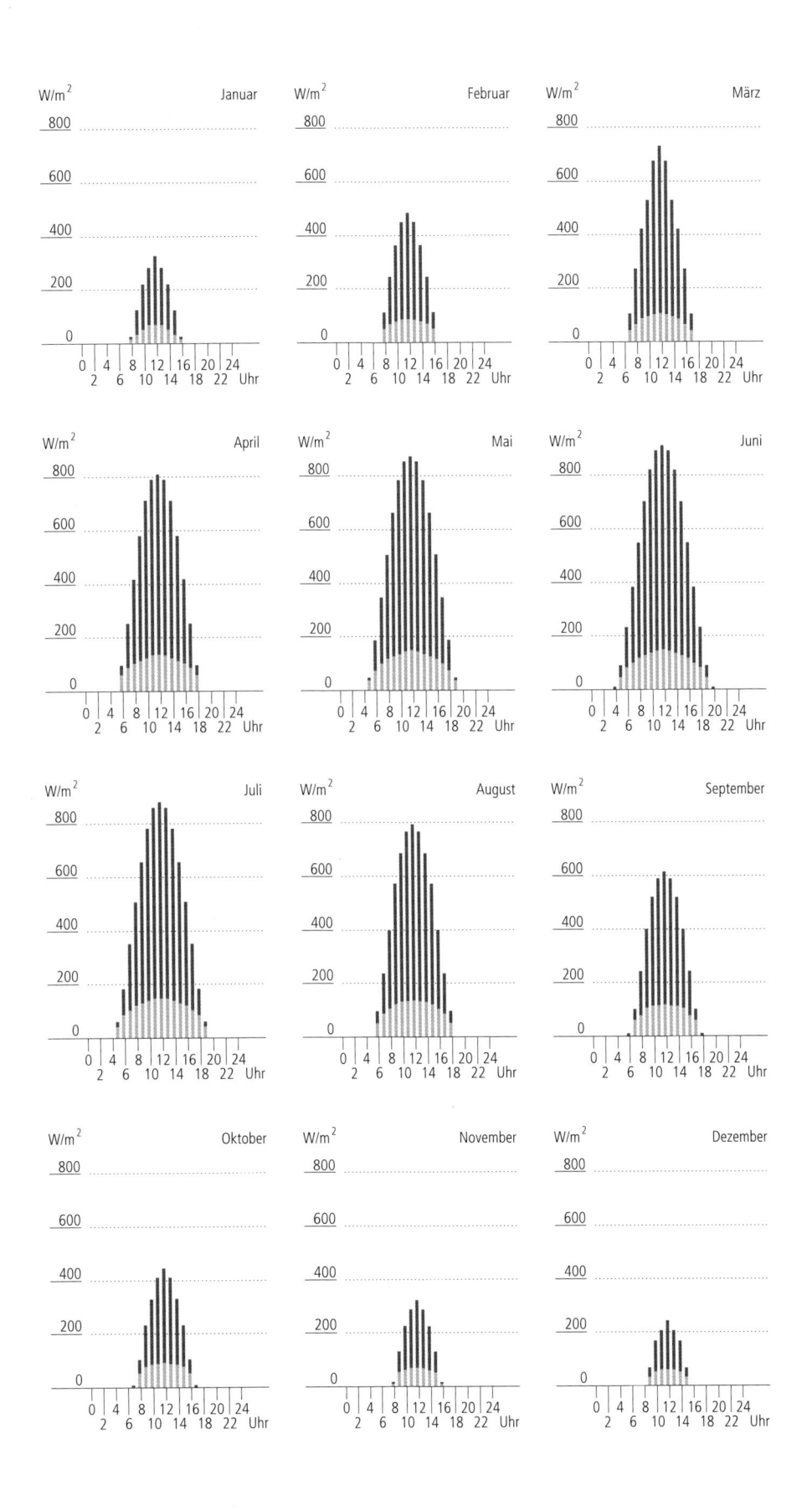

Bild 6.26.2
Auf das Dach auftreffende Strahlung im Tagesverlauf

■ Direktstrahlung
▨ Diffusstrahlung

Tageslichteinfall und Gesamtenergiedurchlaßgrad

Bei der Minimierung der äußeren Kühllasten kommt es wesentlich darauf an, daß die auftreffende Strahlung auf Fenster- und Dachflächen dann massiv reduziert wird, wenn der Energieeinfall unerwünscht ist. Gleichzeitig jedoch soll möglichst viel Tageslicht einfallen, um die Brennstunden der Beleuchtung zu minimieren.

Ein unerwünschter Energiegewinn bei gut isolierten Bürogebäuden tritt häufig schon bei Außentemperaturen von weniger als +5 °C auf, da unter Umständen bereits die inneren Wärmequellen das Gebäude im Tagesbetrieb ausreichend erwärmen. Zum Einstieg in die Thematik dienen die **Bilder 6.26.1 – 2**, die die auf südorientierte Fassaden bzw. Dachflächen auftreffende Strahlung (direkt und diffus) veranschaulichen. **Bild 6.27** zeigt zudem die Summenhäufigkeit der Solarstrahlung auf Dachflächen und weist aus, welcher Energieanteil in der Regel z. B. bei Bürogebäuden direkt nutzbar ist (passiver Solargewinn), wenn davon ausgegangen wird, daß ein Gebäude z. B. bis +10 °C geheizt werden muß. Anhand der Jahresdauerlinie der Solarstrahlung zeigt sich das Dilemma der Nutzung hoher Solargewinne bei gut isolierten Gebäuden: Nur ein geringer Anteil der Solarstrahlung kommt tatsächlich dem Beheizen des Gebäudes direkt zugute, während der größte Teil eher als Störfaktor auftritt.

Bei der Minimierung der von außen zugestrahlten Wärmeenergie infolge direkter und diffuser Strahlung spielt der Gesamtenergiedurchlaßgrad die wesentliche Rolle. Dieser sollte bei einer möglichst hohen Lichtdurchlässigkeit möglichst gering sein. Die **Bilder 6.28.1 – 2** zeigen beispielhaft die Selektivität neutraler und reflektierender Verglasungen bei einschaligen Fassaden bzw. die Selektivität verschiedener Fensterkombinationen. Von Fall zu Fall ist hier sehr detailliert nach optimalen Fensterkombinationen zu suchen.

Verschiedenste Formen von Sonnenschutzmaßnahmen außen und innen weisen unterschiedliche Gesamtenergiedurchlaßgrade auf, wie zusätzlich aus **Bild 6.29** hervorgeht. Diese können jedoch von Fall zu Fall dadurch verbessert werden, daß im Raum absorbierte Wärmemengen (sekundäre Wärmeabgabe/konvektive Wärmeströme) am Entstehungsort abgesaugt werden, um den Raum nicht zu belasten und dessen Kühllast zu erhöhen.

Der Bereich Sonnenschutz – Kühllast – Temperaturverhalten im Raum ist jedoch nur ein Aspekt, der bei der Bestimmung und Auslegung von Sonnenschutzmaßnahmen zu beachten ist. Ein weiterer, ebenso wichtiger Aspekt ist der Tageslichteinfall in die entsprechenden Räume.

Bild 6.27
Summenhäufigkeitsdiagramm der Solarstrahlung auf Dachflächen

|||| nutzbarer Energieanteil
|||| wenig nutzbarer Energieanteil
|||| kaum nutzbarer Energieanteil

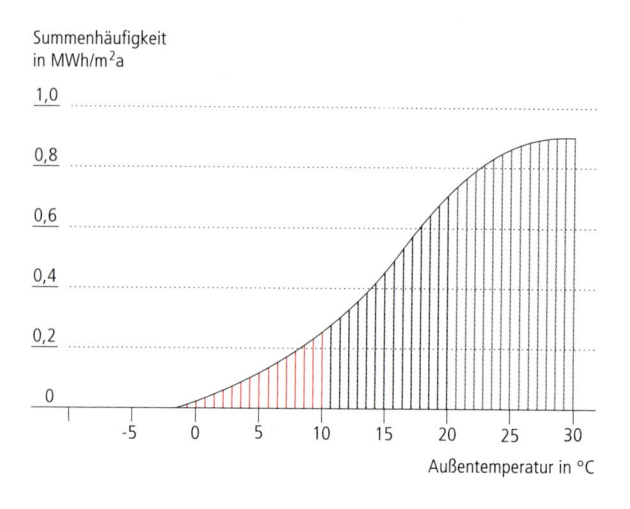

Bild 6.28.1
Selektivität neutraler und reflektierender Verglasungen (einschalige Fassade)

- ○ Isolierverglasung
- × Wärmeschutzverglasung
- ◆ Wärmeschutzverglasung
- ■ Luxguard Natural
- ☆ Ipasol Natura
- ▲ Climasol Neutral
- □ Parsol grau
- ● Antelio Silber
- + Ipasol Silber
- * Infrastop Silber (50/30)
- △ Luxguard Silber
- # Infrastop Silber (37/22)

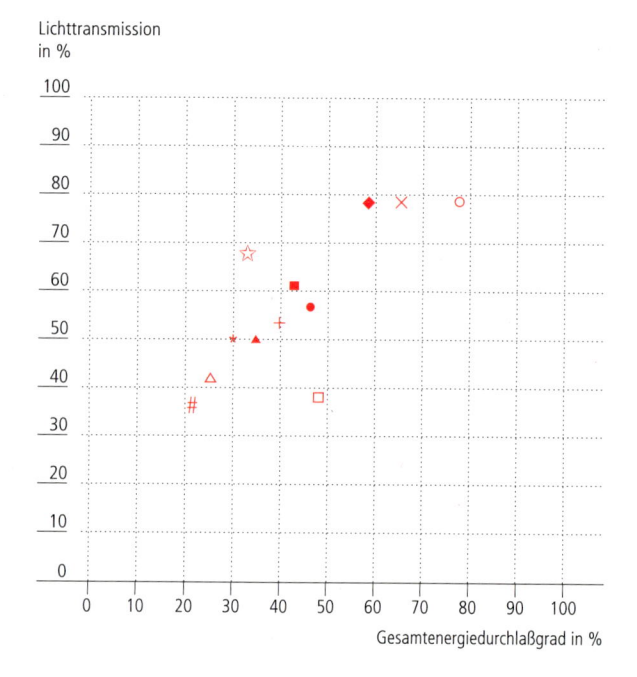

Bild 6.28.2
Selektivität verschieden

Doppelschalige Fassaden
- ○ Kastenfenster Isolierverglasung/Einfachverglasung
- ☆ Kastenfenster Einfachverglasung/Wärmeschutzverglasung

Einschalige Fassaden
- ▼ Wärmeschutzverglasung
- ■ Luxguard Natural
- ▲ Climasol Neutral

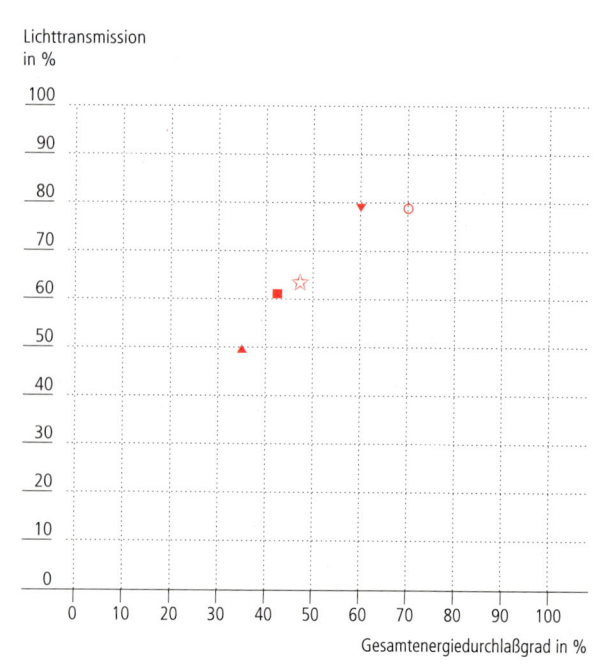

6.2.9 Berechnungsverfahren, Kurzverfahren (Handverfahren)

Beim üblichen Berechnungsverfahren unterscheidet man, wie bereits beschrieben, nach inneren und äußeren Kühllasten. Danach ergibt sich:

Innere Kühllast $\dot{Q}_i$

$$\dot{Q}_I = \dot{Q}_P + \dot{Q}_B + \dot{Q}_M + \dot{Q}_G + \dot{Q}_C + \dot{Q}_R$$

Kühllast durch Personen $\dot{Q}_P$

$$\dot{Q}_P = n \cdot q_P \cdot s_i$$

n Anzahl der Personen
q_P Wärmeabgabe des menschlichen Körpers
s_i Kühllastfaktor für innere Lasten (Konvektivanteil 50 %)

Kühllast durch Beleuchtung

$$\dot{Q}_B = P \cdot l \cdot \mu_B \cdot s_i$$

P = gesamte Anschlußleistung der Leuchten, bei Entladungslampen einschließlich der Verlustleistung der Vorschaltgeräte in W
l = Gleichzeitigkeitsfaktor der Beleuchtung zur betreffenden Zeit
μ_B = Raumbelastungsgrad infolge Beleuchtung
s_i = Kühllastfaktor für innere Lasten

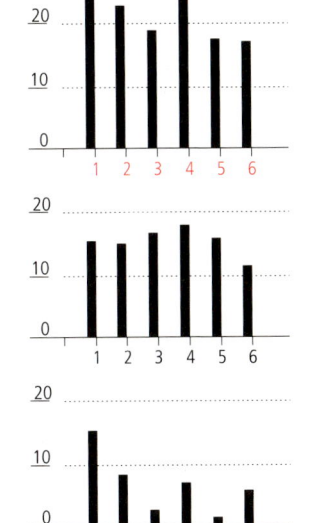

Bild 6.29
Gesamtenergiedurchlaßgrade einer einschaligen Fassade bei verschiedenen Sonnenschutzvarianten

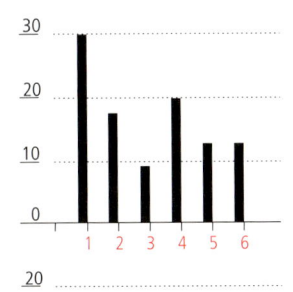

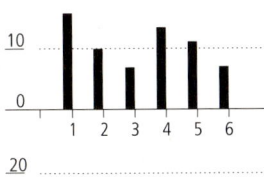

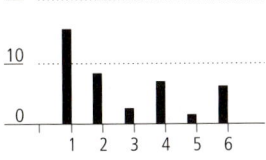

1 DIN 4108
2 Ferrari Soltis 86, seidenfarben (außen) alu (innen)
3 Agero G-1907
4 MHZ-Hachtel Nr. 400
5 Hüppe Nr. 10 silber/schwarz
6 Siemens Prismen gespritzt

Abhängig vom Konvektivanteil der Wärmeabgabe der Leuchten kann der Kühllastfaktor für innere Lasten den Kühllastregeln (z. B. VDI 2078) entnommen werden.

Kühllasten durch Maschinen und Geräte $\dot{Q}_M$

$$\dot{Q}_M = \sum_{j=1}^{\eta} \left[\frac{P_j}{\eta} \mu_{aj} \right] \cdot l \cdot s_i$$

P_j = Nennleistung (Wellenleistung) der j-ten Maschine
η = mittlerer Motorenwirkungsgrad
μ_{aj} = Belastungsgrad der j-ten Maschine zur betreffenden Zeit
l = Gleichzeitigkeitsfaktor
s_i = Kühllastfaktor für innere Lasten

Kühllast durch Stoffdurchsatz $\dot{Q}_G$

$$\dot{Q}_P = \dot{m} \cdot c \cdot (\vartheta_E - \vartheta_a) \, s_i$$

$\dot{m}$ = Massenstrom des in den Raum gebrachten bzw. aus ihm entfernten Gutes
c = mittlere spezifische Wärmekapazität
ϑ_E = Eintrittstemperatur
ϑ_a = Austrittstemperatur
s_i = Kühllastfaktor für innere Lasten

In den Kühllastregeln werden Raumtypen angegeben, die Bezug auf die thermische Speicherfähigkeit von Räumen nehmen. Dabei unterscheidet man:

XL = sehr leicht speichernd
L = leicht speichernd
M = mittelschwer speichernd
S = schwer speichernd

Zur Orientierung und Festlegung, welcher Raumtypenart ein Raum zuzuordnen ist, kann angesetzt werden:

XL = Gesamtmassen < ca. 200 kg/m² FB
L/M = Gesamtmassen 200 bis 600 kg/m² FB
L = Speichermassen sind abgedeckt (Teppichboden/ unter Estrich/abgehängte Decke usw.), Gesamtmasse 200 bis 400 kg/m² FB
M = Speichermassen liegen frei (Steinboden/geputzte Betondecke usw.) Gesamtmasse 400 bis 600 kg/m² FB
S = Gesamtmasse > 600 kg/m² FB.

Bei der Typisierung wurde davon ausgegangen, daß alle Räume die gleiche Geometrie und die gleiche Wärmedämmung, jedoch unterschiedlichen Wandaufbau haben. Beim Handrechenverfahren werden entsprechend den Raumtypen Kühllastfaktoren (Speicherfaktoren) angegeben.

Dabei ist zu beachten, daß hinsichtlich der Speicherung von unterschiedlichen Einschalt- und Ausschaltzeitpunkten lufttechnischer Anlagen ausgegangen wurde, das heißt, daß die Kühllastregeln im wesentlichen für Gebäude gelten, die lufttechnisch behandelt werden. Beim Beginn einer Berechnung ist somit aktuell für den zu berechnenden Raum ein qualitativer Vergleich mit den Raumtypen der Kühllastregeln durchzuführen und der zu berechnende Raum entsprechend zuzuordnen.

Um die Auswirkungen des Speicherverhaltens aufzuzeigen, wird die nachfolgende Vergleichsbetrachtung an einem nach Süden orientierten Testraum durchgeführt. Die Räume in ihrer baulichen Ausbildung (Varianten 1 – 6) sind in **Bild 6.30** dargestellt.

Die Räume unterscheiden sich in folgenden wesentlichen Merkmalen bei den einzelnen Varianten:

Variante 1
Leicht bis mittelschwer speichernder Raum mit raumhoher Fensterverglasung

Variante 2
Leicht bis mittelschwer speichernder Raum, jedoch mit Brüstungselementen (ca. 70 cm hoch)

Variante 3
Mittelschwer speichernder Raum mit Brüstungselement wie in Variante 2, jedoch ohne abgehängte Decke

Variante 4
Schwer speichernder Raum mit Brüstungselement, ohne abgehängte Decke und bedingt speicherndem Boden

Variante 5
Schwers peichernder Raum mit Brüstungselement und gemauerten Seitenwänden

Variante 6
Mittelschwer speichernder Raum mit Brüstungselementen und versetzbaren Seitenwänden (Metall)

Bild 6.30
Raumvarianten mit unterschiedlichen Umschließungsflächen

Orientierung: Süden
Raumabmessungen:
Fußbodenfläche: 21,0 m²
Personen: 2
Raumhöhe: 2,90 m
Beleuchtung: 158 W
Deckenabhängung: 0,15 m
Maschinen: 315 W
Brüstungshöhe: 0,70 m

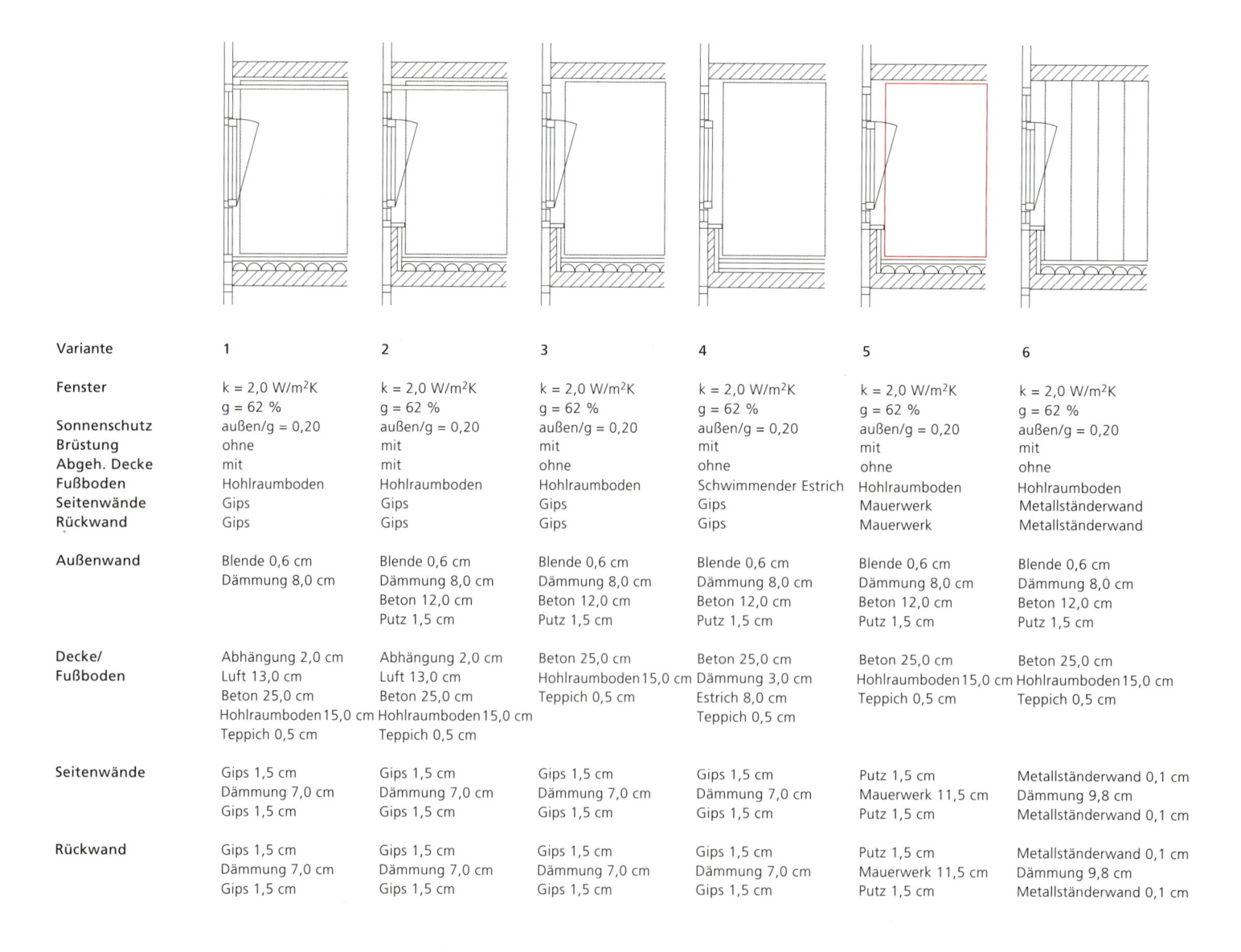

Variante	1	2	3	4	5	6
Fenster	$k = 2{,}0\ W/m^2K$ $g = 62\ \%$	$k = 2{,}0\ W/m^2K$ $g = 62\ \%$	$k = 2{,}0\ W/m^2K$ $g = 62\ \%$	$k = 2{,}0\ W/m^2K$ $g = 62\ \%$	$k = 2{,}0\ W/m^2K$ $g = 62\ \%$	$k = 2{,}0\ W/m^2K$ $g = 62\ \%$
Sonnenschutz	außen/g = 0,20	außen/g = 0,20	außen/g = 0,20	außen/g = 0,20	außen/g = 0,20	außen/g = 0,20
Brüstung	ohne	mit	mit	mit	mit	mit
Abgeh. Decke	mit	mit	ohne	ohne	ohne	ohne
Fußboden	Hohlraumboden	Hohlraumboden	Hohlraumboden	Schwimmender Estrich	Hohlraumboden	Hohlraumboden
Seitenwände	Gips	Gips	Gips	Gips	Mauerwerk	Metallständerwand
Rückwand	Gips	Gips	Gips	Gips	Mauerwerk	Metallständerwand
Außenwand	Blende 0,6 cm Dämmung 8,0 cm	Blende 0,6 cm Dämmung 8,0 cm Beton 12,0 cm Putz 1,5 cm	Blende 0,6 cm Dämmung 8,0 cm Beton 12,0 cm Putz 1,5 cm	Blende 0,6 cm Dämmung 8,0 cm Beton 12,0 cm Putz 1,5 cm	Blende 0,6 cm Dämmung 8,0 cm Beton 12,0 cm Putz 1,5 cm	Blende 0,6 cm Dämmung 8,0 cm Beton 12,0 cm Putz 1,5 cm
Decke/ Fußboden	Abhängung 2,0 cm Luft 13,0 cm Beton 25,0 cm Hohlraumboden 15,0 cm Teppich 0,5 cm	Abhängung 2,0 cm Luft 13,0 cm Beton 25,0 cm Hohlraumboden 15,0 cm Teppich 0,5 cm	Beton 25,0 cm Hohlraumboden 15,0 cm Teppich 0,5 cm	Beton 25,0 cm Dämmung 3,0 cm Estrich 8,0 cm Teppich 0,5 cm	Beton 25,0 cm Hohlraumboden 15,0 cm Teppich 0,5 cm	Beton 25,0 cm Hohlraumboden 15,0 cm Teppich 0,5 cm
Seitenwände	Gips 1,5 cm Dämmung 7,0 cm Gips 1,5 cm	Gips 1,5 cm Dämmung 7,0 cm Gips 1,5 cm	Gips 1,5 cm Dämmung 7,0 cm Gips 1,5 cm	Gips 1,5 cm Dämmung 7,0 cm Gips 1,5 cm	Putz 1,5 cm Mauerwerk 11,5 cm Putz 1,5 cm	Metallständerwand 0,1 cm Dämmung 9,8 cm Metallständerwand 0,1 cm
Rückwand	Gips 1,5 cm Dämmung 7,0 cm Gips 1,5 cm	Gips 1,5 cm Dämmung 7,0 cm Gips 1,5 cm	Gips 1,5 cm Dämmung 7,0 cm Gips 1,5 cm	Gips 1,5 cm Dämmung 7,0 cm Gips 1,5 cm	Putz 1,5 cm Mauerwerk 11,5 cm Putz 1,5 cm	Metallständerwand 0,1 cm Dämmung 9,8 cm Metallständerwand 0,1 cm

In **Bild 6.31** sind die Raumtemperaturen nach einer fünftägigen Schönwetterperiode im Sommer bei Südorientierung der Räume aufgeführt. Wie der Temperaturvergleich zeigt, wird infolge der Speicherung der Außenwand (Variante 2) eine Temperaturabsenkung um ca. 1,2 K (maximaler Wert) gegenüber einer Vollverglasung (Variante 1) erreicht. Hier spielt jedoch nicht nur die Speicherfähigkeit der Außenwand eine Rolle, sondern insbesondere die Verminderung der Sonneneinstrahlung durch die verkleinerte Glasfläche. Insofern ist der Vergleich zwischen Variante 2 und 3 interessanter. Durch den Fortfall der abgehängten Decke sinkt die Raumtemperatur weiterhin um maximal 1 K gegenüber der Variante 2, was ausschließlich auf die erhöhte Speicherfähigkeit zurückzuführen ist.

Der Unterschied zwischen den Varianten 3 und 4 beträgt 0,2 K, was darauf zurückzuführen ist, daß der Teppichboden die erhöhte Speicherfähigkeit des Fußbodens gegenüber einem Hohlraumboden annähernd aufhebt. Eine deutliche Verbesserung wäre lediglich dann gegeben, wenn anstatt des Teppichbodens Steinböden eingesetzt würden. Die Variante 5 zeigt die größte Differenz zwischen den zuvor aufgeführten Ausbauvarianten infolge der sehr hohen Speicherfähigkeit der gemauerten Zwischenwände. Die Temperaturminderung beträgt 2 K bis 3 K gegenüber den zuvor aufgeführten Raumvarianten (ausgenommen Variante 1).

Bild 6.31
Raumtemperaturen nach 5-tägiger sommerlicher Schönwetterperiode
Wetterdaten nach Testreferenzjahr (TRY-Region 8)

Die Raumtemperaturen werden als operative (empfundene) Temperaturen (nach DIN 1946/Teil 2) angegeben, also unter Berücksichtigung der Bauteil-Oberflächentemperaturen.

— Außenluft
— Variante 1
— — Variante 2
— · — Variante 3
· · · · Variante 4
— Variante 5
— · · — Variante 6

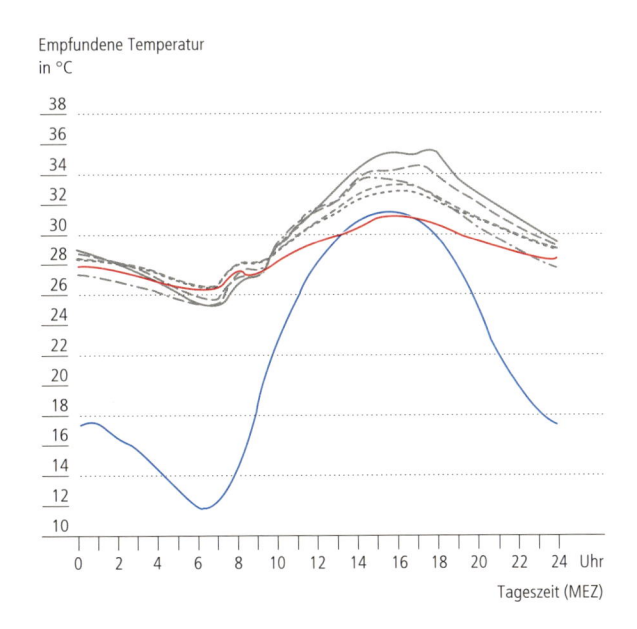

Die Variante 6 verhält sich ähnlich wie Variante 3, jedoch minimal ungünstiger, da die Metallständerwände mit Dämmung ein noch geringeres Speicherverhalten haben als die angenommenen Gipskartonwände in Variante 2.

Bei der Betrachtung der Kurvenverläufe in **Bild 6.31** ist festzustellen, daß sich die Temperaturabsenkung infolge Speicherung beim südorientierten Raum erst in der Zeit zwischen 16.00 und 18.00 Uhr voll auswirkt, d. h. 4 Stunden nach der maximalen Sonnenbestrahlung des Raumes (Außensonnenschutz). Bei ostorientierten Räumen würde demgemäß die größte Reduzierung der Raumkühllast und somit der Raumtemperaturen im Zeitraum zwischen 12.00 und 14.00 Uhr, bei westorientierten Räumen zwischen 22.00 und 24.00 Uhr zur Geltung kommen.

Bild 6.32 zeigt zur weiteren Erläuterung eine Temperaturstatistik für die warmen Monate Mai bis September und für die zuvor beschriebenen Raum- bzw. Ausbauvarianten.

Infolge der größten Speicherfähigkeit der Ausbauvariante 5 tritt bei diesem Raum eine Raumtemperatur über 30 °C nicht mehr auf, d. h. er erreicht eine maximale Raumtemperatur ohne Belüftung und Kühlung von 29 °C an etwa 20 Stunden im Jahr. Alle anderen Ausbauvarianten, ausgenommen Variante 1, verhalten sich hinsichtlich der zu erwartenden Anzahl Tage mit Raumtemperaturen von z. B. 22 °C bis 30 °C ähnlich. Die Ausbauvariante 1 schneidet bei der Temperaturstatistik deutlich schlechter ab, wobei hier, wie bereits festgestellt, auch und insbesondere die vergrößerte zugestrahlte Wärmemenge infolge der größeren Fensterfläche eine Rolle spielt.

Will man die Speicherfähigkeit eines Raumes deutlich verbessern, ist es sinnvoll, diesen während der Nacht mit kalter Außenluft gezielt zu durchlüften. **Bild 6.33** zeigt für zwei ausgesuchte Testräume (Varianten 2 und 5) das Temperaturverhalten mit und ohne Nachtauskühlung. Im Fall der Nachtauskühlung geht man von einem 3-fachen Luftwechsel aus, wie er sich üblicherweise bei mittleren Außenluftgeschwindigkeiten und leicht gekippten Fenstern einstellen dürfte. Vergleicht man die Kurven mit und ohne Nachtlüftung der Variante 2 bzw. der Variante 5 untereinander, so läßt sich leicht ausmachen, daß sich bei einem leicht bis mittelschwer speichernden Raum eine Temperaturreduzierung um ca. 2 K bis 6 K einstellt und bei der Variante 5 eine solche von ca. 3 K bis 4 K zu erwarten ist. Dabei ist wesentlich, daß das Temperaturniveau der Variante 5 um ungefähr 4 K niedriger liegt als bei der Variante 2. Von besonderem Interesse ist, daß sich die erhöhte Speicherfähigkeit insbesondere während der Betriebszeit des angenommenen Gebäudes auswirkt. Wie der Vergleich aller Kurven untereinander ergibt, ist die Nachtauskühlung eines Gebäudes von mindestens gleich hoher Bedeutung wie seine erhöhte Speicherfähigkeit.

Will man den Energieverbrauch und die Investitionskosten im Bereich Luft- und Kältetechnik deutlich reduzieren, ist es in jedem Fall sinnvoll, einen Raum nicht nur schwerspeichernd auszubilden, sondern auch während der Nacht so weit auszukühlen, daß ein verbessertes Speicherverhalten erreicht wird.

Die äußeren Kühllasten setzen sich zusammen aus Kühllasten durch Außenwände und Dächer gemäß der nachfolgend beschriebenen Formel, wobei nunmehr der Wärmedurchgangskoeffizient und eine äquivalente Temperaturdifferenz neben der Außenwandfläche eine wesentliche Rolle spielen. Weiterhin sehr wesentlich sind die Kühllasten infolge von Strahlung durch Fenster in Verbindung mit Sonnenschutzarten. Dabei muß auch berücksichtigt werden, ob und in welcher Form Fenster zum Teil in der Sonne und zum Teil im Schatten liegen und ob ganze Fassaden beschattet sind.

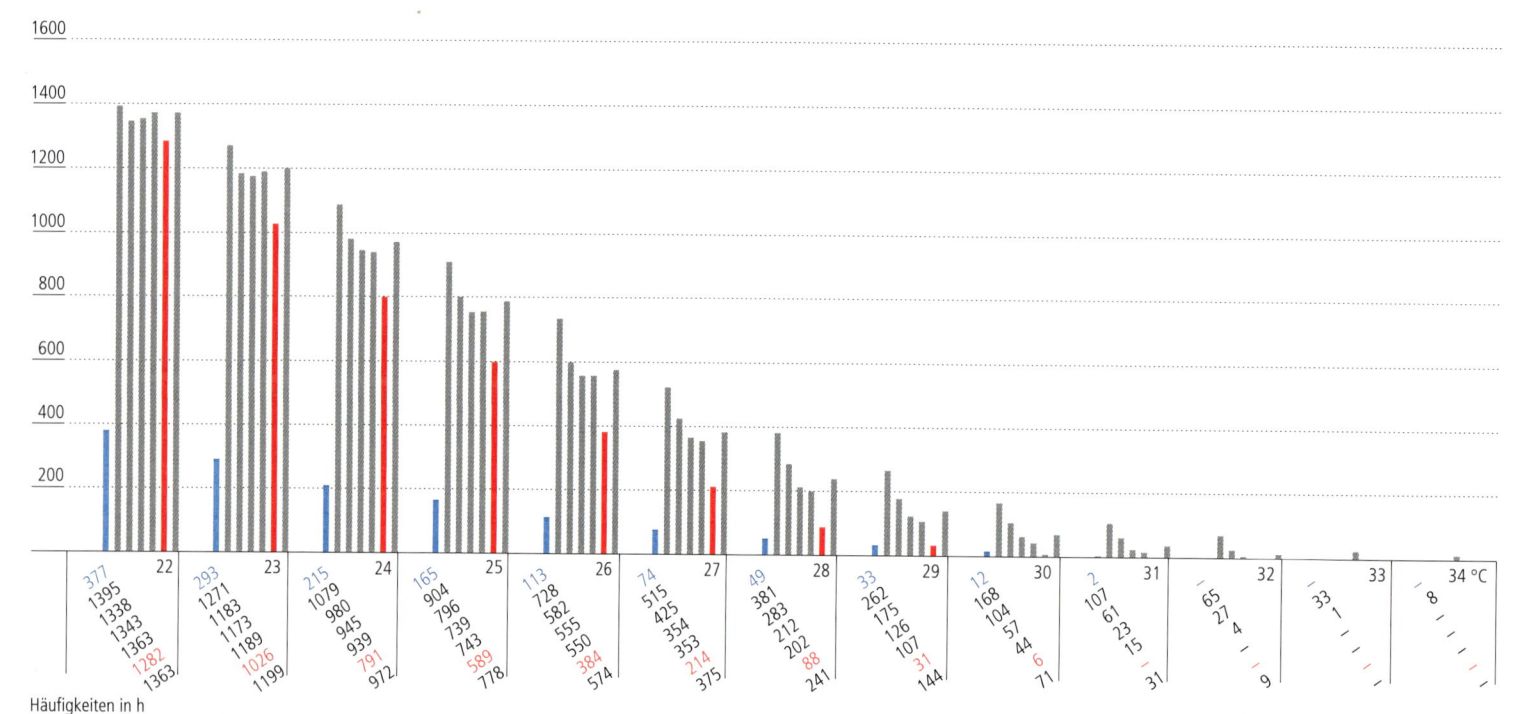

Bild 6.32
Temperaturstatistik der Raumtemperaturen von Mai bis September
Wetterdaten nach Testreferenzjahr (TRY-Region 8)

Anzahl der Stunden mit einer Temperatur größer als die angegebene Temperatur in der Zeit von 7.00 bis 18.00 Uhr (täglich)

▮ Außenluft
▮ Variante 1
▮ Variante 2
▮ Variante 3
▮ Variante 4
▮ Variante 5
▮ Variante 6

Bild 6.33
Raumtemperaturen nach 5-tägiger sommerlicher Schönwetterperiode
Vergleich mit/ohne Nachtlüftung
Wetterdaten nach Testreferenzjahr (TRY-Region 8)

— Außenluft
--- Variante 2 (ohne NL)
— Variante 2 (mit NL)
--- Variante 5 (ohne NL)
— Variante 5 (mit NL)

NL = Nachlüftung
(Luftwechsel 3,0 1/h von 17.00 bis 8.00 Uhr)

6.2 Kühllastberechnung

Bild 6.34
Beschattung durch Vorsprünge

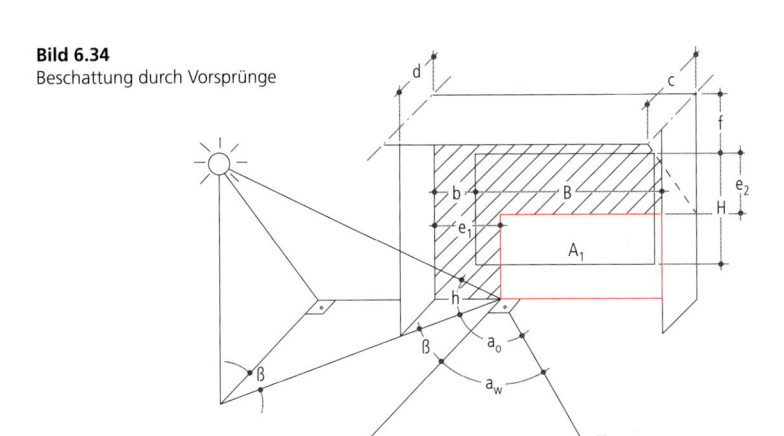

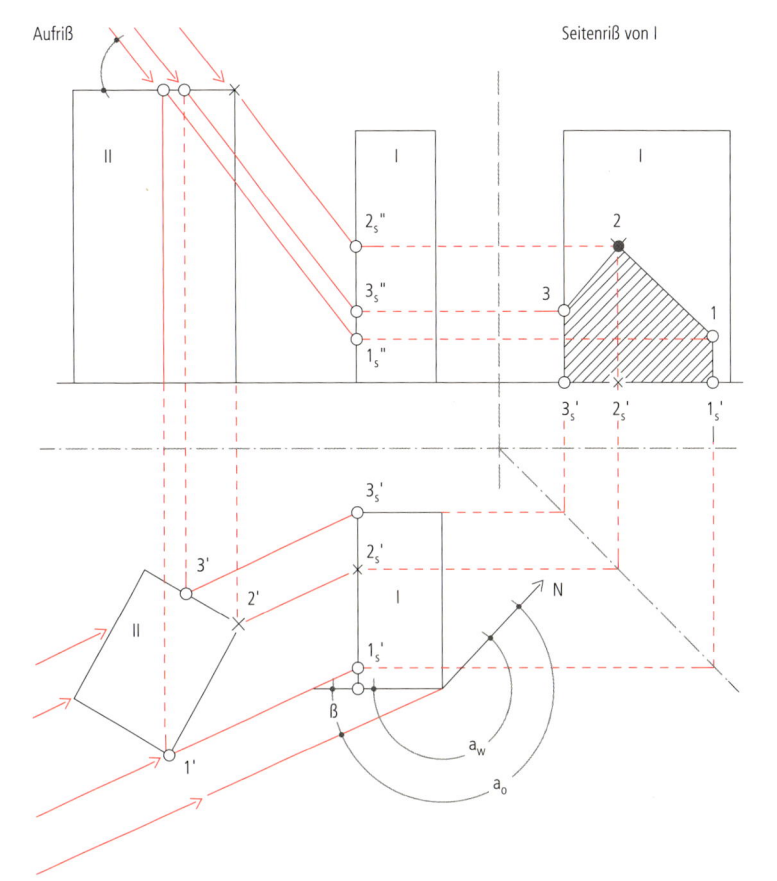

Bild 6.35
Fassadenbeschattung durch Nachbargebäude

a_w Wandazimut
a_o Sonnenazimut
h Sonnenhöhe
$A = B \cdot H$ gesamte Glasfläche
A_1 besonnte Glasfläche

Tabelle 6.3 Sonnenhöhe h und Sonnenazimut a_0

Sonnen-zeit	20. 12.		24. 1. u. 20. 11.		20.12. u. 23. 10.		22. 3. u. 24. 9.		20. 4. u. 24. 8.		21. 5. u. 23. 7.		21. 6.	
	h	a_o	h	a_o	h	a_o	h	a_o	h	a_o	h.	a_o	h	a_o
4													1°	53°
5											6°	66°	9°	64°
6									9°	83°	15°	77°	18°	74°
7					1°	109°	10°	102°	18°	94°	25°	88°	27°	85°
8			3°	125°	9°	121°	19°	114°	28°	106°	34°	100°	37°	97°
9	7°	139°	10°	137°	17°	134°	27°	127°	37°	120°	44°	114°	46°	110°
10	12°	152°	16°	151°	23°	148°	34°	143°	44°	137°	52°	131°	55°	128°
11	15°	166°	19°	165°	27°	163°	38°	161°	50°	157°	58°	153°	61°	151°
12	17°	180°	21°	180°	29°	180°	40°	180°	51°	180°	60°	180°	63°	180°
13	15°	194°	19°	195°	27°	197°	38°	199°	50°	203°	58°	207°	61°	209°
14	12°	208°	16°	209°	23°	212°	34°	217°	44°	223°	52°	229°	55°	232°
15	7°	221°	10°	223°	17°	226°	27°	233°	37°	240°	44°	246°	46°	250°
16			3°	235°	9°	239°	19°	246°	28°	254°	34°	260°	37°	263°
17					1°	251°	10°	258°	18°	266°	25°	272°	27°	275°
18									9°	277°	15°	283°	18°	286°
19											6°	294°	9°	296°
20													1°	307°

Tabelle 6.4 Wandorientierung und Sonnenstand für nördliche Breite 50°

Wandazimut a_w							
N	0°	O	90°	S	180°	W	270°
NNO	23°	OSO	113°	SSW	203°	WNW	293°
NO	45°	SO	135°	SW	225°	NW	315°
ONO	68°	SSO	158°	WSW	248°	NNW	338°
						N	360°

Bild 6.34 zeigt beispielhaft die Beschattung eines Fensters durch Vorsprünge in der Wand mit den zugehörigen Winkeln, Bild 6.35 die Fassadenbeschattung durch ein Nachbargebäude. Die entsprechenden Sonnenhöhen- und Azimutwinkel ergeben sich aus der Tabelle 6.3 unter Zuhilfenahme des Diagramms in Bild 6.36. Die Tabelle 6.4 zeigt die Wandazimute in Abhängigkeit der Wandorientierung und des Sonnenstandes für 50° nördlicher Breite. Die Berechnung der äußeren Kühllasten erfolgt nunmehr:

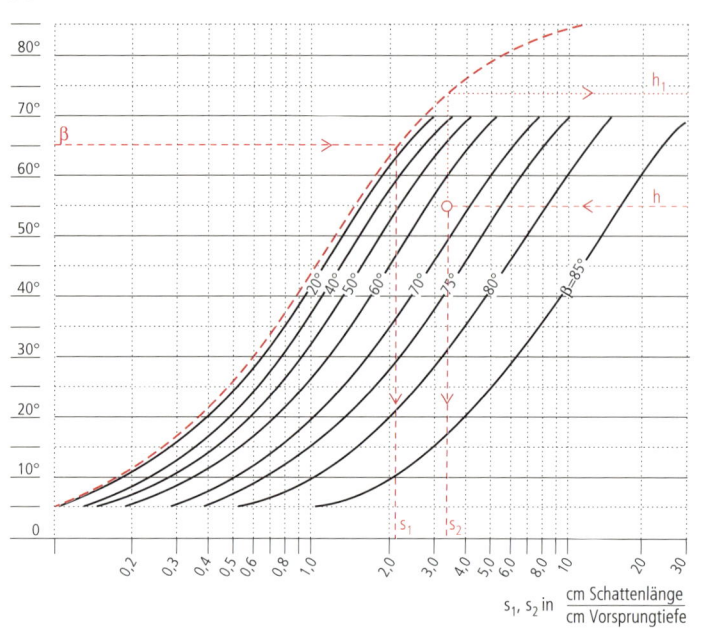

Bild 6.36
Beschattungsdiagramm

s_1 spezifische Seitenlänge (seitlich) je Längeneinheit der Vorsprünge, ausgehend von β
s_2 spezifische Schattenlänge (von oben) je Längeneinheit der Vorsprünge, ausgehend von h
h Sonnenhöhe
h_1 Höhenwinkel

Beispiel 1
β = 65°
s_1 = 2,15 cm/cm

Beispiel 2
h = 55°
β = 65°
h_1 = 73,5°
s_2 = 3,4 cm/cm

Äußere Kühllast $\dot{Q}_A$

$$\dot{Q}_A = \dot{Q}_W + \dot{Q}_T + \dot{Q}_S + \dot{Q}_{LF}$$

Kühllast durch Außenwände und Dächer $\dot{Q}_W$

Der momentane Wärmestrom durch Außenwände und Dächer $\dot{Q}_W$ in den Raum ergibt sich aus

$$\dot{Q}_W = k \cdot A \cdot \Delta\vartheta_{äq}$$

k = Wärmedurchgangskoeffizient
A = Fläche
$\Delta\vartheta_{äq}$ = äquivalente Temperaturdifferenz

In den Kühllastregeln sind für sechs Klassen von Wand- und Dachkonstruktionen die äquivalenten Temperaturdifferenzen in Abhängigkeit von der Flächenorientierung und der Tageszeit angegeben.

In den gleichen Regeln sind übliche Wand- und Dachkonstruktionen zusammengestellt. Außer der Zuordnung zu den erwähnten sechs Bauartklassen enthalten die Tabellen den Aufbau, den Wärmedurchgangskoeffizienten (k-Wert) die flächenbezogene Masse (m_f) und die sogenannte Zeitkorrektur (ΔZ) der jeweiligen Konstruktion.

Die Zeitkorrektur berücksichtigt das Verzögerungsverhalten von Baukonstruktionen, wenn es vom Verhalten der entsprechenden Klasse abweicht. Nimmt die Zeitkorrektur einen von Null abweichenden Wert an, so ist der Zeitpunkt, an dem die äquivalente Temperaturdifferenz bestimmt werden soll, um die angegebene Zeitkorrektur zu verändern und dort abzulesen. Bei einer Zeitkorrektur von Null ist der Wert der äquivalenten Temperaturdifferenz zum Bestimmungszeitpunkt zu verwenden:

$$\Delta\vartheta_{äq}(Z) = \Delta\vartheta_{äq}, \text{Tabelle}(Z + \Delta Z)$$

mit Z = Tageszeit

Weicht im Berechnungsfall der Mittelwert der Aussenlufttemperatur von den angegebenen Voraussetzungen ab, so wird $\dot{Q}_W$ mit einem korrigierten Wert gebildet.
Dabei ist im Sommer

$$\Delta\vartheta_{äq1, \text{Juli}} = \Delta\vartheta_{äq} + (\vartheta_{La,m} - 24{,}5\,°C) + (22\,°C - \vartheta_{LR})$$

$\vartheta_{La,m}$ = wirklicher Mittelwert der Außenlufttemperatur in °C
ϑ_{LR} = wirkliche Raumlufttemperatur in °C

Im September gilt bei der Südwand entsprechend:

$$\Delta\vartheta_{äq1, \text{Sept.}} = \Delta\vartheta_{äq} + (\vartheta_{La,m} - 18{,}5\,°C) + (22\,°C - \vartheta_{LR})$$

Haben die Wände und Dächer Oberflächen, deren Absorptions- und Emissionsgrade von den zugrunde gelegten (hellgetönte Wand, dunkles Dach) abweichen, so wird $\dot{Q}_W$ ebenfalls mit einem korrigierten Wert $\Delta\vartheta_{äq2}$ gebildet.

Dunkelgetönte Wand ($\varepsilon = 0{,}9$, $a_s = 0{,}9$):
$\Delta\vartheta_{äq2} = \Delta\vartheta_{äq} + \Delta\vartheta_{äq,\,as}$

Weiße Wand ($\varepsilon = 0{,}9$, $a_s = 0{,}5$):
$\Delta\vartheta_{äq2} = \Delta\vartheta_{äq} - \Delta\vartheta_{äq,\,as}$

Metallisch blanke Wand ($\varepsilon = 0{,}5$, $a_s = 0{,}5$):
$\Delta\vartheta_{äq2} = \Delta\vartheta_{äq} - \Delta\vartheta_{äq,\,as} + 2{,}0$

Hellgetöntes Dach ($\varepsilon = 0{,}9$, $a_s = 0{,}7$):
$\Delta\vartheta_{äq2} = \Delta\vartheta_{äq} - \Delta\vartheta_{äq,\,as}$

Weißes Dach ($\varepsilon = 0{,}9$, $a_s = 0{,}5$):
$\Delta\vartheta_{äq2} = \Delta\vartheta_{äq} - 2\,\Delta\vartheta_{äq,\,as}$

Dabei ist $\Delta\vartheta_{äq,\,as}$ der Korrekturwert bei Veränderung des Absorptionsgrades um

$\Delta a_s = 0{,}2$.

Die Korrekturwerte der äquivalenten Temperaturdifferenz für Wände sind den Regeln zu entnehmen. Die Korrekturwerte selbst werden stets für den Zeitpunkt aus der Tabelle entnommen, für den auch die äquivalente Temperaturdifferenz abgelesen wird.

Kühllast infolge Transmission durch Fenster $\dot{Q}_W$

$\dot{Q}_T = k_F \cdot A_M \cdot (\vartheta_{AU} - \vartheta_{RA})$

k_F = Wärmedurchgangskoeffizient des Fensters
A_M = gesamte Fensterfläche (Maueröffnungsmaß)
ϑ_{AU} = momentane Außenlufttemperatur
ϑ_{RA} = Raumlufttemperatur

Kühllast infolge Strahlung durch Fenster $\dot{Q}_S$

$\dot{Q}_S = [A_1 \cdot I_{max} + (A - A_1) \cdot I_{dif,max}] \cdot b \cdot S_a$

A_1 = besonnte Glasfläche
A = gesamte Glasfläche
I_{max} = Maximalwert der Gesamtstrahlung für den Auslegungsmonat
$I_{dif,max}$ = Maximalwert für Diffusstrahlung für den Auslegungsmonat
b = Durchlaßfaktor der Fenster und Sonnenschutzeinrichtungen
S_a = Kühllastfaktor für äußere Strahlungslasten

Bei wandernden Schatten ist die besonnte Fläche zum Zeitpunkt der maximalen Gesamtstrahlung zu berechnen.

Der Kühllastfaktor für äußere Strahlungslasten, S_a, ist abhängig von der Baumasse, von der Beschattungseinrichtung (außen, innen) und vom Berechnungsmonat. Ist das Verhältnis $A_1/A \leq 0{,}1$, so ist S_a für die Nordrichtung einzusetzen.

Bei beweglichem Sonnenschutz setzt das Rechenverfahren voraus, daß der Sonnenschutz ganztägig gezogen ist. Ist dies nicht der Fall, das heißt ist der Sonnenschutz in Zeiten ohne direkte Sonneneinstrahlung nicht gezogen, ist zur Entscheidung, welche Strahlungswerte und Kühllastfaktoren einzusetzen sind, folgende Vorrechnung durchzuführen:

$\dot{Q}_{S,\,I\,max} = b_1 \cdot b_2 \cdot I_{ges\,max} \cdot S_{a\,max}$

$\dot{Q}_{S,\,II\,max} = b_1 \cdot I_{N\,max} \cdot S_{aN\,max}$

Die Strahlungswerte, Kühllast- und Durchlaßfaktoren sind dann für den größeren Kühllastwert einzusetzen.

Kühllast durch Infiltration $\dot{Q}_{LF}$

Dieser Kühllastanteil wird nur in Sonderfällen berücksichtigt.

Raumkühllast $\dot{Q}_{KR}$

Die Raumkühllast ist die Summe der inneren und äußeren Kühllastanteile:

$\dot{Q}_{KR} = \dot{Q}_I + \dot{Q}_A$

Gebäudekühllast $\dot{Q}_{KG}$

Die Gebäudekühllast zur Zeit t ergibt sich aus der Summe aller Raumkühllasten zur Zeit t:

$\dot{Q}_{KG} = \sum_{j=1}^{\eta} \dot{Q}_{KRj}(t)$

Nach Ermittlung des Zeitverlaufs über die relevanten Stunden kann das Gebäudemaximum der Kühllast angegeben werden.

Wie unschwer zu erkennen, ist der Rechenaufwand zur Bestimmung der Kühllast sehr erheblich. Da man bei der Projektierung sehr häufig nicht nur die tatsächlichen Kühllasten ermitteln will, sondern vielmehr auch, welche Temperaturverläufe sich gegebenenfalls unter welchen Bedingungen einstellen – und hier sind die Spielmöglichkeiten außerordentlich groß –, werden heute vornehmlich Berechnungen per EDV durchgeführt, die in den letzten Jahren stark verfeinert wurden.

6.3 Luftraten und Luftwechselzahlen

6.3.1 Luftraten

Die Bestimmung des stündlichen Außenluftwechsels zur Erreichung eines hygienischen Raumklimas hängt vom Rauminhalt, der Höhe des Raumes, seiner Lage und dem Grad der Luftverschlechterung ab. Auch die Art der Zuluftzuführung in den Raum ist von Einfluß und kann dann verringert werden, wenn die Außenluft dem Aufenthaltsbereich (Verbraucher) direkt zugeführt wird (zum Beispiel Luftführung von unten nach oben).

Um hygienische Raumluftverhältnisse zu erreichen, soll je Person pro Stunde eine minimale Außenluftrate dem genutzten Raum zugeführt werden. Die einschlägigen Normen geben aufgrund arbeitsmedinzinischer Untersuchungen folgende Mindestaußenluftraten an:

– Theater, Konzertsäle, Kinos, Lesesäle, Messehallen, Verkaufsräume, Museen, Turn- und Sporthallen: 20 m^3/h Person

– Einzelbüros, Ruheräume, Kantinen, Konferenzräume, Klassenräume, Hörsäle, Pausenräume: 30 m^3/h Person

– Gaststätten: 40 m^3/h Person

– Großraumbüros: 50 m^3/h Person.

Bei Außentemperaturen unter 0 °C oder über +26 °C kann die Luftrate zur Energieeinsparung auf 50 % verringert werden. Bei belästigenden Geruchsquellen (z. B. Tabakrauch usw.) sollen die aufgeführten Werte um 20 m^3/h Person erhöht werden.

6.3.2 Luftwechsel

Der Luftwechsel, d. h. der Luftaustausch eines Raumvolumens pro Stunde (Auswechseln des Raumvolumens) ergibt sich aus einer Vielzahl von Parametern, wobei hier in erster Linie zu nennen sind:

– zuzuführende Luftmenge/h infolge notwendiger Kühllastkompensation
– notwendige Zuluftmenge zur Erreichung hygienischer Raumzustände
– Zuluftmenge aufgrund fabrikationstechnischer Gründe (in der Regel gekoppelt mit bestimmten Luftführungsarten).

Die nachfolgend aufgeführten Luftwechselzahlen sind Erfahrungswerte, die bei der Vordimensionierung in der Regel sehr gut eingesetzt werden können, ohne daß detaillierte Berechnungen der Kühllasten, des Wärmebedarfs usw. erfolgen.

Tabelle 6.5 gibt Erfahrungszahlen stündlicher Luftwechsel bei verschiedenen Raumarten an. Tabelle 6.6 weist auf detaillierte Anforderungen an die Lüftung in Krankenanstalten hin. Tabelle 6.7 weist die Außenluftwechselzahlen in Schulen aus (Luftwechsel ergeben sich nach Personenbesetzung). Tabelle 6.8 und 6.9 zeigen Luftwechsel von Küchenanlagen. Bei Küchenanlagen hängt es sehr wesentlich von der Art und Anzahl der Küchengeräte ab, welche Luftwechselzahlen sich letztendlich ergeben. Tabelle 6.10 gibt Planungshinweise bei Verkaufsräumen (Kaufhäuser, Shop in Shop-Center usw.).

Raumart	Stündlicher Luftwechsel (ca.)
Aborte	6 – 10fach
Akkuräume	4 – 6fach
Baderäume	4 – 6fach
Beizereien	5 – 15fach
Bibliotheken	3 – 6fach
Brauseräume	20 – 30fach
Büroräume	3 – 6fach
Färbereien	5 – 10fach
Farbspritzräume	20 – 50fach
Garagen	4 – 5fach
Garderoben	3 – 6fach
Geträume	5 – 10fach
Hörsäle	8 – 10fach
Kantinen	6 – 8fach
Kaufhäuser	4 – 6fach
Kinos und Theater mit Rauchverbot	4 – 6fach
Kinos und Theater ohne Rauchverbot	5 – 8fach
Krankenhäuser	siehe Tabelle 6.6
Küchen	siehe Tabelle 6.8 u. 6.9
Laboratorien	15 – 20fach
Läden	6 – 8fach
Operationsräume	15 – 20fach
Plättereien	8 – 10fach
Rechenräume (EDV)	60 – 65fach
Schulen	siehe Tabelle 6.7
Schwimmhallen	3 – 4fach
Sitzungszimmer	6 – 8fach
Speiseräume	6 – 8fach
Toiletten	4 – 6fach
Tresore	3 – 6fach
Umkleideräume in Schwimmhallen	6 – 8fach
Verkaufsräume	4 – 8fach
Versammlungsräume	5 – 10fach
Wäschereien	10 – 15fach
Werkstätten ohne besondere Luftverschlechterung	3 – 6fach

Tabelle 6.5
Erfahrungszahlen für den stündlichen Luftwechsel bei verschiedenen Raumarten

[1] Soweit hier keine Angaben enthalten sind, gelten die Werte nach DIN 1946-2.
[2] Außer den hier genannten klimaphysiologischen und infektionsprophylaktischen Gründen können RLT-Anlagen auch aus anderen Gründen notwendig werden.
[3] + bedeutet, daß die in DIN 1946-2 genannten Grenzwerte einzuhalten sind (30 – 65% r.F.).
[4] Diese Werte gelten nur für Räume, die dem ständigen Aufenthalt von Personen dienen.
[5] Ganzjährig von min. bis max. frei wählbar, zusammenhängend mit den zugehörigen Räumen der OP-Abteilung. Für die Bemessung der Kälteanlage kann eine Außentemperatur zugrunde gelegt werden, die um 4K niedriger liegt als in VDI 2078 angegeben. Für OP-Räume gelten die Temperaturen für das Operationsfeld.
[6] Für immunsupprimierte (abwehrgeschwächte) Patienten
[7] Raumtemperatur 2 bis 4K über Wassertemperatur bis zu einer Raumtemperatur von 28 °C. Bei Wassertemperatur ab 28 °C sollten beide Temperaturen gleich sein.
[8] Festlegungen müssen nach Erträglichkeit und bauphysikalischen Anforderungen erfolgen.
[9] In Einzelfällen können medizinisch-technische Geräte den Einsatz von RLT-Anlagen und die Einhaltung bestimmter Feuchtewerte erforderlich machen.
[10] Es ist vom Hygieniker zu entscheiden, ob für bestimmte aerogen übertragbare Krankheiten aus infektionsprophylaktischen Gründen eine RLT-Anlage unentbehrlich ist.
[11] RLT-Anlagen dürfen entfallen, wenn alle Frühgeborenen in Inkubatoren untergebracht sind.
[12] Gleiche Zulufttemperatur und Zuluftfeuchte wie für OP-Räume bzw. Bettenzimmer
[13] Außenluftvolumstrom nach Schadstoffbilanz
[14] Bei chemischer Desinfektion oder Sterilisation ist für eine Schadstoffabfuhr Sorge zu tragen; siehe hierzu DIN 58948-7.
[15] Es ist durch geeignete bauliche Maßnahmen Sorge dafür zu tragen, daß ein Luftaustausch zwischen reiner und unreiner Seite weitgehend vermieden wird.
[16] Nach DIN 1946-7
[17] Typ A: besonders hohe Anforderungen an die Keimarmut (z.B. für Transplantationen, Herzoperationen)
Typ B: hohe Anforderungen an die Keimarmut (auch minimal invasive Chirurgie)
[18] Abhängig von der Luftkeimkonzentration, siehe DIN 1946-T4

6.3 Luftraten und Luftwechselzahlen

Raumklasse	Raumart	Raumluftzustände [1]			Mindestaußenluftvolumenstrom bezogen auf			Abluftvolumenstrom	Richtwerte für den max. Anlagen-Schallpegel [4]	RLT-Anlage unentbehrlich [2]	
		Temperaturen		Feuchte [3]	1 Person	1 m² Raumgrundfläche	1 m² Rauminhalt (Luftwechsel)			Klimaphysiologisch	Infektionsprophylaxe
		min. °C	max. °C		m³/h	m³/h · m²	m³/h · m³	m³/h	dB (A)		
I. Hohe bzw. besonders hohe Anforderungen an die Keimarmut	OP-Räume Typ A oder B [17] einschließlich Unfall- und Entbindungs-OP-Räume	22 [5]	26 [5]	+	[18]				40	+	+
	Versorgungsflure oder -lager für Sterilgut, Waschräume, Ein- und Ausleitungsräume, ggf. Geräteräume in OP-Abteilungen	22	26	+		15	5		40	+	+
	Aufwachräume in OP-Abteilungen	22 [5]	26 [5]	+		30	10		35	+	+
	Sonstige Räume, Flure in OP-Abteilungen	22	26	+		15	5		40	+	+
	Endoskopische Eingriffsräume					30	10		40		+
	Bettenzimmer für Intensivtherapie	24	26	+		30	10		30		
	Notfallraum für Intensivmedizin	24	26	+		30	10		40		
	Bettenzimmer für Spezialpflege [6]	24	26	+		30	10		40		
	Notfallraum für Spezialpflege [6]	24	26	+		30	10		40		
	Apotheke (Sterilräume)					10	3		45		+
II. Übliche Anforderungen an die Keimarmut	Entbindungsräume	24				15	5		40		
	Endoskopische Untersuchungsräume (aseptisch, septisch)					30	10		40		
	Physikalische Therapie (Bäder)	[7]	[7]			[8]			50	+	
	Räume für kleinere Eingriffe					15	5		40		
	Aufwachräume außerhalb der OP-Abteilung		26	+		30	10		35	+	
	Röntgendiagnostik, Untersuchungsräume			[9]		15	5		40		
	Bettenzimmer für Intensivbeobachtung	24	26	+		15	5		30		
	Bettenzimmer für Infektionskrankenpflege ggf. einschließlich Vorraum					10	3		35		[10]
	Bettenzimmer für Frühgeborenenpflege	24	26	+ (30 – 65%rF)		10	3		35	[11]	
	Bettenzimmer für Neugeborenen-, Säuglings- und Allgemeinpflege					10	3		35		
	Sonstige Räume, Flure im Intensiv- und Spezialpflegebereich	[12]	[12]			15	5		35		
	Sonstige Räume, Flure					10	3				
	Sonstige Räume, Flure in Pflegebereichen					10	3		40		
	Sterilisation; reine und unreine Seite, Sterilgutlager					[13]			50	[14]	[15]
	Betten-, Wäscheaufbereitung, Wäscherei; reine und unreine Seite					[13]			50	[14]	[15]
	Pathologie/Prosektur		22						50		
	Laboratorien					[16]			45		
	Umkleideräume							100 je Kabine			
	WC' s							60 je Objekt			
	Stationsbäder							150 je Raum			
	Naßzellen							100 je Zelle			

Tabelle 6.6
Anforderungen an die Lüftung
in Krankenanstalten
Auszug aus:
DIN 1946, Teil 4, Seite 10

Raumart	Luftwechsel
Klassenräume	4 bis 5fach
Projektionsräume	6 bis 8fach
Chemieklassenräume	6 bis 8fach
Naturwissenschaftliche Räume	4 bis 5fach
Turnhallen und Lehrschwimmbäder	2 bis 3fach
Gymnastikräume	4 bis 6fach
Umkleideräume	8 bis 10fach
Aborte einschließlich Vorraum	5fach

Tabelle 6.7
Außenluftwechselzahlen bei lüftungstechnischen Anlagen in **Schulen**

Küchenart	Raumhöhe in m	Luftwechsel je h
Kleinküchen für Wohnungen, Villen	2,5 – 3,5	25 – 15fach
Mittelgroße Kochküchen für Gaststätten, Hotels, Kantinen	3,0 – 4,0 4,0 – 6,0	30 – 20fach 20 – 15fach
Große Kochküchen für Krankenhäuser, Kasernen	3,0 – 4,0 4,0 – 6,0 über 6,0	30 – 20fach 20 – 15fach 15 – 10fach
Diätküchen	3,0 – 4,0	20 – 15fach
Spülküchen	3,0 – 4,0 4,0 – 6,0	20 – 15fach 15 – 10fach
Kalte Küchen	3,0 – 4,0 4,0 – 6,0	8 – 5fach 6 – 4fach
Backräume	3,0 – 4,0 4,0 – 6,0	15 – 8fach 8 – 6fach
Putzräume	–	5 – 8fach

Tabelle 6.8
Luftwechsel in **Küchen**

Küchengerät	Art bzw. Größe	Luftmenge
Herd	kohlebeheizt gasbeheizt elektrisch beheizt	3.000 m³/h je m² Herdplatte 1.500 m³/h je m² Herdplatte 1.000 m³/h je m² Herdplatte
Kochkessel	100 l 200 l 500 l 1.000 l	300 m³/h 600 m³/h 1.000 m³/h 1.500 m³/h
Kippbratpfanne	gasbeheizt elektrisch beheizt	1.500 m³/h je m² Herdplatte 1.000 m³/h je m² Herdplatte
Wärmetisch	gasbeheizt elektrisch beheizt	450 m³/h je m² Herdplatte 300 m³/h je m² Herdplatte
Brat- und Backofen	bezogen auf Grundfläche	1.000 m³/h je m² Herdplatte
Kaffeemaschine	gasbeheizt elektrisch beheizt	450 m³/h 300 m³/h
Toaster	2 kW	800 m³/h
Grill	gasbeheizt elektrisch beheizt	3.000 m³/h je m² Herdplatte 2.000 m³/h je m² Herdplatte
Kippkessel	10 l 20 l 50 l	200 m³/h 300 m³/h 500 m³/h

Tabelle 6.9
Bestimmung des Förderstromes nach Anzahl und Art der Küchengeräte

Bei allen hier nicht aufgeführten Raumarten führen spezielle Ansprüche, anfallende Wärmemengen, Staubgehalt etc. zu sehr unterschiedlichen Luftwechseln bei gleichen Raumarten und sind daher nicht in der dargestellten Form überschlägig erfaßbar. Dies gilt auch für Schutzräume, die im Normalfall mit 9 m³/h Person und im Schutzfall lediglich mit 1,8 m³/h Person betrieben werden.

Die Bestimmung des Luftwechsels nach der Luftverschlechterung ergibt sich im wesentlichen in Industriebetrieben. Dabei müssen die Quellen der Luftverschlechterung bekannt sein. Kann man den Umfang der Einbringung luftfremder Stoffe bestimmen, so läßt sich die Erreichung einer bestimmten Luftreinheit und der somit erforderlichen Luftmenge berechnen.

Der erforderliche Volumenstrom (Außenluftmenge) errechnet sich dann nach:

$$\dot{V} = \frac{\dot{K}}{k_i - k_a}$$

Hierin bedeuten:
$\dot{K}$ = stündlich anfallende Gas- oder Dampfmenge in m³/h

k_i = MAK-Wert in m³$_{Gas}$/m³$_{Luft}$ **(Tab. 2.4)**

k_a = Gasmenge in der Zuluft in m³$_{Gas}$/m³$_{Luft}$.

Dabei ist beachtenswert, daß das Schadgas und das Gas in der Außenluft dieselben MAK-Werte haben müssen, da ansonsten eine Umrechnung erforderlich ist. Danach ergibt sich z. B.:

Rauminhalt 4.000 m³
im Raum ausströmendes Ammoniak (NH$_3$)=1 kg/h

Welcher Luftwechsel ist erforderlich?

– anfallende Gasmenge $\dot{K} = \dot{m} \cdot \frac{V_m}{M_m}$

$\dot{m}$ = anfallender Massenstrom (kg/h)

V_m = Molares Volumen (m³/mol) bei 20 °C = 24 m³/mol

M_m = Molare Masse (kg/mol) des Gases = 17 kg/mol für Ammoniak

$\dot{K} = 1 \text{ kg/h} \frac{24 \text{ m}^3/\text{mol}}{17 \text{ kg/mol}} = 1,41$ m³/h (Ammoniak-Strom)

– Volumenstrom Außenluft
$k_i = 50$ ppm $= 50 \cdot 10^{-6}$ m³$_{Gas}$/m³$_{Luft}$
$k_a = 0$ (unbelastete Außenluft)

$$\dot{V} = \frac{\dot{K}}{k_i - k_a} = \frac{1{,}41 \text{ m}^3/\text{h}}{50 \cdot 10^{-6} - 0} = 28.000 \text{ m}^3/\text{h}$$

– Luftwechsel

$$l = \frac{\dot{V}}{V} = \frac{28.200 \text{ m}^3/\text{h}}{4.000 \text{ m}^3} = 7{,}05 \text{ 1/h}$$

Tabelle 6.10
Planungshinweise für den Raumluftzustand, Luftwechsel je Stunde (lichte Raumhöhe 3 m), die Personendichte und Beleuchtungswärme bei lüftungstechnischen Anlagen mit Luftkühlung in **Verkaufsräumen**. Auszug aus: VDI 2082

Raumgruppen	Raumtemperatur Winter °C	Sommer °C	Raumfeuchte Winter %	Sommer %	Luftwechsel je Stunde	Personendichte Personen/10 m² Fläche	Beleuchtungswärme W/m²
Gruppe Verkauf und Dienstleistung							
Verkauf allgemein, z.B. Textilien, Hartwaren, Schuhe, Schmuck, verpackte Lebensmittel	19 bis 22	22 bis 26	–	bis 65 … 50	2 bis 6	1 bis 2	15 bis 30
Verkauf geruchsintensiv, Schnellreinigung	19 bis 22	22 bis 26	–	bis 65 … 50	4 bis 8	0,5 bis 1	15 bis 30
Lebensmittel wie Fleisch, Fisch, Käse, Obst, Backwaren	18 bis 22	18 bis 24	–	bis 75 … 65	4 bis 8	1 bis 2	15 bis 30
Verkauf mit geringer Kundenfrequenz, z.B. Möbel, Hausrat	19 bis 22	22 bis 26	–	bis 65 … 50	2 bis 8	0,1 bis 0,5	15 bis 30
Verkauf mit hohem Wärmeanfall, z.B. Lampen, Funk und Fernsehen, Friseurladen	20 bis 24	22 bis 28	–	bis 65 … 45	6 bis 20	0,1 bis 0,5	50 bis 200
Eingegliederte Restaurantbetriebe, z.B. Erfrischungsraum, Café, Schnellimbiß, Kasino	20 bis 23	22 bis 26	–	bis 65 … 50	6 bis 15	2 bis 6	10 bis 30
Gruppe Nebenbereich							
Lager allgemein	je nach Ware		–	–	1 bis 2	0,1 bis 0,2	3 bis 10
Lager Lebensmittel	je nach Ware		je nach Ware		1 bis 4	0,1 bis 0,2	3 bis 10
Lager mit ständigem Personenaufenthalt, z.B. Warenannahme, Warenversand	17 bis 20	22 bis 26	–	bis 65 … 50	1 bis 2	0,2 bis 0,4	10 bis 20
Büroraum, auch Großraumbüro	22	22 bis 26	–	bis 65 … 50	4 bis 8	1 bis 2	15 bis 40
Küche nach VDI 2052	bis 28	bis 28	–	70	15 bis 40	–	–
Vorbereitungsräume und Verarbeitungsräume z. B. für Fleisch, Wurst, Käse, Fisch, Obst (auch innenliegend)	je nach Ware		je nach Ware		3 bis 12	0,5 bis 1,5	15 bis 30
Werkstatt, Atelier	18 bis 22	22 bis 26	–	bis 65 … 50	5 bis 12	0,5 bis 1,5	20 bis 40
Umkleideräume *)	21 bis 24	–	–	–	4 bis 8	–	5 bis 10
Schulungs- und Aufenthaltsräume	20 bis 22	22 bis 26	–	bis 65 … 50	3 bis 8	4 bis 6	20 bis 40
Toilettenräume *)	18 bis 21	–	–	–	5	–	5 bis 10

*) ohne Luftkühlung

6.4
h,x-Diagramm

Das h,x-Diagramm (Mollier-Diagramm) dient als Grundlage für die Berechnung und Darstellung von Zustandsänderungen mit feuchter Luft. Es ist von ausserordentlicher Wichtigkeit nicht nur für den Klimaingenieur, der wesentliche Teile seiner Anlagenauslegung mit Hilfe der h,x-Diagramme vornimmt, sondern auch im Sinne der Bauphysik, da durch dieses Diagramm Taupunkte der Luft, Veränderungen der relativen Feuchte usw. dargestellt werden können. Das schiefwinklige Koordinatensystem zeigt einmal den x-Wert (den Wassergehalt in g/kg) sowie weiter den Wert der Enthalpie (h) und die Trockenkugeltemperatur t. **Bild 6.37** zeigt ein h,x-Diagramm für feuchte Luft. In das Diagramm ist die Sättigungskurve (relative Feuchte j = 100 %) bei 1,013 bar eingetragen. Oberhalb der Feuchtelinie von 100 % ist das Gebiet ungesättigter Luft, unterhalb das Gebiet übersättigter Luft (Nebelgebiet) ausgewiesen. Die Linien konstanter Temperaturen (Isothermen) sind im ungesättigten Gebiet schwach ansteigende Geraden, die an der Sättigungskurve nach rechts unten umknicken (Nebelisothermen).

In **Bild 6.38** sind verschiedene Zustandsänderungen dargestellt, die ausgehend von Punkt 1 (Trockenkugeltemperatur 20 °C/rel. Feuchte 50 %) folgende Zustandsänderungen beschreiben:

Zustandsänderung 1 – 2
(Trockene Erwärmung der Luft)
Trockene Temperatur steigt an, relative Feuchte fällt, absolute Feuchte bleibt konstant.

Zustandsänderung 1 – 3
(Zuführung von Dampf)
Temperatur, relative Feuchte und absolute Feuchte der Luft steigen an.

Zustandsänderung 1 – 4
(Befeuchtung/Zuführung von kaltem Wasser in ungesättigte Luft)
Temperatur fällt, relative und absolute Feuchte steigt.

Zustandsänderung 1 – 5 – τ
(Trockene Kühlung ohne Entfeuchtung)
Temperatur fällt, absolute Feuchte konstant, relative Feuchte steigt an.

Wird die Temperatur so stark abgesenkt, daß sie über den Punkt 5 bis über die Sättigungslinie hinausläuft, so tritt Wasser aus der Luft aus (Kondensatbildung).

Zustandsänderung 1 – 6 – 7
(Zustandsänderung bei Kühlen und Entfeuchten)
Temperatur und absolute Feuchte fallen, relative Feuchte steigt.

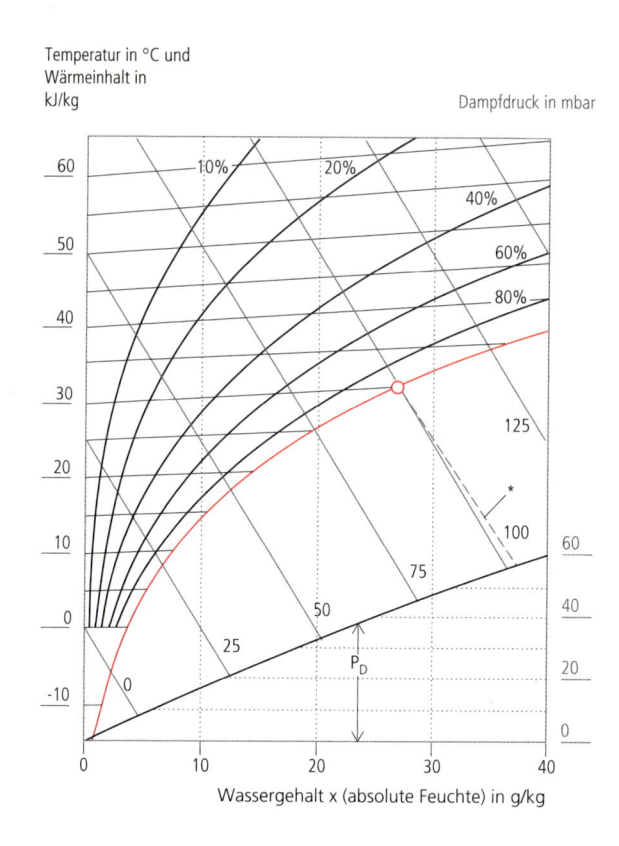

Bild 6.37
h, x-Diagramm für feuchte Luft nach Mollier

— Temperatur t in °C
— Enthalpie h in kJ/kg
— Relative Feuchte φ in %
— Sättigungslinie
-- *) Nebelisotherme (t = 30°C)
P_D Dampfdruck

Im h,x-Diagramm **Bild 6.38** sind weitere Parameter dargestellt, wie die Feuchtkugeltemperatur (Temperaturangaben an der Sättigungslinie) sowie der für die Luftbefeuchtung nützliche Randmaßstab.

Mit dem h,x-Diagramm läßt sich auch feststellen, bei welcher Temperatur und Feuchte z. B. einer Glasscheibe, Rahmenkonstruktion oder Stahlkonstruktion im Winter eine Schwitzwasserbildung (Kondensat) erreicht wird. Geht man davon aus, daß wie in **Bild 6.38** ein Raumzustand von 20 °C bei einer relativen Feuchte von 50 % (Punkt 1) herrscht, und geht man weiterhin davon aus, daß eine Scheibenoberflächentemperatur (Trockenkugeltemperatur) von 8 °C besteht, so kann man feststellen, daß die Taupunkttemperatur entsprechend 8 °C Trockenkugeltemperatur um 1,5 °C tiefer liegt als die Taupunkttemperatur des Raumzustandes gemäß 1. Liegt die Oberflächentemperatur eines betrachteten Gegenstandes unter der Raumtaupunkttemperatur, so tritt Kondenswasser auf.

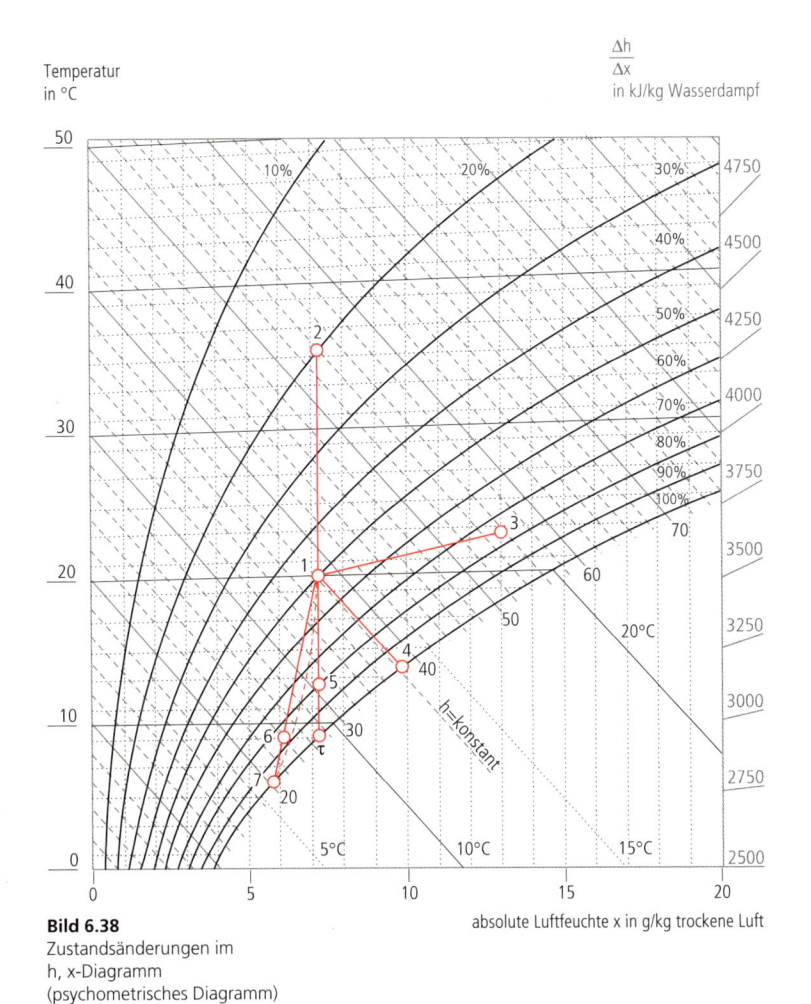

6.5 Komponenten der Lüftungs- und Klimatechnik

Lüftungs- und Klimaanlagen setzen sich sowohl in den Zentraleinheiten als auch im gesamten System aus einer Vielzahl von Komponenten zusammen. Diese sollen nachfolgend in kurzer Form erläutert werden, da sie an den Zustandsänderungen entscheidend mitwirken.

6.5.1 Luftfilter

Luftfilter in Klima- und Lüftungsanlagen sind Geräte oder Apparate, die Teilchen oder gasförmige Verunreinigungen aus der Luft filtern und abscheiden. In der atmosphärischen Luft kommen verschiedene Stoffe unterschiedlicher Teilchengröße vor, wobei die Durchmesser dieser Teilchen zwischen 0,1 und 20 mm (Mikron) betragen (Tabelle 6.11).

Gasförmige Verunreinigungen werden durch chemische oder physikalische Sorptionsvorgänge abgeschieden, das heißt Schadstoffe werden an Sorptionsmaterial gebunden.

Um Luftfilter klassifizieren zu können, wurden Testverfahren eingeführt, die entweder mit synthetischem Prüfstaub oder atmosphärischem Staub arbeiten, um über die Prüfstäube die Abscheidungsgrade und die Staubspeicherfähigkeit der Filter zu prüfen.

Bild 6.38
Zustandsänderungen im h, x-Diagramm (psychometrisches Diagramm)

— relative Feuchte φ in %
⋯ Temperatur t in °C
--- Enthalpie h in kJ/kg trockene Luft
⋯ absolute Luftfeuchte x in g/kg trockener Luft

1–2 trockene Erwärmung
1–3 Dampfbefeuchtung
1–4 Wasserbefeuchtung
1–5–τ trockene Kühlung
1–6–7 nasse Kühlung
7 Apparatetaupunkt
τ Taupunkt der Lufttemperatur

Bezeichnung	Filterklasse	Mittlerer Abscheidegrad A_m (%)	Mittlerer Wirkungsgrad E_m (%)	Alte Bezeichnungen	Einteilung der Güteklassen nach StF [1] Güteklasse
Grobstaubfilter	G 1	A_m < 65	–	EU 1/A	A Grobstaub- oder Vorfilter
	G 2	5 ≤ A_m < 80	–	EU 2/B$_1$	B Feinstaubfilter
	G 3	80 ≤ A_m < 90	–	EU 3/B$_2$	
	G 4	90 ≤ A_m	–	EU 4/B$_2$	
Feinstaubfilter	F 5	–	40 ≤ E_m < 60	EU 5	C Hochwertige Feinstaubfilter
	F 6	–	60 ≤ E_m < 80	EU 6	
	F 7	–	80 ≤ E_m < 90	EU 7	
	F 8	–	90 ≤ E_m < 95	EU 8	
	F 9	–	95 ≤ E_m	EU 9	
			Partikelgröße in μm		
Schwebstoffilter	EU 10	85	0,3 – 0,5	Q	Schwebstoffilter
	EU 11	95	0,3 – 0,5	R	
	EU 12	99,5	0,3 – 0,5	S	
	EU 13	99,95	0,3 – 0,5	S	
	EU 14	99,995	0,05	ST	
	EU 15	99,9995	0,1	T	
	EU 16	99,99995	0,12 – 0,2	U	
	EU 17	99,999995	0,2 – 0,5	V	
	EU 18	99,9999995	0,2 – 0,5	–	

Tabelle 6.11
Luftfilter-Klasseneinteilung nach DIN EN 779

[1] Die Einteilung der „Güteklassen" nach den Richtlinien zur Prüfung von Filtern für die Lüftungs- und Klimatechnik", herausgegeben vom Staubforschungsinstitut des Hauptverbandes der gewerblichen Berufsgenossenschaften e.V. Bonn (StF), wurde durch die Luftfilter-Klasseneinteilung nach DIN EN 779 ersetzt.

Die **Tabelle** zeigt die Luftfilterklasseneinteilung, wie sie heute im wesentlichen in Europa angewendet wird und weist bereits auf die Formen der Filterung hin. **Bild 6.39** weist in globaler Form auf die Güteklassen von Luftfiltern in Abhängigkeit von Korngröße und Entstaubungsgrad hin.

Im Bereich der Filter, Güteklasse A, liegen Drehluft- und Bandumluftfilter.

Ölbenetzte Drehluftfilter **(Bild 6.40)** werden bei starker Staubkonzentration als Vorfilter eingesetzt (Entstaubungsgrad 99 %, Grenzkorngröße um 5 mm). Gleichermaßen kommen Wandeinbau- und Kanaleinbaufilter, **Bilder 6.41.1/2** zum Einsatz.

Diese Filter eignen sich insbesondere für Vorfilterung stark staubbefrachteter Luft, gegebenenfalls auch als Filter in Abluftströmen für Industriebetriebe.

Hochleistungsdrehluftfilter besitzen häufig Filterzellen aus Metallgeweben, in denen der Gesamtluftstrom in Teilluftströme zerlegt wird und infolge der Richtungsänderungen der Staub an der Filteroberfläche hängenbleibt. Metallfilter eignen sich insbesondere auch zur Abscheidung von Ölen und Fetten, Farbnebeln u.ä.

Bild 6.39
Güteklassenkennzeichnung von Luftfiltern nach festgestellter Sichtkennlinie der Prüfung

Güteklassen:
A Grobstaub- oder Vorfilter
B Feinstaubfilter
C Hochwertige Feinstaubfilter

Bild 6.41.1
Trockenschichtfilter als V-Form-Filter mit dazugehörigem Filterelement (Bild DELBAG)

Bild 6.40
Hochleistungs-Drehluftfilter mit von Hand betriebenem Schlammbagger und Auffangbehälter (Bild DELBAG)

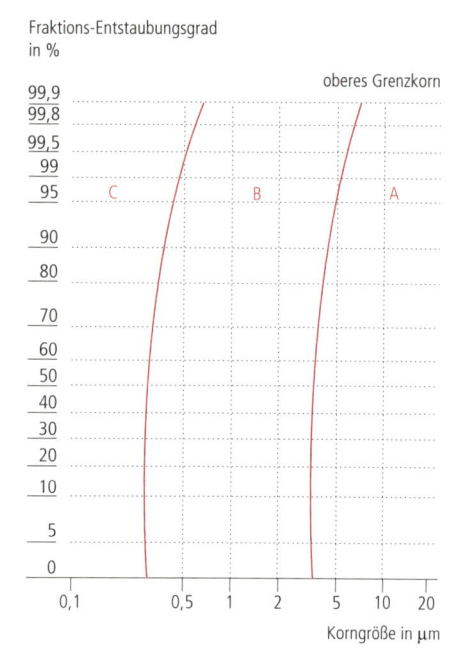

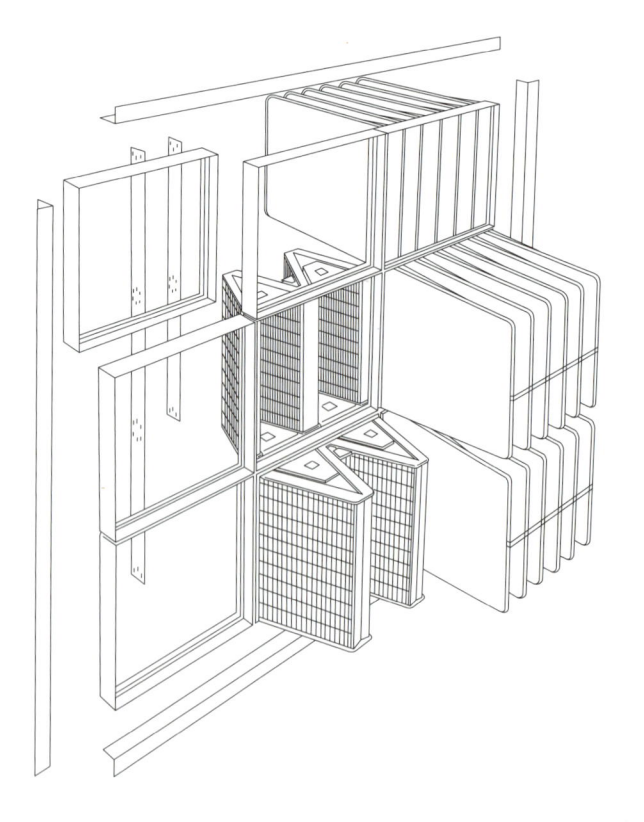

Bild 6.41.2
Trockenschichtfilter als Wandzellenfilter mit Metallzellen

6.5 Komponenten der Lüftungs- und Klimatechnik

Bild 6.42 zeigt ein Trockenschicht-Bandumlauffilter, das ähnlich arbeitet, wie eine Filmkassette in einer Kamera. Das Filter wird von einer Spule auf eine andere aufgerollt (abhängig vom eingestellten Differenzdruck des Filtermaterials), wobei die Faser des Filterbandes aus Glas, Kunststoff oder Naturprodukten besteht, **Bild 6.43.1** zeigt das Filtermedium im Schnitt. Die Glasfasern werden in der Regel zusätzlich mit einem Staubbindemittel benetzt, um die Wirksamkeit des Filters zu erhöhen. Mit zunehmender Tiefe des Filtermediums in Richtung des Luftstroms (gemäß Bild von rechts nach links) erfolgt eine Vergrößerung der Dichte der Faseranzahl und Verkleinerung der Faserdurchmesser. Weitere Konstruktionsprinzipien von Trockenschichtfiltern sind Wandeinbaufilter, wie sie die **Bilder 6.43.1 bis 6.43.3** zeigen.

Elektrofilter **(Bild 6.44.1)** gehören zur Klasse der C-Filter und scheiden neben Staub und Ruß auch Bakterien, Schimmelpilze, Rauch, Dunst und Ölnebel aus. Ihr Wirkungsgrad liegt bei etwa 85 bis 95 %. Bei den Elektrofiltern (mit Ionisierung) werden Staubteilchen der durch das Filter strömenden Luft von einem Ionisierungsteil (Sprühdrähte = positiv geladene Wolframdrähtchen) elektrisch aufgeladen, um im Staubabscheiderteil mit Plattenkondensatoren (abwechselnd positiv und negativ geladen) abgeschieden zu werden. **Bild 6.44.2** zeigt das Arbeitsprinzip des Elektrofilters.

Bild 6.43
Filtermedium (Glasfasern) zum Trockenschicht-Bandumlauffilter

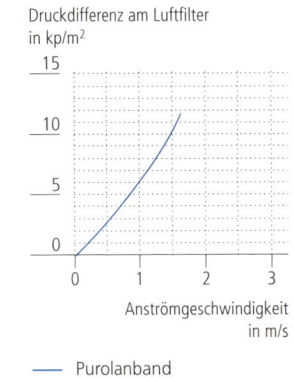

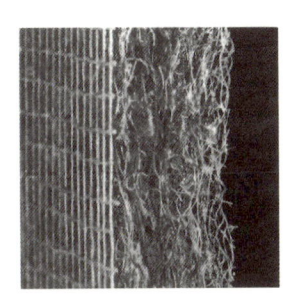

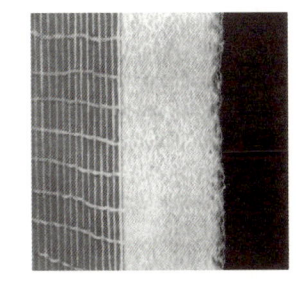

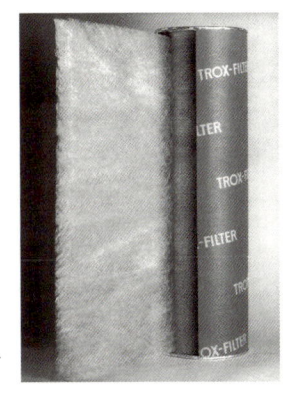

Bild 6.43.1
Zur Grob- bis Feinstaub-Abscheidung

Bild 6.43.2
Zur Fein- bis Feinstaub-Abscheidung

Bild 6.43.3
Rollbandfilter

Bild 6.42
Trockenschicht-Bandumlauffilter mit differenzdruckgesteuertem Motorantrieb

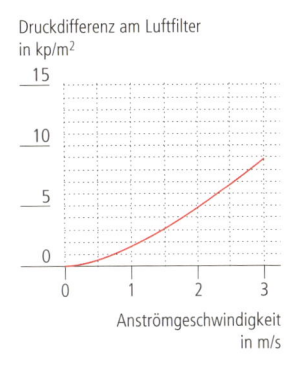

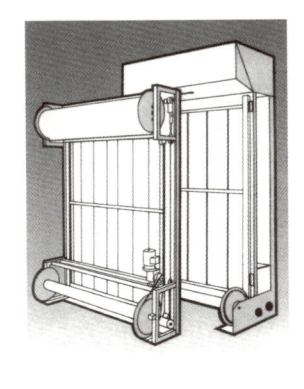

Bild 6.44.1
Elektroluftfilter mit dazugehöriger Kollektorzelle (Bild DELBAG)

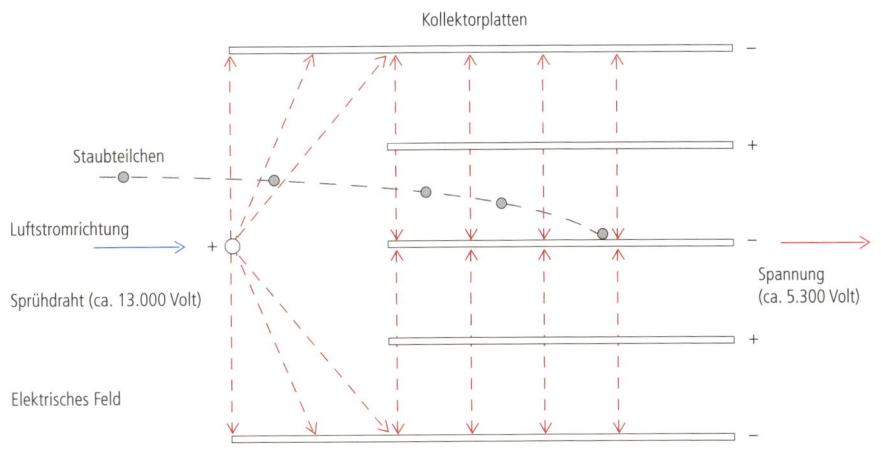

Bild 6.44.2
Schematischer Aufbau und Arbeitsprinzip eines Elektrofilters

Hochwertige Feinststaubfilter und Schwebstoffilter werden überall da eingesetzt, wo an die Reinheit der Luft besonders hohe Ansprüche gestellt werden (Krankenhäuser/Labors/Chipfertigung/Pharmaindustrie usw.). Als Filtermedien werden in Feinstluftfiltern mit zum Beispiel Filtersäcken **(Bild 6.45)** wiederum Glasfasern, Zellulose, Papier oder Gemische der vorgenannten Filtermedien eingesetzt. Das Filtermedium wird entweder zickzackförmig in Aufnahmerahmen eingelassen **(Bild 6.46)** oder zu Filtersäcken zusammengefaßt, die auf eine Frontplatte luftdicht aufgebracht werden. Die Filtereinheiten in Form der gezeigten Zellen werden entweder zu Filterwänden, Filterdecken o. ä. zusammengestellt oder als Einzelelemente in Kanalsysteme eingebaut. Der Entstaubungsgrad liegt zwischen 95 und 99 % bei Grenzkorngrößen von 0,5 bis 0,1 mm. Bei Höchstansprüchen an die Entstaubung (Filterklasse C 3, früher Schwebstoffilter, Sonderstufe S) werden hochwertige Faserstoffluftfilter eingesetzt, die in der Lage sind, Stäube und Schwebstoffe (Aerosole) unter 0,5 mm auszufiltern. Der Entstaubungsgrad dieser Filter liegt bei 99 % (Staubkorngröße 0,1 bis 0,5 mm). Schwebstoffilter dieser Klasse werden insbesondere bei der Chipfertigung und im Bereich der Pharmaindustrie sowie weiterhin in Bereichen eingesetzt, wo radioaktive Stäube auszufiltern sind.

Aktivkohlefilter **(Bild 6.47)** nehmen vornehmlich gas- und dampfförmige Verunreinigungen (Geruchstoffe) aus der Luft auf. Die Aktivkohle hat im Verhältnis zu ihrem Volumen eine außerordentlich große Oberfläche (1 g Aktivkohle = 2 cm^3 = 1260 m^2 Oberfläche) und ist daher in der Lage, beim Durchgang staubhaltiger Luft Gase und Dämpfe durch Absorption aufzunehmen. Die Aktivkohlefilterzellen werden in Platten- oder Kanisterbauweise in Kombination mit entsprechenden Vorfiltern zur Verlängerung der Standzeiten eingesetzt, wobei bei großen Anlagen die Zellen zu Wänden oder Decken aufgebaut werden.

Bild 6.45
Beutelfilter aus hochwertigen Glasfaservliesen (Bild TROX)

Bild 6.46
Deckenmodul für RRT Schwebstoffilter-Zelle (Bild TROX)

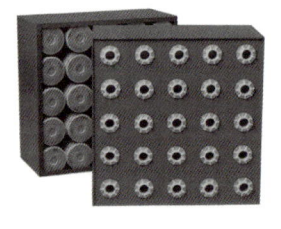

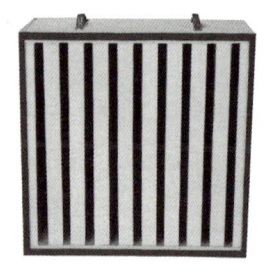

Bild 6.47
Aktivkohle-Filterzellen in Platten- und Kanisterbauweise

Bild 6.48
Filtereigenschaften eines endständigen Hochleistungsfilters
(Human Air, Kessler Tech GmbH)

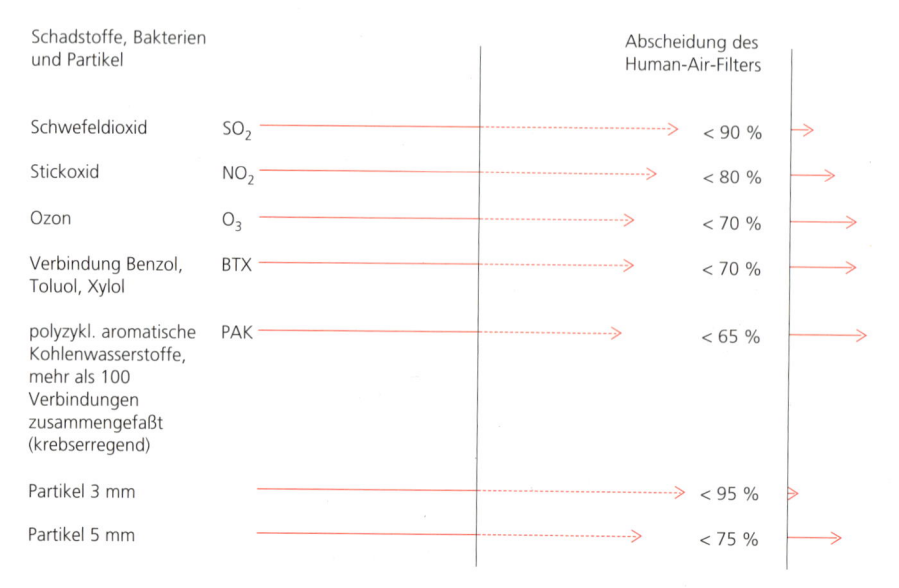

Schadstoffe, Bakterien und Partikel		Abscheidung des Human-Air-Filters
Schwefeldioxid	SO$_2$	< 90 %
Stickoxid	NO$_2$	< 80 %
Ozon	O$_3$	< 70 %
Verbindung Benzol, Toluol, Xylol	BTX	< 70 %
polyzykl. aromatische Kohlenwasserstoffe, mehr als 100 Verbindungen zusammengefaßt (krebserregend)	PAK	< 65 %
Partikel 3 mm		< 95 %
Partikel 5 mm		< 75 %

6.5 Komponenten der Lüftungs- und Klimatechnik

Um einen wesentlichen Störfaktor in Gebäuden mit mechanischer Be- und Entlüftung, der über die Begriffsbestimmung des Sick-Building-Syndrom beschrieben wird, auszuschalten, ist es sinnvoll, mikrobielle Allergene und Zellgifte auszuscheiden. Hierzu wird es unter Umständen nötig, endständige Filter einzusetzen, die in der Lage sind, eine Reihe von Schadstoffen zu absorbieren. **Bild 6.48** zeigt ein Hochleistungsfilter als endständiges Filter vor dem Luftauslaß mit seinen Filtereigenschaften. Wie die Darstellung der Filtereigenschaften ausweist, werden neben Schadstoffen auch Bakterien und Partikel weitgehend ausgefiltert, so daß eine hohe hygienische Luftqualität erreicht wird.

6.5.2 Wärmeaustauscher - Wärmerückgewinnung

Um Energiekosten zu sparen, werden seit Jahren in Klima- und Lüftungsanlagen Wärmeaustauscher eingesetzt (Wärmerückgewinnungsanlagen), um die insbesondere in der Fortluft enthaltene Wärmeenergie zurückgewinnen zu können. Bei den Wärmerückgewinnungsanlagen unterscheidet man nach rekuperativem und regenerativem Wärmeaustausch sowie kreislaufverbundenen Systemen.

Zu den rekuperativen Wärmeaustauschern zählen Platten-, und Glattrohr-Wärmeaustauscher **(Bild 6.49)**. Zur regenerativen Wärmerückgewinnung gehören einmal die Wärmerohre sowie Regeneratoren mit rotierender Speichermasse **(Bild 6.50)**. Bei den Regeneratoren treten Wärmerückgewinnungsvorgänge ein, die im h,x-Diagramm **(Bild 6.51)** dargestellt sind. Rotierende Wärmerückgewinnungs-Anlagen können neben der Wärmeübertragung auch zu einem Stoffaustausch (Feuchteübertragung) führen, wenn entsprechendes Speichermaterial eingesetzt wird.

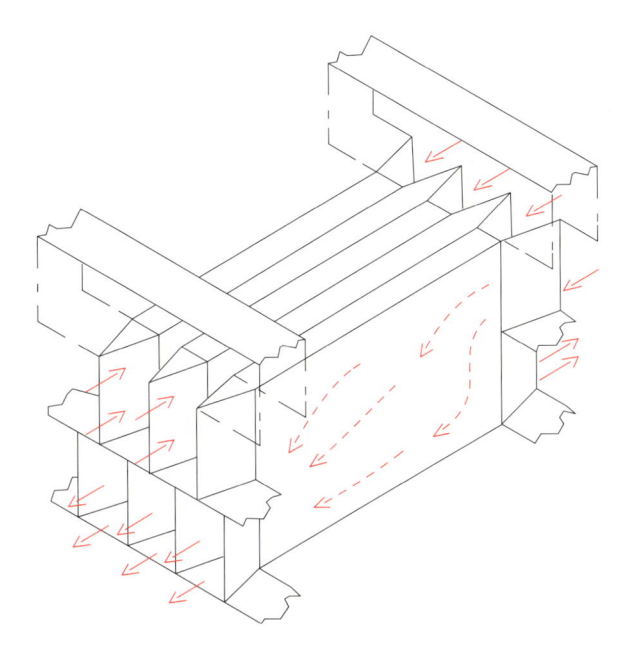

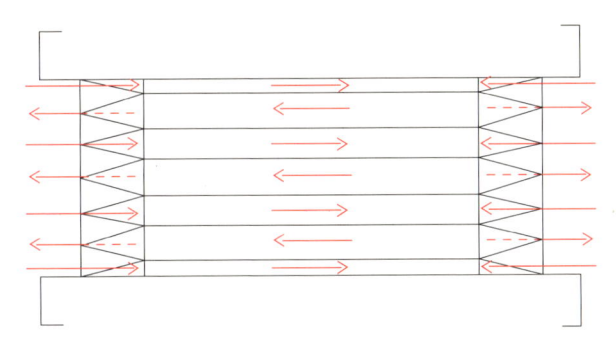

Bild 6.49
Platten-Wärmeaustauscher

Bild 6.50
Geräte-Konstruktion eines Rotorsystems
(Werkbild ABB)

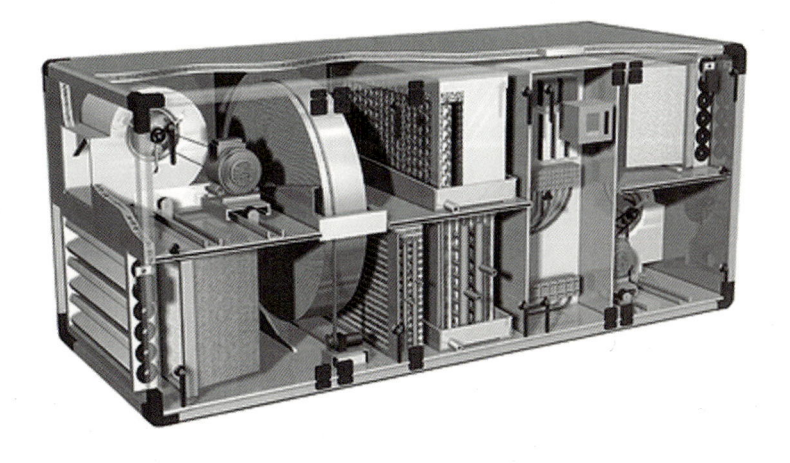

Die rekuperativen und regenerativen Wärmerückgewinnungs-Anlagen haben den großen Nachteil, daß Außen- und Fortluftströme zusammengeführt werden müssen. Dieser Nachteil ist von nicht zu unterschätzender Bedeutung, da er Kanalführungen erzwingt, die zu großen Aufbauten in Zentralen führen können. Um diesem Nachteil aus dem Wege zu gehen, bieten sich kreislaufverbundene Wärmeaustauschersysteme an, in denen Rippenrohraustauscher eingesetzt werden **(Bild 6.52.1)**. Die kreislaufverbundenen Wärmeaustauscher übertragen nur Wärmeenergie, keinen Stoff und besitzen in der Regel geringere Austauschwirkungsgrade als die regenerativen Wärmeaustauscher.

Neuere Entwicklungen haben auch hier zu erheblichen Wirkungsgradverbesserungen geführt. Durch den Einsatz von hocheffizienten Gegenstrom-Schichtwärmetauschern und die Regelung des Massenstroms im kreislaufverbundenen System, erreicht die Fa. SEW Wärmerückgewinnungsgrade von 80 – 90 %. Durch Einspeisung der dann noch fehlenden Heizenergie direkt in das Wassernetz der Wärmerückgewinnung kann dann sogar auf einen separten Nacherhitzer verzichtet werden.

Im Sommerfall kann durch einen vorgeschalteten Verdunstungskühler die Abluft adiabat gekühlt werden und so auch ein Großteil der erforderlichen Kühlenergie für die Zuluft aus dem Abluftstrom zurückgewonnen werden **(Bild 6.52.2)**.

Bild 6.51
Luftzustandsänderungen des Wärmerückgewinnungsvorgangs im h, x-Diagramm

— Temperatur t in °C
— Enthalpie h in kJ/kg
— Relative Feuchte φ in %
= = Sorptionsregenerator
— Kondensationsregenerator
A/A Rückgewinn (Sorptionsregenerator)
B/B Rückgewinn (Kondensationsregenerator)

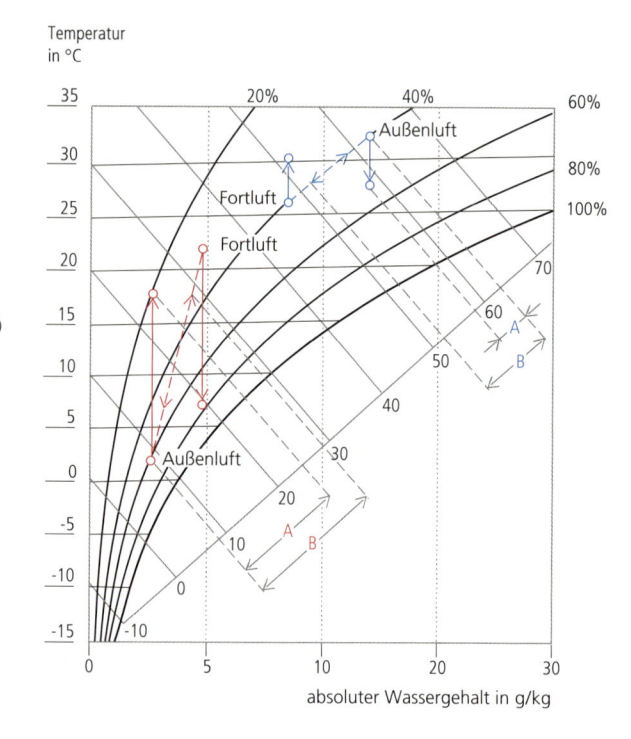

Bild 6.52.1
Kreislaufverbundene Wärmeaustauscher

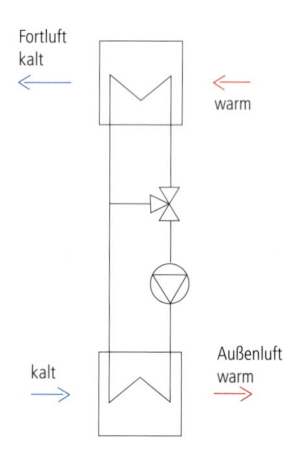

Bild 6.52.2
Kreislaufverbundene Wärmerückgewinnung mit hocheffizienten Gegenstrom-Schichtwärmetauschern (System SEW)

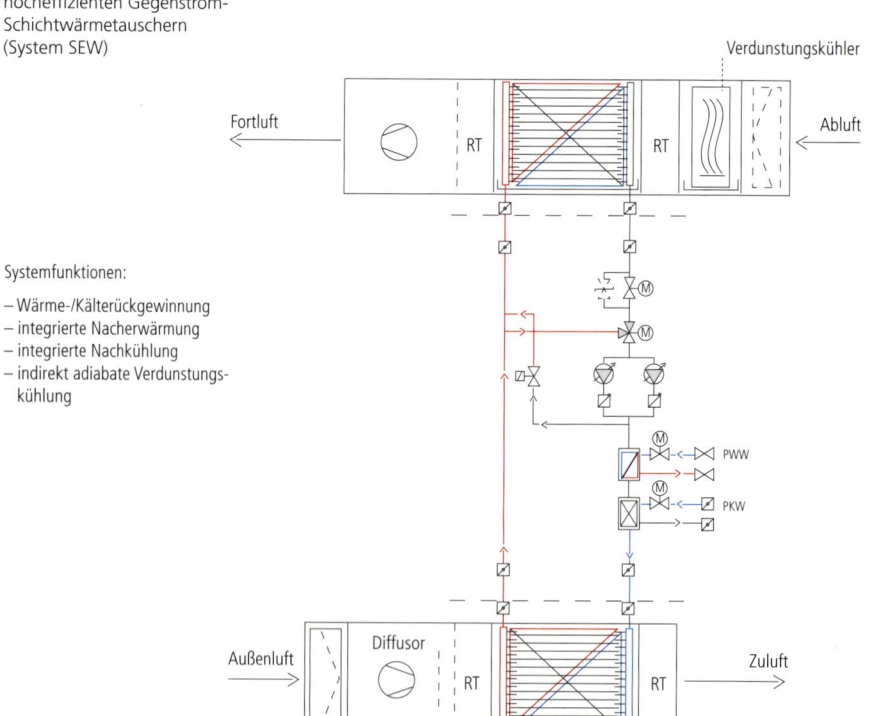

Systemfunktionen:
– Wärme-/Kälterückgewinnung
– integrierte Nacherwärmung
– integrierte Nachkühlung
– indirekt adiabate Verdunstungskühlung

6.5.3 Lufterhitzer und -kühler

Lufterhitzer und -kühler dienen dem Wärmeaustausch oder der Wärmeübertragung von Luft auf Wasser oder umgekehrt, wobei die Wärmeübertragung durch verschiedene Medien hindurch stattfindet. Der Wärmefluß findet dabei immer vom Körper höherer auf den niedrigerer Temperatur statt. Die Übertragung der Wärmeenergie durch die Wand ist in **Bild 6.53** dargestellt und erfolgt in der gezeigten Form zum Beispiel bei Plattenwärmeaustauschern. Beim Wärmeübergang an Rohren unterscheidet man je nach Fließrichtung der Medien nach Gleichstrom, Gegenstrom und Kreuzstrom **(Bild 6.54)**. Als Wärmeenergieträger kommen bei den Lufterhitzern infrage:

– Warmwasser
– Heißwasser
– Dampf
– Gas
– Organische Flüssigkeiten
– Elektrische Energie.

Der Aufbau eines **Lufterhitzers** mit Warm- oder Heißwasser ist in **Bild 6.55** dargestellt. Der Lufterhitzer besteht aus Wasserkammern, Rohren mit Lamellen sowie Anschlüssen an das Heizsystem. Während durch die Rohre Warmwasser oder Heißwasser fließt, werden die Rohre außen von Luft umströmt und nehmen dabei Wärmeenergie unter gleichzeitiger Abkühlung der Warmwasserströme auf. Je nach Heizmedium und gewünschtem Wirkungsgrad sowie Fabrikat werden verschiedene Lamellenformen bei Lufterhitzern eingesetzt.

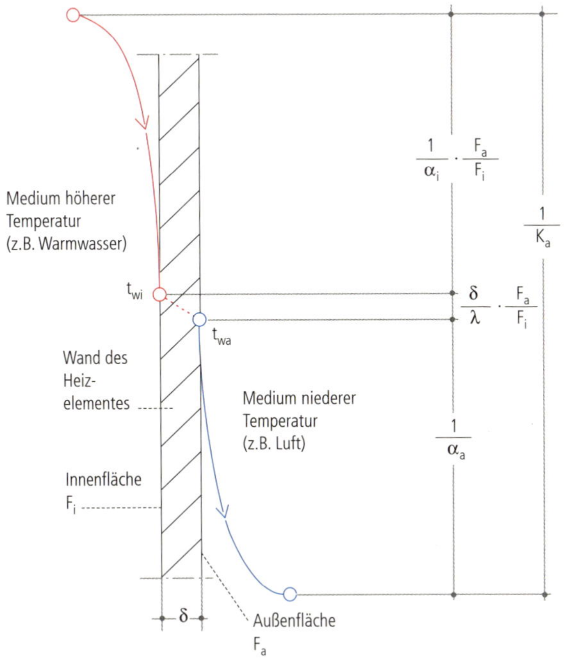

Bild 6.53
Wärmedurchgang durch eine ebene Wand

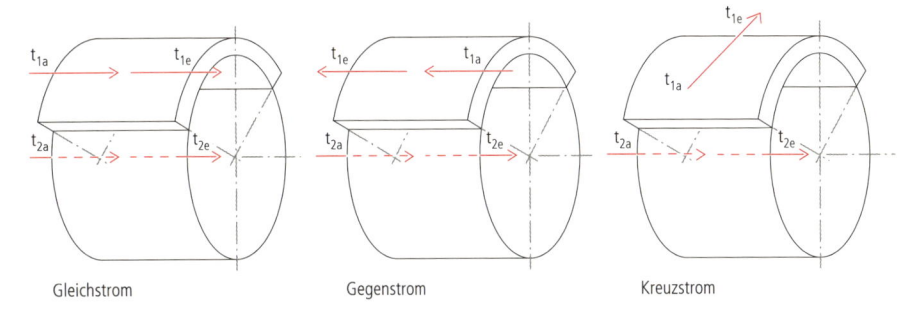

Bild 6.54
Wärmeübergang am Rohrwandausschnitt

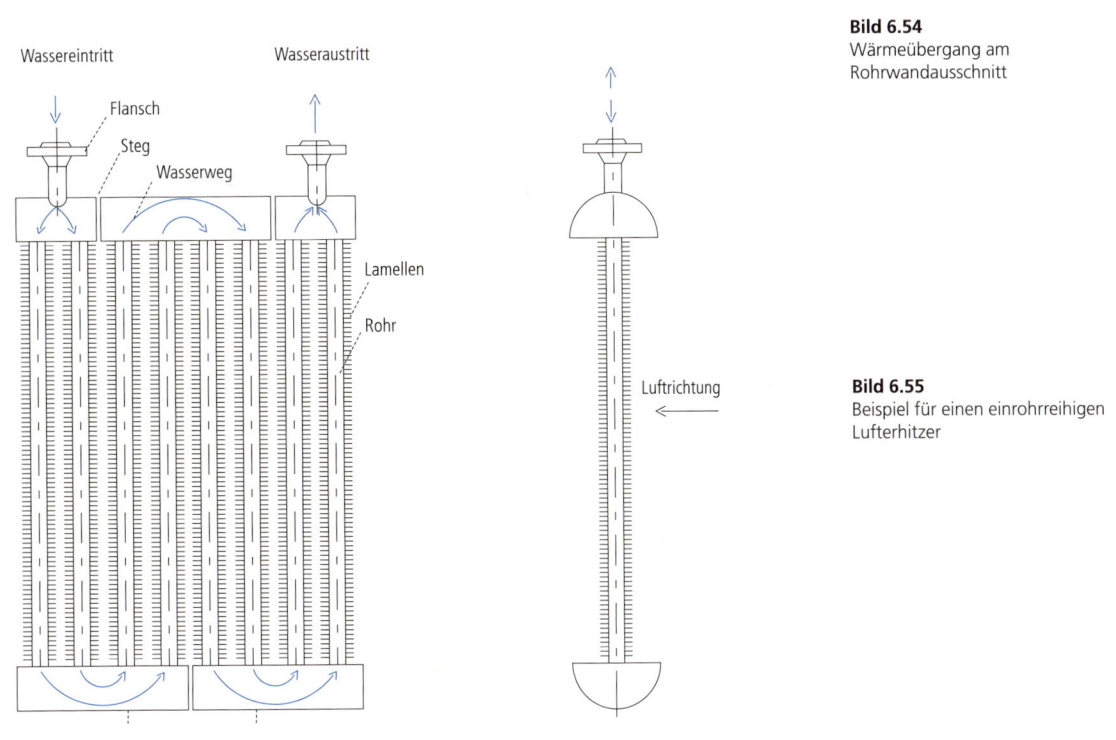

Bild 6.55
Beispiel für einen einrohrreihigen Lufterhitzer

Je nach Zustand des Heizmediums und der zu erwärmenden Luft werden Lufterhitzer hergestellt aus verzinkten Stahlrohren, verzinntem Kupfer oder aus Kupfer mit Aluminiumrippen. Neben der Erwärmung der Luft durch Warm- oder Heißwasser, Dampf usw. kann die Erwärmung auch durch Elektrolufterhitzer erfolgen. Elektrolufterhitzer werden in der Regel nur bei sehr kleinen Leistungen eingesetzt (Nacherhitzer). **Bild 6.56** zeigt einen Elektrolufterhitzer für Kanaleinbauten mit Heizspiralen, an denen sich die durchströmende Luft erwärmt.

Luftkühler dienen der Kühlung durchströmender Luft bei zum Teil gleichzeitiger Entfeuchtung (abhängig vom Kühlmedium). Die Luftkühler bauen praktisch gleichermaßen auf wie Lufterhitzer **(Bild 6.57)**, wobei die Luft turbulent an den Rippenrohren vorbeigeführt wird und sich hierbei abkühlt und gegebenenfalls Wasser ausscheidet. Luftkühler werden in der Regel mit waagerechten Rohren und senkrechten Lamellen in Klimazentralen oder Kanälen eingebaut, damit ausgeschiedenes Kondenswasser abfließen kann.

Wie bei den Lufterhitzern erfolgt die Kühlung entweder im Gegen- oder im Kreuzgegenstrom-Prinzip. Dabei stellen sich je nach Kühlerbauart leicht unterschiedliche Zustandsänderungen ein, **Bild 6.58**.

Die Werkstoffe von Kühlern sind praktisch die gleichen wie die von den Lufterhitzern.

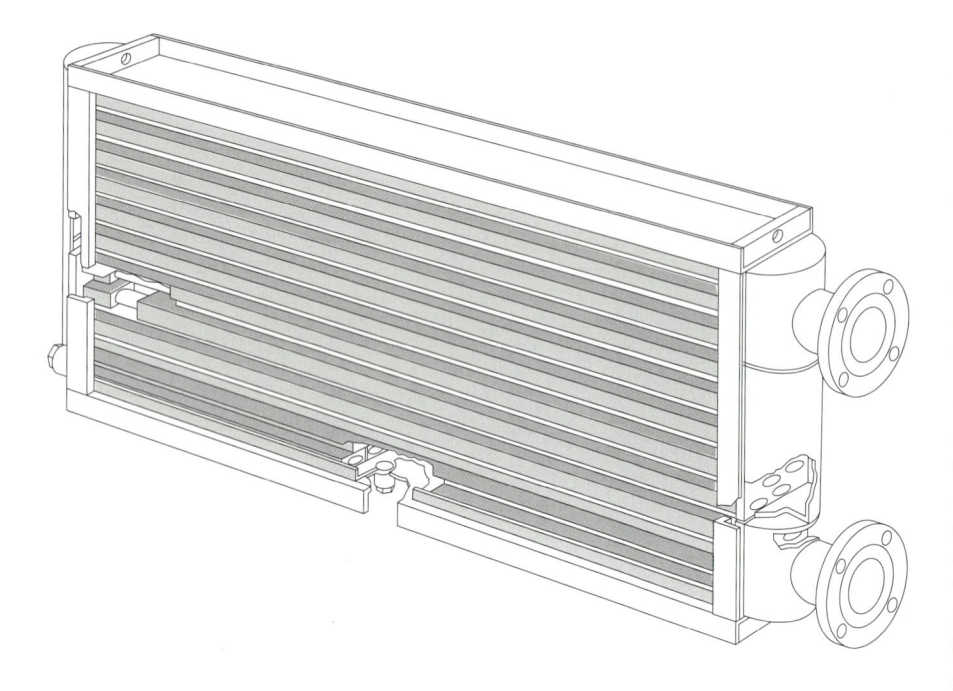

Bild 6.57
Luftkühler mit waagrechten Rohren und senkrechten Lamellen

Bild 6.56
Elektrolufterhitzer mit Gehäuse für Kanaleinbau, mit Heizspiralen aus Cr-Ni-Widerstandsdraht, in keramische Perlen und Ovalrohre eingelegt

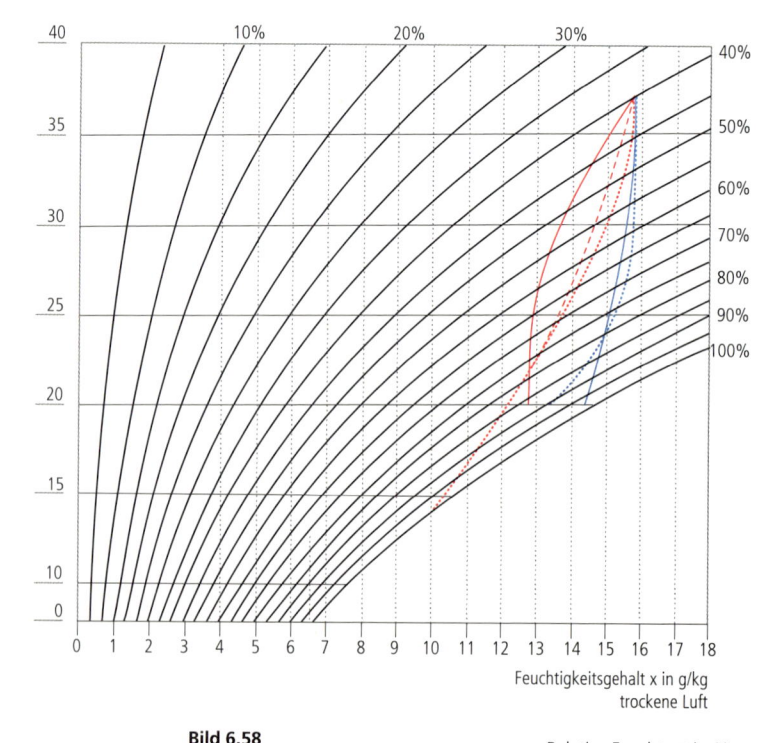

Bild 6.58
Beispiel der Kühlverläufe bei Kühlern

— Relative Feuchte φ in %
— Glattrohr, Gleichstrom
--- Glattrohr, Kreuzstrom
··· Glattrohr, Gegenstrom
— Rippenrohr, Gleichstrom
··· Rippenrohr, Gegenstrom

6.5 Komponenten der Lüftungs- und Klimatechnik

6.5.4 Luftbefeuchter

Zur Befeuchtung der Zuluft stehen je nach Erfordernis verschiedene Befeuchtungsaggregate zur Verfügung. Dies sind:

– Verdampfungsbefeuchter
– Dampfbefeuchter
– Füllkörperkammern
– Scheibenzerstäuber
– Luftwäscher
– Hochleistungs-Luftwäscher.

Die **Verdampfungsbefeuchter** stellen die einfachste Art der Befeuchtungseinrichtung dar. Im Gehäuse oder Kanal einer Klimaanlage kommt eine Wasserwanne zur Aufstellung, in der sich eine Heizspirale befindet. Diese Heizspirale erwärmt im Betrieb das in der Wanne befindliche Wasser so lange, bis ein Teil verdampft und von der vorbeiströmenden Luft aufgenommen wird.

Dampfbefeuchter sind eine Weiterentwicklung der Verdampfungsbefeuchter, bei denen Sattdampf in der Regel mit elektrischer Beheizung erzeugt wird. Dampfbefeuchter bestehen aus einem Druckapparat, in dem Dampf gespeichert wird, sowie einer Wasserzuspeisung und Heizpatronen, die das zugespeiste Wasser auf die nötige Dampftemperatur erwärmen. Bei kleinen Anlagen werden stationäre Dampfbefeuchter eingesetzt, die ausschließlich den Zuluftstrom befeuchten, für den sie installiert werden. Bei großen Anlagen und großen, zur Befeuchtung notwendigen Dampfmengen werden spezielle Dampfkessel oder Dampferzeugungsgeräte aufgestellt, von denen aus über Rohrsysteme der Dampf zu den Befeuchtungsstellen geführt wird und anfallendes Kondensat rückgeführt werden muß. Die Dampfbefeuchtung ist die hygienischste Art der Befeuchtung von Luft (Ausschluß der Keim- oder Bakterienübertragung/ Legionärskrankheit), führt jedoch in der Regel zu hohen Energie- und Wartungskosten.

Eine weitere Form der Verdunstungsbefeuchtung ist die **Befeuchtung über Füllkörperkammern** oder Rieselbefeuchter. **Bild 6.59** zeigt das Prinzip einer Füllkörperkammer, **Bild 6.60** den Aufbau eines entsprechenden Gerätes. Bei diesem Verdunstungsbefeuchter wird gegen einen Luftstrom herabrieselndes Wasser geführt, wodurch eine Verdunstung und somit Feuchteaufnahme der Luft eintritt. Befeuchtungen in dieser Form sind zwar einerseits sehr kostengünstig, jedoch bei unzureichender Wartung nicht hygienisch. Weiterhin kann der Feuchteendzustand lediglich mit 70 bis 75 % rel. Feuchte erreicht werden und daher werden entsprechende Befeuchter nur dort eingesetzt, wo es auf eine genaue Regelung nicht ankommt.

Bild 6.59
Schematischer Aufbau eines Dampfbefeuchters (Mk4 von Defensor) und Dampfverteilerrohr Condair Esco

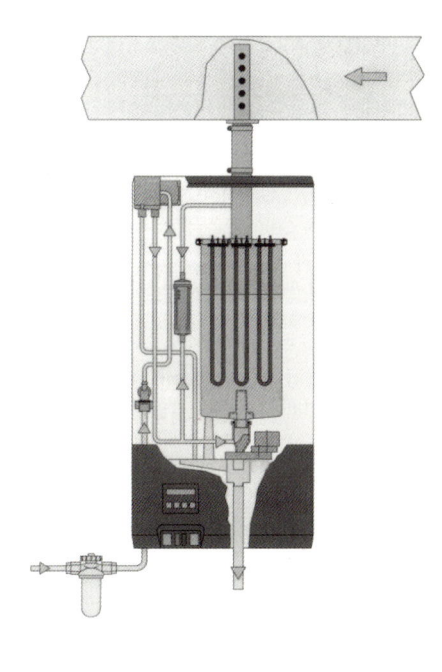

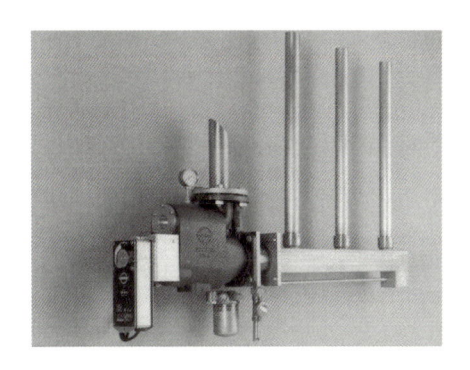

Bild 6.60
Befeuchter nach Füllkörperkammerprinzip

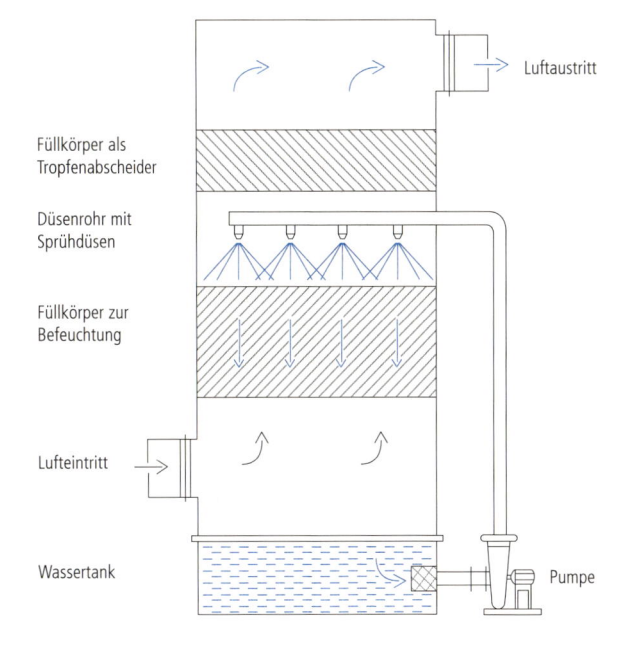

Die Befeuchtung von Luft kann auch durch **Wasserzerstäubung** im Luftstrom vorgenommen werden, was zum heutigen Zeitpunkt nicht mehr häufig geschieht. Die einfachste Lösung bieten Scheibenzerstäuber, bei denen ein gegen die Scheibe rotierender Wasserstrom über den Scheibenrand fein zerstäubt wird. Da bei der Verdunstung und Zerstäubung Kalk ausfällt, muß nach der Befeuchtung durch den Scheibenzerstäuber eine Kalkausscheidung (Filterung) vorgenommen werden.

Beim **Ultraschallzerstäuber** tropft Wasser auf eine mit Ultraschall schwingende Membrane (>20 kHz), wodurch ein feinstes Tropfenspektrum erzeugt wird, das aus dem Zerstäuber austritt wie Dampf („Kaltdampf"). **Bild 6.61** zeigt einen in ein Klimagerät eingebauten Ultrasoniczerstäuber. Da die Ultraschallzerstäuber noch sehr hohe Investitionen erfordern, werden sie in der Regel bei kleineren Einheiten eingesetzt. Die Tröpfchengröße kann mit der Schwingungsfrequenz eingestellt werden, d.h. je höher die Frequenz, je kleiner die Tröpfchengröße (20 kHz = 40 mm Tröpfchengröße).

Die am häufigsten vorkommende Art der Luftbefeuchtung erfolgt durch Verdunstungsbefeuchtung in **Wäschern**. Bild 6.62 zeigt einen Luftwäscher mit seinen Aufbauten. Je nach Befeuchtungswirkungsgrad werden Luftwäscher mit mehreren Düsenstockreihen ausgeführt und die im Wäscher nicht verdunstete Wassermenge am Tropfenabscheider beim Austritt der Luft aus der Wäscherkammer ausgeschieden.

Eine Weiterentwicklung des Luftwäschers sind Hochleistungswäscher. Bei diesen Wäschern handelt es sich praktisch um Klimazentralen, da über 17 Düsenstöcke eine außerordentlich intensive Vermischung von Luft und Wasser stattfindet und dieser Hochleistungswäscher nicht nur Luft befeuchten kann, sondern gleichermaßen auch dann entfeuchten, wenn der zugeführte Wasserstrom sehr kalt ist. Hochleistungswäscher können auch als Übersättigungsbefeuchter, z.B. in der Textilindustrie oder in der Tabakherstellung und -verarbeitung eingesetzt werden.

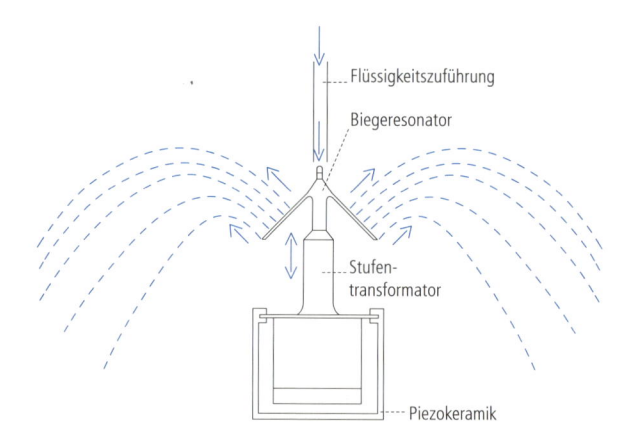

Bild 6.61
Ultraschall-Kapillarwellen-Zerstäuber mit konischem Biergeresonator (Battelle/ Stulz)

Bild 6.61.1
Untraschallzerstäuber

Lösungen im Gebäude

Automatisieren und Energieverteilen

MOELLER

Think future. Switch to green.

MOELLER

Think future. Switch to green.

Automatisieren und Energieverteilen im Gebäude

Die Automatisierung von Gebäuden und die optimale Energieverteilung sind anspruchsvolle Aufgaben, die Sie mit Systemkomponenten von Moeller intelligenter lösen.

Im Mittelpunkt aller Überlegungen steht dabei immer der Mensch. Er soll die komplexe Technik jederzeit problemlos beherrschen können, ihm muß sie das Leben erleichtern.

Berücksichtigt ist das bereits in der Planungsphase. Denn durch die offenen, systemfähigen Komponenten von Moeller wachsen Automatisierungstechnik und Energieverteilung problemlos zu einer Gesamtlösung zusammen. Der Vorteil für Planer und Anlagenbauer: nur ein Ansprechpartner und die Gesamtlösung aus einer Hand.

Denn es werden sämtliche Geräte und Anlagen eines Gebäudes, kurzum: die komplette elektrotechnische Infrastruktur, in die Moeller Systemtechnik eingebunden. Die Heizungs-, Lüftungs- oder Klimaregelung, die Beleuchtungssteuerung, die Drehzahlkontrolle von Antrieben und Lüftern, die Energieverteilung von der Mittelspannungsanlage bis zum Verbraucher, die Gebäudeleittechnik – sie alle werden zu Lösungsbausteinen der Gebäudeautomation von Moeller.

Davon profitieren auch Investoren. Zum Beispiel durch kontrolliertes, bedarfsgerechtes Hinzuschalten elektrischer Verbraucher. Oder durch ein Spitzenlastmanagement, dessen optimierte Anlagenregelung teure Energiespitzen auf ein Minimum reduziert.

Gebäudeautomation von Moeller – damit Sie besser arbeiten und leben können.

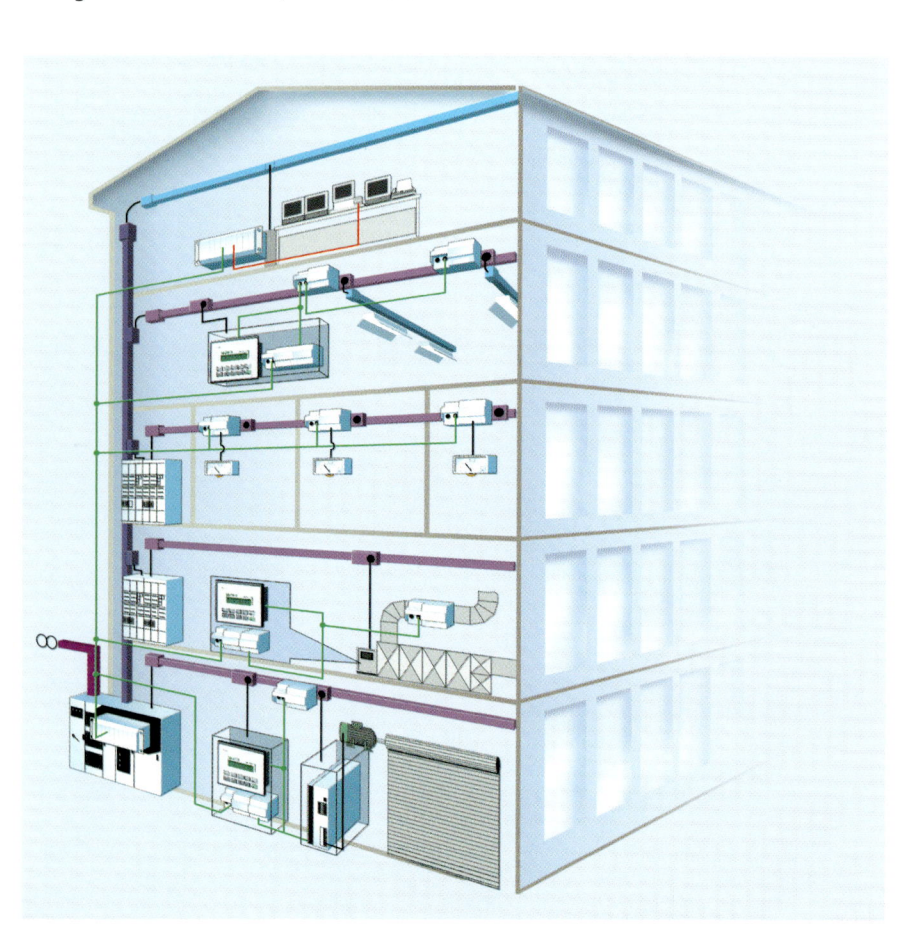

Messe München

Kölnarena

Guggenheim-Museum, Bilbao

Moeller GmbH
Hein-Moeller-Str. 7-11
D-53115 Bonn

e-mail: info@moeller.net
Internet: http://www.moeller.net

© 1999 by Moeller GmbH
Änderungen vorbehalten
W 7920-7441 D N&P/dpi/DM 8/99
Printed in the Federal Republic of Germany (08/99)

Titelfoto:
Verwaltungs- und Mehrzweckgebäude E/D/E Wuppertal
Mit freundlicher Genehmigung durch
Herrn Dr. techn. Dipl.-Ing. H. Heuser (Architekt), Wuppertal,
und Herrn S. Steinprinz, (Fotograf), Wuppertal.

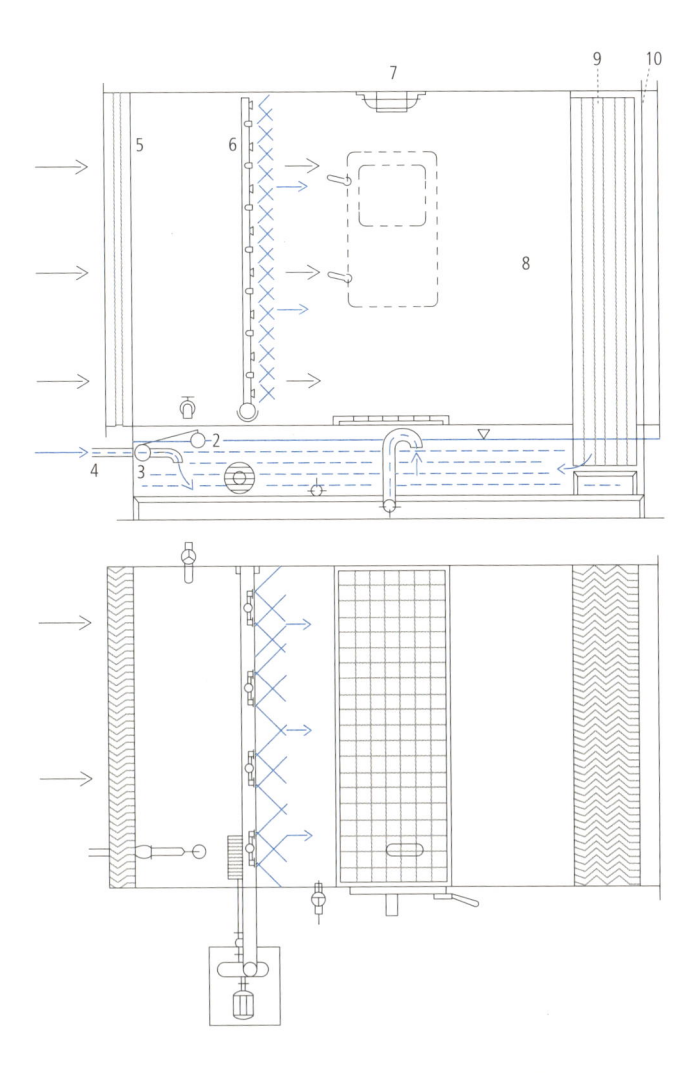

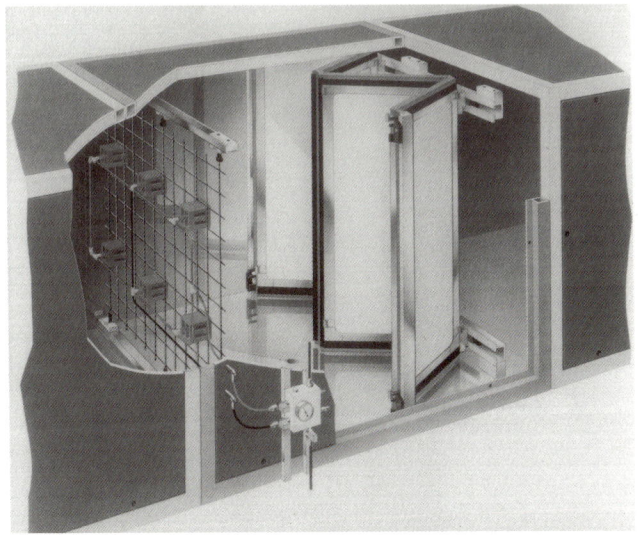

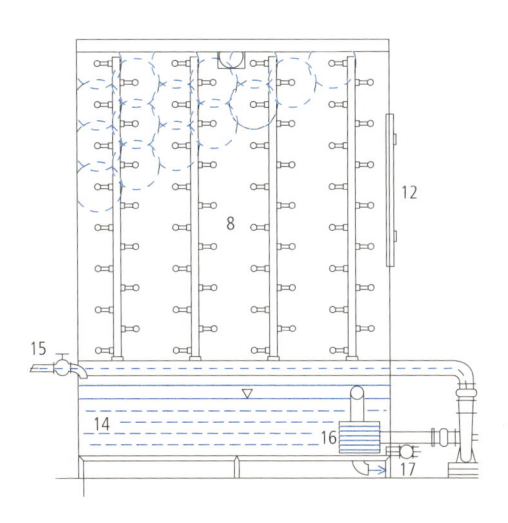

Bild 6.62.1
Luftwäscher mit einem Düsenstock

1 Überlauf
2 Schwimmer
3 Schwimmerventil
4 Wasserzulaufleitung
6 Düsenstock mit Wasserdüsen
7 Wasserdichte Marinelampe
8 Düsenkammergehäuse
9 Eliminator
10 Dichtleisten
11 Gitterrost
12 Wäscherkammertür mit Motor
13 Wasserpumpe mit Motor
14 Wassertank
15 Fülleitung mit Handventil
16 Saugrohr mit Sieb
17 Entleerung mit Handventil

Bild 6.62.2
Beim Hybrid-Luftbefeuchter (Condair Dual) wird ein Abscheiderelement besprüht, von dem das eingesprühte Wasser vollständig verdampft

6.5.5 Ventilatoren

Ventilatoren sind Strömungsmaschinen und dienen der Förderung von Luft und Gasen bis zu einem Druck von 30.000 Pa. Dabei unterscheidet man nach Radial- und Axialventilatoren sowie Querstromventilatoren. **Bild 6.63** zeigt eine Übersicht über die Bauarten von Ventilatoren.

Radialventilatoren werden unterschieden nach dem Förderdruck und der Schaufelanordnung.

Beim Förderdruck unterscheidet man
– Niederdruckventilatoren   bis   720 Pa
– Mitteldruckventilatoren   720 –   3.000 Pa
– Hochdruckventilatoren   3.600 – 30.000 Pa.

Bei den Schaufelanordnungen unterscheidet man Trommelläufer, die viele Schaufeln am Umfang des Laufrades besitzen und solche mit Schaufelrädern (wenige axial ausgedehnte Schaufeln). Bei Ventilatoren mit Schaufelrädern unterscheidet man zusätzlich noch nach vorwärts oder rückwärts gekrümmten Schaufeln sowie nach den Betriebseinsätzen (zum Beispiel Heißgasventilator, explosionsgeschützter Ventilator, Transportventilator, Dachventilator usw.). Radialventilatoren bauen sich prinzipiell gemäß **Bild 6.64/65** auf und werden in der Regel auf einem Grundrahmen aufgestellt, um über Schwingungsdämpfer die Übertragung von Schwingungen auf den Boden zu vermeiden (Körperschalldämmung). Um Luft zu Räumen fördern zu können, muß der Ventilator verschiedene Formen von Drücken überwinden. Diese sind:

P_{st} = statischer Druck [Pa]
P_d = dynamischer Druck [Pa]
Der Gesamtdruck (Druck total) ist $P_T = P_{st} + P_d$ [Pa].

Bauart	Schema	Lieferzahl	Druckzahl	Anwendung
Axialventilatoren:				
Wandventilator		0,10…0,25	0,05…0,10	für Fenster- und Wandeinbau
ohne Leitrad		0,15…0,30	0,10…0,30	bei geringen Drücken
mit Leitrad		0,30…0,60	0,30…0,60	bei höheren Drücken
Gegenläufer		0,20…0,80	1,00…3,00	in Sonderfällen
Radialventilatoren:				
rückwärts gekrümmte Schaufeln		0,20…0,40	0,60…1,00	bei hohen Drücken u. Wirkungsgraden
gerade Schaufeln		0,30…0,60	1,00…2,00	für Sonderzwecke
vorwärts gekrümmte Schaufeln		0,40…1,00	2,00…3,00	bei geringen Drücken u. Wirkungsgraden
Querstromventilatoren:		1,00…2,00	2,50…4,00	hohe Drücke bei geringem Platzverbrauch

Bild 6.63
Bauarten von Ventilatoren-Übersicht

Bild 6.64
Radialventilator für den Mitteldruck- und Hochdruckbereich mit zugehörigem Laufrad
(Bild Kessler Tech)

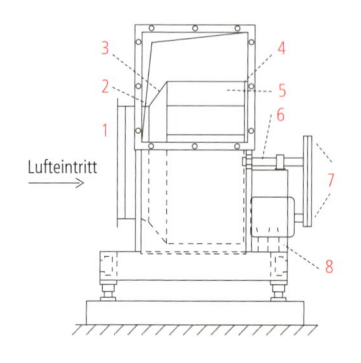

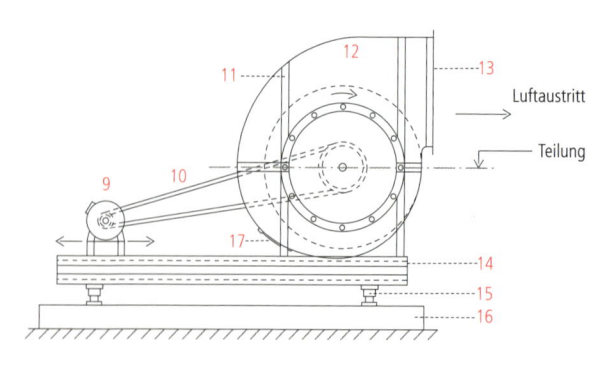

Bild 6.65
Darstellung eines Radialventilators mit Keilriemenantrieb

1 Ansaugöffnung
2 Einlaufdüse
3 Deckscheibe
4 Laufrad
5 Laufschaufel
6 Antriebswelle
7 Keilriemenscheiben
8 Lagerbock
9 Antriebsmotor
10 Keilriemen
11 Versteifungen
12 Gehäuse
13 Druckstutzen
14 Grundrahmen
15 Schwingungsdämpfer
16 Fundament
17 Reinigungsklappe

Bild 6.66 zeigt beispielhaft den Druckverlauf in einer Lüftungsanlage mit statischem und dynamischem Druck auf der Saugseite des Ventilators sowie statischem und dynamischem Druck auf der Druckseite desselben.

Radialventilatoren können als einseitig oder als doppelseitig saugende Ventilatoren ausgebildet werden, wobei die Antriebe der Ventilatoren (Motoren) nach Verwendungszweck unterschiedlich sind. Dabei unterscheidet man nach Direktantrieb durch die Motorwelle, Antrieb durch starre oder Rutschkupplung, Riemenantrieb.

Axialventilatoren sind solche, bei denen die Luft in Richtung der Achse durch das Laufrad hindurchströmt. Bild 6.67 zeigt einen Axialventilator mit Gehäuse im Schnitt, Bild 6.67.1 einen Ventilator in der Ansicht und das dazugehörige Laufrad. Die Hauptbestandteile des Axialventilators sind Nabe mit Schaufeln, Gehäuse und Antriebsmotor. Zur Verbesserung des Wirkungsgrades von Axialventilatoren dient die Einlaufdüse und gegebenenfalls ein Leitrad vor oder nach dem Laufrad (ähnlich wie bei Triebwerken). Diffusoren am Luftaustritt, Verstelleinrichtungen für Leitschaufeln und Dralldrosselvorrichtungen ergänzen die Einsatzmöglichkeiten von Axialventilatoren. Axialventilatoren kleiner Bauart werden auch als Wand- und Fenstereinbauventilatoren ohne Leitrad bei geringen Drücken eingesetzt (WC-Einzellüftung/Absaugventilator im Fenster einer Küche usw.). Will man sehr hohe Drücke in Lüftungssystemen überbrücken, so werden gegenläufige Axialventilatoren eingebaut. Zur Veränderung von Volumenströmen während des Betriebes des Ventilators dienen Schaufelwinkelverstellungen und Dralldrosseln. Wie bei den Radialventilatoren unterscheidet man auch bei den Axialventilatoren wiederum nach den Förderdrücken:

– Niederdruck-Ventilatoren   0 –   300 Pa
– Mitteldruck-Ventilatoren   300 – 1.000 Pa
– Hochdruck-Ventilatoren   über 1.000 Pa.

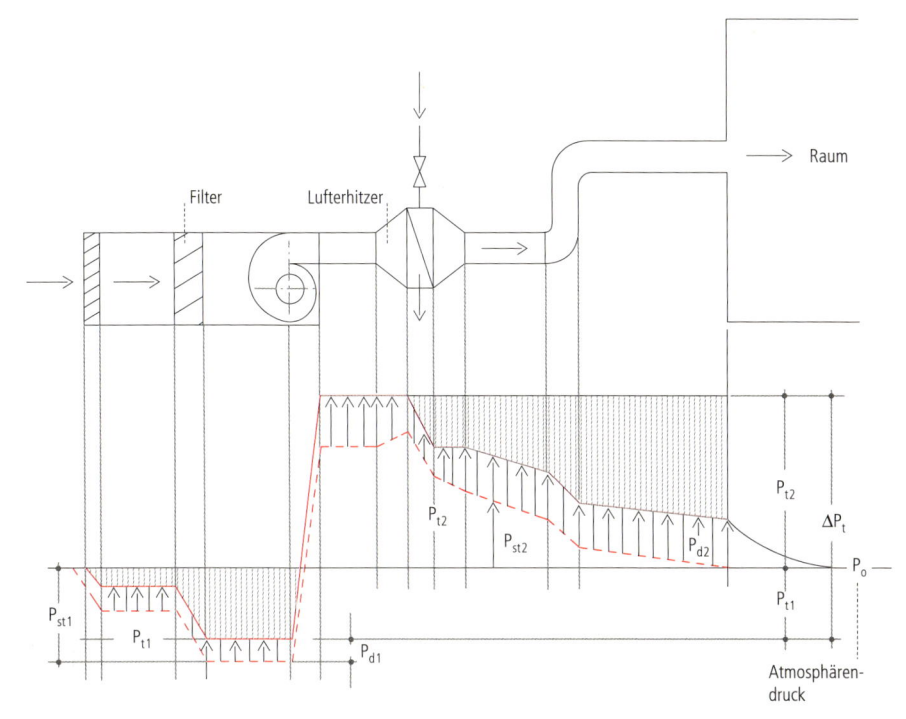

Bild 6.66
Druckverlauf in einer Lüftungsanlage

Bild 6.67.1
Axialventilator mit zugehörigem Laufrad

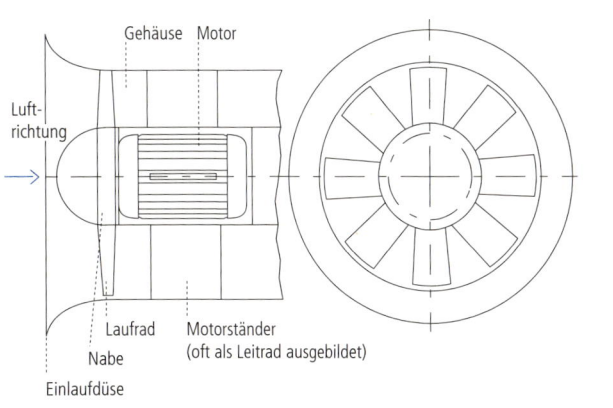

Bild 6.67
Axialventilator mit Gehäuse

Dachventilatoren zur Absaugung von Küchen- oder WC-Abluft **(Bild 6.68)** können sowohl Laufräder radialer oder axialer Bauart aufnehmen.

Eine Sonderform eines Radialventilators ist der Querstromventilator. **(Bild 6.69)**. Dieser Ventilator besitzt, wie die Darstellung zeigt, einen langgestreckten Trommelläufer, wobei dieser die Luft am Umfang sowohl ansaugt als auch ausbläst. Durch die zweimalige Durchströmung der Luft durch die Schaufeln entsteht ein Luftwirbel, der die Funktion eines Leitapparates übernimmt. Die Laufradlänge ist proportional dem Volumenstrom und läßt sich in Truhengeräten, Fan-Coil-Geräten usw. infolge auch seiner geringen abgegebenen Schalleistungen direkt im Raum einsetzen.

Neben den hier gezeigten Ventilatoren gibt es weitere Spezialventilatoren für unterschiedlichste Einsatzzwecke.

6.5.6 Abscheider

Neben den Filtern werden im Bereich der Lüftung und insbesondere Absaugung in Industriebetrieben verschiedenartige Abscheider wie

– Grobabscheider
– Feinabscheider
– Zyklone usw.

eingesetzt. Abscheider dienen somit im wesentlichen der Abscheidung von groben Stäuben bis hin zu festen Stoffen größeren Ausmaßes (Schnitzel/Späne) oder von luftfremden Stoffen wie Ölen oder Wrasen.

6.5.7 Misch- und Verteilkammern

Misch- und Verteilkammern dienen dazu, entweder Luftströme zusammenzuführen oder aber zu trennen. **Bild 6.70** zeigt eine Mischkammer mit eingesetztem Vorfilter, in dem ein Außenluftstrom und ein Umluftstrom zusammengeführt und anschließend hinter dem Filter in die Klimazentrale eingeleitet werden.

Misch- und Verteilkammern sind entweder in der Regel typisierte Bauelemente in Klimazentralen oder werden in gemauerter oder betonierter Form bei Großanlagen aufgebaut.

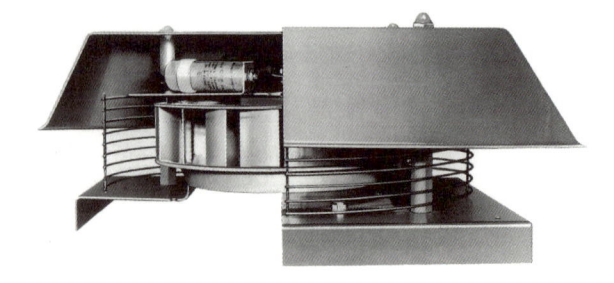

Bild 6.68
Dachventilator mit Laufrad radialer Bauart

Bild 6.69
Querstromventilator, Ansicht
(Bild LTG)

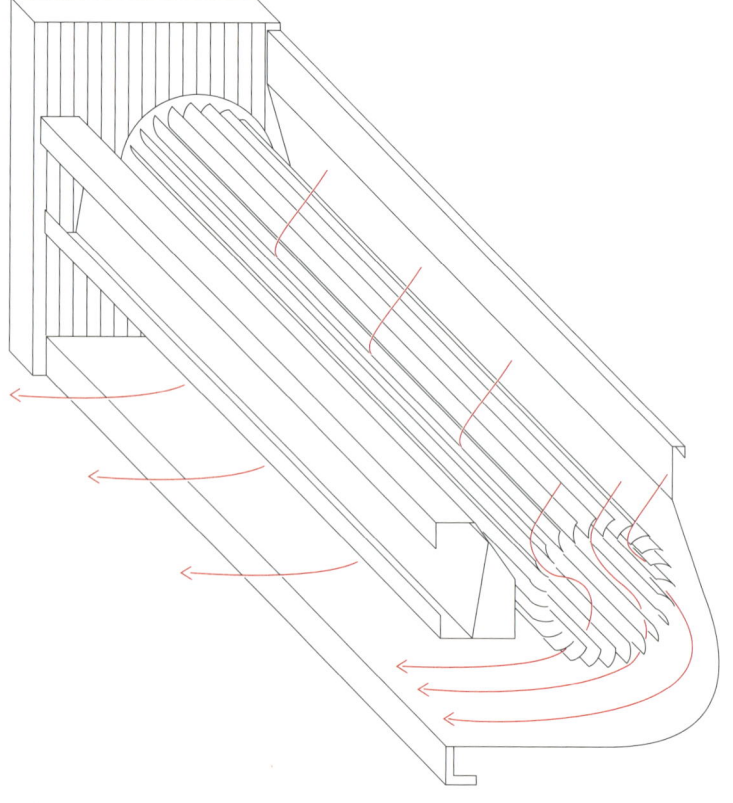

Bild 6.69.1
Querstromventilator-Schema

6.5.8 Volumenstrom- und Mischregler

Bei Lüftungs- und Klimasystemen mit variablen Volumenströmen werden vor Ort (dicht vor dem Raum) im Kanalnetz Volumenstrom- und Mischregler eingesetzt, die thermostatisch geregelt, dem Raum eine bestimmte Zuluftmenge zuführen.

Bei Einkanal-Klimaanlagen (Nur-Luft-System, variabler Volumenstrom) wird über entsprechende Volumenstromregler dem Raum kalte Zuluft zugeführt und somit die Kälteenergie zur Kühllastkompensation über den Luftstrom geregelt.

Bild 6.71 zeigt zwei Volumenstromregler für eckigen bzw. runden Kanaleinbau mit zugehörigen Stellantrieb- und Regelelementen.

Bild 6.72 zeigt einen Volumenstromregler, der in einen Mischkasten eingebaut ist (schalldämpfend ausgekleideter Kasten), in dem die kalte und die warme Luft bei einer 2-Kanal-Anlage gemischt werden sowie einen Schnitt durch einen Volumenstromregler mit seinem Arbeitsprinzip **(Bild 6.72.1)**.

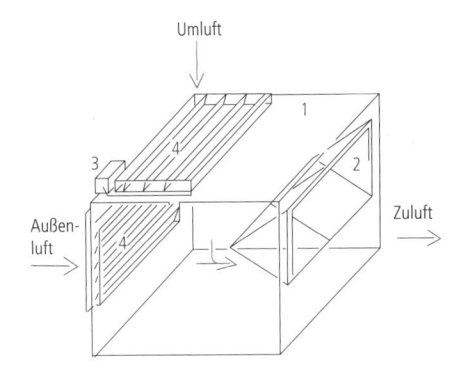

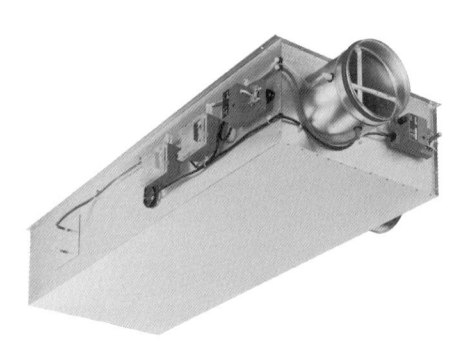

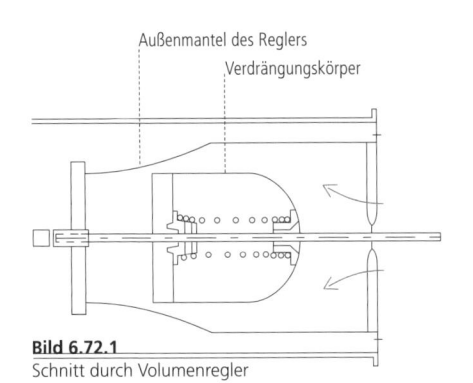

Bild 6.70
Mischkammer mit eingesetztem V-Form-Filter

1 Gehäusekammer
2 V-Form-Filter
3 Klappenmotor
4 Jalousieklappe

Bild 6.71.1
Volumenstromregler für Kanaleinbau (eckig) (Werkbild LTG)

Bild 6.71.2
Volumenstromregler für Kanaleinbau (rund) für Variable-Volumenstrom-Systeme, Varycontrol Typ TVR (Werkbild Trox)

Bild 6.72
Mischgerät für Variable-Volumenstrom-Systeme VARYCONTROL Typ TVM (Werkbild TROX)

Bild 6.72.1
Schnitt durch Volumenregler

Bild 6.72.1
Schnitt durch Volumenregler

6. Lüftungs- und Klimatechnik

In Zweikanal-Anlagen, die jedoch heute relativ selten installiert werden, werden aus einem Kaltluft- und einem Warmluftstrom vor Ort Warm- und Kaltluftteilströme zu einem Luftstrom gemischt, der die Zulufttemperatur für den Raum besitzt, die der Regler fordert (Zulufttemperatur von warm bis kalt). **Bild 6.73** zeigt einen Schnitt und die Funktion eines Mischkastens, **Bild 6.74** einen Mischkasten mit sichtbarem Konstantvolumenregler und Mischklappe zur Temperaturregelung.

Die Volumenstrom- und Mischregler übernehmen eine gleiche oder ähnliche Funktion wie die Regelventile bei Heizungen (Volumenstromregler) oder im Sanitärbereich Mischbatterien (Mischung kalter und warmer Wasserströme). Sie sind neben der Luftaufbereitung ein sehr wesentliches Element zur Funktion eines entsprechenden Klimasystems und daher von großer Wichtigkeit in bezug auf ihr Funktionieren und ihr Regelverhalten.

Bild 6.74
Mischkästen für Zwei-Kanal-Anlage mit sichtbarem Konstantvolumenregler und Mischklappe zur Temperaturregelung
(Werkbild TROX)

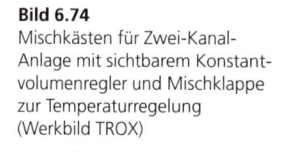

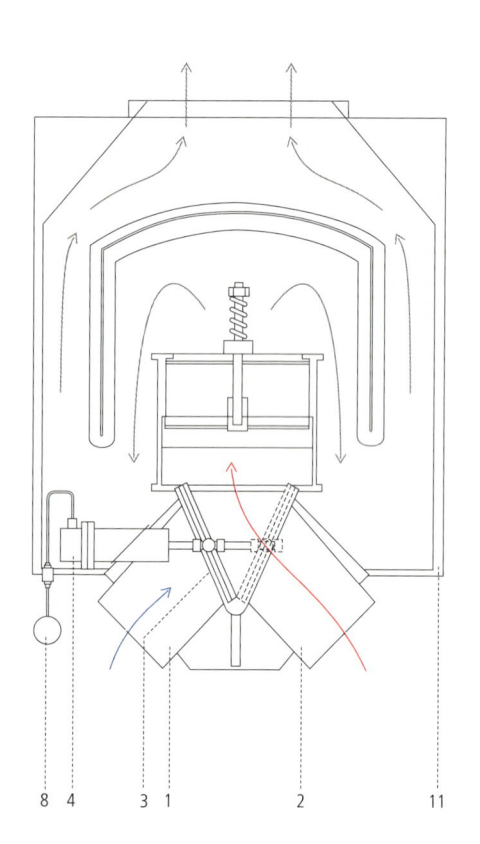

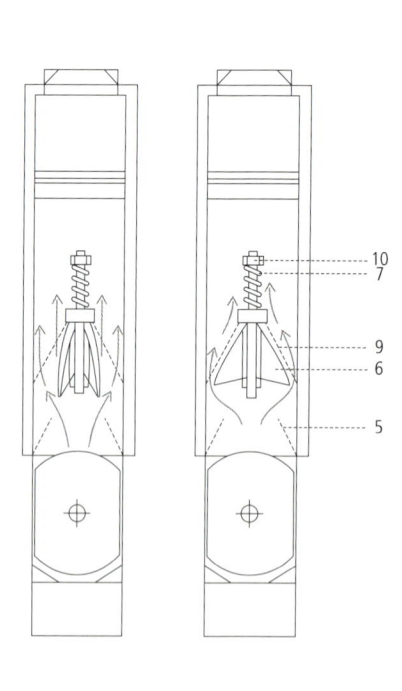

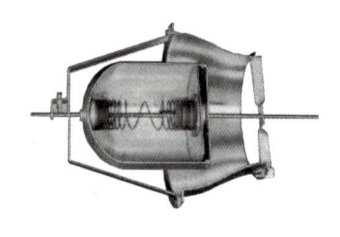

Bild 6.73
Aufbau eines Mischkastens

1 Kaltluft-Ansaugstutzen
2 Warmluft-Ansaugstutzen
3 Umschaltklappe
4 Klappenantrieb
5 Perforierte Platte
6 Mengenreglerflügel
7 Rückstellfeder
8 Thermostat
9 Austrittsfläche
10 Regulierschraube
11 Schallisolierung

6.5.9 Luftdurchlässe

Luftdurchlässe umfassen:
– Zuluftauslässe
–Ablufteinlässe

Luftdurchlässe sind für den Architekten von großer Bedeutung, da sie in der Regel sichtbar im Raum sind und somit die Wand- und Deckengestaltung nicht unerheblich beeinträchtigen. Weiterhin gehören sie mit zu den wichtigsten Bestandteilen jeder raumlufttechnischen Anlage, die mit größter Sorgfalt geplant werden müssen, um Zugerscheinungen oder Temperaturschichtungen in gelüfteten Räumen zu vermeiden. Die Formen der verwendeten Auslässe sind außerordentlich vielseitig, wobei als Material Stahl, Aluminium, Kunststoff usw. verwendet werden.

Luftauslässe dienen einer Luftführung infolge eines Verdrängungsprinzips (Luftführung von Wand zu Wand oder Decke zu Boden bei z. B. Reinraumbereichen) oder aber dem Verdünnungsprinzip, bei dem die Zuluft tangential oder diffus in den Raum eingeblasen wird. Bei diffuser Zuluftzuführung wird die Zuluft durch Strahlen oder durch Drall in den Raum eingeführt, bei Tangentialzuluftzuführung bilden sich Strömungswalzen aus.

Wandauslässe

Wandauslässe dienen dazu, Zuluftströme aus dem Wandbereich in den Raum entweder als Freistrahl, Halbstrahl oder Wandstrahl einzubringen. Befindet sich das Zuluftgitter unmittelbar unter der Decke, so induziert der Luftstrahl lediglich einseitig (von unten nach oben) und der Luftstrahl legt sich an die Decke an. Bei dieser Erscheinung spricht man von „Coanda-Effekt", bei dem der Luftstrahl durch das einseitige Induzieren regelrecht an die Decke angelegt wird und sehr weit in den Raum trägt (Eindringtiefe/Wurfweite). **Bild 6.75.1** zeigt den Strömungsverlauf mit Coanda-Effekt bei Halb- oder Wandstrahlen. **Bild 6.75.2** zeigt den Strömungsverlauf bei einem Freistrahler, das heißt der Luftstrom kann allseits induzieren, wodurch sich die Eindringtiefe (Wurfweite) verringert.

Die in den Bildern dargestellte Luftströmung bezieht sich auf warme oder isotherme Luftstrahlen. Bei kalter Zuluft wird sich die Eindringtiefe des Luftstromes verringern, da die kalte Luft infolge ihrer höheren Dichte das Bestreben hat, schneller nach unten abzufallen. Die Wandauslässe **(Bild 6.76)** werden in mehreren Arten gebaut, um den verschiedensten Ansprüchen Rechnung tragen zu können. Diese Ansprüche ergeben sich sowohl aus formalen als auch aus strömungstechnischen Gründen. Der Markt bietet eine Vielzahl von Möglichkeiten an, so daß die Auswahl des Planers außerordentlich groß ist. **Bild 6.77** zeigt verschiedene Zuluftelemente für Wandeinbau, **Bild 6.78** einen Industrieluftauslaß in Betrieb.

Bild 6.75.1
Strömungsverlauf bei Coanda-Effekt (Halb- oder Wandstrahlen)
—— Primärstrom
--- Induzierte Raumluft Sekundärstrom

Bild 6.75.2
Strömungsverlauf Freistrahlen
—— Primärstrom
--- Sekundärstrom

Lochgitter und Drahtgitter:
mit und ohne Mengeneinstellung durch V-Jalousie oder Schlitzschieber

Steggitter mit waagerechten Lamellen:
Stege fest oder drehbar, Strömung kann nach oben und unten gerichtet werden

Steggitter mit senkrechten Lamellen:
Stege fest oder drehbar, Strömung kann nach rechts und links gerichtet werden

Steggitter mit doppelter Luftlenkung waagerecht und senkrecht:
Stege einzeln oder insgesamt drehbar

Steggitter mit einfacher Luftlenkung und Mengeneinstellung:
Luftlenkung durch waagerechte Stege, Mengeneinstellung durch V-Jalousie

Steggitter mit doppelter Luftlenkung und Mengeneinstellung:
Luftlenkung durch waagerechte und senkrechte Stege, Mengeneinstellung durch V-Jalousie oder Einstellzunge

Gitterband mit senkrechten (oder) waagerechten Stegen:
dahinter zusätzliche Lamellen oder Mengeneinsteller

Düsen:
rund, rechteckig

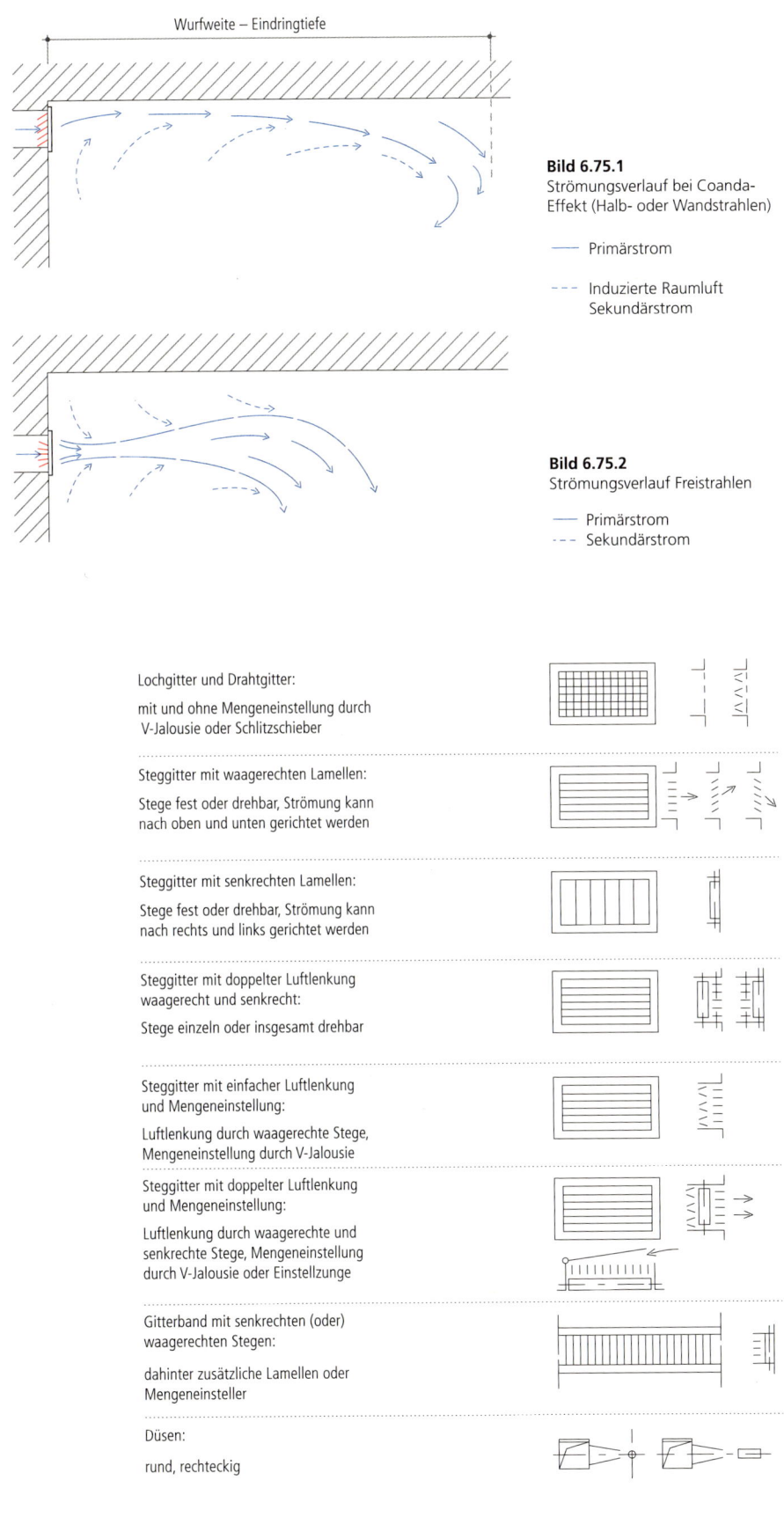

Bild 6.76
Verschiedene Arten von Wand-Luftdurchlässen von Wänden

Bild 6.77
Verschiedene Zuluftelemente
für Wandeinbau
A – C Auslassgitter
 (Werkbild Trox),
D Schlitzauslass mit
 verstellbaren Schlitzen,
 (Werkbild LTG)
E Weitwurfdüse Serie DUK
 (Werkbild TROX)

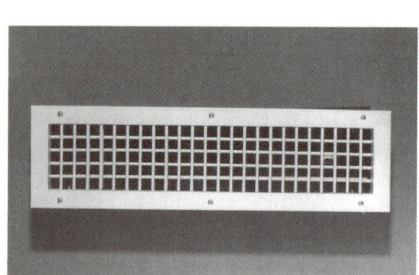

Bild 6.78
Industrie-Luftauslaß bei
verschiedenen Betriebszuständen
(Wärme-/ Isotherm-/Kalt-Luft-
zuführung)

6.5 Komponenten der Lüftungs- und Klimatechnik

Der häufigere Fall der Zulufteinbringung ist anstatt durch Wandauslässe über Deckenauslässe. Auch hier werden wiederum eine Vielzahl von verschiedenartigen Auslässen angeboten, die ihre Luftmengen entweder ebenfalls an die Decke anlegen (Coanda-Effekt) oder diese frei in den Raum strömen lassen (Drall-Effekt).

Bild 6.79 zeigt verschiedene Zuluftauslässe, die auch als Ablufteinlässe dienen können. Deckenluftauslässe können in der Untersicht entweder schlitzförmig, rechteckig, quadratisch oder rund sein, so daß sie sich den verschiedensten Gestaltungsansprüchen an das Deckenbild anpassen. **Bild 6.80** zeigt Zuluftelemente für Deckeneinbau, wie sie zur Zeit am Markt angeboten werden.

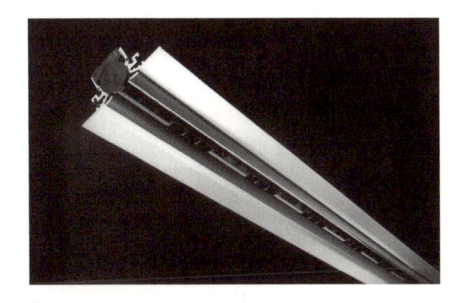

Plattenluftverteiler:
einplattig, fest oder verstellbar

mehrplattig

Runde konische Luftverteiler:
in Decke (flach), fest oder verstellbar, mit oder ohne Gleichrichter oder Mengeneinsteller

unter Decke (vorstehend)
fest oder verstellbar

Quadratische Luftverteiler:
in Decke

unter Decke, mit Anschlußkasten, verstellbar oder fest

Rechtwinklige Luftverteiler:
einseitig (auch für Wände)

zweiseitig und vierseitig

Schlitzauslässe:
mit und ohne Gleichrichter oder Mengeneinsteller

Lochplatten-Luftdurchlässe:
Platte aus Blech, Gips usw.

Drallauslaß:
in Decke

unter Decke (auch im Fußboden), fest oder verstellbar

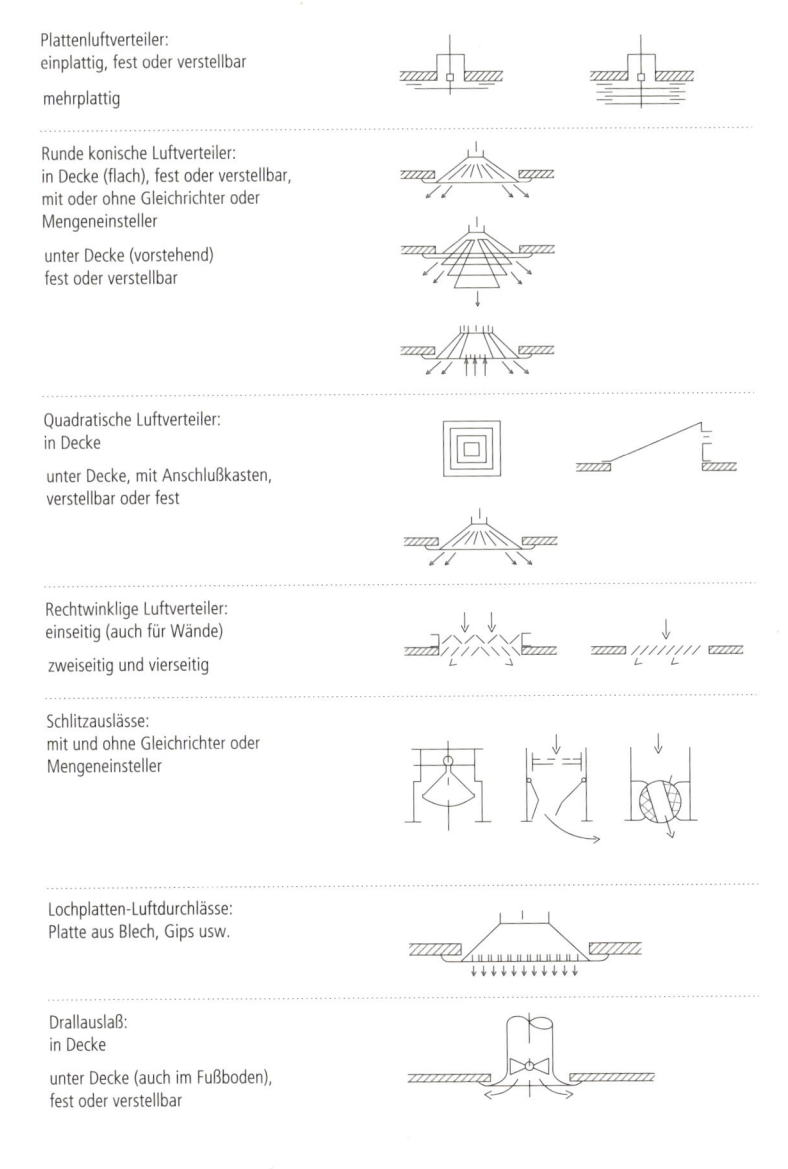

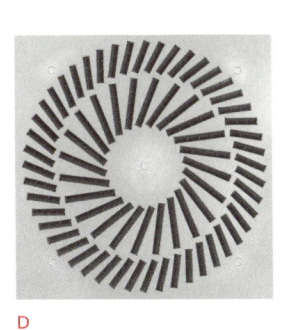

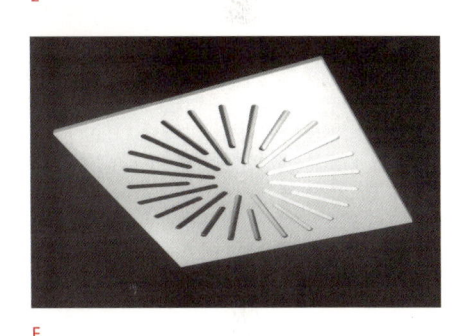

Bild 6.79
Verschiedene Arten von Deckenluftauslässen

Bild 6.80
Verschiedene Zuluftelemente für Deckeneinbau

A Schlitzdurchlaß Serie VSD35S
B Dralldurchlaß mit feststehenden Luftleitelementen Serie RFD
C Dralldurchlaß mit feststehenden Luftleitelementen Serie TDF-SilentAIR
D Dralldurchlaß mit verstellbaren Luftleitelementen Serie VDW-SilentAIR
E Schlitzauslass Coantatrol, Typ LDB
F Deckenluftauslass Typ DLA 7

(Werkbilder Trox A–D,
Werkbilder LTG E–F)

6. Lüftungs- und Klimatechnik

Bild 6.81
Spiegelprofildecke mit Luftauslaß aus den Rasterlamellen (Kiefer)

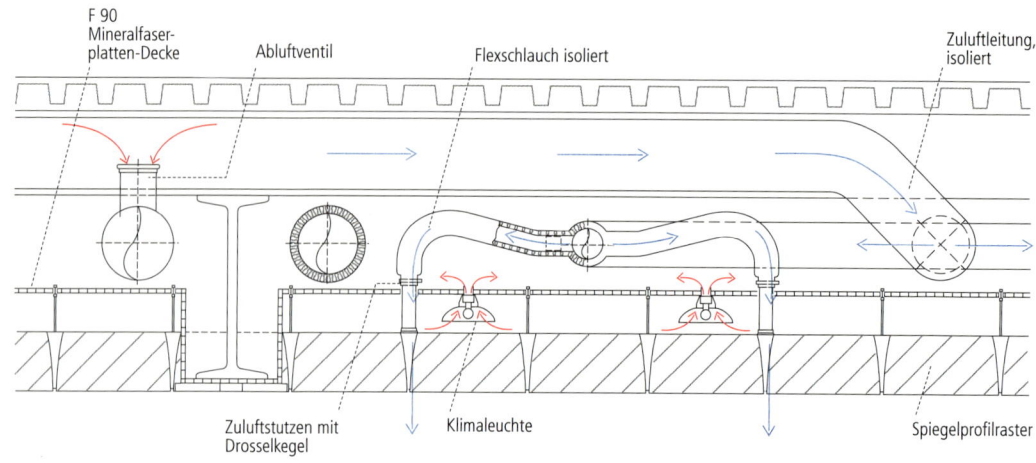

Neben den Zuluftelementen für Wand- und Deckeneinbau werden auch „Lüftungsdecken" in Form von Lochdecken oder Rasterdecken eingesetzt.

Lochdecken sind Decken, bei denen ein großer Teil der Zuluft aus einem Druckraum oberhalb der Decke durch Löcher (freie Lochfläche 1 bis 4 %) senkrecht in den darunterliegenden Raum einströmt. In der Regel werden heute perforierte Platten in Deckenfelder eingesetzt, die entsprechend luftführend sind, während die danebenliegenden, optisch gleich aussehenden Platten lediglich der Schallabsorption und dem Raumabschluß dienen. Im Gegensatz zu Lochdecken werden bei Rasterdecken die Profilraster als luftführendes Element und Luftauslaß genutzt (Bild 6.81).

Die gezeigte Spiegelprofildecke bietet sich im wesentlichen bei Großraumlösungen an und übernimmt die Funktion des Ausblendrasters einer Beleuchtungsanlage, die Funktion der diffusen Schallzerstreuung sowie die der Zuluftzuführung in den Raum.

In den letzten Jahren stark durchgesetzt hat sich die Luftführung von unten nach oben, das heißt die Zuluftzuführung im Bodenbereich. Dabei bieten sich wiederum verschiedene Systemlösungen an. Für Festbestuhlung in Theatersälen oder Opernhäusern und ähnlichen Räumen bietet sich die Zuluftzuführung aus Stuhlfüßen an (Bild 6.82).

In Räumen mit hoher thermischer Wärmebelastung oder solchen, in denen eine Zuluftzuführung aus dem Wand- oder Deckenbereich aufgrund von Einbauten sehr problematisch wird, kann die Luft über Bodenauslässe dem Raum zugeführt werden. Bild 6.83 zeigt das Prinzip des Fußbodenauslasses.

Die Bilder 6.84.1/2 zeigen typische Luftauslässe bei stufenförmigen Raumausbauten (in der Regel in Hörsälen). Die Systemlösung zu Bild 6.84.1 wurde in den vergangenen Jahren auch auf Möbelprogramme übertragen, hat sich im wesentlichen jedoch nicht durchsetzen können.

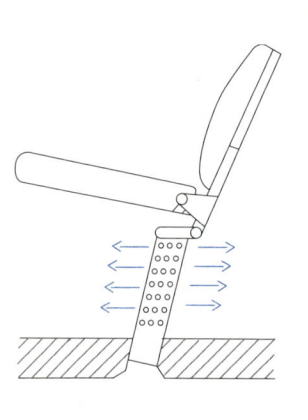

Bild 6.82
Gelochter Stuhlfuß

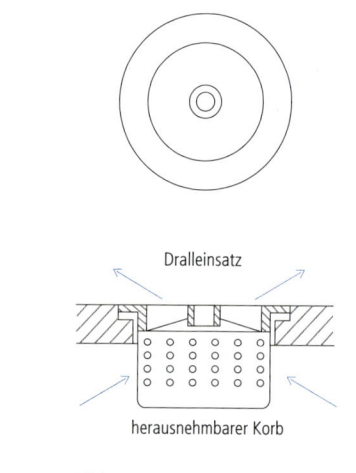

Bild 6.83
Fußbodenauslaß, Aufsicht und Schnitt

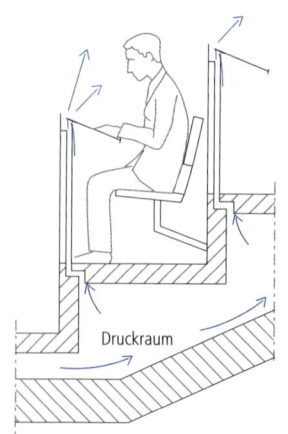

Bild 6.84.1
Schema der Pultlüftung, Luftzuführung vom Druckraum in das Mobilar

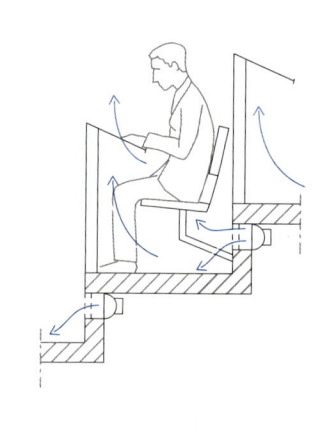

Bild 6.84.2
Luftzuführung über Stufenauslaß

6.5 Komponenten der Lüftungs- und Klimatechnik

Im Gegensatz hierzu hat sich die Zuluftzuführung von unten nach oben bei Quellüftung durchsetzen können, wie sie in **Bild 6.85.1** dargestellt ist. Bei dieser Belüftungsform wird die Zuluft im Bodenbereich mit sehr geringer Geschwindigkeit (<0,1 m/s) und minimal +20 °C eingeblasen und steigt in den Bereichen thermisch auf, wo Wärmequellen den „Kaltluftsee" abschöpfen. Diese Systemlösung ist insbesondere da von großem Nutzen, wo Schad- und Geruchstoffe möglichst einwandfrei abgeführt werden sollen. **Bild 6.85.2** zeigt verschiedene Formen von Quellluftauslässen.

Ein wesentlicher Teil der oben aufgeführten Zuluftauslässe können gleichermaßen auch als Ablufteinlässe dienen und sehen praktisch nicht anders aus als diese.

In Sonderfällen denkbar ist auch, daß die Zuluft aus einem geschlitzten Doppelboden und einem darüberliegenden Spannteppich in den Raum eingeführt wird. Dabei ist darauf zu achten, daß der Bodenbelag ausreichend luftdurchlässig ist, um eine Durchströmung zu gewährleisten.

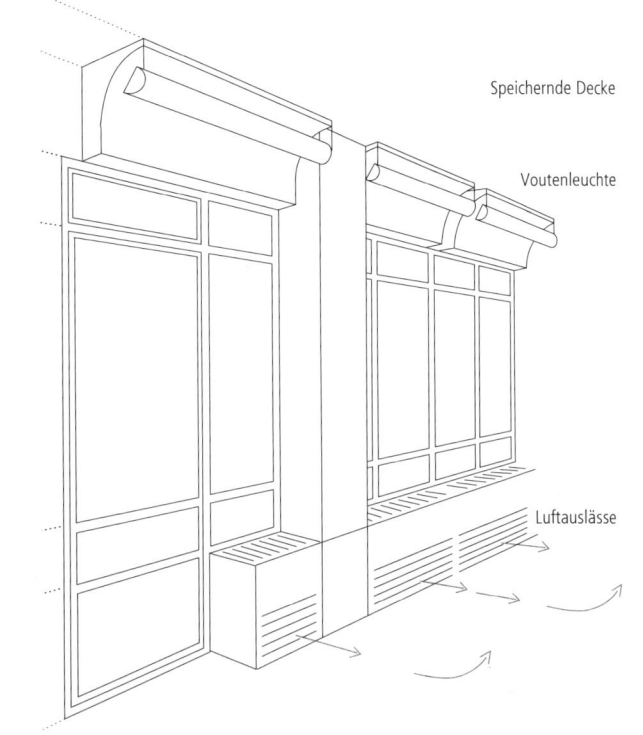

Bild 6.85.1
Beispiel der Zuluftführung bei Quellüftung (von unten nach oben)

Bild 6.85.2
Beispiel für Zuluftelemente bei Quellüftung

A Quellluftdurchlaß Serie QLK, (Werkbild Trox)

B Runder Verdrängungsauslaß mit Handverstellung, (Werkbild Krantz TKT)

C Großflächige Quelllufteinbringung über Echtholzfurnier-Paneele mit Mikrolochung, (Werkbild Nickel, F +E Komponenten)

6. Lüftungs- und Klimatechnik

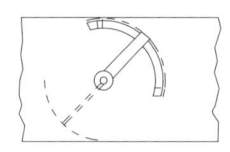

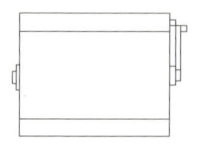

Klappe mit Stellvorrichtung

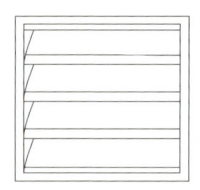

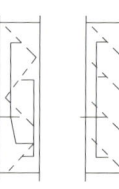

Jalousieklappe mit Stellvorrichtung
Links: gegenläufige Glieder
Rechts: gleichlaufende Glieder

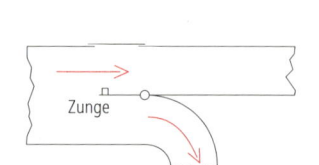

A

Abzweig mit Einstellzunge

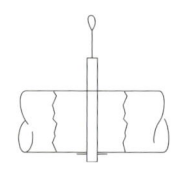

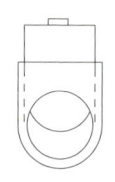

B

Schieber in Rohrleitung

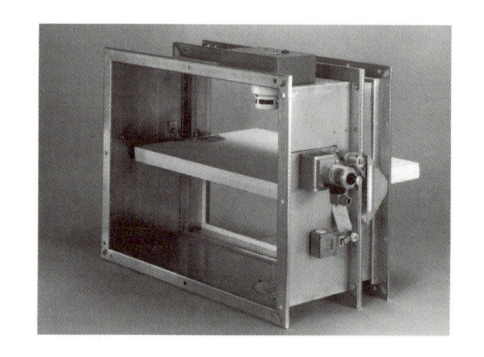

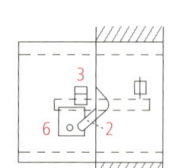

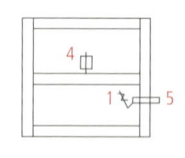

C   E

Feuerschutzklappe
1 Schmelzlot
2 Handhebel
3 Einrastvorrichtung
4 Schließgewicht
5 Handauslösung
6 Inspektionsöffnung

D

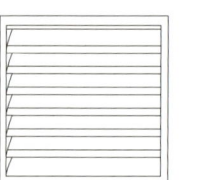

Wetterschutzgitter

Bild 6.86
Klappen und Gitter für
RLT-Anlagen

Bild 6.87
Beispiele für Klappen für
RLT-Anlagen

A Klappengeregeltes Nachheizgerät zur Nacherwärmung der Zuluft einer Regelzone, für den Einbau in Konstant- oder Variabel-Volumenstrom-Systeme
B Luftdichte Klappe AKD für 100 – 300 mm Durchmesser (Werkbild LTG)
C Brandschutzklappe
D Doppelregelklappe Typ ARD (Werkbild LTG)
E Absperr- und Regeleinheit Typ ARF (Werkbild LTG)

6.5.10 Klappen

In lüftungstechnischen Anlagen werden verschiedene Klappen notwendig, die in **Bild 6.86** dargestellt sind. Dabei handelt es sich einmal um Klappen mit Stellvorrichtungen zum Abgleich von Luftströmen (Drosselelement), Jalousieklappen mit Stellvorrichtungen zur Schließung oder Öffnung von lüftungstechnischen Anlagen im Betrieb oder außerhalb, Einstellungen zur Regulierung abzweigender Luftströme, Schieber in runden Lüftungskanälen sowie Feuerschutzklappen für Wandeinbau, die Kanalnetze im Brandfall von einem Brandabschnitt zum anderen trennen, und Wetterschutzgitter, die verhindern, daß einströmende Luft Regenwasser in das Gebäude einschleppt. **Bild 6.87** zeigt wiederum einige der zuvor genannten Elemente für Kanaleinbau, wie sie am Markt angeboten werden.

6.5.11 Klimageräte/Kühlgeräte/Induktionsgeräte

Die zentrale Luftaufbereitung über Filter, Erhitzer, Kühler, Befeuchter und die Förderung der Luft durch Ventilatoren erfolgt in Klimazentralen oder Klimageräten, wie sie nachfolgend dargestellt sind. Gemauerte Klimazentralen (oder betonierte Klimakammern), wie sie **Bild 6.88** zeigt, werden in der Regel nur bei sehr großen Luftmengen angewandt. Da Mauerwerk und zum Teil Beton Luft von außen in die Kammer oder aus der Kammer nach außen diffundieren läßt, werden bei Großzentralen heute im wesentlichen anstatt entsprechend bauseits aufgeführter Kammern solche aus Sandwich-Stahlblechplatten erstellt, um die einzelnen Luftaufbereitungsaggregate aufnehmen zu können.

Bei Luftmengen unter 50.000 m³/h werden im wesentlichen Klimageräte mit Blechgehäusen eingesetzt, die betriebsfertig auf die Baustelle kommen und dort lediglich aufgestellt und mit dem Kanalnetz verbunden werden. Die **Bilder 6.89 – 6.91** zeigen verschiedene Formen von Klimakastengeräten in verschiedenen Bauarten.

Bild 6.88
Gemauerte Klimazentrale

1 Wetterschutzgitter
2 Jalousieklappe
3 Filter
4 Vorerhitzer
5 Kühler
6 Gleichrichter
7 Düsenstock
8 Tropfenabscheider
9 Nacherhitzer
10 Zuluftventilator

Bild 6.89
Klimazentrale mit Blechgehäuse, horizontale Anordnung (Super COOLMASTER, ABB)

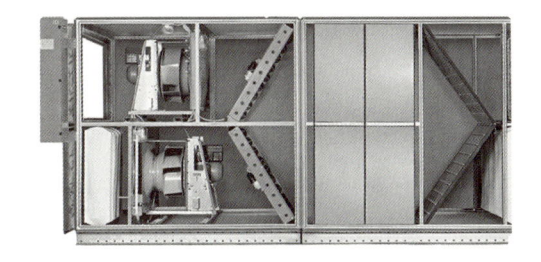

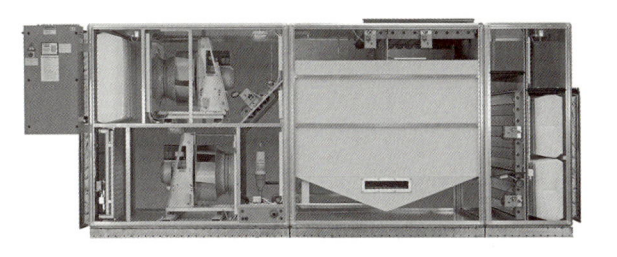

Bild 6.90
Klimazentrale inkl. Steuerung und Regelung mit regenerativer Wärmerückgewinnung. Beim Resolair®-Regenerativ-Energieaustauschersystem kann in der Regel durch die nachgewiesene hohe Rückwärmzahl von über 90 % auf eine Nacherwärmung der Zuluft verzichtet werden, wenn statische Heizkörper in den Räumen vorhanden sind. Der Einbau solcher MENERGA®-Lüftungssysteme eignet sich in fast allen Gebäuden wie z. B. Sportanlagen, Wohnhäusern, Gaststätten, Kaufhäusern, Theatern, Kinos, Museen, Industriegebäuden usw.

Bild 6.91
Klimazentrale inkl. Steuerung und Regelung mit rekuperativer Wärmerückgewinnung

Damit die Dimension einer zentralen Kältemaschine minimiert sowie der dafür bereitzustellende Energieaufwand reduziert werden kann, bieten sich Systeme mit „adiabater" Verdunstungskühlung der Firma MENERGA®, an.

Diese Systeme gehören zur großen Adsolair®-Familie. Durch die Befeuchtung der Abluft im Wärmeübertrager ist es möglich, im Sommer die Außenluft abzukühlen. Durch die latente Wärmeübertragung werden Wirkungsgrade von über 80 % erzielt. Bei sehr hohen Kühllasten ist die Kombination mit einer integrierten Kältemaschine besonders energieeffizient.

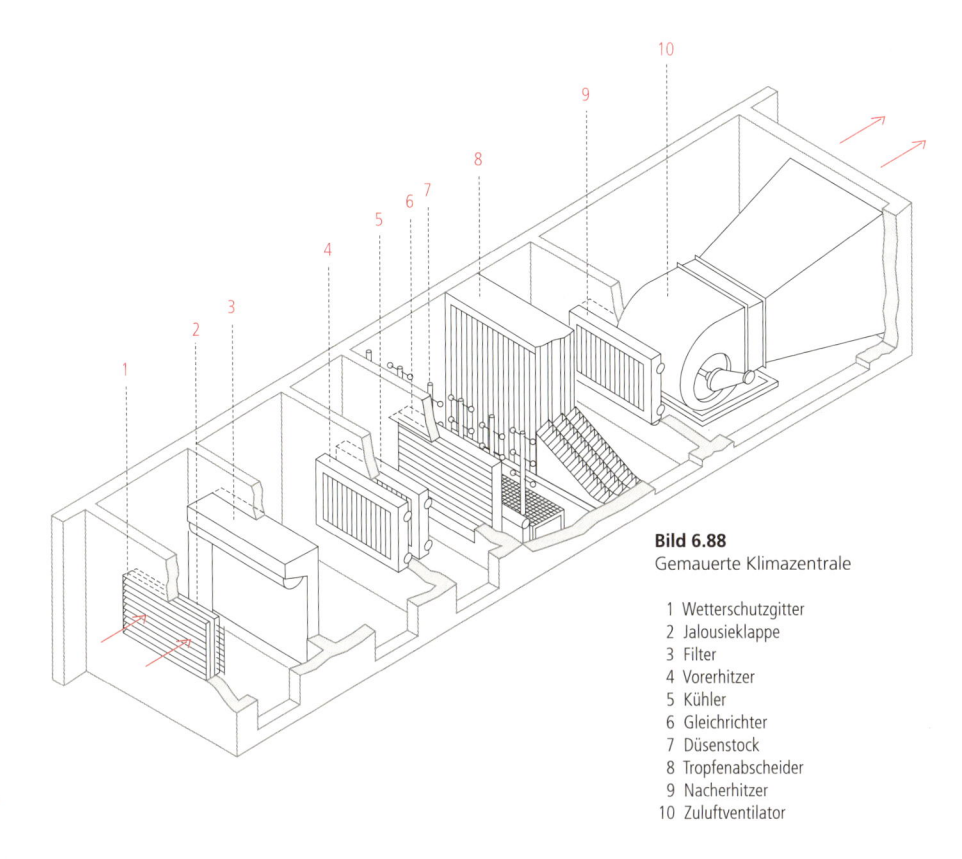

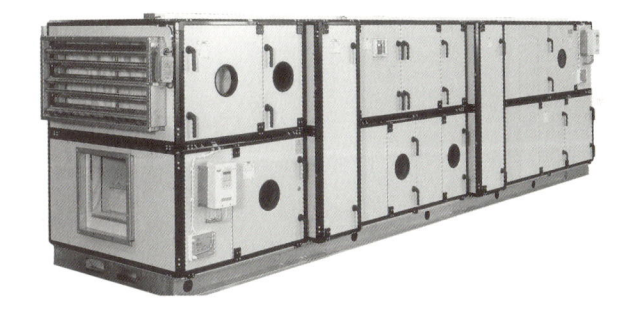

Neben den Großgeräten gibt es auch kleinere Einheiten, die im Wandbereich eingesetzt werden (Raumklimagerät, **Bild 6.92**) und die im Prinzip lediglich ein Luftkühl- und -heizgerät sind, da sie die Zuluft nicht befeuchten. Hierzu gehören auch Raumklimageräte in Truhenform **(Bild 6.93)**, die wiederum die Luft im Sommer kühlen und entfeuchten bzw. im Winter erwärmen, jedoch eine Befeuchtung nicht durchführen.

Bild 6.94 zeigt ein Raumklimagerät in Schrankform mit eingebauter Kältemaschine und Ultraschall-Befeuchter, wie es zum Teil bei Rechenzentren zum Einsatz kommt, wo große Umluftströme ständig gekühlt werden müssen.

Bei einigen Klimasystemen wird eine Nachbehandlung der Luft im Raum erforderlich. Hierzu gehören zum Teil die Fan-Coil-Anlagen und die Induktionsklimasysteme. **Bild 6.95** zeigt den Einbau von Induktionsgeräten im Brüstungsbereich in Kombination mit einem Deckenschlitzauslaß, der die tangential eingeführte Zuluft im Deckenbereich nochmals beschleunigt, um eine größere Eindringtiefe (Wurfweite) zu erreichen.

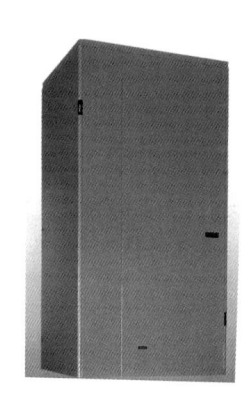

Bild 6.92
Raumkühlgerät in Kastenform mit eingebauter Wärmepumpe

Bild 6.93
Präzisionsklimagerät in Truhenform für z.B. Mobilfunk-Container
(Hiwall Container-Unit, Hiross)

Bild 6.94
Präzisionsklimagerät in Schrankform mit innovativer Technik
(Himod Präzisionsklimaschrank, Hiross)

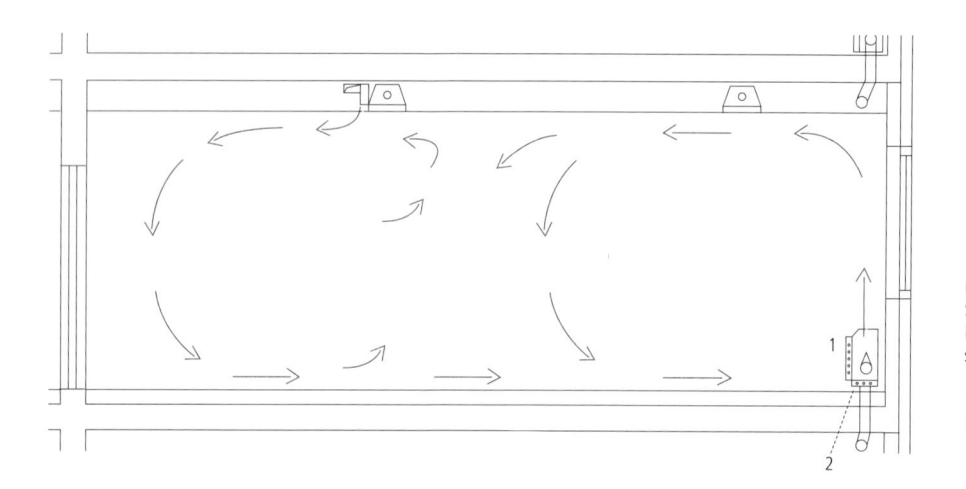

Bild 6.95
Stützstrahltechnik für optimale Raumströmung bei Induktionssystemen und Fan-Coil-Anlagen

1 Kühlelement
2 Heizelement

Der Aufbau eines Induktionsgerätes ist in **Bild 6.96.1** dargestellt. Bei diesem Gerät wird Zuluft (Primärluft) seitlich in das Gerät eingeführt und tritt im Gerät über Düsen aus. Dadurch induziert Primärluft Raumluft, die wieder über Kühler oder Lufterhitzer geführt wird, so daß im Raum eine Nachkühlung oder Nacherwärmung stattfindet. Das Gemisch aus Primär- und Sekundärluft (Mischungsverhältnis 1:4) tritt über Gitterelemente am Fenster tangential in den Raum ein und durchströmt diesen, um einen hygienischen Raumzustand und eine Lastkompensation vorzunehmen.

Eine Unterart der Induktionsgeräte ist das in **Bild 6.97** gezeigte Klimaradiatorgerät, das speziell für den Krankenhauseinbau (Bettenräume) entwickelt wurde und bei dem das Induktionsverhältnis lediglich 1:1 beträgt. Die Frontplatte dieses Gerätes ist ähnlich wie ein Plattenheizkörper ausgebildet, so daß er gut zu reinigen ist.

Bild 6.96.1
Vier-Leiter-Induktionsgerät für Variabel-Volumenstrom-Systeme

Bild 6.96.2
Deckeninduktionsauslaß (Serie DID, Trox)

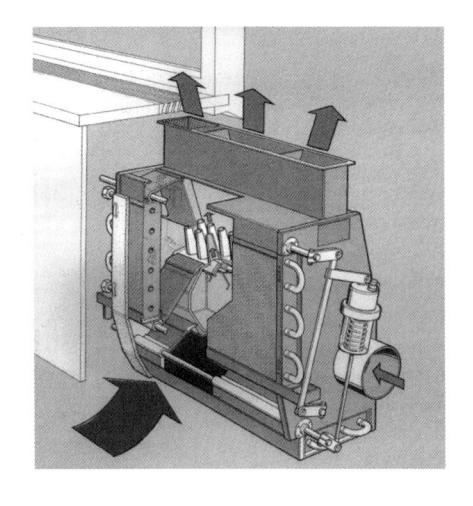

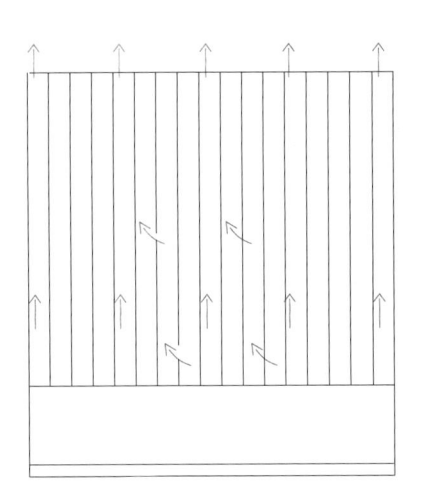

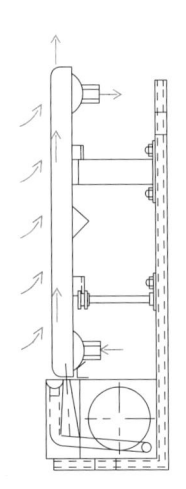

Bild 6.97
Klimaradiatorgerät im Einbauzustand und Schnitt

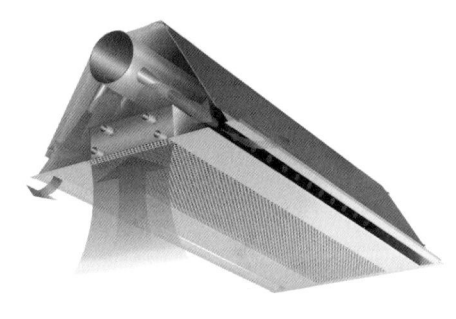

Bild 6.96.3
Quelluftinduktionsgerät (Typ QHG, LTG)

6.6 Luftführung im Raum

Die Luftführung im Raum ist eine schwierige Aufgabe und orientiert sich im wesentlichen nach:
– wärmephysiologischen Erfordernissen des Menschen
– produktionstechnischen Erfordernissen
– Möblierungs- und Gestaltungsfreiräumen
– raumhygienischen Ansprüchen.

Von Fall zu Fall können bestimmte Erfordernisse des Raumes eine ganz bestimmte Form der Zuluftzuführung erzwingen, in anderen Fällen jedoch bieten sich verschiedenartige Möglichkeiten an. Insofern gibt es keine „Apothekerlösung", denn man kann nicht grundsätzlich sagen, die oder jene Luftführung ist die beste. Nachfolgend sollen typische Luftführungsarten im Raum dargestellt werden, wobei jeweils Hinweise auch auf Einschränkungen der Gestaltung gemacht werden.

Ist man im Bereich der Luftführung frei und erzwingen weder wärmephysiologische noch gestalterische oder sonstige Gründe eine bestimmte Luftführungsart, so sollte man versuchen, soweit als möglich die thermische Raumbelastung dazu zu nutzen, Luftmengen zu vermindern, d.h. die Zuluftzuführung von unten nach oben ist unter Umständen günstiger als umgekehrt.

Bild 6.98 zeigt verschiedene Varianten der Zuluftzuführung, die sich unterscheiden nach:
– Tangentialströmung
– Luftführung aus der Decke (oben-oben)
– Luftführung aus einer abgehängten Decke (oben-oben)
– Luftführung durch Freistrahl im Raum (unten-oben)
– Luftführung aus dem Bodenbereich (unten-oben).

Bei den jeweiligen, zuvor aufgeführten Varianten ergeben sich unterschiedliche thermische Raumbelastungsgrade, die in **Bild 6.99** dargestellt sind. Dabei ist wesentlich, ob die Luftführung dem thermischen Auftrieb (warme, aufsteigende Luft) folgt oder nicht. Ist dies nicht der Fall, so wird der Raum infolge der Verteilung der konvektiven Wärmeströme thermisch zu 100 % belastet, während bei einer Luftführung von unten nach oben, der thermische Belastungsgrad bis auf 70 % abfallen kann.

Bild 6.99
Thermische Raumbelastungsgrade (Mittelwert)

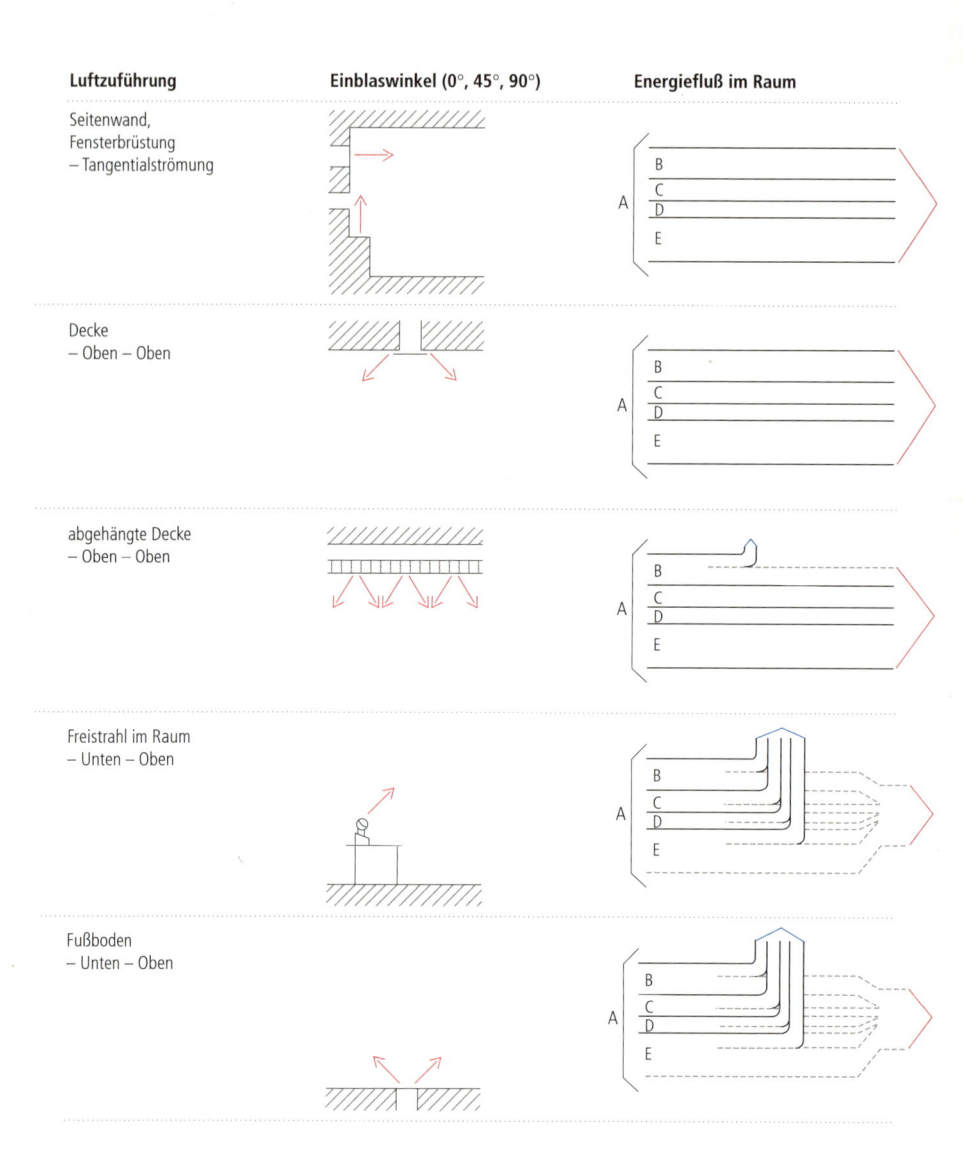

Luftzuführung / **Einblaswinkel (0°, 45°, 90°)** / **Energiefluß im Raum**

Seitenwand, Fensterbrüstung – Tangentialströmung

Decke – Oben – Oben

abgehängte Decke – Oben – Oben

Freistrahl im Raum – Unten – Oben

Fußboden – Unten – Oben

Bild 6.98
Varianten der Luftzuführung

A eingebrachte Last
B Beleuchtung
C Menschen
D Maschinen
E Fassade

› belastet die Nutzzone des Raumes und muß von der RLT-Anlage abgeführt werden

› Lastreduktion – gelangt konvektiv direkt in die Fortluft

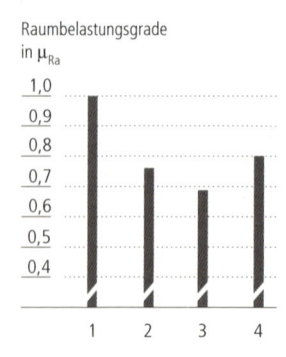

Raumbelastungsgrade in μ_{Ra}

Einfluß der Luftzuführung Lastfall in Tischhöhe, an vertikalen Raumumschließungsflächen sowie Restwärme von Abluftleuchten

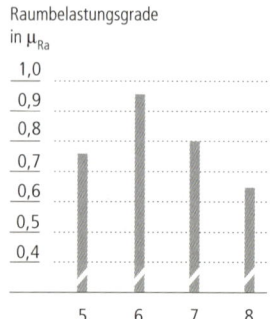

Einfluß der Lage der Wärmequellen im Raum am Beispiel der Zuluftzuführung über Freistrahlauslässe am Fußboden

1 Decke – Decke
2 Freistrahlauslässe am Fußboden
3 Drallauslässe am Fußboden
4 Freistrahlauslässe am Fußboden und Tischauslässe
5 Lastanfall an vertikalen Umschließungsflächen
6 Lastanfall am Fußboden
7 Lastanfall in Tischhöhe
8 Restwärme der Abluftleuchten

6.6 Luftführung im Raum

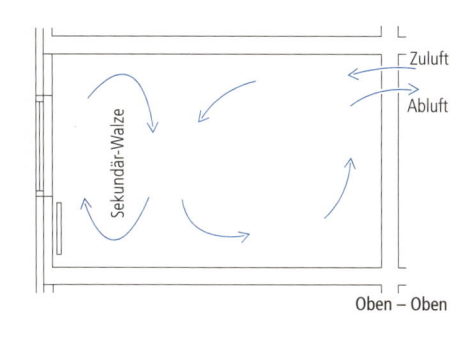

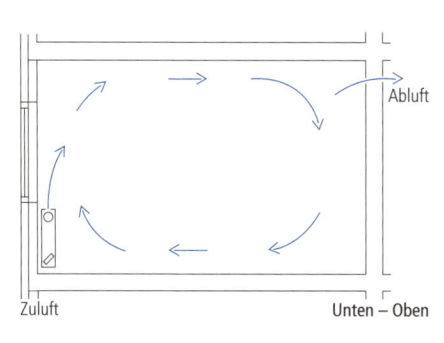

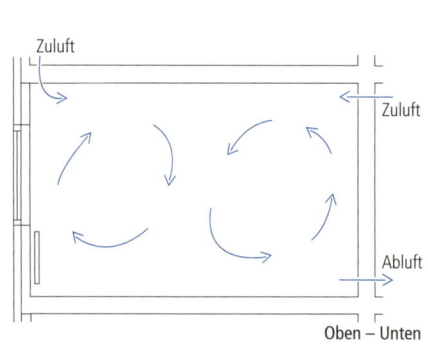

Bild 6.101
Raumströmung, Entwicklung einer „Raumwalze" bei tangentialer Luftzuführung über Brüstungsinduktionsgeräte

(A bis F: Reihenfolge der Aufnahmen/Laboraufnahmen von IKL, Gießen)

6.6.1 Luftführung bei Tangentialströmungen

Tangentialströmungen, wie sie **Bild 6.100** zeigt, führen zu ausgeprägten Strömungswalzen im Raum, die entweder ihren Ausgang im Deckenbereich oder im Brüstungsbereich nehmen. Infolge der Strömungswalzen, sollten zur einwandfreien Rückströmung zum Eintrittsort der Zuluft Möbel und Einrichtungen fußbodenfrei sein (etwa 15 cm). Gleichermaßen sollten sich die Zuluftströme im Deckenbereich bis zu einer Höhe von 0,6 bis 1 m frei ausbreiten können, also nicht durch Schrankelemente, Stellwände oder ähnliche Einbauten abgeschöpft werden.

Luftführungen durch Tangentialströmungen erfolgen entweder über im Wandbereich eingebaute Zuluftgitter, Induktions- oder Fan-Coil-Geräte (Brüstungsauslässe) oder einseitig ausblasende Deckendiffusoren bzw. Deckenschlitzauslässe. **Bild 6.101** zeigt den Ablauf einer typischen Raumströmung (mit Rauch sichtbar gemacht) bei Tangentialzuluftzuführung über ein Induktionsgerät.

Bild 6.100
Luftführung durch Tangentialströmungen

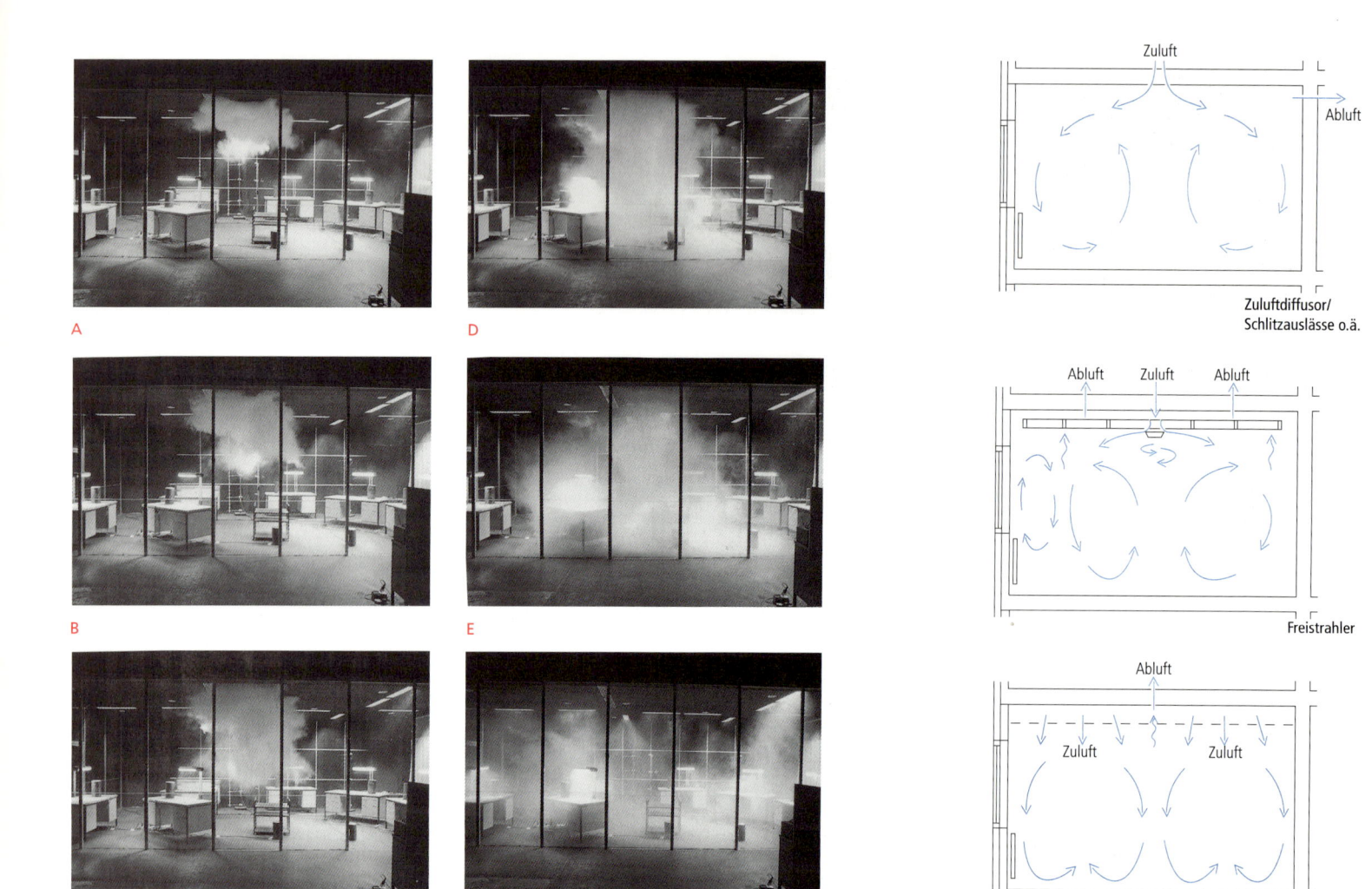

Bild 6.103
Raumströmung bei Luftführung oben-oben.

Luftzuführung über Drall-Luftdurchlässe, Rauchzugabe an einem Luftdurchlaß
(A bis F: Reihenfolge der Aufnahmen/Laboraufnahmen von IKL, Gießen)

6.6.2 Luftführung von oben nach oben

Die Luftführung von oben nach oben bedeutet, daß die Zuluft im Deckenbereich ausgeblasen und im Deckenbereich abgesaugt wird. Das **Bild 6.102** zeigt typische Strömungswalzen bei einer Luftführung von oben nach oben und bei verschiedenen Zuluftelementen wie Diffusoren oder Schlitzauslässen, freistrahlenden Punktauslässen oder Lochdecken. Bei diesen Zuluftelementen ist die Rückströmgeschwindigkeit im Bodenbereich geringer als bei der Tangentiallüftung, so daß auf die Möblierbarkeit kein Einfluß genommen werden muß. Luftführungen von oben nach oben bieten sich in der Regel jedoch nur bis zur maximalen Raumhöhe von etwa 4 m an und werden darüber hinaus problematisch, da sich die Luftstrahlen je nach Zuluftzustand (kalt oder warm) unterschiedlich verhalten. So ist bei der Projektierung von Luftführungen von oben nach oben in sehr großen Räumen (z.B. Sälen) unter Umständen ein Strömungsversuch notwendig, um die richtige Auswahl entsprechender Zu-

Bild 6.102
Luftführung von oben nach oben bei verschiedenen Luftauslässen

luftauslässe und die notwendigen Eigenschaften zu ermitteln. Bei der Luftführung von oben nach oben durchströmt die Zuluft (Primärluft) den Raum intensiv und induziert dabei Raumluft, so daß das gesamte Raumvolumen in Bewegung ist.

Bild 6.103 zeigt eine Raumströmung, mit Rauch sichtbar gemacht, von oben nach oben bei Luftzuführung über einen Dralluftauslaß (Freistrahler).

6.6.3 Luftführung von unten nach oben

Bei Räumen mit hohen thermischen Wärmelasten (Rechenzentren, Wärmebetriebe usw.) oder bei Räumen mit sehr hohen Raumhöhen (mehrgeschossige Hallen o. ä.) sowie bei Räumen, wo die Möblierung einen wesentlichen Einfluß auf die Durchströmung von Luft im Raum einnehmen kann (Abschöpfeffekte über große Einrichtungsgegenstände) sollte eine Luftführung von unten nach oben im Vordergrund stehen. Bei Luftführungen von unten nach oben führen verschiedene Zuluftauslässe entweder zu einer Verdrängungsströmung oder einer Primärluftverteilung bis zu einer Höhe von 1 m (Freistrahler) oder zu einer sehr sanften, geschichteten Luftströmung (Quellüftung). Allen Systemen **(Bild 6.104)** gemeinsam ist, daß die Luft anfänglich im Bodenbereich als Kühlluft verteilt wird (Lufttemperatur 20 bis 21 °C) und anschließend durch Wärmequellen (Personen, Maschinen usw.) thermisch abgeschöpft wird und zur Decke hin aufsteigt. **Bild 6.105** zeigt die Luftströmung mit einem Freistrahler bei Luftführung von unten nach oben. Die Rauchbilder zeigen, wie die Luft anfänglich mit kräftigem Impuls in den Raum hineinströmt, um sich danach im Boden- und Aufenthaltsbereich auszubreiten.

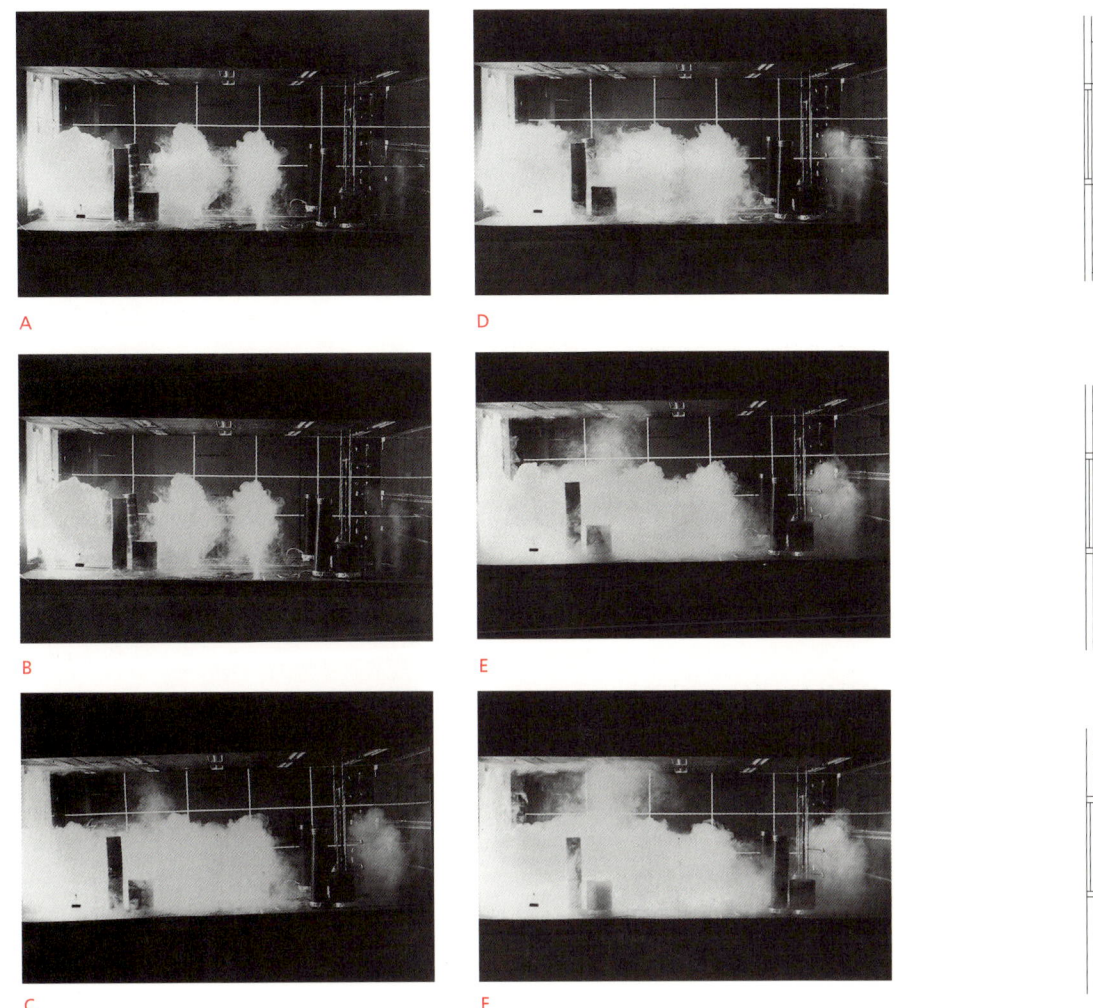

Bild 6.105
Charakteristisches Strömungsbild bei der Luftzuführung über Freistrahlluftdurchlässe vom Fußboden
(A bis F: Reihenfolge der Aufnahmen/Laboraufnahmen von IKL, Gießen)

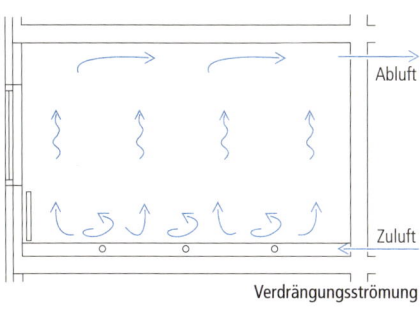

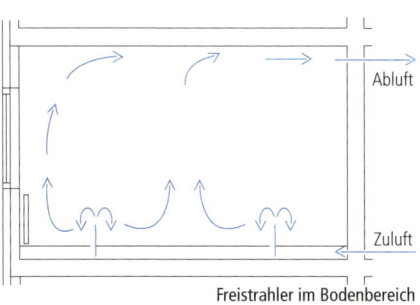

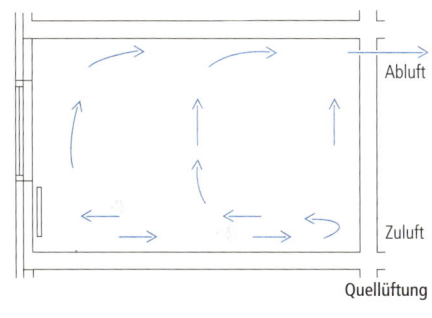

Bild 6.104
Luftführung von unten nach oben bei verschiedenen Luftauslässen

Bild 6.106 zeigt eine Raumströmung im Rauchbild bei Quellüftung und hier ist sehr gut erkennbar, daß im Bereich der Person und des PC's die horizontal wabernde Luft abgeschöpft wird und deutlich sichtbar nach oben aufsteigt.

6.6.4 Luftführung von oben nach unten
(Turbulenzarme Verdrängungsströmung)

In Räumen, in denen es im wesentlichen auf ein Höchstmaß an Reinheit ankommt, werden turbulenzarme Verdrängungsströmungen gewählt, bei der die Luft entweder von oben nach unten oder von Wand zu Wand strömt. Turbulenzarme Verdrängungsströmungen, wie in der Darstellung **Bild 6.107** oben gezeigt, treten im wesentlichen in Pharma- und Elektronikbereichen auf, in denen es auf höchste Reinheitsgrade (Reinraumklassen 1 bis 10.000) ankommt. Eine partielle Verdrängungsströmung oben nach unten erfolgt z.B. in OP-Bereichen, wo der OP-Tisch mit Luft größter Reinheit angeströmt wird und anschließend die verunreinigte und mit unter Umständen Gasen angereicherte Luft im Fußbodenbereich abgesaugt wird.

Eine turbulenzarme Verdrängungsströmung kann auch von Wand zu Wand erfolgen, wenn verschiedene Reinheitsgrade im Raumbereich hintereinander darstellbar sein müssen. Die **Bilder 6.108.1 – 3** zeigen durch Rauch sichtbar gemachte laminare Luftströme (turbulenzarm) sowie eine erzeugte Turbulenz durch ein Objekt in einem laminaren Luftstrom. Inwieweit Luftströmungsgeschwindigkeiten eine Rolle auf eine optimale Form der Verdrängungsströmung spielen, zeigen die Darstellungen mit der Person bei verschiedenen Geschwindigkeiten.

Luftführungen im Raum können auch, je nach Anspruch, anders gestaltet sein als hier dargestellt, gehören jedoch dann zu Sonderlösungen.

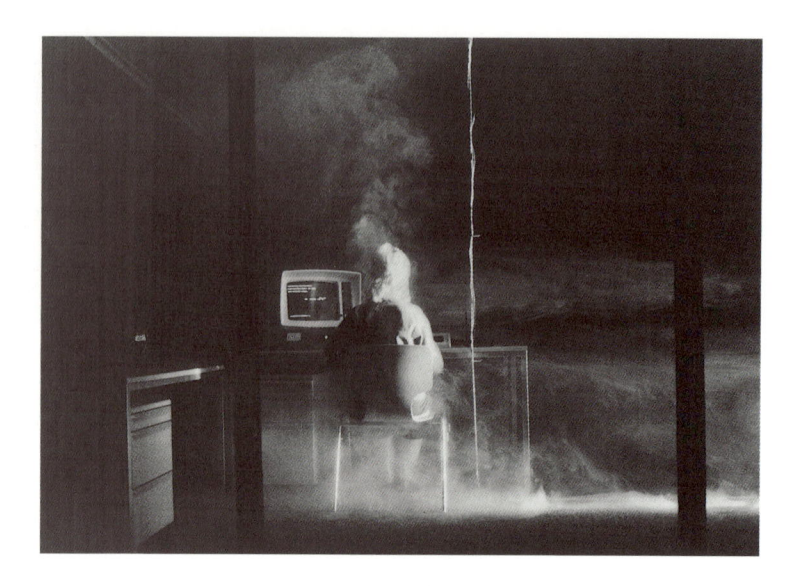

Bild 6.106
Raumströmung bei Quellüftung

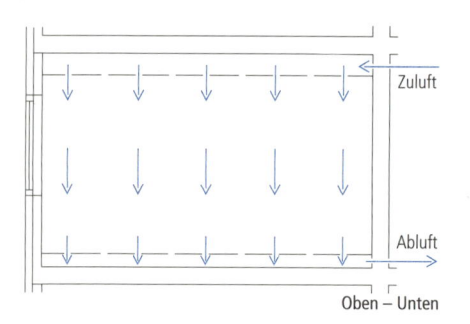

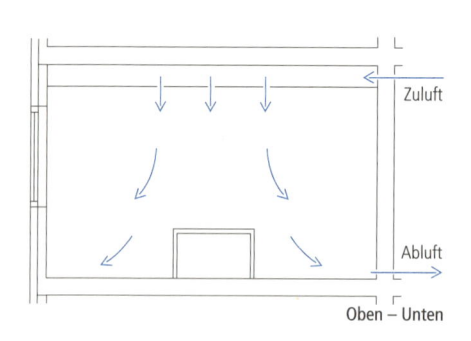

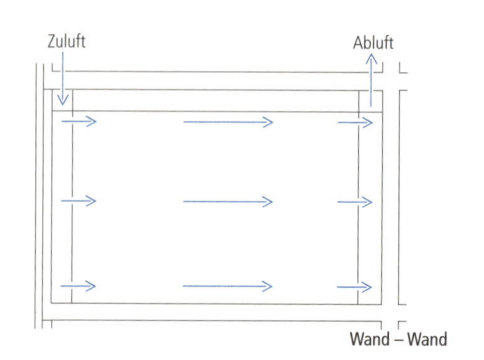

Bild 6.107
Turbulenzarme Verdrängungsströmung

Bild 6.108.1
Laminarer Luftstrom im reinen
Raum (0,45 m/s)
(Werkbild Kessler + Luch)

Bild 6.108.2
Turbulenzen durch ein Objekt im
Laminarluftstrom
(Werkbild Kessler + Luch)

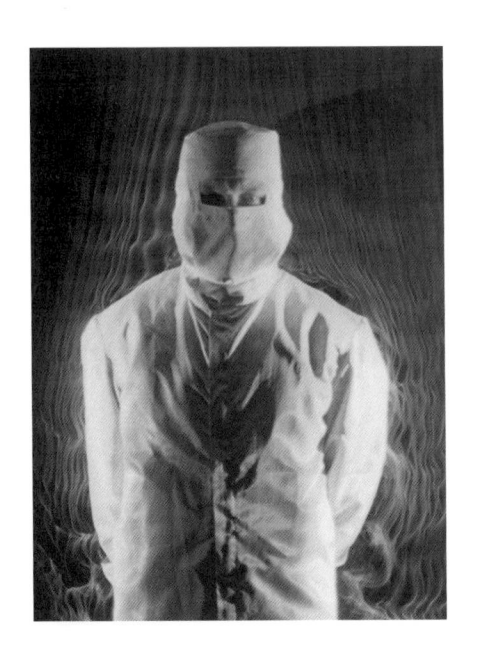

Bild 6.108.3
Strömungsgeschwindigkeit
0,45 m/s
(Werkbilder Kessler + Luch)

Strömungsgeschwindigkeit
0,33 m/s

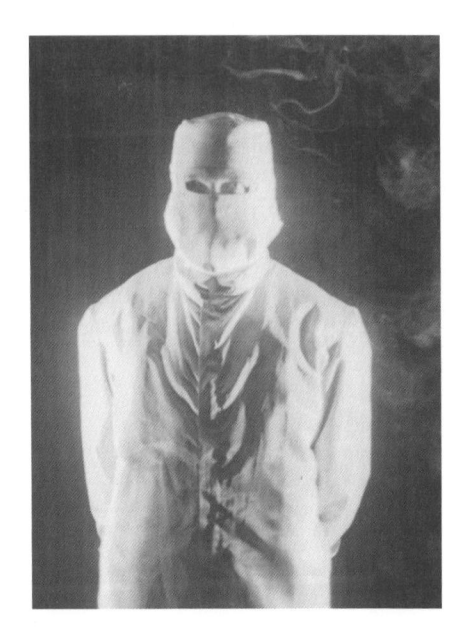

Strömungsgeschwindigkeit
0,20 m/s

6.7 Lüftungs- und Klimasysteme (RLT-Anlagen)

Raumlufttechnische Anlagen (RLT-Anlagen) haben die Aufgabe, aus Räumen die nachfolgend dargestellten Belastungen abzuführen:
– Luftverunreinigungen (Geruchs-, Schad- Ballaststoffe)
– sensible Wärmelasten (Kühllasten)
– latente Wärmelasten (Stofflasten beim Entfeuchten oder Befeuchten).

Sie haben weiterhin die Aufgabe, die Raumlufttechnik so zu gestalten, daß ein hygienisches und behagliches Nutzen von Räumen möglich ist.

6.7.1 Klassifizierung

Die Klassifizierung der RLT-Anlagen erfolgt nach den thermodynamischen Luftbehandlungsfunktionen. Danach unterscheidet man grundsätzlich:
– Lüftungsanlagen (einfacher Art)
– Lüftungsanlagen mit zusätzlicher Luftaufbereitung
– Klimaanlagen.

Tabelle 6.12 weist die Klassifikation noch thermodynamischen Luftbehandlungs- und Lüftungsfunktionen aus. **Bild 6.109** gibt zusätzlich den Geräteaufbau bei den verschiedenen thermodynamischen Luftbehandlungsfunktionen an.

Über den Rahmen der Lüftungs-, Teilklima- und Klimaanlagen hinaus gehören zum Bereich raumlufttechnischer Anlagen noch Sonderanlagen wie industrielle Absaugungen, Luftschleiertüren, Reinluftanlagen, Anlagen für Klimaprüfräume und Entnebelungsanlagen.

Eine weitere Unterteilung der RLT-Anlagen kann auch danach erfolgen, in welcher Form die notwendigen Energien zur Lastkompensation dem Raum zugeführt werden (per Luft/per Luft und Wasser/per Wasser).

Danach kann man somit unterscheiden nach:
– Nur-Luft-Systeme
– Luft-Wasser-Systeme
– Wasser-Systeme
– (Kühldeckensysteme).

In **Tabelle 6.13** und **Bild 6.110** sind die gängigsten Klimasysteme dargestellt. Die Tabelle gibt eine Übersicht des Einsatzes und weiterer Anlagenparameter und kann zur ersten Bestimmung einzusetzender Systemlösungen dienen.

Thermodynamische Luftbehandlungsfunktionen		Raumlufttechnische Anlagen mit Lüftungsfunktion	ohne Lüftungsfunktion
Anzahl	Art	Lüftungstechnische Anlage	Luftumwälzanlage
keine		Abluftanlage FO	Umluftanlage UM
eine	H K B E	Lüftungsanlage AU oder MI	Umluftanlage UM
zwei	HK HB HE KB KE BE	Teilklimaanlage AU oder MI	Umluft-Teilklimaanlage UM
drei	HKB HKE KBE HBE	Teilklimaanlage AU oder MI	Umluft-Teilklimaanlage UM
vier	HKBE	Klimaanlage AU oder MI	Umluft-Klimaanlage UM

Beispiel: HKBE – MI = Klimaanlage mit Lüftungsfunktion zum Heizen, Kühlen, Be- und Entfeuchten mit Außen- und Umluft

Tabelle 6.12
Klassifikation und Benennung von RLT-Anlagen entsprechend DIN 1946 Teil 1

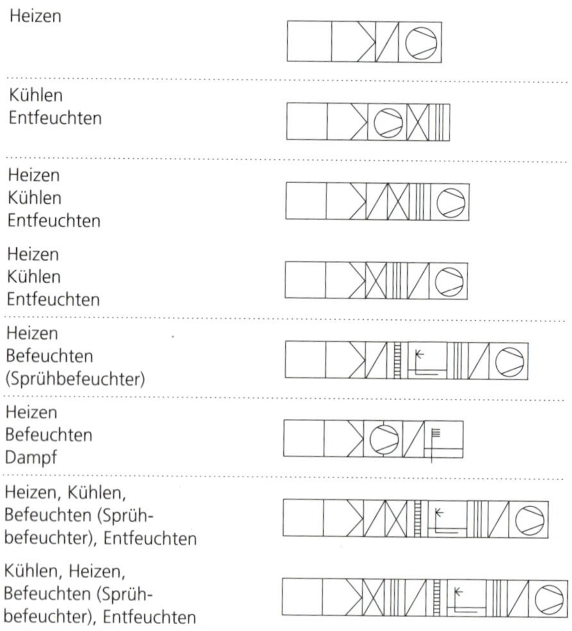

Bild 6.109
Geräteaufbau für verschiedene thermodynamische Luftbehandlungsfunktionen (Sinnbilder nach DIN 1946 Teil 1)

6.7 Lüftungs- und Klimasysteme (RLT-Anlagen)

		A	B	C	D	E	F	G	H	I
Fassade	mit Brüstung	●	●	●	●	●	●	●	●	●
	ohne Brüstung	◦	●	◦	◦	■	●	■	●	◦
	Abluftfassade	●	●	●	●	○	■	■	●	●
	zu öffnende Fenster	●	●	●	●	○	○	○	●	◦
	Innenvorhänge, ggf. Sturz	●	●	●	○	○	○	○	●	●
Deckenausbildung	abgehängte Decke, glatt	●	●	●	●	●	●	●	●	●
	abgehängte Decke mit Randfuge	◦	●	●	◦	○	○	○	●	●
	abgehängte Rasterdecke	○	●	●	○	■	■	■	●	●
	keine abgehängte Decke	■	○	●	■	●	●	●	●	■
Raumgröße	Großraumbüro	●	◦	●	◦	○	○	○	○	●
	Gruppenbüro	●	◦	●	◦	●	●	●	●	●
	Einzelbüro bis 2 Personen	●	○	●	◦	●	●	●	●	●
Raumtiefe	groß, über 7 m	●	●	◦	●	○	○	○	●	●
	normal	●	◦	●	●	●	●	●	●	●
Raumhöhe	hoch, über 3 m	◦	●	●	◦	●	●	●	◦	●
	normal	●	●	◦	●	●	●	●	●	●
Boden	Hohlraumboden	◦	◦	●	●	●	●	●	●	●
	Estrichboden	●	■	●	●	●	●	●	●	●
Leuchten	Einbau-Leuchten	●	●	●	●	●	●	●	●	◦
	Aufbau-Leuchten	○	●	●	○	■	■	■	●	◦
	Pendel-Leuchten	○	●	●	●	○	○	○	●	●
Flexibilität	Raumtrennwände	◦	◦	●	●	●	●	●	◦	●
	Möbelabst. und Fassadenabst.	●	◦	●	●	○	○	○	●	●
Heizung	in Lüftungsklima enthalten	○	◦	■	○	●	●	●	■	■
	Grundlast über Heizfläche	◦	◦	●	◦				○	●
	Heizflächen indirekt regelbar	●	○	●	●				●	●
Luftauslässe	unter der Decke	◦	■	■	◦	■			●	○
	in der Zwischendecke	●	●	●	●	●			●	○
	in der Brüstungsverkleidung	■	●	◦	◦	●	●	●	○	●
	in der Innenwand	■	●	◦	●	○				●
	im Fußboden		●	◦	●	■			●	●
Regelung		●	◦	◦	○	●	●	●	◦	●
Hohe Kühllast im Raum		◦	●	●	◦	◦	◦	◦	●	●
Geräuschpegel		◦	◦	●	◦	○	◦	◦	◦	●
Behaglichkeit	Strömungsgeschwindigkeit	◦	○	◦	◦	○	○	○	◦	●
	Temperaturprofil Heizen	◦	◦	○	◦	●	◦	◦	◦	●
	Temperaturprofil Kühlen	●	○	○	◦	◦	◦	◦	○	●
	Fensterabschirmung	◦	◦	◦	◦	●	●	◦	◦	●
Schadstoffabfuhr		◦	●	●	◦	○	○	◦	●	●
Wärmeabfuhr		◦	●	●	◦	●	●	◦	●	●
Wirtschaftlichkeit	Investitionskosten	◦	○	◦	●	◦	○	◦	◦	◦
	Energiekosten	●	●	●	○	◦	◦	◦	◦	●
	Wartungsbedarf	◦	○	◦	●	○	◦	○	◦	●
	Platzbedarf Zentrale	○	○	○	○	●	●	●	○	●
	Platzbedarf Leitungen	◦	○	◦	◦	●	●	●	◦	●

- ● sehr gut geeignet, sehr günstig
- ◦ gut geeignet, günstig
- ○ eingeschränkt geeignet, befriedigend
- ■ nicht geeignet

Tabelle 6.13
Übersicht der gängigsten Klimasysteme

6. Lüftungs- und Klimatechnik

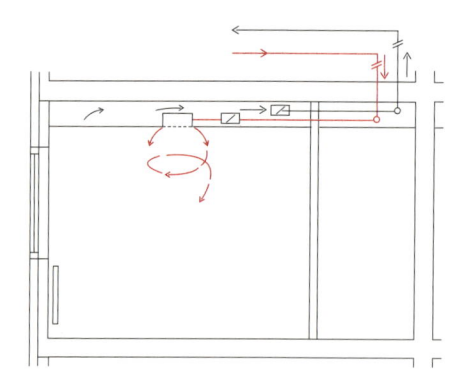

A
Variables-Volumenstrom-System (VVS)
mit statischer Heizung –
Luftführung von oben nach oben

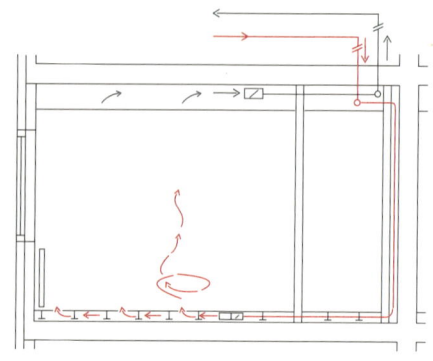

B
Variables-Volumenstrom-System (VVS)
mit statischer Heizung –
Luftführung von unten nach oben

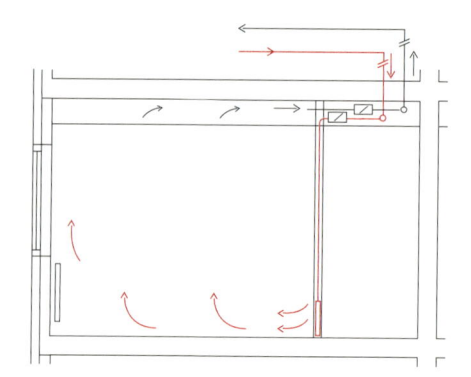

C
Variables-Volumenstrom-System (VVS)
mit Verdrängungsströmung und
statischer Heizung

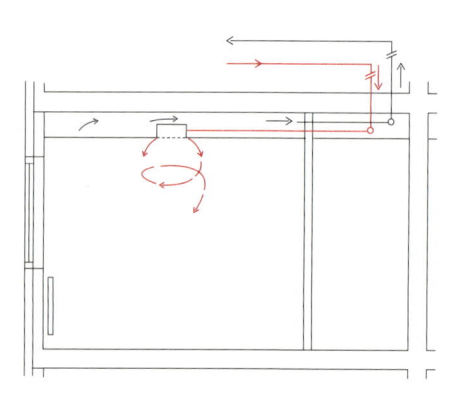

D
Konstant-Volumenstrom-System (KVS)
mit statischer Heizung –
Luftführung von oben nach oben

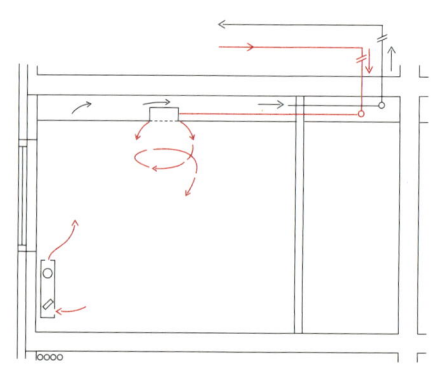

E
Ventilator-Konvektor-System zum Heizen
und Kühlen (Vierleiter) mit zentraler
Primärluftversorgung

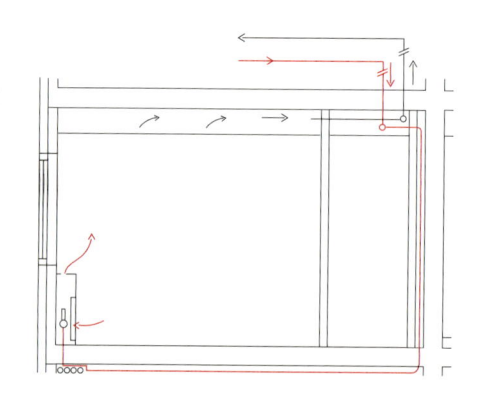

F
Induktions-Vierleiter-System

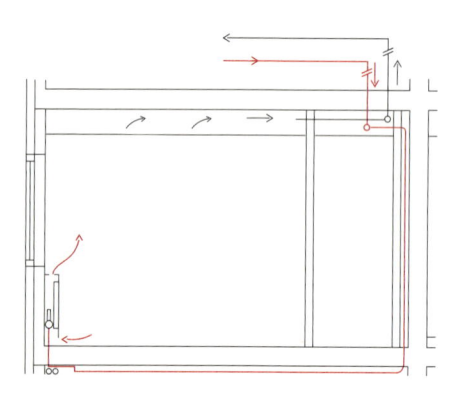

G
Induktions-VVS-Zweileiter-System

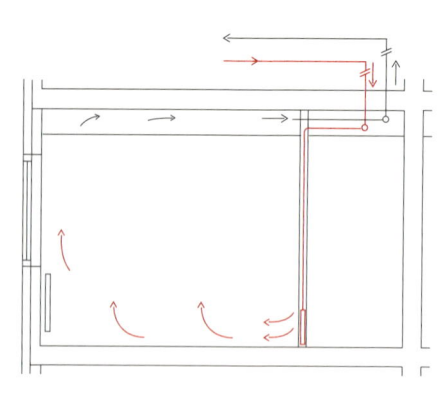

H
Konstant-Volumenstrom-System (KVS)
mit statischer Heizung
und Verdrängungsströmung

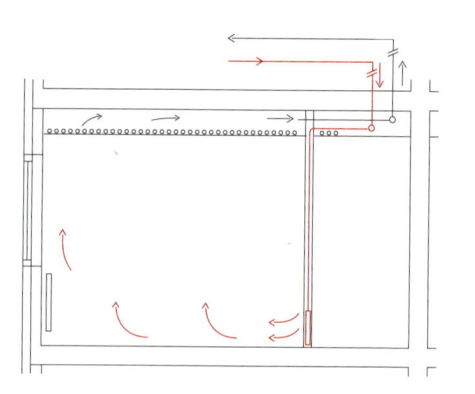

I
Kühldecke mit zentraler Primärluftversorgung,
Verdrängungsströmung und statischer Heizung

Bild 6.110
Skizzenhafte Darstellung
raumbezogener Installationen
verschiedener Klimasysteme

6.7.2 Nur-Luft-Systeme

Nur-Luft-Systeme sind raumlufttechnische Anlagen, die die zur Lastkompensation notwendige Energie ausschließlich durch Luft zu den Räumen transportieren. Sie umfassen somit Lüftungsanlagen, Lüftungsanlagen mit zusätzlicher Luftaufbereitung und Klimaanlagen. Nur-Luft-Systeme lassen sich wiederum danach unterscheiden, ob sie die Energie dem Raum durch einen Kanal (Zuluft) oder durch zwei Kanäle (Kalt- und Warmluft) zuführen. Zudem kann weiterhin unterschieden werden, ob die zugeführten Luftströme mit niederer (Niederdruck) oder hoher Geschwindigkeit (Hochdruck) durch die Zuluftkanäle geführt werden. Hieraus hat sich in den englischsprachigen Ländern der Begriff der Hochgeschwindigkeits- und in den deutschsprachigen Ländern der Begriff der Hochdruck-Klimaanlagen gebildet.

6.7.2.1 Ein-Kanal-Anlagen

Bei Ein-Kanal-Anlagen wird die Luft den Räumen durch einen Kanal zugeführt, wobei diese Zuluft nach Verlassen der Klimazentrale vor Ort aufbereitet oder nicht mehr aufbereitet wird. **Bild 6.111** zeigt den schematischen Aufbau einer Ein-Kanal-Anlage mit der Klimazentrale, Kälte- und Wärmeversorgung, Zu- und Abluftsystem sowie zu klimatisierenden Räumen. Wie die Darstellung ausweist, wird die Zuluft den Räumen ohne weitere Nachbehandlung zugeführt und in diese eingeblasen. Das setzt voraus, daß die Räume ein gleiches oder zumindest sehr ähnliches Lastverhalten haben, da eine Nachbehandlung nicht notwendig wird.

Haben Räume unterschiedliche Kühllasten oder einen unterschiedlichen Wärmebedarf oder ist dieser zwar gleich groß, tritt jedoch zeitlich unterschiedlich auf, so wird eine Nachbehandlung im Rahmen der Ein-Kanal-Anlage notwendig. **Bild 6.112** zeigt eine Ein-Kanal-Anlage, bei der durch Nacherhitzer mehrere Regelzonen gebildet werden, d. h. die Räume oder Raumzonen unterschiedlich temperiert werden können. Diese Anlagenform ist sehr gebräuchlich, da Nacherhitzer in Kanalnetzen relativ leicht einzufügen sind.

Ist ein Gebäude mit unterschiedlich belasteten Räumen oder Zonen geringen Umfanges zu behandeln, so bietet sich auch die Mehrzonen-Ein-Kanal-Anlage mit Mischklappen an. Bei dieser Anlage werden zentral Kalt- und Warmluftströme aufbereitet und im zentralen Bereich gemischt, so daß jedem Raum oder jeder Zone ein Zuluftstrom zufließt, der entsprechend den Bedürfnissen aufbereitet wurde. **Bild 6.113** zeigt schematisch den Aufbau einer entsprechenden Anlage. Diese Anlagenform bietet sich allerdings nur dort an, wo die Raumanzahl oder Zonenanzahl begrenzt ist (max. ca. 10), da ansonsten das Kanalnetz und der Zentralenaufbau sehr aufwendig wird.

Bei Gebäuden, in denen Räume oder Zonen sehr hohe Wärmebelastungen aufweisen und somit vor Ort grosse Luftmengen umgewälzt und gegebenenfalls gekühlt werden müssen, bieten sich die Mehrzonen-Ein-Kanal-Anlagen mit Zusatzventilatoren an **(Bild 6.114)**.

Diese Anlagenkonfiguration kann bei Rechenzentren oder bei Fabrikationsbetrieben (Warmbetriebe) zum Einsatz kommen und wurde in der Vergangenheit auch teilweise bei Hochhäusern eingesetzt, um in jedem Geschoß über eine Unterzentrale (Zusatzventilatoren mit zusätzlicher Luftaufbereitung) die Luftströme des entsprechenden Geschosses aufzubereiten.

Um der Ein-Kanal-Anlage eine höhere Regelfähigkeit zu geben, wurden gegenüber den bis dahin gebräuchlichen Konstant-Volumenstromanlagen (KV) Lüftungs- und Klimaanlagen mit variablem Volumenstrom entwickelt. Bei Lüftungsanlagen mit Kühlung und Klimaanlagen mit variablem Volumenstrom wird durch einen Volumenstromregler jeder einzelne Raum oder jede Zone automatisch geregelt (Thermostat) und nur die Zuluftmenge aus einem Kaltluftkanal zugeführt, die er benötigt, um sein Raumklima zu halten.

Aus diesem Grund werden je Raumeinheit Entspannungsgeräte oder Volumenstromregler sowohl in der Abluft- als auch in der Fortluftseite eingesetzt, die die Drosselung oder Erhöhung des Luftvolumenstroms des Raumes vornehmen.

Bild 6.115 zeigt eine Ein-Kanal-Anlage mit variablem Volumenstrom (VV) in ihrem prinzipiellen Aufbau. Bei dieser Systemlösung erfolgt die Raumtemperaturregelung im Winter durch die statischen Heizflächen, wodurch die Zuluft mit geringerer Untertemperatur gegenüber der Raumtemperatur eingeblasen wird (Zulufttemperatur +18 °C/Raumtemperaturen +22 °C).

Im Sommer erfolgt die Raumregelung über die Volumenstromregler und die Funktion des Heizsystems ist ausgeschaltet. Ein-Kanal-Anlagen, mit variablem Volumenstrom (VV-System) werden heute in großem Umfang bei Gebäuden unterschiedlichster Nutzung eingesetzt. Dabei kann die Zuluftzuführung und Luftumwälzung im Raum von unten nach oben oder von oben nach oben erfolgen.

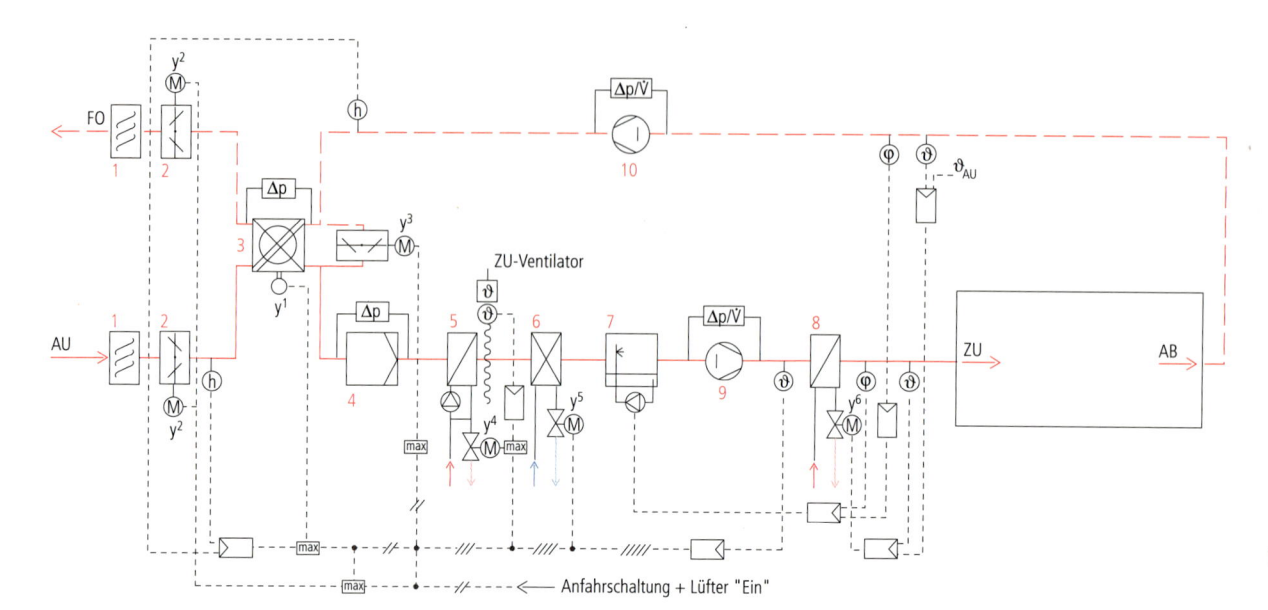

Bild 6.111
Schematischer Aufbau der
Ein-Kanal-Anlage (KV)

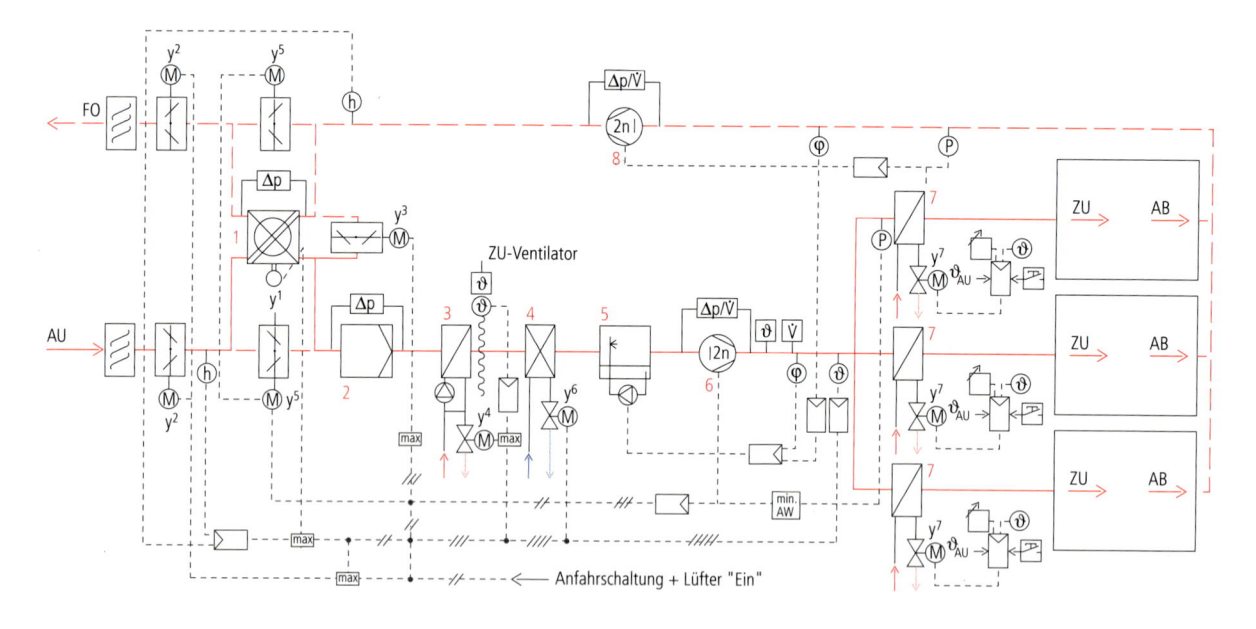

1 Wetterschutzgitter
2 Jalousieklappe
3 Mischkammer
4 Filter
5 Vorerhitzer
6 Kühler
7 Wäscher
8 Nacherhitzer
9 Zuluftventilator
10 Abluftventilator

Bild 6.112
Mehrzonen-Ein-Kanal-Anlage
mit Nacherhitzern (KV)

1 Mischkammer
2 Filter
3 Vorerhitzer
4 Kühler
5 Wäscher
6 Zuluftventilator
7 Zonen-Nacherhitzer
8 Abluftventilator

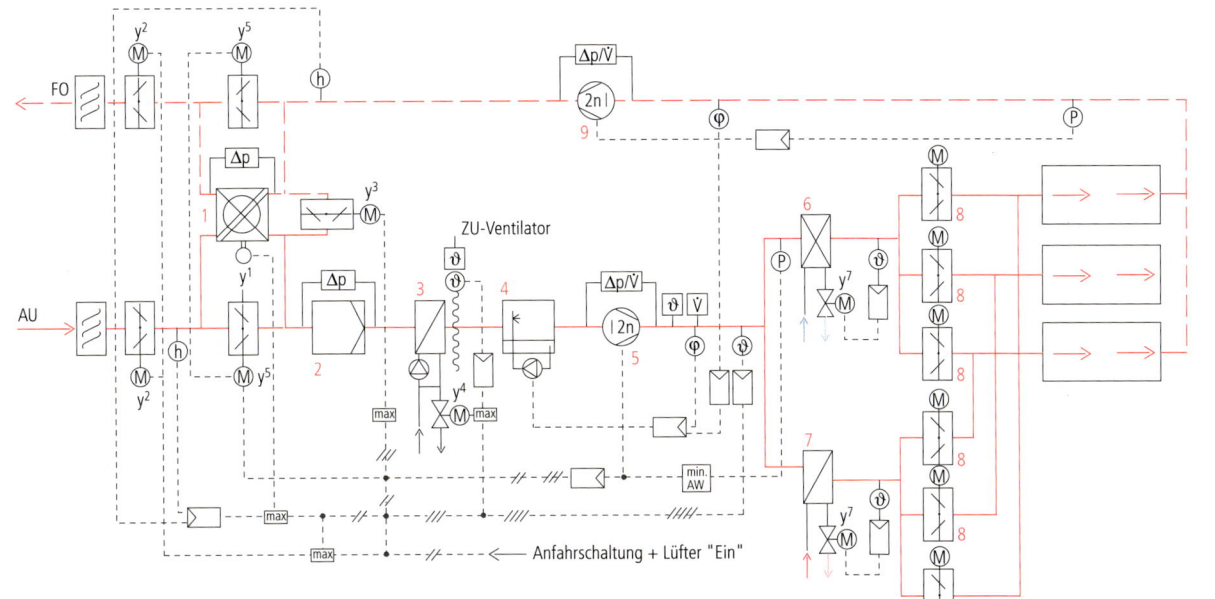

6.7 Lüftungs- und Klimasysteme (RLT-Anlagen)

Bild 6.113
Mehrzonen-Ein-Kanal-Anlage
mit Mischklappen (KV)

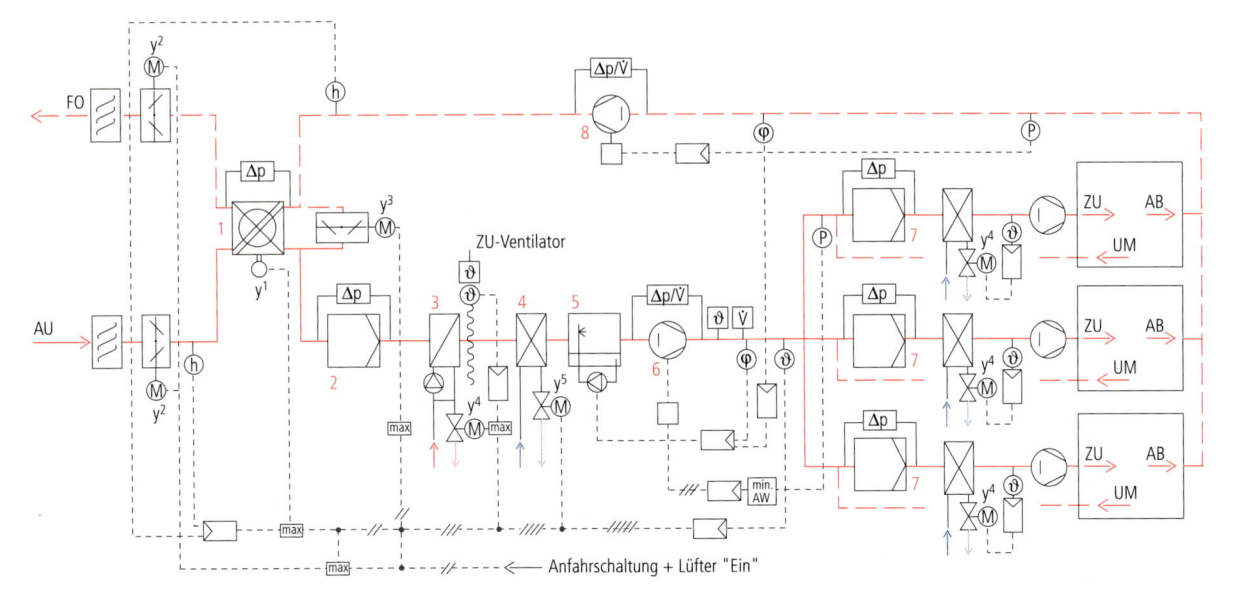

1 Mischkammer
2 Filter
3 Vorerhitzer
4 Wäscher
5 Zuluftventilator
6 Kühler
7 Erhitzer
8 Wechselklappen
9 Abluftventilator

Bild 6.114
Mehrzonen-Ein-Kanal-Anlage
mit Zusatzventilatoren (KV)

1 Mischkammer
2 Filter
3 Vorerhitzer
4 Kühler
5 Wäscher
6 Zuluftventilator
7 Zusatzgerät mit Ventilator
8 Abluftventilator

Bild 6.115
Ein-Kanal-Anlage (VV)

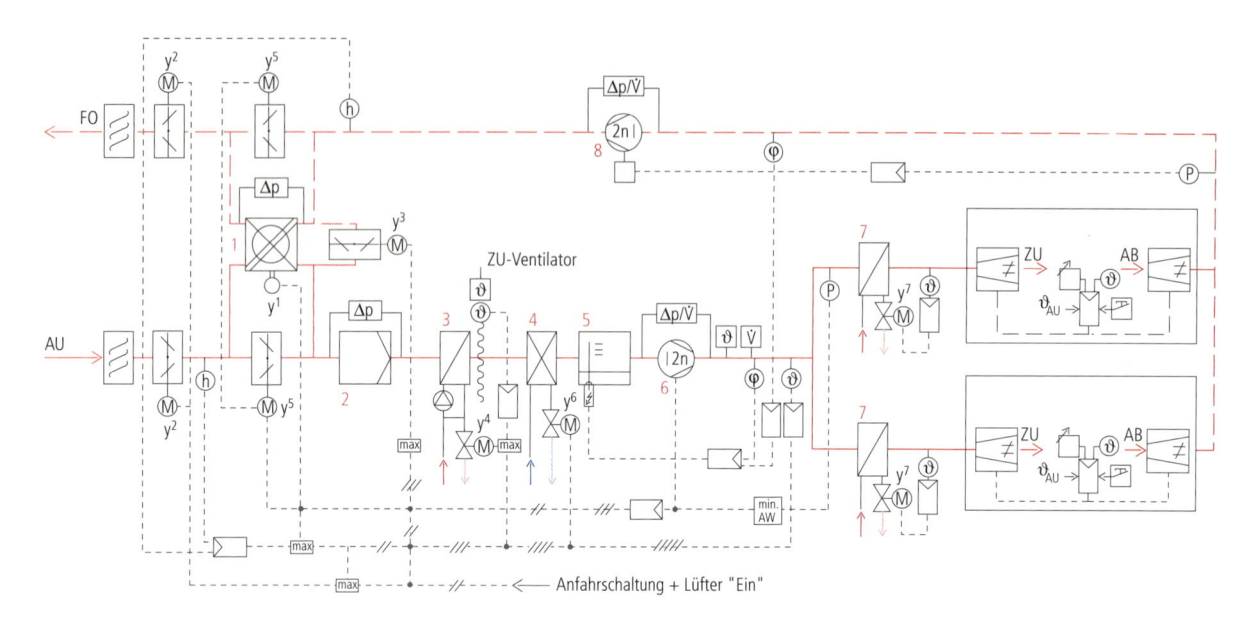

1 Mischkammer
2 Filter
3 Vorerhitzer
4 Kühler
5 Wäscher
6 Zuluftventilator
7 Zonen-Nacherhitzer
8 Abluftventilator

6.7.2.2 Zwei-Kanal-Anlagen

Besitzt ein Gebäude eine Vielzahl von notwendigen Regelzonen infolge sehr unterschiedlicher Belastungen und muß in diesen Räumen nicht nur die Temperatur, sondern auch die relative Feuchte in Grenzen gehalten werden, so bieten sich die Zwei-Kanal-Systeme an (Bild 6.116). Bei Zwei-Kanal-Anlagen wird ein Kalt- und ein Warmluftstrom aufbereitet und durch zwei Kanäle parallel durch das Gebäude geführt. Jeweils vor Ort (Raum- oder Regelzone) entnimmt ein Mischkasten Teilluftströme aus dem Warm- und Kaltluftkanal und mischt diese zur Zuluft mit einer bestimmten Temperatur, die eine ausreichende Lastkompensation ermöglicht. Mit diesem Anlagensystem können somit nebeneinanderliegende Räume extrem gekühlt oder erwärmt werden. Weiterhin sind selbstverständlich alle dazwischenliegenden Temperaturgestaltungen möglich. Da Zwei-Kanal-Anlagen bezüglich ihres Kanalnetzes sehr aufwendig sind, werden sie nur dort eingesetzt, wo eine zwingende Notwendigkeit besteht. Dieses ist in der Regel heute nur noch bei Laborgebäuden mit hohen Ansprüchen, Fertigungsstätten und Produktionsanlagen üblich.

6.7.2.3 Nieder- und Hochgeschwindigkeitsanlagen

Anfang der sechziger Jahre wurden die Klimaanlagen für Mehrzonengebäude, insbesondere Hochhäuser, in ihrem Systemaufbau aus den USA nach Europa übernommen. Dabei wurde seitens amerikanischer Anlagenbauer die Bezeichnung der Hochgeschwindigkeitsanlagen eingeführt und in Europa als Hochdruck-Klimaanlagen bezeichnet.

Hochgeschwindigkeits- oder Hochdruckanlagen sind im Gegensatz zu Niedergeschwindigkeitsanlagen solche, die in ihren Kanalnetzen mit höheren Luftgeschwindigkeiten arbeiten. Bei Niedergeschwindigkeitsanlagen liegt in der Regel die maximale Luftgeschwindigkeit bei 6 m/s, bei Hochgeschwindigkeitsanlagen bis zu 10 m/s und teilweise darüber. Hohe Luftgeschwindigkeiten erzeugen höhere Druckverluste in Kanalnetzen und daher wurde der Begriff der Hochdruckanlagen geprägt. Wie sich jedoch bei genauen Berechnungen herausstellte, führen Hochgeschwindigkeitsanlagen nicht zu höheren Druckverlusten infolge Druckrückgewinnen als Niedergeschwindigkeitsanlagen, so daß diese Begriffsbestimmung in den letzten Jahren zunehmend weniger eingesetzt wird.

6.7.3 Luft-Wasser-Systeme

Bei den zuvor aufgeführten raumlufttechnischen Anlagen wird die notwendige Energie (Kälte- oder Wärmeenergie) den Räumen ausschließlich per Luft zugeführt. Das hat zur Folge, daß sich die Luftströme (Zuluftmengen) aus den maximal zu kompensierenden Kühllasten ergeben und Luftwechsel im Sommerbetrieb z. B. bei Bürogebäuden um das 4- bis 6-fache oder höher absolut üblich sind. Die Kanalnetze müssen daher groß dimensioniert werden, um die entsprechende Luftmenge transportieren zu können. Der daraus resultierende Platzbedarf und der Wunsch nach einer höheren Regelfähigkeit hat bereits in den dreißiger Jahren in den USA dazu geführt, Klimasysteme zu entwickeln, die ihre Energie mit Luft und Wasser in die Räume transportieren.

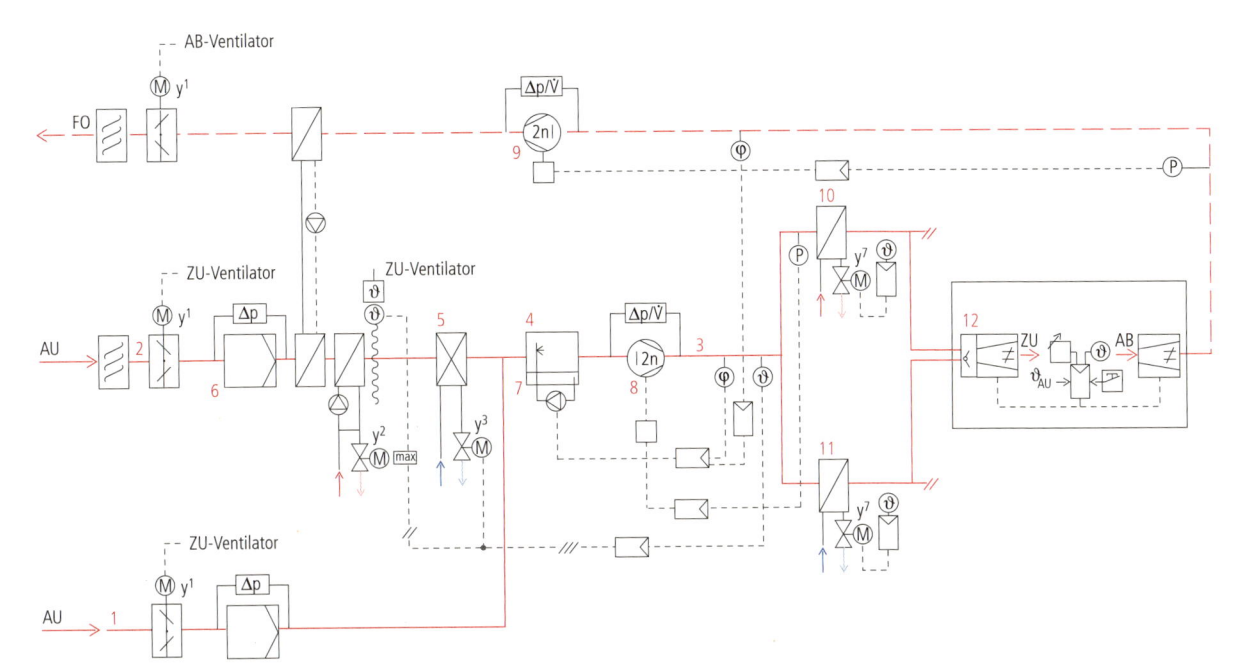

6.7 Lüftungs- und Klimasysteme (RLT-Anlagen)

1 Minimal-Außenluftkanal
2 Maximal-Außenluftkanal
3 Gesamtluftkanal
4 Minimal-Lufterhitzer
5 Minimal-Frischluftkühler
6 Filter
7 Wäscher
8 Zuluftventilator
9 Abluftventilator
10 Lufterhitzer
11 Luftkühler
12 Mischkasten

Bild 6.116
Zwei-Kanal-System mit zusätzlichem Minimalaußenluftkanal (KV)

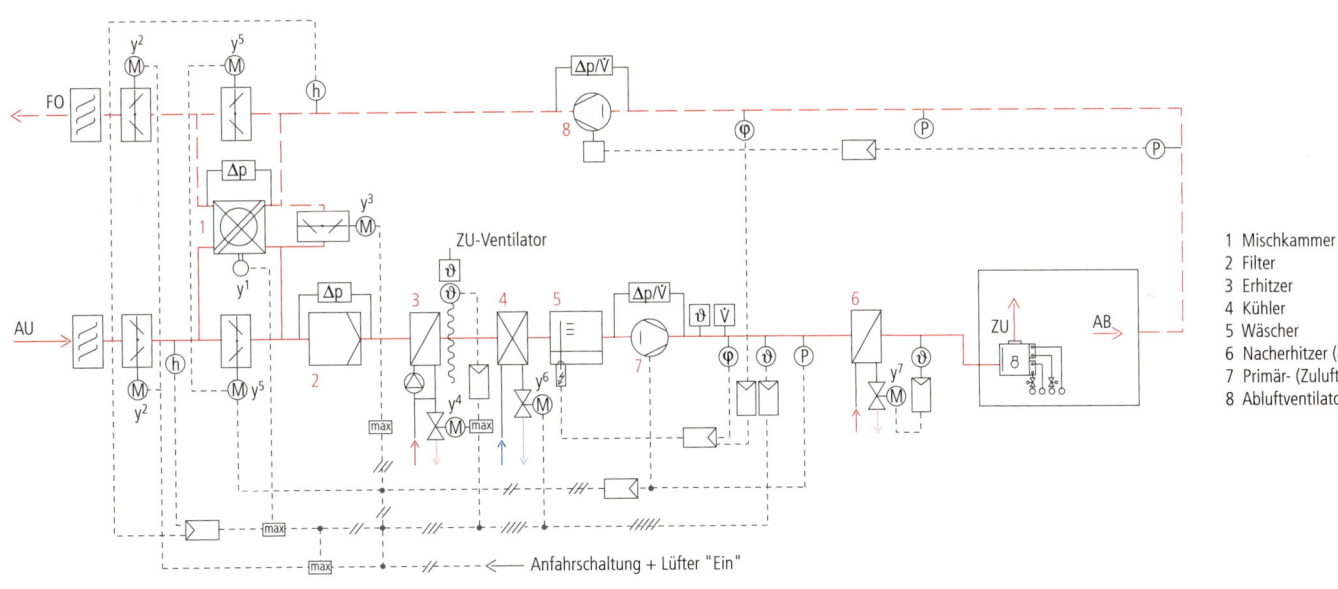

1 Mischkammer
2 Filter
3 Erhitzer
4 Kühler
5 Wäscher
6 Nacherhitzer (alternativ)
7 Primär- (Zuluft)-Ventilator
8 Abluftventilator

Bild 6.117
Induktionsklimaanlage

6.7.3.1 Induktionsanlagen

Bild 6.117 zeigt den Aufbau einer Induktionsklimaanlage. Bei diesem Anlagensystem wird lediglich die Luftmenge in einer Zentrale aufbereitet, die für einen hygienischen Lufthaushalt erforderlich ist (Luftwechsel zweifach). Die in der Klimazentrale aufbereitete Zuluft (Primärluft) erhält einen Zuluftzustand, der im Sommer bei ca. +16 °C/80 % rel. Feuchte und im Winter bei ca. +19 °C und 75 % rel. Feuchte liegt. Die Primärluft wird anschließend über ein Kanalsystem den Räumen zugeführt und dort in Induktionsgeräte eingebracht, die die Luft über feine Düsen innerhalb des Gerätes austreten lassen. Die durch die Düsen austretende Primärluft induziert Raumluft (Sekundärluft), die beim Eintritt in das Induktionsgerät entweder über einen Kühler oder über einen Lufterhitzer geleitet wird. Dadurch erfolgt eine trockene Kühlung bzw. Erwärmung der Sekundärluft im Raum selbst, d.h. die Lastkompensation erfolgt zu ca. 60 bis 70 % unmittelbar durch Wärmetauscher (Wasser) vor Ort. Die Primärluft und induzierte Sekundärluft tritt anschließend tangential über die Brüstung in den Raum ein und durchströmt diesen. Die Abluft, entsprechend einem 2fachen Luftwechsel, wird abgesaugt und anschliessend nach der Entwärmung durch eine Wärmerückgewinnungsanlage ins Freie oder in Nebenflächen (z. B. Garagen, Lager o. ä.) abgegeben. Induktionsklimaanlagen werden auch zum heutigen Zeitpunkt noch eingesetzt, wobei die Induktionsgeräte nicht nur in Brüstungen Aufstellung finden, sondern auch in Deckenbereichen untergebracht werden können und ihre Zuluft über Deckendiffusoren dem Raum übermitteln.

Induktionsklimaanlagen werden danach unterschieden, ob sie ausschließlich mit Kühlenergie beschickt werden (2-Leiter-System/2 Wasserleitungen) oder ob sie vor Ort heizen oder kühlen sollen (4-Leiter-System/ 2 Kaltwasserleitungen und 2 Warmwasserleitungen). Ein weiteres Unterscheidungsmerkmal bei Induktionsanlagen ist, ob das System luft- oder wasserseitig geregelt wird, das heißt die Wärme- und Kältezufuhr im Raum durch eine Ventilregelung (wasserseitige Regelung) oder durch eine Klappenregelung im Gerät (luftseitige Regelung) erfolgt.

Induktionsklimaanlagen haben in den letzten Jahren an Boden verloren, weil sie die Nachteile einer Tangentialströmung mit sich bringen und bei falschem Betrieb und unzureichender Isolierung Korrosionen an Kaltwassersystemen entstanden (Betrieb mit zu kalten Wasserströmen, dadurch Kondenswasserbildung und Korrosionen). Diese Systemlösungen haben jedoch nach wie vor dann große Bedeutung, wenn eine ausserordentlich feine Zonierung und Regelung von Nöten (Einzelregelung je Fenstermodul) und der geringstmögliche Platzbedarf für Kanalsysteme zwingend erforderlich ist.

6.7.3.2 Fan-Coil-Anlagen

Fan-Coil-Anlagen (Ventilator-Wärmeaustauscher-Anlagen) arbeiten in ähnlicher Form wie Mehrzonen-Ein-Kanal-Anlagen mit Zusatzventilatoren und werden vornehmlich bei Hotels eingesetzt. Die Fan-Coil-Geräte bestehen aus einem flachen Gehäuse, in dem ein Zuluftventilator, Wärmeaustauscher und unter Umständen Filter eingesetzt ist, und saugen die zu kühlende oder zu erwärmende Luft aus dem Raum an und blasen diese nach der Luftaufbereitung wieder in den Raum zurück. Fan-Coil-Geräte können entweder im reinen Umluftbetrieb arbeiten oder aber sie erhalten zusätzlich über eine Zentrale einen aufbereiteten Aussenluftstrom, der aus dem Raumbereich abgesaugt wird (bei Hotelzimmern z. B. Absaugung über Badbereiche).

Die Fan-Coil-Geräte können ähnlich wie bei der Induktionsanlage im Brüstungsbereich zur Aufstellung kommen oder werden in einem abgehängten Deckenbereich untergebracht, aus dem sie über geeignete Gitter ihre Zuluft dem Raum zuführen (typisch für die Kühlung von Hotelzimmern).

6.7.3.3 Kleinwärmepumpenanlagen

Stattet man ein Fan-Coil-Gerät neben dem Ventilator und Wärmeaustauscher zusätzlich mit einer kleinen Kältemaschine aus, so hat man den Grundaufbau einer Kleinwärmepumpenanlage. Die Kondensatorwärme des Fan-Coil-Gerätes wird über ein Leitungsnetz zentral gesammelt und den Raumbereichen zugeführt, die Wärmeenergie benötigen (Wärmepumpeneffekt). Dabei besitzt die Kleinwärmepumpenanlage zwei Wärmetauscher (Kondensator/Verdampfer), die in der Lage sind, wechselseitig die aufzubereitenden Luftströme zu heizen oder zu kühlen. Infolge der hohen Wartungskosten hat sich diese Systemlösung nicht durchgesetzt.

6.8 Stille Kühlsysteme

Unter dem Begriff der „stillen Kühlung" in der Klimatechnik versteht man Systemlösungen, bei denen die Kühlung auf natürlichem Wege, d. h. durch Dichteunterschiede oder Strahlungsaustausch erfolgt und Kühlenergie zur Lastkompensation nicht zwangsweise durch Raumlufttechnische Anlagen in Räume eingeführt wird. Seit etwa 20 Jahren wurde in den nordischen Ländern eine Systemtechnik verfolgt, die sich aus der Kenntnis der Wirkungsweise von Flächenheizungen ergibt (Deckenstrahlungsheizungen) und den Vorteil der Energiezuführung per Wasser in Räume berücksichtigte. Hieraus entstanden Systemlösungen, die weitere Impulse auch in Deutschland und der Schweiz erhielten und zu der Systemgruppe der stillen Kühlsysteme führten.

Stille Kühlsysteme bieten insbesondere dort Vorteile, wo punktuelle Nachrüstungen notwendig werden und dem zeitlich steigenden Bedarf an Kälteenergie infolge zunehmender innerer Kühllasten Rechnung zu tragen ist. Hinzukommt, daß eine Vielzahl von Altbauten aufgrund zunehmender Umweltbelastungen mehr und mehr auf natürliche Belüftung verzichten mußten und müssen, so daß nunmehr auch in diesen Gebäuden eine Lastkompensation im Sommer notwendig wird. Stille Kühlungen haben somit im wesentlichen folgende Aufgaben:

– Reduzierung der Zuluftmenge auf ein hygienisch bedingtes Mindestmaß
– Verkleinerung der Raumluftgeschwindigkeit und des Turbulenzgrades (niedrigere Beschwerderate/höhere Akzeptanz)
– Minimierung des Temperaturgradienten zwischen Fußboden und Aufenthaltsbereich
– Reduzierung des Energieaufwandes zur Kühlung
– Nutzung der freien Kühlung durch Kaltwassererzeugung über Kühltürme
– Verringerung von Schacht- und Technikflächen.

Der Bereich der stillen Kühlsysteme umfaßt:
– Kühldecken in Form von Deckensystemen
– Fallstromkühlung als Decken- oder Schachtkühlung
– Bauteilkühlung
– Kombination verschiedener Kühlsysteme.

Die Hauptgruppen der Kühlsysteme sind in **Bild 6.118** dargestellt. In dieser Darstellung sind das Arbeitsprinzip, das Kühlmedium, die architektonischen Belange und die Art der Kälteerzeugung ausgewiesen.

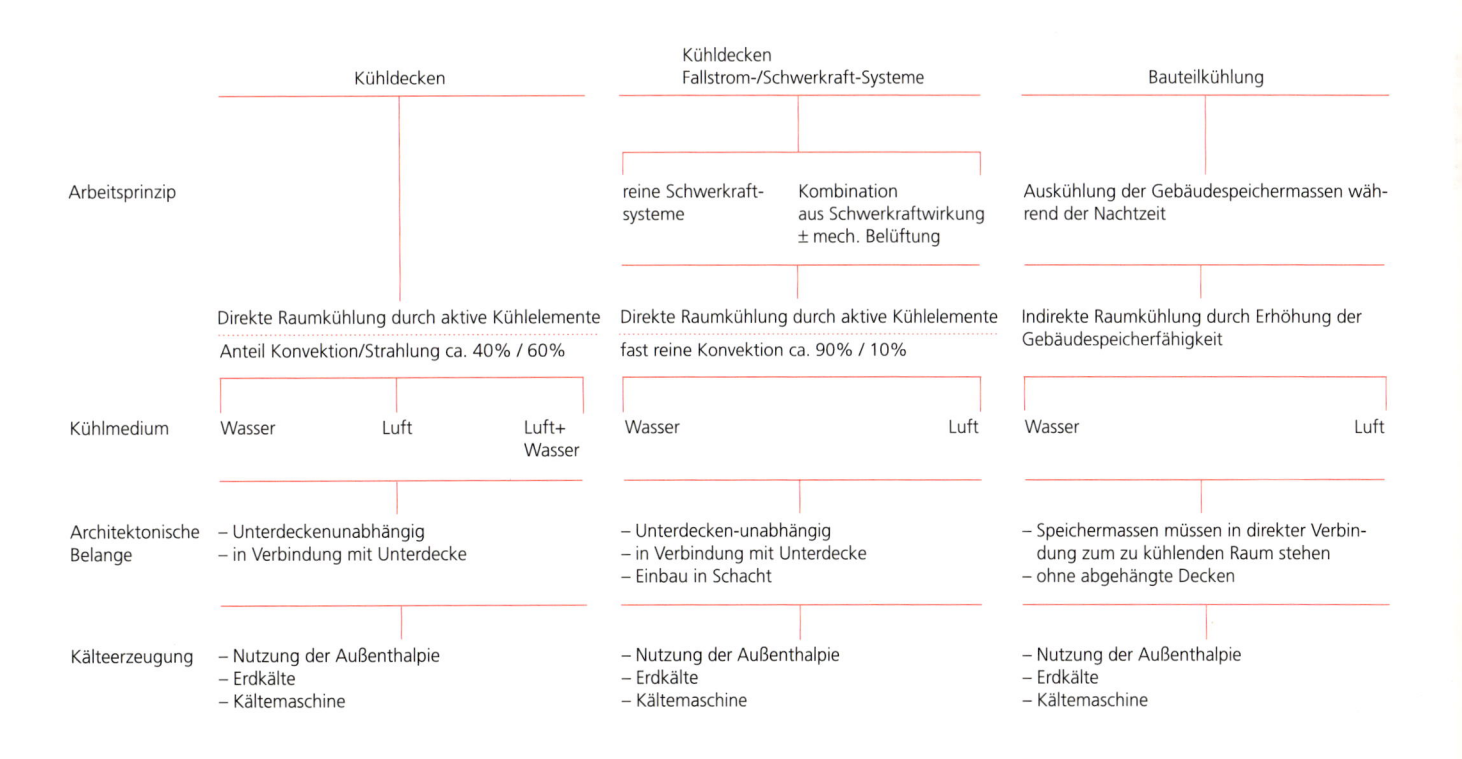

	Kühldecken	Kühldecken Fallstrom-/Schwerkraft-Systeme		Bauteilkühlung
Arbeitsprinzip	Direkte Raumkühlung durch aktive Kühlelemente Anteil Konvektion/Strahlung ca. 40% / 60%	reine Schwerkraftsysteme	Kombination aus Schwerkraftwirkung ± mech. Belüftung	Auskühlung der Gebäudespeichermassen während der Nachtzeit
		Direkte Raumkühlung durch aktive Kühlelemente fast reine Konvektion ca. 90% / 10%		Indirekte Raumkühlung durch Erhöhung der Gebäudespeicherfähigkeit
Kühlmedium	Wasser — Luft — Luft+Wasser	Wasser — Luft		Wasser — Luft
Architektonische Belange	– Unterdeckenunabhängig – in Verbindung mit Unterdecke	– Unterdecken-unabhängig – in Verbindung mit Unterdecke – Einbau in Schacht		– Speichermassen müssen in direkter Verbindung zum zu kühlenden Raum stehen – ohne abgehängte Decken
Kälteerzeugung	– Nutzung der Außenthalpie – Erdkälte – Kältemaschine	– Nutzung der Außenthalpie – Erdkälte – Kältemaschine		– Nutzung der Außenthalpie – Erdkälte – Kältemaschine

Bild 6.118
Hauptgruppen der „Stillen Kühlung"

Die **Bilder 6.119 – 6.121** zeigen die Wirkungsweise der stillen Kühlung, bei unterschiedlichem Strahlungs- und Konvektionsanteil. Grundsätzlich vorauszuschicken ist, daß der Einsatz von Kühldecken oder Bauteilkühlungen dann eingeschränkt ist, wenn:

– Kaltwassertemperaturen zu Kühlzwecken unterhalb des Lufttaupunktes liegen;
– Decken- oder Wandoberflächentemperaturen in Bereichen liegen, die eine zu starke Entwärmung des Körpers verursachen (vergl. Behaglichkeit);
– gestalterische Belange gegen den Einsatz einer stillen Kühlung sprechen.

Beim Einsatz von Kühlelementen im Raum ist in jedem Fall zu vermeiden, daß diese Kühlelemente von außen eintretende Luft (natürliche Lüftung) entfeuchten, d. h. Wasserdampf an ihren Oberflächen ausscheiden. Die Kaltwassertemperaturen müssen für die verschiedenen Systemlösungen so geregelt werden, daß sie oberhalb des zugehörigen Lufttaupunktes liegen, was eine Verringerung der Kühlleistung bewirken kann. Sollen Kühldeckensysteme bei ausschließlich natürlicher Lüftung der Räume eingesetzt werden, so ist gegebenenfalls in Kauf zu nehmen, daß infolge der Anhebung der Kaltwassertemperaturen eine gewünschte Raumtemperatur nicht immer erreicht wird (Kaltwassertemperaturen 16 bis 21 °C).

Bild 6.119
Kühldecken mit hohem Strahlungsanteil

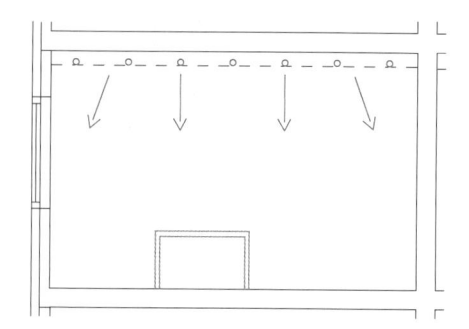

Kühlelemente in abgehängter Decke

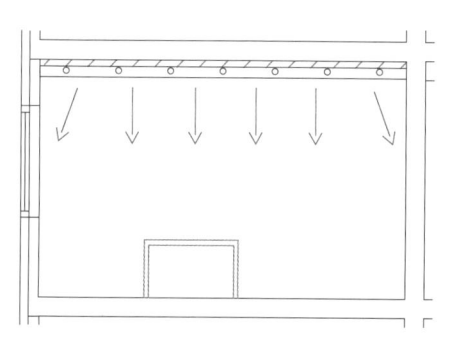

Putzdecke mit Isolation und Kühlelementen

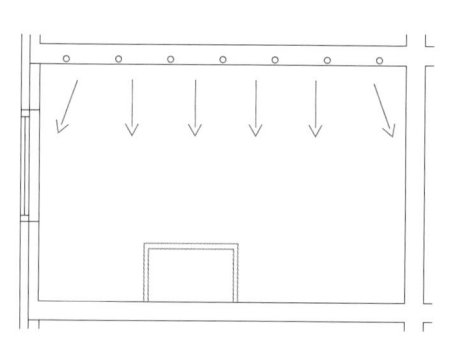

Aktive Bauteilkühlung

6.8 Stille Kühlsysteme

Bild 6.120
Kühldecken
bei hohem Konvektionsanteil

Bild 6.121
Fallstrom/Kühlung
bei reinem
Konvektionsanteil

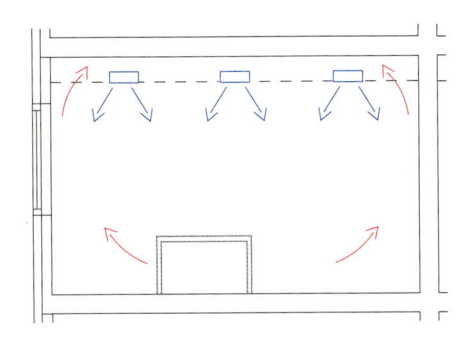

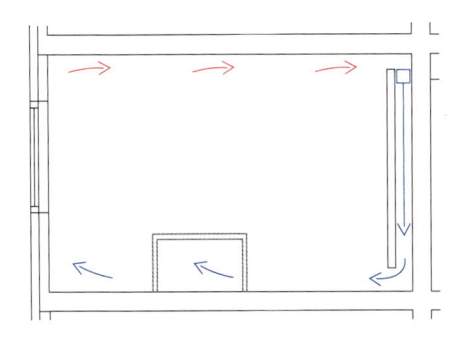

Kühlelemente in
abgehängter Decke

Schacht mit Kühlelement

Kühlelemente in
abgehängter Decke

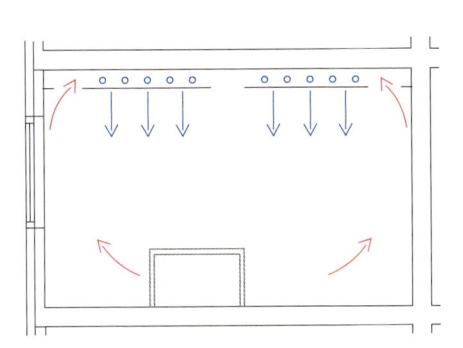

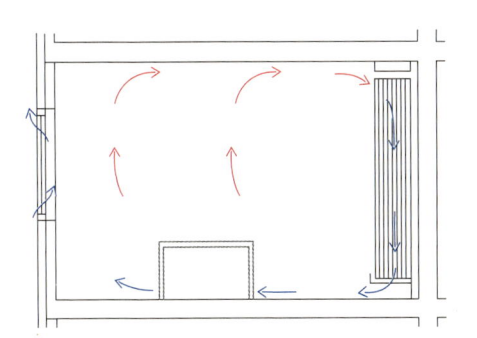

Kühlkörper auf Wasserbasis
(Röhren-/Platten-Radiatoren)

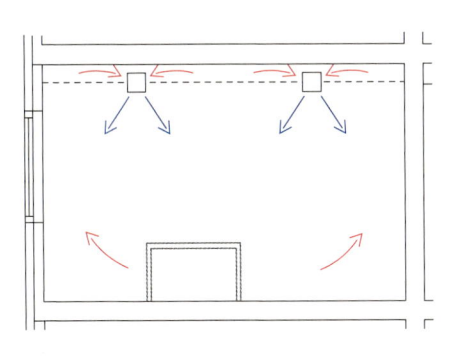

Kühlbalken

6.8.1 Kühldecken als Deckensysteme

Kühldecken als Deckensysteme stellen eine direkte Form der Raumkühlung durch aktive Kühlelemente (Deckenelemente) dar, wobei ca. 40 % der abzuführenden Wärmemengen durch Konvektion und 60 % durch Strahlung eliminiert werden.

Die Leistung einer Kühldecke ergibt sich infolge der bereits zuvor genannten Randbedingungen bei veränderten Kaltwassertemperaturen und Temperaturdifferenzen zwischen Kaltwasser und Raumluft gemäß **Bild 6.122**. Mit steigender, mittlerer Kaltwassertemperatur fällt die Kälteleistung, die im Maximalfall in etwa mit 100 W/m² anzusetzen ist. **Bild 6.123** zeigt einen Raumtemperaturverlauf in Abhängigkeit der Außentemperatur (maximal absolute Luftfeuchte 17 g/kg trockene Luft unter der Annahme eines 2,5-fachen Luftwechsels durch natürliche Lüftung). Während die Außentemperatur auf 32 °C steigt, wird die maximale Raumtemperatur infolge der Kühldecken auf 28 °C beschränkt. **Bild 6.124** zeigt den prinzipiellen Aufbau einer Kühldecke, **Bild 6.125.1** Kühldecken mit teilweise geöffneter Oberfläche (abgenommene Paneele), **Bild 6.125.2** weitere Ausführungsvarianten von Kühldeckensystemen, **Bild 6.126** einige Ausführungsbeispiele.

Kühldecken in Kombination mit raumlufttechnischen Anlagen erreichen dann ihren höchsten Wirkungsgrad, wenn eine Luftführung von unten nach oben stattfindet, da die Luftführung den natürlichen Konvektionsströmen stark entgegenkommt. Gleichwohl ist auch die Luftführung im Deckenbereich (Luftführung oben/oben) möglich und führt ebenfalls zu guten Ergebnissen.

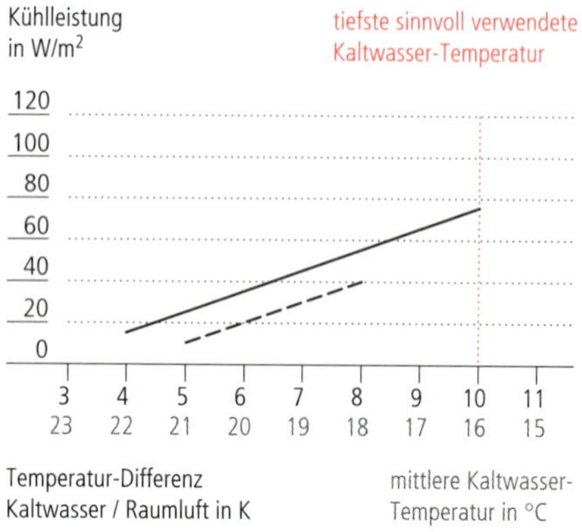

Bild 6.122
Leistungen der Kühldecke bei veränderten Kaltwassertemperaturen

Alpha-Wert ca. 10 W/m² K
Kaltwasser-Temperatur-Differenz

— Kühldecke
--- aktive Bauteilkühlung

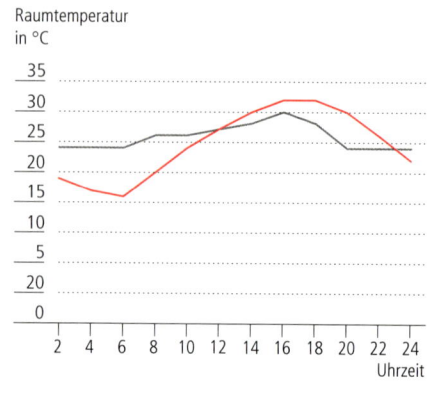

Bild 6.123
Temperaturverläufe (Außenluft/Raumluft)

Raum ohne Klimaanlage mit Kühldecke, LW ca. 2,5-fach (Fensterlüftung)
— Raumtemperatur
— Außentemperatur

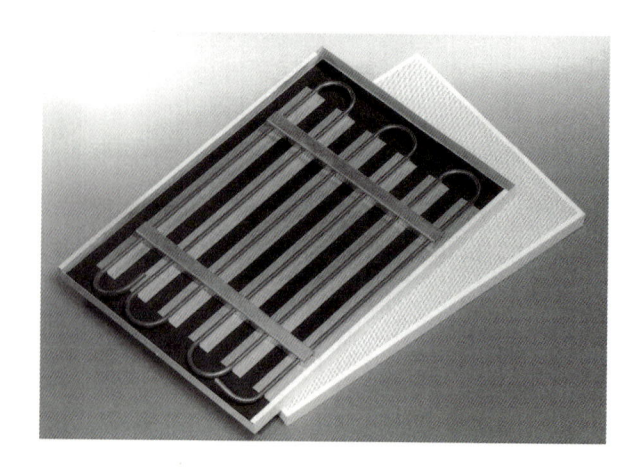

Raumtemperatur in °C	24	24	24	26	26	27	28	30	28	24	24
Außentemperatur in °C	19	17	16	20	24	27	30	32	32	30	26	23

Bild 6.124
Aufbau des Kühlelements KKS-1, (Krantz-TKT)

6.8 Stille Kühlsysteme

Bild 6.125.2
Weitere Kühldeckensysteme

Bild 6.125.1
Kühldecke im geöffneten Zustand

A
Rasterkühldecke mit integriertem Beleuchtungskörper; in der Standardrastergröße von 80 mm beträgt die spezifische Kühlleistung 164 W/m², ermittelt nach DFIN 4715-1 (Fa. GÖTZ GmbH)

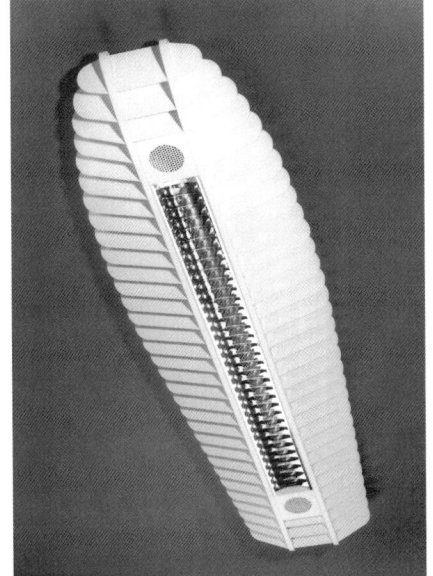

B
Kühldeckensegel
(Krantz-TKT,
Entwurf: Ch. Ingenhoven)

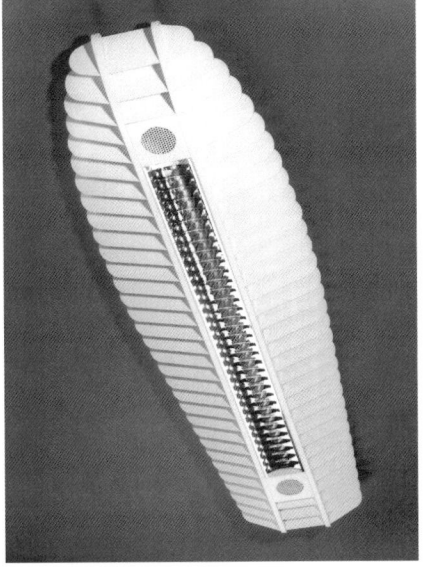

Montage einer Metallkühldecke Typ SPECTRA

Die Platte wird durch Klemmprofile gehalten. Der thermische Kontakt zwischen Aluminiumprofil und Metallplatte wird durch die erkennbaren Magnetbänder sichergestellt
(Werkbild Zent-Frenger)

A
Schalterhalle einer Sparkasse
(Werkbild Stulz)

B
Besprechungsraum mit Aluminium-Kühldecke Typ ALUP
(Zent-Frenger)

C
Deckenausschnitt eines Besprechungsraumes mit Kühldeckenelementen oberhalb der Zwischendecke
(Werkbild Krantz-TKT)

Bild 6.126
Ausführungsbeispiele von Kühldecken

D
Lufthansa, Frankfurt (Werkbild Clestra Hausermann)

6.8.2 Fallstrom-/Schwerkraftkühlung

Bild 6.127 zeigt einen Schnitt durch einen Büroraum mit einer installierten Fallstromkühlung im Wandbereich. Bei dieser Systemlösung wird je Modul oberhalb eines Schrankelementes oder eines Wandelementes ein Kühler installiert, der in der Lage ist, im Deckenbereich anstehende Warmluft so abzukühlen, daß diese selbsttätig im Wandbereich auf den Boden fällt und hier wieder in den Raum austritt. Zur Führung der Kühlluftströme wird vor der eigentlichen Flurwand ein 10 cm tiefer Installationsraum (Schacht) über die gesamte Modulbreite gebildet, in dem Kühlluft gezielt auf den Boden abfällt. Besonderes Augenmerk bei dieser Systemlösung ist auf den Lufteintritt der Kühlluft in den Raum zu legen, da zu große Temperaturdifferenzen zwischen Kopf- und Beinbereich zu vermeiden sind.

Eine Fallstromkühlung kann auch in Form einer Zuluftzuführung durch einen Doppelboden und einen Quellluftauslaß **(Bild 6.128.1)** erfolgen.

Die **Bilder 6.128.2 und 129.1 – 3** zeigen eine weitere Variante der Schwerkraftkühlung (Fallstromkühlung). Bei dieser Systemlösung wird im Deckenbereich ein Kühlelement mit zwei konvektorähnlichen Kühlern eingebaut, die entweder über Schwerkraft im Deckenbereich zirkulierende Warmluftströme abkühlen und aus der Decke austreten lassen oder aber durch ein Primärluftsystem mit minimaler Luftmenge ähnlich einem Induktionsgerät Sekundärluft durch die Kühlelemente hindurchsaugen und anschließend in den Raum abgeben. Bei dieser Systemlösung fällt die kalte Luft infolge der Dichteunterschiede Raumluft/Kaltluft langsam in den Raum ein und sinkt bis in den Bodenbereich.

Ergänzend zeigt **Bild 6.130** eine Kühlung mit möglicher Entfeuchtung durch einen stehenden Röhrenradiator (System PS-Comp., Tokio), wie er in feucht-heißen Zonen eingesetzt wird. Die unter dem Röhrenradiator angebrachte Schwitzwasserwanne fängt anfallendes Kondensat auf und wird über eine Kondensatleitung abgeführt.

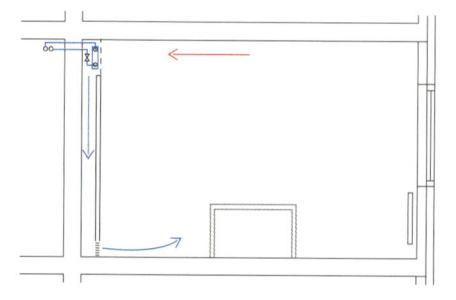

Bild 6.127
Schwerkraftkühlung
Prinzipschema („Stille Kühlung",
System F.H. Schmidt,
Berg. Gladbach)

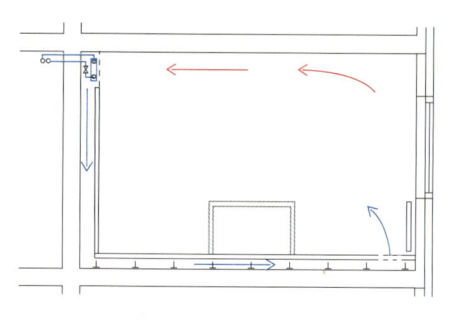

Bild 6.128.1
Schwerkranftkühlung, Zuluftzuführung durch einen Doppelboden mit Quellüftung
(Bild Gravivent)

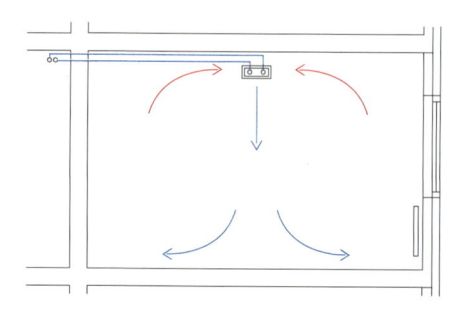

Bild 6.128.2
Schwerkraftkühlung über Kühlelemente im Deckenbereich

Bild 6.130
Sonderbauart, Kühlung über Röhrenradiatoren
Das Detail zeigt die Kondensation an der Oberfläche

6.8 Stille Kühlsysteme

Bild 6.129.1
Einblick in ein Kühldeckensystem eines Fernsehstudios (Deckenhohlräume) (Kessler + Luch)

Bild 6.129.2
Ausführungsbeispiel von Schwerkraftkühlung (Werkbilder Stulz)

Fallstromkühlelemente im Montagezustand

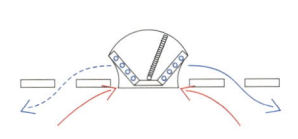

Bild 6.129.3
Ausführungsbeispiele Kühlfächer Cool Wave Deckenteileinbau und Deckeneinbau mit integrierter Leuchte (Werkbilder LTG)

6.8.3 Bauteilkühlung

Bei der Bauteilkühlung kann man entweder per Wasser oder per Luft speichernde Massen so weit auskühlen, daß ein großer Teil der Kühllastkompensation durch diese erfolgt und gleichzeitig der Strahlungsaustausch zwischen wärmeabgebenden Geräten und Personen und Decken- oder Wandelementen unterstützt wird. Als Systemlösung unterscheidet man in Beton eingelegte oder auf Beton aufgeputzte Rohrsysteme unterschiedlicher Dimensionenund spezieller Kälteleistungen. In **Bild 6.131** sind diese dargestellt. Es handelt es sich um ein der Fußbodenheizung ähnliches Konzept, bei dem durch Kapillarrohre aus Kunststoff (Durchmesser 1,2 mm) Kaltwasser fließt, um Deckenteile zu kühlen und somit Wärmeenergie zu kompensieren. **Bild 6.132** zeigt eine Deckeninstallation mit Kapillarrohren vor dem Einputzen. Wie bei den Kühldecken gilt hier, daß Schwitzwasser zu vermeiden ist und die Oberflächentemperaturen nicht außerhalb des Behaglichkeitsfeldes liegen sollen.

Eine Bauteilkühlung durch Luft wurde vor Jahren bei einem Bauvorhaben der Europäischen Investitionsbank in Luxemburg durchgeführt. Bei diesem Objekt **(Bild 6.133.1)** wird während der Nacht durch Betonhohldecken kalte Außenluft hindurchgeführt (zonengeregelt), die die Betonmassen auf 18 °C abkühlen. Die Auskühlung erfolgt nur dann, wenn die Außentemperaturen unterhalb der Raumtemperaturen liegen (19 bis 6 Uhr). **Bild 6.133.2** zeigt die Kanalführung und die Betonhohldecken des Bauobjektes sowie das Arbeitsprinzip.

Die in **Bild 6.131** gezeigte Kühldecke wurde parallel in der Schweiz durch die Firma Geilinger zur Systemlösung „Batiso-Decke" weiterentwickelt. Bei dieser Systemlösung handelt es sich um wasserführende Leitungen, die direkt in den Beton mit eingelegt werden und so zu einer trägen Bauteilkühlung führen. Diese Systemlösung an sich ist von großem Interesse, jedoch muß man in Bezug auf die Regelfähigkeit gewisse Einschränkungen machen (Trägheit/Bildung von Regelzonen). Gleichwohl setzt sich diese Systemlösung in Verbindung mit Quellüftung oder natürlicher Lüftung mehr und mehr durch, auch insbesondere unter dem Anspruch vieler Bauherren, lediglich eine unterstützende, sanfte Kühlung haben zu wollen. Allen Bauteilkühlungen kommt zugute, daß infolge der abgekühlten Umgebungsflächen die empfundene Temperatur als angenehm bezeichnet wird.

Maßangaben in mm

Bauteilkühl-/Heizsystem in Betondecken, Bodenverlegung (Kälteleistung bis ca. 40 W/m²)

Kapillarrohrsystem (KARO) zur Beheizung oder Kühlung von Räumen, Deckenverlegung (Kälteleistung bis 70 W/m²)

Bild 6.131
Bauteilkühlsysteme

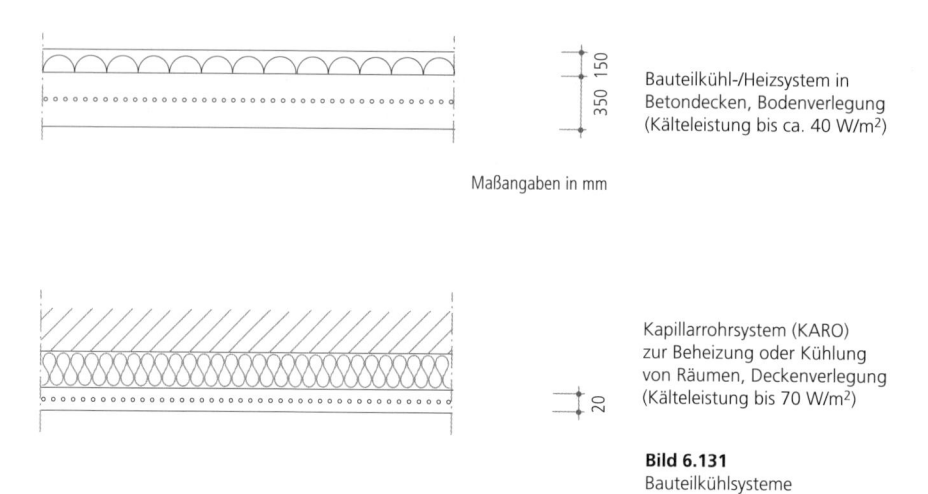

Bild 6.132
Beispiel einer Deckeninstallation

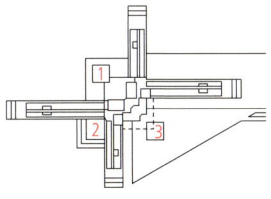

6.8 Stille Kühlsysteme

1 Konzertsäle
2 Restauration
3 Eingang

Bild 6.133.1
Bürogebäude in Luxemburg
schwer speichernde
Konstruktion
(Architekt:
Sir D. Lasdun + Partner, London)

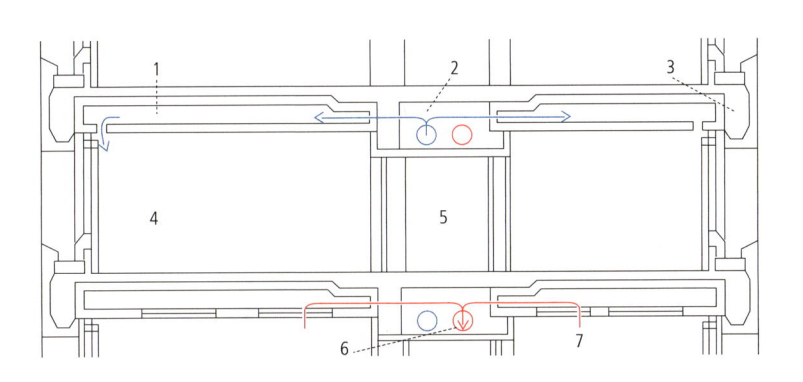

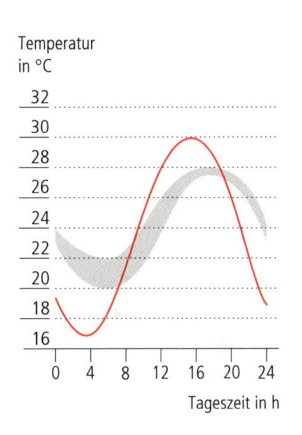

1 Hohlkörper der Decke
  (Fertigteil) als Luftkanäle
2 Zuluftkanal
3 Ortbeton
4 Büroraum
5 Flur
6 Abluftkanal
7 Abluft durch Lampen-
  körper

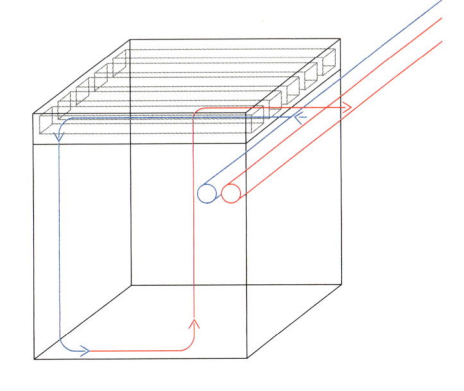

Temperatur in °C

Tageszeit in h

— Außentemperatur t_A,
  sonniger Tag
▓ Bereich der Raum-
  temperatur R, sonniger Tag

Bild 6.133.2
Schematische Darstellung der
Funktionen und Abläufe bei
mechanischer Belüftung zur
„Entladung" der speichernden
Decken

6.9 Zentralen/Schächte/Horizontalverteilungen

6.9.1 Runde und eckige Kanäle

Lüftungskanäle in runder oder eckiger Form verbinden Zuluftzentralen (Zuluftgeräte) mit zu versorgenden Flächen (Laufeinlässen).

Das Kanalmaterial soll innen glatt, nicht Staub ansammelnd, leicht zu reinigen, dauerhaft, nicht hygroskopisch und nicht brennbar, korrosionsbeständig, leicht und luftdicht sein. Je nach Anwendungsbereich und zu fördernden Luftströmen (hier insbesondere Abluftströmen) bestehen Luftkanäle aus:

– Stahlblech schwarz oder verzinkt
– Aluminiumblech
– feuerbeständigen Platten
– Mauerwerk und Beton
– Tonrohren
– Kunststoffen oder Gipsplatten.

Während Stahlblechkanäle in verzinkter Form im allgemeinen eingesetzt werden, sind alle sonstigen Kanäle Sonderformen für spezielle Anwendungszwecke wie z. B.:

– feuerbeständige Kanäle
– feuchtigkeitsbeständige Kanäle
– säurebeständige Kanäle.

Die Luftführung in runden Kanälen erfolgt in der Regel in genormten Dimensionen mit verschiedenen Blechdicken in Abhängigkeit der Nennweite.

Das gleiche gilt in ähnlicher Form für rechteckige Kanäle, die ebenfalls Mindestblechdicken in Abhängigkeit des größten Innenmaßes aufweisen.

Zusätzlich zu geraden Kanälen werden Formstücke wie Bögen, T-Stücke, Kreuzstücke, Gabelungen, Verengungen usw. notwendig, die Richtungs- oder Querschnittsveränderungen vornehmen.

Zur Dimensionierung von Rohren und Kanälen bestimmter Rauhigkeit dient das Diagramm **(Bild 6.134)** in dem die absolute Rauhigkeit ε (mm) für verschiedene Werkstoffe angegeben ist:

PVC-Rohre	0,01
Blechkanäle, gefalzt	0,15
Promabestkanäle	0,15
Betonkanäle, glatt	0,5
Rabitz, geglättet	1,5 – 2,0
Betonkanäle, rauh	1,0 – 3,0
gemauerte Kanäle, rauh	3,0 – 5,0
flexible Rohre	0,2 – 3,0

Mit dem Diagramm lassen sich die Druckgefälle je lfm Kanal- oder Rohrleitung sehr einfach ermitteln.

Beispiel:
– Druckgefälle in einem flexiblen Schlauch von $d = 100$ mm, Geschwindigkeit $w = 15$ m/s
– Absolute Rauhigkeit des flexiblen Schlauchs $= \varepsilon = 0,8$ mm.
– Das Druckgefälle beträgt, bezogen auf die absolute Rauhigkeit 50 Pa/m.

In erster Linie wird das Rohrreibungsdiagramm auch bei der Vorplanung zur überschlägigen Dimensionierung von Kanälen oder Rohrleitungen benutzt, vorgegebener Volumenstrom und angenommene Geschwindigkeit ergeben eine zugehörige Dimension. Zusätzlich zu den Druckverlusten durch Rohr- oder Kanalreibungen treten auch solche durch Einzelwiderstände auf. Die Einzelwiderstände werden durch Widerstandsbeiwerte klassifiziert und gehen damit in die endgültige Rohrnetz- oder Kanalnetzberechnung ein. Runde Kanäle werden nur in Abstufungen und nicht in jedweder Dimension geliefert.

Eckige Kanäle werden in der Regel für den speziellen Anwendungsfall gefertigt und sind somit in jeder Zwischenstufe erhältlich. Zu beachten dabei ist lediglich, daß das Seitenverhältnis von Höhe zu Breite des Kanals maximal 1:6 betragen soll, damit die Kanäle nicht zu labil werden. Runde und eckige Kanäle werden mit Flanschen oder Schiebeleisten miteinander verbunden, wobei Flanschverbindungen bei größeren Dimensionen oder höheren Drücken angewendet werden.

Neben starren Kanälen oder Rohren werden zusätzlich flexible Rohre oder Schläuche eingesetzt, um eine wesentliche Erleichterung der Montage herbeizuführen. Flexible Rohre und Schläuche sind in der Regel bis zu einem Durchmesser von 400 mm erhältlich und können sogar zweischalig ausgeführt sein, um eine Wärmedämmung herbeizuführen.

Runde oder eckige Kanäle sind leicht in ihrem Querschnitt zu bestimmen, wenn die Luftmenge, die durch einen Kanal zu führen ist, bekannt ist. Die Luftmenge in m^3/s geteilt durch eine maximale Geschwindigkeit in m/s ergibt den Kanalquerschnitt in m^2.

Im Gegensatz zu Rohrleitungen, gleich für welchen Verwendungszweck, Kabeltrassen und Schienensystemen sind in der Regel die luftführenden Kanäle um ein Vielfaches größer als alle anderen Systemeinbauten. Hier kann überschlägig gegenüber anderen Versorgungsleitungen von einem Multiplikator im Bereich 10 – 15 ausgegangen werden. Besonders problematisch wird es mit dem Flächenbedarf von Kanälen dann, wenn Räume mit Luftwechseln von 50- bis 300-fach und mehr zu versorgen sind (Rechenzentren, Pharmabetriebe, Reinräume). Hier müssen fast zwangsläufig die lufttechnischen Einrichtungen direkt an die zu versorgenden Flächen herangerückt werden, um riesige Bauvolumina für Kanäle zu vermeiden.

6.9 Zentralen/Schächte/Horizontalverteilungen

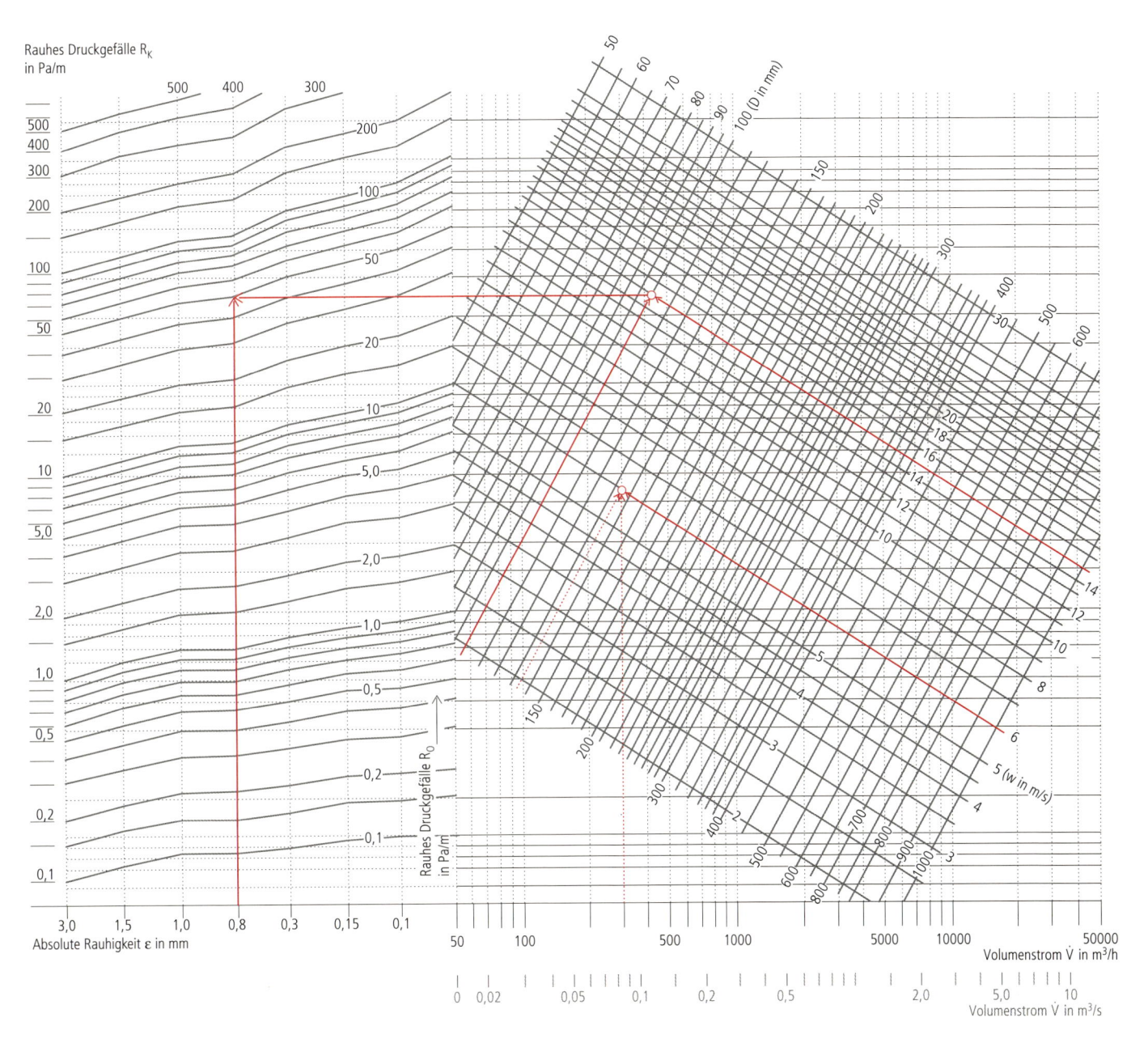

Bild 6.134
Rohrreibungsdiagramm für Luftleitungen

6.9.2 Schächte und Trassen

Zur Aufnahme senkrechter Kanalsysteme dienen Schächte, die horizontale Leitungsführung erfolgt in Trassen.

Schächte und Trassen sollen eine kurze und direkte Anbindung von der Zentrale zu den Nutzungsbereichen ermöglichen, wobei eine zentrale Erschließung der Nutzungsbereiche zu kürzesten Trassenlängen führt.

Bei lufttechnisch behandelten Gebäuden sind die Kanaldimensionen von eckigen oder runden Kanälen die absolut flächenbestimmenden Anteile der Gesamtinstallation und beeinflussen sehr wesentlich den Flächenbedarf von Schächten.

Kleine Schächte sollten von außen bedienbar, müssen jedoch nicht begehbar sein. Große Versorgungsschächte sollten unbedingt begehbar sein, da in ihnen sehr häufig Absperrventile, Regelorgane usw. eingesetzt werden, die von Fall zu Fall zu warten sind. **Bild 6.135** zeigt Beispiele eines kleinen und großen Versorgungsschachtes.

Der Flächenbedarf nicht begehbarer bzw. begehbarer Schächte und Trassen für luftführende Leitungen und Kanäle ergibt sich aus den **Bildern 6.136.1/2**. In diesen Diagrammen sind die Bereiche, in denen Kanäle mit Hochgeschwindigkeit bzw. Niedergeschwindigkeit durchfahren werden, dargestellt, wobei bei der praktischen Anwendung in der Regel von den Werten der Niedergeschwindigkeitsanlagen (Ein-Kanal-Anlagen) auszugehen ist. Die Zwei-Kanal-Anlagen als Hochgeschwindigkeitsanlagen benötigen einen zusätzlichen Platzbedarf infolge ihrer aufwendigeren Kanalführung. Zur Anwendung der entsprechenden Diagramme ist es notwendig, die zu fördernden Luftmengen zu wissen. Sind diese nicht bekannt, so kann auch mit dem **Diagramm 6.137** gearbeitet werden, das von dem Parameter des Wärmedurchlaßfaktors der Scheibenkombination (b-Faktor) ausgeht und im wesentlichen für Bürogebäude gilt.

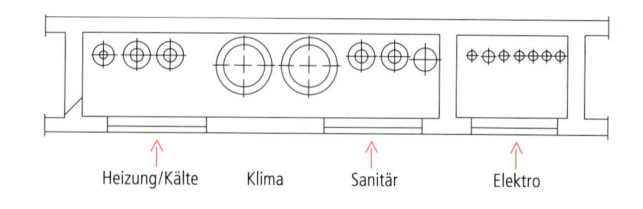

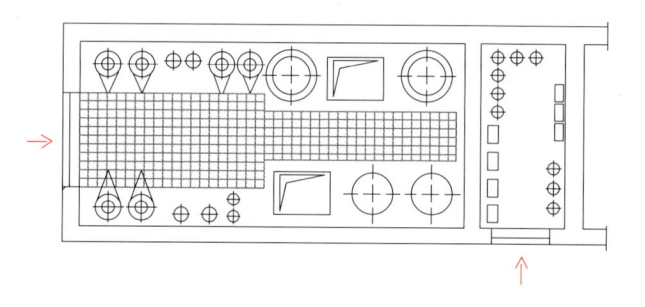

Bild 6.135
Schachtausführungen

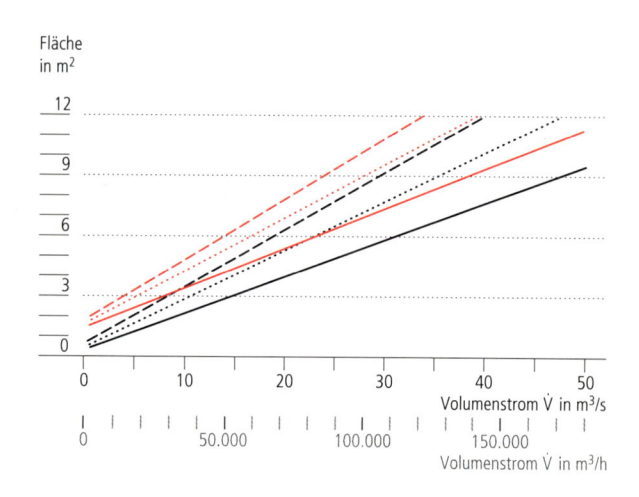

Bild 6.136.1
Flächenbedarf
– nicht begehbarer (schwarz) und
– begehbarer (rot) Schächte sowie Trassen für luftführende Leitungen

- - - Zweikanalanlage
····· Niedergeschwindigkeitsanlage
—— Hochgeschwindigkeitsanlage

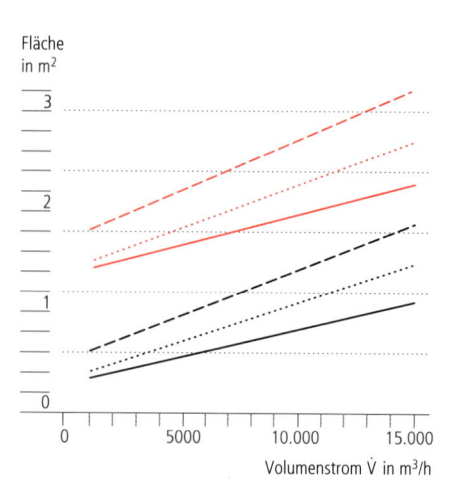

Bild 6.136.2
Flächenbedarf
– nicht begehbarer (schwarz) und
– begehbarer (rot) Schächte sowie Trassen für luftführende Leitungen

- - - Zweikanalanlage
····· Niedergeschwindigkeitsanlage
—— Hochgeschwindigkeitsanlage

Nachdem der Platzbedarf von Steigeschächten gemäß **Bild 6.137** überschlägig ermittelt werden kann, wird der Platzbedarf in Deckenhohlräumen (Trassen) unter den gleichen Randbedingungen in **Bild 6.138** ausgewiesen. Dieses Diagramm kann auch zur Dimensionierung von Doppelböden dienen, wenn in diesen Installationen verlegt werden sollen. **Bild 6.139** gibt ergänzende Informationen zur Isolierung von Kanälen und den zu erwartenden Temperaturabfällen.

Werden in Anschlußbereichen (Schacht-Decken-Hohlraum) z. B. Brandschutzklappen oder Nachbehandlungseinheiten usw. angeordnet, so sind für die Bedienung und Instandhaltung (bei Krankenhäusern auch für Desinfektion) Revisionsöffnungen oder abnehmbare Bodenplatten von mindestens 60 x 60 cm vorzusehen.

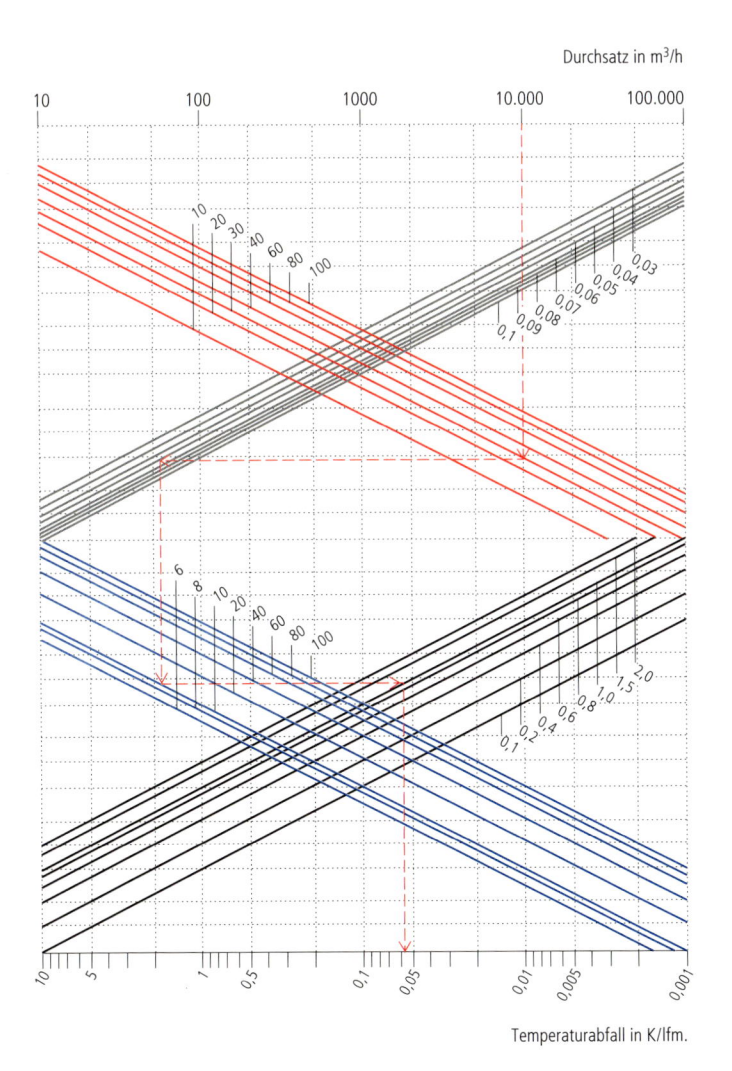

Bild 6.137
Platzbedarf von Steigeschächten

— Starkstromtrasse (incl. Verteilerräume) (1)
— wasserführende Leitungen (Heizung/Sanitär/Kühlung) (2)
– – Luft-Wasser-System (Schachtfläche gesamt) (3)
     Nur-Luft-(1-Kanal) System (Schachtfläche gesamt) (4)
     Nur-Luft-(2-Kanal) System (Schachtfläche gesamt) (5)

– – – (3) + (1) + (2)
– – – (4) + (1) + (2)
· · · · (5) + (1) + (2)

Außenzone

Platzbedarf Steigeschächte (je Geschoß) in m²/1.000m² Nettofläche

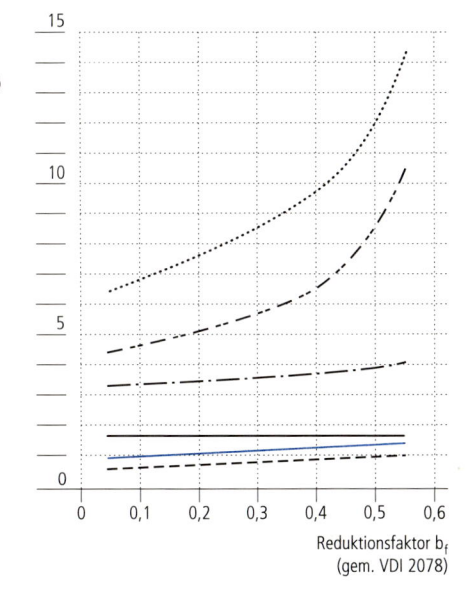

Reduktionsfaktor b_f (gem. VDI 2078)

Bild 6.138
Platzbedarf von Deckenhohlräumen/horizontalen Installationszonen

· · · · 2-Kanal-Anlage Nur-Luft-System (mit Einbauleuchte)
· · · · 2-Kanal-Anlage Nur-Luft-System (mit Aufbauleuchte)
– – Luft-Wasser-System (mit Einbauleuchte)
– – Luft-Wasser-System (mit Aufbauleuchte)
— nur Heizungsverrohrung (mit Einbauleuchte)

Platzbedarf UK Akustikdecke bis UK Rohdecke in m

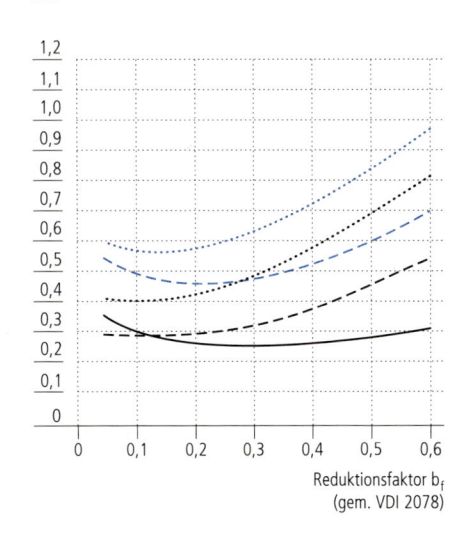

Reduktionsfaktor b_f (gem. VDI 2078)

Bild 6.139
Temperaturabfall in Luftkanälen mit Isolationen verschiedener Wärmeleitzahlen

Durchsatz in m³/h

Temperaturabfall in K/lfm.

6.9.3 Zentralen

Raumlufttechnik-Zentrale

Der Raumbedarf für die Luftbehandlungsgeräte wird durch deren Anzahl und Größe bestimmt. Die Größe ergibt sich aus dem Volumenstrom und der Zahl der thermischen Aufbereitungsstufen sowie der Schalldämpfung. Die Grundrißform und das Seitenverhältnis der Zentrale sollte eine möglichst vollflächige Nutzung für die Geräteaufstellung, Bedienung, Instandhaltung und Montagewege ergeben. Weiterhin zu berücksichtigen ist die Luftleitungsführung sowie die Führung von Heiz- und Kälteleitungen sowie Kabeltrassen. In **Bild 6.140** ist der Flächenbedarf und die notwendige Höhe von Technikzentralen bei Großsystemen dargestellt. **Bild 6.141** zeigt die gleiche Thematik bei der Aufstellung kleinerer Anlagen.

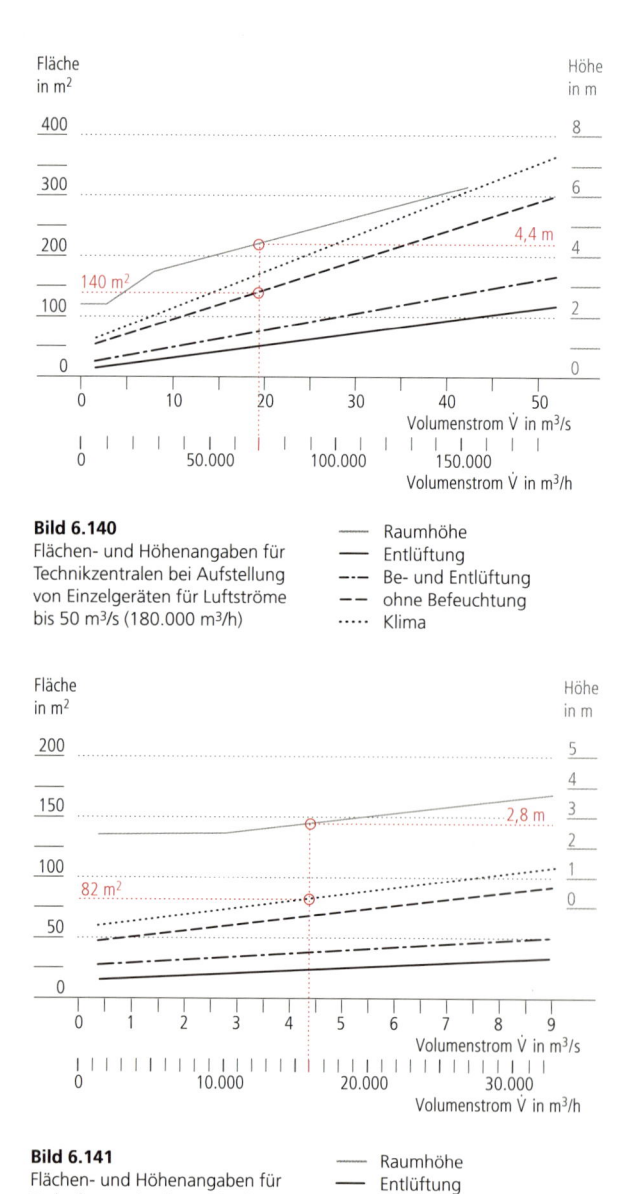

Geht es um die Dimensionierung von Technikzentralen für Bürogebäude oder Gebäude ähnlicher Nutzung, so kann auch das **Bild 6.142** zur Vordimensionierung dienen. In dieser Darstellung sind nicht nur die lufttechnischen Anlagen, sondern auch alle weiteren Energieversorgungssysteme einschließlich Sanitärzentrale (ohne Sprinklerzentrale) hinsichtlich des Flächenbedarfs ausgewiesen.

Während bei den **Bildern 6.140** und **6.141** die aufzubereitenden Luftmengen der wesentliche Parameter sind, wurde bei **Bild 6.142** die Form des Sonnenschutzes gewählt.

Tabelle 6.14 gibt zusätzliche Hinweise zur Bestimmung der Größe von RLT-Zentralen.

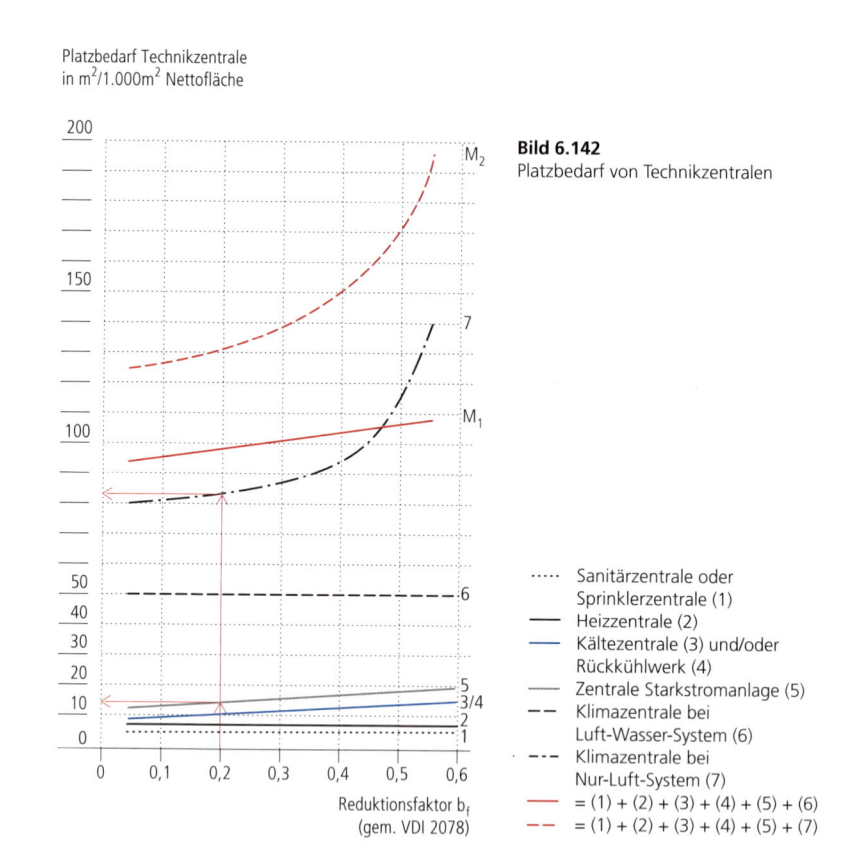

Bild 6.140
Flächen- und Höhenangaben für Technikzentralen bei Aufstellung von Einzelgeräten für Luftströme bis 50 m³/s (180.000 m³/h)
— Raumhöhe
— Entlüftung
—·— Be- und Entlüftung
– – ohne Befeuchtung
····· Klima

Bild 6.141
Flächen- und Höhenangaben für Technikzentralen bei Aufstellung von Einzelgeräten für Luftströme bis 9 m³/s (30.000 m³/h)
— Raumhöhe
— Entlüftung
—·— Be- und Entlüftung
– – ohne Befeuchtung
····· Klima

Bild 6.142
Platzbedarf von Technikzentralen
····· Sanitärzentrale oder Sprinklerzentrale (1)
— Heizzentrale (2)
— Kältezentrale (3) und/oder Rückkühlwerk (4)
— Zentrale Starkstromanlage (5)
– – Klimazentrale bei Luft-Wasser-System (6)
—·— Klimazentrale bei Nur-Luft-System (7)
— = (1) + (2) + (3) + (4) + (5) + (6)
– – = (1) + (2) + (3) + (4) + (5) + (7)

6.9 Zentralen/Schächte/Horizontalverteilungen

Raumansatz für	Luftleistung (m³/h)											
	bis 5.000				5.000 – 10.000				10.000 – 15.000			
	1F	2F	2FA	Mindest-Höhe	1F	2F	2FA	Mindest-Höhe	1F	2F	2FA	Mindest-Höhe
	Grundfläche (m²)			(m)	Grundfläche (m²)			(m)	Grundfläche (m²)			(m)
Kastengeräte:												
Abluft	7	12	11	2,50	8	13	16	3,00	8	17	20	3,00
Zuluft ohne Heizung	8	13	16		9	16	17		12	21	23	
Zuluft mit Heizung und Mischkammer	9	14	17		12	17	20		18	72	30	
dsgl. jedoch stehend	7	12	14		8	13	16		12	21	23	
Kombinations-Geräte für Zu- und Abluft:												
liegende Ausführung	10	17	18	2,50	13	18	21	3,00	17	23	27	3,00
übereinander angeordnet	9	14	17		12	17	20		14	23	26	
stehende Ausführung	8	14	16		9	16	17		12	21	23	
Kombinations-Geräte für Zu- und Abluft: mit Kühlung in liegender Ausführung (ohne Raumansatz für Kältemaschinen)	12	17	20	2,50	16	21	23	3,00	20	29	31	3,00
Klimaanlagen in Kasten- oder Schrankform:												
liegend	17	23	25	2,50	22	29	30	3,00	30	39	42	3,00
stehend	15	21	22		18	23	26		21	30	33	

1F = einstufige Filterung,
2F = zweistufige Filterung
2FA = zweistufige Filterung und Aktivkohlefilter

Raumansatz für	Grundfläche (m²) bei Luftleistung (m³/h)						Verhältnis Länge zu Breite des Raumes
	10.000 – 15.000	15.000 – 25.000	25.000 – 35.000	35.000 – 50.000	50.000 – 75.000	75.000 – 100.000	
Be- und Entlüftungsanlagen mit Umluft-Außenluftkammer:							
einfache Filterung	26	39	52	72	85	104	1,5 : 1
wie vor, jedoch mit Feinfilter zusätzlich	33	46	58	78	91	110	2,0 : 1
wie vor, jedoch zusätzlich Aktivkohlefilter	39	52	65	85	104	124	2,0 : 1
Be- und Entlüftungsanlagen mit Kühlung (ohne Raumansatz für Kältemaschinen):							
einfache Filterung	33	46	58	78	91	110	1,5 : 1
wie vor, jedoch mit Feinfilter	39	52	65	85	98	117	2,0 : 1
wie vor, jedoch zusätzlich Aktivkohlefilter	46	58	72	91	110	130	2,0 : 1
Klimaanlagen:							
einfache Filterung	39	52	65	85	98	117	2,6 : 1
wie vor, jedoch mit Feinfilter zusätzlich	46	58	72	91	110	130	2,8 : 1
wie vor, jedoch zusätzlich Aktivkohlefilter	52	65	85	104	124	143	3,0 : 1
Lichte Raumhöhe	3,0 m	3,2 m	3,5 m	3,5 m	3,5 m	4,0 m	

Die angegebenen Raumflächen gelten auch für Zwei-Kanal- und Hochgeschwindigkeits-Induktions-Anlagen, Luft- und Filterkammern einschl.

Tabelle 6.14
Technikflächen, lüftungstechnische Geräte (liegende oder stehende Geräte)

Bild 6.143
Anordnungen für Zuluft- und Abluftzentralen

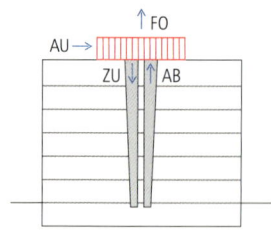

1
Zuluft- und Abluftzentrale auf dem Dach
Günstig für Außenluftansaugung, Fortluftführung, Energierückgewinnung. Erstinstallation und Wartungszugänglichkeit über vertikale Verkehrswege

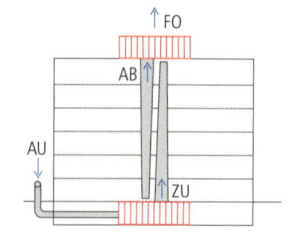

2
Zuluftzentrale im Keller, Abluftzentrale auf dem Dach
Lange Wege für Außenluftansaugung. Fortluftführung günstig, Energierückgewinnung aufwendig, geringer Platzbedarf für vertikale Zu- und Abluftleitungen

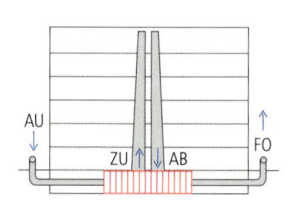

3
Zuluft- und Abluftzentrale im Keller
Lange Wege für Außenluftansaugung und Fortluftförderung, günstige Energierückgewinnungsmöglichkeiten

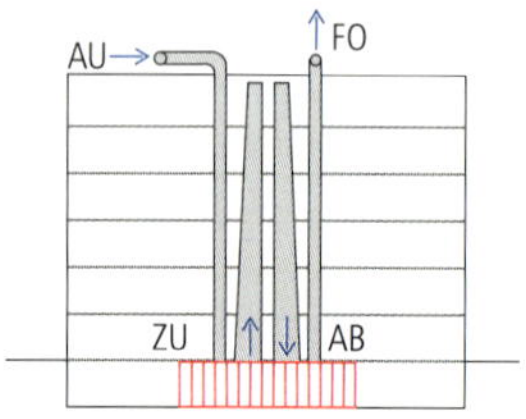

4
Zuluft- und Abluftzentrale im Keller
Außenluftansaugung und Fortluftauslaß über Dach.
Lange Wege für Außenluftansaugung, gute Energierückgewinnungsmöglichkeit,

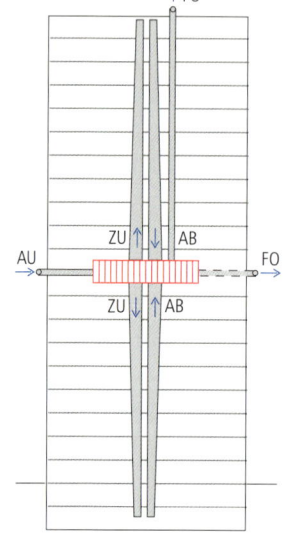

5
Zuluft- und Abluftzentrale im Zwischengeschoß
Günstige Lage für Außenluftansaugung, längere Wege für Fortluftführung über Dach, gute Energierückgewinnungsmöglichkeit, günstige Lösung für Hochhäuser. Je nach Nutzung des Gebäudes ist auch seitliche Fortluftführung möglich

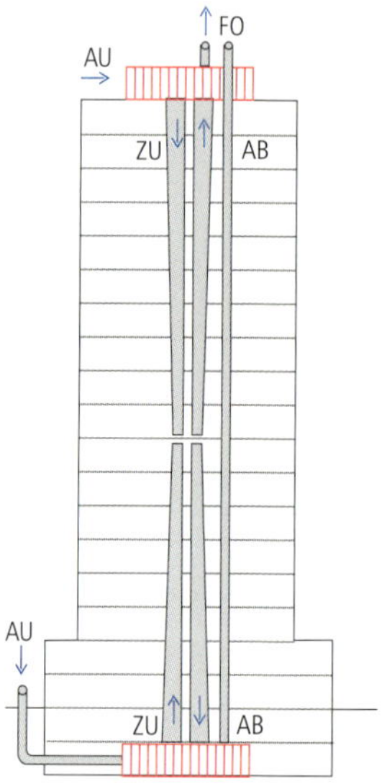

6
Zuluft- und Abluftzentralen im Keller und auf dem Dach
Häufige Anordnung für Hochhäuser mit ausgedehnten Flachbaubereichen. Situation sonst wie in Bild 1 und 5 beschrieben

AU Außenluft
FO Fortluft
ZU Zuluft
AB Abluft
▦ Raumlufttechnische Zentrale

Zentralen für raumlufttechnische Anlagen sollen den zu versorgenden Raumbereichen möglichst dicht zugeordnet werden und können dezentral aufgestellt werden, um diesem Anspruch zu genügen. So werden z.B. Umluftkühlgeräte für Rechenzentren diesen direkt zugeordnet oder sogar im Rechenzentrum selbst mit aufgestellt, um Kanalwege zu minimieren (Schachtflächen/Geschoßhöhen zur Horizontalverteilung) und um gleichzeitig auch dem Sicherheitsanspruch Rechnung zu tragen. Welche Auswirkungen verschiedenste Standorte von Technikzentralen für raumlufttechnische Anlagen haben, zeigt das **Bild 6.143**.

In diesem Bild sind die Vor- und Nachteile der verschiedenen Standorte aufgeführt und mit entsprechenden Kommentaren versehen. Die **Bilder 6.144/ 6.146** sollen einen Eindruck wiedergeben, um welche Anlagenumfänge es sich handeln kann, z.B. Luftbehandlungsanlagen mit den notwendigen Schalt- und Regeleinrichtungen bzw. Unterstationen zur Wärme- und Kälteversorgung.

Bild 6.144.1/2
Beispiele von RLT-Zentralen
(Werkbilder M+W Zander Facility Engineering GmbH))

Unterzentralen

(für Heizungs- und Kälteenergie)
Für die Unterversorgung heizungstechnischer Anlagen (Unterstationen) wird ein Flächenbedarf notwendig, wie er nachfolgend dargestellt ist **(Tabelle 6.15)**.

Hier dient als Parameter die Wärmeleistung der zu versorgenden Anlagen und es werden sowohl die Grundflächen als auch die notwendigen Höhen ausgewiesen. Der Flächenbedarf kältetechnischer Anlagen als Unterstation nimmt ähnliche Größen ein, wie zuvor ausgewiesen.

Bild 6.145 zeigt die Anordnung verschiedener raumlufttechnischer Zentralen auf dem Dach oder im Kellergeschoß einschließlich der notwendigen Heiz- und Kältezentrale (UG) und dem Rückkühlwerk auf dem Dach. Abschließend und generell kann festgestellt werden, daß Technikzentralen eine Bodenbelastbarkeit haben sollten, die überschlägig folgende Richtwerte berücksichtigt:

RLT-Zentralen   ca. 5.000 N/m²
Kältezentralen   ca. 10.000 N/m²
Heizzentralen   ca. 10.000 N/m².

Dabei ist berücksichtigt, daß sowohl Pumpen als auch Ventilatoren mit rotierenden Teilen schwingungsgedämpft aufgestellt werden, um Körperschallübertragungen und Erschütterungen zu vermeiden. Technikzentralen sollten grundsätzlich Fußböden mit Gefälle zu Abläufen hin erhalten, da ein Wasseraustritt nie ganz zu vermeiden ist. Die Fußböden sollen ansonsten widerstandsfähig gegen mechanische Beanspruchung und rutschhemmend ausgeführt werden. Oberflächen von Decken und Wänden sollten möglichst glatt und mit einem Anstrich versehen sein, der hell und waschbeständig ist. Türen als Raumabschlüsse müssen in Fluchtrichtung aufschlagen und ihre Größe ist davon abhängig, welches größte Bauelement in den Raum transportiert werden soll. Türen sollten Sockelleisten und Türschwellen haben und so dicht wie möglich abschließen.

Sämtliche Durchbrüche für Schächte und Leitungen müssen so geschlossen werden, daß sie den brandschutz- und schalltechnischen Anforderungen genügen. Technikzentralen können für sich oder zusammen mit den Hauptschächten einen Brandabschnitt bilden und sind entsprechend zu behandeln. Während raumlufttechnische Zentralen in der Regel nicht mechanisch zu durchlüften sind, ist für die Kälte- und Heizzentralen oder Wärmeübergabestationen eine Fremdbelüftung notwendig, um gegebenenfalls austretende Kältegase oder zu hohe Wärmemengen abführen zu können. Die Minimaltemperatur in Heizungs-, Lüftungs- und Kältezentralen soll 5 °C nicht unter-, maximal 38 °C nicht überschreiten, um Störungen an Antrieben oder Regelanlagen zu vermeiden.

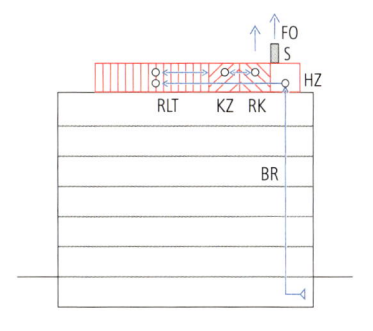

Anordnung aller Zentralen (RLT, HZ, KZ) auf dem Dach

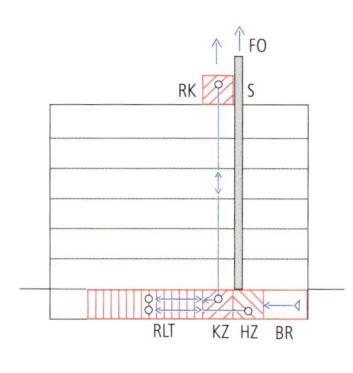

Anordnung aller Zentralen im Kellergeschoß

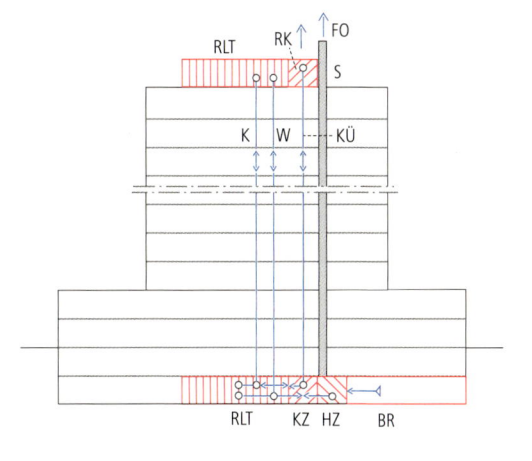

Anordnung der RLT-Zentralen auf dem Dach und im Kellergeschoß, der Heiz- und Kältezentrale nur im Kellergeschoß, mit Rückkühlwerk auf dem Dach

FO Fortluft
W   Wärmeversorgung
K   Kälteversorgung
S   Schornstein
BR Brennstoffversorgung
HZ Heizzentrale
KZ Kältezentrale
RLT Raumlufttechnische Zentrale
RK Rückkühlung
KÜ Kühlwasser

Bild 6.145
Anordnungen der Heiz- und Kältezentralen

Wärmeleistung MW	Unterstation Grundfläche m²	Höhe in m
bis 0,12	bis 5	2,4
0,12 bis 0,35	5 bis 10	2,4
0,35 bis 0,95	10 bis 20	2,5 (3,0) *)
0,95 bis 1,75	20 bis 35	2,8 (3,5) *)
1,75 bis 3,7	35 bis 70	2,8 (3,5) *)
3,7 bis 5		2,8 (3,5) *)

*) Die Raumhöhen sind bei stehenden Wärmetauschern (Dampf, Wasser) erforderlich

Tabelle 6.15
Heiztechnische Versorgung (Unterstation), Flächenbedarf

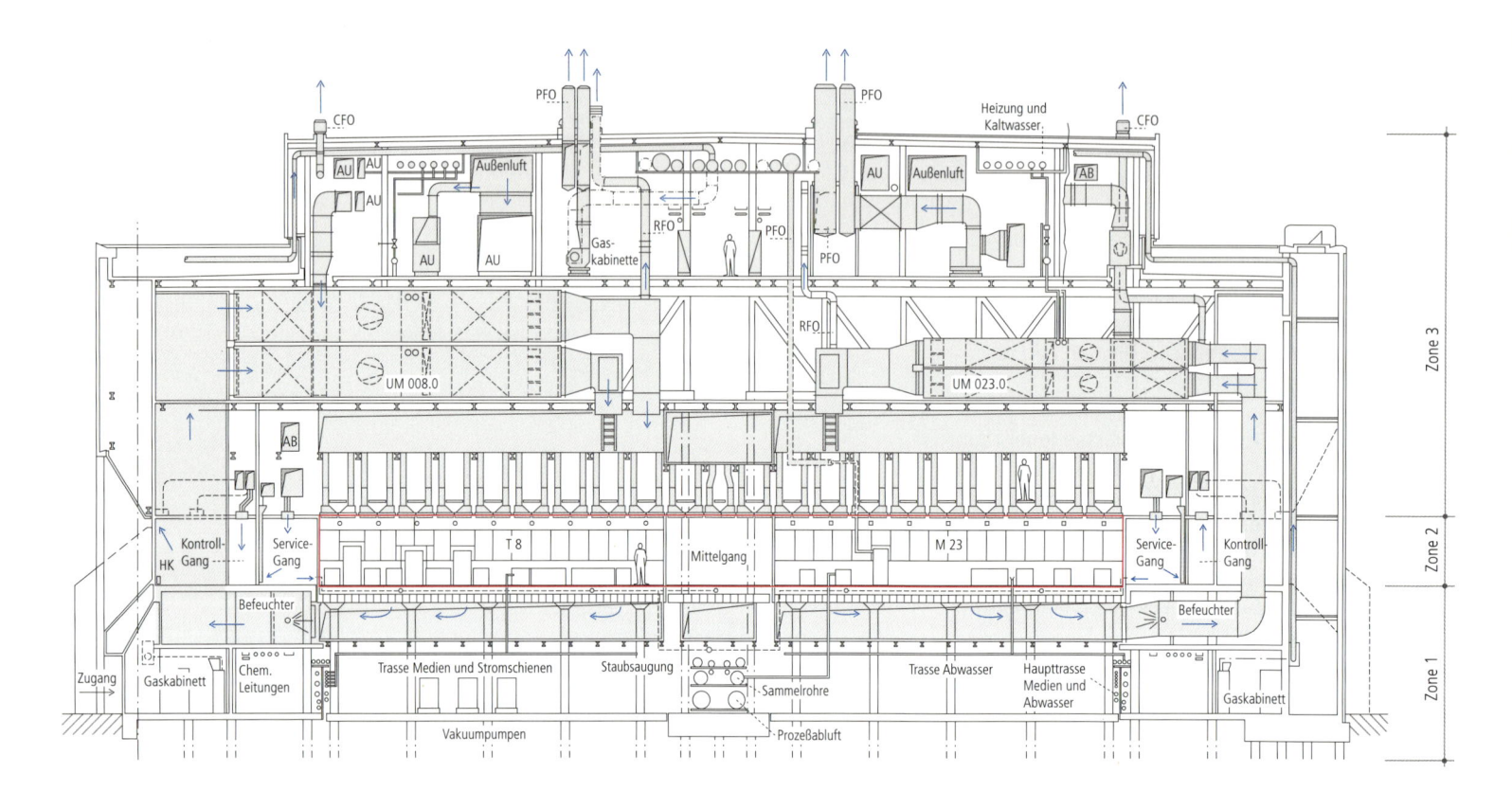

Bild 6.146 zeigt eine Großzentrale im Montagezustand mit auf der Frontseite aufgebauter, regenerativer Wärmerückgewinnungsanlage.

Welchen Stellenwert die Aufbereitung von Luftströmen für Produktionsprozesse erreichen kann, zeigt **Bild 6.147**, der Querschnitt durch ein Reinraumgebäude, wo im Bereich der Zone 2 die Produktionsfläche aufgestellt ist und alle anderen Raumbereiche der technischen, im wesentlichen der lufttechnischen Versorgung des Produktionsbereiches dienen.

Die technischen Anlagen gemäß **Bild 6.147** zeigen ein Extrembeispiel einer Technisierung für einen Produktionsprozeß. In ähnlicher Form werden auch erhebliche, technische Aufwendungen notwendig bei Laborgebäuden, Pharmabetrieben usw.

Bild 6.147
Querschnitt durch ein Reinraumgebäude
(Zone 1+3 Installationsebenen,
Zone 2 Nutzebene)

Bild 6.146
Großklimazentrale mit regenerativer
Wärmerückgewinnungsanlage im
Montagezustand

DAIKIN

Frank Stünkel (li.) und Marcus Ziegler (re.), beide Fa. WIRTH Klimatechnik in Wiesbaden, mit Frank Heß vom Ingenieurbüro für Haustechnik, Darmstadt.

„Ein **5-Sterne-Luxushotel** mit exklusiven Zimmern und Suiten muß seinen anspruchsvollen Gästen perfekten Service aller Art bieten. Dazu gehört auch **perfekter Klima-Komfort – also DAIKIN/VRV**."

DAIKIN. Klima vom Besten.

WIRTH
KLIMATECHNIK

Seit 1965 entwickeln wir bedarfsorientierte Lösungen, bei denen Wirtschaftlichkeit und Bedienungskomfort im Vordergrund stehen. Wir planen, liefern und montieren Klimaanlagen für Gebäudenachrüstungen, Ladengeschäfte, EDV-Anlagen und Reinraumtechnik in der Pharmaindustrie.
Info: 06122/12031
Fax: 06122/16906

Kompaktes Wandgerät FXYA für Büros, Geschäfts-, aber auch Wohnräume bis zu 40 qm.

Vierwege-Kassettendeckengerät FXYF mit 4 Ausblasrichtungen für professionellen Einsatz.

Truhengerät FXYL – privat oder gewerblich einfach aufzustellen oder unter Fensterbrüstung einzubauen.

Zwischendeckeneinbaugerät FXYS zum Kanalanschluß, Ausblas über Drall-, Schlitz- oder sonstige Auslässe.

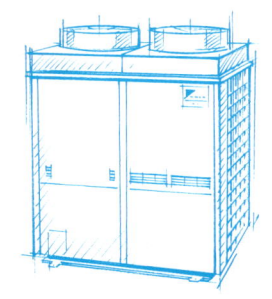

An die großen DAIKIN/VRV-Außengeräte RSXY können bis zu 16 Inneneinheiten angeschlossen werden.

DAIKIN/VRV – in Deutschland und weltweit die Nr. 1 in VRF-Klimatisierung.

Weitere Fachinformationen oder Beratung? Anruf, Fax oder E-Mail genügen!

DAIKIN

DAIKIN AIRCONDITIONING GERMANY GmbH
Inselkammerstraße 2
82008 Unterhaching
Fon 089/74427-210
Fax 089/74427-299
Internet: www.daikin.de
E-Mail: info@daikin.de

Das Nobelhotel „Nassauer Hof" in Wiesbaden – ein Fall für DAIKIN/VRV.
Ein traditionsreiches Haus, ein denkmalgeschütztes Gebäude – **96 Zimmer und Suiten im Altbaubereich** wurden im Zuge der Modernisierung mit adäquatem **Klima-Komfort** ausgestattet. Das hausinterne Planungsbüro erarbeitete gemeinsam mit dem DAIKIN-Fachpartner Fa. Wirth die Konzeption. Planer Frank Heß: „**Obwohl wir in früheren Bauabschnitten bereits die Kaltwasserinstallation vorbereitet hatten, haben wir uns für das maßgeschneiderte DAIKIN/VRV-System entschieden.** Weil die **Installation preisgünstiger** war. Weil **Modulbauweise** möglich war. Weil die **Betriebskosten geringer** sind – besonders bei Nichtauslastung. Weil ganzjährig jederzeit **kurzfristig Kühlung** möglich ist. Und weil mit **D-BACS** interne und externe Überwachung und Steuerung möglich sind. Alles in allem bietet DAIKIN/VRV den Klima-Komfort, der zum Charakter des Hauses paßt."

Recknagel 2000
Recknagel · Sprenger · Schramek

Herausgeber:
Prof. Dr.-Ing. Ernst-Rudolf Schramek

Recknagel · Sprenger · Schramek

Taschenbuch für Heizung + Klimatechnik

einschließlich Warmwassererzeugung und Kältetechnik
Herausgegeben von Prof. Dr.-Ing. Ernst-Rudolf Schramek
69. Auflage 1999, rd. 1920 Seiten, 2100 Abbildungen, 350 Tabellen, 4 Einschlagtafeln,
DM 198,-, ISBN 3-486-26215-7

Der „Recknagel" ist stets Stand der Technik. Seine Geschichte spiegelt die Entwicklung einer Branche. Und er ist Antriebsfeder für Innovationen. Der neue „Recknagel" ist die Basis dessen, was heute in der Heizungs-, Lüftungs- und Klimatechnik (einschließlich Warmwasser- und Kältetechnik) machbar ist. Übersichtlich gegliedert informiert er über die Grundlagen der heutigen Techniken und gibt einen Ausblick auf die Zukunft.

Neben den erforderlichen Anpassungen wurden die nachfolgenden Abschnitte neu bearbeitet:

Die Gliederung ist in der neuen Ausgabe weiterhin gestrafft und den heutigen Erfordernissen entsprechend systematisiert worden, so daß in dem Grundlagenkapitel von der Meteorologie bis zur Kostenrechnung und in den vier Hauptkapiteln Heizung, Lüftung und Klimatisierung, Warmwasserversorgung und Kältetechnik alle für Planende, Ausführende und Anwendende erforderlichen Informationen in verbesserter Form gegliedert vorliegen.

Im Anhangskapitel werden die bundes- und landesrechtlichen Regelungen im Zusammenhang mit den Regelungen der Europäischen Union dargestellt und Informationen über Regeln der Technik, Veröffentlichungen, Vereine, Verbände, Institute und Lehranstalten gebracht.

Kompetent und umfassend wird auch die Neuauflage wieder keine Frage unbeantwortet lassen. So bietet Ihnen der „Recknagel" die Gewähr, jederzeit umfassend informiert zu sein.

- **Gesundheitliche Maßstäbe**
- **Brennstoffzellen**
- **Anlagenkennlinien**
- **Energiewirtschaftliche Grundlagen**
- **Fernheizungen**
- **Dampf- und Kondensatleitungen**
- **Lüftungstechnische Geräte**
- **Lüftung in Fertigungsstätten**
- **Lüftung in Küchen**
- **Kältemittel gemäß FCKW-Verbotsverordnung**
- **Kältespeicher**

Oldenbourg

BESUCHEN SIE UNS IM INTERNET:
http://www.oldenbourg.de

BESTELLSCHEIN

Fax: 02 01 / 8 20 02-34
Bitte einsenden an Ihre Fachbuchhandlung oder an den

Vulkan-Verlag
Postfach 10 39 62
D-45039 Essen

Ja, senden Sie mir (uns) gegen Rechnung/per Nachnahme:

.... Exempl. »TASCHENBUCH FÜR HEIZUNG UND KLIMATECHNIK« ISBN 3-486-26215-7
Preis je Exemplar DM 198,- / öS 1445,- / sFr 171,-

Name/Firma ....
....
Anschrift ....
Bestell-Zeichen/Nr./Abteilung ....
Datum/Unterschrift ....

MENERGA® Apparatebau GmbH · Gutenbergstraße 51 · D-45473 Mülheim/Ruhr
Tel. (0208) 9981-0 · Fax (0208) 9981-110 · E-mail: menerga_werk@menerga.de
Vertreten in allen Ländern der Bundesrepublik und Europas, in den U.S.A.,
Canada und Westafrika · Links zu den Vertriebsbüros über www.menerga.de

MENERGA
ENERGY · SYSTEMS

Theater Karlsbad  · Nationaltheater Weimar  · Parlament Budapest  · Schloß Kleßheim

„Was haben die Bauwerke der Vergangenheit, Gegenwart und Zukunft gemeinsam?"

Aus der Vergangenheit sind uns oftmals verblüffend modern erscheinenende technische Lösungen bekannt - auch in der Klimatechnik. So verbarg sich hinter der historisierenden Fassade des Karlsbader Theatergebäudes bereits eine fortschrittliche Technik.

Die Architekten Fellner & Helmer wußten, daß zum erfolgreichen Betrieb eines Theaters eine optimale Klimatisierung erforderlich ist. Dies gilt natürlich auch heute für alle Gebäude in denen Menschen zusammenkommen - zur Arbeit, zum Einkauf oder zur Entspannung.

„Das Bedürfnis nach einer optimalen Klimatisierung!"

Auch die wegweisende Architektur von heute und morgen braucht adäquate Lösungen für die Gebäudeklimatisierung. Seit fast 20 Jahren bietet MENERGA Komplettsysteme für alle Bereiche:

Für die Restaurierung historischer Gebäude, für Niedrigenergie-Bauten und Solargebäude, für Bürohäuser, Einkaufszentren, Fitnesszentren, Museen, Schwimmbäder und mehr.

Alle hier abgebildeten Gebäude sind mit MENERGA®-Klimasystemen ausgestattet.

Westbad München  · SCA Shopping Center  · Solarhaus Leinefelde  · Haashaus Wien

Wünschen Sie weitere Informationen?
Dann faxen Sie uns diese Seite!
Name _____
Firma _____
Postfach _____
Straße _____
PLZ/Ort _____
Stempel/Unterschrift

○ Gebäudeklimatisierung   ○ MENERGA h,x-Diagramm 3.0
○ Schwimmbadklimatisierung ○ _____

MENERGA® h,x-Diagramm 3.0
Das schnelle und effiziente PC-Tool für Klimatechnik und Industrie
Informationen per Post oder bei www.menerga.de

OLDENBOURG-VERLAG

Reihe
HEIZUNGSTECHNIK

Herausgegeben vom Arbeitskreis der Dozenten für Heizungstechnik

DIE WARMWASSERHEIZUNG

Mit Beiträgen von Friedrich Hell u. a.

Reihe Heizungstechnik, Band 1

3. Auflage 1999, erscheint im Sommer 99, ca. 235 Seiten, ca. DM 64,- / öS 474,- / sFr 56,-, ISBN 3-486-26303-X

Aus dem Inhalt: Systeme der Wasserheizungen / Heizkörper / Dimensionierung von Zweirohr-Wasserheizungen / Dimensionierung von Einrohr-Wasserheizungen / Natürlicher Umlauf in Wasserheizungen / Optimierungsrechnungen.

WÄRMEÜBERTRAGER

(Der Band erschien in der 1. Auflage unter dem Titel „Druckverteilung, Druckhaltung und Volumenausgleich bei Wasserheizungen – Wärmeübertrager")

Von Friedrich Hell

Reihe Heizungstechnik, Band 2

2. Auflage 1992, 196 Seiten, broschiert, DM 48,- / öS 356,- / sFr 42,-, ISBN 3-486-26287-4

Das Buch geht – gegenüber der 1. Ausgabe – erstmalig auf das Thema Wärmeabgabe von Raumheizflächen und Heizungsrohren ein. Das Werk dient zum einen als Lehrbuch für alle Studierenden und Lernenden auf dem Gebiet der Heizungstechnik. Darüber hinaus richtet es sich auch an den praktisch Tätigen und gibt ihm wertvollen Rat und Anregungen für seine Tagesarbeit.

PROJEKTIERUNG VON WARMWASSERHEIZUNGEN

Von Wolfgang Burkhardt

Reihe Heizungstechnik, Band 4

5. Auflage 1997, 575 Seiten, gebunden, DM 78,- / öS 578,- / sFr 68,-, ISBN 3-486-26355-2

Das Buch gibt eine Anleitung zur Erstellung von Projekten für Raumheizungsanlagen, angefangen bei der Sammlung der für die Bearbeitung nötigen Unterlagen, der Auswahl des jeweils geeigneten Heizungssystems und seiner Bauelemente über die vielfältigen Auslegungstechniken bis hin zur Erstellung von Plänen und des Leistungsverzeichnisses.

HYDRAULIK DER WASSERHEIZUNG

Von Hans Roos

Reihe Heizungstechnik, Band 5

4. Auflage 1999, 340 Seiten, DM 60,- / öS 444,- / sFr 52,-, ISBN 3-486-26399-4

Die 4. Auflage des Werkes stellt eine grundlegende Neubearbeitung dar und wendet sich an Studenten und Praktiker zugleich. Der Autor schöpft aus langjährigen didaktischen Erfahrungen als Fachhochschullehrer und aus einem fundierten Praxiswissen, wenn er hydraulische Schaltungen nicht nur im Auslegungszustand, sondern auch im komplexen Teillastverhalten behandelt. Das Werk greift dabei weit über die Heizungstechnik hinaus bis zu den Anwendungsgebieten in der Klimatechnik.

Oldenbourg Industrieverlag GmbH Postfach 80 13 60 · 81613 München

---

BESTELLSCHEIN

Fax:
02 01 / 8 20 02-34
Bitte einsenden an Ihre Fachbuchhandlung oder an den

VULKAN-VERLAG
Postfach 10 39 62

45039 Essen

Ja, senden Sie mir (uns) gegen Rechnung/per Nachnahme:

.... Exempl. »**DIE WARMWASSERHEIZUNG**«,
3. Auflage, ISBN 3-486-26303-X, Preis je
Exemplar ca. DM 64,- / öS 474,- / sFr 56,-

.... Exempl. »**WÄRMEÜBERTRAGER**«, 2. Auflage,
ISBN 3-486-26287-4
Preis je Exemplar DM 48,- / öS 356,- / sFr 42,-

.... Exempl. »**PROJEKTIERUNG VON WARM-
WASSERHEIZUNGEN**«, 5. Auflage,
ISBN 3-486-26355-2,
Preis je Exemplar DM 78,- / öS 578,- / sFr 68,-

.... Exempl. »**HYDRAULIK DER WASSERHEIZUNG**«,
3. Auflage, ISBN 3-486-26453-2
Preis je Exemplar DM 60,- / öS 444,- / sFr 52,-

Name/Firma ....

....

Anschrift ....

....

Bestell-Zeichen/Nr./Abteilung ....

Datum/Unterschrift ....

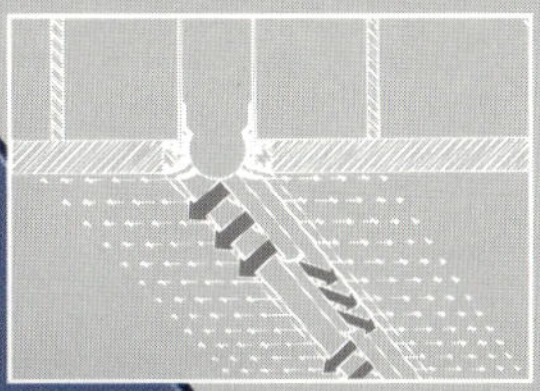

Es gibt kein überzeugenderes Argument für ein Produkt als den erfolgreichen, langjährigen Dauereinsatz in der Praxis.

500.000 Meter
Schlitzauslässe
LTG System clean®

in Banken, Hotels, Büros, Restaurants, Konferenzräumen, Kongreßzentren, Krankenhäusern, Foyers, Messehallen, Einkaufszentren, Versicherungen, Museen, Zügen, Labors, Raststätten, Studios, Einzelhandelsgeschäften, Schiffskabinen, Konzertsälen, Verwaltungsgebäuden, Produktionsräumen, Theatern, Praxen, Seniorenheimen, Sporthallen…

Das Programm der Schlitzauslässe Typ LDB LTG System clean® erfüllt alle Anforderungen in bezug auf
- hohe Kühlleistung (Δt bis -12K, $\dot{V}$ von 25 m³/h·m bis 190 m³/h·m)
- Raumströmung nach DIN 1946 Teil 2
- Akustik (Schalleistung unter 30 dB(A)/m)
- unbegrenzte Gestaltungsmöglichkeiten (Farbgebung nach RAL, eloxiert, verchromt, vergoldet. Randprofile für Deckenfugen, für Deckenpaneele, für Leuchtenanbau)
- einfachen, exakten und kostengünstigen Einbau ohne aufwendige Positionierung von Abrißkanten.

plus
- den speziellen, beispielhaften clean-Effekt – Decken bleiben länger sauber. Die Renovierungskosten werden deutlich gesenkt.

LTG System clean®
Wer es hat, hat kein Problem.

Gerne informieren wir Sie über mehr Details.

LTG Aktiengesellschaft
Grenzstraße 7, 70435 Stuttgart
Telefon (07 11) 82 01-1 80, Telefax (07 11) 82 01-7 20
Internet: http://www.LTG-AG.de, E-Mail: info@LTG-AG.de

1. Gebäudeperformance

2. Mensch und Behaglichkeit

3. Integrierte Planungsansätze

4. Heizungsanlagen

5. Sanitär- und Feuerlöschanlagen

6. Lüftungs- und Klimatechnik

7. Kälte- und Kühlsysteme

8. Starkstromanlagen

9. Lichttechnik

10. Tageslichttechnik

11. Schwachstromanlagen

12. Förderanlagen

7.
Kälte- und Kühlsysteme

(mit Hans-Joachim Kast, München)

Lüftungsanlagen mit zusätzlicher Kühlung und Klimaanlagen sowie stille Kühlsysteme benötigen neben einem Heizmittel zur Erwärmung der Luft ein Kühlmittel zur Kühlung und z. T. Entfeuchtung der Luft im Sommer oder Kühlung ohne Entfeuchtung.

Als Kühlmittel wurde in der Vergangenheit Eis, Leitungs- oder Brunnenwasser verwendet, was jedoch heute aus umwelttechnischen und Kostengründen im wesentlichen nicht mehr möglich ist.

So werden heute zur Bereitstellung der notwendigen Kälteenergie in gebäudetechnischen Anlagen und zum Teil prozeßtechnischen Anlagen vornehmlich Kältemaschinen und Rückkühlwerke (freie Kühlung) benutzt. Als Kälteträger werden eingesetzt:
– Kaltwasser (Kreislaufwasser 6/12 °C)
– Sole (Frostschutz-Wassergemisch <0 °C)
– Kühlwasser (Kreislaufwasser ≈18 – 25 °C)

Die Art des Kälteträgers und seine Menge ergeben sich bei den unterschiedlichsten Gebäudevarianten einmal aus dem Kälteenergiebedarf (Leistungsbilanz) sowie der Art der eingesetzten Wärmetauscher.

Zahlreiche Bauarten von Kältemaschinen, von den kleinsten bis zu größten Leistungen, sind speziell für die Klimatechnik entwickelt worden und werden am Markt angeboten.

Bei sehr großen Bauobjekten oder Stadtneuentwicklungen werden unter Umständen auch zentrale Kälteanlagen in Energiezentralen aufgebaut, so daß die umliegenden Gebäude über Fernkälteleitungen versorgt werden und eine eigene Kälteenergieerzeugung in den entsprechenden Gebäuden nicht notwendig wird.

Bei der Planung von Kälteerzeugungsanlagen müssen genaue Kenntnisse über das Betriebsverhalten der Kälteverbraucher und die Regelmöglichkeiten der Kälteerzeuger bestehen, da die Regelung der Kälteverbraucher (Kühler, Kühldecken usw.) mit der Regelung der Kälteerzeuger abzustimmen ist, um einen wirtschaftlichen und störungsfreien Betrieb zu erreichen.

Thermodynamische Kreisprozesse in Maschinen oder Anlagen sowie Prozeßabläufe in Klimazentralen zur Erreichung eines Kühleffektes sind grob zu gliedern in:

Gewünschter Nutzeffekt	Verfahren
Kälteerzeugung	Energieeinsatz in Form von elektrischer Energie oder Wärmeenergie zur Abkühlung eines Wärmeträgers auf ein gewünschtes Temperaturniveau ohne Nutzung der anfallenden Abwärme
Wärmeerzeugung	Energieeinsatz in Form von elektrischer Energie oder Wärmeenergie zur Erhöhung eines Wärmeträgers auf ein gewünschtes Temperaturniveau
Kälte- und Wärmeerzeugung	Energieeinsatz in Form von elektrischer Energie oder Wärmeenergie zur Abkühlung eines Wärmeträgers auf ein gewünschtes Temperaturniveau bei Nutzung der anfallenden Abwärme zu Heizzwecken.

Die thermodynamischen Kreisprozesse erfolgen nach verschiedenen Verfahren, die auf unterschiedlichen physikalischen Vorgängen beruhen. Die dabei gebräuchlichsten sind:

– Kaltdampf-Kälteprozeß mit Kältemitteln
– Kaltluft-Kälteprozeß mit Kaltluft als Kältemittel
– Dampfstrahl-Kälteprozeß mit Wasserdampf als Treibmittel und Wasser als Kältemittel
– Absorptionskälteprozeß
– Thermoelektrischer Kälteprozeß unter Zufuhr elektrischer Energie (Peltier-Elemente).

Die in der Kühl- und Klimatechnik bei raumlufttechnischen Anlagen am häufigsten verwendeten Maschinen sind die Kompressions-Kältemaschinen und Absorptions-Kältemaschinen, auf die nachfolgend im wesentlichen eingegangen wird.

7.1 Leistungsbilanz (Kälteenergiebedarf)

7.1.1 Zeitliche Abhängigkeit von Verbrauchern

Für den Bereich der Klimatechnik ist die Dimensionierung der Kälteanlagen stark abhängig vom zeitlichen Verhalten der einzelnen Verbraucher. Je nach Art des Verbrauchers kann die Lastkurve (Histogramm) sowohl zeitlich als auch in ihrer Höhe (= Leistung) stark schwanken. Bei der Dimensionierung der Kälteerzeugungsanlage muß untersucht werden, an welchem Tag des Jahres die Kumulierung der verschiedenen Verbraucher den Maximalwert aufweist. Hierfür muß jeder einzelne Verbraucher analysiert werden, um zum einen jeden einzelnen Wärmeaustauscher zu bestimmen und zum anderen das Zusammenspiel aller Verbraucher hinsichtlich der Gleichzeitigkeit aller zu berechnen.

Bild 7.1 zeigt ein Histogramm einer Büroklimaanlage, das im wesentlichen in seiner Form durch den Außenenthalpieverlauf und den Kühllastverlauf bestimmt wird.

In **Bild 7.2** ist der Kältebedarf einer Großküche dargestellt, bei der es sich um einen zeitlich sehr begrenzten Verbraucher handelt.

In **Bild 7.3** ist der Kältebedarfsverlauf eines EDV-Rechenzentrums dargestellt. Ein derartiger Verbraucher nimmt über 24 Stunden hinweg in etwa die gleiche Leistung ab, wobei bei diesem Histogramm davon ausgegangen wurde, daß tagsüber einige Bedienungspersonen mit der notwendigen Außenluft versorgt werden müssen, was den Kältebedarf zusätzlich anhebt.

In **Bild 7.4** ist die Summenkurve der drei Verbraucher dargestellt, um einmal den Kältebedarf eines komplexen Gebäudes zu visualisieren. In diesem vereinfacht dargestellten Beispiel wurde vorausgesetzt, daß alle drei Verbraucher am selben Tag ihren Maximalbedarf haben.

Bei komplexen Gebäuden ist es im allgemeinen notwendig, daß man das ganze Jahr betrachtet, um den tatsächlichen maximalen Kältebedarf ermitteln zu können. Eine derartige Berechnung ist dann die endgültige Grundlage für die Bestimmung der Anlagengröße einer Kälteerzeugung.

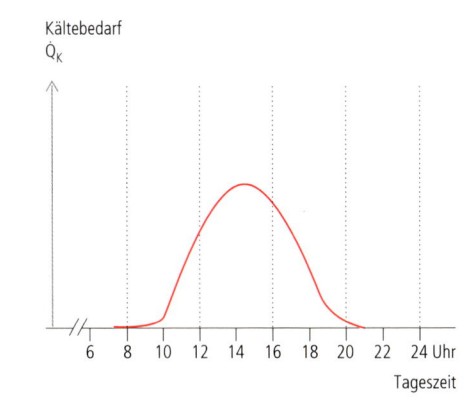

Bild 7.1
Kältebedarfsverlauf für Büroklimatisierung (Sommertag)

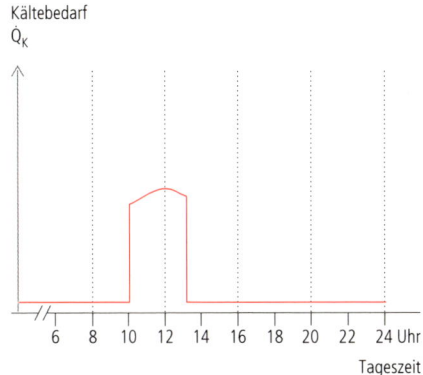

Bild 7.2
Kältebedarfsverlauf für raumlufttechnische Anlagen einer Küche (Sommertag)

Bild 7.3
Kältebedarfsverlauf für Rechenzentrum (Sommertag)

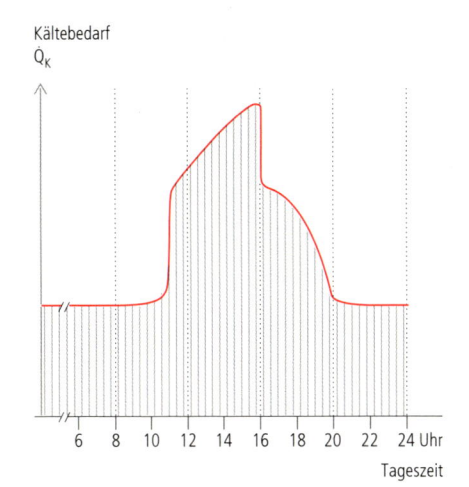

Bild 7.4
Kältebedarfsverlauf für alle Verbraucher (Sommertag)

7.1.2 Zeitliche Abhängigkeit der Erzeugerleistung

Im wesentlichen muß die Kälteanlage in der Lage sein, das Summenhistogramm aller Verbraucher zu decken. Je nach Art der Verbraucher und Jahreszeitpunkt des Maximalbedarfs können auch zeitliche Einflüsse auf die Kälteerzeugung einwirken.

In **Bild 7.5** ist die Jahressummenkurve der Außentemperaturen eines Referenzjahres aufgetragen. Man kann dabei sehr gut erkennen, daß je nach notwendiger Kaltwassertemperatur dieses Kaltwasser im direkten Wärmeaustausch mit der Luft erzeugt werden kann oder mit Hilfe einer Kältemaschine erzeugt werden muß. Je nach Art des Verbrauchers werden z. T. sehr unterschiedliche Kaltwasservorlauftemperaturen für die Luftbehandlung benötigt. Im Fall einer Klimaanlage mit Entfeuchtung der Luft werden im allgemeinen Vorlauftemperaturen von 6 °C notwendig, für die Kühlung der Luft in EDV-Räumen bzw. die direkte Wasserkühlung der Großrechner sind Vorlauftemperaturen von 12 °C bis 15 °C notwendig; benötigt für den Einsatz von Kühldecken soll Kaltwasser von 16 °C bis 20 °C bereitstehen, für die Bauteilkühlung sind u. U. Kühlwassertemperaturen von 20 °C ausreichend. Das Diagramm zeigt sehr gut, in welchem Ausmaß für die verschiedenen Anlagentypen maschinell erzeugte Kälteenergie benötigt wird und in welchem Ausmaß auf diese verzichtet werden kann. Auch derartige Überlegungen müssen in die Dimensionierung und Art der Systemlösung einfließen.

Im Falle des Einsatzes einer Kältemaschine sieht die Kälteerzeugerleistung über einen Tag in etwa so aus, wie in **Bild 7.6** dargestellt. Die Stufen in der Leistungskurve ergeben sich aus dem Zu- und Abschalten einzelner Leistungsstufen einer derartigen Maschine. Je nach Steilheit des Histogramms kann es durchaus vorkommen, daß eine oder mehrere Stufen nur in sehr kurzen Zeitintervallen zugeschaltet werden. Es kann durchaus vorkommen, daß die Maximalleistung einer Kältemaschine nur an wenigen Stunden im Jahr abgefordert wird.

Der ideale Betrieb einer Kältemaschine ist in **Bild 7.7** dargestellt, und weist aus, wie eine Kältemaschine während des normalen Tagbetriebes konstant mit ihrem Leistungsoptimum betrieben wird und ihre Leistung dementsprechend gleichmäßig abgeben kann. Während der Nacht wird die Leistung in einem ähnlichen Leistungsoptimum (die dargestellte Leistungsdifferenz ergibt sich aus den unterschiedlichen Temperaturniveaus) an einen Kältespeicher abgegeben. Eine derartige Betriebsweise stellt nicht nur ein Optimum hinsichtlich der Dimensionierung einer Kälteanlage dar, sondern spart zusätzlich Betriebsenergie, da die Maschine durchweg mit ihrem besten energetischen Wirkungsgrad betrieben werden kann und ein wesentlicher Teil der Kaltenergieerzeugung in die Niedertarifzeit des EVU's fällt (Nachtstromtarif).

Bild 7.5
Möglichkeiten der freien Kühlung ohne Einsatz von Kältemaschinen

1 Kühlung und Entfeuchtung
2 sensible Kühlung (EDV)
3 Kühldecken
4 sensible Kühlung und Bauteilkühlung

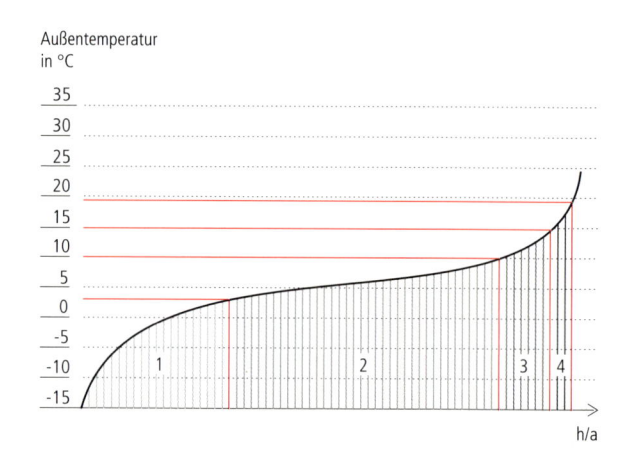

Bild 7.6
Kälteleistung einer mehrstufigen Kältemaschine

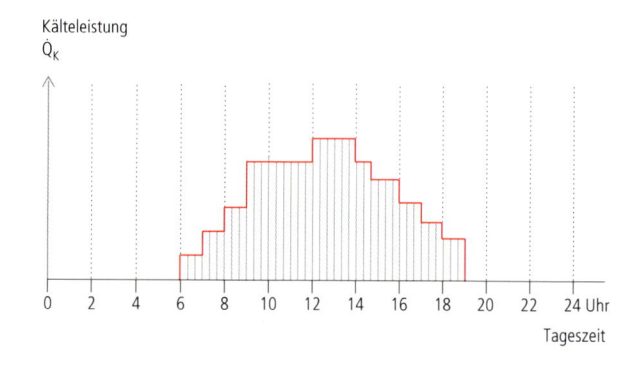

Bild 7.7
Idealer Einsatz einer Kältemaschine in Verbindung mit einem Kältespeicher

Q_{sp} gespeicherte Kälteleistung
Q_{dir} direkt genutzte Kälteleistung

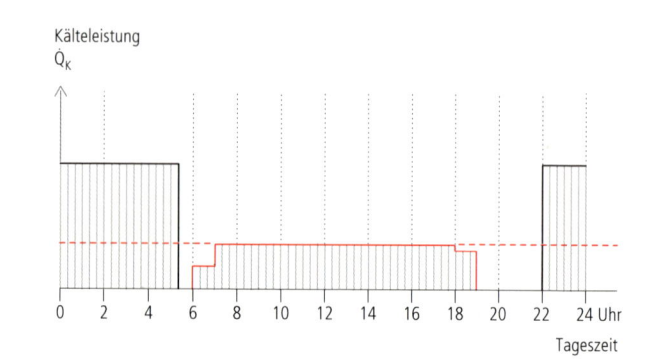

7.2 Kälteerzeugung

7.1.3 Summenkurven von Verbrauchern und Erzeugern

Setzt man das Histogramm in **Bild 7.4** als Grundlage für eine Kälteerzeugungsanlage voraus, würde sich ein Betriebsverlauf entsprechend **Bild 7.8** ergeben. Hierbei wurde angenommen, daß zwei gleich große Grundlastmaschinen (P1 und P2) sowie eine kleine Spitzenlastmaschine kombiniert werden. Eine derartige Aufteilung bietet den Vorteil, daß die Maschinen 1 und 2 relativ gut und gleichmäßig ausgenützt werden, wogegen die Maschine 3 die nur vereinzelt anfallenden Leistungsspitzen abdecken würde.

Bei Einsatz einer Speichertechnik ergibt sich ein Verlauf, wie er in **Bild 7.9** dargestellt ist. Die Maschine 1 deckt im Dauerbetrieb den Leistungsbedarf des Rechenzentrums, während die Maschine 2 während der Nacht einen Kältespeicher lädt und tagsüber einen Teil des über den Bedarf des Rechenzentrums hinausgehenden Bedarfs deckt. Die verbleibende Spitzenlast wird tagsüber aus dem Speicher entnommen. Gegenüber der in **Bild 7.8** dargestellten Lösung bedeutet dies eine erhebliche Verringerung der Anschlußleistung.

Zusammenfassend kann man feststellen, daß bei der Dimensionierung von Kälteanlagen die verschiedenen zeitlichen Abhängigkeiten und Einflüsse genauestens zu ermitteln und zu untersuchen sind, um zu einer optimalen Lösung hinsichtlich der Investitionen, Betriebskosten sowie der Umweltbelastung zu kommen.

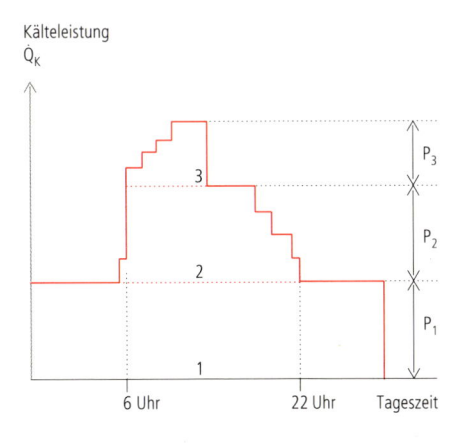

Bild 7.8
Klassische Deckung des Verbraucherbedarfs durch mehrere Kältemaschinen

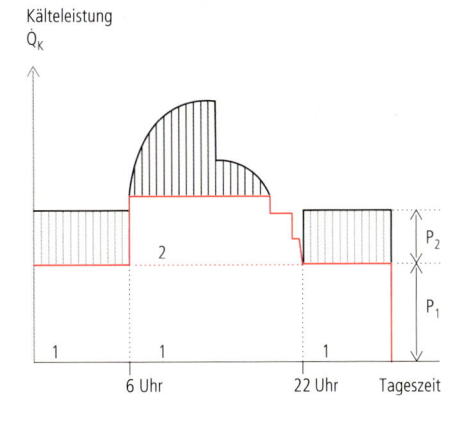

Bild 7.9
Summenkurven von Verbrauchern und Erzeugern

7.2 Kälteerzeugung

7.2.1 Der Kälteerzeugungsprozeß

Zur Kälteerzeugung werden zur Zeit vornehmlich elektrisch betriebene Kältemaschinen eingesetzt. Die Wirkungsweise dieser Maschinen besteht darin, daß in einem thermodynamischen Kreisprozeß durch Zufuhr von Energie dem zu kühlenden Medium Wärme entzogen wird und diese auf einem entsprechend höheren Niveau wieder einem anderen Medium zugeführt wird. Da dieser thermodynamische Kreisprozeß ganz wesentlich für das Verständnis der Funktion von Kälteanlagen ist, soll hier kurz darauf eingegangen werden.

7.2.1.1 Der Carnot'sche Kreisprozeß

Die Grundlage für die Wirkungsweise von Kältemaschinen ist der sogenannte Carnot'sche Kreisprozeß. Er wird als „idealer Kreisprozeß" bezeichnet, denn mit einer Anlage, durch die sich die Zustandsänderungen nach Carnot verwirklichen lassen, wird ein Maximum an Wärme in Arbeit umgesetzt und umgekehrt. Am überschaubarsten ist der Carnot-Prozeß im Temperatur-Entropie-Diagramm (T, s-Diagramm, **Bild 7.10**).

Der Kreisprozeß setzt sich aus zwei Isothermen und zwei Isentropen zusammen. Isentrop heißt reversibel (umkehrbar) und adiabat (wärmedicht). In **Bild 7.10** sind diese Zustandsänderungen dargestellt. Ideal ist der Carnot-Prozeß deshalb, weil die Zustandsänderungen von 1 nach 2 bzw. 3 nach 4 auf einer Isentropenlinie stattfinden. Dies bedeutet, daß eine Zustandsänderung von der Temperatur T_o auf die Temperatur T_c durch Kompression und von der Temperatur T_c auf die Temperatur T_o durch Entspannung stattfinden würde, ohne hierbei zusätzliche Energie zu verbrauchen. Da dies in der Praxis nicht möglich ist, ist in **Bild 7.11** der Carnot-Prozeß im Vergleich zu einem realen Kreisprozeß im h, log p-Diagramm dargestellt.

Bild 7.10
Der Carnotsche Kreisprozeß

T_C Kondensationstemperatur
T_O Verdampfungstemperatur
$\dot{Q}_C$ abgeführte Energie
$\dot{Q}_O$ zugeführte Energie
P Antriebsenergie

Leistungszahl der Kältemaschine

$$\varepsilon_K = \frac{\dot{Q}_O}{P}$$

Leistungszahl der Wärmepumpe

$$\varepsilon_W = \frac{\dot{Q}_C}{P}$$

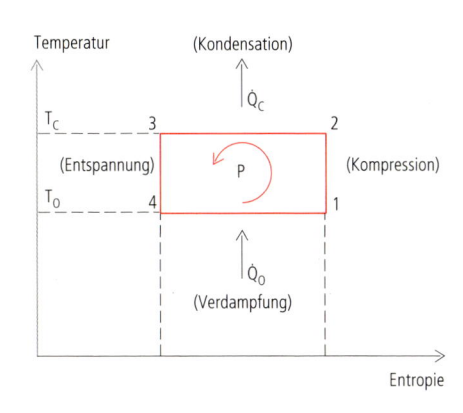

In dieser Diagrammform ist die Dampfkurve eines Kältemittels dargestellt, um zu erläutern, innerhalb welcher Aggregatzustände sich ein Kältemittel während eines Kreisprozesses im allgemeinen befindet. In diesem Kreisprozeß wird dargestellt, wie ein Kältemittel von einem Niveau tiefer Temperatur auf ein Niveau hoher Temperatur gefördert wird, dort Wärme abgibt, und bei niedrigerem Energieinhalt wieder auf das tiefe Temperaturniveau abfällt und wieder in der Lage ist, Energie aufzunehmen.

Bild 7.11
Kreisprozeß mit Kaltdampf

— Carnot-Prozeß
--- realer Kreisprozeß
A   Flüssigkeit
B   Mischgebiet (Flüssigkeit/Dampf)
C   Dampf
p_C Kondensationsdruck
p_O Verdampfungsdruck

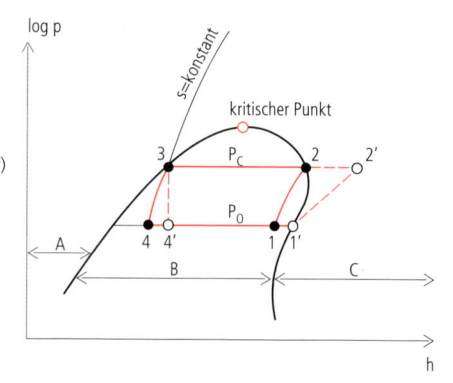

Bild 7.12
Einstufiger Kältedampfkompressionsprozeß

— Carnot-Prozeß
1–2 Kompression
2–3 Kondensation
3–4 Entspannung (Drosselung)
4–1 Verdampfung
p_C Kondensationsdruck
p_O Verdampfungsdruck
t_O Verdampfungstemperatur
t_C Kondensationstemperatur

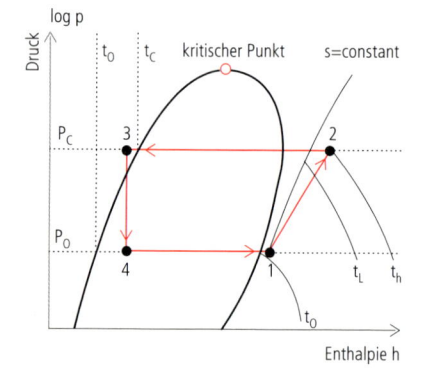

Bild 7.12.1
Schematische Darstellung des Kreisprozesses

K   Kondensator
KP   Kompressor
D   Drosselventil
V   Verdampfer
P_{ELT} elektrische Leistung Antrieb
Temperaturen:
t_{KA} Kompressor Ausgang
t_{KE} Kompressor Eingang
t_{VE} Verdampfer Eingang
t_{VA} Verdampfer Ausgang

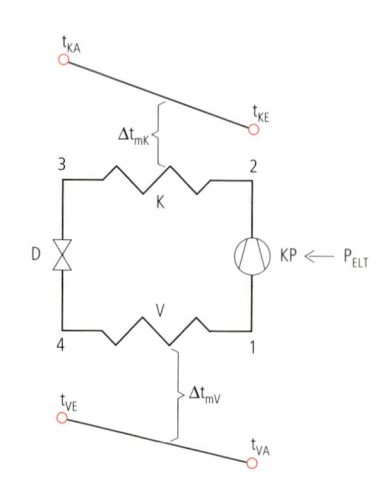

7.2.1.2 Der Kreisprozeß der Kaltdampfmaschine

Der Kaltdampfkompressions-Kälteprozeß hat mit über 90 % aller installierten Anlagen zur Zeit die größte Bedeutung in der Kälte- und Klimatechnik. Wesentliches Merkmal dieses Prozesses ist die Verwendung von Kältemitteln, die bei der Arbeitstemperatur t_o der kalten Seite aus dem flüssigen Zustand unter Aufnahme einer möglichst großen Verdampfungswärmemenge verdampfen und die bei der Arbeitstemperatur t_c der warmen Seite unter beherrschbaren Drücken wieder verflüssigt werden können. Hierbei wird das physikalische Gesetz der Abhängigkeit der Verdampfungs-/Verflüssigungstemperatur vom Druck genutzt.

In **Bild 7.12** ist der Kreisprozeß einer Kompressionskältemaschine im h, log p-Diagramm dargestellt. Dieser Kaltdampf-Kälteprozeß durchläuft folgende Zustandsänderungen:

1 – 2   Verdichtung des trockenen Dampfes vom Druck p_o auf p_c mit der Verdichtungstemperatur t_h und einer dementsprechend hohen Enthalpie (Energieinhalt);

2 – 3   Abgabe der Überhitzungswärme sowie der Kondensationswärme über einen Kondensator an ein geeignetes Medium (Umgebungsluft oder Warmwasser für Heizzwecke);

3 – 4   Entspannung bei gleichbleibender Energie (h = konstant) von p_c auf p_o im Expansionsorgan (dabei bereits teilweise Verdampfung);

4 – 1   Verdampfung des Kältemittels bei der Temperatur t_o. Die hierfür erforderliche Verdampfungswärme wird dem zu kühlenden Medium (Kaltwasser oder Sole-Wasser-Gemisch) entzogen.

Dabei ist ($h_1 - h_4$) die spezifische theoretische Kälteleistung und ($h_2 - h_1$) die spezifische theoretische Antriebsleistung.

Das Betriebsverhalten einer Kältemaschine oder Wärmepumpenanlage ist nicht nur abhängig vom thermodynamischen Kreisprozeß. Ebenso wichtig sind die Energiebilanzen für die Massenströme auf der kalten und warmen Seite, mit den sich daraus ergebenden Temperaturdifferenzen, wie auch den Temperaturdifferenzen, die sich aus den installierten Wärmeaustauschflächen und den erreichbaren Wärmedurchgangszahlen ergeben. Darüber hinaus ergeben sich verschiedene Wirkungsgradeinbußen zwischen der aufgenommenen elektrischen Antriebsleistung des Kompressors bis hin zur tatsächlich geleisteten Kompressionsarbeit.

7.2.1.3 Der Kreisprozeß der Absorptionsmaschine

Der im Verdampfer entstehende Kältemitteldampf wird bei der Absorptionskältemaschine nicht mechanisch wie bei der Kompressionskältemaschine verdichtet, sondern bei niedrigem Verdampfungsdruck von einem Lösungsmittel aufgenommen, „absorbiert". Die mit Kältemittel angereicherte Lösung wird durch eine Pumpe auf den höheren Verflüssigungsdruck gebracht und in einen Austreiber gefördert. Durch Wärmezufuhr, z. B. Dampf- oder Abgasbeheizung, wird das Kältemittel wieder ausgetrieben (= ausgekocht). Übrig bleibt eine arme Lösung, die über ein Drosselorgan zum Absorber zurückströmt. Sie wird dort über Rohre verrieselt, um dem zu absorbierenden Kältemitteldampf eine große Oberfläche darzubieten und die freiwerdende Lösungsmittelwärme an das Kühlwasser abzugeben, das die Rohre durchströmt. Das ausgetriebene Kältemittel wird im Verflüssiger beim Druck p_c durch Wärmeabgabe an Kühlwasser oder Kühlluft verflüssigt. Nach der Drosselung im Expansionsorgan kann es im Verdampfer beim Druck p_o unter der zugehörigen Verdampfungstemperatur t_o Wärme aus dem zu kühlenden Medium aufnehmen. Der dabei entstehende Kältemitteldampf strömt zum Absorber, wo er vom Lösungsmittel wieder absorbiert wird.

In einer Absorptionskältemaschine laufen somit zwei Kreisläufe ab, im Gegensatz zu einem Kreislauf bei der Kompressionsmaschine. Diese zwei Kreisläufe sind in **Bild 7.13** dargestellt. Es ist dort eine andere Darstellungsweise gewählt worden, um Geraden für die verschiedenen Lösungsmittelkonzentrationen zu erhalten. Die wesentliche Energiezufuhr erfolgt hier als thermische Energie im Austreiber, wogegen der Anteil der mechanisch eingesetzten Energie für die Lösungsmittelpumpe relativ klein ausfällt. Diese Lösungsmittelpumpe, die das Lösungsmittel vom Verdampfungs- auf Verflüssigungsdruck fördert, ist das einzig bewegte Teil des Kreislaufes.

Ähnlich wie beim Kompressionskreislauf ist auch für die Absorptionsmaschine in **Bild 7.13.1** der Kreisprozeß mit den dazugehörenden Temperaturdifferenzen schematisch dargestellt.

7.2.1.4 Kältemittel

Als Kältemittel bezeichnet man den in Kälteanlagen umlaufenden Arbeitsstoff, dessen Zustandsänderungen den Kreisprozeß bestimmen. Wesentliche Kriterien für diese Stoffe sind ein günstiger Verlauf der Dampfdruckkurve sowie eine möglichst große volumetrische Kälteleistung, um den umlaufenden Kältemittelvolumenstrom und damit die Bauteile klein halten zu können. Die Dampfdruckkurven verschiedener Kältemittel sind in **Bild 7.14**, die volumetrische Kälteleistung derselben in **Bild 7.15** dargestellt. Darüber hinaus sollen die Stoffe chemisch stabil sein, weder toxisch, explosiv noch brennbar. In den **Tabellen 7.1/2** sind die im Bereich der Klimatechnik üblichen Kältemittel unter Einbezug aller für ihren praktischen Einsatz wesentlichen Kenngrößen aufgelistet.

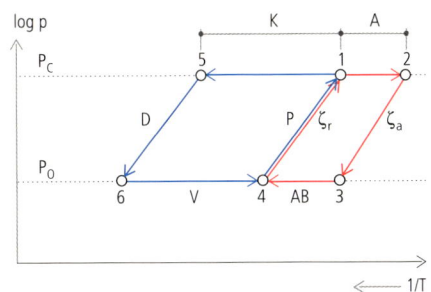

(1–2–3–4–1) Kreisprozeß Lösungsmittel
(1–5–6–4–1) Kreisprozeß Kältemittel
P_C Kondensationsdruck
P_O Verdampfungsdruck
K Kondensator
V Verdampfer
A Austreiber
AB Absorber
ζ_a arme Lösung
ζ_r reiche Lösung
P Pumpe
D Drosselung $\zeta=1$ (Kältemittel)

Bild 7.13
Einstufiger Absorptionsprozeß im log p, 1/T Diagramm

Bild 7.13.1 (rechts)
Schematische Darstellung des Kreisprozesses

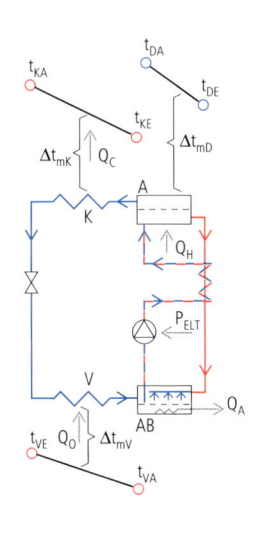

— Kreisprozeß Lösungsmittel
— Kreisprozeß Kältemittel
A Austreiber
AB Absorber
K Kondensator
V Verdampfer
Leistungen:
P_{ELT} elektrische Leistung Antrieb
Q_A Absorber
Q_C Kondensator
Q_O Verdampfer
Q_H Austreiber
Temperaturen:
t_{KE} Kondensator Eingang
t_{KA} Kondensator Ausgang
t_{VE} Verdampfer Eingang
t_{VA} Verdampfer Ausgang
t_{DE} Austreiber Eingang
t_{DA} Austreiber Ausgang

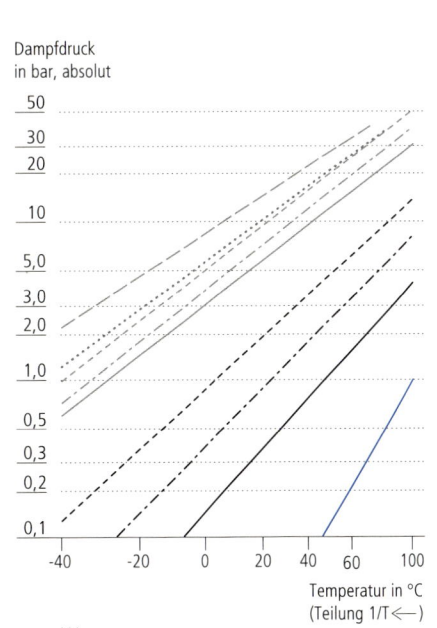

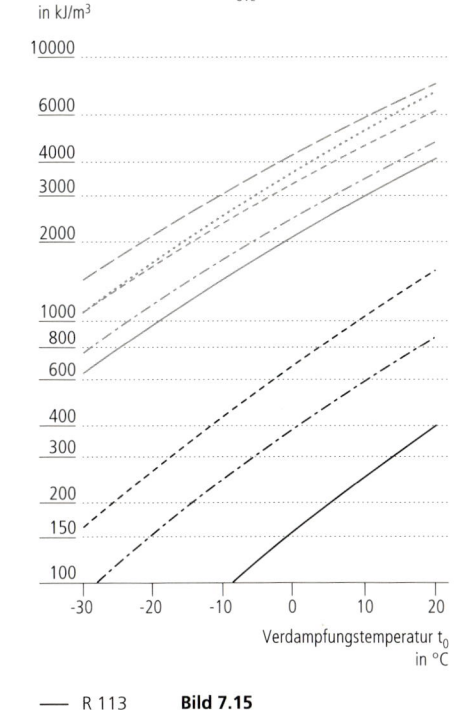

— Wasser
— R 113
--- R 11
--- R 114
— R 12
—·— R 500
--- R 22
····· R 502
—— R 1381

Bild 7.14
Dampfdruckkurven verschiedener Kältemittel

— R 113
--- R 11
--- R 114
— R 12
—·— R 500
--- R 22/R 502
····· NH_3
—— R 1381

Bild 7.15
Theoretische volumetrische Kälteleistung q_{ovt} verschiedener Kältemittel bei 35 °C vor dem Expansionsventil

Kältemittel	Zusammensetzung	M (g/mol)	t_C (°C)	P_C (bar)	NSP*) (°C)	Δt_S (K)	t_{26}*) (°C)	ODP (R11=1)	HGWP	L Stand	Einsatzbedingungen bevorzugte Anwendung
R 744 (Kohlendioxid)		44,0	31,1	73,8	-56,6**)	–	-10,6	0	0	1 # +	Kfz-Klima
R 410A (AZ20)	R-32/125 (50/50)	72,6	73,0	49,6	-52,4	0,2	42,7	0	0,40	(1) # +	Neuanlagen (Hohe Betriebsdrücke!)
SUVA9100	R-32/125 (45/55)	75,6	84,1		-51,0	0,2	43,6	0	0,40	(1) +	Neuanlagen (Hohe Betriebsdrücke!)
R 507	R-125/143a (50/50)	98,9	70,9	37,9	-46,5	0,0	54,8	0	0,96	(1) # ++	Kompakte Klimaanlagen und -geräte
R 404A	R-125/143a/134a (44/52/4)	97,6	72,1	37,3	-46,1	0,7	55,5	0	0,94	(1) # ++	Kompakte Klimaanlagen und -geräte
R 407A (KLEA60)	R-32/125a/134a (20/40/40)	90,1	83,0	45,4	-42,3	6,6	56,5	0	0,49	(1) # ++	Neuanlagen
R 290 (Propan)		44,1	96,7	42,5	-42,1	–	70,3	0	0	3 # ++	R 22-Ersatz; Anlagen mit geringer Füllmenge
R 22		86,5	96,1	49,8	-40,8	–	63,2	0,055	0,37	1 # ++	Gewerbe, ..., Zentral- und Splitanlagen
R 407C (AC9000, KLEA66, HX3)	R-32/125/134a (23/25/52)	86,2	86,0	46,5	-40,0	7,1	59,8	0	0,39	(1) # ++	Gewerbe, ..., Zentral- und Splitanlagen
R 717 (Ammoniak)		17,0	132,3	113,4	-33,3	–	59,7	0	0	2b # ++	Zentralklimaanlagen, indirekte Kühlung
RC 270 (Cyclopropan)		42,1	125,2	55,8	-32,9	–	81,6	0	0	3 # +	Anlagen mit geringer Füllmenge
ISCEON 49	R-218/134a/600a (9/88/3)	104,0	101,3	41,1	-31,6	6,9	76,2	0	0,44	(1) # ++	Kfz-Klima
R 409A (FX 56)	R-22/124/142b (60/25/15)	97,4	107,0	46,0	-30,2	8,5	78,2	0,05	0,31	(1) # ++	Altanlagen
R 401A (MP 39)	R-22/152a/124 (53/13/34)	94,4	108,0	46,0	-29,9	6,3	78,1	0,03	0,22	(1) # ++	Altanlagen, R12-Anwendungen t_O > -20 °C
R 406A (Solkane 406A)	R-22/600a/142b (55/4/41)	89,9	114,5	45,8	-29,8	9,0	85,0	0,06	0,36	(1) # ++	R 12-Ersatz, Kfz-Klima
R 134a		102,0	101,2	40,7	-26,1	–	79,4	0	0,26	1 # ++	Kfz-Klima, Gewerbe, Splitanlagen, ...
R 401C (MP52)	R-22/152a/124 (33/15/52)	101,0	112,7	43,7	-25,2	6,2	85,1	0,03	0,17	(1) # ++	R 12-Ersatz, Kfz-Klima
R 152a		66,0	113,6	44,9	-25,0	–	84,7	0	0,03	2a #	Gemischkomponente
R 227ea		170,0	101,8	29,3	-16,5	–	95,7	0	0,60	(1) # +(+)	Klima (hohe Temperaturen), Wärmepumpe
R 124		136,5	122,5	36,4	-13,2	–	104,7	0,03	0,10	1 # +	Klima (besonders für hohe Temperaturen)
R 600a (Isobutan)		58,1	135,0	36,5	-11,8	–	115,0	0	0	3 # ++	Anlagen mit geringer Füllmenge
R 600 (n-Butan)		58,1	152,0	38,0	-0,5	–	129,3	0	0	3 #	Anlagen mit geringer Füllmenge
R 123		152,9	183,8	36,7	27,9	–	162,5	0,02	0,02	1 # ++	Klima, Turbokälteanlagen

°C: t_O -60, -50, -40, -30, -20, -10, ±0, 10, 20

Tabelle 7.1
Kältemittel für den Klima- und Wärmepumpenbereich

XX (rot gekennzeichnete Angaben) Übergangskältemittel - bis 31.12.1999 einsetzbar (Deutschland)

XX (schwarz gekennzeichnete Angaben) langfristig einsetzbar

— empfohlener Einsatzbereich

M molare Masse in g/mol
t_C kritische Temperatur in °C
p_C kritischer Druck in bar
NSP Siedetemperatur *) bei Atmosphärendruck
Δt_S Temperaturgleiten bei 1 bar
t_{26} Siedetemperatur *) bei 26 bar (abs.)

\# Kältemittel kommerziell verfügbar
+ Anwendung im Versuchsstadium
++ kommerzielle Anwendung

*) Bei Gemischen arithmetischer Mittelwert zwischen Siede- und Taupunkttemperatur
**) Tripelpunkt

L: Einstufung Gesundheitsgefährdung nach E DIN EN 378

L 1 nicht brennbar
L 2a brennbar, untere Zündgrenze > 3,5 Vol%
L 2b brennbar, untere Zündgrenze > 3,5 Vol%; giftig
L 3 brennbar, untere Zündgrenze < 3,5 Vol%; (i.a. wenig giftig)

In Klammern: Unverbindliche Gruppenzuordnung nach Kriterien E DIN EN 378

7.2 Kälteerzeugung

Kältemittel	Zusammensetzung	M g/mol	t_C °C	P_C bar	NSP*) °C	Δt_S K	t_{26}*) °C	ODP (R11=1)	HGWP	L	Einsatzbedingungen Stand	bevorzugte Anwendung
R 410A (AZ20)	R-32/125 (50/50)	72,6	73,0	49,6	-52,4	0,2	42,7	0	0,40	(1)	# +	Neuanlagen, Gewerbe, Transport (Druck!)
SUVA9100	R-32/125 (45/55)	75,6	84,1		-51,0	0,2	43,6	0	0,40	(1)	+	Neuanlagen, Gewerbe, Transport (Druck!)
R 507 (AZ 50)	R-125/143a (50/50)	98,9	70,9	37,9	-46,5	0,0	54,8	0	0,96	(1)	# ++	Neuanlagen, Gewerbe, Transport, Lebensmittel
R 402B (HP81)	R-125/290/22 (38/2/60)	94,7	82,6	44,5	-46,1	2,5	56,1	0,03	0,52	(1)	# ++	Alt- und Neuanlagen, Gewerbe, Eismaschinen
R 404A (HP62, FX70)	R-125/143a/134a (44/52/4)	97,6	72,1	37,3	-46,1	0,7	55,5	0	0,94	(1)	# ++	Neuanlagen, Gewerbe, Transport, Lebensmittel
R 407B (KLEA61)	R-32/125/134a (10/70/20)	102,9	76,0	41,6	-45,2	4,4	53,5	0	0,70	(1)	# ++	Neuanlagen, Gewerbe, Transport
HX4	R-32/125/143a/134a (10/33/36/21)	94,5	77,5	40,1	-44,6	4,1	56,0	0	0,75	(1)	+	Neuanlagen, Gewerbe
R 408A (FX10/neu)	R-125/143a/22 (7/46/47)	87,0	83,5	43,4	-44,1	0,7	58,8	0,023	0,78	(1)	# ++	Alt- und Neuanlagen, Gewerbe
R 407A (KLEA60)	R-32/125/134a (20/40/40)	90,1	83,0	45,4	-42,3	6,6	56,5	0	0,49	(1)	# ++	Neuanlagen, Gewerbe
R 290 (Propan)		44,1	96,7	42,5	-42,1	–	70,3	0	0	3	# ++	Anlagen mit geringer Füllmenge
R 22		86,5	96,1	49,8	-40,8	–	63,2	0,055	0,37	1	# ++	Gewerbe, Industrie, ...
R 407C (SUVA9000, KLEA66, HX3)	R-32/125/134a (23/25/52)	86,2	86,0	46,5	-40,0	7,1	59,8	0	0,39	(1)	# ++	Gewerbe, Industrie, ...
R 717 (Ammoniak)		17,0	132,3	113,4	-33,3	–	59,7	0	0	2b	# ++	Gewerbe, Industrie, Lager, ...
RC 270 (Cyclopropan)		42,1	125,2	55,8	-32,9	–	81,6	0	0	3	# +	Anlagen mit geringer Füllmenge
FX 57	R-22/124/142b (65/25/10)	96,7	105,0	47,0	-31,8	7,7	75,6	0,05	0,31	(1)	# +	Altanlagen, Kühltransport
R 401B (MP66)	R-22/152a/124 (61/11/28)	92,8	106,1	46,8	-31,6	5,9	75,5	0,035	0,24	(1)	# ++	Altanlagen, R 12-Anwendungen t_o < -20 °C
ISCEON 49	R-218/134a/600a (9/88/3)	104,3	101,3	41,1	-31,6	6,9	76,2	0	0,44	(1)	# ++	Kühltransport, Haushalt, Gewerbe
R 409A (FX56)	R-22/124/142b (60/25/15)	97,4	107,0	46,0	-30,2	8,5	78,2	0,05	0,31	(1)	# ++	Altanlagen, Gewerbe
R 401A (MP39)	R-22/152a/124 (53/13/34)	94,4	108,0	46,0	-29,9	6,3	78,1	0,03	0,22	(1)	# ++	Altanlagen, R 12-Anwendungen t_o > -20 °C
R 406A (Solkane 406A)	R-22/600a/142a (55/4/41)	89,9	114,5	45,8	-29,8	9,0	85,0	0,06	0,36	(1)	# ++	R 12-Ersatz; Haushalt
R 134a		102,0	101,2	40,7	-26,1	–	79,4	0	0,26	1	# ++	Haushalt, Gewerbe, Klima, Wärmepumpe
R 152a		66,1	113,6	44,9	-25,0	–	84,7	0	0,03	2a	#	Gemischkomponente
R 227ea		170,0	101,8	29,3	-16,5	–	95,7	0	0,60	(1)	# +(+)	
R 124		136,5	122,5	36,4	-13,2	–	104,7	0,03	0,10	1	# +	Gemischkomponente
R 600a (Isobutan)		58,1	135,0	36,5	-11,8	–	115,0	0	0	3	# ++	Haushalt, Anlagen mit geringer Füllmenge

°C t_o -60   -50   -40   -30   -20   -10   ±0   10

Tabelle 7.2
Kältemittel für
den Normalkühlbereich

In **Bild 7.16** ist als Beispiel das h, log p-Diagramm für das Kältemittel 134a dargestellt worden, um die tatsächlichen Drücke und Temperaturen sowie Energieinhalte eines derartigen Kältemittels darzulegen.

Um langfristig sicherzugehen und einen positiven Beitrag zur Umwelt zu leisten, kann auch Ammoniak (NH_3) als Kältemittel empfohlen werden. Die Nebenwirkungen dieses Kältemittels in Form von Verätzungen beim Einatmen erhöhter Konzentrationen können durch Einhalten von bestehenden Unfallverhütungs-Vorschriften weitgehendst vermieden werden. Der länjgährige Einsatz dieses Kältemittels in der industriellen Prozeßkälte ist ein gutes Beispiel hierfür.

In **Bild 7.17** ist als Einsatzmittel für Absorptionsanlagen noch das dementsprechende Einsatzdiagramm für die Ammoniak-Wasser-Kombination dargestellt. (Alternativ: Arbeitsstoffpaar Wasser/Lithiumbromid).

Zur Terminologie der verwendeten Begriffe FCKW, FKW noch nachfolgende Erläuterungen: Kohlenwasserstoffe sind organische Verbindungen, die neben den zentralen Kohlenstoffatomen Wasserstoff im Molekül enthalten. Werden diese Wasserstoffatome ganz oder teilweise durch die Halogene Fluor, Chlor, Brom oder Jod ersetzt, spricht man von Halogenkohlenwasserstoffen. Diejenigen von ihnen, die das Halogen Fluor enthalten, spielen in der Kältetechnik als Kältemittel und Hartschaum-Isolierzellglas eine wichtige Rolle.

Nach DIN 8962 werden für die Verwendung dieser Fluorchlorkohlenwasserstoffe in der Kältetechnik die sich aus der atomaren Zusammensetzung ergebenden Zahlen mit einem Vorsatz „R" für „Refrigerant" (Kältemittel) versehen. Für die Anwendungen in anderen Bereichen (z. B. Aerosolindustrie, Kunststoffschäume, Reinigungs- und Lösungsmittel) hat sich jedoch als Vorsatz eine Kombination der in der Bezeichnung Fluorchlorkohlenwasserstoffe vorkommenden Buchstaben eingebürgert, ursprünglich FKW. Da sich die Fluorchlorkohlenwasserstoffe jedoch in bezug auf die vermutete Ozongefährdung völlig unterschiedlich verhalten, je nachdem ob sie zusätzlich Wasserstoffatome enthalten oder keinen Chloranteil besitzen, werden folgende Bezeichnungen gewählt:

FCKW
sind Fluorchlorkohlenwasserstoffe, die immer Fluor und Chlor im Molekül enthalten, jedoch keinen Wasserstoff. Sie werden auch als „vollhalogenierte" Kohlenwasserstoffe bezeichnet, weil in diesen Molekülen alle Wasserstoffatome durch Halogene (Fluor, Chlor, Brom oder Jod) ersetzt sind. Diese Verbindungsgruppe ist chemisch und thermisch sehr stabil. Sie kann daher nach der Ozontheorie unverändert durch die Troposphäre diffundieren und dann in der Stratosphäre wegen des im Molekül enthaltenen Chlors zum Abbau des Ozons beitragen.

FKW
sind Fluorkohlenwasserstoffe, die als Halogen nur Fluor im Molekül enthalten. Sie sind ebenfalls wasserstofffrei, also vollhalogeniert und daher desgleichen chemisch und thermisch sehr stabil. Da sie jedoch kein Chlor enthalten, haben sie keinen Einfluß auf den Ozonabbau.

H-FCKW
sind Hydrogenfluorchlorkohlenwasserstoffe. Sie enthalten mindestens ein Wasserstoffatom im Molekül und werden daher auch als „teilhalogeniert" bezeichnet. Sie besitzen im Vergleich zu den vollhalogenierten Fluorchlorkohlenwasserstoffen eine geringere chemische Stabilität und werden daher in der Troposphäre bereits deutlich abgebaut. Daher ist ihr Einfluß auf den Ozonabbau in der Stratosphäre nur von untergeordneter Bedeutung.

H-FKW
sind Hydrogenfluorkohlenwasserstoffe. Sie enthalten ebenfalls mindestens ein Wasserstoffatom im Molekül, als Halogen nur noch Fluor. Da sie kein Halogen Chlor mehr besitzen, haben sie wie die FKW keinen Einfluß auf den Ozonabbau.

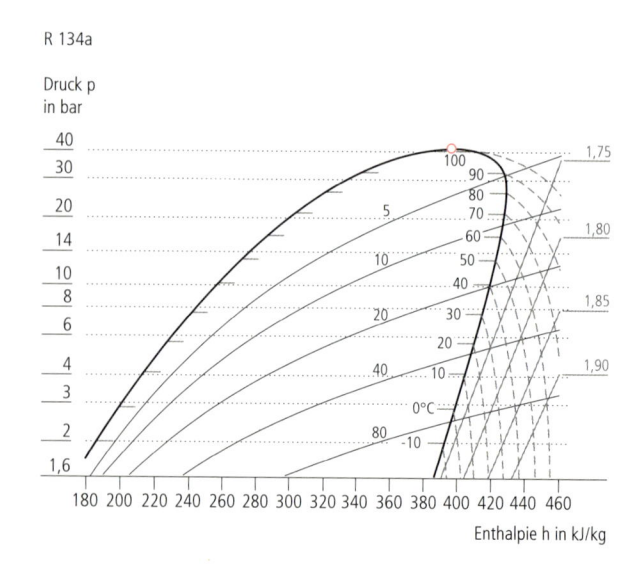

Bild 7.16
h, log p-Diagramm für 134a

— spezif. Volumen, in dm³/kg
— s = Entropie
-- Isothermen
○ kritischer Punkt
h' = 200 kJ/kg bei 0°C

7.2.2 Kältemaschinen

Wie bereits zuvor festgestellt, wird der Kompressions-Kälteprozeß für die Erzeugung von Kälteenergie am häufigsten eingesetzt.

Die prinzipielle Wirkungsweise einer Kältemaschine mit Kompressor veranschaulicht das **Bild 7.18**.

Der Kompressor saugt das Kältemittel als Kaltdampf an und verdichtet es (Kolbenverdichter/Schraubenverdichter). Dadurch wird das Kältemittel überhitzt und als überhitzter Kältemitteldampf durch eine Leitung, in der ein Ölabscheider eingesetzt ist, der die vom Kompressor herrührenden Ölrückstände abscheidet, zum Kondensator gedrückt. Im Kondensator wird der überhitzte Kältemitteldampf kondensiert, weil das Kältemittel im Gegenstrom mit Kühlwasser oder Luft gekühlt und somit dem Kältemittel Wärme entzogen wird. Nach dem Austritt aus dem Kondensator wird das kondensierte Kältemittel durch einen Trockner, der Wasser ausscheidet und durch ein Expansionsventil geleitet, das die Aufgabe hat, den hohen Druck des Kältemittels auf den Verdampfungsdruck herabzusetzen. Dabei verdampft bereits ein Teil des Kältemittels bei gleichbleibendem Wärmeinhalt. Im Verdampfer nimmt das Kältemittel Wärme aus dem zu kühlenden Medium (z. B. Wasser) auf, damit es vollständig verdampfen kann.

Im gezeigten Beispiel ist der Verdampfer ein Röhrenkesselwärmeaustauscher, durch den das zu kühlende Wasser (Kaltwasser zur Kühlung) im Gegenstrom zum Kältemittel fließt. Nachdem das Kältemittel verdampft ist, wird es wiederum vom Kompressor angesaugt und verdichtet und der beschriebene Kreislauf beginnt von neuem.

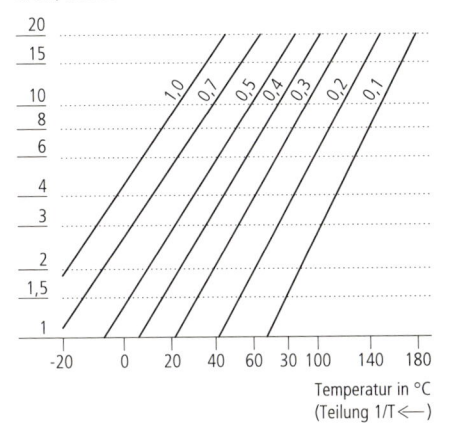

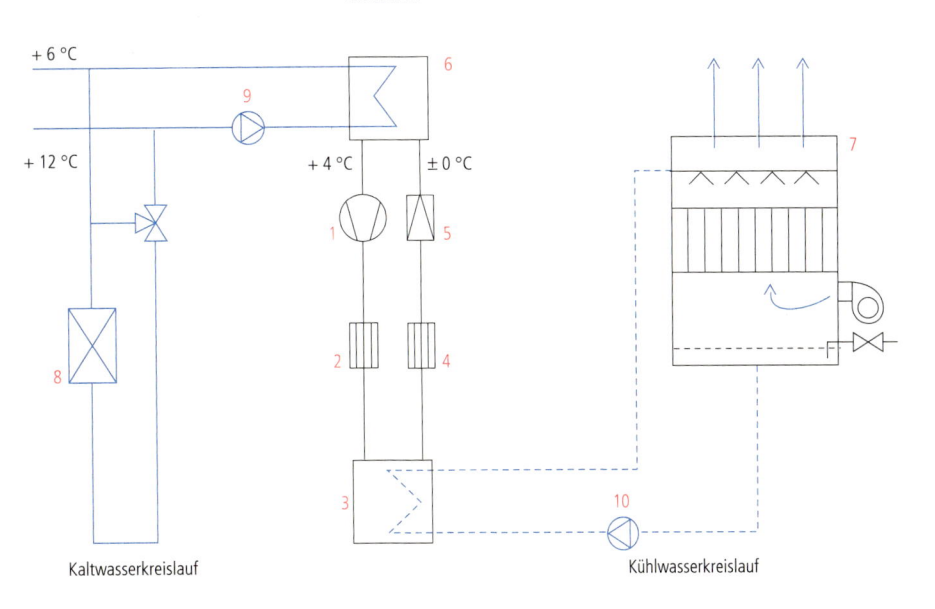

Bild 7.17
Arbeitsstoffpaar Ammoniak/Wasser im log p, 1/T-Diagramm

— NH$_3$–Konzentration

Bild 7.18
Schematischer Aufbau einer Kälteanlage mit Kolbenkompressor und angenäherte Temperaturangaben beim Kälteprozeß

1 Kompressor
2 Ölabscheider
3 Kondensator
4 Trockner
5 Expansionsventil
6 Verdampfer
7 Rückkühlwerk
8 Kühler
9 Kaltwasserpumpe
10 Kühlwasserpumpe

7.2.2.1 Kompressions-Kältemaschinen mit Spiralverdichter

Wie aus **Bild 7.19** gut erkennbar ist, befindet sich im unteren Teil des Kompressors der Elektromotor, im oberen Teil der Spiralverdichter. Im unteren, linken Bildteil erkennt man gut die Anschlußleitung für den Kältemitteleintritt (gasförmig) und im oberen Gehäuseteil den Kältemittelaustritt nach der Verdichtung. Der gesamte Kältekompressor ist hermetisch abgekapselt und wird mit dem Kältemittel gekühlt, das heißt, das Kältemittel strömt um den Elektromotor herum zum Verdichter, um hier wiederum aus dem Gehäuse herausgedrückt zu werden.

Durch zwei ineinander kämmende Spiralen wird das Kältemittel verdichtet und aus dem Gehäuse in die Leitung zum Kondensator gedrückt. Der Vorteil des Scrollverdichters gegenüber Kolbenverdichtern liegt darin, daß nur drehende Bewegungen erfolgen und eine stetige Förderung mit hoher Laufruhe einhergeht. Weiterhin sind keine Ventile notwendig und das Teillastverhalten liegt in einem sehr günstigen Bereich.

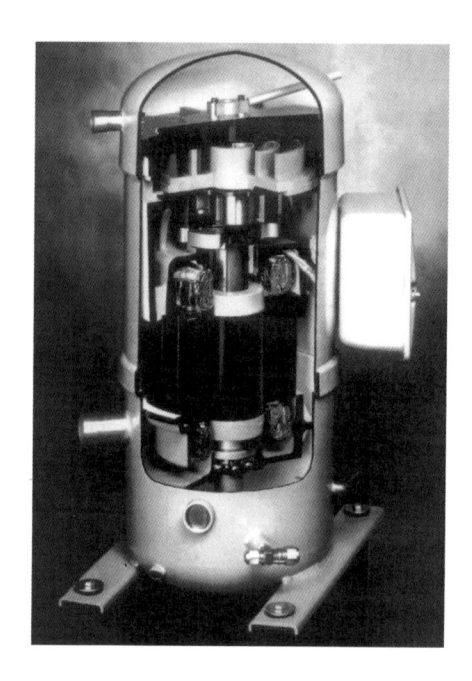

Bild 7.19
Scroll-Kompressor
(Werkbild Trane)

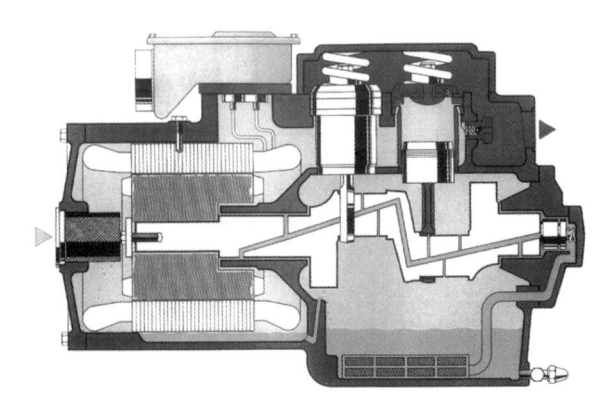

Bild 7.20
Hubkolbenverdichter

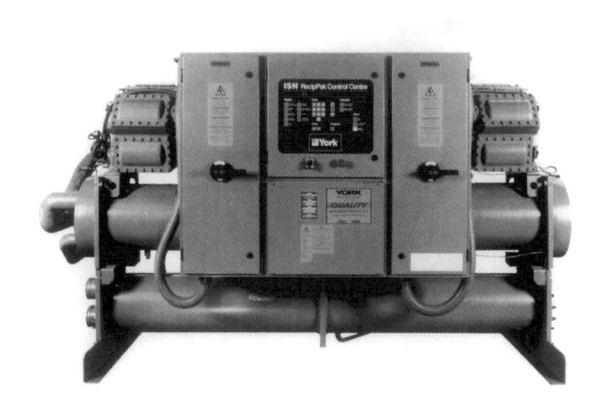

Bild 7.21
Hubkolbenkältemaschine mit getrennten Kondensatorkreisläufen

Bild 7.22
Kältemaschine mit Kolbenkompressor für Kaltwasseraufbereitung, Baureihe YCWZ, YORK, Leistungsbereich 180 kW – 370 kW (Werkbild YORK)

7.2.2.2 Kompressions-Kältemaschinen mit Kolbenverdichter

Beim Kolbenverdichter bzw. Hubkolbenverdichter erfolgt die Verdichtung durch in Zylindern hin und her laufende Kolben in Verbindung mit Öffnungs- und Schließventilen, wie wir es vom Automotor her kennen. **Bild 7.20** zeigt den Schnitt durch einen Hubkolbenverdichter. Bei diesem Hubkolbenverdichter tritt der Kältemitteldampf auf der linken Seite der Maschine ein, umströmt wiederum den Elektromotor und kühlt diesen. Der Elektromotor bewegt über eine Kurbelwelle im gezeigten Beispiel zwei Kolben, die in den Zylindern laufen. Die Kolben saugen über ein Einlaßventil den Kältemitteldampf in den Zylinder und verdichten ihn anschließend.

Hubkolbenverdichter sind die am häufigsten eingesetzten Verdichter bei Kältemaschinen, und es liegen die längsten Betriebserfahrungen vor. Gleichwohl haben sie gegenüber Schrauben- oder Spiralverdichtern Nachteile, die darin liegen, daß der Liefergrad („Wirkungsgrad") etwas geringer ist als bei den Schraubenverdichern und die Maschine selbst höheren Beanspruchungen infolge der hin- und hergehenden Bewegungen der Kolben ausgesetzt ist.

Bild 7.21 zeigt eine Hubkolbenkältemaschine mit dem Kompressorteil, dem darunterliegenden Verdampfer sowie obenliegenden, getrennten Kondensatoren. **Bild 7.22** zeigt eine Kältemaschine in Kompaktbauweise auf einem Grundrahmen mit Kolbenkompressoren für die Kaltwassererzeugung. Diese Maschine ist sehr typisch für den Einsatz bis zu einer Kälteleistung von 400 bis 450 kW, wobei die Leistungsstufung durch Ab- und Hinzuschalten einzelner Kolbenverdichter erfolgt.

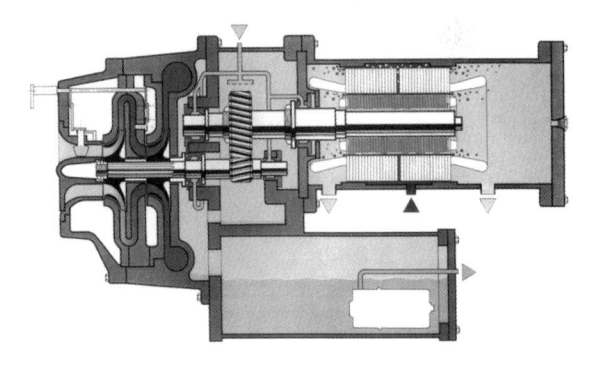

Bild 7.23
Hermetischer Turboverdichter Baureihe CCGE für Kältemittel R134a (Werkbild Trane)

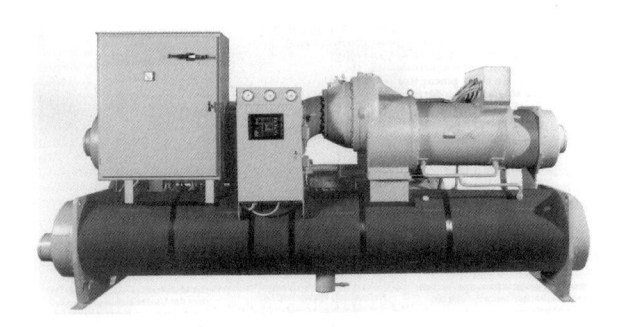

Bild 7.24
Kältemaschine mit hermetischem Turbokompressor Baureihe CVGE, Leistungsbereich 930 kW – 3.000 kW sowie Kompakt-Turbokältemaschine Baureihe CVAE, Leistungsbereich 700 kW – 1.200 kW für Dachaufstellung, (Werkbild Trane)

7.2.2.3 Kompressions-Kältemaschinen mit Turboverdichtern

Bei Kälteleistungen von mehr als 450 bis 500 kW werden in der Regel Kompressionskältemaschinen mit Turboverdichtern eingesetzt (Turbokältemaschinen).

Bei Turboverdichtern erfolgt die Kältemittelverdichtung durch eine ein- oder zweistufige Turbine (**Bild 7.23**).

Der Elektromotor der Kältemaschine treibt über ein Getriebe einen Turboverdichter an, wobei die Verdichtung des Gasstromes im Laufrad durch die Beschleunigung des Gasstromes erfolgt. Die Umsetzung der kinetischen Strömungsenergie in eine Druckerhöhung erfolgt im nachgeschalteten Diffusor.

Der in **Bild 7.23** gezeigte Turboverdichter ist hermetisch gekapselt und wird wiederum durch Kältemittel gekühlt.

Die Leistungsregelung der Turboverdichter erfolgt entweder über Drehzahlregelung (Antrieb über Frequenzumwandler), Vordrallregelung (verstellbare Leitschaufel vor dem Laufradeintritt) oder Diffusorregelung (verstellbare Schaufeln im Diffusor). Eine weitere Form der Leistungsregelung ist die Heißgas-Bypaß-Regelung, wobei der Bypaß durch ein Überströmventil zwischen Druck- und Saugseite der Turbine gebildet wird.

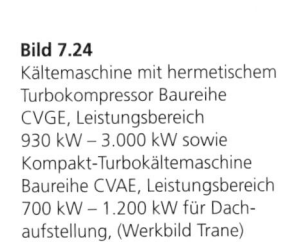

Turboverdichter werden im Kälteleistungsbereich von 300 kW bis 30 MW gebaut, wobei die **Bilder 7.24.1/2** eine Kältemaschine mit hermetischem Turbokompressor großer Bauart sowie ein Kompaktgerät zur Dachaufstellung zeigen. In diesem Bild gut erkennbar ist im unteren Teil der Verdampfer, aus dem das Kältemittel in die Turbine gesaugt wird, und der darüber liegende Kondensator, der druckseitig an die Turbine angeschlossen ist. Sehr gut erkennt man in diesem Bild auch bereits die Anschlüsse der Kühlwasser- und Kaltwasserkreisläufe an Verdampfer und Kondensator.

Bild 7.25 zeigt das gesamte Zusammenspiel einer Turbokältemaschine mit Verdampfer und angeschlossenem Kaltwasserkreislauf sowie Kondensator mit angeschlossenem Kühlkreislauf.

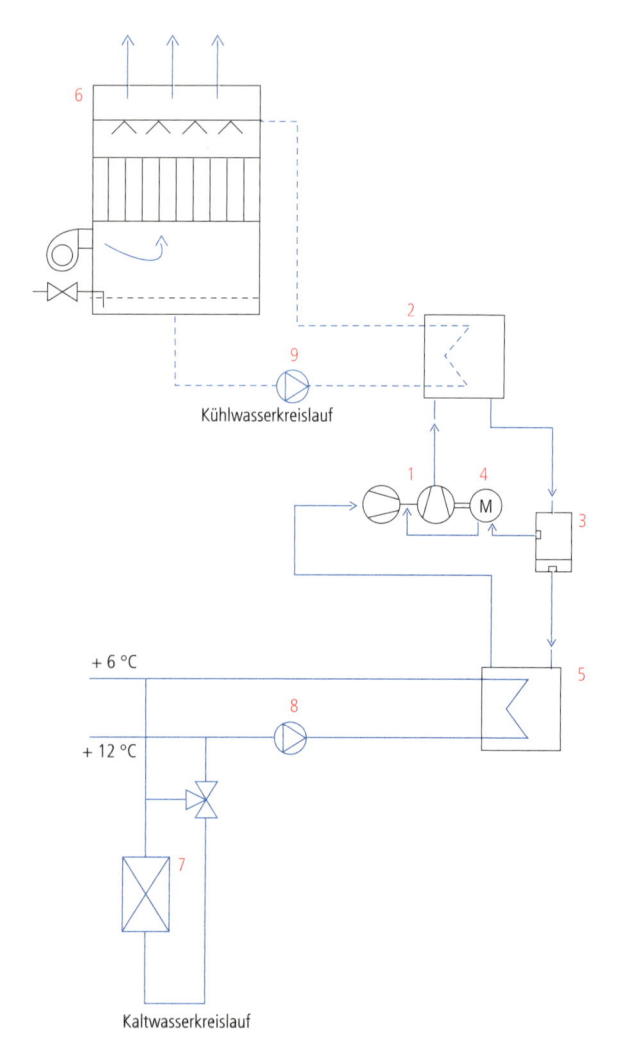

Bild 7.25
Schematischer Aufbau einer Kälteanlage mit Turbokompressor

1 Zweistufiger Turbokompressor
2 Kondensator
3 Economiser
4 Kompressormotor
5 Verdampfer
6 Rückkühlwerk
7 Luftkühler
8 Kaltwasserpumpe
9 Kühlwasserpumpe

7.2.2.4 Kompressions-Kältemaschinen mit Schraubenverdichtern

Die **Bilder 7.26.1/2** zeigen Kältemaschinen mit Kondensator und Verdampfer sowie dem aufgesetzten Motor mit Schraubenverdichter in hermetischer Bauweise. Beim Schraubenverdichter erfolgt die Verdichtung durch ineinandergreifende, schraubenartige Walzen. Durch die sich verengenden Schraubenzwischenräume entsteht in axialer Richtung eine Verdichtung des Kältemittels. Schraubenverdichter haben den Vorteil, daß aufgrund einer intensiven Ölkühlung eine geringere Erwärmung bei der Verdichtung und somit eine niedrigere Verdichtungstemperatur entsteht. Der Vorteil der Schraubenverdichter ist wie bei den Spiralverdichtern der, daß bei größeren Anlagen über einen zusätzlichen Saugstutzen eine Absaugung eines Kältemittelteilstromes über den Wärmeaustauscher erfolgt und durch diese zusätzliche Unterkühlung des Kältemittels eine größere Kälteleistung gewonnen werden kann.

Zusätzlich zu den aufgeführten Verdichtungsformen werden noch Rollkolben- und Drehkolbenverdichter in geringem Umfange eingesetzt.

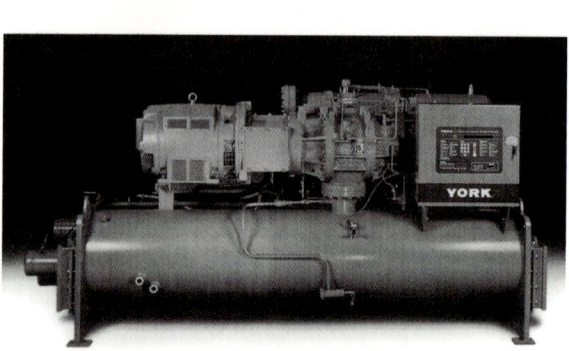

Bild 7.26.1
Schnittbild einer Kompressions-Kältemaschine mit Schraubenverdichter (Werkbild Trane)

Bild 7.26.2
Kompressions-Kältemaschine mit Schraubenverdichter, Baureihe YS, Leistungsbereich 330 kW – 1.910 kW (Werkbild YORK)

7.2.2.5 Absorptions-Kältemaschinen

Der Kreisprozeß der Absorptions-Kältemaschine (**Bild 7.27**) weist aus, daß zum Betrieb im Austreiber Dampf oder Heißwasser benötigt wird. Daher werden Absorptions-Kältemaschinen primär dort eingesetzt, wo während der Kühlperiode billige Wärmeenergie (Industriedampf/Abwärme einer Blockheizkraftwerk-Anlage, Solarenergie usw.) zur Verfügung steht.

Die Absorptions-Kältemaschine besteht aus sechs wesentlichen Komponenten, die in **Bild 7.27** und an der Maschine selbst (**Bilder 7.28.1/2**) gut ablesbar sind. Diese Anlagenkomponenten sind:

– Absorber (unterer Teil des unteren Kessels)
– Verdampfer (oberer Teil des unteren Kessels)
– Konzentrator (oberer Kessel) (= Austreiber)
– Kondensator (oberer Kessel)
– Lösungsmittelpumpe (Konzentrator/Lösungsmittelpumpen)
– Wärmeaustauscher.

Absorptions-Kältemaschinen besitzen keine Verdichter, wie bei den Kompressions-Kältemaschinen, da, wie bereits beschrieben, der Kälteprozeß auf thermischem Wege abläuft. Sie haben daher den großen Vorteil, daß sie schwingungsarm und annähernd geräuschfrei arbeiten. Nachteilig sind die größeren Maschinenabmessungen und die größeren Rückkühlleistungen (Rückkühlwerke).

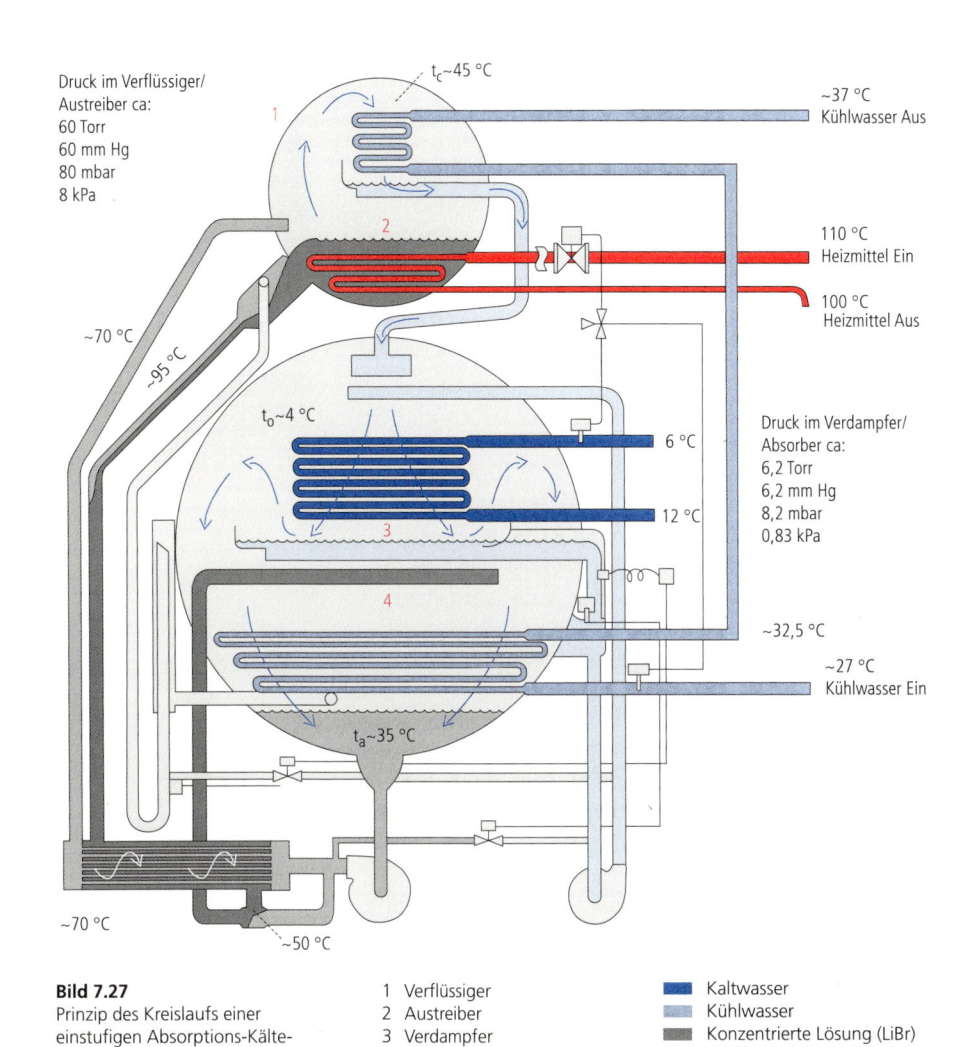

Bild 7.27
Prinzip des Kreislaufs einer einstufigen Absorptions-Kältemaschine (Werkbild YORK)

1 Verflüssiger
2 Austreiber
3 Verdampfer
4 Absorber

■ Kaltwasser
■ Kühlwasser
■ Konzentrierte Lösung (LiBr)
■ Verdünnte Lösung (Li Br)
■ Dampf oder Heißwasser
■ Kältemittel

Bild 7.28.2
Einstufige Absorptions-Kältemaschine, Baureihe ABSC, Trane, Leistungsbereich 390 kW – 6.000 kW (Werkbild Trane)

Bild 7.28.1
Einstufige Absorptions-Kältemaschine, Baureihe YIA, Leistungsbereich 420 kW – 4.850 kW (Werkbild YORK)

Steht keine Abwärme zur Verfügung können auch direkt befeuerte Absorptionskältemaschinen eingesetzt werden (**Bild 7.28.3**). Bei diesen Maschinen ist ein Heizkessel integriert, der die erforderliche Austreiberleistung zur Verfügung stellt. Im Teillastbereich oder wenn kein Kältebedarf vorhanden ist, kann die Wärmeleistung auch in das Heiznetz eingespeist werden. Dadurch können somit andere Wärmeerzeuger ersetzt werden.

7.2.2.6 R718-Wasserkühler (Wasser als Kältemittel)

Wasser ist das umweltfreundlichste, natürlichste Kältemittel mit der Kurzbezeichnung R718. Während R718 schon lange als Kältemittel in H_2O-LiBr-Absorptionsanlagen eingesetzt wird, war in der Vergangenheit die Realisierung von Kompressionskälteanlagen mit Wasser als Kältemittel nicht möglich.

Durch neue Materialentwicklungen im Verdichterbau sind in den letzten Jahren die Voraussetzungen herangereift, auch Kompressionskälteanlagen mit Wasser als Kältemittel zu realisieren. Im Institut für Luft- und Kältetechnik (ILK Dresden, Prof. Dr.-Ing. Heinrich) wurde ein Wasserkühler entwickelt, der mit Wasser als Kältemittel arbeitet und je nach Verdampfungstemperatur Kälteleistungen zwischen 0,5 und 1,0 MW erreicht. Einsatzgebiet ist vor allem die Klimatechnik, aber auch der Wärmepumpeneinsatz, insbesondere zur Nutzung von Abwärme, ist möglich.

Bild 7.29 zeigt die Prinzipschaltung eines solchen (einstufigen) R718-Wasserkühlers. Der entsprechende prinzipielle Verlauf des Kaltdampfprozesses im log p-h-Diagramm ist in **Bild 7.29.1** skizziert. Im Direktverdampfer wird eintretendes Wasser auf einen geringen Druck entspannt. Dabei verdampft ein Teil des Wassers und wird so zu Kältemittel. Das verbleibende Wasser wird dabei auf die gewünschte Kaltwassertemperatur (z.B. 6 °C) abgekühlt und steht für den Kälteverbraucher zur Verfügung.

Durch den nachgeschalteten Turboverdichter wird der entstandene Kältemitteldampf abgesaugt, auf einen höheren Druck komprimiert und im Kondensator durch direkten Kontakt mit dem Kühlwasser wieder verflüssigt. Die freiwerdende Kondensationswärme wird an das Kühlwasser (z.B. 29 °C) abgegeben.

Die für die Kältetechnik neuartigen Direktkondensatoren und Direktverdampfer sind möglich, da die äußeren Stoffströme mit Wasser als Kalt- und Kühlwasserkreislauf mit dem Kältemittel identisch sind und deshalb im Direktkontakt der Wärmeaustausch erfolgen kann.

Bild 7.28.3
Zweistufige, direktbefeuerte Absorptions-Kältemaschine Baureihe YPC, Leistungsbereich 700 kW – 5.300 kW (Werkbild YORK)

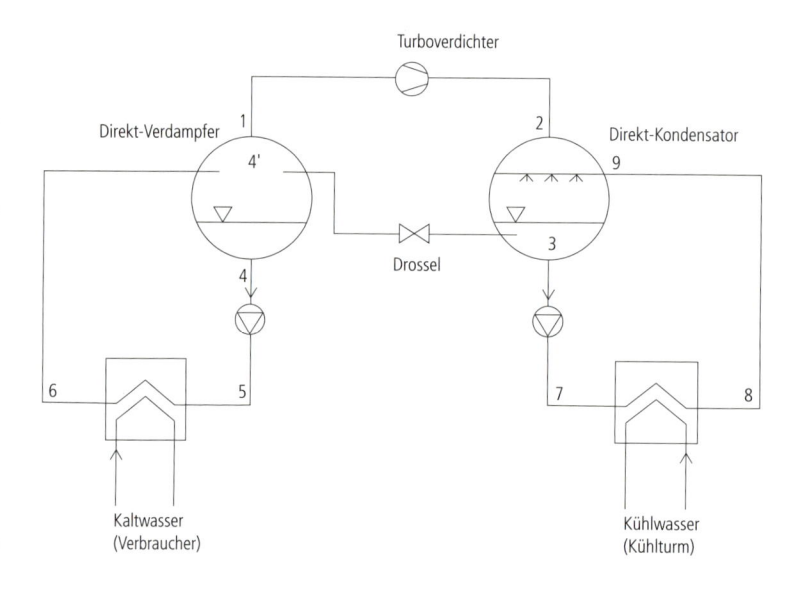

Bild 7.29
R718-Wasserkühler zweistufig

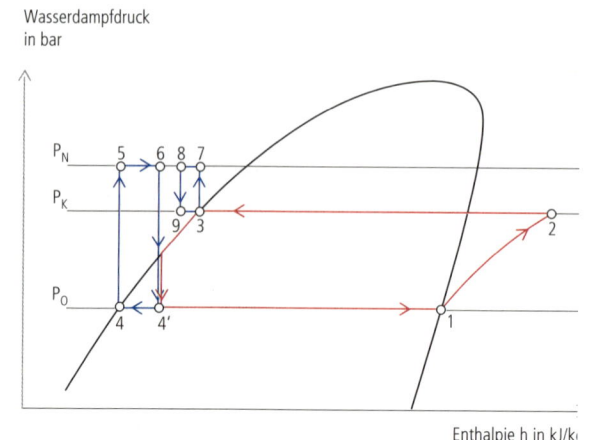

Bild 7.29.1
Prozeßablauf im log p, h-Diagramm

1 – 2	Verdichten
2 – 3	Verflüssigen
3 – 4'	Entspannen
4'– 1	Verdampfen
4–5–6–4'	Verbraucher (Kaltwasser)
3–7–8–9	Rückkühlen (Kühlwasser)
P_N	Netzdruck
P_K	Kondensationsdruck
P_O	Verdampfungsdruck

Mit R718-Wasserkühlern sind höhere Leistungszahlen möglich als bei konventionellen Kältemitteln. Zweistufige R718-Wasserkühler, mit interner Zwischenkühlung, können Leistungszahlen von $\varepsilon > 6$ erreichen.

Der Einsatz von Wasser als Kältemittel in Kompressionskälteanlagen ist auf größere Kälteleistungen ab 400 kW und vor allem im MW-Bereich ausgerichtet. **Bild 7.30** zeigt eine entsprechende Kältemaschine in der Montagephase.

7.2.3 Brunnenkühlung

Im Erdreich steht Grundwasser an, das über Brunnen gefaßt werden kann, um es zu Kühlzwecken mit einer Vorlauftemperatur von ca. 12 °C zu nutzen. Brunnenkühlungen waren in der Vergangenheit gang und gäbe und wurden bzw. werden insbesondere zur Kühlung in verfahrenstechnischen Prozessen eingesetzt. Seit Jahren ist der Einsatz von Brunnenkühlwasser rückläufig, da die entsprechenden Behörden (z. B. Wasserwirtschaftsämter etc.) hierzu nicht mehr die Genehmigung erteilen. Insofern ist Brunnenkühlung heute nur noch primär ein Thema im ländlichen Bereich und in geringem Umfange.

7.2.4 Erdsonden (untiefe Geothermie)

Für die Erzeugung kleinerer Kälteleistungen bieten sich unter Umständen Möglichkeiten an, über Erdsonden die nötige Kühlenergie bereitzustellen.

In **Bild 7.31** sind Messungen des zeitlichen Verlaufs der Erdreichtemperaturen in 5 m, 50 m und 85 m Tiefe verzeichnet (Erdwärmesondenanlage Elgg, Zürich). Wie der Darstellung gut zu entnehmen ist, sinken bei geringen Tiefen die Erdreichtemperaturen um mehr als 4 K tiefer ab als in 85 m Tiefe. Gut erkennbar ist auch die Temperaturschwankung im Erdreich in Abhängigkeit des Wärmeentzugs (Heizgradtage).

Bei der Positionierung der Erdsonden ist sehr wesentlich darauf zu achten, welcher Temperaturtrichter sich einstellt, d. h. inwieweit sich Erdsonden dadurch untereinander beeinflussen, daß die „Erdwärme" nicht schnell genug aus entfernteren Gebieten nachfließen kann. Der in **Bild 7.32** dargestellte Temperaturtrichter (Kältetrichter) im Nahbereich der Sonde zeigt die radiale Temperaturverteilung um die Erdsonde.

Bild 7.30
R718-Wasserkühler (800 kW) in der Versuchshalle des ILK Dresden
Im hermetischen Gehäuse (2 m Durchmesser) sind Verdampfer, Kondensator und 2 Verdichterstufen untergebracht
(Aqua Turbo Kältetechnik, Sonneberg)

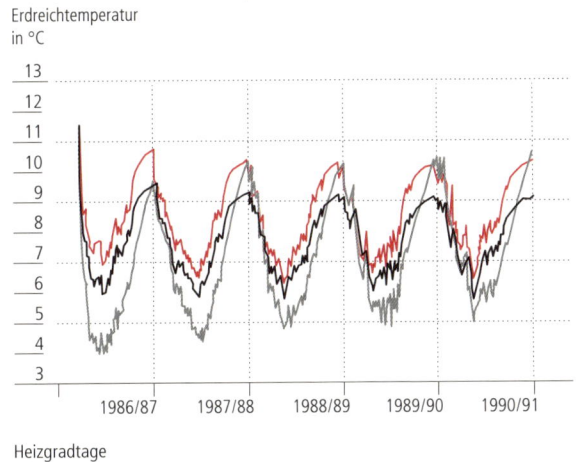

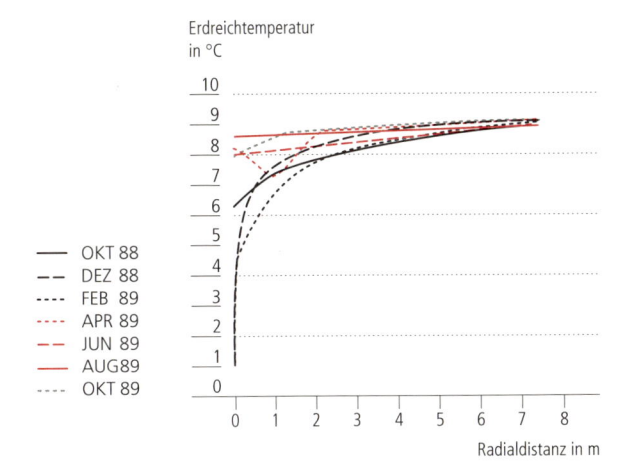

Bild 7.31
Der zeitliche Verlauf der gemessenen Erdreichtemperaturen in 5 m, 50 m und 85 m Tiefe und 50 cm Abstand von der Erdwärmesonde in Elgg über fünf Betriebsjahre (Heizgradtage 20/12) (nach W. J. Eugster et.al.)
— 85 m
— 50 m
— 5 m

Bild 7.32
Die Dynamik des Temperaturtrichters. Dargestellt ist die berechnete radiale Temperaturverteilung der Anlage Elgg für verschiedene Zeitpunkte (nach W. J. Eugster et.al.)

Der Einsatz von Erdsonden zur Erzeugung von Kälteenergie auf direktem Wege (Abkühlung erwärmten Wassers im Erdreich auf tiefere Temperaturen) ist als Systemlösung bei der bereits erläuterten direkten und indirekten Bauteilkühlung interessant.

Dabei ist zu beachten, daß die Vorlauftemperaturen entsprechender Kühlkreisläufe nicht wesentlich unter 18 °C liegen sollten, die Rücklauftemperaturen nicht wesentlich über 22 °C. Nutzung der Erdkälte bedeutet, daß die Abwärme aus dem Gebäude in das Erdreich abgeführt wird. Es gilt somit zu beachten, daß der Jahresgang der Energieflüsse ausgeglichen ist, d. h. daß die über das Sommerhalbjahr dem Erdreich zugeführte Wärmeenergie über das Winterhalbjahr wieder ausgeglichen wird. Unter der Annahme, daß im Erdreich ein räumlicher Wärmeenergiefluß von ca. 0,065 W/m² fließt, ist bei Einhaltung eines durchschnittlichen Sondenabstandes von 6 m eine Sondenleistung von ca. 30 W/m Sondenlänge zu erreichen. Die maximale Sondentiefe sollte etwa 100 m nicht überschreiten, da sich ansonsten zu hohe Investitionsaufwendungen ergeben. **Bild 7.33** zeigt das Prinzipschema eines Kühlkreislaufes selbst.

Bild 7.34.1
Erdtemperaturverlauf

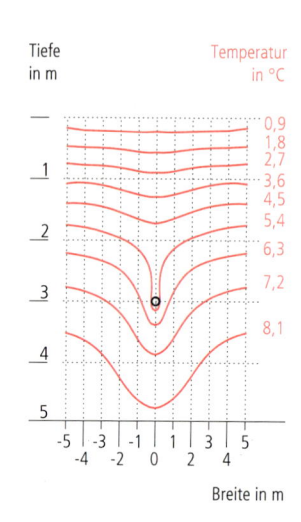

Bild 7.34.2
Temperaturfeld des Erdreiches mit Erdrohr (Isothermen)
Erdoberfläche: 0 °C
Rohroberfläche: 4,5 °C

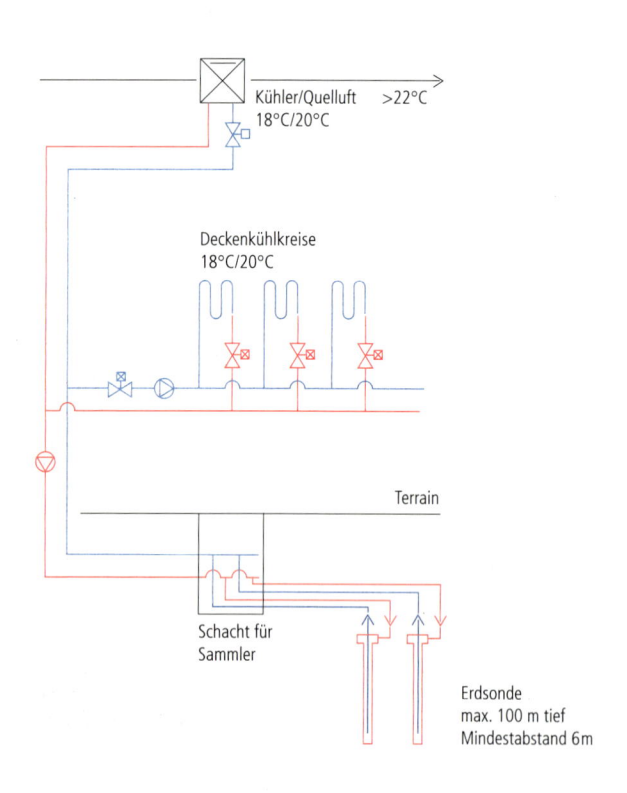

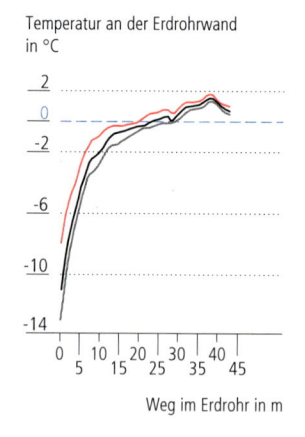

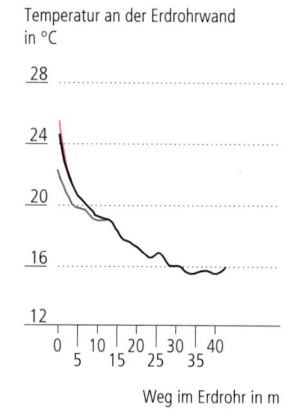

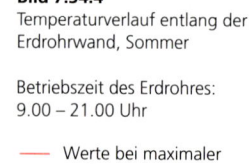

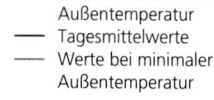

Bild 7.33
Prinzipschema Kühlkreislauf Erdsonden

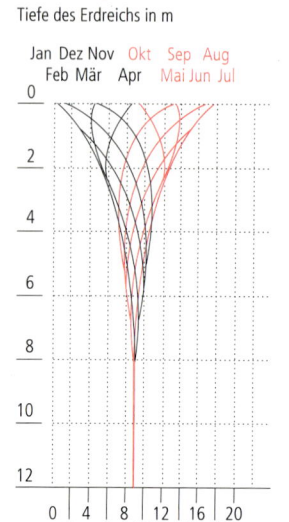

Bild 7.34.3
Temperaturverlauf entlang der Erdrohrwand, Winter

— Werte bei maximaler Außentemperatur
— Tagesmittelwerte
— Werte bei minimaler Außentemperatur

Bild 7.34.4
Temperaturverlauf entlang der Erdrohrwand, Sommer

Betriebszeit des Erdrohres:
9.00 – 21.00 Uhr

— Werte bei maximaler Außentemperatur
— Tagesmittelwerte
— Werte bei minimaler Außentemperatur

7.2.5 Erdkälte

Um Außenluft im Sommer vor Einleitung in ein Gebäude abzukühlen, gegebenenfalls zu entfeuchten bzw. im Winter vorzuheizen, bietet es sich an, die Außenluft durch im Erdreich verlegte Rohre anzusaugen oder durch ein unter dem Gebäude liegendes betoniertes Thermolabyrinth hindurchzuführen.

Thermokanal (Erdrohr)

Bei kleineren Luftmengen wie für die Belüftung von Wohngebäuden können Rohrleitungen kleinerer Dimension (z. B. Tonrohre, Betonrohre, Kunststoffrohre) ins Erdreich verlegt werden; die entsprechenden Rohre sollten jedoch nicht in Gebäudenähe liegen, da der Einfluß der Wärmezuströmung aus dem Gebäude im Kühlfall zu groß wird. Will man jedoch primär Wärmeenergie schöpfen, so kann selbstverständlich der Wärmeabfluß durch Kellerwände über entsprechende, durchlüftete Rohrleitungen aufgefangen werden. Bei der Planung entsprechender Einrichtungen ist, je nach gewünschtem Effekt, das Rohrregister oder die einzelnen Rohre im Erdreich so tief zu verlegen, daß entweder ein deutlicher Heiz- oder Kühleffekt entsteht. Zur groben Dimensionierung können die Darstellungen in den **Bildern 7.34** dienen. Sie weisen einmal das bereits bekannte Trichterphänomen der Erdtemperaturen von oben nach unten (Oberfläche in die Tiefe) aus sowie weiterhin die Temperaturverläufe entlang der Erdrohrwand im Winter bzw. Sommer. In **Bild 7.34.2** ist das Temperaturfeld des Erdreiches um ein luftführendes Erdrohr in 3 m Tiefe wiedergegeben, wobei für das Erdreich die Stoffwerte für feuchten Lehmboden herangezogen wurden. Ähnlich wie bei den Erdsonden sollten die Abstände von erdverlegten Rohrleitungen mindestens 8 – 10 m betragen, damit sie sich möglichst wenig beeinflussen (ein maximaler Wärmegewinn bei erdverlegten Rohren (Erdwärmetauscher) ergibt sich in einer Tiefe von 4 – 6 m, wobei je m³ geförderte Luftmenge ein Wärmegewinn von 6 – 6,5 kWh/a festzustellen ist). Im Sommer liegt wiederum die optimale Tiefe des Erdwärmeaustauschrohres im Bereich zwischen 4 – 6 m, und der Kälteenergiegewinn beträgt ca. 7 kWh/a (angenommene Rohrlänge ca. 40 m).

Ausgehend von einer Verlegetiefe von 3 m, einem Rohrdurchmesser von 127 mm und einem Luftvolumenstrom von 140 m³/h (Erdreich wie vor), ergibt sich ein stationärer Zustand erst nach 100 m (**Bild 7.34.5**).

Thermolabyrinth

Abschließend soll noch eine Forschungsstudie der Firma Rud. Otto Meyer zitiert werden. Beim Stadttheater Heilbronn wurde unter dem Erdgeschoß ein Thermolabyrinth aus Betonkanälen mit einer Länge von 140 m angelegt, durch das Außenluft angesaugt und unter dem Haus hindurchgeführt wird, die sich hier im Winter erwärmen bzw. im Sommer abkühlen soll. **Bild 7.35.1** zeigt das Thermolabyrinth im Untergeschoß, während des Baues (mit eingezeichneter Luftführung), **Bild 7.35** einen Schnitt mit dem Schema des Außenluftstromes, der direkt oder über das Thermolabyrinth zu lufttechnischen Anlagen gelangt.

Bild 7.34.5
Lufttemperaturverlauf entlang des Erdrohres (Sommer) in 3 m Tiefe (ø 127 mm, V = 140 m³/h) bei verschiedenen Außentemperaturen

— 35 °C
-- 17,6 °C

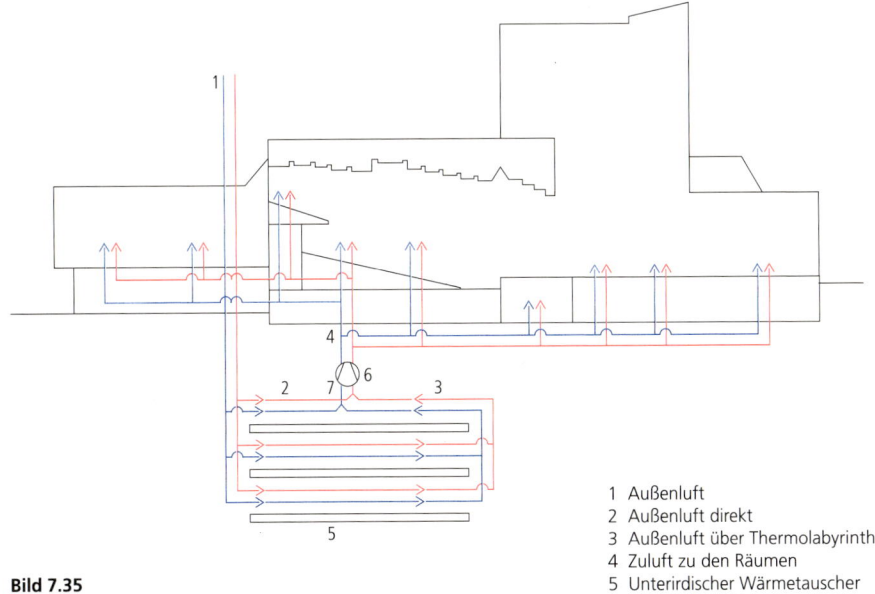

Bild 7.35
Schema Außenluftstrom und Luftführung in die Lüftungszentrale direkt oder über das „Thermolabyrinth"

1 Außenluft
2 Außenluft direkt
3 Außenluft über Thermolabyrinth
4 Zuluft zu den Räumen
5 Unterirdischer Wärmetauscher Beton-Thermokanal
6 Ventilator
7 Umschaltklappen Direkt-Thermoluft

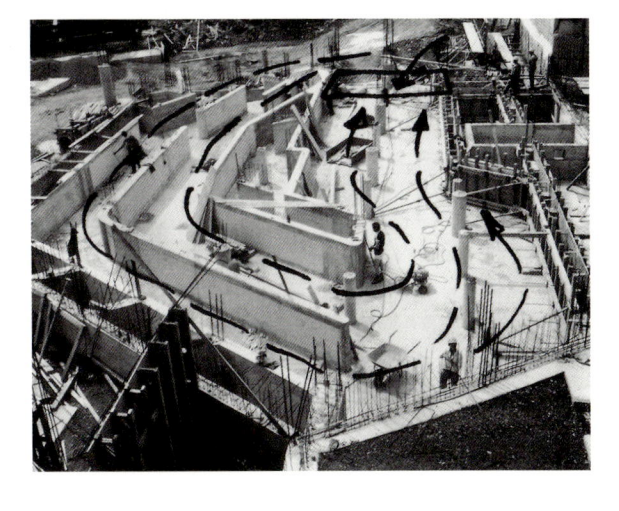

Bild 7.35.1
Das „Thermolabyrinth" im neuen Stadttheater Heilbronn im Bau mit skizzierter Luftführung

Wie die Bilder illustrieren, wird die Außenluft über einen bodenebenen Kanal direkt unter das Gebäude gesaugt und durch das Thermolabyrinth geführt. Hierbei dient als Wärmeaustauschfläche lediglich die Bodenfläche des Betonkanals, was sicher keine optimale Lösung der Erdwärmenutzung darstellt. Gleichwohl ergeben sich eindeutige Aufheiz- bzw. Abkühleffekte **(Bilder 7.36.1/2)**. Durch den Thermokanal erwärmt sich im Winter die Außenluft um 2 K – 4 K bzw. kühlt sich im Sommer zwischen 1 K – 8 K ab.

Die spezifischen maximalen Kanalübertragungsleistungen sind in **Bild 7.37** in Abhängigkeit des geförderten Volumenstroms, der bei einem Theater je nach Nutzung und Zeitraum selbstverständlich sehr unterschiedlich ist, ausgewiesen. Die spezifische maximale Kanalübertragungsleistung ergibt sich aus der Kanalübertragungsleistung über den Tagesgang sowie über die wirksame Übertragungsfläche. Nach einer Berechnung der Amortisationszeit im Rahmen der Forschungsstudie wurde festgestellt, daß die Mehrinvestitionen für das Thermolabyrinth in einem Zeitraum von 8 – 10 Jahren zu amortisieren sind – eine Bestätigung, daß viel dafür spricht, entsprechende Lösungen von Fall zu Fall zu untersuchen und gegebenenfalls zu bauen.

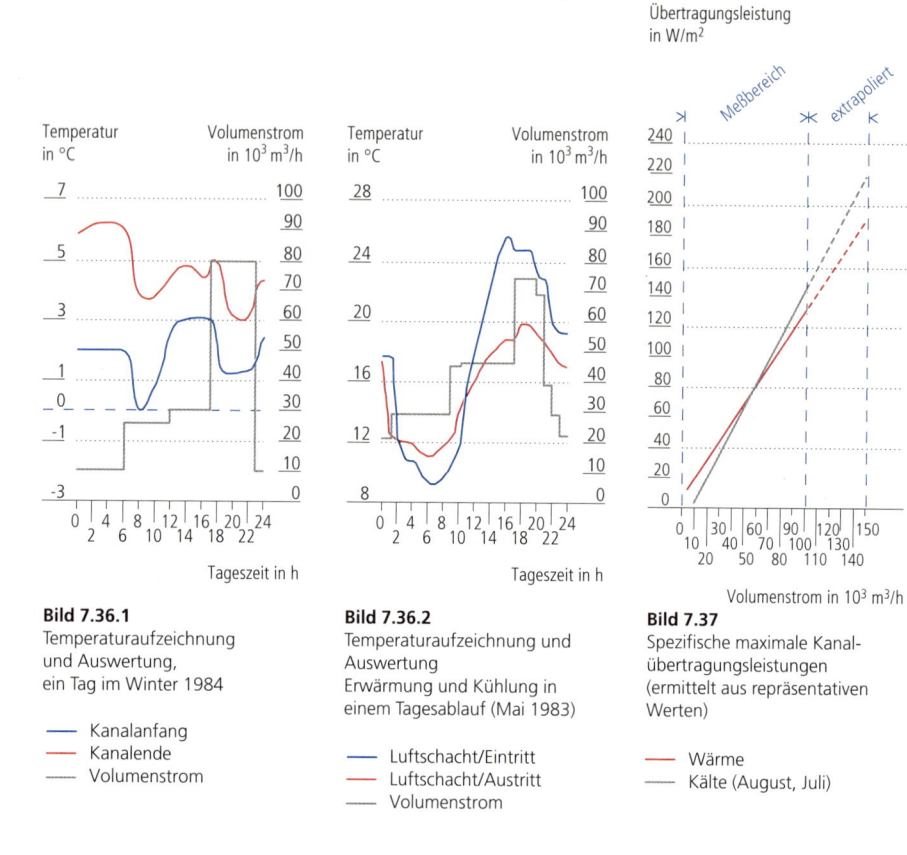

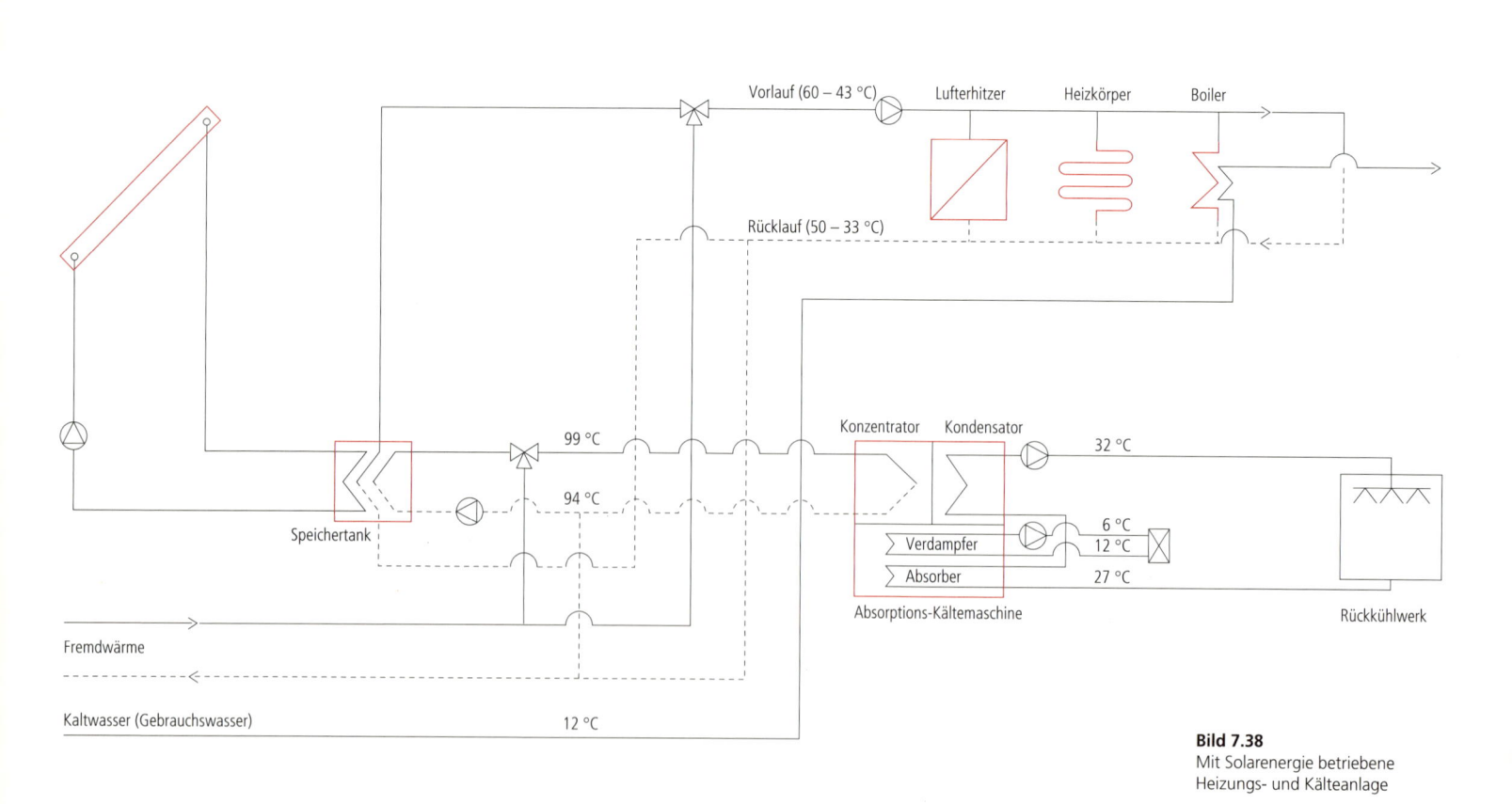

Bild 7.36.1
Temperaturaufzeichnung und Auswertung, ein Tag im Winter 1984
— Kanalanfang
— Kanalende
— Volumenstrom

Bild 7.36.2
Temperaturaufzeichnung und Auswertung Erwärmung und Kühlung in einem Tagesablauf (Mai 1983)
— Luftschacht/Eintritt
— Luftschacht/Austritt
— Volumenstrom

Bild 7.37
Spezifische maximale Kanalübertragungsleistungen (ermittelt aus repräsentativen Werten)
— Wärme
— Kälte (August, Juli)

Bild 7.38
Mit Solarenergie betriebene Heizungs- und Kälteanlage

7.2.6 Kälteerzeugung durch Solarenergie

Bild 7.38 zeigt einen Anlagenaufbau, bei dem Solarenergie nicht nur Wärmeenergie zum Beheizen, sondern gleichzeitig auch Wärmeenergie zum Betreiben einer Kälteanlage liefert. Zur langzeitigen Nutzung des Systems, insbesondere zur Erreichung hoher Temperaturen und Wirkungsgrade müssen Vakuumröhrenkollektoren oder ein Brennlinienfokussiertes System eingesetzt werden (Vorlauftemperaturen deutlich über 100 °C). Bei der dargestellten Systemlösung ist besonders vorteilhaft, daß zu Zeiten hoher Strahlungsintensität und in der Regel hoher Kühllasten gleichzeitig auch die notwendige Wärmeenergie für die Absorptions-Kälteanlage zur Verfügung steht, also mit geringen Energiekosten zu rechnen ist.

7.2.7 Kühlung durch sorptive Luftentfeuchtung

Wie bereits beschrieben, basiert die häufigste Methode der Kälteerzeugung im Klimabereich auf dem Einsatz von Kältemitteln, die in einem geschlossenen Kreislauf verdampfen und kondensieren, wobei die kalte Seite des Prozesses zur Kühlung und Entfeuchtung der Zuluft genutzt wird. Dieser Prozeß der Kälteerzeugung ist speziell unter sommerlichen Auslegungsbedingungen durch eine Verschlechterung der Leistungsziffer charakterisiert, da die Kondensatorwärme nur oberhalb der Außentemperatur abgeführt werden kann. Zugleich muß die Verdampfungstemperatur des Prozesses aufgrund der geforderten Zuluftfeuchte sehr niedrige Werte annehmen. Dadurch entsteht ein großer Temperaturhub der Kälteanlage, der zu Leistungszahlen (Verhältnis aufgenommene zu abgegebener Leistung) in der Größenordnung von 2 bis 3 führt.

Die berechneten Leistungszahlen der Kälteanlage zeigen, daß bereits bei einer Veränderung der Außenlufttemperatur von 25 °C auf 35 °C eine Verschlechterung der Leistungszahl um etwa 24 % auftritt. Umgekehrt könnte eine deutliche Verbesserung der Leistungszahl erreicht werden, wenn die Verdampfungstemperaturen wesentlich erhöht werden. Speziell die sorptive Luftentfeuchtung als Ersatz für die klassische Entfeuchtung durch Taupunktunterschreitung kann dazu beitragen.

Eine Alternative zur Entfeuchtung durch Taupunktunterschreitung besteht im Einsatz hygroskopischer Materialien. Dabei werden sowohl feste als auch flüssige Sorptionssysteme eingesetzt. Technisch am stärksten durchgesetzt haben sich in den letzten Jahren die Sorptionsgeneratoren (**Bild 7.39**), bei denen die Speichermasse hygroskopische Eigenschaften durch Tränkung oder Beschichtung erhält. Ein wesentliches Merkmal für den Einsatz innerhalb der Komfortklimatisierung besteht in der zur Regeneration notwendigen Temperatur. In **Bild 7.40** ist ein Vergleich zwischen Sorptionsgeneratoren mit Silicagel bzw. Lithiumchlorid als hygroskopischem Material dargestellt. Dabei wurde die Entfeuchtung als Funktion der Regenerationstemperaturen für nahezu identische Randbedingungen aufgetragen. Es zeigt sich, daß speziell bei niedrigen Regenerationstemperaturen ein Vorteil des lithiumchloridgetränkten Speichermaterials besteht und schon bei Regenerationstemperaturen von etwa 50 °C eine Entfeuchtung von 2,8 g/kg erreicht wird.

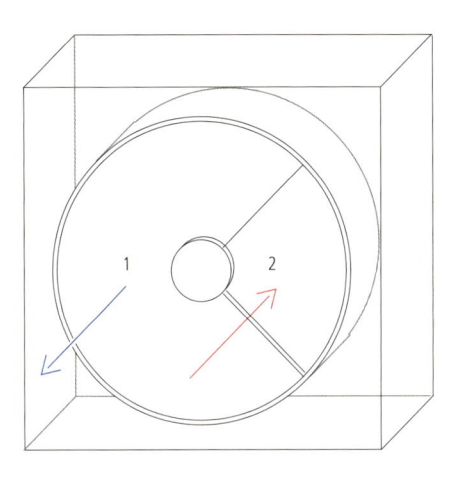

Bild 7.39
Sorptionsregenerator

1 Abluft, Regeneration des Sorptionsgenerators
2 Zuluft, Entfeuchtung der Außenluft

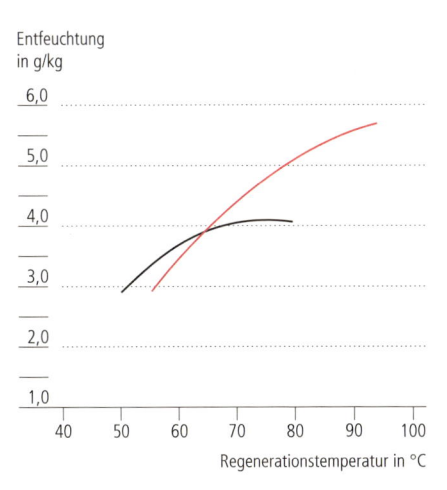

Bild 7.40
Entfeuchtung in Abhängigkeit von der Regenerationstemperatur

— LiCl-Zellulose Rotor
W_{Aa} = 2,5 m/s, n = 21,8 1/h
— Silicagel Rotor
W_{Aa} = 2,9 m/s
Eintrittszustände
$t_E \simeq$ 28 °C, x_E = 10 g/kg

Die Integration der sorptiven Entfeuchtung ist in **Bild 7.41**, der Verlauf des Prozesses ist in **Bild 7.41.1** dargestellt. Die Außenluft (1) wird beim Durchgang durch den Sorptionsgenerator getrocknet. Aufgrund der Freisetzung der Verdampfungs- und Bindungswärme kommt es zu einer Erhöhung der Temperatur bis auf den Zustand (2). Die anschließende Wärmerückgewinnung verringert die Temperatur entsprechend der Rückwärmezahl des Wärmerückgewinnungssystems. Die Temperaturabsenkung erfolgt auf einer Linie konstanten Feuchtegehaltes bis zum Zustand (3). Die anschließende trockene Kühlung in der Zuluft ermöglicht die Realisierung des Zuluftpunktes (4). Die Abfuhr der Raumkühllast erfolgt von (4) nach (5). Nach erfolgter Kühllastabfuhr wird die Wärmerückgewinnung von (6) nach (7) und eine weitere Temperaturerhöhung von (7) nach (8) realisiert. Diese Temperaturerhöhung bis auf etwa 44 °C ist notwendig, um den Sorptionsgenerator kontinuierlich regenerieren zu können. Die dabei eingebrachte Energie stellt die eigentliche Antriebsenergie des Prozesses dar, abgesehen von Ventilatoren und Pumpen. Die während der Phase der Lufttrocknung aufgenommene Wassermenge wird durch die erwärmte Luft aus dem Sorptionsgenerator ausgebracht, so daß sich der Zustand (9) ergibt.

Die Integration des Sorptionsgenerators, der im Winter mit höherer Drehzahl als Enthalpierückgewinnungsanlage betrieben werden kann, führt in Kombination mit dem Wärmerückgewinnungsgerät zu einer deutlich besseren energetischen Effizienz des Prozesses in den Wintermonaten als bei vergleichbarer konventioneller Klimatechnik.

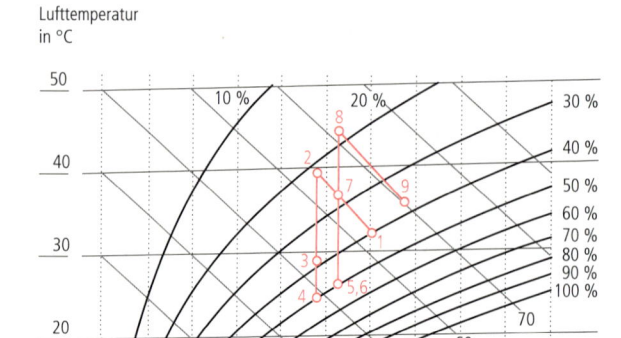

Bild 7.41.1
Verlauf der sorptiven Luftentfeuchtung, im h, x-Diagramm

1-2 sorptive Trocknung der Außenluft
2-3 Wärmerückgewinnung (Zuluft)
3-4 trockene Kühlung der Zuluft
4-5 Aufnahme der Kühllast im Raum
6-7 Wärmerückgewinnung (Abluft)
7-8 Erhitzen auf Regenerationstemperatur
8-9 Regeneration Sorptionsgenerator

Bild 7.41
Einbeziehung der sorptiven Luftentfeuchtung in die klimatechnische Versorgung eines Raumes mit Kühldecke und Quelllüftung

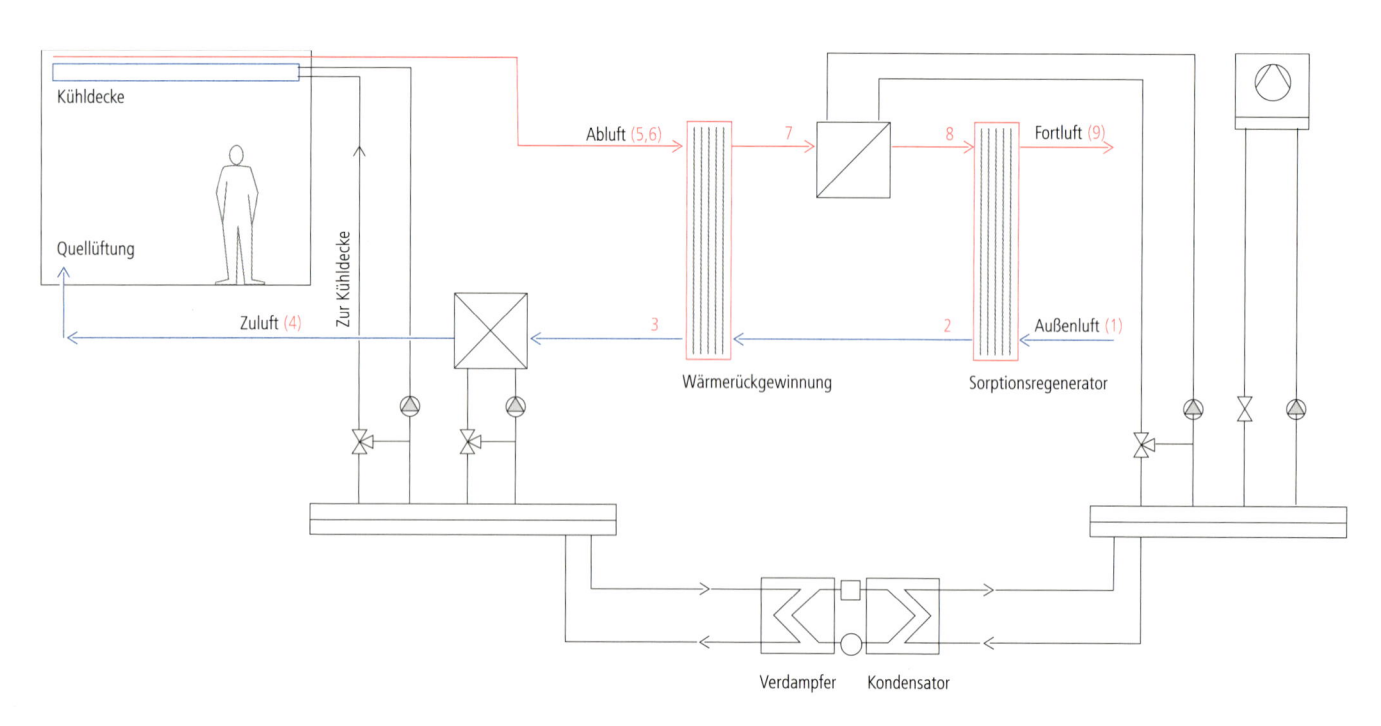

7.2.8 Sorptionsgestützte Klimatisierung

Beim Desorptionsverfahren bzw. Luftkühlung mittels adsorptiver Entfeuchtung (wie in 7.2.7 beschrieben) und adiabater Kühlung (System Kraftanlagen Heidelberg) handelt es sich um eine Systemvariante zur Erzeugung von Kühlenergie unter Zuhilfenahme von Wärmeenergie. Die **Bilder 7.42.1/2** zeigen den prinzipiellen Aufbau einer entsprechenden Systemlösung unter Angabe von Temperaturen und Feuchten für einen bestimmten Auslegungsfall sowie eine Darstellung der Abläufe im h, x-Diagramm. Hierbei ist das gesamte komplexe System dargestellt.

Bei der Luftkühlung mittels adsorptiver Entfeuchtung und adiabater Kühlung wird dann keine Kälteanlage im herkömmlichen Sinne eingesetzt, wenn eine Entfeuchtung nicht notwendig ist bzw. sorptiv entfeuchtet wird. Eine Nachkühlung zum Beispiel mit einer gasmotorisch betriebenen Wärmepumpe wird notwendig, wenn die Außenluft gekühlt und insbesondere entfeuchtet werden muß. Dieses Kühlsystem benötigt weder H-FCKW noch Ammoniak oder Sole-Kreisläufe, sondern lebt davon, daß durch Versprühen von Kaltwasser in Abluft- wie in Zuluftströmen adiabate Zustandsänderungen eintreten, die eine Kühlung bei gleichzeitiger Befeuchtung nach sich ziehen. Die Außenluft wird anfänglich dadurch entfeuchtet, daß die Füllkörper des erhitzten Trocknungsrades (hygroskopisches Silicagel) einen sehr geringen Feuchtegehalt besitzen und somit in der Lage sind, Wasserdampf aus dem Außenluftstrom zu übernehmen. Anschließend wird die Außenluft über eine Wärmerückgewinnungsanlage abgekühlt. Eine weitere adiabate Kühlung erfolgt dadurch, daß im Außenluftstrom Kaltwasser versprüht wird, das verdunstet und somit die Zulufttemperatur bei gleichzeitiger Erhöhung der Feuchte verringert. Entsprechende Verfahren werden dann sinnvoll eingesetzt, wenn entweder Überschußwärme z. B. infolge eines Produktionsprozesses günstig zum Einsatz kommen kann oder wenn Wärmeenergie über Kollektoranlagen erzeugt wird, da davon auszugehen ist, daß der größte Teil der Kälteenergie dann benötigt wird, wenn hohe Außentemperaturen mit hohen solaren Strahlungsgewinnen zusammenfallen.

Bild 7.42.2
Zustandsverlauf der Luft bei den Verfahrensschritten – sorptive Entfeuchtung und adiabate Kühlung

Zuluft
1 Außenluftzustand
2 Luftzustand nach Entfeuchtung
3 Luftzustand nach Wärmeaustausch
4 Luftzustand nach adiabater Kühlung

Abluft
5 Raumluftzustand
6 nach adiabater Kühlung
7 nach Wärmeaustausch
8 nach zusätzlicher Erwärmung
9 nach Sorptionsgenerator

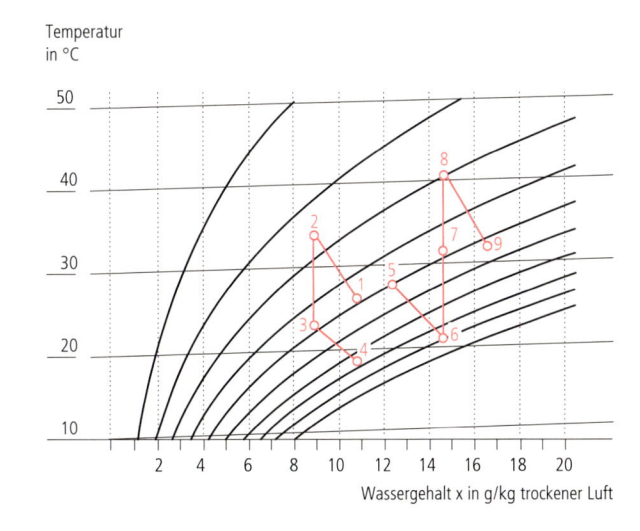

Bild 7.42.1
Luftkühlung mittels adsorptiver Entfeuchtung und adiabater Kühlung mit verschiedenen Wärmequellen, eingebunden in ein Total-Energie-System

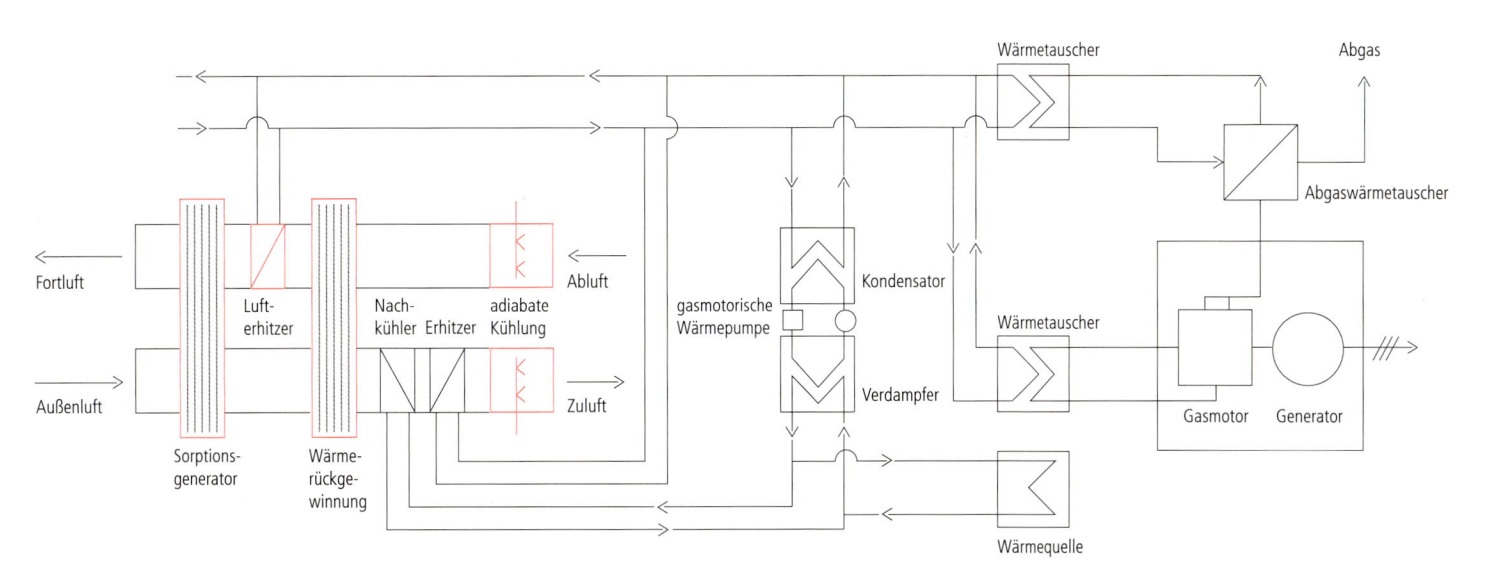

Am ZAE-Bayern (Zentrum für angewandte Energieforschung) wurde eine alternative Sorptionstechnologie entwickelt, bei der die Trocknung der Luft über ein flüssiges Sorptionssystem erfolgt **(Bild 7.43.1)**. In dem System wird die Außenluft mit einer hochkonzentrierten Salzlösung in einem gekühlten Absorptionsprozeß entfeuchtet (1) **(Bild 7.43.2)**. Die entfeuchtete (und vorgekühlte) Luft wird im Anschluß über eine adiabate Kühlung (Befeuchtung) auf den Einblaszustand gebracht (2).

Der Entfeuchtungsprozeß wird über ein Kreislaufverbundsystem mit einem indirektem Verdunstungskühler im Abluftstrom rückgekühlt (4). Die Luftfeuchtigkeit wird von der verwendeten Salzlösung aufgenommen, die daher nach der Entfeuchtung der Luft niedriger konzentriert ist. Diese niedriger konzentrierte Salzlösung wird aufgefangen und gesammelt. Über einen thermischen Regenerationsprozeß bei Temperaturen ab 60 °C wird das aufgenommene Wasser aus der Salzlösung ausgetrieben und dadurch die Konzentration der Salzlösung wieder erhöht. Damit steht sie erneut für den Sorptionsprozeß zur Verfügung. Die Salzlösungen können beliebig lange gelagert werden und stellen somit eine Möglichkeit dar, die für die Entfeuchtung erforderliche Energie langfristig und mit hoher Energiedichte zu speichern. Dadurch, und aufgrund der niedrigen Regenerationstemperaturen, bietet sich die Kombination mit Solarkollektoren für den Regenerationsprozeß an, da durch die Speicherung der Energie in der Salzlösung eine Anpassung des solaren Wärmeangebots an den Kühlbedarf des Gebäudes erfolgen kann.

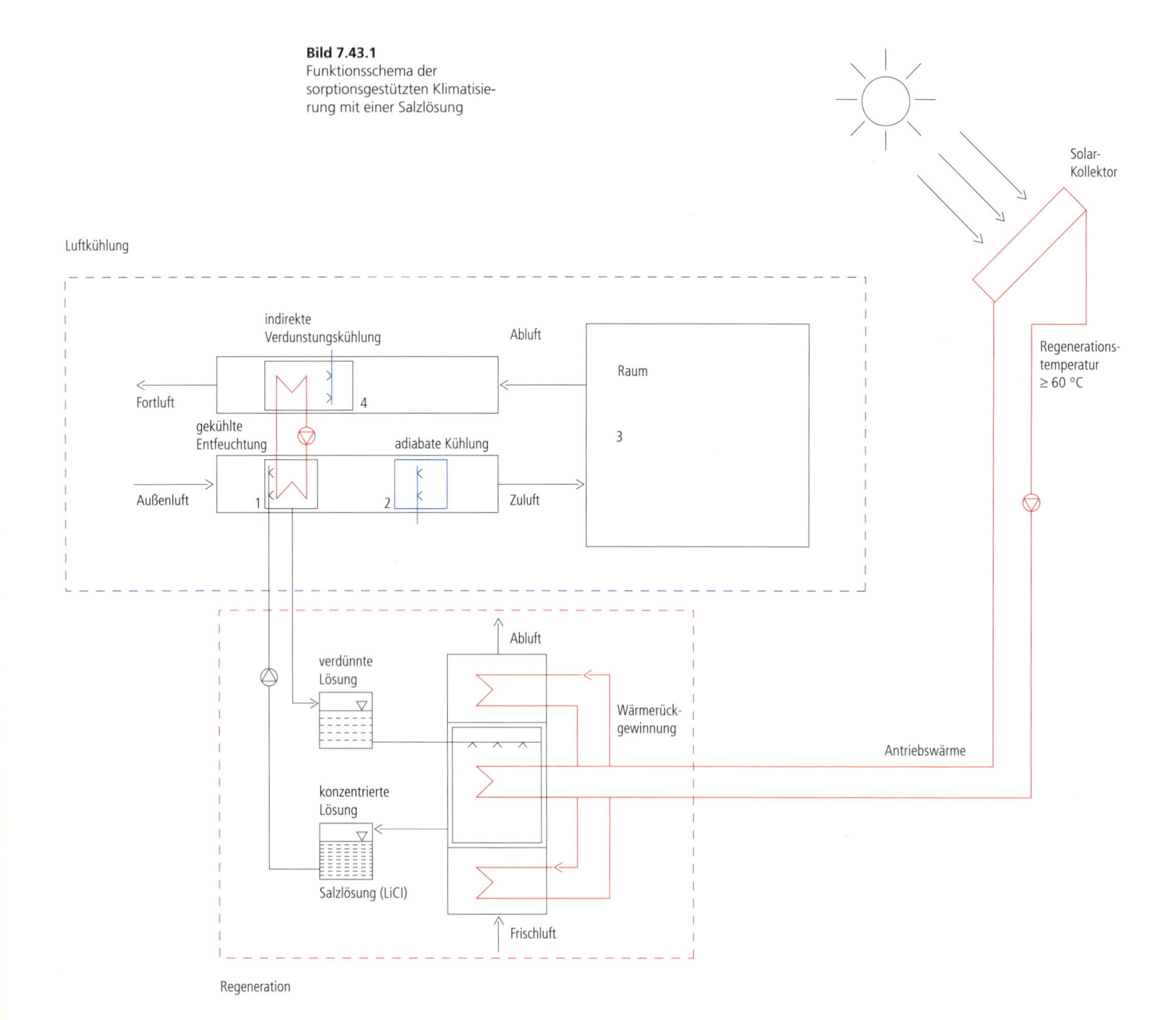

Bild 7.43.1
Funktionsschema der sorptionsgestützten Klimatisierung mit einer Salzlösung

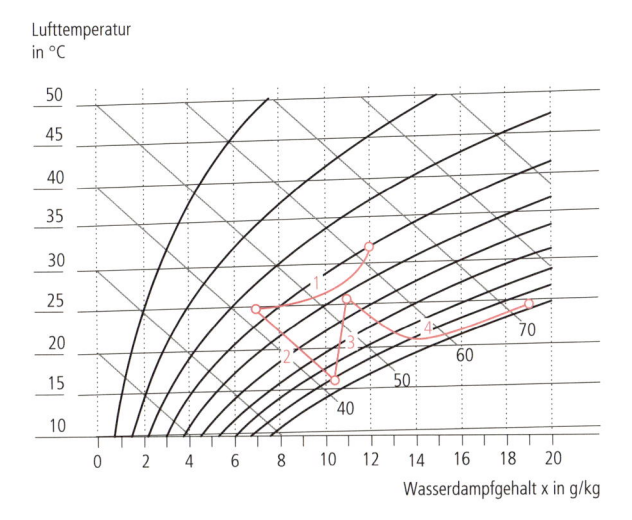

7.2.9 Sonstige Verfahren

Neben den zuvor aufgeführten Systemlösungen gibt es weitere, die jedoch sehr selten eingesetzt werden. Hierzu gehören:
– Dampfstrahl-Kälteprozeß
– Thermoelektrische Kälteerzeugung
– Hybrid-Luftentfeuchtungssysteme usw.

Dampfstrahl-Kälteprozeß

Bei diesem Prozeß wird Wasser, im einfachsten Fall der Kaltwasserkreislauf selbst, als Kältemittel verwendet und Wasserdampf als Antriebsenergie. Dabei tritt Treibdampf aus einer oder mehreren Düsen aus und saugt Dampf aus dem Verdampfer an. Im anschließenden Diffusor wird die Geschwindigkeit des Mischdampfes verzögert und in eine Druckhöhe umgesetzt, die dem Kondensationsdruck von 40 – 50 mbar entspricht. Das im Kondensator anfallende Kondensat wird teils dem Kessel teils Hilfskondensatoren zugeführt. Im Verdampfer wird das aus dem Kaltwasserkreislauf zurückströmende Wasser versprüht und durch Verdampfung einer Teilmenge auf die Austrittstemperatur zurückgekühlt. Da der Prozeß bei hohem Vakuum abläuft, sind mehrstufige Ejektoren zur Entlastung des Kreislaufes notwendig. **Bild 7.44** zeigt das Arbeitsprinzip und den Aufbau der Dampfstrahlkälteanlage.

Bild 7.43.2
Darstellung der sorptionsgestützten Klimatisierung mit einer Salzlösung im h, x-Diagramm
1 gekühlte Entfeuchtung
2 indirekte Verdunstungskühlung
3 Raumklimatisierung
4 adiabate Kühlung der Zuluft

Bild 7.44
Dampfstrahlkälteanlage

1 Düse
2 Diffusor
3 Spritzdüse
4 Verdampfer
5 Kondensator
6 Kessel
7 Schwimmerventil
8 Ejektoren
9 Wasserrohre
10 Pumpe
11 Entleerung
12 Hilfskondensatoren
13 Kondensat-Pumpe

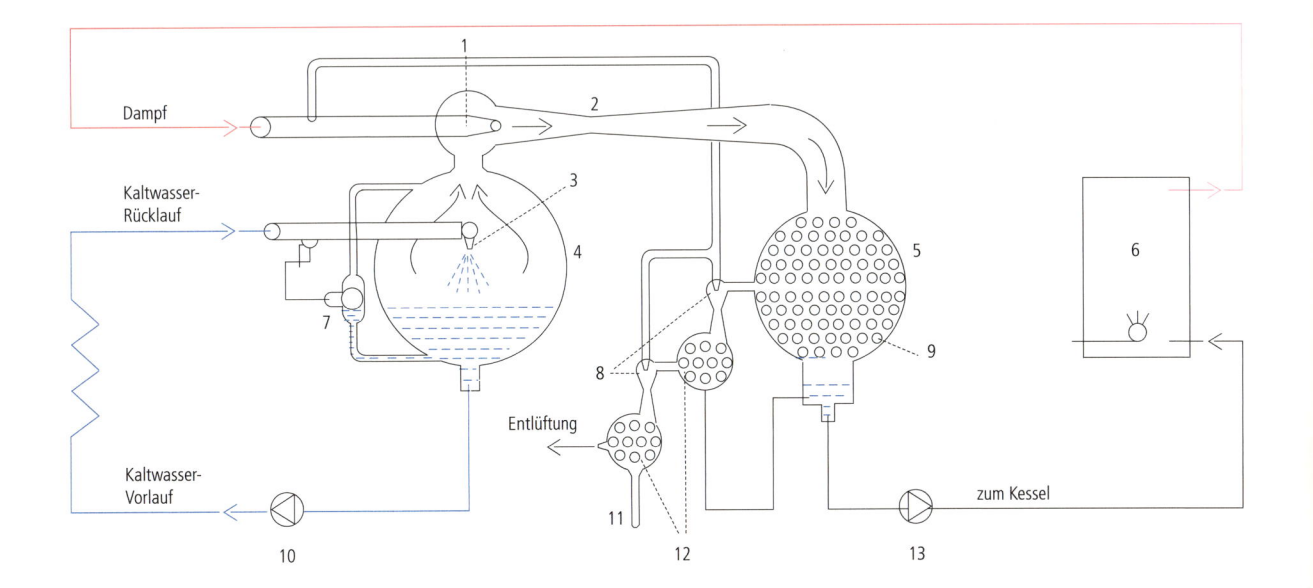

Thermoelektrische Kälteerzeugung

Die Systemlösung der thermoelektrischen Kälteerzeugung basiert darauf, daß eine Gleichspannung (U) an einen Stromkreis gelegt wird, der aus zwei unterschiedlichen metallischen Leitern besteht. Dabei kühlt sich eine Kontaktstelle ab, die andere erwärmt sich. Bei Umpolung vertauschen auch die Kontaktstellen ihr Temperaturverhalten. Metalle als Leiter entwickeln eine geringe Thermokraft. Die Einschränkungen der Anwendung dieses Effekts zur Kälteerzeugung haben sich in den letzten Jahren z. T. dadurch aufgelöst, da es gelang, Halbleiter einzusetzen. P- und n-leitende Halbleitermaterialien werden durch Kupferbrücken miteinander zu einem Peltier-Element verbunden (**Bild 7.45**). Durch Reihenschaltung solcher Elemente entsteht eine Peltier-Batterie in Blockform, die so aufgebaut ist, daß alle kalten Kupferbrücken die wärmeaufnehmende und alle warmen Brücken die wärmeabgebende Seite des Blockes bilden. Die aus diesen Blöcken hergestellten Kühl- bzw. Wärmepumpengeräte mit einer Leistungsaufnahme bis ca. 1 kW sind in ihren Betriebskosten den traditionellen Kompressions- und Absorptionsgeräten vorerst noch unterlegen, da der Carnot'sche Gütegrad lediglich 10 – 20 % beträgt. Der Vorteil des Systems ist das Fehlen jeglicher beweglicher Teile und Flüssigkeiten.

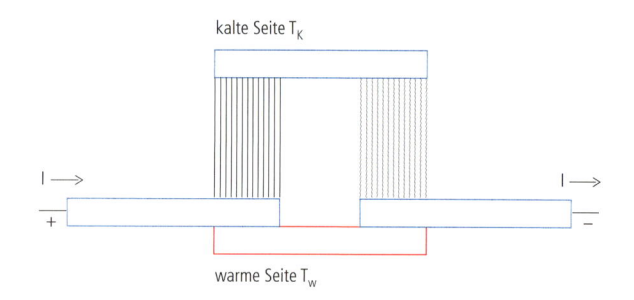

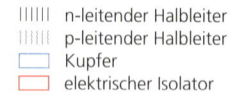

Bild 7.45
Schematische Darstellung eines Peltier-Elements
Die Heizleistung auf der warmen Seite ist
$P_H = P_K + U \cdot I$ (W)
mit
P_K Kühlleistung auf der kalten Seite in W
U Spannung in V
I Stromstärke in A
$U = L * \Delta t$
L Seebeck-Koeffizient
Δt Temperaturdifferenz zwischen kalter und warmer Seite

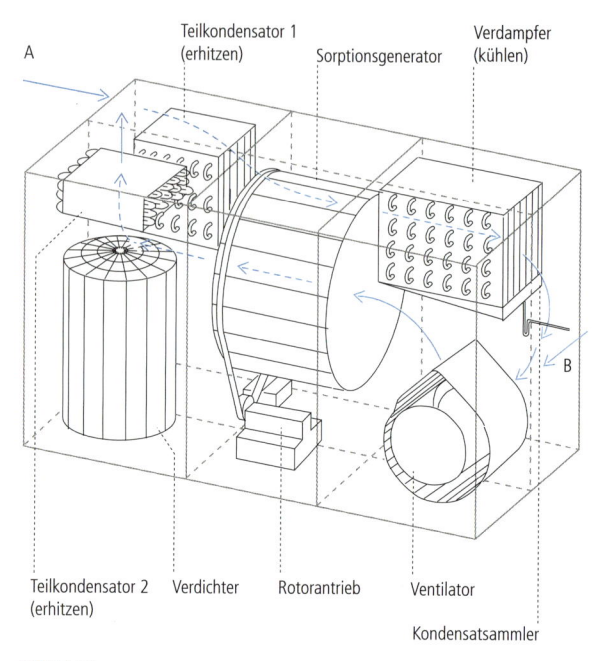

Bild 7.46
Hybrid-Luftentfeuchter
(ILK Dresden)

A Raumluft
  (Teilvolumenstrom 1)
B Raumluft
  (Teilvolumenstrom 2)

Hybrid-Luftentfeuchtung (mit Sorptionsrad)

Der Hybrid-Luftentfeuchter nutzt die Vorteile des Kondensationsprinzips und des Sorptionsbetriebs und arbeitet nach dem Wärmepumpenprinzip. Die funktionstypischen Komponenten beider Entfeuchtungsverfahren werden miteinander vereint:
– Wärmepumpe
– Sorptionsentfeuchter

Der Regenerations-Luftstrom wird im Teilkondensator 1 aufgeheizt, nimmt im Regenerationssektor Feuchtigkeit auf und wird im nachgeschalteten Verdampfer gekühlt und entfeuchtet. Der zweite Teilluftstrom wird vor dem Ventilator zugemischt und durch den Trockensektor des Sorptionsrades gedrückt. Dabei wird Feuchte an das Rad abgegeben. Der entfeuchtete Gesamtluftstrom nimmt die Kondensator-Restwärme aus Teilkondensator 2 auf und wird nach außen geblasen. Typische Anwendungsgebiete für entsprechende Geräte sind Räume oder Gebäude, in denen es auf eine geringe Feuchte ankommt, d. h. die ständig entfeuchtet werden müssen. **Bild 7.46** zeigt das System Hybrid-Luftentfeuchter mit Sorptionsrad und Wärmepumpe.

7.3 Wärmepumpengeräte

Werden Kältemaschinen gleichzeitig auch zur Wärmeerzeugung herangezogen, so bezeichnet man sie als Wärmepumpen. Wärmepumpen können motorisch angetrieben werden mit elektrischer Energie, Gas oder Öl, gegebenenfalls auch über Dampfturbinen (Großanlagen). Die nachfolgend dargestellten Beispiele sind somit nur ein kleiner Ausschnitt des Gesamtspektrums. Gleichermaßen wird bei den nachfolgenden Erläuterungen der Wärmeaustausch auf Wasser-Wasser, Wasser-Luft und Luft-Wasser eingeschränkt, da er der am häufigsten vorkommende ist, während Wärmeaustausch über Solaranlagen, Absorberdächer, Erdreich usw. nur bei Kleinobjekten und noch relativ selten vorkommt.

7.3.1 Wärmepumpengeräte, Wasser-Wasser-Austausch

Nachfolgend sollen einige Wärmepumpen mit vereinfachten Kreisläufen dargestellt werden, wobei Kälteleistungen, Leistungsaufnahmen, Heizleistungen, Leistungszahlen und Abmessungen sowie das Betriebsgewicht beispielhaft angegeben werden.

Bild 7.47 zeigt eine serienmäßige Wasser-Wasser-Wärmepumpe mit Kolbenverdichtern in halbhermetischer Bauart. Gut erkennbar im Schema ist der Antriebsmotor mit Kolbenverdichter sowie ein Rohrbündel-Durchlaufkühler (wärmedämmend isoliert und die Schalt- und Steuertafel mit allen zum Betrieb erforderlichen Schalt-, Regel-, und Sicherheitsorganen). Die schematische Darstellung zeigt den Kältekreislauf, ausgehend vom Kompressor zum Kondensator, den Wärmeaustausch durch Brauch- oder Warmwasser, das Rückfließen des Kältemittels zum Verdampfer, wo entweder dem Kaltwasserverbraucher die Verdampfungswärme entzogen oder aber eine Energiequelle (Oberflächenwasser/Grundwasser) entwärmt wird.

Die in der **Tabelle 7.3** angegebene Leistungszahl (oder auch Heizzahl) gibt das Verhältnis der im Kondensator abgegebenen Heizleistung zur Verdichterleistung an. Wie die Tabelle ausweist, liegen die Leistungszahlen im Bereich von 4 bis 4,5.

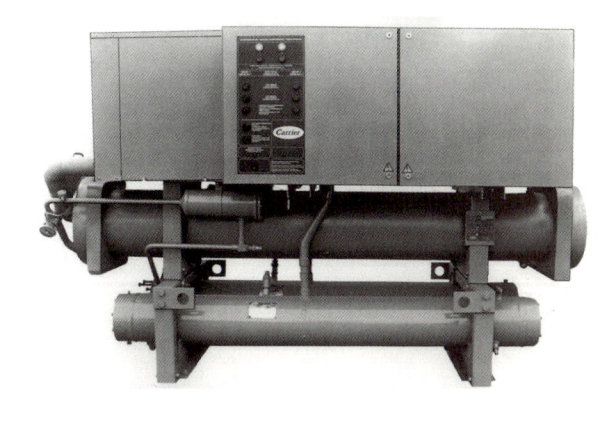

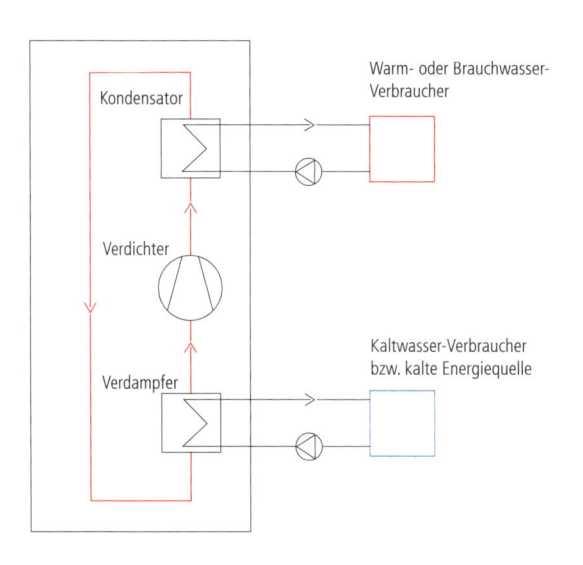

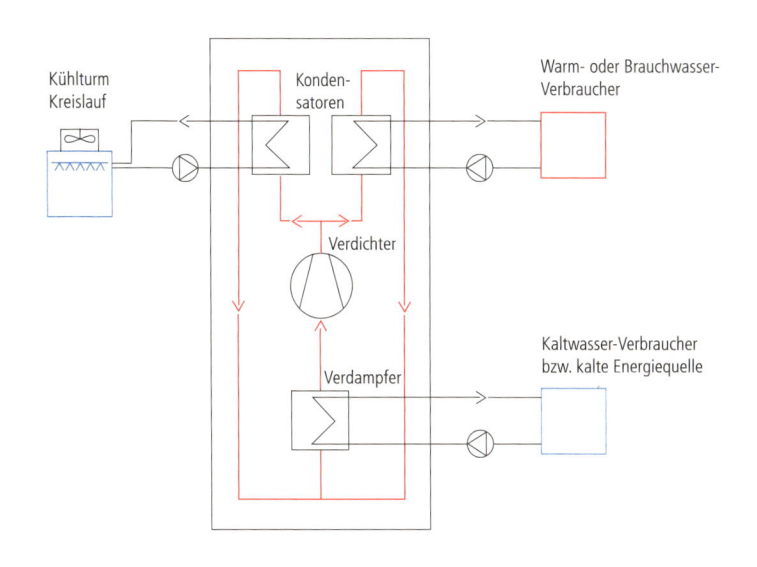

Bild 7.47
Wärmepumpengerät und Anlagenschemata von Wasser-Wasser-Wärmepumpen mit einem oder zwei Kondensatoren

Typ	Kälte-leistung kW	Leistungs-aufnahme kW	Heiz-leistung kW	Leistungs-zahl	Abmessungen mm			Betriebs-gewicht kg
					L	B	H	
Maschinen mit einem Kältekreis:	44,0	14,1	58,1	4,1	1.870	710	1.170	550
	56,6	17,9	74,5	4,1	1.870	710	1.170	570
	69,6	21,1	90,7	4,3	2.090	710	1.170	620
	84,0	26,4	110,4	4,2	2.160	790	1.220	720
	103,0	30,9	133,9	4,3	2.160	830	1.220	850
	134,3	39,0	173,3	4,4	2.230	1.010	1.420	1.300
	170,1	47,3	217,4	4,6	2.400	1.010	1.420	1.480
	199,3	59,5	258,8	4,3	2.420	1.010	1.420	1.510
	266,,5	75,3	341,8	4,5	2.850	1.070	1.520	1.980
Maschinen mit zwei Kältekreisen:	139,2	42,2	181,4	4,3	2.410	1.020	1.300	1.380
	168,0	52,7	220,7	4,2	2.480	1.040	1.300	1.470
	205,6	61,7	267,3	4,3	2.670	1.040	1.320	1.850
	265,1	77,7	342,8	4,4	2.850	1.170	1.550	2.640
	339,9	94,6	434.5	4,6	2.850	1.170	1.550	2.810
	393,4	119,0	512,4	4,3	2.880	1.170	1.550	2.950
	474,0	135,2	609,2	4,5	4.045	1.370	1.690	3.510
	547,4	150,2	697,6	4,6	4.045	1.370	1.690	3.730

Tabelle 7.3
Leistungsdaten einer Wasser-Wasser-Wärmepumpe

Daten bezogen auf
– Kaltwasser 12/7 °C
– Warmwasser 35/40 °C.

Maschinen mit Wärmeaus-tauschern in Nominalgröße

7.3.2 Wärmepumpengeräte Wasser-Luft-Austausch

Wird die Kondensatorwärme über einen Rippenaus-tauscher direkt an Luft abgegeben, so spricht man vom Wasser-Luft-Austausch.

Bild 7.48 weist eine Wasser-Luft-Wärmepumpe in Kompaktausführung aus, die Warmluft bis 45 °C erzeugt. In diesem Kastengerät ist ein vollthermischer Verdichter mit Leistungsregulierung, der luftgekühlte Lamellenrohrkondensator, ein thermostatischer Verdampfer sowie zwei Axialventilatoren untergebracht. Das Gehäuse ist insgesamt schall- und wärmedämmend isoliert und kann als Kompakteinheit annähernd betriebsfertig eingesetzt werden. In **Tabelle 7.4** sind wiederum einige Leistungsdaten angegeben, um eine Vorstellung von den Kenndaten sowie Abmessungen und dem Betriebsgewicht zu haben.

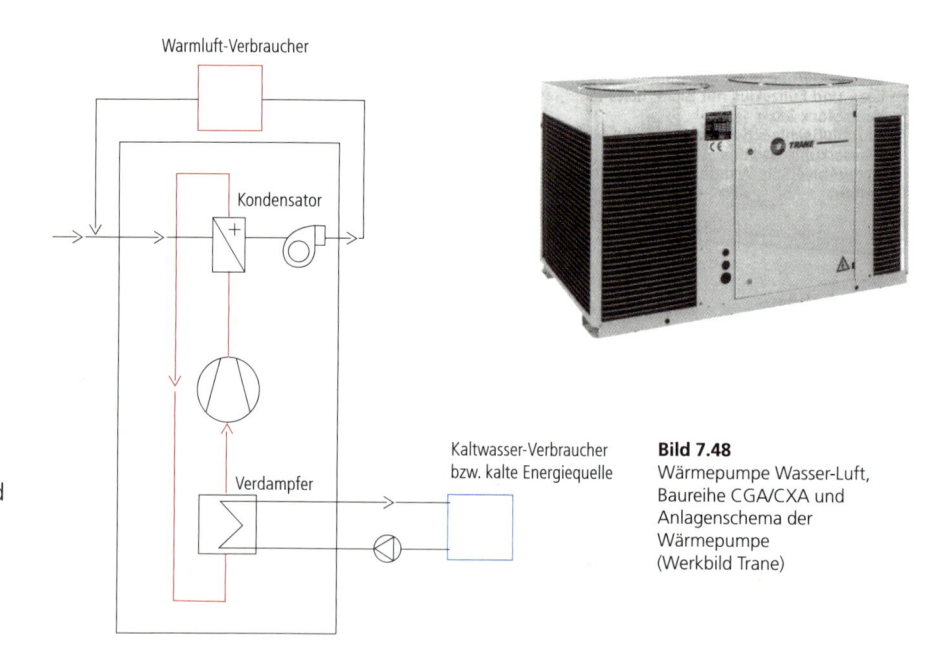

Bild 7.48
Wärmepumpe Wasser-Luft, Baureihe CGA/CXA und Anlagenschema der Wärmepumpe
(Werkbild Trane)

Modell		CGA/CXA 075	CGA/CXA 100	CGA/CXA 125	CGA/CXA 150	CGA/CXA 200	CGA/CXA 250
Kälteleistung CGA	kW	14.0	18.0	22.5	28.0	36.0	45.0
Stromaufnahme Kühlen	kW	5.7	7.4	8.9	11.3	14.7	17.9
Heizleistung CXA	kW	15.1	19.8	23.7	30.2	39.6	47.4
Stromaufnahme Heizen	kW	5.7	7.2	8.9	11.3	14.8	18.0
Luftmenge	m³/h	7.700	9.000	10.600	15.400	18.000	21.240
Breite x Tiefe	mm	1.600 x 950	1.600 x 950	1.260 x 1.050	1.260 x 1.050	1.800 x 950	2.200 x 1.500
Höhe	mm	1.050	1.050	1.050	1.050	1.050	1.050
Gewicht CGA/CXA	kg	241/260	241/260	250/268	407/440	410/445	463/505

Tabelle 7.4
Leistungsdaten Wasser-Luft-Wärmepumpe für Kältemittel R134a

7.4 Rückkühlsysteme

Wird die Kondensatorwärme einer Kältemaschine nicht zu Heizzwecken genutzt, so ist diese abzuführen.

Früher war es üblich, die Kühlung der Kondensatoren mit Wasser aus kommunalen Leitungsnetzen, Brunnen oder offenen Gewässern vorzunehmen, was heute aus ökologischen und wirtschaftlichen Gründen nicht mehr möglich ist. Daher werden die wassergekühlten Kondensatoren an ein Rückkühlwerk angeschlossen, das entweder in offener oder geschlossener Bauweise erstellt wird. Darüber hinaus gibt es noch eine Sonderform der Rückkühlwerke, die für eine freie Kühlung geeignet sind.

7.4.1 Offene Rückkühlwerke

Offene Rückkühlwerke (Wasserrückkühlwerke) arbeiten grundsätzlich nach dem Prinzip, daß das aus dem Kondensator kommende Wasser über Füllkörper rieselnd mit Luft in Berührung gebracht wird, wodurch es je nach Temperatur und Feuchte der Außenluft mehr oder weniger abgekühlt wird. Danach kehrt das Wasser wieder zum Kondensator zurück und der Kreislauf beginnt von neuem. Ein geringer Anteil der Wasserabkühlung erfolgt mit der Abgabe fühlbarer Wärme an die kühlere Luft, der größere Teil der Abkühlung erfolgt durch Verdunstung eines geringen Teils des Wassers. **Bild 7.49** zeigt das Kreislaufschema eines offenen Rückkühlsystems. Mit einer Pumpe wird das Kühlwasser durch den Kondensator hindurchgedrückt und strömt anschließend zum Wassereintritt des Rückkühlwerks. Hier wird das Kühlwasser, wie bereits festgestellt, versprüht und strömt über Rieselkörper gegen einen Luftstrom, der von einem Ventilator erzeugt wird, in eine Wassersammelwanne. Das Rückkühlwerk erhält zur Ergänzung der verdunsteten Wassermengen und zum Ausgleich von Abschlämmwasser eine Trinkwasserzufuhr, die über eine Schwimmerschaltung geregelt wird.

Bild 7.50 zeigt das System nochmals im Detail mit einem offenen Rückkühlwerk, das im Freien aufgestellt wird. Erkennbar ist an der linken Seite des Gerätes der Ventilator, der den notwendigen Luftstrom gegen den Wasserstrom fördert. Das Rückkühlwerk besteht im wesentlichen aus folgenden Einbauteilen:

- oberer Tropfenabscheider
- Sprührohre zur Versprühung von zu kühlendem Wasser
- Füllkörpereinsatz zur Verrieselung des zu kühlenden Wassers im Gegenstrom zur Luft
- unteres Gerätegehäuse mit Luftleitblechen
- untere Wassersammelwanne mit Schwimmerventil, Saugsieb und Wasseraustrittsanschlußleitung
- Entleerung und Überlauf.

Das Rückkühlwerk selbst wird auf einem Fundament oder auf Fundamentstreifen schwingungsgedämpft aufgestellt, wobei der Radialventilator zur Luftförderung einschließlich Motor am Rückkühlwerkgehäuse schwingend aufgehängt wird.

Bei großen Kälteanlagen mit verschiedensten Verbrauchern kann es unter Umständen sinnvoll sein, mit einem Zwischenbehälter zu arbeiten, in den anfänglich das Kondensatorwasser (mit 32 bis 35 °C) verschiedener Kondensatoren eingeleitet wird und von wo erst der Rückkühlwerkkreislauf anschließt. Genauso entnehmen die einzelnen Kondensatoren aus dem kalten Teil (etwa 25 bis 28 °C) des Zwischenbehälters die notwendige Wassermenge zur Kühlung der Kondensatoren.

Bild 7.49
Kreislaufschema eines offenen Rückkühlsystems

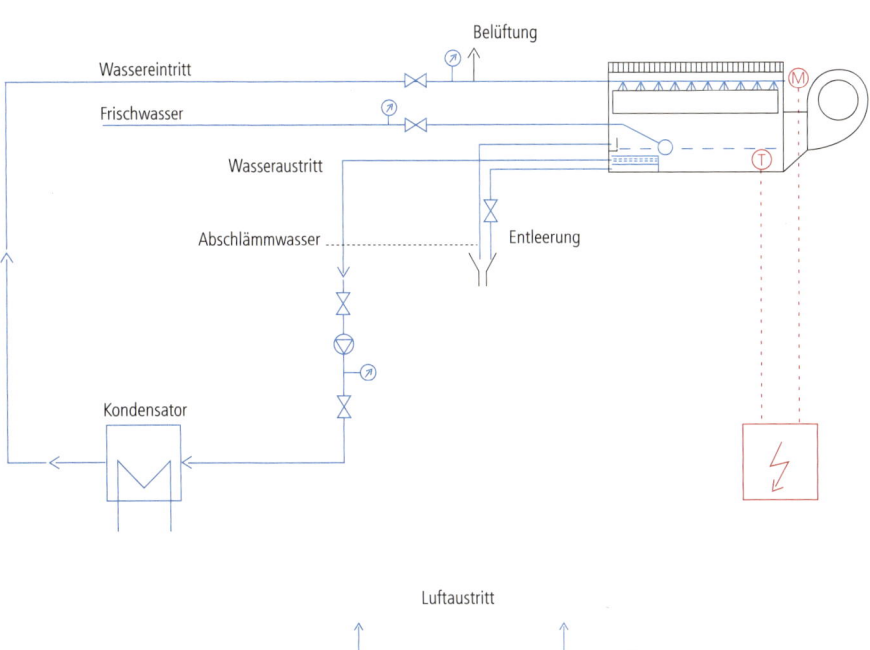

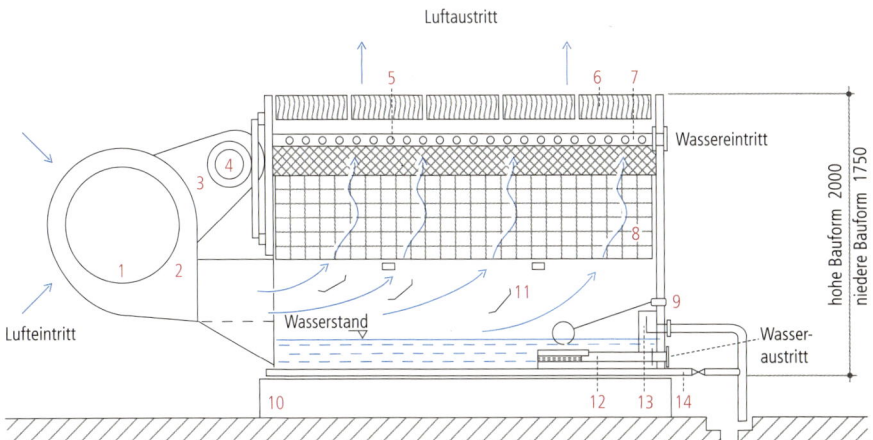

1 Ansaugluftgitter
2 Radiallüfter
3 Riemenschutzgitter
4 Motor
5 Sprühdüsen
6 Tropfenabscheider
7 Sprührohr
8 Füllkörpereinsatz
9 Schwimmerventil
10 Fundamentstreifen
11 Luftleitblech
12 Saugsieb
13 Überlauf-Siphon
14 Entleerung

Bild 7.50
Offenes Rückkühlwerk

Da Ventilatoren nicht unerhebliche Schallquellen darstellen, sollen sie entweder oben ansaugend und ausblasend ausgebildet werden **(Bild 7.51)**, oder sie müssen bei konventionellem Aufbau mit Schalldämpfern ausgerüstet werden.

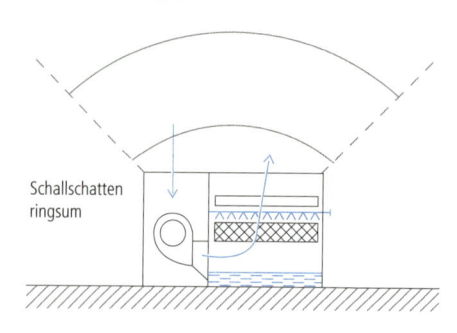

Die **Bilder 7.52** zeigen offene Rückkühlwerke (Kühlwassertemperaturen 26/32 °C) im aufgebauten Zustand.

Offene Rückkühlwerke erreichen sehr hohe Wirkungsgrade, was sich in relativ hohen Leistungen bezogen auf die benötigte Aufstellfläche zeigt. Als Nachteil ergibt sich aufgrund der starken Wasserverdampfung der Effekt der Schwadenbildung während der kühlen Jahreszeit.

Das umlaufende Kühlwasser (= zu kühlendes Wasser) muß in der Regel gereinigt (gefiltert) werden, um die aufgrund der Versprühung aus der Luft ausgewaschenen Inhaltsstoffe (Staub, Schmutz usw.) nicht in das Leitungssystem einzubringen (Gefahr von Ablagerungen, Korrosion).

Ebenso muß eine Wassermenge von ca. 10 % aus dem Kühlwasserkreislauf in regelmäßigen Abständen abgelassen werden, um eine erhöhte Verunreinigung des Wassers infolge nicht ausfilterbarer Stoffe zu vermeiden (Korrosionsgefahr). Der stündliche, maximale Frischwasserzusatz beträgt je kW Kälteleistung 6 kg/h (6 l/h) und dient dazu, verdunstetes Wasser, Spritzverluste und Abschlämmwasser zu ersetzen. Niederschlag von ausgetragenen Wassertröpfchen des Kühlturmkreises auf z. B. Metallfassaden können zu Fleckenbildungen und Korrosionen infolge der geringen Härte des Wassers führen.

7.4.2 Geschlossene Rückkühlwerke

Um die Nachteile (Verschmutzung und Wrasenbildung) der offenen Rückkühlwerke zu eliminieren, wurden geschlossene Rückkühlwerke entwickelt und werden heute entsprechend eingesetzt. **Bild 7.53.1** zeigt das Schema eines geschlossenen Rückkühlwerks, die **Bilder 7.53.2/3/4** zeigen installierte Rückkühlwerke. Im Schema ist an den Kühlwasserkreis ein zweiter Wärmeaustauscher-Kreislauf angeschlossen, der die Kondensatorleistung der Kältemaschine nutzt. Beim geschlossenen Rückkühlwerk wird der Kreislauf des Kondensators als Primärkreislauf und der des Rückkühlwerkes als Sekundärkreislauf bezeichnet.

Der Primärkreislauf besteht aus dem von einem Frostschutz-Wassergemisch durchströmten Kondensator mit Primärpumpe, Membranausgleichsgefäß und Rohrschlangensystem (Rohrbündelwärmeaustauscher).

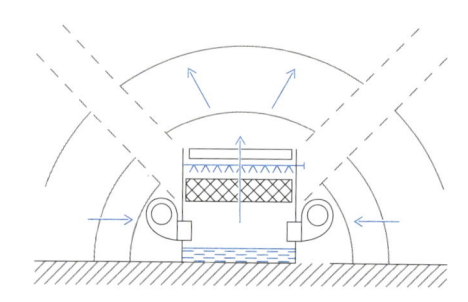

Bild 7.51
Schalldämpfung bei Rückkühlwerken

Bild 7.52.1
Kühlturm, offenes Rückkühlwerk
(Werkbild Gohl)

Bild 7.52.2
TXV Querstromkühlturm mit
Axiallüftern im Saugprinzip
mit Schalldämpfern
(Baltimore Aircoil)

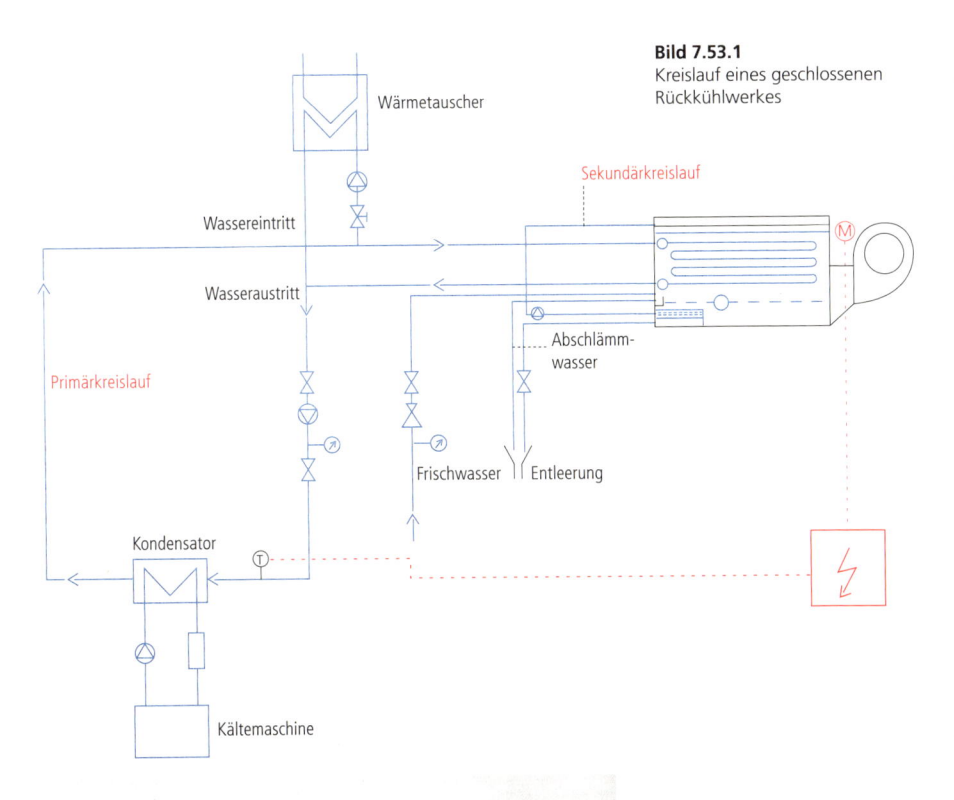

7.4 Rückkühlsysteme

Bild 7.53.1
Kreislauf eines geschlossenen Rückkühlwerkes

Im Sommer und in der Übergangszeit, wenn die Gefahr einer Wrasenbildung nicht besteht, wird das Rohrschlangensystem über einen Sekundärkreislauf mit Wasser besprüht, um einen höheren Kühleffekt und besseren Wärmeübergang an den Rohrschlangen zu erreichen. Infolge der Versprühung von Wasser aus dem Sekundärkreislauf wird es notwendig, die vom Luftstrom mitgerissenen Wassertröpfchen im oberen Bereich des Rückkühlwerks abzuscheiden (Tropfenabscheider). Im unteren Bereich wird in einer Wassersammelwanne (Sekundärwanne) das versprühte Wasser wieder aufgefangen. Eine elektrische Wannenheizung verhindert in der Übergangszeit (Nachtfrostperioden) das Einfrieren der Wasserwanne. Gleichermaßen ist die Trinkwassernachspeisung und gegebenenfalls die Verrohrung des Primärsystems mit einer Begleitheizung auszurüsten. Im Winter, wenn die Gefahr von Wrasenbildung besteht, wird die Spüheinrichtung abgestellt, zumal nunmehr relativ kalte Luftströme gegen warme Primärwasserströme zirkulieren und infolgedessen ein verbesserter Wärmeaustausch im Kreuzgegenstromprinzip besteht.

Bild 7.54 zeigt luftgekühlte Verflüssiger mit Axialventilatoren in Außenaufstellung auf dem Dach. Hier handelt es sich um direkt rückgekühlte Kondensatoren, wie sie bereits bei den Wärmepumpengeräten erläutert wurden.

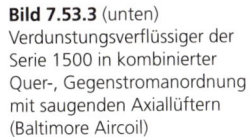

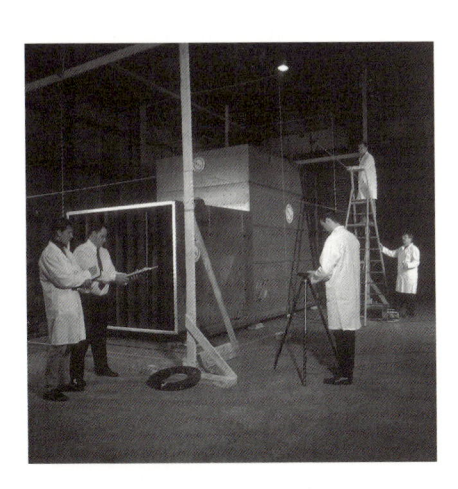

Bild 7.53.4 (rechts)
Verdunstungskühler mit geschlossenem Kreislauf der Serie VFL während der Schallmessung nach dem Hüllflächenverfahren (Baltimore Aircoil)

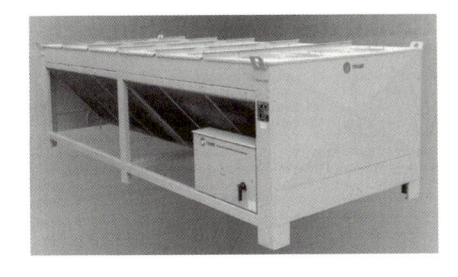

Bild 7.53.2 (oben)
Verdunstungskühler mit geschlossenem Kreislauf der Serie VXI im Gegenstromprinzip mit drückenden Radiallüftern und Saug- und Druckschalldämpfern (Baltimore Aircoil)

Bild 7.53.3 (unten)
Verdunstungsverflüssiger der Serie 1500 in kombinierter Quer-, Gegenstromanordnung mit saugenden Axiallüftern (Baltimore Aircoil)

Bild 7.54
Rückkühlwerke, luftgekühlte Kondensatoren (Serie RTCA, Trane)

7.4.3 Rückkühlwerke für freie Kühlung

Freie Kühlung (auch oft als Winterkühlung bezeichnet) erfolgt dann, wenn in den kalten Jahreszeiten infolge hoher Wärmegewinne in Räumen eine Kühlung erforderlich ist. In diesem Zeitraum liegt es nahe, zur Einsparung an Energie die Kältemaschinen abzuschalten und mit kalter Außenluft direkt oder indirekt zu kühlen. Die freie Kühlung kann in der Weise erfolgen, daß das Kühlwasser entweder durch einen Kühler im Bereich der lufttechnischen Anlagen (Außenluftdurchströmung) oder aber über Rückkühlwerke geführt wird, wo durch zusätzliche Wasserberieselung des Kühlers die Kühlleistung infolge Wasserverdunstung erhöht wird. Der Beginn der freien Kühlung liegt in etwa bei Außentemperaturen von 8 bis 10 °C und darunter.

Bild 7.55 zeigt den schematischen Aufbau einer freien Kühlung für die Kühlung eines Gebäudes.

Bild 7.56 zeigt ein Verbundsystem mit Nutzung freier Kühlung und Eisspeichertechnik. Freie Kühlungen lassen sich immer dann besonders gut einsetzen, wenn die zur Kühlung notwendigen Kühlwassertemperaturen relativ hoch sind, wie z. B. bei Induktions-Klimaanlagen, Kühldecken, Umluftkühlgeräten ohne Entfeuchtung. Sie sollten in jedem Fall eingesetzt werden, da sie zu erheblichen Energiekosteneinsparungen führen und die Standzeit der Kältemaschine deutlich verlängern.

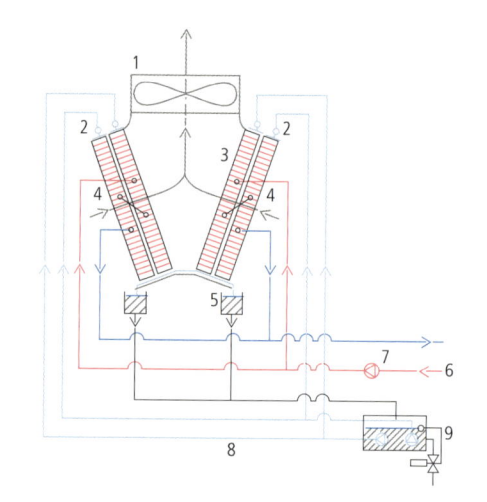

Bild 7.55
Freie Kühlung (hybride Kühlung)

Luft wird von den Ventilatoren durch die schräggestellten Lamellenkühler gesaugt, über die von oben Wasser rieselt. Das Wasser verdunstet im Luftstrom, die Verdunstungswärme wird dem Kühler entzogen, dessen Medium – meist ein Wasser/Glykol-Gemisch – sich dadurch abkühlt.
(Bild Yäggi – Günther)

Dank optimaler Konfiguration von Schrägstellung sowie Luft- und Wassermenge werden sowohl ein Austropfen wie ein Mitreißen des Benetzungswassers verhindert.

1 Ventilatoren
2 Benetzungswasser
3 Lamellenkühler
4 Luft
5 Wassersammlung
6 Wärmequelle
7 Primärkühlkreislauf
8 Sekundärkühlkreislauf (Bnetzungswasser)
9 Wasservorratsbehälter mit Abschlämmung und automatischer Nachfüllung

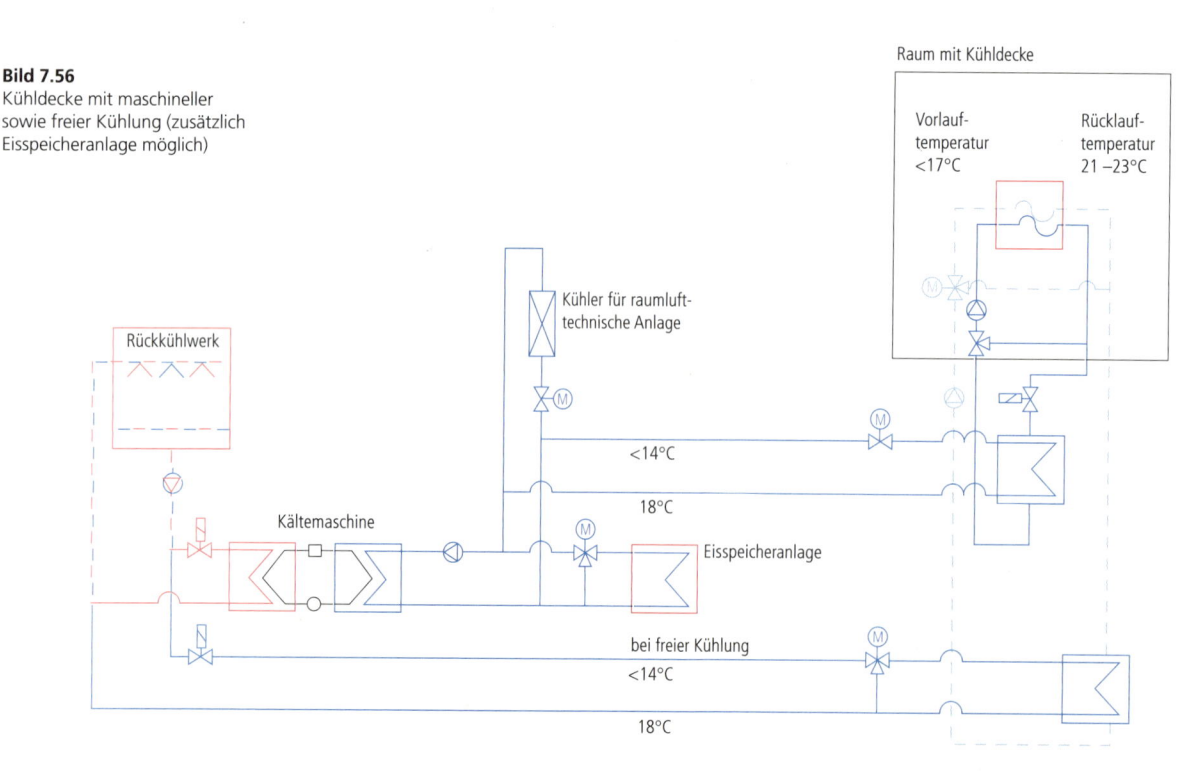

Bild 7.56
Kühldecke mit maschineller sowie freier Kühlung (zusätzlich Eisspeicheranlage möglich)

7.5 Eisspeichersysteme

In den **Bildern 7.7** und **7.9** wurde bereits gezeigt, welchen Vorteil Kältespeichersysteme gegenüber einem speicherlosen Betrieb haben. Prinzipiell ist es möglich, Kälte in Form von Kaltwasser zu speichern, wobei aufgrund der geringen Temperaturdifferenzen zwischen Speicherwasser ($\leq 0\,°C$) und der Kaltwasservorlauftemperatur ($+6\,°C$) derartige Speicherbehälter sehr groß werden. Selbst wenn man die Rücklauftemperatur des Kaltwassers auf $+15\,°C$ anheben würde, ergäbe sich nur eine wirksame mittlere Temperaturdifferenz von $\Delta t = 10\,K$. In Verbindung mit der spezifischen Wärme von Wasser würde sich eine Speicherkapazität von $Q = 11{,}6\,kWh/m^3$ ergeben.

Um derartig große und schwere Wasserspeicherbehälter zu vermeiden, ist man dazu übergegangen, Eisspeicher für die Kältespeicherung einzusetzen. Hier wird über die Temperaturdifferenz hinausgehend die Schmelzwärme des Wassers ($93\,kWh/m^3$) genutzt, um die spezifische Speicherkapazität zu erhöhen. Die heute verwendeten Techniken beschränken sich auf drei Arten, die sich in der Hauptsache durch den Wärmeübergang zur Bildung von Eis oder zum Schmelzen desselben unterscheiden.

7.5.1 Systemvarianten

Die traditionellste Technik ist die des sogenannten positiven Übergangs. Das System setzt sich zusammen aus einem wärmeisolierten Speicher, der aus verzinktem Stahl oder aus Beton besteht. In dem Behälter befindet sich eine Reihe metallischer Platten, Kupferrohre oder korrosionsbeständig behandelter Eisenrohre (**Bild 7.57**). Diese Platten bzw. Rohre stellen den Verdampfer der Kältemaschine dar, da in ihrem Inneren flüssiges Kältemittel bei einer unter $0\,°C$ liegenden Temperatur verdampft wird.

Positiver Übergang

Die äußere Oberfläche der Platten oder Rohre dient als Träger der Eisschicht, die aus dem im Behälter befindlichen Wasser ausfriert. Das Wasser des Sekundärkreislaufs durchströmt den Behälter und kühlt sich in direktem Kontakt mit dem Eis ab. Das Wasser im Behälter wird zusätzlich durch Druckluft oder ein Rührwerk bewegt, damit sich Klareis gleichmäßig auf den Oberflächen bildet. Wenn der Verbraucherkreislauf ein Drucksystem darstellt, ist es notwendig, den Speicher durch einen Wärmeaustauscher hydraulisch von diesem zu trennen. Bei diesem System, das prinzipiell in **Bild 7.58** gezeigt wird, wird der Wärmeübergang als „positiv" bezeichnet, da die Richtung des Wärmeflusses sowohl beim Laden als auch beim Entladen immer derselbe ist.

Wechselnder, innerer Übergang

Der wechselnde, innere Wärmeübergang wird in **Bild 7.59** gezeigt. Ein derartiges System besteht aus einem isolierten Wasserbehälter, dessen Wandungen aus Kunstharz oder aus Polyethylen aufgebaut sind. Das Innere wird von einem System dünner Rohre durchsetzt, die normalerweise aus Plastik und unter Beibehaltung von konstanten Abständen als Spirale oder Schlangen aufgebaut sind.

Das Innere dieser Rohre wird von einer Mischung aus Wasser und einem Frostschutzmittel durchströmt, das im Fall der Speicherung mit einer Kältemaschine auf eine negative Temperatur abgekühlt wird. Das Äußere der Rohre dient als Träger der Eisschicht, die aus dem sich im Behälter befindlichen Wasser ausfriert. Im Gegensatz zum vorher beschriebenen System wird das sich im Behälter befindliche Wasser nicht in den Wärmeträgerkreislauf eingebunden, sondern dient einzig und allein als Speichervolumen. Es ist in diesem Fall ebenfalls die Mischung aus Wasser und Frostschutzmittel, die beim Entladen erst die Rohre durchströmt, um dann die Verbraucher mit Kälte zu versorgen. Bei diesem System wird der Wärmeübergang als „wechselnder, innerer" bezeichnet.

Wechselnder, äußerer Übergang

Das dritte System, das in **Bild 7.60** dargestellt ist, hat einen sogenannten wechselnden, äußeren Wärmeübergang. Ein solches System besteht aus einem isolierten Speicherbehälter, der entweder aus Stahl oder Beton sein kann. Das Innere des Speichers wird mit einer Vielzahl von Füllkörpern, die mit Wasser gefüllt sind, aufgefüllt. Diese Füllkörper stellen den Eisspeicher dar. Zwischen diesen Füllkörpern zirkuliert eine Mischung aus Wasser und Frostschutzmittel, das periodisch durch eine Kältemaschine auf einen negativen Temperaturwert abgekühlt wird. Je nachdem, ob die Temperatur des Wärmeträgers negativ oder positiv ist, wird das in den Füllkörpern befindliche Wasser eingefroren oder geschmolzen. Dieser Wärmeträger versorgt direkt die Wärmeaustauscher der Verbraucher. Dieses System eignet sich als einziges dazu, in einen geschlossenen Druckkreislauf der Kälteerzeugung und -verteilung mit eingebunden zu werden. Nachteil hierbei ist jedoch, daß sich die Mischung aus Wasser und Frostschutzmittel auf das gesamte Kältesystem verteilt.

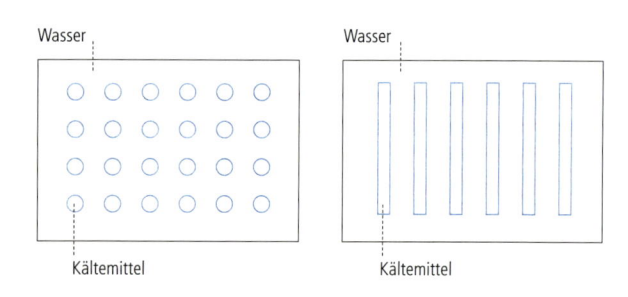

Bild 7.57
Wärmeaustauscher zur Eisanlagerung

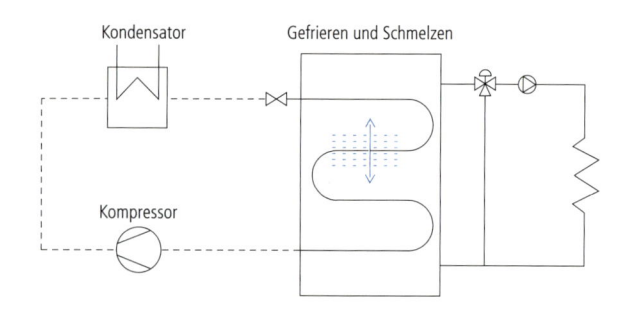

Bild 7.58
Prinzip des positiven Übergangs

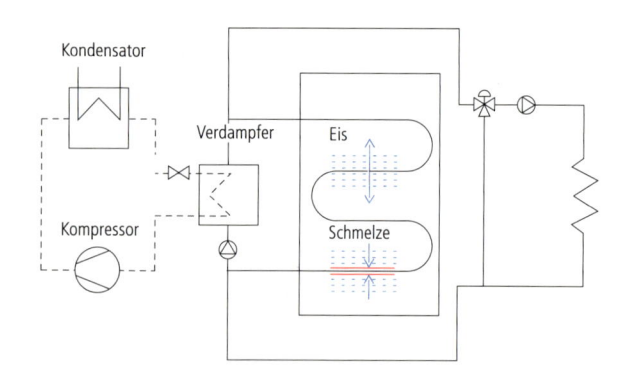

Bild 7.59
Prinzip des wechselnden Übergangs

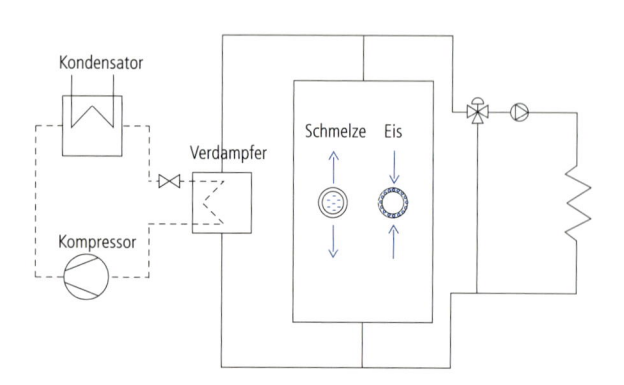

Bild 7.60
Prinzip des äußeren wechselnden Übergangs

	Luftgekühlte Kompressor-Kondensator-einheit	Luftgekühlter Kondensator (Split System)	Kühlturm	Besprühter Kondensator (Verdampfungs-kühlung)
Luftleistung m³/h kW Kälteleistung	300 – 500	300 – 500	80 – 120	80 – 120
Wasserverbrauch l/h kW Kälteleistung	0	0	2	2
Anschlußleistung für die Kältezentrale – kW/kW Kälteleistung Basis: - t° PKW: +6 °C - t° Außenluft: trocken +32 °C feucht +21 °C				
Kompressor	0,25	0,25	0,23	0,20
Ventilator	0,06	0,06	0,03	0,03
Kühlwasserpumpe	–	–	0,03	–
Sprühwasserpumpe	–	–	–	0,01
Gesamtanschlußleistung	0,31	0,31	0,29	0,24
Abstand zwischen der Kältezentrale und dem Kondensator	0	mittel	groß	mittel
Aufwand für die Installation	gering	groß	mittel	groß
Betrieb und Wartung	gering	gering	aufwendig	mittel

Tabelle 7.5
Energieverbrauch von Kondensationssystemen

	Luftgekühlter Kondensator	Kühlturm	Besprühter Wärmetauscher (Verdampfungs-kühlung)
Gesamte Anschlußleistung in kW/kW Kälteleistung	0,26	0,28	0,23

Tabelle 7.6
Energieverbrauch von Kondensationssystemen in Verbindung mit thermischer Speicherung

7.5.2 Planungsgrundlagen

Der Einsatz von Eisspeichern hat nicht nur Auswirkungen auf die Dimensionierung der Kältemaschinen, sondern auch auf das Rückkühlsystem.

In **Tabelle 7.5** ist der Energieverbrauch einer Kälteerzeugungsanlage in Verbindung mit verschiedenen Rückkühlsystemen dargestellt. Hieraus geht hervor, daß Verdunstungsrückkühlwerke hinsichtlich des Energieverbrauchs am günstigsten sind, was sich aus der niedrigeren Kondensationstemperatur ableiten läßt. Dagegen stellt der luftgekühlte Kondensator grundsätzlich die einfachere Lösung dar.

Unter der Voraussetzung einer täglichen Amplitude von 10 K und einer dementsprechenden Simultanabsenkung der Kondensationstemperatur erhält man die in **Tabelle 7.6** aufgeführten Werte. In Verbindung mit der Speicherung läßt sich feststellen, daß der luftgekühlte Kondensator energetisch nicht ungünstiger ist, als ein „nasser" Kühlturm. Derartige Einflüsse sind bei der Entscheidung hinsichtlich eines Eisspeichersystems zu berücksichtigen.

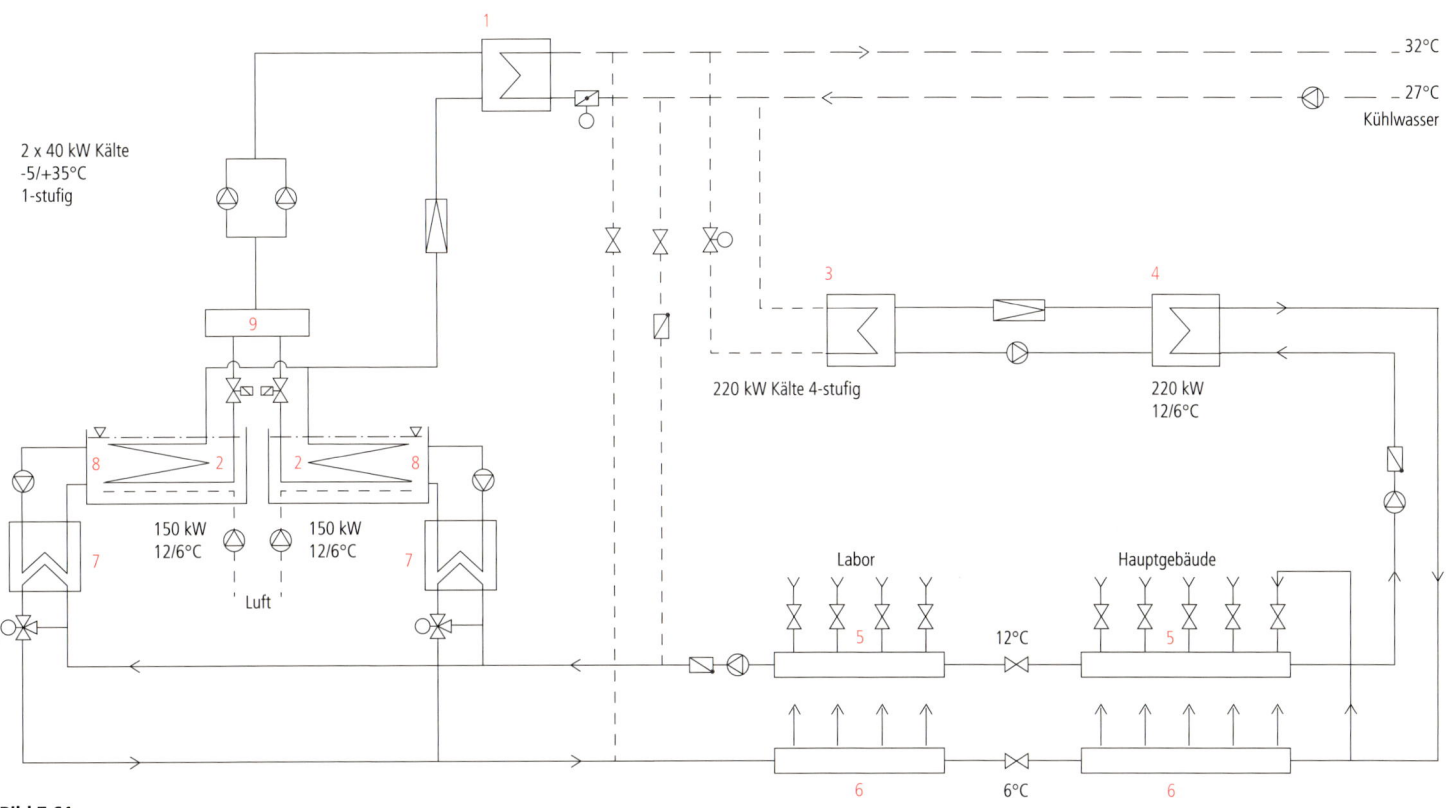

7.5 Eisspeichersysteme

Bild 7.61
Schematischer Aufbau der Eisspeicheranlage mit dazugehöriger Kälteerzeugung und die Einbindung in die Kaltwassererzeugung des Gebäudes (rechts)

1 Kondensator/Eisspeichersystem
2 Verdampfer/Eisspeichersystem
3 Kondensator
4 Verdampfer
5 Kaltwasser-Sammler
6 Kaltwasser-Verteiler
7 Wärmetauscher
8 Eisspeicher
9 Kältemittel-Sammler

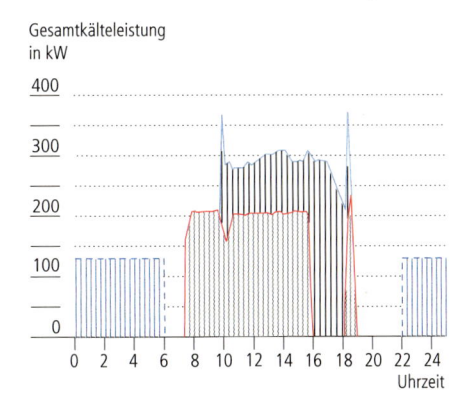

Bild 7.62
Kälteleistungsverlauf bei mittlerer bzw. geringer Belastung der Kälteversorgungsanlagen

- Kältemaschine
- Eisspeicher entleeren
- Eisspeicher laden

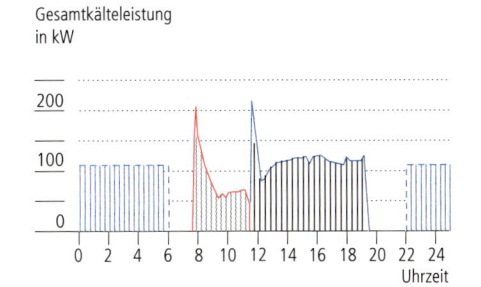

7.5.3 Betriebscharakteristika

In **Bild 7.61** ist ein Anlagenschema mit zwei Eisspeichern nach dem Prinzip des positiven Übergangs dargestellt. Diese Anlage wurde über längere Zeit geprüft und gemessen, um Aussagen über die Ausnutzung der Speicherkapazität zu erhalten. Wesentliches Kriterium war die Entwicklung einer Regelcharakteristik, die es erlaubte, den Eisspeicher vorrangig zu entladen, um auch in Übergangszeiten eine optimale Ausnutzung des Speichers bei möglichst kleinen Laufzeiten der Kälteanlage während der Nutzungszeit zu erreichen. In **Bild 7.62** ist der Kälteleistungsverlauf für einen Tag mit mittlerer Belastung und einen Tag mit geringerer Belastung aufgezeichnet. Es ist sehr gut zu erkennen, daß der Eisspeicher vorrangig genutzt werden kann, um eine Verlagerung der Kälteerzeugung in die Nacht zu erreichen.

Abgesehen von der Nutzung der Niedrigtarife für Nachtstrom bewirkt diese Systemlösung auch, daß die Kältemaschinen gleichmäßig in ihrem Leistungsoptimum laufen können, ohne verbraucherspezifischen Schwankungen zu unterliegen. In **Bild 7.63.1** ist ein Eisspeicher in geöffnetem Zustand dargestellt, in **Bild 7.63.2** ein Eisspeichermodul in einer kompakten Bauform.

Bild 7.63.1
Detailaufnahme des Eisansatzes an den Verdampferrohren

Bild 7.63.2
Modularer Eisspeicher vom Typ ICE Chiller® TSU-M
(Werkbild Baltimore Aircoil)

7.6 Kälteenergieverteilung (Zentrale-Verbraucher)

Die Verteilung der Kälteenergie unterliegt nicht der gleichen Schematisierung wie bei der Wärmeenergieverteilung, sondern wird von Fall zu Fall nach den Bedürfnissen und dem Raumangebot entwickelt. Somit unterscheidet man nicht nach starren Formen wie obere oder untere Verteilung, obwohl auch bei Kälteanlagen eine untere oder obere Verteilung auftreten kann.

7.6.1 Kaltwassernetze

Die Verteilung der Kälteenergie, das heißt Kaltwasser im Temperaturbereich zwischen 6 °C bis 15 °C, Sole im Temperaturbereich um 0 °C erfolgt durch Rohrleitungen, die nach Vorlauf und Rücklauf zu unterscheiden sind. **Bild 7.64** zeigt ein stark vereinfachtes Kaltwasserverteilnetz mit einer Turbokältemaschine und zwei Absorptionskältemaschinen. Von diesen Kältemaschinen aus gehen drei getrennte Vorläufe zu einem Kaltwasserverteiler, über den wiederum das Kaltwasser Einzelverbrauchern zuströmt. Der Umfang der Verteiler ergibt sich aus:

– Anzahl der zu versorgenden Kühler
– Unterschieden in den Kaltwasservor- und -rücklauftemperaturen
– Unterschieden in Netzdrücken.

Wie **Bild 7.64** zeigt, werden vom Verteiler aus die einzelnen Kühler angefahren und das Kaltwasser gelangt nach Wärmeaustausch mit warmer Luft zum Sammler.

Vom Sammler aus wird der Wasserstrom anfänglich über eine Meßblende geführt, die eine Direkteinspeisung aus dem Verteiler in den Rücklauf dann freigibt, wenn instabile Druckverhältnisse eintreten sollten. Die Primärpumpen fördern das Rücklaufwasser zu den einzelnen Kältemaschinen, wo eine erneute Aufbereitung stattfindet.

Bei kleineren, in sich geschlossenen Systemen (direkte Kühlung für eine EDV-Anlage) kann auf eine Verteilung im üblichen Sinne verzichtet werden. Bei dieser Anlage kann der Kühler gleichzeitig auch als Direktverdampfer ausgebildet sein, so daß durch das Rohrsystem direkt Kältemittel zu den Verdampfern strömt, um hier eingespritzt zu werden.

Bild 7.65 zeigt einen typischen kleineren Verteilerraum mit Heizungs- und Kälteverteilern, wobei für den Nichtfachmann praktisch kein Unterschied besteht, der Fachmann jedoch anhand der Isolierung erkennen kann, welche Rohrleitungen Kalt- oder Warmwasser führen.

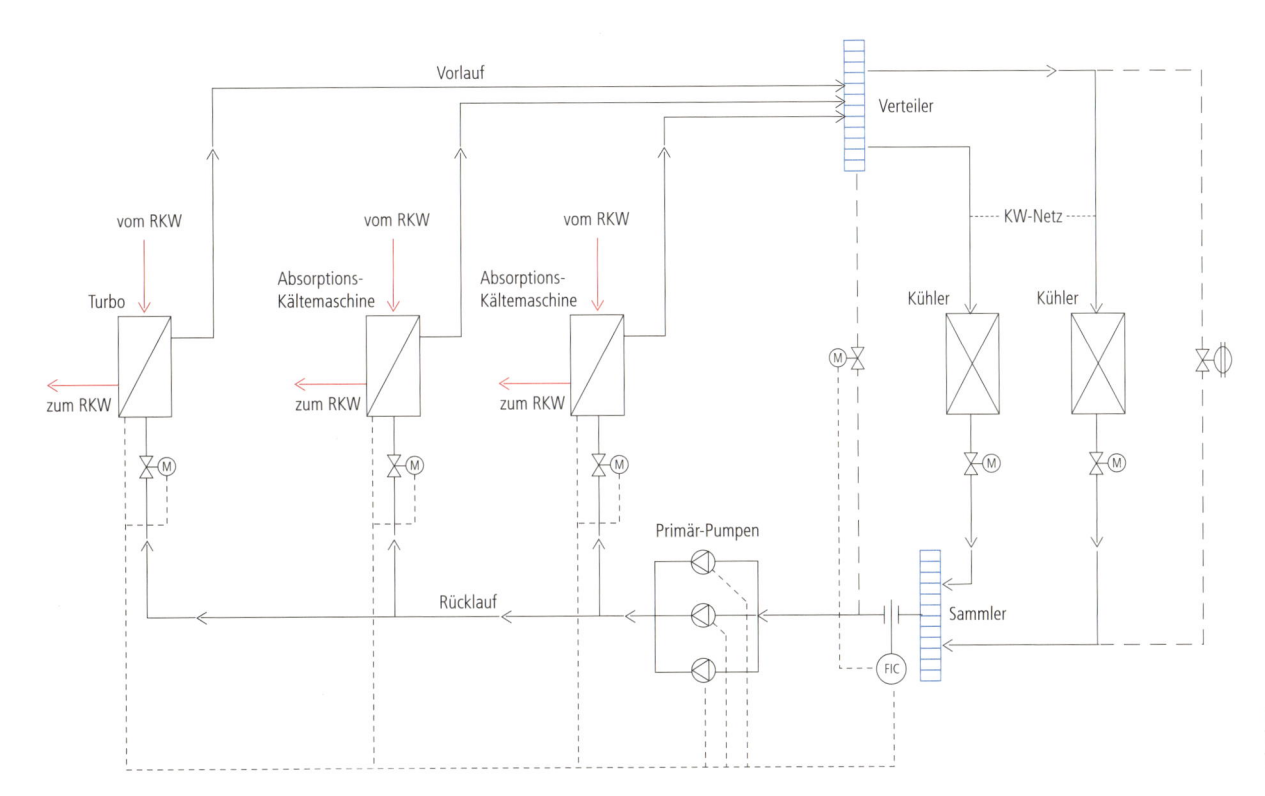

7.6 Kälteenergieverteilung (Zentrale – Verbraucher)

Bild 7.64
Vereinfachtes Kaltwasser-Verteilnetz

Bild 7.65
Verteilung, Heizungs-/Kälteverteilung

Zur Dimensionierung von Rohrleitungen empfiehlt sich, bei überschlägigen Berechnungen wie bei Heizungsanlagen ein Rohrreibungsdiagramm zu verwenden, aus dem bei gegebenen Verhältnissen das Druckgefälle abgelesen werden kann, um den Pumpendruck zu ermitteln. Der Gesamtdruckverlust, der von einer Pumpe zu überwinden ist, ergibt sich ähnlich wie bei den Kanalsystemen aus Rohrreibungsverlusten und Verlusten durch Einzelwiderstände. **Bild 7.66** zeigt ein entsprechendes Diagramm für Wasser.

Bei diesem Diagramm wurde ein rauhes Stahlrohr angenommen. Das Druckgefälle in der Rohrleitung erfolgt bei gegebenem Durchmesser und gegebener Rauhigkeit dem quadratischen Widerstandsgesetz. Bei Kunststoffrohren und Kupferrohrleitungen ist die Rauhigkeit deutlich geringer und somit das Reibungsgefälle kleiner. Je nach verwendetem Rohrmaterial ist somit das richtige Rohrreibungsdiagramm zu verwenden.

Kaltwassernetze haben in der Regel Temperaturspreizungen im Bereich von 3 bis 8 K, wobei die Vorlauftemperaturen entweder bei 5 bis 6 °C oder bei 14 bis 20 °C liegen, je nachdem ob Kühler für die Kühlung mit Entfeuchtung oder Kühler und Kühlelemente für die Kühlung ohne Entfeuchtung angeschlossen werden.

Die Spreizung zwischen Vor- und Rücklauf sollte so groß wie möglich gewählt werden, um die umlaufenden Wassermengen gering zu halten. Gleichermaßen sollten Rohrleitungen nicht zu klein dimensioniert werden, um wiederum die Druckverluste zu minimieren, da gerade bei großen Kalt- und Kühlwassersystemen nicht unerhebliche elektrische Energieverbräuche durch Pumpen auftreten.

Bei ausgedehnten Kaltwassernetzen werden üblicherweise, wie auch bei den Luftsystemen, variable Volumenströme geplant, so daß lediglich die Kaltwassermengen umgewälzt werden, die tatsächlich zur Kälteenergieverteilung von nöten sind.

Bild 7.66
Rohrreibungsdiagramme für schwarze Gewinderohre und Kaltwasser von 10 °C

— Rohrdurchmesser (NW)
--- Geschwindigkeit in m/s

7.6.2 Kühlwassernetze

Kühlwassernetze werden ähnlich verlegt wie Kaltwassernetze, das heißt im wesentlichen aus nahtlosen Stahlrohren, die die Kondensatoren der Kältemaschinen mit den Rückkühlwerken verbinden. In der Regel wird je Kältemaschine ein Rückkühlwerk aufgestellt, so daß eine direkte Verbindung vom Kondensator zum Rückkühlwerk und zurück besteht. In Ausnahmefällen werden Zwischenbehälter eingesetzt, so daß mehrere Kältemaschinen auf eine Rückkühlwerkeinheit arbeiten. Da sehr häufig große Ausdehnungen der Kühlwassernetze bestehen, sind hier die Rohrleitungen reichlich zu bemessen, wobei mit einer mittleren Kühlwassertemperatur von 30 °C (bei Rückkühlwerken) bzw. 45 bis 50 °C (bei Wärmepumpen) zu rechnen ist und entsprechende Rohrreibungsdiagramme zu verwenden sind.

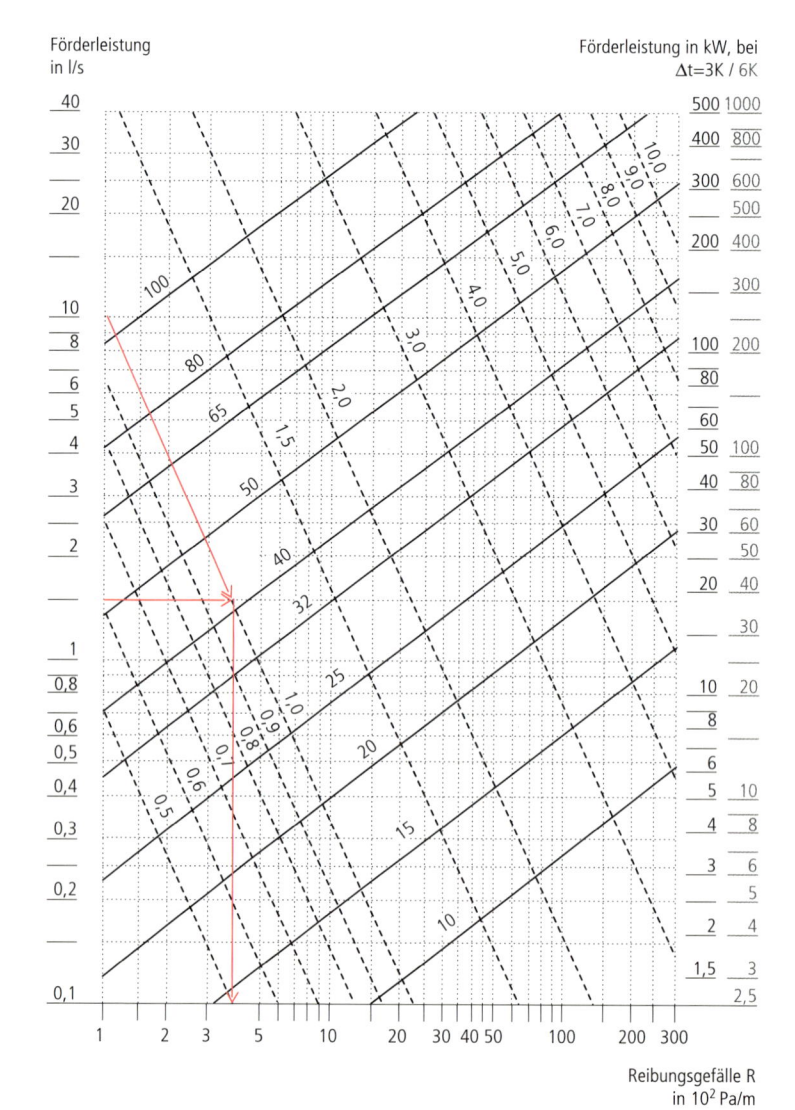

7.6.3 Rohrleitungen/Isolierung

Materialien
Üblicherweise verwendete Rohrmaterialien im Bereich der Kühl- und Kälteanlagen sind:
– nahtlos gezogene Kupferrohre
– nahtlose Stahlrohre
– nahtlose Flußstahlrohre.

Die Verbindung der Rohre erfolgt bei den Stahlrohren durch Schweißen, Verschrauben oder durch Flansche und bei Kupferrohren durch Verlöten.

Es ist bei kältetechnischen Anlagen unbedingt darauf zu achten, daß nur Materialien miteinander in Systeme eingebaut werden, die untereinander verträglich sind, d.h. bei denen die Gefahr der Korrosion infolge elektrochemischer Vorgänge (elektrochemische Spannungsreihe) nicht besteht. So sollen in Kaltwasserleitungen und Kühlwassersystemen von kältetechnischen Anlagen grundsätzlich keine verzinkten Rohre eingebaut werden, da die meisten Rohrbündelaustauscher und Einbauten in Kältemaschinen und zum Teil in Rückkühlwerken aus Kupfer bestehen und somit die Gefahr der Lokalkorrosion auftritt.

Korrosion
Alle von der Oberfläche eines Metalls ausgehenden unfreiwilligen, durch chemische oder elektrochemische Ursachen hervorgerufenen Veränderungen des metallischen, ursprünglichen Zustandes bezeichnet man als Korrosion. Das gemeinsame Merkmal aller Korrosionen ist, daß Metalle von der Oberfläche her entweder Verbindungen mit Gasen wie Luft, O_2, H_2O (Dampf), CO_2 eingehen (trockene Korrosion) oder bei Vorhandensein eines Elektrolyten infolge elektrischer Potentiale in der Ionenform in den Elektrolyten abwandern (nasse Korrosion), so daß die Metalle oder Legierungen die ihnen ursprünglich zugedachte Funktion nicht mehr erfüllen können. Korrosionsschäden bei Kaltwasser- und Kühlwasserleitungen können durch verschiedene Ursachen auftreten. Diese sind:

– Lokalkorrosionen von innen nach außen
– Oberflächenkorrosionen innen
– Oberflächenkorrosionen außen
– Kupferabtrag in Kupferleitungen bei zu hohen Fließgeschwindigkeiten (>1,2 – 1,5 m/s).

Außenkorrosionen an schwarzen Stahlleitungen treten häufig dann auf, wenn sich Schwitzwasser infolge einer unzureichend dampfdichten Isolierung bilden kann.

Innenkorrosionen treten u.U. zudem durch elektrochemische Vorgänge bei der Verwendung verschiedener Metalle dann auf, wenn bei deren unmittelbarer Verbindung ein galvanisches Element entsteht und wenn die Metalle von einer Flüssigkeit durchströmt werden, in der sich gelöste Salze befinden. Diese Flüssigkeit ist dann elektrisch leitend (Stromfluß). Insofern muß zur Vermeidung von entsprechenden Korrosionsschäden unter Umständen das Kaltwasser und insbesondere das Kühlwasser aufbereitet werden. Im Zweifelsfall ist der beste Korrosionsschutz ein geeigneter Werkstoff wie Kupfer, Kupferbronze oder Chromnickel-Stahl. Bei offenen Kühlsystemen spielt das Problem der Korrosion und Ablagerung sowie des mikrobiologischen Wachstums (z.B. Algenwachstum, Bakterien) eine besondere Rolle im Gegensatz zu geschlossenen Systemen (Kaltwasserkreislauf). Durch die Verdunstung im Rückkühlwerk tritt ständig ein Wasserverlust auf, der eine ständige Nachspeisung von Trinkwasser nach sich zieht und damit eine ständige Zufuhr von Salzen und Härtebildnern. Hier muß notwendigerweise eine Teilentsalzung vorgenommen werden, die mit dem Gerätehersteller im einzelnen abzusprechen ist.

Isolierung (Wärme-/Kälteschutz)
Während die Rückkühlleitungen (Verbindungsleitungen zwischen Rückkühlwerk und Kondensator) nicht unmittelbar isoliert werden müssen, ist auf die Isolierung von Kälteleitungen größtes Augenmerk zu richten, um Korrosionen außen zu vermeiden. Die Kälteisolierung (Isolierungen von kaltwasserführenden Leitungen, hier insbesondere bei Temperaturen unter 10 °C), muß sich durch folgende Merkmale ausweisen:

– möglichst geringe Wärmeleitfähigkeit
– hohe Dauerfestigkeit
– gute Formbeständigkeit
– möglichst geringe Wasserdampfdiffusion
– ausreichende Temperaturbeständigkeit
– Nichtbrennbarkeit
– leichte Verarbeitung.

Als Isoliermaterial bieten sich an:
– Glasfaser- und Gesteinswollfaser-Isolierungen
  (u.U. in Frage zu stellen)
– Schaumglas mit geschlossenen Zellen und hoher Formbeständigkeit
– Perlite-Schütt-Isolierungen
– Aluminiumfolien
– Schaumgummi (bedingter Einsatz).

Um zu verhindern, daß sich Wasserdampf aus der Luft bei Unterschreitung des Taupunktes an Rohrleitungen und Armaturen niederschlägt, müssen Sperrschichten auf der warmen Seite den Diffusionswiderstand erhöhen. Als Sperrschichten dienen die in **Tabelle 7.7** angegebenen Baustoffe, Dämmstoffe und Sperrschichten mit ihren Wasserdampf-Diffusions-Widerstandszahlen. Je höher dabei die Wasserdampf-Diffusions-Widerstandszahlen sind, um so dampfdichter ist der jeweilige Baustoff oder Dämmstoff gegenüber einer Luftschicht gleicher Dicke.

Tabelle 7.7
Anhaltswerte von Wasserdampf-Diffusionswiderstandszahlen

	Wasserdampf-Diffusions-Widerstandszahlen
Baustoffe:	
Putze, Mörtel	10 – 35
Ortbeton	70 – 150
Beton-Fertigteile auch Blähtonbeton mit geschlossenem Gefüge	70 – 150
Leichtbetone, Gipskartonplatten	5 – 15
Asbestzementplatten	20 – 50
Mauerwerk aus Voll- und Lochziegeln	5 – 10
Klinkern	50 – 100
Kalksandstein	5 – 25
Glasmosaik oder Spaltklinker	100 – 300
Holz	40
Sperrholz	50 – 400
Harte Holzfaserplatten	70
Holzspanplatten	50 – 100
Dämmstoffe:	
Holzwolle-Leichtbauplatten	2 – 5
Korkplatten	5 – 10
Poröse Holzfaserplatten	5
Faserdämmstoffe	1 – 3
Polystyrolpartikel-Hartschaum je nach Rohdichte	20 – 100
Polystyrol-Extruder-Hartschaum	80 – 300
Polyurethan-Hartschaum	30 – 100
Polyvinylchlorid-Hartschaum	150 – 300
Phenolharz-Hartschaum	30 – 50
Schaumglas	praktisch dampfdicht
Sperrschichten:	
Nackte Bitumenpappe	2.000 – 3.000
Dachpappe	15.000 – 100.000
Polyäthylenfolie	100.000
Aluminiumfolie, Dicke ≥ 0,05 mm	praktisch dampfdicht

Tabelle 7.8
Differenz $\Delta\vartheta_{TAU}$ in K zwischen Luft- und Oberflächentemperatur bei Beginn der Tauwasserbildung

Lufttemperatur ϑ_L in °C	$\Delta\vartheta_{Tau}$ bei einer relativen Luftfeuchte in % von													
	30	35	40	45	50	55	60	65	70	75	80	85	90	95
– 20	–	10,4	9,1	8,0	7,0	6,0	5,2	4,5	3,7	2,9	2,3	1,7	1,1	0,5
– 15	12,3	10,8	9,6	8,3	7,3	6,4	5,4	4,6	3,8	3,1	2,5	1,8	1,2	0,6
– 10	12,9	11,3	9,9	8,7	7,6	6,6	5,7	4,8	3,9	3,2	2,5	1,8	1,2	0,6
– 5	13,4	11,7	10,3	9,0	7,9	6,8	5,8	5,0	4,1	3,3	2,6	1,9	1,2	0,6
± 0	13,9	12,2	10,7	9,3	8,1	7,1	6,0	5,1	4,2	3,5	2,7	1,9	1,3	0,7
2	14,3	12,6	11,0	9,7	8,5	7,4	6,4	5,4	4,6	3,8	3,0	2,2	1,5	0,7
4	14,7	13,0	11,4	10,1	8,9	7,7	6,7	5,8	4,9	4,0	3,1	2,3	1,5	0,7
6	15,1	13,4	11,8	10,4	9,2	8,1	7,0	6,1	5,1	4,1	3,2	2,3	1,5	0,7
8	15,6	13,8	12,2	10,8	9,6	8,4	7,3	6,2	5,1	4,2	3,2	2,3	1,5	0,8
10	16,0	14,2	12,6	11,2	10,0	8,6	7,4	6,3	5,2	4,2	3,3	2,4	1,6	0,8
12	16,5	14,6	13,0	11,6	10,1	8,8	7,5	6,3	5,3	4,3	3,3	2,4	1,6	0,8
14	16,9	15,1	13,4	11,7	10,3	8,9	7,6	6,5	5,4	4,3	3,4	2,5	1,6	0,8
16	17,4	15,5	13,6	11,9	10,4	9,0	7,8	6,6	5,4	4,4	3,5	2,5	1,7	0,8
18	17,8	15,7	13,8	12,1	10,6	9,2	7,9	6,7	5,6	4,5	3,5	2,6	1,7	0,8
20	18,1	15,9	14,0	12,3	10,7	9,3	8,0	6,8	5,6	4,6	3,6	2,6	1,7	0,8
22	18,4	16,1	14,2	12,5	10,9	9,5	8,1	6,9	5,7	4,7	3,6	2,6	1,7	0,8
24	18,6	16,4	14,4	12,6	11,1	9,6	8,2	7,0	5,8	4,7	3,7	2,7	1,8	0,8
26	18,9	16,6	14,7	12,8	11,2	9,7	8,4	7,1	5,9	4,8	3,7	2,7	1,8	0,9
28	19,2	16,9	14,9	13,0	11,4	9,9	8,5	7,2	6,0	4,9	3,8	2,8	1,8	0,9
30	19,5	17,1	15,1	13,2	11,6	10,1	8,6	7,3	6,1	5,0	3,8	2,8	1,8	0,9
35	20,2	17,7	15,7	13,7	12,0	10,4	9,0	7,6	6,3	5,1	4,0	2,9	1,9	0,9
40	20,9	18,4	16,1	14,2	12,4	10,8	9,3	7,9	6,5	5,3	4,1	3,0	2,0	1,0
45	21,6	19,0	16,7	14,7	12,8	11,2	9,6	8,1	6,8	5,5	4,3	3,1	2,1	1,0
50	22,3	19,7	17,3	15,2	13,3	11,6	9,9	8,4	7,0	5,7	4,4	3,2	2,1	1,0

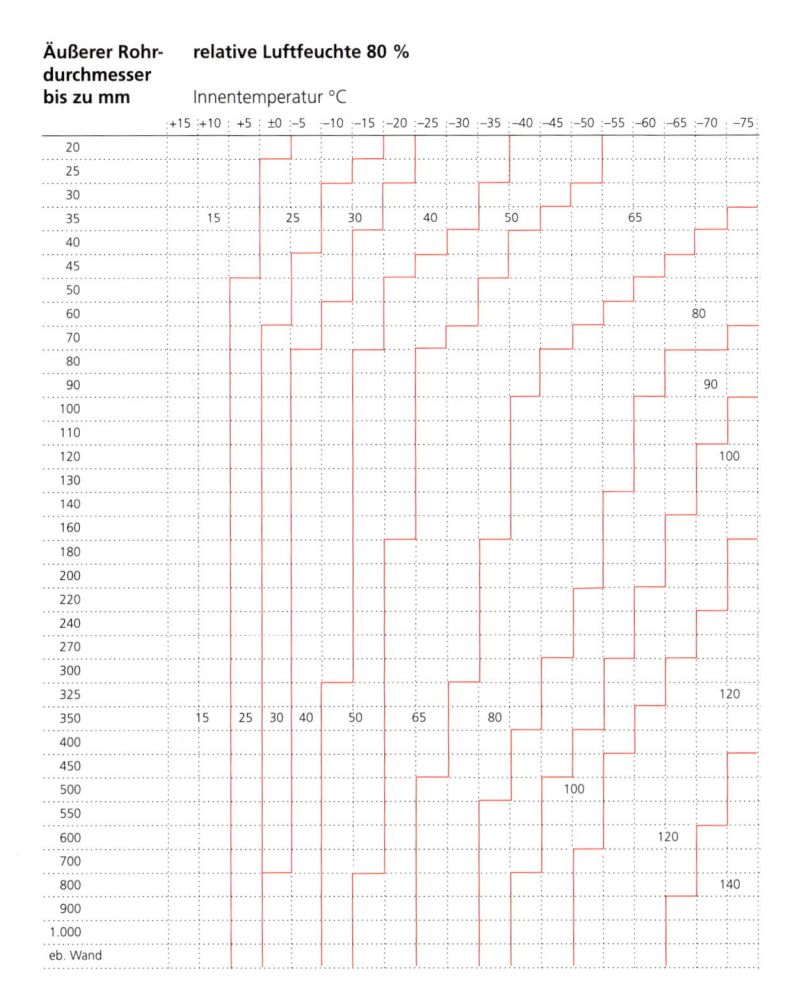

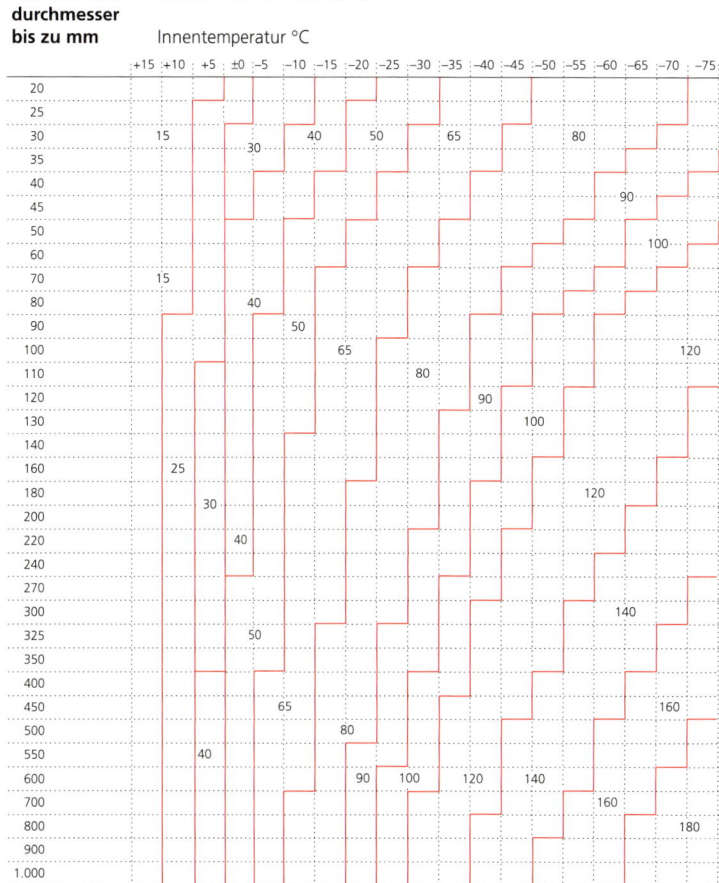

7.6 Kälteenergieverteilung (Zentrale – Verbraucher)

Tabelle 7.9
Erforderliche Dämmschichtdicke in mm zur Tauwasserverhütung für Schaumkunststoffschalen an Kälterohrleitungen bei 80 und 85 % relativer Luftfeuchte, Umgebungstemperatur +20 °C und ruhender Luft.
Wärmeleitfähigkeit
$\lambda = 0{,}04$ W/m K bei $q_m = 10\,°C$ und
$\lambda = 0{,}033$ W/m K bei $q_m = 100\,°C$. (unten)

Die Tauwasser- oder Schwitzwasserbildung beginnt dann, wenn die Taupunkttemperatur der Luft im Bereich der Oberfläche der Rohrleitung unterschritten wird. **Tabelle 7.8** gibt die Temperaturdifferenz zwischen Luft- und Oberflächentemperatur bei Beginn der Tauwasserbildung an. **Tabelle 7.9** zeigt den Zusammenhang zwischen äußerem Rohrdurchmesser, Innentemperatur der Rohrleitung und Dämmschichtdicke zur Tauwasserverhütung bei Schaumkunststoffschalen an Kälterohrleitungen. Hier werden Zusammenhänge unter bestimmten Parametern dargestellt und die Dämmschichtdicke muß gemäß der Darstellung der Tabelle mit steigender relativer Luftfeuchte an Dämmschichtdicke zunehmen, um Schwitzwasser zu vermeiden.

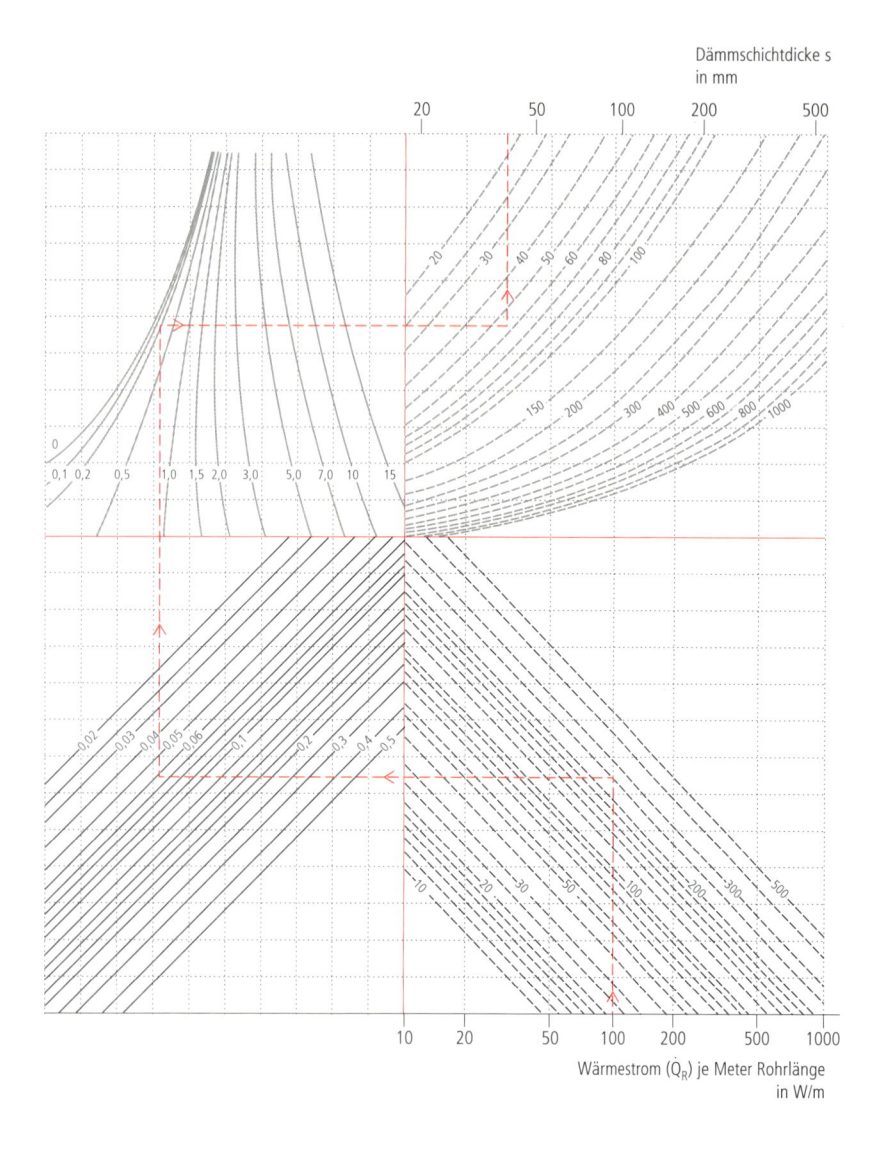

Das **Diagramm 7.67** dient zur Auslegung der richtigen Isolierdicke in Abhängigkeit des noch zugelassenen Wärmestroms je m Rohrlänge, der Wärmeleitfähigkeit der Isolierung, der Temperaturdifferenzen zwischen Medium und Luft und der Kenngröße G, die den Wärmeübergang am Rohrdurchmesser berücksichtigt.

Daß bei der Kälteisolierung ein erheblicher Aufwand getrieben wird und getrieben werden muß, zeigt **Bild 7.68**. In diesem Bild gut erkennbar sind Verdampfer und Kondensatoren für Kältemaschinen sowie die abgehenden Rohrleitungen mit einer äußeren Hartmantelisolierung aus verzinktem Stahlblech, unter der sich die eigentliche dampfdichte Isolierung verbirgt. Gut erkennbar in diesem Bild ist auch, daß die Verdampfer gegen Wärmeverluste isoliert sind (schwarzer Isoliermantel).

Bild 7.67
Dämmschichtdicke für Rohre in Abhängigkeit vom Wärmestrom je m Rohrlänge, Temperaturdifferenzen zwischen Medium und Luft, Wärmeleitfähigkeit,

der Kenngröße $G = \dfrac{2\lambda}{\alpha_a d_i}$

und dem Rohrdurchmesser

— $\vartheta_M - \vartheta_L$ in K
--- λ in W/mK
— G
--- d_i in mm

Bild 7.68
Kältezentrale mit Kaltwasserleitungen (isoliert)

7.7. Kältezentralen/Schächte/Horizontalverteilungen

Kältezentralen sind Räume, in denen Kältemaschinen, Ausdehnungsgefäße, Kaltwasser- und Kühlwasserverteiler und -sammler sowie Hauptpumpen zur Aufstellung kommen. Weiterhin soll ein ausreichender Platz für notwendige Schalttafeln und Regeleinrichtungen bestehen. Die Größe der Maschinenräume sowie der Rückkühlwerke ist in **Tabelle 7.10** dargestellt.

Beachtenswert ist, daß vor und hinter den Kältemaschinen (in Längsrichtung gesehen) ein ausreichender Platz für den Anschluß von Rohren sowie das Ausziehen von Rohrregistern (Kondensator/Verdampfer) besteht. Die ideale Lage eines Kältemaschinenraumes wäre im Erdgeschoß eines Gebäudes zur leichteren Einbringung oder einem späteren Ersatz einer Maschine. Da diese Lage fast nie möglich ist, werden Kältemaschinen in der Regel im Untergeschoß, Rückkühlwerke in der Regel auf dem Dach aufgestellt. Dabei zu beachten ist, daß je nach Kältemittel Maschinenräume in Untergeschossen gut durchlüftet sein müssen, um bei Kältemittelaustritt aus der Maschine Gesundheitsschäden zu vermeiden.

Die Luftabsaugung in einem Kältemaschinenraum muß in Fußhöhe erfolgen, da die Kältemittel schwerer als Luft sind und sich bei Austritt aus der Maschine im Bodenbereich sammeln. Weiterhin darf die Lufttemperatur eines Kältemaschinenraumes 40°C nicht überschreiten, wobei die entwickelte Wärme der Antriebsmotoren abzuführen ist.

Im Kältemaschinenraum und Einbringbereich von aussen muß eine gute Zugänglichkeit gewährleistet sein, da Kältemaschinen außerordentlich schwere Teile besitzen, die zu transportieren sind. Kältemaschinen und Hauptpumpen werden auf Fundamenten schwingungsfrei aufgestellt, der Kältemaschinenraum selbst muß eine hohe Schalldämmung und -dämpfung aufweisen, da die Schalleistungspegel entsprechender Maschinen bis 130 dB(A) betragen können. Die Aufstellung von Rückkühlwerken in Untergeschossen ist unbedingt zu vermeiden und nur in Ausnahmefällen zu vertreten, da hierdurch hohe Investitionen infolge des erheblichen Raumbedarfs sowie der notwendigen Schalldämpfung und -dämmung zu erwarten sind.

Kälteleitung (W)	Maschinenraum Grundfläche m²	Raumhöhe m	Bemerkung	Rückkühlanlage offene Ausführung Grundfläche m²	Raumhöhe m	Gesamtgewicht t)*	Bemerkung
12.000 – 120.000	10 – 20	3,50	Lage der Maschinenräume möglichst im Keller. Bei Leistung bis 120.000 W, soll die Kältemaschine im Maschinenraum der lüftungstechnischen Anlage aufgestellt werden.	20	2,80	0,4 – 0,8	Flächen gelten für Rückkühltürme mit Umkleidung. Aufbau möglichst auf dem Dach.
120.000 – 350.000	20 – 40	3,00		25	3,20	0,8 – 1,8	
350.000 – 700.000	40 – 60	3,00		50	3,40	1,8 – 4,0	
700.000 – 1.120.000	60 – 80	3,50		60	3,40	4,0 – 6,0	
1.120.000 – 1.750.000	85	3,50		90	4,00	6,0 – 9,0	
1.750.000 – 2.350.000	100	4,00		130	4,00	9,0 – 11,0	

)* einschließlich Wasser und Rohrleitung

Anmerkung: Bei geschlossener Ausführung der Rückkühlanlage sind die Flächensätze um 20% zu erhöhen.

Tabelle 7.10
Abmessungen von Kältezentralen

Die Größe des notwendigen Volumenstroms zur mechanischen Belüftung eines Kältemaschinenraumes ergibt sich nach der Formel

$$\dot{V} = 50 \sqrt[3]{G^2}$$

Hierin bedeuten:
G = Füllgewicht [kg]
$\dot{V}$ = Volumenstrom [m³/h].

Das Füllgewicht errechnet sich bei Kolbenverdichtern überschlägig mit 0,25 bis 0,45 kg/kW und bei Turboverdichtern mit 0,40 bis 0,70 kg/kW.

Bild 7.69 zeigt eine kleinere Kältezentrale mit Schraubenverdichtern für eine Mälzerei, **Bild 7.70** eine Großkältezentrale (Kälteleistung 9MW) für ein Fernsehzentrum.

Tabelle 7.10 gibt sowohl die notwendigen Flächen von Kältemaschinen mit Verteilern, Sammlern und anderen zentralen Geräten, als auch die der Rückkühlwerke an. Daneben sind die notwendigen Mindesthöhen und zu berücksichtigenden Gesamtlasten dargestellt.

Die notwendigen Schachtflächen für Kalt- und Kühlwasserleitungen können mit 4 % der Technik-Zentralen-Fläche angenommen werden.

Installationshöhen zur Horizontalverteilung in Technikzentral-Bereichen liegen bei 0,3 – 1,5 m je nach Größe der Leitungen und Vielzahl derselben. In Normalgeschossen betragen die Höhen für Kühlwasserleitungen 0,1 – 0,2 m, ausgenommen Sonderfälle im industriellen Bereich.

Bild 7.69
Kältezentrale,
Schraubenverdichtersatz

Bild 7.70
Kältezentrale,
Turbokaltwassersatz

Die G R O S S K Ä L T E - Experten helfen Ihnen beim Kälte/Klima Puzzle.

- LEISE CHILLER
- FREIE KÜHLUNG
- EDV-KLIMA
- FCKW-ERSATZ
- EISSPEICHER

Sie helfen Ihnen, Ihre Energiekosten erheblich einzusparen, z.B. durch Senkung der elektrischen Spitzenlast. – Wenn Sie auch der Meinung sind, daß ein fehlender Puzzlestein in Ihrem Energie-Management entscheidend sein kann, melden Sie sich einfach bei uns!

GfKK   CLIMATIC GfKK
GESELLSCHAFT FÜR KÄLTETECHNIK-KLIMATECHNIK mbH

50859 KÖLN
TEL. 0 22 34/40 06-0
FAX 0 22 34/4 83 03

12347 BERLIN
TEL. 0 30/600 99 40
FAX 0 30/606 30 10

FACHLITERATUR AUS DEM VULKAN-VERLAG

FLEXIBLE ROHRVERBINDUNGEN FÜR INDUSTRIE UND GEBÄUDETECHNIK

Herausgegeben von der Stenflex GmbH
1. Auflage 1999, ca. 300 Seiten, broschiert, ca. DM 74,-, ISBN 3-8027-2707-X

DAS HANDBUCH FÜR PLANUNG, KONSTRUKTION UND PRAXIS

Das Buch beschreibt die verschiedenen Möglichkeiten der flexiblen Rohrverbindungen in Rohrleitungssystemen im Hinblick auf Auswahl, Auslegung und Berechnung.

Ein Handbuch also, das den Ansprüchen des praktischen Einsatzes, der Planung und Konstruktion, aber auch der Fortbildung und Wissenschaft gleichermaßen gerecht wird.

Auf dem Gebiet der flexiblen Rohrverbindungen ist diese Art der Darstellung neu. Das Buch geht ausführlich auf die verschiedensten Produkte ein. Es schließt eine Lücke in der Fachliteratur und wird sicher schon bald als zuverlässige Informationsquelle unentbehrlich sein.

Zielgruppen: Ingenieure, Planer, Konstrukteure, Installateure und Klempner, Hochschulen
Inhalt: Warum flexible Rohrverbindungen? / Technische Prinzipien zur Realisierung eines Dehnungsausgleiches / Metall-Kompensatoren / Gummi-Kompensatoren / Schläuche als flexible Rohrverbindung / Weitere flexible Rohrverbindungselemente / Schwingungs- und Geräuschdämpfung / Strömungstechnische Gesichtspunkte / Festigkeitsberechnungen von Kompensatoren / Auslegung und Berechnung von Kompensationssystemen / Auswal von geeigneten flexiblen Rohrverbindungen / Einbaubeispiele / Qualitätskontrolle und Abnahmeprüfungen / Betriebserfahrungen / Literatur

VULKAN VERLAG
FACHINFORMATION AUS ERSTER HAND
POSTFACH 10 39 62 · 45039 ESSEN
TEL. (0201) 82002-14 · FAX (0201) 82002-34

BESUCHEN SIE UNS IM INTERNET:
http://www.oldenbourg.de

BESTELLSCHEIN

Fax: 02 01 / 8 20 02-34
Bitte einsenden an Ihre Fachbuchhandlung oder an den

VULKAN-VERLAG GmbH
Postfach 10 39 62
D-45039 Essen

Ja, senden Sie mir (uns) gegen Rechnung/per Nachnahme:

.... Exempl. »**Flexible Rohrverbindungen**«, ISBN 3-8027-2707-X, Preis je Exempl. ca. DM 74,-

Name/Firma ....

Anschrift ....

Bestell-Zeichen/Nr./Abteilung ....

Datum/Unterschrift ....

1. Gebäudeperformance

2. Mensch und Behaglichkeit

3. Integrierte Planungsansätze

4. Heizungsanlagen

5. Sanitär- und Feuerlöschanlagen

6. Lüftungs- und Klimatechnik

7. Kälte- und Kühlsysteme

8. Starkstromanlagen

9. Lichttechnik

10. Tageslichttechnik

11. Schwachstromanlagen

12. Förderanlagen

8. Starkstromanlagen

(mit Dieter Jakob, Frankfurt)

Der Wohnwert oder Nutzungswert eines Gebäudes hängt in sehr hohem Maße von einer gut funktionierenden elektrischen Stromversorgung und der Elektroinstallation ab. Der Bau und Betrieb sämtlicher gebäudetechnischer Einrichtungen und Anlagen ist ohne elektrische Energie praktisch nicht möglich. So ist aus diesem Grund der gesamten Elektroinstallation und -versorgung höchstes Augenmerk zu schenken.

Vorzüge beim Einsatz elektrischer Energie sind:
– leichte Umwandlung in andere Energieformen wie z. B. Licht, Wärmeenergie, mechanische Kräfte
– universelle Einsetzbarkeit
– geringe Übertragungsverluste.

Die Nachteile im Umgang mit elektrischer Energie sind:
– Elektrounfälle
– Brandgefahr
– Explosionsgefahr
– elektromagnetische Strahlung (z. B. Sender, Mikrowellen, Röntgenstrahlen)
– Elektrosmog
– starke magnetische Kraftwirkung bei Kurzschluß.

Trotz der Gefahren beim Einsatz elektrischer Energie überwiegen die Vorteile derart, daß auf ihre Nutzung im Haushalt, bei der Technik und insbesondere bei der Gebäudetechnik nicht zu verzichten ist. Um Gefahren im Rahmen elektrotechnischer Anlagen abzuwenden, müssen Schutzmaßnahmen für Gesundheit und Leben vorgesehen werden, die in einschlägigen Norm- und Regelwerken beschrieben sind.

8.1 Elektrischer Energiebedarf (Leistungsbilanz)

Um den elektrischen Energiebedarf ermitteln zu können, ist es notwendig, sämtliche Stromverbraucher eines zu versorgenden Gebäudes im einzelnen zu erfassen. Hierzu gehören einige wesentliche Verbraucher sowie eine Vielzahl von Kleinverbrauchern, die zu Projektbeginn in der Regel nur überschlägig geschätzt werden. Die wesentlichen Verbraucher müssen zu einem sehr frühen Zeitpunkt definiert werden, da ansonsten die Feststellung der Art und Weise der Versorgung und Tarifgespräche mit Elektro-Versorgungs-Unternehmen (EVU's) nicht möglich sind.

Große Verbraucher sind in vielen Fällen bewilligungspflichtig. Dasselbe gilt für solche, welche unter Umständen Rückwirkungen auf das EVU-Netz verursachen können. Die örtlichen Normen und Richtlinien sind oft sehr unterschiedlich. Nachfolgend werden einige wesentliche Verbraucher dargestellt.

8.1.1 Motoren

In einem Gebäude, insbesondere wenn dieses klimatisiert ist, treten Motoren häufig als Großverbraucher auf. Dabei handelt es sich in der Regel um:
– Kleinstmotoren für Wechsel- und Gleichstrom (bis maximal 1 kW)
– Drehstrommotoren verschiedenster Schaltungsart
– Kommutatormotoren für Wechsel- und Gleichstrom
– Synchronmotoren
– Asynchronmotoren.

Im Bereich der Lufttechnik, Heizungs- und Kältetechnik treten dabei am häufigsten auf:
– Asynchronmotoren (erlauben eine stufenlose Drehzahlregelung durch Ansteuerung/die heute gängigste Lösung)
– Schleifringläufermotoren (erlauben die Umschaltung auf mehrere, vorgegebene Drehzahlen)
– polumschaltbare Motoren (erlauben die Umschaltung auf zwei, maximal drei vorgegebene Drehzahlen).

Motoren unterscheiden sich weiterhin nach:
– Bauform (A, B, V)
– Schutzart (IP11 bis IP33)
– Läuferart
– Isolationsklasse (A bis H)
– freies Wellenende (1 oder 2)
– Lüftungsart
– Nennbetriebsart usw.

Bei Großmotoren ist von Fall zu Fall zu prüfen, ob diese als Mittelspannungsmotoren eingesetzt werden können oder eingesetzt werden sollen, um unter Umständen Kupferkabel oder -Schienen (Investitionen) zu sparen (Großmotoren in Kälteanlagen/Großventilatoreinheiten).

8.1.2 Steckdosenverbraucher

Unter Steckdosenverbrauchern versteht man sämtliche Verbraucher, welche aus Steckdosen versorgt werden. Hierzu gehören insbesondere Büromaschinen, Kleinküchengeräte, Kleinreinigungsanlagen und eine Vielzahl von Apparaten und Geräten des täglichen Bedarfs. Diese Steckdosenverbraucher machen in der Regel jedoch nur einen relativ kleinen Prozentsatz des Stromverbrauchs bei großen Bauobjekten aus.

8.1.3 Aufzugs- und Förderanlagen

Die Motoren von Aufzugs- und Förderanlagen haben in der Regel eine Anschlußleistung im Bereich von 5 bis 30 kW und schlagen sich in der Energiebilanz häufig kaum erheblich nieder. Da sie jedoch sehr häufig anlaufen und hohe Anlaufströme „ziehen", sind sie entsprechend zu berücksichtigen und führen häufig zu einem „unruhigen Netz". Bei einer Energiebilanz wird jedoch lediglich der Stromverbrauch der Dauerbetriebsphase angesetzt, es sein denn, daß in einem Wohngebäude die Aufzugs- und Fördereinrichtungen einen wesentlichen Teil des gesamten Stromverbrauchs ausmachen. Hier ist dann auch die Anlaufphase mit zu berücksichtigen. Besondere Beachtung bei der Dimensionierung der Zuleitung ist dem Anlaufstrom und dem daraus resultierenden Spannungsabfall beizumessen.

8.1.4 Beleuchtungsanlagen

Beleuchtungsanlagen gehören neben den Großmotoren und Kücheneinrichtungen (insbesondere Großküchen) zu den großen Stromverbrauchern und schlagen sich entsprechend nieder. Dabei sollte jedoch berücksichtigt werden, daß Beleuchtungsanlagen nach hochwertigen und niederwertigen Bereichen auszulegen sind und somit sehr unterschiedliche Anschlußleistungen für die verschiedensten Flächen zustande kommen. Für eine überschlagsmäßige Berechnung der Anschlußleistung können durchschnittlich 8 bis 12 W/m² angenommen werden. Als Zielwert für eine energetisch sparsame Beleuchtung gelten heute 6 – 10 W/m² Anschlußleistung.

8.1.5 Küchengeräte

Großküchen sind häufig in Bauobjekten die wesentlichen Einzelverbraucher (ausgenommen EDV-Maschinen) und schlagen sich in einer Leistungsbilanz ganz erheblich nieder. Insofern ist der Energiebedarf von größeren und Großküchen jeweils bereits zu Anfang abzufragen (Küchenplaner) und entsprechend in die Leistungsbilanz einzusetzen (bei elektrisch beheizten Küchen beträgt der Anschlußwert bei etwa 750 Essenteilnehmern rund 400 kW, bei 3.000 Essenteilnehmern rund 1.200 kW – entsprechende Interpolation ist möglich).

Der Trend zur schnellen Zubereitung von Halbfabrikaten in der Gastronomie trägt massiv zum Anstieg der kurzzeitigen Leistungsspitzen bei, welche gegenüber den traditionellen Produktionsküchen durchaus um den Faktor 2 höher liegen können. Verantwortlich für diese Spitzenbezüge sind insbesondere die ultraschnellen Induktionskochfelder und die Regeneratoren. Zur Begrenzung der Spitzenbezüge werden auch für Küchen entsprechende Lastoptimierungen vorgenommen. Diese können z. B. darin bestehen, durch zyklisches Zu- und Abschalten der Versorgung verschiedener Geräte die Lastspitzen zu vermeiden.

8.1.6 Leistungsbilanz und Gleichzeitigkeitsfaktor

Die **Tabelle 8.1** zeigt das Beispiel einer Leistungsbilanz für ein Bürogebäude mit den installierten Leistungen, Gleichzeitigkeitsfaktoren und der zu erwartenden, gleichzeitig aus dem Netz entnommenen Leistung.

Diese Leistungsbilanz entspricht einer Momentaufnahme und sagt lediglich in erster Näherung etwas darüber aus, wie überschlägig eine Transformatorenanlage ausgelegt werden kann. Zu Tarifgesprächen kann diese Leistungsbilanz nur bedingt dienen, zur Festlegung eines kompletten Energiesystems sicher nicht, da aus dieser Leistungsbilanz die Verbrauchsstruktur eines Tages oder eines Jahres nicht hervorgeht.

Tabelle 8.1
Beispiel einer Leistungsbilanz

P_i Installierte Leistung
F_G Gleichzeitigkeitsfaktor
P_G zu erwartende, gleichzeitig aus dem Netz entnommene Leistung

	P_i	F_G	P_G
Technikgeschoß			
Aufzug 1	27,0 kVA	0,5	13,5 kVA
Aufzug 2	23,0 kVA	0,5	11,5 kVA
Raumlufttechnik	120,0 kVA	0,9	108,0 kVA
4. Obergeschoß			
Unterverteiler	60,0 kVA	0,8	48,0 kVA
3. Obergeschoß			
Unterverteiler	60,0 kVA	0,8	48,0 kVA
Küche	380,0 kVA	0,7	266,0 kVA
2. Obergeschoß			
Unterverteiler	60,0 kVA	0,8	48,0 kVA
EDV-Anlage	400,0 kVA	0,9	360,0 kVA
1. Obergeschoß			
Unterverteiler	60,0 kVA	0,8	48,0 kVA
Erdgeschoß			
Unterverteiler	80,0 kVA	0,8	64,0 kVA
1. Untergeschoß			
Unterverteiler	25,0 kVA	0,8	20,0 kVA
Heizung	160,0 kVA	0,9	144,0 kVA
Sanitärzentrale	20,0 kVA	0,8	16,0 kVA
Raumlufttechnik	300,0 kVA	0,8	240,0 kVA
Kältezentrale	300,0 kVA	0,9	270,0 kVA
Netzersatzanlage	630,0 kVA	1,0	630,0 kVA
	2.705,0 kVA		**2.235,0 kVA**

1 Brauchwasser
2 stat. Heizung
3 RLT
4 Rückkühlung
5 Turbokältemaschine
6 Kolbenkältemaschine
7 Kaltwasserverbraucher

A Sammelschiene Ersatznetz
   (Normal- und Ersatznetz)
B Sammelschiene Normalnetz
C Sammelschiene EDV
   (Normal- und Ersatznetz)

Bild 8.1
Elektrisches Energieversorgungsschema mit statistischer USV-Anlage sowie dazugehöriger Wärme-/ Kälteanlage (konventionelle Lösung)

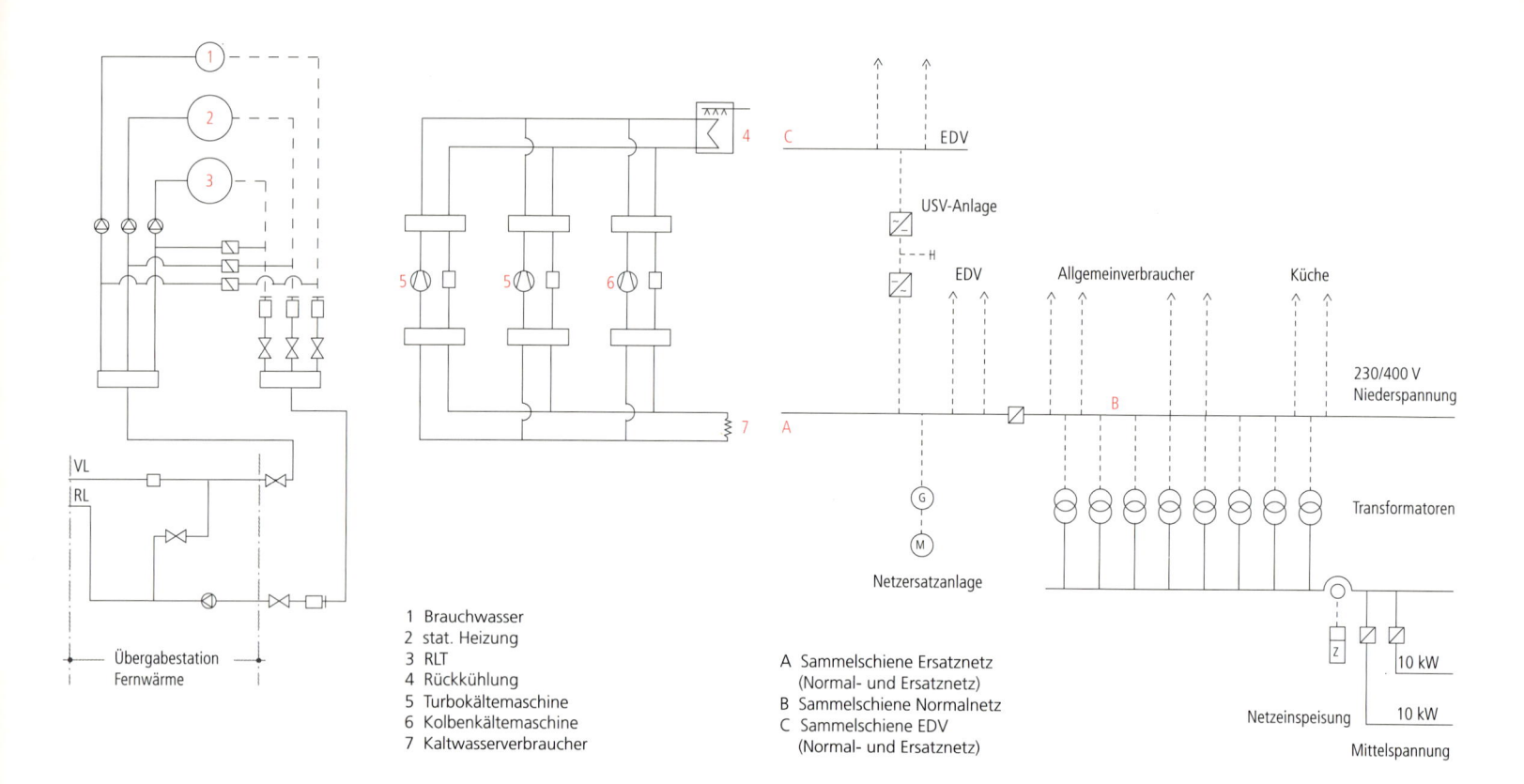

Will man mit dem EVU in detaillierte Tarifgespräche gehen und ein Gesamtenergieversorgungskonzept entwickeln, so wird es notwendig, den elektrischen Leistungsbedarf genauer zu erfassen. **Bild 8.1** zeigt beispielhaft für einen größeren Bürokomplex ein konventionelles Wärme- und Kälteschema (Wärme per Fernwärme/Kälteenergieerzeugung durch Strom) sowie das elektrische Energieversorgungsschema mit Nebeneinrichtungen (USV-Anlage/Netzersatzanlage). **Bild 8.2.1** zeigt für dieses Gebäude den elektrischen Leistungsbedarf in kW zu einem Zeitpunkt, an dem bei diesem Bürogebäude vermutlich der größte Leistungsbedarf entsteht. Wie aus dem Bild gut erkennbar, ist der gesamte Betriebsablauf von Stunde zu Stunde dargestellt und ergibt sich aus den vermutlichen Betriebsabläufen der einzelnen Verbraucher, insbesondere Großverbraucher. Hier zeigt sich bereits eine typische Verbrauchsstruktur, die in den anderen Monaten zumindest ähnlich aussehen wird. Im Zweifelsfall sind entsprechende Darstellungen des elektrischen Leistungsbedarfs auch für andere Monate zu erstellen, zumal wenn in einem Gebäude keine Erzeugung von Kälteenergie durch elektrische Energie erfolgt. **Bild 8.2.2** zeigt zusätzlich den voraussichtlichen jährlichen elektrischen Energiebedarf in kWh, der sowohl für die Ermittlung eines geeigneten Energiekonzeptes als auch für detaillierte Tarifgespräche sinnvoll und notwendig ist.

Anlage	Bürogebäude	Industrie	Krankenhäuser	Wohnen
Beleuchtung	0,80 – 0,90	0,95	0,70 – 0,90	0,70 – 0,90
Steckdosen	0,20 – 0,40	0,10	0,10 – 0,20	0,10 – 0,25
Raumlufttechnik	0,70 – 0,90	0,80 – 1,00		
Heizung	0,80 – 1,00	0,80 – 1,00	0,80 – 1,00	0,80 – 1,00
Kälte	0,80 – 1,00	0,90 – 1,00	0,90 – 1,00	0,90 – 1,00
Küchen	0,60 – 0,75	0,60 – 0,75	0,60 – 0,60	0,60 – 0,80
Aufzüge	0,50 – 0,70	0,30 – 0,90	0,80 – 1,00	0,60 – 0,70
Krananlagen		0,80 – 0,90		
Sonstige	0,30 – 0,40	0,35 – 0,45	0,60 – 0,85	0,30 – 0,60
Total	0,7 – 0,8	0,3 – 0,7	0,6 – 0,8	0,3 – 0,6

Tabelle 8.2
Richtwerte für Gleichzeitigkeitsfaktoren fG von Verbrauchern

8.1 Elektrischer Energiebedarf

Um eine Leistungsbilanz erstellen zu können, sind Gleichzeitigkeitsfaktoren zu berücksichtigen. Diese ergeben sich daraus, daß in einem Bauvorhaben in der Regel nie alle elektrischen Verbraucher gleichzeitig in Betrieb sind und somit nicht die Summe der von den Verbrauchern aufgenommenen Leistungen (Anschlußwert) vorzuhalten ist. Der Gleichzeitigkeitsfaktor gibt an, welche Leistung in Relation zur Summe aller Anschlußwerte gleichzeitig aus dem Netz entnommen wird. Der Gleichzeitigkeitsfaktor ist immer <1 um so kleiner, je größer und verschiedenartiger die Anzahl der Verbraucher ist. Die nachfolgende **Tabelle 8.2** gibt einige Richtwerte für Gleichzeitigkeitsfaktoren von Verbrauchern in verschiedenen Gebäudearten an.

Für eine erste, grobe Schätzung typischer und spezifischer Anschlußwerte können die nachfolgend dargestellten Bedarfswerte elektrischer Energie eingesetzt werden:

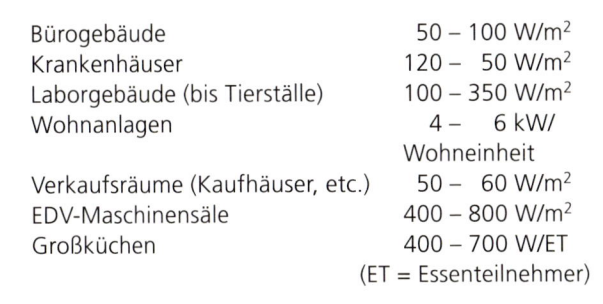

Bürogebäude	50 – 100 W/m²
Krankenhäuser	120 – 50 W/m²
Laborgebäude (bis Tierställe)	100 – 350 W/m²
Wohnanlagen	4 – 6 kW/Wohneinheit
Verkaufsräume (Kaufhäuser, etc.)	50 – 60 W/m²
EDV-Maschinensäle	400 – 800 W/m²
Großküchen	400 – 700 W/ET
	(ET = Essenteilnehmer)

Die richtige Dimensionierung großer Verbraucher wie z.B. Beleuchtung, große Antriebe, Transformatoren usw. ist bereits in der Frühphase sehr wichtig, da jede Umwandlung von elektrischer Energie mit Verlusten behaftet ist. Sowohl zu große als auch zu geringe Reserven in der Auslegung verringern den Wirkungsgrad der Umwandlung. Dabei insbesondere zu beachten sind die induktiven elektrischen Verbraucher (Transformatoren, Motoren, Drosselspulen). Diese benötigen zum Aufbau des Magnetfeldes einen induktiven Blindstrom, der jedoch keine Leistung (Wirkleistung) mit sich bringt. Die Stromwärmeverluste durch Blindstrom sollen mit Kompensationsanlagen soweit als möglich verringert werden, um sowohl das eigene Leitungsnetz als auch das Leitungsnetz des EVU geringer dimensionieren zu können. In der Regel fordern die Elektroversorgungsunternehmen von Großabnehmern, die den von ihnen erzeugten Blindstrom nicht in bestimmten Größen halten, zusätzliche Kosten. Die Grenzwerte des maximal zulässigen Leistungsfaktors, ab welchem der Blindstromanteil bezahlt werden muß, werden von den EVU's in den Stromlieferverträgen festgeschrieben. Grundsätzlich kann die induktive Blindleistung durch möglichst genaue Dimensionierung von elektrischen Antrieben und Transformatoren sowie den Einsatz elektronischer oder verlustarmer Vorschaltgeräte in Beleuchtungsanlagen begrenzt werden.

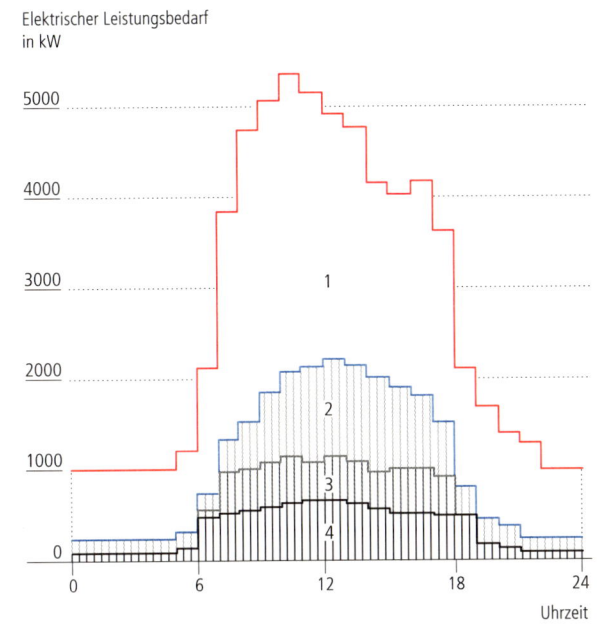

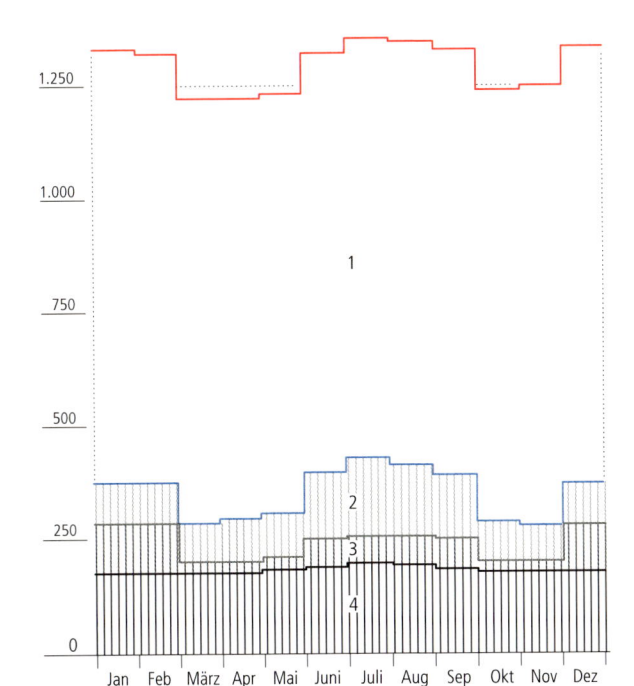

Bild 8.2.1
Elektrischer Leistungsbedarf in kW, Monat Juli, heißer Sommer

1 EDV-Maschinen, Küchengeräte, Beleuchtung, Aufzugs- und Förderanlagen Fernmelde- und Schwachstrom, Büromaschinen und Terminals, Pumpen
2 Kältemaschinen, zentrale Sonderflächen und allgemeine Bürobereiche
3 Ventilation, lufttechnische Anlagen, allgemeine Bürobereiche
4 Ventilation, lufttechnische Anlagen, zentrale Sonderflächen

Bild 8.2.2
Jährlicher elektrischer Energiebedarf in kWh

8.2 Allgemeines

8.2.1 Elektrische Energieerzeugung

Die elektrische Energieerzeugung unterscheidet nach der Art des Antriebs in Wärme- und Wasserkraftanlagen. Der wesentlichste Teil der Erzeugung der elektrischen Energie erfolgt in Mitteleuropa über Wärmekraftanlagen. In der Schweiz werden dementgegen 57 % der Elektroenergie durch Lauf- und Speicherkraftwerke, 2 % durch Wärmekraftwerke, 39 % durch Kernkraftwerke und 2 % durch Alternativanlagen erzeugt.

Wärmekraftanlagen werden vornehmlich als Dampf-, Gas- und Dieselkraftanlagen ausgeführt, wobei zur elektrischen Energieerzeugung Dampf- und -Gasturbinen sowie Kolben-Dampf- und -Gasmaschinen eingesetzt werden. Kolbendampfmaschinen werden wie Kolbengasmaschinen nur in geringem Umfange eingesetzt. Gas- und Dampfturbinen sind die Hauptträger der Energieerzeugung. Hinzu kommen Wasserturbinen, die in der Schweiz noch erhebliche Anwendung finden, da hier entsprechende Nutzungsmöglichkeiten der Wasserenergie bestehen. Die größten Dampfturbinen erbringen in Kraftwerken bis 600 MW, die größten Wasserturbinen bis etwa 150 MW elektrische Leistung.

Die vorgenannten Maschinen dienen dem Antrieb von Generatoren zur Stromerzeugung. Dabei finden Induktionserscheinungen in den Generatoren (auch Dynamomaschinen) ihre Anwendung. Der Strom wird erzeugt, indem ein elektrisches Leitersystem in Magnetfeldern (Gleichstrommaschinen) oder umgekehrt Magnetfelder innerhalb eines Leitersystems (Wechselstrom, Innenpolmaschinen) in Drehung versetzt und die an den Leiterenden auftretenden induzierten Spannungen in geeigneter Weise abgenommen werden. Dabei bezeichnet man den feststehenden Teil als Ständer, den sich bewegenden Teil als Anker (Rotor) oder Läufer. **Bild 8.3** stellt die Zusammenhänge der Induktion bei Drehung einer Drahtschleife in einem Magnetfeld dar.

Dreht sich eine Drahtschleife von rechteckiger Form in einem homogenen Magnetfeld, so schneiden ihre Randteile magnetische Kraftlinien. Beginnt die Schleife ihre Bewegung aus der senkrechten Lage, wie in **Bild 8.3** gezeigt, so ist die Zahl der geschnittenen Kraftlinien gleich Null. Nach einer Kreisbewegung von A nach B ist die Zahl der geschnittenen Kraftlinien immer noch sehr gering und wird größer, wenn sie die gleiche Bogenlänge von zum Beispiel C nach D durchläuft und erreicht ihren Höchstwert beim Durchlaufen der magnetischen Achse (Nord-Süd-Pol). Dabei hat sich die Schleife annähernd um 90° gedreht, und die Spannung wächst von Null bis zu einem Höchstwert an. Führt man die Schleifenenden zu zwei Schleifringen und verbindet man die auf den Schleifringen sitzenden Bürsten durch einen Schließungsdraht, so fließt in diesem ein Induktionsstrom, der genau wie die Spannung nach einer Gesamtdrehung von 90° seinen Höchstwert erreicht. Dreht sich die Schleife weiter, so nehmen Stromstärke und Spannung nach einer Gesmtdrehung von 180° wiederum den Wert Null, nach einer solchen von 270° wieder einen Höchstwert an usw. Es zeigt sich, daß der Strom jeweils beim Durchgang der Schleife durch die neutrale Zone seine Richtung wechselt, und man nennt daher den Strom Wechselstrom. Der Wechselstrom gleicht in Stärke und Richtung einer Sinuslinie.

Verbindet man die Schleifenenden nicht mit Schleifringen, sondern mit zwei Kollektorlamellen, wie in **Bild 8.4** gezeigt, so gelangen jedesmal beim Durchgang der Schleife durch die neutrale Zone die Kollektorlamellen an die andere Bürste, und man nimmt einen Induktionsstrom ab, dessen Stärke zwar zwischen Null und einem Höchstwert wechselt, aber immer die gleiche Richtung besitzt (= Gleichstrom).

Sind in einem Motorgehäuse drei getrennte Spulensysteme untergebracht, so erhält man einen Dreiphasenwechsel-Drehstrom.

Bild 8.5 zeigt das Schema eines Drehstromgenerators mit Darstellung der Phasenverschiebung beim Drehstrom. Die induzierten Spannungen zeigen drei Sinuslinien, die um 120° gegeneinander verschoben sind (Phasenverschiebung) und die den Spannungsverlauf in einem der drei Spulensysteme wiedergeben. An den Klemmen L1/L2/L3 (U, V, W) kann Drehstrom abgenommen werden. Führt man vom Nullpunkt einen Nulleiter mit, so kann man zwischen Nulleiter und einem Phasenleiter eine Phasenspannung feststellen, die 1,73 (=$\sqrt{3}$)mal kleiner ist als die sogenannte verkettete Phasenspannung. Man hat somit zwei verschiedene Spannungen zur Verfügung.

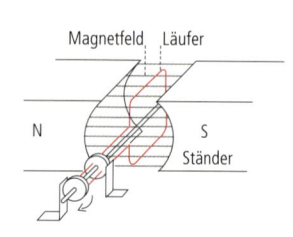

Bild 8.3
Induktionsstrom in einer Drahtschleife

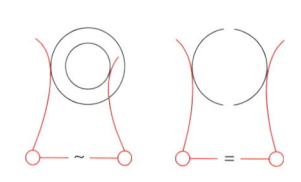

Bild 8.4
Wechselstromgenerator mit Innenpolen

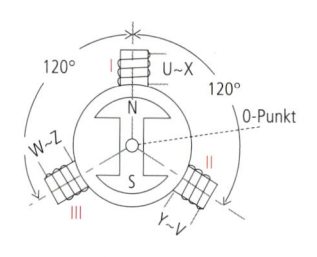

Schema eines Drehstromgenerators

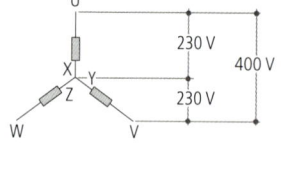

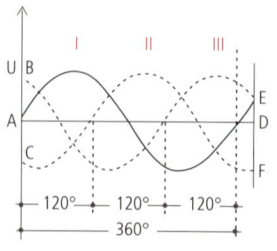

Spannung bezogen auf den Nulleiter

Bild 8.5
Zeichnerische Darstellung des Drehstroms

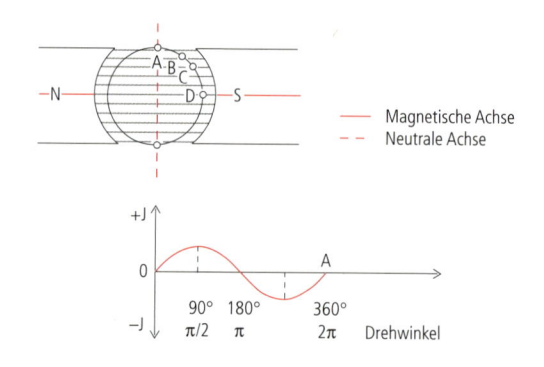

8.2.2 Elektrische Energieversorgung (EVU)

Vom Kraftwerk, in dem der Strom erzeugt wird, erfolgt die Energieverteilung durch Freileitungen auf Hochspannungsebene (110 bis 400 kV) in einem Verbundnetz. Durch das Verbundnetz sind die großen Kraftwerke untereinander verbunden. Im Bereich großer Städte oder großer Industrieanlagen wird über Transformatoren die Spannung von der Hochspannungsebene auf eine Mittelspannungsebene (1 bis 30 kV) heruntertransformiert und in das örtliche Versorgungsnetz eingespeist (EVU-Netz). Die Stromverteilung erfolgt nunmehr innerhalb der Städte auf der vorher aufgeführten Spannungsebene wiederum zu Transformatoren, die entweder bei Großverbrauchern in den Gebäuden aufgestellt werden können oder als EVU-Stationen außerhalb von Gebäuden stehen. In diesen Transformatoren erfolgt eine weitere Veränderung der Spannung von der Mittelspannungsebene auf eine Niederspannungsebene von 50 bis 1.000 Volt, in Mitteleuropa vornehmlich 230/400 Volt.

Kleinspannungen (Spannungen unter 50 V) werden ausschließlich örtlich durch weiteres Heruntertransformieren erzeugt und dienen im wesentlichen der Versorgung von Melde- und Informationssystemen.

Bild 8.6 zeigt die übergeordnete elektrische Energieversorgung außerhalb von Gebäuden, **Bild 8.7** das Verbundnetz Europas.

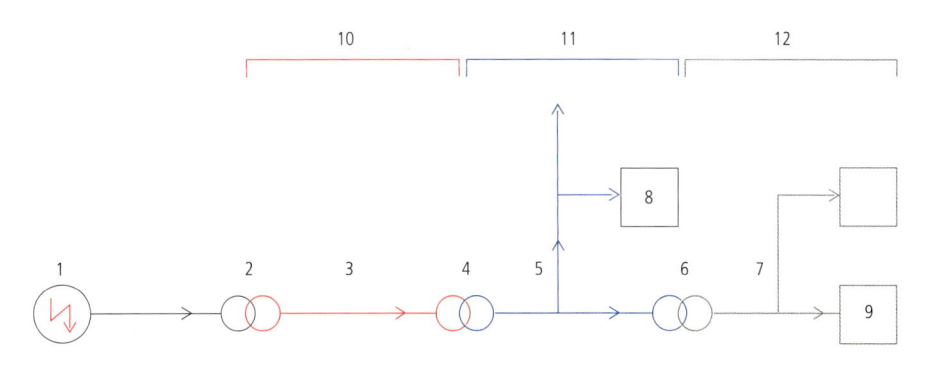

Bild 8.6
Übergeordnete elektrische Energieversorgung

1 Kraftwerk
2 Transformatoren
3 Hochspannungsleitungen
4 Unterwerk
5 Mittelspannungsleitungen
6 Transformatorenstationen
7 Niederspannungsleitungen
8 Mittelspannungsverbraucher
9 Niederspannungsverbraucher
10 Hochspannung 110 – 380 kV
11 Mittelspannung   1 – 30 kV
12 Niederspannung 50 – 1000 V

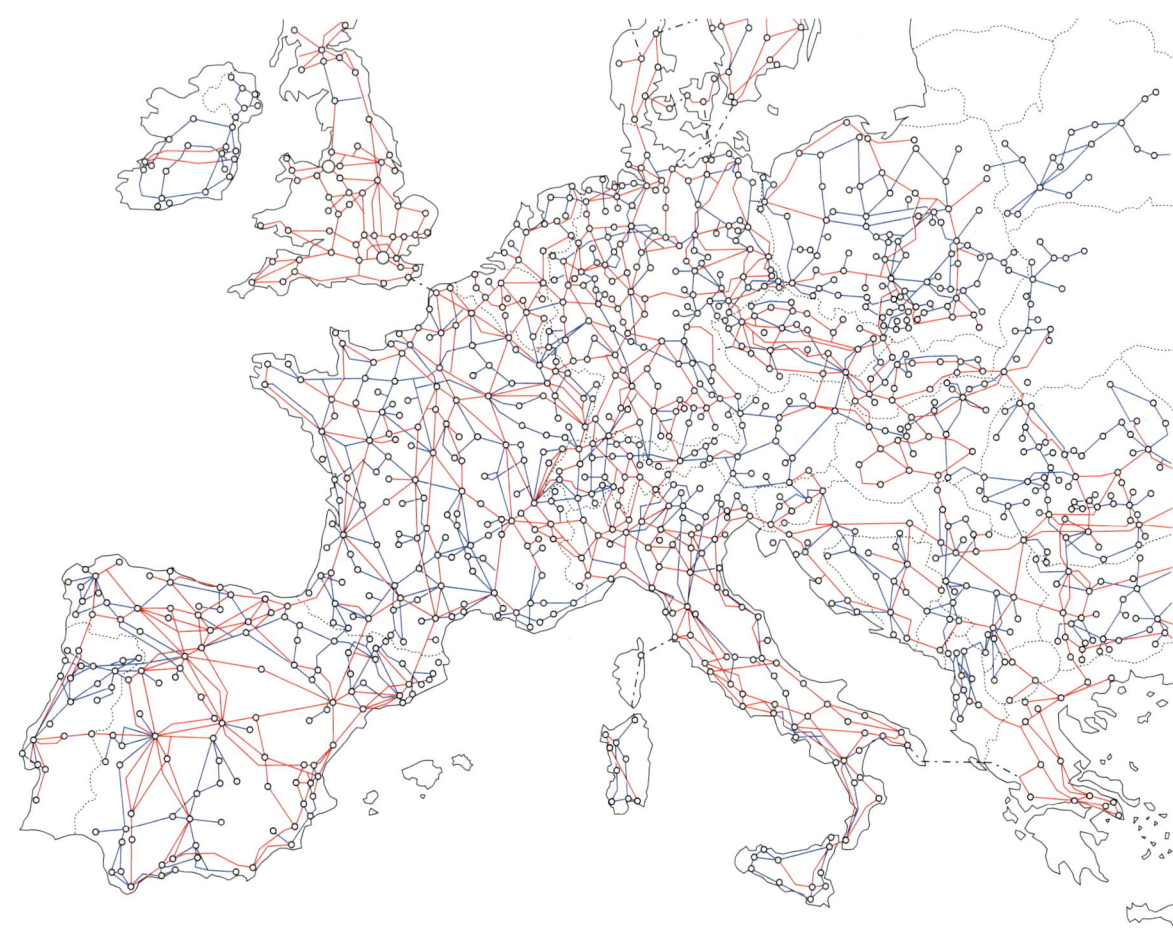

Bild 8.7
Energieverbundnetz Europa

Leitungsverbindungen
(einschließlich in Bau befindliche
380-kV-Leitungen)

— 380 kV
— 220 kV
-·- HGÜ
° Umspannstationen oder Kraftwerke

8.2.3 Stromtarife

Man unterscheidet nach Niederspannungs- und Mittelspannungsabnehmern. Niederspannungsabnehmer sind Stromabnehmer, die direkt an das 400-V-Netz angeschlossen werden und in etwa einen maximalen Anschlußwert von 200 kVA besitzen, der vom EVU festgelegt wird.

Abnehmer, die aufgrund ihres höheren Leistungsbedarfs nicht mehr an das Niederspannungsnetz angeschlossen werden können, erhalten ihre Energie auf der Mittelspannungsebene von 1 bis 30 kV, in der Regel 10 bis 20 kV. Aufgrund der neuen europäischen Durchleitegesetze unterliegen die Stromtarife den Marktgesetzen (diverse Anbieter vor Ort). Die EVU's bieten in der Regel eine Vielfalt unterschiedlicher Tarife an, unter denen die Abnehmer entsprechend wählen können. Abnehmer mit Versorgung aus dem Mittelspannungsnetz haben zumeist einen Abnehmervertrag als Sonderkunde, der die spezifischen Verbrauchsgewohnheiten berücksichtigt. Dabei ermitteln sich die Tarife in der Regel wie folgt:

- **Arbeitsabhängige Kosten,** wobei die dem Netz entnommene Arbeit (kWh) abhängig von der Verbrauchszeit einen unterschiedlichen Kostenansatz bieten kann (Preis pro kWh).
- **Leistungsabhängige Kosten,** die für die Bereitstellung einer bestimmten Leistung zu zahlen sind. Über die leistungsabhängigen Kosten werden somit die Anschlußkosten für einen Neuanschluß zum Teil abgedeckt oder separat erhoben.
- Die gebräuchlichste Abrechnungsart ist der **Leistungspreistarif,** bei dem eine Staffelung nach der in Anspruch genommenen Leistung erfolgt und monatlich oder jährlich eine Höchstleistung im einviertelstündigen oder halbstündigen Mittel gemessen wird. Einige EVU's haben im Rahmen ihrer Tarife Korrekturen über verbrauchsabhängige Rechengrößen wie Benutzungsdauer oder Anteil am Gesamtmaximum des EVU's eingeführt.

Allen Tarifen gemeinsam ist, daß der durchschnittliche Strompreis am niedrigsten ist, wenn

- das Abnehmermaximum nicht mit dem EVU-Maximum zusammenfällt (EVU-Maximum in der Regel 7.00 bis 9.00 bzw. 17.00 bis 19.00 Uhr). Im allgemeinen werden besondere Nachttarife (22.00 bis 6.00 Uhr) angeboten, die häufig die Entwicklung eines Energiekonzeptes mitbestimmen. Mitbestimmend ist auch die Rechengröße **Benutzungsdauer** in Stunden, die sich aus der Benutzungsdauer der entnommenen Arbeit (kWh) dividiert durch die im Bewertungszeitraum höchste in Anspruch genommene Leistung (kW) ergibt (analog Vollaststunden bei Heizungs- oder Kälteanlagen).

Im Sommer sind unter Umständen die Energiepreise wesentlich billiger (bis zu 50 %) als im Winterhalbjahr (größere Nachfrage).

Echte Strompreisverhandlungen kommen nur für große Abnehmer in Betracht. Für mittlere und kleine Abnehmer bieten sich in der Regel nur zwei Möglichkeiten an, die Stromkosten zu senken durch:

- Auswahl des günstigsten angebotenen Tarifs
- Anpassung der Abnahmestruktur an den Stromtarif.

Allerdings kann es in Zukunft zu deutlichen Veränderungen dadurch kommen, daß z. B. österreichische Kunden Strom aus Spanien beziehen (Durchleitegesetz).

Bei der Auswahl des richtigen Tarifs ist eine detaillierte Kenntnis der Abnahmestruktur bezüglich der Leistungsspitzen (zeitlich und absolute Höhe) sowie der Rechengröße Benutzungsstunden notwendig, um in Zusammenarbeit mit dem EVU einen günstigen Stromtarif zu finden. Bei einer Anpassung der Abnahmestruktur an den Stromtarif gibt es eine Reihe von Möglichkeiten, die schon bei der Planung von Anlagen berücksichtigt werden müssen. Die besten Erfolge zur Anpassung versprechen die folgenden Maßnahmen:

- Abschaltung von nicht unbedingt notwendigen Verbrauchern während der Zeit des größten Leistungsbedarfs (Lastabwurfprogramme)
- Verschiebung des Einschaltzeitpunktes von kurzzeitig benötigten Verbrauchern in einen Zeitraum niedrigeren Leistungsbedarfs (Überwachung durch zentrale Leittechnik bei Großanlagen/Bus-Systeme im häuslichen Bereich).

Aufgrund einer genauen Analyse der Betriebsabläufe und eines entsprechenden geregelten Verhaltens können die Stromkosten erfahrungsgemäß um etwa 15 % reduziert werden.

8.2.4 Allgemeine Begriffe

Um die nachfolgenden Ausführungen besser verstehen zu können, sollen hier nochmals die gebräuchlichsten Fachausdrücke kurz dargestellt werden:

Spannung (U) in Volt = Differenz zwischen zwei Potentialen
Strom (I) in Ampère = Fluß freier Elektronen vom negativen zum positiven Potential
Widerstand (R) in Ohm = physikalische Eigenschaft des leitenden Werkstoffes (gibt an, wieviel freie Elektronen dem Stromfluß zur Verfügung stehen).

Allgemeine Regel (Ohmsches Gesetz):
Spannung = Widerstand · Strom

$U = R \cdot I$

Der Strom I ist für die Dimensionierung der elektrischen Anlagen maßgebend. Für rein Ohmsche Lasten ist die Wirkleistung P:

Gleichstrom: $P = U \cdot I$

Wechselstrom: $P = U \cdot I \cdot \cos \varphi$

Drehstrom: $P = \sqrt{3}\, U \cdot I \cdot \cos \varphi$

Um z.B. mehr Leistung zu übertragen, kann entweder die Spannung (U) oder der Strom (I) erhöht werden. Bei einer höheren Spannung vergrößert sich der Isolationsaufwand starkstromführender Leitungen, bei höherem Strom vergrößern sich die Leitungsquerschnitte.

Gleichstrom = Stromfluß in einer Richtung (vom negativen zum positiven Potential)
Wechselstrom = Stromfluß in wechselnder Richtung (Anzahl der Wechsel pro Sekunde ist Frequenz in Hertz)
Drehstrom = drei Wechselstromkreise um je 120° versetzt
Frequenz (f) in Hertz (Hz) = Anzahl der Richtungswechsel (Vollschwingungen beim Wechselstrom) pro Sekunde
Leistung (P) in Watt (W) = Wirkleistung oder Arbeit in der Zeiteinheit ($P = I \cdot U \cdot \cos \varphi$)
Arbeit (W) in Wattstunden (Wh) = Leistung · Zeit ($W = P \cdot t$)
Wirkleistung (P) in Watt (W) = Leistung, die als Energie zur Verfügung steht (Antrieb, Beleuchtung, usw.)
Blindleistung (Q) in Voltampère reactiv (var) = Leistung, die bei einem induktiven Verbraucher zum Aufbau des Magnetfeldes notwendig wird
Scheinleistung (S) in Voltampère (VA) = Leistung, die den elektrischen Leiter belastet ohne unmittelbar wirksam zu werden.

Die Zusammenhänge zwischen Wirkleistung, induktiver Blindleistung und Scheinleistung sind in **Bild 8.8.1** dargestellt. Dabei gibt die Wirkleistung P an, wieviel Energie zur Verfügung gestellt werden muß, um z.B. einen Antrieb eines Motors zu ermöglichen. Die Einheit der Wirkleistung ist Watt, Kilowatt oder Megawatt. Die Blindleistung, wie in **Bild 8.8.2** dargestellt, ist wie ein Energiespeicher zu verstehen. Geräte nehmen ständig Leistungen in ihrem Speicher auf und geben diese wieder an das Netz ab.

Induktive Verbraucher (Spulen) sind sogenannte Stromspeicher, während kapazitive Verbraucher sogenannte Spannungsspeicher sind. In der technischen Anwendung sind induktive und kapazitive Verbraucher nicht in reiner Form existent. Sie stehen in wechselseitiger Beeinflussung zueinander und sind mit einem Ohmschen Anteil belastet. Im Versorgungsnetz entstehen dadurch zusätzliche pendelnde Energieflüsse, welche sich nicht in Arbeitsenergie umsetzen lassen. Dadurch werden sämtliche elektrischen Systeme zusätzlich belastet, was neben einer höheren Dimensionierung der Kabel, Schaltanlagen und Netze auch zusätzliche Verluste mit sich bringt, die quadratisch zum übertragenen Strom ansteigen. Um diese möglichst gering zu halten, wird der Leistungsfaktor $\cos \varphi$ mit 0,85 bis 0,95 vorgegeben und ist einzuhalten.

Kompensation = Maßnahme zur Verbesserung des Leistungsfaktors $\cos \varphi$ und damit Verringerung der Übertragungsverluste. **Bild 8.9** zeigt die Zusammenhänge und weist aus, daß die Scheinleistung durch den verbesserten $\cos \varphi$ infolge Kompensation kleiner geworden ist und sich der Wirkleistung annähert.

Anlaufstrom = der Strom, der beim Einschalten des Verbrauchers fließt. Er kann ein mehrfaches des Stromes, der im Betriebszustand fließt, ausmachen, vergleiche **Bild 8.10**.

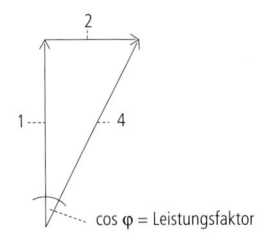

Bild 8.8.1
Wirk-, Blind- und Scheinleistung

Bild 8.8.2
Wechselstromleistung

1 Wirkleistung P (Watt)
2 Induktive Blindleistung Q (var)
3 Kapazitive Blindleistung (durch Kompensation)
4 Scheinleistung S (VA)

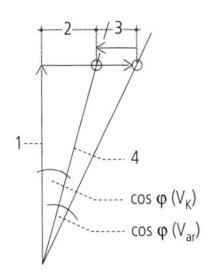

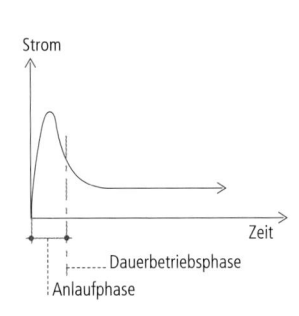

Bild 8.9
Verminderung der Blindstromleistung

Bild 8.10
Stromaufnahme eines Motors bei Inbetriebnahme

8.3 Netzeinspeisung

Die Netzeinspeisung im Gebäude erfolgt entweder niederspannungs- oder mittelspannungsseitig je nach den Versorgungsmöglichkeiten sowie insbesondere dem elektrischen Energiebedarf des Objektes. Die Bedingungen der Ausführung bestimmt in der Regel das energieliefernde Versorgungsunternehmen; sie können bei den EVU's erfragt werden.

8.3.1 Niederspannungseinspeisung

Die niederspannungsseitige Einspeisung erfolgt in der Regel über ein Kabel des EVU, das von außen her kommend in den Hausanschluß eingeschleift wird.

8.3.1.1 Hausanschluß

Der Hausanschluß erfolgt im allgemeinen über einen Hausanschlußkasten, der so anzuordnen ist, daß er für Mitarbeiter des Elektroversorgungsunternehmens jederzeit zugänglich ist. So wird der Hausanschluß bei Mehrfamilienhäusern oder Großobjekten in einem jederzeit zugänglichen Hausanschlußraum eingebracht, bei Kleinobjekten kann der Hausanschlußkasten auf der Gebäudeaußenseite installiert werden. **Bild 8.11** zeigt beispielhaft den in einer Außenwand eingesetzten Hausanschlußkasten für ein kleineres Bauobjekt. **Bild 8.12** zeigt einen Hausanschlußschrank, der an der Grundstücksgrenze aufgestellt wird, um von hier aus mehrere kleinere Objekte zu versorgen.

Der Hausanschluß größerer Objekte wie z.B. Gewerbe und Industrie, Hotel- und Gastronomiebetriebe etc. befindet sich in einem Einspeisefeld (ein bis zwei Stück) der Niederspannungshauptverteilung. Dabei sind die sehr unterschiedlichen Normen der energieliefernden Elektroversorgungsunternehmen zu beachten.

Die besonderen Bedingungen zum Aufbau eines Hausanschlußschrankes sind zusätzlich dargestellt. Wird der Hausanschluß nicht außerhalb des Gebäudes oder an der Außenwand desselben installiert, so erfolgt die Stromübergabe in einem Hausanschlußraum (Mehrfamilienhäuser).

Bild 8.11
Beispiel eines Hausanschluß-
kastens für Niederspannungs-
einspeisung

L Bogenlänge des Rohres (700 mm)

1 Tür
2 Winkeleisenrahmen (50/50/5mm)
3 Rohr (80-100 mm)
4 Außen- oder Gartenmauer
5 Kabelgrabensohle

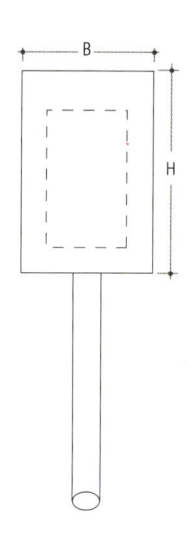

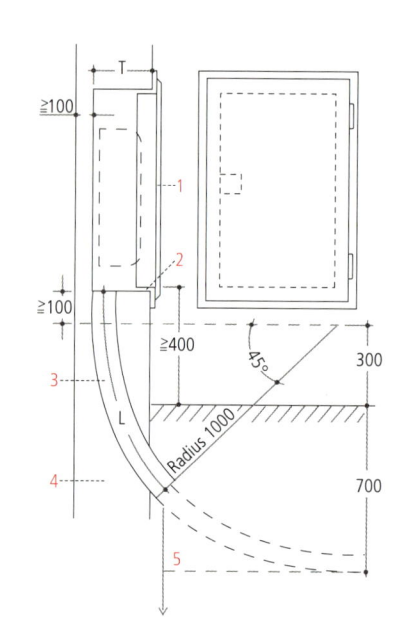

Die Ausgänge für abgehende Hauptleitungen bauseits vorsehen

Innenmaße der Nische

HA-Größe	Mindestmaße in mm		
	H	B	T
1x3 NH00 2x3 NH00 100 A	800	600	200
1x3 NH2 400 A	1200	600	240

Maße des Schutzkastens:

HA-Größe	Mindestmaße in mm		
	H	B	T
1x3 NH00 2x3 NH00 100 A	800	600	210
1x3 NH2 400 A	1200	800	270

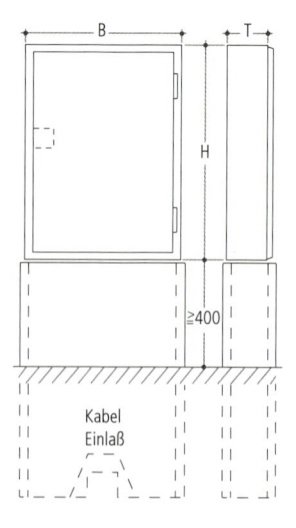

Bild 8.12
Hausanschlußschrank

8.3.1.2 Hausanschlußraum

Erfolgt die Stromübergabe in einem größeren Objekt (zum Beispiel mehrgeschossiges Wohnhaus) über einen Hausanschlußraum, so ist anfänglich das Anschlußkabel in das Gebäude einzuführen. In diesem Fall sind in der Gebäudeaußenwand für Kabel und Rohrleitungen entsprechende Schutzrohre einzulegen, wobei sich die Größe der Schutzrohre nach dem Verwendungszweck ergibt und das EVU die Kabelgröße festlegt. **Bild 8.13** zeigt die Einbringung eines Schutzrohres in eine Gebäudeaußenwand.

Bei unterirdischer Einführung in den Hausanschlußraum sollen die in **Bild 8.14** angegebenen Maße (Tiefen unter Geländeoberfläche) mindestens eingehalten werden.

Die Führung des Hauseinführungskabels bis zum Hausanschlußkasten wird in der Regel vom EVU festgelegt oder mit diesem abgestimmt und gehört zu den Leistungen des EVU. Hausanschlußkabel und -kästen dürfen in keinem Fall in feuer- oder explosionsgefährdete Räume verlegt oder eingebaut werden. Das gleiche gilt auch hinsichtlich der Installation in nassen Räumen (auch Garagen) oder Räumen, in denen zu hohe Temperaturen auftreten können.

Bild 8.15 zeigt das Beispiel eines Hausanschlußraumes mit Hauptpotentialausgleich.

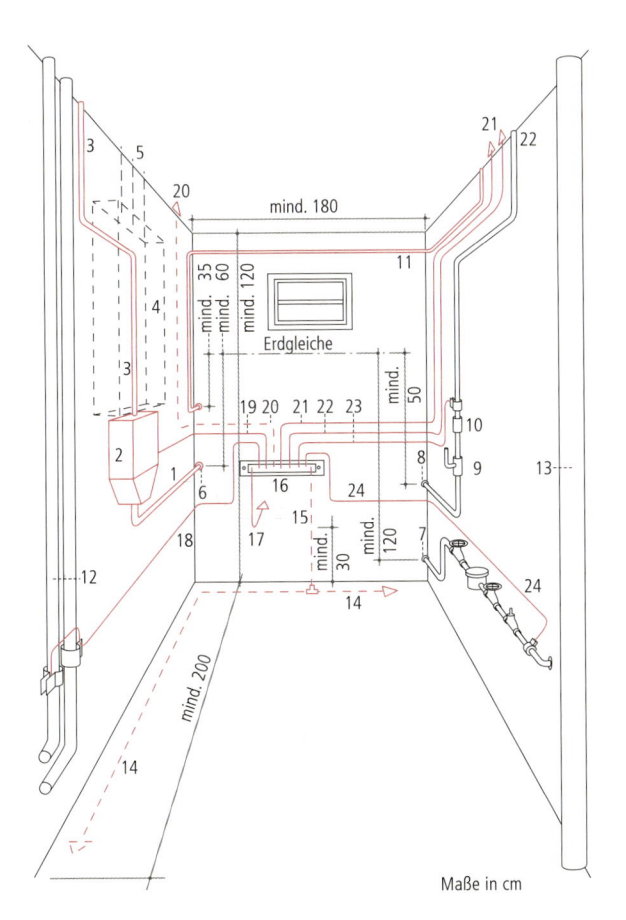

Bild 8.13
Beispiel für die Einbringung eines Schutzrohres

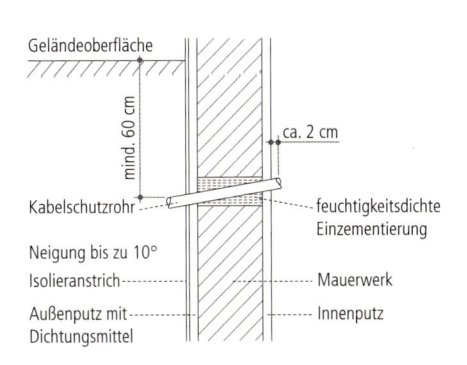

Bild 8.14
Tiefen für die Einführung von Anschlußleitungen (nach DIN 18012)

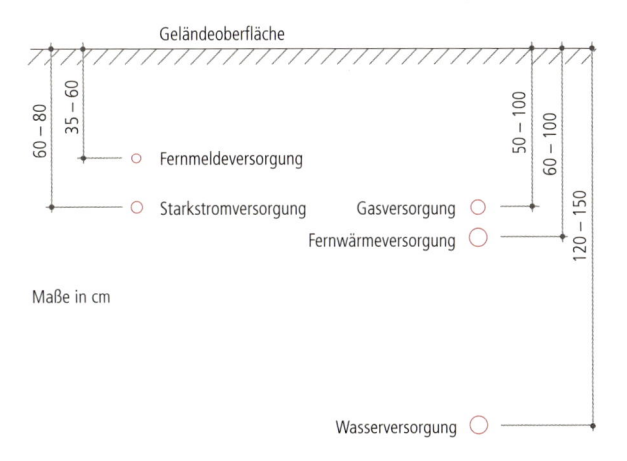

Bild 8.15
Beispiel eines Hausanschlußraumes (nach DIN 18012) mit Hauptpotentialausgleich

1 Hauseinführungskabel für Starkstrom
2 Starkstrom-Hausanschlußkasten
3 Starkstrom-Hauptleitung
4 ggf. Zählerschrank
5 Starkstrom-Ableitungen von Meßeinrichtungen zu den Stromkreisverteilern
6 Kabelschutzrohr
7 Hausanschlußleitung für Wasser mit Zähler
8 Hausanschlußleitung für Gas
9 Gas-Hauptabsperr-Einrichtung
10 Isolierstück
11 Hausanschlußleitung für Fernmeldeeinrichtung
12 Heizungsrohre
13 Abwasserrohr
14 Fundamenterder
15 Anschlußfahne des Fundamenterders
16 Potentialausgleichsschiene mit Hauptpotentialausgleich für:
17 Blitzschutzanlage
18 Heizungsrohre
19 Verbindungsleitung bei Schutzmaßnahme im TV-Netz
20 Schutzleiter bei Schutzmaßnahme im TT-Netz
21 Fernmeldeanlage
22 Antennenanlage
23 Gasrohre
24 Wasserrohre

Hausanschlußräume müssen an der Gebäudeaußenwand liegen, durch welche die Anschlußleitungen geführt werden. Je nach Situation können sie im Keller (1. UG bei größeren Bauobjekten) oder auch im Erdgeschoß eingerichtet werden, wobei alle Türen in Fluchtrichtung öffenbar sein müssen. Bei kleineren Objekten können Hausanschlüsse neben den Einrichtungen für die Starkstromzuführung auch Einrichtungen für Fernmeldeversorgung, Wasser, Gas und Fernwärmeversorgung aufnehmen.

Nach den einschlägigen Richtlinien ist für jedes Gebäude ein Fundamenterder vorzusehen, der auf eine Potentialausgleichsschiene aufzulegen ist.

Die in **Bild 8.15** gezeigte Potentialausgleichsschiene verbindet zum Potentialausgleich die Anschlüsse anderer Anlagenteile wie Heizungsrohre, Verbindungsleitung bei Nullung, Schutzleiter, Fernmeldeanlage, Antennenanlage und gas- oder wasserführende Rohre. Der Potentialausgleich ist notwendig, um für den Menschen gefährliche Fehlerströme in Leitungen oder Rohren gegen Erde abzuleiten.

Der Fundamenterder ist auch gleichzeitig Erder für die Blitzschutzanlage, Antennenanlage und Fernmeldeanlage und stellt damit den Potentialausgleich sicher.

Der Fundamenterder besteht in der Regel aus verzinktem Bandstahl mit einem Querschnitt von 100 mm² (Querschnitt vorzugsweise 30 x 3,5 mm, aber auch 40 x 2,5 mm) und ist im Betonfundament des Gebäudes so einzubetten, daß er nicht korrodieren kann (allseitige Betonumschließung).

Bild 8.16 zeigt die Ausführung eines Fundamenterders. Unter Einhalten von bestimmten Kriterien hinsichtlich der Dimensionierung und der Verbindungstechnik können auch die Eisen der Fundamentbewehrung verwendet werden.

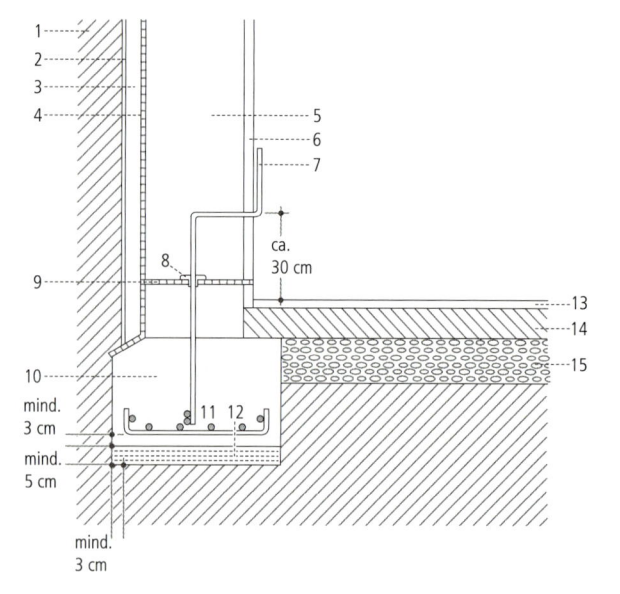

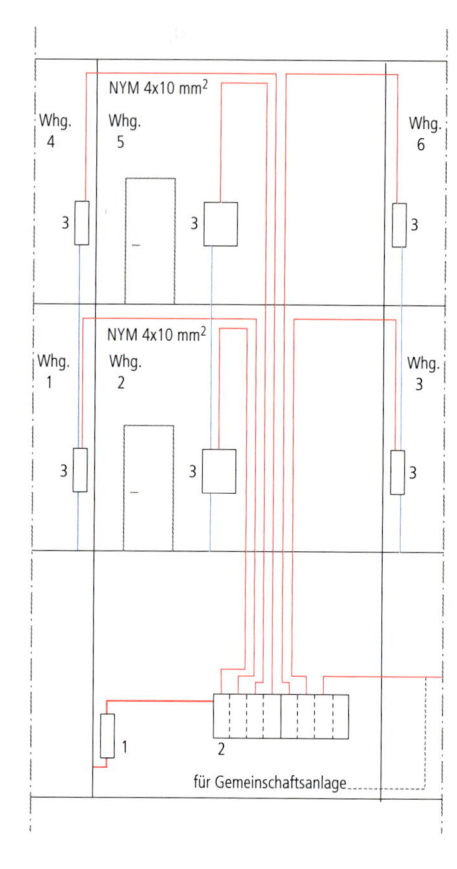

Bild 8.16
Beispiel für die Ausführung des Fundamenterders

1 Erdreich
2 Schutzschicht
3 Polystyrol-Hartschaumplatte
4 Bitumenbahn
5 Mauerwerk
6 Innenputz
7 Anschlußfahne, freies Ende ca. 150 cm
8 Bitumendichtung
9 Isolierpappe
10 Fundament aus bewehrtem Beton
11 Fundamenterder
12 Sauberkeitsschicht
13 Estrich
14 Beton
15 Aschenlage

Bild 8.17
Hauptstromversorgungssystem

— Hauptleitung gemäß DIN 18 015 Teil 1 Kurve A
— Verteilleitung NYM 4x10mm
— Steuerleitung oder Leerrohr (Ø 29)
1 Hausanschlußkasten
2 Zählerschränke nach DIN 43 870
3 Stromkreisverteiler

8.3.1.3 Meßeinrichtungen (Zähler)

Vom Hausanschlußkasten führt die Hauptleitung zu den Meßeinrichtungen (Zähler des Elektroversorgungsunternehmens). Bei mehreren Abnehmern werden die Zähler in Zählerräumen zusammengefaßt. Bei einer geringen Anzahl von Zählern dient der Hausanschlußraum auch als Zählerraum (**Bild 8.17**).

Bei ausgedehnten Wohnanlagen oder ähnlichen Objekten können neben dem Hausanschlußraum auch mehrere Zählerräume vorhanden sein. Wie die Hausanschlußräume müssen Zählerräume für Mitarbeiter des EVU stets zugänglich sein und sind von Fremdbelegungen freizuhalten. Bei der Anordnung einer Vielzahl von Zählern müssen bestimmte Mindestabmessungen des Raumes eingehalten werden. Diese sind in **Bild 8.18** dargestellt. In diesen Räumen dürfen in der Regel keine Gas-, Wasser-, Heizungs- und Abwasserrohre sowie Hebeanlagen installiert werden. Die Anzahl der Meßplätze bestimmt sich aus der Menge der zu zählenden Einheiten (z.B. Wohnungen), zusätzlich vorzusehen sind u.U. Reserveplätze. Sie sind je nach EVU unterschiedlich geregelt.

Bild 8.18
Mindestabmessungen von Zählerräumen

1 Fluchtwegbreite min. 500 mm nach VDE 0100 Teil 729
2 Maximale Türbreite von Zählerschränken 750 mm
3 Mindestbreite Zählerraum bei einseitiger Montage 1500 mm
4 Mindestbreite Zählerraum bei zweiseitiger Montage 1750 mm
5 Bei Verwendung von schmaleren Türen (500 – 250 mm) kann die Zählerraumbreite entsprechend reduziert werden

1 Mindestgangbreite 700 mm nach VDE 0100 Teil 729
2 Mindestbreite Zählerraum bei einseitiger Montage 900 mm
3 Mindestbreite Zählerraum bei zweiseitiger Montage 1100 mm

Zählerräume, in denen Zählertafeln eingebaut werden, müssen frei von Gas-, Wasser-, Heizungs- und Abwasserrohren sein

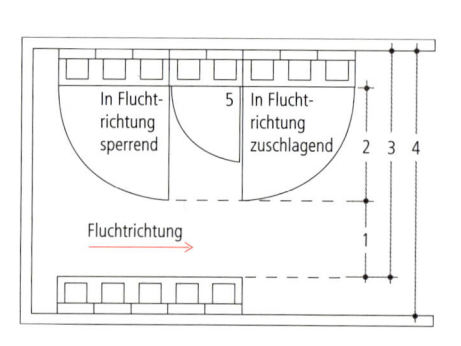

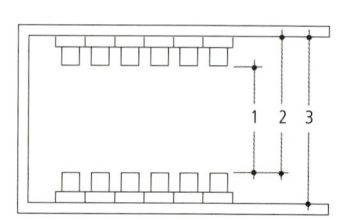

8.3.2 Mittelspannungseinspeisung

Bei größeren Bauvorhaben, die eine Anschlußleistung von mehr als 240 kVA besitzen, erfolgt die Energieversorgung nicht mehr in der gezeigten Form, sondern nach anderen Kriterien. In gut ausgebauten Niederspannungsnetzen (in Städten) kann der angegebene Kriterienwert um ein mehrfaches höher liegen. Entscheidend ist die Netzstruktur.

8.3.2.1 Mittelspannungsschaltanlage

Erfolgt die elektrische Energieversorgung aus dem Mittelspannungsnetz, so werden die Abnehmer entweder an einen Mittelspannungsring oder ein oder mehrere Sonderkabel aus dem Umspannwerk des EVU angeschlossen. Bei sehr großen Bauvorhaben können auch mehrere Mittelspannungseinspeisungen erfolgen, wenn die Übertragung durch Kabel oder Schienensysteme auf Niederspannungsebene (231/400 V) mit hohen Verlusten verbunden ist. So findet man bei Industrieobjekten sehr häufig mehrere Mittelspannungsstationen in Lastschwerpunkten, von wo aus die Energie auf der Niederspannungsebene und kürzestem Wege verteilt wird. Die Anzahl von Mittelspannungsstationen wird in der Regel nach folgenden Kriterien ermittelt:

- Investitionen für die Stromübertragung einschließlich Schaltanlagen, Kabeln und Leitungen bis zum Verbraucher
- bauliche Kosten zur Unterbringung der entsprechenden Anlagen
- laufende Kosten durch Übertragungsverluste der elektrischen Energie.

Die Einspeisung elektrischer Energie auf Mittelspannungsebene erfolgt anfänglich über die Mittelspannungsschaltanlage.

Die Mittelspannungsschaltanlage nimmt verschiedene Zellen auf, die der Einspeisung, Übergabe und Messung dienen.

Bild 8.19 zeigt den Aufbau einer Mittelspannungsschaltanlage, bei der die einzelnen Zellen in Reihe aufgestellt sind. Diese können jedoch auch gegenüber aufgestellt sein, wobei zwischen den Zellen zumindest eine Gangweite von 1,2 m einzuhalten ist. Bild 8.20 zeigt die Mittelspannungsschaltanlage eines Bürokomplexes in ihrem typischen Aufbau. Es empfiehlt sich, die Räume für die Unterbringung der Schaltanlage so zu plazieren, daß ein Zugang über eine Außentreppe oder ein jederzeit zugängliches Treppenhaus erfolgen kann, da hier die gleichen Forderungen bestehen wie bei Hausanschlüssen.

Die Schaltanlage teilt sich auf in den Bereich des EVU's und den Bereich des Kunden. Der EVU-Bereich umfaßt die Einspeisefelder und die Meßeinrichtungen. Der Kundenbereich umfaßt den Hauptschalter sowie Schalt- und Schutzeinrichtungen für Transformatoren.

Bild 8.19
Aufbau einer Mittelspannungsschaltanlage mit Sticheinspeisung

1 Einspeisezelle
2 Übergabezelle
3 Meßzelle
4.1 – 4.3 Abgangszellen zu Trafo 1/2/3

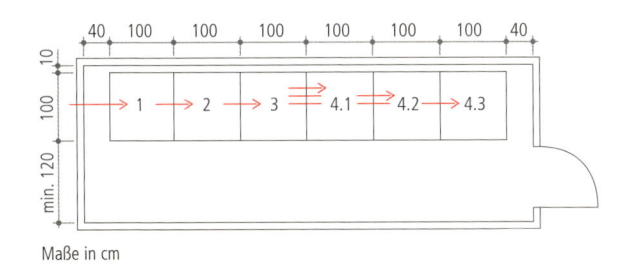

Maße in cm

Bild 8.20
Mittelspannungsschaltanlage eines Bürokomplexes

8.3.2.2 Transformatoren

Nachdem die elektrische Energie per Kabel oder Schiene in das Gebäude eingeführt, übergeben und gemessen wurde, erfolgt die Umformung des Stroms von der Mittelspannungsebene, in der Regel 10 bis 20 kV, auf die Niederspannungsebene (0,4 kV). Hierzu sind Transformatoren erforderlich, die unter den nachfolgend dargestellten Kriterien ausgewählt werden:

– Nennspannung
– Nennleistung
– Schaltgruppe
– Bauart
– Kühlungsart
– Schutzart.

Die **Nennspannung** wird bestimmt durch die Spannung des versorgenden Netzes und der von den Verbrauchern benötigten Spannung (z. B. 400/230 V).

Die **Nennleistung** wird bestimmt durch die Leistung der an den Transformator angeschlossenen Verbraucher.

Die **Schaltgruppe** richtet sich nach dem Verwendungszweck des Transformators (Kennzeichnung durch Buchstaben-Zifferkombination, welche die Wicklungsschaltung und die Lage der Wicklungen zueinander angibt). Für die Versorgung von Verbrauchern mit haustechnischen Anlagen und Beleuchtungsanlagen ist die Schaltgruppe Dy5 am gebräuchlichsten, da diese Transformatoren für die Schutzmaßnahme Nullung und viele weitere Schutzeinrichtungen geeignet sind, und der unterspannungsseitige Sternpunkt dauernd mit Nennstrom belastet werden kann.

Die **Bauart** wird im wesentlichen durch die Art der Kühlung und weiterhin nach den Verhältnissen der Leerlauf- und Kurzschlußverluste bestimmt (hier sind einschlägige Normen zu beachten).

Bei der **Kühlung** der Transformatoren unterscheidet man nach Flüssigkeits- und luftgekühlten Transformatoren.

Bei den flüssigkeitsgekühlten Transformatoren früherer Zeit wurde in der Regel Clophen als Kühlmittel verwendet. Heute werden aufgrund der erwiesenen Umweltbelastung flüssigkeitsgekühlte Transformatoren mit Öl gekühlt (Öltransformatoren). Bei Einsatz dieser Transformatoren sind erhebliche bauliche Maßnahmen (je Trafo eine eigene Zelle) wegen der Brandgefahr durch Öl notwendig.

Öltransformatoren

Öltransformatoren werden vorwiegend in Umspannwerken (Freiland-Umspannwerke) eingesetzt, gleichermaßen in großen Industriebetrieben sowie in Netzstationen des EVU's. **Bild 8.21** zeigt einen Öltransformator mit gut erkennbaren Kühlrippen auf der Außenseite, dem Ausdehnungsgefäß sowie Schutzeinrichtungen.

Zum besseren Transport ist der Transformator mit einem untergesetzten Fahrgestell versehen. Die Anschlußpole der Hochspannungskabel sind auf dem oberen Deckel mit den Isolatoren aus Keramik gut erkennbar. Das Prinzip des Transformators beruht darauf, daß zwei Spulen (Wicklungen) auf einem gemeinsamen Eisenkern angeordnet werden.

Der die Primärspule (Hochspannungsseite) durchfließende Wechselstrom erzeugt im Eisenkern einen magnetischen Fluß, der seinerseits in der Wicklung der Sekundärspule (Niederspannungsseite) eine Induktionsspannung gleicher Frequenz hervorruft.

Bei der Aufstellung eines Öltransformators ist bis zu einer Leistung von 630 kVA unter dem Transformator eine Auffangwanne anzuordnen, die den Flüssigkeitsinhalt (0,7 m^3) des Transformators auffangen kann **(Bild 8.22)**. Bei der Aufstellung mehrerer Transformatoren nebeneinander genügt in der Regel eine Auffangwanne. Besitzen Transformatoren Nennleistungen von 800 bis 2.500 kVA, so ist eine Auffanggrube mit einem Volumen mit 2 m^3 vorzusehen.

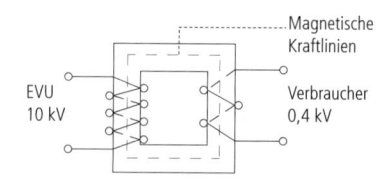

Bild 8.21
Ölgekühlter Transformator

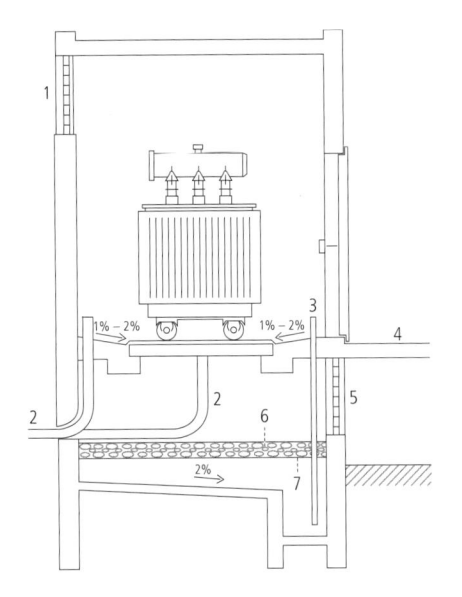

Bild 8.22
Beispiel für die Innenraumaufstellung eines flüssigkeitsgekühlten Transformators

1 Abluftöffnung mit Schutzgitter
2 Kabelschutzrohr
3 Steckrohr für Pumpe
4 Rampe
5 Zuluftöffnung mit Schutzgitter
6 Kies- oder Schotterschicht
7 Gitterrost aus verzinktem Flachstahl

r = 15 x Ø Rohr

Bild 8.23
Gießharztransformator

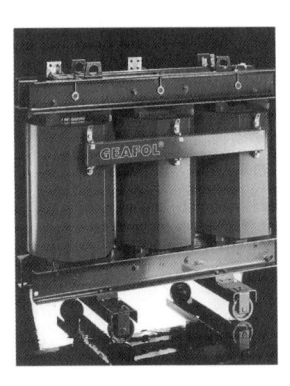

Gießharztransformatoren

Gießharztransformatoren sind wesentlich anspruchsloser in der Aufstellung und können nahezu an jeder beliebigen Stelle in einem Gebäude installiert werden, solange eine ausreichende Kühlluftmenge herangeführt werden kann.

Gießharztransformatoren, wie **Bild 8.23** zeigt, bestehen aus Einzelspulen (Aluminium- oder Kupferwicklungen), welche in hochisolierendem Kunstharz eingegossen sind. Die einzelnen Spulen werden, wie das Bild zeigt, auf ein Joch aus Profilstahl montiert.

Die benötigte Aufstellungsfläche ist bei Gießharztransformatoren gegenüber vergleichbaren Öltransformatoren kleiner und besondere bauliche Maßnahmen sind nicht erforderlich. **Bild 8.24** zeigt die Aufstellung mehrerer Gießharztransformatoren in einem gemeinsamen Raum. Die kompakte Bauweise und die fehlende Brandlast bei Gießharztransformatoren erlauben die Aufstellung derselben in Schutzgehäusen **(Bild 8.25)**, die wiederum in den Raum der Schaltanlagen eingebracht werden können. Hierdurch lassen sich in idealer Weise Verteilungsschwerpunkte schaffen.

Bild 8.24
Gießharztransformatoren in einem gemeinsamen Traforaum

Bild 8.25
Gießharztrafo in Schutzgehäuse

Trafoart	Nennleistung in kVA	Trafogröße (etwa) L/B/H in m	Platzbedarf L/B/H in m	Gewicht in kg
Gießharz	250	1,50/0,70/1,28	3-seitig	1.300
	400	1,55/0,80/1,50	zusätzlich	1.700
	630	1,70/0,80/1,60	je 2m	2.250
	1.000	1,85/1,00/1,80		3.290
	1.600	2,10/1,00/2,10		4.940
	2.000	2,25/1,30/2,15		5.940
	2.500	2,30/1,30/2,40		6.810

Öltransformatoren 12/0,4 kV 24/0,4 kV	Trafoabmessung L/B/H in m	allseitiger Wartungsumgang	Trafozelle/Abmessung L/B/H in m	Gewicht in kg
250 kVA	1,35/0,85/1,70	0,70	2,75/2,25/2,30	1.140
315 kVA	1,50/0,90/1,70	0,70	2,90/2,45/2,30	1.410
400 kVA	1,60/0,95/1,85	0,70	3,00/2,50/2,30	1.550
500 kVA	1,75/0,85/1,85	0,75	3,25/2,35/2,30	1.790
630 kVA	1,80/0,95/2,00	0,75	3,30/2,45/2,50	2.090
800 kVA	1,90/1,10/2,15	0,80	3,50/2,70/2,50	2.630
1.000 kVA	1,85/1,15/2,30	0,80	3,45/2,75/2,70	2.970
1.250 kVA	1,95/1,25/2,40	0,85	3,65/2,95/2,80	3.330
1.600 kVA	2,10/1,25/2,55	0,85	3,80/2,95/2,90	4.140
2.000 kVA	2,10/1,30/2,60	0,90	3,90/3,10/2,90	5.210
2.500 kVA	2,20/1,30/2,85	0,90	4,00/3,10/3,20	6.060

Tabelle 8.3
Übersicht der Transformatoren und ihres Platzbedarfs

Abschließend zeigt **Tabelle 8.3** eine Übersicht der gängigen Transformatorenarten und des zugehörigen Platzbedarfs. Zu beachten ist dabei, daß durch Transformatorenräume oder -kammern keine wasserführenden Leitungen gelegt werden dürfen. Die Oberflächen der Räume sollen glatt und mit einem staubbindenden Anstrich versehen sein.

Die Verlustwärme von Transformatoren (10 % der Nennleistung) ist entweder infolge natürlicher Durchlüftung oder mechanischer Be- und Entlüftung abzuführen.

Transformatoren müssen bei natürlicher Belüftung an der Außenwand eines Gebäudes aufgestellt werden, wobei außerhalb des Gebäudes Belüftungsgräben vorzusehen sind, über die die Transformatoren sowohl eingebracht werden können als auch die Zu- und Abluft abströmen. Weiterhin sollen Transformatoren auf einem Doppelboden aufgestellt werden, um große Kabel mit ihren Biegeradien günstig einschleifen zu können (Doppelbodenhöhe 0,8 m). Über diesen Doppelboden können auch die Niederspannungskabel zu den Schaltanlagen geführt werden.

Besondere Beachtung ist bei der Planung einer Trafostation auch dem späteren Ersatz der Transformatoren und dem Erdungssystem (Anbindung an den Potentialausgleich) zu schenken.

Bild 8.26
Niederspannungs-Schaltanlage (Zellen in Reihe)

8.4 Energieverteilung

Nachdem die elektrische Energie auf die im Gebäude notwendige Spannung heruntertransformiert ist, wird sie über Schaltanlagen verteilt, d. h. die Energie fließt aus dem Transformator über Kabel oder Stromschienen zur Niederspannungsschaltanlage, auf welche mehrere Transformatoren einspeisen können.

8.4.1 Niederspannungs-Schaltanlage

Die Niederspannungs-Schaltanlage nimmt Schutzschalter und Sicherungen auf, die einzelnen Versorgungsbereichen zugeordnet sind und somit die Verbindung zwischen Sammelschiene und Versorgungsbereichen herstellen. Alle zugehörigen elektrischen Bauteile sind in Schränken angeordnet **(Bild 8.26)**, wobei die entsprechenden Schränke in einem separaten Raum aufgestellt werden.

Bei der Dimensionierung der entsprechenden Schaltanlagenräume sind die einschlägigen Verordnungen über den Bau elektrischer Betriebsräume zu beachten. Dies gilt insbesondere auch für die Anordnung von Sicherheitsschleusen und Rettungswegen sowie deren Belüftung und Entrauchung. Da Niederspannungsschaltanlagen in Schrankbauform allseitig geschlossen sind, ist ihre Aufstellung in allgemeinen Bereichen zulässig, was sich jedoch bei größeren Bauten wegen der Betriebssicherheit nicht empfiehlt. Um ein unbefugtes Hantieren an Schaltanlagen zu vermeiden, sollten die entsprechenden Schränke in einem separat dafür vorgesehenen Raum aufgestellt werden.

Die Anzahl der Schrankelemente ergibt sich aus der Größe und Anzahl von Abnehmern und der Notwendigkeit von Unterverteilungen. Für Niederspannungs-Schaltanlagen gelten ansonsten die gleichen Anforderungen wie an Räume für Transformatoren. Auch sie sind, wenn möglich, an der Außenfront eines Gebäudes unterzubringen, um eine natürliche Belüftung und Wärmeabfuhr zu erreichen. Ist dies nicht möglich, so ist eine Fremdbelüftung und Entrauchung vorzusehen.

8.4 Energieverteilung

Bild 8.27 zeigt den Aufbau einer Elektrozentrale mit den Hauptabmessungen an Geräten, Verkehrs- und Montagewegen sowie Fluchtwegen. Als Beispiel wurde die Elektrozentrale eines Objektes mit einer Gesamtanschlußleistung von ca. 2.500 kVA gewählt. Die durchschnittliche Deckenbelastung beträgt dabei 10 kN/m^2.

Bild 8.28 zeigt die typische Darstellung eines Schaltplanes mit Mittelspannungs-Schaltanlage, Transformatoren und Niederspannungs-Schaltanlage.

Bei diesem Beispiel erfolgt die Einspeisung aus dem Netz über zwei Einspeisungen des EVU's (zwei Einspeisezellen). Erkennbar ist auch die Übergabe und Messung auf eine Mittelspannungsschiene, von der aus die einzelnen Transformatoren angefahren werden.

Nach den Transformatoren sind die Leistungsschalter der Niederspannungs-Schaltanlage sowie die Niederspannungs-Sammelschiene erkennbar. Diese verläuft durch die einzelnen Schaltzellen und verteilt die Energie über entsprechende Schalter und Sicherungen, Kabel oder Schienen zu den Verbrauchern.

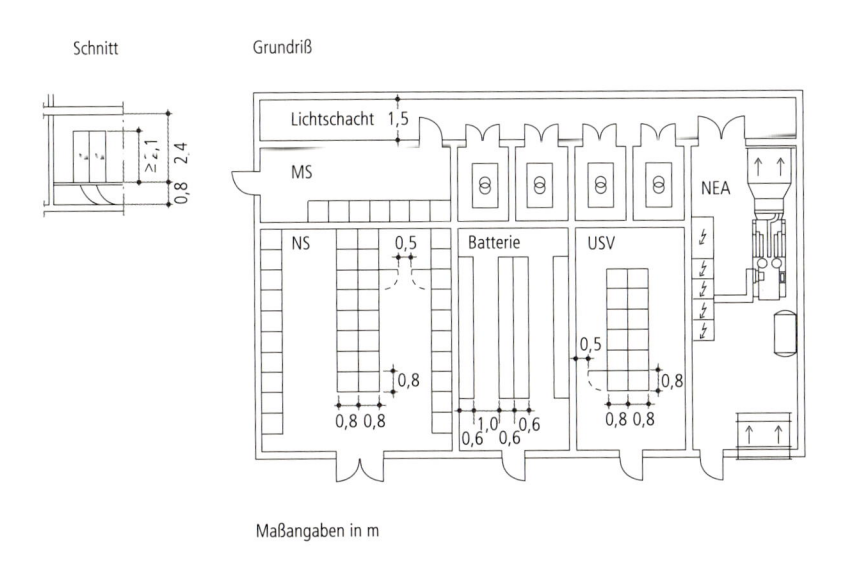

Bild 8.27
Beispiel einer Elektrozentrale
(Grundriß und Schnitt)

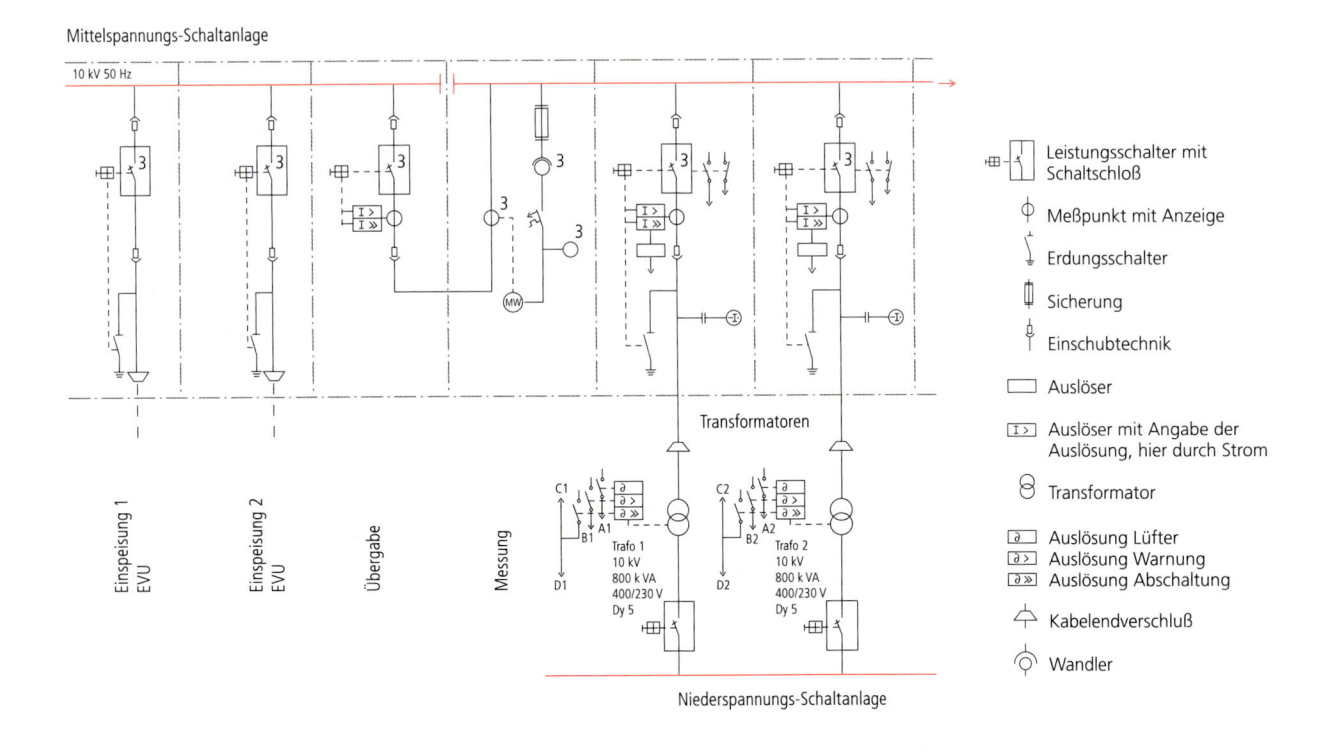

Bild 8.28
Vereinfachtes Anlagenschema der Netzeinspeisung, Transformierung und Verteilung in einem Gebäude

Wie bereits zuvor festgestellt, ist es unter Umständen sinnvoll, bei großen Verbrauchern die Energieübertragung auf Mittelspannungsebene bis zu den Verbrauchern durchzuführen. Hierdurch werden die bei der Energieübertragung auf Niederspannungsebene hohen Betriebsströme und damit verbundene Verluste weitgehend vermieden. Je nach Struktur der zu versorgenden Anlagen unterscheidet man demgemäß, wie **Bild 8.29** ausweist, in zentrale oder dezentrale Anlagen.

Zentrale Schaltanlagen mit vorgeschalteten Trafos sollen im Gebäude möglichst in unmittelbarer Nähe der größten elektrischen Verbraucher (Lastschwerpunkt) untergebracht werden (neben Kältezentrale, Lüftungszentrale oder unter Küchenanlage, EDV-Anlage). Hier ist dabei die Lage der Installationswege und die Installierbarkeit zu berücksichtigen.

Dezentrale Anlagen werden in der Regel in Industriebetrieben eingesetzt und unmittelbar neben einem elektrischen Großverbraucher aufgebaut, wie **Bild 8.30** zeigt.

8.4.2 Versorgungssysteme

Hauptstromversorgungssysteme nehmen je nach Gebäudeart und Verbraucherleistung in Abhängigkeit von der Größe und dem Anspruch auf Versorgungssicherheit unterschiedliche Formen an. Dabei erfolgt die Zuführung der elektrischen Energie entweder über Kabel oder über Stromschienensysteme. **Bild 8.31** zeigt einen Vergleich von Versorgungssystemen für Gebäude mit den ausgewiesenen Vor- und Nachteilen sowie der Versorgungssicherheit.

Bei kleineren Wohnobjekten ist die Stich- und Gruppenversorgung die übliche Form der Installation **(Bild 8.17)** während in großen Objekten, wo ein hohes Maß an Versorgungssicherheit erforderlich ist, sehr häufig die Ringversorgung zum Einsatz kommt. Eine Doppelversorgung ist typisch für Betriebe mit hohem Sicherheitsanspruch und hohen Leistungen (verschiedene Lastschwerpunkte) und wird vornehmlich in großen Rechenzentren, Industriebetrieben und ähnlichen Anlagen eingesetzt. Ob der Einsatz von Kabeln oder Schienen sinnvoll ist, kann sich auch aus dem Anspruch einer festen bzw. flexiblen Installation ergeben. Eine Festinstallation erfolgt in der Regel über Kabel, eine flexible Installation geht in der Regel mit einem Stromschienensystem einher. **Tabelle 8.4** zeigt die Bedingungen und Vorgaben fester bzw. flexibler Installationen.

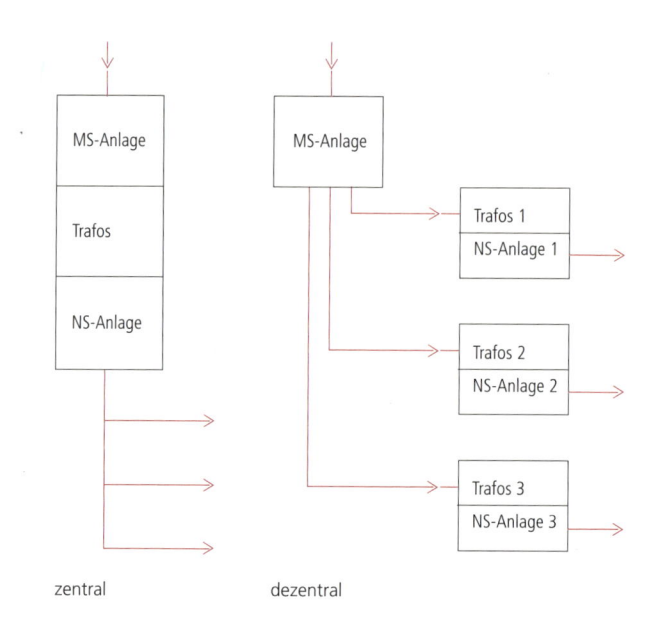

Bild 8.29
Zentrale und dezentrale Schaltanlagen

Bild 8.30
Schwerpunktstation in Industriebetrieben

Tabelle 8.4
Varianten fester und flexibler Installation

Bedingungen Vorgaben	feste Installationen mittels Kabel	flexible Installation mittels Stromschienen
Genaues Geräte-Layout bei der Planung	erforderlich	nicht erforderlich
Versorgung vom Unterverteiler	genaue Angabe der Anschlußbedingungen notendig	gezielt an der Anschlußstelle vor Ort anpaßbar
Hängeförderzüge Kranbahnen	möglich bei unten geführten Kabelsystemen	nur bedingt möglich
Kurzschluß und Selektivitätsverhalten	Neuerstellung nach jeder Änderung notwendig. Impedanzen nicht genau feststellbar durch verschiedene Kabeltypen	In der Planung bereits konkret ermittelbar. Niedrige Impedanzen durch typengeprüfte Systeme
Installationsaufwand	hoher Installationsaufwand durch sternförmige Verteilung auf Kabelrinnen u.ä.	Nur Grundinstallation, wenig Befestigungspunkte (ca. 2m) notwendig. 2 Mann Montage
Nutzung des Gleichzeitigkeitsfaktors	bei Verteilung erst annehmbar	vor Ort über das gesamte System
Brandlasten	hoch	gering
Nachrüstbarkeit Änderung	nach VDE-Spannungsfreischaltung der Anlagen notwendig (Nacht- und Wochenendarbeiten), Installation mit hohem Materialaufwand, Anfall von Staub, Stemmarbeit u.ä.	Bei unter Spannung stehendem System innerhalb der Tarifarbeitszeit möglich. Keine Abschaltung
Spannungsfall bis zum Verbraucher	bei Nachinstallationen nicht genau definierbar	niedrig und genau definierbar
Revision Wartung	an zentraler Stelle bei Schaltanlage	Schienen meist außerhalb des Handbereiches, Gerüste, Leitern usw. notwendig
Blindleistungskompensation	über selbstregelnde Anlagen zentral	bei Scheinleistungsrelais vor Ort
Verwendbarkeit der Installation bei Fertigungsprozeßwechsel oder Nutzungsänderung	Kabelinstallationen kaum verwendbar	nutzbar
Betreiberhaftung	Risiko vor allem nach Änderungen wegen Unüberschaubarkeit hoch	Risiko wegen Verwendung typengeprüfter Systeme gering

Bild 8.31
Vergleich von Versorgungssystemen

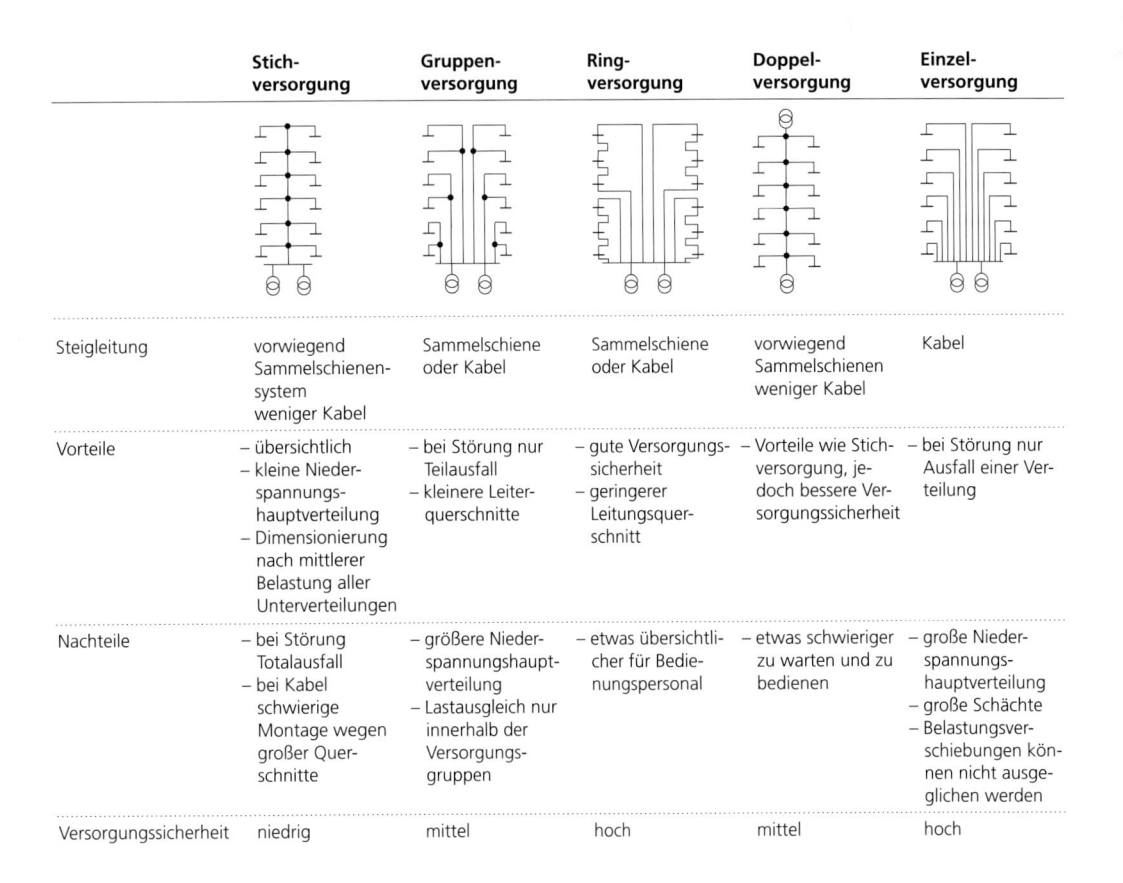

	Stichversorgung	Gruppenversorgung	Ringversorgung	Doppelversorgung	Einzelversorgung
Steigleitung	vorwiegend Sammelschienensystem weniger Kabel	Sammelschiene oder Kabel	Sammelschiene oder Kabel	vorwiegend Sammelschienen weniger Kabel	Kabel
Vorteile	– übersichtlich – kleine Niederspannungshauptverteilung – Dimensionierung nach mittlerer Belastung aller Unterverteilungen	– bei Störung nur Teilausfall – kleinere Leiterquerschnitte	– gute Versorgungssicherheit – geringerer Leitungsquerschnitt	Vorteile wie Stichversorgung, jedoch bessere Versorgungssicherheit	– bei Störung nur Ausfall einer Verteilung
Nachteile	– bei Störung Totalausfall – bei Kabel schwierige Montage wegen großer Querschnitte	– größere Niederspannungshauptverteilung – Lastausgleich nur innerhalb der Versorgungsgruppen	– etwas übersichtlicher für Bedienungspersonal	– etwas schwieriger zu warten und zu bedienen	– große Niederspannungshauptverteilung – große Schächte – Belastungsverschiebungen können nicht ausgeglichen werden
Versorgungssicherheit	niedrig	mittel	hoch	mittel	hoch

8.4.2.1 Kabelsysteme

Kabel bestehen in der Regel aus mehreren Kupferadern und einer zusätzlichen Umhüllung. Schwarze und braune Adern dienen als Außenleiter (Phasenleiter), grüngelbe Adern als Schutzleiter, hellblaue Adern als Mittelleiter (Neutralleiter).

Bei kleineren Bauvorhaben erfolgt in der Regel eine Installation per Kabel, ausgehend von zentralen Verteilerkästen (innerhalb einer Wohnung) bis hin zu den einzelnen Verbrauchsstellen (Schalter, Steckdosen, Auslässe), wie in **Bild 8.32** dargestellt.

Aus Gründen der Sicherheit und besseren Auffindbarkeit sind Kabel und Leitungen grundsätzlich parallel zu den Raumkanten zu verlegen. Somit kann später ein Leitungsverlauf eindeutig nachvollzogen werden (einschlägige Normen und Vorschriften wie z.B. DIN 18015, Teil 1/3 sind zu beachten). Unsichtbar verlegte Leitungen sollen prinzipiell in bestimmten Zonen verlegt werden, um bei späteren Montagen im Wand- und Deckenbereich Beschädigungen von elektrischen Kabeln oder Leitungen und Unfälle zu vermeiden. Die **Bilder 8.33** und **8.34** zeigen die entsprechenden Installationszonen im Wohnungsbau.

Bei größeren Bauvorhaben mit einer hohen Gerätebestückung und großen Anschlußleistungen werden Kabel auf Kabelpritschen verlegt.

Kabelpritschen werden in der Regel aus verzinktem Stahl hergestellt und sind so aufgebaut, daß sie jederzeit eine Nachinstallation zulassen. **Bild 8.35** zeigt Kabelpritschen, wie sie vom Markt her angeboten werden einschließlich aller Sonderformstücke wie Bögen, Kreuzungen, T-Abgänge.

Oftmals wird die Festlegung des notwendigen Raumbedarfs für die Installation von Kabeln (Pritschen) erheblich unterschätzt, und **Bild 8.36** soll verdeutlichen, daß bei großen Kabeln oder einer Vielzahl zu verlegender Kabel hier mit einem erheblichen Raumanspruch zu rechen ist (im gezeigten Beispiel ein Elektroschacht). Kabelverlegungen können auch im Boden erfolgen, wie **Bild 8.37** bei der Festinstallation eines Betriebes zeigt. Hierzu sind spezielle begehbare Kabelgräben vorgesehen, die die Unterflurleitungen aufnehmen.

Bild 8.32
Installation mit zentralen Verteilerkästen (Prinzipdarstellung)

Bild 8.33
Installationszonen und Vorzugsmaße für Räume von Wohnungen (außer Küchen)

☐ Installationszonen
--- Vorzugsmaße für elektrische Leitungen
◌ Vorzugshöhen für Schalter
◻ Vorzugshöhen für Steckdosen

Bild 8.34
Installationszonen und Vorzugsmaße für Küchen, Hausarbeitsräume und vergleichbare Räume (nach DIN 18015, Teil 3)

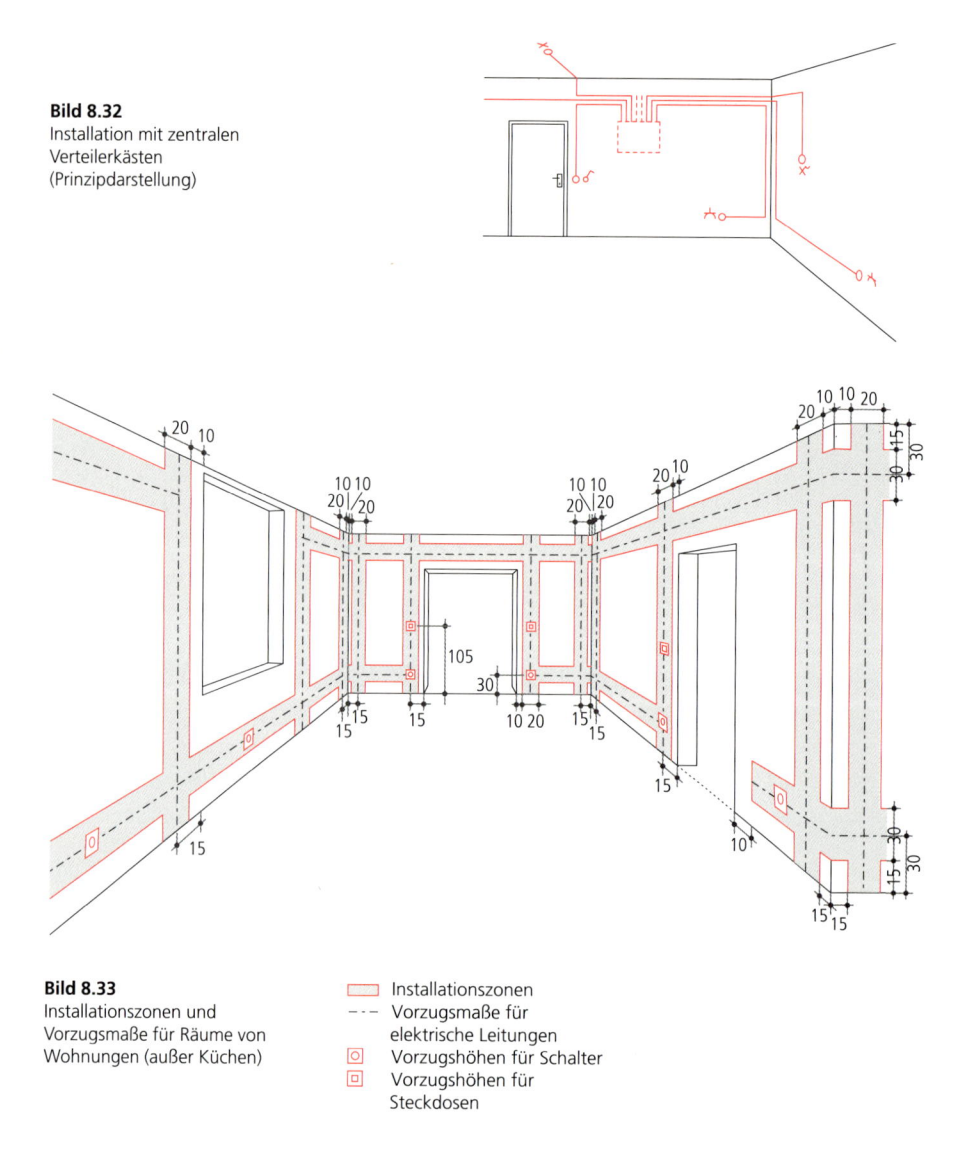

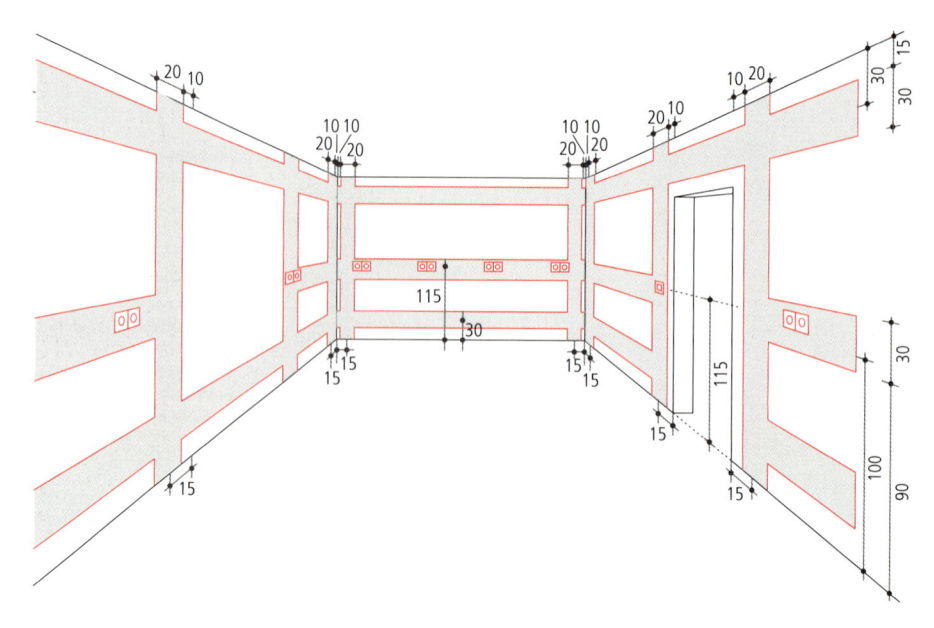

8.4 Energieverteilung

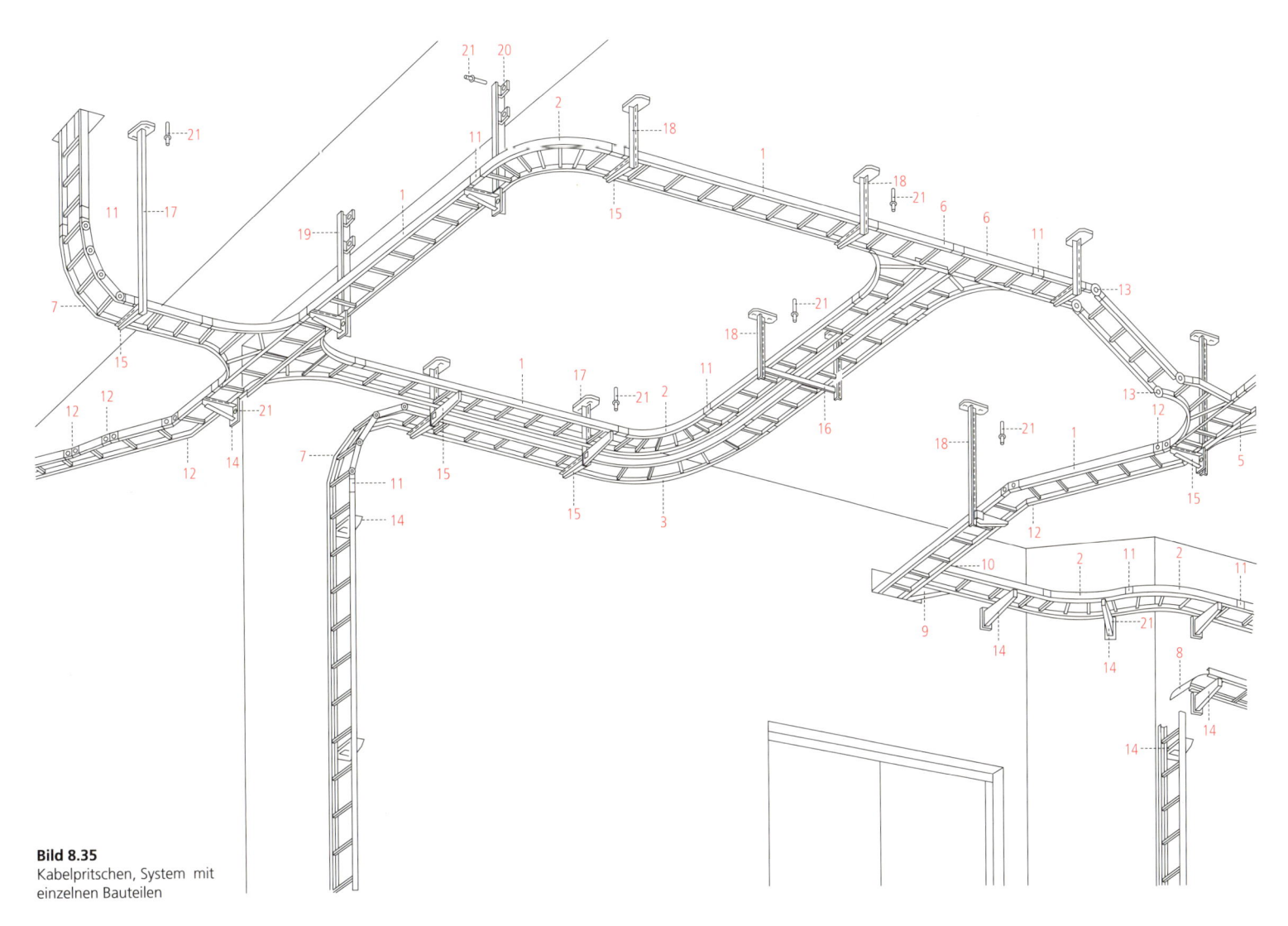

Bild 8.35
Kabelpritschen, System mit einzelnen Bauteilen

 1 Kabelpritsche
 2 Bogen, innen
 3 Bogen, außen
 4 Kreuzung
 5 Kreuzung
 6 T-Abgang
 7 Vertikalbogen
 8 Abgangsblech
 9 Eckblech
10 Anschlußstück
11 Stoßverbinder
12 Winkelverbinder
13 Gelenkstück
14 Wandausleger
15 Stielausleger
16 Quertraverse
17 Hängestiel
18 Hängestiel
19 T-Stiel
20 Ankerwinkel
21 Stahlspreizdübel

Bild 8.36
Kabelpritschen für umfangreiche Kabelnetze (Schachteinblick)

8.4.4.2 Schienensysteme

Aus sicherheitstechnischen Überlegungen oder aus Gründen der flexiblen Installation werden Stromschienensysteme zur Übertragung hoher Ströme verwendet. Stromschienensysteme haben gegenüber Kabelanlagen eine höhere Strombelastbarkeit bei gleichem Kupferquerschnitt. Die Energieabnahme im System kann an fabrikmäßig vorgefertigten Abnahmestellen erfolgen. Ein weiterer Vorteil der Schienensysteme ist die sehr geringe Brandlast aufgrund weniger brennbarer Konstruktionsteile und die Verringerung des notwendigen Installationsraumes. Nachteilig jedoch sind höhere Investitionen bei kurzen Übertragungswegen.

Bild 8.38 zeigt nochmals die elektrische Energieversorgung einer Maschinenhalle, nunmehr durch ein Schienensystem. Man kann im Vergleich zum **Bild 8.37** bereits sehr gut erkennen, daß der Installationsaufwand geringer und vor allem übersichtlicher geworden ist. **Bild 8.39** zeigt ein Stromschienensystem in einem Flurbereich eines größeren Bauobjektes. Die Stromschienen werden wie die Kabelpritschen durch geeignete Konstruktionen aufgenommen.

8.4.3 Vordimensionierung von elektrischen Leitungen bei Kleinobjekten

Bei kleineren Objekten, vornehmlich Wohnhäusern, ist mit den in **Tabelle 8.5** ausgewiesenen Anschlußwerten von Elektrogeräten zu rechnen. Gemäß der **Tabelle 8.6** kann nach der Anschlußleistung (Wechsel- oder Drehstrom) eine erste Dimensionierung des Querschnittes in Abhängigkeit der maximal zulässigen Kabellänge nach dem Zähler vorgenommen werden. Die hier aufgeführte Tabelle weist einmal die maximalen Anschlußleistungen bei Wechsel- oder Drehstrom (kVA) sowie die maximale Absicherung des elektrischen Stromes (Ampère) aus. Geht man somit von einer maximalen Leistung von 3,5 kVA (Wechselstrom) nach oben in die Tabelle, so zeigt sich, daß bei einem Querschnitt von 1,5 mm^2 eine maximale Kabellänge von 35 m zu überbrücken ist. Gleichermaßen umgekehrt kann man auch über die Kabelquerschnitte und maximalen Längen wieder auf die maximal zu übertragene Leistung rückschließen.

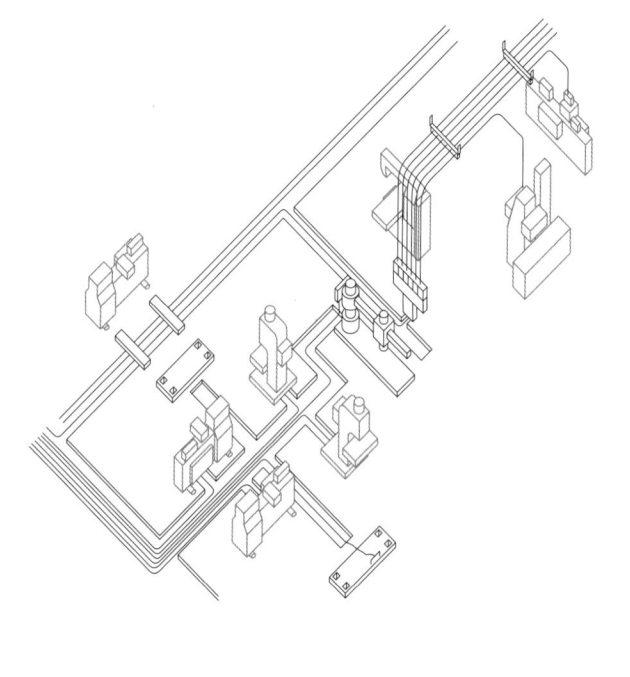

Bild 8.37
Festinstallation durch Kabel, Unterflurinstallation

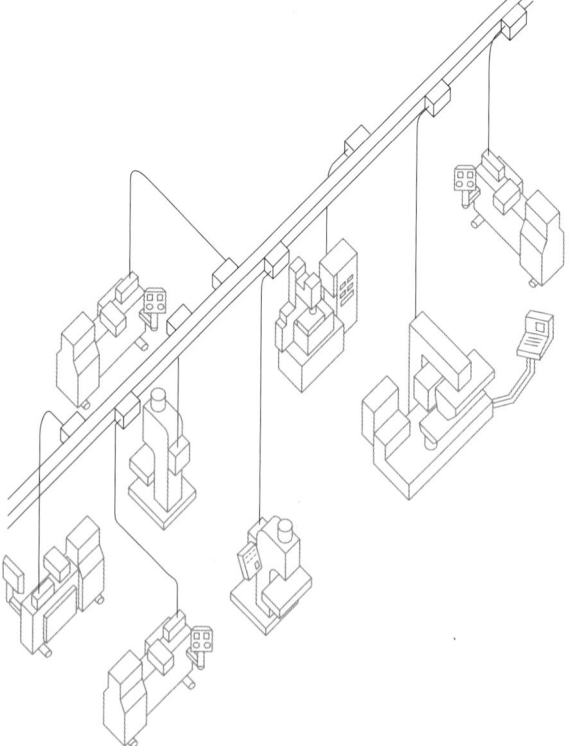

Bild 8.38
Flexible Installation durch Schienensysteme

Bild 8.39
Stromschienensystem an der Decke

Elektrogerät	Anschlußwert in kW	
	Wechselstrom	Drehstrom
Elektroherd	8,0...14,0	
Einbaukochmulde		6,0... 8,5
Einbaubackofen		2,5... 5,0
Mikrowellenherd	1,0... 2,0	
Grillgerät	0,8... 3,3	
Toaster/Warmhalteplatte	0,9... 1,7	
Handmixer/Entsafter/Rührwerk	0,2	
Expreßkocher, Waffeleisen	1,0... 2,0	
Kaffeemaschine	0,7... 1,2	
Friteuse	1,6... 2,0	
Dunstabzugshaube	0,3	
Kochendwassergerät 3 l/ 5 l	2,0	
Warmwasserspeicher 5 l/10 l/15 l	2,0	
Warmwasserspeicher 15 l/30 l		4,0
Warmwasserspeicher 50 l – 150 l		6,0
Durchlaufspeicher 30 l – 120 l		21,0
Durchlauferhitzer		18,0/21,0/24,0
Elektro-Standspeicher 200 l – 1000 l		2,0...18,0
Bügeleisen	1,0	
Bügelmaschine	2,1... 3,3	
Wäscheschleuder	0,4	
Waschkombination	3,2	
Waschmaschine	3,3	7,5
Wäschetrockner	3,3	
Haartrockner	0,8	
Händetrockner	2,1	
Tuchtrockner	0,6	
Luftbefeuchter	0,1	
Rotlicht-Strahler/Heimsonne	0,2... 2,2	
Solarium	2,8	4,0
Sauna	3,5	4,5...18,0
Badestrahler	1,0... 2,0	
Kühlschrank, Gefriergerät	0,2	
Kühl-/Gefrierkombination	0,3	
Geschirrspülmaschine	3,5	4,5
Spülzentrum	3,5	5,0
Staubsauger	1,0	
Klopfsauger	0,6	
Schuhputzgerät	0,2	
Bohnergerät	0,5	

Tabelle 8.5
Anschlußwerte von Elektrogeräten

Wohnfläche der Wohnung in m²	Anzahl der Stromkreise bei Ausstattungsumfang *)	
	A mittlerer Standard	B hoher Standard
bis 45	2	3
über 45 bis 55	3	4
über 55 bis 75	4	6
über 75 bis 100	5	7
über 100	6	8

*) Für den Wohnungen zugeordnete Keller- und Bodenräume müssen zusätzliche Stromkreise vorgesehen werden. Für Steckdosen in Hobbyräumen ist zusätzlich ein eigener Stromkreis erforderlich.

Tabelle 8.7
Anzahl der Stromkreise für Steckdosen und Beleuchtung in Wohnungen (DIN 18015, Teil 2)

A in mm²	Leitungslängen bei Drehstrom (bei Wechselstrom halbe Länge) in m											
120						451	361	282	225	201	180	
95	Gruppe 1 (eine oder mehrere in Rohr verlegte einadrige Leitungen)				446	357	285	223	178	159	143	
70				417	327	263	210	164	131	117		
50			376	298	235	188	150	117				
35		376	263	209	164	131	105					
25	376	268	188	149	117	94						
16	300	240	172	120	95	75						
10	235	188	150	107	75	60						
6	225	141	113	90	64	45						
4	150	94	75	60	43		Gruppe 2 (Mehraderleitungen, z.B. Mantelleitungen, Stegleitungen, bewegliche Leitungen)					
2,5	94	57	47	38								
1,5	56	35	28									
LSS	10	16	20	25	35	50	63	80	100	125	160	200 (224) 250 A
3 ~	6,6	11	13	16	23	33	41	53	66	82	105	132 (147) 165 kVA
1 ~	2,2	3,5	4,4	5,5	7,7	11	14	18	22	28	35	44 (49) 55 kVA

Tabelle 8.6
Maximal zulässige Kabellängen nach dem Zähler (Spannungsabfall 3 %, Auslegungsbeispiel)

LSS Absicherung
3 ~ maximale Anschlußleistung Drehstrom
1 ~ maximale Anschlußleistung Wechselstrom

8.4.4 Unterverteilung

Unterverteiler werden notwendig, um nicht von der Elektrozentrale aus für jeden einzelnen Verbraucher oder Verbraucherkreis innerhalb eines großen Gebäudes ein einzelnes Kabel verlegen zu müssen. Dieses würde jeglichen Rahmen sprengen. Man führt deshalb von der Niederspannungs-Hauptverteilung oder vom Zähler die notwendige elektrische Energie durch Kabel eines möglichst großen Querschnittes zum Verbrauchsort. Erst hier wird die Energie auf kleinere Querschnitte verteilt (unterteilt), wobei nunmehr die notwendigen Sicherheitseinrichtungen für die einzelnen Verbrauchsgruppen oder Geräte eingesetzt werden.

Die Unterverteilung in einem Gebäude ergibt sich aus den notwendigen Stromkreisen bzw. den anzuschliessenden Geräten. In **Tabelle 8.7** ist eine Übersicht über die Anzahl der Stromkreise bei einem mittel- bzw. hochwertigen Ausstattungsumfang in Abhängigkeit der Nutzfläche dargestellt.

Die Unterverteilung innerhalb eines Wohnobjektes erfolgt über spezielle Verteiler, die in der Regel in der Wand eingebaut sind. Vor Bestückung eines entsprechenden Verteilers ist ein Übersichtsplan der Unterverteilung zu erstellen, aus dem der Umfang anzuschliessender Geräte und Steckdosen sowie der maximalen Absicherung hervorgeht, wobei diese sich in der Regel aus den Angaben der Hersteller entsprechender Geräte ergibt. **Bild 8.40** zeigt einen Übersichtsplan einer Unterverteilung für eine Wohnung, **Bild 8.41** einen Stromkreisverteiler, wie er in der Regel in Wohnungen zu finden ist.

Bei großen Bauobjekten handelt es sich bei der Unterverteilung nicht mehr um kleine Wandeinbaukästen, sondern um Stand- oder Wandschränke, in denen sämtliche notwendigen Sicherungs- und Schaltelemente eingebaut sind. **Bild 8.42** zeigt eine typische Geschoßunterverteilung in Schrankform, **Bild 8.43** die Bestückung desselben.

In Industriebetrieben können Unterverteilungen auch so aufgebaut und verkleidet werden, daß alle Sicherungs- und Schaltelemente einsehbar sind, wobei die gesamte Geschoßunterverteilung gegen Staub und Wasser gekapselt ist **(Bild 8.44)**.

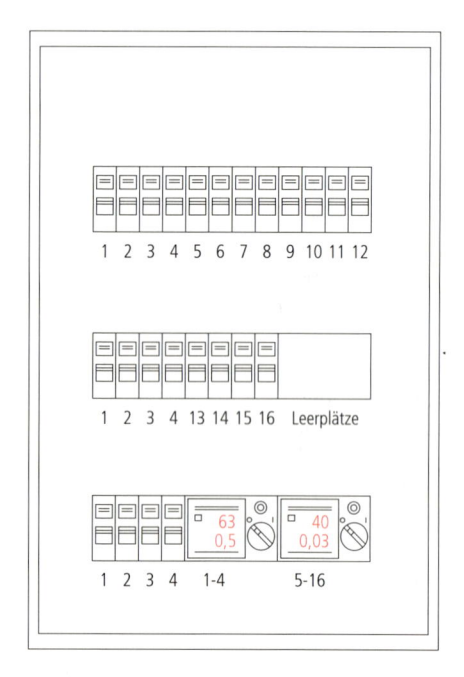

Bild 8.41
Stromkreisverteiler

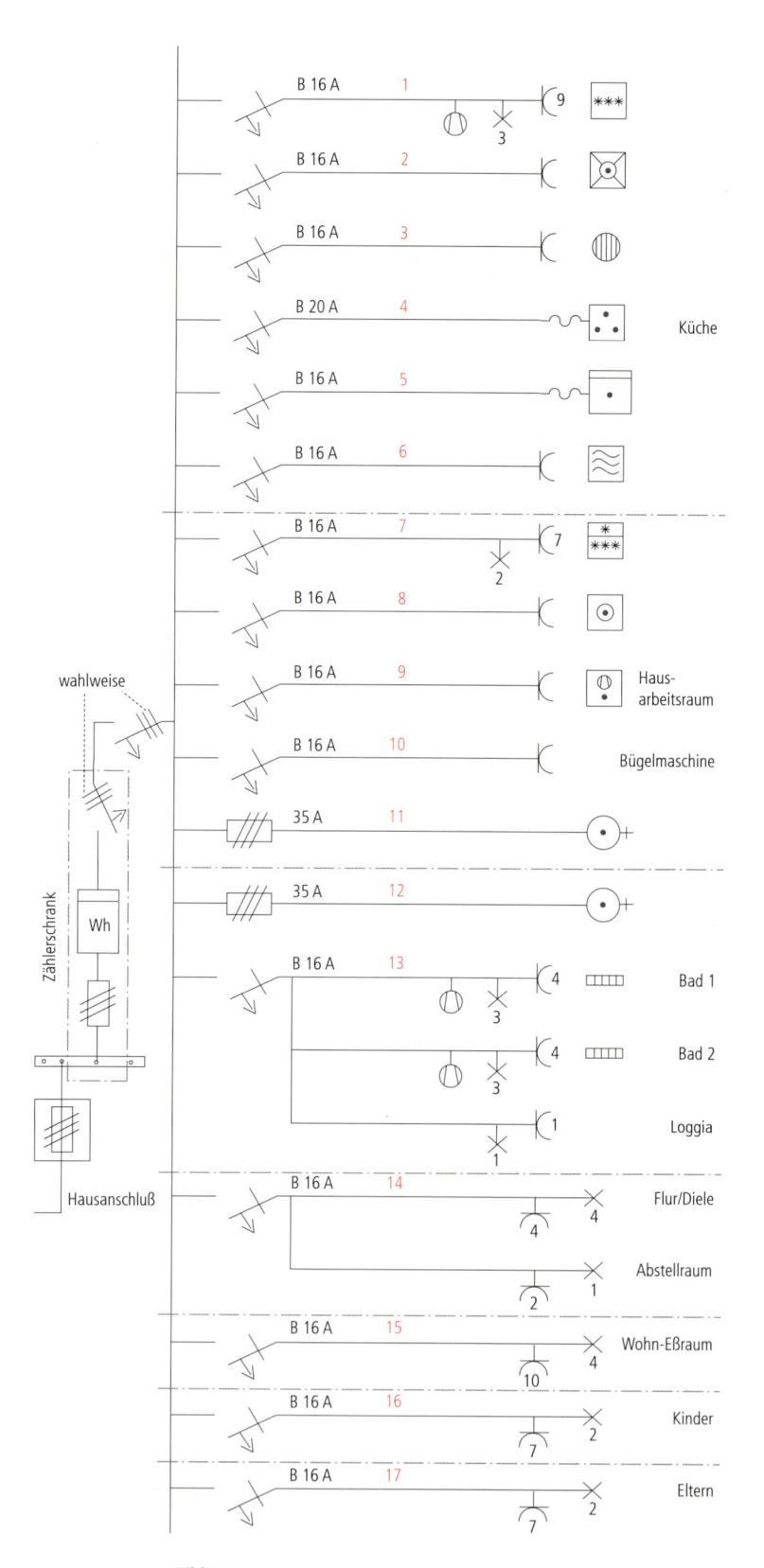

Bild 8.40
Übersichtsplan einer Unterverteilung für eine Wohnung (Symbolerläuterung – siehe Kap. 8.4.5)

8.4 Energieverteilung

Bild 8.42
Geschoßunterverteiler

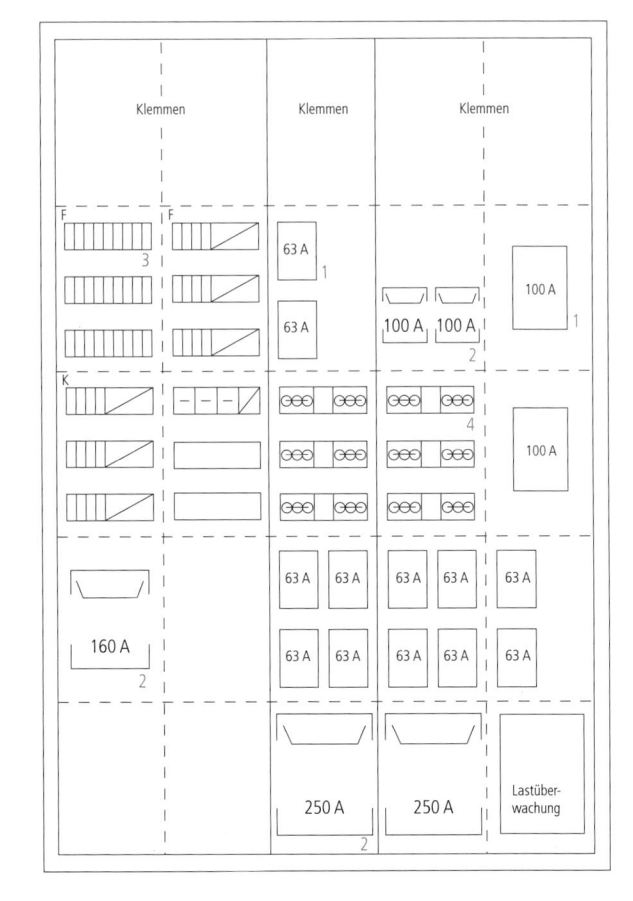

Bild 8.43
Bestückung eines
Geschoßunterverteilers

Bild 8.44
Unterverteilung in einem
Industriebetrieb

1 Leistungsschalter
2 NH-Trenner (Niederspannungs-Hochleistungssicherungstrenner)
3 LS-Schalter (Leitungsschutzschalter)
4 Schrank-Sicherung

8.4.5 Installationsanlage

Die Energieversorgung vom Unterverteiler zu den einzelnen Verbrauchern innerhalb eines Geschosses wird als Installationsanlage bezeichnet.

Die Verteilung elektrischer Energie erfolgt in der Regel innerhalb eines Geschosses durch Leitungen, in seltenen Fällen (insbesondere Industriebetrieben oder grossen Rechenzentren) durch Schienen.

Leitungen der Installationsanlage werden verlegt als:
– Aufputzinstallation
– Unterputzinstallation
– Rohrinstallation.

Bei der Aufputzinstallation werden die elektrischen Leitungen als Mantelleitung (NYM) durch Kabelhalter auf der Wand aufgebracht und vornehmlich dort eingesetzt, wo eine Unterputzinstallation wegen der geforderten Schutzart nicht infrage kommt (Garagen/Kellerräume).

Unterputzinstallationen sind Installationen, bei denen die Leitungen unter Putz verlegt werden. Die Verlegung muß nach einem Plan horizontal und vertikal erfolgen. Diagonale Verlegung ist ausschließlich an Decken (Schalterleuchte) zulässig. Bei dieser Verlegeart sind die Leitungen nicht mehr zugänglich und austauschbar.

Aufgrund der äußerlichen Merkmale der Installation wie Schalter, Steckdosen, Verbindungsdosen lassen sich auch später noch die ungefähre Lage der Leitungen erkennen. (**Bild 8.33** zeigte bereits Installationszonen und Vorzugsmaße für Räume von Wohnungen außer Küchen.)

339

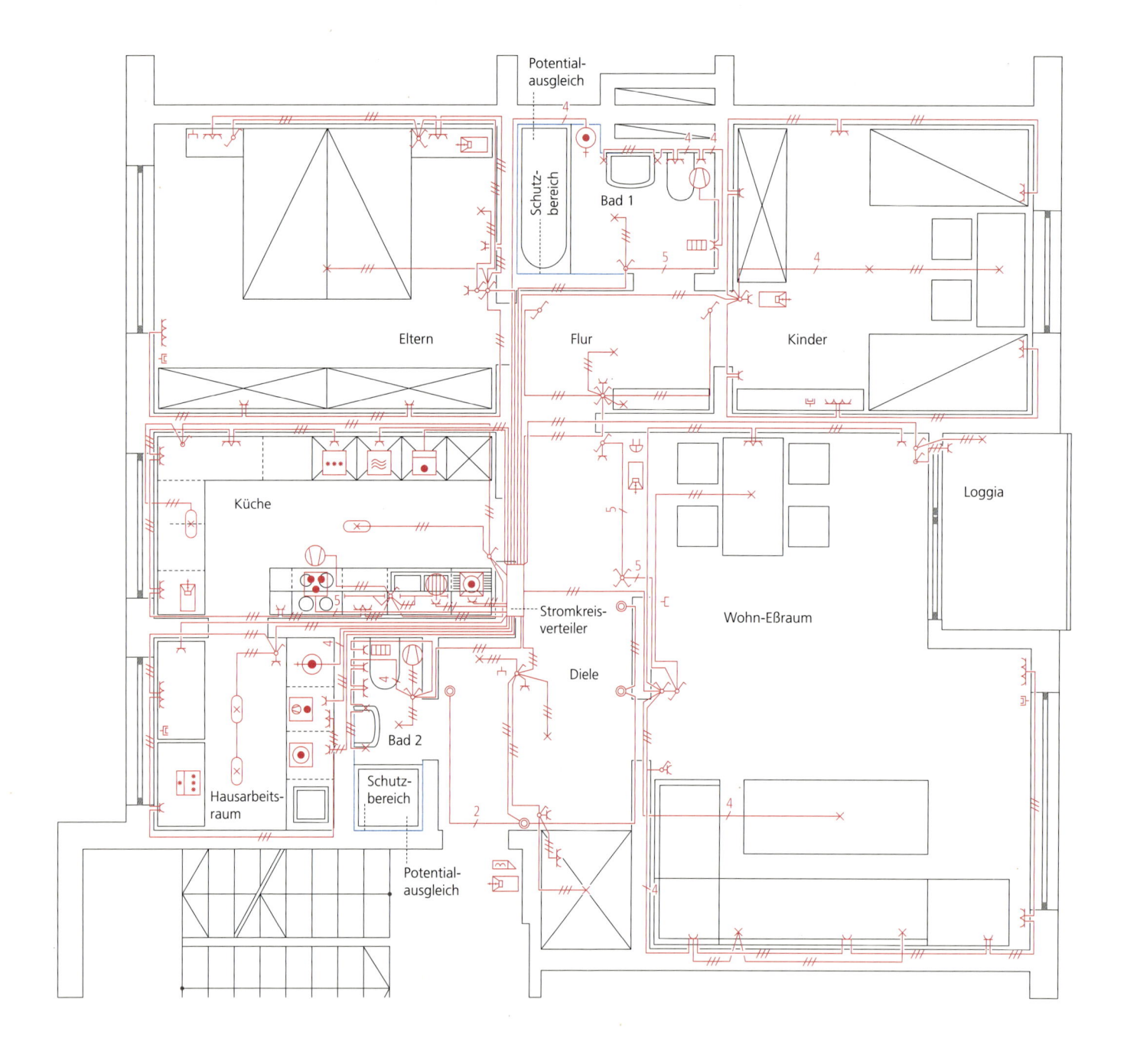

Bild 8.45
Beispiel eines Elektroinstallationsplanes für eine Wohnung

Bei Rohrinstallationen wird anfänglich ein Installationsrohr (Leerrohr) in vorher ausgestemmte Schlitze verlegt, in die später die Leitungen eingezogen werden. Installationsrohre können auch auf der Schalung verlegt und in Beton eingegossen werden, um sie später zu installieren. Mit dieser Art der Installation erreicht man die Austauschbarkeit der Leitungen.

Die Verteilung elektrischer Energie innerhalb eines Wohnobjektes wird vom Stromkreisverteiler über unter Putz verlegte Kabel zu den Verbrauchern vorgenommen, wie **Bild 8.45** zeigt. Die Installation in einem Wohnobjekt kann einmal mit Verbindungsdosen oder ohne diese als lose Installation erfolgen.

Bei der Installation mit Verbindungsdosen wird an jedem Verzweigpunkt eine solche eingesetzt, siehe **Bild 8.46**. Die Verbindungsdosen befinden sich in der Regel im oberen Bereich der Wände (30 cm unter Decke) oder in der Decke.

Bei der Installation ohne Verbindungsdosen (nur Geräteverbindungsdosen) **(Bild 8.47)** werden Schalterdosen mit zusätzlichem Verteilerraum eingesetzt, um das Verbinden von Leitungen in den Geräteverbindungsdosen vornehmen zu können.

Der Vorteil dieser Installationsart liegt darin, daß jederzeit ohne das Öffnen der Abzweigdosen (Beschädigungen von Oberflächen) nur durch das Herausnehmen des Betriebsmittels (Schalter oder Steckdose) die Anlage überprüft werden kann.

Während somit bei kleineren Objekten die Verteilung der elektrischen Energie innerhalb eines Geschosses im wesentlichen unter Putz erfolgt, muß bei der Verteilung größerer Kabelquerschnitte und Kabelmengen eine andere Form der Geschoßverteilung eingesetzt werden. Dies gilt insbesondere für hochinstallierte Nutzbereiche (z.B. Labore, Büros, Fertigungsstätten, Krankenhausbereiche).

Da jeder an der Planung eines Bauobjektes Beteiligte (Architekt, Tragwerksplaner, Planer für Gebäudetechnik bis hin zum Bauherrn) Auslässe, Schalter, Steckdosen, Dosen usw. festlegen können sollte, sind nachfolgend die einschlägigen Schaltzeichen dargestellt **(Tabelle 8.8)**.

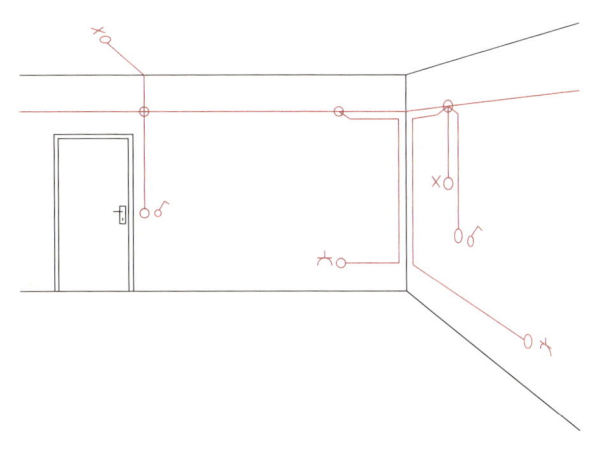

Bild 8.46
Installation mit Verbindungsdosen (Prinzipdarstellung)

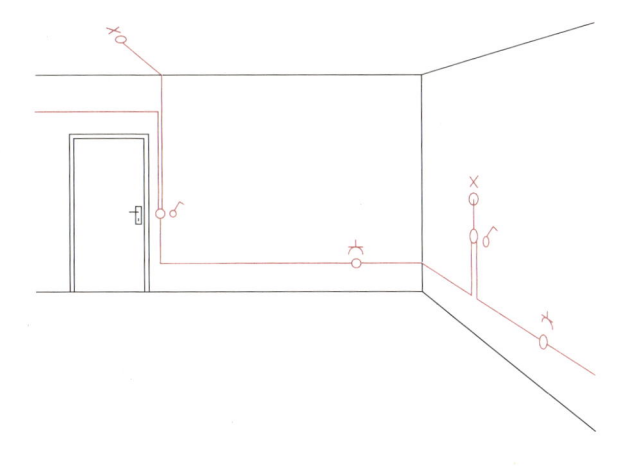

Bild 8.47
Installation mit Geräteverbindungsdosen (Prinzipdarstellung)

8. Starkstromanlagen

—	Leiter, Leitung, Kabel	⊙	Anschlußdose, Verbindungsdose		Ausschalter, einpolig / Schalter 1/1
∿	Leiter, bewegbar		Abzweigdose, allgemein		Ausschalter, zweipolig / Schalter 1/2
	Leiter, geschirmt	○	Dose, allgemein / Leerdose, allgemein		Serienschalter, einpolig / Schalter 5/1
	Leiter im Erdreich, Erdkabel		Stichdose		Wechselschalter, einpolig / Schalter 6/1
	Leiter oberirdisch / Freileitung		Durchschleifdose		Kreuzschalter / Schalter 7/1
	Kabelkanal, Trasse / Elektro-Installationsrohr		Hausanschlußkasten, allgemein, dargestellt mit Leitung		Schalter mit Zugschnur
m	Leiter auf Putz		Verteiler, dargestellt mit 5 Anschlüssen		Zeitschalter, einpolig
m	Leiter im Putz		Umrahmungslinie, Begrenzungslinie		Taster
m	Leiter unter Putz		Schutzerde		Taster mit Leuchte
	Leiter oder Kabel, nicht angeschlossen		Primärzelle, Primärelement, Akkumulator		Stromstoßschalter
3x1,5Cu	Leitung mit drei Kupferleitern 1,5 mm²	220/8V	Transformator mit zwei Wicklungen		Näherungssensor
3N~50Hz 400V	Dreiphasen-Vierleitersystem mit drei Außenleitern und einem Neutralleiter, 50 Hz, 400 V		Gleichrichter-Gerät		Berührungssensor
	Leiter in einem Kabel, drei Leiter dargestellt		Wechselstromrichter		Näherungsschalter (Ausschalter)
///	Leitung mit drei Leitern	U const.	Spannungskonstanthalter		Berührungsschalter (Wechselschalter)
3	Leitung mit drei Leitern, vereinfachte Darstellung		Sicherung, allgemein		Dimmer
	Schutzleiter (PE)	D II / 10 A	Schraubsicherung, dargestellt 10 A, Typ D II, dreipolig		Steckdose, allgemein
	Neutralleiter mit Schutzfunktion (PEN)	00 / 25 A	Niederspannungs-Hochleistungs-Sicherung (NH), dargestellt 25 A, Größe 00		Schutzkontaktsteckdose
	Neutralleiter (N), Mittelleiter (M)		Sicherungstrennschalter	3/N/PE	Schutzkontaktsteckdose, dargestellt für Drehstrom, fünfpolig
	Drei Leiter, ein Neutralleiter, ein Schutzleiter		Sicherungsschalter		Schutzkontaktsteckdose, abschaltbar
	Leitung, nach oben führend	10 A	Schalter, dargestellt 10 A, dreipolig		Schutzkontaktsteckdose mit verriegeltem Schalter
	Leitung, nach unten führend	4	Fehlerstrom-Schutzschalter, vierpolig	3	Schutzkontaktsteckdose, dargestellt als Dreifachsteckdose
	Leitung nach unten und oben führend		Leitungsschutzschalter		Wahlweise Darstellung
•	Verbindung von Leitern	3	Motorschutzschalter, dreipolig, mit thermischer und magnetischer Auslösung, in einpoliger Darstellung		Steckdose mit Trenntrafo, z.B. für Rasierapparat
	Abzweig von Leitern (Form 1)		Notschalter		Fernmeldesteckdose
	Abzweig von Leitern (Form 2)		Schalter, allgemein		Antennensteckdose
○	Anschluß (z.B. Klemme) (Der Kreis darf ausgefüllt werden)		Schalter mit Kontrolleuchte	Wh	Elektrizitätszähler, Wattstundenzähler

8.4 Energieverteilung

Symbol	Bezeichnung
	Schaltuhr
	Zeitrelais
	Blinkrelais, dargestellt mit einer Blinkfrequenz von 5/min
	Tonfrequenz-Rundsteuerrelais
	Leuchte, allgemein
	Leuchtenauslaß, dargestellt mit Leitung
	Leuchtenauslaß auf Putz, dargestellt mit nach links führender Leitung
	Leuchte mit Schalter
	Leuchte mit veränderbarer Helligkeit
	Sicherheitsleuchte in Dauerschaltung
	Sicherheitsleuchte Notleuchte mit getrenntem Stromkreis
	Sicherheitsleuchte mit eingebauter Stromversorgung
	Scheinwerfer, allgemein
	Punktleuchte
	Flutlichtleuchte
	Leuchte, dargestellt mit zusätzlicher Sicherheitsleuchte in Dauerschaltung
	Leuchte, dargestellt mit zusätzlicher Sicherheitsleuchte in Bereitschaftsschaltung
	Leuchte für Entladungslampe, allgemein
	Leuchte für Leuchtstofflampe, allgemein
	Leuchte mit 3 Leuchtstofflampen
	Leuchte mit 5 Leuchtstofflampen
	Vorschaltgerät für Entladungslampen
	Starter für Leuchtstofflampe
	Elektrogerät, allgemein
	Küchenmaschine
	Elektroherd, allgemein
	Mikrowellenherd
	Backofen
	Wärmeplatte
	Friteuse
	Heißwasserspeicher
	Durchlauferhitzer
	Heißwassergerät, dargestellt mit Leitung
	Infrarotgrill
	Waschmaschine
	Wäschetrockner
	Geschirrspülmaschine
	Händetrockner, Haartrockner
	Heizelement
	Speicherheizgerät
	Infrarotstrahler
	Ventilator
	Klimagerät
	Kühlgerät, Tiefkühlgerät Anzahl der Sterne siehe DIN 8950 Teil 2
	Gefriergerät Anzahl der Sterne siehe DIN 8950 Teil 2
	Motor, allgemein
	Generator
	Umformer
	Stern-Dreieck-Schaltung
	Fernsprecher, allgemein
	Fernsprechgerät, halbamtsberechtigt
	Fernsprechgerät, amtsberechtigt
	Fernsprechgerät, fernberechtigt
	Fernsprecher für zwei oder mehr Amtsleitungen
	Wechselsprechstelle z.B. Haus- oder Torsprechstelle
	Gegensprechstelle, z.B. Haus- oder Torsprechstelle
	Lautsprecher, allgemein
	Mikrofon, allgemein
	Lautsprecher/Mikrofon
	Vermittlungszentrale, allgemein
	Wecker, Klingel
	Schnarre, Summer
	Gong, Einschlagwecker
	Horn, Hupe
	Sirene
	Leuchtmelder, allgemein
	Türöffner
	Zeiterfassungsgerät
	Brand-Druckknopf-Nebenmelder
	Temperaturmelder
	Schlüsselschalter Wächtermelder
	Erschütterungsmelder (Tresorpendel)
	Passierschloß für Schaltwege in Sicherheitsanlagen
	Rauchmelder, selbsttätig, lichtabhängiges Prinzip
	Brandmelder, selbsttätig
	Dämmerungsschalter
	Antenne, allgemein
	Verstärker, allgemein; Spitze des Dreiecks gibt die Verstärkungsrichtung an

Tabelle 8.8
Graphische Symbole für Schaltungsunterlagen (Schaltzeichen)

8.4.6 Bussystem

Mit den höheren Anforderungen der letzten Jahre wurden die Kabelnetze in Gebäuden, selbst im Wohnungsbau, immer umfangreicher und leider auch unübersichtlicher. Eine Vielzahl von Funktionen sollten erfüllt werden, eine Vielzahl von Geräten tragen dazu bei. Die Funktionsansprüche an ein modern ausgerüstetes Wohnhaus sind in **Bild 8.48** plakativ dargestellt. Ausgehend von dieser Situation läßt sich feststellen, daß es durch höhere Anforderungen an Flexibilität und Komfort der Elektroinstallation, verbunden mit dem Wunsch nach Minimierung des Energiebedarfs, zur Entwicklung einer neuen Gebäudesystemtechnik kommen mußte, die die gesamte Elektroinstallation in Gebäuden total revolutionieren wird – gemeint ist die Bustechnik.

Der verwendeten Bustechnik liegt ein gemeinsames europäisches Konzept zugrunde, der Europäische Installationsbus (EIB). Zahlreiche Hersteller haben sich in der European Installation Bus Association (EIBA) zusammengeschlossen.

Die Mitgliedsfirmen der EIBA stellen sicher, daß buskompatible Produkte zur Verfügung stehen. Dadurch können auch Geräte verschiedener Hersteller in ein und derselben EIB-Anlage betrieben werden.

Bei der herkömmlichen Elektroinstallation benötigt jede Funktion eine eigene Leitung und jedes Steuerungssystem ein separates Netz. Im Gegensatz dazu lassen sich mit z. B. instabus EIB alle betriebstechnischen Funktionen und Abläufe über eine gemeinsame Leitung steuern, überwachen und melden. Dadurch kann die Energiezuleitung ohne Umwege direkt zu den Verbrauchern geführt werden. Außer dem Einsparen von Leitungen resultieren daraus weitere Vorteile: Die Installation in einem Gebäude läßt sich wesentlich einfacher realisieren, später problemlos erweitern und ändern. Bei Nutzungsänderungen oder Änderung der Raumaufteilungen erfolgt eine schnelle und problemlose Anpassung des Bussystems durch einfache Neuzuordnung (Umparametrierung) der Busteilnehmer, ohne daß Leitungen neu verlegt werden müssen. Diese Umparametrierung wird z. B. mit Hilfe eines am instabus EIB-System angeschlossenen PC und der darauf installierten Projektierungs- und Inbetriebnahme-Software ETS (EIB Tool Software) durchgeführt, die bereits für die Erstinbetriebnahme benötigt wird.

Instabus EIB läßt sich über entsprechende Schnittstellen auch mit den Leitzentralen anderer Systeme für die Gebäudeautomatisierung oder mit einem öffentlichen Fernsprechnetz (z. B. ISDN) verbinden. Damit kann instabus EIB im Einfamilienhaus ebenso wirtschaftlich angewendet werden wie in Hotels, Schulen, Banken, Bürogebäuden oder komplexen Zweckbauten.

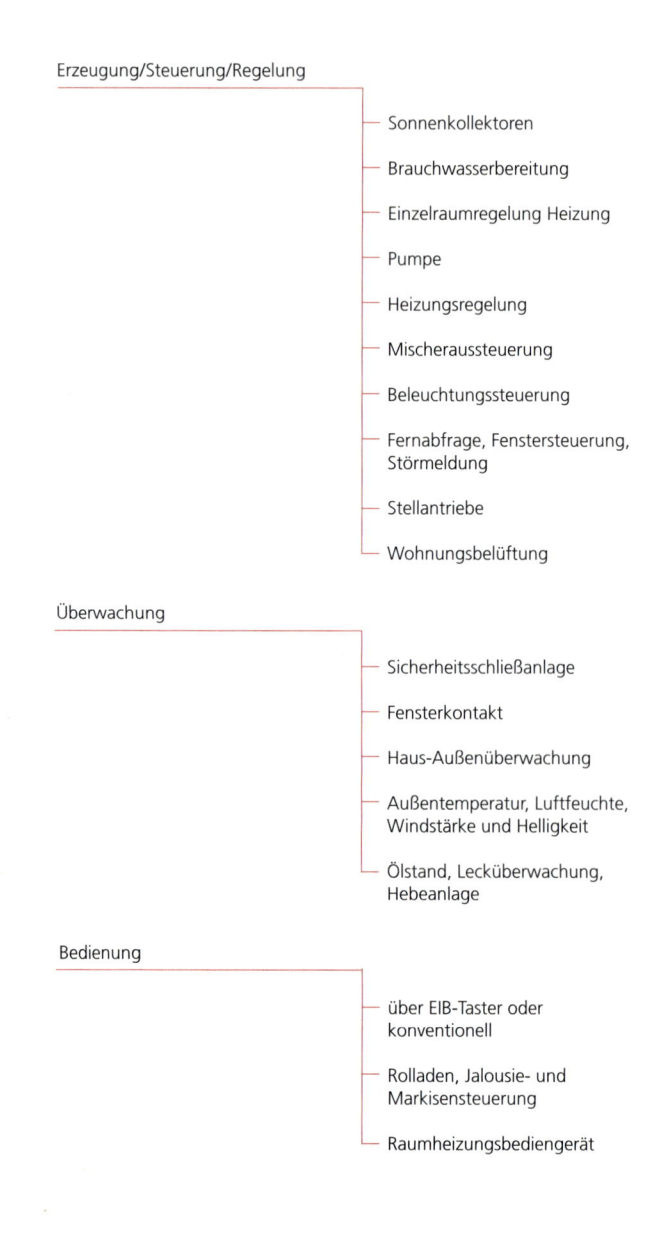

Erzeugung/Steuerung/Regelung
- Sonnenkollektoren
- Brauchwasserbereitung
- Einzelraumregelung Heizung
- Pumpe
- Heizungsregelung
- Mischeraussteuerung
- Beleuchtungssteuerung
- Fernabfrage, Fenstersteuerung, Störmeldung
- Stellantriebe
- Wohnungsbelüftung

Überwachung
- Sicherheitsschließanlage
- Fensterkontakt
- Haus-Außenüberwachung
- Außentemperatur, Luftfeuchte, Windstärke und Helligkeit
- Ölstand, Lecküberwachung, Hebeanlage

Bedienung
- über EIB-Taster oder konventionell
- Rolladen, Jalousie- und Markisensteuerung
- Raumheizungsbediengerät

Bild 8.48
Funktionsansprüche an ein modern ausgerüstetes Wohnhaus

8.4 Energieverteilung

Übertragungstechnik

Instabus EIB ist ein dezentrales, ereignisgesteuertes Bussystem mit serieller Datenübertragung zum Steuern, Überwachen und Melden betriebstechnischer Funktionen. **Bild 8.49** zeigt ein Prinzipbild der Funktion.

Über einen gemeinsamen Übertragungsweg, den Bus, können alle angeschlossenen Busteilnehmer Informationen austauschen. Die Datenübertragung erfolgt seriell und nach exakt festgelegten Regeln (Busprotokoll). Dabei wird die zu übertragende Information in ein Telegramm „verpackt" und über den Bus von einem Sensor (Befehlsgeber) zu einem oder mehreren Aktoren (Befehlsempfänger) transportiert. Jeder Empfänger quittiert bei erfolgreicher Übertragung den Empfang des Telegramms. Bleibt diese Quittierung aus, wird die Übertragung bis zu dreimal wiederholt. Wird das Telegramm dennoch nicht quittiert, wird der Sendevorgang abgebrochen und der Fehler im Speicher des Senders vermerkt.

Die Übertragung bei instabus EIB ist galvanisch nicht getrennt, da die Versorgungsspannung (DC 24 V) für die Busteilnehmer mit übertragen wird. Die Telegramme sind dieser Gleichspannung aufmoduliert, wobei eine logische Null als Impuls übertragen wird. Das Ausbleiben eines Impulses wird als logisch Ein interpretiert.

Die einzelnen Daten der Telegramme werden asynchron übertragen. Durch Start- und Stop-Bits wird die Übertragung synchronisiert.

Der Zugriff auf den Bus als gemeinsames physikalisches Kommunikationsmedium für asynchrone Übertragung muß eindeutig geregelt sein. Bei instabus EIB wird hierfür das CSMA/CA-Verfahren verwendet. Beim CSMA/CA-Verfahren handelt es sich um ein Verfahren, das zufälligen kollisionsfreien Buszugriff garantiert, ohne dadurch den Busdatendurchsatz zu verringern.

Das Übertragungsmedium kann auch ein separat verlegtes zweiadriges Kupferkabel sein, die vorhandene 230 V-Leitung oder künftig auch eine drahtlose Funkverbindung.

In Neubauprojekten ist die Verkabelung mit dem zweiadrigen Kupferkabel z.B. des instabus ideal, weil der Verkabelungsaufwand sehr gering bleibt, die Brandlast reduziert wird und ein leistungsstarkes, flexibles Netz aufgebaut werden kann. Es wird überall dorthin verlegt, wo gemessen, gesteuert und geregelt werden soll. Die Steuerleitung bildet ein geschlossenes System, das absolute Sicherheit vor Störeinflüssen von außen bietet. Das Starkstromkabel führt nur noch zu den Verbrauchern.

Bei der Renovierung von Altbauten ist dagegen die Übertragung der Bus-Signale über die Starkstromleitung eine interessante Alternative. Nur die Schalter und Relais müssen gegen intelligente EIB-Komponenten ausgetauscht werden. Somit läßt sich der Schmutz bei der Verlegung neuer Leitungen vermeiden.

An den instabus werden alle haustechnischen Einrichtungen wie Rolläden, Jalousien, Beleuchtung, die Hausgeräte, wie z.B. Waschmaschine, Geschirrspüler, Kühlschrank, Durchlauferhitzer sowie das Telefon und der Fernseher etc. angeschlossen **(Bild 8.50)**.

Weil der instabus ein dezentrales System ist, bei dem die Intelligenz auf die Aktoren und Sensoren verteilt ist, bleiben sowohl das Gesamtsystem als auch die angeschlossenen Geräte weiter in Funktion, wenn bei einer Einzelkomponente eine Störung auftritt.

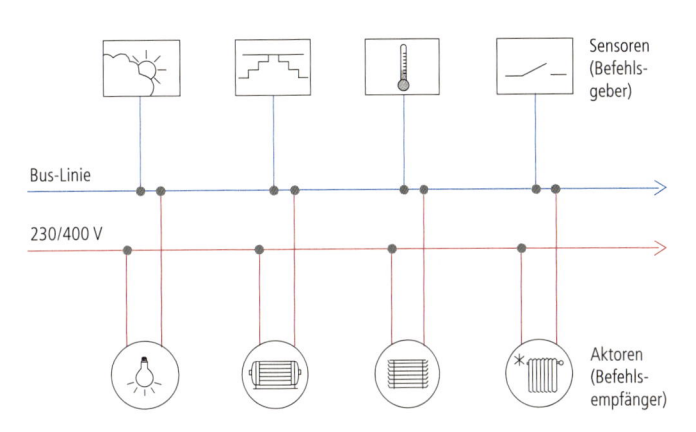

Bild 8.49
Prinzipbild eines Bussystems

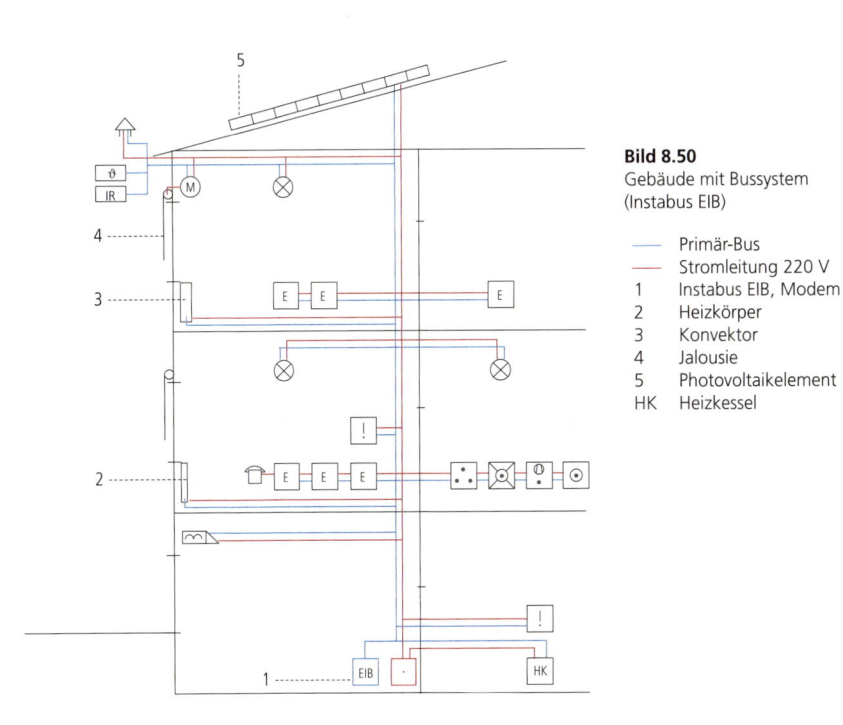

Bild 8.50
Gebäude mit Bussystem (Instabus EIB)

— Primär-Bus
— Stromleitung 220 V
1 Instabus EIB, Modem
2 Heizkörper
3 Konvektor
4 Jalousie
5 Photovoltaikelement
HK Heizkessel

Sensoren sind Befehlsgeber wie Taster und Schalter (zum Beispiel für Licht) oder Fühler für Helligkeit, Feuchte und Temperatur. Aktoren sind Befehlsempfänger, die eine Aktion umsetzen, zum Beispiel Lichtrelais, Schaltgeräte für Leuchten, Motoren oder Jalousien sowie Ventilantriebe für Heizkörper etc. **Bild 8.51** zeigt sowohl mögliche Sensoren wie auch Aktoren, die mit einem PC verbunden sind (Home Assistant).

Wie jedes andere Gerät, wird auch die Zentraleinheit (PC) an den instabus angeschlossen. Der Anschluß des Home Assistant erfolgt über eine Standard-Schnittstelle (die sog. Com-Schnittstelle) im PC und der Kommunikationsdose (Busankoppler mit Schnittstelle) am instabus. Dadurch ist es dem HomeAssistant möglich, aktiv und passiv am Busbetrieb teilzunehmen.

Als Busteilnehmer wertet der HomeAssistant die über das Bussystem übertragenen Informationen aus und zeigt sie am Bildschirm an. Auf diese Weise erkennt der HomeAssistant beispielsweise, welche Fenster und Türen geöffnet, welche Rolläden geschlossen sind oder ob Herd und Waschmaschine in Betrieb sind. Ebenso erfährt er, wenn ein am instabus angeschlossenes Gerät eine Störmeldung aussendet. Durch Auswertung der übertragenen Informationen erkennt er den Absender der Störmeldung sowie den Fehlertyp.

Der HomeAssistant ist auch die Schnittstelle zu öffentlichen Netzen. Deshalb benötigt der HomeAssistant einen Anschluß an das Telefonnetz. Wenn die Bewohner mit ihm fernsehen wollen, muß er zusätzlich an eine Antennensteckdose angeschlossen werden sowie eine entsprechende TV-Karte im PC eingesteckt sein.

Gleichzeitig kann der HomeAssistant aktiv in das Busgeschehen eingreifen. Das heißt zum einen, daß alle Aktionen, die normalerweise an Tastern oder Schaltern im Haus ausgelöst werden, auch am Bildschirm vorgenommen werden können. Zum anderen ist es möglich, mit Hilfe des HomeAssistant den instabus-Geräten bestimmte Funktionen zuzuordnen.

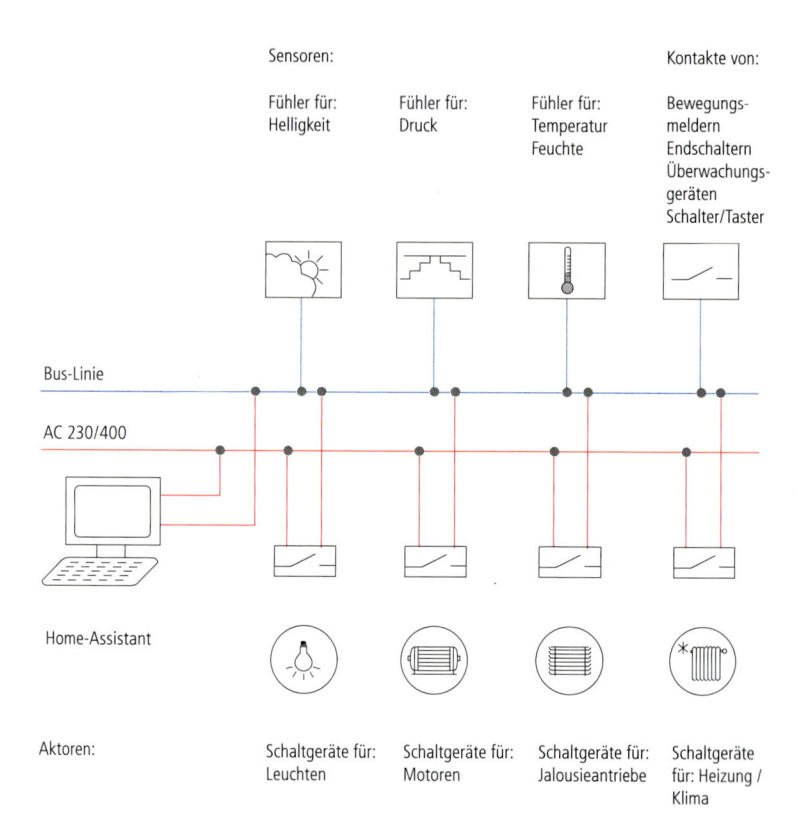

Bild 8.51
Erweitertes Prinzipschema eines Bussystems

Mit dem HomeAssistant stellen die Hausbewohner beispielsweise ein, auf welche Raumtemperatur die Heizung eingestellt werden soll. Sie legen fest, mit welchem Taster welche Leuchte oder welcher Rolladen angesteuert wird. Nach Beendigung des Einstellvorgangs arbeiten alle dezentralen Komponenten wieder selbständig weiter.

Damit ist der HomeAssistant eine komfortable Bedieneinheit des dezentralen instabus-Systems, das
– Informationen über die Busgeräte an einer oder mehreren Stellen einfach und verständlich bereitstellt und
– die Buskomponenten von einer oder mehreren Stellen aus ohne Lernaufwand für jedermann bedienbar, konfigurierbar und steuerbar macht.

Bei dieser neuen Installation erhalten auch die üblichen Bedienelemente nicht nur zusätzliche Funktionen, sondern auch ein etwas anderes Aussehen, beispielsweise ein Raumtemperaturregler oder Taster **(Bild 8.52)**.

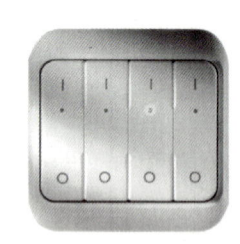

Bild 8.52
Schaltelemente für den Instabus EIB (Werkbilder Busch-Jaeger)

8.5 Geschoßinstallation

8.5.1 Unterflur-Elektroinstallationen

Die Unterflur-Elektroinstallationen teilen sich in verschiedene Untergruppen wie sie in **Tabelle 8.9** dargestellt sind.

Unterflurinstallationen werden vornehmlich im Verwaltungsbau, Industriebau usw. eingesetzt, wo eine enge Vernetzung und große Raumtiefen zusammenfallen. Dabei bieten sich Systeme an, wie sie in **Bild 8.53** dargestellt sind.

Man kann hierbei erkennen:
– Unterflurinstallationen mit Deckendurchbruchselektranten
– Unterflursysteme mit fußbodenüberragenden Einbaueinheiten
– Unterflursysteme mit estrichüberdecktem Kanal und Einbauten sowie
– Fußbodenaufbau-Installationen.

Tabelle 8.9
Übersicht der verschiedenen Unterflur-Installationssysteme

Unterflur-Installation

Unterflur-Elektro-Installationskanal-Systeme		Hoch- und ausbaugebundene Leitungsführungs-Systeme	
Geschlossene Systeme	Offene Systeme	Hochbaugebunden	Ausbaugebunden
geschlossener Kanal für Anschlußtechnik, estrichüberdeckt AF + UF + UFK	offener Einspeisekanal, estrichbündig *)	Stahlzellendecke AF + UF + UFK	Doppelboden AF + UF + UFK
geschlossener Kanal für Anschlußtechnik, estrichbündig AF	offener Kanal für Anschlußtechnik, estrichbündig AF + UF	Betonfertigdecke AF + UFK	Estrich-Hohlraumboden AF + UFK
Imbeton-Kanäle: – rohdeckenbündig und estrichüberdeckend AF + UF + UFK – in der neutralen Deckenzone AF + UF		Deckendurchführungen AF + UF + UFK	

Anschlußtechnik:
AF Aufflur-Anschlußtechnik (fußbodenüberragende Einbaueinheiten)
UF Unterflur-Anschlußtechnik (fußbodenebene Einbaueinheiten)
UFK Unterflur-Anschlußtechnik nur über höhenvariable Einbaueinheiten (Kanalauslässe)
*) Anschlußtechnik nicht möglich

Bild 8.53
Übersicht über Unterflursysteme

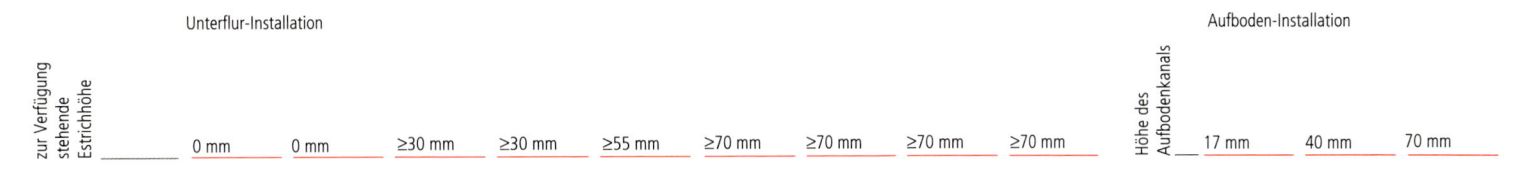

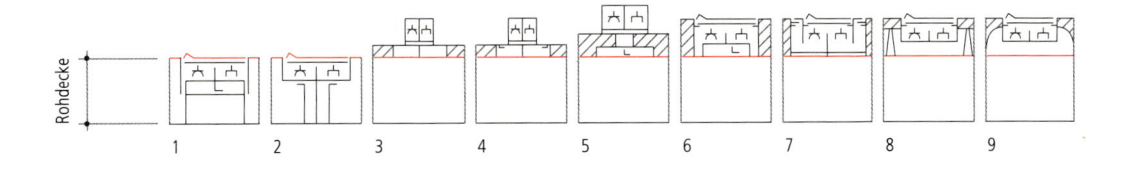

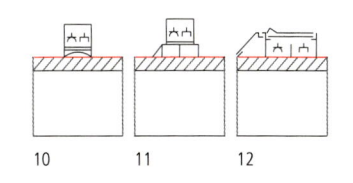

1 Imbeton-Kanal in der neutralen Deckenzone mit aufgesetzter Unterflur-Leerdose und fußbodenebenen Einbaueinheiten
2 Deckendurchführung mit aufgesetzter Unterflur-Leerdose und fußbodenebenen Einbaueinheiten
3 Estrichbündiger Kanal mit fußbodenüberragenden Einbaueinheiten
4 Offener Kanal für Anschlußtechnik, estrichbündig mit fußbodenüberragenden Einbaueinheiten
5 Estrichüberdeckter Kanal mit fußbodenüberragenden Einbaueinheiten
6 Estrichüberdeckter Kanal mit fußbodenebenen Einbaueinheiten
7 Offener Kanal für Anschlußtechnik, estrichbündig mit fußbodenebenen Einbaueinheiten
8 Doppelboden mit fußbodenebenen Einbaueinheiten
9 Hohlraumboden mit fußbodenebenen Einbaueinheiten
10 Aufboden-Installationsprofil (AIP) mit fußbodenüberragenden Einbaueinheiten
11 Aufboden-Installationskanal (AIK) mit fußbodenüberragenden Einbaueinheiten
12 Aufboden-Installationskanal (AIK) mit fußbodenüberragenden Einbaueinheiten

Die Darstellung weist bei den verschiedenen Systemen die notwendige Estrichhöhe aus und stellt weiterhin dar, in welcher Form sich die Elektroeinheiten später sichtbar präsentieren werden. Die **Bilder 8.54/55** zeigen verschiedene Einbauelemente (fußbodeneben oder fußbodenüberragend), wie sie heute je nach Bedarf eingesetzt werden, wobei die fußbodenüberragenden Einbaueinheiten nur noch da eingesetzt werden, wo dieses aus Sicherheitsgründen nötig ist (z. B. Feuchträume etc.).

Bild 8.56 zeigt Installationsvarianten bei Deckendurchführung. Diese Installationsart ist heute aus brandschutztechnischen Gründen nur noch im geringen Maße anzutreffen und nur dann sinnvoll, wenn bei einem kleineren System eine nicht allzu enge Vernetzung gefordert ist (>5 x 5 m).

Werden Einbaueinheiten auf einer Stahlzellendecke montiert, so kann dies in der in **Bild 8.57/8.58** gezeigten Form erfolgen.

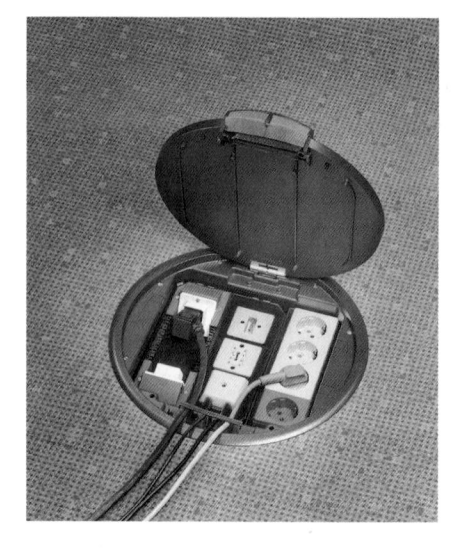

Bild 8.54
Fußbodenebene Einbaueinheit

Bild 8.55
Fußbodenüberragende Einbaueinheiten in verschiedenen Ausführungen

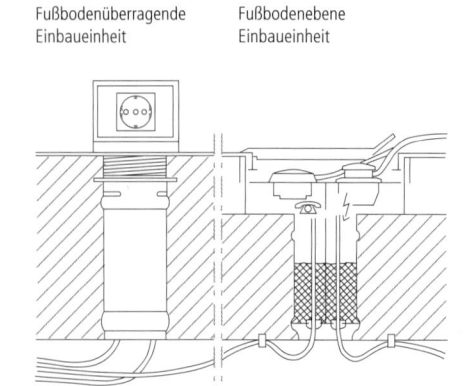

Bild 8.56
Installationsvarianten mit Deckendurchführungen – Aufflur- und Unterflur-Anschlußtechnik

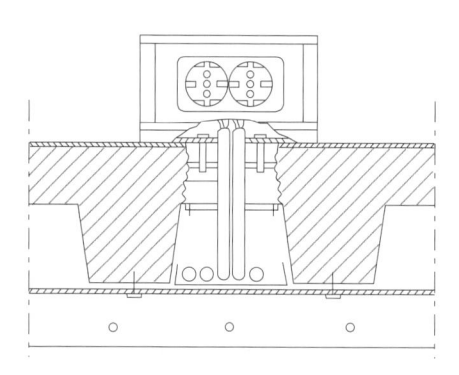

Bild 8.57
Auf der Stahlzellendecke montierte und betriebsfertig angeschlossene fußbodenüberragende Einbaueinheit

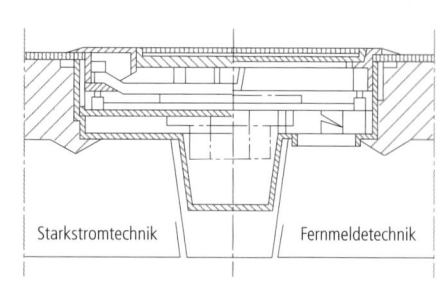

Bild 8.58
Fußbodenebene Einbaueinheit

8.5 Geschoßinstallation

Bild 8.59 zeigt eine fußbodenebene Einheit beim Imbetonkanal (Kanal in neutraler Zone der Decke), wie sie noch zeitweise anzutreffen ist.

Je nach Gebäudekonfiguration und Ausdehnung einer Geschoßfläche erfolgt die Elektroinstallation über ein oder mehrere Steigeschächte, an denen jeweils auch die Geschoßverteilung liegt.

Von hier aus, wie **Bild 8.60** zeigt, wird über Haupt- und Anschlußkanäle die Elektroinstallation verzogen, wobei je nach Bedarf entsprechende Einbauten ein- oder aufgesetzt werden.

Das Maß der Installationskanäle ergibt sich aus der Notwendigkeit der Bestückung und Installationsdichte und wird in der Regel vom Elektroplaner nach Abstimmung mit dem Bauherrn vorgegeben.

Bild 8.61 zeigt das Ende einer Rohmontage vor Einbringen des Estrichs in einem Bürogebäude mit gut erkennbaren Schalungen für Kanäle und Dosen.

Werden sehr hohe Installationsdichten und ein höheres Maß an Flexibilität gefordert, so bietet sich der Einbau eines Hohlraumbodens mit Formplatten oder Folienschalung an **(Bild 8.62)**. Dieser Boden wird heute in einer Höhe zwischen 8 und 15 cm (Bruttohöhe) geliefert und läßt eine höhere Installationsdichte als die Kanalsysteme zu.

Bild 8.59
Fußbodenebene Einbaueinheit mit Imbetonkanal

1 Teppich-Schutzrahmen mit Klappdeckel
2 Installationsgerät
3 Imbeton-Unterflur-Leerdose
4 Rohdecken-Oberbewehrung
5 Rohdecke
6 Rohdecken-Unterbewehrung

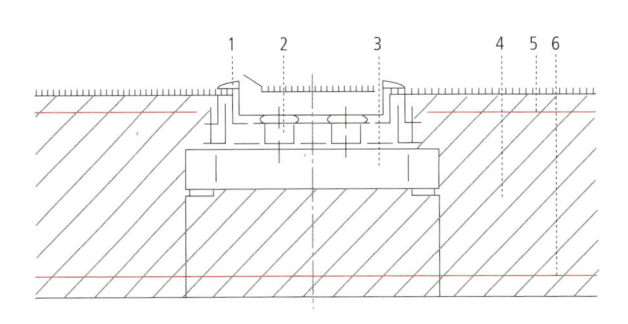

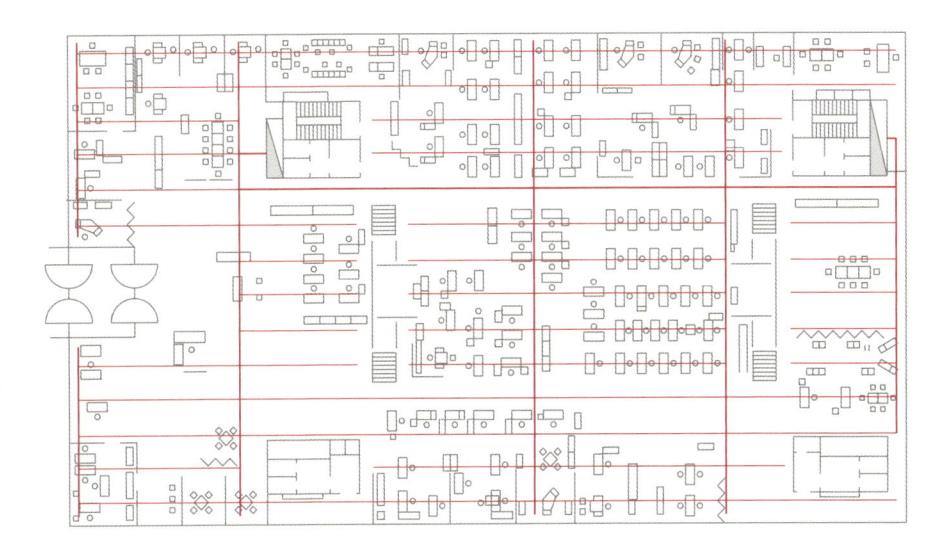

Bild 8.60
Installationen im Gebäude

▨ Steigeschacht mit Geschoßverteilung

Unterflur-Kanäle:
— Hauptkanal
— Anschlußkanal

Bild 8.61
Auf der Rohdecke montierte geschlossene estrichüberdeckte Kanäle, mit im Raster gesetzten Unterflur-Leerdosen, zum Einbau von fußbodenebenen Einbau-Einheiten

Bild 8.62
Unterschiedlicher konstruktiver Aufbau des Hohlraumbodens (Prinzipzeichnung)

1 Bodenbelag
2 Fließestrich
3 Folie bzw. Formplatte
4 Betondecke

Hohlraumboden mit Formplatten

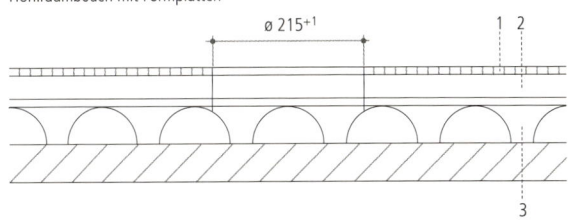

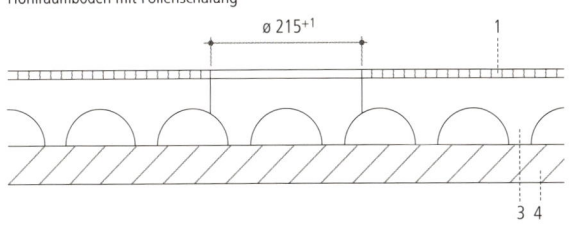

ø 215^{+1}

Hohlraumboden mit Folienschalung

ø 215^{+1}

Bild 8.63
Estrich-Hohlraumboden

Aufgrund praktischer Erfahrung kann man feststellen, daß Hohlraumböden in der Regel nur eine drei- bis vierfache Nachinstallation zulassen, bevor sie endgültig so dicht belegt sind, daß eine Nachinstallation nicht mehr möglich wird. Daher ist ihr Einsatz dann begrenzt, wenn bei einem Bauobjekt damit zu rechnen ist, daß häufige Nachinstallationen und vor allem über eine längere Zeit größere Veränderungen des Installationsnetzes absehbar sind und die Brutto-Bodenhöhe nur 10 – 12 cm beträgt.

Hohlraumböden werden grundsätzlich mit fußbodenebenen Einbaueinheiten (**Bild 8.63**) bestückt und liegen insgesamt mit ihren Investitionen deutlich höher als Fußbodenkanalsysteme, es sei denn, daß diese mit einer Maschenweite von unter 2,5/2,5 m verlegt werden.

Will man eine absolut flexible und jederzeit zugängliche Geschoßverteilung erreichen, so ist der Einsatz eines Doppelbodens sinnvoll. **Bild 8.64** zeigt den prinzipiellen Aufbau eines Doppelbodens mit Anschlußmöglichkeiten, wobei dieser neben der Elektroinstallation auch bei höherem Aufbau die Kanalinstallation lufttechnischer Anlagen bei Luftführung von unten nach oben aufnehmen kann.

Doppelböden finden insbesondere da ihre Anwendung, wo in Geschossen eine hohe Dichte an Datenleitungsnetzen anzutreffen ist oder diese notwendig wird. **Bild 8.65** zeigt eine typische Anordnung der Unterflurverteiler bei Doppelbodeninstallationen mit Starkstromtechnik, Fernmeldetechnik und Datentechnik. Doppelböden bauen normalerweise zwischen 15 cm (reine Elektroinstallation) und 60 cm (Elektro- und RLT-Installationen) auf und sind mit den höchsten Investitionen befrachtet. Dafür bieten sie jedoch eine annähernd unbegrenzte Flexibilität und Nachrüstbarkeit. Bei zweibündigen Gebäuden erfolgt häufig eine Mischung von Doppelböden in Flurbereichen sowie Fußbodenkanalsystemen in den einzelnen Büros, um eine höhere Flexibilität gegenüber einem reinen Fußbodenkanalsystem zu erreichen.

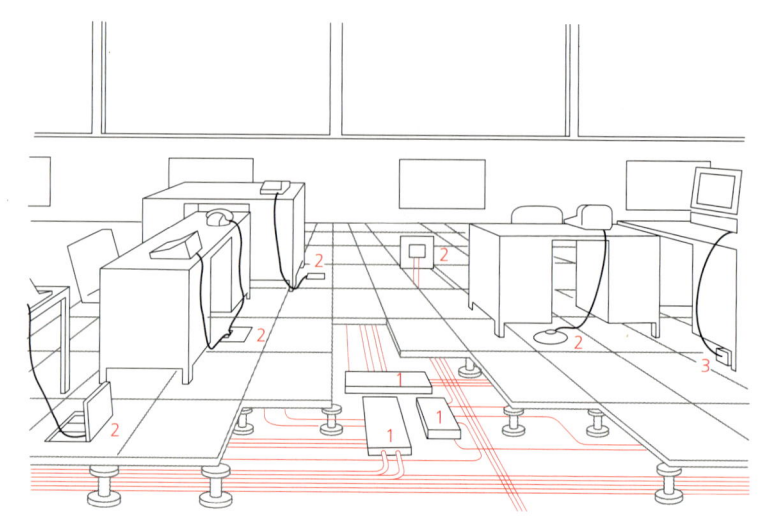

Bild 8.64
Anschlußmöglichkeiten bei Doppelbodeninstallation (Prinzipzeichnung)

1 Unterflurverteiler für steckbare Starkstrom-, Fernmelde- und Datenanschlüsse
2 Fußbodenebener Anschluß mit Geräteeinsätzen für 1 – 6 Installationsgeräte
3 Fußbodenüberragender Anschluß (mit telitank) zum Einbau von 1 – 8 Installationsgeräten

Bild 8.65
Anordnung der Unterflurverteiler bei Doppelbodeninstallation (Prinzipzeichnung)

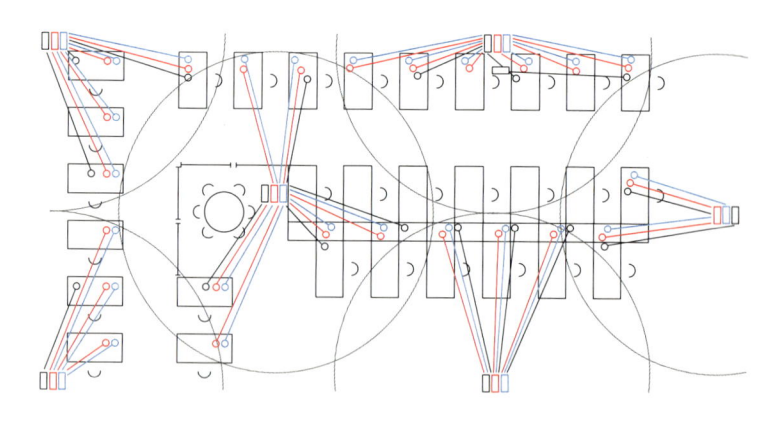

Anschlüsse am Arbeitsplatz mit fußbodenebenen Einbaueinheiten:
○ Starkstromanschluß
○ Fernmeldeanschluß
○ Datenanschluß

Flexible Leitungen von den Unterflur-Verteilern zu den fußbodenebenen Einbaueinheiten:
— Starkstromtechnik
— Fernmeldetechnik
— Datentechnik

Verteiler-Stützpunkt, bestehend aus einem Starkstrom-, einem Fernmelde- und einem Datentechnik-Unterflur-Verteiler:
☐ Starkstromtechnik
☐ Fernmeldetechnik
☐ Datentechnik

8.5.2 Brüstungsinstallation

Bei Gebäuden wie Büros, Laboren, Bettenräumen in Krankenhäusern und ähnlichem werden bei nicht allzu hoher Installationsdichte Fensterbankkanalsysteme eingesetzt. **Bild 8.66** zeigt einen typischen Fensterbankkanal, wie er z. B. vor einem Heizkörper oder einem Induktionsgerät zum Einsatz kommen könnte (oberes und unteres Gitter zur Luftabführung/-zuführung), **Bild 8.67** eine Systemübersicht der Einbauelemente eines entsprechenden Brüstungskanalsystems. Brüstungskanäle werden vornehmlich da eingesetzt, wo eine nicht zu massive Installationsdichte in Einzelräumen anzutreffen ist und Heizkörper oder Brüstungsklimageräte eine Brüstungsverkleidung mit sich bringen.

Bild 8.66
Installationskanal der Nenngröße 173 mit angebautem Datenkanal

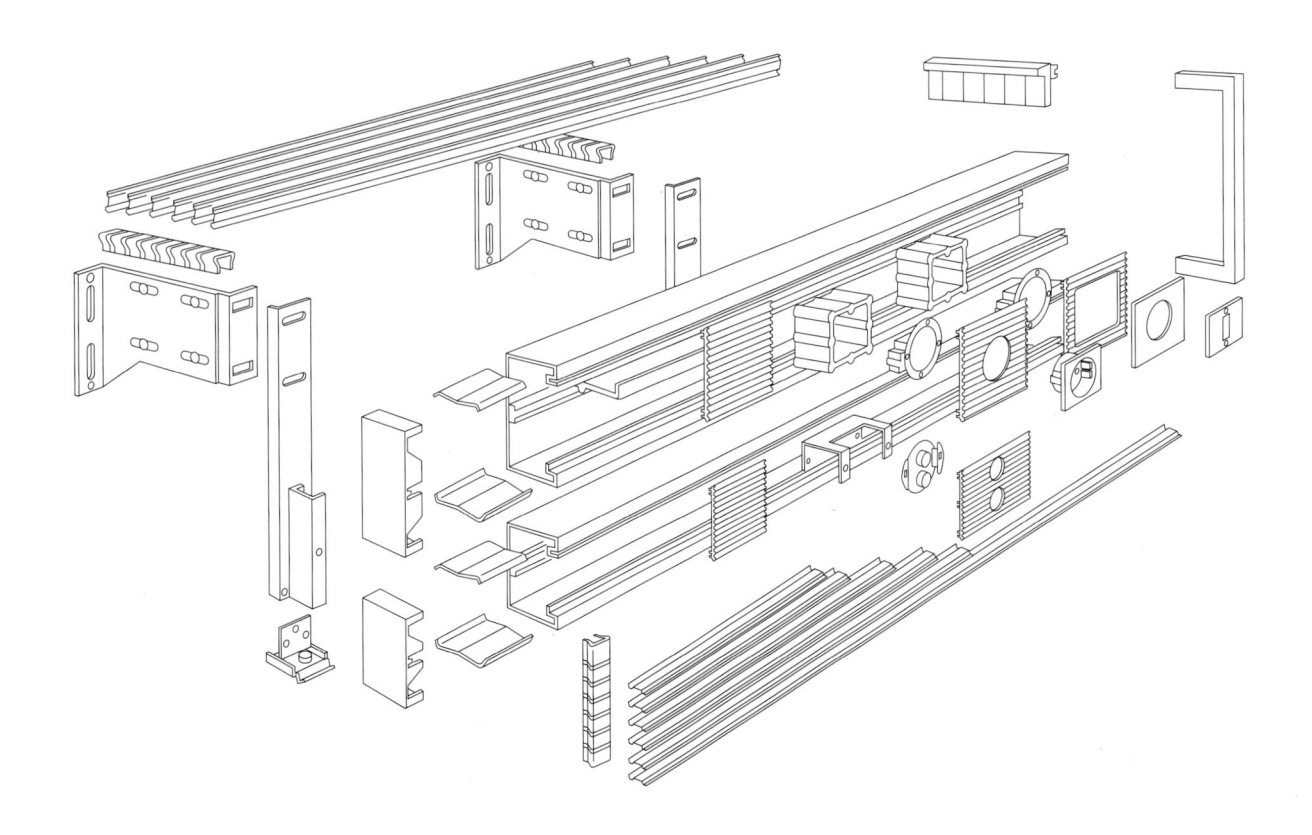

Bild 8.67
Installationskanal-Systemübersicht

Eine Ergänzung der Brüstungskanäle erfolgt durch spezielle Wand- oder Aufbauinstallationskanäle im Wandbereich. In den Laboren werden zudem freihängende Medienkanäle über den Arbeitstischen eingesetzt, welche die Labortische mit allen erforderlichen Medien sowie Strom und Licht versorgen. **Bild 8.68** zeigt einen solchen Medienkanal mit Elektroanschlüssen und Steckkupplungen für gasförmige Medien.

Bild 8.69 zeigt einen Aufboden-Installationskanal mit verschiedenen Installationsmöglichkeiten. Der Aufboden-Installationskanal wird häufig bei Sanierungen eingesetzt und läßt sich bedingt auch mit einer Sockelleistenheizung kombinieren. Dadurch entsteht ein etwa 10 cm höheres Schachtelement im Brüstungsbereich.

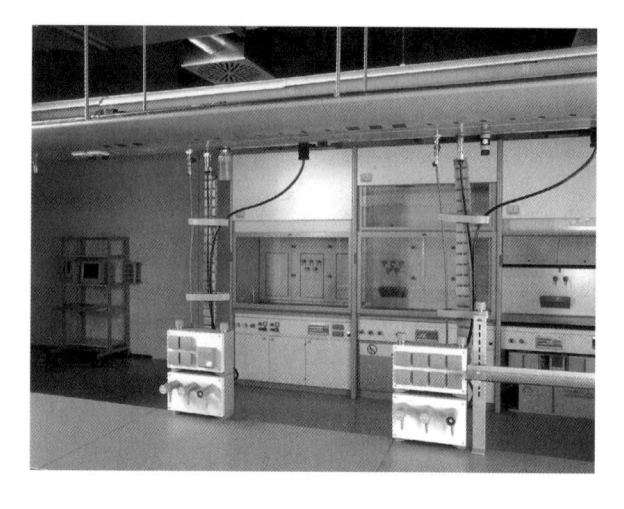

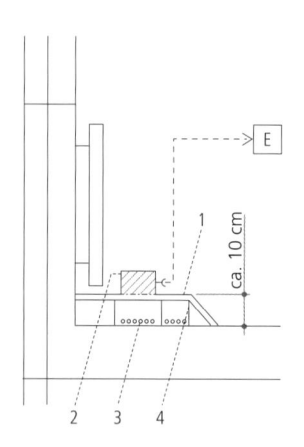

zum Aufbau einer Einheit 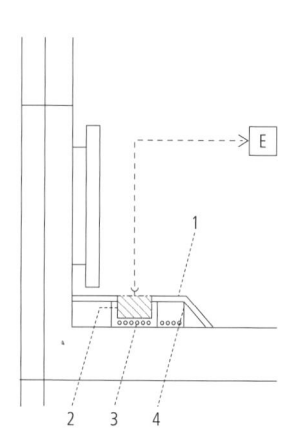   zum Einbau einer fußbodenebenen Einheit

Bild 8.69
Installationsschema eines Aufboden-Installationskanals, (AIK)

1 Kanaldeckel
2 Einbaueinheit, z.B. Steckdose
3 Kabelsystem
4 Kanaltrennwand

Bild 8.68
Frei hängender Medienkanal für Strom, Licht und Medienversorgung

8.5.3 Installationssäulen mit Deckeninstallationen

Eine sehr preiswerte und sehr flexible Installationsform ist die Verteilung von Stark- und Schwachstromkabeln über Installationssäulen. **Bild 8.70** zeigt den Anschluß von Installationssäulen. Installationssäulen werden in Mitteleuropa vornehmlich in Werkstätten oder werkstattähnlichen Raumbereichen eingesetzt, in Nordamerika häufig in Bürogebäuden, um von einer Installationssäule aus mehrere Büroarbeitsplätze, wie in **Bild 8.71/72** gezeigt, versorgen zu können. Installationssäulen haben leider in der Regel kein besonders schönes Aussehen und finden daher nur bedingten Einsatz. Andererseits jedoch sind sie sehr praktisch und führen wiederum zu einer voll flexiblen Installation, da die Installationssäulen an jeder beliebigen Stelle des Raumes aufgebaut und angeschlossen werden können. Bei Installationssäulen erfolgt die Kabelzuführung von der Decke her. Bei Kabelzuführung von der Decke können auch anstatt der entsprechenden Installationssäulen abgependelte Elektroversorgungseinheiten (Pendelrohre) oder ähnliches zum Einsatz kommen.

8.5.4 Wandinstallationen

Wandinstallationen kommen vornehmlich dort vor, wo im wesentlichen eine Einmalinstallation erfolgt (z.B. Wohnungsbau). In Gebäuden mit Zellenbauweise ist eine Wandinstallation gleichermaßen häufig anzutreffen, wobei sich hier im Türbereich Installationskanäle als vertikale Versorgungskanäle anbieten.

8.5 Geschoßinstallation

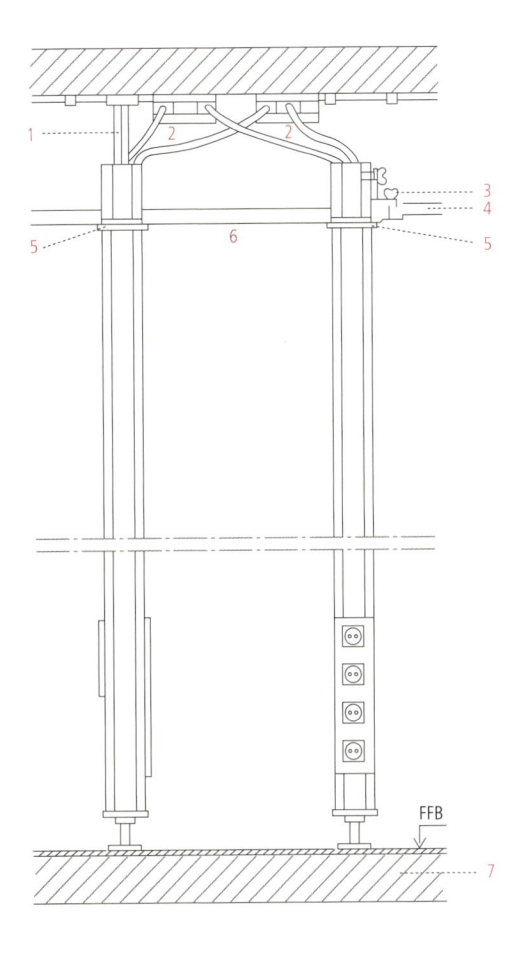

Bild 8.71
Anordnung der Decken-Anschluß-
dosen bei Installationssäulen-
Systemen (Prinzipzeichnung)

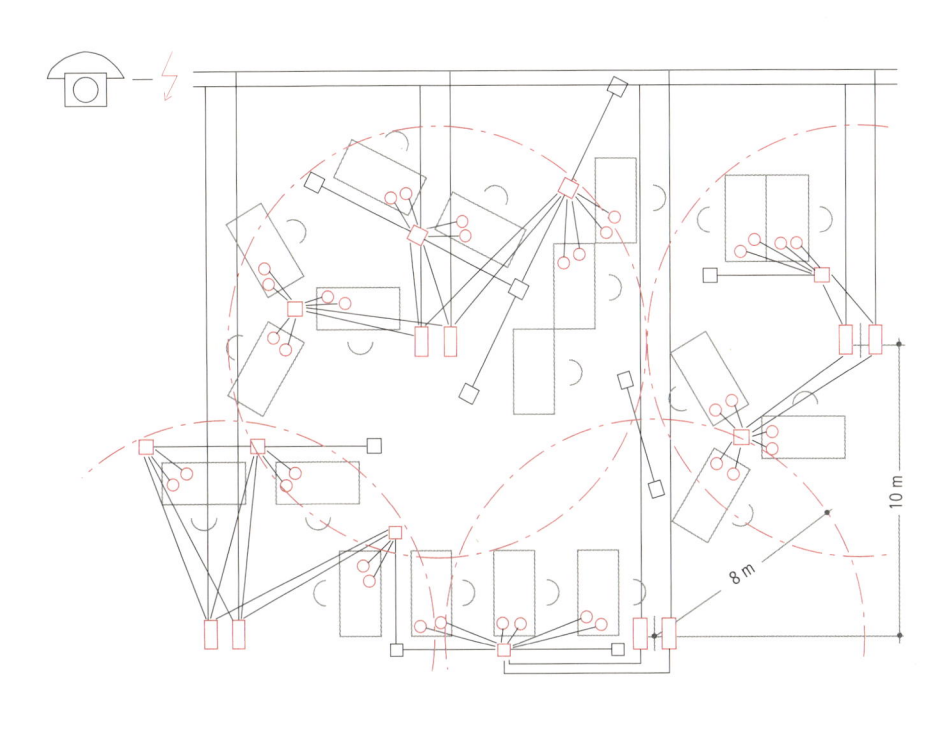

☐ Installationssäule ISS 80

☐☐ Deckenverteiler mit Stark-
strom- und Fernmelde-
Steckverbindern

Bild 8.70
Anschluß von Installationssäulen

1 Kopfstück
2 Decken-Anschlußdose
3 Klemmbefestigung
4 Deckentrageschiene (bauseits)
5 Abdeckblende
6 Zwischendecke
7 Rohdecke

Bild 8.72
Installationskabel als vertikale
Versorgungssäule

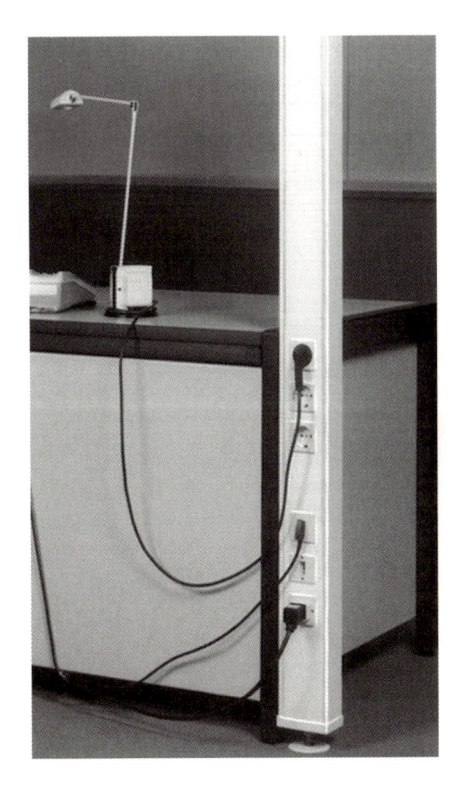

8.6
Schutzmaßnahmen und Schutzarten

Wie bereits erwähnt, bestehen neben vielen Vorzügen des elektrischen Stromes auch Gefahren, gegen die Schutzmaßnahmen zu treffen sind. Insbesondere beschreibt z. B. die DIN 57100 und VDE 0100 in ihren Richtlinien und andere landeseigene Regeln, wie Personen und elektrische Anlagen zu schützen sind.

Bei Personen besteht die Gefahr des elektrischen Schlages, bei Anlagen besteht die Gefahr, daß bei Auftreten eines Fehlers durch thermische und mechanische Beanspruchung die Anlagen zerstört werden.

Gefährdung von Personen
Gefährliche Körperströme können aufgrund ihrer Wirkungen eingeteilt werden in:

Physikalische Wirkung
– Gerinnung von Eiweiß
– Innere Verbrennungen
– Strommarken an der Stromeintrittsstelle

Physiologische Wirkung
– Herzflimmern (bei Wechselstrom)
– Atemstillstand
– Verkrampfung der Muskulatur

Chemische Wirkung
– Zersetzung der Zellflüssigkeit bei Gleichstrom.

Die Folgen eines Elektrounfalls hängen von verschiedenen Parametern ab. Einflußgrößen sind:
– die Stromart (Gleich- und Wechselstrom)
– die Einwirkdauer
– die Frequenz
– die Stromstärke (auch die Höhe der Spannung)
– die körperliche Verfassung des betroffenen Menschen.

Personenschutz
Niederspannungsnetze (400 V/230 V) stellen bei Berührung eine tödliche Gefahr dar. Trotzdem sind elektrische Unfälle mit Todesfolge relativ selten, und in fast allen Fällen ist die Ursache in der Nichteinhaltung von Sicherheitsvorschriften und technischen Regeln zu finden. Daher wurden Schutzmaßnahmen nach besonderen Schutzarten definiert, die in den **Tabellen 8.10/8.11** beschrieben sind. Die Schutzarten in der ersten Kategorie untergliedern sich in drei Bereiche, wobei jeder für sich alleine betrachtet, geeignet ist, einen Elektrounfall zu verhindern. Alle Schutzarten werden gleichzeitig vorgesehen, so daß insgesamt eine mehrfache Sicherheit existiert.

– Schutz gegen direktes Berühren
– Schutz bei direktem Berühren
– Schutz bei indirektem Berühren.

IP	Berührungs- und Fremdkörperschutz
0.	Kein Schutz
1.	Schutz gegen Eindringen von festen Fremdkörpern über 50 mm Ø
2.	Schutz gegen Eindringen von festen Fremdkörpern über 12 mm Ø Schutz gegen Berührung mit Fingern
3.	Schutz gegen Eindringen von festen Fremdkörpern über 2,5 mm Ø Schutz gegen Berührung mit Werkzeugen
4.	Schutz gegen Eindringen von festen Fremdkörpern über 1 mm Ø Schutz gegen Berührung mit Drähten und feinen Werkzeugen
5.	Staubgeschützt; Eindringen von Staub ist zwar nicht vollkommen verhindert, er kann aber nur an nicht schädlichen Stellen ablagern. Vollkommener Berührungsschutz
6.	Staubdicht; Eindringen von Staub ist vollkommen verhindert

Tabelle 8.10
Schutzartenbezeichnungen

IP	Wasserschutz
.0	Kein Schutz
.1	Schutz gegen senkrecht einfallendes Tropfwasser
.2	Schutz gegen schrägfallendes (15°) Tropfwasser
.3	Schutz gegen Sprühwasser, regengeschützt
.4	Schutz gegen Spritzwasser aus allen Richtungen
.5	Schutz gegen Strahlwasser aus allen Richtungen
.6	Schutz bei Überflutung
.7	Schutz bei Eintauchen
.8 --m	Schutz bei Untertauchen

Tabelle 8.11
Schutzarten elektrischer Anlagen
(SEV 1053, 1992)

Schutz gegen direktes Berühren
Der Schutz gegen direktes Berühren besteht aus organisatorischen und technischen Maßnahmen.

Die organisatorischen Maßnahmen bestehen vorwiegend aus der Schulung von Betriebspersonal, da dieser Personenkreis unmittelbar an elektrischen Anlagen arbeiten muß und somit bei ihnen die größte Gefahr eines Unfalls besteht.

Schutz bei direktem Berühren
Betriebsmäßig unter Spannung stehende Teile, die für den Menschen gefährlich werden können, müssen gegen zufälliges Berühren geschützt werden. Notwendige Öffnungen in Geräten stehen im Gegensatz zu der Schutzanforderung. Eine von der IEC entwickelte Empfehlung definiert den Schutz gegen Berührung und das Eindringen von Fremdkörpern (X = erste Kennziffer) und Wasser (Y = zweite Kennziffer). Mit IP XY wird die Schutzklasse der Geräte und Anlagen gekennzeichnet.

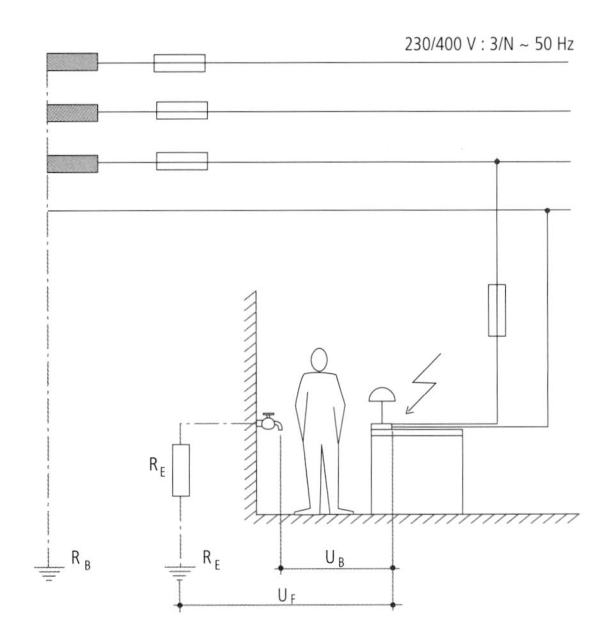

Bild 8.73
Fehlerspannung U_F und Berührungsspannung U_B bei einem Körperschluß

Schutz bei indirektem Berühren
Hierunter ist z. B. der Fall zu verstehen, daß ein Gehäuse, das normalerweise keine Spannung führen darf, durch einen Fehler unter Spannung gerät. Beim Berühren des Gehäuses würde die Gefahr eines elektrischen Schlages bestehen. Infolge der Schutzmaßnahme soll bei einem solchen Fehler der Stromkreis abgeschaltet werden. Die Spannung, die nur im Fehlerfall an dem Gehäuse ansteht, nennt man Fehlerspannung und tritt zwischen dem Metallgehäuse und der Erde auf. Um den Menschen zu schützen, werden entsprechende Gehäuse der Geräte über gut leitende Verbindungen an das Erdpotential gelegt (Differenz zwischen zwei Potentialen = Spannung). Der Boden (auf dem ein Mensch steht) hat bei der Schutzerdung gleiches Potential, d. h. es kann sich keine Fehlerspannung aufbauen. Kommt z. B. ein unter Spannung stehender Leiter in einem Gerät mit seinem Metallgehäuse in Verbindung, so wird der Fehlerstrom am Menschen vorbei über den Erdungsleiter abgeleitet **(Bild 8.73)**. Durch die gut leitende Verbindung vom Gerät zur Erde entsteht ein so hoher Fehlerstrom, daß er zum Auslösen der Schutzeinrichtung (Sicherung) führt. Ein Unfall wird verhindert. Der aufgetretene Fehler ist durch das Auslösen der Sicherung bemerkbar geworden. Diese Netzform wird TN-S-Netz genannt.

Bei dem zuvor beschriebenen Netz wird auch der Sternpunkt eines Trafos geerdet **(Bild 8.74)**, damit auftretende Überspannungen zur Erde abfließen können. Lediglich in Anlagen wie z. B. in Operationssälen, wo eine Selbstabschaltung für Patienten sehr nachteilig sein kann, wird der Sternpunkt nicht geerdet (isolierter Sternpunkt), sondern Meldegeräte signalisieren den Fehler.

Bild 8.74
Transformator Prinzipschaltbild

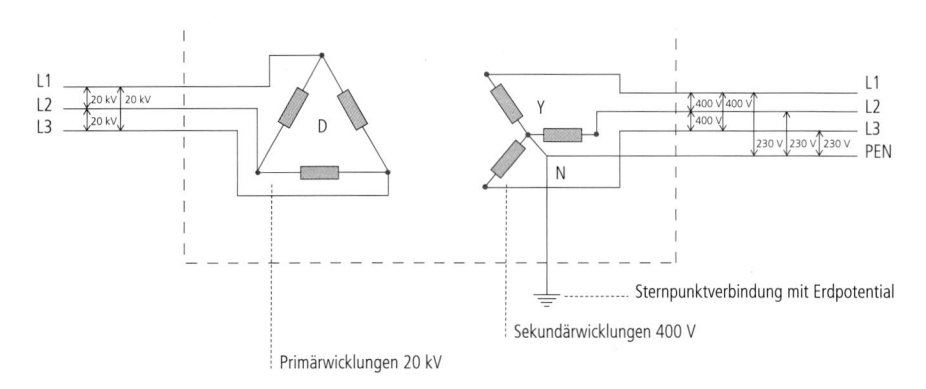

Niederspannungs-Starkstromnetze werden hinsichtlich ihrer Schutzart z B. nach DIN/VDE durch drei Buchstaben beschrieben:

Der erste Buchstabe beschreibt die Sternpunktbehandlung.
I = Isolierung des Sternpunktes
T = geerdeter Sternpunkt.

Der zweite Buchstabe beschreibt die Ableitung eines auftretenden Fehlerstromes an einem Betriebsmittel.
N = Ableitung über Neutralleiter
T = Ableitung über das Erdreich.

Der dritte Buchstabe beschreibt die Anordnung des Neutral- und Schutzleiters.
S = Neutral (N) und Schutzleiter (PE) sind getrennt
C = Neutral- und Schutzleiter sind in einem Leiter vereint.

In der Gebäudetechnik wird vornehmlich das TN-Netz eingesetzt, wobei wiederum drei Varianten zu unterscheiden sind:

TN-C-Netz
Neutral- und Schutzleiter sind im PEN vereinigt
TN-S-Netz
Verlegung eines separaten Schutzleiters vom Sternpunkt des Trafos
TN-C-S-Netz
Der erste Teil des Netzes wird als TN-C-Netz, der zweite Teil als TN-S-Netz aufgebaut.

Das TN-C-S-Netz ist die gebräuchlichste Netzform in der Gebäudetechnik **(Bild 8.75)**. Bei Leiterquerschnitten unter 10 mm² wird ein separater Schutzleiter gefordert/TN-S-Netz). Praktisch bedeutet das, daß spätestens ab den Unterverteilern ein TN-S-Netz existieren muß.

Die Installation des TN-Netzes ist einfach, die Schutzwirkung mit Überstromschutzeinrichtungen hat sich bewährt. In Haushalten und besonders gefährdeten Bereichen empfiehlt sich als Ergänzung der Einbau eines Fehlerstromschutzschalters (FI), der bei sehr geringen Fehlerströmen (30 mA) sofort abschaltet.

Durch das Verbinden aller leitenden Teile entsteht ein Potentialausgleich (PA). Über Potentialausgleichsschienen werden z.B. in einem Gebäude die Wasserleitung, Heizungsleitungen, Gasleitungen, die Blitzableitererdung, der Fundamenterder, Stahlkonstruktionen, Fahrschienen von Aufzügen usw. mit dem PEN leitend verbunden. Die Verbindung des PEN-Leiters mit dem Hauptpotentialausgleich verhindert, daß bei einem Kurzschluß oder Körperschluß zu hohe Berührungsspannungen entstehen. In Räumen mit besonderer Gefährdung wie z.B. Baderäumen erfolgt ein zusätzlicher Potentialausgleich dadurch, daß alle leitenden Metallteile untereinander mit dem Schutzleiter verbunden werden.

Trotz der zuvor erwähnten einfachen Installation besitzt das TN-System einige Eigenschaften, die bei Unkenntnis und Nichtbeachtung zu Gefährdungen führen. Nach den allgemeinen Regeln sind die fehlerhaften Ströme bei Stromkreisen bis 35 A innerhalb einer Zeit von 0,2 s und alle anderen innerhalb einer Zeit von 5 s abzuschalten. Daraus folgt, daß Leiterquerschnitte und Schutzorgane aufeinander abzustimmen sind.

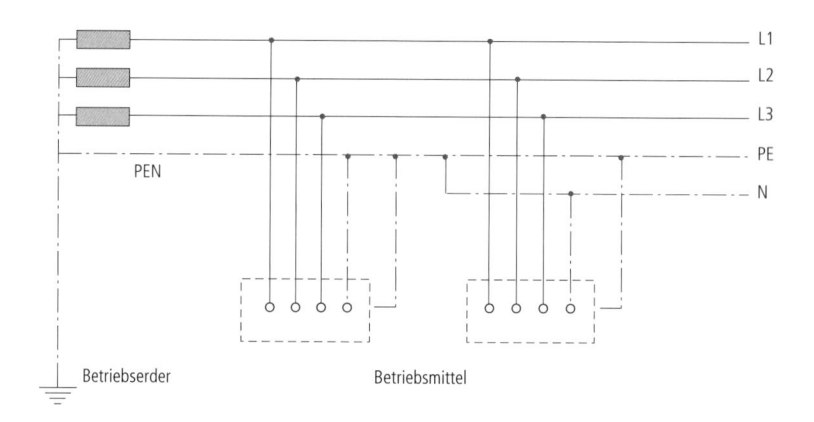

Bild 8.75
Netzform in der Gebäudetechnik (Schutzarten)

8.7 Installationsgeräte

Zu den Installationsgeräten oder Einbaugeräten gehören Schalter, Steckdosen und Geräteanschlußdosen, deren Auswahl sich zunächst nach den Anwendungsorten (trockene oder feuchte Räume), nach der Funktion und nach gestalterischen Gesichtspunkten unterscheiden.

8.7.1 Schalter

Schalter unterscheiden sich nach Standardprogrammen und Flächenprogrammen sowie weiterhin nach Funktionen und danach, ob sie Unterputz oder Aufputz verlegt werden oder in trockenen oder feuchten Räumen zum Einsatz kommen. **Bild 8.76** zeigt aus einer sehr großen Palette eine Reihe von Schaltern, wie sie heute üblicherweise eingesetzt werden.

8.7.2 Steckdosen/Anschlußdosen

Steckdosen dienen dem Anschluß elektrischer Geräte. Steckdosen werden unter den Merkmalen der Anschlußbedingungen, Raumsituationen (trocken/feucht) und Gestaltungsmerkmalen unterschieden. **Bild 8.77** zeigt einen kleinen Ausschnitt der zur Zeit am Markt erhältlichen Steckdosen für den Einsatz unter den unterschiedlichsten Bedingungen und Ansprüchen.

Geräteanschlußdosen unterliegend den vorgenannten Kriterien und sie werden in einer großen Vielzahl angeboten. **Bild 8.78** zeigt verschiedene Anschlußdosen, wie sie üblicherweise verwendet werden.

A
B 
C
D 
E 
F 
G 

Bild 8.76
Schalter
A Feuchtraumschalter Aufputz
B Wippschalter Standardprogramm (Modell Busch-Duro 2000® SI, Busch-Jaeger)
C Schalter eines Flächenprogramms (Modell DELTA fläche, Siemens)
D Kurzzeitschaltuhr für Unterputzeinbau
E Flächenschalter mit Edelstahlabdeckung
F Wippschalter mit großer Betätigungsfläche und Beleuchtung (Modell alpha nea, Busch-Jaeger)
G Tastdimmer für Hand- und Fernbedienung (Modell alpha nea, Busch-Jaeger) und Handsender für Fernbedienung durch Infrarot (Modell Busch-Ferncontrol IR®)

Bild 8.77
Steckdosen
– Schuco®-Steckdose (Modell Impuls, Busch-Jaeger)
– Drehstromsteckdose
– Feuchtraumsteckdose
– Telefonanschlußdose

Wechselstrom (einphasig)
Drehstrom 
Feuchtstrom 
Telefonanschluß 

Bild 8.78
Anschlußdosen

8.8
Anlagen für Sonderspannungen

Werden Sonderspannungen oder Normspannungen mit abweichenden Frequenzen benötigt (Labore, EDV-Anlagen, Maschineneinheiten), so bedient man sich elektrischer Umformer.

8.8.1 Motor-Generator-Sätze

Sonderspannungen, insbesondere Gleichspannungen, werden in der Regel durch Motor-Generator-Sätze erzeugt. Dabei treibt ein Elektromotor einen entsprechenden Generator an, der die Gleichspannung erzeugt und über einen Verteiler an ein Gleichspannungsnetz abgibt oder einen Einzelverbraucher versorgt. Da bei Motor-Generator-Sätzen große Massen bewegt werden, werden die fertig montierten Moduleinheiten auf Grundrahmen und Fundamente aufgesetzt, um Körperschallübertragungen zu vermeiden und hohe Punktlasten zu verteilen. **Bild 8.79** zeigt die Front- und Innenansicht einer Umformereinheit, wie sie üblicherweise eingesetzt wird.

Die Frequenzumwandlung (50 Hertz auf 400 Hertz) erfolgt über Frequenzwandler. In diesen wird ein Teil der Energie rein transformatorisch vom Ständer einer Asynchronmaschine auf einen Läufer übertragen und ein weiterer Teil, der dem Verhältnis der Differenz von Ausgangs- und Eingangsfrequenz entspricht, über einen Läufer mechanisch übertragen. Wird der Läufer durch einen gekoppelten Motor gegen das Drehfeld angetrieben, so erhöht sich die Ausgangsfrequenz.

Frequenzwandlereinheiten werden wie Umformereinheiten als betriebsfertige Einheiten in der Nähe der Verbraucher aufgestellt. Frequenzumwandler im EDV-Bereich werden heute vornehmlich als statische Anlagen aufgebaut, so daß keine besonderen Anforderungen an die Aufstellflächen gestellt werden. Sinnvoll jedoch ist, daß entsprechende Einheiten auf Doppelböden aufgesetzt werden, um eine verbesserte Installationsführung zu erreichen.

Bei Anlagen mit rotierenden Massen sind, wie bereits festgestellt, Fundamente notwendig, die bei statischen Anlagen entfallen können. Infolge der Transformation entstehen hohe Eigengeräusche, so daß entsprechende Betriebsräume eventuell schallgekapselt werden müssen. Bei Umformereinheiten fallen Verlustwärmemengen an, die etwa 10 % der Nennleistung betragen. Diese Wärmemengen müssen durch eine ausreichende Be- und Entlüftung der Betriebsräume abgeführt werden, oder aber der Betriebsraum muß mit einem Umluftkühlgerät auf die maximale Betriebstemperatur von 40 °C gekühlt werden. Werden Frequenzumwandler in ein Sicherheitskonzept (EDV-Anlage) mit einbezogen, so gilt dieses gleichermaßen auch für zugehörige Umluftkühlgeräte und die Kaltwassererzeugung.

Werden in Frequenzumwandlern Frequenzen im Bereich der Radiowellen erzeugt, so sind diese Betriebsräume entsprechend abzuschirmen und alle elektrischen Leitungen über Filter zu führen.

Bild 8.79
Außen- und Innenansicht einer Umformereinheit

8.8.2 Unterbrechungsfreie Stromversorgung (USV-Anlage)

In Betriebsrechenzentren, insbesondere in Banken, Versicherungen und bei Produktionsprozessen, kommt es darauf an, daß das Rechenzentrum mit allen seinen Nebeneinrichtungen jederzeit verfügbar ist, auch dann, wenn ein totaler Netzausfall eintritt. Zur Verbesserung der Verfügbarkeit der Verbrauchsspannung ist der Aufbau einer USV-Anlage notwendig.

Redundante Stromversorgungsanlagen erhalten in Bereitschaft stehende passive Reserveeinheiten oder zusätzliche aktive USV-Blöcke, die im Parallelbetrieb im Teillastbereich mitlaufen.

Redundante Parallelbetriebsanlagen sind nicht nur dann einzusetzen, wenn eine Unterbrechung der Verbraucherspannung bei Netzausfall nicht toleriert werden kann, sondern auch dann, wenn Netz- und Verbraucherfrequenzen geringfügig voneinander abweichen. Hier geben die entsprechenden Gerätehersteller (EDV-Geräte) Auskunft. **Bild 8.80** zeigt ein Blockschaltbild einer statischen USV-Anlage mit Handumgehungs-Schaltung und elektronischer Umschalteinrichtung. Die USV-Anlage besteht aus einem Gleichrichter, einem nachgeschalteten Wechselrichter und einem Batteriezwischenkreis. Die Verbraucher sind am Wechselrichterausgang angeschlossen. Der Betrieb der USV-Anlage erfolgt bei Abweichung der Eingangsspannung oder Frequenz von den Sollwerten über die Batterie, das heißt der Batterie wird die benötigte Energie zur Betriebserhaltung entnommen.

Wie bei den Umformereinheiten werden auch USV-Anlagen **(Bild 8.81)** als fertige Schrankeinheiten geliefert und auf Doppelböden aufgestellt. USV-Einheiten erhalten eine Zuluftzuführung aus dem Doppelboden und eine Abluftabsaugung (warme Abluft) im Deckenbereich, um verträgliche Raumtemperaturen zu garantieren.

Wie **Bild 8.81** andeutet, kann eine USV-Anlage einen erheblichen Platzbedarf einnehmen und ist deshalb bei entsprechenden Gebäuden von vornherein in ausreichendem Maße zu berücksichtigen.

Besondere Aufmerksamkeit ist den nachstehend aufgeführten Punkten zu widmen:
- Gesamtwirkungsgrad
- Qualität der Ausgangsspannung
- Lebensdauer der Akkumulatoren im Gleichstromzwischenkreis
- geringe Netzrückwirkung.

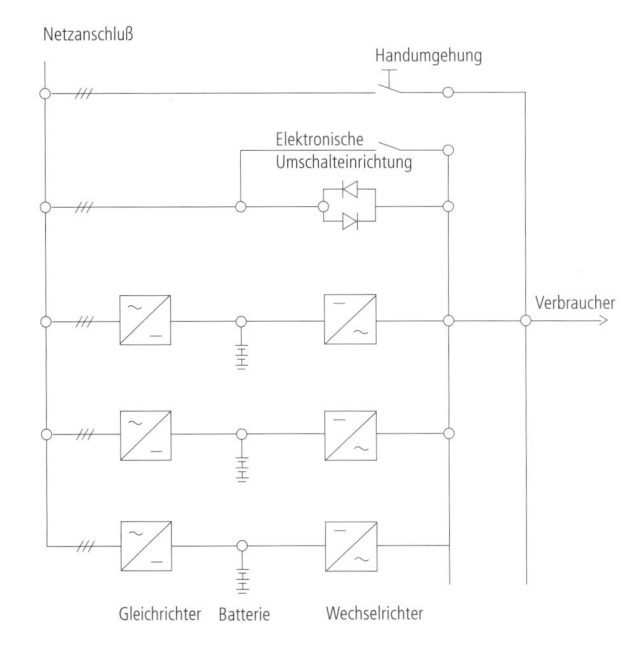

Bild 8.80
Blockschaltbild einer statischen USV-Anlage mit Handumgehungs-Schaltung und elektronischer Umschalteinrichtung

Bild 8.81
USV-Anlage (Unterbrechungsfreie Stromversorgung)

8.9 Eigenstromversorgung

Eigenstrom-Versorgungsanlagen dienen, wie der Name bereits sagt, der Versorgung eines Gebäudes oder eines Komplexes mit eigenem Strom, der nicht aus dem Netz entnommen wird. Dabei zu unterscheiden sind Anlagen, die primär dann in Betrieb gehen, wenn das Netz (EVU-Netz) ausfällt und eine Netzersatzanlage (NEA) für die notwendige Notstromversorgung sorgt und solchen Anlagen, die generell einen Teil der elektrischen Energie bereitstellen und deren Abwärme laufend genutzt wird. Hierbei handelt es sich um Blockheizkraftwerkanlagen (BHKW-Anlagen).

8.9.1 Netzersatzanlage (NEA)

Netzersatzanlagen, auch Notstromdieselanlage oder Notstromaggregate genannt, bestehen aus einem Verbrennungsmotor mit einem nachgeschalteten Generator, die gemeinsam auf einen Grundrahmen montiert sind (**Bild 8.82**). Da Notstromdieselanlagen eine erhebliche Geräuschentwicklung verursachen und sehr viel Wärmeenergie abgeben, müssen sie in eigenen Räumen aufgestellt werden, wobei bei der Lage und Größe dieser Räume zu berücksichtigen ist:

– Zufuhr von Verbrennungs- und Kühlluft
– Abfuhr von Strahlungswärme des Motors und Generators durch Luft
– Abfuhr der Kühlluft oder Abwärme mit Wasser (wassergekühlte Motoren)
– Abgasabführung über Dach
– Zuordnung zu den korrespondierenden Niederspannungsschaltanlagen
– gesicherte Kabelwege usw.

Der Maschinenraum muß so ausreichend bemessen sein, daß ein Freiraum von mindestens 1,5 m Breite um das Aggregat herum entsteht. Weiterhin müssen im Raum Einbauten wie Schaltanlagen, Kraftstoffzwischenbehälter, Starterbatterie usw. aufgenommen werden. Dabei ist unbedingt der Platzbedarf für Schalldämpfer im Bereich der Zu- und Abluftführung zu beachten, der wiederum nicht unerheblich zu Buche schlägt.

Im Zusammenhang mit der Planung des Maschinenraums muß von vornherein die Art der Aufstellung (elastisch oder starr) und somit die Ausführung des Maschinenfundaments geklärt werden sowie weiterhin die Verlegung der Kabel und eventuell Sondermaßnahmen.

Bei kleineren Anlagen werden Notstromdieselaggregate und Schaltanlage in einem Raum zusammen aufgestellt, bei großen Anlagen ist die Trennung dieser Anlagenteile notwendig.

Da Notstromdieselanlagen nicht unerhebliche Schwingungen aufweisen und zu hohen Körperschallübertragungen führen können, ist auf die Lagerung der Maschine und Abkopplung der Einheit vom Gebäude besonders zu achten. Das gilt nicht nur, wenn Notstromdieselanlagen in Dachzentralen aufgestellt, sondern auch dann, wenn sie in Untergeschossen installiert werden. Notstromdieselanlagen bis zu einer Leistung von 250 kVA benötigen in der Regel kein eigenes Fundament (elastische Lagerung durch Gummilager, Federlager), darüber hinaus jedoch sind eigene Fundamente sinnvoll oder auch notwendig. Bei grossen Notstromleistungen wird die Netzersatzanlage in mehrere Motoren aufgeteilt, die parallel in Betrieb gehen können.

Netzersatzanlagen können als Primärenergieträger sowohl Öl aus Biomasse, Dieselöl als auch Gas verwenden, wobei bei der Verwendung von Gas der Vorteil entsteht, daß keine Kraftstoffbevorratung notwendig wird.

Die Kühlung der Motoren erfolgt entweder über eine indirekte Wasserkühlung (Motorkühler, Rohwasserbedarf ca. 35 bis 50 l pro kWh) oder eine Wasserkühlung, die direkt an ein Wassernetz (verbunden zum Beispiel mit einem Rückkühlwerk) angebunden ist (Einbau eines Kühlwasserzwischenbehälters).

Werden Motoren luftgekühlt, so ergeben sich notwendige Luftmengen zur Abführung der Strahlungswärme, Generatorverlustwärme und der erforderlichen Verbrennungsluft bei verschiedenen zulässigen Lufttemperaturdifferenzen.

Bild 8.82
Notstromdiesel-Aggregat (135 kVA bei 1500 Upm) mit am Motor angebauter Ventilatorkühlung

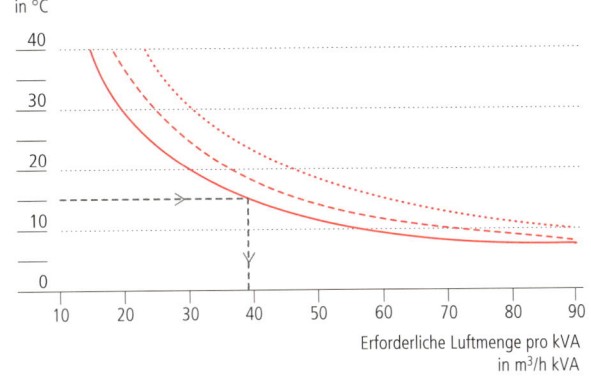

Bild 8.83
Luftmengen zur Raumbelüftung

```
....  unter    80 kVA
----  80 bis  120 kVA
——    über   120 kVA
```

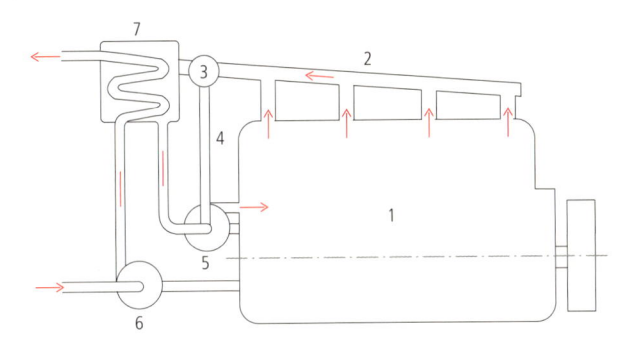

Bild 8.84
Schema der indirekten Wasserkühlung einer NEA-Anlage

1 Dieselmotor
2 Sammelleitung
3 Thermostat
4 Warmfahrleitung
5 Umwälzpumpe
6 Rohrwasserpumpe
7 Kühler

Bild 8.85
500-kVA-Diesel-Notstromaggregate (TRHS518 V16) bei 1500 Upm. Die beispielhafte Installation der Anlage im Siemens-Forschungszentrum Erlangen berücksichtigt auch die Isolierung der Abgasleitungen

Die in **Bild 8.83** gezeigten Luftmengen sind in Abhängigkeit von der Leistung dargestellt. Die Luftmengen zur Raumbelüftung sind bei großen Notstromdieselanlagen sehr bedeutend und führen zu großen baulichen Ansaugschächten und Fortluftkanälen, die immer über Dach geführt werden müssen. Sind entsprechende Ansaug- und Fortluftschächte nicht möglich, so können die Luftmengen auf ca. 10 %, den reinen Anteil der Verbrennungsluft, herabgesetzt werden, wobei nunmehr jedoch eine Wasserkühlung notwendig wird, wie sie im Schema **(Bild 8.84)** gezeigt ist.

Generell ist festzustellen, daß auf eine gute Kühlung der Netzersatzanlage zu achten ist, um eine Überhitzung des Motors zu vermeiden. So betragen die Kühlluftmengen bei Motoren etwa

95 m³/h kW bei 30 °C Raumtemperatur
115 m³/h kW bei 37 °C Raumtemperatur
140 m³/h kW bei 45 °C Raumtemperatur.

Die Motorbetriebstemperaturen liegen im Bereich von 85 bis 95 °C. Betriebsräume von Netzersatzanlagen sollten 40 °C nicht überschreiten, da auch der Generator seine einwandfreie Funktion garantieren muß und sich Betriebspersonal zeitweise im Maschinenraum aufhält.

Zur Verminderung der hohen Wärmeabgabe sollten die Abgasleitungen gut isoliert werden, gleichermaßen warmwasserführende Rohrsysteme **(Bild 8.85)**.

Zur Abgasgeräuschdämpfung müssen in die Abgasleitungen entweder Kammerschalldämpfer oder Absorptionsschalldämpfer eingesetzt werden, wobei Absorptionsschalldämpfer eine nahezu restlose Dämpfung bei minimalem Durchströmungswiderstand erreichen und dann eingesetzt werden, wenn eine Lärmbelästigung umstehender Gebäude in jedem Fall auszuschließen ist. Das gleiche trifft, wie bereits festgestellt, für die Außenluftansaugung und Fortluftausblasung zu.

Während bei gasbetriebenen Maschinen eine Kraftstoffbevorratung nicht notwendig ist, ist bei dieselgetriebenen Maschinen eine Bevorratung aufzubauen. Die Kraftstoffbevorratung erfolgt in der Regel einmal über einen Tagesbehälter sowie weiterhin über einen zusätzlichen größeren Vorratsbehälter (**Bild 8.86**). Der Tagesbehälter soll den Dieselkraftstoff für eine Betriebszeit von acht bis zehn Stunden lagern, wobei die Dimensionierung des Tagesbehälters nach der überschlägigen Regel:

3-fache Motorleistung (kW) = Tankinhalt in Litern

erfolgen kann.

Der Vorratsbehälter ist nach Ermessen auszulegen und kann den mehrfachen Tagesbedarf aufnehmen.

Der typische Aufbau einer Netzersatzanlage mit luftgekühltem Motor kann aus **Bild 8.89** (Grundriß und Schnitt) entnommen werden. In dem Bild nicht dargestellt ist der notwendige Ansaug- und Fortluftschalldämpfer (Länge 1,5 bis 2 m). Bei dem im **Bild 8.89** gezeigten Notstromdiesel handelt es sich um eine Anlage kleiner Leistung.

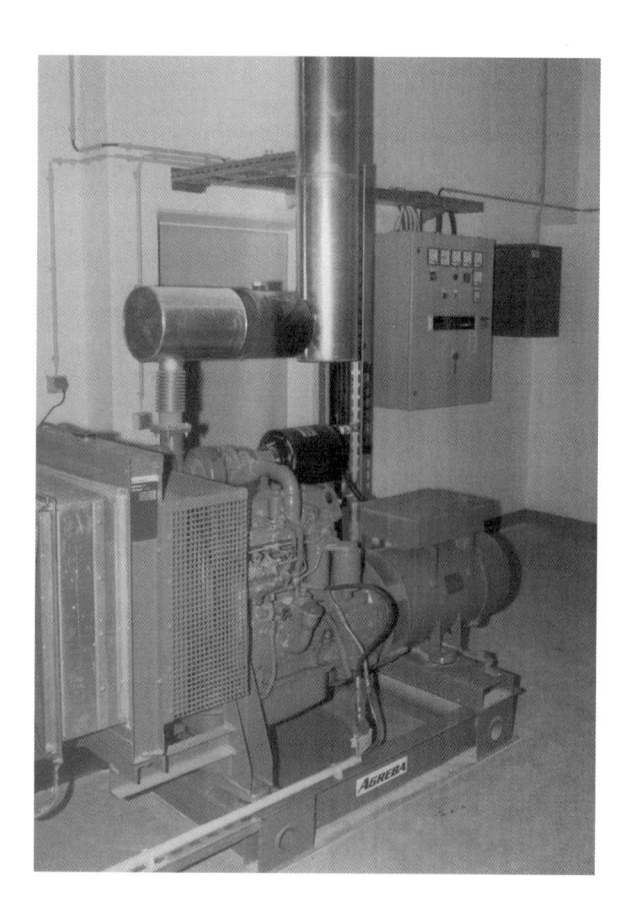

Bild 8.86
Unterhalb des 300 Liter fassenden Kraftstoffbehälters für ein 400 kVA-Aggregat ist ein 250 Liter-Tank vorgesehen. Die thermisch geregelte indirekte Kühlung erfolgt aus dem Druckwassernetz.

8.9.1.1 Notstromberechtigte Verbraucher

Notstromberechtigte Verbraucher ergeben sich im wesentlichen aus der Gebäudeart (z. B. Hochhaus), Gebäudenutzung (Krankenhäuser, Versammlungsstätten) sowie aus weiteren Errichtervorschriften besonderer technischer Einrichtungen (große Sprinklersysteme, Feuerwehraufzüge etc.). Notstromberechtigte Verbraucher sind in der Regel:

– Notbeleuchtung
– EDV-Anlagen
– Klimaanlagen für EDV-Anlagen
– Kälteanlagen für EDV/Lebensmittellagerung/zu kühlende Güter
– Aufzugsanlagen
– bei Produktionsprozessen besonders berechtigte Maschinen.

Im Zweifelsfall ist mit dem Bauherrn oder Nutzer sowie den einschlägigen Behörden der genaue Umfang der Notstromverbraucher und der Notstromnutzung abzuklären.

8.9.1.2 Auslegung der Netzersatzanlage

Die Netzersatzanlage wird ausschließlich für die notstromberechtigten Verbraucher ausgelegt (zeitliche Summierung der einzelnen Anschlußleistungen), wobei neben der Summe der Leistungen (Scheinleistungen) auch entsprechende Blindleistungen zu berücksichtigen sind. Bei der Dimensionierung der Netzersatzanlage ist weiterhin maßgeblich:

– Der größte Verbraucher, der von der Netzersatzanlage versorgt wird (u. U. auch Anlaufstrom)
– die Grundlast, zu welcher weitere Lasten aufgeschaltet werden
– das einzuspeisende Netz (230/400 V oder andere)
– die Aufstellungshöhe des Aggregats und
– besondere Aufstellungsbedingungen (erhöhte Umgebungstemperaturen, Luftfeuchten, starke Verunreinigungen).

8.9.2 Blockheizkraftwerk-Anlage (BHKW-Anlage)

Blockheizkraftwerk-Anlagen sind praktisch die gleichen Aggregate wie Netzersatzanlagen, dienen jedoch im Gegensatz zu diesen nicht nur dem Ersatz des Stromnetzes bei Netzausfall, sondern decken im Dauerbetrieb während des Tages einen Teil der Stromversorgung ab. Insofern ist zum Maschinenaufbau nichts weiter hinzuzufügen, gleichermaßen auch nichts zur Primärenergieversorgung, die in der Regel ebenfalls durch Gas oder Öl erfolgt. BHKW-Systeme können auch Motoren haben, die von Gas auf Öl jederzeit umschaltbar sind, so daß eine weitere Redundanz gegeben ist.

Der Dimensionierung einer BHKW-Anlage ist größte Aufmerksamkeit zu schenken, da es sich hierbei nicht nur um eine sehr hohe Investition, sondern auch im späteren Betrieb um einen besonderen Wartungsservice handelt.

Bild 8.87.1
Elektrischer Leistungsbedarf und elektrische Leistungsdeckung in kW,
Monat Juli, heißer Sommertag

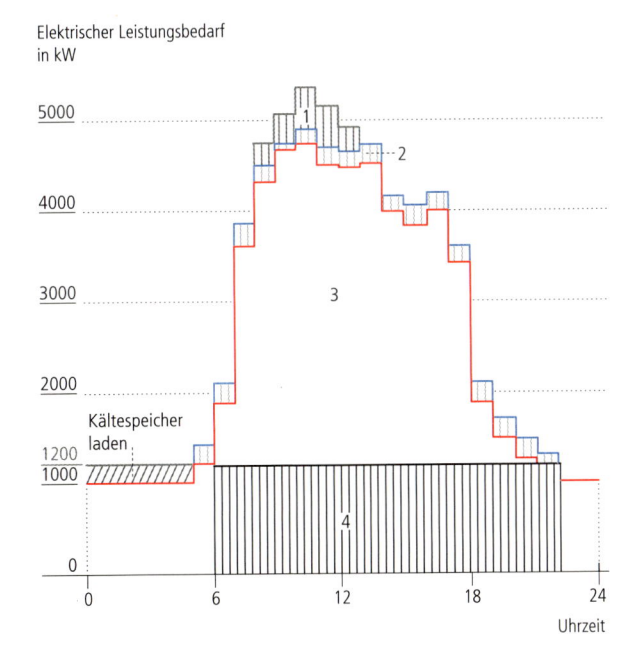

1 1. Leistungsersparnis:
   Küchengeräte teilweise mittels BHKW-HT-Abwärme
2 2. Leistungsersparnis:
   Kälteerzeugung teilweise mittels BHKW-HT-NT-Abwärme
   (Kältespeicherentladung)
3 EVU-Strom
   max. 3490 kW
4 BHKW-Strom
   3. Leistungsersparnis:
   (EVU-Strom)

8.9.2.1 Auslegung der BHKW-Anlage

Die Auslegung der BHKW-Anlage erfolgt unter zwei Gesichtspunkten. Diese sind:
– Wärmeleistungsbedarf
– Elektrischer Energiebedarf (Grundlast/Netzersatz).

Wie sich aufgrund einer Vielzahl von Wirtschaftlichkeitsuntersuchungen immer wieder herausstellt, sollten BHKW-Anlagen nicht die gesamte Deckung des elektrischen Energiebedarfs übernehmen, sondern nur einen Teil (25 bis 35 %), wodurch der Wärmeleistungsbedarf in der Regel bereits ausreichend abgedeckt wird.

Als Beispiel für die Auslegung einer BHKW-Anlage dienen die **Bilder 8.2** (Kapitel 8.1). In diesen wurde gezeigt, wie sich der elektrische Leistungsbedarf während eines Tages für ein Bürogebäude und der jährliche elektrische Energiebedarf aufbauen.
Bild 8.87.1 zeigt nochmals den typischen Lastverlauf (Leistungsbedarf) während eines Tages, **Bild 8.87.2** den eines Jahres.

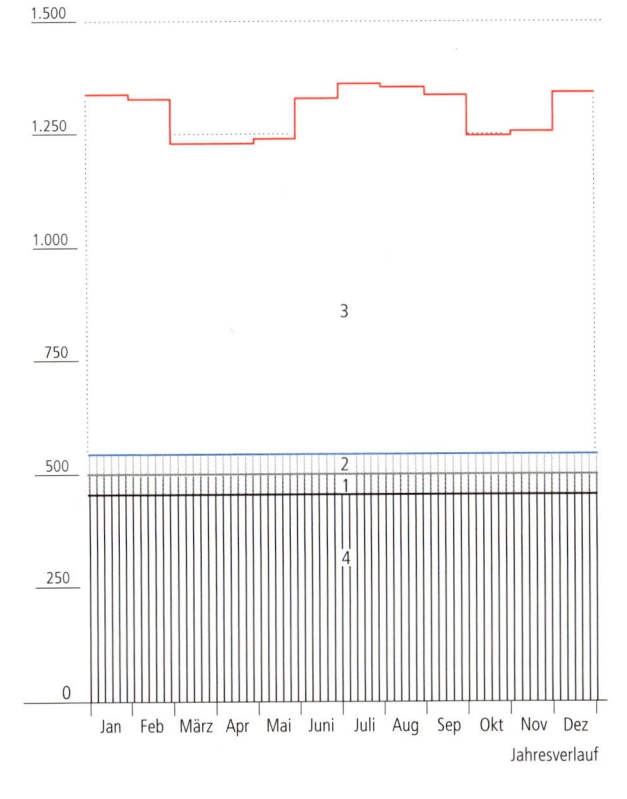

Bild 8.87.2
Jährlicher elektrischer Energiebedarf und Bedarfsdeckung in kWh

1 1. Bedarfsersparnis:
   Küchengeräte teilweise mittels BHKW-HT-Abwärme
2 2. Bedarfsersparnis:
   Kälteerzeugung teilweise mittels BHKW-HT-NT-Abwärme
3 EVU-Strom
4 BHKW-Strom

Durch mehrfaches Ermitteln der Leistungsdeckung (elektrische Energie und Wärmeenergie) bei verschiedenen großen Systemen und Vergleich sowohl der Investitionen als auch der Betriebskosten sowie der jährlichen Laufzeiten des Systems (nicht unter 4.000 h/a) und der jährlichen Gesamtkosten errechnet sich die optimale Größe eines BHKW-Systems. In **Bild 8.87.1** beträgt für einen großen Bürokomplex die Leistungsdeckung mit dem BHKW-System 1.200 kW, wobei aus dem Bild gut erkennbar ist, daß das BHKW-System lediglich in der Hochtarifzeit in Betrieb bleibt (6.00 bis 22.00 Uhr) und während der Nacht der gesamte elektrische Energiebedarf aus dem Netz gedeckt wird, da sich zu diesem Zeitraum der Einsatz des BHKW-Systems nicht rentiert. Die BHKW-Anlage übernimmt jedoch nicht nur einen Teil der Leistungsdeckung, sondern reduziert diese indirekt. Die im **Bild 8.87.1** dargestellte Leistungsdeckung in einer Größenordnung von 1.200 kW erfolgt durch den Generator. Die indirekte Leistungsdeckung (Reduzierung des elektrischen Energiebedarfs) erfolgt dadurch, daß zum Beispiel Küchengeräte anstatt mit Strom nunmehr mit Hochtemperaturabwärme betrieben werden. Gleichermaßen erfolgt die Kälteerzeugung anstatt mit Hilfe elektrisch getriebener Kältemaschinen z. T. durch Absorptionskälteanlagen. Damit kann der elektrische Energiebedarf reduziert und die Abnahme sinnvoll eingesetzt werden.

Bild 8.87.2 zeigt den elektrischen Energiebedarf während des Jahres und die Bedarfsdeckung durch das BHKW beziehungsweise das Netz des Elektroversorgungsunternehmens. Wie die Darstellung ausweist, werden 42 % des jährlichen elektrischen Energiebedarfs durch die BHKW-Anlage und 58 % durch das EVU-Netz gedeckt. Unter diesen Voraussetzungen amortisieren sich BHKW-Systeme u. U. in relativ kurzer Zeit. Der Anlagenaufbau gegenüber einer konventionellen Anlage ist in den **Bildern 8.88.1/2** dargestellt. Diese weisen in den Darstellungen verschiedene Betriebszustände aus.

Bild 8.88.1
Wärme-/ Kälteschema,
Monat Juli, heißer Sommertag

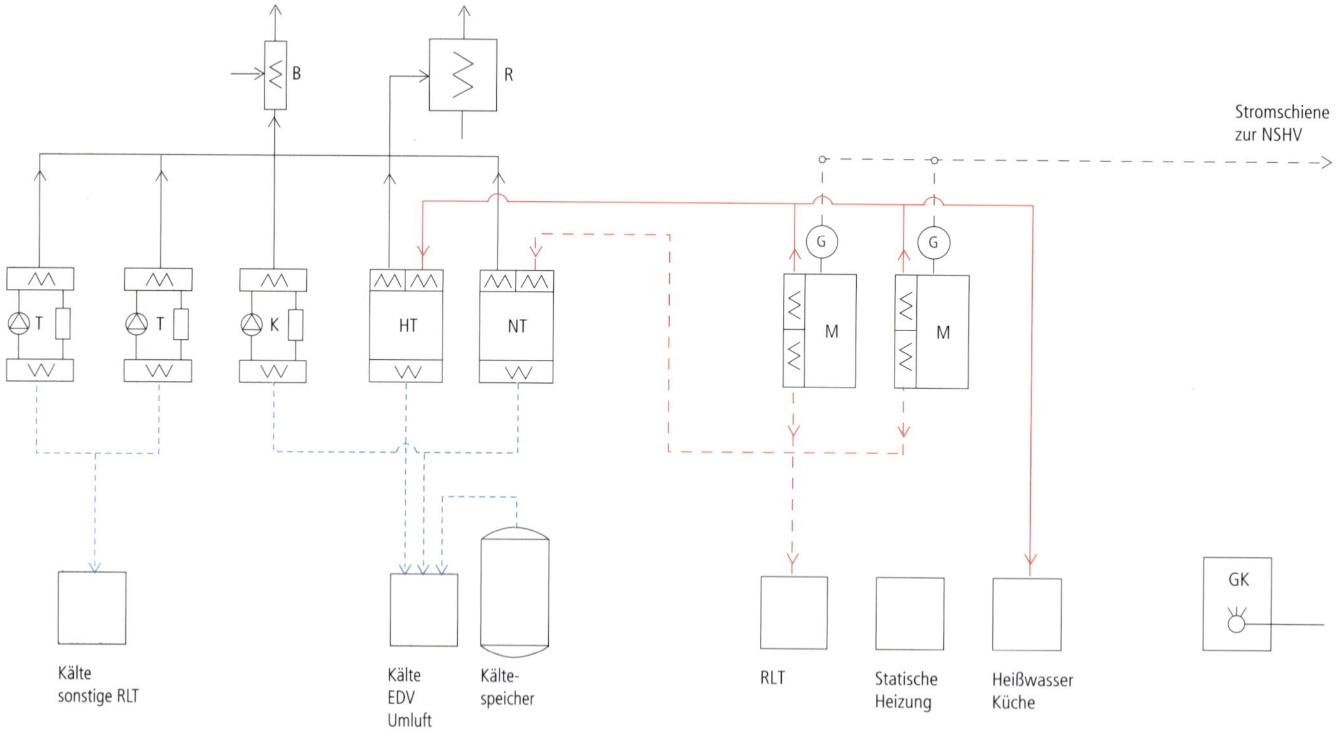

– – Kälte
– – Niedertemperatur Wärme
—— Abwärme BHKW
—— Rückkühlung
– – Stromschiene

HT Hochtemperatur-Absorptions-Kältemaschine
NT Niedertemperatur-Absorptions-Kältemaschine
RLT Raumlufttechnische Anlagen
T Turbokältemaschine
K Kolbenkompressions-Kältemaschine

GK Gaskessel
G Generator
R Rückkühlwerk
B Brauchwassererwärmung
M Diesel-Gas-Motor

Im Sommerbetrieb wird die gesamte Leistung über drei BHKW-Module (ein viertes als Standby-Modul) von 1.200 kW (elektrische Leistung) in die Niederspannungshauptverteilung eingespeist. Gleichzeitig wird die Abgaswärme über Abgaswärmetauscher einem Hochtemperaturabsorber zur Kälteerzeugung und die Motor- und Ölabwärme einem Niedertemperaturabsorber ebenfalls zur Kälteerzeugung zugeführt. Benötigen zu diesem Zeitraum einige raumlufttechnische Anlagen Wärmeenergie, so wird diese gleichzeitig geliefert. Die Absorptionskältemaschinen, die im Gegensatz zu den Kolben- oder Turbokältemaschinen nur sehr wenig elektrische Energie benötigen, erzeugen einen wesentlichen Teil der Kälteenergie für ein Rechenzentrum. Reicht die von den Absorbern gelieferte Kälteenergie nicht aus, so wird über eine Kolbenkompressormaschine zusätzlich Kälteenergie zugespeist.

Wärmeenergie, die von den Hochtemperaturabsorbern und weiteren Kältemaschinen nicht an Verbraucher abgegeben werden kann, wird über ein Rückkühlwerk abgeleitet. Zur Reduzierung des elektrischen Energiebedarfs im Küchenbereich wird ein Teil der hochtemperierten Wärme (über 100 °C) den Küchengeräten zugeführt.

Im Winterbetrieb (während des Tages/**Bild 8.88.2**) erfolgt die Kälteversorgung bei Stromerzeugung durch die BHKW-Systeme ausschließlich aus der Abwärme des Abgaswärmeaustauschers indirekt über den Hochtemperaturabsorber und gegebenenfalls aus einem Kältespeicher, der während der Nacht aufgeladen wurde. Weiterhin wird auch zu diesem Zeitraum die Küche mit Heißwasser aus dem Abgaswärmeaustauscher versorgt. Da niedertemperierte Wärmeenergie der Motor- und Ölkühlung sowie die Abwärme des Hochtemperaturabsorbers (Wärmepumpensystem) wird den Wärmeverbrauchern im Bereich der raumlufttechnischen Anlagen oder Heizungsanlagen zugeführt, wobei noch fehlende Restwärmemengen zur Beheizung des Gebäudes aus einer Kesselanlage zufließen.

Bild 8.88.2
Wärme-/Kälteschema,
Monat Januar, kalter Wintertag

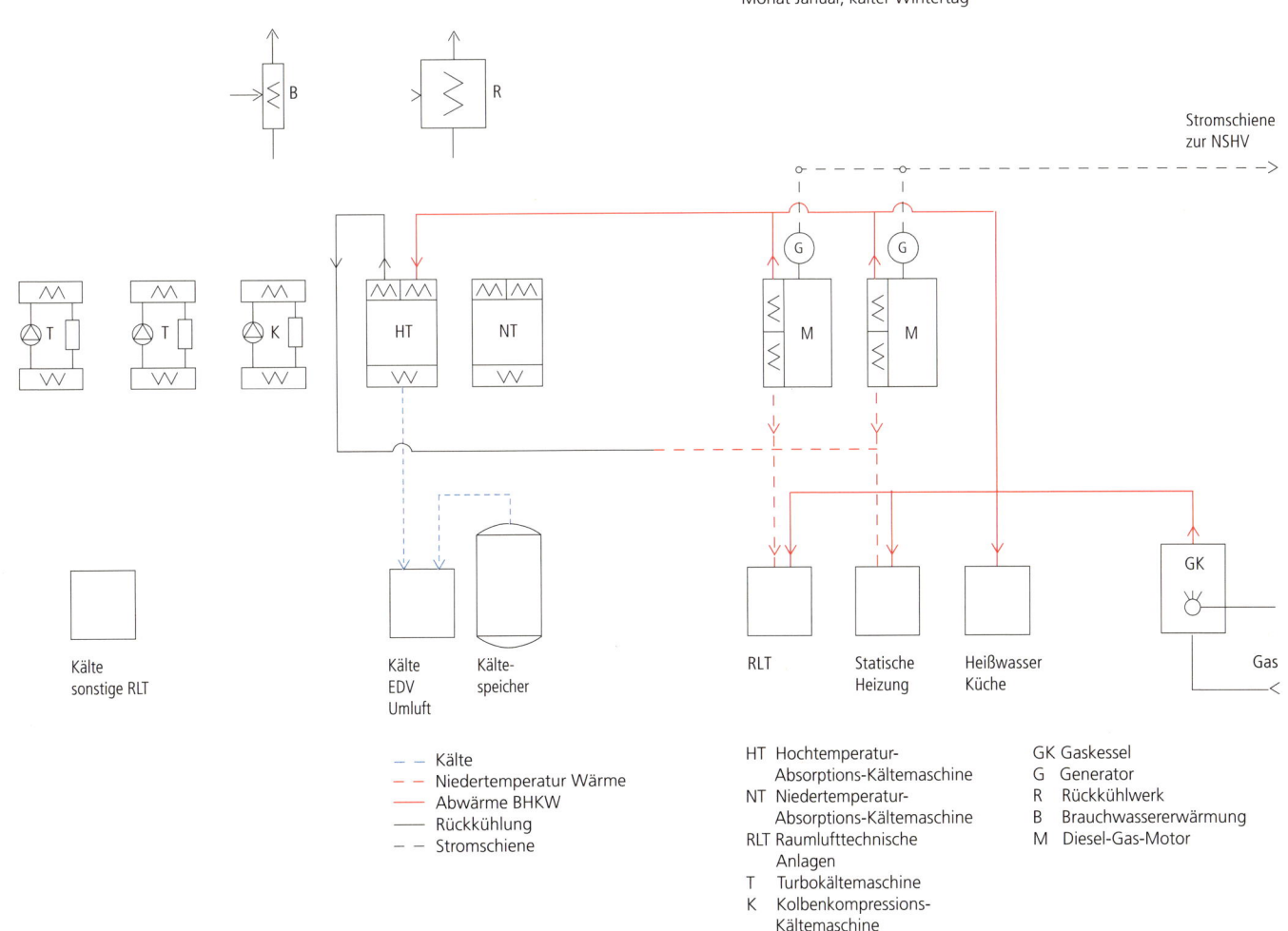

Das vereinfachte Anlagenschema der BHKW-Anlage zeigt den komplexen Verbund der verschiedensten technischen Einsatzmöglichkeiten unter optimaler Nutzung des Primärenergieeinsatzes (hier Beispiel Gas). **Bild 8.89** zeigt einen Aufstellungsvorschlag einer NEA-Anlage, wie er auch gleichermaßen für ein BHKW-System zutrifft.

Die Auslegung von BHKW-Systemen erfordert sehr viel Übung und einen erheblichen Rechenaufwand. Generell jedoch kann festgestellt werden, daß sich BHKW-Systeme in einem vertretbaren Zeitraum amortisieren (Zeitraum < 7 Jahre), wenn in einem Gebäude oder Gebäudekomplex ein größerer stetiger elektrischer Energiebedarf besteht und gleichzeitig die Abfallwärmeenergie genutzt werden kann (zum Beispiel zur Kälteerzeugung). Die gleichzeitige Nutzung elektrischer und thermischer Energie ist eine wesentliche Voraussetzung für den Einsatz von BHKW-Anlagen. Wenn diese Voraussetzung nicht gegeben ist, lassen sich BHKW-Anlagen kaum amortisieren.

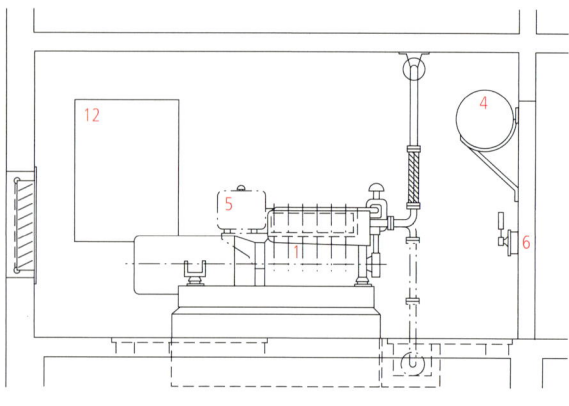

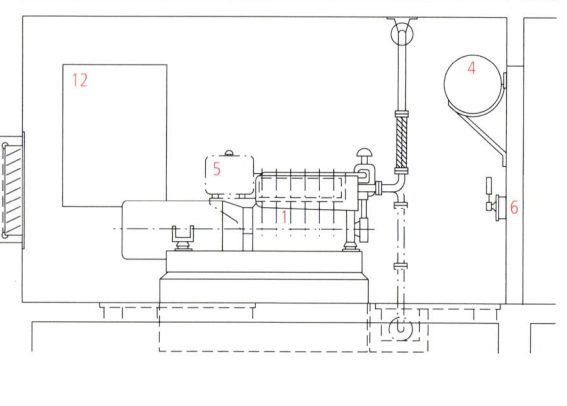

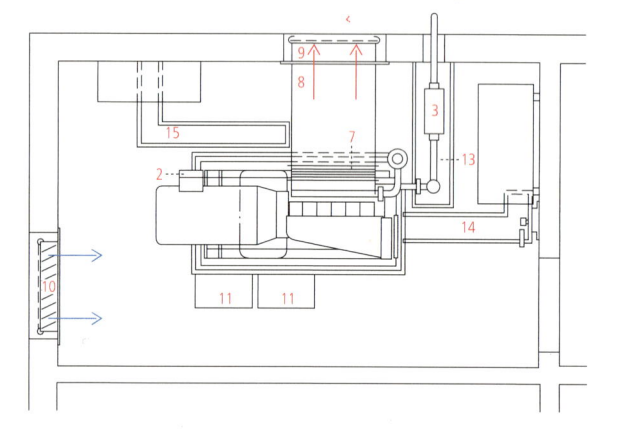

Bild 8.89
Aufstellungsvorschlag für Aggregate mit luftgekühlten Motoren

1 Diesel-Generator-Aggregat
2 Klemmenkasten
3 Auspuffschalldämpfer
4 Kraftstoffbehälter
5 Kraftstoffbehälter (angebaut)
6 Kraftstoff-Handflügelpumpe
7 Elastisches Zwischenstück
8 Abluftkanal
9 Abluftjalousie
10 Zuluftjalousie
11 Batterie
12 Schaltschrank
13 Auspuffkanal
14 Kanal für Kraftstoffleitungen
15 Kabelkanal

8.9.3 Batterieanlagen

Die Eigenstromversorgung eines Gebäudes kann auch über eine kürzere Zeit über eine Batterieanlage erfolgen. Diese wird dabei entweder aus dem Netz geladen oder aber über Netzersatzanlagen.

Stationäre Batterien als Energiespeicher gewährleisten somit eine durchgehende Stromversorgung aller wichtigen Verbrauchsmittel bei Netzunterbrechung oder bei Ausfall des gesamten Versorgungsnetzes. Während bei Drehstromverbrauchern die Batteriespannung über Umrichter in eine Wechselspannung umgewandelt werden muß, können Gleichstromverbraucher ihre Energie direkt aus der Batterie beziehen. Das Laden der Batterien erfolgt über Ladegeräte, wobei das richtige Laden für die Lebensdauer der Batterie außerordentlich wichtig ist und es muß daher darauf geachtet werden, daß die zulässigen Ladeströme und -spannungen eingehalten werden.

Batterien, die im geladenen Zustand nicht belastet werden, sind durch innere chemische Vorgänge einer Selbstentladung unterworfen. Durch Anlegen einer Erhaltungsspannung wird einer Batterie dauernd ein geringer Ladestrom zugeführt, wodurch der Vorladezustand erhalten bleibt.

Im Umschaltbetrieb **(Bild 8.90)** werden die Verbraucher über einen Netzgleichrichter aus dem Drehstromnetz (Niederspannungsnetz) gespeist. Bei einem Netzausfall werden die Verbraucher auf die Batterie umgeschaltet und beziehen von dort ihre Energie bis zur Rückkehr der Netzspannung (unteres Bild).

Neben dem Umschaltbetrieb unterscheidet man den Parallelbetrieb, bei dem Batterie und Verbraucher ständig parallel geschaltet und über ein gemeinsames Ladegerät versorgt werden. Bei Netzausfall erfolgt die Stromversorgung der Verbraucher unterbrechungsfrei über die Batterie. Diese Betriebsform ist dann notwendig, wenn unter den Verbrauchern solche sind, die eine Unterbrechung nicht vertragen (EDV-Anlagen). Als Batterien werden in der Regel Blei- oder Nickel-Cadmium-Batterien eingesetzt. Die Batterien sind aus Zellen aufgebaut, die aus einem Zellengefäß, positiven Platten, negativen Platten und dem Elektrolyt bestehen **(Bild 8.91)**. Bei den Bleibatterien kann man unterscheiden nach

– Gro E-H-Batterien = Groß-Oberflächenplatten-Energieeinbau-Hochstrombelastbarkeit-Batterien

– Bloc-Batterien = Batterien mit Stahlplatten und Gitterplatten oder ortsfesten Gitterplatten.

Die Gro E-H-Batterien haben eine größere Lebenserwartung und geringfügig bessere Eigenschaften bei Hochstromentladungen, Blockbatterien sind preiswerter. Bei Nickel-Cadmium-Batterien (NiCd-Batterien) unterscheidet man nach Mittelbelastungs- und Normalbelastungsbatterien (Entladezeit 1 Stunde und mehr). Zusätzlich gibt es auch in diesem Bereich Hochstrombelastungsbatterien mit einer Entladezeit unter einer Stunde. Die technischen Daten von Batterien sind aus **Tabelle 8.12** zu entnehmen.

Nickel-Cadmium- Batterien werden bei Umgebungstemperaturen von –40 °C bis –10 °C, Bleibatterien von –10 °C bis +55 °C eingesetzt. Somit kommen für den normalen Gebrauch in Gebäuden nur Bleibatterien infrage, die eine Lebenszeit in etwa von 12 bis 20 Jahren haben. Die Anzahl und die Art der benötigten Zellen für eine Anlage richtet sich nach der Nennspannung, der Entladezeit und dem Entladestrom. Die Kapazität der Batterie ist so zu wählen, daß innerhalb einer vorgegebenen Entladezeit ein bestimmter Strom entnommen werden kann, ohne die zulässigen Spannungsgrenzen dabei zu unterschreiten. Mit Rücksicht auf die Alterung der Batterien und etwaige Erweiterungen in Anlagen sollte die Kapazität reichlich bemessen werden.

		Blei-Batterien		Nickel-Cadmium-Batterien	
		Bloc	Gro E-H	VSM	VSX
Nennspannung	V/Zelle	2,00	2,00	1,20	1,20
Erhaltungsladespannung Dauerladespannung/ Pufferspannung	V/Zelle	2,23 ± 1%	2,23 ± 1%	1,40 ± 1%	1,40 ± 1%
Gasungsspannung	V/Zelle	2,40	2,40	1,55	1,55
Starkladespannung	V/Zelle	2,35…2,40	2,35…2,40	1,50…1,55	1,50…1,55
Entladeschlußspannung (10 h…$^1/_2$ h)	V/Zelle	1,80…1,72	1,80…1,72	1,10…0,80	1,10…1,05
Nennkapazität	Ah	K_{10}	K_{10}	K_5	K_5
Kapazität bei verschiedenen Entladezeiten in % von Nennkapazität	10 h	100 %	100 %	103 %	103 %
	5 h	90 %	90 %	100 %	100 %
	3 h	81 %	82 %	96 %	99 %
	1 h	63 %	64 %	83 %	95 %
	$^1/_2$ h	50 %	52 %	80 %	90 %
Max. zulässige Ladeströme ab Gasung	A/100 Ah	8,00	8,00	10	10
am Schluß	A/100 Ah	4,00	4,00	5	5
Ladefaktor		1,10	1,10	1,40	1,20
Energiewirkungsgrad (ca.)		0,75	0,77	0,60	0,75
Elektrolyt		verdünnte Schwefelsäure		verdünnte Kalilauge	
Dichte (ca.)	g/cm³	1,24	1,22	1,17…1,20	1,17…1,20

Nennspannung = Anzahl Zellen · Nennspannung einer Zelle (V)
Kapazität = Entnehmbare Strommenge einer Batterie (Ah) abhängig von: Entladestrom und -zeit sowie - schlußspannung, Dichte und Temperatur des Elektrolyten, Zustand der Batterie
Nennkapazität = vom Hersteller genannte Kapazität (bei festgelegter Entladedauer und Nennentladung)

Tabelle 8.12
Technische Werte von Batterien (rechts)

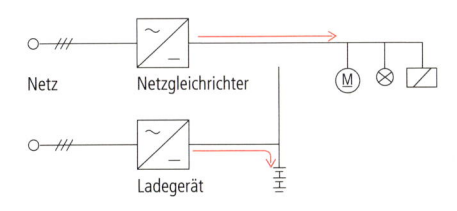

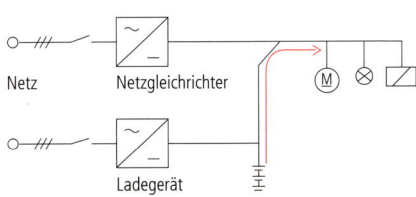

Bild 8.90
Umschaltbetrieb

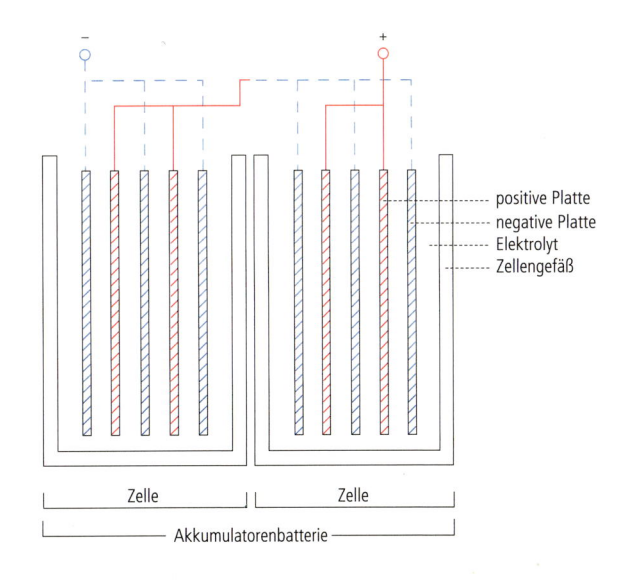

Bild 8.91
Aufbau einer Batterie

Batterieanlagen mit Nennspannungen bis 230 V werden in separaten Batterieräumen untergebracht, und es gelten die Vorschriften für elektrische Betriebsräume. Beim Errichten elektrischer Anlagen und anderer Komponenten in Batterieräumen ist darauf zu achten, daß hierfür die Forderungen nach feuchten Räumen gelten. Türen in Batterieräumen müssen nach außen aufschlagen und es muß ein eindeutiger Hinweis gegeben werden, daß das Betreten mit offener Flamme oder das Rauchen in Batterieräumen untersagt ist.

Batterien werden je nach Größe der Anlage in Schränken, auf Bodengestellen oder einzeln auf Isolatoren aufgestellt. Bei einer Ladeleistung bis 2 kW können Batterien und Ladegerät auch in einen gemeinsamen Schrank eingebaut werden. Da beim Laden, Entladen und im Ruhestand der Batterie Gase entstehen, die von Luft aufgenommen werden, muß darauf geachtet werden, daß das Gasgemisch durch natürliche oder künstliche Belüftung so verdünnt wird, daß es mit Sicherheit seine Explosionsfähigkeit verliert. Die notwendige Luftmenge zur ausreichenden Durchlüftung von Batterieräumen ergibt sich aus der Anzahl von Zellen sowie dem Strom (Ampère), der die Entwicklung des Wasserstoffs verursacht. Die notwendige Belüftungsmenge ist:

$V = 55 \cdot n \cdot I$ (Liter pro Stunde).

Hierin ist:
n = Anzahl der Zellen
I = Strom in Ampère
(verursacht die Entwicklung des Wasserstoffs)
55 = Faktor für erforderliche Luftmenge

Bei der Belüftung (natürlich oder mechanisch) ist darauf zu achten, daß die Außenluft möglichst in Bodennähe eintritt und auf der gegenüberliegenden Seite in Deckennähe austritt (Querlüftung, Luftführung unten – oben). In Batterieräumen soll nach Möglichkeit ein minimaler Unterdruck entstehen, damit säurehaltige Luft nicht nach außen oder in benachbarte Räume abströmt. Infolge der säurehaltigen Luft ist der Raum sinnvollerweise zu fliesen oder so zu behandeln, daß die Säure nicht in Wände, Decken oder Böden eindringt. Motoren für Zu- und Abluftanlagen müssen explosionsgeschützt sein (Zündgruppe G1) und das Laden der Batterie darf erst dann erfolgen, wenn die einwandfreie Durchlüftung des Raumes gewährleistet ist. **Bild 8.92** zeigt einen Batterieraum.

8.9.4 Photovoltaik

Bei der Photovoltaik erfolgt eine direkte Umwandlung von Licht in elektrischen Strom, wobei die Energieumwandlung auf dem photovoltaischen Effekt beruht, der die Wechselwirkung des Lichts mit dem Basismaterial der Solarzellen beschreibt, d.h. es kommt dabei zur Freisetzung von elektrischen Ladungsträgern, die von metallischen Kontakten der Solarzelle gesammelt werden und den elektrischen Strom (Gleichstrom) bilden. Solarzellen erreichen je nach Art des Aufbaus und des verwendeten Basismaterials, aus denen sie bestehen, Wirkungsgrade bis ca. 20 % und nutzen die Globalstrahlung, die auf ein Gebäude auftrifft. Bei Photovoltaik-Elementen unterscheidet man verschiedenartige Zellen, die unterschiedliche Wirkungsgrade aufweisen. Diese sind:

– Monokristalline Zellen aus Silizium-Einkristall, Wirkungsgrad 14 %, Gleichspannung ca. 0,48 V bei ca. 2,9 A;
– Polykristalline Zellen aus Silizium-Blöcken (Trennschleifen), Wirkungsgrad ca. 12 %, Gleichspannung ca. 0,46 V, Gleichstrom ca. 2,7 A;
– Amorphe Solarzellen – aufgedampfte Siliziumschicht auf einer Trägersubstanz (Opakes Modul), Wirkungsgrad 5 %, Gleichspannung ca. 63 V, Gleichstrom ca. 0,43 A;
– Amorphe Solarzellen – semitransparent, Wirkungsgrad ca. 4 %, Gleichspannung ca. 63 V, Gleichstrom ca. 0,37 A.

Die äußere Erscheinung der entsprechenden Solarzellen ist im **Bild 8.93** dargestellt. Die entsprechenden Solarmodule werden in der Regel zwischen zwei Glasscheiben und hochtransparenten Folien eingebettet, so daß sie gegen Einflüsse von außen gut geschützt sind **(Bild 8.94)**.

Bild 8.92
Batterieraum

8.9 Eigenstromversorgung

Monokristalline Solarzellen

Polykristalline Solarzellen

Monokristalline Solarzellen

Polykristalline Solarzellen

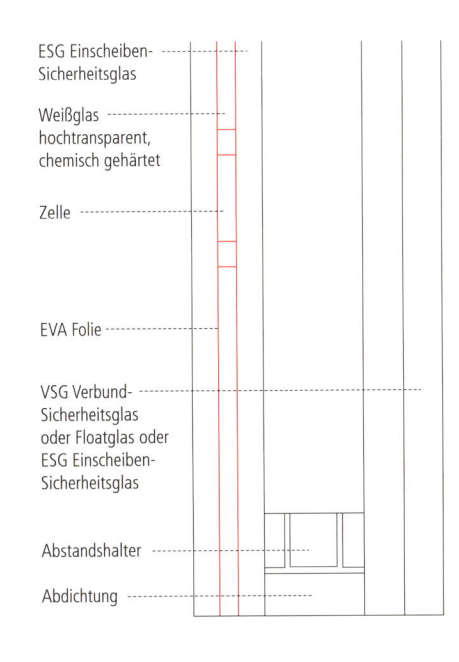

ESG Einscheiben-Sicherheitsglas

Weißglas hochtransparent, chemisch gehärtet

Zelle

EVA Folie

VSG Verbund-Sicherheitsglas oder Floatglas oder ESG Einscheiben-Sicherheitsglas

Abstandshalter

Abdichtung

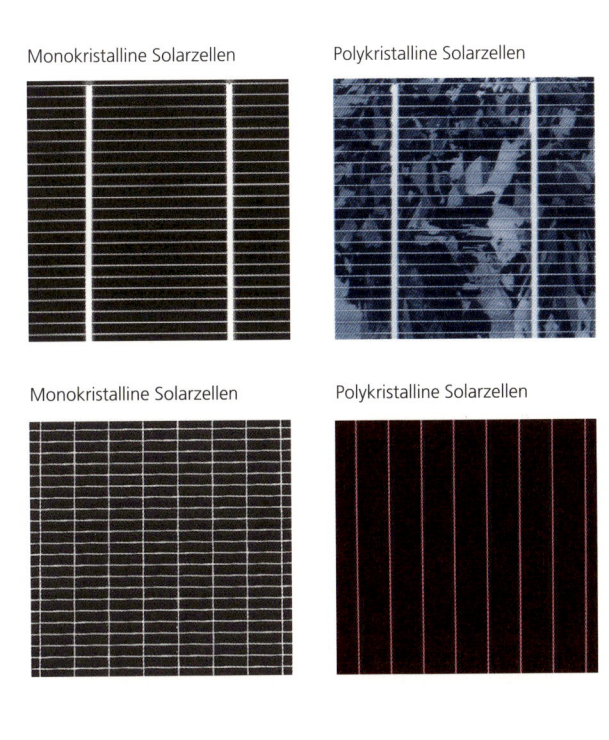

Bild 8.94
Modul Isolierglasaufbau

Bild 8.93
Photovoltaische Module
(Werkbilder Schüco)

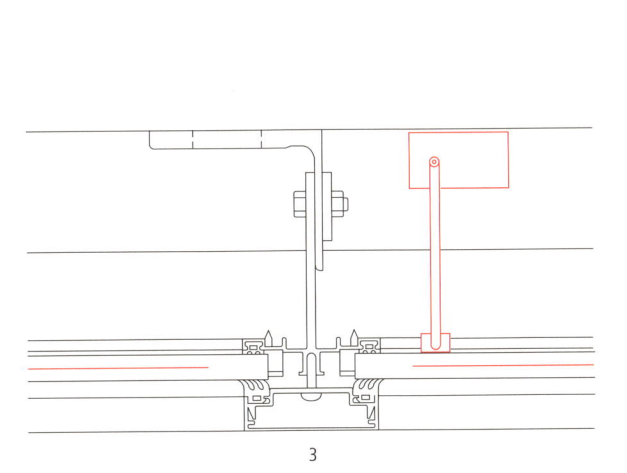

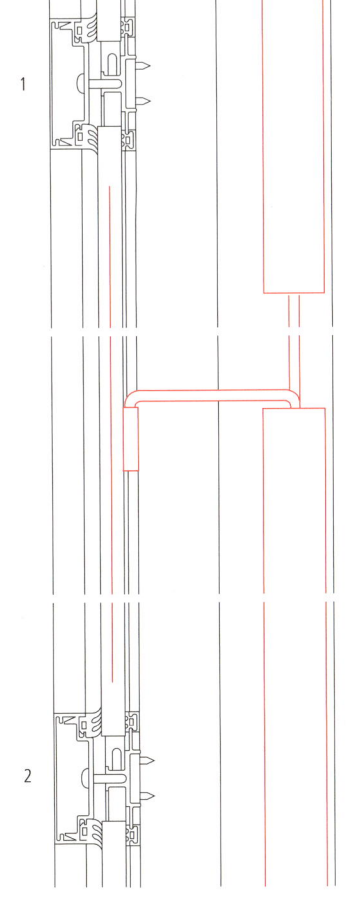

Bild 8.95.1
Fassadenschnitt, Kaltfassade System CW 80 mit „opak" amorphen Modulen
(Fa. Schüco International)

369

Kristalline Module (monokristalline und polykristalline Zellen) besitzen zwar hohe Wirkungsgrade je nach Basismaterial und bieten hohe gestalterische Möglichkeiten, sind jedoch teurer als amorphe Module, deren Wirkungsgrade bei ca. 5 % liegen. Ein besonderer Vorteil liegt hier noch darin, daß die Ausgangsspannung deutlich höher ist, wodurch sich eine einfachere Anlagenkonzeption ergibt. Der Einsatz von Photovoltaik-Elementen (Photovoltaik-Generatoren) ist nur in den Teilen eines Gebäudes sinnvoll, die einen großen Teil des Tags direkt von der Sonne beschienen werden. Der so gerichtete Anteil der Gebäudefassaden oder Dächer liefert den größten Teil der Energie, wobei auch ein Solargewinn infolge diffuser Strahlung mit sehr geringem Wirkungsgrad zu verzeichnen ist. Photovoltaik-Elemente sollten sowohl den direkten als auch den diffusen Anteil der Sonnenstrahlung weitgehend nutzen, wobei sich eine Ausrichtung der zu nutzenden Flächen zwischen Südost und Südwest als Ausrichtung empfiehlt. **Bild 8.95.1** zeigt beispielhaft einen Fassadenschnitt einer Kaltfassade mit „opak" amorphen Modulen (System CW 80, Firma Schüko International).

In **Bild 8.95.2** ist ein Elektroschema dargestellt das zeigt, in welcher Form die gewonnene elektrische Energie gesammelt und über einen Wechselrichter den elektrischen Energieverbrauchern eines Hauses zugeführt werden kann.

Da Photovoltaik-Elemente bei voller Sonneneinstrahlung (>800 W/m^2), Ausrichtung nach Süden, Neigungswinkel 40° und Umgebungstemperaturen von ca. +30 °C, eine elektrische Leistung von ca. 1,0 – 1,5 W abgeben und sich je m^2 ca. 100 kWh/a an elektrischer Energie gewinnen lassen, sind Photovoltaik-Anlagen zum heutigen Zeitpunkt noch nicht konkurrenzfähig (Amortisationszeiten zu lang). Gleichwohl erscheint es sinnvoll und notwendig, in der Zukunft in höherem Maße Photovoltaik-Anlagen einzusetzen, um den Fortschritt einerseits und den Umweltschutz andererseits zu unterstützen. Bei Investitionskosten in Höhe von 1.500,– DM/m^2 Modulfläche lassen sich z. Zt. elektrische Energiekosten in Höhe von ca. 75,– DM/m^{2}a Modulfläche einsparen, woraus eine Amortisationszeit von ca. 20 Jahren resultiert.

Bild 8.95.2
Schaltschema einer Photovoltaik-Anlage

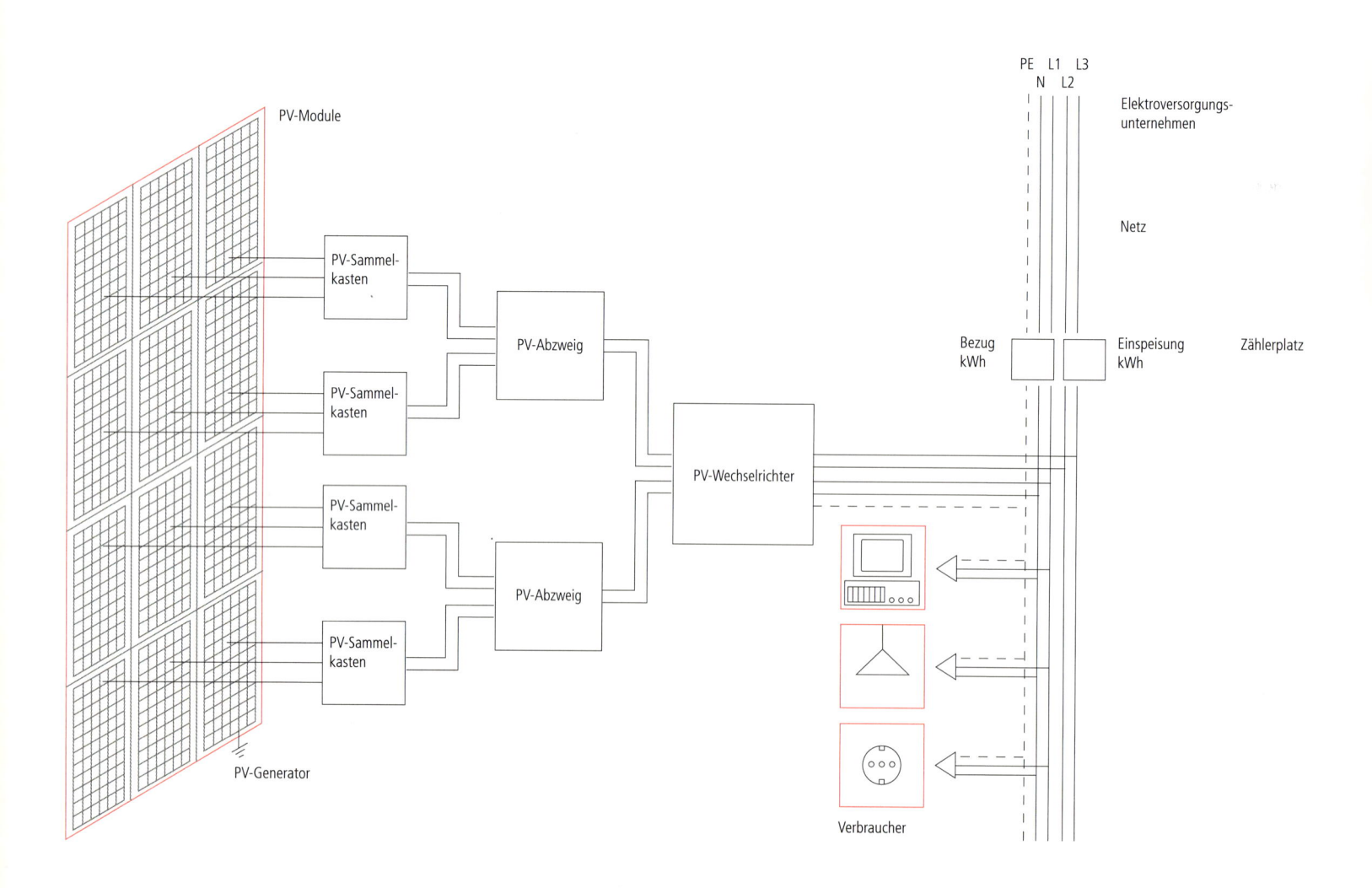

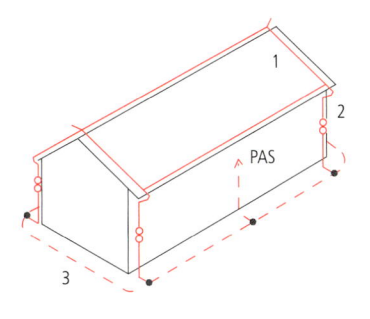

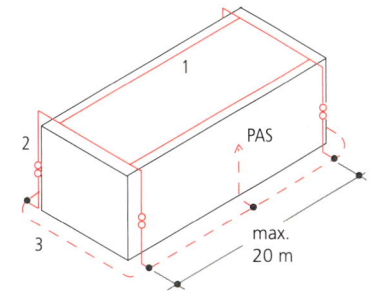

8.10 Blitzschutzanlagen

Durch Auffangen und Ableiten des Blitzstromes in die Erdungsanlage dient der äußere Blitzschutz dem Schutz von Gebäuden gegen Blitzschlag.

Der äußere Blitzschutz besteht aus:
– Fangeinrichtung
– Ableitung
– Erdungsanlage.

Das Prinzip des äußeren Blitzschutzes mit Anschluß an den Potentialausgleich zur Verbindung mit dem inneren Blitzschutz ist aus **Bild 8.96** zu entnehmen.

Die Fangeinrichtung umfaßt alle metallenen Bauteile (Fangleitungen, Fangstangen), die auf, oberhalb, seitlich oder neben der baulichen Anlage aufgebaut sind, und dient als Einschlagspunkt für den Blitz.

Im Regelfall wird unabhängig von der Gebäudehöhe auf der Dachfläche ein maschenförmiges Fangnetz (Maschenweite 10 m · 20 m) errichtet. Bei Gebäuden bis 20 m Gesamthöhe können Fangleitungen oder Fangstangen errichtet werden, denen ein Schutzraum von 45° zugeordnet wird. Dabei ergibt sich bei Fangleitungen ein Schutzraum ähnlich einem Zelt mit halbrunden Anschlüssen, bei Fangstangen ein Schutzraum wie ein Kegel.

Die Ableitung des Blitzes erfolgt durch die elektrisch leitende Verbindung zwischen der Fangeinrichtung und der Erdungsanlage. Je 20 m Umfang der Dachaußenkanten ist eine Ableitung vorzusehen.

Die Erdungsanlage dient zum Einführen des Blitzstromes in die Erde. Sie besteht im Regelfall aus einem geschlossenen Ringerder um das Gebäude (Fundamenterder) oder einem Oberflächenerder im Erdreich (in Sonderfällen Einzelerder).

Die Anzahl der Ableitungen bei verschiedenen Gebäudeformen und Umfängen der Dachaußenkanten ergibt sich aus **Tabelle 8.13**.

Der äußere Blitzschutz unterscheidet sich im wesentlichen nach der Art der Fangeinrichtungen. Hierbei unterscheidet man:
– Fangeinrichtung „Masche"
– Fangleitung mit Schutzraum
– Fangstange mit Schutzraum.

Die **Bilder 8.97.1** zeigen verschiedene Fangeinrichtungen „Masche" wobei gut erkennbar ist, daß je 20 m Umfang ein Ableiter zu setzen ist.

Bild 8.96
Prinzip des äußeren Blitzschutzes mit Anschluß an den Potentialausgleich (PAS) zur Verbindung mit dem inneren Blitzschutz

1 Fangeinrichtung
2 Ableitungen
3 Erdungsanlage

Tabelle 8.13
Anzahl Ableitungen in Abhängigkeit der Gebäudeformen

Umfang der Dachaußenkanten	Anzahl der Ableitungen		
	Symmetrisches Gebäude	Unsymmetrisches Gebäude	Satteldach bis max. 12 m Breite oder Länge
… 20 m	1	1	1
21… 49 m	2	2	2
50… 69 m	4	3	2
70… 89 m	4	4	4
90…109 m	6	5	4
110…129 m	6	6	6
130…149 m	8	7	6

Bild 8.97.1
Fangeinrichtung „Masche"

Masche/Fangleitung/Fangstange

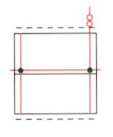

Umfang < 20 m : 1 Ableitung ausreichend

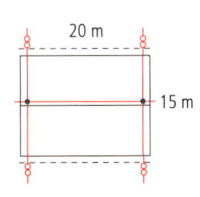

Anzahl der Ableitungen:
70 m : 20 m = 3,5
also 4 Ableitungen

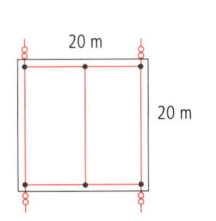

Anzahl der Ableitungen:
80 m : 20 m = 4
also 4 Ableitungen

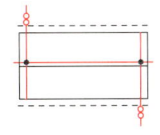

Anzahl der Ableitungen:
60 m : 20 m = 3
Breite ≥12 m : 3 - 1 = 2
also 2 Ableitungen

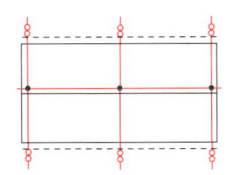

Anzahl der Ableitungen:
92 m : 20 m = 4,6
also 5 Ableitungen
Symmetrisches Gebäude: 5 + 1 = 6
also 6 Ableitungen

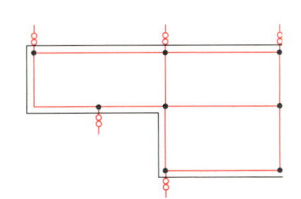

Anzahl der Ableitungen:
120 m : 20 m = 6
also 6 Ableitungen

Bild 8.97.2 zeigt Fangeinrichtungen über das Gebäude hinweg, **Bild 8.98** Fangeinrichtung mit Fangstangen, wobei diese entweder auf dem Gebäude oder auch neben dem Gebäude stehen können, jedoch die Fangstange eine maximale Höhe über Erdreich von 30 m haben darf. Darüber hinaus fällt die Wirksamkeit ab.

Bild 8.99 zeigt die Blitzschutzanlage auf dem Dach eines sehr hohen Gebäudes, wobei hier erkennbar ist, daß innere Ableitungen (1/2) zusätzlich der Ableitung des Blitzes dienen. Dabei ist darauf zu achten, daß der Abstand der inneren Ableitungen untereinander und der Abstand zu den äußeren Ableitungen 40 m nicht überschreitet. Aus dieser Vorgabe ergibt sich die erforderliche Anzahl der inneren und äußeren Ableitungen. Sind innere Ableitungen nicht möglich, ist die entsprechende Zahl der äußeren Ableitungen zu erhöhen, wobei jedoch ein Abstand von 10 m bei den äußeren Ableitungen nicht unterschritten werden muß.

Metallene Bauteile außerhalb des Gebäudes oder an der Außenhaut des Gebäudes (Schienen von Außenaufzügen, Feuerleitern) können als Ableitungen verwendet werden. Bei Stahlskelettbauten dient das Stahlskelett als Ableitung, bei Stahlbetonbauten können die Bewehrungsstähle ebenfalls als Ableitungen verwendet werden, sofern eine elektrisch gut leitende Verbindung zu Erdungsanlage besteht. Trifft dies nicht zu, so sind entweder gesonderte Leitungen in den Stahlbeton einzulegen oder außen zu verlegen. Bei Metallfassaden können als Ableitungen senkrecht durchgehende, elektrisch leitende Metallprofile (Profilteile der Unterkonstruktion) verwendet werden. Dabei ist wiederum ein leitender Übergang sicherzustellen und gegebenenfalls mit Einzelteilen der Metallfassade zu verbinden. Auch Regenfallrohre aus Metall können als Ableitungen verwendet werden, sofern die Stoßstellen gelötet bzw. mit gelöteten oder genieteten Laschen verbunden sind. Sie sind in jedem Fall jedoch mit einer Erdungsanlage zu verbinden. Metallene Installationen im Inneren des Gebäudes dürfen in keinem Fall als Ableitung verwendet werden, sind jedoch an ihrem Fußpunkt an den Potentialausgleich oder die Erdungsanlage anzuschließen.

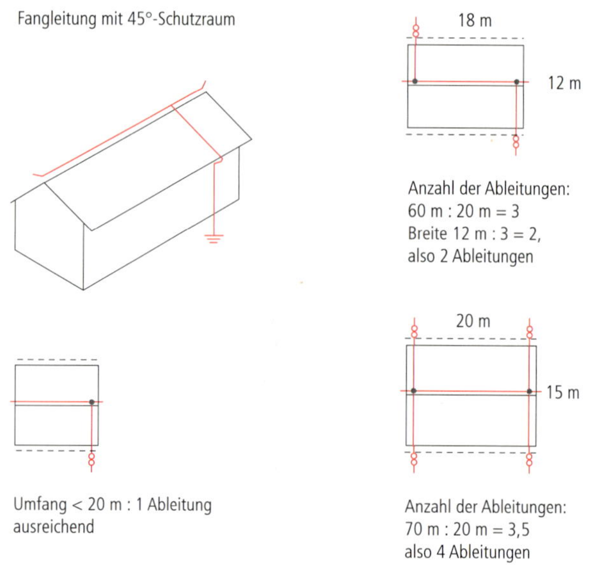

Bild 8.97.2
Fangeinrichtung mit Fangleitung

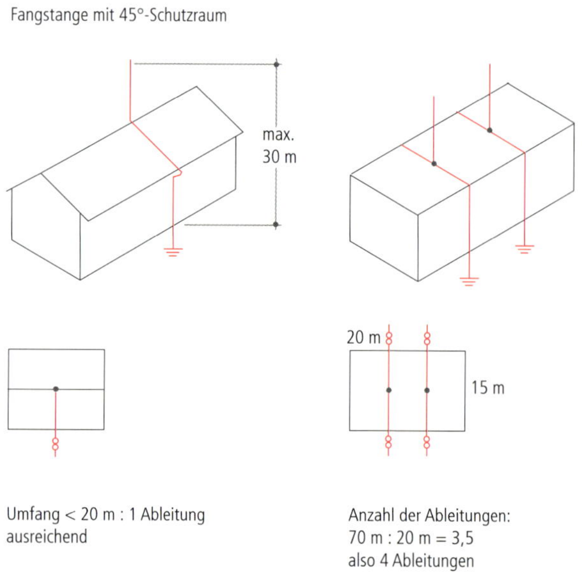

Fangleitung mit 45°-Schutzraum

Umfang < 20 m : 1 Ableitung ausreichend

Anzahl der Ableitungen:
60 m : 20 m = 3
Breite 12 m : 3 = 2,
also 2 Ableitungen

Anzahl der Ableitungen:
70 m : 20 m = 3,5
also 4 Ableitungen

Bild 8.98
Fangeinrichtung mit Fangstangen

Fangstange mit 45°-Schutzraum

Umfang < 20 m : 1 Ableitung ausreichend

Anzahl der Ableitungen:
70 m : 20 m = 3,5
also 4 Ableitungen

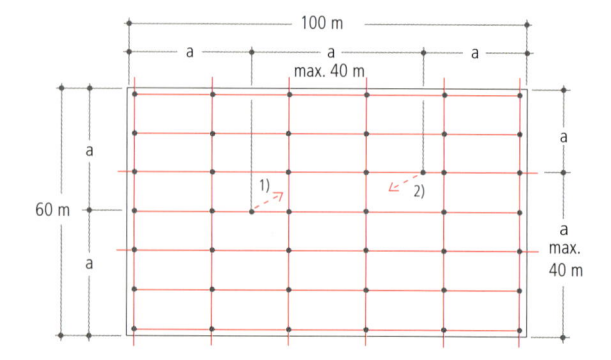

Bild 8.99
Blitzschutzeinrichtung „Masche" auf großen Flächen

1) und 2) : zusätzliche innere Ableitungen (a ≤ 40 m)

8.11 Elektrozentralen/Schächte/Verteilung

Elektrozentralen sind Räume, die die elektrischen Zentraleinrichtungen aufnehmen und in der Regel im Erdgeschoß oder 1. Untergeschoß eines Gebäudes liegen. In Ausnahmefällen können die Mittelspannungsschaltanlage und die Transformatoren von der Niederspannungshauptverteilung getrennt in einem anderen Geschoß untergebracht werden (weiteres Untergeschoß, Erdgeschoß, Zwischengeschoß oder Dachgeschoß). Elektrozentralen sind Räume, in denen grundsätzlich keine Wasserleitungen verlegt werden sollen und die möglichst staubfrei gehalten werden. Zur Abführung der Verlustwärme von Schaltanlagen, Trafos, Hauptverteilungen sind Lüftungsmöglichkeiten vorzusehen, die entweder auf natürlicher oder mechanischer Basis arbeiten. Dabei zu berücksichtigen ist, daß ausreichend große Möglichkeiten zur Einbringung von Anlagenteilen (Trafos, Netzersatzanlagen) gegeben sind, um nachträgliche Installationen oder Ersatzinstallationen zu ermöglichen. Der Platzbedarf der Elektrozentrale ohne Notstromanlage oder unterbrechungsfreie Stromversorgung liegt bei 6 m² je 1.000 m² Nutzfläche und soll möglichst nahe an den Lastschwerpunkten plaziert werden. (Lastschwerpunkt = Räume mit hohem elektrischen Energiebedarf). Genauere notwendige Flächenansätze für die Mittelspannungsschaltanlage und Transformatoren sind der **Tabelle 8.14** zu entnehmen. Die Größe der Niederspannungshauptverteilung liegt in etwa in der Größe der Trafoanlage (ca. 50 % der in **Tabelle 8.14** angegebenen Werte (siehe **Tabellen 8.15/8.16**). Die Belastbarkeit von Böden in Elektrozentralen soll mit 1.000 kN/m² in der Vordimensionierung angesetzt werden, da teilweise große Flächenlasten und Punktlasten auftreten. Der Platzbedarf für Netzersatzanlagen ergibt sich gemäß **Tabelle 8.17** in Abhängigkeit von der Aggregateleistung. Hierin sind größere Vorratsbehälter nicht berücksichtigt.

Der Flächenbedarf von USV-Anlagen kann außerordentlich unterschiedlich sein und liegt bei hochinstallierten Gebäuden mit großen Rechenzentren etwa in der Größenordnung von 100 – 200 % der in **Tabelle 8.14** angegebenen Werte.

Raumansatz für Mittelspannungsschaltanlage/Transformatoren	Grundfläche in m²	Bemerkungen
Höchstleistung bis 100 kVA Niederspannungsseitige Messung, Lasttrennschalter mit Sicherungen und Transformator in einer Zelle	8	Mindestraumhöhe für Mittelspannungsschalträume 10 kV : 3,0 m 20 kV : 3,5 m 30 kV : 5,0 m
Höchstleistung bis 100 kVA Gemeinsamer EVU- und DBP-Teil, mittel- oder niederspannungsseitige Messung, bestehend aus: 1 Kabeleinspeisezelle ggf. mit Meßsatz, 1 Trafoschaltzelle mit 1 Transformator	15	Die Raumhöhen beziehen sich auf offene Schaltanlagen. Bei Einbau von Leistungsschaltern prüfen, ob Raumhöhe ausreicht
Höchstleistung bis 100 kVA Getrennter EVU- und DBP-Teil, mittel- oder niederspannungsseitige Messung, bestehend aus: 1 Kabeleinspeisezelle ggf. mit Meßsatz, 1 Trafoschaltzelle mit 1 Transformator	15	Die Höhe der Transformatorkammern ist in Abhängigkeit von den Lüftungsquerschnitten und den Transformatorverlusten festzulegen
Höchstleistung über 100 kVA bis 500 kVA Niederspannungsseitige Messung und 1 Transformator Getrennter EVU- und DBP-Teil, bestehend aus: 1 oder 2 Kabeleinspeisezellen, 1 Trafoschaltzelle und 1 Trafozelle, bei einer Kabeleinspeisezelle bei zwei Kabeleinspeisezellen	17 25	Lage der Mittelspannungsversorgungsanlagen möglichst im Schwerpunkt der Energieverbraucher und ebenerdig
Höchstleistung über 100 kVA bis 500 kVA Mittelspannungsseitige Messung und 1 Transformator Getrennter EVU- und DBP-Teil, bestehend aus: 1 oder 2 Kabeleinspeisezellen, 1 Meßzelle, 1 Trafoschaltzelle und 1 Trafozelle, bei einer Kabeleinspeisezelle bei zwei Kabeleinspeisezellen	23 25	Die Grundflächen für die Mittelspannungsversorgungsanlagen gelten nur bei Reihenspannungen bis 20 kV
Höchstleistung über 500 kVA bis 1260 kVA Mittelspannungsseitige Messung und 2 Transformatoren Getrennter EVU- und DBP-Teil, bestehend aus: 2 Kabeleinspeisezellen, 1 Meßzelle, 1 Übergabezelle, 2 Trafoschaltzellen und 2 Trafozellen	50 (65) *)	
Höchstleistung über 1260 kVA Mittelspannungsseitige Messung und 3 Transformatoren Getrennter EVU- und DBP-Teil, bestehend aus: 2 Kabeleinspeisezellen, 1 Meßzelle, 1 Übergabezelle, 3 Trafoschaltzellen und 3 Trafozellen **)	70 (80) *)	*) (bei Reihe 30) **) Erforderlichenfalls zusätzlich eine Kabeleinspeisezelle für Direkteinspeisung

Tabelle 8.14
Technikflächen für Mittelspannungsanlagen

Raumansatz für Niederspannungsschaltanlage	Grundfläche in m²	Bemerkungen
		Lage der Niederspannungs-Versorgungsanlagen möglichst im Schwerpunkt der Verbraucher Mindestraumhöhe für Niederspannungs-Schalträume
Anlagen in Schrankbauform je Feld einschließlich Bedienungsgang	2,5	2,5 m
Freistehende Felder mit rückseitigem Zugang je Feld einschließlich vorder- und rückseitigem Bedienungsgang	3,0	2,5 m

Tabelle 8.15 Niederspannungsversorgungsanlagen

Raumansatz für Geschoßverteiler	Grundfläche in m²	Bemerkungen
Isoliergekapselte oder Stahlblech-Verteilungen für Aufputz- oder Unterputzmontage	3 – 8	Mindestraumhöhe 2,20 m Mindestraumtiefe 1,20 m Anordnung der Verteilungen möglichst im Schwerpunkt der Verbraucher

Tabelle 8.16 Platzbedarf für Steigeschächte und Geschossverteiler

Leistung kVA	Leistung m²	Raumhöhe m (über Aufbeton)	Rauminhalt m³	zu lagernde Kraftstoffmengen l	Bemerkungen
					Die Raumgrößen gelten für Aggregate mit luftgekühlten Dieselmotoren bis 150 kVA und wassergekühlten Dieselmotoren von 12 bis 4.000 kVA
63	35	3,1	115	700	In den Raumgrößen ist auch der Platzbedarf für die zu den NSA gehörenden Schalttafeln enthalten (ausgenommen die Niederspannungsverteilung)
160	50	3,4	170	2.000	Verhältnis Länge : Breite des Raumes zwischen 1,5 : 1 und 1,9 : 1
250	65	3,6	235	3.000	Ausreichende Einbringöffnungen vorsehen
400	80	4,1	330	5.000	Bei großen Leistungen ist u.U. aus lüftungstechnischen Gründen (Abstrahlungswärme der Motoren) eine Vergrößerung der Räume erforderlich
					Wassergekühlte Anlagen, die Ventilatorkühlung erhalten, benötigen für die Kühleinrichtung etwa 10 v.H. Raumvolumen zusätzlich
					Eine neue Konzeption von NSA wird z.Z. erarbeitet. Im Zuge dieser Entwicklung werden u.a. auf dem Grundrahmen aufgebaute Kühler in Frage kommen. Die angegebenen Grundflächen erhöhen sich dann etwa um 5 m². Dabei entfallen die 10 %igen Aufschläge für die Kühlerstrecke
					Die Kraftstoffbevorratung entspricht etwa einem 40-h-Betrieb

Tabelle 8.17 Raumbedarf von Eigenstromerzeugungsanlagen (Notstromanlagen – NEA – ortsfest)

Schächte zur Vertikalverteilung von Kabeln und Schienen betragen ca. 2 % der Technikflächen (Elektrozentralen) oder überschlägig ca. 1 m² je 1.000 m² Nutzfläche. Zuzüglich jedoch sind 3 – 5 m² große Verteilerräume je 5.000 m² zu versorgender Flächen vorzusehen.

Die Horizontalinstallationen wurden bereits in Kapitel 8.5 beschrieben. Hier ist unter Umständen bei Deckeninstallationen der Installationshohlraum zusammen mit Lichtsystemen anzusehen (ca. 20 – 30 cm).

Bild 8.100 und **8.101** zeigen nochmals Elektrozentralen mit allen wesentlichen Aggregaten, Raumgrößen und -anordnungen, Einbringschächten und Montagewegen sowie Fluren (Fluchtwege).

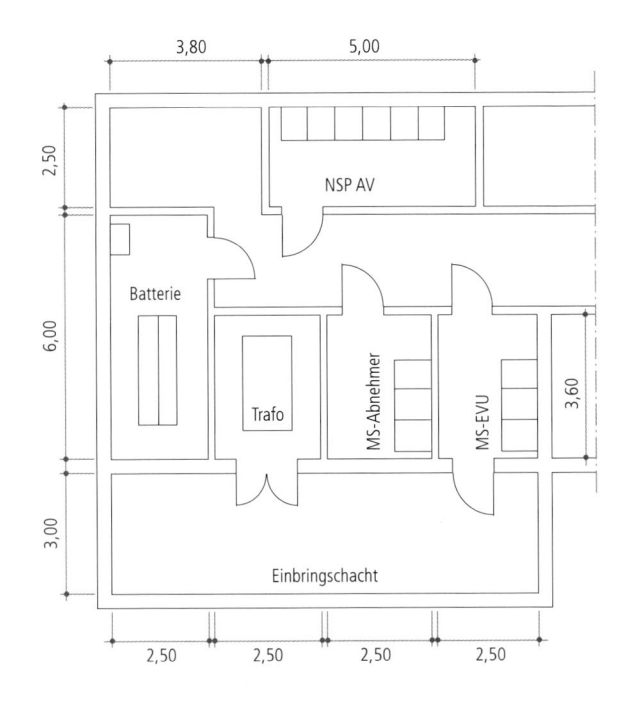

Bild 8.100
Elektrozentrale eines Gebäudes mit einer Gesamtanschlußleistung von ca. 500 kW

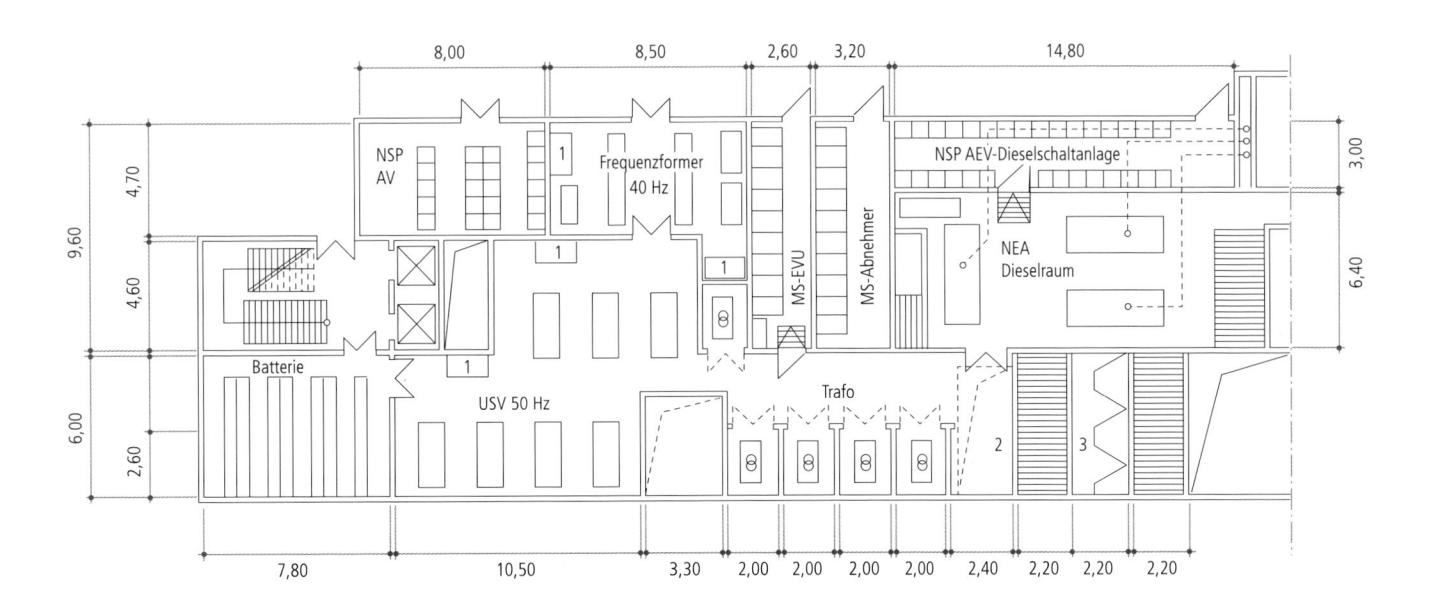

Bild 8.101
Elektrozentrale etwa 3000 kW mit Batterie/USV/NEA

1 Umluft-Kühlgerät
2 Einbringschacht
3 Kühler

1. Gebäudeperformance

2. Mensch und Behaglichkeit

3. Integrierte Planungsansätze

4. Heizungsanlagen

5. Sanitär- und Feuerlöschanlagen

6. Lüftungs- und Klimatechnik

7. Kälte- und Kühlsysteme

8. Starkstromanlagen

9. Lichttechnik

10. Tageslichttechnik

11. Schwachstromanlagen

12. Förderanlagen

9. Lichttechnik

9.1 Das menschliche Auge

Optische Reize und Bilder werden durch das menschliche Auge wahrgenommen und im Gehirn verarbeitet. Nachfolgend wird der Einfluß des Lichtes auf das Wohlbefinden des Menschen und die mögliche Herabsetzung der Leistungsfähigkeit durch Blendung beschrieben. Die Wirkungsweise des menschlichen Auges wird nachfolgend kurz beschrieben.

Bild 9.1 zeigt einen Horizontalschnitt durch das menschliche Auge. Ein Objekt wird beim Sehen von der Augenlinse auf die Netzhaut abgebildet. Diese Netzhaut ist die lichtempfindliche Schicht des Auges. Die Scharfeinstellung des Bildes auf der Netzhaut erfolgt durch die Verformung der Augenlinse.

Die Öffnung der Pupille beeinflußt die Beleuchtungsstärke, mit der das Bild auf der Netzhaut abgebildet wird. Die lichtempfindlichen Zellen der Netzhaut bestehen aus Stäbchen und Zapfen. Die Zapfen sind für das Tagsehen zuständig. Nur ein schmales Wellenlängenband des von der Sonne emittierten Spektrums führt zu einer Reizung der Netzhaut und damit zu einer Lichtempfindung (400 bis 700 nm). Die Zäpfchen haben eine relative spektrale Empfindlichkeit, die in **Bild 9.2** „V(λ)-Kurve" dargestellt ist. Sie ermöglichen das Farbsehen und sind in der Nähe der zentralen Blickrichtung konzentriert. Daraus ergibt sich eine hohe Sehschärfe.

Die Stäbchen sind wesentlich empfindlicher als die Zapfen, da sie für das Nachtsehen vorgesehen sind. Sie ermöglichen kein Farbsehen und schaffen nur eine relativ geringe Sehschärfe.

Die Möglichkeit des Auges, seine Empfindlichkeit in weiten Grenzen zu verändern, nennt man Adaption. Obwohl der Vorgang der Anpassung an bestimmte Leuchtdichteniveaus sehr schnell geht, kann das Auge nicht Leuchtdichten im gesamten möglichen Leuchtdichtebereich nebeneinander bewerten, sondern je nach Adaptionszustand nur innerhalb einer Größenordnung von 1:200. Nicht Beleuchtungsstärken sondern Leuchtdichten stimulieren das Auge. Eine stabile Wahrnehmung stellt sich dann ein, wenn Umfeld- und Infeldleuchtdichten im richtigen Verhältnis zueinander stehen. Gleichermaßen ist die Unterschiedsempfindlichkeit des Auges in Abhängigkeit der Leuchtdichte und nicht der Beleuchtungsstärke zu sehen.

Neben der unterschiedlichen Empfindlichkeit ist die Sehschärfe eine wichtige Fähigkeit des Auges, um dicht nebeneinanderliegende Konturen getrennt wahrnehmen zu können. Die Sehschärfe steigt mit größerem Kontrast zwischen Objekt und Umgebung. Ein auf ein Bild gebündeltes Licht in einem dunklen Raum gibt einen sehr hohen Kontrast und steigert damit die Sehschärfe. Wenn der Kontrast zu hoch ist, wird er als Blendung empfunden. Die Leistungsfähigkeit des Auges wird infolge physiologischer und psychologischer Blendung herabgesetzt. Je höher jedoch das Beleuchtungsniveau in einem Raum, desto kleiner wird der notwendige Kontrast, um eine bestimmte Sehschärfe zu erreichen.

Bild 9.1
Horizontalschnitt durch das menschliche Auge

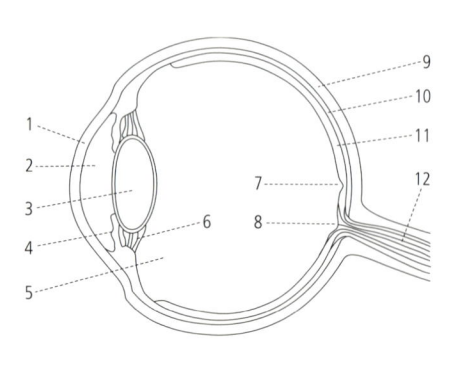

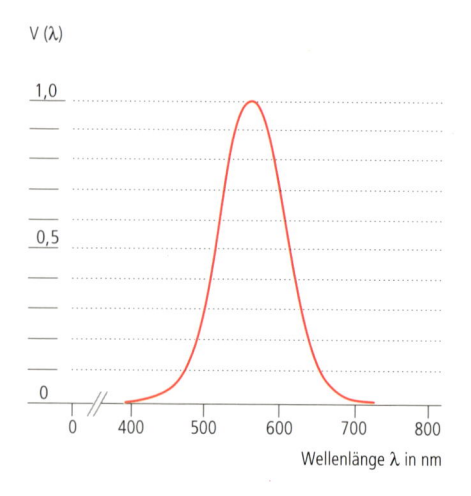

1 Hornhaut
2 Pupille
3 Augenlinse
4 Regenbogenhaut
5 Glaskörper
6 Ziliarkörper
7 Netzhautgrube
8 blinder Fleck
9 Lederhaut
10 Aderhaut
11 Netzhaut
12 Sehnerv

Bild 9.2
V (λ) - Kurve

9.2 Lichttechnische Gütekriterien

9.2.1 Allgemeines

In allen Hochkulturen hat das Licht mit seinem Symbolgehalt und seiner Qualität eine große Rolle gespielt. Baumeister der früheren Jahrhunderte haben sich beim Entwurf und bei der Erstellung von Gebäuden an der Sonne als Lichtquelle orientiert, sie waren in diesem Zusammenhang auch Lichtplaner. Erst mit dem vielfältigen Angebot von Leuchtmitteln und Leuchten und der schnellen technischen Entwicklung derselben ist zum Teil der Umgang mit Tageslicht den Architekten erschwert worden oder gar abhanden gekommen.

Licht ist ein kreatives Mittel, vielleicht das wirkungsvollste von allen, weil wir unsere Umgebung mit unseren Augen sehen und weil die Art, wie wir sehen und wahrnehmen, davon abhängt, wie Dinge beleuchtet sind.

Es gibt Licht, um Arbeit zu erleichtern, um Farbe, Brillianz und Struktur zu verdeutlichen, um Räume zu vergrößern, um Intimität zu unterstützen, um Aufmerksamkeit zu lenken, um zu besänftigen oder anzuregen, zum Anschauen oder um sich daran zu erfreuen.

Licht als wichtigster Informationsträger unterstützt unsere Sinneseindrücke, die über das Auge wahrgenommen werden, wobei 80 % aller Informationen über unser Auge gelangen. Der Mensch erlebt sein Umfeld durch das Wechselspiel von Licht, Material und Raum.

Das Licht ist somit ein relevanter Umweltfaktor, der das Sehen und das Wohlbefinden des Menschen maßgebend beeinflußt. Das Zusammenwirken von verschiedensten Merkmalen wie

– Beleuchtungsstärke
– Leuchtdichteverteilung
– Helligkeitsverteilung
– visuelle Umgebung
– Zusammenspiel von Kunst- und Tageslicht
– Lichtfarbe und Farbwiedergabe
– Schattigkeit und Lichtrichtung
– zeitliche Gleichmäßigkeit
– Blendungsbegrenzung

für eine bestimmte Sehaufgabe gibt Hinweise über die Güte einer Beleuchtungsanlage. Richtig eingesetzte Beleuchtungstechnik schafft ein harmonisches Umfeld für die auszuübende Tätigkeit, wobei sowohl die notwendigen Voraussetzungen für das Sehen und Erkennen geschaffen als auch Akzente für Zonen der Erholung und Entspannung gesetzt werden.

Lichtplanung ist also Planung der visuellen Umwelt des Menschen. Ihr Ziel ist die Schaffung von Wahrnehmungsbedingungen, die ein effektives Arbeiten, eine sichere Orientierung, das Wohlbefinden in einer Umgebung sowie deren ästhetische Wirkung ermöglichen. Mit unterschiedlichen Beleuchtungssystemen und Lampen verschiedener Lichtfarben lassen sich unterschiedliche Raummilieus erzeugen, die all das darstellen, was zuvor gesagt wurde.

Bild 9.3 zeigt für einen Raum verschiedene Raummilieus durch Beleuchtungsvarianten und Lichtfarben.

Wesentlich bei der Planung der Beleuchtung von Räumen ist, sich anfänglich mit dem Raummilieu oder verschiedenartigen Milieus auseinanderzusetzen, die geschaffen werden sollen, um allen Ansprüchen eines beleuchteten Raumes gerecht zu werden. Lampen, Leuchten usw. sind lediglich Hilfsmittel, um ein gestalterisches und Raummilieu zu erreichen. Meßwerte besagen über die Qualität des Lichtes relativ wenig, sondern beschreiben lediglich technische Zusammenhänge, die der Bewertung dienen.

Bild 9.3
Verschiedene Raummilieus durch Beleuchtungsvarianten

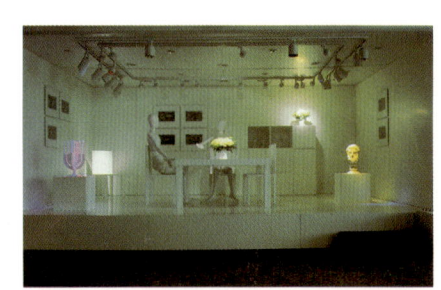

9.2.2 Begriffe – Formelzeichen – Dimensionen

Sachwortregister
Ein umfassendes Verzeichnis von Begriffen und Definitionen der Lichttechnik findet sich in der CIE-Publikation Nr. 17 (International Lighting Vocabulary), mit der die hier verwendeten Begriffe weitgehend übereinstimmen.

Abschirmung
Teil einer Leuchte, der die Lampen gegen Einblick aus einem bestimmten Winkelbereich abschirmt.

Absorption
Umwandlung von Strahlungsenergie in eine andere Energieform bei Wechselwirkung mit Materie.

Absorptionsgrad
Verhältnis des absorbierten Strahlungsflusses oder Lichtstroms zum eingestrahlten Strahlungsfluß beziehungsweise Lichtstrom.

Adaption
1. Vorgang der Anpassung des Sehorgans an Leuchtdichten und Farben im Sehraum.
2. Endzustand dieses Prozesses.

Ähnlichste Farbtemperatur
Die Farbtemperatur, deren Ort auf der Planckschen Kurve dem Farbort einer Lichtart in einer gleichförmigen Farbtafel am nächsten liegt.
Einheit: Kelvin (K).

Akkommodation
Die Fähigkeit des Auges, sich auf ein Objekt in beliebiger Entfernung vom Auge einzustellen, um dieses Objekt zu betrachten.

Allgemeinbeleuchtung
Gleichmäßige Beleuchtung eines Raumes ohne Berücksichtigung der besonderen Erfordernisse einzelner Raumzonen.

Aufhängehöhe
Höhe der Leuchten über der Bezugsebene.

Beleuchtung durch gerichtetes Licht:
Beleuchtungsart, bei der die Beleuchtung auf der Nutzebene oder auf einem Objekt aus einer Vorzugsrichtung erfolgt.

Beleuchtungsstärke (E) an einem Punkt einer Fläche
Quotient aus dem Lichtstrom, den ein den betrachtenden Punkt enthaltenes Flächenelement empfängt, und der Fläche dieses Elements.
Einheit: Lux (Lx).

Beleuchtungswirkungsgrad
Verhältnis des Nutzlichtstromes zu dem Lichtstrom, der von den Lampen ausgestrahlt wird.

Betriebswirkungsgrad einer Leuchte
Das Verhältnis des aus der Leuchte austretenden Lichtstromes, der unter bestimmten praktischen Bedingungen zu messen ist, zur Summe der Lichtströme der einzelnen Lampen, wenn diese unter festgelegten Bedingungen außerhalb der Leuchte betrieben werden.

Bezugsfläche
Fläche, auf die man empfohlene Beleuchtungsstärkewerte bezieht oder auf der sie gemessen werden.

Blendung
Sehzustand, der durch zu hohe Leuchtdichten oder zu große räumliche oder zeitliche Leuchtdichtekontraste als unangenehm empfunden wird oder eine Herabsetzung der Sehfunktion zur Folge hat.

Brechung
Änderung der Fortpflanzungsrichtung einer Strahlung infolge der örtlichen Unterschiede der Fortpflanzungsgeschwindigkeit in einem optisch inhomogenen Medium oder beim Durchgang durch die Grenzfläche zweier optisch verschiedener Medien.

Cos-Gesetz
Dieses Gesetz besagt, daß die Beleuchtungsstärke in einem Punkt einer Fläche proportional dem Cosinus des Einfallwinkels (des Winkels zwischen der Richtung des einfallenden Lichtes und der Flächennormalen) ist.

$$E = \frac{I}{d^2} \cos \alpha$$

Diffuse Beleuchtung
Beleuchtungsart, bei der die Beleuchtung auf der Nutzebene oder auf einem Objekt nicht aus einer bevorzugten Richtung erfolgt.

Direkte Beleuchtung
Beleuchtungsart mit Leuchten, die 90 bis 100 % ihres Lichtstromes direkt auf die unendlich ausgedehnt gedachte Nutzebene werfen.

Direkter Lichtstrom einer Anlage
Der Lichtstrom, der die Bezugsebene direkt ohne Umweg von den Leuchten der Anlage aus erreicht.

Entladungslampe
Lampe, in der das Licht entweder direkt oder vermittels Leuchtstoffen durch eine elektrische Entladung in Gasen, Metalldämpfen oder einer Mischung beider erzeugt wird.

Explosionsgeschützte Leuchte
Leuchte in geschlossener Bauart, die den jeweils bestehenden Vorschriften für die Verwendung in explosionsgefährdeten Räumen genügt.

Farbreiz
Die ins Auge eindringende, eine Farbempfindung auslösende, physikalisch definierte Strahlung.

Farbtafel
Ebenes Schaubild, das die Ergebnisse der Mischung von Farbreizen zeigt und in dem jede Farbart durch einen einzigen Punkt eindeutig festgelegt ist.

Farbtemperatur
Temperatur des schwarzen Strahlers, bei der er eine Strahlung emittiert, die die gleiche Farbart wie die betrachtete Strahlung besitzt.
Einheit: Kelvin, (K).

Farbton
Die Eigenschaft einer Sichtempfindung, die Bezeichnungen der Farbe wie Blau, Grün, Gelb, Rot und Purpur entstehen läßt.

Farbwiedergabe
Die Auswirkung einer Lichtart auf den Farbeindruck von Objekten, die mit ihr beleuchtet werden, im bewußten oder unbewußten Vergleich zum Farbeindruck der gleichen Objekte unter einer Bezugslichtart, d.h. ganz allgemein: die Beziehung zwischen Wiedergabefarbe und Originalfarbe.

Farbwiedergabeindex (R_a) einer Lichtquelle
Ein Maß für die Übereinstimmung des Farbeindrucks von Objekten bei Beleuchtung durch eine Lichtquelle mit dem Farbeindruck der gleichen Objekte bei Beleuchtung durch eine Bezugslichtart, jeweils für bestimmte Beobachtungsbedingungen.

Fluoreszenz
Photolumineszenz mit verschwindend kleiner Abklingzeit.

Frequenz (f, ν)
Die Frequenz gibt an, wievielmal sich ein periodischer Vorgang in der Zeiteinheit wiederholt.
Einheit: Hertz (Hz): $1\,Hz = 1\,s^{-1}$.

Gasentladung
Durchgang von elektrischem Strom durch Gase und Dämpfe infolge der Erzeugung und des Transportes geladener Teilchen unter dem Einfluß einer angelegten Spannung. Die damit verbundene Abgabe elektromagnetischer Strahlung wird in fast allen Anwendungsgebieten der Beleuchtungstechnik ausgenutzt.

Gasentladungslampe
Entladungslampe, bei der die Entladung in einem Gas stattfindet (z.B. Xenon-, Neon-, Helium-, Stickstoff-, Kohlendioxid-Lampe).

Anmerkung:
Der Ausdruck „Neonröhre" wird häufig in falscher Verallgemeinerung auch auf sonstige röhrenförmige Entladungslampen angewendet.

Gemischte Reflexion
Gleichzeitig vorhandene gerichtete und gestreute Reflexion.

Gesichtsfeld
Gesamtheit der Richtungen im Raum, in denen ein Gegenstand wahrgenommen werden kann, wenn das Auge (die Augen) geradeaus blickt (blicken). Das Gesichtsfeld kann monokular oder binokular sein.

Gestreute Reflexion
Reflexion in verschiedenen Richtungen, soweit die Gesetze der optischen Spiegelung makroskopisch nicht in Erscheinung treten.

Gestreute Transmission
Transmission einer Strahlung in verschiedenen Richtungen, soweit die Gesetze der optischen Brechung, makroskopisch gesehen, nicht in Erscheinung treten.

Gleichförmige Beleuchtung
Beleuchtungsart mit Leuchten, die 40 bis 60 % ihres Lichtstroms direkt auf die unendlich ausgedehnt gedachte Nutzebene werfen.

Gleichförmige Farbtafel; UCS-Farbtafel
Eine Farbtafel, in der die Abstände der Farborte zweier Farbarten dem wahrgenommenen Farbartenunterschied annähernd proportional sind und zwar unabhängig vom Farbgebiet.

Gleichmäßigkeit der Beleuchtung
Verhältnis der Beleuchtungsstärken einer gegebenen Fläche, ausgedrückt als
– das Verhältnis der niedrigsten zur höchsten Beleuchtungsstärke
– das Verhältnis der niedrigsten zur mittleren Beleuchtungsstärke.

Anmerkung:
In einigen Ländern wird der Kehrwert dieser Verhältnisse verwendet, der dann größer als 1 ist.

Glimmentladung
Entladung, bei der die Sekundäremission der Kathode (infolge Ionenbeschuß) gegenüber der thermischen Emission überwiegt.

Glühlampe
Lampe, bei der das Licht von einem durch elektrischen Strom erhitzten Glühkörper ausgestrahlt wird.

Halbwertsstreuwinkel (Zehntelstreuwinkel) eines Scheinwerfers
Winkel, innerhalb dessen die Lichtstärke auf die Hälfte (1/10) ihres Maximalwertes abfällt.

Halogen-Glühlampe
Gasgefüllte Glühlampe, die einen bestimmten Anteil an Halogenen enthält.

Halogen-Metalldampflampe
Entladungslampe, in der das Licht aus der Strahlung einer Mischung eines Metalldampfes (z. B. Quecksilber) mit Dissoziationsprodukten von Halogeniden (z. B. Thallium, Indium und Natrium) stammt.

Helligkeit
Die Eigenschaft einer Lichtempfindung, aufgrund derer ein Teil des Gesichtsfelds mehr oder weniger Licht auszusenden scheint.

Anmerkung
Helligkeit ist nach der Definition auch eine Eigenschaft der Farbe.

In Großbritannien wird empfohlen, den entsprechenden Begriff „brightness" dafür vorzubehalten, die Helligkeit einer Körperfarbe zu beschreiben; in allen anderen Fällen ist der Begriff „luminosity" zu verwenden.

Indirekte Beleuchtung
Beleuchtungsart mit Leuchten, die nur 0 bis 10 % ihres Lichtstroms direkt auf die unendlich ausgedehnt gedachte Nutzebene werfen.

Indirekter Lichtstrom einer Anlage
Der Lichtstrom, der die Bezugsebene nach Reflexion an anderen Flächen erreicht.

Infrarote Strahlung (IR)
Strahlung, bei der die Wellenlängen größer als die der sichtbaren Strahlung und kleiner als etwa 1 mm sind.

Iso-candela-Kurve
(Linie gleicher Lichtstärke)
Kurve auf einer Kugel mit der Lichtquelle als Mittelpunkt, die alle Punkte verbindet, die den Richtungen gleicher Lichtstärke entsprechen, oder die Projektion dieser Kurve auf eine Ebene.

Iso-Leuchtdichte-Kurve
(Linie gleicher Leuchtdichte)
Geometrischer Ort der Punkte einer Fläche, in denen die Leuchtdichte für eine bestimmte Beobachtungsrichtung und vorgegebene Lage der Leuchte zu dieser Fläche den gleichen Wert hat.

Iso-Lux-Kurve
Geometrischer Ort der Punkte einer Fläche, in denen die Beleuchtungsstärke gleiche Werte aufweist.

Kontrast
Subjektive gegenseitige Beeinflussung zweier unmittelbar aneinander grenzender oder zeitlich aufeinander folgender Gesichtseindrücke (Simultankontrast, Sukzessivkontrast).

Lamellenraster
Ein Raster, dessen wesentliche Abschirmelemente die Form gerader Streifen aus undurchsichtigem oder durchscheinendem Material haben.

Lampe
Technische Ausführungsform von künstlichen Lichtquellen.

Leuchtdichte (L)
in einer Richtung, an einem Punkt einer leuchtenden oder beleuchteten Fläche:

Quotient aus der Lichtstärke eines den betreffenden Punkt umschließendes Flächenelement und der aus der betreffenden Richtung gesehenen Oberfläche des Flächenelements.

Einheit: Candela je Quadratmeter (cd/m^2).

Leuchtdichtefaktor (b)
an einem Punkt auf der Oberfläche eines nicht selbstleuchtenden Körpers, in einer Richtung, unter gegebenen Beleuchtungsbedingungen:

Verhältnis der Leuchtdichte des Körpers zur Leuchtdichte eines vollkommen mattweißen Körpers bei Reflexion oder bei Transmission, der in gleicher Weise beleuchtet wird.

Leuchtdichtekontrast C_L
Relativer Leuchtdichteunterschied zwischen zwei Teilen eines Sehfeldes. Wenn sich die beiden Teile in der Flächengröße erheblich unterscheiden, wird der Kontrast definiert durch:

$$C_L = \frac{L_2 - L_1}{L_1}$$

wobei bedeuten:
L_1 = Leuchtdichte des kleineren Teils
L_2 = Leuchtdichte des größeren Teils.

Wenn die Flächengröße der beiden Teile von gleicher Größenordnung ist, definiert man

$$C_L = \frac{L_2 - L_1}{L_2 + L_1} \text{ oder } \frac{L_2}{L_1}$$

wobei bedeuten:
L_1 = Leuchtdichte des einen Teils
L_2 = Leuchtdichte des anderen Teils.

Leuchtdichte-Verteilungskurve
Kurve, die die Leuchtdichte einer Leuchte in einer vertikalen Ebene als Funktion des Winkels zur Vertikalen darstellt.

Leuchte
Gerät, das zur Verteilung, Filterung oder Umformung des Lichtes von Lampen dient, einschließlich der zur Befestigung, zum Schutz und der Energieversorgung der Lampen notwendigen Bestandteile.

Leuchte mit erhöhter Sicherheit
Geschlossene Leuchte, die den entsprechenden Vorschriften für die Verwendung z. B. unter Explosionsgefahr entspricht.

Leuchtenwirkungsgrad
Verhältnis des aus der Leuchte austretenden Lichtstroms, der unter bestimmten praktischen Bedingungen zu messen ist, zur Summe der von den einzelnen Lampen in der Leuchte erzeugten Lichtströme.

Leuchtstofflampe
Niederdruck-Entladungslampe, in der die ultraviolette Strahlung durch einen auf der Innenseite des Lampenkolbens aufgetragenen Leuchtstoff in Licht umgewandelt wird.

Licht
Strahlung, die unmittelbar eine Gesichtsempfindung hervorzurufen vermag, das heißt sichtbare Strahlung.

Lichtausbeute (einer Lichtquelle)
Quotient aus dem abgegebenen Lichtstrom und der aufgewendeten Leistung.
Einheit: Lumen je Watt (lm/W).

Lichtreiz
Die ins Auge eindringende, eine Lichtempfindung auslösende, physikalisch definierte Strahlung.

Lichtstärke (I)
Lichtquelle in einer Richtung:
Quotient aus dem von einer Lichtquelle in einem Raumwinkelelement in die betrachtete Richtung abgestrahlten Lichtstrom und diesem Raumwinkelelement.
Einheit: Candela (cd).

Anmerkung:
Die Lichtstärke von Leuchten wird in der Regel entweder in einem Lichtstärkediagramm oder in einem Isocandeladiagramm angegeben.

Lichtstärkediagramm (Lichtstärketabelle)
Die in einem Polardiagramm oder in einer Tabelle wiedergegebene Lichtstärke in Candela je 1.000 Lumen Lichtstrom der Lampe.

Das Diagramm für nichtsymmetrische Lichtverteilungen sollte die Lichtverteilung einer Leuchte in mindestens zwei Ebenen enthalten:
In einer vertikalen Ebene durch die Längsachse der Leuchte und in einer Ebene im rechen Winkel zu dieser Achse.

Anmerkung
Das Lichtstärkediagramm (die Lichtstärketabelle) kann einen ungefähren Eindruck von der Lichtverteilung der Leuchte vermitteln, zur punktweisen Berechnung der Beleuchtungsstärke unter der Leuchte und zur Berechnung der Leuchtdichteverteilung der Leuchte dienen.

Lichtstärkeverteilungskurve einer Lampe oder Leuchte
Die Kurve, meist in Polarkoordinaten dargestellt, die die Lichtstärken in einer durch die Lichtquelle gelegten Ebene als Funktion der Richtung darstellt.

Lichtstrom Φ
Die von einer selbstleuchtenden Fläche ausgestrahlte oder auf eine beleuchtete Fläche auffallende Lichtleistung. Sie entspricht der gemäß der relativen spektralen Empfindlichkeitskurve des Auges des Normalbeobachters bewerteten Strahlungsleistung.
Einheit: Lumen (lm).

Metalldampflampe
Entladungslampe wie z. B. die „Halogen- Metalldampflampe", die „Quecksilberdampflampe" und die „Natriumdampflampe", in der hauptsächlich Metalldämpfe Träger der Lichterzeugung sind.

Metall-Halogendampflampe: siehe Halogen-Metalldampflampe

Mischlichtlampe
Lampe, in deren Kolben die zur Lichtaussendung bestimmten Teile einer Hochdruck-Quecksilberdampflampe und einer Glühlampe vereinigt sind.

Der Kolben kann streuend oder mit einem Leuchtstoff versehen sein.

Monochromatische Strahlung
Elektromagnetische Strahlung von nur einer Frequenz oder Wellenlänge.
In erweitertem Sinne auch Strahlung eines sehr kleinen Frequenz- beziehungsweise Wellenlängenbereiches, der durch Angabe einer einzelnen Frequenz oder Wellenlänge gekennzeichnet werden kann.

Natriumdampflampe
Entladungslampe, in der hauptsächlich Natriumdampf Träger der Lichterzeugung ist.

Notbeleuchtung
Beleuchtung, die die behelfsmäßige Fortsetzung der Arbeit im Falle des Versagens der normalen Beleuchtung ermöglicht.

Nutzebene
Bezugsfläche, die aus einer Ebene besteht, auf der sich normalerweise eine Arbeit vollzieht.

Anmerkung:
Bei der Innenbeleuchtung wird diese Ebene, wenn nichts anderes angegeben ist, horizontal 0,85 m über dem Boden liegend und durch die Raumwände begrenzt angenommen.

Die Zonierung auf eine bestimmte Bezugsfläche innerhalb des Raumes ist zulässig.

Nutzlichtstrom
Lichtstrom, der auf der Bezugsfläche auftrifft.

Anmerkung:
Wenn nichts anderes angegeben wird, ist die Bezugsfläche die Nutzebene.

Oberer (unterer) halbräumlicher (hemisphärischer) Lichtstrom einer Lichtquelle
Der oberhalb (unterhalb) einer durch die Lichtquelle gehenden horizontalen Ebene ausgesandte Lichtstrom.

Pendelleuchte
Leuchte mit Leitungsschnur, Kette oder Rohr usw., bestimmt zur Aufhängung an der Decke oder einem Wandarm.

Physiologische Blendung
Art der Blendung, die eine Herabsetzung der Sehfunktion zur Folge hat, ohne daß damit ein unangenehmes Gefühl verbunden sein muß.

Platzbeleuchtung
Örtliche, zur Allgmeinbeleuchtung zusätzliche Beleuchtung, um einen Arbeitsplatz ausreichend und zweckmäßig zu beleuchten.

Psychologische Blendung
Art der Blendung, bei der ein unangenehmes Gefühl hervorgerufen wird, ohne daß damit eine merkbare Herabsetzung des Sehvermögens verbunden sein muß.

Quadratisches Entfernungsgesetz
Dieses Gesetz besagt, daß die Beleuchtungsstärke, die durch senkrecht auf eine Ebene fallendes Licht einer punktförmigen Lichtquelle erzeugt wird, umgekehrt proportional dem Quadrat der Entfernung zwischen Lichtquelle und Ebene ist:

$$E = \frac{I}{d^2}$$

Quecksilberdampflampe
Entladungslampe, in der hauptsächlich Quecksilberdampf Träger der Lichterzeugung ist.

Raster
Lichttechnisches Bauelement aus durchscheinendem oder lichtundurchlässigem Material in Form eines Gitters oder einer Aufeinanderfolge von Lamellenblenden, das durch seine geometrische Anordnung die direkte Einsicht in die Lampe von bestimmten Winkeln ab verhindert.

Raumindex
Aus der Raumgeometrie abgeleitete Kennzahl, die zur Berechnung des Beleuchtungs- und Raumwirkungsgrades dient.

Anmerkung 1:
Wenn nichts anderes angegeben wird, ist der Raumindex gegeben durch die Beziehung

$$\frac{l \cdot b}{h(l + b)}$$

worin l die Raumlänge, b seine Breite und h die Höhe der Leuchten über der Nutzebene ist.

Anmerkung 2:
In der britischen Praxis wird der „ceiling cavity index" nach der gleichen Formel berechnet, wobei h der Abstand von der Decke zu den Leuchten ist.

Raumwinkel (Ω)
Der Kegel, dessen Spitze sich in der Mitte einer Kugel befindet und der von einer Kalotte ihrer Oberfläche abgeschlossen wird, deren Flächeninhalt numerisch im Vielfachen des Quadrats des Radius angegeben wird. Einheit: Steradiant (sr).

Raumwirkungsgrad
Verhältnis des Nutzlichtstromes zu dem Lichtstrom, der die Leuchten verläßt (siehe auch Beleuchtungswirkungsgrad).

Reflektorlampe
Lampe, deren Kolben teilweise mit einer gestreut oder spiegelnd reflektierenden, das Licht lenkenden Schicht versehen ist.

Reflektion
Zurückwerfen einer Strahlung von einer Fläche.

Reflexionsgrad:
Verhältnis des zurückgeworfenen Strahlungsflusses bzw. Lichtstromes zu dem eingestrahlten Strahlungsfluß oder Lichtstrom.

Regengeschützte Leuchte
Leuchte, die durch ihre Konstruktion gegen das Eindringen von Regen geschützt und die zur Anwendung im Freien bestimmt ist.

Sättigung
Die Eigenschaft einer Gesichtsempfindung, die durch den Anteil einer Farbempfindung an der Gesichtsempfindung bedingt ist.

Schwarzer Körper, schwarzer Strahler
Temperaturstrahler, der die gesamte auffallende Strahlung unabhängig von ihrer Wellenlänge, Richtung und Polarisation absorbiert.

Die spektrale Dichte der Ausstrahlung hat für alle Wellenlängen den für einen Temperaturstrahler maximal möglichen Wert.

Sicherheitsbeleuchtung
Beleuchtung, die es bei Ausfall der normalen Beleuchtung ermöglicht, die Ausgänge noch ausreichend zu beleuchten und somit sicher zu erreichen.

Spektrale Lichtverteilung
Kennzeichnung der spektralen Beschaffenheit einer Strahlung durch die relative spektrale Verteilung einer beliebigen photometrischen Größe (Lichtstrom, Lichtstärke usw.).

Spektraler Hellempfindlichkeitsgrad V (λ) einer monochromatischen Strahlung bei der Wellenlänge λ:

Verhältnis des Strahlungsflusses bei der Wellenlänge (λ_m) zum Strahlungsfluß bei der Wellenlänge λ, so daß beide Strahlungen unter bestimmten photometrischen Bedingungen den gleichen Helligkeitseindruck hervorrufen.

Dabei ist λ_m so zu wählen, daß das Maximum dieses Verhältnisses gleich 1 wird.

Spiegelnde Reflexion
Reflexion ohne Streuung gemäß den Gesetzen der optischen Spiegelung.

Spiegelreflektor
Reflektor in einer Leuchte, der den Lichtstrom der Lampen durch spiegelnde Reflexion in die gewünschten Richtungen lenkt.

Starter
Vorrichtung für die Zündung einer Entladungslampe (insbesondere einer Leuchtstofflampe), die für die erforderliche Vorheizung der Elektroden sorgt und/oder in Kombination mit dem Vorschaltgerät einen Spannungsstoß erzeugt.

Staubdichte Leuchte
Leuchte, in die bei Betrieb in staubiger Atmosphäre kein Staub definierter Art und Korngröße eindringen kann.

Staubgeschützte Leuchte
Leuchte, in die bei Betrieb in staubiger Atmosphäre Staub definierter Art und Größe nicht in genügender Menge eindringen kann, um ihren sicheren Betrieb zu stören.

Strahlung
– Aussendung oder Übertragung von Energie in Form elektromagnetischer Wellen oder Korpuskeln.
– Diese elektromagnetischen Wellen oder Korpuskeln selbst.

Strahlungsausbeute (η_e) einer Strahlungsquelle
Verhältnis des abgegebenen Strahlungsflusses zur aufgewendeten Leistung.

Strahlungsfluß (Φ_e, Φ)
Leistung, die in Form einer Strahlung ausgesandt, übertragen oder aufgefangen wird.
Einheit: Watt (W).

Strahlungsfunktion (spektrale Energieverteilung)
Kennzeichnung der spektralen Beschaffenheit einer Strahlung durch die relative spektrale Verteilung einer beliebigen Strahlungsgröße (Strahlungsfluß, Strahlstärke, usw.).

Strahlungsmenge (Q_e, Q)
Ausgesandte, übertragene oder aufgefangene Strahlungsenergie.
Einheit: Joule (J).

Strahlwassergeschützte Leuchte
Leuchte, die gegen die Einwirkung eines aus beliebiger Richtung auftreffenden Wasserstrahls geschützt ist.

Streuung
Ablenkung eines Strahlenbündels in viele Richtungen an einer Fläche oder durch ein Medium ohne Änderung der Frequenz innerhalb der monochromatischen Strahlungsanteile.

Temperaturstrahlung
Strahlung, die durch die thermische Bewegung der Materiepartikel (Atome, Moleküle, Ionen) verursacht wird.

Transmission
Durchgang von Strahlung durch ein Medium ohne Änderung der Frequenz.

Transmissionsgrad
Verhältnis des durchgelassenen Strahlungsflusses oder Lichtstroms zu dem eingestrahlten Strahlungsfluß bzw. Lichtstrom.

Tropfwassergeschützte Leuchte
Leuchte, die in ihrer normalen Gebrauchslage gegen das Eindringen von Wassertropfen geschützt ist, die praktisch in vertikaler Richtung fallen.

Ultraviolette Strahlung (UV)
Strahlung, bei der die Wellenlängen der monochromatischen Komponenten kleiner als die der sichtbaren Strahlung und größer als 100 nm sind.

Verminderungsfaktor
Verhältnis der mittleren Beleuchtungsstärke auf der Nutzebene nach einer gewissen Benutzungsdauer einer Beleuchtungsanlage zu der Beleuchtungsstärke, die unter denselben Bedingungen bei einer neuen Anlage erreicht wird.

Vorschaltgerät
Eine bei Entladungslampen erforderliche Vorrichtung zum Stabilisieren des Entladungsstroms.

Anmerkung 1:
Man unterscheidet Ohmsche, induktive und kapazitive Vorschaltgeräte sowie Kombinationen davon und elektronische Vorschaltgeräte.

Anmerkung 2:
Das Vorschaltgerät kann außerdem allein oder in Verbindung mit einer Startvorrichtung das Zünden der Lampe bewirken. Die Startvorrichtung kann im Vorschaltgerät eingebaut sein.

Vorwiegend direkte Beleuchtung
Beleuchtungsart mit Leuchten, die 60 bis 90 % ihres Lichtstroms direkt auf die unendlich ausgedehnt gedachte Nutzebene werfen.

Wasserdichte Leuchte
Leuchte, die gegen das Eindringen von Wasser geschützt ist, wenn sie bis zu einer bestimmten Tiefe in Wasser eintaucht, die aber nicht zum ständigen Gebrauch unter Wasser bestimmt ist.

Anmerkung:
Der Ausdruck, „druckwasserdichte Leuchte" bezeichnet eine Leuchte, die für den dauernden Betrieb unter Wasser unter festgelegtem Druck (entsprechend einer festgelegten Wassertiefe) bestimmt ist.

Wellenlänge (λ)
Längenabstand zwischen aufeinanderfolgenden (gleichzeitig vorhandenen) Punkten gleicher Phase, in Richtung der Wellenausbreitung gemessen.
Einheit: Meter (m).

Zündgerät
Gerät, das die Zündung einer Entladungslampe bewirkt.

Die **Tabellen 9.1** geben zusätzlich Formelzeichen, Beziehungen und Einheiten für photometrische und strahlungsphysikalische Größen an.

Tabelle 9.1
Formel, Zeichen, Beziehungen und Einheiten für fotometrische und strahlungsphysikalische Größen

Größe	Formelzeichen	Beziehung	Einheit	Kurzzeichen
Lichtmenge	Q	$Q = \int \Phi \, dt$	Lumen-Stunde Lumen-Sekunde	lm h lm s
Lichtstrom	Φ	$\Phi = dQ/dt$	Lumen	lm
Beleuchtungsstärke	E	$E = d\Phi/dA$	Lux	lx
Lichtstärke	I	$I = d\Phi/d\Omega$	Candela	cd
Leuchtdichte	L	$L = dI/dA \cos \alpha$	Candela pro m²	cd/m²
Photometrisches Strahlungsäquivalent	K	$K = \Phi/\Phi_e$	Lumen pro Watt	lm/W
Strahlungsenergie, Strahlungsmenge	Q		Joule, Wattsekunde Kilowattstunde	J/s, Ws kWh
Strahlungsfluß, Strahlungsleistung	Φ	$\Phi = dQ/dt$	Watt, Joule pro Sekunde	W J/s
Bestrahlungsstärke	E	$E = d\Phi/dA$	Watt pro m²	W/m²
Strahlstärke	I	$I = d\Phi/d\Omega$	Watt pro Steradiant	W/sr
Strahldichte	L	$L = dI/dA \cos \alpha$	Watt pro Steradiant und m²	W/sr m²
Absorptionsgrad		$a = d\Phi_a/d\Phi_o$		
Reflektionsgrad		$P = d\Phi_r/d\Phi_o$		
Transmissionsgrad		$t = d\Phi_t/d\Phi_o$		

A = Bezugsfläche
Ω = Raumwinkel, in den der Lichtstrom einer punktförmigen Lichtquelle abgestrahlt wird
α = Winkel zwischen Blickrichtung und Normale zur betrachtenden Oberfläche

Ω = Raumwinkel, in den der Strahlungsfluß einer Punktquelle abgestrahlt wird
α = Winkel zwischen Blickrichtung und Normale zur betrachtenden Fläche

9.2.3 Wahrnehmungsablauf

Entspannungsmöglichkeiten und damit Steigerung der Leistungsbereitschaft und des Konzentrationsvermögens sind dann gegeben, wenn der Wahrnehmungsvorgang im menschlichen Gehirn ungestört ablaufen kann. Falsche Leuchtdichteverteilungen im Raum, Blendung, unrichtige Farbwiedergabe und nicht angepaßte Raumgestaltung schränken den Wahrnehmungsablauf ein. Bei ungestörtem Wahrnehmungsablauf werden die Grundempfindungen des Auges, wie Sehleistung, Wahrnehmungsgeschwindigkeit und Unterschiedsempfindlichkeit optimiert. Diese Optimierung kann bei Arbeitsplätzen dadurch erreicht werden, daß die Leuchtdichteverhältnisse am Arbeitsplatz (Infeldleuchtdichte) und die Leuchtdichteverhältnisse in der Umgebung (Umfeldleuchtdichte) aufeinander abgestimmt werden.

In Verkehrsräumen ist es sinnvoll, die Erkennbarkeit eines menschlichen Gesichts und von Informationstafeln als ausreichendes Kriterium für die Beleuchtung zu wählen.

Bei Arbeitsplätzen mit höherer Sehaufgabe, zum Beispiel bei Büroarbeitsplätzen, sollte die Unterschiedsempfindlichkeit (RSC) als Kriterium für einen stabilen Wahrnehmungsbereich herangezogen werden.

Bild 9.4 zeigt die Unterschiedsempfindlichkeit (RSC) in Abhängigkeit der Infeldleuchtdichte. Aus der Darstellung läßt sich erkennen, daß Schwankungen der Unterschiedsempfindlichkeit im Bereich niedriger Infeldleuchtdichten erheblich höher sind als im Bereich höherer Infeldleuchtdichten. Aus diesem Grund sollte die Infeldleuchtdichte am Arbeitsplatz so gewählt werden, daß möglichst viele Anforderungen befriedigt werden und die Wahrnehmung unter Berücksichtigung der Tätigkeit in einem stabilen Bereich der Unterschiedsempfindlichkeit liegt (siehe Beispiel).

Wie aus **Bild 9.4** erkennbar, ist die Schwankung der Unterschiedsempfindlichkeit im angegebenen Bereich nicht mehr sehr stark (lediglich 7 %). Die Reduzierung der Beleuchtungsstärke (Normen) für den allgemeinen Bürobereich auf 300 Lux bei einem Büroraum mit tageslichtorientiertem Arbeitsplatz, die vorwiegend aus Gründen der Energieeinsparung eingeführt wurde, läßt sich durchaus mit der Funktion und Wirkungsweise des menschlichen Auges rechtfertigen.

Bild 9.5 zeigt die Bereiche stabiler und labiler Wahrnehmung in Abhängigkeit von Umfeld- (L_u in cd/m²) und Infeldleuchtdichten (L_i in cd/m²). Es ist ersichtlich, daß Umfeldleuchtdichten zwischen 1/10 und 2/3 der Werte der Infeldleuchtdichten liegen sollten – nicht über den Werten der Leuchtdichten des Infeldes. Dies ist jedoch bei Leuchten selbst, die Bestandteil der Umgebung (Umfeld) sind und auch beim Fenster, nur schwer zu erreichen.

Fenster ohne Blendschutz können Leuchtdichten von mehreren 1.000 cd/m² annehmen. Bei Arbeitsplätzen in Einzelräumen werden höhere Leuchtdichten im Fensterbereich weniger störend empfunden als in großräumigen Bereichen. Beim Fenster sprechen zudem andere Kriterien dagegen, die Umfeldleuchtdichte auf Bereiche der Infeldleuchtdichte zu senken (zum Beispiel Reduzierung des Lichtdurchganges, Ausblick, Einblick usw.).

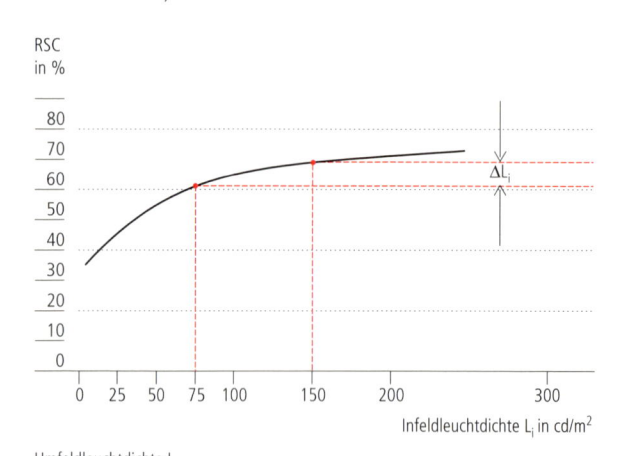

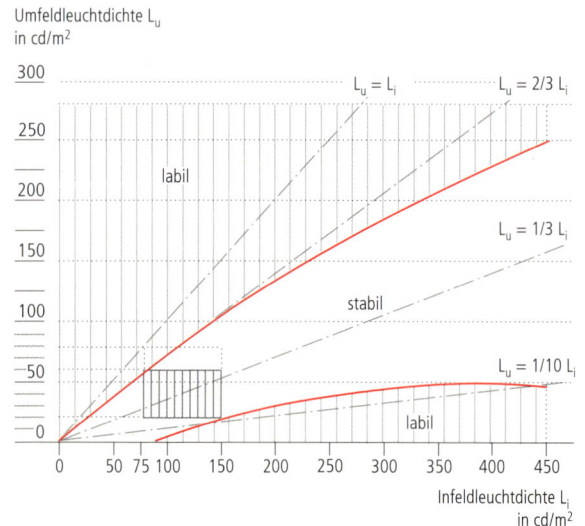

Bild 9.4
Unterschiedsempfindlichkeit (RSC in %) in Abhängigkeit der Infeldleuchtdichte (L_i in cd/m²)

ΔL_i ca. 75 cd/m² / ΔRSC ca. 7%

Bild 9.5
Stabiler/labiler Wahrnehmungsbereich für Umfelddichten L_u in Abhängigkeit der Infeldleuchtdichte L_i

9.2.4 Beleuchtungsstärke – Leuchtdichte

Die Beleuchtungsstärke E ist der Quotient des auf eine Fläche auftreffenden Lichtstromes und der beleuchteten Fläche. Die Beleuchtungsstärke (Lux, lx) ist, wie **Bild 9.6** verdeutlicht, mit dem Auge nicht wahrnehmbar und deshalb nur eine theoretische Größe. Erkennbar wird das Licht erst dann, wenn es auf Material auffällt und reflektiert wird. Das vom Auge bewertete Licht ist die Leuchtdichte L in cd/m². Sie ist bei diffus reflektierenden Materialien vom Reflektionsgrad des Materials (ρ) abhängig.

Das Auge wird durch Leuchtdichten stimuliert und nicht durch Beleuchtungsstärken.
Leuchtdichte und Beleuchtungsstärken hängen zusammen über die Beziehung:

$$L = E \cdot \frac{\rho}{\pi}$$

L = Leuchtdichte (cd/m²)
E = Beleuchtungsstärke (Lux)
ρ = diffuser Reflektionsgrad des Materials (rho)
π = Konstante 3,14.

In der Praxis werden weitere Begriffe zusätzlich verwendet:
Mittlere Beleuchtungsstärke E ist der arithmetische Wert der Beleuchtungsstärken in einem Raum oder einer Raumzone.

Die **Nennbeleuchtungsstärke E_n** ist der Nennwert der mittleren Beleuchtungsstärke im Raum oder einer bestimmten Tätigkeit dienenden Raumzone, für den eine Beleuchtungsanlage auszulegen ist.

Zylindrische Beleuchtungsstärke E_z ist der an einem Punkt vorhandene arithmetische Mittelwert der vertikalen Beleuchtungsstärken E_V.

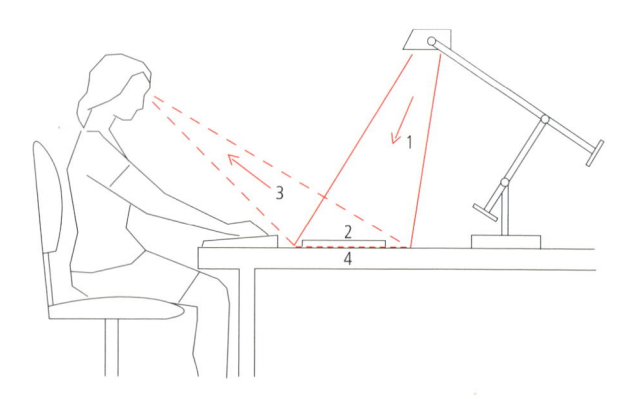

Bild 9.6
Zusammenhang zwischen Lichtstrom, Beleuchtungsstärke und Leuchtdichte
(Das Auge sieht Leuchtdichten, nicht Beleuchtungsstärken)

1 Lichtstrom (Lumen)
2 Beleuchtungsstärke (Lux)
3 Leuchtdichte (Candela)
4 Reflexionsgrad

9.2.5 Blendung
9.2.5.1 Direkt- und Reflexblendung

Unter Blendung werden Störungen durch zu hohe Leuchtdichten bzw. zu hohe Leuchtdichteunterschiede im Gesichtsfeld verstanden. Dabei ist es wichtig zu wissen, daß das menschliche Auge in weiten Bereichen wahrnimmt **(Bild 9.7)** und diese Wahrnehmung mit dem Begriff des Gesichtsfeldes beschrieben wird. Eine besonders bemerkenswerte Leistung des Auges ist seine Fähigkeit, sich auf unterschiedliche Beleuchtungsverhältnisse einzustellen. So nehmen wir unsere Umwelt sowohl im Mondlicht als auch im Sonnenlicht wahr, obwohl sich die Beleuchtungsstärke hierbei um den Faktor 105 unterscheidet. Die Leistungsfähigkeit des Auges erstreckt sich sogar über einen noch grösseren Bereich - ein schwach leuchtender Stern am Nachthimmel wird noch wahrgenommen, obwohl das Auge nur eine Beleuchtungsstärke von 10 – 12 Lux erreicht. Diese Anpassungsfähigkeit wird nur zu einem sehr kleinen Teil durch die Pupille bewirkt, die den Lichteinfall etwa im Verhältnis 1:16 regelt. Der größte Teil der Adaptionsleistung wird von der Netzhaut erbracht.

Obwohl das Sehen über einen sehr großen Bereich von Leuchtdichten möglich ist, existieren für die Kontrastwahrnehmung in jeder einzelnen Beleuchtungssituation deutlich engere Grenzen. Der Grund hierfür liegt in der Tatsache, daß das Auge nicht den gesamten Bereich sichtbarer Leuchtdichten gleichzeitig abdecken kann, sondern auf einen bestimmten, engen Teilbereich adaptiert, in dem dann eine differenzierte Wahrnehmung möglich ist. Objekte, die für einen bestimmten Adaptionszustand eine zu hohe Leuchtdichte besitzen, blenden und wirken somit undifferenziert hell. Objekte mit zu geringer Leuchtdichte wirken dagegen undifferenziert dunkel. Das Auge kann sich zwar auf neue Leuchtdichteverhältnisse einstellen, es wählt dabei aber lediglich einen neuen, ebenso begrenzten Teilbereich aus. Der Prozeß der Adaption braucht Zeit, wobei die Neuadaption auf hellere Situationen relativ rasch erfolgt, während die Dunkeladaption langsamer abläuft.

Hinsichtlich der Direkt- und Reflexblendung unterscheidet man:
– physiologische Blendung, die zur Herabsetzung des Sehvermögens, der Unterschiedsempfindlichkeit und Formerkennbarkeit führt und
– psychologische Blendung, die allein unter dem Gesichtspunkt der Störempfindungen bewertet wird.

Physiologische Blendungen führen bei längerem Aufenthalt im Raum zu vorzeitiger Ermüdung, wodurch das Konzentrationsvermögen und die Leistungsbereitschaft eingeschränkt werden. Direktblendung wird im wesentlichen durch Leuchten und deren Leuchtmittel, einfallendes Sonnenlicht oder den Himmel hervorgerufen. Störende Lichtreflexe am Arbeitsplatz oder durch Arbeitsmaterialien werden als Reflexblendungen bezeichnet und führen zu verschlechterten Sehbedingungen und zu Kontrastminderungen. Zur Begrenzung der Blendung können folgende Maßnahmen dienen:

– Abdeckung des Leuchtmittels nach unten
– Mischung von direkten oder indirekten Anteilen in den Lichtsystemen
– indirekte Strahlung über metallische Deckenteile oder Reflektoren.

Reflexblendungserscheinungen, wie sie in den **Bildern 9.8/9.9** dargestellt sind, können im wesentlichen dadurch vermieden werden, daß die Anordnung von Leuchten und der Arbeitsplatz abgestimmt werden und matte, entspiegelte Oberflächen am Arbeitsplatz zum Einsatz kommen (z. B. Tastaturen, Schreibtischoberflächen, Papiermaterialien usw.).

Bild 9.7
Gesichtsfeld der menschlichen Augen (beidäugiges Sehen)

— einäugig
--- beidäugig
α Sichtwinkel

Bild 9.8
Direktblendung/Reflexblendung beeinträchtigt Sehleistung und Behaglichkeit

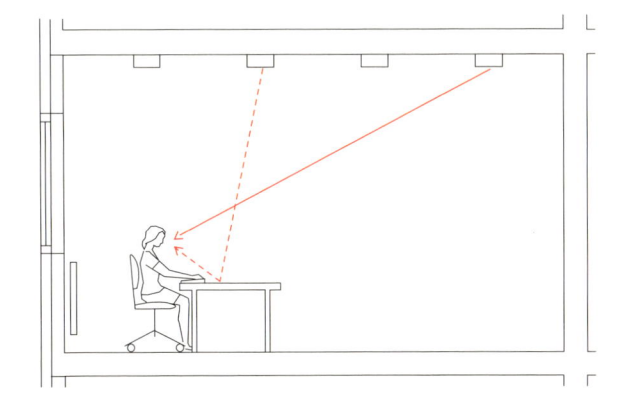

Bild 9.9
Lichtreflexe beeinträchtigen Kontrastsehen

9.2.5.2 Blendung durch Tageslicht

Wie bereits erwähnt, sollten in Innenräumen Leuchtdichten von über 400 bis 500 cd/m² großflächig nicht auftreten. In der Außenwelt (etwa am Fenster) entstehen aber oft sehr viel höhere Leuchtdichten als für den Innenraum zulässig. Aus diesem Grunde sind leuchtdichtereduzierende Maßnahmen zur Blendungsbegrenzung am Fenster oft unerläßlich, wenn nicht durch äußere Verbauung die Leuchtdichte auf natürliche Weise reduziert wird.

Die Leuchtdichte eines bedeckten Himmels kann Werte von mehreren tausend cd/m² (bis ca. 6.000 cd/m²) betragen. Auch im Gesichtsfeld befindliche helle Wände von anderen Gebäuden, die von der Sonne beschienen werden, können mit ihren sehr hohen Leuchtdichten (bis ca. 70.000 cd/m²) Beeinträchtigungen im Wahrnehmungsablauf herbeiführen. Deshalb ist die Abstimmung der Leuchtdichtebegrenzung des Fensters bei der Planung von Räumen in Abhängigkeit der umgebenden Verbauung bei der qualitativen Beurteilung von Arbeitsplätzen in Innenräumen wichtig.

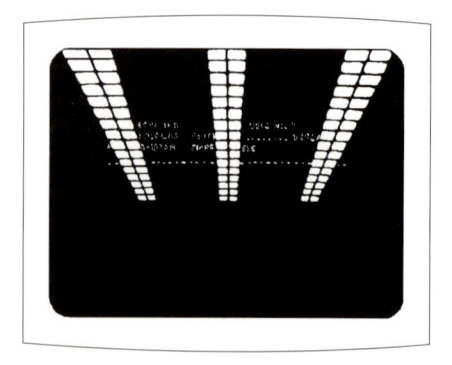

Bild 9.10
Überlagerung von weißen Rasterleuchten im Bildschirm

Bild 9.11
Vermeidung von Überlagerung heller Fenster im Bildschirm

falsch

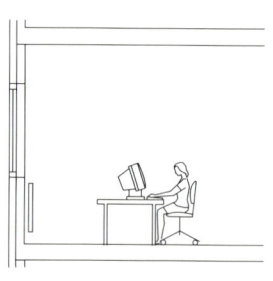

falsch

richtig

9.2.5.3 Blendung bei Datensichtgeräten

Bei Datensichtgeräten treten häufig Blendungen durch Überlagerungen von leuchtenden Flächen im Umgebungsbereich des Bildschirmes, wie bei Leuchten und Fenstern auf.

Die Bildschirme wurden in den letzten Jahren in bezug auf die Kontraste der Oberfläche so verbessert, daß Leuchtdichten von 300 bis 400 cd/m² im Umgebungsbereich, die sich im Bildschirm spiegeln, nicht zu allzu großen Störungen führen. Darüber hinausgehende Leuchtdichten im Umgebungsbereich des Bildschirmes können zu Überlagerungen führen und damit die Ablesbarkeit des Bildschirmes herabsetzen (**Bild 9.10**). Bei Bildschirmen mit dunklem Hintergrund und heller Schrift tritt dieser Effekt sehr viel stärker auf als bei Bildschirmen mit hellem Hintergrund und dunkler Schrift.

Bei modernen Datensichtgeräten tritt eine Reflexblendung durch Tastaturen und glänzende Flächen an Bildschirmen nur noch wenig auf, da sich die Hersteller dieser Geräte der Problematik angenommen haben und im wesentlichen nur noch matte Tastaturen produzieren. Es ist in Zukunft jedoch damit zu rechnen, daß Bildschirme in liegender Position auf den Markt kommen, was die Thematik nicht vereinfacht.

Nicht nur Leuchten und hohe Leuchtdichten im Fensterbereich können die Ablesbarkeit des Bildschirmes durch Überlagerungen erschweren, sondern auch zu helle Wände oder zu helle Kleidung, die von Leuchten oder durch das Tageslicht angestrahlt werden.

Die falsche Aufstellung eines Bildschirmarbeitsplatzes (**Bild 9.11**) führt ebenso zu Konzentrationsschwierigkeiten und vorzeitiger Ermüdung wie die falsche Wahl der Beleuchtungsstärke. Mit steigender Beleuchtungsstärke steigt zwar die Sehleistung am Beleg, es sinkt aber die Sehleistung am Bildschirm (**Bild 9.12**).

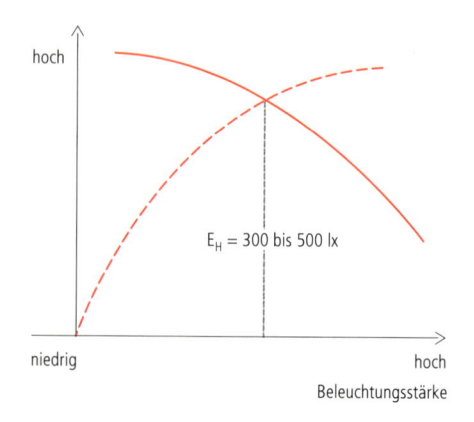

Bild 9.12
Bei höherer Beleuchtungsstärke sinkende Sehleistung

— Bildschirm
--- Beleg

E_H = 300 bis 500 lx

9.2.6 Lichtfarbe – Farbtemperatur

Die Lichtfarbe definiert die Farbart des Lichtes. Die für die allgemeinen Beleuchtungszwecke verwendeten Lichtfarben werden in drei Gruppen eingeteilt:

Warmweiße Lichtfarbe (ww)
Farbtemperatur unter 3300 K
Diese Lichtfarbe wird erzeugt von Glühlampen, Halogenglühlampen sowie Leuchtstofflampen und Entladungslampen mit sehr hohem Rot-Anteil.

Neutralweiße Lichtfarben (nw)
Farbtemperatur 3300 bis 5000 K
Diese Farbtemperatur, vorwiegend 4000 K, wird erzeugt von Leuchtstofflampen zur Tageslicht-Ergänzungsbeleuchtung und Gasentladungslampen (im Innenraum im wesentlichen Metall-Halogendampflampen).

Tageslichtweiße Lichtfarben (tw)
Farbtemperatur über 5000 K
Diese Lichtfarben werden im wesentlichen erzeugt durch spezielle Leuchtstofflampen und Gasentladungslampen.

Beim Tageslicht wird in der Morgenröte und in der Abenddämmerung eine niedrige Farbtemperatur und bei hohen Beleuchtungsstärken am Tage eine sehr hohe Farbtemperatur als behaglich empfunden. Der Zusammenhang zwischen Farbtemperatur und Lichtspektrum ist in **Bild 9.13** dargestellt.

Auch beim Kunstlicht ist dieser Zusammenhang erkennbar. Bei niedrigen Beleuchtungsstärken werden Glühlampen und Halogenglühlampen mit einer Farbtemperatur von unter 3000 K als behaglich empfunden. Bei höheren Beleuchtungsstärken in Büroräumen oder in Ausstellungsräumen werden weißere Lichtfarben mit einem höheren Blauanteil mit einer Farbtemperatur um 4000 K bevorzugt. Bei sehr hohen künstlichen Beleuchtungsstärken sind Leuchtstofflampen und Entladungslampen mit tageslichtweißen Lichtfarben angebracht. In **Bild 9.14** ist der Behaglichkeitsbereich in Abhängigkeit der Beleuchtungsstärke und Farbtemperatur nach Kruithoff aufgezeichnet.

Bild 9.13
Die spektrale Zusammensetzung der Strahlung eines genormten Strahlers (schwarzer Strahler). Wie man sieht, überwiegt bei einer Farbtemperatur von 1000 K die langwellige Strahlung, also der Gelb-Rot-Anteil.

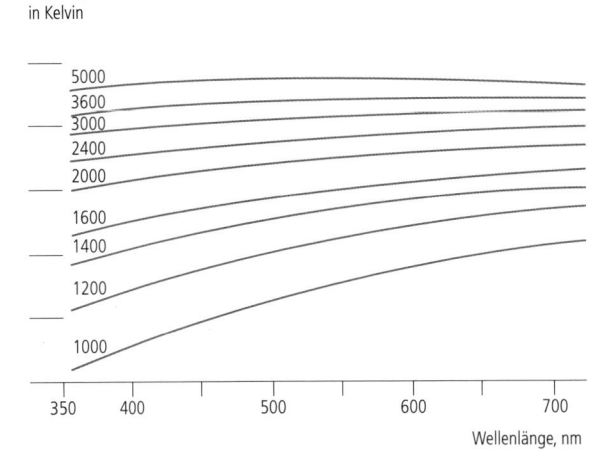

Spektrale Zusammensetzung bei Glühlampenlicht (2700 K)

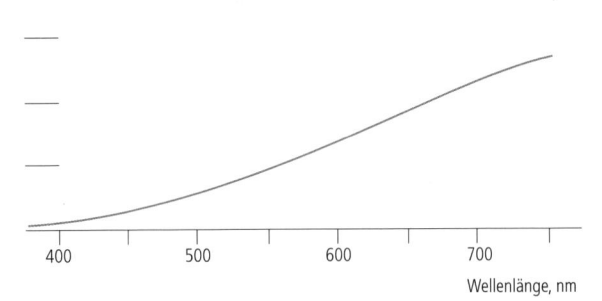

Ausgeglichenes Tageslichtspektrum bei 5000 K

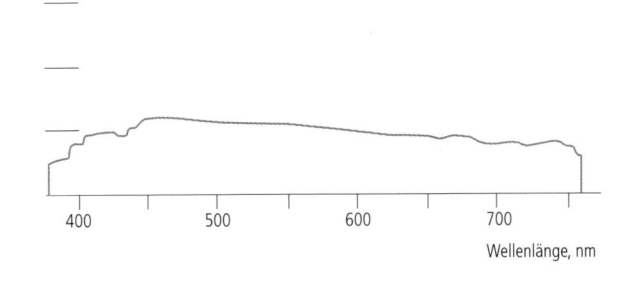

Bild 9.14
Behaglichkeitsbereich nach Kruithoff, Farbtemperatur T_n in Abhängigkeit von der Beleuchtungsstärke E

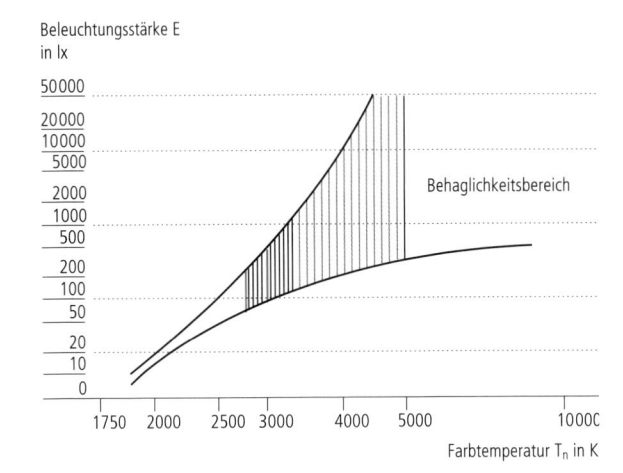

— Glühlampe
— Halogenglühlampe
||||||| Leuchtstofflampe ww
||||| Leuchtstofflampe nw

Glühlampen Natriumhochdrucklampen White son Fluoreszenzlampen warm-weiß „DE LUXE" Halogenmetalldampflampen HGI-WDL

Bild 9.15
Beispiele für die Farbwiedergabe bei verschiedenen Lichtquellen mit zugehörigen Spektren (Regent, Basel)

9.2.7 Lichtspektrum – Farbwiedergabe

Die Anforderungen hinsichtlich der Farbwiedergabe bei künstlicher Beleuchtung sind abhängig von der Aufgabenstellung. Da Lampen unterschiedliche Lichtspektren ausstrahlen, haben sie auch unterschiedliche Farbwiedergabeeigenschaften. Lampen mit kontinuierlichen Spektren erreichen normalerweise bessere Farbwiedergabeeigenschaften als Leuchtmittel, deren Spektren im sichtbaren Bereich Spektralspitzen aufweisen.

Die Erfüllung der Farbwiedergabeeigenschaften bestimmter Lampen werden mit dem allgemeinen Farbwiedergabeindex R_a sowie durch spezielle Farbwiedergabewerte in Indizes gekennzeichnet.

Dem Richtwert für bestimmte allgemeine Farbwiedergabeeigenschaften in Abhängigkeit von der Beleuchtungsaufgabe liegt folgende Stufeneinteilung zugrunde:

Stufe R_a-Bereich (Farbwiedergabeindex)

1 A	R_a 100 – 90
1 B	R_a 89 – 90
2 A	R_a 79 – 70
2 B	R_a 69 – 60
3	R_a 59 – 40
4	R_a < 40

Identische Farben haben einen R_a = 100. Farbverschiebungen werden durch Werte <100 in verschiedenen Güteklassen (Stufen) ausgedrückt.

Die Indizes werden durch Vergleich mit verschiedenen Testfarben bewertet. Diese Testfarben bilden jedoch nur eine geringe Auswahl aus allen vorkommenden Farben, so daß es sich immer empfiehlt, bei Auswahl von Materialien die Farbe unter dem Licht auszusuchen, mit dem das Material tatsächlich bestrahlt wird, wie **Bild 9.15** verdeutlicht.

Lampen mit kontinuierlichem Spektrum sind Leuchtmitteln mit nicht kontinuierlichem Spektrum vorzuziehen, da Zwischentöne in den Farben bei kontinuierlichen Spektren erheblich besser zur Geltung kommen.

Die Einteilung der Leuchtmittel in der Weise, daß die Farbwiedergabeeigenschaft nach der Normung erfüllt wird, hat dazu geführt, daß Leuchtmittel mit nicht kontinuierlichen Spektren und hoher Lichtausbeute entwickelt wurden, bei denen jedoch die Gefahr besteht, daß einige Farbtöne schlecht wiedergegeben werden. Es ist auch nicht ausgeschlossen, daß diese nicht kontinuierlichen Spektren negative Auswirkungen auf das Wohlbefinden des Menschen haben (vergleiche Lichtspektren in **Bild 9.15**).

9.2.8 Lichtrichtung und Schattenwirkung

Eine ausreichende Schattenwirkung hilft zur guten Erkennbarkeit von beleuchteten Körpern und Oberflächenstrukturen, da die Plastizität der Körper steigt. Zu diffuse Beleuchtungsanlagen mit vorwiegend indirektem Licht ergeben eine Schattenarmut, die subjektiv als sehr trist und unangenehm empfunden werden kann. Ein ausgewogenes Verhältnis zwischen direkter Beleuchtung und indirekter Beleuchtung trägt dazu bei, Licht und Schatten in einer als angenehm empfundenen Intensität darzustellen. **Bild 9.16** verdeutlicht das vorher Gesagte und zeigt mit den verschiedensten Beleuchtungsvarianten an ein und demselben Objekt die Möglichkeiten auf, Stimmungen zu erzielen.

Je nach Aufgabenstellung und Milieu kann eine Raumbeleuchtung schattenarm oder plastischer (mehr Schatten) konzipiert werden. Zu tiefe Schatten lassen sich mit geeigneter Anordnung mehrerer Leuchten, in (Beachtung der Strahlungscharakteristik der Leuchten) und durch reflektierende Umgebungsflächen vermeiden.

Die Schattigkeit kann über das Verhältnis von zylindrischer Beleuchtungsstärke (E_z) zur horizontalen Beleuchtungsstärke (E_h) bewertet werden. Das Verhältnis von E_z zu E_h sollte nicht kleiner sein als 0,3, wenn eine harte Schattenwirkung vermieden werden soll.

Bild 9.16
Erzeugung von Stimmungen durch verschiedenartige Beleuchtungen, Farben und Schattenwirkungen (Erco)

Empfohlene Werte	Nennbeleuch-tungsstärke E_n (lux)	Gruppe der Lichtfarben (Farbtemperatur)	Stufe der Farb-wiedergabe-Eigenschaften	Güteklasse der Blendungs-begrenzung
Büro:				
Empfang, Telefonvermittlung, einfache Arbeiten	300	nw, ww	1, 2, 3	2
Allgemeine Arbeiten, EDV	500	nw	1, 2, 3	1, 2
Zeichnen, Lochkartenbearbeitung	1.000	nw	1, 2, 3	1
Großraumbüros	1.000	nw	1, 2, 3	1
Sitzungsräume	500	nw, ww	1, 2, 3	2
Verkaufsräume:				
Verkaufsräume	300 – 500	nw, ww	1, 2, 3	2
Kaufhäuser	500 – 700	nw	1, 2, 3	2
Selbstbedienung	750 – 1.000	nw	1, 2, 3	2
Schaufenster, Schaukästen	> 1.000	tw, nw, ww	1, 2	–
Ausstellungen, Museen, Bibliotheken:				
Allgemeine Ausstellungsräume, Sammlungen, Büchersaal, Lesesaal	300	nw, ww	1, 2	1, 2
Leseplätze	500	nw, ww	1, 2	1, 2
Wohnungen:				
Nebenräume	100	nw, ww	1, 2, 3	–
Waschküche	200	nw, ww	1, 2, 3	–
Küche	300	nw, ww	1, 2, 3	–
Bad	300	nw, ww	1, 2, 3	–
Lesen, schreiben, Handarbeit	500	nw, ww	1, 2, 3	–
Gastgewerbe:				
Eingang, Empfang	300	nw, ww	1, 2, 3	–
Küche, Waschküche, Lingerie	500	nw, ww	1, 2, 3	2
Restaurant, Speiseräume	200	nw, ww	1, 2, 3	–
Selbstbedienung	500	nw, ww	1, 2, 3	2
Buffet, Office	500	nw, ww	1, 2, 3	2
Lesen, schreiben, Handarbeit	500	nw, ww	1, 2, 3	1, 2
Bad	300	nw, ww	1, 2	–
Sitzungsräume	500	nw, ww	1, 2, 3	2
Theater, Konzerträume, Kinos:				
Eingang, Halle, Garderobe	200	nw, ww	1, 2	–
Kasse	300	nw, ww	1, 2	–
Übungszimmer, Umkleideräume, Zuschauerraum	200	nw, ww	1, 2	2
während den Pausen	bis 200	nw, ww	1, 2	–
Notenpulte	500	nw, ww	1, 2, 3	–
Krankenhäuser, Arztpraxen:				
Warte- und Aufenthaltsräume	300	nw, ww	2	2
Diensträume	500	nw, ww	2	2
Behandlungsräume	1.000	tw, nw	1, 2	1
Labor, Operationsvorbereitung	1.000	tw, nw	1, 2	2
Operationssaal	1.000	tw, nw	1	1
Operationsfeld	10.000	tw, nw	1	1
Krankenzimmer, Allgemeinbeleuchtung	100	nw	2	1
Schulen:				
Klassenzimmer Tagesschule	300	nw, ww	2, 3	1, 2
Klassenzimmer Abendschule	500	nw, ww	2, 3	1, 2
Hörsäle, Übungsräume Chemie, Physik	500	nw, ww	2, 3	1, 2
Lehrerzimmer, Büros	500	nw, ww	2, 3	2
Verkehrszonen, Gänge, Treppen	100	–	2, 3	–
Umkleide-, Wasch- und Duschräume	100	–	2, 3	–
Turnhallen, Schwimmbäder	300	tw, nw, ww	2, 3	2
Stahlbau, Maschinen, Apparate:				
Maschinen- und Montagearbeiten				
grob	300	nw, ww	2, 3	3
mittelfein	500	nw, ww	2, 3	2
fein	750	tw, nw	1, 2, 3	2
sehr fein	1.000	tw, nw	1, 2, 3	1, 2
Justieren, prüfen, eichen	1.000	tw, nw	1, 2, 3	1, 2
Elektrotechnische Erzeugnisse:				
Allgemeine Arbeiten	300	nw, ww	2, 3	2
Montagearbeiten				
grob	300	nw, ww	2, 3	2, 3
mittelfein	500	nw, ww	2, 3	2, 3
fein	750	tw, nw	1, 2, 3	2
sehr fein	1.000	tw, nw	1, 2, 3	1, 2
Justieren, prüfen, eichen	1.000	tw, nw	1, 2, 3	1, 2
Instrumente, Uhren:				
Maschinen- und Montagearbeiten				
fein	1.000	tw, nw	1, 2, 3	1
sehr fein	1.500 +	tw, nw	1, 2, 3	1
Justieren, prüfen, eichen	1.500 +	tw, nw	1, 2, 3	1
Oberflächenbehandlung:				
Sandstrahlen	200	–	–	–
Reinigungs- und Beizbäder	200	–	–	2, 3
Galvanische Bäder, Feuerverzinkung, Malen, Polieren	300	nw, ww	2, 3	2
Farbmischen, Feinpolieren, Labor	1.000	tw, nw	1, 2	1, 2

Tabelle 9.2
Richtwerte zur Auslegung von Beleuchtungsanlagen

9.2.9 Sonstige lichttechnische Gütekriterien

Für Räume mit besonderen Anforderungen oder bestimmten Milieubedürfnissen können andere Gütekriterien eine Rolle spielen. Bei stimmungsbetonten Räumen wird im wesentlichen das Spiel der Lichtfarben in Abhängigkeit der Umgebungsmaterialien und der Zonierung der Beleuchtung ein Gütemerkmal darstellen.

In Tischlereien, metallverarbeitenden Werkstätten und Arbeitsplätzen mit schnelldrehenden Teilen kann die Vermeidung von stroboskopischen Effekten von ausschlaggebender Bedeutung sein. Stroboskopische Effekte entstehen aus Lichtstromschwankungen als Folge des Wechselstroms bei der Beobachtung bewegter Teile. Sie können zu Sehstörungen oder gar zur Täuschung führen (ein sich schnell drehendes Sägeblatt kann so aussehen als ob es still stände).

Für bestimmte Räume kann eine starke Einbeziehung des Tageslichtes ein entscheidendes Kriterium sein oder für bestimmte Nutzungsarten das Aussenden bestimmter Spektren wie Entkeimungslampen, Pflanzenwachtumslampen usw.

Als Planungshilfe werden nachfolgend empfohlene Werte der Beleuchtungsstärke, Lichtfarbe, Farbwiedergabeeigenschaften und Blendungsbegrenzungen angegeben (Quelle: Fa. Regent, Basel). Die **Tabelle 9.2** ist nach Raumfunktionen unterteilt: Zusätzlich dient die **Tabelle 9.3** (Osram-Lampen) der Auswahl von Leuchtmitteln für verschiedenste Räume.

Tabelle 9.3
Anwendungsbeispiel von Leuchtstofflampen verschiedener Lichtfarben

Anwendungsgebiet		Vollspektrumlampen 965	tw tageslichtweiß 860	tw tageslichtweiß 950	nw neutralweiß 640	nw neutralweiß 840	nw neutralweiß 940	ww warmweiß 740	ww warmweiß 630	ww warmweiß 830	ww warmweiß 930	Spezielle Lichtfarben 827	Spezielle Lichtfarben (76)
Büro und Verwaltung:	Büros, Flure					●				●	●		
	Sitzungsräume									●		●	
Industrie, Handwerk und Gewerbe:	Elektrotechnik					●							
	Textilfabrikation	●	●	●		●	●						
	Holzbearbeitung	●	●	●		●							
	Hütten- und Walzwerke					●				●			
	Graphisches Gewerbe, Labor	●	●	●		●							
	Farbprüfung	●		●				●					
	Lager, Versand					●							
Schul- und Unterrichtsräume:	Hörsäle, Klassenräume, Kindergärten	●				●				●	●		
	Bücherei, Lesesaal	●				●					●		
Verkaufsräume:	Lebensmittel allgemein			●						●	●		
	Backwaren										●		
	Kühltheken und -truhen		●										
	Käse, Obst, Gemüse										●		
	Fisch										●		
	Fleisch, Wurstwaren												●
	Textilien, Lederwaren	●	●	●			●			●	●	●	
	Möbel, Teppiche									●	●	●	
	Sport, Spielwaren, Papierwaren				●	●					●		
	Photo, Uhren, Schmuck	●	●	●							●		
	Kosmetik, Friseur									●	●		
	Blumen	●		●						●	●		
	Kaufhäuser, Supermärkte	●			●	●					●		
Gesellschaftsräume:	Restaurants, Gaststätten, Hotels									●			
	Theater, Konzertsaal, Foyers, Museen									●			
Veranstaltungsräume:	Ausstellungs- und Messehallen					●				●			
	Sport- und Mehrzweckhallen					●							
	Galerien		●	●							●	●	
Klinik und Praxis:	Diagnose und Behandlung	●	●	●									
	Krankenzimmer, Warteräume	●									●	●	
Wohnung:	Wohnzimmer									●	●		
	Küche, Bad, Hobby, Keller				●	●				●	●		
Außenbeleuchtung:	Straßen, Wege, Fußgängerzonen							●	●				

9.3 Theoretisches Leuchtdichtemodell

9.3.1 Allgemeines

Wie zum Wahrnehmungsablauf bereits ausgeführt, werden aufgrund der Beachtung der Eigenarten des menschlichen, visuellen Wahrnehmungsablaufes folgende Grundempfindungen des Auges optimiert:

– Sehleistung
– Wahrnehmungsgeschwindigkeit
– Unterschiedsempfindlichkeit.

Störungen im Wahrnehmungsablauf durch Blendung von Leuchten und Fenstern sowie Reflexblendung werden zwar im Gehirn ausgeglichen, führen aber zu frühzeitiger Ermüdung, Streß und erhöhten Fehlerquoten bei der Arbeit.

Wenn von den Raummaterialien die Reflexionsgrade und Oberflächenstrukturen bekannt sind, sowie die Strahlungscharakteristik der Leuchte, können die Leuchtdichten im Raum theoretisch vorher ermittelt werden, und es kann überprüft werden, ob im Zusammenhang von Material und Licht ein Raummilieu geschaffen wird, das eine Optimierung der Sehleistungen zuläßt.

9.3.2 Oberflächenstruktur und Reflexionsgrad

Wenn ein Licht auf eine Fläche auftrifft, so wird ein Teil der Strahlung zurückgeworfen (Reflexion). Der Rest des einfallenden Lichtes geht durch Absorption verloren. Der Reflexionsgrad ist das Verhältnis des zurückgeworfenen Strahlungsflusses zum eingestrahlten Strahlungsfluß und ist für verschiedene Oberflächen in **Tabelle 9.4** angegeben, zusätzlich dargestellt sind die Reflexionswerte in **Tabelle 9.5**.

Bei transparenten oder teiltransparenten Materialien (Glasscheibe) reflektiert die vordere und die hintere Glasoberfläche jeweils einen Teil des Lichtes. Je schräger das Licht auf die Glasscheibe auftritt, je mehr wird das Licht reflektiert.

Oberfläche	Reflexionsgrad
Beton	
hell	0,5
dunkel	0,2
Granit, Gnais	0,2
Weißer Mamor	0,6
Zementsteine	
hell	0,5
dunkel	0,2
Ziegelsteine	
gelb	0,3 – 0,4
rot	0,2 – 0,3
Wandplatten glaciert	
weiß	0,8
hellfarbig	0,6
dunkelfarbig	0,2 – 0,4
schwarz	0,2
Perfectaplatten roh	0,2 – 0,3
Eternit	
hell	0,35
dunkel	0,2
Kalkputz	
glatt	0,5 – 0,6
rauh	0,4
Weißer Gips	
neu	0,8
alt	0,6
Deckenplatten Gips	
hell	0,6 – 0,8
weiß gelocht	0,5 – 0,7
Mineralfaserplatten hell	0,6
Bodenplatten Kunststoff	
hellgrau	0,4
dunkelgrau	0,2
Textile Bodenbeläge	
hell	0,3 – 0,5
mittel	0,2
dunkel	0,1

Oberfläche	Reflexionsgrad
Fenster (Doppelverglasung)	
Normalgläser	0,2
mit Lamellenstoren weiß	0,5
Sonnenschutzgläser	0,25
Holz	
Birke, Ahorn hell, roh	0,6
Fasstäfer Tanne roh neu	0,5
Fasstäfer Tanne roh alt	0,3
Holz gebeizt	
hell	0,4
dunkel	0,15
Anstriche	
Deckweiß neu	0,85
Deckweiß hell getönt	0,7 – 0,8
Dispersionsfarbe weiß	0,8
Aluminiumbronze	0,7
Öl- und Kunstharzfarbe	
weiß	0,85
hellcrème	0,65
hellgelb	0,6
gelb	0,4
dunkelgelb	0,15
hellblau	0,4
blau	0,2
dunkelblau	0,1
hellgrün	0,7
grün	0,5
dunkelgrün	0,2
hellrot	0,3
rot	0,2
dunkelrot	0,1
beige	0,4
hellbraun	0,2
dunkelbraun	0,1
hellgrau	0,6
grau	0,3
dunkelgrau	0,15
schwarz	0,03 – 0,1

Tabelle 9.4
Refelxionsgrad verschiedener Oberflächen

zu Tabelle 9.4
Die Reflexionsgrade geben Richtwerte für p_1, p_2 und p_3 bei Fluoreszenzlicht Standard-Weiß der Farbtemperatur 4200 bis 4500 K.

De-Luxe-Lampen ergeben für rote Farben etwas größere und für grüne Farben etwas kleinere Reflexionsgrade.

Warmweiße Standard-Lampen vergrößern die Werte für gelb bis hellrot und verkleinern diese für grün bis blau. Rauhe Oberflächen ergeben im allgemeinen kleinere Reflexionszahlen als glatte

9.3 Theoretisches leuchtdichtemodell

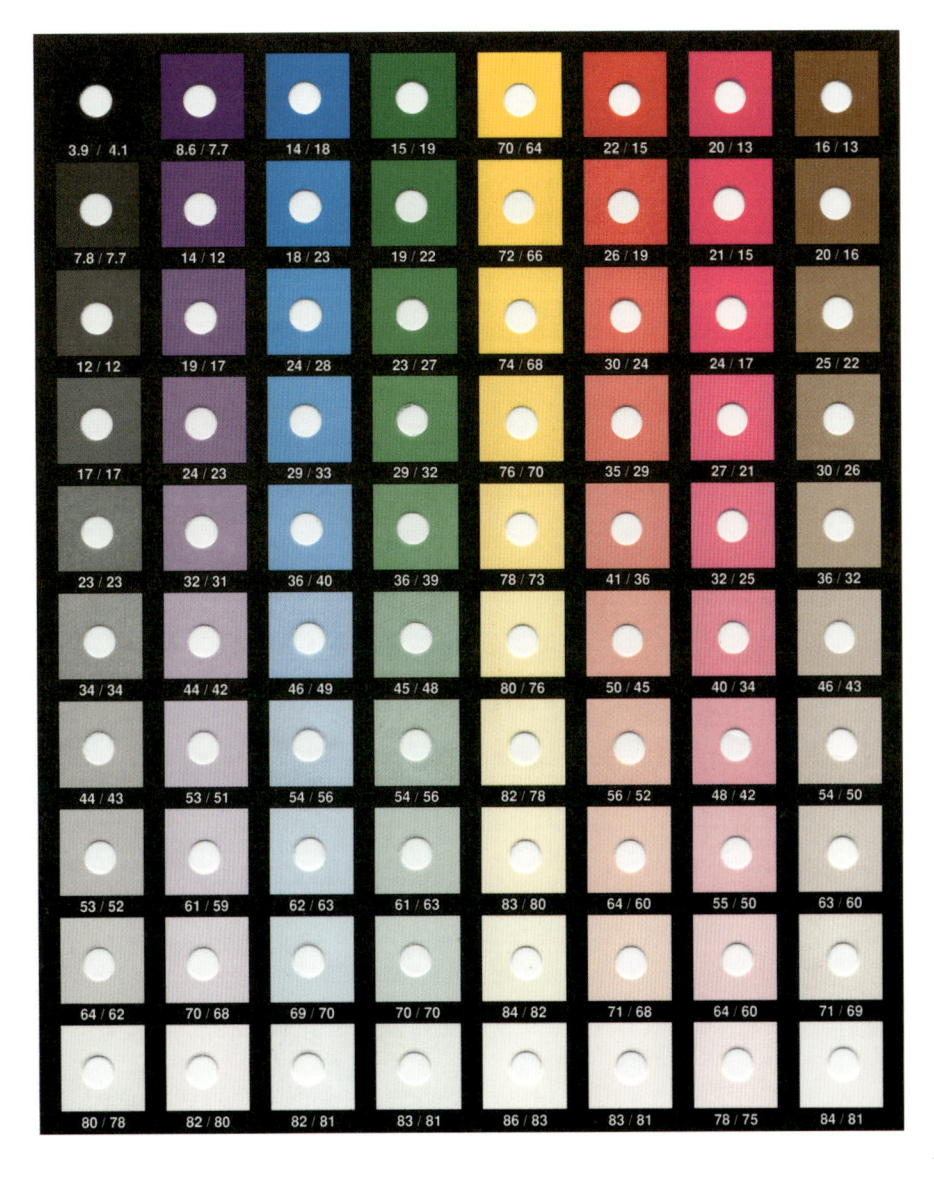

Man unterscheidet folgende Reflexionsarten (Bild 9.17)
- gerichtete Reflexion, wie sie vorkommt bei Spiegeln, Aluminium, Silber, Glas usw.
- gestreute Reflexion, wie bei der Reflexion von matten Materialien
- vorwiegend gestreute Reflektion, wie bei glänzenden Farben, Samt und hochglänzenden Oberflächen
- vorwiegend gerichtete Reflexion, wie bei mattem Aluminium.

Bei vielen Materialien treten unter verschiedenen Richtungen gleichzeitig gerichtete und gestreute Reflexionen auf. Wird ein diffuses Material mit einem Klarlack überzogen, so wirkt das Material bei senkrechtem Auffall von Strahlungen vorwiegend diffus. Treffen Strahlen aber unter flachem Winkel auf das Material auf, wirkt das Material vorwiegend als Spiegel.

Wenn Reflexionsgrade bei Materialien angegeben werden, beziehen sich diese im allgemeinen auf die diffuse Reflexion. Bei gerichteten Reflexionen muß der Winkel mit angegeben werden.

Bild 9.17
Darstellung verschiedener Arten der Reflexion

Tabelle 9.5
Reflexionswertetafel, Farbtafel zur Bestimmung der mittleren Leuchtdichtefaktoren ß 45/0 (%)

Werte links:
gültig für Glühlampenlicht von 2854 K, $R_a \simeq 100$ (Normlichtart A), anwendbar für sog. warme Lichtfarben (Warmweiß)

Werte rechts:
gültig für Leuchtstofflampenlicht von 6500 K, $R_a \simeq 92$, anwendbar für sog. kalte Lichtfarben (Tageslichtweiß)

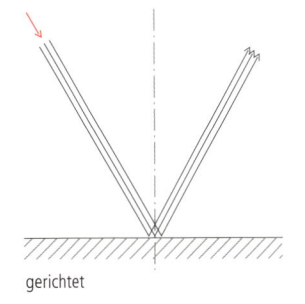

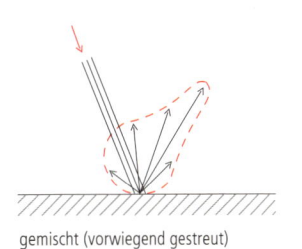

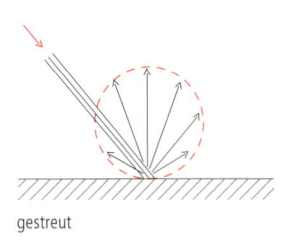

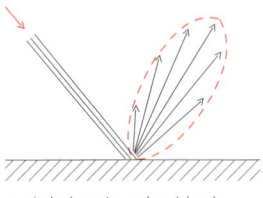

3.9 / 4.1	8.6 / 7.7	14 / 18	15 / 19	70 / 64	22 / 15	20 / 13	16 / 13
7.8 / 7.7	14 / 12	18 / 23	19 / 22	72 / 66	26 / 19	21 / 15	20 / 16
12 / 12	19 / 17	24 / 28	23 / 27	74 / 68	30 / 24	24 / 17	25 / 22
17 / 17	24 / 23	29 / 33	29 / 32	76 / 70	35 / 29	27 / 21	30 / 26
23 / 23	32 / 31	36 / 40	36 / 39	78 / 73	41 / 36	32 / 25	36 / 32
34 / 34	44 / 42	46 / 49	45 / 48	80 / 76	50 / 45	40 / 34	46 / 43
44 / 43	53 / 51	54 / 56	54 / 56	82 / 78	56 / 52	48 / 42	54 / 50
53 / 52	61 / 59	62 / 63	61 / 63	83 / 80	64 / 60	55 / 50	63 / 60
64 / 62	70 / 68	69 / 70	70 / 70	84 / 82	71 / 68	64 / 60	71 / 69
80 / 78	82 / 80	82 / 81	83 / 81	86 / 83	83 / 81	78 / 75	84 / 81

gerichtet

gestreut

gemischt (vorwiegend gestreut)

gemischt (vorwiegend gerichtet)

9.3.3 Farbe

Farbwiedergabe und Farbwiedergabeindizes wurden bereits dargestellt. Zur Bewertung von Farben sind zwei Systeme eingeführt worden.

9.3.3.1 CIE-System

Das Farbdreieck der CIE kann mathematisch jede Farbe anhand von zwei Farbwertkoordinaten (**Bild 9.18**) bestimmen. Jeder Lampenhersteller gibt für jede Lampe diese Koordinaten an.

Das Farbdreieck hat den Nachteil, daß gleiche Farbabstände nicht gleichen Schritten auf der x- und y-Achse entsprechen. Deshalb wurde die gleichförmige Farbtafel (UCS) entwickelt.

9.3.3.2 Munsell-System

Zur Kennzeichnung von Farben unter Tageslichtbedingungen ist das Munsell-System sehr geeignet. Es bewertet Farbton, Helligkeit und Sättigung. Das System bietet für jede dieser Kenngrößen eine Werteskala. Zusammengestellt gibt es ein Buch von Farbtafeln. Die Helligkeit des Farbtons wird anhand einer Grauskala angegeben, von 0 (schwarz) bis 10 (weiß). Die Sättigung wird in 16 verschiedenen Stufen gekennzeichnet.

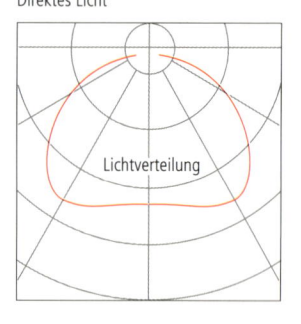

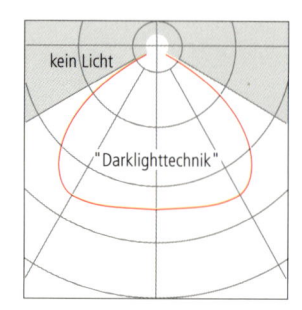

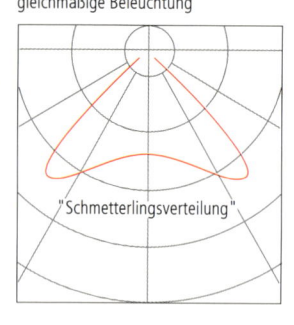

Bild 9.18
Das CIE-Farbdreieck

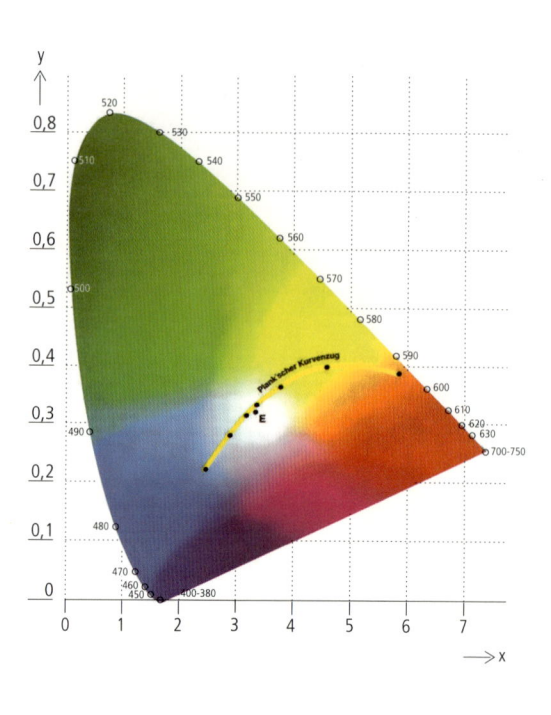

Bild 9.19
Lichtverteilungskurve verschiedener Leuchten

9.3.4 Strahlungscharakteristik

Die Strahlungscharakteristik einer Leuchte gibt an, welche Lichtstärke unter welchem Raumwinkel von einer Leuchte abgegeben wird. Diese Lichtstärkeverteilungskurven (LVK) werden normalerweise in Längsrichtung (C 90 bis C 270 Ebene) und in Querrichtung zur Leuchte (C 0 bis C 180 Ebene) angegeben. Beispiele verschiedener LVK von Leuchten zeigen die späteren Darstellungen im Zusammenhang mit diesen. Die überwiegend bei Leuchten vorkommenden Strahlungscharakteristiken sind **Bild 9.19** zu entnehmen.

Auf der Grundlage des geometrischen Ortes der Leuchte im Raum kann bestimmt werden, wieviel Licht auf die Arbeitsfläche fällt, wieviel Licht auf Wände und Decken fallen und unter welchen Winkeln die Strahlung auf Materialien auftrifft. So kann beurteilt werden, wie das Material wirken wird.

Eine punktförmige Lichtquelle in einer Milchglaskugel, die in der Mitte des Raumes angeordnet ist, wird nach allen Seiten etwa gleichviel Licht abgeben und somit alle Flächen in etwa gleichmäßig beleuchten. Ein Halogenspot mit einem engstrahlenden Spiegel wird bei gleicher Anordnung im Raum an der Wand vielleicht nur ein kleines Bild anleuchten und dorthin alle Energie richten. Bei gleicher Anordnung der Leuchte kann somit infolge unterschiedlicher Auswahl der Strahlungscharakteristik ein vollkommen unterschiedliches Raummilieu geschaffen werden (vergleiche **Bild 9.16**).

Im folgenden Beispiel sind für Büroräume verschiedene Raummilieus berechnet worden: für Büroleuchten mit direkt strahlender Charakteristik, Leuchten mit direkter und indirekt strahlender Charakteristik und für Leuchten mit lediglich indirekt strahlender Charakteristik.

Bei gleicher Anschlußleistung wird die Beleuchtungsstärke auf der Nutzebene abnehmen, je größer der indirekt strahlende Anteil der Leuchten ist. Die Leuchtdichte der Wände und der Decke ist bei indirekt strahlenden Lichtsystemen jedoch erheblich höher. Durch die Strahlungscharakteristik wird nicht nur die Helligkeit eines Gegenstandes oder einer Fläche im Raum bestimmt, sondern auch die Wirkung.

Direkt strahlende Lichtsysteme erzeugen eine relativ hohe Schattigkeit, so daß Gegenstände im Raum plastisch wirken.

Rein indirekt strahlende Lichtsysteme strahlen die Energie diffus in den Raum, wie es in der Natur bei bedecktem Himmel vorkommt. Die Schattenwirkung ist gering oder überhaupt nicht vorhanden und Gegenstände können ohne Schattigkeit und ohne Lichtreflexe langweilig aussehen, da die Plastizität verlorengeht.

Es sollte daher angestrebt werden, eine dem Raum und der Sehaufgabe angepaßte Strahlungscharakteristik auszuwählen, die sowohl das Arbeitsgut richtig beleuchtet (Infeld) als auch den Raum in der richtigen Helligkeit erscheinen läßt (Umfeld).

9.3.5 Beispiel für die Ermittlung theoretischer Leuchtdichtemodelle eines Büroraumes

Wenn die Reflexionsgrade der Materialien im Raum bekannt sind, kann die entstehende Leuchtdichte im Raum vorausberechnet werden. Hierzu ist es notwendig, daß man die Strahlungscharakteristik erkennt. Es ist leicht einsehbar, daß eine direkt strahlende Leuchte den unteren Bereich des Büroraumes sehr stark erhellt und eine indirekt strahlende Leuchte die Decke eines Raumes.

Nachfolgend sind bei unterschiedlichen Lichtsystemen Beleuchtungsstärken und Leuchtdichten berechnet und in den Bildern dargestellt:
– Beleuchtungsstärke Nutzebene
– Leuchtdichteverteilung auf der Decke
– Leuchtdichteverteilung einer Seitenwand.

Folgende Beleuchtungssysteme wurden verwendet:
– Direktbeleuchtung mit Downlights **(Bild 9.20)**
– Indirekte Beleuchtung **(Bild 9.21)**
– Beleuchtung mit abgependelten Leuchten **(Bild 9.22)**
– Indirekt angestrahlte Kühldecke mit Direktbeleuchtung durch Downlights **(Bild 9.23)**.

Die Darstellungen lassen trotz ihrer Rasterung zumindest erahnen, wie der Raum über die Decke, die Wände und Nutzebene wirken wird.

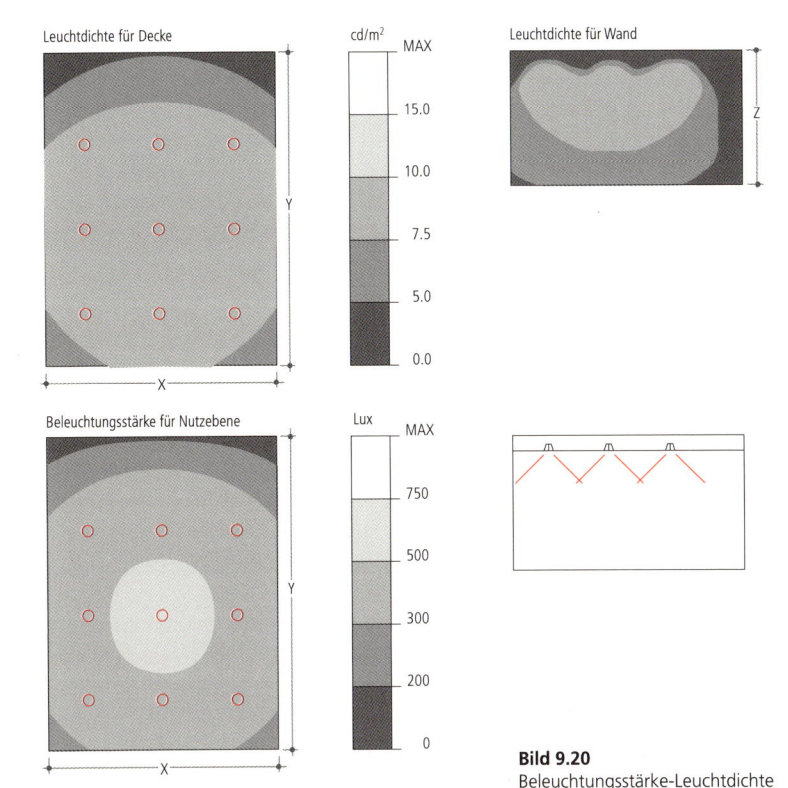

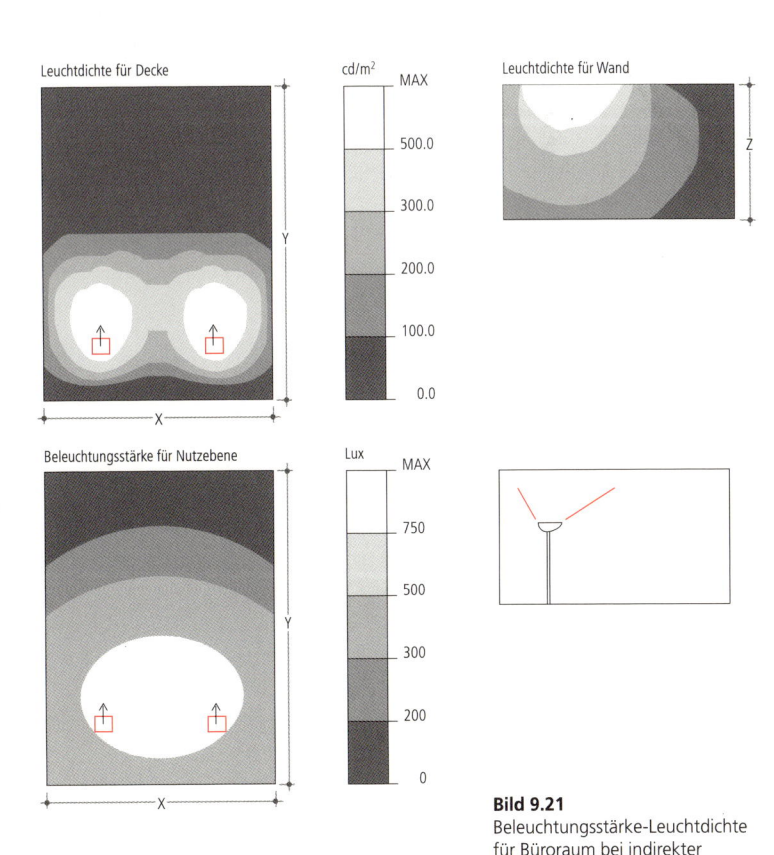

Bild 9.20
Beleuchtungsstärke-Leuchtdichte für Büroraum bei Direktbeleuchtung mit Downlights

Bild 9.21
Beleuchtungsstärke-Leuchtdichte für Büroraum bei indirekter Beleuchtung

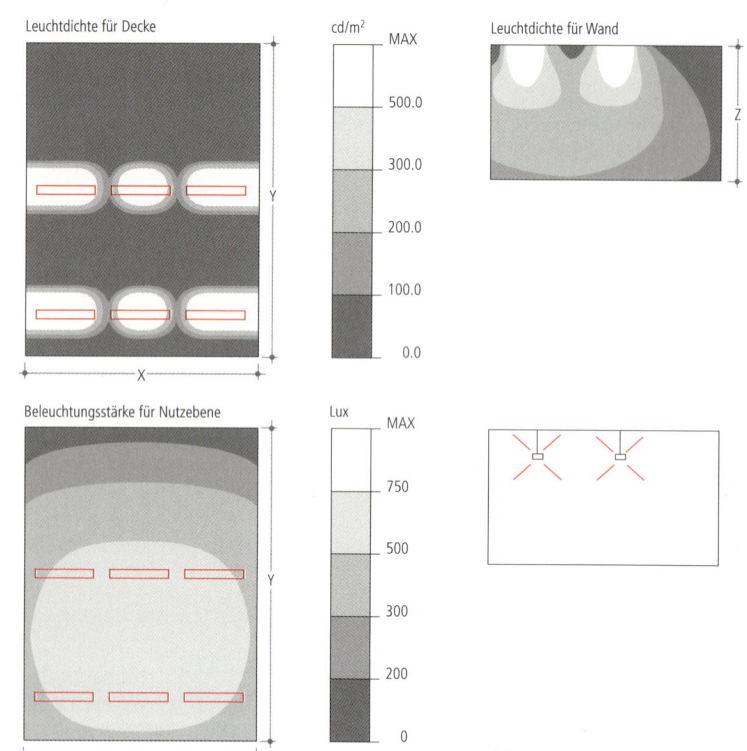

Bild 9.22
Beleuchtungsstärke und Leuchtdichte bei direkt-indirekter Beleuchtung mit abgependelten Leuchten

Bild 9.23
Beleuchtungsstärke-Leuchtdichte für Büroraum bei indirekt angestrahlter Kühldecke und Direktbeleuchtung durch Downlights

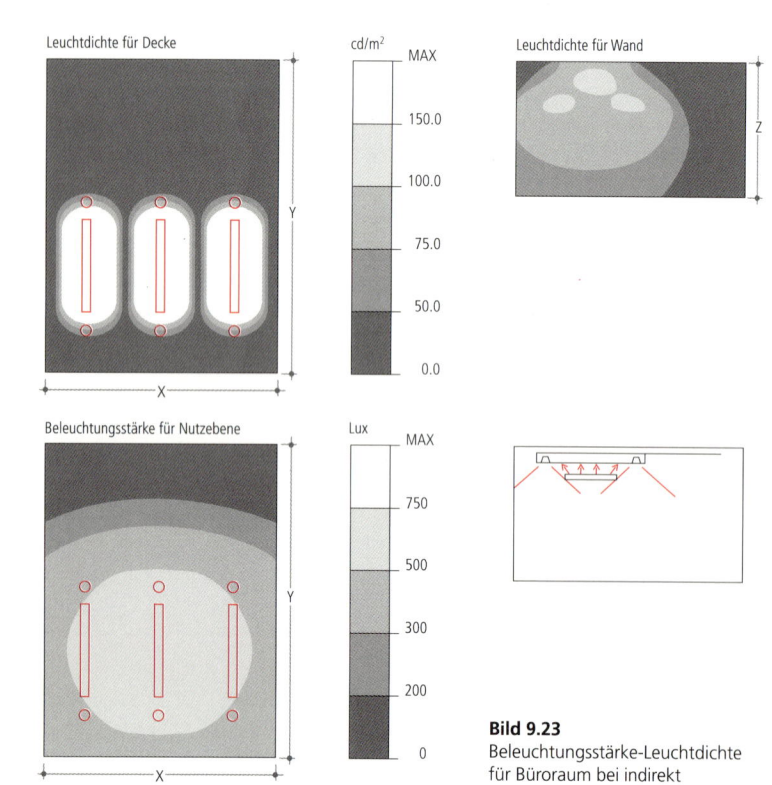

9.4 Leuchtmittel (Lampen)

9.4.1 Lampenübersicht

Elektrische Lichtquellen (Lampen) haben die Aufgabe, elektrische Energie in Licht umzuwandeln. Bei der Umwandlung entsteht neben der Lichtenergie je nach Lichtquelle eine weniger große oder sehr große Menge Wärmeenergie, da im Mittel davon auszugehen ist, daß eine Lampe lediglich ca. 20 % der aufgenommenen elektrischen Energie in Licht umwandelt, 80 % in Wärme.

Lampen werden in drei Hauptgruppen unterteilt:

Temperaturstrahler,
bei denen auf hohe Temperaturen erhitzte Festkörper das Licht abstrahlen (z. B. Glühlampen, Halogen-Glühlampen u.ä.). Die mittlere Lebensdauer entsprechender Temperaturstrahler beträgt 1.000 bis 3.000 Stunden und ist unter anderem auch davon abhängig, inwieweit die Lampe ihre Wärmeenergie direkt an die Umgebung abgeben kann.

Entladungslampen,
bei denen das Licht durch elektrische Entladung in einem gasförmigen Medium erzeugt wird (Fluoreszenzlampen, Hochdruck-Entladungslampen usw.). Die Entladungslampen brauchen zum Betrieb Vorschaltgeräte in konventioneller oder elektronischer Ausstattung, um zu starten bzw. den Betrieb aufrechtzuerhalten. Die mittlere Lebensdauer beträgt bei Entladungslampen 4.000 bis 12.000 Stunden unter den bereits vorgenannten Voraussetzungen.

Induktionslampen,
bei denen das Metalldampf-Gasgemisch die Induktionsschleife eines Hochfrequenzgenerators bildet. Die durch den Energieaustausch angeregten Atome erzeugen UV-Strahlung, die dann über Leuchtstoffe in sichtbares Licht umgewandelt wird. Die mittlere Lebensdauer der Induktionslampen beträgt etwa 60.000 Stunden.

Die Fähigkeit einer Lichtquelle, elektrische Energie in Licht umzuwandeln, wird durch den Begriff „Lichtausbeute" ausgedrückt. Die Lichtausbeute ist somit der Lichtstrom, geteilt durch die Anschluß-Leistung (inklusive Vorschaltgerät). Hieraus entwickelt sich der Bewertungsmaßstab Lumen/Watt (lm/W). **Bild 9.24** gibt eine Übersicht über die verschiedenen Lampentypen, die zur Zeit am Markt erhältlich sind.

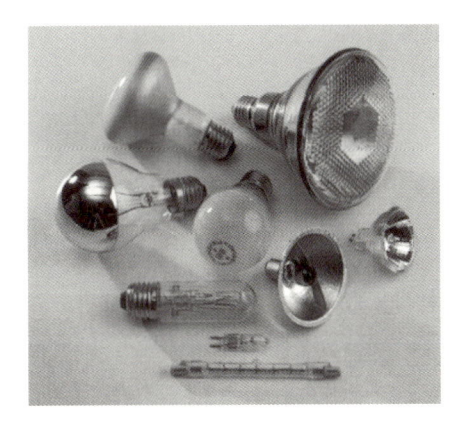

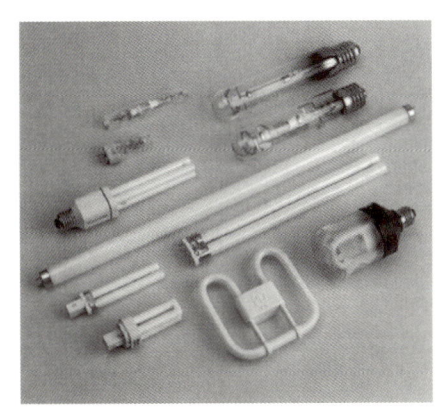

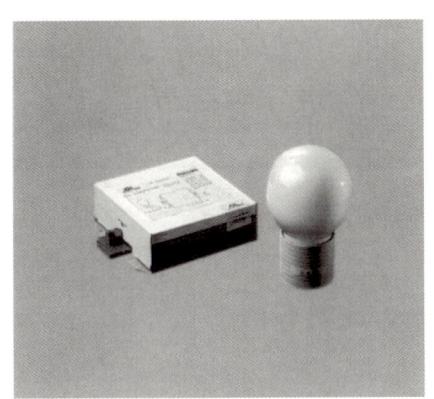

9.4.2 Lampen/Lichtausbeute

In den letzten 20 Jahren wurden durch die Industrie erhebliche Anstrengungen gemacht, wirtschaftlichere Lampen zu entwickeln, d. h. die Lichtausbeute (Lumen/Watt) erheblich zu steigern (Steigerung von 1950 bis heute etwa 100 %).

Die Steigerung der Lichtausbeute wurde im wesentlichen möglich durch die Einführung von Lampen mit nicht kontinuierlichen Spektren (siehe Farbwiedergabeeigenschaften). Während der Spektralverlauf des Tageslichtes zeigt, daß alle Wellenlängen des sichtbaren Spektrums in etwa gleichwertig vorhanden sind, ist bei entsprechenden Lampen das Spektrum ungleichmäßig, d.h. dieses besteht unter Umständen sogar nur noch aus wenigen Streifen innerhalb des Spektrums.

Die Lichtausbeute der gebräuchlichsten Lichtquellen ist in **Bild 9.25** dargestellt und zeigt außerordentlich unterschiedliche Werte. Während die Warmstrahler (Glühlampen, Halogenlampen usw.) nur bis in den Bereich von 20 Lumen/Watt reichen, liegen andere Lampen in ihrer Lichtausbeute weitaus höher. Die Lichtausbeute spielt hinsichtlich der Energiewirtschaft und der Wirtschaftlichkeit eines Systems eine entscheidende Rolle, da die Beleuchtungsanlagen einer der größten Energieverbraucher sind.

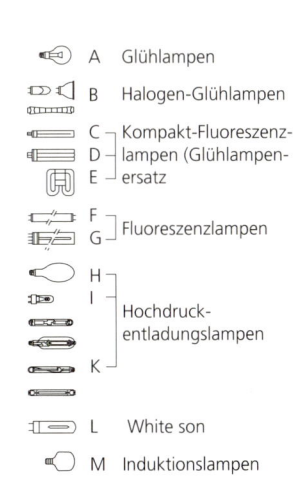

Bild 9.24
Übersicht über Lampentypen

Bild 9.25
Lichtausbeute der gebräuchlichsten Lichtquellen

A Glühlampen
B Halogen-Glühlampen
C ⎫
D ⎬ Kompakt-Fluoreszenzlampen (Glühlampenersatz)
E ⎭
F ⎫ Fluoreszenzlampen
G ⎭
H ⎫
I ⎬ Hochdruckentladungslampen
K ⎭
L White son
M Induktionslampen

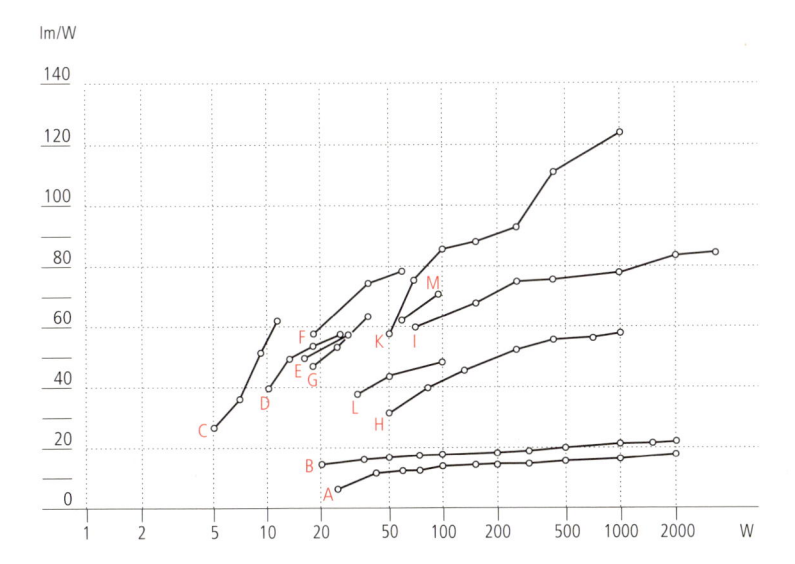

9.4.3 Lampen-Farbwiedergabeeigenschaften

Die Farbwiedergabeeigenschaften (R_a) für Lampen werden nach 14 Testfarben beurteilt. **Bild 9.26** zeigt die entsprechenden Testfarben. Eine Lampe wird nach den Testfarben mit 1 A bewertet, wenn deren Abfall gegenüber einem Tageslichtspektrum (kontinuierlicher Verlauf) um lediglich 10 % abweicht.

Die Stufeneinteilung der Farbwiedergabe ist dabei:

1, 1 A	R_a 90 – 100
1 B	R_a 80 – 89
2, 2 A	R_a 70 – 79
2 B	R_a 60 – 69
3	R_a 40 – 59
4	R_a 20 – 39

Von Fall zu Fall ist festzustellen, in welchem Bereich bei einer Lampe die Testfarben nicht erreicht werden bzw. sich weit außerhalb des Bereiches 90 bis 100 befinden. Dieser Zustand trifft für eine Vielzahl von Lampen zu, so daß bei der Auswahl von Lampen hinsichtlich der zu beleuchtenden Oberflächen mit äußerster Sorgfalt vorgegangen werden muß, da Farbveränderungen von Materialoberflächen dann eintreten, wenn im entsprechenden Lampenspektrum die analoge Farbe fehlt. Ergänzend ist festzustellen, daß die Palette aller Farben selbstverständlich sehr viel größer ist als die angegebenen 14 Testfarben und es bei Leuchtmitteln nach Güteklasse 1 A zu Farbverschiebungen gegenüber Leuchtstofflampen mit einem kontinuierlichen Spektrum und gegenüber dem Tageslicht kommen kann. **Bild 9.27** zeigt Spektren von Lampen im Vergleich mit dem Tageslicht (Norm D65 / nach Osram). Aus dieser Darstellung kann man bereits sehr gut feststellen, daß es eine Reihe von Lampen gibt, die absolut kein kontinuierliches Spektrum besitzen, sondern vielmehr ein weißes Licht aus wenigen Farbstreifen zusammenmischen.

Tabelle 9.6 gibt ergänzend eine Grobbewertung von Lampen an, eingestuft nach Farbwiedergabeindizes R_a für Leuchtstofflampen.

Tabelle 9.7 zeigt diverse Lampen mit Angabe der Anschlußleistung, des Lichtstroms und des Farbwiedergabeindex.

Farbwiedergabe-Eigenschaften (Ra)		Lichtfarbe tw tageslichtweiß über 5.000 K	Lichtfarbe nw neutralweiß über 4.000 K	Lichtfarbe ww warmweiß über 3.300 K
Stufe 1 sehr gut	1 A R_a 90 – 100	950 Daylight	940 Hellweiß	930 Warmton Glühlampen Halogenglühlampen
		POWERSTAR HQI/D		
	1 B R_a 80 – 89	860 Tageslicht	840 Hellweiß	830 Warmton
			POWERSTAR HQ/NDL	827
				POWERSTAR HQ/NDL
Stufe 2 gut	2 A R_a 70 – 79	10 Tageslicht	740 Universal-Weiß	Mischlichtlampen HWL-R DE LUXE
	2 B R_a 60 – 69		640 Hellweiß POWERSTAR HQ/N Mischlichtlampen HWL	Quecksilberdampf-Hochdrucklampen HQL SUPER DE LUXE Natriumdampflampen VIALOX® NAV DE LUXE
Stufe 3 weniger gut	R_a 40 – 59		Quecksilberdampf-Hochdrucklampen HQL	630 Warmton Quecksilberdampf-Hochdrucklampen HQL DE LUXE
Stufe 4	R_a 20 – 39			VIALOX® NAV STANDARD VIALOX® NAV SUPER

Tabelle 9.6
Lampen eingestuft nach Farbwiedergabe-Indizes R_a für Leuchtstofflampen

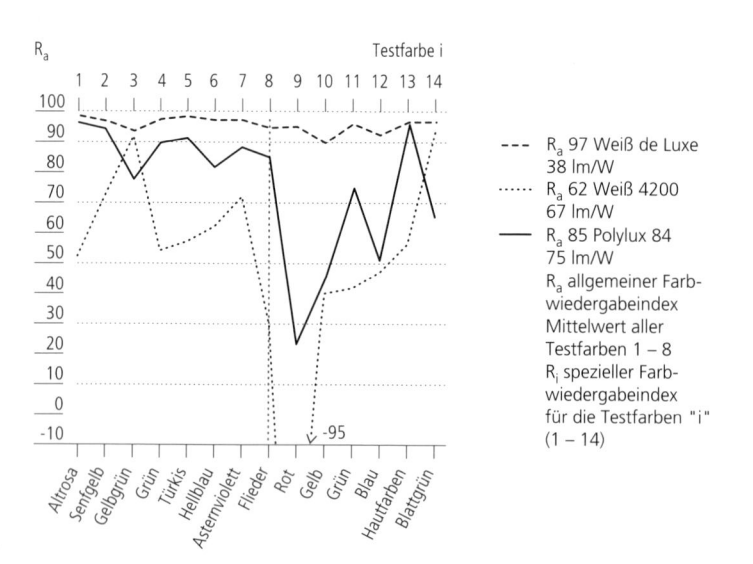

Bild 9.26
Spezielle Farbwiedergabeeigenschaften (R_a) für Leuchtstofflampen

– – – R_a 97 Weiß de Luxe 38 lm/W
······ R_a 62 Weiß 4200 67 lm/W
——— R_a 85 Polylux 84 75 lm/W
R_a allgemeiner Farbwiedergabeindex Mittelwert aller Testfarben 1 – 8
R_i spezieller Farbwiedergabeindex für die Testfarben "i" (1 – 14)

9.4 Leuchtmittel (Lampen)

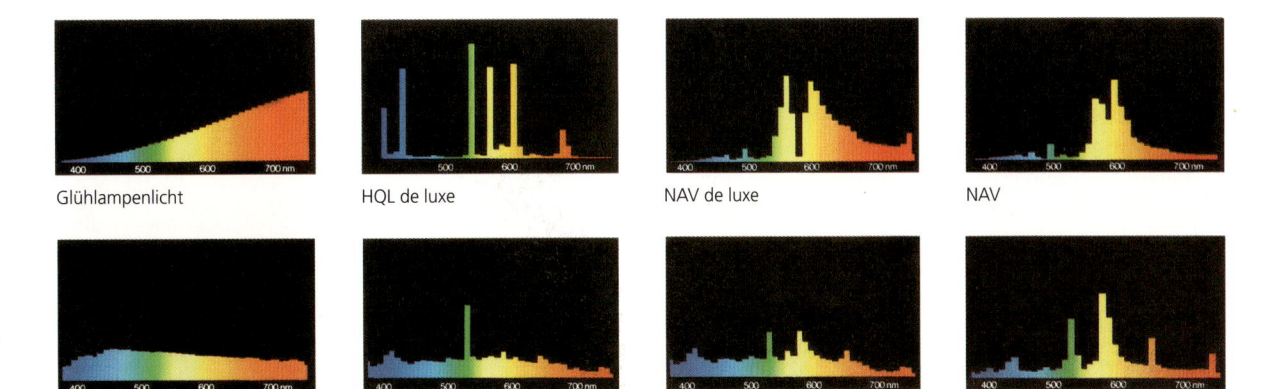

Glühlampenlicht HQL de luxe NAV de luxe NAV

Tageslicht (D 65) HQI/D HQI/NDL HQI/WDL

Bild 9.27
Spektren von Hochdruckentladungslampen (+ Glühlampe) im Vergleich mit dem Tageslicht (Norm D65)

Tabelle 9.7
Lichtquellen (regent, Basel)

▬ nicht zulässig
☐ zulässig

Bemerkung: Die in der Tabelle aufgeführten Lichtstrom- und R_a-Faktor-Werte bitte in den Produkte-Unterlagen der einzelnen Hersteller nachsehen.

Typ	P	P total	Sockel	Ø	L	Öffnungs-winkel	Lichtstrom	lm/W	R_a	Brennlage
Type	W	W	culot	mm	mm	I A	lm			position
Halogen-Reflektorlampen mit Schutzglas										
12.50HLCK14	50	12	GX5, 3	50	45	14°	900	18	100	P360
12.50HLCK27	50	12	GX5, 3	50	45	27°	900	18	100	P360
12.50HLCK40	50	12	GX5, 3	50	45	40°	900	18	100	P360
Natriumdampf-Hochdrucklampen, Ellipsoidform mit Leuchtstoff										
NAHL 50	50	60	E27	72	156	0,76	3.300	55	20	P360
NAHL 70	70	83	E27	72	156	1,00	5.800	70	20	P360
NAHL100	100	116	E40	77	186	1,20	9.500	82	20	P360
NAHL150	150	165	E40	92	227	1,80	13.500	82	20	P360
NAHL250	250	274	E40	92	227	3,00	25.000	91	20	P360
NAHL400	400	432	E40	122	292	4,45	47.000	108	20	P360
Natriumdampf-Hochdrucklampen, Röhrenform, klar										
NAHT 50	50	60	E27	38	159	0,76	4.000	66	20	P360
NAHT 70	70	83	E27	38	159	1,00	6.500	78	20	P360
NAHT100	100	116	E40	48	211	1,20	10.000	86	20	P360
NAHT150	150	165	E40	48	211	1,80	14.000	85	20	P360
NAHT250	250	274	E40	48	257	3,00	27.000	98	20	P360
NAHT400	400	432	E40	48	283	4,45	47.000	108	20	P360
Natriumdampf-Hochdrucklampen, Röhrenform, zweiseitig gesockelt, klar										
NAHTS 70	70	84	R7s	20	114	1,00	7.000	84	20	P45
NAHTS250	250	275	Fc2	23	206	3,00	25.500	92	20	P45
NAHTS400	400	450	Fc2	23	206	4,40	48.000	106	20	P45
Quecksilberdampflampen, Ellipsoidform, mit Leuchtstoff										
HGL 50	50	60	E27	56	126	0,60	1.800	30	50	P360
HGL 80	80	90	E27	72	156	0,80	3.700	41	50	P360
HGL125	125	138	E27	77	177	1,15	6.300	45	49	P360
HGL250	250	272	E40	91	227	2,13	13.000	47	46	P360
HGL400	400	428	E40	122	292	3,25	22.000	51	44	P360
Halogen-Metalldampflampen, einseitig gesockelt, klar										
HGIT 70	75	88	G12	25	84	1,00	5.200	49	85	P360
HGIT 150	150	170	G12	25	84	1,80	12.000	70	85	P360
HGIT 250	250	275	E40	46	220	3,00	19.000	69	90	H150
HGIT 400	400	440	E40	46	285	4,00	33.000	75	90	P360
HGIT1000	1.000	1.050	E40	76	340	9,50	80.000	76	93	P 60
HGIT2000	2.000	2.080	E40	100	430	8,80	190.000	91	60	H150
Halogen-Metalldampflampen, zweiseitig gesockelt, klar										
HGITS 70	75	88	R7s	10	114	1,00	5.500	64	80	P45
HGITS150	150	170	R7s	23	132	1,80	11.250	66	85	P45
HGITS250	250	275	Fc2	25	163	3,00	20.000	72	93	P45
HGITS400	360	385	Fc2	31	206	3,50	25.000	65	90	P45
Induktionslampen, Lebensdauer 60.000 Stunden										
QL55	55	55		85	150		3.500	65	80	P360
QL85	85	85		110	192		5.500	65	80	P360

P360 P60 P45 P20 P4 H150 H110 H30 HS45 HS30

9.5 Leuchten

Die Industrie bietet für alle zuvor angegebenen Lampen eine Vielzahl von Leuchten an. Die Leuchten unterscheiden sich nicht nur in der Form, sondern auch in der lichttechnischen Qualität sehr stark. Bei Leuchten im Wohnbereich sind Qualitätsanforderungen im gestalterischen und im Bereich des Lichtmilieus höher zu bewerten als wirtschaftliche Kriterien und Blendungskriterien.

Bei Leuchten im Arbeitsbereich dagegen spielen Blendungskriterien und Wirtschaftlichkeitskriterien eine große Rolle.

9.5.1 Leuchten für Glühlampen

Leuchten für Glühlampen werden hauptsächlich im Wohnbereich eingesetzt. Zur Beleuchtung von Flächen sind Glühlampendownlights sehr bekannt, die jedoch zunehmend von Halogenglühlampen-Downlights und Downlights für Kompakt-Leuchtstofflampen abgelöst werden. Auch Strahler für Glühlampen sind sehr verbreitet. **Bild 9.28** zeigt das Wohnhaus von H. Seidler mit Tageslicht beleuchtet. Man sieht, wie sich das Gesamtmilieu ändert, wenn nachts Downlights mit Glühlampen eingeschaltet werden.

Die **Bilder 9.29/9.30** zeigen gängige Leuchten für Glühlampen.

Bild 9.28
Wohnhaus H. Seidler mit Tag- und Abendstimmung

Bild 9.29
Pendelleuchte mit Kompakt-Leuchtstofflampe (Modell „Ciros", Zumtobel Staff)

Bild 9.30
Wandleuchte mit Kompakt-Leuchtstofflampe (Modell „Rhapsody", Zumtobel Staff)

9.5.2 Leuchten für Halogenglühlampen

Wegen der kleinen Bauform der Halogenglühlampen sind in den letzen Jahren sehr viele Leuchten entwickelt worden, die wiederum die Hersteller von Halogenglühlampen zu einer weiten Palette von Lampen veranlaßt haben.

Leuchten für Halogenglühlampen sind im wesentlichen dort stark vertreten, wo Bündelung von Licht gewünscht wird. So sind sehr viele Strahler mit verschiedenen Strahlungswinkeln entwickelt worden, die eine sehr kleine Bauform haben.

Auch Downlights für Halogenglühlampen sind mit einem Durchmesser von 5 bis 10 cm sehr gut einsetzbar **(Bilder 9.31/9.32)**, sie benötigen jedoch Transformatoren.

Für Leuchten mit Linsen, die die Strahlung bündeln oder aufweiten, sind kleine Halogenglühlampen mit einem relativ guten Brennpunkt sehr gut geeignet. Aus diesem Grunde wurde eine Vielzahl von Sondersystemen für Halogenglühlampen entwickelt.

Bild 9.33 zeigt eine Wandleuchte für Halogenlampenstrahler, die ihr Licht gebündelt nach oben und unten abgibt. Der Strahlungsgang wird durch eine Linse variiert. **Bild 9.34** zeigt einen Linsenstrahler für Halogenglühlampe 100 W, **Bild 9.35** einen Strahler für den Einsatz von Halogenglühlampen und **Bild 9.36** diverse Strahler in Kombination mit einem Schienensystem.

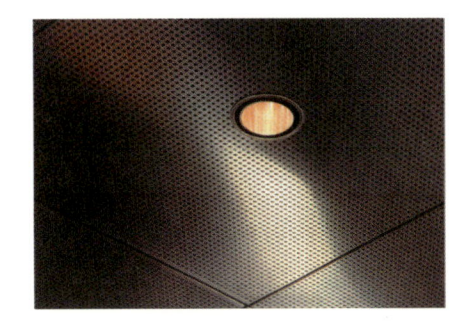

Bild 9.31
Downlight HAL-Einbau

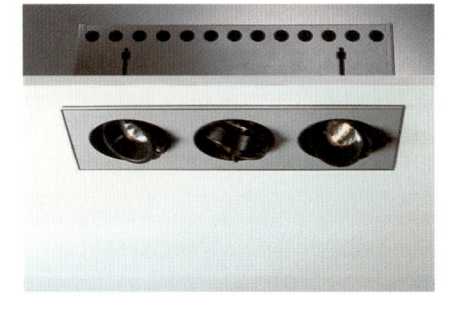

Bild 9.32
Downlight mit HAL-„Kaltlichtreflektor"-Leuchten für den Einbau (Downlightmodul mit Gimbal-Richtstrahlern, ERCO)

Bild 9.33
Wandleuchte für HAL-Strahler
(Werkbild Adelmann)

Bild 9.34
Linsenlüster mit HAL-Strahler
(Werkbild Spectral)

Bild 9.35
Strahler für Hochdrucklampen
(Werkbild BEGA)

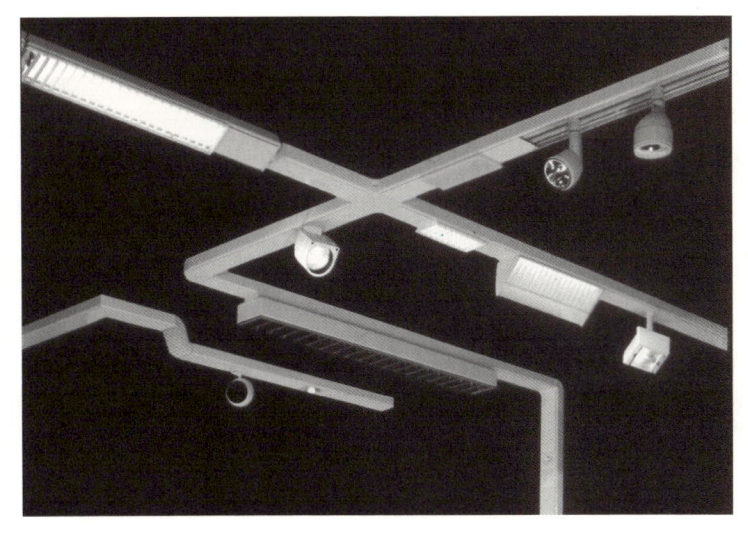

Bild 9.36
Diverse Strahler

9.5.3 Leuchten für Kompakt-Leuchtstofflampen

Kompakt-Leuchtstofflampen als Ersatz von Glühlampen sind vor allem in Downlights beliebt. Auch in quadratischen Leuchten werden Kompakt-Leuchtstofflampen gerne eingesetzt.

Ein anderes Anwendungsgebiet sind Hinweisleuchten und Notleuchten, da Kompakt-Leuchtstofflampen eine lange Lebensdauer haben und eine höhere Lichtausbeute als Glühlampen und Halogenglühlampen besitzen.

Auch in Außenleuchten werden Kompakt-Leuchtstofflampen immer häufiger eingesetzt. Es muß jedoch darauf hingewiesen werden, daß bei niedrigen Temperaturen der Lichtstrom von Kompakt-Leuchtstofflampen je nach Bauart der Leuchte sehr stark abnehmen kann.

Die **Bilder 9.37** zeigen einen Schnitt durch ein Downlight für Kompakt-Leuchtstofflampen sowie einige Einbauformen.

In **Bild 9.38** ist die Wirkung des direkten Lichtes durch Downlights im Raum mit den parabolischen Mustern an der Wand deutlich erkennbar.

Bild 9.39 zeigt ein Anwendungsbeispiel in einem Vorplatz.

Bild 9.40 zeigt einen Bereich des neuen Louvre-Eingangsbereiches mit Kompakt-Leuchtstofflampen-Downlights beleuchtet.

Bild 9.37.1
Downlight für
Kompakt-Leuchtstofflampe

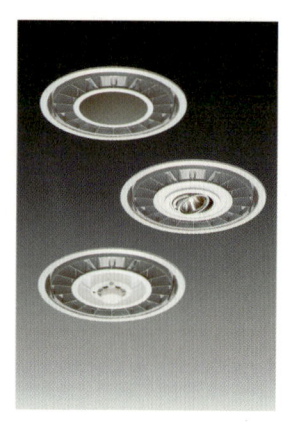

Bild 9.37.2
Einbau- oder Aufbauleuchte für
Kompakt-Leuchtstofflampen
mit integrierter Videokamera,
Kardanstrahler oder
Rauchmelder
(Circlet, WILA)

Bild 9.38
Raumbeleuchtung mit Downlight
für Kompakt-Leuchtstofflampe

Bild 9.39
Vorplatzbeleuchtung mit
Downlights (Werkbild Sill)

Bild 9.40
Downlights, Eingang Louvre

9.5.4 Leuchten für Leuchtstofflampen

Wegen der hohen Wirtschaftlichkeit haben Leuchten für Leuchtstofflampen im industriellen Bereich die höchste Bedeutung. Es ist eine Vielzahl von Leuchten für Leuchtstofflampen entwickelt worden, die je nach Anwendungszweck und Komfort außerordentlich unterschiedlich sind.

Aufgrund der Entwicklung von Spiegelrasterleuchten in den letzten 20 Jahren ist der Komfort dieser Leuchten sehr gesteigert worden. Die Eigenleuchtdichte von Spiegelrasterleuchten für Leuchtstofflampen ist mit Werten von unter 200 cd/m² im ausgeblendeten Bereich sehr niedrig. Durch die Richtwirkung der Spiegel lassen sich unterschiedliche Strahlungswinkel verwirklichen und hohe Leuchtbetriebswirkungsgrade erzielen.

Aus den folgenden Bildern können der prinzipielle Aufbau und die Lichtverteilungskurve für Leuchten mit Leuchtstofflampen entnommen werden.

Bild 9.41 zeigt mögliche Strahlungscharakteristiken von Spiegelrasterleuchten. Einbauvarianten in Deckensystemen von Langfeldleuchten veranschaulicht **Bild 9.42**.

Die **Bilder 9.43** bis **9.49** zeigen verschiedene Langfeldleuchten mit ihren wesentlichen technischen Kenndaten (Lichtverteilungskurven LVK) sowie die Leuchten in ihrem Aufbau.

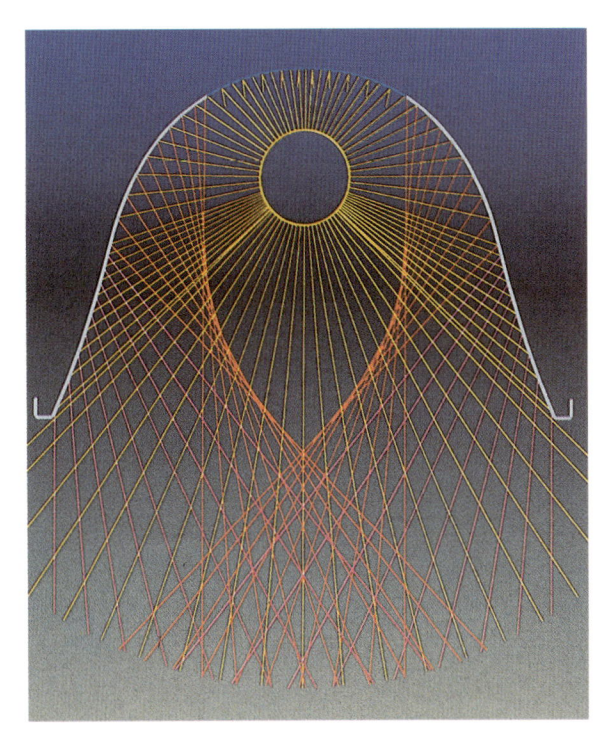

Bild 9.41
Leuchten für Leuchtstofflampen: Strahlung

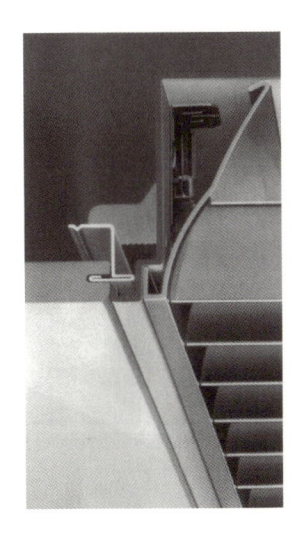

breitstrahlend

tiefstrahlend

tiefstrahlendasymmetrisch

Einbauleuchten, universell passend, für Decken mit verdeckten Tragschienen

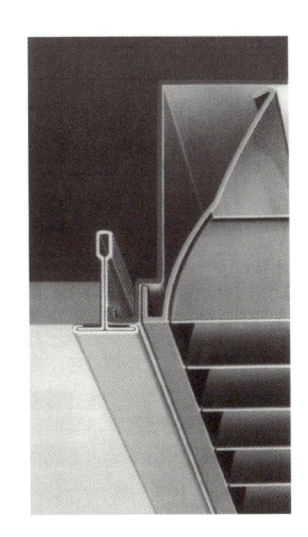

Einbauleuchten, universell passend, für Decken mit sichtbaren Tragschienen

Einbauleuchten, universell passend, für Decken mit gesägten Einbauöffnungen

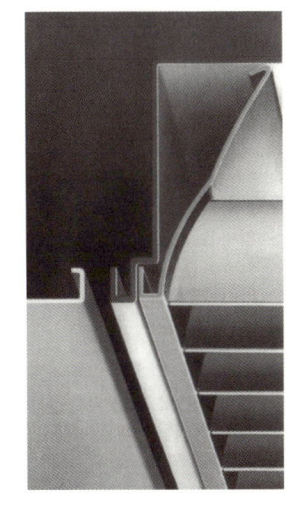

Einbauleuchten für Paneeldecken, in den Modulen 100, 150 und 200

Einbauleuchten für Sanierung, unter Beibehaltung vorhandener Deckensysteme

Bild 9.42
Leuchten für Leuchtstofflampen: Einbau

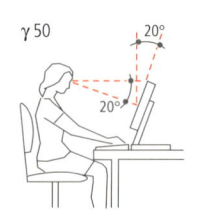

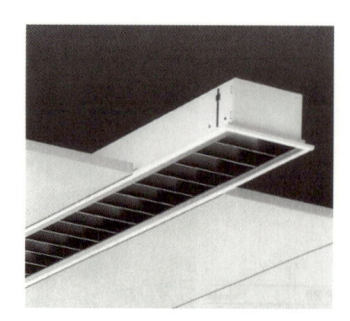

9. Lichttechnik

Lichtstärkeverteilung
Gemäß DIN 5032 Teil 4, Ebene $C_O - C_{180}$

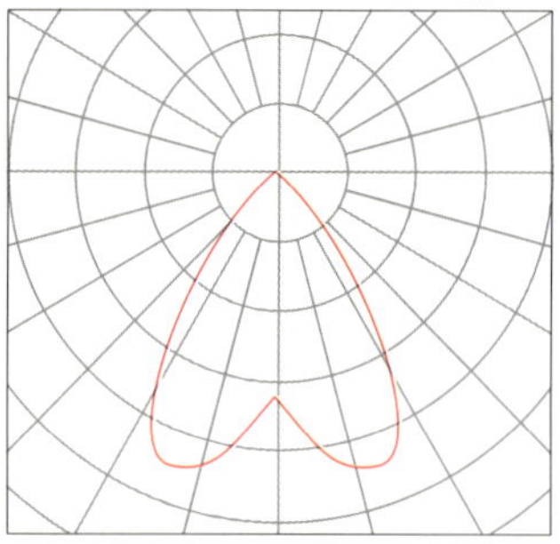

Wirkungsgrade $\eta_{LB} = 60\ \%$
Beleuchtungswirkungsgrade η_{LB} in %

	Decke	0,8	0,8	0,7	0,7	0,5	0,5	0,5	0,3	0
ρ	Wände	0,5	0,3	0,5	0,3	0,5	0,3	0,3	0,3	0
	Boden	0,3	0,1	0,2	0,1	0,3	0,3	0,1	0,1	0
Raumindex k	0,60	40	34	38	34	38	35	34	34	31
	0,80	45	39	43	39	44	40	39	38	35
	1,00	50	44	48	43	48	45	43	43	40
	1,25	56	49	53	49	53	50	48	48	45
	1,50	59	51	55	51	56	53	50	50	47
	2,00	63	55	59	54	59	57	54	53	51
	3,00	68	59	63	58	63	62	57	57	55
	5,00	72	61	65	60	66	65	59	58	56

Bild 9.43
Spiegelrasterleuchte 50°

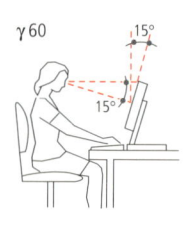

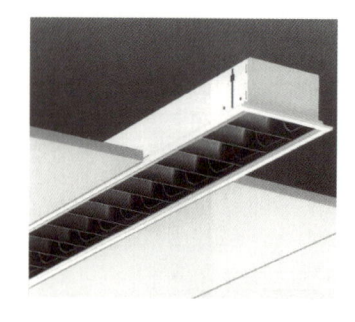

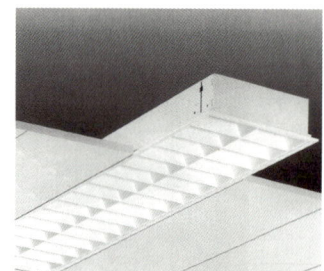

Lichtstärkeverteilung
Gemäß DIN 5032 Teil 4, Ebene $C_O - C_{180}$

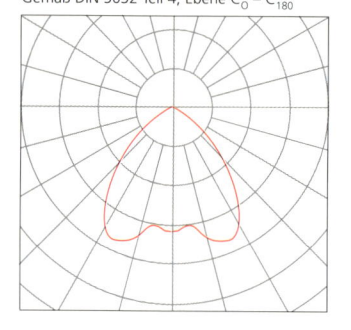

Wirkungsgrade $\eta_{LB} = 68\ \%$
Beleuchtungswirkungsgrade η_{LB} in %

	Decke	0,8	0,8	0,7	0,7	0,5	0,5	0,5	0,3	0
ρ	Wände	0,5	0,3	0,5	0,3	0,5	0,3	0,3	0,3	0
	Boden	0,3	0,1	0,2	0,1	0,3	0,3	0,1	0,1	0
Raumindex k	0,60	38	32	37	32	37	32	31	31	27
	0,80	47	40	45	40	45	40	39	39	35
	1,00	53	45	51	45	51	46	45	44	40
	1,25	60	51	57	51	57	53	50	50	46
	1,50	64	55	60	55	61	57	54	53	50
	2,00	70	59	65	59	65	62	58	57	54
	3,00	77	65	70	65	71	68	64	63	60
	5,00	81	68	74	68	74	73	67	66	63

Bild 9.44
Spiegelrasterleuchte 60°

Lichtstärkeverteilung
Gemäß DIN 5032 Teil 4, Ebene $C_O - C_{180}$

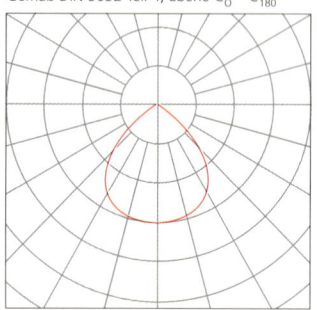

Wirkungsgrade $\eta_{LB} = 62\ \%$
Beleuchtungswirkungsgrade η_{LB} in %

	Decke	0,8	0,8	0,7	0,7	0,5	0,5	0,5	0,3	0
ρ	Wände	0,5	0,3	0,5	0,3	0,5	0,3	0,3	0,3	0
	Boden	0,3	0,1	0,2	0,1	0,3	0,3	0,1	0,1	0
Raumindex k	0,60	34	28	33	28	33	28	28	27	24
	0,80	41	35	40	34	39	35	34	34	30
	1,00	47	39	44	39	44	40	39	38	34
	1,25	53	45	50	44	50	46	44	43	40
	1,50	57	48	53	48	53	50	47	47	43
	2,00	62	52	57	52	57	54	51	50	47
	3,00	68	58	62	57	63	60	56	55	53
	5,00	73	61	66	61	66	65	59	58	56

Bild 9.45
Weiße Großrasterleuchte

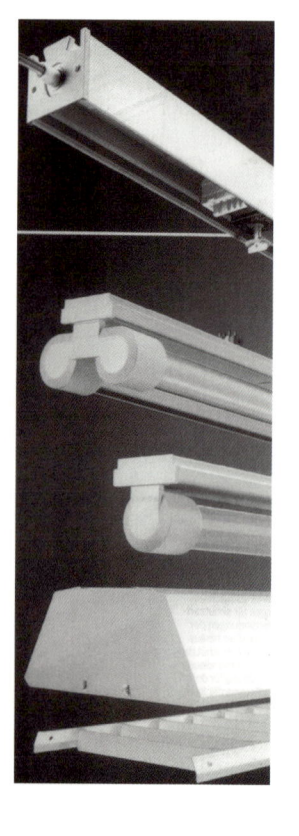

Bild 9.46
Leuchten in ihrem Aufbau
(Tragschiene/ Leuchtstofflampen/
Reflektorgehäuse/
Rasterelement)

9.5 Leuchten

Lichtstärkeverteilung

Gemäß DIN 5032 Teil 4, Ebene $C_0 - C_{180}$

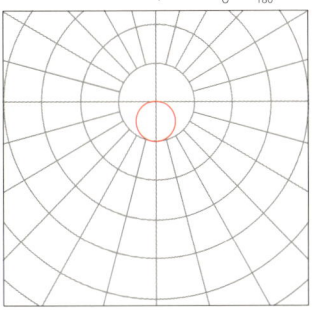

Wirkungsgrade η_{LB} = 35 %

Beleuchtungswirkungsgrade η_{LB} in %

	Decke	0,8	0,8	0,7	0,7	0,5	0,5	0,5	0,3	0
ρ	Wände	0,5	0,3	0,5	0,3	0,5	0,3	0,3	0,3	0
	Boden	0,3	0,1	0,2	0,1	0,3	0,3	0,1	0,1	0
Raumindex k	0,60	15	12	15	12	14	12	11	11	9
	0,80	19	15	18	15	18	15	14	14	11
	1,00	22	18	21	17	20	17	17	16	14
	1,25	25	20	23	20	23	20	20	19	16
	1,50	28	22	26	22	25	23	21	21	18
	2,00	31	25	28	25	28	25	24	23	21
	3,00	35	29	32	28	31	29	27	26	24
	5,00	38	32	34	31	34	33	30	29	27

Bild 9.47
Paneeleinbauleuchten

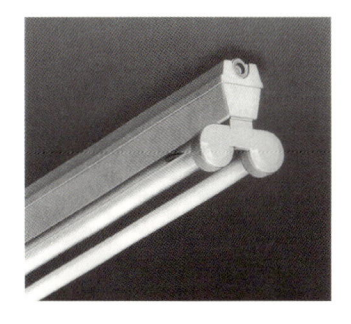

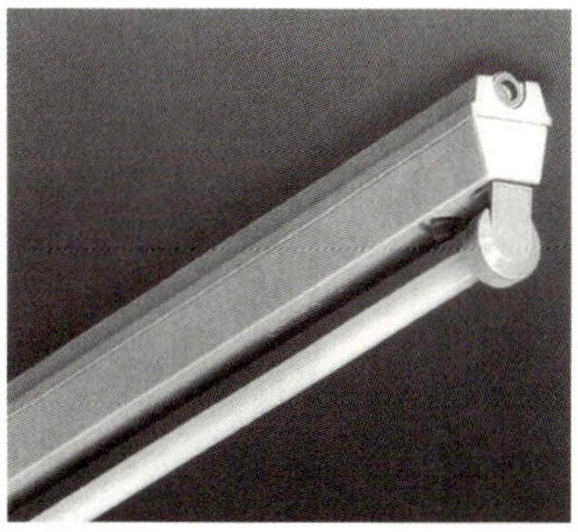

Lichtstärkeverteilung

Gemäß DIN 5032 Teil 4, Ebene $C_0 - C_{180}$

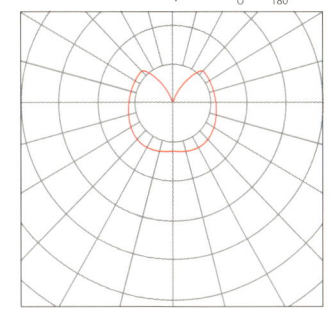

Wirkungsgrade η_{LB} = 93 %

Beleuchtungswirkungsgrade η_{LB} in %

	Decke	0,8	0,8	0,7	0,7	0,5	0,5	0,5	0,3	0
ρ	Wände	0,5	0,3	0,5	0,3	0,5	0,3	0,3	0,3	0
	Boden	0,3	0,1	0,2	0,1	0,3	0,3	0,1	0,1	0
Raumindex k	0,60	34	25	31	24	28	22	21	19	11
	0,80	43	33	39	31	35	28	27	24	15
	1,00	50	39	45	36	40	33	32	28	18
	1,25	58	45	51	43	46	39	38	33	22
	1,50	63	50	56	47	50	44	42	36	25
	2,00	71	57	63	54	56	50	47	41	29
	3,00	82	66	71	62	64	59	55	48	36
	5,00	91	74	79	70	72	68	62	55	41

Bild 9.48
Lichtleiste

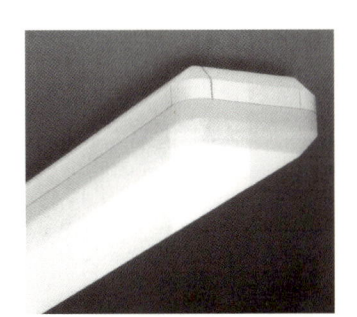

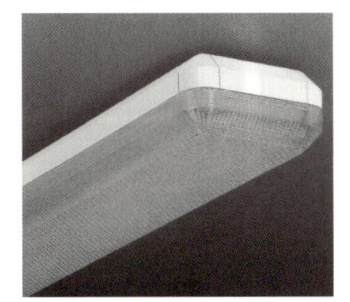

Lichtstärkeverteilung

Gemäß DIN 5032 Teil 4, Ebene $C_0 - C_{180}$

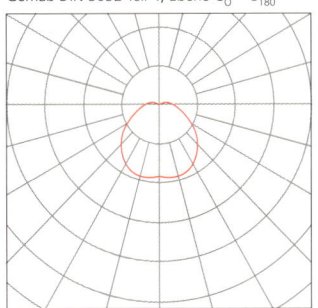

Wirkungsgrade η_{LB} = 59 %

Beleuchtungswirkungsgrade η_{LB} in %

	Decke	0,8	0,8	0,7	0,7	0,5	0,5	0,5	0,3	0
ρ	Wände	0,5	0,3	0,5	0,3	0,5	0,3	0,3	0,3	0
	Boden	0,3	0,1	0,2	0,1	0,3	0,3	0,1	0,1	0
Raumindex k	0,60	27	21	26	21	25	21	20	20	16
	0,80	33	27	32	26	31	26	25	25	20
	1,00	38	31	36	30	35	30	29	28	24
	1,25	44	36	41	35	40	35	34	33	28
	1,50	48	39	44	38	43	39	37	36	31
	2,00	53	43	48	43	47	44	41	40	35
	3,00	59	49	54	48	53	50	47	45	41
	5,00	65	54	58	53	57	55	51	49	45

Bild 9.49.1
Wannenleuchte

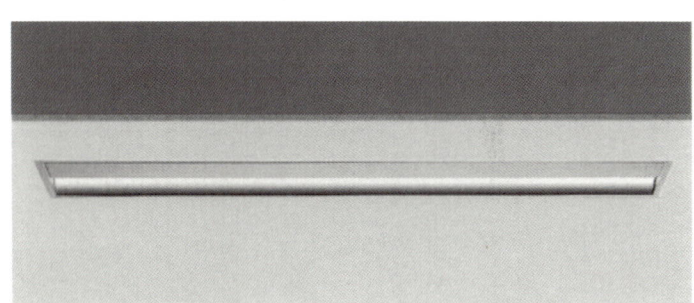

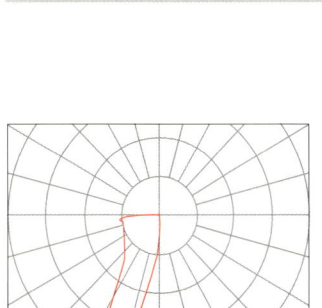

500 cd/klm

Bild 9.49.2
Einbauwandfluter

9.5.5 Leuchten für Entladungslampen

Wie bereits erwähnt, werden Leuchten für Entladungslampen für größere Hallen und Sportstätten sowie als Anstrahler verwendet. Im Innenraum haben sich Entladungslampen wegen ihrer hohen Lichtausbeute pro Lampe nicht durchsetzen können. Nach der Entwicklung von HQT-Lampen mit Leistungen von 35, 70 und 150 W sind jedoch Entladungslampen auch im Innenbereich mit niedriger Deckenhöhe vorstellbar.

Bild 9.50 zeigt eine Hallenleuchte für Entladungslampen. Im Innenbereich werden Halogen-Metalldampflampen in Deckenfluter eingesetzt. **Bild 9.51** zeigt eine solche Leuchte für die indirekte Beleuchtung eines Raumes. **Bild 9.52** veranschaulicht die Wirkung dieser Leuchte im Raum.

9.5.6 Leuchten für Sicherheitsbeleuchtung

Bei Stromausfall übernehmen Leuchten für Sicherheitsbeleuchtung die minimale Grundausleuchtung von Gebäuden, insbesondere Fluchtwegen. Auch Hinweisschilder für Fluchtwege werden fast in jedem Bauvorhaben eingesetzt.

Bild 9.53 veranschaulicht die Wirkungsweise der Sicherheitsbeleuchtung.

Bild 9.52
Indirektleuchte für Entladungslampe

Bild 9.50
Hallenspiegelleuchte für Hochdruckentladungslampen mit belüftetem Radflekt-Aluminiumreflektor für horizontale Lampenbrennlage (Modell: „Radbay", Thorn Licht GmbH, Dortmund)

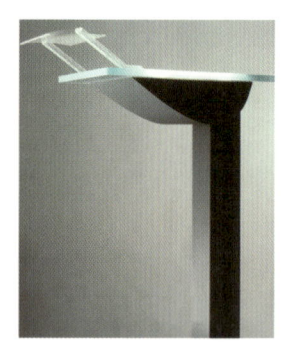

Bild 9.51
Indirekt-Stehleuchte für Entladungslampe

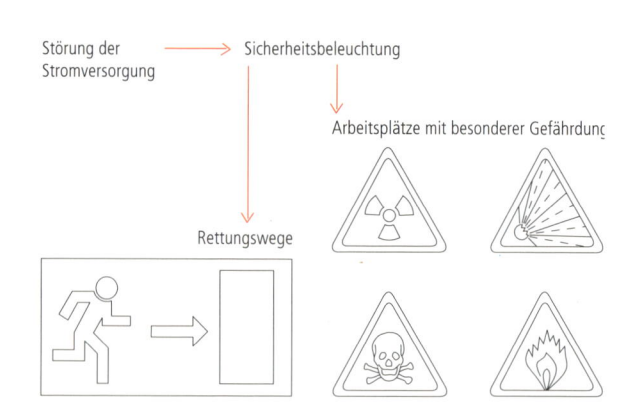

Bild 9.53
Funktion der Notbeleuchtung

9.5.7 Leuchten und Luftauslässe

Nachfolgend sollen Beispiele von Luftauslässen in Kombination mit Langfeldleuchten gezeigt werden.

Bild 9.54 zeigt Langfeldleuchten mit integriertem Schlitzauslaß in einem Bürobereich. Wie der Deckenspiegel zeigt, sind lediglich ein Teil der Leuchten mit Schlitzauslässen kombiniert, da die entsprechenden Luftauslässe eine Wurfweite (Eindringtiefe horizontal) von 3 bis 4 m haben. Somit sind nur alle 8 m entsprechende Schlitzauslässe mit Leuchten zu kombinieren (bei Großraumflächen). Bei kleineren Räumen ist die Beaufschlagung des Luftauslasses und die Wurfweite so zu gestalten, daß je Leuchte ein Schlitzauslaß eingesetzt wird.

Bild 9.55 zeigt eine Sonderform einer Beleuchtung eines Bürobereiches durch Voutenleuchten mit integriertem Schlitzein- und -auslaß. Der im Bild erkennbare Schlitzauslaß besteht lediglich zu 50 % aus dem eigentlichen Zuluftelement und zu 50 % aus einem Einlaßelement, um die Abluft des Raumes absaugen zu können.

Wie das **Bild 9.55** weiterhin darstellt, wird die Luft tangential in den Raum eingebracht und verläßt nach Durchströmung des Raumes diesen wiederum auf der Flurseite (teilweise über Schrankelemente, teilweise über den Abluftbereich der Schlitzschiene).

Bild 9.56 zeigt einen typischen Deckendiffusor, der in vier Richtungen seine Luft ausbreitet und mit einer quadratischen Leuchte kombiniert ist. Mit diesem Luftauslaß lassen sich große Luftmengen in den Raum einbringen und er kann in seiner Materialstruktur sowohl der Leuchte als auch der Decke total angepaßt werden.

Bild 9.57 zeigt einen Punktauslaß, Vari Drall (LTG), in Kombination mit Langfeldleuchten. Er ist im gezeigten Beispiel im Kreuzpunkt derselben eingesetzt.

Wie bereits festgestellt, zeigen die Bilder nur einen Teilausschnitt der Möglichkeiten, die heute am Markt erhältlich sind.

Bild 9.54
Langfeldleuchten mit integrierten Schlitzauslässen

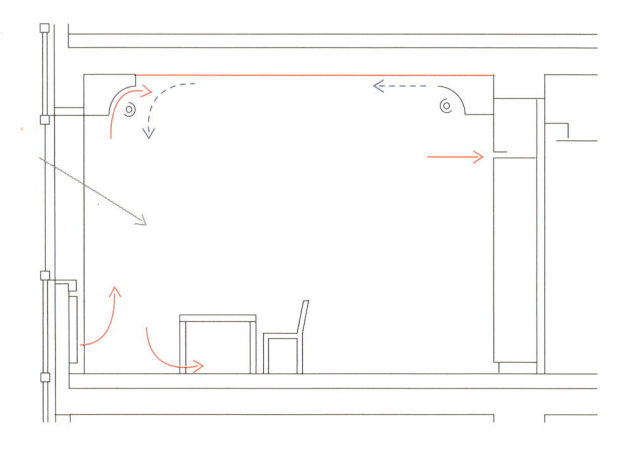

Bild 9.55
Voute mit Licht und Luft

Innenansicht einer Schrank-(Trenn)-Wand mit integrierten Schlitzauslässen (Tangentialzuströmung)

Winterbetrieb, schematische Darstellung der Lüftungsbetriebe

Bild 9.56
Langfeldleuchten mit Diffusionsauslaß

Bild 9.57
Punktauslaß (Vari Drall) in Kombination mit Langfeldleuchten

9. Lichttechnik

Leuchten mit kreisrundem Schlitzauslaß gemäß **Bild 9.58** zeigen ein sehr gelungenes Beispiel der Integration von Licht und Luft.

Die Rundleuchten mit Drall-Einsätzen gemäß **Bild 9.59** zeigen eine andere Gestaltungssprache, können jedoch gleichermaßen als gelungenes Integrationskonzept bezeichnet werden. Im Bild gut erkennbar ist der Zulufteinlaß (mit Lochblechblende), darüber linksseitig ein weiterer Stutzen, über den Abluft direkt durch die Leuchte abgesaugt werden kann, um die Leuchtenwärme direkt abzuführen, ohne den Raum zu belasten.

Bei der Spiegelrasterdecke **(Bild 9.60)** handelt es sich um ein raumabschließendes Element, das die Funktion eines Reflektors, der Zuluftverteilung und der diffusen Schallstreuung übernimmt. **Bild 9.60** zeigt eine Spiegelprofildecke mit integriertem Dralluftauslaß in einer Großraumfläche.

Bild 9.58
Rundleuchte HAL mit Schlitzauslaß

Bild 9.60
Spiegelprofildecke mit integriertem Punktauslaß

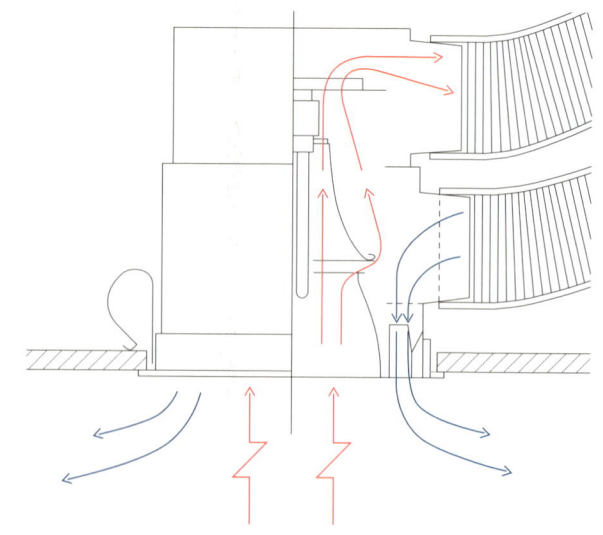

Bild 9.59
Einbauleuchte mit Klimafunktion für Zu- und Abluft (WILA)

9.5 Leuchten

Die nachfolgenden Bilder zeigen Objekte, bei denen die Architekten zusammen mit Lichtplanern und Klimaplanern besonderen Gestaltungsansprüchen nachgekommen sind. **Bild 9.61** zeigt eine Deckengestaltung in Form eines überdimensionalen Reflektors für eine Kassenhalle, wo der übliche Leuchtenreflektor übergroß in Einzelelemente (schwenkbar) aufgelöst wurde und in das Tragprofil schmale Schlitzauslässe integriert wurden, um die notwendigen Zuluftmengen in den Raum auszubringen.

Bei indirekter Beleuchtung über matt verspiegelte Aluminiumdecken oder matte Chromdecken ist die Beleuchtung (Lichtquelle) von der Decke selbst abgelöst (ausgenommen Notbeleuchtung oder Spots) und die Integration der Luftauslässe in linearer Form (Schlitzschienen) ist ohne weiteres möglich **(Bild 9.62)**.

Bild 9.63 zeigt aufgeständerte, großformatige Leuchten in einer Hotelhalle. Die Leuchten stehen auf einem kräftigen Fuß, der gleichzeitig auch einen Luftauslaß aufnehmen könnte, um die Zuluft in den Aufenthaltsbereich per Verdrängungsströmung einzubringen. Bei dem gezeigten Beispiel ist der Luftauslaß in die Leuchte selbst nicht integriert, aber es wäre ohne weiteres denkbar, hier eine entsprechende Integration herbeizuführen.

Bild 9.61
Gestaltete Aluminiumdecke mit integrierten Leuchten und Luftauslaß

Bild 9.63
Ständerleuchten mit Möglichkeit des integrierten Luftauslasses zur Verdrängungsströmung

Bild 9.62
Spiegeldecke mit integrierten Luftauslässen, indirekt beleuchtet

9.5.8 Lichtsysteme mit Kühldecken

Seit mehreren Jahren werden zunehmend Kühldecken eingesetzt, um die Luftmengen in klimatisierten Gebäuden zu vermindern. Kühldecken sind in der Lage, einen wesentlichen Teil der in den Räumen freiwerdenden Wärmemengen durch Kaltwasser zu kompensieren, das heißt Deckenkühlelemente in Form von Paneel- oder Flachdecken übernehmen aufgrund der thermisch aufsteigenden Warmluft einen Teil der Kühllastkompensation. Im Raum aufsteigende warme Luft kühlt sich an der mit Kaltwasser durchflossenen Decke ab und sinkt langsam wieder zurück in den Raum (Aufenthaltszone/Schwerkraftprinzip). Wenn ein hygienischer Lufthaushalt erzielt werden soll, erfolgt in der Regel eine Kombination der Kühldecke mit einer Luftführung von unten nach oben. Da sich für die Kühldecke verschiedenartige Deckenelemente anbieten, ist eine Kombination und Integration mit Leuchten ohne weiteres möglich. Als Beispiel für den Einbau und die Integration von Leuchten in Kühldecken ist in **Bild 9.64** eine entsprechende, geöffnete Decke dargestellt, um sowohl die Leuchte als auch die Kühlelemente zu zeigen. Bei dem hier gezeigten Beispiel werden die unteren Deckenelemente (sichtbare Deckenfelder) auf die Kühlelemente aufgeklipst und die Leuchten zwischen die Kühlelemente eingehängt. Da in der Regel nicht die gesamte Fläche eines Büros mit Kühlelementen bestückt wird, ist auch eine Integration mit runden oder quadratischen Leuchten sowie gestalteten Deckenelementen denkbar, wie **Bild 9.65** zeigt.

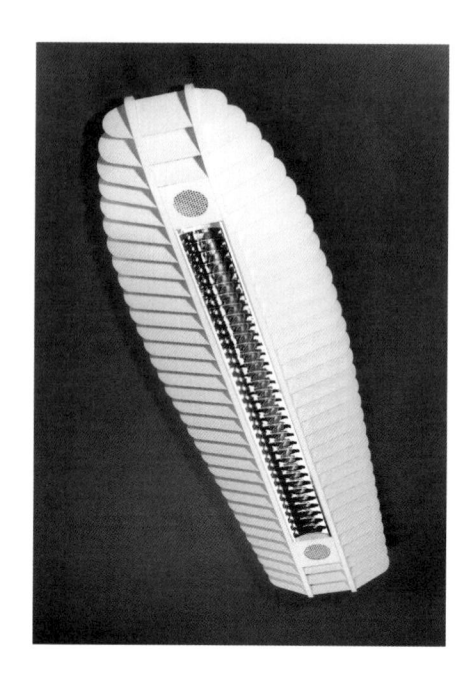

Bild 9.65
Gestaltetes Decken-Kühl-Akustikelement mit integrierten Leuchten

Bild 9.64
Kühldecke mit Einbauleuchten

9.6 Wirtschaftlichkeits-Kriterien

Die direkten Kosten einer Beleuchtungsanlage setzen sich zusammen aus:
– Investition Leuchten
– Investition Leuchtmittel
– Investition Montage und Anschluß.

Die Leuchten werden mit elektrischer Energie versorgt, so daß folgende Kosten berücksichtigt werden müssen:
– Investition der Zuleitung
– Investition der Unterverteilung
– Investition des Steigeleitungssystems
– Investition der Stromversorgung einschließlich Transformatoren usw.

Da Leuchten Wärme abgeben, sind bei raumlufttechnisch behandelten Räumen folgende zusätzliche Kosten für die Beleuchtungsanlage in Abhängigkeit der Anschlußleistung der gesamten Beleuchtungsanlage zu berücksichtigen:
– anteilige Kosten der Lüftungs- oder Klimaanlage
– anteilige Kosten der Heizungsanlage
– anteilige Kosten der Kälteanlage
– und gegebenenfalls zur Führung der Kanäle anteilige Kosten der Geschoßhöhe.

Bei großen Projekten im Hochbau sind alle diese Kostenansätze bei vergleichender Betrachtung von Beleuchtungssystemen relevant. Wird eine Beleuchtungsanlage mit niedrigem Anschlußwert für die Beleuchtung ausgewählt, so bedeutet dies nicht, daß lediglich Leuchten und Leuchtmittel eingespart werden. Es werden anteilige Kosten sowohl in der Stromversorgungsanlage als auch bei den raumlufttechnischen Anlagen eingespart.

Bei einer Wirtschaftlichkeitsberechnung wird zudem auch der Kapitaldienst für Verzinsung und Abschreibung aller Investitionen berücksichtigt.

Betriebskosten

Zu den Betriebskosten gehören nicht nur die Kosten für den Stromverbrauch der Leuchte zuzüglich der notwendigen Vorschaltgeräte, sondern auch:

– Leuchtmittelersatzkosten und Montage, wobei die Nutzlebensdauer der Lampe und die jährliche Benutzungszeit die ausschlaggebende Rolle spielt,
– Reinigungskosten der Leuchten,
– Wartungs- und Reparaturkosten der Leuchten.

Wie auch bei den Investitionen sollten die indirekten Betriebskosten berücksichtigt werden, wie bei anteiligen Wartungskosten der Elektroanlage und Stromwärmeverlusten durch Transformatoren und Leitungen.

Bei raumlufttechnisch behandelten Gebäuden kann der Stromverbrauch für Ventilatoren und Kältemaschinen ein Vielfaches des Stromverbrauchs der Leuchte selbst betragen.

9.6.1 Berechnungsmethode

Im ersten Ansatz der Planung wird im allgemeinen lediglich die Beleuchtungsstärke einer Beleuchtungsanlage im Raum ermittelt und auf Übereinstimmung mit geltenden Normen geprüft.

In der Praxis werden heute zwei Verfahren angewandt:
– Wirkungsgradmethode
– Computerberechnung.

Bei der Wirkungsgradmethode werden die geometrischen Abmessungen des Raumes berücksichtigt, der Reflexionsgrad für Decke, Wände und Nutzebene sowie Strahlungscharakteristik und Wirkungsgrad der Leuchte.

Im folgenden Beispiel wurde eine Lösung für einen Büroraum von einer Tiefe von 5 m und einer Breite von 4,37 m mit einem Computerprogramm berechnet, und über dieses sollte ein Beleuchtungsvorschlag mit Leuchtstofflampen L 36 W und Spiegelrasterleuchten ermittelt werden. Das Ergebnis (**Bild 9.66**) weist für den Raum 9 Leuchten L 36 W aus, wobei der spezifische Anschlußwert für den Raum mit 17 W/m² angegeben wird.

Bild 9.66
Büroraum mit neuen Leuchten L 36 W nach Computerberechnung

Beleuchtungsstärkeverteilung in der Nutzebene (0,80 m)

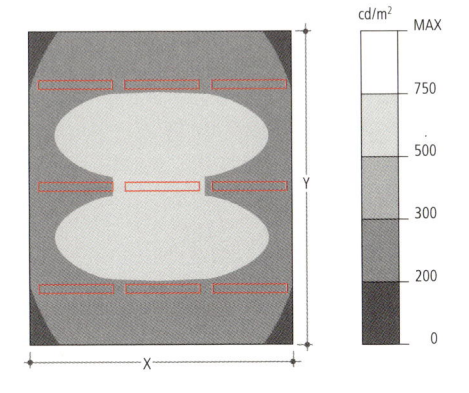

Stück	Leuchtentype	Lph	Lampe(n)/(lm)	C/V-Faktor
9	ZUMTOBEL RAB A 1/36W (VVG) TST	1.871	T26 1/3W/3.450	0.95/0.80

Zusammenfassung der Berechnungsergebnisse (RPkt: 10, 10, 10/1)

Mittelwerte:	Beleuchtungsstärken			Leuchtdichten
	Gesamt	Direkt	Indirekt	Gesamt
Decke	78	0	78	17.4
Wände	150	82	68	23.9
Nutzebene	460	390	70	51.2 (Rho = 35 %)

Spezifischer Anschlußwert: 17.0 W/qm/460 Lx = > 3.7 W/qm/100 Lx

Lichtstärkeverteilungskurve

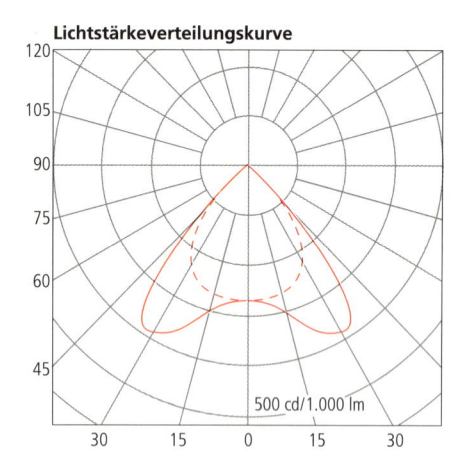

500 cd/1.000 lm

Tabelle 9.8
Beleuchtungsvorschläge Büroraum, nach Wirkungsgradmethode ermittelt

	C – 0	C – 90	C – 180
0	267	267	267
5	269	267	269
10	276	267	276
15	296	263	296
20	332	254	332
25	360	240	360
30	377	222	377
35	359	193	359
40	251	146	251
45	69	72	69
50	2	2	2
55	0	0	0
60	0	0	0
65	0	0	0
70	0	0	0
75	0	0	0
80	0	0	0
85	0	0	0
95	0	0	0
105	0	0	0
115	0	0	0
125	0	0	0
135	0	0	0
145	0	0	0
155	0	0	0
165	0	0	0
175	0	0	0
180	0	0	0

Beleuchtungswirkungsgrade

Korrekturfaktoren	Betriebswirkungsgrad	0,59
18W : – –	LITG-Klassifikation	A50
36W : 1,00	BZ-Klassifikation	BZ2/1/BZ3/2/BZ4
58W : 0,98	UTE-Klassifikation	0,59A

Refl. Gr.	Decke	80	80	80	80	50	50	50	30	0
	Wände	50	50	30	30	50	30	30	30	0
	Boden	30	10	30	10	30	30	10	10	0

Raumverhältnis k										
0,60	37	35	32	31	36	32	31	31	28
0,80	43	40	39	37	41	38	36	36	33
1,00	48	44	43	41	45	42	40	40	37
1,25	51	47	47	44	48	45	43	42	39
1,50	54	49	49	45	50	47	44	44	41
2,00	56	50	52	47	52	49	46	45	42
2,50	58	52	54	49	54	50	47	46	43
3,00	61	53	56	50	55	52	49	48	45
4,00	64	56	61	53	59	56	52	51	48
5,00	66	56	62	54	60	57	53	52	49

Für den gleichen Raum wurde mit der Wirkungsgradmethode die notwendige Anzahl der Leuchten ermittelt und in **Tabelle 9.8** dargestellt.

Im ersten Ansatz wurden Langfeldleuchten L 36 W konzipiert. Nach der Berechnung werden 7,9 Leuchten benötigt, wobei durch die Raumgeometrie bedingt 9 Leuchten L 36 W eingesetzt werden müssen.

Bei beiden Methoden wird die mittlere Beleuchtungsstärke im Raum zur Ermittlung der notwendigen Leuchtenstückzahlen zum Ansatz gebracht.

Das Beispiel läßt sich auch mit Leuchten L 58 W durchführen, Beispiel (1.2) in **Tabelle 9.8**. Die rechnerische Leuchtenzahl beträgt nach Rundung 6 Stück.

Wird die notwendige Beleuchtungsstärke auf den Raumbereich zoniert, in dem die Arbeit tatsächlich stattfindet, Zonierung in **Bild 9.67** dargestellt, so läßt sich ermitteln, daß die nach Wirkungsgradmethode berechnete Leuchtenanzahl nicht notwendig ist. Für den oben angegebenen Raum werden 6 Leuchten L 36 W benötigt bzw. 4 Leuchten L 58 W, wenn man lediglich die Fläche einsetzt, die man wirklich mit der Beleuchtungsstärke beleuchten möchte.

Projekt			BEISPIEL	VARIANTE 1	VARIANTE 2
			1.1. L36W	1.2. L58W	1.1. L36W Zonal gerechnet
Raum			BÜRORAUM		
Maße: Breite	a	m	4,37		Zonal 3,5
Länge	b	m	5,00		Zonal 3,5
Fläche	$A = a \cdot b$	m²	21,87		Zonal 12,25
Raumhöhe	h_R	m	2,85		
Leuchtenhöhe über Nutzebene (für Deckenleuchten $h = h_R - 0{,}85$)		m	2,00		
Raumindex $k = \dfrac{a \cdot b}{h(a+b)}$			1,45		
Reflexionsgrade ρ für Decke/Wände/Nutzebene			0,8/0,5/0,3		
Raumzweck/Sehaufgabe					
Nennbeleuchtungsstärke E nach DIN 5035 I nach Planung (berechnet)		lx	500		
Lichtfarbe-Gruppe nach DIN 5035 I nach gewählte Lampe			/21		
Farbwiedergabeeigenschaft-Stufe nach DIN 5035 I nach gewählte Lampe			A		
Güteklasse der Blendungsbegrenzung nach DIN 5035 I Leuchte nach Kurve zulässig bis			/	/ lx	lx	lx
Leuchtentyp					
Befestigungsart					
Lampentyp			L36W/21	L58W/21	L36W/21
Nennlichtstrom Φ		lm	3.450	5.400	3.450
Umrechnungsfaktor f			1,00	0,98	1,00
Praxisfaktor f_1			0,95	0,95	0,95
Tabellenwert η^1_B			0,53	0,53	0,53
Beleuchtungswirkungsgrad $\eta^1_B = \eta_B \cdot f \cdot f_1$			0,50	0,50	0,50
Lampenzahl $n = \dfrac{1{,}25 \cdot E \cdot A}{\Phi \cdot \eta_B} = \dfrac{1{,}25 \cdot E \cdot a \cdot b}{\Phi \cdot \eta_B \cdot f \cdot f_1}$			7,9	5,0	4,4
Leuchtenzahl nach Rechnung (Lampenzahl n gerundet)			8 → 9	5 → 6	4
NACH COMPUTERÜBERPRÜFUNG			6	4	STIMMT MIT COMPUTER

9.7 Beleuchtungssysteme in der Anwendung

9.7.1 Bürogebäude
9.7.1.1 Büroräume

Büroräume sollten mit einer Beleuchtungsstärke zwischen 300 und 750 lx ausgestattet werden, um im Arbeitsfeld Infeldleuchtdichten von 75 bis 150 cd/m² zu erzielen. Bei diesen Beleuchtungsstärken sind sowohl normale Bürotätigkeiten als auch Bildschirmarbeitsplätze relativ unproblematisch. Folgende Lösungsmöglichkeiten werden heute in Büroräumen angewandt:

– direkt strahlende Leuchte (Aufbau, Deckeneinbau oder abgependelt) **(Bilder 9.68)**
– direkt und indirekt strahlende Leuchte abgependelt **(Bilder 9.69)**
– Kompaktleuchtstofflampen-Downlights in die Decke eingebaut
– direkt strahlende Lichtsysteme in der Decke mit zusätzlicher Arbeitsplatzleuchte **(Bild 9.70)**
– indirekt strahlende Systeme
– direkt und indirekt strahlende Systeme in Kombination, **Bild 9.71**
– individuell gestaltete Systeme in Kombination mit Kühldecken.

Bei direkt strahlenden Systemen ist mit 8 bis 15 W/m² Anschlußleistung und bei indirekt strahlenden Systemen mit 10 bis 25 W/m² zu rechnen.

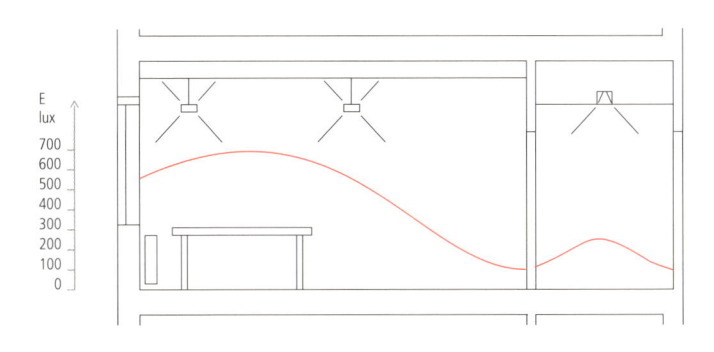

Bild 9.67
Beleuchtungsstärkeverlauf, Büroraum zoniert beleuchtet; Beleuchtungsstärkeverlauf, Bodenraster zoniert beleuchtet

Y Länge der Fläche: 5.000 m
X Breite der Fläche: 4.375 m

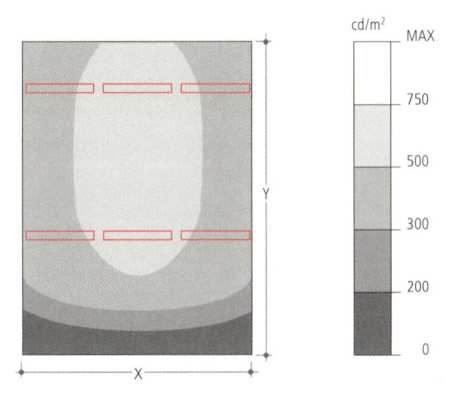

Bild 9.68.1
Büroraum mit direkt strahlenden Spiegelrasterleuchten

Bild 9.68.2
Büroraum mit indirekt und direkt strahlendem, abgependeltem Lichtbandsystem (Modell „ZX-ML Mildes Licht", Zumtobel Staff)

9. Lichttechnik

Bild 9.68.3
Universell einsetzbare Pendel- oder Anbau-Rasterleuchte mit exakt abgestimmtem, indirekten Lichtanteil (Modell: „Challenge", Thorn Licht GmbH, Arnsberg)

Bild 9.70
Büroraum mit Downlights und Arbeitsplatzleuchten

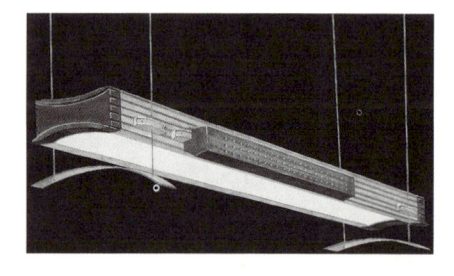

Bild 9.69.2
Direkt/indirekt strahlende Spiegelrasterleuchte für Büroanwendungen mit Glasscheibe als Informationsträger (Modell: „Basic Line" mit „Pikto", Thorn Licht GmbH, Arnsberg)

Bild 9.69.1
Büroraum mit direkt und indirekt strahlenden, abgependelten Leuchten (Modell La Trave, Zumtobel Staff)

Bild 9.71
Büroraum mit indirekt und direkt strahlenden Systemen in Kombination

Bild 9.72
Eingangshalle Lamy Innovationswerkstatt (ERCO, Arch.: Bertsch Friedrich Kalcher, Stuttgart)

9.7.1.2 Flure

Die Auswahl der Beleuchtungsstärke bei Fluren sollte im wesentlichen von den Materialreflexionen abhängig gemacht werden. Wie bereits erwähnt, wirkt ein Material mit 15 % Reflexionsgrad bei 200 lx genauso hell wie ein Material von 30 % Reflexionsgrad bei 100 lx. In Fluren, bei denen die Detailerkennbarkeit keine große Rolle spielt, können so mit hellen Materialien Stromkosten eingespart werden.

Werden Flure mit direkt strahlenden Lichtsystemen (Downlights) beleuchtet, so ist der Fußboden die optisch wirksame Fläche. Werden hingegen Flure indirekt beleuchtet, so ist die Decke optisch wirksam. Die beleuchteten Flächen bestimmen sowohl das Lichtmilieu als auch den Stromverbrauch. Auch in Fluren sind indirekt strahlende Systeme verbrauchs- und investitionskostenintensiver als direkt strahlende Systeme.

Lange Flure müssen nicht unbedingt eine gleichmäßige Beleuchtungsstärke besitzen. Wenn Flurabzweigungen oder Punkte in Fluren, an denen eine Information erwartet wird, sehr viel heller beleuchtet werden, können andere Bereiche abgedunkelt werden, ohne daß ein tristes Raummilieu entsteht.

9.7.1.3 Eingangshallen/Kassenhallen

Die äußere Gestaltung und die Lage des Gebäudes sind die Visitenkarte eines Unternehmens nach außen. Die Kassenhalle einer Bank ist die Begegnungsstätte zwischen den Mitarbeitern und den Kunden. Aus diesem Grunde kommt der Gestaltung von Kassenhallen und Eingangshallen mit Einrichtung, Material, Farbe und Licht eine besondere Bedeutung zu.

In den meisten Fällen erhalten große Kassenhallen einen Kundenbereich, der zur Orientierung und zum Aufenthalt des Kunden dient und zudem oft für Ausstellungen benutzt wird. In solchen Bereichen ist das Wissen um das Zusammenwirken von Licht und Reflexion besonders wichtig, da im Kundenbereich, mit Ausnahme von Ausstellungen, keine besonderen Sehaufgaben mit hoher Konzentration vorkommen. Die Helligkeit kann hier hauptsächlich nach ästhetischen Gesichtspunkten gewählt werden. Die auffallende Beleuchtungsstärke ist für das Auge nicht wahrnehmbar und somit nicht bewertbar, denn die Leuchtdichte ist der Bewertungsmaßstab für das reflektierte Licht und stimuliert die Netzhaut. Für die Helligkeit in einer Kassenhalle ist somit die Leuchtdichte die entscheidende Größe. **Bild 9.72** zeigt als gutes Beispiel die Eingangshalle der Lamy Innovationswerkstatt.

Helle Fußböden in Hallen, wie **Bild 9.73** zeigt, verstärken sowohl den Helligkeitseindruck des Tageslichtes als auch den des Kunstlichtes.

Offene Kundenbereiche stellen in einer Bank besondere Anforderungen an die Ausleuchtung mit Tageslicht und Kunstlicht. In vielen Fällen ist es möglich, Tageslicht durch ein Oberlicht in die Hallen einzubringen. Sowohl für den arbeitenden Menschen als auch für den Kunden ist es ein besonderes Erlebnis, auch im Innenraum das Pulsieren des Tageslichtes durch das Oberlicht spüren zu können. Ein Konflikt ist jedoch dadurch gegeben, daß bei Tageslicht so hohe Helligkeiten auftreten können, daß sie Spiegelungen von Umgebungsmaterialien in Bildschirmen von Datensichtgeräten überlagern, was die Ablesbarkeit sehr schwierig macht. Aus diesem Grunde ist eine Reduzierung der Leuchtdichte durch Tageslichtelemente genauso notwendig wie eine Abstimmung der Materialien auf die entstehende Beleuchtungsstärke. Hierzu gibt es mehrere Möglichkeiten, wie in den folgenden Bildern gezeigt wird:

Bild 9.73 zeigt bei einer Sparkasse ein Tageslichtsystem, dessen obere Verglasung aus lichtstreuendem Isolierglas besteht. Die direkte Sonnenstrahlung wird hier in diffuse Sonnenstrahlung umgewandelt. Die Unterdecke mit einem speziell strukturierten Glas übernimmt die Leuchtdichtereduzierung. Die Tageslichtergänzungsbeleuchtung wird durch Leuchtstofflampen zwischen den beiden Systemen vorgenommen und die repräsentative Beleuchtung erfolgt mit speziellen Linsenlüstern mit Halogenlampen.

Bild 9.73
Kassenhalle Sparkasse Bremen,
Beleuchtung Linsenlüster-
Verglasung OKA-Lux

Bei einem anderen Bankgebäude (**Bild 9.74**) beschränkt sich der Tageslichteinfall auf Randbereiche, um hohe Wärmelasten im Innenbereich nicht kompensieren zu müssen. Die Ausblendung der hohen Himmelsleuchtdichte ist durch die Geometrie der Konstruktion gegeben. Der Innenbereich besteht aus einer verspiegelten Decke, die die Begrenzung nach oben etwas auflöst. Die Tageslichtergänzungsbeleuchtung wird von Leuchtstofflampen erzeugt, die hinter Glasstäben angeordnet sind. Die Repräsentationsbeleuchtung erfolgt mit eingebauten Halogenlampen Downlights in Zusammenhang mit einem großen Linsenlüster.

Bei allen Systemen ist ein Ausblick nach oben nicht mehr gegeben. Die Schwankungen der Helligkeit können jedoch im Innenraum wahrgenommen werden. Da Ausblicke nach oben in Kassenhallen bei integrierten Arbeitsplatzlösungen kaum möglich sind, wurden Ausblendsysteme entwickelt, die auf Sonnenumkehrprismen beruhen, wie es **Bild 9.75** zeigt. Auch sind metallische Umlenksysteme zwischen den Scheiben für die Tagesbelichtung von Kassenhallen denkbar, wie in **Bild 9.76** bei einer Dacheindeckung mit dem System OKA-SOLAR gezeigt wird.

Bild 9.74
Kassenhalle Kreissparkasse Osnabrück,
Beleuchtung Glasstableuchten und
Halogenstrahler

Bild 9.75
Sparkasse Bamberg, Halle mit
Prismen-Verglasung,
Beleuchtung HQI-Strahler

9.7.1.4 Vortrags- und Besprechungsräume

In Vortrags- und Besprechungsräumen finden sowohl repräsentative Veranstaltungen als auch Arbeitstreffen statt. Aus diesem Grunde sollten unterschiedliche Lichtmilieus geschaltet werden können. Eine gute Arbeitsbeleuchtung mit mindestens 300 lx am Besprechungstisch und Möglichkeiten der Aufhellung der Wände bis zur Abdunklung bei Vorträgen mit Dias oder Overheadfolien bis hin zur Milieuschaltung für Arbeitsessen oder festliche Veranstaltungen sollten als Ausstattungsmöglichkeit angeboten werden. Dies kann bedeuten, daß mehrere Lichtsysteme im Raum vorhanden sind, die zu verschiedenen Anlässen eingeschaltet werden oder auch zusammen eingeschaltet ein bestimmtes Raummilieu bieten.

Bild 9.77 zeigt einen mittelgroßen Konferenzraum; **Bild 9.78** zeigt einen kleinen Besprechungsraum und **Bild 9.79** einen großen Konferenzbereich.

Bild 9.77
Konferenzraum Kreissparkasse Osnabrück

Bild 9.78
Besprechungsraum Bayerische Landesbank, München

Bild 9.76
Halle mit OKA-Solar-Verglasung

Bild 9.79
Großer Konferenzraum EPA München

9.7.2 Fabrikgebäude und Produktionsstätten

Die in Produktionsstätten anfallenden Arbeiten können weit höhere Sehaufgaben darstellen als Arbeiten in Büroräumen, Besprechungsräumen und Schulen. Es können sehr hohe Sehaufgaben in bezug auf Detailgröße, Struktur, Form und Farbe verlangt werden.

Wegen der Größe der Flächen wird im allgemeinen in Produktionsgebäuden bei hohen Sehaufgaben nicht die komplette Halle entsprechend beleuchtet, da dies zu sehr hohen Investitionen und Betriebskosten führen würde. Bei höheren Anforderungen innerhalb eines Produktionsbetriebes wird daher in der Regel die Allgemeinbeleuchtung durch örtliche, zonale Beleuchtung ergänzt. Die Allgemeinbeleuchtung oder die Beleuchtung für größere Raumbereiche wird in Bauten bis 6 m Höhe in der Regel von Leuchten für Leuchtstofflampen mit Reflektoren sehr wirtschaftlich vorgenommen. Die Leuchten werden häufig als Lichtband direkt an der Decke angebracht oder an Pendeln abgehängt **(Bild 9.80)**.

Lichtbänder sollten rechtwinklig zu Werkbänken und Maschinen angeordnet werden, um störende Schatten und Reflexe vermeiden zu können.

Auch für Tätigkeiten in der Industrie gelten für das Auge die gleichen Gesetze wie im Büro. Deshalb sollte die Eigenleuchtdichte der Leuchten ebenfalls begrenzt sein und möglichst keine frei strahlenden Reflektorlichtleisten verwendet werden, auch wenn dies aus Kostengründen immer wieder getan wird. Wie bereits erwähnt, führen hohe Leuchtdichten im Raum (durch offene Lichtleisten) zur vorzeitigen Ermüdung und zu Fehlern. Diese Fehler können oft sehr viel teurer werden als der Einbau von Leuchten mit Ausblendrastern einer guten Qualität.

In höheren Hallen werden sinnvollerweise punktförmige Lichtquellen (Metallhalogen-Dampflampen) in Hallenspiegelleuchten verwendet **(Bild 9.81)**. Tief strahlende Hallenleuchten, die besonders wirtschaftlich eingesetzt werden können, können jedoch auf hoch glänzenden Materialien Reflexblendungen erzeugen, so daß die Auswahl der Lichtsysteme in jedem Fall im Zusammenhang mit den zu verarbeitenden Materialien und der damit anfallenden Sehaufgabe getroffen werden sollte.

Bild 9.80
Fabrikhalle mit Langfeldleuchten für Leuchtstofflampen

Bild 9.81
Ausstellungshalle mit Halogenspiegelleuchten

9.7.3 Hotels, Kongreßzentren u. ä.

In Hotelhallen und Kongreßzentren soll die Aufmerksamkeit der Besucher zum Empfang hin gerichtet sein. Der Empfang kann entweder infolge besonders gestalteter, heller Materialien hervorgehoben werden oder mit einer zonal höheren Beleuchtungsstärke. Um größere Hotelhallen auch optisch aufzulockern, sollten unterschiedliche Lichtmilieus zum Beispiel bei Sitzinseln angewendet werden.

Die Beleuchtung von Restaurants und Frühstücksräumen hängt vom Ambiente des Restaurants ab. Glühlampen oder Halogenglühlampen, zonal beleuchtet, können abends ein anderes Milieu schaffen als eine Tageslichtergänzungsbeleuchtung beim Mittags- oder Frühstücksbetrieb.

Korridore sind in den Hotels sehr wesentliche Stromverbraucher, da sie fast immer im Inneren des Gebäudes liegen und somit ständig beleuchtet sind. Hier empfiehlt es sich, Kompaktleuchtstofflampen zu verwenden, die eine höhere Lichtausbeute und eine höhere Lebensdauer als Glühlampen oder Halogenglühlampen besitzen.

Die Beleuchtung von Gästezimmern mit Bad ist abhängig von der Einrichtung und vom Stil des Hotels. Als Mindestausstattung sollte vorgesehen werden:

– Lesebeleuchtung am Bett
– Allgemeinbeleuchtung im Raum durch Stehlampe
– Schreibtischbeleuchtung
– Beleuchtung des Spiegels am Bad
– Allgemeinbeleuchtung von Bad und Korridor.

9.7.4 Krankenhäuser

Die Beleuchtung der Räume in Krankenhäusern ist abhängig von der Art der Behandlung. Intensivbehandlungsräume brauchen eine helle Beleuchtung mit guter Farbwiedergabe, damit gute Voraussetzungen für die Untersuchung und Behandlung der Patienten gegeben sind.

In Räumen, in denen nur untersucht wird, sollte eine hohe Beleuchtungsstärke installiert werden, die zwischen 500 und 1.000 lx schaltbar oder regulierbar ist.

Operationssäle erhalten spezielle Beleuchtungen über dem OP-Tisch, die geeignet sind für Beleuchtungsstärken von 20.000 bis 100.000 lx. Die Allgemeinbeleuchtungsstärke sollte mit Beleuchtungsstärken über 1.000 lx gewählt werden.

Räume, in denen der Patient gesunden soll, sollten eine freundliche und wohnliche Ausstattung haben, in denen sich der Patient wohlfühlt. Von der Industrie werden fertige Systeme für die Beleuchtung von Betten angeboten, die für die Untersuchung und Behandlung des Patienten relativ gut geeignet sind, aber einen Kompromiß in der Behaglichkeit darstellen.

Auch in Krankenhäusern nehmen Korridore und Gänge eine besonders große Fläche ein. Korridore in Krankenhäusern müssen den Behandlungsräumen angepaßt werden. Das bedeutet, daß nachts eine sehr niedrige Beleuchtungsstärke und tagsüber eine höhere Beleuchtungsstärke geschaltet wird, die auch Raumbegrenzungsflächen aufhellen sollte. Da durch diese Korridore Kranke gefahren werden und auch gelegentlich im Korridor stehengelassen werden, sollten die Leuchten so angeordnet werden, daß blendungsfreie Stellen auch beim Heraufschauen gegen die Decke gegeben sind.

9.7.5 Sportstätten

Sport wird in Außenanlagen oder in Turn- oder Sporthallen sowie Eis- und Rollsporthallen betrieben.

Die Beleuchtung soll sowohl gute Sehbedingungen für Sportler und Kampfrichter als auch für die Zuschauer schaffen. Vor allem bei Ballspielen mit sich schnell bewegenden Bällen, wie Tischtennis oder Eishockey, sollen sowohl Spieler als auch Schiedsrichter und Zuschauer die Bälle einwandfrei verfolgen können. Das bedeutet, daß sowohl hohe Anforderungen an die örtliche Gleichmäßigkeit als auch an die Farbwiedergabeeigenschaft des Lichtes gestellt werden müssen. Für Trainingszwecke kann die Beleuchtungsstärke im allgemeinen halbiert werden. Normalerweise reichen Beleuchtungsstärken für den Wettkampf von 400 bis 500 lx aus. Höhere Beleuchtungsstärken werden nur dann erforderlich, wenn Fernsehaufnahmen gemacht werden, wie es in Mehrzwecksporthallen immer möglich sein muß. Diese höhere Beleuchtungsstärke kommt den Sportlern und den Zuschauern zugute.

Als Leuchtmittel werden Leuchtstofflampen mit guter Farbwiedergabe in Innenräumen verwendet und in hohen Hallen und im Außenbereich Halogen-Metalldampflampen mit guten Farbwiedergabeeigenschaften. Eine Sportstättenbeleuchtung im Freien zeigt **Bild 9.82**.

Bild 9.82
Sportstättenbeleuchtung

9.7.6 Museen

In einem Museum muß der Ausstellungsgegenstand (Bild, Skulptur o.ä.) im Mittelpunkt des Betrachters stehen. Keinesfalls darf die Ausstattung des Raumes oder das Licht im Raum den Ausstellungsgegenstand in seiner Bedeutung übertrumpfen. In **Kapitel 9.2.3** sind Aussagen über Wahrnehmung im allgemeinen und für den stabilen Wahrnehmungsablauf im besonderen gemacht worden. Es wurde ausgesagt, daß die Objektleuchtdichte höher sein muß als die Umgebungsleuchtdichte. Das Objekt in einem Museum, z.B. ein Bild, weist verschiedene Helligkeitsschattierungen auf. Bei „alten Meistern" wurden vorwiegend dunkle Hintergründe mit leuchtenden Farben verwendet, während bei modernen Bildern der Hintergrund vorwiegend hell ist bzw. die Bilder auf hellem Hintergrund erst ihre richtige Wirkung bekommen. Die Wand, an der das Bild hängt, ist in jedem Fall als Umfeld zu betrachten. Es ist leicht einzusehen, daß die Forderung, die Umfeldleuchtdichte niedriger zu halten als die über die ganze Bildfläche gleichmäßige Objektleuchtdichte, bei den verschiedenen Ausstellungsgegenständen schwer erfüllbar ist. Zudem dürfen die meisten Bilder nicht zu viel Licht bekommen, um sie vor Strahlungsschäden (Erwärmung/Austrocknung von Farben) zu bewahren. Aus lichttechnischer Sicht muß gefordert werden, daß die Wand unter Berücksichtigung der Wirkung der Bilder im Raum möglichst dunkel gestaltet wird. Unter Berücksichtigung des gesamten Raummilieus sollte die Wand jedoch in jedem Fall nicht zu dunkel sein. Diese Aussagen gelten für diffuse Reflexionen. Wählt man einen Wandbelag so, daß er teilweise gerichtet (spreizend) reflektiert, kann trotz hellerer Gestaltung der Wand bei Belichtung von oben der Lichteinfall in das Auge des Betrachters reduziert und somit die Objektleuchtdichte stärker in den Vordergrund gestellt werden.

Wird ein Museum mit direkt strahlenden Leuchten ausgeleuchtet, so ist diese Abstimmung wegen der Reflexion der Strahlung auf den Bildern schwieriger. Aus diesem Grunde werden die meisten Museen mit indirektem Kunstlicht und mit diffus strahlendem Tageslicht beleuchtet. Aus energetischen Gründen wäre es günstiger, mit direkt strahlenden Leuchten (z.B. wall-washer-Leuchten) und direkt strahlendem Tageslicht zu arbeiten, zumal auch die Plastizität von Ausstellungsgegenständen unter direkt strahlendem Licht erhöht wird (siehe hierzu auch Kapitel 10.3).

9.7.7 Straßen und Plätze

Für die Beleuchtung von Verkehrsstraßen gibt es einschlägige Normen, die z.B. in DIN 5044 zusammengefaßt sind. Die Effektivität steht bei Ausleuchtung von Straßen im Vordergrund. Hier sollten jedoch auch Leuchten verwendet werden, die den Autofahrer möglichst wenig blenden.

Bei Plätzen ist eine sehr individuelle Ausleuchtung möglich und dem Planer ist hier sehr viel mehr Spielraum zur Gestaltung gegeben. Bei Plätzen, die hauptsächlich dem Fußgänger dienen, spielt nicht die mittlere Beleuchtungsstärke oder mittlere Leuchtdichte die entscheidende Rolle. Andere Hilfsmittel zur interessanteren Gestaltung von Plätzen werden hier angewendet, wie z.B. Anstrahlung von Fassaden, wie in **Bild 9.83** bei einem Bürogebäude gezeigt, **Bild 9.84** zeigt den Rathausmarkt in Hamburg.

Zonal strahlende Leuchten sind auch in Passagen sehr wirkungsvoll und vor allen Dingen energiesparend, wie beim **Bild 9.85**, Passage München-Hauptbahnhof, erkennbar.

Noch individueller wird in Parkanlagen oder Gärten beleuchtet, siehe **Bild 9.86** Eingangsbeleuchtung eines Museums.

Bild 9.83
Fassadenanstrahlung
(Werkbild Sill)

Bild 9.84
Beleuchtung Rathausmarkt
Hamburg

9.7.8 Sonstiges

Die Beleuchtung in Gebäuden muß noch vielfältige Sehaufgaben erfüllen, z.B. in
– Verkaufsräumen
– Schaufenstern
– Supermärkten
– Spezialwerkstätten usw.

Auf jeden Raum und jede Anforderung muß hier, wie auch bei den besprochenen Raumbereichen, individuell eingegangen werden.
Aus energetischer Sicht ist die Beleuchtungstechnik immer nur im wesentlichen als Ergänzung zum Tageslicht zu sehen. Somit ist der Einsatz von tageslichtabhängig regulierbaren Beleuchtungsanlagen in jedem Fall sinnvoll. Das Kunstlicht wird dabei je nach Tageslichtangebot und Benutzeranforderung ergänzend auf den vorgegebenen Sollwert reguliert. Die so erzielbaren Energieeinsparungen liegen je nach Gebäudeart und Nutzung zwischen 30 – 70 %. Dafür notwendig sind regelbare Leuchtmittel mit entsprechendem Zubehör und vorzugsweise ein Bussystem Standard EIB/LON oder vergleichbares.

Bild 9.85
Passage München Hauptbahnhof

Bild 9.86
Eingangsbeleuchtung, Museum in Frankfurt/Main

9.7.9 Notbeleuchtung

Die Notbeleuchtung dient der Beleuchtung von Rettungswegen, Sicherheitsbeleuchtung für Arbeitsplätze besonderer Gefährdung und Ersatzbeleuchtung bei Stromausfall. Somit ist die Notbeleuchtung eine Beleuchtung, die bei Störung der Stromversorgung der allgemeinen Beleuchtung rechtzeitig wirksam wird. Sie ist überall dort erforderlich, wo bei Störungen in der elektrischen Energieversorgung eine minimale Beleuchtungsstärke für Fluchtwege usw. gewährleistet werden muß. Grundsätzlich unterscheidet man zwei Arten der Notbeleuchtung je nach ihrem Zweck:

– Sicherheitsbeleuchtung
– Ersatzbeleuchtung.

Die Notbeleuchtung ist zwingend vorgeschrieben in Räumen für Menschenansammlungen wie z.B. Kinos, Theater, Ausstellungsräume, Tanzlokale, Gaststätten, Hotels, Spitäler, Sporthallen, Hochhäuser, Einkaufszentren, Treppenhäuser ohne Tageslicht und elektrische Betriebsräume.

Notbeleuchtungsanlagen müssen an eine vom Netz unabhängige Stromquelle angeschlossen sein, um jederzeit in Betrieb gehen zu können, auch dann, wenn ein totaler Netzausfall eintritt. Für die Einspeisung in das Notstromnetz für die Notbeleuchtungsanlage kommen zum Einsatz:

– Zentralbatterieanlagen, welche eine Vielzahl von Leuchten mit Notstrom versorgen
– Akkumulatoren mit Ladegerät in Leuchten selbst
– Netzersatzanlagen bei Großobjekten.

Für die Speisung der Lampen werden Frequenzumformer verwendet, welche an die entsprechenden Batterien angeschlossen werden. Beide können, sofern genügend Platz vorhanden ist, in die Leuchten eingebaut werden. Dabei ist es wichtig zu prüfen, ob die zulässige Umgebungstemperatur nicht unterschritten wird, damit die Leistung sowie die Lebensdauer des Systems nicht erheblich reduziert wird. Nach der Inbetriebsetzung einer Notleuchte sind regelmäßig Funktionsprüfungen vorzunehmen.

Nach den Vorschriften der zuständigen Gremien (Polizei, Feuerwehr, Bauaufsicht usw.) wird in der Regel eine regelmäßige Überwachung der Funktionstüchtigkeit von Notbeleuchtungsanlagen verlangt. Gemäß den Vorschriften der Feuerwehr und Polizei sind Notbeleuchtungen zumindest anzuordnen zur:

– Markierung von Fluchtwegen und Ausgängen
– in Tiefgaragen
– in Hochhäusern
– in Verkaufsläden und Einkaufszentren.

Zur Kontrolle und Überwachung der Sicherheits- und Fluchtwegbeleuchtung (Rettungswegmarkierung) werden üblicherweise Notbeleuchtungssysteme eingesetzt, die mittels busüberwachten Systemleuchten laufend das gesamte System auf Funktion prüfen. Störungen, z. B. defekte Leuchtmittel usw. werden über das System gemeldet und über einen Protokolldrucker ausgegeben oder an die Zentrale Leittechnik weitergemeldet.

1. Gebäudeperformance
2. Mensch und Behaglichkeit
3. Integrierte Planungsansätze
4. Heizungsanlagen
5. Sanitär- und Feuerlöschanlagen
6. Lüftungs- und Klimatechnik
7. Kälte- und Kühlsysteme
8. Starkstromanlagen
9. Lichttechnik
10. Tageslichttechnik
11. Schwachstromanlagen
12. Förderanlagen

10. Tageslichttechnik

(mit Michael Schmidt, München)

10.1 Tageslichttechnische Begriffe

Für die Berechnung der Beleuchtungsverhältnisse in Innenräumen durch Tageslicht ist die Kenntnis der Himmelsleuchtdichten und der Beleuchtungsstärken im Freien notwendig. Diese Größen werden für die verschiedenen Himmelszustände festgelegt.

Bedeckter Himmel

Die rotationssymmetrische Leuchtdichteverteilung des bedeckten Himmels wird beschrieben durch:

$$L(\varepsilon) = L_Z \frac{1 + \cos\varepsilon}{3} \quad \text{bzw.}$$

$$L(\gamma) = L_Z \frac{1 + 2\sin\gamma}{3}$$

Hierin bedeuten:

- $L(\varepsilon)$ Leuchtdichte von Himmelspunkten, die um den Winkel ε vom Horizont entfernt sind;
- $L(\gamma)$ Leuchtdichte von Himmelspunkten, die um den Winkel γ vom Zenit entfernt sind;
- ε Winkel zwischen betrachtetem Himmelspunkt und Zenit;
- γ Winkel zwischen betrachtetem Himmelspunkt und Horizont (**Bild 10.1**, Winkelbezeichnungen des Sonnenstandes);
- L_Z Leuchtdichte klarer Himmel.

Klarer Himmel

Bei wolkenlosem Himmel wird die relative Leuchtdichteverteilung nach Publikation CIE Nr. 22 (TC-4.2) festgelegt (CIE = Normung über Tageslicht).

Mittlerer Himmel

Bedeckter und klarer Himmel im Sinne der obenstehenden Abschnitte sind idealisierte Vorstellungen, die in der Praxis nur selten eintreten. Für langfristige Betrachtungen – z. B. für Wirtschaftlichkeitsberechnungen – müssen die sich über eine mehrjährige Zeitspanne ergebenden Mittelwerte berücksichtigt werden.

Sonnenscheindauer

Die Sonnenscheindauer ist die Summe der Zeitintervalle innerhalb einer gegebenen Zeitspanne (Stunde, Tag, Monat, Jahr), während derer die Bestrahlungsstärke der direkten Sonnenstrahlung auf eine Ebene senkrecht zur Sonnenrichtung größer oder gleich 120 W/m² (etwa 11.000 lx) ist. Diese Bestrahlungsstärke wird als Schwellenwert für hellen Sonnenschein von der Welt-Meteorologie-Organisation (WMO) empfohlen. Ältere Datenkollektive basieren auf einem Schwellenwert von etwa 200 W/m².

Mögliche Sonnenscheindauer

ist die Summe der Zeitintervalle innerhalb einer gegebenen Zeitspanne, während der die Sonne über dem wirklichen Horizont steht, der durch Berge, Gebäude, Bäume usw. eingeengt sein kann.

Relative Sonnenscheindauer

ist das Verhältnis der Sonnenscheindauer zur möglichen Sonnenscheindauer innerhalb derselben Zeitspanne.

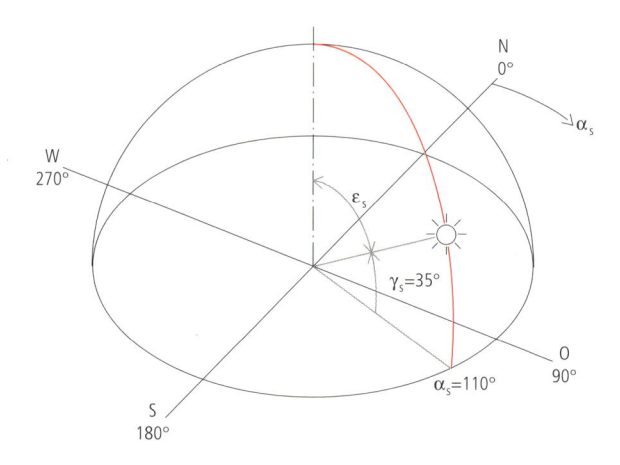

Bild 10.1 Winkelbezeichnungen des Sonnenstandes

Bild 10.2 Erläuterung der Anteile des Tageslichtquotienten

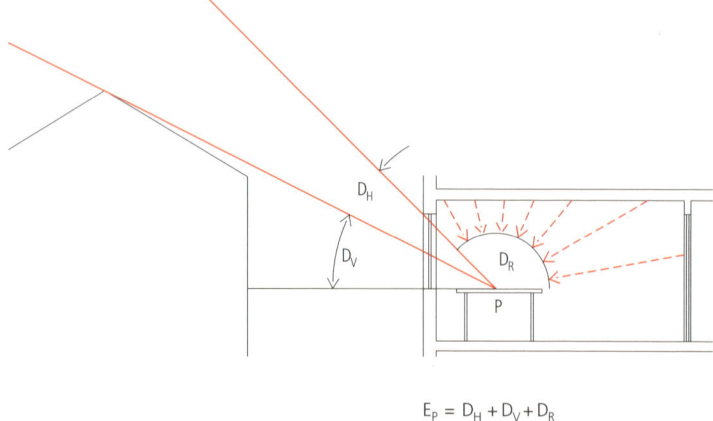

$E_P = D_H + D_V + D_R$

$D = E_P / E_A$

- D_H = Himmelslichtanteil
- D_V = Außenreflexionsanteil
- D_R = Innenreflexionsanteil
- P = Meßpunkt
- E_A = die gleichzeitig im Freien ohne Einfluß der Verbauung herrschende horizontale Beleuchtungsstärke
- E_P = Beleuchtungsstärke im Punkt P

Sonnenscheinwahrscheinlichkeit
ist das langjährige Mittel der Augenblickswerte der relativen Sonnenscheindauer.

Solarkonstante E_o
drückt die Bestrahlungsstärke der extraterrestrischen Sonnenstrahlung auf einer zur Einfallsrichtung senkrechten Ebene bei mittlerem Sonnenabstand aus:
$E_o = 1{,}37$ kW/m²

Globalstrahlung
Die Summe von direkter und diffuser Sonnenstrahlung ist die Globalstrahlung. Wenn nicht anders angegeben, ist die Globalstrahlung auf die horizontale Ebene bezogen. Die diffuse Sonnenstrahlung wurde früher als diffuse Himmelsstrahlung bezeichnet.

Trübungsfaktor T
Der Trübungsfaktor ist das Verhältnis der vertikalen optischen Dicke einer getrübten Atmosphäre zur vertikalen optischen Dicke der reinen und trockenen Atmosphäre (Rayleigh-Atmosphäre) bezogen auf das gesamte Sonnenspektrum.

Verbauung
Die Verbauung gibt den Raumwinkelbereich an, der beim Blick von einem Raumpunkt aus zeitlich konstant einen Teil des Himmelsgewölbes ausfüllt (Häuser, Bäume, Berge usw.).

Tageslichtquotient T_Q
Der Tageslichtquotient gibt das Verhältnis von Innenbeleuchtungsstärke zu Außenbeleuchtungsstärke wieder.

$$T_Q = \frac{E_i}{E_a} \cdot 100 \text{ in } \%$$

E_i = Beleuchtungsstärke in einem Punkt des Raumes, die durch direktes oder indirektes Himmelslicht bei einer angenommenen Leuchtdichteverteilung erzeugt wird;
E_a = die horizontale Beleuchtungsstärke im Freien bei unverbauter Himmelshalbkugel.

Für Berechnungen des Tageslichtquotienten wird direktes Sonnenlicht nicht berücksichtigt. Sehr wohl berücksichtigt werden müssen jedoch Einflüsse durch Verglasung, Versprossung und Verschmutzung der Fenster sowie die Innenreflexionsverhältnisse der Räume.

Der Tageslichtquotient besteht somit aus drei Anteilen, dem Himmelslichtanteil, dem Außenreflexionsanteil und dem Innenreflexionsanteil. Die Erläuterung der Anteile des Tageslichtquotienten ist in **Bild 10.2** dargestellt.

Die Qualität und die Quantität des Tageslichtes ändert sich örtlich und zeitlich. Für Berechnungen ist deshalb eine Normlichtart D65 (ähnlich Farbtemperatur 6.504 K) festgelegt worden, deren spektrale Zusammensetzung aus **Bild 10.3** entnommen werden kann. Diese Normlichtart wird nur für Berechnungen herangezogen, da sie sich technisch nicht darstellen lassen.

Die ebenfalls in **Bild 10.3** aufgeführte Normlichtart A wurde früher verwendet. Sie entspricht dem Spektralverlauf einer Glühlampe. Dieser Spektralverlauf hat eine Anhebung im Rotbereich und entspricht nicht mehr den modernen Lampen wie Entladungslampen oder Leuchtstofflampen.

Kenndaten der Sonne

Lichtstärke der Sonne	$3 \cdot 10^{27}$ cd
mittlere Leuchtdichte	$1{,}93 \cdot 10^{8}$ cd/m²
jährlich abgegebene Energie	$3{,}2 \cdot 10^{27}$ kWh

Im Mittel erhält jeder m² der Erdoberfläche 148 W Sonnenenergie in der Stunde zugestrahlt.

Sonnenhöhe γ_s – Sonnenazimut α_s
Da sich die Erde um die Sonne und um die eigene Achse dreht, ergibt sich für jeden Ort auf der Erde ein Sonnenstand, der von der Tageszeit und Jahreszeit abhängig ist. Dieser Sonnenstand wird gekennzeichnet durch die Sonnenhöhe und den Sonnenazimut.

Die Sonnenhöhe ist der Winkel zwischen dem Sonnenmittelpunkt und dem Horizont, abhängig von geographischer Breite, Jahreszeit und Tageszeit.

Der Sonnenazimut ist der Winkel zwischen der geographischen Nordrichtung und dem Vertikalkreis durch den Sonnenmittelpunkt (0° – 260°), ebenfalls abhängig von geographischer Breite, Jahreszeit und Tageszeit. Die verschiedenen Winkel sind in **Bild 10.1** dargestellt.

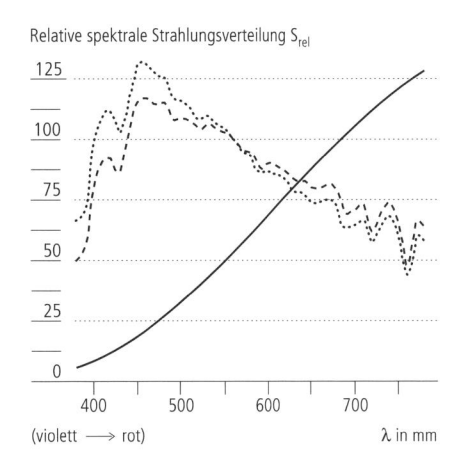

Bild 10.3
Relative spektrale Strahlungsverteilung von Normlichtarten A, D75 und D65

— A
--- D65
…… D75

Sonnendeklination δ

Als Sonnendeklination wird der Winkel zwischen dem Sonnenmittelpunkt und dem Himmelsäquator in Abhängigkeit von der Jahreszeit bezeichnet. Aus **Bild 10.4** geht die Sonnendeklination über das Jahr hervor.

Beleuchtungsstärke/Leuchtdichte des Himmels

Die Horizontalbeleuchtungsstärke im Freien ist abhängig vom Sonnenhöhenwinkel. Dieser Sonnenhöhenwinkel verändert sich im Verlauf des Tages und Jahres für einen gegebenen Ort ständig. **Bild 10.5** veranschaulicht die horizontale Beleuchtungsstärke E_a in Abhängigkeit von Tages- und Jahreszeit. Die Beleuchtungsstärke in W/m² ist ebenfalls angegeben. **Bild 10.6** zeigt ebenfalls die Beleuchtungsstärken des bedeckten Himmels im Tages- und Jahresverlauf in einer solchen Darstellung, daß Beleuchtungsstärken des bedeckten Himmels im Tagesverlauf für jeden Monat leicht abgreifbar sind.

Die Leuchtdichteverteilung des Himmels wird ausgedrückt als Vielfaches der Zenitleuchtdichte. Wenn die Sonne im Zenit steht, schwankt die Leuchtdichte des Himmels vom Zenit zum Horizont zwischen 20 % und 50 % der Zenitleuchtdichte **(Bild 10.7.1)**. Dieser Fall ist jedoch für Mitteleuropa theoretisch. Deshalb ist in **Bild 10.7.2** die gleiche Darstellung für einen Sonnenhöhenwinkel von 40° dargestellt.

Aus diesem Bild ist erkennbar, daß bei der flacher stehenden Sonne bis zu fünffach höhere Leuchtdichten erreicht werden, als sie im Zenit vorhanden sind.

Bei bedecktem Himmel ist die relative Verteilung der Leuchtdichte rotationssymmetrisch. Die Leuchtdichte am Horizont beträgt etwa ein Drittel der Leuchtdichte des Zenits **(Bild 10.8)**.

Bild 10.4
Sonnendeklination δ im Verlauf des Jahres

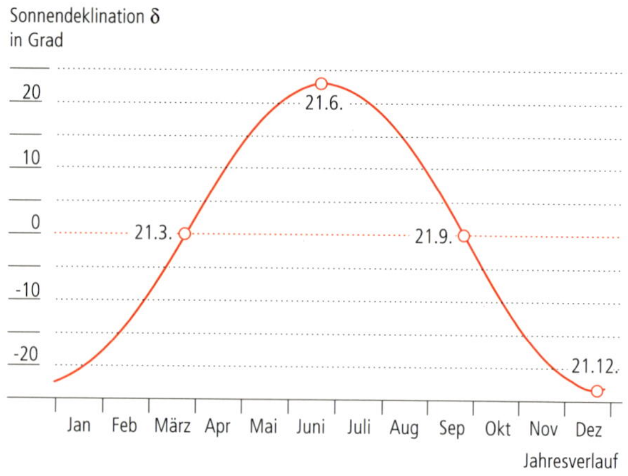

Bild 10.5
Horizontale Beleuchtungsstärke E_a in klx und Beleuchtungsstärke E_e in W/m² in Abhängigkeit von Tages- und Jahreszeit (51° nördliche Breite)

1 12 Uhr
2 11 bzw. 13 Uhr
3 10 bzw. 14 Uhr
4 9 bzw. 15 Uhr
5 8 bzw. 16 Uhr
6 7 bzw. 17 Uhr
7 6 bzw. 18 Uhr
8 5 bzw. 19 Uhr
9 4 bzw. 20 Uhr

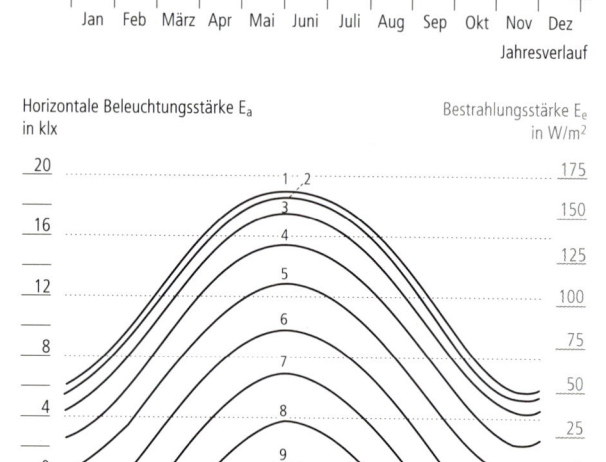

Bild 10.6
Beleuchtungsstärken des bedeckten Himmels im Tages- und Jahresverlauf

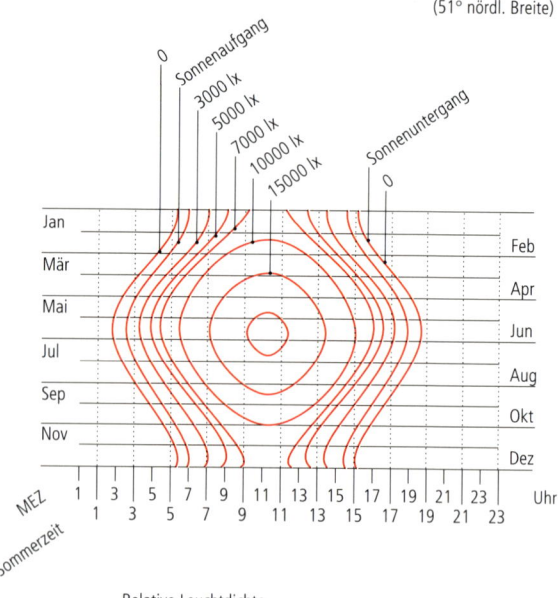

Bild 10.7.1
Leuchtdichteverteilung des klaren Himmels bei Sonnenhöhe 90°, ausgedrückt als Vielfaches der Zenitleuchtdichte

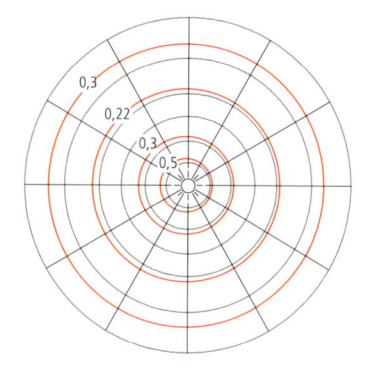

Bild 10.7.2
Leuchtdichteverteilung bei 40° Sonnenhöhe

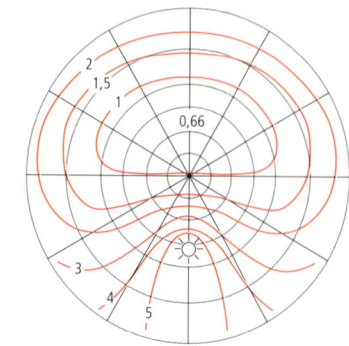

Bild 10.8
Relative Leuchtdichteverteilung des bedeckten Himmels

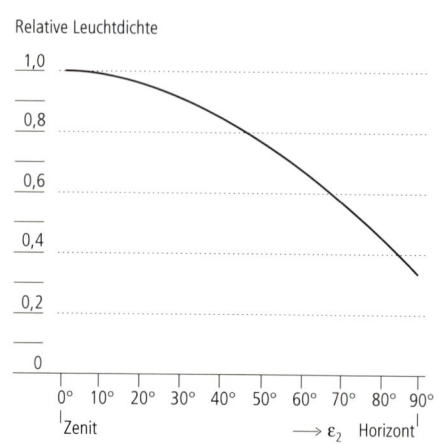

10.2 Tageslicht in Gebäuden

10.2.1 Gütekriterien
10.2.1.1 Allgemeines

Bei der Beleuchtung von Räumen mit Tageslicht sollten ebenso wie in der Kunstlichttechnik bestimmte Gütekriterien beachtet werden, um dem Menschen ein einwandfreies Sehen mit Tageslicht zu ermöglichen. Allerdings darf bei der Beleuchtung von Räumen mit Tageslicht nicht vergessen werden, daß es der Sinn eines Fensters ist, einen genügenden Ausblick ins Freie zu schaffen. Für das Wohlbefinden des Menschen ist es sehr wichtig, daß er durch seitliche Fenster den Bezug zu seiner Umgebung in der Außenwelt herstellen und erkennen und somit feststellen kann, welche Lichtverhältnisse und welche Wetterbedingungen im Freien herrschen. Bei Belichtung mit Oberlichtern sollte wenigstens das Pulsieren des Tageslichtes wahrgenommen werden können. Dieses sehr wichtige Kriterium der Möglichkeit des guten Außenbezuges ist in den normalen Gütekriterien nicht enthalten.

10.2.1.2 Beleuchtungsstärke – Tageslichtquotient

Die Höhe des Tageslichtquotienten ergibt eine Aussage über die Beleuchtungsstärke an einem Punkt in einem Raum in Abhängigkeit von der Außenbeleuchtungsstärke. Der Tageslichtquotient sagt nichts über die konstante absolute Beleuchtungsstärke im Raum aus, da das Tageslicht je nach Tages- und Jahreszeit sowie Sonnenstand und atmosphärischer Trübung seine Beleuchtungsstärke verändert. Die Lage und Größe des Fensters und dessen Sonnen- und Blendschutz sowie die äußere Verbauung bestimmen neben der Leuchtdichte des Himmels und den Innenreflexionsverhältnissen im Raum die Höhe des Tageslichtquotienten. Einen typischen Verlauf des Tageslichtquotienten bei einem seitenbelichteten Raum zeigt **Bild 10.9**. In dem Bild ist zu sehen, daß Räume im 1. Obergeschoß eines Hauses weniger Tageslicht erhalten als Räume im 4. Obergeschoß.

Der Tageslichtquotient wird für den bedeckten Himmel angegeben und die Beleuchtungsstärkeberechnungen basieren ebenfalls auf den gleichen Grunddaten. Folgende Mindestwerte für Tageslichtquotienten sollten bei seitlicher Belichtung von Räumen eingehalten werden:

– Wohnräume in halber Raumtiefe und 1 m Abstand von den Seitenwänden $T_{Qmin} = 0{,}9\ \%$
– Arbeitsräume am ungünstigsten Punkt der Nutzebene $T_{Qmin} = 1\ \%$
– Arbeitsräume mit Lichtöffnungen in mehr als einer Raumfläche mit überwiegendem Seitenlichteinfluß $T_{Qmin} = 2\ \%$
– Arbeitsräume mit überwiegendem Licht von oben $T_{Qmin} = 4\ \%$

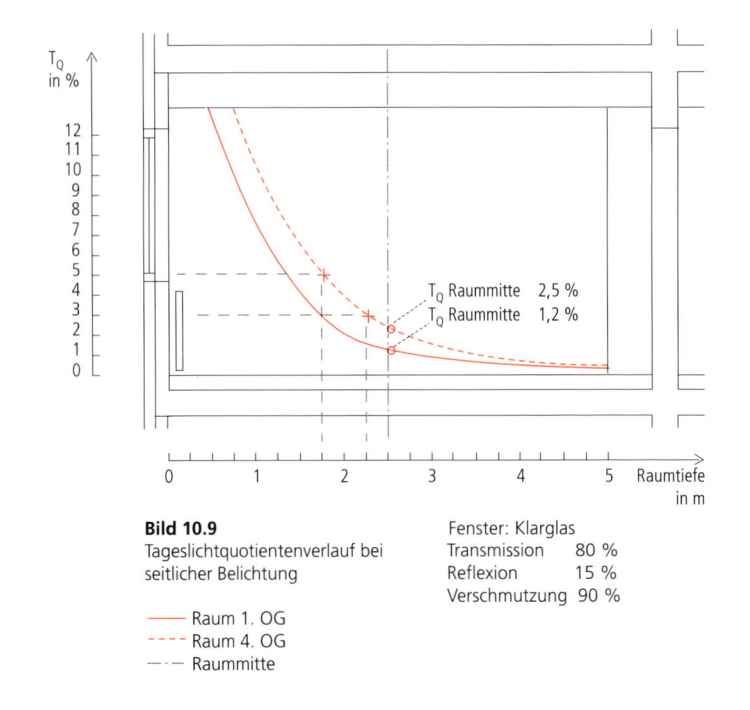

Wie auch beim Kunstlicht, spielt die Leuchtdichteverteilung im Raum eine entscheidende Rolle bei der Empfindung des Raummilieus. Bei tagesbelichteten Arbeitsräumen sollte eine sehr gleichmäßige Beleuchtung der Arbeitsfläche durch Tageslicht angestrebt werden, was bei seitlichen Tageslichtöffnungen sehr schwierig ist (vergl. Abfall des Tageslichtquotienten in Raumtiefen in **Bild 10.9**). Besondere Blend- und Sonnenschutzsysteme wurden dazu konzipiert, Tageslicht weiter in die Tiefe des Raumes eintreten zu lassen. Auf diese Systeme wird später eingegangen.

In Hallen und Gangbereichen kann eine zonierte Aufhellung von bestimmten Raumbereichen durch das Tageslicht durchaus erwünscht sein. In bestimmten Fällen ist auch eine dosierte, direkte Einstrahlung des Sonnenlichtes zur Erzeugung eines bestimmten Raummilieus wünschenswert.

Bild 10.9
Tageslichtquotientenverlauf bei seitlicher Belichtung

— Raum 1. OG
--- Raum 4. OG
–·– Raummitte

T_Q Raummitte 2,5 %
T_Q Raummitte 1,2 %

Fenster: Klarglas
Transmission 80 %
Reflexion 15 %
Verschmutzung 90 %

10.2.1.3 Blendungsfreiheit

Das Gütekriterium der Blendungsfreiheit verlangt von allen am Bau Beteiligten die größte Innovation zur integrierten Lösung der Gestaltung des Fensters. Für den Architekten ist in erster Linie die ästhetische Anordnung des Fensters und die Wirkung der Fassade bedeutend. Der Heizungs- und Klimatechniker möchte einen Wärmegewinn im Winter und eine Abschottung der Wärmeenergieeinstrahlung im Sommer. Der Lichttechniker ist in einem Gewissenskonflikt. Einerseits soll der Tageslichtquotient möglichst hoch sein, um möglichst wenig Kunstlicht im Raum einschalten zu müssen, andererseits kann die Leuchtdichte auch des bedeckten Himmels so hoch sein, daß Blendschutzmaßnahmen eingesetzt werden müssen, um diese zu reduzieren und zum Beispiel Datensichtgeräte einwandfrei ablesen zu können. Reduzierung der Leuchtdichte am Fenster und Maßnahmen zum Schutz vor Sonneneinstrahlung reduzieren jedoch den Tageslichteinfall und vermindern den Tageslichtquotienten. So stehen Planer und Bauherr oft vor der Schwierigkeit abwägen zu müssen, ob einerseits mehr Tageslicht einen geringeren Energieverbrauch des Kunstlichtes nach sich zieht, in klimatisierten Gebäuden andererseits höhere Kosten für die Kühlung entstehen. Das Wohlbefinden des arbeitenden Menschen sollte in jedem Fall die höchste Priorität erhalten.

Aus diesem Grunde kommt der Betrachtung der Sonnenschutz- und Blendschutzmaßnahmen aus lichttechnischer Sicht eine besondere Bedeutung zu. Anhand von Beispielen wird dieser Punkt weiter vertieft.

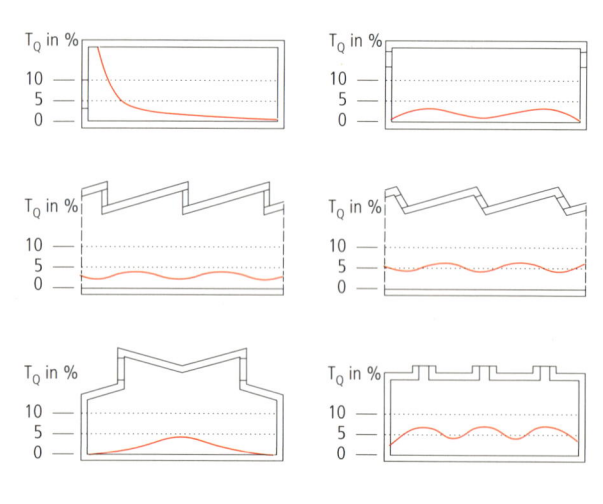

Bild 10.10
Tageslichtquotientenverläufe bei verschieden angebrachten Tageslichtöffnungen gleicher Größe in einem gleich großen Raum

10.3 Tageslichtöffnungen in Gebäuden

10.3.1 Lage der Tageslichtöffnungen

Je flacher eine Tageslichtöffnung im Gebäude angebracht ist, um so mehr Tageslicht wird bei gleicher Öffnungsgröße in den Raum eintreten. Lichtkuppeln lassen Tageslicht des gesamten Himmelsgewölbes in den Raum eintreten, während seitliche Fenster nur einen Anteil des Himmelslichtes in den Raum gelangen lassen (Bild 10.10). Bei gleichen Raumabmessungen und gleichbleibender Größe der Fensterflächen sind die Tageslichtquotientenverläufe für verschiedene Anordnungen von Fenstern aufgezeichnet.

10.3.2 Ausführungsformen von Oberlichtern

In Flachdächern werden hauptsächlich folgende Oberlichtformen verwendet:
– in die Dachhaut eingeklebte Lichtkuppeln
– Lichtkuppeln mit Aufsatzkranz
– Satteloberlicht in verschiedenen Neigungswinkeln aus Glas
– Nordlichtsheds.

Mit Ausnahme der Nordlichtsheds wird bei diesen Oberlichtern auf die Himmelsrichtung des Gebäudes keine Rücksicht genommen. Die notwendige Ausblendung der Sonne erfolgt vorwiegend mit lichtstreuenden Gläsern.

Diese haben jedoch den Nachteil, daß beim Umsetzen des direkten Sonnenlichts in diffuse Strahlung so hohe Leuchtdichten auftreten, daß es zu Schwierigkeiten beim Ablesen von Datensichtgeräten kommen kann.

Zur Reduzierung der Leuchtdichte der Oberlichter werden aus diesem Grunde Glaskombinationen gewählt, die die Leuchtdichte reduzieren. Zwangsläufig reduziert sich dadurch der Tageslichtquotient und damit das Tageslicht, das in den Raum gelangen soll.

10.3.3 Sonnen- und Blendschutzmaßnahmen bei Oberlichtern

Folgende Sonnen- und Blendschutzmaßnahmen werden bei Oberlichtern häufig angewandt:

10.3.3.1 Reflexionsverglasung

Reflexionsverglasungen vermindern den Tageslichtquotienten um den Lichtdurchgangsfaktor der Scheiben einschließlich Verschmutzung und Versprossung. Bei vorgegebener Dachgröße ergibt sich für die Lichtplanung die Möglichkeit, den Tageslichtquotienten, den Lichtdurchgangsfaktor und die Kuppelgröße den Bedürfnissen anzupassen. Für Gebäude und Raumbereiche, bei denen ein gewisser Teil des direkten Sonnenlichteinfalls erlaubt ist und die Energiereduzierung durch Reflexionsglas im wesentlichen aus wärmetechnischen Gründen erfolgt, kann eine solche Verglasung auch aus lichttechnischer Sicht akzeptiert werden. Insbesondere ist das bei überdachten Passagen möglich. Bei Eingangshallen, in denen auch Arbeitsplätze aufgestellt werden, reicht normalerweise die Reduzierung mit Reflexionsglas nicht aus, wenn nicht zusätzliche Sonnenschutzmaßnahmen sicherstellen, daß das Eindringen von direkter Sonne im Arbeitsplatzbereich vermieden wird.

Bild 10.11 zeigt eine Oberlichtverglasung aus Reflexionsglas am Beispiel einer Passage in Hamburg.

10.3.3.2 Klarglasoberlicht mit äußerem, starren Sonnenschutz

Ein äußerer, starrer Sonnenschutz ist dann gut, wenn er bei allen vorkommenden Sonnenhöhenwinkeln den direkten Sonnenlichteinfall abhält. Oft wird dies bei Shedverglasungen, die nicht nach Norden orientiert sind, mit waagerecht liegenden Lamellen erreicht. Da die Sonne jedoch bei einem nach Süden ausgerichteten Sheddach in ihrem Verlauf, beginnend von Osten unter flachem Winkel auf das Shed auftrifft, müssen bei einem außenliegenden Sonnenschutz Kompromisse eingegangen werden. Meist wird nur die direkte Südsonne abgeschirmt. Sonne unter flacheren Winkeln tritt in den Raum mit allen Nachteilen ein. **Bild 10.12** zeigt ein Beispiel eines starren Sonnenschutzes.

Mit „intelligenten" Tageslichtsystemen, wie sie unter 10.3.3.6 als prismatischer Sonnenschutz und unter 10.3.3.7 als Isolierglas mit Spiegelprofilen beschrieben werden, läßt sich dieser Nachteil fast vermeiden.

Bild 10.11
Oberlichtverglasung mit Reflexionsglas, Hanse Viertel, Hamburg

Bild 10.12
Oberlicht mit starrem Sonnenschutz

Bild 10.13
Außenliegende Markisen als beweglicher Sonnenschutz an einem Oberlicht

10.3.3.3 Oberlicht mit beweglichem Sonnenschutz

Bei beweglichem Sonnenschutz am Oberlicht werden die Nachteile eines starren Sonnenschutzes im wesentlichen aufgehoben. Das Oberlicht erhält eine Isolierverglasung, wie sie für den bedeckten Himmel nach Abwägung aller Kriterien günstig erscheint. Die direkte Sonneneinstrahlung wird mit einem beweglichen Sonnenschutz in Form einer Außenjalousie oder eines innenliegenden Screens verhindert. Der Tageslichtquotient ist bei solchen Systemen in beiden Fällen relativ gut, da er bei bedecktem Himmel den berechneten Werten entspricht und bei direkter Besonnung durch die höhere Außenhelligkeit die Nachteile der Beschattung vermindert werden. Solche Systeme sind jedoch oft konstruktiv sehr aufwendig. Die Investitionen und Wartungskosten sind in der Regel hoch. Bei innenliegendem Sonnenschutz durch Screens oder Tücher wird die Reduzierung der Leuchtdichte der direkten Sonne oft nicht in dem Maße erreicht, wie es wünschenswert wäre.

Bild 10.13 zeigt ein Oberlicht mit beweglichem, aussenliegendem Sonnenschutz in Form von Markisen. Die Sicht nach außen wird selbstverständlich bei beweglichen Sonnenschutzmaßnahmen dann eingeschränkt oder verhindert, wenn der Sonnenschutz gezogen ist.

10.3.3.4 Natürlicher Sonnenschutz durch Bepflanzung

Bei manchen Lösungen mit Oberlichtern in Passagen oder Eingangshallen reicht es in der Regel aus, wenn durch Bepflanzungen der Dächer mit Bäumen und Sträuchern ein wesentlicher Teil der direkten Sonneneinstrahlung durch Beschattung abgehalten wird.

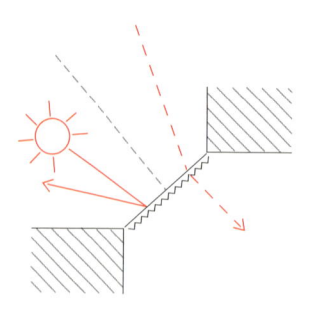

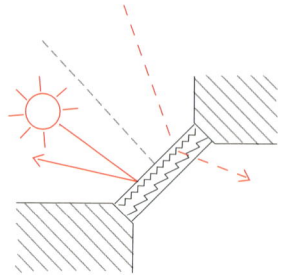

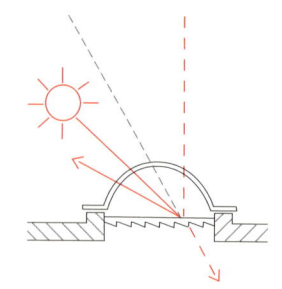

10.3.3.5 Lichtstreuendes Glas

Die Verwendung von lichtstreuendem Glas ist ein klassisches Mittel zur Reduzierung der Leuchtdichte der Sonne und zur Umwandlung des direkten Sonnenlichtes in diffuses Licht. Die technischen Werte eines solchen Glases können vorgegeben werden und lichtstreuende Isoliergläser sind leicht in Oberlichtern zu verarbeiten.

Aus lichttechnischer Sicht liegt der Nachteil solcher Systeme im wesentlichen darin, daß für bestimmte Arbeitsbereiche die Umwandlung des direkten Sonnenlichts in diffuses Licht so hohe Leuchtdichten erzeugt, daß Überlagerungen in Bildschirmen auftreten können. Durch das Fehlen von größeren, direkten Strahlungsanteilen im diffusen Licht erhalten Einrichtungsgegenstände im Raum wenig Konturen und wirken wenig plastisch (fehlende Schattigkeit). Ein weiterer Nachteil besteht darin, daß man nicht aus dem Raum herausschauen kann. Deshalb sollten Oberlichter mit lichtstreuendem Glas nur dort verwendet werden, wo der Außenbezug durch unverbaute, seitliche Fenster ausreichend gegeben ist. **Bild 10.14** zeigt einen Raum mit Oberlicht aus lichtstreuendem Glas.

Bild 10.15
System prismatischer Sonnenschutz bei Oberlichtern

Bild 10.16
Oberlicht mit prismatischem Sonnenschutz

10.3.3.6 Prismatischer Sonnenschutz bei Oberlichtern

In den letzten Jahren sind von der Firma Siemens Prismensysteme für Oberlichter entwickelt worden. Prismenplatten sind geschützt in Isolierglas eingebaut und werden in ihrer Ausbildung speziell für verschiedene Himmelsrichtungen angefertigt. Durch Prismen werden direkte Sonnenstrahlen, die unter verschiedenen Sonnenhöhenwinkeln auf das Fenster auftreffen, umgeleitet und wieder zu ca. 70 % aus der Scheibenkombination nach außen reflektiert. **Bild 10.15** zeigt Systeme mit prismatischem Sonnenschutz und deren Wirkungsweise. Durch dieses Prinzip wird ein guter Sonnenschutz geboten, gleichzeitig auch ein kleiner Wärmedurchgangskoeffizient (ca. 1,5 – 1,8 W/m^{2}K). Dabei werden auch befriedigende Werte für den Tageslichtquotienten erreicht. Besondere Vorteile sind darin zu sehen, daß das Licht teilweise gezielt in den Raum hineingelenkt werden kann. Die Begrenzung der Himmelsleuchtdichte ist insoweit ausreichend, daß im Innenraum auch mit Datensichtgeräten vernünftig gearbeitet werden kann. Je nach Konstruktion des Sonnenschutzprismas ist die Sicht nach außen mehr oder weniger begrenzt; eine klare Durchsicht (Sichtverbindung nach außen) ist nicht möglich. **Bild 10.16** zeigt ein Oberlicht mit prismatischem Sonnenschutz.

Bild 10.14
Oberlicht mit lichtstreuendem Glas (Werkbild Okalux)

10.3.3.7 Isolierglas mit Spiegelprofilen

Von der Firma OKA-Lux ist ein starres Sonnenschutzsystem entwickelt worden, bei dem speziell geformte Spiegelprofile zwischen zwei Scheiben eingebaut werden. Dabei können alle handelsüblichen Gläser verwendet werden. Die verspiegelten Profile sind so ausgebildet, daß der Lichtdurchlaß abhängig vom Sonnenhöhenwinkel geregelt wird. Im Winter bei niedrig stehender Sonne werden die Sonnenstrahlen überwiegend durchgelassen und im Sommer wird bei hohem Sonnenstand die Einstrahlung überwiegend wieder nach außen reflektiert. Bei niedrigem Sonnenstand gelangt auch im Sommer Sonnenlicht in den Raum. **Bild 10.17** zeigt die Wirkungsweise dieses Sonnenschutzsystems.

Die technischen Werte dieses Systems sind abhängig vom Sonnenhöhenwinkel (Gesamtenergiedurchlaßgrad, Tageslichtquotient).

Die Sicht nach außen ist unter bestimmten Winkeln gegeben, unter anderen Winkeln vollständig versperrt.

Bild 10.18 zeigt eine Passage, deren Verglasung mit diesem OKA-Solar-System kombiniert wurde.

10.3.3.8 Spiegelsysteme in festen Oberlichtern

Das Prinzip der winkelabhängigen Umlenkung von Sonnenstrahlen kann auch dadurch erreicht werden, daß anstelle von prismatischen Umlenksystemen starre, speziell geformte Spiegelreflektoren verwendet werden. Besonders bei Tagesbelichtung von hohen Räumen, wo das Tageslicht über eine große Höhe auf die Nutzfläche fallen muß und bei gewünschter Umlenkung des Tageslichtes auf eine Wand, werden solche Systeme mit Erfolg eingesetzt.

Die Wirkungsweise dieser Systeme geht aus **Bild 10.19** hervor.

Bild 10.18
Verglasung einer Passage mit einem OKA-Solar-System

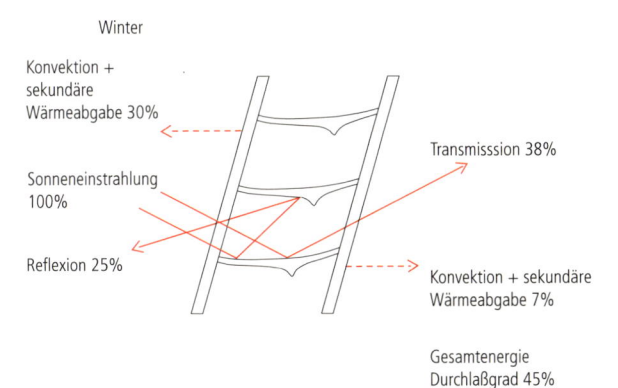

Bild 10.17
System Isolierglas mit Spiegelprofilen (System OKA-Solar)

Sommer
- Konvektion + sekundäre Wärmeabgabe 25%
- Sonneneinstrahlung 100%
- Reflexion 50%
- Transmisssion 19%
- Konvektion + sekundäre Wärmeabgabe 6%
- Gesamtenergie Durchlaßgrad 25%

Winter
- Konvektion + sekundäre Wärmeabgabe 30%
- Sonneneinstrahlung 100%
- Reflexion 25%
- Transmisssion 38%
- Konvektion + sekundäre Wärmeabgabe 7%
- Gesamtenergie Durchlaßgrad 45%

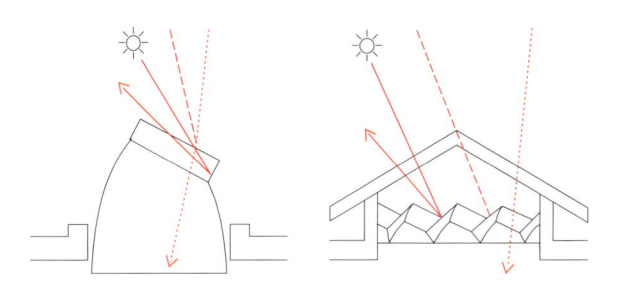

Bild 10.19
Spiegelsystem mit festem Oberlicht

10. Tageslichttechnik

In **Bild 10.20** wird am Beispiel des Naturkundemuseums Stuttgart die Wirkungsweise des gerichteten Lichtes aus großer Höhe gezeigt. Besonders gut ist auf dem Bild die Reduzierung der Leuchtdichte durch die Oberlichtsysteme zu erkennen und die Plastizität der Ausstellungsgegenstände, die infolge der gerichteten direkten Strahlung erreicht wird.

Am Beispiel des **Bildes 10.21**, das die Wandbeleuchtung des Kunstmuseums in Bern zeigt, wird ein starres Umlenksystem aus Aluminium mit Lichtlenkung auf die Wandzone dargestellt (System Ch. Bartenbach).

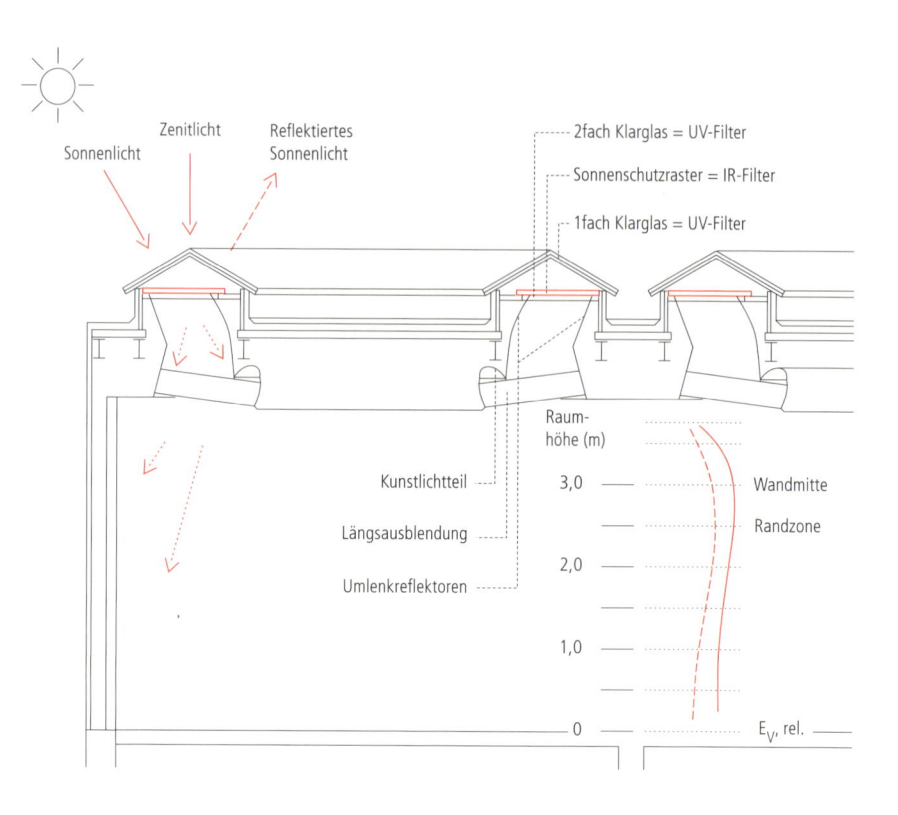

Bild 10.20
Oberlicht aus Aluminium am Beispiel des Naturkunde-Museums in Stuttgart

Bild 10.21
Wandbeleuchtung in Bern

10.3.4 Sonnen- und Blendschutz bei seitlichen Fenstern
10.3.4.1 Allgemeines

Bei seitlichen Fenstern ist der Bezug nach außen wesentlich wichtiger als bei Oberlichtern. Es muß daher darauf geachtet werden, daß bei allen Sonnen- und Blendschutzmaßnahmen der direkte Außenbezug nicht verlorengeht. Reduzierungen des Außenbezuges können nur dann toleriert werden, wenn das Fenster von direkter Sonne so stark beschienen wird, daß Störungen im Wahrnehmungsablauf und beim ablesen von Bildschirmgeräten entstehen.

Der Sonnenschutz hat eine andere Aufgabe als der Blendschutz. In der Regel sind mit einer Maßnahme beide Kriterien nicht zu lösen. Der Blendschutz soll zu hohe Leuchtdichten am Fenster herabsetzen, da diese zu Beeinträchtigungen im Wahrnehmungsablauf führen und die Ablesbarkeit von Bildschirmen erschweren können, während der Sonnenschutz das Eindringen der direkten Sonnenstrahlen in den Raum verhindern soll. Die Verhinderung der direkten Einstrahlung ist in der Regel sowohl aus thermischen Gründen als auch zur Stabilisierung der Leuchtdichteverhältnisse im Arbeitsraum notwendig.

Im folgenden werden die wesentlichen, heute üblichen Sonnen- und Blendschutzmaßnahmen an seitlichen Fenstern kurz erläutert.

10.3.4.2 Sonnen- und Blendschutz durch Fensterkombinationen mit reduziertem Lichtdurchgang

Aufgrund des Angebotes verschiedener Fensterkombinationen ist die Reduzierung der Leuchtdichte auf jeden beliebigen Wert möglich (Absorptions- und Reflexionsscheiben). Mit einer solchen Maßnahme können die Kriterien des Blendschutzes verbessert werden. Wenn Gruppenräume mehrseitig belichtet und Datensichtgeräte beliebig in diesen Räumen aufgestellt werden, treten bei Einbau von Klarglasscheiben so hohe Himmelsleuchtdichten auf, daß die Ablesbarkeit der Datensichtgeräte erheblich erschwert wird. In solchen Räumen kann die Fensterkombination dergestalt ausgebildet werden, daß die Himmelsleuchtdichte um 80 % reduziert wird.

In Funktions- und Großräumen, die vornehmlich in den siebziger und achtziger Jahren gebaut wurden, haben diese Blendschutzmaßnahmen zu guten Resultaten geführt, da bei diesen Räumen die Menge des Tageslichteinfalls durch das seitliche Fenster keine wesentliche Rolle spielte. Ganz im Gegenteil wurde durch die Reduzierung des Lichtdurchganges teilweise die Bevorzugung der Fensterarbeitsplätze aufgehoben.

Sonnenschutzmaßnahmen lösen in der Regel nicht die Probleme, da Blendungen auch an bewölkten Tagen auftreten. Aus diesem Grund werden zusätzliche Innenjalousien und Innenvorhänge eingesetzt. Infolge des erheblich reduzierten Lichtdurchganges derartiger Kombinationen können die Tage und Stunden, an denen die Jalousien die Sicht nach außen verhindern, erheblich begrenzt werden. Der Außenbezug ist dadurch gegeben, daß die Beleuchtungsstärke des Tageslichts höher ist als die Beleuchtungsstärke im Innenraum und somit Gegenstände im Außenbereich heller erscheinen als im Innenraum. Da Mitarbeiter in solchen Räumen ständig mit Kunstlicht arbeiten müssen, sollte auf den Bau derartiger Räume soweit als möglich verzichtet werden.

Bei kleineren Raumeinheiten ist die Abdunklung des Fensters durch Reflexionsgläser mit stark reduziertem Lichtdurchgang für den Menschen sehr ungewohnt und veranlaßt ihn, häufiger Kunstlicht einzuschalten. Deshalb sollten kleinere Räume mit Klarglas oder Reflexionsglas mit einem Lichtdurchgang von über 70 % ausgerüstet werden. Ein zusätzlicher Blendschutz ist dann jedoch notwendig.

10.3.4.3 Äußerer, beweglicher Sonnenschutz mit Außenjalousien

Außenjalousien reduzieren die direkte Sonneneinstrahlung und somit den Wärmeeintrag in Räume in hohem Maß (**Bilder 10.22.1/2**). Sie werden deshalb sehr gern eingesetzt, wobei jedoch ihr Einsatz in windstarken Gegenden bzw. bei Hochhäusern eingeschränkt ist. In Kombination mit Klarglas ist die Reduzierung der Leuchtdichte am Fenster jedoch nicht in allen Fällen ausreichend. Werden Außenjalousien nicht gezielt geregelt, so ist in den meisten Fällen die Sicht nach außen behindert (Wendewinkelsteuerung). Daher ist es sinnvoll, die Lamellen in Abhängigkeit vom Sonnenhöhenwinkel so einzustellen, daß ein durchaus befriedigender Bezug nach außen hergestellt werden kann. Aus lichttechnischer Sicht sollten Außenjalousien in kleineren Räumen nur dann verwendet werden, wenn die Stellung der Lamellen entweder individuell oder in Gruppenräumen übergeordnet, abhängig vom Sonnenstand, zentral geregelt wird. Unterschiedlich farbliche Behandlungen von Ober- und Unterseiten der Jalousien können das Bedürfnis nach mehr Licht im Raum bei abgestimmtem Blendschutz besser erfüllen.

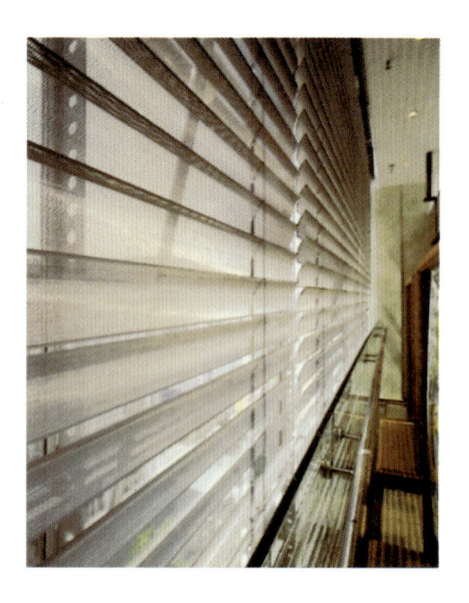

Bild 10.22.1
Außenliegender Sonnenschutz
durch Ganzmetallstores
(Werkbild Krülland)

Bild 10.22.2
Außenliegender Sonnenschutz
durch Lamellen-Raffstores
(Werkbild Krülland)

10.3.4.4 Äußerer, beweglicher Sonnenschutz durch Markisen

Anstelle von Außenjalousien können auch spezielle Stoffbahnen in Form von Markisen, Rollos oder Screens verwendet werden, die die direkte Sonneneinstrahlung reduzieren oder abhalten **(Bild 10.23)**. Dabei muß jedoch darauf geachtet werden, daß diese Stoffbahnen bei direkter Bestrahlung durch die Sonne keine zu hohe Leuchtdichte annehmen, um Blendungserscheinungen für die Menschen zu verhindern bzw. die Ablesbarkeit von Datensichtgeräten zu gewährleisten.

Die direkte Sicht nach außen wird bei solchen Markisen usw. in den meisten Fällen dann verhindert, wenn diese vertikal verfahren werden. In günstigen Fällen können teiltransparente Screens die Sonnen- und Blendschutzfunktion übernehmen, wobei die Sicht nach außen in solchen Fällen bedingt behindert ist. Besser ist es, entsprechende Außenmarkisen etc. so zu installieren, daß durch ausgestellte Konstruktionen die Sicht nach außen freigegeben und somit der Aussenbezug aufrechterhalten wird.

Bild 10.23
Außenliegender Sonnenschutz
durch textile Screens
(Werkbild Krülland)

10.3.4.5 Innerer, beweglicher Sonnenschutz mit Vertikal-Lamellenstores, Spezialtüchern oder Screens

Die Problematik des innenliegenden Sonnenschutzes ist aus lichttechnischer Sicht dieselbe wie bei außenliegenden. Innenliegende Sonnenschutzarten haben den Vorteil, daß sie nicht zu aufwendig konstruiert werden müssen, da Witterungseinflüsse nicht bestehen **(Bild 10.24.1)**. Andererseits haben sie jedoch den Nachteil, daß die thermischen Belange nicht optimal gelöst werden. Das Wirksamwerden der Wärmelasten im Raum kann jedoch durch aktive Kühlung vermieden werden **(Bild 10.24.2)**, oder es erfolgt entweder eine Kombination mit Reflexions- oder Absorptionsgläsern oder Kombinationen von Außen- und Innenjalousien bzw. quasi „außenliegende" Jalousien in 2-schaligen Fassaden.

Bild 10.24.1
Varianten von innenliegendem Sonnenschutz/Blendschutz durch vertikale Lamellen, Lamellenstore, Rollo (Werkbilder Hüppe)

Bild 10.24.2
Durch eine Kombination des innenliegenden Sonnenschutzes mit wasserführenden Kühlelementen wird die externe Kühllast direkt am Fenster kompensiert. (System Actiso, Kessler + Luch)

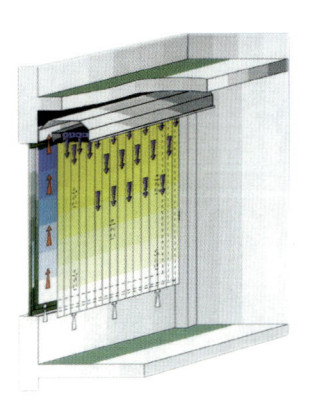

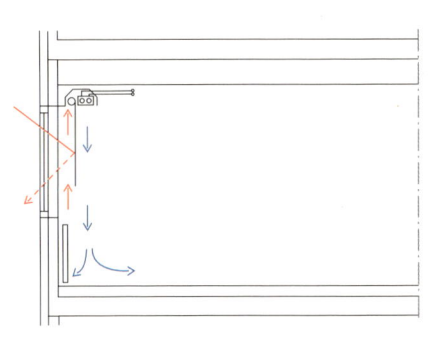

10.3.4.6 Prismatischer Sonnenschutz

Prismatische Sonnenschutzmaßnahmen sind sowohl für Oberlichter als auch für Seitenfenster entwickelt worden. Die Wirkung beruht darauf, daß die direkte Sonneneinstrahlung im notwendigen Winkelbereich (ca. 20° – 60°) umgelenkt und rückreflektiert und das Zenitlicht in den Raum hineingelenkt wird. Ein Teil des seitlichen Fensters oder eines Oberlichtelementes wird durch eine Prismenkonstruktion ersetzt, während der restliche Teil der Fenster- oder Oberlichtelemente normal verglast und mit Sonnen- und Blendschutzmaßnahmen ausgerüstet wird, um die Sicht nach außen zu ermöglichen. Die Umlenkung von Tageslicht in tiefere Raumbereiche wird jedoch nur dann annähernd erreicht, wenn die Decke des Raumes in spezieller Ausformung spiegelnd gestaltet wird und Lichtumlenklamellen das Licht gegen die Decke reflektieren. Die Wirkung von Prismenelementen besteht darin, daß Licht im Winkelbereich der möglichen Sonne (Mitteleuropa ca. 20 – 60°) reflektiert und das Zenitlicht im Winkelbereich von ca. 60 – 90° umgelenkt wird. Die Leuchtdichte des Himmels ist im Zenit zwar sehr hoch, der Winkelausschnitt bei Seitenbelichtungselementen jedoch relativ klein. Der Lichtgewinn ist demnach nicht von entscheidender Größe. Wenn nur ein Teil des Fensters mit Prismenelementen ausgerüstet wird, ist zudem für die übrigen Bereiche ein Sonnen- und Blendschutz notwendig. Wird der prismatische Sonnenschutz beweglich gestaltet, so kann er wie eine Jalousie individuell betätigt werden. Die Lichtmenge, die so in den Raum hineingelangt, wird relativ hoch.

Die Lichtrichtung ist jedoch unterschiedlich, so daß ein Umlenksystem das in den Raum gelangende Licht gegen die teilweise metallisch reflektierende Decke strahlen muß, um in der Tiefe des Raumes eine Anhebung des Tageslichtquotienten zu erreichen. Der Lichtgewinn und der Blendschutz sind so geartet, daß bei Sonnenlicht zusätzlich weniger Kunstlicht benötigt wird. Der Kontakt nach außen ist jedoch erheblich reduziert und auch die ästhetische Erscheinungsform mit metallischen Umlenklamellen und metallischer Decke muß gewollt sein, da sie sehr technoid wirkt. Bei diesen Systemlösungen werden zwar die visuellen Ansprüche des Menschen verbessert, jedoch ist das Wohlbefinden der Personen in entsprechenden Räumen unter Umständen dann eingeschränkt, wenn der Außenbezug gestört ist. In Gebäuden, in denen ständig an Computern gearbeitet wird, können solche Systeme von Nutzen sein. In Räumen, in denen jedoch eine Mischarbeitsweise und somit keine ständige Computertätigkeit besteht, werden entsprechende Systemlösungen fragwürdig.

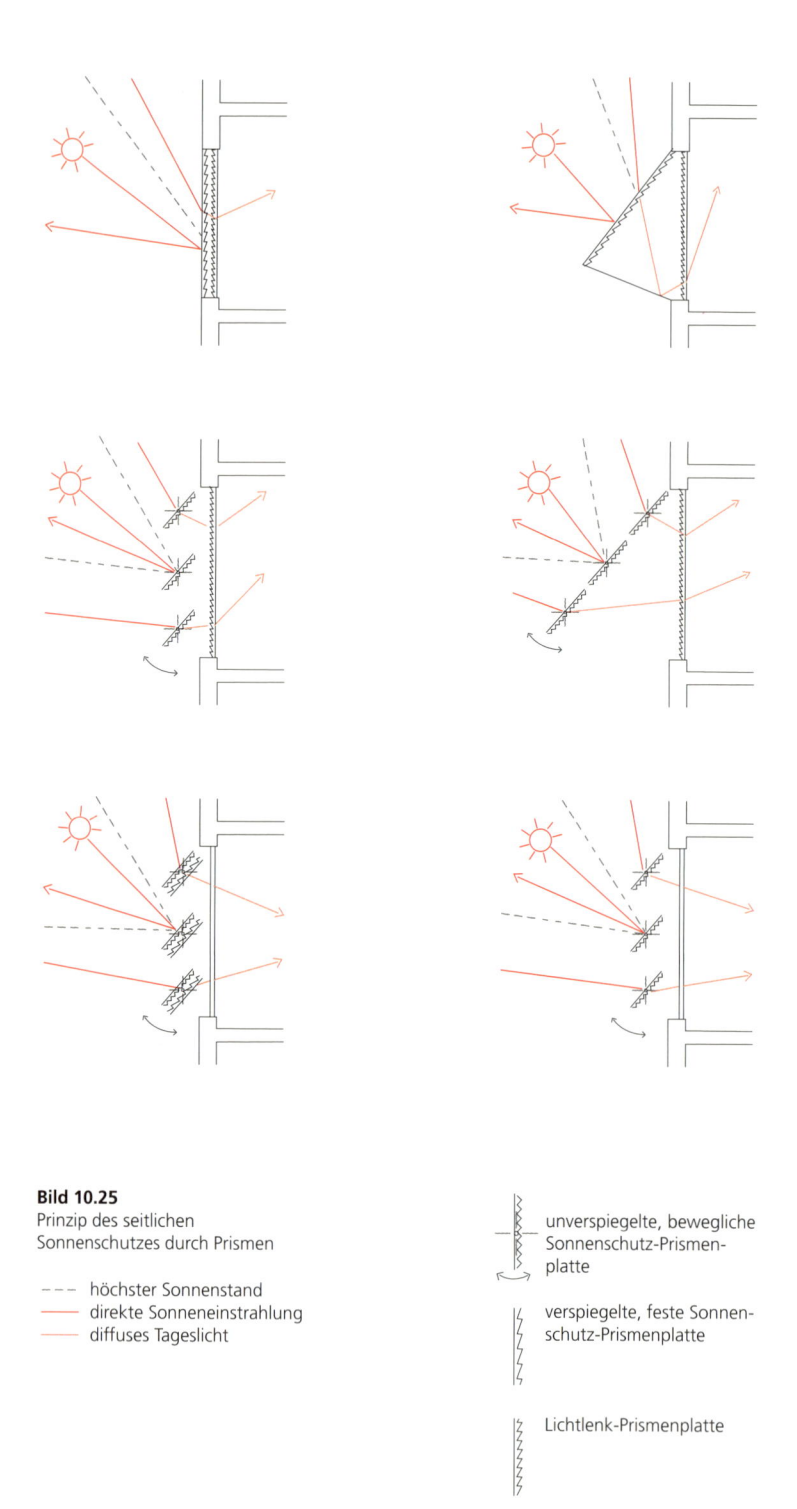

Bild 10.25
Prinzip des seitlichen Sonnenschutzes durch Prismen

--- höchster Sonnenstand
— direkte Sonneneinstrahlung
— diffuses Tageslicht

unverspiegelte, bewegliche Sonnenschutz-Prismenplatte

verspiegelte, feste Sonnenschutz-Prismenplatte

Lichtlenk-Prismenplatte

Bild 10.26
Raum mit Sonnenschutz und Tageslichtlenkung durch Umlenkjalousie (Werkbild Hüppe)

Bild 10.27
Raum mit seitlichem Sonnenschutz durch Spiegelprofile

Bild 10.25 zeigt das Arbeitsprinzip seitlicher Sonnenschutzmaßnahmen durch Prismen, **Bild 10.26** einen Raum mit Umlenkjalousien für Tageslichtlenkung. Dem Einbau von Prismenelementen bei Gebäuden stehen in der Regel die sehr hohen Investitionskosten gegenüber, die sich durch die Reduzierung der Brennstunden des Kunstlichtes und somit der Energieverbräuche und Energiekosten durch dieselben nicht amortisieren.

10.3.4.7 Oka-Solar-Lamellen

Ebenso wie beim prismatischen Sonnenschutz wird ein Teil des Fensters bei Oka-Solar-Lamellen dazu verwendet, Verbundglasscheiben mit speziell geformten Spiegelprofilen einzusetzen, die das Licht gegen die Decke lenken. Beim Sonnenschutz durch Oka-Solar-Systeme wird bei geringem Sonnenhöhenwinkel ein Teil der direkten Strahlung in den Raum hineingelassen und bei Vergrößerung derselben das Licht und die direkte Sonnenstrahlung zum großen Teil nach außen reflektiert.

Bild 10.27 zeigt einen Raum mit seitlichem Sonnenschutz durch Spiegelprofile. Die auf dem Bild scheinbar gute Aussicht nach außen ist nur bei fast waagerechter Durchsicht gegeben. Die Sonnenlichtausblendung wird dadurch gut erkennbar, daß der mit Sonnenumkehr-Lamellen ausgerüstete Fensterteil keinen Lichteinfall zuläßt, sondern lediglich das quadratische Fensterelement, das dem direkten Außenbezug dient. Eine Übersicht über die Eigenschaften und den Entwicklungsstand verschiedener Lichtlenksysteme gibt **Tabelle 10.1**.

10. Tageslichttechnik

Gliederung	System Nr. Bezeichnung	Einbauart	Auswahlerleichternde Gesichtspunkte						
			Sonnenschutz	Blendungsbegrenzung	Aussicht	Lenkung des Lichtes in die Raumtiefe	gleichmäßige Raumbeleuchtung	Einsparung Kunstlicht	Nachführung
1. Diffuslichtumlenkung	1.1 Lichtschwert	Seitenfenster	B	B	J	B	B	B	N
2. Sonnenschutz mit Diffuslichtdurchlaß	2.1 Prismenplatten	Seitenfenster Dachfenster	J	J	B	B	B	B	J/N
	2.2 Prismen und Aluminiumlamellen	Seitenfenster	J	J	N	J	J	J	J
	2.3 Sonnenschutz-Spiegelraster	Dachfenster	J	J	N		J	N	N
3. Sonnenlichtlenkung	3.1 Laser Cut Panel	Seitenfenster Dachfenster	N	N	J	J	J	J	N
	3.2 Lichtlenkglas	Seitenfenster Dachfenster		J	B	J	J		N
	3.3 Lichtschwert zur Direktlichtlenkung	Seitenfenster Dachfenster	B	B	J	J	J	J	N
	3.4 drehbare Lamellen	Seitenfenster Dachfenster	J	J/B	B	J	J/B	J	J
	3.5 Jalousien zur Lichtlenkung	Seitenfenster	J	J	B	J	J	J	J
	3.6 Heliostat	Seitenfenster				J		J	J
4. Sonnenlichtlenkung	4.1 Laser Cut Panel	Seitenfenster Dachfenster	B	B	B	B	B	B	N

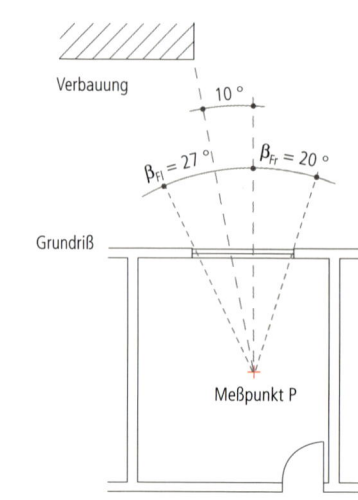

Tabelle 10.1
Übersicht über Eigenschaften und Entwicklungsstand lichtlenkender Systeme (nach Müller und Kischkoweit-Lopin)

J Ja
N Nein
B Bedingt

Bild 10.28
Ermittlung des Tageslichtquotienten, Grundriß und Schnitt

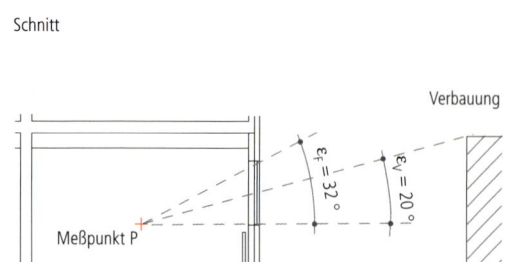

10.3 Tageslichtöffnungen in Gebäuden

1.1

2.1

2.2

2.3

3.1

3.2

3.3

3.4

3.5

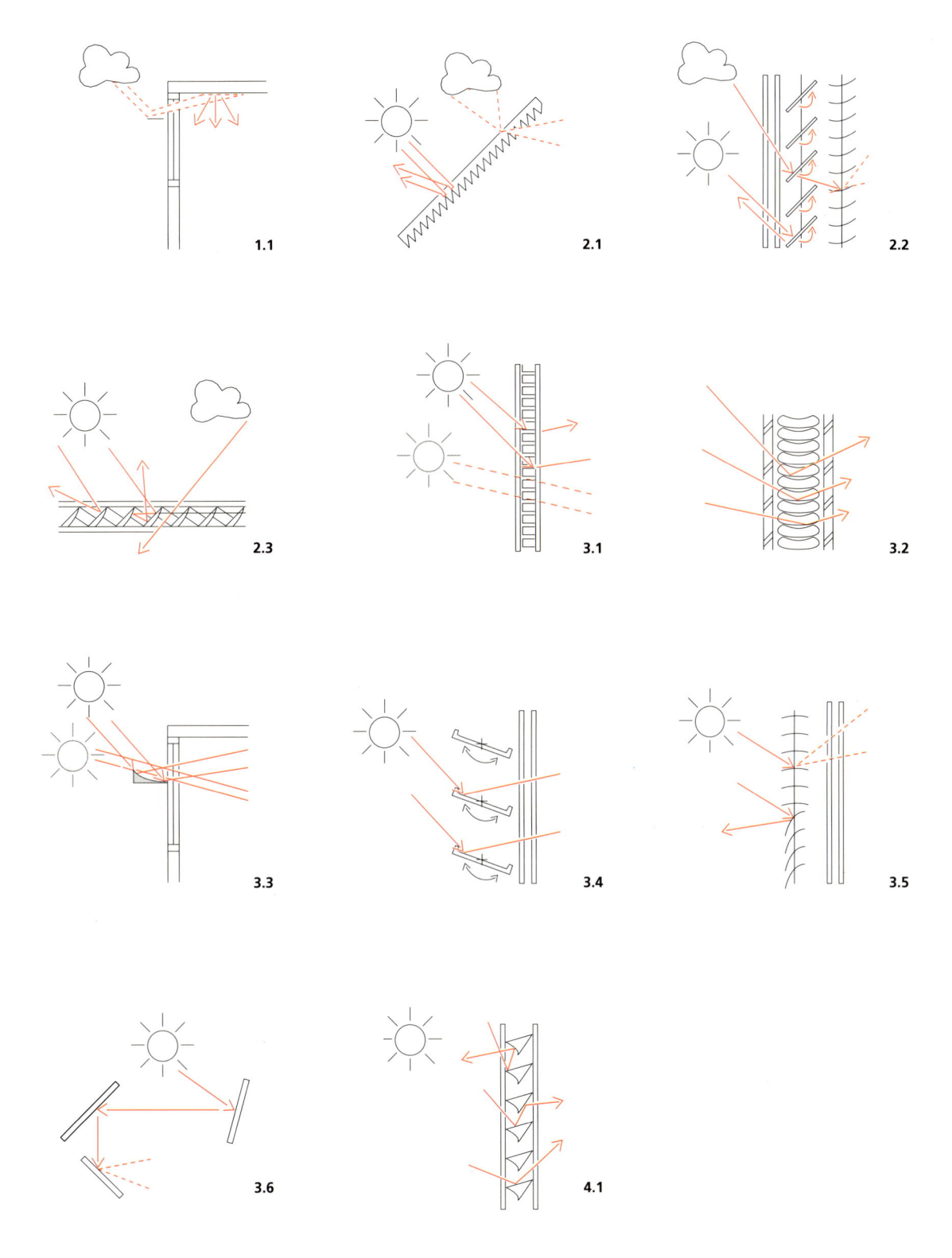

3.6

4.1

zu Tabelle 10.1
Schematische Übersicht

10.4
Beispiel zur Ermittlung des Tageslichtquotienten

Tageslichtquotienten an einem Punkt im Raum und der Verlauf derselben werden heute normalerweise durch Computer berechnet. Nach DIN 5034 ist jedoch auch ein Handverfahren zulässig, das zur Bestimmung des Tageslichtquotienten an einem Punkt relativ schnell durchgeführt werden kann und zu brauchbaren Ergebnissen führt. Dieses Beispiel soll im folgenden erläutert werden.

Wie **Bild 10.28** (vorherige Seite) zeigt, wird im Grundriß und Schnitt eines Raumes zunächst der Punkt festgelegt, für den der Tageslichtquotient ermittelt werden soll. Danach werden die Winkel für die innere und äußere Verbauung des Himmels aufgetragen. In das Diagramm der DIN 5034 wird als erstes das Fenster, wie in **Bild 10.29.1** eingetragen. Gemäß **Bild 10.29.2** erfolgt dann das Eintragen der Verbauung. Der verbleibende Bereich gemäß **Bild 10.29.3** ist der Himmelslichtanteil. Ein zusätzlicher Außenreflexionsanteil der durch die Verbauung gegeben ist, wird nach **Bild 10.29.4** ermittelt.

Der Tageslichtquotient wird dann auf folgende Weise bestimmt:
Zunächst werden die Felder in **Bild 10.29.3** ausgezählt, die durch den direkten Himmelslichtanteil belegt werden. Im vorliegenden Beispiel sind dies 21 Felder.

Als nächster Schritt werden die Felder der Verbauung aus **Bild 10.29.4** ermittelt. Im vorliegenden Fall sind dies 3,5 Felder. Jedes ermittelte Feld des Himmelsanteils hat einen Wert von 0,1 % T_Q. Jedes Feld des Außenreflexionsanteils hat einen Wert von 0,015 % T_Q. Im vorliegenden Beispiel ergibt sich demnach folgender Tageslichtquotient, bedingt durch die äußere Einstrahlung (in Abhängigkeit der ermittelten Felder):

21 · 0,1 %	=	2,1 %
3,5 · 0,015	=	0,05 %
Summe		**2,15 %**

Vermindert werden muß dieser Wert um
– den Lichtdurchlässigkeitsfaktor des Glases
– die Verschmutzung des Glases
– die Versprossung.

Wenn man diesen Wert mit 0,6 annimmt, würde sich der Tageslichtquotient in diesem Punkt aufgrund der äußeren Verbauung mit 1,29 % darstellen. Durch die Reflexion des Tageslichtes an Wänden und Fenstern wird dieser Wert wieder erhöht. Diese Erhöhung ist jedoch sehr stark abhängig von dem Reflexionsgrad der Umgebungsmaterialien und ist deshalb nur in aufwendigeren Verfahren zu ermitteln. Bei kleineren, helleren Räumen kann diese Erhöhung bis zu 100 % des Grundwertes ausmachen; bei großen, dunklen Räumen kann der indirekte Anteil des Tageslichtquotienten so gering sein, daß er kaum eine Rolle spielt.

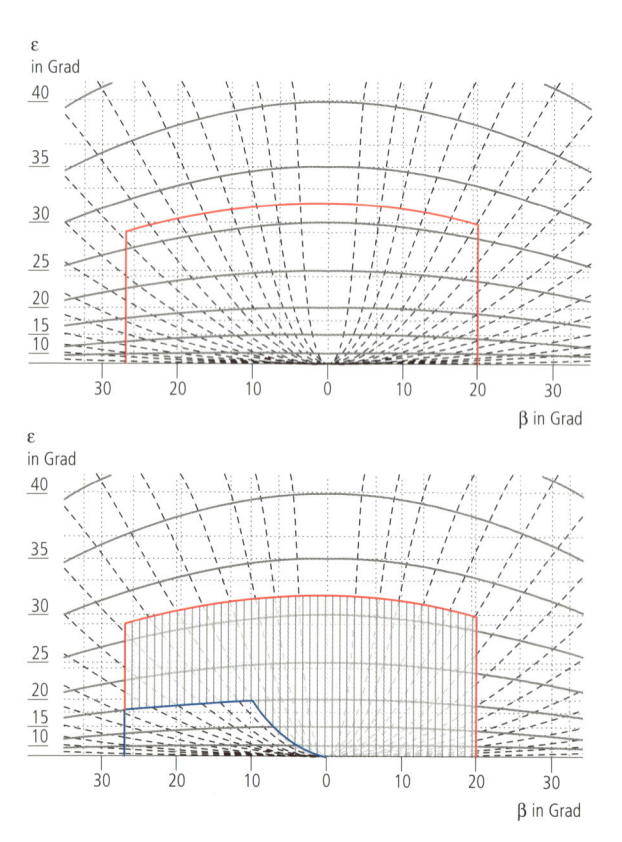

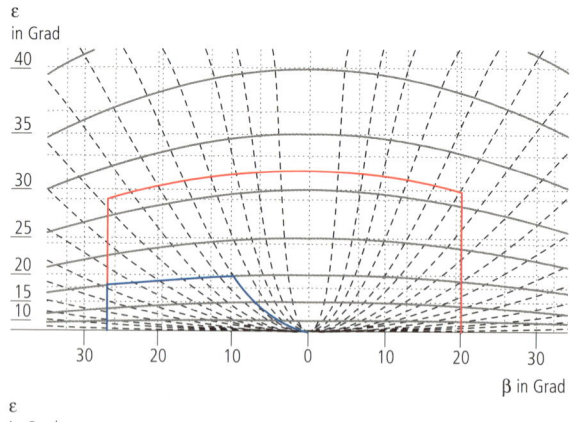

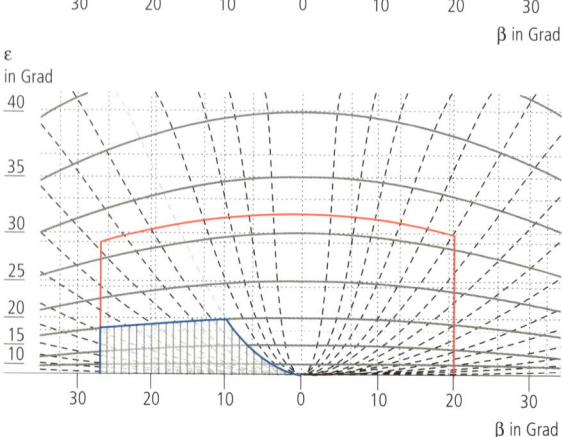

Bild 10.29
TQ-Ermittlung

Bild 10.29.1 (links)
Eintragen des Fensters

Bild 10.29.2 (rechts)
Eintragen der Verbauung

Bild 10.29.3 (links)
Ermitteln des Himmelslichtanteils D_H

Bild 10.29.4 rechts)
Ermitteln des Außenreflexionsanteils

1. Gebäudeperformance
2. Mensch und Behaglichkeit
3. Integrierte Planungsansätze
4. Heizungsanlagen
5. Sanitär- und Feuerlöschanlagen
6. Lüftungs- und Klimatechnik
7. Kälte- und Kühlsysteme
8. Starkstromanlagen
9. Lichttechnik
10. Tageslichttechnik

11. Schwachstromanlagen

12. Förderanlagen

11. Schwachstromanlagen

(mit Günther Faltin, München)

Zur Ergänzung der hier beschriebenen gebäudetechnischen Anlagen sollen noch einige knappe Hinweise zu Schwachstromanlagen gegeben werden.

Schwachstromanlagen umfassen alle informationstechnischen und Überwachungsanlagen. Zu den informationstechnischen Anlagen, die dem schnellen Erfassen und reibungslosen Austausch von Daten jeglicher Art dienen, gehören:

– Fernsprechanlagen
– Datenleitungsnetze
– Telex- und Telefaxanlagen
– Video-Konferenzanlagen
– Uhrenanlagen
– Sprechanlagen
– Personensuchanlagen (Funkrufanlagen usw.)
– Antennenanlagen
– Beschallungsanlagen
– Funktelefone.

Die Überwachungsanlagen umfassen:
– Einbruchmeldeanlagen
– Brandmeldeanlagen
– Fernsehüberwachungsanlagen (Arealschutz)
– automatische Parksysteme (Schrankenanlagen)
– Türüberwachungsanlagen
– Störmeldeanlagen
– Ausweisleser und Gleitzeiterfassungsanlagen.

Neben den informationstechnischen und Überwachungsanlagen gibt es noch einen weiteren Anlagenkomplex, der der Sicherstellung des gesamten integrierten Betriebsablaufes aller gebäudetechnischen Anlagen und der Minimierung der Betriebskosten dient. Es handelt sich hierbei um die Gebäudeautomationsanlage oder Zentrale Leittechnik – im Wohnungsbau um das Bussystem EIB.

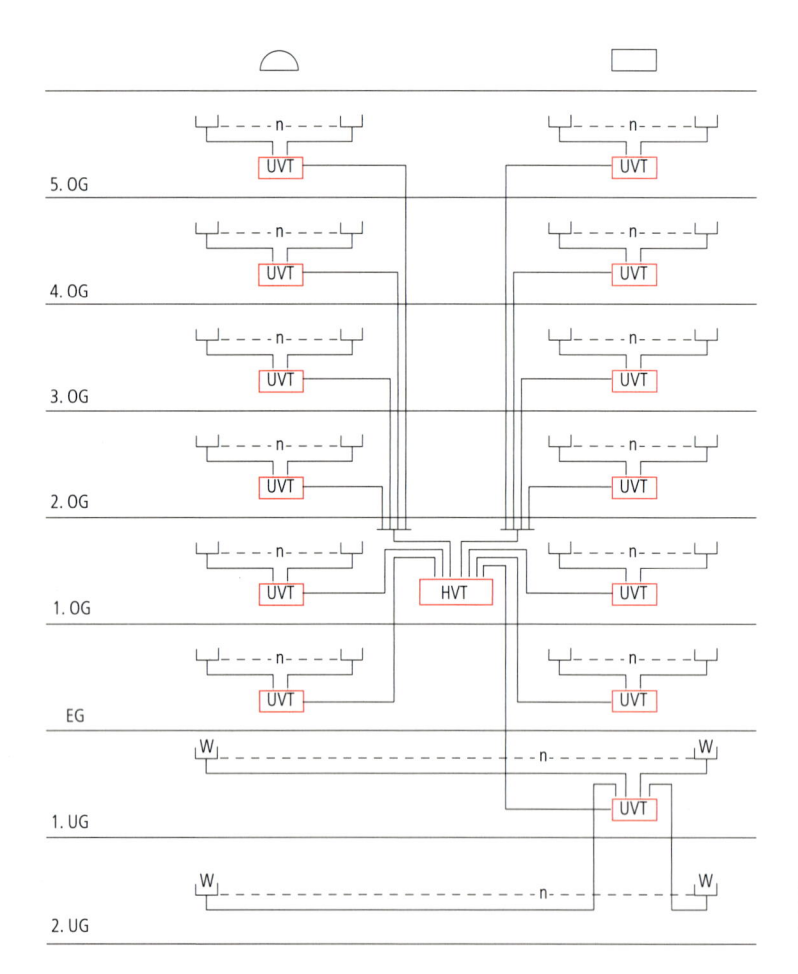

Bild 11.1.1
Übersicht Fernsprech- und Datenleitungsnetz

11.1
Fernsprechanlagen

Fernsprechanlagen bei großen Nutzungsobjekten werden stets als Nebenstellenanlagen ausgerüstet, da hiermit innerhalb des Gebäudes gebührenfrei kommuniziert werden kann und Verbindungen zum öffentlichen Fernsprechnetz vorhanden sind. Nebenstellenanlagen werden klassifiziert nach

- Baustufe 1: 1 Amtsleitung, bis 10 Sprechstellen
- Baustufe 2: bis 10 Amtsleitungen und bis 100 Nebenstellen
- Baustufe 3: mehr als 10 Amtsleitungen und mehr als 50 Nebenstellen.

Die Anschlußorgane für Amtsleitungen werden unterteilt in Leitungen für ankommende, wechselseitige und abgehende Rufe. In der Regel werden heute Tastwahltelefone mit einer Vielzahl von Leistungsmerkmalen eingesetzt. Die Erweiterung der Vermittlung ist jeweils um einen Arbeitsplatz möglich, wobei Arbeitsplätze auch so ausgeführt werden können, daß eine Bedienung durch Blinde möglich ist. Alle Nebenstellen der Fernsprechnebenstellenanlage können innerhalb des Systems individuell und nicht nur von Rufnummern abhängig geschaltet werden in:

- nichtamtsberechtigte Sprechstellen
- halbamtsberechtigte Sprechstellen
- vollamtsberechtigte Sprechstellen
- teilfernamtsberechtigte Sprechstellen
- fernamtsberechtigte Sprechstellen.

Änderungen der Berechtigungen von Nebenstellen werden über ein Betriebsterminal vorgenommen. Aufgrund der Digitalisierung des Fernsprechnetzes werden zunehmend digitalisierte (ISDN-fähige) Fernsprechnebenstellenanlagen eingesetzt (ISDN = Integrated Services Digital Network).

ISDN-Anlagen stehen stellvertretend für universell dienstintegrierte, digitale Fernmeldenetze. Der Aufbau des Fernsprechnetzes mit den Nebenstellen ist aus **Bild 11.1.1** zu ersehen.

11.2
Datenleitungsnetz

In jedem „intelligenten" Gebäude sollte ein Datenleitungsnetz eingerichtet werden, an das vorhandene sowie zukünftige Datenendgeräte problemlos angeschlossen werden können. Der Leistungsumfang der anzuschließenden Datenendgeräte muß von Fall zu Fall mit dem Nutzer besprochen werden, um das gesamte Installationssystem entsprechend aus- oder vorzurüsten. Hierbei sind auch die entsprechenden Verkabelungssysteme der großen Hardware-Hersteller zu berücksichtigen (Kupferleitungen bzw. zunehmend Glasfaserkabel), siehe **Bild 11.1.2**.

International gültige Standards ermöglichen eine universelle Gebäudeverkabelung für Sprache, Daten und Bilder, welche Herstellerunabhängigkeit zum Ziel hat. Diese Verkabelungsstandards sind in Anforderungskategorien eingeteilt und werden zunehmend umgesetzt.

Bild 11.1.2
Komponenten für Glasfaserdatennetze
(Werkbilder Dätwyler)

Optopatch Patchpanel 19", 1 HE für 24 Anschlüsse.
Hier mit ST-Kupplungen

Optomod – fertig konfektionierte Glasfaserkabel. Mit Schutzschlauch und Ziehöse versehen, fertig für den Einzug in Kanäle vorbereitet

Prinzip des Optomod-Systems.
Auf die konfektionierten Ferrulen können alle gängigen Stecker montiert werden, z.B. ST, SC, SMA, Escon, FC/PC.
Durch nachträgliches Montieren der Stecker ist der Durchmesser am Ziehschlauch unwesentlich größer als der Kabeldurchmesser

11.3 Uhrenanlagen

Zur Erzielung von Zeitgleichheit in neuen Gebäuden wird der Einbau einer Nebenuhrenanlage, bestehend aus einer Quarz-Hauptuhr und Liniengruppenplatten mit Impulsverstärker häufig vorgesehen.

Durch Schwingungen eines Quarzoszillators werden über die Hauptuhr Minutenimpulse (Polwechsel) abgegeben, die über einen Impulsverstärker den angeschlossenen Zeitdienstgeräten zugeführt werden. Zeitdienstgeräte sind Nebenuhren mit analoger oder digitaler Anzeige. Entsprechende Nebenuhren werden in allen wesentlichen, gemeinsam genutzten Raumbereichen eines Gebäudes wie Schulungsräumen, Restaurantbereichen, Telefonzentralen, Sicherheitszentralen, Postein- und -ausgang, Pförtner, etc. vorgesehen.

Die Digitaluhren können neben der Zeit auch eine Datumsanzeige besitzen. **Bild 11.2** zeigt das Systemkonzept einer Uhrenanlage.

In neueren Uhrenanlagen wird mittlerweile der Code AFNOR für die Zeitübertragung und -synchronisation eingesetzt. Dabei wird die vollständige Zeitinformation (Uhrzeit und Datum) binär codiert und durch Amplitudenmodulation mit einer 1.000 Hz Trägerfrequenz von einer Hauptuhr über ein zweiadriges Kabel zu den Nebenuhren übertragen. Die gesamte Zeitinformation wird so einmal in der Sekunde übertragen. Die Kabellängen können bis zu 40 km betragen.

Das Zeitsignal kann außer für die Zeitanzeige auch für die Zeiterfassung oder zur Synchronisation von Rechnern oder automatisierten Maschinen verwendet werden. Die Hauptuhr wiederum kann über eine Funkantenne entweder mit dem Funkzeitsignal oder mit dem Zeitsignal des GPS (Global Positionning System) synchronisiert werden.

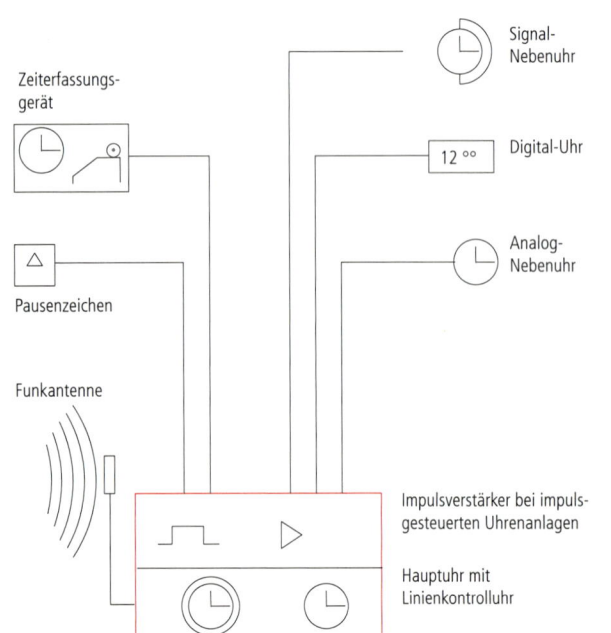

Bild 11.2
Systemkonzept Uhrenanlage

11.4 Sprechanlagen

Zur direkten Verständigung zwischen externen und internen Bereichen beziehungsweise an Zugängen zu Sicherheitsbereichen sollten Sprechanlagen eingerichtet werden. Diese bedienen Raumbereiche wie:

– Pförtner
– Garageneinfahrt und -ausfahrt
– Haupteingang
– Kurzparkerbereiche
– Eingang/Anlieferung
– Sicherheitsschleusen
– Telefonzentrale
– vermietbare Flächen.

Die Sprechanlagen werden in der Regel als dezentrale Türsprechanlagen eingerichtet, wobei sie grundsätzlich auch dort installiert werden, wo in Eingangsbereichen Überwachungskameras Aufstellung finden. **Bild 11.3** zeigt das Systemkonzept einer Gegensprechanlage.

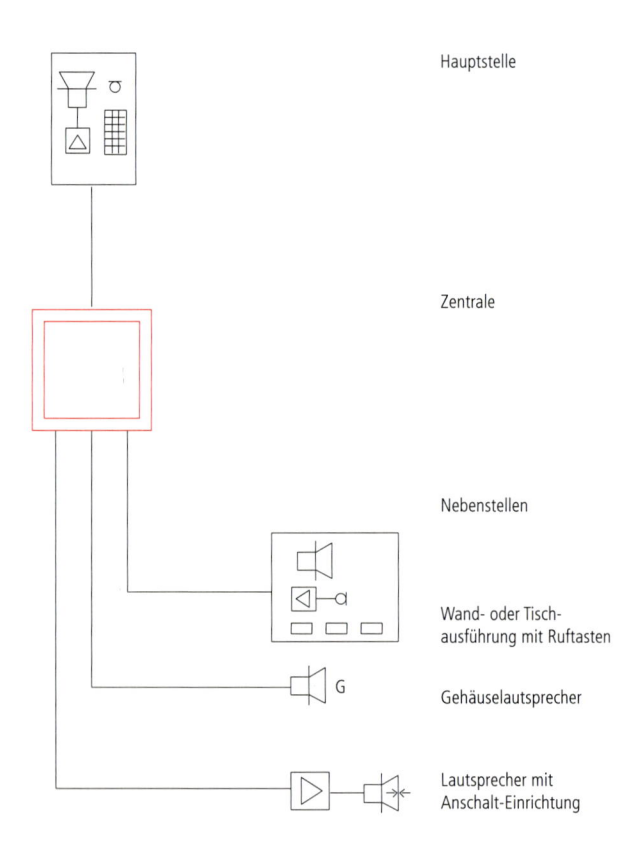

Bild 11.3
Systemkonzept Gegensprechanlage

11.5 Personensuchanlagen

Personensuchanlagen werden heute vornehmlich als drahtlose Anlagen aufgebaut und arbeiten als:
– Suchanlagen auf Funkbasis (UKW oder UHF)
– Suchanlagen nach dem Induktionsschleifenprinzip.

Im Regelfall werden Personensuchanlagen auf Funkbasis erstellt, um auch Personen außerhalb des Gebäudes innerhalb eines Grundstückareals erreichen zu können. Sie dienen Personen mit wichtigen Funktionen, die jederzeit erreicht werden sollten, wie zum Beispiel

– Ärzte, Betriebsärzte, Sanitätspersonal;
– Sicherheitsbeauftragte, Betriebschutzangehörige;
– Handwerker zur Wartung und Bedienung betriebstechnischer Anlagen;
– wichtige Personen innerhalb einer Organisation.

Diese Personen können sowohl einzeln als auch in vorher zusammengestellten Gruppen gerufen werden, wobei als Signal ein Rufton, eine optische Anzeige oder eine Zahlenkombination am Rufempfänger ausgelöst wird. Die Personensuchanlage umfaßt die in **Bild 11.4** gezeigten Bausteine, wobei das Rufpult in der Regel in einer Telefonzentrale untergebracht ist.

Anstelle von Personensuchanlagen finden immer mehr schnurlose Telefonanlagen Anwendung. Die Vorteile bestehen darin, daß durch die Sprache direkt kommuniziert werden kann.

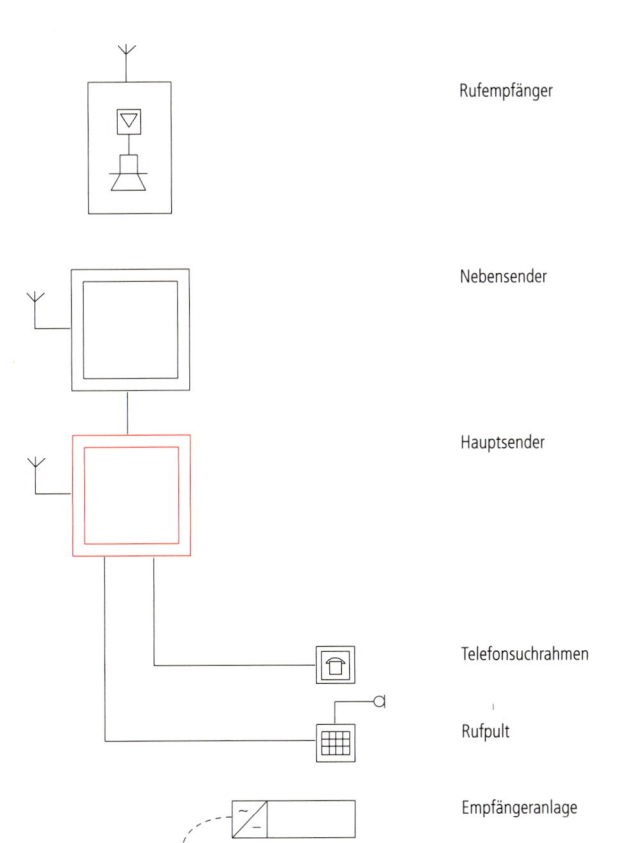

Bild 11.4
Systemkonzept Personensuchanlage

11.6 Antennenanlagen

Zum Empfang öffentlicher Rundfunk- und Fernsehprogramme wird heute in der Regel in größeren Objekten eine Antennenanlage mit Dachaufbau und Antennenverstärkereinheit oder ein Kabelanschluß installiert.

Antennenanschlußdosen sollen dabei in all den Räumen eingesetzt werden, die der Versammlung dienen, sowie in Räumen der Direktion, Schulung und in Aufenthaltsbereichen. Die Verkabelung der Antennenanlage erfolgt über dämpfungsarme Koaxialkabel oder Breitband-Kommunikationskabel (BK-Kabel). **Bild 11.5** zeigt den Systemaufbau der Antennenanlage.

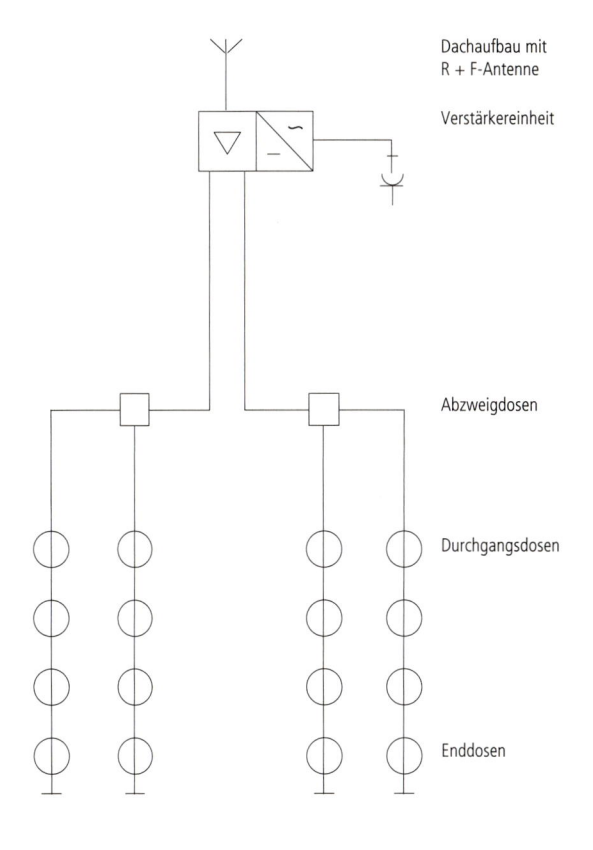

Bild 11.5
Systemkonzept Antennenanlage

11.7
Elektroakustische Anlagen

Elektroakustische Anlagen dienen der Verstärkung von Übertragungen und Aufzeichnungen akustischer Vorgänge. Dabei werden Lautsprecheranlagen eingesetzt, die je nach Verwendungszweck in folgende Gruppen zu unterteilen sind:

– Anlagen mit hoher Wiedergabequalität (für Sprache und Musik), die in großräumigen Flächen auch als Beschallungsanlagen eingesetzt werden können;
– Anlagen mit hoher Sprachqualität;
– Anlagen mit Kommandoqualität.

Anlagen mit hoher Sprachqualität dienen im wesentlichen für Durchsagen, um Mitarbeiter in einem Gebäude gezielt in einzelnen Bereichen ansprechen zu können.

Zur Alarmierung der im Gebäude befindlichen Personen im Brand- oder Katastrophenfall empfiehlt sich eine elektroakustische Anlage mit Kommandoqualität.

Anlagen mit hoher Wiedergabequalität sind Lautsprecheranlagen, bei denen die Lautsprecher selbst eine hohe Wiedergabequalität erreichen und sehr dicht gesetzt werden (in Deckenfelder), um auszuschließen, daß die Geräuschquelle vom menschlichen Ohr geortet werden kann. Derartige elektroakustische Anlagen bestehen aus einer Verstärkerzentrale mit angeschlossener Mikrophonsprechstelle und dem Lautsprechernetz für Deckeneinbau. Zur Übertragung von Feuer- oder Katastrophenalarmen wird ein Alarmtongenerator eingesetzt, der automatisch die Übertragung eines Alarmtones durch das Alarmsignal einer Brandmeldeanlage oder Ionisationsfeuermeldeanlage auslöst. Die Lautsprecher werden bei Anlagen mit Kommandoqualität lediglich in Flurbereichen und Verbindungswegen eingesetzt, bei höherer Qualität auch in den Nutzflächen selbst. Die Lautsprecher werden in der Regel etagenweise zu jeweils einer Lautsprecherlinie zusammengeschaltet, so daß gezielt Einzelbereiche in einem Gebäude angesprochen werden können. Weiterhin soll die Anlage so ausgelegt werden, daß der Signalton in allen Bereichen eines Gebäudes bis zu 15 m vom Lautsprecher entfernt (Sprachdurchsage) mit 65 % Silbenverständlichkeit zu hören ist. **Bild 11.6** zeigt das Systemkonzept einer elektroakustischen Anlage.

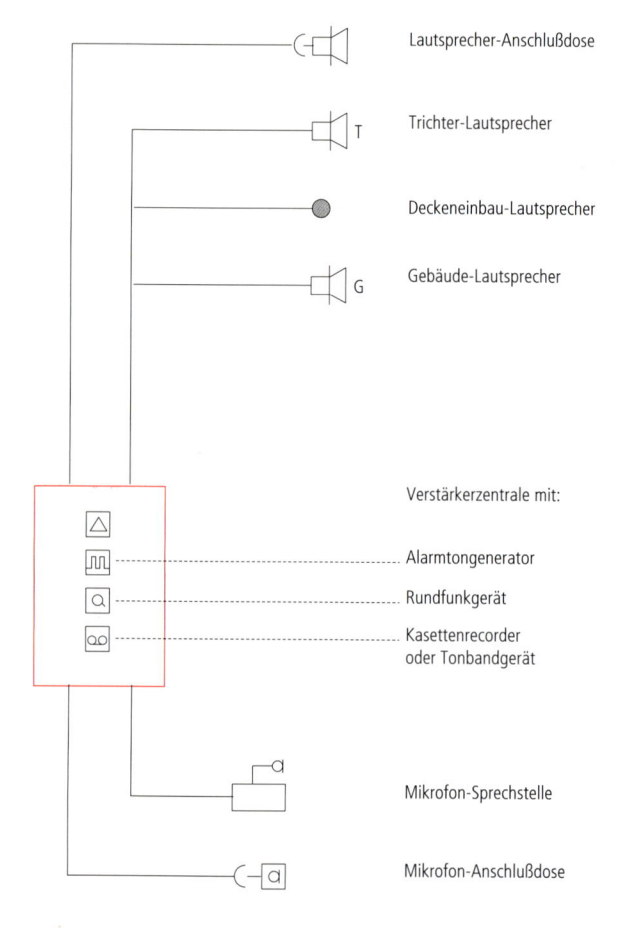

Bild 11.6
Systemkonzept elektroakustische Anlage

11.8 Einbruchmelde- und Überfallmeldeanlagen

Einbruchmelde- und Überfallmeldeanlagen dienen der Auswertung und Verarbeitung von verschiedenen Meldeinformationen, die von angeschlossenen manuellen oder automatischen Nebenmeldern erzeugt werden. Zum Anlagenumfang einer Einbruchmelde- oder Überfallmeldeanlage gehören:

– Zentraleinrichtung mit Linieneinschüben für Melde- und Sabotagelinien für das gesamte Gebäude;
– Zentraleinrichtung für besonders zu sichernde Bereiche (z. B. bei Banken, Geldbearbeitung, Tresore);
– Signaleinrichtung zur Weitergabe von Alarmen auf Anzeigentableau oder Hauptmelder;
– manuelle Notrufmelder (Hand- oder Fußmelder) für besonders gefährdete Bereiche;
– Überwachungskontakte für alle nach außen gehenden Türen, Tore oder Gitter;
– Überwachungskontakte für Türen zwischen besonders zu sichernden Bereichen; Glasbruchüberwachungmelder an allen Fenstern und Glastüren, die noch von außen zugänglich sind (zumindest EG-Bereiche);
– Überwachungskontakte und Körperschallmelder für besonders gefährdete Bereiche (z. B. Tresore).

Als Überwachungskontakte an Türen und Fenstern werden Magnet- und Riegelkontakte zur Öffnungs- oder Verschlußüberwachung eingesetzt. Die Glasbruchüberwachung erfolgt bei Verbundsicherheitsscheiben mit eingelegten Alarmdrähten, ansonsten über Körperschallmelder. Körperschallmelder werden auch an gefährdeten Wandbereichen zur Überwachung auf Erschütterungen oder Durchbruch installiert.

Alarme aus besonders gefährdeten Bereichen werden im „scharf"-geschalteten Zustand über einen Hauptmelder direkt zur Polizei weitergeleitet. Gleichermassen erfolgt eine Weiterleitung in direkter Form bei Alarm von Notruf- und Handmeldern.

Alarme werden ansonsten in der Regel an einen ständig besetzten Bereich abgegeben (Pförtnerbereiche/Bereich Zentrale Leittechnik) und werden hier optisch und/oder akustisch angezeigt. **Bild 11.7** zeigt das Systemkonzept einer Einbruchmeldeanlage.

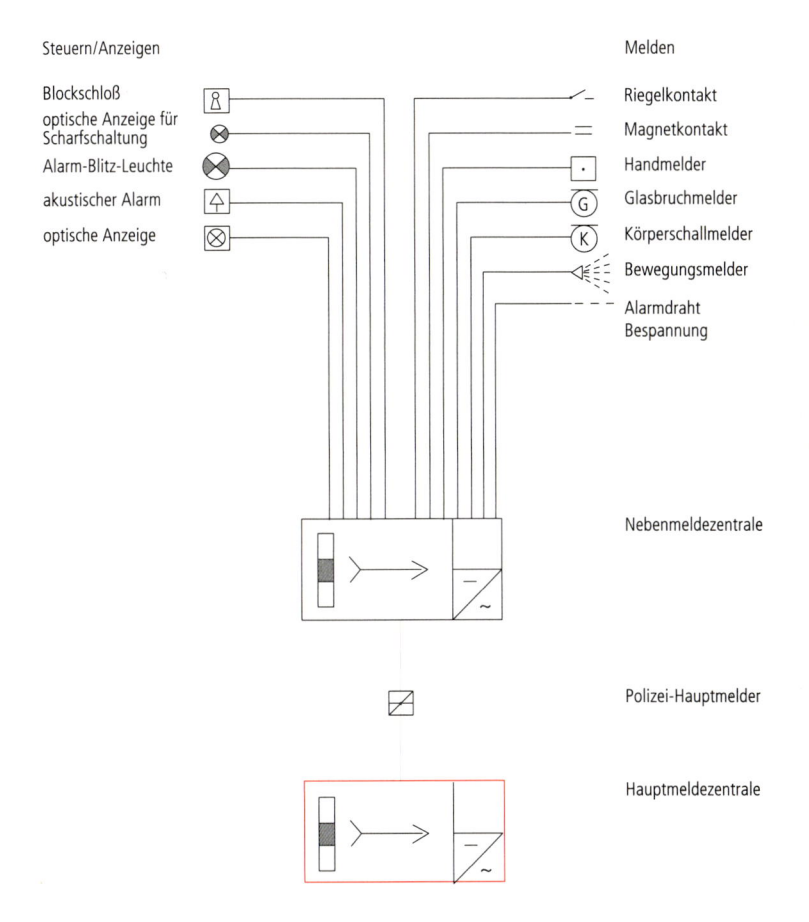

Bild 11.7
Systemkonzept Einbruchmeldeanlage

11.9 Brandmeldeanlagen

Eine automatische Brandmeldeanlage ist eine technische Einrichtung, die ohne menschliches Dazutun einen entstehenden Brand feststellt und automatisch an eine Zentrale meldet, die ihrerseits selbsttätig alarmiert und alle notwendigen Steuerfunktionen einleitet.

Innerhalb einer automatischen Brandmeldeanlage können auch manuell betätigte Auslöseeinrichtungen sinnvoll integriert werden. In diesem Fall erfolgt zwar die Brandwahrnehmung nicht mehr automatisch, jedoch alle der Wahrnehmung folgenden Operationen.

Automatische Brandmeldeanlagen warnen den Menschen vor den Gefahren eines Brandes und ermöglichen ihm die Einleitung der Intervention sofort nach der Gefahrenerkennung, meistens noch im Zeitpunkt geringer Gefährdung. Diese Anlagen dienen dem Schutz und der Sicherheit des Lebens sowie der Erhaltung materieller und ideeller Werte.

An die Zuverlässigkeit und den Bereitschaftsgrad automatischer Brandmeldeanlagen müssen deshalb höchste Ansprüche gestellt werden. Sie können nur erfüllt werden, wenn die Brandmeldeanlage als autonomes System fachgerecht geplant und betrieben wird, **Bild 11.8**.

Die Zuverlässigkeit und Wirksamkeit der automatischen Brandmeldeanlagen hängen noch von einer Kette weiterer Faktoren ab:
– Qualität der Anlagenplanung
– Qualität der Montage und Installation
– Qualität der Inbetriebsetzung
– Qualität der Wartung
– Benutzerschulung
– Alarmorganisation.

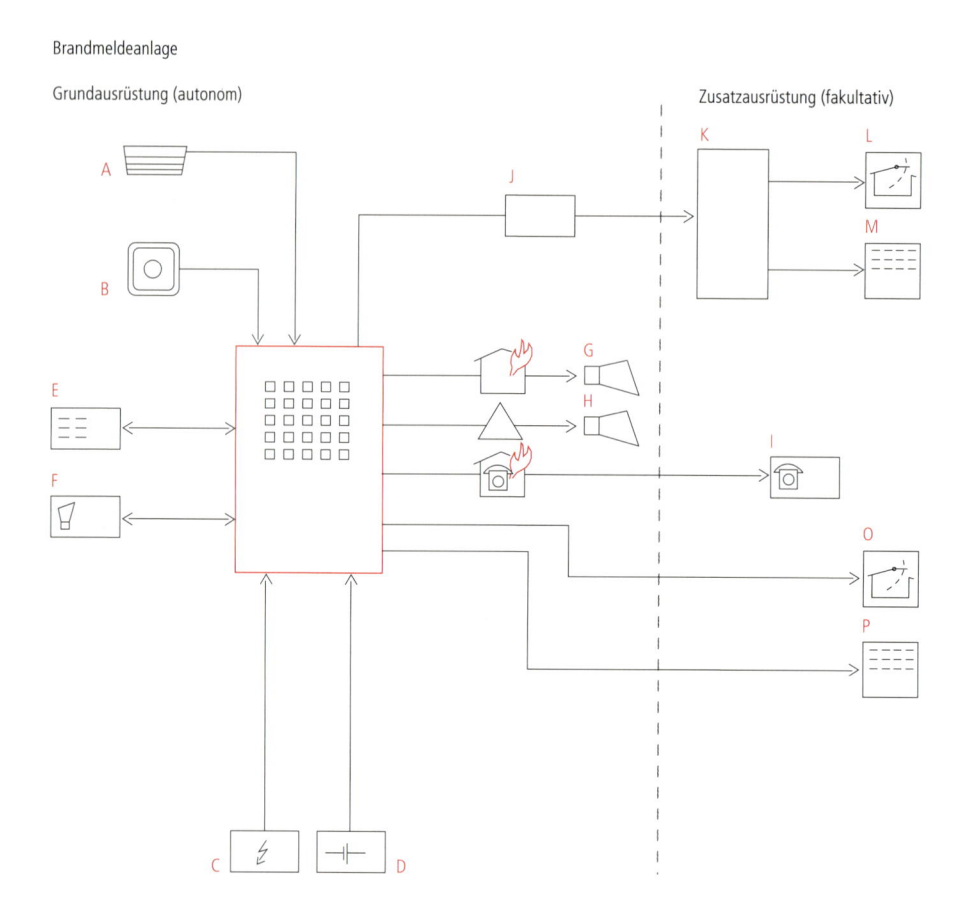

Bild 11.8
Systemkonzept
Brandmeldeanlage

A Automatische Brandmelder
B Manuelle Brandmelder
C Stromversorgung ab Netz
D Notstromversorgung
E Bedienungseinheit
F Alarmorganisation
G Interne Alarmierung
H Interne Störsignalisierung
I Externe Alarmierung/Störungsmeldung
J Interface
K Gebäudeautomation
L Brandfallsteuerung
M Fernsignalisierung
O Brandfallsteuerungen *
P Fernsignalisierung *

* Direkt von der Brandmeldezentrale angesteuert

11.10 Fernsehüberwachungsanlagen

Fernsehüberwachungsanlagen melden Vorgänge von Bereichen, die nicht direkt einsehbar sind an eine oder mehrere ständig besetzte Überwachungsstellen. In der Regel werden heute Videoüberwachungsanlagen installiert, die folgende Gerätekonfiguration besitzen:

– Fernsehüberwachungszentrale mit Videokreuzschiene;
– Überwachungsmonitore mit Auswahltastatur in einer Sicherheitszentrale oder beim Pförtner;
– Überwachungsmonitore in gefährdeten Bereichen;
– Überwachungskameras in gefährdeten Bereichen;
– Haupteingang;
– Bereich Fremd- oder Kurzparker;
– Bereich Ein- und Ausfahrt in Tiefgaragen;
– nicht einsehbare Nottreppenhäuser und -ausgänge;
– Treppenzugänge zu Tiefgaragen;
– Tiefgaragen.

Die Fernsehüberwachungsanlage wird in der Regel ständig betrieben und dabei werden über Videorecorder die Kamerabilder aufgezeichnet (Aufzeichnung über 24 Stunden). **Bild 11.9** weist die wesentlichen Merkmale einer Fernsehüberwachungsanlage aus.

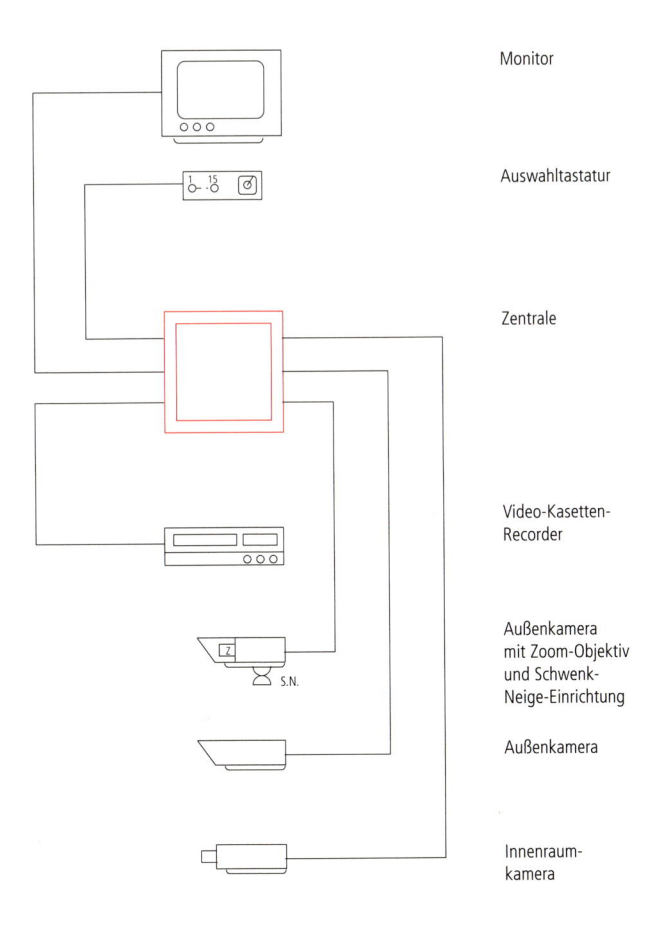

Bild 11.9
Systemkonzept Fernsehüberwachungsanlage

11.11 Verkehrsanlagen

Zur Ein- und Ausfahrtkontrolle sowie zur Lenkung und Regelung des Verkehrsflusses in einem Parkbereich (oberirdisch oder unterirdisch) werden häufig Verkehrsanlagen eingesetzt, die den nachfolgend dargestellten Umfang aufweisen:

– Steuerzentrale mit Bedientableau;
– Ein- und Ausfahrtschranke mit Verkehrsdetektor;
– Ein- und Ausfahrtkontrollterminal;
– Hinweistransparent mit „Frei/Besetzt-Anzeigen";
– Sicherheitseinrichtungen für Rolltore.

Bei einer öffentlichen Nutzung mit frei wählbaren Stellplätzen sollen die ein- und ausfahrenden PKW's über Induktionsschleifen gezählt werden, um bei Vollbelegung eine entsprechende Anzeige oder einen entsprechenden Hinweis zu geben. **Bild 11.10** zeigt das Systemkonzept der Verkehrsanlage.

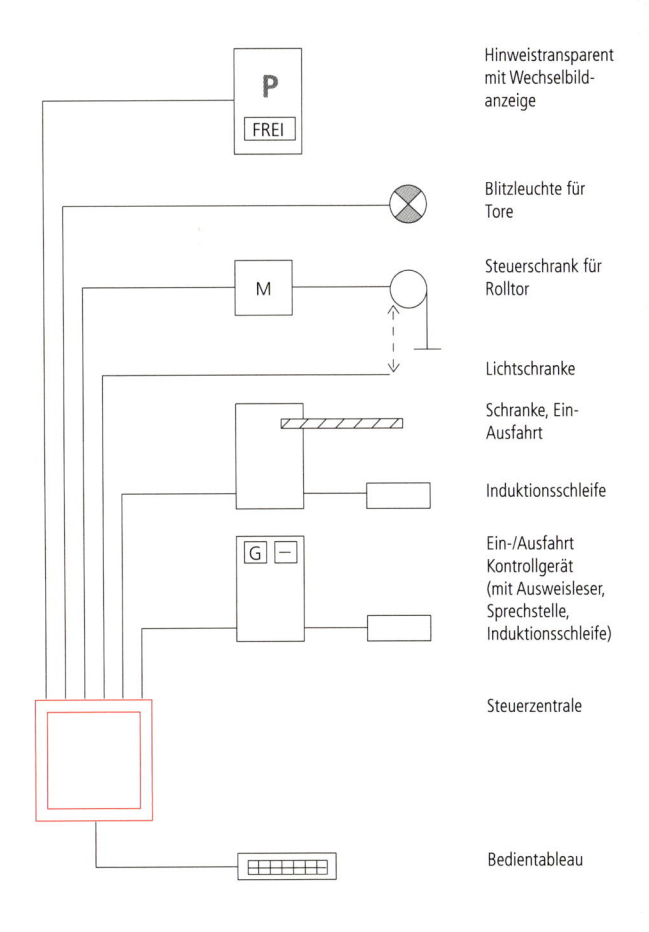

Bild 11.10
Systemkonzept Verkehrsanlage

11.12 Zugangskontroll- und Gleitzeiterfassungsanlagen

Für die Zugangskontrolle und die Erfassung von Arbeitszeitdaten wird im wesentlichen ein elektronisch gesteuertes Erfassungssystem eingerichtet. Aufgabe der Zugangskontrolle ist es, ein Gebäude oder bestimmte Sicherheitsbereiche oder Räume so zu überwachen, daß kein Unberechtigter Zugang erhält.

Berechtigten Mitarbeitern wird eine spezielle Ausweiskarte ausgehändigt, mit der sie die von einem Ausweisleser kontrollierte Tür öffnen können, falls sie die Berechtigung hierzu haben. Über ein Programmpaket können Zugangskontrollen nach Zutrittsstufen und Berechtigungsgruppen vorgegeben werden (tageszeitabhängig, wochentagabhängig, temporäre Vorgaben).

Über Magnetkontakte wird der Türzustand (auf/zu) zeitabhängig kontrolliert, und sollte eine Tür nicht innerhalb einer vorgegebenen Zeit geschlossen oder sollte die Tür geöffnet werden, ohne daß vorher der Ausweisleser bedient wird, so wird ein Alarm an eine Zentraleinheit übertragen. Je nach Wichtigkeit zu überwachender Bereiche (Räume/Flächen/Gebäudeteile) werden Sicherheitsstufen nach Prioritäten festgelegt und in entsprechende Ausweiskarten kodiert.

Die Zeiterfassung erfolgt über dieselbe Systemtechnik und wird, wenn dies erwünscht ist, pro Mitarbeiter kartenbezogen erfaßt und aufbereitet. Die Eckdaten für die Zeitabrechnung wie Sollarbeitszeit, Pausenregelung, Arbeitsbeginn, Arbeitsende, minimale Stunden pro Tag oder pro Woche sind in Tages- und Wochenprogrammen festgelegt und den Mitarbeitern zugeordnet. Zeitüberhänge können in Überstunden geführt und je Mitarbeiter ausgewiesen werden. Eine Fehlzeiterfassung und -verarbeitung sowie eine Mehrarbeits- und Zuschlagsberechnung mit lohnartengerechter Aufschlüsselung der angefallenen Stunden kann in einer zugehörigen EDV-Anlage eingerichtet werden. Im Dialog wird in der Regel eine Abrechnungsperiode jederzeit für einzelne Mitarbeiter durchgeführt und kann unter Umständen korrigiert werden.
Bild 11.11 zeigt das System einer Zugangskontroll- und Zeiterfassungsanlage.

Generelles
Die entsprechenden Zentraleinrichtungen der zuvor aufgeführten Anlagen werden in der Regel in einem separaten Raum oder im Raumbereich einer Zentralen Leittechnikanlage installiert. Sie müssen gegen Angriffe geschützt werden, da sie ein wesentlicher Bestandteil eines Informations- und Sicherheitskonzeptes sind.

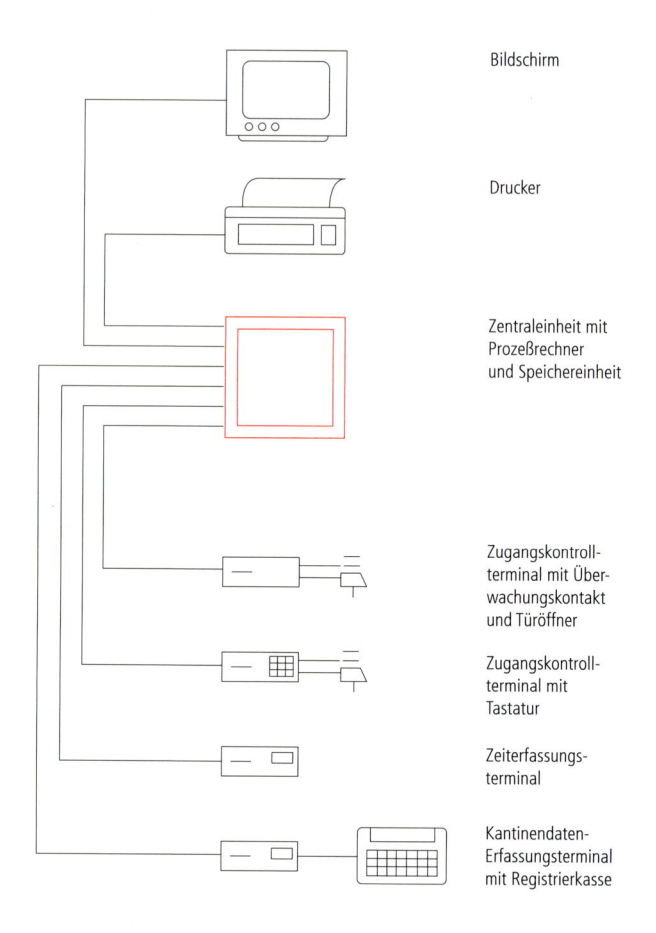

Bild 11.11
Systemkonzept Zugangskontroll- und Zeiterfassungsanlage

11.13
Zentrale Leittechnik

Die Zentrale Leittechnik (früher Gebäudeautomationsanlage) dient dem einfacheren, sichereren, und wirtschaftlicheren Betrieb gebäudetechnischer Anlagen. Sie entlastet dabei das Bedienungspersonal von Routineaufgaben aufgrund des automatischen Überwachens oder In- oder Außerbetriebnehmen von Anlagenteilen und dient dazu, Energiekosteneinsparungen durch bedarfsgerechtes Optimieren von Anlagenabläufen durchzuführen (Lastabwurfprogramme).

Gebäudetechnische Anlagen überwachen, steuern und regeln in der Regel folgende gebäudetechnischen Einrichtungen:
– Raumlufttechnische Anlagen
– Kälteanlagen
– Heizungsanlagen
– Sanitäranlagen
– Feuerlöschanlagen
– Starkstromanlagen
– Beleuchtungsanlagen
– Aufzugs- und Förderanlagen
– Schwachstromanlagen.

Anlagen, die individuell benutzt oder bedient und damit auch überwacht werden, müssen nicht auf die Zentrale Leittechnik aufgeschaltet werden. Hierzu gehören z.B.:
– EDV-Maschinen
– Kopiergeräte, Datenterminals
– Küchengeräte.

Außerdem sollten ZLT-Systeme weder sicherheitstechnische noch personaldatenverarbeitende Aufgaben wie:
– Brandmeldung
– Einbruchmeldung
– Zutrittskontrolle
– Gleitzeiterfassung
– Kantinendatenerfassung usw.

übernehmen, da dies spezielle Anforderungen sowohl an das System als auch an das Bedienpersonal bedeuten würde, wobei gleichzeitig relevante Fragen des Datenschutzes ausgeklammert werden können. Diese Aufgaben können kostengünstiger durch spezielle Informationssysteme gelöst werden **(Bild 11.12)**. Sie werden lediglich durch die ZLT auf ihren Betriebszustand hin überwacht.

Zur Erfüllung ihrer Aufgaben muß die ZLT den haustechnischen Anlagen übergeordnet sein, ohne jedoch deren Selbständigkeit in Bezug auf eine Notbetriebsmöglichkeit in Frage zu stellen. Die Schnittstellenbedingungen sind in den einschlägigen Normen festgelegt (z.B. VDI 3814).

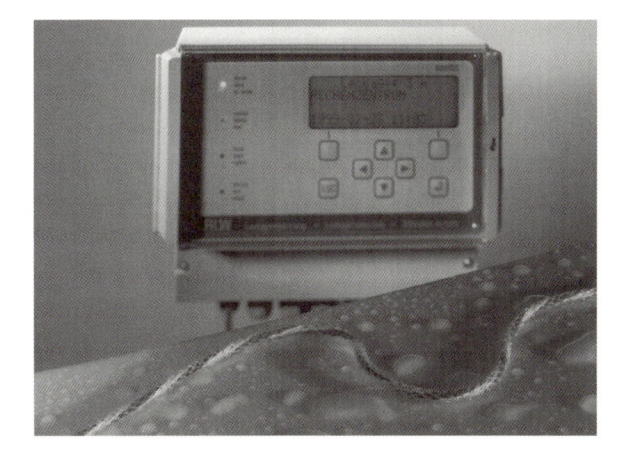

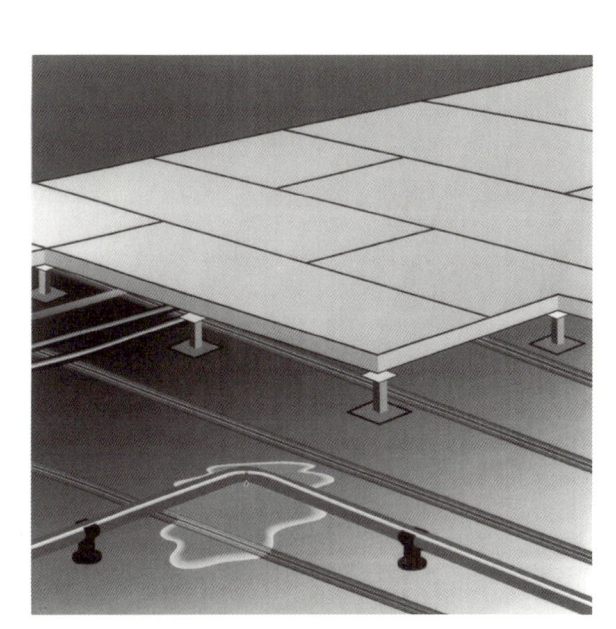

Bild 11.12
Wasserwarnsystem z.B. für Doppelböden in Rechenzentren (Werkbilder Bartec)

Systemaufbau

Die **Bilder 11.13.1/2** zeigen die charakteristischen Elemente eines ZLT-Systems:
- Leitzentrale mit Bediengeräten
- Unterstationen mit Funktionsbausteinen
- adernsparendes Übertragungsnetz zwischen Unterstationen und Leitzentrale (Einzel- und Gruppenversorgung).

Die Unterstationen werden zusammen mit Schaltschränken oder in deren Nähe aufgebaut, die Leitzentrale selbst erhält einen eigenen Raum (20 m^2) in der Nähe eines Pförtners oder im Bereich einer Sicherheitszentrale. Wesentlich bei großen Objekten ist, daß die Leitzentrale ständig besetzt wird und eingehende Betriebsmeldungen (nach Prioritäten) erfaßt und behandelt werden. Da Leitzentralen ständige Arbeitsplätze sind oder dem ständigen Aufenthalt von Personen dienen, sind sie wie ein Büroraum einer hohen Sicherheitsstufe zu behandeln **(Bild 11.14)**.

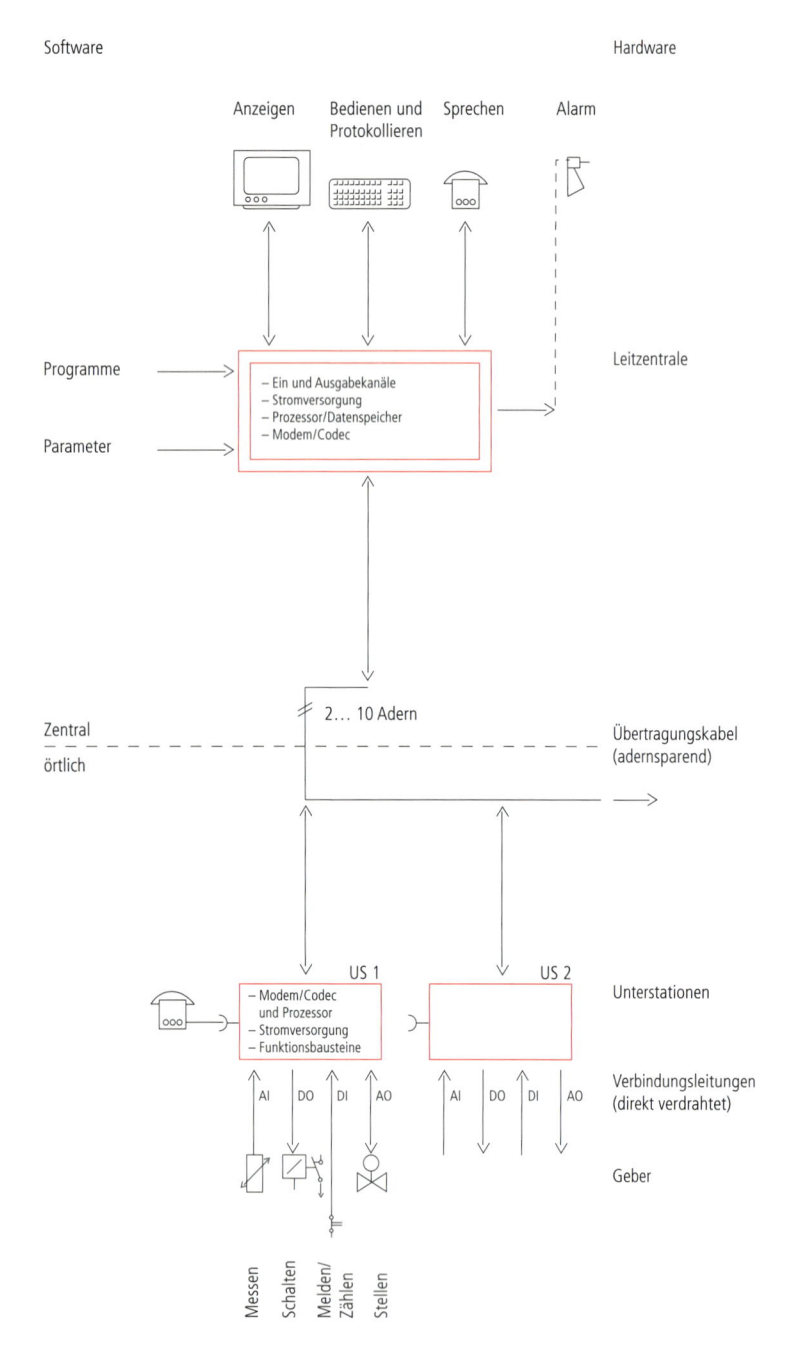

Bild 11.13.1
Systemaufbau eines ZLT-Systems
(ZLT = Zentrale Leittechnik)

Bild 11.13.2
Komponenten einer ZLT-Anlage
(Werkbild Johnson Controls)

11.13 Zentrale Leittechnik

Bild 11.14
Gebäudeleittechnik (GLT)
Überwachungs- und
Steuerzentrale, Neue Messe
Leipzig (Werkbild Honeywell)

Bei kleineren Bauvorhaben oder Bauobjekten mit geringem technischen Ausbaustandard werden keine ZLT-Systeme sondern lediglich zentrale Überwachungssysteme (Schaltschrankeinheiten) eingesetzt (vergleiche hierzu Kap. 8.4.6, Bussystem EIB). Die Planung des Zentralen Leittechniksystems ist eine außerordentlich komplexe Aufgabe und sollte primär von einem ausgebildeten Regelungstechniker aus dem Bereich Heizung/Kälte/Raumlufttechnik vorgenommen werden, da bei diesen Anlagen die mit Abstand meisten Datenpunkte anfallen und zu verarbeiten sind. Bei sehr großen Baukomplexen ist es ratsam, hierfür einen erfahrenen Spezialisten herbeizuziehen, der in der Lage ist, die Verknüpfung aller Betriebsabläufe zu erfassen und in entsprechende ZLT-Programme umzusetzen.

Größere Bauvorhaben mit mittleren bis hohem technischen Ausbaustandard können heute auf den Einsatz eines ZLT-Systems nicht mehr verzichten, da die Betriebsabläufe einer Vielzahl von Anlagen von einer Person oder einer kleinen Personengruppe kaum noch zu steuern sind. Abgesehen davon, daß Zentrale Leittechniksysteme zu Energieeinsparungen führen müssen, dienen sie auch dem Einsparen von Bedienungspersonal und der vorbeugenden Wartung und Revision von technischen Anlagen (Facility Management-Aufgaben). Der Raumbedarf entsprechender Schwachstromzentralen und insbesondere einer ZLT-Zentrale beträgt je Objektgröße und Komplexität der technischen Einrichtungen etwa 0,1 – 0,15 % der Bruttogeschoßfläche **(Tabelle 11.1)**.

Raumansatz für	Grundfläche in m²	Lüftung	Bemerkungen
Mindestausstattung (Bedienungseinheit, Steuerschrank)	10 – 20	Klimatisierung	Raum mit Tageslichteinfall (z.B. Büroraum) in der Nähe der Werkstatt M
weitere technische Einrichtungen je Zentrale zusätzlich	2 – 3		Dimensionierung entsprechend geschätzter Verlustleistung der technischen Einrichtungen und Personenanzahl

Tabelle 11.1
Anlagen der Gebäudeleittechnik

1. Gebäudeperformance
2. Mensch und Behaglichkeit
3. Integrierte Planungsansätze
4. Heizungsanlagen
5. Sanitär- und Feuerlöschanlagen
6. Lüftungs- und Klimatechnik
7. Kälte- und Kühlsysteme
8. Starkstromanlagen
9. Lichttechnik
10. Tageslichttechnik
11. Schwachstromanlagen

12. Förderanlagen

12. Förderanlagen

(mit Renate Sprenger, Hamburg)

12.1 Allgemeines

Kommunikation und Information sind Grundlagen einer funktionierenden Organisation. Aufzüge und Förderanlagen sind unverzichtbare technische Einrichtungen, um einen kontinuierlichen Informations-, Personen- und Güterfluß zu erzeugen und zu gewährleisten. Zusammen mit anderen Kommunikationssystemen wie Fernsprechanlagen und Datenfernübertragung kann der Nutzen der Förderanlagen noch bedeutend erhöht werden. Wichtig ist neben der Anzahl und Qualität der unterschiedlichen Fördermittel auch der sinnvolle Einsatz dieser zur Lösung der spezifischen Transportprobleme.

Bei der Planung von Neuanlagen ist grundsätzlich die Europanorm pr EN 81 (später EN 81) zugrunde zu legen und die entsprechende Landesbauordnung zu beachten. Auf weitere bei der Planung zu berücksichtigenden Normen und Vorschriften wird hier nicht näher eingegangen, um den Umfang dieser Planungshilfe im Rahmen zu halten.

Zu den Förderanlagen im Bereich der technischen Gebäudeausrüstung gehören:
– Aufzüge
– Fahrtreppen und Fahrsteige
– Behälterförderanlagen
– Taschenförderanlagen
– Rohrpostanlagen
– Fassadenbefahranlagen
– Hebezeuge, Überladebrücken und Hubtische
– Krane.

Da die Größe und Anordnung von Fördereinrichtungen massiv in die Architektur eines Hauses eingreifen können, sollte der entsprechende Fachplaner schon zu Beginn des Vorentwurfs hinzugezogen werden.

Der vertikale Transport von Personen und Lasten in Gebäuden wird von Aufzugsanlagen übernommen.

Nach der Nutzung unterscheidet man folgende Aufzugsanlage:
– Personenaufzüge
– Lastenaufzüge
– vereinfachte Güteraufzüge
– Behälteraufzüge
– Unterfluraufzüge
– Kleingüteraufzüge.

Weiterhin kann man nach Antriebsart unterscheiden:
– Treibscheibenaufzüge (Seilaufzüge)
– Hydraulikaufzüge.

12.2 Personenaufzüge

Personenaufzüge sollten im Verkehrsmittelpunkt des Gebäudes angeordnet sein und, soweit notwendig und sinnvoll, zu Aufzugsgruppen zusammengefaßt werden.

Die notwendige Anzahl von Aufzügen ergibt sich aus:
– dem Gebäudetyp
– der Gebäudehöhe
– der Anzahl der Haltestellen
– der Etagennutzung sowie
– der zu befördernden Personenzahl.

Die Förderleistung ergibt sich aus der gewählten Fahrgeschwindigkeit, der Tragfähigkeit und der Anzahl der Aufzüge sowie der eingesetzten Aufzugskomponenten.

12.2.1 Bemessung von Personenaufzügen

Die Anforderungen an die Aufzüge werden im Wesentlichen beeinflußt von:
– dem Verwendungszweck des Gebäudes wie z. B. Büro, Krankenhaus, Hotel u.ä.;
– der Lage der Gebäudezugänge, wie z. B. ein oder mehrere Zugänge, Tiefgaragenanschluß;
– organisatorischen Abhängigkeiten wie z. B. Kantine, EDV-Bereich, Zentralbibliothek;
– dienstlichen Erfordernissen, wie z. B. feste Arbeitszeit, Gleitzeit, Tisch- bzw. Besuchszeiten;
– besonderen Nutzungen wie Feuerwehrbetrieb, VIP-Service, Lastentransporte o.ä.

12.2.2 Ermittlung der zu befördernden Personenzahlen

Es ist festzustellen, welche Personenanzahl in den oberirdischen Etagen in dem jeweiligen Gebäude beschäftigt ist, um die gesamt zu befördernde Personenzahl zu ermitteln. Bei festen Personenangaben kann für die über dem Eingangsgeschoß befindliche Etage ein Abzug von 50 % der dort Beschäftigten angesetzt werden. Desweiteren können etwa 10 % Urlauber, Abwesende und Kranke von der Gesamtsumme abgezogen werden. Dies gilt nur bei feststehender Gebäudebelegung.

Vorgenannte Informationen stehen bei der Erstellung einer Verkehrsanalyse nicht immer zur Verfügung, in diesen Fällen wird folgende Näherungsformel (hier können keine Abzüge vorgenommen werden) herangezogen:

Brutto Grundrißfläche x 0,75 = HNF

Hauptnutzfläche:
ca. 12 m²/Arbeitsplatz = Personenzahl

Die ermittelte Personenzahl entspricht der Anzahl der zu befördernden Beschäftigten, die der Berechnung zugrunde gelegt wird.

12.2.3 Begriffserläuterungen zur Förderleistungsberechnung

Förderleistung
Die maximal erreichbare Förderleistung innerhalb eines 5-Minuten-Intervalls.
Sie wird wie folgt angegeben: Personen pro Intervall, prozentual bezogen auf die jeweiligen Gebäudebelegung oberhalb der Einstiegsebene.

Kabinenlaufzeit
Dies ist die Zeit, die ein Aufzug während der genannten Verkehrsart für einen Umlauf benötigt. Sie beinhaltet alle Türzeiten, Ein- und Ausstiegszeiten sowie Fahrzeiten inkl. Beschleunigung und Verzögerung.

Mittlere Kabinenfolgezeit
Dies ist die Zeit zwischen Abfahrt eines und Ankunft des nächsten Fahrkorbes in der Haupthaltestelle.

Mittlere Wartezeit
Die personenbezogene Wartezeit ist abhängig von der Kabinenfolgezeit und von der Förderleistung. Die Förderleistung z.B. während des Füllbetriebes ist ausreichend, wenn die maximale Wartezeit der Kabinenfolgezeit entspricht.

Fahrkorbfüllgrad
Durch die EN 81 wird einer gewissen Kabinengrundfläche eine entsprechende Tragfähigkeit zugeordnet. Diese entspricht der Maximalbelastung und darf bei der Erstellung einer Verkehrsanalyse nicht zugrunde gelegt werden. Es sollte mit einem maximalen Fahrkorbfüllgrad von 80 % bei quadratischer Kabinengrundfläche gerechnet werden.

12.2.4 Empfohlene Verkehrswerte

Damit die Funktionalität eines Gebäudes und damit der Komfort des Aufzugsbetriebes sichergestellt ist, werden allgemein folgende zu erreichende Werte, die sich auf die Gebäude-Maximalbelegung beziehen, empfohlen.
Bürogebäude mit flexibler Anfangszeit:
– Förderleistung aufwärts 12 – 14 % in 5 Minuten
– Förderleistung abwärts 2 % in 5 Minuten
– Kabinenfolgezeit 25 – 35 Sekunden.

Bürogebäude mit fester Anfangszeit und festen Zeiten für Publikumsverkehr:
– Förderleistung aufwärts 20 – 25 % in 5 Minuten
– Förderleistung abwärts 0 % in 5 Minuten
– Kabinenfolgezeit 25 – 35 Sekunden.

12.2.5 Überschlägige Förderleistungsberechnung

Grundsätzlich wird darauf hingewiesen, daß das nachfolgende Berechnungsbeispiel zur überschlägigen Ermittlung der Aufzugskapazität dienen kann; jedoch wird empfohlen, bei komplexen Gebäuden Fachplaner zur Beratung heranzuziehen, um eine optimale projektbezogene Lösung zu erarbeiten.

Die erforderliche Förderleistung (F_{erf}) errechnet sich wie folgt:

$$F_{erf} = \frac{\text{Zahl der zu befördernden Personen [P/5 Min.]}}{5 \text{ Minuten}}$$

Mit der Ermittlung des Zahlenwertes der erforderlichen Förderleistung kann noch nicht ausgesagt werden, wie viele, wie große und wie schnelle Aufzugsanlagen notwendig sind. Zur Auslegung der Aufzugsanlagen bestehen folgende Möglichkeiten:

– wenige, große Aufzüge
Vorteile: geringe Investitions- und Betriebskosten, wenig umbauter Raum.
Nachteile: lange Fahr- und Wartezeiten, geringe Verfügbarkeit bei Wartungs- und Instandsetzungsarbeiten, ungünstig für internen Verkehr außerhalb der Spitzenzeiten.

– viele kleine Aufzüge
Vorteile: kurze Warte- und Fahrzeiten, hohe Verfügbarkeit bei Wartungs- und Instandsetzungsarbeiten, günstig für internen Verkehr.
Nachteile: höhere Investitions- und Betriebskosten, mehr umbauter Raum.

12.2.6 Fassungsvermögen des Fahrkorbes

Im Zuge der Entwicklung der Aufzugsanlagen haben sich verschiedene Fahrkorbgrößen mit unterschiedlichem Fassungsvermögen durchgesetzt, die in einschlägigen Normen manifestiert wurden (z.B. DIN 15306 und 15309).

Folgende Fassungsvermögen sollten gewählt werden:

Büro- und Verwaltungsgebäude
Tragkraft	630 kg	800 kg	1000 kg	1250 kg	1600 kg
Personen	6	10	13	16	21

12.2.7 Betriebsgeschwindigkeit

Ein wesentlicher Faktor zur Erreichung einer günstigen Förderleistung ist die Betriebsgeschwindigkeit. Sie beeinflußt nicht nur die Umlauf-, Warte- und Fahrzeiten, sondern auch in erheblichem Maß die Energiekosten sowie die Art des Antriebes. Die Betriebsgeschwindigkeit läßt sich jedoch im wirtschaftlichen Rahmen nicht beliebig steigern; über bestimmte Grenzwerte hinaus nimmt die Förderleistung nicht mehr zu, da die Zeiten für die Be- und Entladung einschließlich der Zeiten für das Einfahren in die Haltestelle, Öffnen, Offenhalten und Schließen der Türen gegenüber dem Gewinn an Fahrzeit durch Erhöhung der Betriebsgeschwindigkeit zu groß sind.

In **Bild 12.1** ist die Abhängigkeit der Mindestfahrstrecke zur Erreichung der in der Regel erreichbaren Geschwindigkeit dargestellt. Diese Kurve beruht auf den üblicherweise gewählten Werten für eine Beschleunigung von 1 m/s^2 und Beschleunigungsänderung von 0,8 m/s^2.

Diese Tabellenwerte sind keine absoluten Werte, sondern auch von der Förderhöhe abhängig.

Zeitdauer eines Förderspieles

Ist mit Hilfe der zuvor aufgeführten Richtwerte das Fassungsvermögen der Fahrkörbe einer Aufzugsanlage ermittelt, so kann die Zeitdauer eines Förderspieles für diese Anlage ermittelt werden. Das Förderspiel Z errechnet sich nach der folgenden Formel:

$$Z = (2\frac{h}{v}) + (c \cdot P) + (t_1 + t_2).$$

In dieser Formel bedeuten:

Z = Zeitdauer eines Förderspieles (s)
h = mittlere Hubhöhe (m)
v = Betriebsgeschwindigkeit (m/s)
c = Zeit für das Ein- und Aussteigen einer Person (s/P)
P = Füllgrad des Fahrkorbes (Personen)
H = Zahl der wahrscheinlichen Haltestellen
t_1 = Verlustzeiten für Beschleunigung und Verzögern (s)
t_2 = Zeit für das Öffnen, Offenhalten und Schließen der Türen (s).

Die mittlere Hubhöhe ist eine Funktion aus der tatsächlich genutzten Hubhöhe, dem Fassungsvermögen des Fahrkorbes und der Anzahl der anzufahrenden Haltestellen. Die mittlere Hubhöhe kann anhand der Auswahltabelle **(Tabelle 12.1)** ermittelt werden.

Zahl der Obergeschosse	630 kg	800 kg	1.000 kg	1.250 kg	1.600 kg
	maximale Auslastung des Fahrkorbes (Personen)				
	8	10	13	16	21
	tatsächliche Auslastung des Fahrkorbes (Personen)				
	6 = 75%	8 = 80%	10 = 77%	12 = 75%	15 = 71%
3	3,7	3,8	3,9	3,9	4,0
4	4,3	4,5	4,7	4,8	4,9
5	4,7	5,0	5,3	5,5	5,7
6	5,0	5,3	5,8	6,0	6,4
7	5,2	5,6	6,3	6,5	7,1
8	5,4	5,9	6,6	6,9	7,6
9	5,6	6,1	6,9	7,2	8,1
10	5,7	6,2	7,1	7,5	8,5
11	5,8	6,4	7,3	7,8	8,8
12	5,9	6,5	7,5	8,0	9,1
13	6,0	6,6	7,7	8,2	9,4
14	6,0	6,7	7,8	8,3	9,7
15	6,1	6,7	7,9	8,5	9,9
16	6,1	6,8	8,0	8,6	10,1
17	6,2	6,9	8,1	8,7	10,3
18	6,2	6,9	8,2	8,8	10,4
19	6,3	7,0	8,3	8,9	10,6
20	6,3	7,0	8,4	9,0	10,7
22	6,4	7,1	8,5	9,2	11,0
24	6,4	7,2	8,6	9,3	11,2
26	6,5	7,2	8,7	9,5	11,4
28	6,5	7,3	8,8	9,8	11,5
30	6,5	7,3	8,9	9,9	11,7
zusätzliche Faktoren *	h = 0,90 x tatsächliche Hubhöhe		h = 0,95 x tatsächliche Hubhöhe		h = 1,00 x tatsächliche Hubhöhe

Tabelle 12.1
Zahl der wahrscheinlichen Halte H und mittlere Hubhöhe von Personenaufzügen bei etwa gleicher Stockwerksbelegung

* mit diesen Faktoren wird die tatsächliche Hubhöhe korrigiert

rote Zahlen – wahrscheinliche Halte

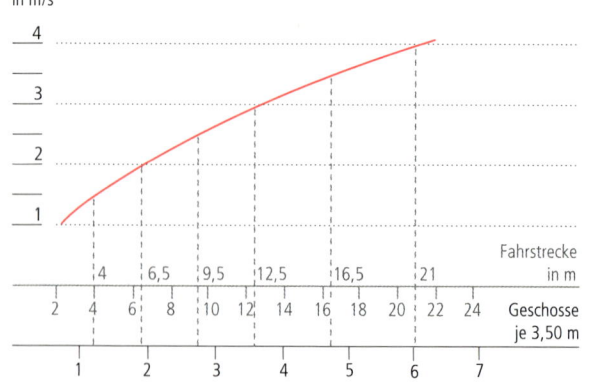

Bild 12.1
Erreichbare Geschwindigkeit zwischen zwei Halten

Für das Ein- und Aussteigen können folgende Zahlenwerte angesetzt werden:

c = 2,0 bis 2,5 Sekunden pro Person bei Aufzügen mit Türen von 900 mm lichter Weite sowie bei allen Tiefkörben (Fahrkorbtiefe größer als Fahrkorbbreite)

c = 1,5 bis 2,0 Sekunden pro Person bei allen Aufzügen mit Türen von 1.100 mm lichter Weite und mehr, sofern die Aufzüge nicht tiefer als breit sind.

Die Zahl der wahrscheinlichen Halte in Abhängigkeit der Zahl der Obergeschosse und des Fassungsvermögens des Fahrkorbes kann ebenfalls der **Tabelle 12.1** entnommen werden.

Die Betriebsgeschwindigkeit für Personenaufzüge in Gebäuden mittlerer Höhe (keine Hochhäuser) ergibt sich aus **Tabelle 12.2**. **Tabelle 12.3** gibt die Verlustzeiten für Beschleunigung und Verzögerung an. **Tabelle 12.4** stellt die Zeiten für das Öffnen, Offenhalten und Schließen der Türen von Personenaufzügen dar.

Hat man nach vorstehender Formel die Zeitdauer eines Förderspiels ermittelt, so errechnet sich die Anzahl der notwendigen Aufzüge wie folgt:

$$F_{tats.} = \frac{P \cdot 300\,s\,(5\,Min.)}{Z}$$

$$F_{erf.} = \frac{\text{Zahl der zu befördernden Personen} \times 5\,Min.}{\text{Zeit, in der die Personen zu befördern sind}}$$

$$n = \frac{F_{erf.}}{F_{tats.}}$$

$F_{tats.}$ = tatsächliche Förderleistung
$F_{erf.}$ = erforderliche Förderleistung
P = Fahrkorbfüllgrad
Z = Zeitdauer des Förderspiels
n = Anzahl der Aufzüge.

Die Faustregel für Gebäude mit festem Arbeitsbeginn beträgt für $F_{erf.}$ etwa 25 %, d. h. innerhalb von 20 Minuten werden alle Beschäftigten eines Gebäudes befördert.

Die Anzahl der Aufzüge kann durch Änderung des Fassungsvermögens korrigiert werden.

Mittlere Fahrkorbfolgezeit

$$K = \frac{Z}{n}\,[\text{Sekunden}]$$

K = mittlere Fahrkorbfolgezeit.

Mittlere Wartezeit

$$W = K \cdot 0,5\,[\text{Sekunden}].$$

Zahl der Haltestellen über der Bezugshaltestelle (ggf. unterste Bezugshaltestelle)	Betriebsgeschwindigkeit in m/s
bis 3	0,6* und 1
3 bis 5	1,0
5 bis 10	1,6
10 bis 18	2,5
größer 18	4,0

* Die Betriebsgeschwindigkeit von 0,6 m/s wird insbesondere bei Hydraulikaufzügen verwendet.

Normgeschwindigkeiten nach DIN 15306

Tabelle 12.2
Betriebsgeschwindigkeiten für Personenaufzüge Normgeschwindigkeiten nach DIN 15306

Betriebsgeschwindigkeit in m/s	Verlustzeit t_1 in s
0,63	2,0
1,0	2,5
Bei hydraulischen Antrieben mit Anfahrventil:	jeweils 1 s mehr
Bei hydraulischen Antrieben mit Anfahrventil und Stern-Dreieck-Anlauf des Motors:	jeweils 2 s mehr
1,6	3,0
2,5	4,0
4,0	5,5

Tabelle 12.3
Beschleunigungs- und Verzögerungszeiten von Personenaufzügen

Türart und Türbreite	Zeit t_2 in s
Mittig öffnende Türen, kraftbetätigt	
1. bei Standardtüren lichte Türbreite bis etwa 1.100 mm	6
2. bei Hochleistungstüren lichte Türbreite bis etwa 900 mm	4,5
Einseitig öffnende Türen, kraftbetätigt	6

Tabelle 12.4
Zeiten für das Öffnen, Offenhalten und Schließen der Türen von Personenaufzügen

12.2.8 Triebwerksraumgrößen, Über- und Unterfahrten

Die baulichen Maßnahmen werden in den späteren Kapiteln eingehend behandelt. Um jedoch einen ersten Überblick zu geben, dienen die **Tabellen 12.5.1/2** mit den Größen von Triebwerksräumen sowie Größenordnungen von Schachtüber- und -unterfahrten für Seilaufzüge mit Standardhöhen.

Triebwerksraum für	Grundfläche	Lichte Raumhöhe
Personen- oder Lastenaufzüge mit Treibscheibenantrieb, Triebwerksraum über dem Schacht	min. 10 m²	2,1 bis 2,5 m
Personenaufzüge in Hochhäusern Bei Ausstattung mit Leonhard-Antrieb	min. 10 m²	2,1 bis 2,5 m
Lastenaufzüge zur Beförderung von Handfahrzeugen, mit Treibscheibenantrieb, Triebwerksraum über dem Schacht	Schachtgrubenfläche = Maschinenraumfläche	2,1 bis 2,5 m
Aufzüge mit hydraulischem Antrieb, Triebwerksraum neben, vor oder hinter der untersten Haltestelle	min. 5,0 m²	2,1 m

Tabelle 12.5.1
Triebwerksräume für Aufzüge

Anordnung des Antriebs	Geschwindigkeit in m/s	Schachtkopf in m von OKFF oberster Halt	Schachtgrube in m von OKFF unterster Halt
über Schacht	0,63	ca. 3,80	ca. 1,40
	1,00	ca. 3,80	ca. 1,50
	1,60	ca. 4,00	ca. 1,70
	2,50	ca. 5,00	ca. 2,80
unten neben Schacht (Umlenkrollen im Schachtkopf)	0,63	ca. 4,20	ca. 1,65
	1,00	ca. 4,20	ca. 1,70
	1,60	ca. 4,40	ca. 1,80

Tabelle 12.5.2
Schachtüber- und -unterfahrten für Seilaufzüge mit Kabinenhöhen bis zu 2,20 m

12.3 Lastenaufzüge

Ähnlich wie bei Personenaufzügen kann auch für Lastenaufzüge eine Förderleistungsberechnung durchgeführt werden. Dies ist jedoch nur erforderlich, wenn Lastenaufzüge in Produktionsprozesse eingebunden sind oder speziell zugewiesene Förderleistungsaufgaben erfüllen müssen.

Berechnungsbeispiel:

$$Z = 2 \left[\frac{h}{v} + Bz + H(t_1 + t_2)\right]$$

h = Hubhöhe (tatsächliche Höhe in m)
Bz = Be- und Entladezeit
H = Zahl der Be- und Entladestellen je Förderspiel
t_1 = Verlustzeit für Beschleunigungen und Verzögerungen (s)
t_2 = Zeit für das Öffnen und Schließen der Türen (s).

Erläuterung zu den Begriffen:
Hubhöhe
Da bei Lastentransporten üblicherweise bestimmte Haltestellen angefahren werden, ist für die Förderhöhe die Höhe zwischen den zu Spitzenzeiten am meisten genutzten Haltestellen einzusetzen.

Be- und Entladezeit
Werden Lasten in Rollbehältern oder ähnlichen flurbewegten Förderfahrzeugen am Zugang ladegerecht bereitgehalten, so können je zu beladener Einheit 30 bis 40 Sekunden angesetzt werden. In allen anderen Fällen ist die Zeit zu schätzen. Sehr starken Einfluß nimmt hierauf die Lage und Beschaffenheit der Stauräume. Die Verlustzeiten für Beschleunigungen und Verzögern t_1 ermitteln sich wie folgt:

Betriebsgeschwindigkeit	Verlustzeit (t_1)
0,25 m/s	ca. 1,0 s
0,40 m/s	ca. 1,5 s
0,63 m/s	ca. 2,0 s
1,00 m/s	ca. 2,5 s

Zeit für das Öffnen und Schließen der Türen t_2
– bei einflügeligen Drehtüren, handbetätigt:
  $t_2 = 7$ s
– bei zweiflügeligen Drehtüren, handbetätigt:
  $t_2 = 10$ s.

Bei automatischen Schiebetüren:
– einseitig geöffnete Teleskoptür, 2-teilig, 1,2 m breit:
  $t_2 = 6,1$ s
– zentral öffnende Schiebetür, 2-teilig, 1,2 m breit:
  $t_2 = 4,6$ s
– zentral öffnende Schiebetür, 4-teilig, 1,6 m breit:
  $t_2 = 5,9$ s.

Lastenaufzüge müssen heute ebenfalls mit Fahrkorbabschlußtüren vorgesehen werden.

Die Anzahl der erforderlichen Lastenaufzüge errechnet sich aus dem Verhältnis der Förderspielzeiten zu der im Spitzenverkehr für die Fördervorgänge zur Verfügung stehenden Zeit, somit ist:

$$n = \frac{Z}{t}$$

Besondere Arten der Lastenaufzüge sind Feuerwehraufzüge und Bettenaufzüge. Die Notwendigkeit hierfür ergibt sich aus den baurechtlichen Bestimmungen, den technischen Besonderheiten, aus den Vorschriften zur Errichtung dieser Anlagen usw.

12.4 Technische und bauliche Maßnahmen für Personen- und Lastenaufzüge

12.4.1 Zuordnung

Personenaufzüge sollen im Gebäudeschwerpunkt liegen und von den Zugängen aus leicht erreichbar sein, d.h. in deren Nähe liegen. Es bietet sich an, Aufzüge in einem Verkehrskern zusammenzufassen.

Werden Personenaufzüge in Gruppen zuammengefaßt, so ist zu beachten, daß entsprechend dem Baurecht der Länder maximal drei Aufzugsanlagen in einem gemeinsamen Schacht angeordnet sein dürfen. Ab vier Aufzügen sollten diese paarweise gegenüberliegend angeordnet werden.

Der Stauraum vor einer Aufzugsgruppe oder zwischen zwei gegenüberliegenden Aufzugsgruppen sollte 3 m oder das doppelte bis 2,5 fache der Fahrkorbtiefe betragen.

Es ist darauf zu achten, daß der Stauraum nicht zugleich dem Durchgangsverkehr dient. Eine Anordnung in Nischen ist unter Umständen angebracht.

Lastenaufzüge sollen nicht im Bereich der Personenaufzüge angeordnet werden. In vielen Fällen weisen Gebäude eigene Ladezonen auf, die dem An- und Abtransport der Güter durch LKW dienen. Diesen Ladezonen sind die Lastenaufzüge zuzuordnen. Der Stauraum vor solchen Aufzügen muß mindestens der Fahrkorbtiefe zuzüglich einer Fläche betragen, welche bei Gütern auf Flurförderfahrzeugen dem Radius des Fahrzeuges in der Fahrbewegung sowie der Standfläche der Bedienperson entspricht. Werden die Güter lediglich durch Personen bewegt, ist hier ein Zuschlag von 0,5 m als ausreichend zu betrachten.

12.4.2 Antriebstechnik

Einen starken Einfluß auf den Baukörper hat die Wahl des Antriebes der Aufzugsanlage infolge der Notwendigkeit der Unterbringung der Triebwerke. Je nach Bauart unterscheidet man die drei am häufigsten verwendeten Antriebsbauarten:

- Treibscheibenantrieb (Seilaufzug)
- Hydraulikantrieb
- Seilhydraulischer Antrieb (indirekt hydraulischer Antrieb).

Treibscheibenantrieb
Der wohl am häufigsten verwendete Antrieb ist der Treibscheibenantrieb, auch Seilantrieb genannt.

Bei dieser Antriebsart hängt der Fahrkorb an Tragseilen, die über die Treibscheibe einer über dem Fahrkorb angeordneten Winde geführt werden und an deren anderem Ende ein Gegengewicht befestigt ist.

Das Gegengewicht hat üblicherweise die Größe des Gewichtes des Fahrkorbes und die Hälfte der Nutzlast. So ist bei beliebigem Zustand der Ladung nur maximal die Hälfte der Last und die Reibung durch den Antrieb zu überwinden. Das Triebwerk wird über dem Schachtkopf angeordnet (Bild 12.2).

Ebenfalls sind Anordnungen oben neben dem Schacht oder unten neben dem Schacht (Bild 12.3) möglich.

Diese Anordnung findet heute recht häufig Anwendung, obwohl diese Lösung die Tragseile stärker beansprucht.

Treibscheibenaufzüge bis zu 2,5 m/s haben meist Antriebe, bestehend aus Drehstrommotor, Getriebe und Treibscheibe. Aufzüge mit Fahrgeschwindigkeiten ab 2,5 m/s werden mit einer getriebelosen Aufzugsmaschine ausgeführt. Bei getriebelosen Aufzugsmaschinen entfällt das Getriebe zwischen Antriebsmotor und Treibscheibe. Die Treibscheibe wird direkt auf die Motorwelle aufgebracht, wobei die Aufzugsmaschinen als Gleichstrommotoren (in jüngster Zeit auch als Drehstrommotoren) gebaut werden.

Für Seilaufzüge unterscheidet man zwischen folgenden Antriebsregelungen:
– spannungsgeregelter Drehstromantrieb
– frequenzgeregelter Antrieb.

Spannungsgeregelte Drehstromantriebe setzt man heute meist bei Fahrgeschwindigkeiten bis max. 1,0 m/s ein. Sie benötigen weitaus weniger elektrische Energie als polumschaltbare Antriebe und haben ein angenehmeres Fahrverhalten.

Frequenzregelungen kommen ab ca. 1,0 m/s Fahrgeschwindigkeit zum Einsatz. Da diese Regelung den Antriebsmotor immer in seinem optimalen Arbeitspunkt betreibt, ist hier eine zusätzliche Energieeinsparung gegenüber dem spannungsgeregelten Antrieb aufgrund des geringen Einschaltstroms und des hohen Wirkungsgrades bei bestem Fahrkomfort möglich.

Ungeregelte Aufzugsanlagen mit polumschaltbaren Antrieben finden aufgrund ihres hohen Stromverbrauchs und des eingeschränkten Fahrkomforts kaum noch ihren Einsatz. Sie entsprechen nicht mehr dem heutigen Stand der Technik.

Hydraulischer Antrieb
Der ölhydraulische Antrieb besteht aus Elektromotor, Ölpumpe, Tank und Filter sowie Hydraulikkolben und -zylinder. Eine Öldruckleitung verbindet das Antriebsaggregat mit dem Hydraulikzylinder. Dadurch ist es möglich, den Maschinenraum bis zu 15 m (wahre Länge) entfernt vom Aufzugsschacht anzuordnen.

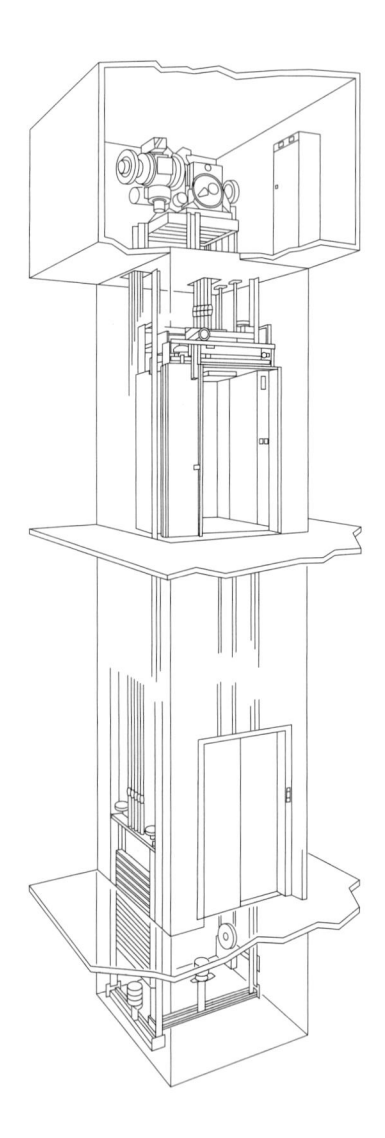

Bild 12.2
Treibscheibenantrieb, Winde oben über dem Schacht

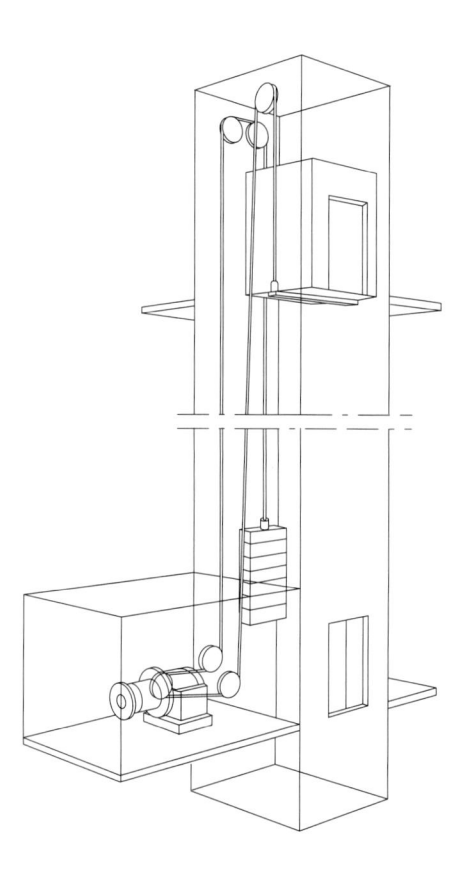

Bild 12.3
Treibscheibenantrieb, Winde unten neben dem Schacht

Der gesamte Fahrkurvenverlauf des Hydraulikaufzuges wird von gesteuerten oder von elektronisch geregelten Ventilen beeinflußt.

Beim Einsatz von Hydraulikaufzügen ist unbedingt auf die Anzahl der erforderlichen Fahrten bzw. Motorstarts in Aufwärtsrichtung zu achten. Mit Ölkühlung können maximal 120 Fahrten pro Stunde erreicht werden. Dies ist in Bürogebäuden für den morgendlichen Füllbetrieb zwingend zu beachten.

Hydraulische Aufzüge werden bis zu einer Förderhöhe von etwa 20 m eingesetzt. Die empfohlene Fahrgeschwindigkeit von Hydraulikanlagen beträgt 0,63 m/s. Sie ist durch Vorschriften auf max. 1,0 m/s begrenzt. Man unterscheidet zwischen direkt und indirekt betriebenen Hydraulikanlagen sowie zwischen Zug- und Druckkolbenlösungen.

Direkt hydraulischer Antrieb
Der Fahrkorb wird von einem oder zwei Hydraulikkolben im Schacht bewegt (**Bild 12.4**).

Die Anordnung des Hydraulikdruckkolbens kann abhängig von Förderhöhe und Tragkraft zentral, d. h. direkt unter oder auch seitlich neben dem Fahrkorb ausgeführt werden (die am meisten verwendeten Hydraulikantriebe).

Der „klassische" Hydraulikantrieb, mit Heber mittig unter dem Fahrkorb, bedingt eine Erdbohrung unterhalb der Schachtgrube, in der der Druckkolben in ein Schutzrohr eingelassen ist. Bei der Planung ist zu beachten, daß unter Umständen entsprechende Tiefbohrungen von den zuständigen Wasserwerken oder Behörden nicht genehmigt werden. Eine weitere Variante des direkt hydraulischen Antriebs ist die des Zugkolbenantriebs. Hier wird der Fahrkorb von einem Zugkolben nach oben gezogen.

Indirekt hydraulischer Antrieb
(Aufhängung 1:2)
Bei indirekt hydraulischen Aufzügen sind die Kolben über Stahlseile mit dem Fahrkorb verbunden (**Bild 12.5**). Dazu ist an jedem Kolbenkopf eine Seilumlenkrolle, über die die Stahlseile laufen, plaziert. Diese Hydraulikantriebe gibt es zur Zeit mit einem oder auch zwei seitlich befindlichen Hydraulikzylindern.

Dabei unterscheidet man nach folgenden Arten:
– Indirekt seilhydraulischer Druckkolbenaufzug
  (Bild 12.5)
– Indirekt seilhydraulischer Zugkolbenaufzug
  (Bild 12.6).

Bild 12.4
Direkt hydraulischer Antrieb, Heber unter dem Fahrkorb

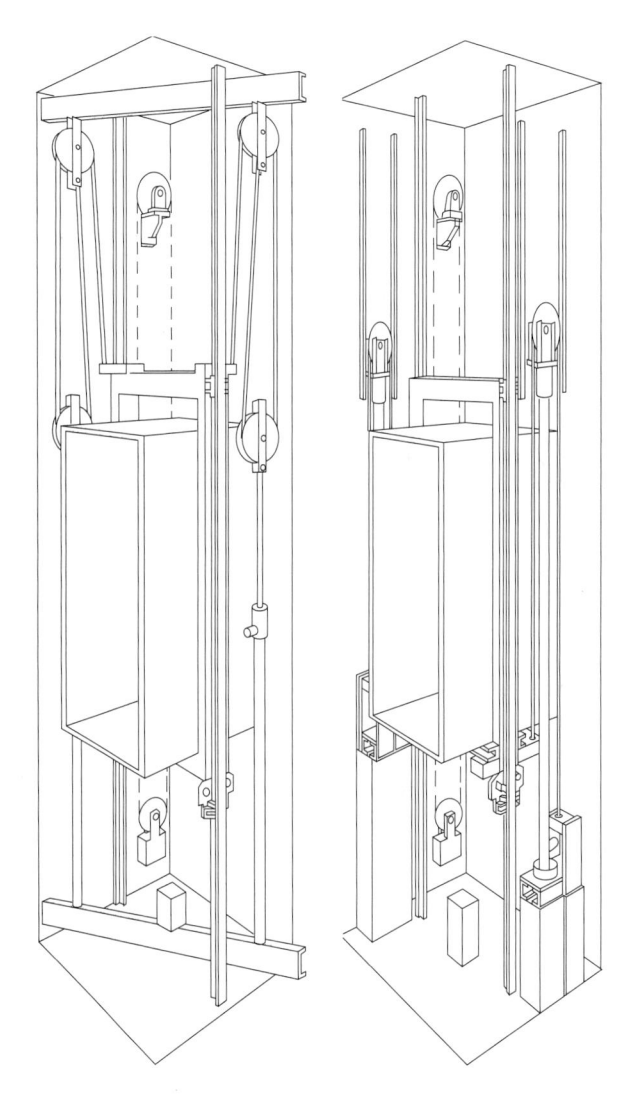

Bild 12.5
Hydraulischer Zugkolbenaufzug, indirekt angetrieben, zwei seitliche Zylinder

Bild 12.6
Indirekt hydraulischer Druckkolbenantrieb, Heber neben dem Fahrkorb

12.4.3 Bauliche Maßnahmen

Aufzugsschacht

In Schächten sind ausschließlich die für den Betrieb der Aufzugsanlagen notwendigen Bauteile enthalten. Aufzugsfremde Leitungen und Bauteile dürfen in Schächten nicht angeordnet werden.

Die Abmessungen des Schachtes sind im wesentlichen abhängig von der Bauart des Aufzuges (Fahrkorbabmessungen mit und ohne Durchladung) sowie von der Art des Antriebes und der Bauart der Türen **(Bild 12.7)**. Weiteren wesentlichen Einfluß auf die Abmessungen des Schachtes, insbesondere auf Schachtkopf und Schachtgrube, haben die Forderungen aus den Aufzugsvorschriften. Die Aufzugsschächte sind mit Lüftungs- und Rauchabzugsöffnungen zu versehen. Der Querschnitt für diese Öffnungen beträgt in der Regel 2,5 % der Fahrschachtgrundfläche, mindestens jedoch 0,1 m². Näheres hierzu ist im Landesbaurecht geregelt.

Bei der Ausführung von Aufzugsschächten muß die pr EN 81, später EN 81, beachtet werden. Es wird dort nach vollständig umwehrten Schächten für Bereiche in Gebäuden, in denen der Schutz gegen Brandausbreitung erforderlich ist (DIN 4102), und nach teilweise umwehrten Schächten für Bereiche eines Gebäudes, in denen der Schutz gegen Brandausbreitung nicht erforderlich ist, wie z. B. für Panorama-Aufzüge in Atrien und Galerien, differenziert.

Schachtgrube (SG)

Das untere Ende des Schachtes bezeichnet man als Schachtgrube. Die Tiefe der Schachtgrube wird von der Oberkante des fertigen Fußbodens der untersten Haltestelle bis zur Oberkante des fertigen Fußbodens der Schachtsohle gemessen.

Die Mindesttiefe der Schachtgrube ergibt sich aus:
– konstruktionsbedingtem Platzbedarf
– durch Vorschriften geforderte Überfahrwege und Schutzräume.

Die Schachtgrube endet in der Regel auf dem Gebäudefundament (gewachsener Boden). Ist der Raum unter der Schachtgrube begehbar, so sind besondere, durch die Vorschriften definierte Maßnahmen zu berücksichtigen.

Bei Schachtgrubentiefen von 1,00 bis 2,50 m ist ein nicht wegnehmbarer Abstieg vorzusehen. Bei Schachtgrubentiefen von mehr als 2,50 m ist anstelle des Abstieges eine abschließbare Zugangstüre zu einem Geschoß (UG) vorzusehen.

Schachtkopf (SK)

Der Schachtkopf ist der obere Schachtteil, gemessen von der Oberkante des fertigen Fußbodens der obersten Haltestelle bis zur Unterkante der Schachtdecke. Die Höhe des Schachtkopfes ergibt sich aus der Addition der Maße für

– konstruktionsbedingten Platzbedarf
– durch Vorschriften geforderte Überfahrwege und Schutzräume.

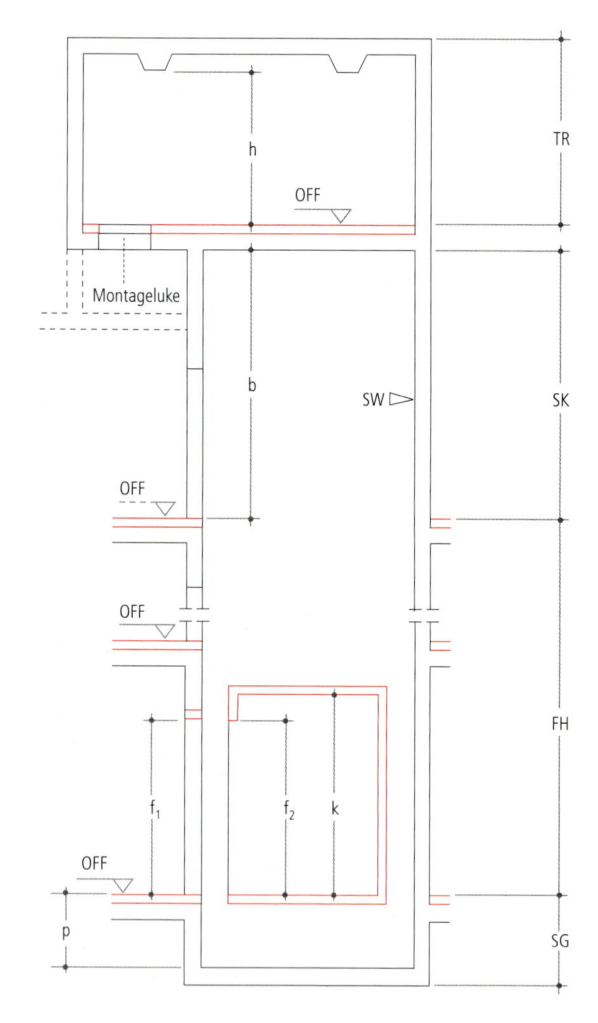

SW Schachtwand
SG Schachtgrube
FH Förderhöhe
SK Schachtkopf
TR Triebwerksraum

Bild 12.7
Fahrschacht und Triebwerksraum

Fahrschachtzugänge

Die Größe der Fahrschachtzugänge wird wesentlich durch die Bauart der Tür und die Lage durch die Schachtsymmetrie bestimmt. Im wesentlichen unterscheidet man zwischen aufgesetzten und eingesetzten Türen.

Aufgesetzte Türen sind Schiebetüren, die auf die Schachtwandinnenseite auf Schwellenwinkel oder Betonnasen aufgesetzt werden. Von der Art her unterscheidet man mittig und seitlich öffnende, teleskopierende und nichtteleskopierende Türen. Die Schachttüren müssen absolut lotrecht übereinandersitzen, da sie von Mitnehmern der Fahrkorb-Abschlußtür bewegt werden. Die geringste Schachtbreite benötigen einseitig öffnende, teleskopierende Schiebetüren. Bei der Auswahl der Türen sollte darauf geachtet werden, daß die einzelnen Türblätter nicht schmaler als 0,3 m sind, um einen möglichst hohen Gleichlauf der Türblätter zu erreichen.

Eingesetzte Türen sind automatische Schiebetüren sowie Drehtüren, deren der Schachtinnenseite zugewandtes Türblatt mit der Schachtinnenseite auf der Zugangsseite des Fahrkorbes bündig abschließt.

Liegt die Bauart der Türe fest, kann die entsprechende Rohbauöffnung wie folgt angegeben werden:

Bei automatischen Schiebetüren kann man umlaufend ca. 15 cm zur Türgröße addieren, um das Rohbauöffnungsmaß zu erhalten. Grundsätzlich sollten die Maßblätter des Herstellers Berücksichtigung finden.

Aussparungen für Außenanzeigen und Außenruf

Bei Aufzügen, die als Einzelanlage betrieben werden, sind die Bedienknöpfe der Außensteuerung sowie die Außenanzeigen üblicherweise in die Türzarge integriert. Werden die Aufzüge jedoch in Gruppen zusammengefaßt, sind die Bediengeräte jeweils zwischen den Zugängen angeordnet. Hierfür empfiehlt es sich, eine ca. 15 cm breite und 20 cm hohe Aussparung anzuordnen. Die Unterkante dieser Aussparung sollte 1 m über der Oberkante des fertigen Fußbodens liegen. Werden in diesen Außensteuerkästen darüber hinaus Außerbetriebsanzeigen oder Weiterfahrtanzeigen (Richtungspfeile) angeordnet, müssen diese Aussparungen entsprechend größer vorgehalten werden.

Triebwerksraum

Je nach Art des gewählten Antriebes wird der Triebwerksraum entweder oben über dem Schacht oder unten neben dem Schacht angeordnet.
Es sind heute auch Aufzugsanlagen unterschiedlichen Antriebs auf dem Markt, die ohne Maschinenraum betrieben werden können. Diese Anlagen sind begrenzt in Fahrgeschwindigkeit, Förderhöhe, Tragkraft und Haltestellenanzahl. Sie werden je nach Hersteller mit Aufzugsmaschinen, mit Getriebe oder getriebelos, sowie als Hydraulikaufzüge angeboten. Der Antrieb wird im Aufzugsschacht (**Bild 12.8.1**) oder am Fahrkorb (**Bild 12.8.2**) angeordnet.

Triebwerksraum für Hydraulikaufzüge

Bei allen hydraulischen Antriebsarten liegt der Triebwerksraum mit dem Antriebsaggregat meist unmittelbar neben dem Schacht auf der Höhe der untersten Haltestelle. Der Triebwerksraum kann aber auch einige Meter vom Schacht entfernt angeordnet werden. Hierbei ist jedoch darauf zu achten, daß die hydraulischen Leitungen so installiert werden, daß sie zu jeder Zeit auf voller Länge inspiziert werden können. Ebenso können von der Genehmigungsbehörde weitere Auflagen bezüglich des Brandschutzes erfolgen.

Bild 12.8.1
Aufbau eines Aufzugs ohne Maschinenraum mit Anordnung des Antriebs im Aufzugsschacht, Ansicht von unten
(Schindler Smart^{MRL}®)

Bild 12.8.2
Aufzug ohne Maschinenraum mit Anordnung des Antriebs am Fahrkorb (SchindlerMobile®,)

Triebwerksraum für Seilaufzüge

Bei Triebwerksräumen von Aufzugsanlagen mit Treibscheibenantrieb ist die Lage über dem Schacht angeordnet vorzuziehen.

Bei der Planung des Triebwerksraumes ist darauf zu achten, daß die Einbringung des Triebwerkes und des Schaltschrankes möglich gemacht wird. Die erforderlichen Aussparungen vom Triebwerksraum zum Schacht können, da sie abhängig von den verwendeten Aufzugskomponenten sind, nur von der ausführenden Aufzugsfirma festgelegt werden. Zur Erleichterung der Montage von Triebwerksteilen und deren Austausch im Reparaturfall sollte unter der Decke über dem Triebwerk ein Montageträger o.ä. vorgesehen werden **(Bild 12.8.3)**.

Zugangswege

Zugangswege und Türen zu den Triebwerksräumen sind so zu dimensionieren, daß sie vom Wartungspersonal begangen werden können (siehe auch die entsprechenden Vorschriften). Eine lichte Höhe von 2 m und eine Breite von etwa 0,9 m wird als ausreichend erachtet.

Kabinenhöhe: 2200
Lichte Eingangshöhe: 2000

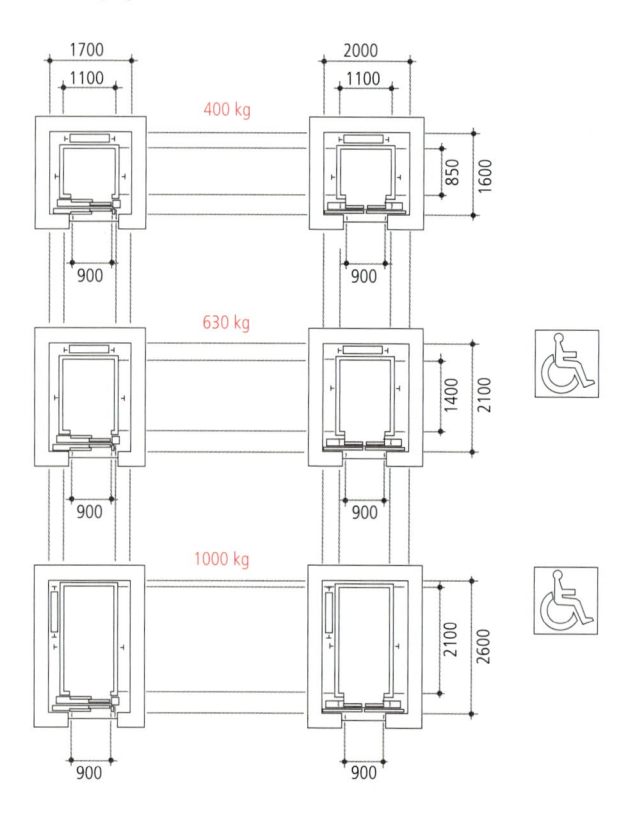

Bild 12.9.1
Aufzüge für Wohngebäude

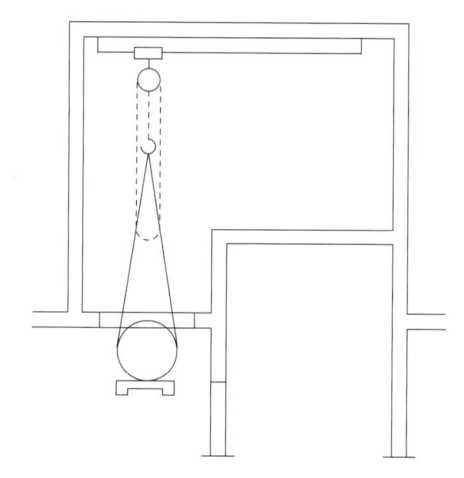

Bild 12.8.3
Triebwerksraum für Treibscheibenaufzug mit Montageöffnung

An der Triebwerksraumdecke ist eine Befestigungsvorrichtung zum gefahrlosen Heben und Verschieben größerer Lasten anzubringen.
Im Triebwerksraumboden oder in unmittelbarer Nähe des Triebwerkraumes ist eine Transportöffnung vorzusehen.

12.4.4 Fahrkörbe

Neben den Türen bestimmen die Abmessungen des Fahrkorbes die Größe des Fahrschachtes. Einige der gängigsten Fahrkorbabmessungen sind in nachstehenden **Bildern 12.9.1** und **12.9.2** dargestellt.

Fahrkörbe sind zu beleuchten und erhalten darüber hinaus eine von der Netzversorgung unabhängige Sicherheitsbeleuchtung über eine Batterie, die im Steuerungsschrank der Aufzugsanlage eingebaut ist. Während bei Personenaufzügen die Beleuchtung individuell gestaltet werden kann, sollten die Leuchten bei Lastenaufzügen wegen der Beschädigungsgefahr durch das Ladegut möglichst in der Fahrkorbdecke versenkt angeordnet werden. Darüber hinaus ist hier ein erhöhter Staubschutz empfehlenswert.

Die Fahrkörbe von Personen- und Lastenaufzügen müssen be- und entlüftet werden. Zu- und Abluftöffnungen müssen so angebracht werden, daß eine ausreichende diagonale und vertikale Durchlüftung sichergestellt ist. Der Einbau von Kleinventilatoren ist empfehlenswert. Sofern durch den Verwendungszweck oder die Konstruktion erforderlich, ist in der Fahrkorbdecke eine Ausstiegsluke zum Befreien eingeschlossener Personen vorzusehen. Werden in Aufzügen Lasten und Güter auf Flurförderfahrzeugen befördert, so ist es zweckmäßig im Fahrkorb Schrammleisten vorzusehen. Für den Transport im Aufzug müssen diese Förderfahrzeuge mit Feststellbremsen versehen sein.

Besonderheiten bei Personenaufzügen zum Transport Behinderter und Rollstuhlfahrer

Sollen in einem Aufzug Behinderte und Rollstuhlfahrer nicht nur in Ausnahmefällen befördert werden, müssen die DIN 18024/025 sowie die jeweilige Landesbauordnung beachtet werden.

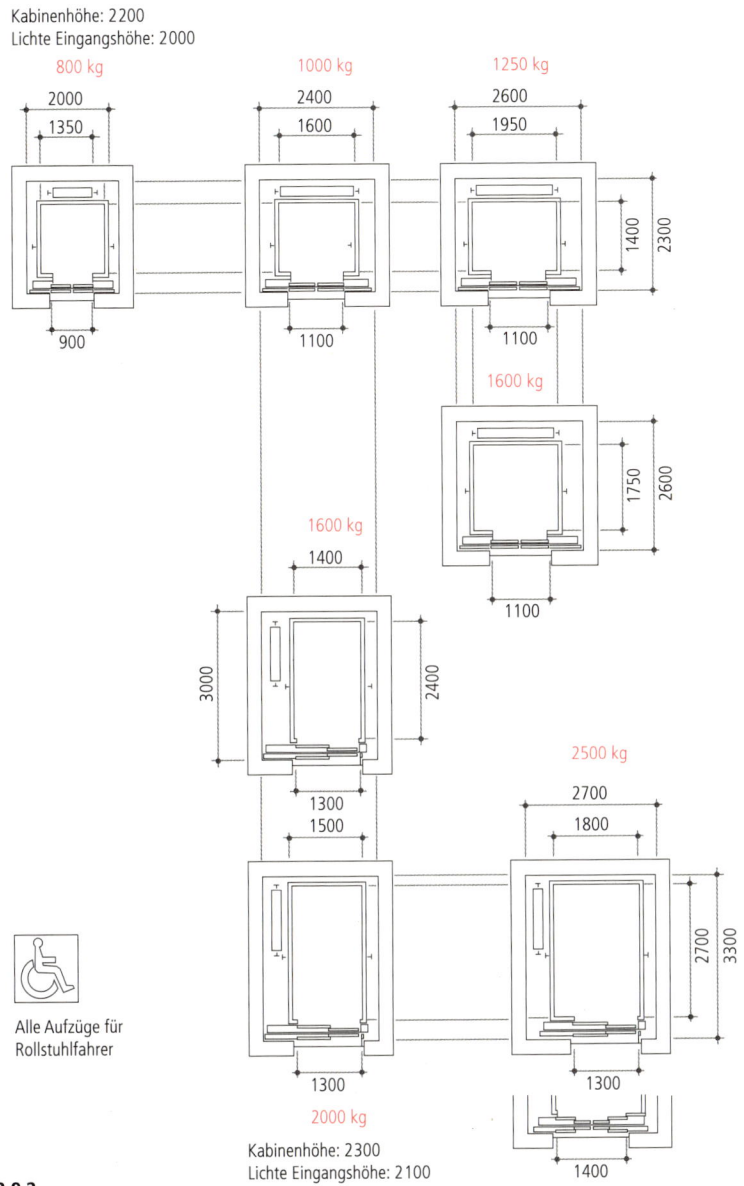

12.4 Technische und bauliche Maßnahmen für Personen- und Lastenaufzüge

12.4.5 Steuerung der Aufzüge

Die Art der Steuerung beeinflußt die Förderleistung von Aufzugsanlagen erheblich. Im Folgenden werden die für Personenaufzüge empfohlenen Steuerungen aufgeführt:

Richtungsabhängige Sammelsteuerung

Alle Innen- und Außensteuerbefehle werden gespeichert. In den Außensteuertafeln der Zwischenhaltestellen sind jedoch zwei Befehlsschalter vorhanden, jeweils für die gewünschte Fahrtrichtung „Aufwärts" oder „Abwärts". Der Aufzug hält nur, wenn die vom Fahrkorb eingeschlagene Fahrtrichtung mit der gewünschten Fahrtrichtung übereinstimmt. Durch diese Steuerung ergibt sich eine wirtschaftlichere Verkehrsabwicklung, die sich besonders bei häufigem Zwischenstockverkehr bewährt.

Gruppen-Sammelsteuerung

Werden mehrere Personenaufzüge in einer Gruppe zusammengefaßt, so wird der Grundbaustein der richtungsabhängigen Sammelsteuerung verwendet.

Heute eingesetzte Mikroprozessorsteuerungen teilen jedem eingehenden Etagenruf den Aufzug zu, der diesen Ruf am optimalsten, bezogen auf Wartezeit und Wirtschaftlichkeit, erledigen kann. Diese Entscheidung wird mehrmals pro Sekunde überprüft, um dies zu gewährleisten (Bild 12.10).

Eine weitere Verbesserung der Förderleistung kann durch die Besetzteinrichtung erreicht werden. Sind die Fahrkörbe häufig voll besetzt, so führt das Anhalten auf einen Außensteuerbefehl hin nur zu einer unnötigen Fahrtverzögerung. Durch eine Besetzteinrichtung wird die Annahme eines Außensteuerbefehles so lange verhindert, bis eine Entlastung des Fahrkorbes (Aussteigen von Personen) eintritt. Die Besetzteinrichtung kann auf den Benutzerkreis im Bereich von 60 bis 80 % der Tragfähigkeit eingestellt werden.

Um ein Anfahren des überladenen Fahrkorbes zu verhindern, werden in der Regel Überlasteinrichtungen vorgesehen.

Bild 12.9.2
Aufzüge für Büro- und Verwaltungsgebäude, Hotels

Bild 12.10
Bei dieser Mikroprozessorsteuerung wird die Zieletage eingegeben und durch das System ein bestimmter Aufzug zugewiesen, der dann direkt ohne weiteres Zutun die Zieletage anfährt (System Micionic 10®, Schindler)

12.5 Panoramaaufzüge

Panoramaaufzüge, auch einfach als Glasaufzüge bezeichnet, werden immer mehr als architektonisches Element bei der Gestaltung von anspruchsvollen Gebäuden eingesetzt. Sie lockern die Architektur auf und bieten dem Fahrgast durch die gebotenen Ausblicke ein besonderes Erlebnis bei der Fahrt zwischen den Etagen. Er kann an der Fahrt aktiv teilnehmen und sieht, in welchem Raum er sich bewegt. Er kann die Atmosphäre im Hotel genießen, sich in Geschäftsgebäuden zwischen Besprechungen entspannen und in Einkaufszentren einen schnelleren Überblick gewinnen.

Die flüchtige Beschäftigung mit Glasaufzügen läßt leicht den Eindruck zu, daß diese Art von Aufzügen nur für den Einsatz in luxuriösen Gebäuden geeignet ist. Oft können sie jedoch aufgrund ihrer Transparenz auch in einfacher Ausführung zur Gestaltung von hellen und freundlichen Eingangshallen sowie Treppenhäusern beitragen.

Beim Einsatz im öffentlichen Verkehrsbereich wird durch Panoramaaufzüge die Anonymität einer geschlossenen Kabine aufgehoben und dadurch das Sicherheitsgefühl der Benutzer erhöht **(Bilder 12.11)**. Da ein Panoramaaufzug während der Fahrt auch von außen eingesehen werden kann, fühlt sich der Benutzer beobachtet, so daß es erfahrungsgemäß zu wesentlich weniger Vandalismus in der Kabine kommt.

Bild 12.11.1
Fahrkorb für den Panoramaaufzug des ICE-Fernbahnhofs Flughafen Frankfurt am Main
(Architekten:
Bothe Richter Teherani,
Hamburg,
Hersteller.: Otis)

Bei der Planung von Panoramaaufzügen muß bereits im Vorfeld die architektonische Gestaltung geklärt werden. Es stellt sich dann die Frage, soll die Aufzugstechnik sichtbar in das architektonische Gebäudekonzept eingeführt werden oder soll die Aufzugstechnik in einem Schacht verdeckt angeordnet werden.

Soll die Aufzugstechnik verdeckt angeordnet werden, setzt sich der Panoramaaufzug aus einem Eingangsbereich und einem Aussichtsbereich zusammen. Der Eingangsbereich wird dann mit einem geschlossenen Schacht umgeben und enthält alle Aufzugstechnik (Gegengewicht, Führung der Kabine, Schachtinstallation). Die Kabine wird in diesem Bereich geschlossen ausgeführt.

Kabinenwände müssen aus VSG-Glas gemäß EN 81, Anhang „J", hergestellt sein, andernfalls sind Pendelschlagversuche vorgeschrieben. In jedem Falle kommt VSG-Glas zum Einsatz.

Verglasungen von Aufzugsschächten im Verkehrsbereich müssen ebenfalls aus Verbund-Sicherheitsglas hergestellt sein.

Für alle von den Vorgaben der EN 81 abweichenden Ausführungen ist die Verwendbarkeit durch vom Hersteller erstellte Gefahrenanalysen nachzuweisen.

Je nach Gebäudearchitektur werden bei Panoramaaufzügen die undurchsichtigen Blechtüren durch Glastüren ersetzt. Glastüren können jedoch nur dann eingesetzt werden, wenn durch den Aufzug keine Brandabschnitte überbrückt werden. Glastüren sind nicht geeignet für feuerbeständige Schächte nach DIN 4102.

Können Glastüren eingesetzt werden, so müssen sie den sicherheitstechnischen Richtlinien „SR-Glastüren" entsprechen. In dieser Richtlinie werden Glasarten und Glasdicken für die Verwendung vorgeschrieben. Bei der Ausführung von Glastüren wird empfohlen, die Schließkanten mit einem Profil einzufassen, um die Türbewegung sichtbar zu machen und die Schließkanten vor Beschädigungen zu schützen. Beim Einsatz von Glastüren für Aufzüge, die einem Förderleistungsanspruch unterliegen, ist zu beachten, daß aufgrund des höheren Türgewichts die Türlaufzeiten wesentlich länger als bei normalen Stahltüren sind. Dadurch entstehen längere Etagenzeiten, die sich nachteilig auf die Förderleistung des Aufzugs auswirken.

Glastüren fordern ebenso wie der Aussichtsbereich zum Beobachten des Umfeldes heraus. Dabei tritt häufig die Situation ein, daß die Fahrgäste sich mit den Händen am Fahrkorb oder an den Schachttüren abstützen. Bei der Türöffnung besteht dann durch die hohe Adhäsion des Glases die Gefahr des Handeinzugs. Da hier insbesondere Kinder gefährdet sind, müssen gemäß Vorschrift entsprechende Gegenmaßnahmen ergriffen werden.

Freilaufende Aufzüge außen an Gebäudefassaden können in unseren Klimazonen nur begrenzt eingesetzt werden, da auch bei Aufzügen mit einer aufwendigen Allwetterausführung ein Stillsetzen aufgrund extremer Witterung erforderlich werden kann. Das heißt, diese Aufzüge dürfen nur begrenzt für Förderleistungsaufgaben eingesetzt werden. Bei der Planung freilaufender Außenaufzüge sollte auch bedacht werden, daß die Schachttüren kaum eine wirksame Abdichtung in den Haltestellen möglich machen, so daß mit Schleusen versehene Aufzugsvorräume erforderlich werden. Diese schränken die Attraktivität des Aufzugs wesentlich ein. Aus diesen Gründen kann für unsere Klimabedingungen nur empfohlen werden, an Fassaden laufende Aufzüge mit einem wetterfesten Glasschacht zu umgeben.

Bild 12.11.2
Panorama Aufzüge in der SPD-Zentrale, Willy-Brandt-Haus, Berlin (Werkbild Vestner)

12.6 Vereinfachte Güter-, Behälter-, Unterflur- und Kleingüteraufzüge

Für den vertikalen Gütertransport in Fabriken, Werkstätten und Lagerhallen sowie für den Transport von Müllgroßbehältern in Hotels und Verwaltungsgebäuden werden als wirtschaftliche Lösung Güteraufzüge eingesetzt.

Diese Aufzüge sind auf maximal drei Haltestellen begrenzt, Personen dürfen nicht befördert werden. Dabei unterscheidet man nach verschiedenen Nutzungen.

Vereinfachte Güteraufzüge sind Aufzugsanlagen, die ausschließlich dazu bestimmt sind, Güter zwischen höchstens drei Haltestellen zu befördern, deren Tragfähigkeit 2.000 kg und deren Fahrkorbgrundfläche 2,5 m² nicht übersteigen. Die Betriebsgeschwindigkeit darf maximal 0,3 m/s betragen.

Behälteraufzüge sind Aufzugsanlagen, die ausschließlich dazu bestimmt sind, Güter in für die jeweilige Aufzugsanlage bestimmten Sammelbehältern zwischen höchstens drei Haltestellen zu befördern, deren Tragfähigkeit 1.000 kg, deren Fahrkorbgrundfläche 2,0 m² und deren Betriebsgeschwindigkeit 0,3 m/s nicht übersteigen.

Unterfluraufzüge sind vereinfachte Güteraufzüge oder Behälteraufzüge, deren Fahrschacht in Höhe des Fußboden-Niveaus der oberen Haltestelle endet, so daß für die oberste Haltestelle also kein Schacht benötigt wird.

Kleingüteraufzüge werden in Büros, Hotels, Warenhäusern, Kliniken und überall dort eingesetzt, wo häufig kleine Lasten bis max. 300 kg zu transportieren sind.

12.7
Technische und bauliche Maßnahmen für Güter-, Behälter-, Unterflur- und Kleingüteraufzüge

Vereinfachte Güter-, Behälter- und Unterfluraufzüge werden in der Regel mit hydraulischem Antrieb versehen **(Bilder 12.12.1/12.12.2)**.

Der Antrieb und die Steuerung sind in einem abschließbaren Triebwerksschrank untergebracht. Hierbei ist kein besonderer Triebwerksraum erforderlich. Bei Unterfluraufzügen ist grundsätzlich ein Baldachinabschluß vorgesehen. In **Bild 12.13** sind verschiedene Arten der Baldachinabschlüsse dargestellt. Bei Ausführung im Freien hat sich der unter Nr. 5 dargestellte Baldachinabschluß am besten bewährt. Er ist spritzwassergeschützt und hält das Wasser in geschlossenem Zustand vom Aufzugsschacht fern. Bei Ausführungen mit Wasserablaufrinne, wie in Nr. 1 und Nr. 7 dargestellt, ist darauf zu achten, daß diese Rinnen regelmäßig gereinigt werden. Da im Winter Vereisungsgefahr besteht, müssen die Rinnen beheizt werden.

Der Antrieb des Fahrkorbes erfolgt in der Regel direkt hydraulisch. Es sind jedoch indirekt hydraulische Ausführungen mit Kettenbalken und zwei Rollen für Kettenaufhängung des Laufwagens denkbar.

Kleingüteraufzüge
Kleingüteraufzüge werden in der Regel in Schachtgerüsten erstellt **(Bild 12.14)**. Das Schachtgerüst nimmt alle vom Triebwerk herrührenden Kräfte auf und leitet sie über seine Stellpunkte auf das Bauwerk ab. Kleingüteraufzüge werden mittels Drehstrommotor angetrieben. Die komplette Antriebsmaschine ist auf einem Rahmen montiert und im Triebwerksraum über dem Schachtgerüst angeordnet. Der Triebwerksraum wird durch eine einfache Stahlblechkonstruktion mit Aussparungen für Tragseile und Installationen räumlich vom Schachtgerüst getrennt.

Die Kabinen bestehen aus einem Tragrahmen aus Profilstahl, die Fahrkorbkästen werden aus Stahlblech gefertigt. Die Zugänge werden mit Schiebetüren oder einflügeligen Drehtüren verschlossen. Schiebetüren werden zumeist als vertikal öffnende Türen verwendet. Die lichten Türmaße entsprechen den lichten Kabinenabmessungen. In Sonderausführung sind Kleingüteraufzüge auch für automatische Behälterbe- und -entladung möglich. Die Tragfähigkeit beträgt in der Regel 50, 100 oder 300 kg bei Nenngeschwindigkeiten zwischen 0,2 und 0,63 m/s.

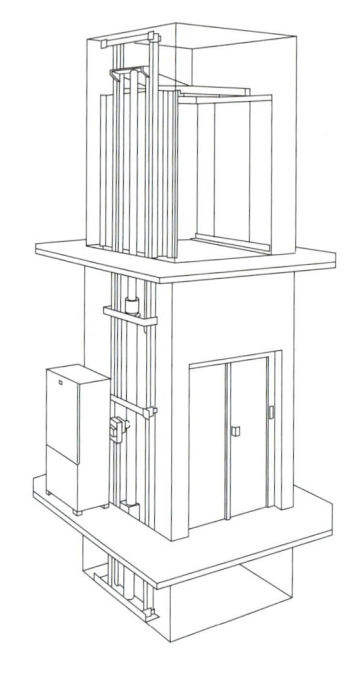

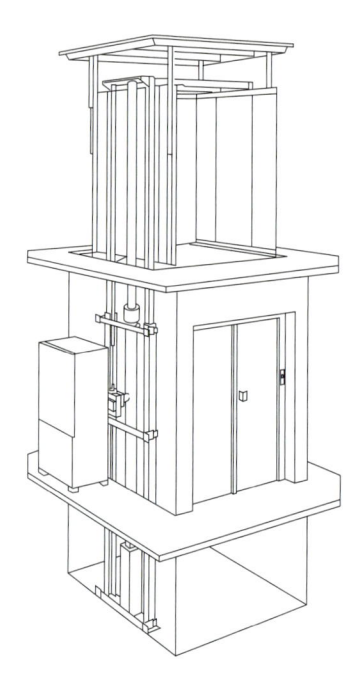

Bild 12.12.1
Vereinfachter Güteraufzug

Bild 12.12.2
Unterfluraufzug

12.7 Technische und bauliche Maßnahmen
Güter-, Behälter-, Unterflur- und Kleingüteraufzüge

Baldachinrahmen mit
Gummiabdichtung vollkommen eben

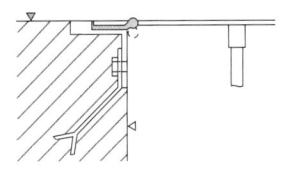

Baldachinrahmen ohne
Gummiabdichtung vollkommen eben

Normalausführung bei
Aufzug im Gebäude
oder überdacht

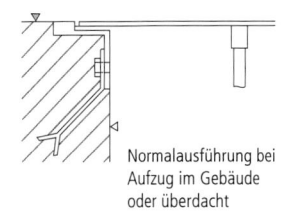

Baldachinrahmen mit herabgezogenen
Riffelblech auftragend

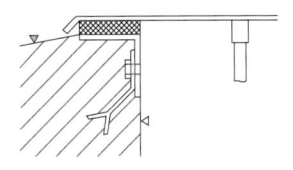

Oberer Baldachinabschluß über
Fußbodenniveau

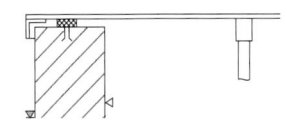

Bild 12.13
Baldachinabschlüsse bei
Unterfluraufzügen

▽ Bodenniveau obere Haltestelle
▽ Aufzugsschachtwand innen

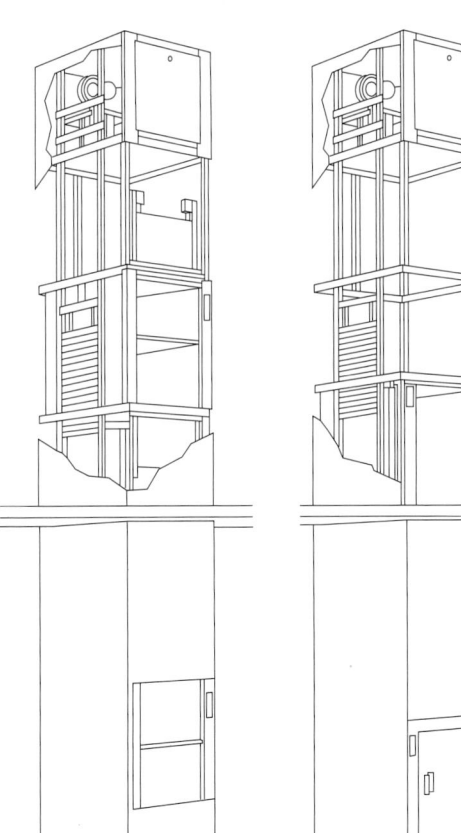

Bild 12.14
Kleingüteraufzug

vertikal öffnende Schiebetüre,
Beladung in Brusthöhe

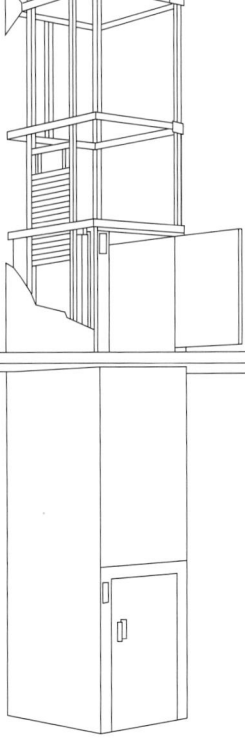

Drehtüre,
Beladung bodeneben

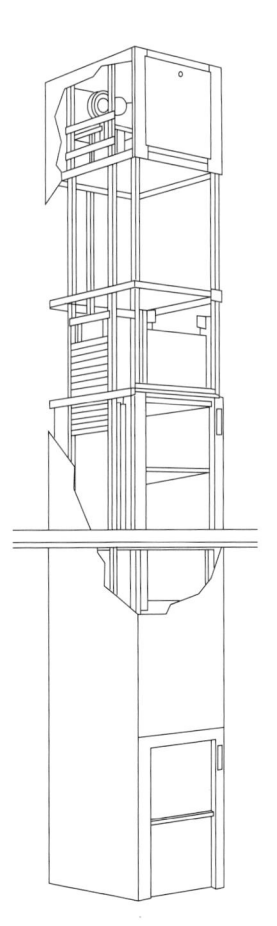

vertikal öffnende Schiebetüre,
Beladung bodeneben

475

12.8
Fahrtreppen und Fahrsteige

12.8.1 Fahrtreppen

Fahrtreppen sind zuverlässige und kontinuierlich laufende Personenbeförderungsmittel, die eine hohe Förderleistung haben. Ihre Einsatzmöglichkeit ist sehr vielfältig.

12.8.1.1 Anwendungsgebiet

Häufigste Einsatzorte sind Warenhäuser und Einkaufszentren. Hier sollen die Besucher mühelos vom Eingangsbereich zu den Verkaufsflächen in den übrigen Etagen befördert werden. Durch die zentrale Anordnung der Fahrtreppenanlagen wird dem Kunden während der Beförderung zusätzlich eine visuelle Information über die verschiedenen Bereiche vermittelt. In Verwaltungsgebäuden mit hohem Publikumsverkehr und ebenso hohem Zwischenstockverkehr sind Fahrtreppen das schnellste und bequemste Fördermittel. In mehrgeschossigen Ausstellungshallen sorgen Fahrtreppen dafür, daß die Besucher auch bei starkem Andrang ohne Wartezeiten zwischen den verschiedenen Ausstellungsebenen verkehren können.

In Flughäfen, Bahnhöfen, auf U-Bahnstationen sowie bei Unter- und Überführungen sind Fahrtreppen als „öffentliche Verkehrsmittel" leistungsfähige Verkehrsträger. Auch hier garantieren sie selbst bei kurzfristig anfallenden umfangreichen Beförderungsmengen einen kontinuierlichen Verkehrsfluß.

Man unterscheidet nach Geschäfts- und Verkehrsfahrtreppen.

Für den Einbau in öffentlichen Bereichen, wie z. B. Bahnhöfen, sind Verkehrsfahrtreppen besonders robust ausgeführt und speziell hierfür geeignet. Die Geschäftsfahrtreppen in Kaufhäusern, Einkaufszentren und Bürogebäuden müssen nicht den hohen Anforderungen an Frequentierung und Laufzeiten entsprechen.

Neigungen und Hubhöhen

Üblicherweise werden Fahrtreppen mit 27,3°/30° und 35° Neigung eingesetzt.

Die 35-Grad-Treppe bildet die wirtschaftlichste Lösung, da sie den geringsten Raum benötigt. Sie findet ihren Anwendungsbereich entsprechend den Vorschriften bis 6 m Förderhöhe. Darüber hinaus kommen die Fahrtreppen mit einer Neigung von 27,3 bzw. 30° zur Anwendung. Bis zu einer Förderhöhe von 6 m müssen zwei horizontal auslaufende Stufen vorhanden sein, bei größeren Förderhöhen drei Horizontalstufen.

In **Bild 12.15** sind die verschiedenen Konstruktionslängen bei gleicher Geschoßhöhe und verschiedenen Neigungswinkeln dargestellt. **Bild 12.16** zeigt zudem verschiedene Einbaumöglichkeiten.

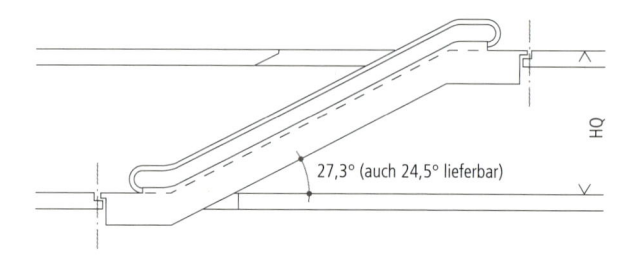

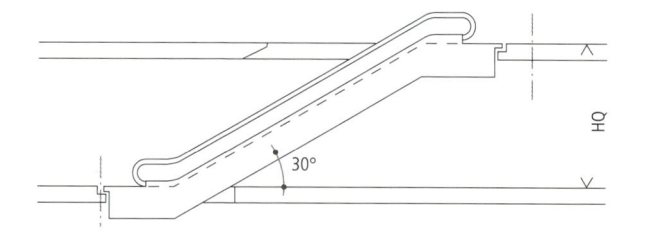

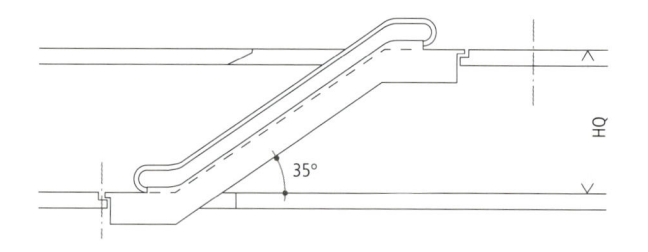

Bild 12.15
Fahrtreppen, Neigungen und Hubhöhen

12.8.1.2 Förderleistung von Fahrtreppenanlagen

Fahrtreppen werden am häufigsten mit einer Stufenbreite von 1.000 mm eingesetzt. Sie gestatten dem Benutzer ein ungehindertes Betreten auch mit Gepäck und Einkaufstaschen. Stufen mit einer Breite von 600 mm (wird nur noch selten nachgefragt) und 800 mm sind geläufig. Sie kommen vor allem in schwach frequentierten Objekten oder bei engen Raumverhältnissen zum Einsatz. Werden mehrere Fahrtreppen in einem Gebäude eingesetzt, so sollen zur Vermeidung örtlicher Staubildungen alle Stufenbreiten gleich sein.

Die üblichen Fördergeschwindigkeiten betragen zwischen 0,5 und 0,65 m/s.

Die theoretische Förderleistung beträgt bei einer Geschwindigkeit von 0,5 m/s:
– 600 mm Stufenbreite = 4.500 Pers./h
– 800 mm Stufenbreite = 6.750 Pers./h
– 1.000 mm Stufenbreite = 9.000 Pers./h

Die Praxis zeigt jedoch, daß vorgenannte theoretische Förderleistungen nicht erreicht werden, weil Personen beim Betreten zögern, bewußt einen Abstand zum Vorhergehenden lassen oder die Überholmöglichkeiten nicht nutzen.

Eine Erhöhung der Fahrgeschwindigkeit bringt keine proportional zunehmende Förderleistung, weil die Benutzer beim Betreten des Stufenbandes vermehrt zögern.

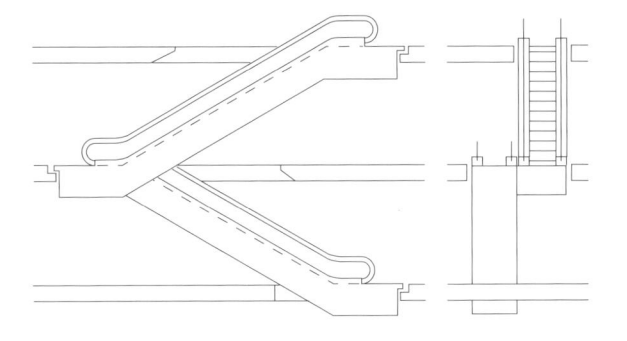

Fahrtreppen in einer Fahrtrichtung – fortlaufend

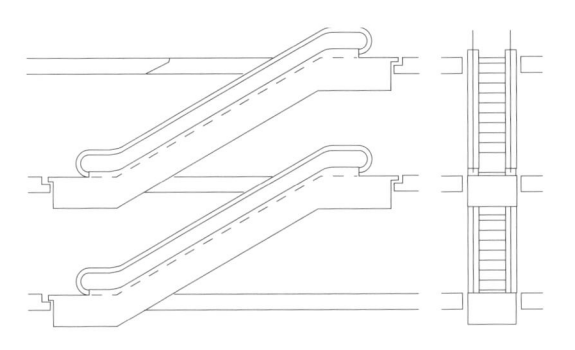

Fahrtreppen in einer Fahrtrichtung – unterbrochen

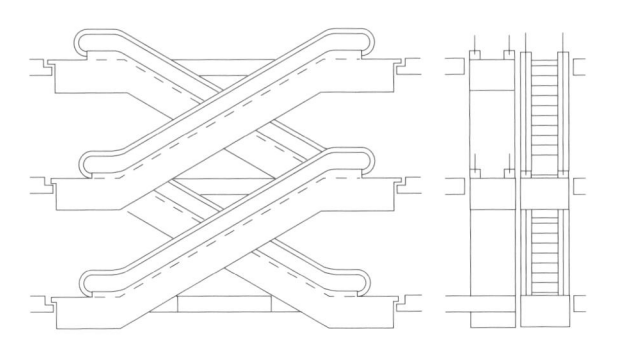

Fahrtreppen in beiden Fahrtrichtungen – gekreuzt

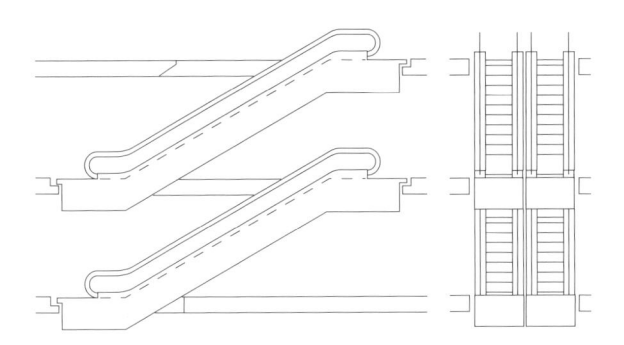

Fahrtreppen in beiden Fahrtrichtungen – parallel

Bild 12.16
Fahrtreppen, Einbaumöglichkeiten

12.8.1.3 Errichten von Fahrtreppenanlagen

Falls es die Umstände gestatten, empfiehlt sich der Einbau von zwei oder mehreren parallel angeordneten Fahrtreppen. Hiermit wird nicht nur die Förderleistung erhöht, sondern es werden auch Reserven geschaffen. Jede Fahrtreppe ist für beide Fahrtrichtungen (auf- und abwärts) ausgelegt. Die gewünschte Fahrtrichtung läßt sich mit Hilfe eines Schlüsselschalters bestimmen. Bei der Anordnung ist darauf zu achten, daß an den Zu- und Abgängen entsprechend große Stauräume vorhanden sind.

Folgende Betriebsarten sind möglich:
Dauerbetrieb
– Die Fahrtreppe läuft ununterbrochen, bis sie abgeschaltet wird.

Intermittierender Betrieb
– Die Fahrtreppe wird mittels Kontaktmatte oder Lichtschranke an den Antrittsplatten in Betrieb genommen und schaltet per Zeitrelais mit einer Nachlauffrist die Fahrtreppe ab, wenn der Benutzer das Stufenband verlassen hat.

Alternativ hierzu läuft die Fahrtreppe bei Nichtbenutzung mittels Frequenzwandler mit einer Geschwindigkeit von etwa 0,2 m/s betriebsbereit weiter, um beim Durchschreiten der Lichtschranke wieder auf Nenngeschwindigkeit zu beschleunigen.

Bei der Gestaltung einer Fahrtreppe eröffnen sich vielfältige Möglichkeiten:
– Einsatz von Glasbalustraden mit z. B. geätztem Glas
– Stufenbandbeleuchtung
– Handlaufbeleuchtung
– Handlauf ohne sichtbare Balustradeneinfaßprofile
– Handläufe in unterschiedlichen Farbtönen
– Fahrtreppenkorpus glasverkleidet mit sichtbarem Fahrwerk, Stufenband usw. und Beleuchtung des Innenraumes
und vieles andere mehr.

Die Balustraden von Fahrtreppenanlagen werden in der Regel entweder in einer Glaskonstruktion aus Sicherheitsglas oder aus einer Stahlkonstruktion mit innen und außen aufgezogenen Stahlblechen erstellt. Die Gestaltung der Oberflächen bietet somit vielfältige Alternativen. **Bild 12.17** zeigt Beispiele von Fahrtreppen.

Bild 12.17
Anwendungsbeispiele
Fahrtreppen
Karstadt, Dresden
Stadttor Düsseldorf
(Werkbilder Otis)

12.8.2 Fahrsteige
12.8.2.1 Anwendungsgebiet

Fahrsteige haben sich als komfortable, sichere und leistungsfähige Transportmittel über lange horizontale oder leicht geneigte Strecken bewährt. Sie werden überall dort eingesetzt, wo es darum geht, weite Strecken bequem zu überwinden.

Winkel zwischen 0 und 12 Grad sind bei Fahrsteigen die international üblichen Neigungen. Die **Bilder 12.18/19** zeigen unterschiedliche Fahrsteigausführungen (horizontal und geneigt).

12.8.2.2 Förderleistungen von Fahrsteigen

Auf der Basis vollbesetzter Fahrsteige ergeben sich unter Berücksichtigung der drei verschiedenen Fahrgeschwindigkeiten folgende theoretische Förderleistungen, die auch hier fast nie erreicht werden, da die Benutzer meist größere Abstände zum Nächsten halten.

Fahrgeschwindigkeit	0,5 m/s	0,65 m/s
Palettenbreite		
800 mm	6.750 Pers/h	8.800 Pers./h
1.000 mm	9.000 Pers/h	11.700 Pers./h
1.200 mm	10.800 Pers/h	14.040 Pers./h
1.400 mm	12.600 Pers/h	16.380 Pers./h

12.8.2.3 Errichten von Fahrsteigen

Am weitesten verbreitet sind bisher Fahrsteige mit 1.000 mm breiten Paletten. Breiten von 1,2 und 1,4 m werden ebenfalls angeboten. Diese Palettenbreiten eignen sich für Einkaufszentren, Flughäfen und Bahnhöfe wegen des Einsatzes von Einkaufs- und Gepäckwagen. Die Fahrgeschwindigkeit beträgt bei geneigten Fahrsteigen 0,5 m/s. Horizontal laufende Fahrsteige lassen sich je nach Förderlänge auch mit 0,65 bis maximal 0,75 m/s betreiben.

Alle Fahrsteige sind, wie auch die Fahrtreppen, für beide Fahrtrichtungen schaltbar. Die Balustraden sind ähnlich aufgebaut wie bei den Fahrtreppen. Um ein gefahrloses Benutzen der Fahrsteige zu gewährleisten, müssen an den Zu- und Abgängen entsprechend grosse Stauräume vorhanden sein.

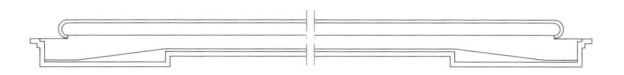

Bild 12.18
Horizontaler Fahrsteig

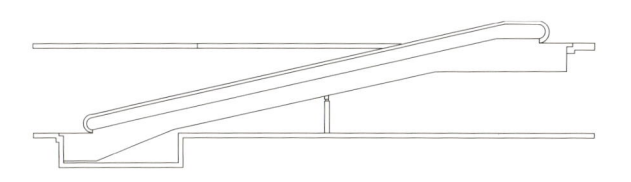

Bild 12.19
Geneigter Fahrsteig

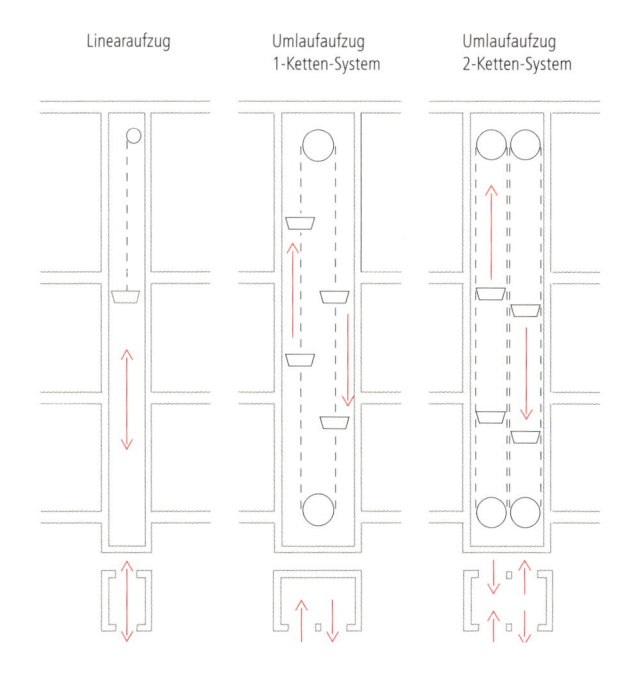

Bild 12.21
Vertikaltransport bei bahngebundenen Behälterförderanlagen

12.9 Behälterförderanlagen

Ein reibungsloser Beleg- und Warentransport ist oftmals Voraussetzung für einen wirtschaftlichen Betriebsablauf. Zu diesem Zweck werden spezielle Fördermittel eingesetzt. Behälterförderanlagen transportieren das Fördergut vollautomatisch vom Beladeplatz zur gewünschten Zielstation.

Sie werden z. B. in Krankenhäusern zum Transport von Medikamenten, Patientenunterlagen, Blutkonserven o. ä., in Versicherungsgebäuden zur Beförderung der Original-Schadensakten und in großen Produktionsbetrieben zur Weiterleitung der benötigten Materialien usw. eingesetzt.

12.9.1 Bahngebundene Behälterförderanlagen

Bei den bahngebundenen Behälterförderanlagen wird das Transportgut in einen Behälter geladen, der auf die Zielhaltestelle programmiert wird. Sodann wird der Behälter auf ein Band gesetzt und zur Zielhaltestelle gefahren. Die Tragkraft der Behälter beträgt maximal 70 kg. Wesentliche Bestandteile dieser Behälterförderanlagen sind Vertikalförderer. Bei allen Anlagen, in denen mehrere Etagen für den Behältertransport erschlossen werden, fördern sie die Behälter zu den gewünschten Zielstockwerken. **Bild 12.20** zeigt beispielhaft eine entsprechende Anlage.

Zum Vertikaltransport werden verschiedenartige Förderer je nach Förderleistung eingesetzt **(Bild 12.21)**.

Linearaufzüge sind Behälteraufzüge für Förderleistungen von 120 Behälter/h. Sobald der Fahrkorb die Ebene eines beladenen Behälters erreicht, öffnet sich eine Schachttür automatisch. Der Behälter fährt selbsttätig ein, die Türe schließt sich und der Fahrkorb steuert das am Behälter programmierte Geschoß (und Ziel) an. Dort rollt der Behälter durch die sich automatisch öffnende Schachttüre auf die Förderbahn und wird horizontal weiter zum Ziel bewegt.

Für Förderleistungen bis 240 Behälter/h werden Behälterumlaufaufzüge, die nach dem Paternosterprinzip arbeiten, eingesetzt. Liegen alle Ladeseiten übereinander, so ist die Einkettenbauart ausreichend. Soll auch an gegenüberliegenden Seiten geladen werden, so ist das Zweikettensystem anzuwenden. Der horizontale Transport erfolgt auf Flachförderbändern, angetriebenen Rollbahnen und/oder Schwerkraftrollbahnen.

Flachförderbänder tragen die Förderbehälter auf längeren waagerechten Strecken und über Steigungen bis zu etwa 20°. Angetriebene Rollenbahnen und Schwerkraftrollenbahnen ergänzen die Transportstrecke an besonderen Stellen der Anlage, so an Be- und Entladestellen, in Speicherstrecken und in Kurven. Angetriebene Rollenbahnen können Behälter beschleunigen, umlenken oder stetig fördern. Schwerkraftrollenbahnen nutzen zur Fortbewegung des Transportgutes die Schwerkraft aus.

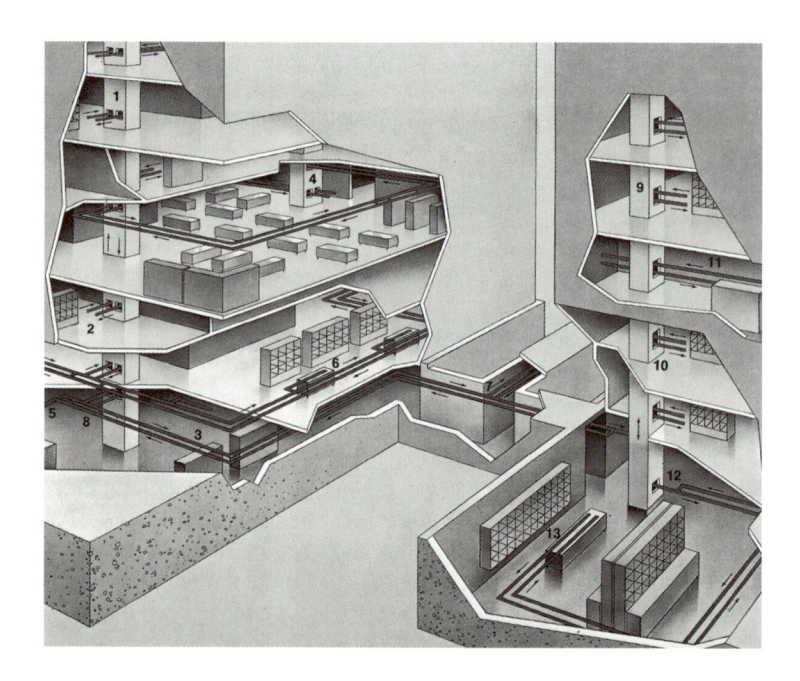

Bild 12.20
Bahngebundene Behälterförderanlage

1 Behälter-Umlaufzug mit automatischer Be- und Entladung während der Fahrt
2 Sende- und Empfangsstationen am Behälterumlaufzug
3 Zweispurige Horizontal-Förderstrecken im Deckenbereich, nebeneinanderliegend geführt
4 Höhenumsetzer zum Niveauausgleich innerhalb eines Stockwerks
5 Schrägförderer bis 20° Neigung.
6 Empfangsstelle im Bereich der Horizontal-Förderstrecken
7 Gesteuerte 90°-Abzweigungen
8 Wendeweiche für 180°-Richtungsänderungen
9 Linearer Behälteraufzug mit automatischer Be- und Entladung
10 Sende- und Empfangsstation am Behälteraufzug
11 Zweispurige Horizontal-Förderstrecken übereinanderliegend geführt
12 Kombinierte Ladestation beim Behälteraufzug
13 Zweispurige Horizontal-Förderstrecke auf Bedienungsniveau.

12.9.2 Selbstfahrende Behälterförderanlagen

Das Streckennetz selbstfahrender Behälterförderanlagen **(Bild 12.22)** besteht aus horizontalen und vertikalen C-förmigen Schienensystemen aus Aluminium mit integrierten Stromleitern aus einer Messing-Legierung. Weichen für die verschiedensten Funktionen schaffen Verbindungen zu jedem beliebigen Ziel. Die einzelnen Behälter sind ausgelegt für eine Zuladung bis zu 10 kg. Der Behälter ist mit einem Fahrwerk verbunden, dessen Motor für den Betrieb mit voller Zuladung auf horizontalen und vertikalen Förderstrecken ausgelegt ist. Die Kraftübertragung vom Fahrwerk auf die Schiene erfolgt auf horizontalen Strecken über ein Reibrad, auf vertikalen Strecken über ein Zahnrad. Die Steuerung erfolgt heutzutage meist mikroprozessorgesteuert, wobei Sensoren im Schienensystem die codierten Behälter durch das System leiten. Automatische Be- und Entladestationen **(Bilder 12.23)** ermöglichen eine optimale Verfügbarkeit des Systems und können auch zur Vorsortierung der transportierten Güter genutzt werden.

Stationen werden überall dort eingesetzt, wo Behälter be- und entladen werden müssen. Das Streckennetz besteht aus geraden Schienen, Bögen und Weichen in horizontaler wie auch in vertikaler Richtung. Je nach Größe der Anlage können ein oder mehrere Leerbehälterspeicher in die Förderstrecke eingebaut werden. Leerbehälter werden an den Stationen über Ruftasten angefordert.

Bild 12.22
Selbstfahrende Behälterförderanlagen

1 Fahrwerk mit Förderbehälter.
2 Vertikale Förderstrecke, zweispurig für Auf- und Abwärtsverkehr, Schienenführung im Schacht.
3 Aus- und Einschleusweichen, Anschluß von Stationen und weiterführenden horizontalen Förderstrecken
4 Wendeweiche, Weiterfahrt des Förderbehälters in Gegenrichtung
5 Durchfahrtstationen mit Wendeweiche
6 Leerbehälterspeicher, Förderbehälter über Kopf an der Decke hängend
7 Rückschleusstation. Eingleisig
8 Durchfahrtstation ohne Wendeweichen
9 Überwachungstafel
10 Feuerschutztüren, Horizontal und vertikal eingebaut, geschlossene oder offene Tür

Bild 12.23.1
ADAL-Station
Automatische Be- und Entladung
(Werkbild Telelift)

Bild 12.23.2
Station Poststelle
(Werkbild Telelift)

12.10
Fassadenbefahranlagen

Überall dort, wo Fassaden von außen her zu reinigen sind oder von außen her Reparaturen an Fassaden anfallen, werden Fassadenbefahranlagen (Fassadenaufzüge) eingesetzt.

Die wesentlichen Bauteile einer Fassadenbefahranlage sind:
– der Wagen mit dem Fahrwerk, welcher das Hubwerk mit der Seiltrommel und der Steuerung aufnimmt;
– der Ausleger, der mit dem Wagen verbunden ist;
– die Gondel, die an der Fassade auf- und abfährt.

Fassadenaufzüge oder -befahranlagen werden in der Regel von der Dachfläche her bestiegen, wobei die Bedienung entweder vom Fahrwagen aus erfolgt oder aber die Gondelbesatzung selbst aus der Gondel heraus die Steuerung vornimmt. Fassadenbefahranlagen werden unterschieden nach schienenlosen und schienengebundenen Systemen.

12.10.1 Schienenlose Systeme

Der schienenlose Fassadenaufzug kann als das wirtschaftlichste System betrachtet werden, da er ohne Fahrschienen eingesetzt wird. Sein Einsatzgebiet liegt insbesondere da, wo aufgrund anderer Anforderungen bereits ein tragfähiger und befahrbarer Dachbelag vorgesehen wird. Zur Befahrung der Fassadenbereiche sind entsprechende Fahrwege entlang der Attika auszubilden. Überlicherweise werden bei Fassadenaufzügen die Fahrwagen mit einem elektrischen Antrieb ausgerüstet und sind somit von einer elektrischen Energiezufuhr abhängig (Kabelversorgung). Die Konzeption des Fahrwerks ermöglicht ein freies Rangieren auf den dafür vorgesehenen befahrbaren Bereichen, wobei das Fahrwerk des Fassadenaufzuges mit breiten, Laufrädern ausgerüstet ist.

Die Vorteile des schienenlosen Systems liegen in der Mobilität und zusätzlich in der Wirtschaftlichkeit.

Bild 12.24 zeigt den systematischen Aufbau der Fassadenbefahranlage mit Fahrwerk, Ausleger und Gondel.

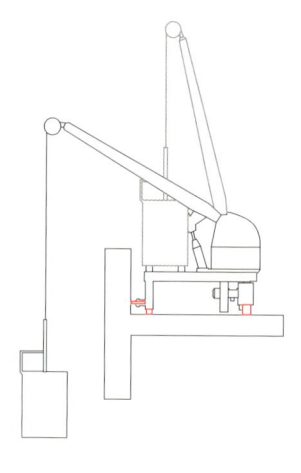

Bild 12.24
Systematischer Aufbau einer Fassadenbefahranlage mit Fahrwerk, Ausleger und Gondel

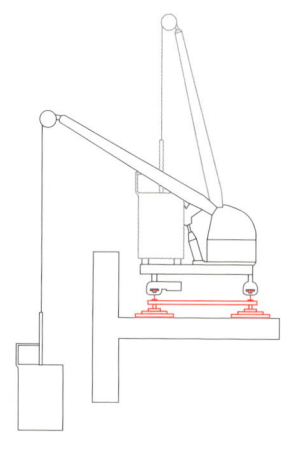

Bild 12.25
Fassadenbefahranlagen bei horizontaler Schienenanordnung

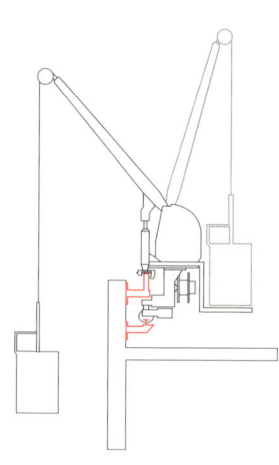

Bild 12.26
Fassadenbefahranlagen bei vertikaler Schienenanordnung

12.10.2 Schienengebundene Fassadenaufzüge

Bei schienengebundenen Fassadenaufzügen wird das Fahrwerk über eine Schienenanlage geführt, die auf dem Dach installiert ist. Der Weg, den der Fassadenaufzug zurücklegt, ist somit genau vorgegeben.

Die Schienen werden entweder horizontal auf der Dachfläche verlegt oder an der Innenseite der Attika übereinander angeordnet.

Bei der horizontalen Schienenanordnung (Bild 12.25) sind die Fahrschienen entweder in der Dachkonstruktion verankert oder völlig frei auf diese aufgelegt. Die frei aufgelegten Fahrschienen sind im Regelfall zu bevorzugen, da sie keine Verletzung der Dachhaut mit sich bringen. Sie sind jedoch nur dann einsetzbar, wenn nicht Extrembedingungen, wie geringe Spurweiten, große Ausladungen oder erhöhte Nutzlasten, eine Verankerung der Schienenstützen erfordern. Wie **Bild 12.25** zeigt, besteht die Fassadenbefahranlage wiederum aus den gleichen, wesentlichen Merkmalen wie bereits beim schienenlosen System beschrieben.

Eine vertikale Schienenanordnung (Bild 12.26) erfordert eine höhere Attika in sehr stabiler, tragfähiger Ausführung und hat den Vorteil, daß besonders geringe Durchfahrtsbreiten eingehalten werden können. Nachteil bei dieser Anordnung ist jedoch, daß die Attika entsprechend hoch aufbauen muß, was u. U. die gestalterische Ausbildung des Dachbereiches negativ beeinträchtigt.

12.10.3 Lastaufnahmemittel

Zur Lastaufnahme dient die Gondel, die in der Regel aus Leichtmetall aufgebaut ist, um ein möglichst geringes Eigengewicht zu erreichen. Die Gondel ist in der Regel 1 m hoch und an der Rückseite mit einem zusätzlichen Geländer versehen, um die Absturzgefahr zu minimieren. Personen in der Gondel werden im allgemeinen mit Sicherheitsgurten ausgerüstet, die an vorgesehenen Anschlagpunkten befestigt werden. Das für die Fassadenreinigung erforderliche Wasser wird in der Gondel in entsprechenden Behältern mitgeführt.

Um Beschädigungen der Fassade bei Betrieb der Gondel auszuschließen, werden auf der dem Gebäude zugewandten Seite der Gondel Gummipuffer vorgesehen.

Bei Gebäuden mit überdurchschnittlich hohen Windbelastungen und Windgeschwindigkeiten sowie mit mehr als 30 m Gebäudehöhe wird aufgrund bestehender Vorschriften die Führung der Gondel erforderlich. In der Regel besteht die Führung aus senkrechten, über die gesamte Fassadenhöhe angeordneten Profilen, die der Fassadenarchitektur angepaßt werden und in die Fassade zu integrieren sind.

Bild 12.27 zeigt verschiedene Führungsprofile zur Aufnahme der notwendigen Rollenführung der Gondel. In den Fällen, in denen der Abstand der Führungsprofile (Gebäuderaster) größer ist als die Länge der Gondel, werden die Führungsrolleneinheiten über eine Rollentraverse mit dem Lastenaufnahmemittel verbunden, so daß sich diese seitlich über die gesamte Breite der Fassadenteilfläche verschieben läßt. Ist die Anordnung von Führungsprofilen aus architektonischen Gründen oder bei nachträglicher Installation eines Fassadenaufzuges nicht möglich, so kann die Führung des Lastaufnahmemittels mit Hilfe von Spannseilen am Gebäude oder einer Spannseilvorrichtung am Fassadenaufzug selbst erfolgen. Hierbei ist jedoch darauf zu achten, daß bei der Befestigung am Gebäude die Seile im Bereich der Attika und am Boden verankert werden müssen.

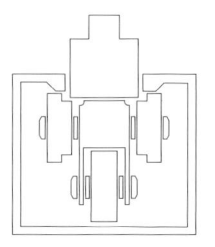

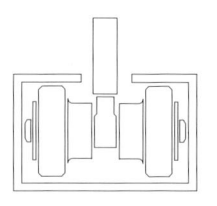

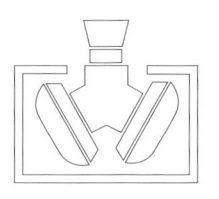

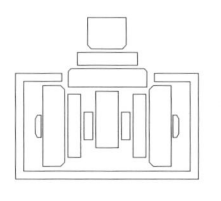

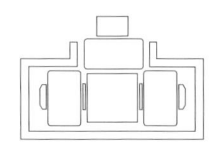

Bild 12.27
Verschiedene Führungsprofile zur Aufnahme der notwendigen Rollenführung in der Gondel

Millionen tippen täglich auf Schindler Aufzüge

Schindler Aufzügefabrik GmbH
Ringstraße 46-66 • 12105 Berlin
Tel. 030/70 29-0 • fax 030/70 29-24 06
e-mail: marketing@de.schindler.com • Internet: http://www.schindler.de

Bildnachweis

1.4	von Gerkan, Marg & Partner, Hamburg
1.5	PFP – Planung Fahr Partner, München
3.5, 3.6.1, 3.6.2	Auer + Weber, München
4.10	nach Energie & Management Jahrbuch 2000
4.14, 4.15, 4.17, 4.17.1	Cetetherm Wärmetauscher GmbH, Düsseldorf
4.20	Deutsche Hoval GmbH, Rottenburg Neckar
4.21, 4.22, 4.25, 4.26, 4.28	Viessmann Werke, Allendorf
4.30, 4.31, 4.32	August Brötje GmbH, Rastede
4.43	Solar-Energie-Technik, Altlußheim
4.45.1	Thermo-Solar, Regensburg
4.45.2	Reflex Winkelmann + Pannhoff GmbH, Ahlen
4.47	Viessmann Werke, Allendorf
4.55.1	Studer + Partner AG, Zürich, CH
4.59	Fotoatelier Bernhard GmbH, Hardheim
4.61	nach ASUE, Blockheizkraftwerke
4.68.2	F. W. Oventrop KG, Olsberg
4.68.3	Reflex Winkelmann + Pannhoff GmbH, Ahlen
4.69, 4.70, 4.71, 4.72	nach Grünzweig + Hartmann AG, Ladenburg
4.78	Baufa-Werke GmbH, Menden
4.79, 4.81, 4.83, 4.84	Kermi GmbH, Plattling
4.82	August Brötje GmbH, Rastede
4.85, 4.87.1	Baufa-Werke GmbH, Menden
4.87.2	Purmo AG, Hannover
4.92	nach EMCO, Lingen
4.95, 4.95.1	Purmo AG, Hannover
4.95.2, 4.96.1, 4.98.2	D.F. Liedelt Velta, Norderstedt
4.96.2, 4.99	Polytherm GmbH, Ochtrup
4.97.2	Cuprotherm, Ulm
4.100.1, 4.100.2	eht Siegmund, Bad Honnef
4.104	Zent-Frenger, Heppenheim
4.106.1, 4.106.2	nach Gartner & Co, Gundelfingen
4.107.1 (1), 4.107.1 (2), 4.107.3	Theodor Heimeier Metallwerke GmbH, Erwitte
4.107.1 (3), 4.107.1 (4), 4.107.4	F. W. Oventrop KG, Olsberg
4.108	Kermi GmbH, Plattling
4.115, 4.116	Grundfos GmbH, Wahlstedt
5.3, 5.16	Wilo GmbH, Dortmund
5.23.1	August Brötje GmbH, Rastede
5.23.2	Viessmann Werke, Allendorf
5.24.1	Cetetherm Wärmetauscher GmbH, Düsseldorf
5.38.2, 5.41.1, 5.41.2, 5.41.3	
5.42	nach Geberit International GmbH, Rapperswill, CH
5.50.1, 5.50.2	KSB AG, Pegnitz
5.58.2	Mallbeton, Pfohren
5.66.1	Friedrich Grohe AG, Hemer
5.66.2 - 5.66.8	Hansa Metallwerke AG, Stuttgart
5.71, 5.72	Krantz TKT, Bergisch-Gladbach
5.75.3	DAL-Georg Rost & Söhne, Porta Westfalica
6.10.1, 6.10.2	ROM Rud. Otto Meyer GmbH, Hamburg
6.12.1, 6.12.2, 6.13	von Gerkan, Marg & Partner, Hamburg
6.40, 6.41.1, 6.41.2, 6.44.1	Delbag, Berlin
6.45, 6.46	Gebr. Trox GmbH, Neukirchen Vluyn
6.48	Kessler Tech GmbH, Gießen
6.50	ABB, Butzbach
6.59.a, 6.59b , 6.62.2	Axair Deutschland GmbH, Garching b. München
6.64	Kessler Tech GmbH, Gießen
6.69, 6.71.1, 6.77 D, 6.80 E,F	LTG Aktiengesellschaft, Stuttgart
6.71.2, 6.72, 6.74, 6.77 A-C, E, 6.80 A-D, 6.85.2 A	Gebr. Trox GmbH, Neukirchen Vluyn
6.85.2 B	Krantz TKT, Bergisch-Gladbach
6.85.2 C	Heinrich Nickel F+E Komponenten, Betzdorf
6.87 B,D,E, 6.96.3	LTG Aktiengesellschaft, Stuttgart
6.89	ABB, Butzbach
6.90, 6.91	Menerga Apparatebau GmbH, Mülheim a. d. Ruhr
6.93, 6.94	Liebert-Hiross, Kirchheim
6.96.2	Gebr. Trox GmbH, Neukirchen Vluyn
6.101, 6.103, 6.105, 6.107	IKL, Gießen
6.108.1, 6.108.2, 6.108.3	Kessler + Luch GmbH, Gießen
6.124, 6.125.2 B, 6.126 C	Krantz TKT, Bergisch-Gladbach
6.125.1, 6.126 B	Zent-Frenger, Heppenheim
6.125.2 A	Götz GmbH, Würzburg
6.126 A, 6.129.2	Stulz, Hamburg
6.126 D	Clestra Hausermann GmbH, Dreieich
6.129.1	Kessler + Luch GmbH, Gießen
6.129.2	LTG Aktiengesellschaft, Stuttgart
6.130	PS Company, Tokio
6.133.1	Philipp Holzmann AG, Frankfurt a. M.
6.144.1, 6.144.2	M+W Zander Facility Engineering GmbH, Stuttgart/Nürnberg
7.19, 7.23, 7.24, 7.26.1, 7.28.2	Trane, Gilching
7.22, 7.26.2, 7.27, 7.28.1, 7.28.3	YORK International GmbH, Mannheim
7.29, 7.29.1	nach ILK Dresden
7.30	ILK Dresden
7.31, 7.32	nach W.J.Eugster et.al.
7.34.1 - 5	nach K.-J. Albers
7.35.1	ROM Rud. Otto Meyer GmbH, Hamburg
7.36.1, 7.36.2, 7.37	nach ROM Rud. Otto Meyer GmbH Hamburg
7.46	nach ILK Dresden
7.47	Carrier, München
7.48, 7.54	Trane, Gilching
7.50, 7.52.1	E. W. Gohl GmbH, Singen
7.52.2, 7.53.2, 7.53.3, 7.53.4, 7.63.2	Baltimore Aircoil International N.V., Heist-op-ten-berg, B
7.55 unten	Yäggi – Güntner, Bern
8.7	nach: Deutsche Verbundgesellschft, Heidelberg
8.15, 8.32, 8.33, 8.34, 8.40, 8.41, 8.45, 8.46, 8.47	nach RWE Energie Bau-Handbuch
8.23	GEAFOL
8.35	nach RICO Rieth & Co, Kirchheim-Teck
8.49, 8.51	nach Siemens, München
8.52	Busch-Jaeger Elektro-GmbH, Lüdenscheid
8.68	Waldner Laboreinrichtungen GmbH, Wangen i.A.
8.76 B,F,G, 8.77 A	Busch-Jaeger Elektro-GmbH, Lüdenscheid
8.76 C	Siemens AG, München
8.79	Piller, Osterode
8.82, 8.86	AGREBA, Dreieich
8.85	mtu, Friedrichshafen
8.93	Schüco International, Bielefeld
8.94, 8.95.1, 8.95.2	nach Schüco International, Bielefeld
9.15, 9.24, 9.25	Regent, Basel, CH
9.16	ERCO Leuchten GmbH, Lüdenscheid
9.29, 9.30	Zumtobel Staff, Dornbirn, A
9.32	ERCO Leuchten GmbH, Lüdenscheid

9.33	Adelmann Lichtsysteme, München
9.34	Spectral Ges. für Lichttechnik GmbH, Freiburg
9.35	BEGA Gantenbrink, Menden
9.37.2	WILA Leuchten, Iserlohn
9.39	Franz Sill GmbH, Berlin
9.43, 9.44, 9.45, 9.46, 9.47, 9.48, 9.49.1	Siemens AG, München
9.49.2	ERCO Leuchten GmbH, Lüdenscheid
9.50	Thorn Licht GmbH, Dortmund
9.59	WILA Leuchten, Iserlohn
9.65	Krantz-TKT, Bergisch-Gladbach
9.68.2, 9.69.1	Zumtobel Staff, Dornbirn, A
9.68.3, 9.69.2	Thorn Licht GmbH, Dortmund
9.72	ERCO Leuchten GmbH, Lüdenscheid
9.73, 9.76	Okalux Kapillarglas GmbH, Marktheidenfeld
9.83	Franz Sill GmbH, Berlin
10.14, 10.17, 10.18	Okalux Kapillarglas GmbH, Marktheidenfeld
10.22.1, 10.22.2, 10.23	Krülland Sonnenschutz, Neuss
10.24.1, 10.26	Hüppe Form, Oldenburg
10.24.1	Kessler + Luch GmbH, Gießen
11.1.2	Dätwyler kabel + Systeme, Neufahrn
11.12	Bartec, Bad Mergentheim
11.13.2	JCI Regelungstechnik GmbH, Essen
11.14	Honeywell AG, Offenbach
12.8.1, 12.8.2, 12.10	Schindler Aufzügefabrik GmbH, Berlin
12.11.1, 12.17	Otis GmbH, Berlin
12.11.2	Vestner Aufzüge GmbH, Garching b. Mümchen
12.20, 12.22, 12.23	Swisslog Telelift GmbH, München
1.1 - 1.4, 1.6 - 1.11, 3.4, 3.6.1, 3.6.2, 3.7, 4.29, 4.42, 4.46, 4.48, 4.50, 4.51.1, 4.51.2, 4.52, 4.62, 5.5, 6.9.2, 6.11, 6.18, 6.23, 6.24.1, 6.24.2, 6.25.1, 6.25.2, 6.26.1, 6.26.2, 6.27, 6.28.1, 6.28.2, 6.29, 6.30, 6.31, 6.32, 6.33, 6.133.2, 7.33, 7.35, 7.38, 7.42.1, 7.55 oben, 7.56, 9.55 unten ,10.6	nach: Technologie des ökologischen Bauens, W. Schwaiger, A. Alber, Ch. Albrecht
2.2, 2.7, 2.11, 2.12, 4.1 - 4.4, 4.68.1, 7.44	nach: Recknagel, Sprenger, Schramek, Oldenbourg Verlag
Tabellen	
2.1, 2.2, 2.5, 4.1, 4.2	nach Recknagel, Sprenger, Schramek, Oldenbourg Verlag
5.11, 5.16, 5.17.1, 5.17.2, 5.18, 5.19.1, 5.19.2	nach Geberit International GmbH, Rapperswill, CH
7.1, 7.2	nach ILK Dresden
7.4	Trane, Gilching
9.7	Regent, Basel, CH
10.1	nach M. Kischkoweit-Lopin und H. Müller
Titelbild	Schulitz + Partner, Braunschweig Wettbewerb Halle 13 DMAG, Hannover

Index

Abbrand 82
Abfallentsorgung 57
Abgase 68
Abgasrohr 64
Abgasverluste 65
Abgasverluste, sensible 63
Abgaswärme 365
Abgaswärmetauscher 63
Abluftverdünnungsgrad 191
Abminderungsfaktor 195
Abscheider 146, 153
Abschirmelemente 382
Absicherung 338
absolute Rauhigkeit 262
Absorber 285
Absorberflächen 72
Absorption 196
Absorptions- und Emissionsgrade 207
Absorptionsgrad 380
Absorptionskältemaschine 74, 272, 285
Absorptionskälteprozeß 272
Absperr- und Entleervorrichtung 124
Abwasser, belastetes 149
Abwasserbehandlung 57, 133
Abwasserförderanlage 146, 156
Abwasserleitung 121, 144
Adaption 378, 380
adiabate Kühlung 293
adiabate Zustandsänderungen 293
aerophysikalische Simulationen 191
Aerosole 216
Akkommodation 380
Akkumulatoren 359
Aktivkohlefilter 216
Alarmeinrichtung 175
Alarmton 450
Allergene, mikrobielle 38
Altbaumodernisierung 84
Aluminiumradiator 92
Ammoniak 280
Amorphe Solarzellen 368
Anlaufstrom 323
Anschlußdose 357
Anschlußlüftung 146
Antennenanlage 446, 449
Arbeitsbereich 404
Arbeitsplatz, tageslichtorientierter 388
Arbeitsplatzleuchte 417
Argon 177
Armaturen 124, 171
Ascheanteil 56
Atmosphärische Brenner 64
atmosphärische Trübung 431
Atmung 24
Aufbauinstallationskanäle 352
Aufboden-Installationskanal 352
Aufenthaltsbereich 91
Aufladung, elektrische 28
Aufputzinstallation 339
Aufzüge 460
Aufzugs- und Förderanlagen 317
Aufzugsgruppe 460
Aufzugsschacht 466, 468
Auge, menschliches 195, 378
Ausdünstung 30
Ausflußarmaturen 124
Auskühlung 260
Ausleger 482

Außenbegrünungen 16
Außenbeleuchtungsstärke 429, 431
Außenbezug 431, 434, 437
Außenjalousie 196, 433, 437
Außenleiter 334
Außenluft 15, 208
Außenluftmenge, hygienische 185
Außenluftwechsel 208
Außenrollo 196
Außentemperaturen 193
Außenzonen 186
Austauschwirkungsgrade 218
Ausweisleser 454
Ausweisleser und Gleitzeiterfassungsanlage 446
Axialventilatoren 225
Azimutwinkel 73, 205

Baldachinabschluß 474
Bandstrahler 95
Basiskühllast 193
Batterieanlagen 366
Batterieräume 368
Batterietank 71
Bauen, integriertes 42
Bauteilkühlung 163, 253, 260
Befeuchtung 221
Befeuchtungswirkungsgrad 222
Begrünung 188
behagliche Zustände 26
Behaglichkeit, akustisch 32
Behaglichkeit, hygienisch 30
Behaglichkeit, thermisch 26, 197
Behaglichkeit, visuell 33
Behälter 480
Behälteraufzüge 460, 473
Behälterförderanlage 460, 480
Behälterförderanlagen, bahngebundene 480
Behälterförderanlagen, selbstfahrende 481
Behälterumlaufaufzug 480
behindertengerechte Anlagen 169
Bekleidung 29
Belastungswertmethode 125
Beleuchtung 200, 201
Beleuchtung, indirekte 382, 413
Beleuchtungsanlagen 317
Beleuchtungsstärke 33, 378, 379, 380
Beleuchtungssysteme 379
Beleuchtungstechnik 379
Beleuchtungsverhältnisse 389
Beleuchtungswirkungsgrad 380
Belüftbarkeit, natürliche 17
Benzin- und Ölabscheider 153
Berührungsspannungen 356
Beschallungsanlage 446, 450
Betonhohldecken 260
Betriebsbereitschaftsverluste 61
Betriebsräume, elektrische 330
Betriebsverhalten 272
Betriebswasser 16, 120, 162
Bewässerungsanlagen 128
BHKW-Anlage 80, 360, 363
BHKW-Anlage, Auslegung 363
Bildschirmarbeitsplatz 390
Binnenklima 193

Biomasse 54
Blendung 33, 378, 380, 384, 389, 396, 437
Blendungsbegrenzung 379
Blendungsfreiheit 432
Blindleistung 323, 362
Blindstrom 319
Blitzschlag 371
Blitzschutz, äußerer 371
Blitzschutz, innerer 371
Blitzschutzanlage 325, 371
Blockheizkraftwerk 75, 80
Blockheizkraftwerkanlage 285, 360, 363
Bodenauslässe 232
Bodenwassereinlauf 145
Brandabschnitte 172
Brandbekämpfung 172
Brandeinwirkung 88
Brandgefahrenklasse 175
Brandklasse 174
Brandlast 175
Brandmeldeanlage 175, 446, 450, 452
Brandrisiko 175
Brandschutz 105, 172
Brandschutzanlagen 172
Brandschutzklappen 265
Brauchwarmwasser 72
Brauchwassererwärmung 134
Braunkohle 55
Breitband-Kommunikationskabel 449
Brenner, modulierende 63
Brenngase 82
Brennkammer 82
Brennstoffe, feste 55
Brennstoffe, fossile 54
Brennstoffe, gasförmige 57
Brennstoffe, natürliche 55
Brennstoffe, veredelte 55
Brennstoffzellen 75
Brennstunden 200, 441
Brennwertgeräte 66
Brennwertkessel 63
Brennwerttechnik 66
Brunnen 287
Brunnenbecken 124
Brunnenkühlung 287
Brüstungsinstallation 351
Bus-Technik 344

Candela 383
ceiling cavity index 384
CIE-System 398
CO_2-Feuerlöschanlagen 177
CO_2-Gehalt 31
CO_2-Vorratsanlage 177
Coanda-Effekt 229

Dach, begrüntes 120
Dacheinläufe 152
Dachheizzentrale 108
Dachventilator 224
Dachventilatoren 226
Dachzentrale 83
Dämmschichtdicke 87
Dämmstoffe, diffusionsdicht 88
Dämmstoffe, diffusionsoffen 88
Dampfbefeuchter 221
Dampfdruckkurve 277
Dampfsperre 88
Dampfstrahl-Kälteprozeß 272, 295

Datenleitungsnetz 447
Datenverarbeitungssysteme 33
Dauerluftwechsel 31
Decken- oder Wandoberflächentemperaturen 254
Deckenauslässe 231
Deckendurchbruchselektranten 347
Deckenheizung 99, 102
Deckenstrahlungsheizungen 91
Desinfektion 131
Diffusionsdurchlässigkeit 85
Diffusstrahlung 207
Digitaluhr 448
Dimensionierung von Rohren 86
Direktverdampfer 306
Doppelfassaden 43
Dosieranlage 129
Dosierzentrale 131
Drehrost 82
Drehstrom 323
Drehstromgenerator 320
Dreiphasenwechsel-Drehstrom 320
Drosselelement 235
Druck, dynamischer 224
Druck, statischer 224
Druckapparat 221
Druckbeiwerte 186
Druckdifferenzen, windinduziert 190
Druckerhöhung 124, 128
Druckerhöhungsanlagen 127
Druckgefälle 262
Druckleitung 158
Druckleitungslüftung 146
Druckreduzierventil 128
Druckverlust 86
Druckverlustdiagramme 126
Druckverteilung 44
Druckwindkessel 127
Durchflußarmaturen 124
Durchflußwarmwassererzeuger 135
Durchlaßfaktor 194
Durchlässigkeitsfunktion 191
Durchleitegesetz 322
Durchlüftungsmöglichkeit 184
Durchströmung 188

Economiser 82
Effektivtemperatur 25
EIB-Anlage 344
Eigenstromversorgungsanlage 360
Eigenwärmeerzeugung 61
Ein- und Ausfahrtsschranke 453
Einbruchmeldeanlage 446, 451
Ein-Kanal-Anlagen 247
Ein-Kanal-Klimaanlage 227
Einrichtung, sanitäre 165
Einrohrheizung 98
Einrohrsystem 83, 84
Einzelkamin 70
Einzelraumregelung 91
Eisspeicher 303
Eisspeicher, Speicherkapazität 303
Eisspeichersysteme 303
elektrische Energie 316
elektrische Heizgeräte 61
elektrische Speicher-Heizöfen 61
elektrischer Energiebedarf 316

elektroakustische Anlage 450
Elektrodenkessel 67
Elektrofilter 215
Elektrogeräte, Anschlußwerte 336
Elektroinstallation 316
Elektrokessel 109
Elektrolufterhitzer 220
elektromagnetische Felder 33
elektromagnetische Umweltverträglichkeit 33
elektromagnetische Verträglichkeit 33
Elektrosmog 33
Elektrozentralen 373
Emissionen 15, 182
Energiedurchlaßfaktor 195
Energiedurchlaßgrad 194
Energiedurchlässigkeit 195
Energieerzeugung, elektrische 320
Energiegesetze 138
Energiegewinn 200
Energiekosteneinsparungen 52
Energieverbrauch 204
Energieverbrauch pro Kopf 21
Energieverluste 87
Energieverteilung 321
Energiezaun 79
Energiezentralen 272
Entfeuchtung 220
Entgasung 86, 131
Enthalpie 212
Enthärtung 86, 129
Enthärtungsanlage 129
Entladungslampe 380, 382, 383, 400
Entlüftung 146
Entnahmearmaturen 171
Entnahmestellen 126
Entsäuerung 86
Entspannung 379
Entspannungsgeräte 247
Entspeicherung 193
Entwärmung, unsymmetrische 90
Entwässerungsanlage 144
Erdgas 54, 57
Erdgasangebot 139
Erdkälte 15, 289
Erdoberfläche 194
Erdöl 54
Erdreich 79
Erdreichkollektoren 79
Erdreichtemperaturen 287
Erdrohr 289
Erdsonden 287
Erdungsanlage 371
Erdwärme 15
Erdwärmenutzung 79
Erdwärmetauscher 289
Erholung 379
Etagenheizung 83, 84
europäischer Installationsbus 344
EVU-Netz 316
Explosionsgeschützte Leuchte 381

Facility Management 457
Fahr- und Wartezeiten 461
Fahrkorb 461, 470
Fahrkorb-Abschlußtüre 469
Fahrkorbgrundfläche 473
Fahrkorbtiefe 465
Fahrsteige 460, 479

Fahrtreppen 460, 476
Fahrverhalten 466
Falleitung 146
Falleitungen 151
Falleitungslüftung 146
Fallstrecke 146
Fallstrom-/Schwerkraftkühlung 258
Fallstromkühlung 253
Fan-Coil-Anlagen 236, 252
Fan-Coil-Geräte 226
Fangeinrichtung 371
Fangleitungen 371
Fangstangen 371
Farbe 35, 36, 398
Farben 380
Farbfunktionen 35
farbgestalterische Maßnahmen 35
Farbort 380
Farbreiz 381
Farbsehen 378
Farbtafel 381
Farbtemperatur 33, 380, 381, 391
Farbton 381
Farbwiedergabe 379, 392, 398
Farbwiedergabeeigenschaften 392, 402
Farbwiedergabeindex 195, 381, 392
Farbwiedergaben 33
Farbwiedergabequalitäten 195
Farbwiedergabewerte 195
Fassade 18, 195
Fassade, doppelschalige 45
Fassadenaufzug 482
Fassadenbefahranlage 460, 482
Fassadenbeschattung 205
Fassadenelemente 105
Fassadenheizung 105
Fassadenreinigung 483
FCKW 280
Feinabscheider 226
Feinstaub 30
Feinststaubfilter 216
Fenster 182, 207
Fensterbankkanal 351
Fensterflächenanteil 38
Fensterklappen 187
Fensterkombinationen 437
Fernkälteleitungen 272
Fernsehüberwachungsanlage 446, 453
Fernsprechanlage 446, 447
Fernsprechnebenstellenanlage 447
Fernsprechnetz 447
Fernwärme 59
Fernwärme-Heizzentrale 108
Fernwärmenetz 80
Fernwärme-Übergabestation 60
Fett- und Stärkeabscheider 153
Fettabscheider 149
Feuchte, absolute 212
Feuchte, relative 196, 212
Feuchtelinie 212
Feuchtkugeltemperatur 212
Feuerlöscheinrichtungen 172, 178
Feuerlöschsystem 172
Feuerschutzklappen 235
Feuerton 170
Feuerungsanlage 108
Feuerwehraufzug 465

Feuer-Widerstandsklassen 88
Filter 149, 217
Filtermaterial 215
FI-Schalter 356
FKW 280
Flachdächer 152
Flächenbedarf, Schächte 264
Flächenberegner 172
Flächenheizung 90
Flachförderbänder 480
Flachheizkörper 94
Flachplattenkollektoren 72
Fliesenspiegel 178
Fließgeschwindigkeit 85, 86, 126
Fluorchlorkohlenwasserstoffe 280
Fluoreszenz 381
flüssige Brennstoffe 56
Flüssiggas 71
Förder- und Schluckbrunnen 78
Förderanlage 460
Förderleistung 460
Förderspiele 462
Formaldehyd 31
freie Kühlung 299, 302
freie Lüftung 182
Freileitungen 321
Freistrahl 229
Frequenz 323
Frequenzumwandlung 358
Fugen 49, 190
Fugendurchlässigkeit 49
Fugenlänge 49
fühlbare Wärme 24
Füllkörperkammer 221
Fundamenterder 325
Funktelefone 446
Fußabkühlung 104
Fußbodenaufbau-Installationen 347
Fußbodenheizung 91, 99, 101
Fußbodentemperaturen 91
fußbodenüberragende Einbaueinheiten 347

ganzheitliche Planung 17
ganzheitliche Planungskonzepte 13
ganzheitliches Planungskonzept 21
Gas-Brennwertkessel 64
Gasentladung 381
Gasentladungslampe 381, 391
Gasgeräte-Aufstellung 144
Gasheizgeräte 139
Gas-Heizstrahler 144
Gas-Motor-Wärmepumpe 77
Gasöl 56
Gasraumheizer 61
Gasverbraucher 139
Gaszähler 143
Gebäudeautomationsanlage 446, 455
Gebäudeautomatisierung 344
Gebäudeentwässerung 144, 146
Gebäudeform 17
Gebäudehülle 190
Gebäudekühllast 192
Gebäudenutzung 362
Gebäudeperformance 13
Gebäudestellung 17
Gebäudesystemtechnik 344
Gebläsebrenner 64
Gebläsekonvektoren 97

Gegenstromapparat 135
Geothermie, untiefe 287
geothermische Anlage 15
Geräusche 32
Geräuschquelle 450
Geruchs- und Schadstoffemissionen 190
Geruchsverschluß 145, 149
Gesamtenergiedurchlaßgrade 196
Gesamtenergiedurchlässigkeit 195
Gesamthärte 128
Gesamtstrahlung 207
Geschäfts- und Verkehrsfahrtreppen 476
geschlossene Ausdehnungsgefäße 85
Geschoßinstallation 347
Geschoßunterverteilung 338
Geschoßverteilung 341
Geschräuschbildung 116
Gesichtsfeld 381
Gestaltung 238
Gesundheitspflege 116
Gewässerschutz 57
Gießharztransformatoren 329
Gipskassettendecken 103
Glas 434
Glas, lichtstreuendes 434
Glasbruchüberwachungsmelder 451
Glasfaserkabel 447
Glasfassaden 195
Glasflächenanteil 194
Glashalle 45
Glashäuser 182
Gleichgewicht, thermisches 90
Gleichrichter 359
Gleichstrom 320, 323
Gleichzeitigkeitsfaktor 317
Gleitzeiterfassungsanlage 454
Gliederheizkörper 91
Globalstrahlung 194, 429
Glühkörper 382
Glühlampe 382, 391
Gondel 482
Grenzschichtwindkanal, atmosphärischer 191
Grobabscheider 226
Großkessel 63
Grundheizung 102
Grundleitung 146, 150, 154, 159
Grundstück-Anschlußleitung 146
Grundstücksentwässerung 146, 158
Grundumsatz 24
Grundwasser 50, 78, 118, 287
Grundwasservorkommen 117
Grundwasser-Wärmepumpe 78
Gruppen-Sammelsteuerung 471
Gußflachradiatoren 92
Gußradiator 91
Gütekriterien, lichttechnische 395
Güter-, Behälter-, Unterflur- und Kleingüteraufzüge 473
Güteraufzug 460
Güteraufzüge 473

489

h, x-Diagramm 212, 217
Häkselgut 55
Halogenglühlampe 382, 391, 422
Halogenkohlenwasserstoffe 280
Halogen-Metalldampflampe 382
Halogenwasserstoffe 55
Halon-Feuerlöschanlagen 177
Handfeuerlöscher 174
Handtuchheizkörper 94
Hangklima 193
Härte, mittlere 117
Hartmantelisolierung 312
Hauptpotentialausgleich 325, 356
Hauptstromversorgungssysteme 332
Hauptverteilleitung 83
Hausanschluß 121, 324
Hausanschlußkasten 324
Hausanschlußraum 324
Hauseinführungskabel 325
Hauszuleitung 122, 143
Hautverdunstung 28
Hebeanlage 156
Hebezeuge 460
Heißgas-Bypaß-Regelung 283
Heißwasser- oder Feststoffspeicher 66
Heißwasseranlagen 96
Heiz- oder Brenngase 57
Heizband 138
Heizdecke, untergehängt 103
Heizflächen 90
Heizgase 57
Heizkörper 90
Heizkörperverkleidung 114
Heizkraftwerke 59, 80
Heizöl 56
Heizölverbrauch 71
Heizung, ideale 91
Heizungsinstallation 85
Heiz-Vollaststunden 51
Heizwert 55
Heizwert, unterer 55
Heizzentrale 108
Heizzentrale, Flächenbedarf 113
Helligkeit 382
Helligkeitsverteilung 379
H-FCKW 280
H-FKW 280
Himmel 444
Himmel, bedeckter 428
Himmel, klarer 428
Himmel, mittlerer 428
Himmelsleuchtdichte 428
Himmelsstrahlung 194
Hochdruck-Klimaanlagen 247, 250
Hochdruckventilatoren 224
Hochgeschwindigkeitsanlagen 250
Hochspannungsebene 321
Hochtemperatur-Brennstoffzelle 75
Höhenklima 193
Holz 55
Holzfeuerung 82
Holzkohle 55
Holzverbrennung 82
Holzverbrennungsöfen 82
Hörschall 32
Hubtische 460
Hybrid-Luftentfeuchtung 296

Hydranten 122, 172
Hydrantenabstände 122
Hydraulikantrieb 465
Hydraulikaufzüge 460
Hydraulische Belastbarkeit 145
hydraulischer Antrieb 466
Hydrogenfluorchlorkohlenwasserstoffe 280
Hydrogenfluorkohlenwasserstoffe 280
Hygiene 116

Impfanlage 129
Impfung 129
Induktionsanlagen 252
Induktionsgeräte 235, 236
Induktionsklimasysteme 236
Induktionslampen 400
Induktionsschleifen 453
Industrieabwasser 145
industrielle Absaugungen 244
Inergen 177
Inertgas-Feuerlöschanlagen 177
Infektionen 116
Infeldleuchtdichte 378
Information 460
Infrarot-Regelungstechnik 107
Innenbeleuchtungsstärke 429
Innenjalousien 437
Innenvorhänge 437
Innenzonen 186
Installationsgeräte 357
Installationshöhen 113
Installationskanäle 349
Installationsrohre 341
Installationssäulen 352
Installationszonen 334, 339
integrale Planung 12, 13
integriertes Bauen 42
Ionenaustausch 129
Ionisationsfeuermeldeanlage 450
Ionisationsmelder 177
ISDN 344, 447
Isentrope 275
Iso-candela-Kurve 382
Isolationsklasse 316
Isolationswert der Kleidung 29
Iso-Leuchtdichte-Kurve 382
Isolierdicke 138
Isoliergläser 434
Isolierung 138
Isolierung, dampfdicht 312
Isolierung, diffusionsdicht 88
Isolierung, diffusionsoffen 88
Iso-Lux-Kurve 382
Isotherme 212, 275
isotherme Verhältnisse 187

Jahresdauerlinie 81
Jahresenergieverbrauch 48
Jahresnutzungsgrade 63
Jahres-Regenspende 119
Jalousieklappen 235

Kabel 375
Kabelanschluß 449
Kabelquerschnitte 336
Kabelsysteme 334
Kachelöfen 61
Kalk 85
Kalt- und Warmwasserspeicher 178

Kaltdampf 222
Kaltdampf-Kälteprozeß 272
Kaltdampfmaschine 276
Kälte- und Kühlsysteme 272
Kälteenergiebedarf 272, 273
Kälteenergieverteilung 306
Kälteerzeugung, thermoelektrische 296
Kälteleistung, volumetrische 277
Kälteleistungsverlauf 305
Kälteleitungen 309
Kältemaschinen 272, 281
Kältemittel 276, 277
Kältespeicher 274
Kältespeichersysteme 303
Kälteverbraucher 272
Kältezentrale 314
Kaltluft 90
Kaltluft-Kälteprozeß 272
Kaltluftsee 233
Kaltluftströmungen 196
Kaltwasser 272
Kaltwasserbedarf 117
Kaltwasser-Hausinstallation 123
Kaltwasserleitungen 88
Kaltwassernetze 306
Kaltwassertemperatur 254, 274
Kaltwasserversorgung 117
Kaltwasserverteilnetz 306
Kaltwasservorratsbehälter 124
Kamine 61, 82, 113
Kanal, öffentlicher 144
Kanalinstallation 350
Kanalisationseingabe 146
Kanalnetz 250
Kapillarrohrsystem 260
Karbonathärte 85, 129
Katalysatoren 82
Kellertank 71
Kernenergie 54
Kernkraftwerke 320
Kesselanlage 61, 108, 112
Kesselspeisewasser 131
Kesselwirkungsgrad 61
Klappen 235
Klarglasoberlicht 433
Klärgruben 154
Kleingüteraufzüge 460, 473, 474
Kleinkessel 63
Kleinkraftwerk 80
Kleinwärmepumpenanlagen 252
Klimaanlagen 244
Klimageräte 235
Klimazentralen 235
Kohle 54
Kohlendioxid 56, 57, 85
Kohlenmonoxid 55, 57, 82
Kohlensäure 85, 128
Kohlensäuregehalt 31
Kohlensäuremaßstab 31
Kohlenwasserstoffe 56, 82
Kohlenwasserstoff-Verbindungen 57
Koks 55
Kolbenverdichter 281, 283
Kollektoren 72
Kollektorstellung 73
Kollektor-Wirkungsgrad 73
Kompensation 323
Kompensationsanlagen 319
Kompressions-Kältemaschinen 272

Kompressions-Kälteprozeß 281
Kondensatbildung 212
Kondensation 63
Kondenswasser 220
Konstantvolumenregler 228
Konstant-Volumenstromanlage 247
Kontrast 382
Kontrastwahrnehmung 389
Kontrollschacht 150
Konturen 434
Konvektion 91
Konvektionsanteil 95
Konvektoren 90
Konvektorheizung 96
Konvektorrohr 105
Kopf-Erwärmung 104
Körperhygiene 116
Körperschallentkoppelungen 88
Körperströme 34, 354
Korrosion 85, 139
Korrosionsanfälligkeit 92
Korrosionsbeständigkeit 85
Korrosionsgefahr 85, 196
Korrosionsschutz 87, 123, 129
Kraft-Wärme-Kopplung (KWK) 80
Kraftwerk 321
Krane 460
kreislaufverbundene Systeme 217
kreislaufverbundene Wämeaustauschersysteme 218
Kreisprozeß, Carnot'scher 275
Kreisprozeß, idealer 275
Kreisprozeß, realer 275
Kreisprozeß, thermodynamischer 272, 275
Kücheneinrichtungen 167
Küchengeräte 317
Kugeltank 71
Kühldecken 253, 256
Kühlgeräte 235
Kühllast 201
Kühllast, äußere 192
Kühllast, innere 192
Kühllastberechnung 192
Kühllasterhöhung 193
Kühllastkompensation 192
Kühllastmaxima 192
Kühllastminderung 193
Kühllastverlauf 273
Kühlleistungen 192
Kühlturm 304
Kühlung, trockene 252
Kühlwasser 272
Kühlwassernetze 308
Kunst- und Tageslicht 379
Kunstlicht 425, 441
Kunststoffradiator 93
Kunststoffrohr 85
Kunststoffrohrinstallation-Systeme 124
Kunststofftank 71
Kupfer 85
Kupferrohr 85
Kuppeldächer 188
Küstenklima 193
k-Zahl 195, 196

Lamellenheizdecke 103
Lärmminderung 57
Lastabwurfprogramme 322, 455
Lastenaufzug 460, 464
Lastoptimierungen 317
Lastschwerpunkte 327
Lastverhalten 247
Lautsprecheranlage 450
Lautsprechernetz 450
Lautstärke 32
Lebensgewohnheiten 116
Legionärskrankheit 221
leicht-/ mittelschwer speichernder Raum 203
Leichtöl 56
Leistung 383
Leistungsbedarf, elektrischer 318
Leistungsbereitschaft 29
Leistungsbilanz 317
Leittechnik, zentrale 446, 455
Leitungen 339
Leitungen, erdverlegt 123
Leitungs- und Brunnenwasser 272
Leitungsnetz 319
Leitzentrale 456
Leitzentralen 344
Leuchtdichte 378, 380, 428, 430, 434
Leuchtdichtemodell 396
Leuchtdichteniveau 378
Leuchtdichteverhältnisse 33, 389
Leuchtdichteverteilung 33, 379, 428
Leuchten 379
Leuchtmittel 379
Leuchtstofflampe 383, 391
Licht 383
Licht, diffuses 434
Licht, gerichtetes 380
Lichtausbeute 383, 401
Lichtdurchgang 437
Lichtdurchlässigkeit 200
Lichtdurchlässigkeitsfaktor 195
Lichteinfall 195
Lichtempfindung 378, 383
Lichtfarbe 33, 379, 391
Lichthöfe 186
Lichtlenkung 436
Lichtmilieu 422
Lichtquelle 379, 384
Lichtreflexion 195
Lichtreiz 383
Lichtstärke 383
Lichtstärkeverteilungskurve 383
Lichtstrom 380, 381, 383
lichttechnische Gütekriterien 379
Lichtumlenkklamellen 440
Lichtverhältnisse 431
Lochdecken 232
Löschmittel 172
Löschwasserleitungen 172
Lösungsmitteldämpfe 31
Luftaustausch, natürlicher 190
Luftaustausch, windinduziert 191
Luftbefeuchter 221
Luftbehandlungsfunktionen, thermodynamische 244
Luftbewegung 29
Luftdurchlässe 229
Luftentfeuchtung, sorptive 291

Lufterhitzer und -kühler 219
Luftfeuchte, relative 28, 88
Luftfeuchte, relative 311
Luftfilter 213, 214
Luftfilterklasseneinteilung 214
Luftführung 208, 238
Luftgeschwindigkeit 29, 182
Luftkühler 220
Luftqualität 30
Luftqualität, hygienische 217
Luftraten und Luftwechselzahlen 208
Luftreinhaltung 57
Luftreinheit 210
Luftschall 32
Luftschleiertüren 244
Luftströme, laminare 242
Luftströmungen 184
Lufttaupunkte 254
Lüftung 184
Lüftung, natürliche 29, 182
Lüftungs- und Klimasysteme 244
Lüftungs- und Klimatechnik 213
Lüftungsdecken 232
Lüftungseffektivität 190
Lüftungsleitung 146
Lüftungswärmebedarf 61
Lüftungswärmeleistungsbedarf 48
Luftverschlechterung 208
luftverunreinigende Stoffe 30
Luftverunreinigungen 244
Luftwäscher 222
Luft-Wasser-Systeme 244, 250
Luftwechsel 31, 50, 185, 190, 203
Luftzirkulation 97
Lumen 383
Lux 380

magnetische Felder 33
MAK-Wert 30, 210
Mantelleitung 339
Markise 196, 433, 438
Massen, speichernde 18, 260
maximale Arbeitsplatz-Konzentration 30
Medienkanal 352
Meerwasserentsalzung 120
Mehrzonen-Ein-Kanal-Anlage 247
Meßplatz 326
Metalldampflampe 383
Metallfilter 214
mikrobiologischer Wachstum 309
Misch- und Verteilkammer 226
Mischbatterien 138
Mischinstallation 85, 92
Mischkasten 227
Mischlichtlampe 383
Mischlüftungssysteme 190
Mischsystem 145, 154
Mitteldruckventilatoren 224
Mittelgase 57
Mittelleiter 334
Mittelöle 56
Mittelspannungsebene 321
Mittelspannungseinspeisung 327
Mittelspannungsschaltanlage 327
Mobilen Immobilie 179
Mollier-Diagramm 212

Monokristalline Zellen 368
Motor-Generator-Sätze 358
Müllverbrennungsanlagen 59
Munsell-System 398

Nacherhitzer 220
Nacherwärmung 237
Nachkühlung 237
Nachtabsenkung 106
Nachtauskühlung 203
Nachtstromtarif 274
Natriumdampflampe 384
Naturgase 57
Nebelgebiet 212
Nebelisothermen 212
Nebenlüftung 146
Nebenstellenanlage 447
Nebenuhrenanlage 448
Neonröhre 381
Netzeinspeisung 324
Netzersatzanlage 360
Netzform 356
Neutralisation 149
Neutralleiter 334
Niederdruck-Entladungslampe 383
Niederdruckventilatoren 224
Niedergeschwindigkeitsanlagen 250
Niederspannungsebene 321
Niederspannungshauptverteilung 324
Niederspannungsschaltanlage 330
Niedertemperaturbereich 96
Niedertemperatur-Wärmeerzeuger 63
Nordlichtsheds 432
Norm-Außentemperatur 48
Norm-Innentemperaturen 48
Normlichtart 429
Normwärmeleistung 90
Notbeleuchtung 362, 384, 426
Notrufmelder 451
Notstromaggregate 360
notstromberechtigte Verbraucher 362
Notstromdiesel-Aggregat 81
Notstromdieselanlage 360
NO_x-Bildung 63
Nulleiter 320
Nur-Luft-System 227
Nur-Luft-Systeme 244
Nutzlichtstrom 384
Nutzwärme 65

obere Grenztemperatur 26
Oberflächentemperatur 26, 29, 87
Oberflächentemperatur, innere 48, 196
Oberflächen-Volumenverhältnisse 17
Oberflächenwasser 118
Oberlicht 420, 432
Objektschutz 177
ökologischer Kreis 13
Öl, synthetisches 56
Öllagerung 71
Öltransformatoren 328
Ölverbrennung 63
operative Temperatur 27, 48
optimale Leistungsbereitschaft 25
Ozon 194, 280

Ozongefährdung 280
Ozontheorie 280

Panoramaaufzug 472
Parksystem, automatisches 446
Passagen 187
Peltier-Batterie 296
Personenaufzüge 460
Personenbeförderungsmittel 476
Personenschutz 354
Personensuchanlage 446, 449
Petroleum 56
Pettenkofer 31
Phasenleiter 334
Phasenverschiebung 320
Photolumineszenz 381
Photovoltaik 368
Photovoltaik-Elemente 368
Photovoltaik-Generatoren 370
photovoltaischer Effekt 368
Planung, integrale 12, 13
Platten-, Glattrohr-Wärmeaustauscher 217
Plattenkondensatoren 215
Plattenwärmeaustauscher 219
Platten-Wärmeaustauscher 60
Platzbedarf, Kücheneinrichtungen 167
Platzbedarf, Sanitärapparate 165
Platzbedarf, Transformatoren 330
Polykristalline Zellen 368
polyvalente Wand 18, 195
Potentialausgleich 325, 356, 371
Potentialausgleichsschiene 325
Primärenergie 59
Primärluft 237
Prismenelemente 440, 441
Prismensysteme 434
psychisches Wohlbefinden 36
psychologisches Wohlbefinden 37
Pultlüftung 232
Pumpendruckleitung 146
Punktauslässe 240
Putzöffnungen 149

Quarz-Hauptuhr 448
Quecksilberdampflampe 384
Quelluftauslaß 258
Quellüftung 233, 241
Quellwasser 117
Quellwasserfassungen 118
Querstromventilator 224, 226

R718-Wasserkühler 286
Radiatoren 90, 91
Rauchmeldeanlagen 175
Rauchmelder 177
Raumarten 208
Raumausstattung 165
Raumklimagerät 236
Raumlufttechnik-Zentrale 266
Raumlufttemperatur 26
Raummilieu 379
Raumschutz 177
Raumsimulationsverfahren, thermisches 191
Raumtemperatur 90
Raumtemperaturregelung 106
Raumtiefe 182

491

Reduktionskammer 82
Reduzierung 434
Reflexblendung 396
Reflexion 196, 385, 444
Reflexion, gerichtet 397
Reflexion, gestreute 397
Reflexionsgläser 437
Reflexionsgrad 444
Regelzonen 247, 250
Regenabwasser 144
Regenabwasserleitungen 151
Regenintensität 151
Regenwände 172
Regenwasser 16, 119, 162
Regenwasseraufbereitung 162
Regenwassereinlauf 145
Regenwasserkreislauf 120
Regenwassernutzung 162
Regenwasserqualität 119
Reichgase 57
Reinabwasser 145
Reinluftanlagen 244
Reizüberforderung 36
Rieselbefeuchter 221
Ringversorgung 332
RLT-Anlagen 244
Rohrbegleitheizung 152
Rohrbündel-Wärmeaustauscher 60, 300
Rohrdimension 86
Röhrenradiator 93, 258
Rohrinstallation 339
Rohrleitungen 85
Rohrleitungsführung 114
Rohrnetz- und Kanalnetzberechnung 262
Rohrpostanlage 460
Rohrradiator 96
Rohrreibungsdiagramm 86, 262
Rohrweiten 124
Rohrweitenbestimmung 126
Rohstoffe, nachwachsende 82
Rollkolben- und Drehkolbenverdichter 284
Rolltor 453
Rückkühlsysteme 299, 304
Rückkühlwerk, geschlossen 300
Rückkühlwerk, offen 299
Rückkühlwerke 272, 308
Rücklaufleitung 83
Rückstau 144, 149
Rückstauebene 149
Rückstausicherung 146

Sammelleitung 146, 150
Sammellüftung 146
Sandfang 146, 149
Sanitär- und Feuerlöschanlagen 116
Sanitärapparate 116, 144, 145
Sanitäreinrichtungen 170
Sanitärporzellan 170
Sanitärzentralen 178
Sättigungskurve 212
Sauerstoff 85
Sauerstoffdiffusion 85, 93
SBS-Syndrom 38
Schachtdecke 468
Schächte 113, 264, 313, 375
Schachtflächen für Kalt- und Kühlwasserleitungen 314
Schachtflächen, Sanitäranlagen 178
Schachtkopf 466

Schachtlüftung 146
Schachtüberfahrten 464
Schachtunterfahrten 464
Schadgase 190
Schadstoffemissionen 65
Schadstoffkonzentration 191
Schall 32
Schallbrücken 88
Schalldruck 32
Schalldruckpegel 32
Schalldruckpegel, bewertet 32
Schalleistung 32
schalleitende Kontakte 127
Schallenergie 32
Schallentstehung 88
Schallpegel 32
Schallquellen 88
Schallschutz 88, 116
Schalter 339, 357
Schaltzeichen 341
Schattenwirkungen 33
Schattigkeit 379, 434
Scheinleistung 323, 362
Schieber 235
Schienen 375
Schlammsammler 145
Schmelzlotsicherung 175
Schmutz- und Regenwasser 149
Schmutzabwasser 144, 145
Schmutzabwasserwert 145
Schnitzelfeuerungsanlagen 82
Schönwetterperiode 203
Schornstein 68, 108
Schornsteingutachten 70
Schornsteinhöhe, wirksame 70
Schornsteinzug 64, 68
Schrankenanlage 446
Schraubenverdichter 281, 284
Schutzart 316, 354
Schutzleiter 334
Schutzmaßnahmen 354
Schutzschichtbildung 85
Schwachgase 57
Schwachstromanlage 446
Schwadenbildung 300
schwarzer Strahler 381
Schwebstoffilter 216
Schwefeldioxid 57
Schwefelgehalt 56
Schwefeloxid 55
Schweröl 56
Schwitzwasser 260
Schwitzwasserbildung 212
Schwülezustand 28
Screen 433
See- und Flußwasserfassung 117
Seewasser 119
Sehaufgabe 379, 387
Sehleistung 33, 396
Sehschärfe 378
Seilaufzug 465, 470
Seilaufzüge 460
Seilaufzüge 464
Seilhydraulischer Antrieb 465
seitenbelichteter Raum 431
Seitenlichteinfluß 431
seitliche Tageslichtöffnungen 431
Sekundärwärmeabgabe 195
Selektivität 200
Selektivkennzahl 195
Sicherheitsarmaturen 124
Sicherheitsbeleuchtung 385, 426
Sicherheitsbereiche 454

Sicherheitsvorschriften 354
Sicherheitszentrale 453, 456
Sick-Building-Syndrom 38, 217
Sickerabwasser 145
Sickerleitungen 160
Sickerwasser 160
Siebanlagen 149
Silbenverständlichkeit 450
Silicagel 291
Sockelleistenheizkörper 98
Sogeffekt 186
Solarabsorber 72
Solarangebot 57
Solarenergie 57
solarer Pufferraum 20
Solargewinn, passiver 200
Solargewinne 200
Solarkollektor, brennlinienfocussiert 72
Solarkonstante 194
Solarnutzung, passive 91
Solarnutzung, passive 52
Solarzellen 368
Sole 272
Sonderspannungen 358
Sonne 54, 429
Sonnen- und Blendschutz 196, 437
Sonnenbestrahlung 193
Sonnenhöhenwinkel 205
Sonnenlicht, direktes 434
Sonnenlichtausblendung 441
Sonnenschein 428
Sonnenscheindauer 57, 428
Sonnenschutz 194, 441
Sonnenschutz durch Bepflanzung 434
Sonnenschutz, prismatischer 434, 440
Sonnenschutzarten 204
Sonnenschutzmaßnahmen 200
Sonnenstrahlung 194
Sonnenumkehrlamellen 441
Sorptionsentfeuchter 296
Sorptionsgenerator 292
sorptionsgestützte Kühlung 291
Sorptionsrad 296
sorptive Luftentfeuchtung 291
Speicherbehälter 303
Speicherfähigkeit 48, 196
Speicherfaktor 193
Speicherfaktoren 201
Speicherheizungen 66
Speicherkapazität, spezifische 303
Speichermassen 192, 201
speichernde Massen 18, 260
Speicherung 203
Speichervermögen 192
Spezialarmaturen 124
Spezialfußleisten 84
Spezialheizkessel 63
Spiegelprofildecke 232
Spiegelprofile 435
Spiegelsysteme 435
Spiralverdichter 282
Sprechanlage 446, 448
Sprinkler 172
Sprinkleranlage 175
Sprinklerpumpe 175
Sprossenheizungen 196
Sprüh-Flutanlagen 176
Sprühwasser-Löschanlagen 176
Stahlradiator 92
Stahlrohre, schwarz 85
Stahlrohre, verzinkt 85

Standby-Modul 365
Starkgase 57
Staubablagerungen 98
Staubaufwirbelung 98
Staubbildung 28
Staubgehalt 30
Staubspeicherfähigkeit 213
Staudruck 184
Ställräume 479
Steckdosen 317, 339, 357
Steckdosenverbraucher 317
Steigestränge 83
Steingut 170
Steinkohle 55
Steinkohleeinheiten 57
Steinzeug 170
Stich- und Gruppenversorgung 332
Stickoxide 31, 57
stille Kühlung 253
Störmeldeanlage 446
Stoßlüftung 185
Strahlplatten 95
Strahlung 256
Strahlung, infrarote 382
Strahlungsanteil 95
Strahlungsaustausch 193
Strahlungsbrenner 63
Strahlungsheizung 98
Strahlungsintensität 194
Strahlungstemperatur, mittlere 26
Strahlungswärme 193
Straßenkanal 144
Straßenreinigung 122
Stratosphäre 280
Stroh 55
Strom, elektrischer 368
Stromkreise 337
Stromkreisverteiler 338
Stromlieferverträge 319
Stromschienen 330
Stromschienensysteme 336
Stromtarife 322
Strömung, natürliche 17
Strömungsgeschwindigkeit 88
Strömungsverhältnisse, gebäudenah 191
Strömungswalzen 229
Strömungswiderstände 190
Stromverbraucher 316
Stromversorgung, elektrische 316
Stromversorgung, unterbrechungsfrei 359
Sturzstrecke 146, 159
Summenhistogramm 274
Systemtrennung 131

Tageslicht 196, 395, 425, 428, 431, 437, 444
Tageslichtbedingungen 398
Tageslichteinfall 197
Tageslichtergänzungsbeleuchtung 422
Tageslichtöffnungen 432
Tageslichtquotient 429, 431, 444
Tageslichttechnik 428
Tangentialströmung 238, 252
Tangentialzuluftzuführung 229
Tauchpumpe 156
Taupunkt 196, 212
Taupunkttemperatur 28, 87, 311
Tauwasser 196

492

Teeröle 56
Teilentsalzung 129
Teilklimaanlagen 244
Teillastbetrieb 65
Telefonzentrale 449
Telex- und Telefaxanlage 446
Temperatur, empfundene 27, 48
Temperatur, operative 27, 48
Temperaturdifferenz, äquivalente 204
Temperaturfühler 106
Temperaturgradient 253
Temperaturschichtung 91, 229
Temperaturspreizung 308
Temperaturstatistik 197
Temperaturstrahler 400
Temperaturverteilung 191
theoretisches Leuchtdichtemodell 396
Thermik 182
Thermikturm 17
thermischen Auftrieb 238
thermischen und hygienischen Komfort 191
thermoelektrischer Kälteprozeß 272
Thermokanal 289
Thermolabyrinth 289
Thermomelder 177
Thermoregulation 38
Thermostatventile 106
TN-C-Netz 356
TN-C-S-Netz 356
TN-S-Netz 356
Toilettenspülung 119
Torf 55
Transformatoren 319, 328
Transformatoren, Kühlluftmenge 329
Transformatoren, Platzbedarf 330
Transformatorenanlage 317
Transformatorenräume 330
Transmission 196, 207
Transmissions-Wärmebedarf 61
Transmissions-Wärmeleistungsbedarf 48
Trassen 264
Treibhauseffekt 57
Treibscheibenantrieb 465, 470
Treibscheibenaufzüge 460
Triebwerksraum 464, 470, 474
Trinkwasser 117
Trinkwassersystem 120
Trinkwasserzufluß 121
Trittschall 32
Trockenkugeltemperatur 212
Trommelläufer 226
Troposphäre 280
Trübungsfaktor 194, 429
Turbokältemaschine 283
Turbokompressor 283
Turboverdichter 283
Turbulenzgrad 29
Türsprechanlage 448
Türüberwachungsanlage 446

Überdruckfeuerung 64, 68
Überfallmeldeanlagen 451
Überflurhydranten 122
Überladebrücke 460
Überlagerungen 434
Überlauf 145
Übersättigungsbefeuchter 222
Überstromschutzeinrichtungen 356

Übertemperatur 90
Übertragungstechnik 345
Übertragungsverluste 316, 323
Überwachungskamera 448
Überwachungskontakte 451
Überwachungsmonitore 453
Überwachungssystem, zentrales 457
Uhrenanlage 446, 448
Ultraschallzerstäuber 222
Umfeldleuchtdichte 378
Umgebungs- und Raumtemperaturen 27
Umgebungsbebauung 191
Umgebungsbedingungen 191
Umgebungsmaterialien 444
Umkehrosmose 120, 130
Umluftbetrieb 97
Ummantelungen 88
Umspannwerk 327
Umstellbrandkessel 63
Umweltbelastung 80
Umweltenergie 77
Umweltschutz 57, 82
Umweltverträglichkeit 55, 57
Unbehaglichkeit 90
Undichtigkeiten 190
Unfallverhütungs-Vorschriften 280
unterbrechungsfreie Stromversorgung 359
unterer Heizwert 55
Unterfluraufzüge 460, 473
Unterflur-Elektroinstallationen 347
Unterflurhydranten 122
Unterputzinstallation 339
Unterschiedsempfindlichkeit 33, 378, 388, 396
Unterverteilung 337
Unterzentralen 269
USV-Anlage 359
UV-Durchlässigkeit 195

Vakuum-Flachkollektor 73
Vakuum-Röhrenkollektoren 72, 74
variabler Volumenstrom 227, 247
Ventilatoren 224
Ventilstation 175
Verband der Sachversicherer 175
Verbauung, innere und äußere 444
Verbindungsdosen 339
Verbraucher, notstromberechtigte 362
Verbrennung 82
Verbrennung, emissionsarm 63
Verbrennung, flammenlose 75
Verbrennungsgas 139
Verbrennungsluft 144
Verbundnetz 321
Verbundrohr 85
Verdampfung 120
Verdampfungsbefeuchter 221
Verdrängungsprinzip 229
Verdrängungsströmung 241
Verdrängungsströmung, turbulenzarm 242
Verdünnungsprinzip 229
Verdunstung 24
Verdunstungskühlung 16, 163
Verflüssiger, luftgekühlt 301
Vergasung 82

Verkabelungsstandard 447
Verkabelungssysteme 447
Verkehrsanlage 453
Verkehrsmittelpunkt 460
Verschwelung 30
Versicherungskosten 172
Versickerung 151, 156
Versorgungsnetz 323
Versorgungssicherheit 332
Verteilbatterie 123
Verteilerkästen 334
Verteilerraum 341, 375
Verteilnetz 122
Verteilstränge 128
Verteilung, horizontale 83
Verteilung, obere 83
Verteilung, untere 83
Verteilungsschwerpunkte 329
Verteilungssysteme 128
vertikaler Transport 460
Vertikalförderer 480
Vertikalverteilung 375
Verunreinigungen, gasförmige 213
Verzögerungsbeiwert 151
Video-Konferenzanlage 446
Videoüberwachungsanlage 453
Vier-Leiter-System 252
visuelle Wahrnehmung 35
Volumenstrom- und Mischregler 227
Volumenstrom, variabler 227, 247
Volumenstromregler 247
Vor- und Rücklauf 90
Vorfilter 214
Vorfluter 151
Vorlaufleitung 83
Vorschaltgerät 386
Vorwahl 126
Voutenleuchten 411

Wahrnehmungsablauf 387, 396
Wahrnehmungsgeschwindigkeit 33, 396
Wahrnehmungsvorgang 33
Wall-washer-Leuchten 424
Wandauslässe 229
Wandheizung 104
Wandhydranten 172
Wandinstallationen 352
Wandoberflächentemperaturen 193
Wandtemperaturen 27
Wärme, latente 24
Wärmeabgabe 24
Wärmeabgabe, Personen 90
Wärmeabsorber 79
Wärmeabstrahlung 90
Wärmebilanz 52
Wärmedämmung 87
Wärmedurchgangskoeffizient 193, 195, 207
Wärmedurchgangskoeffizient, mittlerer 50
Wärmedurchgangswiderstand 49
Wärmedurchgangswiderstand, äquivalenter 50
Wärmedurchgangszahl 49
Wärmeenergieverteilung 83
Wärmeerzeugung 59
Wärmeerzeugungsanlagen 178
Wärmekraftanlagen 320

Wärmekraftwerke 320
Wärmelasten, latente 244
Wärmelasten, sensible 244
Wärmeleistungsbedarf 48
Wärmeleistungsbedarf, tatsächlicher 52
Wärmeleitfähigkeit 49, 87
Wärmepuffer 188
Wärmepumpe 77, 98, 297
Wärmepumpe, Wasser- Wasser 297
Wärmepumpe, Wasser-Luft 298
Wärmequelle 77
Wärmerohre 217
Wärmerückgewinnung 217, 292
Wärmerückgewinnungsanlage 65, 217
Wärmeschutzisolierverglasung 196
Wärmeschutzverordnung 17, 101, 114
Wärmespeicher 66, 109
Wärmespeicherung 193
Wärmespeichervorgänge 193
Wärmestrahlung 24, 90
Wärmeströme 192
Wärmetauscher 82, 217
Wärmeübergabestationen 59
Wärmeübergang 95
Wärmeübertragung 217
Wärmeumsätze 192
Wärmeversorgungssystem, bivalent 74
Wärmeverteilung 59, 98
Wärmezufuhr 192
Warmluftströme 196
Warmwasserbedarfswerte 134
Warmwasserbereitungsanlagen 178
Warmwasserboiler 144
Warmwassermengen 134
Warmwasserverteilung 134, 137
Wasser- Wasser -Wärmepumpe 297
Wasser, hartes 129
Wasseranalyse 86
Wasserarmaturen 171
Wasseraufbereitung 128
Wasseraufbereitungsanlagen 86
Wasserbedarf 117, 119
Wasserberieselung 302
Wasserbeschaffenheit 85
Wasserdampf 88
Wassergehalt 212
Wassergewinnung 117
Wasserhärte 128
Wasserleitung 121, 123
Wasser-Luft-Wärmepumpe 298
Wassernachbehandlung 124
Wasserquelle, unerschöpfliche 175
Wasserreservoir 120
Wasserschäden 116
Wasser-Systeme 244
Wasserturbinen 320
Wasserversorgungswerke 117
Wasser-Volumenstrom 86
Wasser-Wasser-Wärmepumpe 78
Wasserwerke 128
Wasserzähler 117, 123
Wechselbrandkessel 63
Wechselstrom 320, 323

493

Wellenlänge 385
Wendewinkelsteuerung 437
Wetterbedingungen 431
Wetterschutz 195
Wetterschutzgitter 235
Widerstand 322
Wind 54
Windanströmung 188
Windgeschwindigkeit 182
Windhäufigkeit 182
Windkanalstudie 186
Windkanalversuche 44
Windrichtung 182
Windstille 182
Wintergarten 52, 182, 187
Winterkühlung 302
Wirkleistung 319, 323
Wirkungsgrad der Solaranlage 73
Wirkungsgrad, energetischer 274
Wohlbefinden, psychisches 36
Wohlbefinden, psychologisches 37
Wohnungsabsperrventil 128
Wrasenbildung 301

Zählerraum 326
Zellgifte, mikrobielle 38
Zenit 428
Zenitlicht 440
zentrale Kälteanlagen 272
zentrale Leittechnik 446, 455
zentrale Überwachungssysteme 457
Zirkulation 137
Zirkulationspumpe 138
Zisterne 120, 162
ZLT-Systeme 455
zonierte Aufhellung 431
Zonierung 395
Zugangskontrollanlage 454
Zugerscheinungen 90, 229
Zuluftgitter 229
Zustandsänderungen 212
Zweifachverglasung 194
Zweigleitung 146
Zweiglüftung 146
Zwei-Kanal-Anlage 228, 250
Zwei-Leiter-System 252
Zweirohrsystem 83
zweischalige Fassade 17, 52
Zweistoffkessel 63
Zyklone 226

Literaturverzeichnis

Albers K.-J.
Untersuchungen zur Auslegung von Erdwärmeaustauschern für die Konditionierung der Zuluft für Wohngebäude
Forschungsberichte des deutschen Kälte- und Klimatechnischen Vereins Nr. 32,
1991

ASUE
Blockheizkraftwerke
ASUE, Hamburg

Cziesielski, Daniels, Trümper
Ruhrgas Handbuch,
Haustechnische Planung
Essen 1985

Daniels Klaus
Technologie des ökologischen Bauens
Birkhäuser Verlag,
Basel, 1999

Daniels Klaus
Low-Tech Light-Tech High-Tech
– Bauen in der Informationsgesellschft –
Birkhäuser Verlag,
Basel, 1998

Daniels Klaus
Werkbericht 12, Gebäudetechnik für die Zukunft –
„weniger ist mehr"
HL-Technik AG,
München, 1994

Daniels Klaus
Werkbericht 13,
Integrale Planungskonzepte –
ein Muß für die Zukunft
HL-Technik AG,
München, 1994

DIN 1946, Raumlufttechnik

Feurich H.
Sanitärtechnik
Krammer Verlag

Geberit
Handbuch für Sanitärplaner
Geberit, Rapperswill, CH

Kischkoweit-Lopin M.
und Müller H.
Architektur auf der Sonnenspur
HEW, Hamburg

Ilg Ludwig, Bauhofer Bernhard
Windwirkungen an Fassaden
Fassade 3/94

Maier E., Laabs K.D., Röber E.
Erdwärmenutzung für die Raumklimatisierung in Gebäuden, angewandt am Stadttheater Heilbonn
BMFT-Forschungsbericht
T82-032

Oberascher Leonhard
Farbe als bedeutendes Mittel der Architekturgestaltung
Bulletin 4/94,
Zürich: CRB, 1994b, 6-8

Recknagel, Sprenger, Schramek
Taschenbuch für Heizung- und Klimatechnik
Oldenbourg Verlag, München

RWE Energie Aktiengesellschft
RWE Bau-Handbuch
Energie-Verlag, Heidelberg

VDI Richtlinien
2053, 2055, 2078, 2082, 2083, 2719, 3803, 33403

Firmenprofile

ABB Building Technologies Management Ltd
Business Area Building Systems
P.O. Box 8131
CH-8050 Zürich-Schweiz
Tel.: +41(0)1/319 61 89
Fax: +41(0)1/319 63 63
Email: rolf.karg@ch.abb.com
Internet: www.abb.com/buildings

Baltimore Aircoil Int. N. V.
Industriepark – Zone A
B-2220 Heist-op-den-Berg
Belgien
Tel.: +32/15/257-700
Fax: +32/15/244-779
Email: infoh@baltaircoil.be
Internet: www.baltaircoil.be

Lassen Sie uns durch partnerschaftliche Zusammenarbeit Ihre Projektziele von Anfang an erreichen

– Modernste Technologie
– Komfortables, gesundes und sauberes Arbeitsumfeld
– Höchste Sicherheits-Standards (Brandschutz, Datensicherheit etc.)
– Kostengünstige Lösungen, besonders in puncto
   Energieeinsparung und
   Lebenszykluskosten
– Flexibilität in der zukünftigen Nutzung Ihrer Infrastruktur
– Konzentration auf Ihr Kerngeschäft

Wir sind u.a. in folgenden Märkten tätig:

– Industriegebäude, Fabrikanlagen und Reinräume
– Gewerbeimmobilien- und öffentliche Gebäude wie beispielsweise
   Flughäfen,
   Bahnhöfe,
   Krankenhäuser,
   Hotels,
   Kongresszentren,
   Regierungsgebäude,
   Einkaufszentren,
   Bürogebäude,
   Theater,
   Ausstellungshallen und
   Freizeitparks
– Außeninstallationen in den Bereichen Öl-, Gas- und petrochemische Anlagen, Fernmeldeanlagen, Flughafenbefeuerung, U-Bahnen, Elektrifizierung im Schienen- und Straßenverkehr
– Schiffs- und Offshore-Technik, z. B. für Passagierschiffe, Frachtschiffe, Offshore-Plattformen

Unsere wichtigsten Standorte sind Nord- und Westeuropa, Osteuropa, Ägypten, Indien, der asiatisch-pazifische Raum sowie Australien. Mit über 1.000 Niederlassungen, die als flexible lokale Unternehmen organisiert sind, finden Sie uns stets in Ihrer Nähe.

Regelmäßige Schulung und der Austausch von Know-how stellen sicher, dass unsere lokalen Einheiten von den besten Erfahrungen innerhalb des Konzerns profitieren. So können wir den höchsten Standard bieten und zugleich Ihre lokalen Anforderungen erfüllen. Den Schlüsselmärkten sind spezielle Know How Center zugeordnet, in denen die Ressourcen koordiniert werden, so dass wir unseren Kunden stets innovative und effiziente Lösungen bieten können.

Seit ihrer Gründung, im Jahre 1938 hat sich die Firma BALTIMORE AIRCOIL auf dem Gebiet des Entwurfs und der Herstellung von Verdunstungskühlgeräten spezialisiert. Ab Anfang der achtziger Jahre kam hierzu die Entwicklung von Eisspeichern für Anwendungen in der Klima und Kältetechnik. Heute verfügt BALTIMORE AIRCOIL über ein weltweites Netz von Herstellerwerken, insbesondere auch in Europa (Belgien, Großbritannien, Italien). Ein engmaschiges Netz von örtlich zuständigen Vertretungen und Zweigbüros, bietet Unterstützung bei der Planung, Durchführung und Wartung von Rückkühlanlagen und Eisspeichersystemen an. Diese Dienstleistungen beruhen nicht nur auf der jahrelangen, weltweiten Erfahrung, sondern sie stützen sich auch auf eine sorgfältige Forschung und ein umfassendes Produktangebot. BAC verfügt über ein mehr als 2000 m^2 grosses Forschungszentrum, in dem u.a. die thermischen und akustischen Leistungsdaten an Geräten in wahrer Grösse ermittelt werden. Dies bietet die Grundlage realistischer Aussagen über das Leistungs- und Betriebsverhalten, sowie über die erforderlichen Betriebsmittel und Emissionen. Die Zuverlässigkeit der Daten wird weiterhin dadurch erhärtet, dass BAC über Baureihen verfügt, deren Leistungsdaten im Rahmen von Zertifizierungsprogrammen (EUROVENT/CTI) bestätigt werden.

Auf Grund des umfassenden Produktangebots, welches auch zahlreiche Werkstoffoptionen und Zubehörteile umfasst, ist BAC in der Lage im Rahmen der eigenen Palette, Alternativlösungen wertfrei zu vergleichen und den jeweiligen Projekterfordernissen entsprechend optimale Vorschläge zu unterbreiten. Gleichfalls wird hierdurch die Möglichkeit geboten auch unkonventionelle Projektlösungen zu erarbeiten.

Unter Berücksichtigung dieser Gegebenheiten, lassen sich in der Gebäudetechnik Kaltwasser- und Abwärmesysteme realisieren, die nicht nur den zugesagten Eigenschaften entsprechen, sondern auch die Betriebsmittel (Energie, Wasser) und die Emissonen (Schall, Schwaden) minimalisieren. Im Sinne einer vernünftigen Umweltpolitik ist es heute in der Tat oftmals wichtiger, Lösungen anzustreben, die diese Minimalisierung ermöglichen, als die Lösung mit den niedrigsten Kosten zu suchen. Verdunstungskühlgeräte und Eisspeicher bieten sich in diesem Sinne oftmals als Problemlösungen an, da ihre Anwendungsflexibilität einen sehr grossen planerischen Spielraum lässt.

Dieser planerische Spielraum einerseits und weitgehend wertfreie Beratung andererseits sind die Elemente, die die Grundlage moderner und fortschrittlicher Gebäudeplanung darstellen. Dies gilt auch für die Planung der Kaltwassererzeugung für Klimaanlagen und die Abfuhr ihrer Abwärme. Verdunstungskühlgeräte und Eisspeicher können in diesem Sinne immer als mögliche Lösungswege betrachtet werden.

BARTEC Componenten und Systeme GmbH

Max-Eyth-Straße 16
D-97980 Bad Mergentheim
Tel.: 0 79 31 / 5 97-0
Fax: 0 79 31 / 5 97-119
Email: info@bartec.de
Internet: http://www.bartec.de

BARTEC – das sind über 1200 hochqualifizierte Mitarbeiter, die sich für das zentrale Unternehmensziel

– Sicherheit für Mensch und Umwelt,
  Maschinen und Anlagen –

weltweit engagieren und einsetzen.

Bereits die Firmengründung durch Reinhold A. Barlian 1975 basiert auf diesem Sicherheitsgedanken, dem Leitsatz, der noch heute aktiv gelebten Unternehmensphilosophie. Sicherheitstechnik ist der Mittelpunkt allen unternehmerischen Handelns. BARTEC entwickelt und produziert innovative und nach internationalen Sicherheitsstandards geprüfte und zertifizierte Componenten, Systeme und Lösungen für die Bereiche:
Explosions-, Schlagwetter-, Umwelt-, Strahlen-, Anlagen-, und Medienschutz.

Über 20 Marktgeschäftsbereiche und mehr als 30 Fachvertretungen bedienen internationale Kunden mit der breiten wie tiefen BARTEC- Angebotspalette aus Elektrotechnik, Elektronik und Feinmechanik sowie mit einem umfangreichen Dienstleistungs- und Serviceprogramm.

Die Qualität der Produkte und Dienstleistungen ist das oberste Ziel des Unternehmens. Zulassungen durch viele internationale Prüfinstitute sind die Bestätigung für die Zuverlässigkeit und den hohen technischen Stand der Componenten und Systeme.
Durch die Zertifizierung nach DIN ISO 9001 ist das Qualitätsmanagement-System von BARTEC international anerkannt und dessen Wirksamkeit von der Produktentwicklung bis zum Versand nachgewiesen.

Für die Gebäudetechnik bietet BARTEC innovative und sichere Lösungen in den Bereichen:
Elektrische Begleitheizung, Niederspannungsschaltanlagen und Leckageerkennung.

Die Überwachung auf Wasserleckagen in Gebäuden mit empfindlichen elektrischen und elektronischen Anlagen oder Wertgegenstände ist heute ein elementarer Bestandteil zur sicheren Funktion und Betrieb eines Gebäudes.

AUGUST BRÖTJE GmbH
Werke für Heizungstechnik

Postfach 1354
D-26171 Rastede
Tel.: 04 402 / 80-0
Fax: 04 4023 / 80 583
Email:
Internet: www.broetje.de

Die Brötje Gruppe gliedert sich in zwei Geschäftsbereiche:

– Geschäftsbereich Heizung mit der Erzeugung bzw. dem Vertrieb von Heizungsgütern (Heizkessel, Units, Gas-Wandheizkessel, Thermen, Brenner, Speicher, Regelungen, Solarsysteme, Heizkörper) an den Fachgroßhandel.
– Geschäftsbereich Maschinenbau und Automation mit der Fertigung von Robotern, elektronisch gesteuerten Montagesystemen, Anlagenbau und Fertigungslinien für den Flugzeugbau, die Automobilindustrie und die Werkzeugmaschinenindustrie.

Brötje setzt bei Heizungen auf HighTech.

Heizungs-High Tech, Energieeinsparung und Umweltschutz sind die drei Begriffe, die im Zusammenhang mit der August Brötje GmbH genannt werden.

Das Unternehmen, gegründet 1919, mit Sitz im oldenburgischen Rastede, kann mit Recht behaupten, in der Heizungs- und Umwelttechnik viele bedeutende Innovationen für optimale Energieausnutzung und höchsten Heizkomfort maßgeblich mitgeprägt zu haben.

Brötje ist Mitglied der europäischen Baxi Partnership Ltd., mit Sitz in Pruton, England. Auf der Suche nach umweltverträglicher Ausnutzung der Energieressourcen hat Brötje eine Vorreiterrolle im Heizungsmarkt. Viele Brötje-Produkte tragen das Umweltzeichen „Blauer Engel". Die Emissionswerte des Brennwert-Gas-Wandkessels Ecotherm Plus liegen sogar im Bereich der Nachweisgrenze.

Brötje HighTech-Produkte werden über ein dichtes Netz von Stützpunkt-Großhändlern in der gesamten Bundesrepublik vertrieben.

Cetetherm

Cetetherm Wärmetauschersysteme GmbH
Hauptverwaltung Hamburg
Tel.: +49/040/733 52-0
Fax: +49/040/732 51 99
Email: Info@Cetetherm.de
Internet: www.Cetetherm.de

Cetetherm

Wir stecken unsere Energie in Lösungen

Kein Wunder, daß innovative Wärmetechnik häufig aus Schweden kommt.

Im Land des Polarkreises war man schon immer erfinderisch, wenn es um die Suche nach komfortablen Wärmelösungen geht. Seit 1923 haben wir diese Suche perfektioniert. Mit der Gründung der Firma Cetetherm im schwedischen Göteborg, entwickelte sich ein Unternehmen, das europaweit zu einem der führenden Anbieter in der Warmwasser- und Fernwärmetechnik zählt.

Im Laufe unserer über 70jährigen Firmengeschichte entstanden zahlreiche innovative Lösungen, die Cetetherm nicht nur in Deutschland zu einem bevorzugten Partner für die Industrie- und Haustechnik gemacht haben. Know-how, Qualität, umfassender Service und Nähe sind für unsere Kunden wichtige Kriterien, die für Cetetherm sprechen. Aber auch unser Wille, immer wieder neue, noch effizientere Lösungen für die Warmwasser- und Fernwärmetechnik zu entwickeln, machen Cetetherm zu einem kompetenten Partner. Unsere Forschungs- und Entwicklungsabteilung, aber auch unsere Techniker und Ingenieure vor Ort helfen Ihnen, Ihre Bauvorhaben schnell und reibungslos auf den neuesten Stand der Technik zu bringen.

Warum sich immer mehr Planer, Ingenieure und Versorgungsunternehmen für Cetetherm erwärmen.

Nicht nur die Vielfalt, auch das breite Anwendungsspektrum machen Cetetherm zur idealen Lösung für die Industrie- und Haustechnik. Ob Wärmeaustauscher, Fernwärme-Kompaktstationen, Speicherladesysteme oder Durchflußwassererwärmer, mit Cetetherm entstehen zukunftsweisende Lösungen mit neuester Technik.

Bei der Systemauslegung Ihrer Projekte helfen wir Ihnen gern, alle Komponenten optimal aufeinander abzustimmen. Mit dem Know-how von vielen tausend Installationen und der Erfahrung von über 70 Jahren.

Sie finden uns in vielen interessanten Projekten.
Und ganz in Ihrer Nähe.

Kundennähe gehört bei Cetetherm zum Konzept. Deshalb haben wir europaweit ein dichtes Netz von Niederlassungen und Repräsentanten eingerichtet. Experten, die Ihnen mit Rat und Tat zur Seite stehen. Sei es zu Produktfragen, zur Anlagenkonzeption oder für eine kostenlose, unverbindliche Beratung vor Ort.
Ein Gespräch mit Cetetherm lohnt sich immer.

Firmenprofile

CWS bringt Sauberkeit

CWS Deutschland GmbH
Lise-Meitner-Str. 6
D-63303 Dreieich
Tel.: 061 03/309-133
Fax: 061 03/309-235
Email: cws-online.de@cws.ch
Internet: http://www.cws.ch

CWS versteht sich als Dienstleister in der Waschraum- und Toilettenhygiene mit einem umfassenden Service-Angebot für Wartung, permanente Belieferung sowie fach- und umweltgerechte Entsorgung. Dem Umweltschutz wird absolute Priorität eingeräumt. Das System „Stoffhandtuchrolle im Stoffhandtuchspender" wurde mit dem „Blauen Umweltengel" ausgezeichnet. CWS, mit über 1000 Mitarbeitern in 19 Niederlassungen allein in Deutschland, ist nach DIN ISO 9002 und 14001 zertifiziert. Ein Blick auf die highlights der Produktpalette beweist: CWS ist erste Adresse in der Ausstattung gewerblicher und öffentlicher Sanitärobjekte.

Eine der innovativsten Entwicklungen ist der programmierbare Stoffhandtuchspender UNOtronic. Frisches Handtuch wird berührungslos ausgegeben und, getrennt vom sauberen, eingezogen. Stoffhandtuchrollen sind über 100 Mal verwendbar. Sie werden bei CWS gereinigt und desinfiziert.

Das Universitätsklinikum Freiburg ermittelte für CWS Schaumseifenspender „foam" anstelle der üblichen Seifencremespender Kosteneinsparungen von 58 % (bei Seife 66 % und den Wassergebühren 32 %). Auch die ökologische Bilanz ist für Schaumseife positiv: 53 % weniger Seife, 33 % weniger Wasserverbrauch. Der Spender „foam" schäumt das Seifenkonzentrat gebrauchsfertig auf. Das spart Seife und Wasser, aber auch 24 % Zeit.

CWS anti-bact, ebenfalls ein Schaumpräparat, ist von der DGHM für die desinfizierende Händewaschung zertifiziert. Quarantäre Verbindungen garantieren ein breites mikrobiologisches Wirkungsspektrum bei sparsamster Dosierung.

Stets einen sauberen Toilettensitz vorzufinden, verspricht das innovative CleanSeat-Konzept. Beim Betätigen der Spülung setzt sich ein Reinigungsarm auf die rotierende Brille, reinigt mit einer desinfizierenden Waschlösung und trocknet sie. Ein Display zeigt den sauberen Sitz an. CWS CleanSeats können auch nachträglich auf fast allen handelsüblichen Becken montiert werden.

Hygieneabfälle auf Damen-Toiletten nimmt die LadyBox berührungslos auf, gesteuert über einen Sensor. Sie ist mit einem neuartigen Hygiene-Gel gefüllt, das desinfiziert, Gerüche neutralisiert und trocknet. Der CWS LadyCare-Service entsorgt den Inhalt durch Austausch der Boxen.

Ein neuartiges Konzept der Luftverbesserung bieten drei neue AirControl-Spender Solar, Universal und Wing. Solar und Universal reagieren auf Geräusche oder intervallgesteuert mit Nachtsparschaltung, Wing auf das Öffnen einer Tür. Dem Solar genügt das Umgebungslicht, dem Universal zwei übliche Batterien.

Hygiene und Umweltschutz stimmen bei CWS mit den Zielen der EXPO 2000 überein. Auch deshalb ist CWS Exklusiv-Lieferant für den Waschraum- und Toilettenbedarf von 40 Millionen Besuchern. 100 Millionen Händewaschungen während fünf Monaten und 6000 Stoffhandtuchrollen täglich zu liefern – kein Problem für CWS. CWS ist stolz auf diese Herausforderung.

**Dätwyler
Kabel+Systeme GmbH**
Gottfried-von-Cramm-Str. 1
D-85375 Neufahrn
Tel.: 08165/9501-0
Fax: 08165/9501-30
Email: Info@daetwyler.de
Internet: www.daetwyler.de

Die Kabelfabrik der Dätwyler Holding AG mit Sitz in Altdorf/ Schweiz besitzt in Deutschland eine Tochtergesellschaft. Die Dätwyler Kabel+Systeme GmbH, mit Sitz in Neufahrn bei München und Niederlassung in Wiesbaden, beschäftigt ca. 75 Mitarbeiter und verfügt über ein Stammkapital von 1,8 Mio. DM.

Die Erzeugnisse der Kabelfabrik, welche in Deutschland vertrieben werden, gliedern sich in verschiedene Produktbereiche.

1. Unilan: Kupfer- und Glasfaserkabel für die strukturierte Verkabelung von Datennetzen, sowie zugehörige Komponenten.

2. Pyrofil: Sicherheitskabel für Einrichtungen, welche im Brandfall noch funktionsfähig sein müssen, halogenfreie Kabel und geprüfte Befestigungsmittel und Verteiler.

3. Ecobus: Intelligente Gebäudesystemtechnik zur Energie- und Datenübertragung. Wirtschaftlich durch deutlich verringerte Montagezeiten, einfache Nachrüstung und hohe Flexibilität bei Nutzungsänderungen im Gebäude.

4. Dynofil: Spezialkabel für den Aufzugsbau und für die Fördertechnik.

Mit allen Erzeugnissen aus diesen Bereichen zählt die Dätwyler Kabel+Systeme GmbH zu den führenden Unternehmen in Deutschland. In ganz besonderem Maß hat die Produktgruppe Unilan eine enorme Steigerung in den letzten Jahren erfahren. Mit diesen Produkten wurden herausragende Merkmale im Markt gesetzt. Auch bei den Sicherheitskabeln ist Dätwyler absoluter Spitzenreiter und hat auch hier schon vor Jahren Standards gesetzt.

Geschäftsführer der Dätwyler Kabel+Systeme GmbH sind Dipl.-Ing. Charles Keusch und Dipl.-Ing. Ernst Klees, Mitglieder der Geschäftsleitung sind Peter Jantek, zuständig für die Telekommunikationstechnik und Dipl.-Ing. Ralf Klotzbücher, zuständig für die Gebäudetechnik.

Was steht hinter dem Namen Dätwyler?
Die Dätwyler Holding AG umfaßt weltweit Firmen der Bereiche Kabel, Gummi, Bodenbeläge, Präzisionsstahlrohre, pharmazeutische Verpackungen und technischer Handel mit ca. 5.000 Mitarbeitern und einem Jahresumsatz von 1,3 Mr. DM.

Das Stammhaus in der Schweiz, die Dätwyler Holding AG Altdorf, mit rund 1.500 Mitarbeitern ist spezialisiert auf die Entwicklung und Herstellung von Kabeln und Gummiprodukten. Im Kabelsektor liegt das Hauptsortiment im Telekommunikations- und Sicherheitsbereich. Innovative Produkte sind für Dätwyler eine Selbstverständlichkeit.

In der Produktion von Glasfaserkabeln ist Dätwyler in der Schweiz führend und darf namhafte Unternehmen zu seinen Abnehmern zählen.

**Erwin Müller GmbH & Co.
EMCO Klimatechnik**
Postfach 18 60
D-49803 Lingen (Ems)
Tel.: 0591/9140-0
Fax: 0591/9140-851
Email: info@emco.de
Internet: http://www.emco.de

Seit 1977 sorgt EMCO Klimatechnik, jüngster Geschäftsbereich der 1945 gegründeten Erwin Müller Gruppe Lingen, für gute Luft, steigende Umsätze und wachsendes Firmenrenommée. Bereits ein Drittel des Gesamtumsatzes kommen aus der Produktsparte Heizung, Lüftung, Klima. Neben Bodenkonvektoren, Roll-Rosten und Komponenten für die Luftführung fertigen die 650 Mitarbeiter des emsländischen Unternehmens auf 35.000 Quadratmetern Produktionsfläche auch Schwimmbadroste, Eingangsmatten, Heftgeräte, Büroaccessoires und Badausstattungen. Die Produkte mit den Markennamen EMCO und NOVUS haben allesamt eine starke oder gar führende Marktposition und sind weltweit gefragt.

Möglich wurde der Aufstieg vom handwerklich orientierten, metallverarbeitenden Kleinbetrieb zum designbetonten, technisch innovativen Unternehmen mit weltweiten Geschäftsbeziehungen vor allem durch die Konzentration auf technisches Know-how sowie innovative Produktentwicklung und -weiterentwicklung, und ein außerordentliches Dienstleistungsverständnis, das sich nicht zuletzt in Beratungsqualität, Terminflexibilität und Zuverlässigkeit dokumentiert.

Lüftung und Klima zuverlässig planen gehört zu den schwierigsten Aufgaben eines Fachingenieurs. Gerade hier liegt die Stärke der EMCO Klimatechnik. Ihre erfahrenen Techniker und Ingenieure liefern nicht nur optimierte Produkte, sondern auch maßgeschneiderte Problemlösungen. So ist dem EMCO Forschungsteam in Zusammenarbeit mit der Fachhochschule Münster, Abteilung Steinfurt, Fachbereich für Versorgungstechnik mit einem richtungsweisenden Auswahl- und Auslegungsprogramm die Simulierung von Luftströmen auf dem Bildschirm und damit die Optimierung wirkungsvoller und wirtschaftlicher Luftführung gelungen, – eine echte Alternative zu aufwendigen Laborversuchen und zeitintensiven Berechnungen.

Dieses Computer-Aided Planing, ermöglicht auf einem Computer die rechnerunterstützte Planung und optimale Lösungsfindung auch bei kritischen Situationen. Das Auswahl- und Auslegungsprogramm installiert sich selbstständig auf den unterschiedlichsten Konfigurationen und paßt sich automatisch der Hardware an. Es liefert nicht nur alle relevanten Planungsdaten in Form von Zahlen, sondern kann auch die zu erwartenden Luftströme im geplanten Raum sichtbar machen. Man gibt einfach die relevanten Daten wie Raumgeometrie, raumakustische Eigenschaften, Einbausituation, Anzahl der Luftauslässe und Schallleistungspegel ein und erhält den maßgeschneiderten Lösungsvorschlag.

So kann der Planer unverzüglich und ohne kostspieligen Versuchsaufbau im Labor seine Ideen testen, Alternative vergleichen und seine Ideen testen, Alternativen vergleichen und seinem Bauherren bzw. Architekten die Luftverteilung nicht nur schildern, sondern sogar sinnfällig simulieren.

Mit seinen Klima-Ingenieuren und modernstem EDV-Equipement steht EMCO Architekten, Ingenieurbüros und Installationsfirmen zur Verfügung. Ein 500 Quadratmeter großes Labor ergänzt den Planungsbereich und beweist die Kompetenz der Lingener für Komfort- und Industrieklimatisierung.

ERCO

ERCO Leuchten GmbH
Brockhauser Weg 80 – 82
D-58507 Lüdenscheid
Tel.: +49 / 23 51 / 55 13 45
Fax: +49 / 23 51 / 55 13 40
Email: info@erco.com
Internet: www.erco.com

ERCO die Lichtfabrik

Die ERCO Leuchten GmbH, Lüdenscheid, ist eines der führenden Unternehmen der europäischen Leuchtenindustrie. Das weltweit mit über 60 Tochtergesellschaften, Niederlassungen und Vertretungen operierende Familienunternehmen entwickelt mit international renommierten Designern, Lichtplanern und Architekten Produktlinien für alle Bereiche der Architekturbeleuchtung. Gemäß der Unternehmensphilosophie „Licht statt Leuchten" zu verkaufen, werden nicht Lichtobjekte zur Raummöblierung, sondern Leuchten als Instrumente der Lichtplanung angeboten. Im Vordergrund stehen Planung und Umsetzung von Beleuchtungsprojekten in Museen und in architektonisch anspruchsvollen Bauwerken. Dabei kann das 1934 in Lüdenscheid gegründete Familienunternehmen auf eine lange Liste attraktiver Referenzprojekte verweisen. ERCO Produkte beleuchten beispielsweise das Guggenheim Museum in Bilbao, die Louvre Glaspyramide in Paris oder den Deutschen Bundestag im Reichstagsgebäude, Berlin.

Vor 30 Jahren stellte ERCO auf der Hannover-Messe sein bis heute erfolgreiches Unternehmenskonzept vor: „Licht statt Leuchten" lautete die Idee, mit der Geschäftsführer Klaus Jürgen Maack das Unternehmen auf einen neuen Kurs brachte. Dahinter steht das Verständnis von Licht als der vierten Dimension der Architektur: Licht interpretiert Räume, macht sie wahrnehmbar, macht sie erlebbar.

Für die konsequente Umsetzung der Unternehmensphilosophie wurde ERCO 1980 mit dem Deutschen Marketingpreis ausgezeichnet. 1993 erhielt Klaus Jürgen Maack, der Gestaltung von Anfang an als zentrale unternehmerische Aufgabe verstand, den Bundespreis für Förderer des Designs. Maßgeblichen Einfluß auf das heutige Erscheinungsbild von ERCO hatte Otl Aicher, der Mitte der 70er Jahre unter anderem das neue typographische Programm des Unternehmens erarbeitete.

Im vergangenen Jahr 1999 erwirtschaftete ERCO mit seinen weltweit rund 1.000 Mitarbeitern einen Umsatz von 245 Millionen Mark. Wie Klaus Jürgen Maack im Vorfeld der Hannover Messe bekanntgab, soll der Auslandsanteil am Umsatz von heute 62 Prozent in den kommenden zehn bis 20 Jahren auf 75 Prozent ausgebaut werden. Schwerpunkt des Auslandsgeschäfts ist Europa, insgesamt ist ERCO mit über 40 Niederlassungen, Verkaufsbüros und Partnern weltweit auf allen Kontinenten vertreten.

ERCO beleuchtet heute Museen, Universitäten, Schaufenster, Kirchen, Diskotheken, Hotels, Ladenketten, Messestände, Verwaltungsgebäude und Privathäuser. Früh wurde bei ERCO die Bedeutung des Internet als weltweites Kommunikationsnetz erkannt, die ERCO Website www.erco.com informiert bereits seit über zwei Jahren mit monatlichen Aktualisierungen über Produkte und Projekte, klassische und neue Aktivitätsfelder des Unternehmens - wie etwa das Engagement im Bereich der elektronischen Lichtsteuerungen oder bei Software-Werkzeugen für die Lichtsimulation.

GEA

GEA Happel Klimatechnik GmbH
Südstraße 48
D-44625 Herne
Tel.: 023 25 / 468 00
Fax: 023 25 / 468-222
Email: info@gea-happel.de
Internet: http://www.gea-happel.de

Systemangebote europaweit in gleicher Produkt- und Beratungsqualität anzubieten – das ist der Grundsatz des GEA-Geschäftsbereiches Lufttechnik, zu dem die GEA Happel Klimatechnik GmbH, Herne gehört. Seit mehr als 45 Jahren werden durch GEA Happel Klimatechnik hochwertige Systeme sowie Komponenten für die Heizungs-, Lüftungs- und Klimatechnik entwickelt und hergestellt.

Bahnbrechende Neuentwicklungen, wie die energiesparende GEA-Sekundärluftjalousie oder der Einsatz der Bustechnik für die Regelung von dezentralen und zentralen Luftbehandlungsgeräten im Komfort- und Industriebereich zeugen von einer für die Branche ungewöhnlich erfolgreichen Forschung und Entwicklung.

Diese Idee des permanenten Fortschritts ist auch heute noch in der Firmenphilosophie festgeschrieben und wird unter anderem durch das Technologiezentrum in Herne verdeutlicht. Hier arbeiten rund 30 hochrangige Ingenieure, Physiker und Maschinenbauer an der Entwicklung neuer Produkte und Technologien in der Heizungs-, Lüftungs- und Klimatechnik. Zur Verfügung stehen Ihnen alle modernen Geräte und Prüfeinheiten wie Luftmeßstrecken, Klimakammern oder einer der größten Hallräume in Deutschland.

Aber auch die, zur GEA Happel Klimatechnik gehörende Elektronikfertigung verdeutlicht das Know-how des Unternehmens: Alle Regelungen und die dazu gehörende Software werden selber entwickelt und produziert – damit sich Produkt und Regelung zu einem hocheffizienten Sytem ergänzen können und so dem hohen GEA-Qualitätsstandard und dem Image der GEA-Produkte gerecht werden können. Ein Qualitätssicherungssystem nach DIN ISO 9001 ist dabei selbstverständlich.

Zu den wesentlichen Produkten zählt die Familie der dezentralen Luftbehandlung in Hallen und hohen Räumen – GEA MultiMAXX oder die Serie der GEA-Gebläsekonvektoren für die dezentrale Luftbehandlung im Komfortbereich. Zentrallüftungsgeräte wie das GEA ATplus und das GEA ATpicco veranschaulichen das Produktangebot in diesem Bereich. Kaltwassersätze, Split-Klimaanlagen, Konvektoren und Kühldeckensysteme oder Luftschleiergeräte und Abluftventilatoren ergänzen zusammen mit den vielfältigen Regelungs-Komponenten das Gesamtangebot.

Rund 1.700 Mitarbeiterinnen und Mitarbeiter sind für das Kernfeld im Geschäftsbereich Lufttechnik tätig, in den die GEA Happel Klimatechnik eingebunden ist. Ein eigener Werks-Kundendienst sorgt für schnelle Unterstützung und Service. Das Ziel „Nah am Kunden" wurde durch immer neue Konzepte den Markterfordernissen angepaßt und bietet heute sowohl effektive und ausführliche Beratung „vor Ort" als auch eine jederzeit schnelle Verfügbarkeit der Produkte – in ganz Europa.

GÖTZ GmbH
Delpstr. 4 – 6
D-97084 Würzburg
Tel.: 0931 / 66 78-0
Fax: 0931 / 66 78-200

E. W. GOHL GmbH
Im Haselbusch 12
D-78224 Singen
Tel.: 077 31 / 88 06 15
Fax: 077 31 / 650 51
Email: info@gohl.de
Internet: http://www.gohl.de

Die GÖTZ GmbH mit Verwaltungssitz in Würzburg zählt zu den führenden Spezialisten für Aluminiumfassaden, Leichtmetallkonstruktionen und Technische Gebäudeausrüstungen. In den Fertigungszentren Würzburg und Deggendorf sowie in den Niederlassungen Ludwigsburg, Dillingen, Berlin, Nyrsko, London und Riyadh sind über 650 Beschäftigte tätig. Das Leistungsangebot der GÖTZ GmbH umfaßt die komplette Planung, Konstruktion, Fertigung und Montage von individuellen, objektspezifischen Fassadenkonstruktionen und gebäudetechnischen Anlagen.

Die Produktpalette umspannt alle Bauarten von Fassadensystemen, wie elementierte Aluminium-Warm-/Kaltfassaden, Block®-Fenster, Aluminium-Fassaden, Pfosten-Riegel-Fassaden, Photovoltaik-Fassaden, Structural-Glazing-Fassaden, Hängende Glas-Fassaden, Naturstein-Fassaden, Keramik-Fassaden, Facetten-Fassaden und multifunktionale Doppelfassaden-Konstruktionen. Das Unternehmen entwickelte in diesem Zusammenhang eine Vielzahl von Eigenkonstruktionen und Patenten, wie beispielsweise das Block®-Fenster-System S800 / 900, die Pfosten-Riegel-Fassaden ISM 50 / 60, oder das energiesparende sol-skin®-Gebäude. Die GÖTZ GmbH bietet damit Planern und Bauherren individuelle, maßgeschneiderte Problemlösungen mit zukunftsweisenden Technologien.

Der Geschäftsbereich Gebäudetechnik plant und realisiert sämtliche Komponenten der Technischen Gebäudeausrüstung. Dazu zählen unter anderen dynamische Gebäudesimulationen, solare Kühldecken- und Heizsysteme, thermische Sonnenkollektoren, Photovoltaikanlagen, Fassadenheizsysteme, Adsorptionskälteanlagen, und intelligente Gebäude-Steuerungen. Eigenentwicklungen, wie die GÖTZ-Rasterkühldecke mit einer spezifischen Kühlleistung von 164 W/m^2, ermittelt nach DIN 4715-1, oder die Baumwoll-Spanndecke zur Lichtlenkung und Forschungsarbeiten zu Adsorptionskälteanlagen und schaltbaren Wärmedämmungen zeugen auch in diesem Bereich von der Leistungsfähigkeit und Innovationskraft der GÖTZ GmbH.

Durch die integrale Planung und Ausführung können auch fassadenübergreifende, gesamtheitliche Lösungen perfekt umgesetzt werden. Für Planer und Bauherren bedeutet dies Komplettlösungen aus einer Hand. Reibungsverluste zwischen den verschiedenen Gewerken und eine Vielzahl von Ansprechpartnern entfallen hiermit bei der GÖTZ GmbH.

Einige ausgewählte Referenzen:

DaimlerChrysler-Gebäude C1, B1, B2, B3, B5, B7, B8 Potsdamer Platz, Berlin; Allianz Treptowers, Berlin; Reichstag, Berlin; Sony-Center, Berlin; GSW Hauptverwaltung, Berlin; FORUM Bürohochhäuser, Frankfurt/Main; Bayerische Allianz, Unterföhring; sol-skin®-Verwaltungsgebäude, Würzburg; Al Faisaliah-Center, Riyadh; Kingdom Center, Riyadh; 100 Wood-Street, London; Parliament View, London

GOHL-Kühltürme gibt es seit über 35 Jahren auf dem europäischen Markt.

Die Verwendung hochwertiger Materialien, eine solide Konstruktion und kompetentes Fachpersonal tragen gleichermaßen zur sprichwörtlichen Zuverlässigkeit und Qualität unserer Produkte bei. Kriterien, die uns zu einem der Marktführer im Serien-Kühlturmbau machten.

Bei uns stehen Sie als Kunde mit ihren speziellen Problemen und Vorgaben im Mittelpunkt. Nutzen Sie unsere Erfahrung und unser Wissen, um Ihre Planung zu vervollständigen. Hierfür stehen Ihnen unser Stammhaus und vier Aussendienstbüros in Deutschland sowie fünf Vertragspartner im europäischen Ausland beratend zur Verfügung. Auch in Fragen der Auftragsabwicklung, Lieferung, Montage, Wartung und Instandhaltung stehen Ihnen unsere Spezialisten Rede und Antwort.

GOHL-Kühltürme werden im Baukastensystem hergestellt. Wartung und Inspektion der Geräte werden dadurch vereinfacht, unterschiedlichste Aufstellungsorte und -anforderungen können berücksichtigt und die verschiedensten Aufgabenstellungen optimal umgesetzt werden. Auch schwierigste Einbauverhältnisse sind durch unsere Bauart realisierbar.

Wir beraten, projektieren und bieten fachgerechte Wartung und Service für unsere Produkte. Sprechen Sie eines unserer Aussendienstbüros oder einen unserer Vertragspartner in der Schweiz, Österreich, Belgien, Dänemark oder England an.

Liebert HIROSS Deutschland GmbH
Liebigstr. 9
D-85551 Kirchheim
Tel.: 089 / 90 50 07-0
Fax: 089 / 90 50 07-10
Email: info@liebert-hiross.de
Internet: www.liebert-hiross.de

Liebert HIROSS auf einen Blick

Liebert HIROSS ist führender Hersteller und Lieferant von Komplettlösungen und Servicelösungen für den Schutz von hochempfindlichem elektronischem Equipment. Dies sichert die Geschäftskontinuität unserer Kunden und steigert deren Konkurrenzfähigkeit. Liebert HIROSS besteht aus drei Geschäftsbereichen, dem Bereich der Präzisionsklimatisierung, der Unterbrechungsfreien Spannungsversorgung sowie des weltweiten Servicenetzes. 35 Jahre Erfolg im globalen Markt sind das greifbare Resultat der einzigartigen Fähigkeit von Liebert HIROSS zu technischer Innovation. Liebert HIROSS steht dem Kunden mit einem dichten Netz eigener Niederlassungen und maßgeschneiderten Lösungen zur Seite.

Die Geschäftsbereiche

HPAC Präzisionsklimatisierung
Die Präzisionsklimatisierung ist eine Voraussetzung für den sicheren Betrieb und zur Gewährleistung der Leistungsfähigkeit von hochempfindlichen elektronischen Equipment. Im Gegensatz zur konventionellen Klimatisierung, die für Menschen gebaut wird, wird die Liebert HIROSS Präzisionsklimatisierung dazu entworfen, während des ganzen Jahres eine konstante Temperatur und Luftfeuchtigkeit innerhalb Räumen mit elektronischem Equipment zu halten. Die Aufbauart garantiert Modularität innerhalb der verschiedenen Produktgruppen und Integration in die Gebäudeleittechnik. Liebert HIROSS entwickelt eine große Anzahl von Präzisionsklimageräten mit Kleinanwendungen für Netzwerke und Mobilfunk sowie für größere Anwendungen in Rechenzentren und Telekommunikationsstandorten. Eine Baureihe von besonders energieeffizienten Kaltwassersätzen eignet sich für den Einsatz in traditionellen Datenzentren und für andere Spezialanwendungen. Sobald eine zuverlässige Präzisionskühlung für Server, Telekommunikationszentren oder Rechenzentren erforderlich ist, dann liefert Liebert HIROSS die beste Qualitätslösung.

USV Unterbrechungsfreie Spannungsversorgung
Datenzentren, Telekommunikationseinrichtungen und Industrieprozesse müssen umfassend gegen Probleme im Bereich Spannungsversorgung geschützt werden. Wenn dies nicht sichergestellt wird, sind die empfindlichen elektronischen Geräte und Ausrüstungen der permanenten Gefahr von unerwarteten Ausfallzeiten, Fehlfunktionen und Datenverlusten ausgesetzt. Liebert HIROSS bietet 3-phasige USV-Anlagen und Geräte zur Spannungsaufbereitung und zum Überspannungsschutz, die die kontinuierliche Versorgung empfindlicher Elektronik mit „sauberen" Strom zu gewährleisten. Ein umfangreiches Lieferprogramm mit Systemen bis zu 8 MVA ist verfügbar, mit eingebauter Redundanz für höchste Sicherheitsansprüche.

Spannungsschutz für Netzwerke
Unerwartete Spannungsausfälle und Spannungsschwankungen können bei nicht abgesicherten Servern und Netzwerkknoten zu Systemabstürzen und Datenverlusten führen. Das Produktlieferprogramm von Liebert HIROSS deckt neben Stand-alone-USV-Lösungen für 1+1 Anwendungen auch einzelne PCs und Workstations bis hin zu größeren Netzwerksystemen ab: erweiterbare Systeme mit Servern, Routern und Hubs sowie Telekommunikationsanwendungen. Die SiteNet Softwareprodukte überwachen den USV-Status und Spannungsausgang und können falls erforderlich das geregelte Herunterfahren der zu schützenden Anlagen organisieren.

Service

Liebert HIROSS bietet seinen Kunden überall umfangreiche Serviceleistungen 24 Stunden am Tag und 365 Tage im Jahr an. Mittels Fernüberwachung können die Liebert HIROSS klimatechnischen Regelungssysteme überwacht und bedient werden. Liebert HIROSS nutzt nicht nur die neuesten Service-Systeme, sondern arbeitet mit hochqualifiziertem Servicepersonal in allen weltweiten Servicezentren für sofortige und professionelle Hilfe bei Routine- als auch Noteinsätzen.

Connectivity

Die auf Mikroprozessortechnik basierenden Liebert HIROSS Regelungs- und Kommunikationssysteme optimieren die Leistungsfähigkeit der Präzisionsklimageräte und ermöglichen die interne Bus-Kommunikation zwischen den Geräten sowie zu den übergeordneten externen Leitsystemen. Modularität, Kompatibilität und Integration garantieren effektive Kommunikation und effektives Management der Präzisionsklimageräte.

Die Unternehmensstruktur

Liebert
Die Liebert Corporation ist Teil des amerikanischen Emerson Electric Konzern seit 1987. Liebert ist der weltweit führende Lieferant von Unterbrechungsfreier Stromversorgung und Präzisionsklimatisierung für Anwendungen in der Telekommunikation und EDV. Weltweit gibt es 13 Produktionsstätten mit einem Netzwerk von mehr als 175 Verkaufsbüros. Liebert beschäftigt 6.000 Mitarbeiter und erzielt einen Jahresumsatz derzeit von über 1 Mrd. US-$.

Liebert HIROSS
Liebert HIROSS entstand 1998 als die europäische Niederlassung der Liebert Corporation. Liebert HIROSS gibt es in Europa, dem Mittleren Osten, in Asien und Afrika. Derzeit sind 1.250 Mitarbeiter beschäftigt und der Jahresumsatz liegt bei über 213 Mio. US-$.

Liebert HIROSS Deutschland
Die Liebert HIROSS Deutschland GmbH ist z.Zt. einer der Hauptlieferanten von Klima- und Kältetechnik für die deutschen Telekommunikationsanbieter und mit einem Gesamtumsatz von über 70 Millionen DM Marktführer in Deutschland. Derzeit sind 110 Mitarbeiter bei Liebert HIROSS Deutschland beschäftigt. Es bestehen Geschäftsstellen mit kompletter Infrastruktur, d.h. Vertrieb und Service, in Hamburg, Berlin, Leipzig, Mönchengladbach, Frankfurt, Stuttgart und München. Bundesweit wird der 24 Stunden Notdienst über 365 Tage im Jahr angeboten.

Heinze GmbH
Bremer Weg 184
D-29219 Celle
Tel.: 05141/500
Fax: 05141/50-104
Email: kundenservice@heinze.de
Internet: http://www.heinze.de

Die Heinze GmbH gehört zur Fachverlagsgruppe Bertelsmann-Springer. Seit 1961 wird bei Heinze erfolgreich daran gearbeitet, die Kommunikation zwischen allen am Bau Beteiligten zu verbessern. Heinze beschäftigt heute 300 Mitarbeiter in der Zentrale in Celle und in 5 Geschäftsstellen. Heinze erstellt Informationssysteme für den Baubereich auf CD-ROM, Online und Papier für Architekten, Fachplaner, Installationsbetriebe, Baustoff-Fachhändler, Kommunen und private Bauherren. Speziell auf die Anforderungen der Fachplaner im Bereich TGA zugeschnitten hat Heinze 1999 auf Initiative von Fachplanerbüros das HeinzeBauOffice® TGA Fachplaner entwickelt.

Das HeinzeBauOffice® macht einen durchgängigen Informationsfluss möglich, der den Anforderungen an die moderne Kommunikation im Planungsbüro gerecht wird. Damit steht das HeinzeBauOffice® für TGA-Fachplaner in jeder entscheidenden Planungsphase zur Verfügung.

Die Inhalte des HeinzeBauOffice® für TGA-Fachplaner sind:
– Produktinformationen: umfassende Marktübersicht über Produkte im Bereich Gebäudeausrüstung.
  Dazu gehören Angaben zu deren Herstellern.
– Baulexikon: Anschrift, Faxnummer, Internet- und E-Mail-Adresse von 6.500 Herstellern sind abgelegt.
– Ausschreibungstexte: neutral und VOB-gerecht. Integriert ist ein Textgenerator zum menügesteuerten Bilden von objektspezifischen Leistungsbeschreibungen.
– Schnittstellen: verbinden das HeinzeBauOffice® mit AVA- und Textprogrammen.
– Internet: alle Produktinformationen sind zusätzlich im Bau-Netz abgelegt.

Fachingenieure finden in diesem digitalen Archiv eine komplette Marktübersicht über alle Bereiche der technischen Gebäudeausrüstung, umfassende Produktbeschreibungen mit wichtigen planungsrelevanten technischen Informationen, zugehörige Produktabbildungen und Zeichnungen, die über die Anwendung informieren. Da die Produktinformationen vergleichbar aufgebaut und herstellergeprüft sind, kann der Fachplaner die Qualität und Einsatztauglichkeit bekannter und auch neuer Produkt gegenüberstellen. Durch die regelmäßige Aktualisierung liegen dem Nutzer nicht nur die Daten bewährter, sondern auch innovativer Produkte vor. Im Bertelsmann BauNetz® sind die umfassenden Produktinformationen in Text und Bild in tagesaktueller Form abgelegt unter http://www.BauNetz.de/fachplaner.

Neben den vergleichbar aufgebauten Produktinformationen sind in dieser Datenbank auch VOB-gerechte, neutrale Ausschreibungstexte mit Einheitspreisen und Kostengruppen integriert. Die Auswahl der Stammtexte erfolgt über Gewerk und Titel. Sie unterstützen die wirtschaftliche Ausschreibung. Auf Wunsch verknüpft sie das Programm mit passenden Produktinformationen. Ein Textgenerator unterstützt das Bilden eigener, neutraler und VOB-gerechter Leistungstexte. Die Stammtexte oder individuell erzeugte Leistungspositionen können mit freien Textergänzungen versehen werden.

Interferenz LICHT*systeme* GmbH
Lenenweg 27,
D-47918 Tönisvorst
Postfach 1264, 47908 Tönisvorst
Tel.: 02151/97989-0
Fax: 02151/97989-99
Email: info@interferenz.de
Intenet: http://www.interferenz.de

LICHT war schon seit alters Zeiten ein architektonisches Gestaltungselement.

Tageslicht und Kunstlicht für eine außergewöhnliche Lichtarchitektur zu nutzen, hat sich die Firma INTERFERENZ zur Aufgabe gemacht.

In teilweise enger Zusammenarbeit mit namhaften Architekten, Fachplanern und Ingenieurbüros entstand das „INTERFERENZ" Produktions- und Vertriebsprogramm im Laufe von 30 Jahren.

Die Produktpalette des Sonderleuchtenherstellers umfaßt neben Beleuchtungssystemen für die Allgemeinbeleuchtung auch Lichtsysteme für Repräsentationsräume, Eingangshallen, Hotels, Platzbeleuchtungen und Konzertsaalbeleuchtung. Hierbei bedient man sich u.a. eleganter Deckenfluter, Spiegelumlenkanlagen, moderner Lüster und einer ausgereiften Sekundär- und Downlight-Technik.

Die Gestaltung mit Tageslicht als eine regenerative Energiequelle erfolgt z.B. durch den Einsatz von Heliostaten.

Das dem Unternehmen eigene ansprechende Konstruktionsdesign, stimmiges Preis-/Leistungsverhältnis, Flexibilität und Termintreue sind die Gütesiegel des Hauses.

Die „INTERFERENZ" versteht sich als Ideenschmiede und Innovationsträger auf dem Beleuchtungssektor mit dem Ziel, Leuchten und Lichtsysteme mit der europaweit bekannten eingetragenen Marke „INTERFERENZ" noch stärker zu präsentieren.

**Johnson Controls
JCI Regelungstechnik GmbH**
Westendhof 8
D-45143 Essen
Tel.: 02 01 / 24 00-0
Fax: 02 01 / 24 00-351

**Johnson Controls
Integrated Facility Management
GmbH & Co. KG**
Huyssenallee 86-88
D-45128 Essen
Tel.: 02 01 / 247 48-0
Fax: 02 01 / 247 48-30

Gebäudebetrieb der Zukunft muß den Qualitätsansprüchen, die Menschen an ihr Umfeld stellen, gerecht werden. Als eines der weltweit führenden Unternehmen auf dem Gebiet der Meß-, Steuer- und Regeltechnik, der Gebäudeautomation sowie des Gebäudemanagements entwickelt Johnson Controls heute Lösungen für die Technologie der Zukunft, um Unternehmen beim Erzielen maximaler Gebäudeleistung zu unterstützen. Ausgehend von den speziellen Kundenbedürfnissen können wir daher umfassende Dienstleistungen und entsprechendes Know-how bei der Konzeption und Realisation regelungstechnischer Anlagen oder zur Bewirtschaftung von Gebäuden und Liegenschaften zur Verfügung stellen.

Bei den Lösungen für das Gebäude der Zukunft regeln, steuern und überwachen modernste Systeme alle technischen Funktionen im Gebäude. Mit der METASYS®-Systemfamilie hat Johnson Controls hier die optimale Plattform für Konzept und Ausführung von GLT-Systemen. Im Neubau werden gebäudetechnische Systeme zentral überwacht, geregelt und gesteuert – von A wie Aufzug bis Z wie Zugangskontrolle. METASYS® ist der Knotenpunkt für technische Vorgänge im Gebäude und durch Integrationsfähigkeit und Kompatibilität zu Fremdprodukten auch effizient bei der Gebäudesanierung einzusetzen.

Johnson Controls Technischer Gebäudeservice
Die Erfahrung im Komponenten- und Systembereich bildet die Grundlage für das breitgefächerte Service-Programm. Die Bandbreite technischer Dienstleistungen reicht von der Inspektion über die Wartung bis hin zur Instandsetzung. Abgerundet wird das Programm durch das Johnson Controls Prüfmanagement sowie das Fernüberwachungsprogramm Service168, ein 24-Stunden-Service besonders zur dezentralen Überwachung von Anlagen.

Johnson Controls Performance Contracting
Das Einsparungspotential an Energieaufwendungen in Gebäuden ist groß – man muß nur nach der entsprechenden Lösung suchen. Ziel ist die Reduktion des Energieeinsatzes im Betrieb aller technischen Anlagen in Gebäuden. Johnson Controls bietet daher Energiesparverträge mit Erfolgsgarantie, Performance Contracting, an. Johnson Controls Energieingenieure analysieren Gebäude oder Liegenschaften, bewerten das Einsparpotential und erarbeiten Energiesparverträge, in denen die Sparleistung vereinbart wird.

Johnson Controls Integrated Facility Management
Als einer der weltweit größten Anbieter von gebäudetechnischen Systemen und Services gehört Johnson Controls zu den qualifizierten Unternehmen, die Dienstleistungen rund um das Gebäude anbieten. Integrated Facility Management bedeutet für den Gebäudebetreiber optimierte Organisation bei größtmöglichem Serviceumfang für kosteneffizienteren Gebäudebetrieb. Alle Managementleistungen – vom technischen Gebäudemanagement über infrastrukturelle Dienstleistungen bis hin zu kaufmännischen Leistungen – kommen aus einer Hand.

KRANTZ-TKT GmbH
Am Stadion 18 – 24
D-51465 Bergisch Gladbach
Tel.: 022 02 / 125-0
Fax: 022 02 / 125-324
Email: info@krantz-tkt.de
Internet: www.krantz-tkt.de

Entwickeln – Planen – Bauen – Bewirtschaften

Bei Investoren, Nutzern und Betreibern setzt sich immer mehr die Erkenntnis durch, dass man die einzelnen Phasen im Lebenszyklus eines Gebäudes nicht isoliert betrachten kann. Der Trend geht dahin, das Gebäude im betriebswirtschaftlichen Sinne als ganzheitliches Produkt zu sehen. Das bedingt eine integrierte Planung von der Entwicklung bis hin zur Sanierung. Denn erst das Zusammenspiel von Architektur, Bautechnik und Technischer Gebäudeausrüstung ermöglicht eine optimale Kombination von Ästhetik, Funktionalität und Wirtschaftlichkeit. Vernetztes Denken und phasenübergreifendes Zusammenwirken aller am Bau Beteiligten sind die Voraussetzungen für einen fortlaufenden Optimierungsprozeß, der letztlich zu einer Minimierung der Investitions- und Betriebskosten führt. Als Unternehmensgruppe der Bau- und Immobilienbranche bietet KRANTZ-TKT ganzheitliche Lösungen. Gemeinsam mit Bauherren und Investoren erstellen wir mit modular aufgebauten Dienstleistungen individuelle Lösungsvorschläge und Konzepte. Beratung, Engineering und Service sind hierbei die Schwerpunkte.

Entwickeln: Wenn es um die Entwicklung und Umsetzung von Investitionsideen geht, die Immobilienvermarktung, der An- und Verkauf und die Vermietung gefragt sind, steht die Borsig Immobilienmanagement GmbH im nationalen und internationalen Immobiliengeschäft zur Verfügung.

Planen: Unsere Gebäudesimulationsrechnungen beschreiben rechnerisch das Zusammenwirken des Gebäudes mit seinen bauphysikalischen Eigenschaften und den Anlagen der technischen Gebäudeausrüstung. Unsere Forschung und Entwicklung gibt Investoren, Architekten und planenden Ingenieuren die Möglichkeit, mit uns gemeinsam Systeme zu testen und neue Lösungen zu entwickeln.

Bauen: Unsere CAD-Programme sind hervorragende Hilfsmittel, um integrierte Planung „zu leben", da alle im Planungs- und Ausführungsprozeß ermittelten gebäudetechnischen Daten zum Betreiben der Gebäude übernommen werden können.

Unsere Erfahrung in allen Gewerken der TGA ist die Basis für eine integrierte Ausführung der technischen Gebäudeausrüstung.

Bewirtschaften: Unser integriertes Gebäudemanagement umfaßt alle Leistungen, die der Betriebsführung, Instandhaltung sowie der Energie- und Systemoptimierung dienen.

Mit unserer Kompetenz in allen Bauphasen schaffen wir Freiräume, die Sie für Ihren Kernprozeß nutzen können. Wir übernehmen das Risiko und tragen die Gewähr für Funktionalität und Wirtschaftlichkeit Ihrer Baumaßnahmen. Unsere Projektmanager erfassen Ihre Produktionsprozesse und integrieren sie in die Projektabwicklung. Dabei gilt es, die definierten und vereinbarten Ziele bezüglich Bauzeit, Kosten und Qualität einzuhalten. Ihre Anforderungen bestimmen unseren Leistungsumfang.

OKALUX Kapillarglas GmbH
Am Jaspershecklein
D-97828 Marktheidenfeld-Altfeld
Tel.: 09391/900-0
Fax: 09391/900-100
Email info@okalux.de
Internet www.okalux.de

Die Idee, die Gebrauchseigenschaften synthetischer Fasern wie beispielsweise Atmungsaktivität oder Tragekomfort zu verbessern, stand bei der süddeutschen Spinnerei Heinrich Otto KG mit Produktionsstätten im In- und Ausland Anfang der sechziger Jahre Pate für die Entwicklung einer Hohlfaser.

Auf der Suche nach Anwendungsbereichen zog man die Hohlfaser zu Kunstrasen und stellte technische Mikrofilter zum Filtern von Plankton oder Wandbedeckungen her. Schließlich wurde ein Verfahren erarbeitet, das es erlaubte, die Hohlfasern zu einer Platte zu verarbeiten. Die Kapillaren standen senkrecht zur Oberfläche. Damit war eine ideale Anwendungsmöglichkeit gefunden: die lichtstreuende und isolierende Kapillarplatte.

Zunächst war vorgesehen, diese Kapillarplatte mit zwei klaren Kunststoffdeckschichten zu verbinden. In dieser Zeit fing die Verwendung von Zweifachisoliergläsern anstelle von Einfachgläsern an zuzunehmen. Daher war es naheliegend, die Kapillarplatte mit zwei Glasdeckschichten zu versehen. Damit war der Einstieg in die Glasbranche geschafft.

OKALUX war zunächst der der Heinrich Otto KG zugehörigen Fils-Textil GmbH als Abteilung Otto-Kapillar angliedert. Der Produktname OKALUX, der 1971 mit der Verselbstständigung auch zum Firmennamen wurde, setzt sich aus Anfangsbuchstaben des Abteilungsnamens und der lateinischen Bezeichnung für Licht zusammen.

Ständig erweitert wurde mit der Zeit die Produktpalette. Der überwiegende Teil der von OKALUX hergestellten Produkte sind Spezialisoliergläser für Sonderanforderungen, insbesondere in den Bereichen Lichtstreuung, Lichtlenkung und Transparente Wärmedämmung.
Diese Sonderstellung unter den Isolierglasherstellern hat zu einer frühzeitigen Exportaktivität und zum Vorhandensein bemerkenswerter Referenzobjekte auch im europäischen Ausland und in Übersee geführt. Schon sehr bald wurde eine hauseigene Abteilung für Entwicklung und Anwendungstechnik eingerichtet, die sich, unterstützt von umfangreichen Prüfeinrichtungen, stets mit der Verbesserung und Weiterentwicklung von Sonderlösungen und neuen Produkten befaßt. Auch besteht ein enger Kontakt zu Forschungseinrichtungen und im konstruktiven Glasbau tätigen Ingenieurbüros. Schließlich bietet OKALUX interessierten Architekten und Planern die Möglichkeit, über überschlägige Klima- und Kühllastberechnungen sowie Glasdimensionierungen zu einem optimalen Einsatz der Produkte zu gelangen. Innovationsfreudigkeit auch bei kundenspezifischen Lösungen sowie Flexibilität und Schnelligkeit in der Realisierung runden die Leistungspalette ab.

Mit Beharrlichkeit und Konsequenz bemüht sich OKALUX um die Lösung auftretender Probleme, um die verarbeitenden Firmen, die Planer und schlußendlich den Bauherrn oder Nutzer voll zufriedenzustellen. Gleichermaßen dient diese Vorgehensweise der Verbesserung und Weiterentwicklung vorhandener Technologien.

Einen hohen Stellenwert genießt seit jeher die Qualitätssicherung. Bedingt durch den rasanten Fortschritt in der Glasindustrie – erinnert sei nur an weiche Sonnen- und Wärmeschutzschichten, mit PVB-Folie laminierte Gläser und punktgelagerte Isoliergläser – haben sich die Qualitätsanfoderungen im Laufe der Jahre grundlegend geändert. OKALUX bemüht sich ständig, die interne und externe Qualitätsüberwachung der Entwicklung anzupassen. Objektbezogene Programme zur Qualitätsüberwachung sind üblich.

Aufgrund der heute häufig vorkommenden Aneinanderreihung von Bearbeitungsprozessen gewinnt die Organisation und Koordinierung von Herstellungsabläufen und Transportwegen immer größere Bedeutung, um eine gute Produktqualität zu garantieren und unnötig lange Lieferzeiten zu unterbinden.

Das Produktprogramm von OKALUX umfaßt alle erhältlichen Glasarten in jedweder Bearbeitung. OKALUX stellt selbst keine vorgespannten, laminierten oder etwa bedruckten Gläser her. Dafür arbeitet OKALUX mit unterschiedlichen Vorlieferanten zusammen, zu denen gute Beziehungen bestehen und deren unterschiedliche Stärken bei OKALUX bekannt sind.

oventrop

F. W. Oventrop GmbH & Co. KG
Paul-Oventrop-Str. 1
D-59939 Olsberg
Tel.: 02962/82-0
Fax: 02962/82400
Email: mail@oventrop.de
Internet: http:www.oventrop.de

Die F. W. Oventrop GmbH & Co. KG, Olsberg, ist einer der führenden Hersteller von Armaturen, Reglern und Systemen für die Haustechnik (Heizung, Klima, Öl, Gas und Wasser). Oventrop versteht sich als kompetenter Partner von Großhandel, Installateuren, Planern und der Industrie. Ziel ist es, den Partnern langfristig hohen Nutzen zu bieten.

Innovation und Qualität
Aufgabe eines innovativen Unternehmens ist es, die Anforderungen der Zukunft zu erkennen. Die Erkenntnisse werden umgesetzt in neue und verbesserte Produkte und Dienstleistungen. Vorhandene Märkte werden entwickelt und neue erschlossen.
Das Denken hat sich gewandelt: Weg von Insellösungen – hin zur übergreifenden Gesamtbetrachtung. Oventrop bietet Systeme, in denen die Einzelteile sinnvoll vernetzt und aufeinander abgestimmt sind. Die Qualität steht bei Oventrop im Vordergrund. Selbstverständlich ist das Qualitätsmanagement nach DIN-EN-ISO 9001 zertifiziert.

Design
Gutes Design der Produkte hat für Oventrop eine hohe Bedeutung. Die Frage nach einem ansprechenden Design ist nicht nur unter ästhetischen Gesichtspunkten zu stellen. Vielmehr zeichnet sich gutes Design heute auch durch einen hohen praktischen und sozialen Gebrauchswert aus. Z.B. sind dabei Handhabung und Umweltfreundlichkeit wichtige Kriterien. Stellvertretend für gut gestaltete Armaturen seien hier die exklusiven Heizkörperarmaturen „Baureihe E" von Oventrop genannt. Sie erhielten mehrere nationale und internationale Auszeichnungen.

Service, Dienstleistungen, Aktualität
„Stimmt der Service?" ist eine Schlüsselfrage. Bei der Planung, Berechnung, Ausführung und Einregulierung unterstützt Oventrop seine Partner im Markt.
In CD's, Handbüchern, Datenblättern, Produktübersichten, Fachbüchern, Fachartikeln, Videos usw., werden nicht nur Oventrop Produkte, sondern auch das gesamt Umfeld in Planung und Ausführung behandelt. Oventrop stellt Software für die Bereiche Heizung und Sanitär zur Verfügung. Intensive Schulungen, Einweisungen und Seminare werden in Olsberg und „vor Ort" durchgeführt. Durch diese Weiterbildungsmöglichkeiten haben die Marktpartner stets neue Erkenntnisse aus Forschung und Entwicklung der Branche. Die Oventrop Homepage im Internet informiert jederzeit über Aktuelles und Neuheiten bei Oventrop. Unter der Oventrop Hotline stehen qualifizierte Mitarbeiter für Fragen zur Verfügung.

Gewährleistung und Zertifizierung
Oventrop hat seit Anfang 1998 mit dem ZVSHK eine Haftungsübernahmevereinbarung und mit dem BHKS eine Gewährleistungsvereinbarung abgeschlossen. Somit unterstützt das Unternehmen den Handwerker im Bereich der werksvertraglichen Vereinbarung.

REHAU

REHAU AG + Co
Verwaltung Erlangen
Ytterbium 4
D-91058 Erlangen/Eltersdorf
Tel.: 09131/9250
Fax: 09131/771430
Email: Erlangen.VK.GT@REHAU.com
Internet: www.REHAU.com

REHAU, 1948 in Rehau/Oberfranken gegründet, verarbeitet polymere Werkstoffe zu hochwertigen technischen Teilen und Systemen. 50 Jahre nach der Gründung im bayerischen Rehau beliefert REHAU mit insgesamt mehr als 40.000 verschiedenen Produkten und Systemen nahezu alle Wirtschaftsbereiche, so die Autoindustrie, die Medizintechnik, die Bauwirtschaft, die Möbelindustrie, aber auch den Flugzeugbau und die Raumfahrttechnik.

Im Bereich der Gebäudetechnik ist REHAU seit Jahrzehnten ein zuverlässiger Partner. Die Original-Schiebehülse – eine unlösbare Verbindungstechnik, die ohne Schweißen und Löten auskommt – hat sich bei Bauvorhaben in aller Welt bereits millionenfach bewährt. Mit RAUTITAN stabil, dem universellen Metall-Kunststoff-Verbundrohr, können sowohl Trinkwasserleitungen installiert, Heizkörperanschlüsse montiert und auch Rohrfußbodenheizungen verlegt werden. Das Verbundrohr ist mit einem Alumantel und einem selbsttragenden Inliner ausgestattet und besitzt eine hohe Biege- und Formsteifigkeit. Auch das hochdruckvernetzte Universalrohr RAUTITAN flex aus PE-Xa kann sowohl im Heizungs- als im Sanitärbereich eingesetzt werden. REHAU-Heizkörper-Anschluss-Systeme – kurz HAS genannt – bewähren sich ebenfalls seit Jahren in Alt- und Neubauten und sorgen für ein Maximum an Sicherheit.

Im Bereich der Fußbodenheizung weist die neue Noppenplatte vario eine optimale Gruppenanordnung der Noppen auf, die für Standardverlegungen, aber auch für „geometrische Herausforderungen" geeignet ist, auf. Den aktuellen Anforderungen des Marktes gerecht wird eine auch weitere Innovation aus dem Hause REHAU: das RAUTHERM S-Rohr in der Abmessung 14 x 1,5 mm. Dies berücksichtigt den sinkenden Wärmebedarf, der sich aus der Nove-lierung der Wärmeschutzverordnung ergibt.

Auch bei Rasenheizungssystemen stellt REHAU sein Knowhow eindrucksvoll unter Beweis. In zahlreichen Erstliga-Stadien sorgt mittlerweile eine REHAU-Rasenheizung für ein ganzjährig bespielbares Feld.

Abwassergeräusche der Hausabflussleitungen gehören zu den unangenehmen Schallquellen im Haus. Diese Belästigungen jedoch gehören dank RAUPIANO der Vergangenheit an. Ein spezieller Werkstoff in Verbindung mit einer körperschallgedämmten Stützbefestigung verleiht dem ganz in Weiß gehaltenen Hausabfluss-System hervorragende Schalldämmeigenschaften, die auch die schärfsten Anforderungen der VDI-Richtlinie 4100 erfüllen. RAUPIANO ist kompatibel zu allen herkömmlichen HT- und KG-Programmen.

Mit dem zentralen Staubsaugersystem RAUVACLEAN hat REHAU eine wichtige Hilfe im Kampf gegen Asthma-Erkrankungen und Hausstauballergien geschaffen.

Die von REHAU angebotene Software für die Haus- und Gebäudetechnik gilt als durchdachte Arbeitshilfe, die grundsätzliche Produktinformationen, Planungs- und Berechnungsgrundlagen, Preise, Montagetips und vieles mehr umfasst. Auch mit regelmäßigen Produktschulungen unterstützt REHAU seine Partner.

Schindler Aufzüge GmbH
Ringstr. 46 – 66
D-12105 Berlin
Tel.: 030/70 29-0
Fax: 030/70 29-25 47
Email: marketing@de.schindler.com
Internet: www.schindler.de

Schneider Electric GmbH
Gothaer Straße 29
D-40880 Ratingen
Tel.: 02102/404-0
Fax: 02102/404-92 56
Email:
Internet: www.schneiderelectric.de

Schindler: Ein Stück optimierter Gebäudetechnik

Ständige Innovationen und die Fortentwicklung guter Ideen, damit beschäftigen sich die Ingenieure bei Deutschlands größtem Aufzugshersteller Schindler. Jüngstes Beispiel für ihren Erfolg ist die Aufzugsreihe Schindler Smart MRL©. Der Lift wurde speziell für Gebäude konzipiert, in denen keine hohen Förderkapazitäten benötigt werden. Die Modellreihe verbindet ein Höchstmaß an Wirtschaftlichkeit und Sicherheit mit einem jugendlichen Design und einem hohen Fahrkomfort. Der Kunde spart den Bau des Maschinenraums und kann die Gebäudefläche anderweitig nutzen. Die gesamte Antriebsmaschine wurde in den Aufzugsschacht integriert.

Mit revolutionären Aufzugskonzepten und einem maßgeschneiderten Serviceangebot steigert Schindler seit mehr als 125 Jahren für Bauherren, Architekten und Gebäudemanager die Wirtschaftlichkeit des Immobilienbetriebs. Ein kleines Beispiel dafür ist das Internetangebot des Unternehmens. Planer können im Web zum Beispiel Skizzen oder Bauvorarbeitenpläne der Reihe Schindler Smart MRL© abrufen. Die Adresse: www.Schindler.de

Es liegt auch an der langen Erfahrung und der internationalen Vernetzung des Unternehmens, dass es sowohl technologisch als auch bei den Dienstleistungen rund um Aufzug und Fahrtreppe die Benchmarks setzt. Der 1874 gegründete Schweizer Schindler-Konzern zählt heute zu den weltweit führenden Anbietern von Produkten und Dienstleistungen rund um Aufzüge und Fahrtreppen. Über 500 Millionen Menschen werden täglich mit Schindler-Anlagen befördert. Das Unternehmen mit einem Jahresumsatz von rund acht Milliarden Mark ist in über 100 Ländern aktiv.

1906 wurde die erste Auslandstochter in Berlin unter dem Namen Schindler & Co gegründet. Dem Standort blieb das Unternehmen auch in den schweren Zeiten des Wiederaufbaus nach dem Zweiten Weltkrieg und natürlich auch nach der deutschen Vereinigung 1990 treu. Im Verlauf der Jahrzehnte hat sich Schindler in Deutschland eine marktführende Position erarbeitet. Natürlich ist Schindler bundesweit vertreten und setzt mit seinen Produkten Zeichen, ob am Potsdamer Platz in Berlin, bei der Neuen Messe München oder im Frankfurter Messeturm. Eine Holding mit Sitz in der Hauptstadt koordiniert die Arbeit von sechs regionalen Einheiten, die die Kunden vor Ort betreuen. Es sind die Regionen Berlin-Brandenburg, Hamburg, München, Neuss, Chemnitz und Frankfurt, die eine Vielzahl lokaler Verkaufs- und Montagebüros unterhalten. Ergänzt wird das Schindler-Angebot durch die Produkte und Dienstleistungen einer Reihe von Beteiligungsgesellschaften.

Mit rund 66.000 Mitarbeitern in über 130 Ländern gehört Schneider Electric zu den weltweit führenden Anbietern von Elektro- und Automatisierungstechnik. Als Multispezialist schafft das Unternehmen innovative Lösungen zur Verteilung elektrischer Energie, zur Maschinen- und Industrieausrüstung sowie zur Automatisierung.

Die vier Weltmarken Merlin Gerin, Modicon, Square D und Telemecanique stehen für ein umfassendes Angebot, Innovation und Qualität auf höchstem Niveau.

Mit innovativen Lösungen und zukunftsorientierten Systemen leistet Schneider Electric einen wichtigen Beitrag zur Energieversorgung in Gebäuden. Hier geht es darum, Bauherren und Betreibern zu helfen, einen wirtschaftlichen Vorsprung zu erlangen und auszubauen, dabei höchsten Sicherheitsanforderungen zu genügen und für die Gebäudenutzer ein deutliches Plus zu gewinnen.

Mit einem modularen System für die Elektroinstallation in Gebäuden antwortet Schneider Electric auf die Kernbedürfnisse Sicherheit, Flexibilität und einfache Installation.

Mittelspannungsschaltanlagen mit SF6-Gas als Löschmedium in den Schaltgeräten sowie das Niederspannungs-Schienenverteilersystem Canalis mit minimierter Brandlast leisten einen wesentlichen Beitrag zur Personen- und Anlagensicherheit.

Weitere Aktivitäten in der Gebäudetechnik:
– Niederspannungsenergieverteilung
– Installationtechnik
– Mittelspannungs-Energieverteilung
– Netzberechnungssoftware Ecodial 3.15
– Planungshilfen Gebäudetechnik

Weitere Informationen unter: www.schneiderelectric.de

Stulz GmbH
Klimatechnik
Holsteiner Chaussee 283
D-22457 Hamburg
Tel.: 040/55 85-0
Fax: 040/55 85-352
Email: info@stulz.de
Internet: www.stulz.de

In der Klimatechnik sind Funktionalität, Wirtschaftlichkeit und Umweltverträglichkeit Kriterien, auf die Planer, Architekten und Bauherren Wert legen.

Das Unternehmen STULZ kann diese Ansprüche mit seinem auf die Raumlufttechnik spezialisierten Leistungsspektrum erfüllen. Der Name STULZ steht für eine geschlossene handwerkliche Leistung, erfahrenes Projektmanagement, Qualitäts-, Termin- und Kostensicherung sowie Instandhaltung, Betrieb und Fernüberwachung von gebäudetechnischen Anlagen.

Als Hersteller von Präzisionsklimageräten „Made in Germany" ist STULZ heute die Nummer Zwei auf dem Weltmarkt. In Sachen Innovation und Qualität beansprucht das Unternehmen die Führerschaft. Kundenspezifische Anforderungen werden besonders in den Bereichen Telekommunikation, Internet, EDV und Medizintechnik schnell und individuell erfüllt.

Die Service-Leistungen werden flexibel und schnell über ein dichtes, weltweites Netz angeboten und haben einen wichtigen Anteil am Erfolg von STULZ.

600 Mitarbeiter der zehn Niederlassungen in Deutschland sowie Tochtergesellschaften in England, Frankreich, Italien, Niederlande und den USA sowie weitere Partnerfirmen in 55 Ländern sichern den STULZ-Leistungsstandard.

tecnolight® **tecnolight Leuchten GmbH**
Am Schindellehm 15
D-59755 Arnsberg
Tel.: 029 32/97 84-0
Fax: 029 32/97 84-48
Email: info@tecnolight.de
Internet: www.tecnolight.de

tecnolight: Daten und Fakten

Firmengründung: 1981,
Geschäftsführer: Gerd Nieder,
Mitarbeiter: 45,
Besonderheiten: eigene Reflektorherstellung, Projektleuchten, Multifunktions-Leuchten / Klimaleuchten
aktuelle Referenzen:
Neue Messe, Leipzig, Commerzbank-Zentrale, Frankfurt/Main, Franz-Josef-Strauß-Flughafen, München, CGI, Frankfurt, Banque Générale du Luxembourg, Luxembourg, Neue Messe, München

tecnolight: Das Wesentliche – Licht folgt Architektur.

Das dynamische Leuchtenunternehmen aus Arnsberg ist seit 1981 mit Erfolg im deutschsprachigen europäischen Raum tätig. Das Leistungsspektrum der Firma bietet eine große Produkt-Bandbreite für unterschiedlichste Einsatzgebiete wie zum Beispiel induviduelle Projektleuchten oder Einbauleuchten mit extrem geringer Einbautiefe.

Mit kombinierter Licht- und Klimatechnik entwickelt tecnolight in Kooperation mit Hochschulen Lösungen konzeptioneller Gebäudetechnik. Multifunktionsleuchten (Licht – Luft – Schall) verbinden Ästhetik und höchste Funktionalität im Einklang mit der Architektur und schaffen Räume, in denen Menschen sich wohlfühlen.

In enger Zusammenarbeit mit Architekten und Planern – entstehen Beleuchtungssysteme, die individuelle, charakteristische Aspekte ausstrahlen und gleichzeitig – ohne sich in den Vordergrund zu drängen – die Raumgestaltung ins rechte Licht setzen. Diese speziell entwickelten Leuchten – die Projektleuchten – sind eine der Besonderheiten tecnolights, die die Zusammenarbeit für Planer und Architekten mit diesem Unternehmen besonders attraktiv gestalten.

Höchste Ansprüche an Licht und Gebäudetechnik, an Energieeinsparung und Zuverlässigkeit sieht das Arnsberger Unternehmen als Selbstverständlichkeit an. Die Konstruktionen sind ausgereift und bis zur problemlosen Montage vor Ort durchdacht.

tecnolight: Das Standard-Programm

– Projektleuchten (Deckenleuchten, Wandleuchten, LichtKunst)
– Hinweisleuchten (Deckenleuchten, Stufeneinbauleuchten)
– Leuchten für Kompakt-Leuchtstofflampen (Klimaleuchten, Leuchten für minimale Einbautiefe, Beton-Einbaugehäuse, Ein- und Aufbau Downlights, Wandfluter, Wandleuchten, Hinweisleuchten)
– Leuchten für Natrium-Hochdrucklampen (Downlights, Wandfluter)
– Leuchten für Halogenlampen und Trafos (Ein- und Aufbau Downlights, Lichtpunkte, Dekoleuchten, Transformatoren)
– Leuchten für Allgebrauchslampen (Downlights, Lichtpunkte Dekoleuchten)
– Umlenk-Technik

D.F. Liedelt "VELTA" GmbH
Hans-Böckler-Ring 41
D-22851 Norderstedt
Tel.: 040 / 5 29 02-0
Fax: 040 / 5 29 02-599
Email: service @velta.de
Internet: http://www.velta.de

velta bietet erstklassiges Material und hervorragenden Service zur Schaffung eines angenehmen und gesunden Lebensumfeldes in Gebäuden. Die Schlüsseltechnologien dazu sind Wasser- und Temperaturverteilungssysteme im Bereich Haustechnik. Der Erfolg beweist die Richtigkeit des Konzepts: velta ist Europas Nr. 1 in Flächenheizungen.

Schon 1977 hatte velta eine weitreichende strategische Grundsatzentscheidung getroffen. Mit den hochdruckvernetzten und sauerstoffdichten PE-Xa-Rohren nach Verfahren Engel war velta Pionier einer neuen Technologie, die inzwischen millionenfach bewährt und immer noch unübertroffen ist.

Und der technische Fortschritt geht weiter. Schon heute ist es möglich, die velta Fußbodenheizung nicht nur mit der Funk-Raumtemperaturregelung velta genius bequem zu regeln, sondern sie überdies mit velta vivaldi zum Flächenheizungs- und -kühlungssystem auszubauen. Und velta contec setzt die Speicherfähigkeit der Betondecken zum Kühlen bzw. Heizen ein – eine extrem kostengünstige und umweltfreundliche Methode.

Die unabhängige Zertifizierungsstelle beim Zentralverband Sanitär Heizung Klima bescheinigt velta dabei besondere Leistungen: praxiserprobte, wegweisende Systemqualität und Rohrkompatibilität und ein umfassendes Dienstleistungssystem für das SHK-Handwerk. Selbstverständlich ist velta auch zertifiziert nach DIN EN ISO 9001.

Als erster Fußbodenheizungs-Anbieter schloß velta mit dem Zentralverband Sanitär Heizung Klima eine Haftungsübernahme-Erklärung ab. Und jeder Bauherr hat nach Fertigstellung der Anlage Anspruch auf die velta Haftungserklärung.

Mit dem velta Kongreß wurde 1979 ein internationales Informations- und Diskussionsforum zum Thema Heizen und Kühlen von Gebäuden geschaffen. Inzwischen ließen sich mehr als 5.000 Teilnehmer von 110 Wissenschaftlern und Experten über den jeweils aktuellen Stand der Technik und die daraus resultierenden Problemlösungen informieren. Die lebendige Mischung aus Praxis und Wissenschaft, Realität und Vision, These und Antithese wie auch die besondere, offene Kommunikationsform haben den Erfolg des jährlich stattfindenden velta Kongresses nachhaltig bestimmt.

Architekten, Ingenieurbüros und dem Fach-Handwerk steht velta mit seinen Servicebüros in 26 Städten direkt vor Ort mit Rat und Tat zur Seite. Die qualifizierte Beratung und die leistungsstarke CAD-Planung sowie die komfortable Kalkulations-Software velta ct-office und das Schnellkalkulationsprogramm velta quicky sind effiziente Hilfsmittel bei der täglichen Arbeit. Darüber hinaus stellt velta allen Interessenten im Internet eine außergewöhnlich große Informationsbreite und -tiefe zur Verfügung.

Bei den Geschäftsbeziehungen achtet velta auf faire Partnerschaft – eine Maxime, die als zentraler Punkt der Unternehmensphilosophie im 3-stufigen Vertriebsweg ausdrücklich in den Leitlinien verankert ist.

Wieland-Werke AG
D-89070 Ulm
Tel.: 07 31 / 944-0
Fax: 07 31 / 944-27 72
Email: info@wieland.de
Internet: http://www.wieland.de

Wieland-Werke AG:
Halbfabrikate aus Kupferwerkstoffen

Von der Glockengießerei zum modernen Industriebetrieb:

Die Wieland-Werke AG sind einer der weltweit größten Hersteller von Halbfabrikaten aus Kupferwerkstoffen. Das Unternehmen mit Hauptsitz im süddeutschen Ulm blickt auf eine lange Geschichte zurück: 1820 übernahm Philipp Jakob Wieland die Glockengießerei seines Onkels. Bereits 1828 begann die Produktion von Messing-Walzmaterial, das bis heute bei Wieland eine wichtige Rolle spielt. Im Laufe der Jahre hat sich das Unternehmen zu einem modernen Industriebetrieb entwickelt. Längst ist der Name Wieland als Synonym für Qualitätprodukte weit über Deutschland hinaus bekannt. Mit elf produzierenden Gesellschaften, drei Handelsgesellschaften und elf Vertriebsgesellschaften ist die Wieland-Gruppe weltweit präsent und hält eine Spitzenposition auf dem internationalen Markt.

10 Jahre zertifiziertes Qualitätsmanagement:

Als einer der Pioniere des modernen Qualitätsmanagements wurde Wieland bereits 1987 nach DIN ISO 9002 zertifiziert und verpflichtet sich seither dem kontinuierlichen Verbesserungsprozeß. Auch die Tochterwerke, Verkaufsbüros mit Werklager und Wieland-Handelsgesellschaften sind zertifiziert.

Über 100 Werkstoffe bieten fast unbegrenzte Anwendungsmöglichkeiten

Über 5000 Mitarbeiter erwirtschafteten 1998 / 1999 einen Umsatz von etwa 2200 Millionen Mark. Dies entspricht einem Absatz von annähernd 400.000 Tonnen. 57 Prozent der Produktion wird exportiert. Über 100 verschiedene Werkstoffe sind lieferbar.

Das Produktprogramm umfaßt: Walzprodukte, Kupferrohre für die Haustechnik und die Industrie, Rippenrohre und Wärmeaustauscher, Stangen, Drähte, Profile, Legierungsrohre und Gleitelemente wie gedrehte und gerollte Buchsen.

Die Halbfabrikate entsprechen international gültigen Normen und besonderen Wünschen der Kunden.

Prüfen – forschen – entwickeln:

Im Wieland-Zentrallabor für Forschung und Entwicklung arbeiten 100 Mitarbeiter. Sie entwickeln neue Werkstoffe und Fertigungsverfahren, um auch in Zukunft den wachsenden Herausforderungen, des Marktes gerecht zu werden.

Das Wieland-Zentrallabor verfügt über ein herausragendes Spektrum an Prüf- und Forschungseinrichtungen, die nach DIN EN 45001 akkreditiert sind. Damit kann das Labor als unabhängige Prüfeinrichtung von Kunden zurate gezogen werden. Erfahrene Mitarbeiter lösen Werkstoffprobleme und helfen bei der Auswahl des jeweils am besten geeigneten Werkstoffs.

WILA Leuchten GmbH
Vödeweg 9 – 11
D-58638 Iserlohn
Tel.: 02371/823-0
Fax: 02371/823-200
Email: wila@wila.com
Internet: www.wila.com

Unternehmensporträt der WILA Leuchten GmbH

Die WILA Leuchten GmbH ist Marktführer für Kompaktleuchten und spezialisiert auf die Herstellung hochwertiger Optikleuchten, Downlights und Radialrasterleuchten für den gehobenen Büro- und Verwaltungsbau. Mit technisch ausgereiften und innovativen Produkten ist der Name WILA der Inbegriff moderner, wirtschaftlicher und kompakter Qualitätsbeleuchtung.

Zur Hannover Messe 1997 präsentierte das Unternehmen eine neues Dachmarkenkonzept. Unter dem Nahmen WILA Lichttechnologie bietet die Gesellschaft drei Geschäfsbereiche, die sich sinnvoll ergänzen: Den Geschäftsbereich Compact für Kompaktleuchten, Office für Bürobeleuchtungssysteme und E Control für Lichtmanagementsysteme. Mit den Produkten der drei Geschäftsbereiche kann der Lichtplaner die vollständige Beleuchtungsanlage und Steuerung in Zusammenarbeit mit der WILA Lichttechnologie erstellen.

Gegründet wurde das Unternehmen 1857 in Iserlohn, mit der Produktion von Leuchten begann man 1932. Nach dem Konkurs der Vorgängerfirma übernahm Helmuth K. Unter 1984 die Firma und benannte sie in WILA Leuchten GmbH um. Mit 70 Mitarbeitern begann man nun eine neue Unternehmensphilosophie zu entwickeln. Kern dieser Überlegungen war es, eine Produktpalette für technische Leuchten zu entwickeln, die sowohl die Bedürfnisse des Marktes befriedigt als auch für den Kunden verständlich und übersichtlich ist. Durch analytische Marktbeobachtung und intensiven Kontakt zu den Kunden reiften diese Überlegungen in den Jahren zu einer klar strukturierten Produktpalette, die in der Branche als vorbildlich gilt. Erste Früchte der langfristig orientierten Produktpolitik zeigten sich zu Beginn der 90er Jahre, als die Unternehmen der Leuchtenbranche nahezu geschlossen Umsatzeinbrüche bis zu 70 % hinnehmen mußten. In dieser Zeit gelang es dem Unternehmen WILA, seine Umsatzzahlen weiter zu steigern und weltweit zu expandieren.

Um die Zusammenarbeit mit ausländischen Handelspartnern zu festigen, begann man 1993 mit dem Aufbau von Tochtergesellschaften in der Schweiz, England und den USA. Nach nur vier Jahren haben sich alle Tochtergesellschaften in den nationalen Märkten etablieren können. Bislang erwies sich dabei die Kombination von drei Faktoren als erfolgreich:

– die Übernahme der bewährten Produkte des deutschen Mutterunternehmens,
– die teilweise selbständige Entwicklung und Produktion von Leuchten, um auf die Kundenwünsche des nationalen Marktes flexibel zu reagieren,
– die Einbeziehung in die Produktion, um Kapazitätsauslastungen variabel zu verteilen.

Auf der Produktseite wurde 1996 ein zukunftsweisendes Konzept vorgestellt:

die E Connect Leuchten. Mit integrierten elektronischen Vorschaltgeräten und modernen Kompaktlampen für maximale Wirtschaftlichkeit und einem revolutionären Leuchtendesign mit lichtdichter Konstruktion und montagfreundlichem Connector gelang es WILA, eines der innovativsten Branchenprodukte der letzten Jahre zu präsentieren. Ausgezeichnet wurde die Produktfamilie E Connect mit dem iF-Siegel des Industrieforums Hannover, dem niederländischen Designpreis „Erkenning Goed Industrieel Ontwerp", dem Preis für „Hohe Designqualität" des Design Zentrums Nordrhein-Westfalen und dem Umweltpreis „Blauer Engel" für das E-Modul.

Im Zuge der Entwicklung der neuen E Connect Leucht erwies sich ein Unternehmensmodul als überaus effizient, daß der Mittelstand lange Zeit vernachlässigt hatte: die evolutionäre Kooperation. Mittlerweile arbeitet WILA mit zahlreiche hochspezialisierten Partnern zusammen, die auf ihrem Gebiet zumeist marktführende Bedeutung haben. Dazu gehören u.a. die Designprofis von n/p/k, die Elektronikspezialisten von Insta, die Komponentenentwickler von BJB oder die Schalterhersteller Gira, Berker und Jung. Das Model der evolutionären Kooperation zeigt, daß Synergieerfolge bei modernen Design, zukunftsweisender Konstruktion und innovativen Produktideen dem Mittelstand neue und konkurrenzfähige Wege im weltweiten Wettbewerb weist.

YORK INTERNATIONAL GMBH
Gottlieb-Daimler-Str. 6
D-68165 Mannheim
Tel.: 06 21 / 468-0
Fax: 06 21 / 468-654
Email: york@york.com
Internet: www.york.com

YORK INTERNATIONAL ist weltweit der größte, unabhängige Hersteller von Klimaanlagen und industriellen Kältesystemen. Technologisch vorn und im Dienst am Kunden führend zu sein, ist Leitlinie des Unternehmens. Dabei stützt es sich auf einen reichen Erfahrungsschatz, auf ein Know-how im gesamten Spektrum der Klima- und Kälteindustrie. Der Blick für die Umwelt geht dabei nicht verloren. Alle technischen Anlagen sind auf niedrigen Energieverbrauch ausgelegt und minimieren neben den Betriebskosten auch die Umweltbelastungen. Diesen wichtigen Forderungen unserer Zeit begegnet YORK INTERNATIONAL mit neuen Konzepten, um die Qualität in den Bereichen Kaltwassersysteme, Klimakälte und Service ständig zu verbessern. YORK INTERNATIONAL wurde als erstes Unternehmen der Branchen zum zweiten Mal nach DIN-ISO 9001 zertifiziert.

Geschäftsführer: Erwin Gattung
Gründungsjahr: 1970
Beschäftigte: 700
Gesellschafter: YORK INTERNATIONAL Corp. / USA 100 %

Verkaufsbüros:
Berlin: Paradiesstraße 210, 12526 Berlin
Essen: Hafenstraße 100, 45356 Essen
Frankfurt: Wächtersbacher Straße 83, 60386 Frankfurt / Main
Hamburg: Humboldtstraße 25a, 21509 Glinde
Hannover: Alter Flughafen, 30179 Hannover
Köln: Widdersdorfer Straße 215, 50825 Köln
München: Geisenhausener Straße 6, 81379 München
Nürnberg: Edisonstraße 60, 90431 Nürnberg
Stuttgart: Fabrikstraße 17, 70794 Filderstadt

Lieferumfang:
Das Lieferprogramm von YORK INTERNATIONAL umfaßt die Bereiche Kaltwassersysteme, Klimakälte, Industriekälte und Service. YORK sorgt für Planung, Projektierung, Fertigung, Vertrieb, Montage und Wartung von Anlagen und Geräten der Kälte- und Klimatechnik.
1. Kaltwassersysteme
– Luft- und wassegekühlte Flüssigkeitskühler mit Schraubenverdichtern, Kolbenverdichtern und Turboverdichtern
– Absorptionsflüssigkeitskühler ein- und zweistufig
– Kraft-Wärme-Kopplung / Enegiesysteme
2. Klimakälte:
– Raumklimageräte für den gewerblichen u. privaten Bereich
– Dachklimazentralen
3. Industriekälte:
– Kälteanlagen für die Prozeßkälte
– Umweltsimulationsanlagen
– Kälteanlagen für die Lebensmittelproduktion
4. Service:
– Montage, Inbetriebnahme, Wartung, Inspektion, Instandsetzung
– Sörungsdienst über 24 Std., Ersatzteilversorgung, Retrofit-Maßnahmen, Fernüberwachung, Ferndiagnose, Betriebsführung

Zumtobel Staff Deutschland
Grevenmarschstr. 74 – 78
D-37657 Lemgo
Tel.: 052 61 / 212-0
Fax: 052 61 / 212-234
Head office:
Zumtobel Staff GmbH
Schweizer Strasse 30
A-6851 Dornbirn
Tel.: 055 72 / 390-0
Fax: 055 72 / 228 26
Email: Info@zumtobelstaff.co.at
Internet: Http://www.zumtobelstaff.co.at

Zumtobel Staff
Der Spezialist für professionelle Gebäudebeleuchtung

Die Zumtobel Staff GmbH zählt mit 2.650 Mitarbeitern und einem Umsatz von 372,5 Mio. EUR (Geschäftsjahr 1998 / 99) europaweit zu den führenden Herstellern professioneller Gebäudebeleuchtung. Besonderes Profil erhält das Unternehmen durch die Perspektive, ganzheitliche Lichtlösungen für alle Anwendungsbereiche unter Einbezug von kompetenter Lichtplanung, innovativer Lichttechnik und intelligentem Lichtmanagement bieten zu können. Mit dieser Strategie ist Zumtobel Staff heute als gefragter Partner von Architekten, Licht- und Elektroplanern mit Tochterfirmen, Produktionsstätten und Vetretungen in mehr als 60 Ländern tätig. Internationale Referenzobjekte dokumentieren die Leistungsfähigkeit, wie z.B. Waterloo International in London, das Kunsthaus in Bregenz, der Kaohsiung Airport oder das Guggenheim-Museum in New York.

Das Angebot von Zumtobel Staff reicht von zweckorientierten Lichtbandleuchten für industrielle und gewerbliche Bereiche über moderne Bürolichtkonzepte bis hin zu designbetonten Lichtlösungen für repräsentative Anwendungen. Besonderes Engagement setzt Zumtobel Staff in zukunftsorientierte Lichtmanagementsysteme auf BUS-Basis mit denen sich Tageslicht abhängig gesteuerte Beleuchtung, zentrale Überwachung via Bildschirm oder integrierte Lösungen mit anderen Gebäudetechnikkomponenten realisieren lassen.

Ein weiterer Schwerpunkt ist die Beleuchtungserneuerung. Beleuchtungserneuerung bedeutet – neben der Verbesserung der Lichtqualität am Arbeitsplatz – vor allem Energieersparnis um bis zu 85 %. Womit auch ein Beitrag zum schonenden Umgang mit den Resourcen geleistet wird.

Inserentenverzeichnis

A5	Axair GmbH Systeme für die Luftkonditionierung & Co. KG, Garching-Hochbrück
A5	BARTEC Componenten und Systeme GmbH, Bad Mergentheim
im Text 270 b/c	DAIKIN Airconditioning Germany GmbH, Unterhaching
A6	Danfoss Wärme- und Kältetechnik GmbH, Heusenstamm
A7	DELTAMESS Wasserzähler – Wärmezähler GmbH, Oldenburg/Holstein
A5	Fema Regelgeräte Honeywell AG, Schönaich
im Text 46 a	GA-tec Gebäude- und Anlagentechnik GmbH, Urbach
im Text 314 a	GfKK Gesellschaft für Kältetechnik – Klimatechnik mbH, Köln
A3	HANSA Metallwerke AG, Stuttgart
A7	Hüppe Form Sonnenschutzsysteme GmbH, Oldenburg
A2	Wilhelm Lambrecht GmbH, Göttingen
A1	Landis & Staefa GmbH, Frankfurt/Main
A4	Lautner Energiespartechnik GmbH, Helmstadt
im Text 190/191 (Einhefter), 270 g	LTG Lufttechnische Komponenten GmbH, Stuttgart
im Text 270 e	MENERGA Apparatebau GmbH, Mülheim
im Text 222/223 (Einhefter)	Moeller GmbH, Bonn
im Text 270 d, f, 314a, A6	Oldenbourg Industrieverlag GmbH, München
A2	F. W. Oventrop GmbH & Co. KG, Olsberg
A2	Polytherm GmbH, Ochtrup
im Text 484	Schindler Aufzügefabrik GmbH, Berlin
494 – 509	Firmenprofile

# SIEMENS

Der technologische Wandel in der Gebäudeautomation.
We are building productivity.

Mit dem hochintegrierten Gebäudemanagementsystem DESIGO™ von Landis & Staefa ist eine Vision Wirklichkeit geworden. Es basiert auf weltweit gültigen Technologie-Standards und sorgt dank einfachstem Handling in Gebäuden aller Art für ein optimales Klima und höchsten Komfort. Seine wegweisende Kompatibilität sichert flexible Systemanpassungen, eine maximale Planungsfreiheit und damit verbunden auch einen wirtschaftlichen und langfristigen Einsatz. Mehr dazu in unseren Prospekten.

Landis & Staefa GmbH
Friesstraße 20-24, 60388 Frankfurt
Telefon 069-40 02-0
Fax 069-4002-1590
www.landisstaefa.de

Landis & Staefa Division

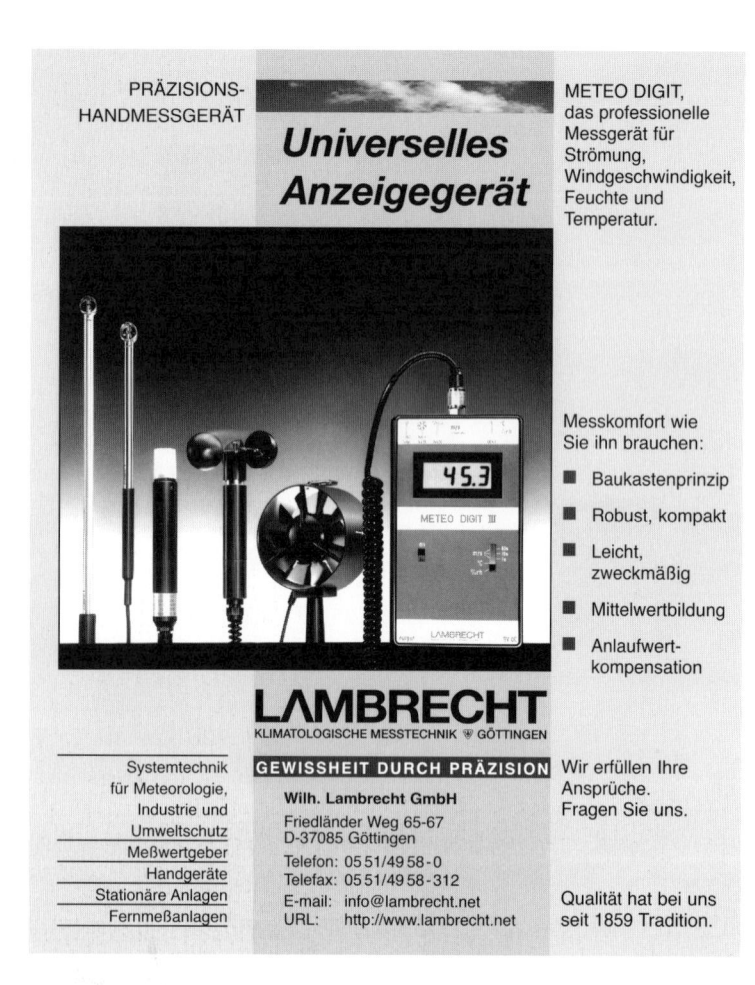

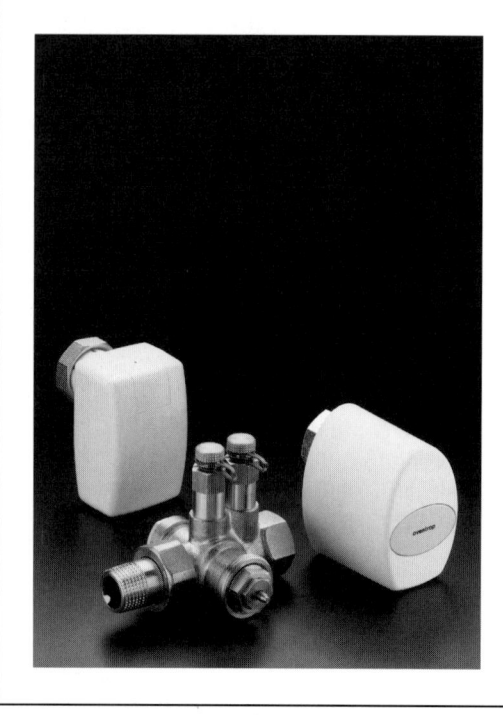

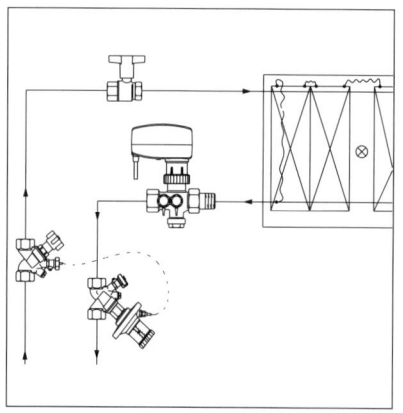

HANSA
Sicherheit einer großen Marke

Qualität im Set serienmässig

STARK

HANSATWIST, HANSAPRISMA, HANSANOVAJET
Das HANSA Sparpaket für kühle Rechner.

Besser kühl rechnen, statt billig kombinieren. Auch mit kleinem Budget sind No-Name-Angebote keine Alternative. Sie können auf Dauer sogar teurer kommen. Mit dem starken HANSA-Set sind Sie auf der sicheren Seite. Millionenfach bewährte Technik auf hohem Qualitätsniveau gibt es in einer überzeugenden Kombination:

- HANSATWIST Waschtischarmatur. Die serienmässige Wasser-Kosten-Bremse HANSAECO spart bis zu 50 % Wasser und Energie.
- HANSAPRISMA Thermostat für Wanne und Dusche. Mit Sicherheit immer die richtige Temperatur. Bis zu 60 % Wasser- u. Energieersparnis durch kurze Einregulierungszeiten, bei vollem Komfort.
- HANSANOVAJET Fitnessbrausen. Entweder als Einzelhandbrause mit bis zu 3 verschiedenen Strahlarten oder als komplettes Wandstangen-Set lieferbar.

Das starke Set von HANSA ist Markenqualität, mit der Sie im Bad rechnen können.

IM SET

Name

Strasse

PLZ/Ort

GT '99

Wenn Sie mehr über HANSA-Armaturen erfahren wollen

Coupon bitte ausfüllen und schicken
oder faxen an: 07 11/16 14-463
oder anrufen: 07 11/16 14-277
oder per E-mail: info@hansametall.com

HANSA Metallwerke AG
Marketing-Service
Sigmaringer Strasse 107
70567 Stuttgart
www.hansametall.com

HANSA Fachhandwerkspartner
NR.1 Das deutsche Sanitär

pepup • Heidelberg

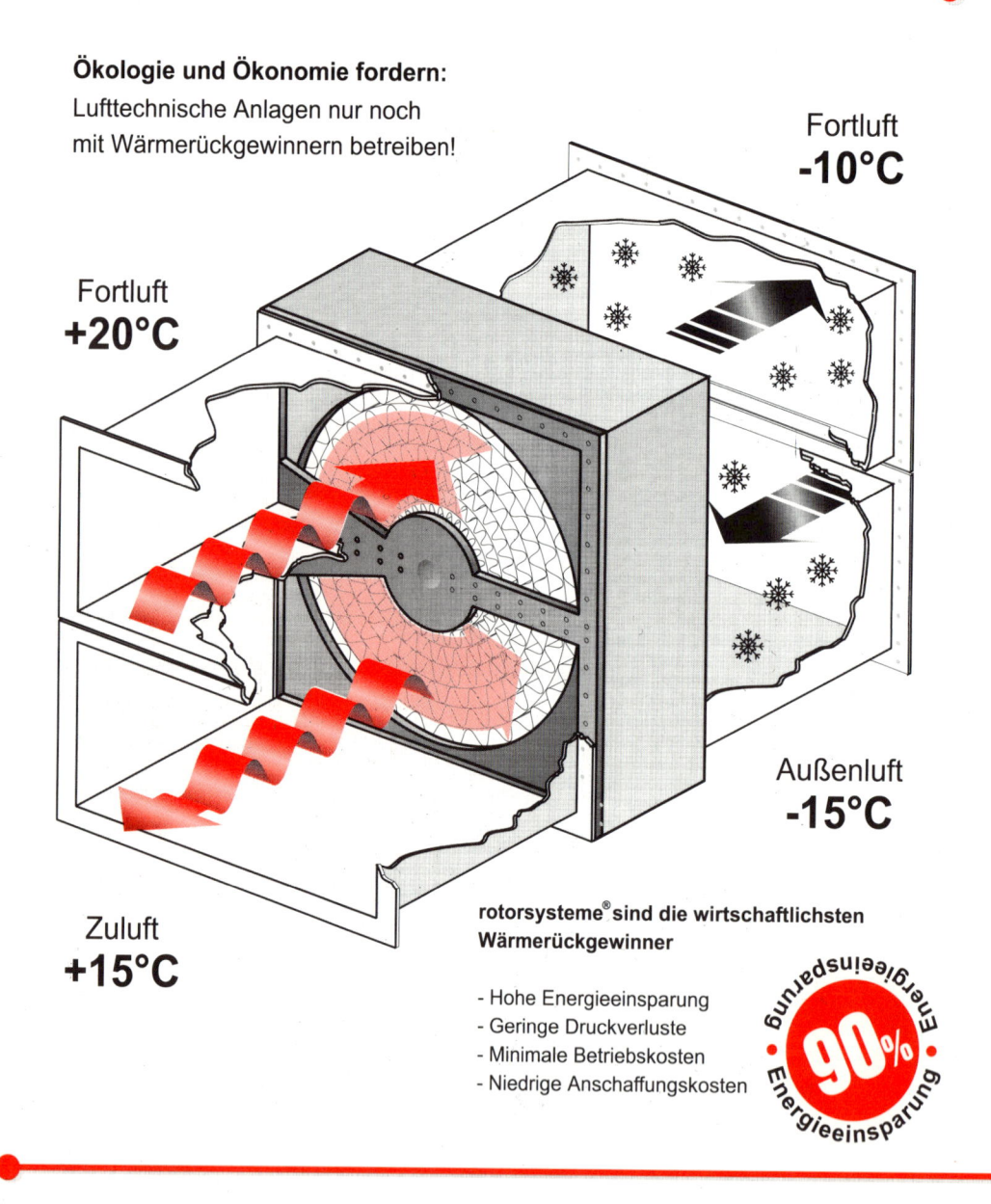

rotOrsysteme
Regenerativ-Wärmerückgewinner

Ökologie und Ökonomie fordern:
Lufttechnische Anlagen nur noch mit Wärmerückgewinnern betreiben!

Fortluft **+20°C**

Fortluft **-10°C**

Außenluft **-15°C**

Zuluft **+15°C**

rotorsysteme® sind die wirtschaftlichsten Wärmerückgewinner

- Hohe Energieeinsparung
- Geringe Druckverluste
- Minimale Betriebskosten
- Niedrige Anschaffungskosten

90% Energieeinsparung

Lautner Energiespartechnik GmbH
Steinweg 3 - D 74921 Helmstadt
Telefon 07263/4195 Fax 07263/1794

Lautner Energiespartechnik

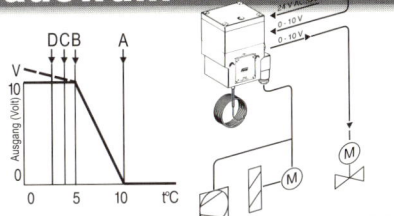

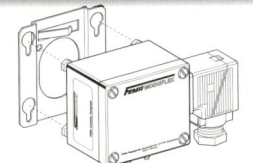

Danfoss

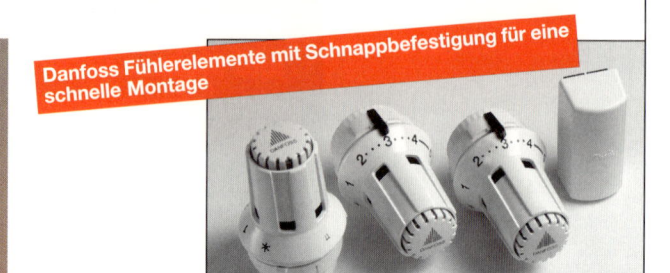

Das Komplettprogramm für die Heizungsregelung

Danfoss Fühlerelemente mit Schnappbefestigung für eine schnelle Montage

Ventilgehäuse RA-N mit integrierter Voreinstellung

Verschraubungen RLV bzw. RLV-K für Ventilheizkörper mit Absperr- und Entleerungsmöglichkeit nach VOB

Automatische und manuelle Strangventile für optimale hydraulische Verhältnisse in Heizungsanlagen

Mit Danfoss ist alles geregelt!
Danfoss, Postfach 1261, Heusenstamm, ☏ (0 61 04) 698-0, Fax (0 61 04) 698-409

Unsere Fachzeitschriften

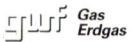

gwf Gas Erdgas
Die technisch-wissenschaftliche Zeitschrift für alle Fragen der Gewinnung und Erzeugung, Verteilung und Anwendung von Gas und Erdgas.
Organ des DVGW Deutscher Verein des Gas- und Wasserfaches e.V., des Bundesverbandes der deutschen Gas- und Wasserwirtschaft e.V. (BGW) und der Bundesvereinigung der Firmen im Gas- und Wasserfach e.V. (FIGAWA).

gwf Wasser Abwasser
Die technisch-wissenschaftliche Zeitschrift für Wassergewinnung und -versorgung, Gewässerschutz, Wasserreinigung und Abwassertechnik.
Organ des DVGW Deutscher Verein des Gas- und Wasserfaches e.V., des Bundesverbandes der deutschen Gas- und Wasserwirtschaft e.V. (BGW), der Bundesvereinigung der Firmen im Gas- und Wasserfach e.V. (FIGAWA), der Abwassertechnischen Vereinigung e.V. (ATV), der Arbeitsgemeinschaft Wasserwerke Bodensee-Rhein (AWBR), der Arbeitsgemeinschaft Rhein-Wasserwerke e.V. (ARW), der Arbeitsgemeinschaft der Wasserwerke an der Ruhr (AWWR), der Arbeitsgemeinschaft Trinkwassertalsperren e.V. (ATT).

gi Gesundheits Ingenieur
Die Zeitschrift für Haustechnik, Bauphysik und Umwelttechnik mit den Fachgebieten Heizungs- und Klimatechnik, Technischer Ausbau, Wasser und Abwasser.
Medium maßgeblicher Stellen der Praxis, Verwaltung und Wissenschaft in Verbindung mit dem Umweltbundesamt, Institut für Wasser-, Boden- und Lufthygiene, Berlin-Dahlem; Bayerischen Landesamt für Umweltschutz, München und der Gesundheitstechnischen Gesellschaft, Berlin.

gas
Die am Markt orientierte Zeitschrift für wirtschaftliche und umweltfreundliche Energieanwendung informiert über Einsatzmöglichkeiten und Zukunftschancen der umweltschonenden Energie Gas, über die Technik von Gasgeräten sowie über bautechnische Entwicklungen.
Herausgegeben vom Bundesverband der deutschen Gas- und Wasserwirtschaft e.V. (BGW) (verantwortlich) in Zusammenarbeit mit der Arbeitsgemeinschaft für sparsamen und umweltfreundlichen Energieverbrauch e.V. (ASUE), der Bundesvereinigung der Firmen im Gas- und Wasserfach e.V. (FIGAWA), DVGW Deutscher Verein des Gas und Wasserfaches e.V., Industrieverband Haus-, Heiz- und Küchentechnik e.V. (HKI), Österreichische Vereinigung für das Gas- und Wasserfach (ÖVGW), Verband der Schweizerischen Gasindustrie (VSG) und Zentralverband Sanitär Heizung Klima (ZVSHK).

atp Automatisierungstechnische Praxis
Fachzeitschrift für die Praxis der Mess-, Steuerungs-, Regelungs- und Informationstechnik. Organ der GMA (VDI/VDE – Gesellschaft Mess- und Automatisierungstechnik) und der NAMUR (Normenarbeitsgemeinschaft für Mess- und Regelungstechnik in der Chemischen Industrie).

Oldenbourg Industrieverlag GmbH
Postfach 80 13 60
81613 München
Telefon 089 / 450 51-0

Hüppe Gebäudeautomation

Clever: Sonnenschutz/TLT-Aktoren für EIB und LON

Hüppe Doppel-Aktoren vom Spezialisten für Sonnenschutz und Tageslichttechnik (TLT) lösen einfache und komplexeste Steuerungsaufgaben. Genial:

- 2 Motoren sind getrennt ansteuerbar
- Behanghöhe und Lamellenwinkel sind anwähl- und speicherbar
- der Lamellenwinkel kann automatisch dem Sonnenstand nachgeführt werden
- eine Automatiksperre erlaubt jederzeit manuelle Behangbedienung

Rufen Sie uns an!
Tel.: 04 41/40 24 23,
Fax: 04 41/40 25 14

Wir gestalten Licht und Schatten

Hüppe Form Sonnenschutzsysteme GmbH
Postfach 2523 · D-26015 Oldenburg

Zum Klick gibt´s Internet!

www.oldenbourg.de

Trockenkapsel mit System

1 x 4 = 40

Damit Ihre Rechnung aufgeht.

DELTAMESS
Wasserzähler -
Wärmezähler

Fordern Sie mehr Informationen an!

DELTAMESS Wasserzähler - Wärmezähler GmbH
Sebenter Weg 42 · D-23758 Oldenburg/Holstein
Tel. 0 43 61/51 14-0 · Fax 0 43 61/51 14-99
e-mail: service@deltamess.de · www.deltamess.de

© 2000 Oldenbourg Industrieverlag GmbH
Rosenheimer Straße 145,
D-81671 München
Telefon: 089/45051-0
Internet: www.oldenbourg.de

Redaktionelle Bearbeitung:
Dr. Andreas Colli

Grafische Gestaltung und Realisation:
Riemer Design, München

Gesamtherstellung:
R. Oldenbourg Graphische Betriebe GmbH

Gedruckt auf säure- und chlorfreiem Papier,
Printed in Germany
ISBN 3-486-26414-1

Die Deutsche Bibliothek – CIP-Einheitsaufnahme

Daniels, Klaus:
Gebäudetechnik : ein Leitfaden für Architekten und Ingenieure / Klaus Daniels – 3., überarbeitete Auflage – München : Oldenbourg ; Zürich : vdf, Hochschulverlag AG an der ETH Zürich
ISBN 3-486-26414-1 (Oldenbourg)
ISBN 3-7281-2727-2 (vdf)

Das Werk einschließlich aller Abbildungen ist urheberrechtlich geschützt. Jede Verwertung außerhalb der Grenzen des Urheberrechtsgesetzes ist ohne Zustimmung des Verlages unzulässig und strafbar. Das gilt insbesondere für Vervielfältigungen, Übersetzungen, Mikroverfilmungen und die Einspeicherung und Bearbeitung in elektronischen Systemen.